A lei das reservas de variabilidade: *Em um sistema de produção, a variabilidade formará suas reservas de segurança a partir de alguma combinação de*

1. *Estoques*
2. *Capacidade*
3. *Tempos*

Corolário da flexibilidade das reservas de segurança: *Em um sistema de produção, a flexibilidade reduz a necessidade de reservas de variabilidade.*

A lei da conservação dos materiais: *Em um sistema estável, em longo prazo, a taxa das saídas é igual à taxa das entradas, menos qualquer perda de rendimento, mais qualquer peça produzida no sistema.*

A lei da capacidade: *Em uma situação constante, qualquer fábrica* terá *que liberar os trabalhos a uma taxa média estritamente menor do que a taxa média de sua capacidade.*

A lei da utilização: *Se uma estação aumentar sua utilização sem que haja outras alterações no sistema, a média de WIP e do* cycle time *aumentará de um modo não linear.*

A lei dos lotes de processamento: *Nas estações com operações em lotes ou tempos significantes na troca de processos:*

1. *O tamanho mínimo de um lote de processamento que resulta em um sistema estável pode ser maior que um.*
2. *À medida que o tamanho dos lotes de processamento aumenta, o* cycle time *também aumenta.*
3. *O* cycle time *da estação será minimizado para um determinado tamanho de lotes de processamento, que pode ser maior do que um.*

A lei da movimentação em lotes: *Os* cycle times *de um segmento de um roteiro da produção são proporcionais ao tamanho dos lotes de transferência usados naquele segmento, considerando que não há necessidade de se esperar pelos meios de transporte.*

A lei das operações de montagem: *O desempenho de uma estação de montagem é prejudicado pelo aumento dos seguintes fatores:*

1. *Quantidade de componentes sendo montados.*
2. *Variabilidade da chegada dos componentes.*
3. *Falta de coordenação entre as chegadas dos componentes.*

Definição de *cycle time* de uma estação de trabalho: *O* cycle time *médio é composto pelos componentes a seguir:*

Cycle time = tempo de movimentação + tempo de fila + tempo de *setup* + tempo de processamento
+ tempo de espera para formar um lote + tempo de espera em um lote
+ tempo de espera por outras peças

Definição do *cycle time* da linha: *O* cycle time *médio de uma linha é igual à soma dos* cycle times *das estações individuais, menos qualquer tempo sobreposto de duas ou mais estações.*

A lei do retrabalho: *Para determinado nível de produtividade, o retrabalho aumenta tanto a média quanto o desvio padrão do* cycle time *de um processo.*

A lei do *lead time*: *O lead time da produção, para um roteiro que resulta em um dado nível de atendimento, é uma função crescente da média e do desvio padrão do cycle time daquele roteiro.*

A lei da eficiência do sistema CONWIP: *Para determinado nível de produtividade, um sistema de produção empurrada terá um maior nível médio de WIP do que um sistema CONWIP equivalente.*

A lei da robustez dos sistemas CONWIP: *Um sistema CONWIP é mais robusto em relação a erros nos seus níveis de WIP do que um sistema puramente empurrado é em relação a erros na sua taxa de liberações.*

A lei do interesse pessoal: *As pessoas, e não a organização, é que podem melhorar a si mesmas.*

A lei da individualidade: *As pessoas são diferentes.*

A lei do "Gênio": *Para quase todos os programas, sempre há um "gênio" ou um especialista que pode fazer dar certo – pelo menos por algum tempo.*

A lei do esgotamento: *As pessoas se esgotam.*

A lei da responsabilidade: *A responsabilidade, sem a respectiva autoridade, é desmoralizante e contraproducente.*

H798c Hopp, Wallace J.
A ciência da fábrica / Wallace J. Hopp, Mark L. Spearman ; tradução: Paulo Norberto Migliavacca ; revisão técnica: Guilherme Luiz Cassel. – 3. ed. – Porto Alegre : Bookman, 2013.
xxvii, 694 p. : il. ; 28 cm.

ISBN 978-85-65837-05-7

1. Administração – Sistemas de produção. 2. Engenharia da produção. I. Spearman, Mark L. II. Título.

CDU 658.5

Catalogação na publicação: Natascha Helena Franz Hoppen - CRB 10/2150

Wallace J. Hopp
University of Michigan

Mark L. Spearman
Factory Physics, Inc.

A CIÊNCIA DA FÁBRICA

TERCEIRA EDIÇÃO

Tradução
Paulo Norberto Migliavacca

Revisão técnica
Guilherme Luiz Cassel
Engenheiro de produção pela Unisinos
Mestre em Engenharia de Produção e Sistemas pelo Programa de Pós-Graduação em Gestão e Negócios da Unisinos

Coordenação e supervisão
José Antonio Valle Antunes Júnior
Professor do Programa de Pós-Graduação em Administração da Unisinos
Professor do Programa de Pós-Graduação em Engenharia de Produção da Unisinos
Diretor da Produttare Consultores Associados

Guilherme Luís Roehe Vaccaro
Professor do Programa de Pós-Graduação em Engenharia de Produção e Sistemas da Unisinos
Professor do Programa de Pós-Graduação em Gestão e Negócios da Unisinos

2013

Obra originalmente publicada sob o título
Factory Physics, 3rd Edition

ISBN 9780072824032

Gerente editorial – CESA: *Arysinha Jacques Affonso*

Colaboram nesta edição:

Editora: *Verônica de Abreu Amaral*

Capa: *Maurício Pamplona*

Fotos da capa: © *Albert Einstein Photoresearchers/Latinstock;* © *Charlie Chaplin in Modern Times Latinstock/Bettman/Corbis (DC)*

Preparação de originais: *Leonardo Zilio*

Leitura final: *Leticia Presotto*

Editoração: *Techbooks*

Av. Jerônimo de Ornelas, 670 – Santana
90040-340 – Porto Alegre – RS
Fone: (51) 3027-7000 Fax: (51) 3027-7070

Unidade São Paulo
Av. Embaixador Macedo Soares, 10.735 – Pavilhão 5 – Cond. Espace Center
Vila Anastácio – 05095-035 – São Paulo – SP
Fone: (11) 3665-1100 Fax: (11) 3667-1333

SAC 0800 703-3444 – www.grupoa.com.br

IMPRESSO NO BRASIL
PRINTED IN BRAZIL

A Melanie, Elliott e Clara
W.J.H.

A Blair, meu melhor amigo e companheiro espiritual, que sempre esteve presente nas horas em que eu precisei, a Jacob, que me ensinou a confiar em Deus, e de quem testemunhei sua poderosa obra, a William, que tem um coração aberto a Deus, a Rebekah com quem Deus me abençoou com sua graça, e Àquele que é poderoso para vos guardar de tropeçar e apresentar-vos irrepreensíveis, com alegria, perante a sua glória, ao único Deus, Salvador nosso, por Jesus Cristo, nosso Senhor, seja glória e majestade, domínio e poder, antes de todos os séculos, agora e para todo o sempre. Amém.

—Judas 24–25

M.L.S.

Apresentação à edição brasileira

Bem-vindo à edição brasileira de *Factory Physics*. Optamos por intitulá-lo *A Ciência da Fábrica* por entender que melhor representa a mensagem construída ao longo dos 19 capítulos e que, esperamos, possa continuar inspirando gestores e pesquisadores na compreensão profunda da natureza e da forma de operação dos sistemas de produção.

Esta importante obra distingue-se por abordar a necessidade da construção de teoria(s) em engenharia e administração da produção. Alia-se, sem dúvida, a outras que também trazem importantes avanços teóricos na disciplina em cena, como a obra de Shigeo Shingo em seus livros intitulados *Sistemas de Produção com Estoque Zero: O Sistema Shingo para Melhorias Contínuas* e *Sistema Toyota de Produção: Do Ponto de Vista da Engenharia de Produção*†. Assim como na percepção desse autor basilar é necessário compreender os sistemas de produção a partir da noção de uma rede de processos e operações (mecanismo da função produção) e da eliminação das perdas nos sistemas de produção (o chamado princípio do não custo), Hopp & Spearman apresentam uma visão diferenciada e embasada no método científico, focando três elementos essenciais: *throughput*, estoque em processo e *leadtime*. Entendemos que essa discussão é relevante para os sistemas de produção, assim como o processo criativo de Shingo foi um passo importante do debate tendo como centro o sucesso do Sistema Toyota de Produção.

Na busca da boa teoria, Hopp & Spearman partem de uma abordagem embasada no método científico (indução, dedução e paradigma) para apresentar uma lógica que visa compreender em detalhes a chamada Ciência da Fábrica. Ao longo do texto são construídas e propostas as diferentes "leis" que regem os sistemas produtivos que permitem aos usuários teóricos e práticos tratarem os tópicos ligados à engenharia e administração da produção, a partir de uma perspectiva ampla e científica. A grande vantagem da abordagem proposta é o potencial de generalização do que esses autores chamam de leis para um amplo conjunto diferente e diversificado de sistemas produtivos industriais e de serviços. Além disso, e consonante com o método científico proposto originalmente por Popper, essas leis em si podem ser falseadas e testadas e, principalmente, novas leis podem ser pesquisadas e sugeridas, o que torna a abordagem expansível e aberta para a construção permanente e sistemática da teoria.

Outro ponto a destacar são os temas associados à engenharia e administração da produção, usualmente tratados a partir de lógicas bem distintas. A visão tradicional adotada apresenta um conteúdo fortemente determinista (por exemplo: as técnicas associadas ao MRP/MRP II). De outra parte, alguns

†Ambos publicados no Brasil pela Bookman Editora.

autores tratam os sistemas produtivos percebendo os aspectos ligados à variabilidade inerente aos fenômenos ligados aos processos nos sistemas produtivos (por exemplo: as disciplinas ligadas à engenharia da qualidade). A busca de uma sinergia entre as abordagens é um tema central para o avanço da teoria e da prática na engenharia e administração da produção e é abordada por Hopp & Spearman. Um dos exemplos de sucesso deste tipo de trabalho foi a construção da tecnologia de gestão conhecida como Controle de Qualidade Total (TQC). Esta tecnologia de gestão foi originalmente desenvolvida no Japão, no âmbito da JUSE, e envolveu a busca de uma sinergia entre: (i) as abordagens tradicionais de administração (*management*) que tiveram origem nas proposições de Taylor e na escola de engenheiros (Faiol e Gilbreith, entre outros) passando pelas teorias das relações humanas, da teoria de sistemas, da administração por objetivos etc.; (ii) a estatística aplicada à administração a partir das obras seminais de Deming e Juran que trazem o tema da variação e da variabilidade como centrais para formular e implantar um bom sistema de gestão; (iii) abordagens que surgiram, com originalidade, a partir do cruzamento destas duas correntes da administração. Este livro, com maior foco nos temas dos sistemas produtivos, faz um esforço similar ao esforço feito pelo TQC no sentido de estabelecer uma sinergia objetiva entre as abordagens de produção clássicas (por exemplo, PPCPM, layout etc.) e os aspectos ligados à variabilidade dos sistemas produtivos e a forma de tratá-las (por exemplo, através da adoção da abordagem do CONWIP).

Enfim, esta obra traz contribuições pela necessidade e busca de ampliar sistêmica e sistematicamente a ótica de visualização conceitual dos sistemas produtivos. E isso só é possível com novas abordagens e com a extensão de abordagens existentes! Assim, como o Sistema Toyota de Produção questionou os princípios básicos até então hegemônicos (engenharia de produção de origem norte-americana) e a Teoria das Restrições questionou as noções propostas pelos japoneses para tratar a variabilidade – padronização e redução dos desperdícios – novas óticas para o avanço de teoria são muito bem vistas – é o caso da abordagem proposta pelo livro *A Ciência da Fábrica*. Este debate entre as abordagens é fundamental para que acadêmicos e profissionais possam melhorar a sua compreensão, de forma profunda e sistemática, sobre o "fenômeno produtivo" e, a partir daí, melhorar a eficácia de suas atividades tanto na universidade quanto nas empresas.

Finalmente, a experiência dos autores desta apresentação em aulas do Programa de Pós-Graduação em Engenharia de Produção da Unisinos e em outras universidades mostra a riqueza da abordagem sugerida nesta obra. *Factory Physics* inspirou muitos gestores e pesquisadores em sua edição em língua inglesa. Desejamos que esse impacto continue a criar novos e bons conhecimentos à comunidade de língua portuguesa. Também desejamos a todos uma bela e profícua leitura!

José Antonio Valle Antunes Júnior

Guilherme Luís Roehe Vaccaro

Guilherme Luiz Cassel

Prefácio

AS ORIGENS DE *A CIÊNCIA DA FÁBRICA*

Em 1988 trabalhávamos como consultores em uma fábrica de placas de circuito integrado da IBM em Austin, Texas, ajudando a desenvolver melhores procedimentos de controle da produção. Cada vez que sugeríamos um curso de ação, nossos clientes nos questionavam, com razão, sobre o porquê das coisas e se elas realmente funcionariam. Sendo também professores, geralmente respondíamos por meio de palestras teóricas, repletas de metáforas técnicas e gráficos improvisados. Após várias tentativas de dar explicações coerentes, nosso patrocinador, o Sr. Jack Fisher, sugeriu que organizássemos a essência de nossas palestras em um cursinho de um dia.

Fizemos o possível para montar uma descrição estruturada do comportamento básico da fábrica e percebemos que algumas relações fundamentais – por exemplo, entre a produção e o WIP, e outros resultados básicos da Parte II deste livro – não eram bem conhecidas, e nenhum livro de gerenciamento operacional as explicava. Os seis cursos que demos na IBM foram bem recebidos e tiveram a participação desde operadores de máquinas até gerentes. Em um deles, um participante fez uma observação: "Isso parece ser a ciência da fábrica". Como ambos tínhamos graduação em Ciência e certa familiaridade com o material, esse nome pegou. Assim, nasceu a Ciência da Fábrica.

Incentivados pelo sucesso do curso na IBM, desenvolvemos outro curso de dois dias sobre a redução dos *cycle times* de produção, usando a Ciência da Fábrica como estrutura de nossos trabalhos. Nosso foco na redução dos *cycle times* nos forçou a aprofundar as relações fundamentais entre as políticas e práticas para efetuar melhorias. Ensinar a gerentes e engenheiros de vários setores industriais nos ajudou a estender a cobertura do curso para ambientes de produção mais genéricos.

Em 1990, a Northwestern University deu início ao seu programa de Master of Management in Manufacturing (MMM), para o qual nos solicitaram projetar e ensinar cursos sobre a ciência na gerência de operações da produção. Então tivemos mais confiança na Ciência da Fábrica no sentido de ajudar a resolver os diversos problemas desta área específica. Concentramo-nos na criação de intuição sobre os comportamentos básicos da manufatura como um meio para identificar áreas de alavancagem potencial e comparar alternativas de ações de controle. Para uma perspectiva mais completa, adicionamos tópicos mais convencionais, que, finalmente, tornaram-se a Parte I deste livro. Os estudantes da MMM receberam nossa abordagem da Ciência da Fábrica com muito entusiasmo e, pelo fato de também possuírem experiências em vários setores, nos ajudaram a aprimorar a nossa apresentação.

Em 1993, após ter apresentado o curso na MMM e também a várias indústrias por repetidas vezes, começamos a escrever nossas abordagens em formato de livro. Este se revelou um processo longo, pois havia muitos espaços a cobrir entre a teoria e a prática. Muitas vezes, fomos obrigados a voltar atrás e consultar os trabalhos de outros autores, em relação a nossas próprias abordagens, a fim de desenvolver discussões práticas sobre as áreas-chave da gerência da produção, o que gerou a Parte III do livro.

A Ciência da Fábrica evoluiu bastante desde os dias da IBM e continua a se expandir e amadurecer. Como os detalhes podem se alterar, temos plena convicção de que as ideias fundamentais que o suportam – de que existem princípios que governam o comportamento nos sistemas de produção, e sua compreensão é essencial para seu gerenciamento – permanecerão as mesmas no futuro.

PÚBLICO

A Ciência da Fábrica foi escrito para:

1. Estudantes de Produção/Administração das cadeias de suprimento: em cursos intensivos e in-company.
2. Estudantes de MBAs: como um segundo curso em sequência a cursos de graduação em administração e engenharia.
3. Estudantes de doutorado em administração e engenharia industrial: em cursos sobre os controles na área da manufatura.
4. Profissionais das áreas da administração e da engenharia da produção: para referências e consultas.

Apesar de tê-lo escrito apenas como um texto, ficamos surpresos e felizes pelo número de gerentes e administradores que acham o livro muito útil. Apesar de não ser curto nem fácil, muitas pessoas de várias indústrias nos contataram para dizer que ele é exatamente o que estavam procurando. Evidentemente, nesta época de modismos e superlativos chiques, mesmo os profissionais precisam de algo que ajude a manufatura a voltar às suas raízes.

COMO USAR ESTE LIVRO

Após um capítulo com uma breve introdução, o livro está organizado em três partes: Parte I – As Lições da História, Parte II – Ciência da Fábrica e Parte III – A Aplicação dos Princípios. Em nossas aulas, geralmente cobrimos a Parte I, II e III, nessa ordem, mas variamos na escolha dos capítulos, dependendo do curso. Um instrutor, nosso conhecido, que atua na indústria, sempre começa com o último capítulo. Apesar de o último capítulo demonstrar, de maneira clara, que não somos bons escritores de ficção, é um estágio que cobre, na prática, o que foi escrito nas partes anteriores do livro.

Não importando o público, tentamos cobrir a Parte II de maneira completa, pois é a parte mais importante das abordagens *da Ciência da Fábrica*. Pelo fato de usar bastante os sistemas de produção puxada, achamos útil cobrir todo o Capítulo 4, "Da revolução do JIT ao *lean manufacturing*", antes de iniciar a Parte II. Finalmente, citamos o Capítulo 13, que proporciona uma estrutura de trabalho integrada que encaixa os conceitos da Ciência da Fábrica no mundo real, "Uma estrutura de trabalho para a produção puxada", como algo muito importante. Além disso, cada instrutor individual pode selecionar tópicos históricos da Parte I, alguns tópicos práticos da Parte III, ou tópicos adicionais de leituras suplementares para complementar as necessidades de certo público específico.

O instrutor também escolhe a profundidadedo uso da matemática. Para atender aos leitores que desejam os conceitos gerais sem ingressar em muitos detalhes matemáticos, incluímos algumas Observações Técnicas. Essas seções, que são identificadas e inseridas no texto, apresentam justificativas, exemplos e metodologias que se baseiam na matemática elementar, (apesar de mais complexas do que os simples cálculos), as quais podem, também, ser ignoradas, sem perda de continuidade do livro.

O uso desse material nas aulas com estudantes de engenharia e de administração nos fez perceber que os estudantes de administração têm menos interesse nos aspectos matemáticos do que os de engenharia. Porém, temos a impressão que eles somente têm aversão à matemática quando ela não leva a um objetivo concreto. Quando reconhecem seus efeitos quantitativos no desenvolvimento de ideias importantes da área da produção, eles são capazes de assimilar os conceitos matemáticos muito bem e podem avaliar as consequências práticas das teorias.

DESTAQUES

Alguns destaques do livro incluem:

- *Problemas*. Trazemos um grande número de exercícios ao final de cada capítulo para oferecer aos leitores uma maior gama de problemas práticos.
- *Exemplos*. Quase todos os modelos são motivados por uma aplicação prática antes do desenvolvimento dos cálculos matemáticos. Em geral, essas aplicações são depois usadas como exemplo para ilustrar como os modelos devem ser usados na prática.
- *A ciência da manufatura*: O Capítulo 6 foi escrito para fornecer bases científicas formais para as *abordagens da Ciência da Fábrica*. Ao descrever o problema essencial da produção como uma questão de alinhamento da *transformação* com a *demanda*, oferecemos uma estrutura de trabalho para os resultados-chave da Parte II, incluindo a necessidade da formação das reservas de variabilidade. Esperamos que essa estrutura de trabalho facilite visualizar o conjunto de conceitos e modelos apresentados nos Capítulo 7 a 9 como um todo coerente.
- *Métricas*: Para conectar nossa abordagem baseada na ciência da administração operacional com o popular método do *balanced score card* na prática, desenvolvemos um conjunto de métricas *da Ciência da Fábrica* no Capítulo 9. Essas métricas consistem em medidas de eficiência para as três reservas de variabilidade e suportam nossa definição de lean como um método de "atingir" os objetivos fundamentais com um custo mínimo na formação dessas reservas (*buffering cost*).
- *A acumulação das variabilidades*: O Capítulo 8 introduz a ideia fundamental de que a variabilidade de origens diferentes pode ser reduzida juntando suas fontes. Essa ideia básica é usada ao longo de todo livro para entender práticas não tão óbvias, por exemplo, o como os estoques de segurança podem ser reduzidos estocando peças genéricas, como os estoques de produtos acabados podem ser reduzidos adotando um sistema de "montagem sob pedido" e como elementos da produção puxada e empurrada podem ser combinados em um mesmo sistema.
- *Resultados mais precisos das variabilidades*: Várias leis constantes no Capítulo 9, "A influência nefasta da variabilidade", foram redefinidas em termos mais claros, e algumas importantes leis novas, corolários e definições foram introduzidos. O resultado é uma consciência mais completa de como a variabilidade degrada o desempenho em um sistema de produção.
- *O tamanho ótimo dos lotes*: O Capítulo 9 e o 15 estendem a análise *da Ciência da Fábrica* aos efeitos na formação de lotes, com o uso de um método normativo para calcular seus tamanhos e minimizar os *cycle times* em um sistema com *setups* multiprodutos, discutindo as implicações na programação da produção.
- *Os controles de chão de fábrica*: O Capítulo 14 descreve os paralelos e as diferenças entre os sistemas MRP e CONWIP quanto aos mecanismos de liberação dos trabalhos. Essa discussão ajudará os gerentes dos sistemas de produção a usar o MRP para encontrar maneiras de incorporar o benefício operacional da produção puxada.
- *A interface de estoques/pedidos sob encomenda*: Foi realizada uma discussão de como a produção puxada/empurrada coexiste na maioria das cadeias de suprimento. O conceito da interface entre os estoques disponíveis e os pedidos sob encomenda foi introduzido para descrever o ponto em um fluxo em que muda de produção para estoque, para produção sob pedido.
- *A administração das cadeias de suprimento*: Os Capítulos 3 e 5 descrevem como o MRP (*materials requirements planning*) evoluiu para o ERP (*enterprise resource planning*) e para a SCM

(*supply chain management*). O Capítulo 17 usa os conceitos do Capítulo 2 para desenvolver as ideias, ferramentas e práticas que suportam as práticas eficazes dos sistemas de SCM.

- *A administração da qualidade*: O Capítulo 12 foi expandido para cobrir ambos os fundamentos estatísticos e os elementos organizacionais da abordagem do Seis Sigma. Em relação à qualidade, estão incluídas algumas leis relacionadas ao comportamento das linhas de produção em que a capacidade de mão de obra é uma importante restrição, juntamente à capacidade de equipamentos.

AGRADECIMENTOS

Como nosso pensamento tem sido influenciado por muitas pessoas, para poder mencionar todos os seus nomes, oferecemos nossos agradecimentos (e um pedido de desculpas) para todos os que nos ajudaram nas discussões do livro *A Ciência da Fábrica*, ao longo desses anos. Além disso, reconhecemos as seguintes contribuições à nossa obra.

Agradecemos as pessoas que nos ajudaram a formular nossas ideias no *A Ciência da Fábrica*: Jack Fisher da IBM, o qual originou este projeto, através de sua sugestão original para que organizássemos nossos pensamentos sobre as leis no comportamento da fábrica em um formato consistente; Joe Foster, um ex-consultor que nos introduziu nos trabalhos da IBM; Dave Woodruff, ex-estudante e extraordinário companheiro em nossas refeições, que teve uma importante participação nos estudos originais na IBM e nas argumentações de onde desenvolvemos os principais conceitos de nossas abordagens; Karen Donohue, Izak Duenyas, Valerie Tardif e Rachel Zhang, ex-estudantes que colaboraram em nossos projetos nas indústrias, nos quais as pesquisas do livro são baseadas; Yehuda Bassok, John Buzacott, Eric Denardo, Brian Deuermeyer, Steve Graves, Uday Karmarkar, Steve Mitchell, George Shanthikumar, Rajan Suri, Joe Thomas e Michael Zazanis, colegas cujos conselhos e estimulantes conversas produziram importantes ideias do livro. Também reconhecemos a participação da National Science Foundation, cujo suporte constante possibilitou a elaboração de muitas de nossas pesquisas.

Agradecemos especialmente àqueles que testaram as primeiras versões do livro (ou partes dele) nas salas de aula e nos forneceram respostas essenciais para eliminar muitos erros e partes obscuras: Karla Bourland (Dartmouth), Izak Duenyas (Michigan), Paul Griffin (Georgia Tech), Steve Hackman (Georgia Tech), Michael Harrison (Stan ford), Phil Jones (Iowa), S. Rajagopalan (USC), Jeff Smith (Auburn), Marty Wortman (Texas A & M). Agradecemos também aos muitos estudantes que nos ajudaram durante o processo dos testes, especialmente os estudantes de engenharia industrial do programa de BS/MS na Northwestern's Master of Management in Manufacturing (MMM) e na Northwestern and Texas A&M, e dos cursos de MBA na Northwestern's Kellogg Graduate School of Management.

Especiais agradecimentos aos revisores dos originais, Suleyman Tefekci (University of Florida), Steve Nahmias (Santa Clara University), David Lewis (Uni versity of Massachusetts—Lowell), Jeffrey L. Rummel (University of Connecticut), Pankaj Chandra (McGill University), Aleda Roth (Clemson University), K. Roscoe Davis (University of Georgia), e, principalmente, Michael Rothkopf, cujos comentários inteligentes em muito aumentaram a qualidade de nossas ideias e sua apresentação. Também agradecemos a Mark Bielak que nos ajudou na primeira tentativa de escrever uma ficção (Capítulo 19).

Profundos agradecimentos as pessoas cujas ideias e sugestões nos ajudaram a compreender melhor o livro *A Ciência da Fábrica*: Jeff Alden (General Motors), John Bartholdi (Georgia Tech), Max Bataille (Baxter Healthcare), Jeff Bell (Concordant Industries), Corey Billington (Hewlett-Packard), Dennis E. Blumenfeld (General Motors), Sunil Chopra (Northwestern University), Mark Daskin (Northwestern University), Greg Diehl (Network Dynamics), John Fowler (Arizona State University), Rob Herman (Alcoa), Bill Jordan (General Motors), Hau Lee (Stanford University), John Mittenthal (University of Alabama), Giulio Noccioli (Baxter Healthcare), Ed Pound (Factory Physics, Inc.), Lee Schwarz (Purdue University), Chandra Sekhar (Baxter Healthcare), Alexander Shapiro (Georgia Tech), Kalyan Singhal (University of Maryland), Tom Tirpak (Motorola), Mark Van Oyen (University of Michigan), Jan Van Mieghem (Northwestern University), William White (Bell & Howell), Eitan Zemel (New York University) e Paul Zipkin (Duke University).

Gostaríamos de deixar nossos agradecimentos aos revisores, cujas sugestões ajudaram a formatar o nosso trabalho: Diane Bailey (Stanford University), Charles Bartlett (Polytechnic University), Guillermo Gallego (Columbia University), Marius Solomon (Northeastern University), M. M. Srinivasan (University of Tennessee), Ronald S. TibbenLembke (University of Nevada, Reno) e Rachel Zhang (University of Michigan), William Giauque (Brigham Young University), Izak Duenyas (University of Michigan), Mandyam Srinivasan (University of Tennessee), Esma Gel (Arizona State University), Erhan Kutanoglu (University of Texas Austin), Michael Kay (North Carolina State University), Onur Ulgen (University da Michigan, Dearbon) e Terry Harrison (Penn State University).

E, por fim, agradecemos aos editores da McGraw-Hill/Irwin: Dick Hercher, editor executivo, que acreditou neste projeto ao longo dos anos, pela sua enorme paciência em vista de nossas lentas revisões; Gail Korosa, Christina Sanders, and Katie Jones, editores de desenvolvimento da McGraw-Hill que recrutaram os revisores e aplicaram educada pressão para seguirmos os prazos previstos; e os editores do projeto MaryConzachi, Kim Hooker e Lori Koetters, que dirigiram a edição através do processo de produção do livro.

Sumário Resumido

Sumário

PARTE II

A CIÊNCIA DA FÁBRICA 185

PARTE III

A APLICAÇÃO DOS PRINCÍPIOS 413

CAPÍTULO 0

O que é a Ciência da Fábrica?

A perfeição dos meios e a confusão dos objetivos parecem caracterizar a nossa época.

ALBERT EINSTEIN

0.1 UMA RESPOSTA SIMPLES (A RESPOSTA CURTA)

O que é a Ciência da Fábrica e por que deveríamos estudá-la?

Resumindo, **a Ciência da Fábrica** (do original em inglês ***Factory Physics***) é uma *descrição sistemática dos comportamentos subjacentes aos sistemas de produção.* A sua compreensão permite que gestores e engenheiros trabalhem com as tendências naturais dos sistemas de produção, de forma a

1. Identificar oportunidades de melhorar os sistemas existentes.
2. Projetar sistemas novos e mais eficientes.
3. Efetuar os *trade-offs* necessários para coordenar as políticas entre diferentes áreas.

0.2 UMA RESPOSTA MAIS ELABORADA (A RESPOSTA LONGA)

A definição anterior de Ciência da Fábrica é concisa, mas deixa muito a desejar. Para uma descrição mais precisa do que trata este livro, precisamos expor nosso foco e escopo, definir com mais cuidado o significado e o objetivo deste livro, e contextualizá-los a partir da identificação dos ambientes de produção nos quais nos concentraremos.

0.2.1 Foco: a gestão da produção

Para responder à questão de por que precisamos estudar a Ciência da Fábrica, é necessário primeiro responder por que deveríamos gastar nosso tempo estudando os processos e sistemas de produção. Afinal, ouvimos com frequência que os Estados Unidos estão migrando para uma economia de serviços, na qual o setor de produção representará um componente em contínuo declínio. Aparentemente, isso parece ser verdade: O setor de produção empregava cerca de 40% da força de trabalho dos Estados Unidos nos anos 1940 e menos de 13% em 2006.

Existem duas possíveis explicações para isso. A primeira é que as operações de produção estão sendo *exportadas* para outros mercados com menores custos de mão de obra. A segunda é que a produção está sendo *automatizada* por meio de investimentos que tornam a mão de obra mais produtiva. Qualquer uma dessas razões gera importantes consequências para o papel dos gestores de sistemas produtivos, para a economia e para a sociedade.

Se as operações de manufatura estiverem sendo exportadas, como alertaram Cohen e Zysman (1987), então o impacto econômico pode ser terrível. Eles argumentaram que as razões são a estreita ligação entre muitos empregos, normalmente classificados como da área de serviços (isto é, serviços de projeto e engenharia, folha de pagamento, serviços de estoque e de contabilidade, financiamento e seguros, reparos e manutenção de plantas e equipamentos, admissão e treinamento, testes e laboratórios, eliminação de lixo industrial, suporte de engenharia, transporte de bens semimanufaturados, etc.), e a produção†. Se as operações de produção fossem levadas para outro país, esses empregos tenderiam a seguir esse movimento. Eles estimaram que o número de empregos estreitamente ligados à produção pode chegar ao dobro dos empregos diretos, dando a entender que praticamente metade da economia norte-americana depende fortemente da produção. Tal mudança claramente teria grande impacto nos empregos, nos salários e no nível de vida em todo o país.

Felizmente, apesar de muita retórica política em contrário, não parece haver ocorrido uma migração em massa dos empregos relacionados à produção. A Figura 0.1 mostra que o emprego tem se mantido mais ou menos estável desde a Segunda Guerra Mundial, com alguns declives durante as recessões, incluindo a de 2001. Ao mesmo tempo, a produção industrial tem crescido firme e acentuadamente, ainda que com declives durante as recessões.

Isso sugere que o declínio, observado ao longo do tempo, do percentual de pessoas que trabalham no setor de produção deve-se, em grande parte, ao aumento da produtividade. Este tem permitido elevar a produção industrial sem aumentar o tamanho da força de trabalho. Considerando o crescimento acentuado da força de trabalho, os empregos diretos do setor de produção estão, de maneira consistente, representando um percentual menor sobre esse total. Porém, levando em conta que a produção industrial tem continuado a crescer, presume-se que os empregos estreitamente ligados a ela têm sido mantidos na economia e representam uma parte substancial do desenvolvimento total do emprego na era pós-guerra.

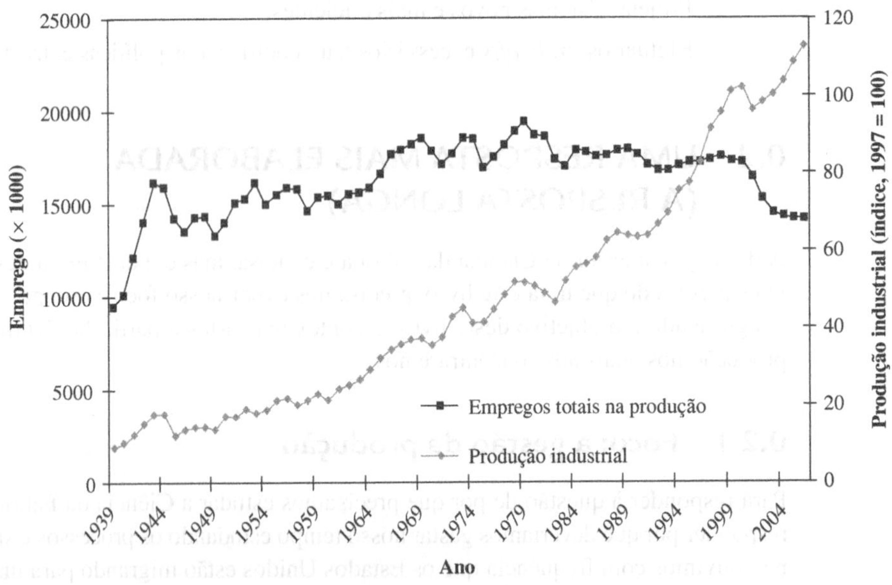

FIGURA 0.1 Produção industrial e empregos na produção, 1939–2006.
(Fonte: Estatísticas do Ministério do Trabalho)

† N. de R.T.: No Brasil, estes empregos ligados à prestação de serviços em empresas de produção são também chamados de empregos indiretos.

Certamente poderíamos argumentar que o declínio a curto prazo do número absoluto de empregos na produção norte-americana desde a metade dos anos 1990 está relacionado a uma tendência recente de exportação desses trabalhos. Entretanto, os dados também não dão respaldo a essa afirmativa. Enquanto os Estados Unidos tiveram uma redução de 11% nos empregos industriais entre 1995 e 2002, a China teve uma diminuição de 15%, o Brasil de 20%, e, no mundo, a redução foi exatamente a mesma que nos Estados Unidos – 11% (Drezner, 2004). Portanto, parece que ainda estamos assistindo a uma explosão da produtividade industrial similar àquela que revolucionou a agricultura nas primeiras décadas do século XX. Durante a assim chamada Revolução Verde, o emprego na agricultura caiu de 29% do total da força de trabalho em 1929 para menos de 3% em 1985. Se a atual "Revolução Enxuta" na produção continuar, podemos esperar mais aumentos na produção industrial, acompanhados também de mais reduções no total de empregos nas fábricas em todo o mundo.

As implicações para a gestão deste fenômeno são claras. Mais do que nunca, a produção tornou-se um jogo de produzir mais com menos recursos. Os gestores de produção precisam continuar a procurar meios de atingir as expectativas crescentes dos clientes, com níveis de eficiência cada vez maiores. Como as pressões da competição global deixam pouca margem para erro, e já que a produção está se tornando cada vez mais complexa, tanto tecnológica quanto logisticamente, os gestores de produção precisam, mais do que nunca, estar tecnicamente bem instruídos.

As implicações econômicas da Revolução Enxuta são mais claras. Quando os trabalhos na agricultura foram automatizados, foram substituídos por cargos de produção com maior produtividade e maiores salários. Seria bom se os empregos perdidos ou não criados no setor de produção como resultado dos avanços da produtividade fossem agora compensados por maior produtividade e maiores salários no setor de serviços. Porém, mesmo sabendo que existem bons salários nos serviços, em abril de 2007 o valor médio pago por hora ainda era maior em empresas de produção de bens ($18) do que nas do setor de serviços ($16,26) segundo dados da Agência Americana de Estatística do Trabalho (Bureau of Labor Statistics 2007). Essa discrepância pode ser responsável pela recente estagnação do salário real. Especificamente, de 1970 até 1985, a produtividade cresceu 1,9% ao ano, e o salário real cresceu 0,87% ao ano, mas, de 1985 até 1996, o crescimento da produtividade foi de 2,5%, e do salário real foi de apenas 0,26% ao ano. Para reverter essa tendência, pode ser necessária a aplicação de uma analogia da produção "enxuta" também no setor de serviços, de forma a acelerar o crescimento da produtividade.

Assim, enquanto falar da produção como um bloco monolítico pode continuar a ser um bom assunto para a retórica política, é importante lembrar que, na realidade, o desempenho do setor industrial é obtido em uma empresa por vez. Certamente, um conjunto de políticas gerais, abrangendo desde impostos até iniciativas educacionais, pode ajudar um pouco o setor inteiro; mas o sucesso de cada empresa é determinado de maneira fundamental pela *eficácia de sua administração*. Assim, literalmente, nossa economia, e até nosso estilo de vida no futuro, depende de quão bem os gestores de indústrias norte-americanas se adaptam ao novo ambiente global competitivo e conseguem desenvolver suas empresas para manter o ritmo.

0.2.2 O escopo: as operações

Considerando a relevância do estudo da produção, como ele deve ser feito? Nosso foco na gestão naturalmente nos faz adotar uma abordagem de alto nível, de **manufatura "com M maiúsculo"**, que inclui projeto de produtos, desenvolvimento de processos, projeto de fábrica, gestão da capacidade, distribuição, programação da produção, controle de qualidade, organização da força de trabalho, manutenção de equipamentos, planejamento estratégico, gestão de cadeias de suprimento, coordenação de fábricas, assim como a produção direta – **manufatura "com m minúsculo"**, – funções como corte, moldagem, retificação e montagem.

É claro que não há como um único livro cobrir todas as operações de manufatura "com M maiúsculo". Mesmo que fosse possível, a abordagem de uma gama tão ampla de assuntos seria, necessariamente, superficial. Para atingir a profundidade precisa para promover uma compreensão real, é necessário estreitar nosso escopo. No entanto, para preservar a visão administrativa ampla sobre os assuntos mais importantes, não podemos limitá-los demais; o tratamento muito detalhado de tópicos restritos – por exemplo, a ciência do corte de metais – apresentaria uma visão muito estreita, que, mesmo sendo importante, dificilmente seria adequada para identificar políticas administrativas eficazes. O meio termo, que representa um equilíbrio entre a integração de alto nível e os detalhes excessivos, é a visão das operações.

Em um sentido amplo, o termo **operações** se refere à aplicação de recursos (capital, materiais, tecnologia e as habilidades e os conhecimentos humanos) para a produção de bens e serviços. Obviamente, todas as organizações envolvem operações: fábricas produzem bens físicos; hospitais produzem procedimentos médicos e cirúrgicos; bancos produzem operações de contas-correntes e outros serviços financeiros; restaurantes produzem alimentos e, talvez, entretenimento; e assim por diante.

O termo *operações* também se refere a uma função específica em uma organização, distinta de outras operações como projeto de produtos, contabilidade, marketing, finanças, recursos humanos e sistemas de informações. Historicamente, as pessoas envolvidas na função de operações estão alojadas em departamentos com nomes como controle da produção, engenharia de produção, engenharia industrial e planejamento, e são responsáveis por atividades diretamente relacionadas à produção de bens e serviços. Estas geralmente incluem programação de produção, controle de estoques, garantia da qualidade, programação de mão de obra, gestão de materiais, manutenção de equipamentos, planejamento de capacidade e qualquer função necessária para a produção de bens.

Neste livro, visualizamos as operações no seu sentido amplo, mais do que como uma função específica. Procuramos fornecer aos gestores a percepção necessária para transitar entre miríades de detalhes de um sistema de produção e identificar as políticas eficazes. A visão de operações foca no *fluxo de materiais* através da planta e, assim, apresenta de forma clara a ênfase na maioria dos principais indicadores pelos quais os gerentes de produção são avaliados (produtividade, serviço de atendimento ao cliente, qualidade, custo, investimentos em equipamentos e materiais, custos de mão de obra, eficiência, etc.). Além disso, evitando a necessidade de descrições detalhadas de produtos ou processos, essa visão se concentra nos *comportamentos genéricos de produção*, o que permite que seja aplicada a uma ampla gama de ambientes específicos.

A visão das operações fornece uma linha mestra que passa por todas as questões da manufatura com M maiúsculo recém-mencionadas. Por exemplo, as operações e o projeto dos produtos são interligados porque o projeto do produto determina como o produto deve fluir através da planta e qual o nível de dificuldade para sua fabricação. A aceitação do ponto de vista das operações no processo de projeto promove, portanto, o **projeto para produção**. Da mesma maneira, as operações e o planejamento estratégico estão estreitamente ligados, pois as decisões estratégicas determinam o número e os tipos de produtos a serem produzidos, o tamanho das fábricas, o nível de integração vertical e muitos outros fatores que afetam tudo o que acontece dentro da planta em seu sistema de produção. Incluir uma preocupação com operações na tomada de decisões estratégicas é essencial para assegurar planos viáveis. Outras funções da produção têm relações análogas com as operações e, assim, podem ser coordenadas junto ao processo de produção por meio de uma abordagem a partir do ponto de vista operacional.

A área tradicional para o estudo das operações chama-se **gestão de operações (GO)**. Porém, a GO é mais abrangente do que o escopo deste livro, pois engloba as operações no setor de serviços, além das organizações industriais. Assim como o nosso escopo das operações cobre uma parte da manufatura (com M maiúsculo), o nosso foco em produção inclui apenas parte da gestão de operações. Resumindo, o escopo deste livro pode ser visto como uma intersecção entre a GO e a produção, conforme ilustrado na Figura 0.2.

A visão das operações sobre a manufatura pode parecer uma perspectiva um tanto técnica para um livro de gestão. Mas isso não é acidental. Algum nível técnico é necessário para que seja possível descrever corretamente os comportamentos industriais em termos operacionais. O mais importante, entretanto, é que, na realidade do ambiente atual, *a própria produção é técnica*. A competição global intensa está aumentando impiedosamente os padrões do mercado, fazendo com que detalhes aparen-

FIGURA 0.2 Manufatura e gestão de operações.

temente pequenos passem a ter grande importância estratégica. Por exemplo, os níveis de qualidade aceitáveis para os clientes na década de 1970 eram alcançados com sistemas relativamente simples, sem sofisticação. Porém, atualmente, tornou-se praticamente impossível satisfazer as exigências de qualidade e atender aos padrões necessários às certificações impostas aos fornecedores sem o uso de rigorosos sistemas de qualidade. Da mesma forma, não está muito longe o tempo em que o serviço de atendimento aos clientes podia ser mantido pela simples manutenção de grandes estoques. Hoje, as velozes mudanças tecnológicas e as menores margens de lucro tornam essa estratégia economicamente inviável – forçando as empresas a usarem sistemas de controle mais rigorosos, que são necessários para operar com baixos níveis de estoque. Essas mudanças estão transformando as operações em um componente mais integral e mais técnico da gestão de negócios de produção.

As tendências dos anos 1990 podem fazer parecer que a importância das operações é um fenômeno recente. No entanto, como discutiremos com maior profundidade na Parte I, os detalhes das operações com estoques mínimos *sempre* tiveram consequências estratégicas para as organizações industriais. Uma lembrança relativamente recente desse fato foi a experiência do Japão nos anos 1970 e 1980. De acordo com a descrição que será vista no Capítulo 4, as empresas japonesas, particularmente a Toyota, conseguiram executar uma estratégia com baixo custo e lotes mínimos de produção, somente porque deram atenção total aos mínimos detalhes do chão de fábrica (como troca de ferramentas, controle estatístico de processos, controle do fluxo dos materiais) por um longo tempo. O resultado final foi uma arma competitiva enorme que permitiu à Toyota ascender da obscuridade para uma posição de liderança na indústria automotiva mundial.

Hoje, a importância das operações para a saúde das empresas de produção, e mesmo para a viabilidade, é maior do que nunca graças à competição global nas três dimensões a seguir:

1. **Custos.** Esta é a dimensão tradicional da competição que sempre foi o reino da gestão de operações. Uma utilização eficiente da mão de obra, dos materiais e dos equipamentos é essencial para manter os custos competitivos. Precisamos observar, contudo, que do ponto de vista do cliente é o **custo unitário** (custo total dividido pelo volume total) que importa, implicando que tanto a redução de custos quanto a elevação de volumes são objetivos importantes da GO.
2. **Qualidade.** Os anos 1980 trouxeram para os Estados Unidos (e para o resto do mundo) o reconhecimento geral de que a qualidade é uma arma competitiva central. Obviamente, a qualidade *externa*, que pode ser observada pelo cliente, sempre foi uma preocupação da indústria. A revolução da qualidade dos anos 1980 serviu para focar a atenção na qualidade *interna*, durante cada etapa do processo de fabricação e na sua relação com a satisfação dos clientes. As facetas da gestão de operações, como controle estatístico de processos, fatores humanos e controle dos fluxos de materiais, têm se agigantado nesse contexto como componentes da estratégia da **Gestão da Qualidade Total** (*Total Quality Management* – TQM).

3. **Agilidade.** Se os custos e a qualidade continuam sendo críticos, a década de 1990 pode ser intitulada como a *década da agilidade*. O rápido desenvolvimento de novos produtos, somado à entrega rápida aos clientes, são pilares da estratégia da **competição baseada no tempo** (*time-based competition* – TBC) que tem sido adotada pelas empresas líderes em muitos setores. Trazer novos produtos rapidamente ao mercado exige tanto o desempenho na realização em paralelo de tarefas de desenvolvimento do produto quanto a habilidade de elevar com eficácia as escalas de produção. A entrega responsiva (baseada em pedidos), sem a formação de estoques ineficientes, exige *lead times* de fabricação curtos, processos confiáveis e integração eficaz de funções díspares, como vendas e fabricação. Essas questões são centrais para a gestão de operações e aparecem muitas vezes neste livro.

Essas três dimensões são amplamente aplicáveis à maioria das empresas industriais, mas sua importância relativa obviamente varia para cada organização. Um fabricante de *commodities* (p. ex., bicarbonato de sódio, parafusos, resistores) depende de forma crítica da eficiência, pois o baixo custo é uma condição para a sobrevivência. Um fabricante de bens de luxo – automóveis caros, relógios extravagantes, livros encadernados em couro – depende da qualidade para manter seu mercado. Um fabricante de produtos de alta tecnologia (computadores, produtos farmacêuticos patenteados, produtos eletrônicos sofisticados) precisa de agilidade na entrada no mercado para ser competitivo e explorar ao máximo o potencial de lucro durante a limitada vida econômica útil do produto. Evidentemente, os desafios gerenciais nesses vários ambientes são diferentes. Porém, considerando o fato de as operações serem integradas ao custo, à qualidade e à agilidade, a gestão de operações desempenha um papel estratégico para todas as empresas.

0.2.3 O método: a Ciência da Fábrica

Até aqui, determinamos que o foco deste livro é a gestão de produção, e seu escopo, as operações. A questão agora é: como os gestores podem fazer uso do ponto de vista das operações para identificar uma combinação sensível de políticas que sejam eficazes agora e flexíveis o bastante para se adaptarem às necessidades futuras?

Na nossa opinião, algumas abordagens convencionais da gestão de produção deixam a desejar:

1. A *gestão pela imitação* não é a resposta. Observar a concorrência pode fornecer à companhia uma fonte muito válida de inspiração e pode ajudar a evitar que ela fique presa dentro de modos de pensar estabelecidos. Entretanto, a imitação não pode instigar o ímpeto para uma vantagem competitiva verdadeiramente significante. Ideias ousadas devem vir de dentro, não de fora.
2. A *gestão pela última moda* também não é a resposta. As empresas têm sido inundadas por uma onda de "revoluções" nos anos recentes. MRP, JIT, TQM, BPR, TBC (e até mesmo algumas poucas sem um acrônimo chique de três letras) varreram a comunidade industrial, acompanhadas por retórica exponencial e entusiasmo apaixonante, mas com poucos detalhes concretos. Como observaremos na Parte I, esses movimentos continham muitas ideias valiosas. No entanto, eles são sistemas de gestão altamente perigosos, pois é muito fácil para os gestores se apegarem a belas palavras e *slogans* enganosos e perderem a visão dos objetivos fundamentais do negócio. O resultado pode ser decisões muito ruins para o longo prazo.
3. A *gestão pela consultoria* é, no máximo, apenas uma resposta parcial. Um bom consultor pode fazer uma avaliação objetiva das políticas da empresa e ser uma fonte de novas ideias. Porém, como alguém de fora, o consultor não está em uma posição de obter o apoio das pessoas mais importantes, fundamentais para a implantação de novos sistemas de gerenciamento. Além disso, um consultor nunca terá a familiaridade com o negócio como alguém de dentro tem e, portanto, ele provavelmente tentará forçar soluções genéricas, em vez de métodos personalizados que atendam às necessidades específicas da empresa. Não importa quão boas as

ferramentas tecnológicas externas possam ser (por exemplo, ferramentas de programação de equipamentos, scanners ópticos, AGVs, robôs), o *sistema* de produção precisa ser projetado na *própria* empresa, se quisermos que seja eficaz como um todo.

E, então, qual a resposta? Na nossa visão, a resposta não é *o que fazer* quanto aos problemas da produção, mas sim *como pensar* sobre eles. Cada ambiente de produção é único. Nenhum conjunto de procedimentos pode funcionar corretamente em qualquer condição. Assim, os gestores de produção eficazes do futuro precisarão ter uma sólida compreensão de seus sistemas para poderem identificar os pontos de alavancagem, conhecer o "pulo do gato" em relação aos concorrentes e criar um ambiente de melhorias contínuas. Para o estudante de gestão de operações, isso é como receber uma mensagem com duas notícias: uma boa e uma má. A má notícia é que os gestores de produção terão de saber mais do que nunca sobre os fundamentos da manufatura. E a boa notícia é que o gestor que tem desenvolvido essas habilidades será cada vez mais valorizado no mercado.

Do ponto de vista das operações, existem tendências comportamentais compartilhadas por praticamente todas as empresas de produção. Achamos que elas podem ser organizadas em um conjunto de conhecimentos que possa servir como base para os gestores de produção, assim como a área da medicina serve como base para os médicos. Neste livro, empregamos um espírito de questionamento racional em busca da **ciência da produção** por meio do estabelecimento de conceitos básicos como blocos de construção, definindo princípios fundamentais como "leis da produção" e identificando ideias gerais a partir de práticas específicas. Nosso principal objetivo é fornecer ao leitor uma estrutura organizada, com relação à qual ele possa avaliar as práticas administrativas e desenvolver intuições úteis sobre os sistemas de produção. Em segundo lugar, queremos encorajar outras pessoas a desenvolver ainda mais a ciência da produção, aumentando a possibilidade de estruturas novas e melhores do que as atuais.

Usamos o termo **Ciência da Fábrica** para distinguir a ênfase de longo prazo sobre princípios gerais da perspectiva de curto prazo orientada para o uso de técnicas específicas, inerente à abordagem das práticas da moda. Enfatizamos que a Ciência da Fábrica *não é a mágica da fábrica*. Em vez disso, é uma disciplina baseada em métodos científicos que têm várias características em comum com a área da Ciência:

1. *Estrutura para a solução de problemas.* Assim como na Ciência existem poucas soluções simples, também há poucas na gestão de produção. A Ciência oferece abordagens racionais para entender a natureza. Uma compreensão dos princípios básicos da Ciência é indispensável ao engenheiro para a construção ou o projeto de um sistema complexo. Desse modo, também a Ciência da Fábrica fornece um contexto para a compreensão das operações de produção que permite ao gestor ou engenheiro identificar e resolver os problemas certos.
2. *Abordagem técnica.* A Ciência é geralmente vista como um assunto técnico e difícil. Porém, como observamos, a Gestão de Operações também é um assunto técnico e difícil. Uma apresentação da GO sem nenhum conteúdo técnico é como uma descrição jornalística de um feito da engenharia sem nenhuma descrição ciência – soa interessante, mas o leitor não pode saber como é realizado realmente. Tal abordagem poderia ser legítima como um *survey* sobre a gestão de operações, entretanto não serve para o desenvolvimento de habilidades necessárias aos engenheiros e administradores de fábricas.
3. *O papel da intuição.* Os físicos geralmente têm uma intuição bem desenvolvida a respeito do mundo físico. Mesmo antes de escrever qualquer equação matemática para representar um sistema, um físico forma uma opinião qualitativa para os parâmetros importantes e suas relações. De maneira análoga, para se tomar boas decisões, um gestor necessita de uma forte intuição sobre o comportamento do sistema e as consequências de várias ações. Assim, enquanto gastamos muito tempo desenvolvendo conceitos com modelos matemáticos, a nossa preocupação real não são as análises em si, mas a intuição geral a que podemos chegar por meio delas.

No espírito do livro *A Ciência da Fábrica*, podemos resumir as principais habilidades necessárias ao gestor do futuro em três categorias: **conceitos básicos, intuição** e **síntese.**[1] A relação delas com a gestão de operações e seu papel neste livro são descritos a seguir:

1. **Conceitos básicos.** A linguagem e os conceitos elementares para a descrição de sistemas de produção são pré-requisitos essenciais para qualquer gestor de produção. Apesar de muitos conceitos básicos relevantes ao gestor de produção, como matemática elementar, estatística, ciência dos processos de produção, estarem fora dos domínios da GO e, portanto, do escopo deste texto, apresentamos uma série de conceitos básicos que integram a GO e que tratam de variabilidade, confiabilidade, comportamento de sistemas de filas e assim por diante. Estes são introduzidos na Parte II. Também selecionamos alguns conceitos básicos valiosos das práticas tradicionais da GO na pesquisa histórica da Parte I.
2. **Intuição.** A habilidade singular mais importante de um gestor de produção é a intuição a respeito do comportamento dos sistemas de produção. Uma intuição sólida permite ao gestor identificar pontos de alavancagem em uma fábrica, avaliar impactos das mudanças propostas e coordenar esforços de melhoria. Por isso, dedicamos a maior parcela da Parte II do livro ao desenvolvimento da intuição sobre os comportamentos mais importantes na produção.
3. **Síntese.** Logo após a intuição na lista das habilidades importantes para o gestor de produção está a capacidade de organizar os componentes díspares de um sistema para formarem um conjunto eficaz. Em parte, isso está relacionado à habilidade de entender os *trade-offs* e de concentrar-se nos parâmetros críticos. Entretanto, depende também da capacidade de se distanciar e examinar o sistema de uma perspectiva holística. Discutiremos um método formal para a solução de problemas baseado nessa visão – a **abordagem de sistemas** – no Capítulo 6. Um bom gestor de produção também considera as melhorias baseado em muitas abordagens diferentes (p. ex., mudanças de processo, de logística, de políticas de pessoal) e é sensível aos efeitos de mudanças em áreas isoladas. Na Parte III, apresentamos uma hierarquia do planejamento da produção que integra decisões potencialmente desvinculadas e descrevemos as interfaces entre as diferentes funções. Frequentemente, o maior retorno sobre o investimento está nas interfaces, assim as destacamos sempre que possível nas Partes II e III.

0.2.4 A perspectiva: as linhas de fluxo

Para usar o método da Ciência da Fábrica no estudo da gestão de produção sob o ponto de vista das operações, precisamos selecionar uma perspectiva primária por meio da qual visualizamos os sistemas de fabricação. Sem isso, as diferenças ambientais tendem a obscurecer o comportamento comum subjacente e a impossibilitar o desenvolvimento de uma ciência da produção. A razão é que, mesmo quando adotamos uma visão das operações e ignoramos as diferenças de níveis inferiores nos produtos e processos, os ambientes de fábrica variam muito a respeito de suas **estruturas de processo**, isto é, à maneira como os materiais fluem pela planta. Por exemplo, a natureza de fluxo contínuo de uma indústria química comporta-se de modo muito distinto e, portanto, apresenta um quadro administrativo diferente daquele de uma linha de produção do tipo artesanal com fluxo de produção unitário e máquinas customizáveis. Hayes e Wheelwright (1979) classificam os ambientes de fabricação pela estrutura de processos em quatro categorias (ver Figura 0.3), que podem ser descritas da seguinte forma:

1. **Oficinas de trabalho com leiaute funcional (*job shops*).** São produzidos pequenos lotes com uma grande variedade de fluxos ao longo da planta. O fluxo pela planta é confuso, *setups* de

[1] Mesmo que essas categorias sejam novas em um livro sobre produção, elas não são revolucionárias. O *Trivium*, que constituiu a base para uma educação liberal na Idade Média e consistia de gramática (as funções básicas), lógica (relações lógicas) e retórica (organizar tudo), é praticamente idêntico à nossa estrutura.

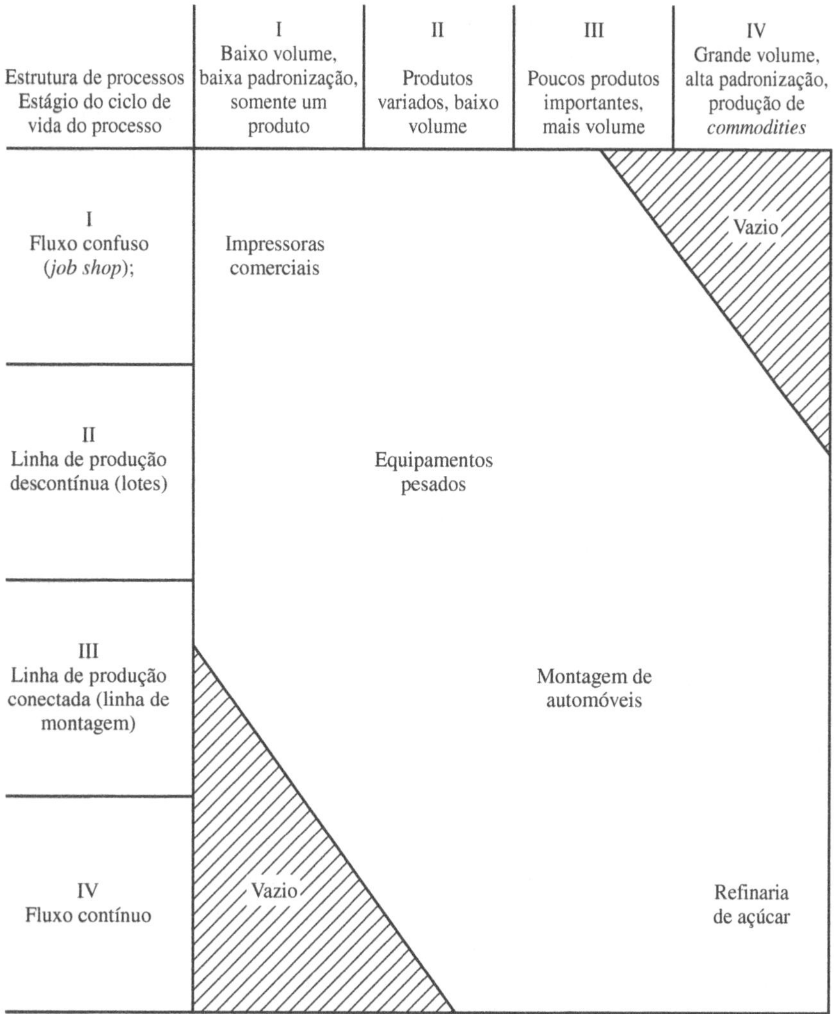

FIGURA 0.3 A matriz do processo dos produtos.
(Fonte: Hayes and Wheelwright 1979)

máquinas são comuns, e o ambiente tem uma atmosfera mais característica de projeto do que de ritmo de produção. Por exemplo, uma impressora comercial, na qual cada trabalho tem suas exigências específicas, geralmente será estruturada como uma *job shop*.†

2. **Linhas de fluxo desconectadas.** Lotes de produtos são produzidos em um número limitado de roteiros, isto é, caminhos pela fábrica. Apesar de as rotas serem distintas, as estações individuais das linhas não são conectadas por um sistema de manuseio sequenciado dos materiais, de forma que se podem formar estoques entre as estações. A maioria dos sistemas de fabricação industriais se parece, de certo modo, com o ambiente de linhas de fluxo desconectadas. Por exemplo, uma indústria de equipamentos pesados, como caminhões-tanque, usará linhas de montagem bem definidas, porém, por causa da baixa escala e da complexidade dos processos em cada estação, geralmente não automatizará o fluxo entre as estações de trabalho.
3. **Linhas de fluxo conectadas.** Esta é a linha de montagem clássica inventada pelo famoso Henry Ford. O produto é fabricado e montado ao longo de uma rota rígida, conectada por

† N. de R.T.: Este tipo de empresa caracteriza-se por agrupar máquinas similares, por exemplo, setor de tornos, setor de fresadoras, setor de retíficas, etc.

um sistema de alimentação de materiais em ritmo contínuo. Os automóveis, cujas estruturas se movimentam ao longo de uma linha de montagem que se desloca entre as estações onde os componentes são montados, são a aplicação clássica desse tipo de estrutura. Apesar da familiaridade e do apelo histórico desse tipo de sistema, na indústria as linhas de montagem automáticas são, na verdade, muito menos comuns do que as linhas desconectadas.

4. **Processos de fluxo contínuo.** Os produtos (alimentos, produtos químicos, óleos, materiais de construção, fibra de vidro, isolantes, etc.) fluem contínua e automaticamente ao longo de uma rota fixa. Muitas fábricas de processamento de alimentos, como as refinarias de açúcar, usam o fluxo contínuo para conseguir uma alta eficiência e a uniformidade do produto.

Esses ambientes servem para vários tipos de produtos. Pelo fato de uma *job shop* dispor de total flexibilidade, ela é adequada para produtos com baixo volume e com alta customização. Entretanto, como esse tipo de ambiente não é muito eficiente em termos de custo por unidade, ele não é atrativo para produtos com maior volume de produção. Assim, a maioria das plantas de produção de componentes utiliza, pelo menos parcialmente, algum tipo de linhas de fluxo. A decisão do nível de automação e do ritmo das linhas depende de quanto os volumes e a expectativa da vida econômica justificam os investimentos de capital necessários. Na fabricação contínua de produtos, a decisão análoga é sobre o quanto vale a pena migrar de processos tradicionais de produção em lotes para processos de fluxo contínuo.

A Figura 0.3 apresenta uma **matriz de produto-processo** frequentemente citada, que relaciona as estruturas de processos aos tipos de produtos. A mensagem básica dessa figura é que quanto maior o volume, maior é a tendência por estruturas de fluxo contínuo. Isso sugere que um ambiente apropriado de produção pode depender do estágio do produto em seu ciclo de vida. Produtos inseridos recentemente, de maneira geral, são produzidos com pouco volume e estão sujeitos a muitos reparos no projeto em sua fase de introdução, o que os torna adequados para a flexibilidade oferecida por ambientes de *job shop*. À medida que o produto progride pelas fases de crescimento e maturação, os volumes justificam uma mudança para um sistema mais eficiente de linha de fluxo (desconectada). Se o produto amadurece e se transforma em *commodity*, isto é, em vez de decair e sair do mercado, isso pode justificar uma padronização ainda maior do fluxo, por meio de uma linha automatizada de montagem ou de uma linha de fluxo contínuo. Essa evolução pode ser observada pela diagonal da matriz de processos de produtos da Figura 0.3, partindo do topo, à esquerda, até embaixo, à direita, ao longo da vida do produto.

Apesar de a matriz de produto-processo ser útil para caracterizar as diferenças nas estruturas de processos e suas relações com as necessidades do produto, ela apresenta apenas uma parte do quadro geral. Se estratégia de produção fosse apenas uma questão de observar o tipo de produto e selecionar o processo mais apropriado usando essa matriz, não precisaríamos de uma ciência da produção (ou gerentes de produção altamente treinados). No entanto, como temos enfatizado, os clientes, atualmente querem tudo: variedade, baixo custo, alta qualidade e entregas rápidas. Hoje, um dos maiores desafios enfrentados pelas empresas industriais é como estruturar o ambiente de fábrica de maneira a obter a agilidade e os baixos custos das linhas de fluxo com altos volumes, ao mesmo tempo que se mantém a flexibilidade e o potencial de customização de uma estrutura de *job shop* com volumes baixos, tudo isso em uma atmosfera de melhoria contínua da qualidade.

Neste livro, selecionamos como nossa perspectiva principal a produção de componentes em linhas de fluxo desconectadas. Fazemos isso em parte porque tais ambientes são os mais frequentes na indústria. Além disso, a perspectiva de linha de fluxo nos permite identificar conceitos para sanar fluxos "confusos" e melhorar a eficiência em ambientes de *job shop*. Desse modo, as linhas de fluxo oferecem uma conexão lógica entre a produção de componentes e os processos de fluxo contínuo, e, portanto, são um meio para enxergar os sistemas contínuos como uma fonte de ideias para balancear o fluxo e melhorar a eficiência dos custos. Assim, a perspectiva da linha de fluxo desconectada serve como um fundamento sobre o qual podemos construir um marco referencial para a solução de problemas aplicável a uma ampla gama de ambientes industriais.

0.3 UMA VISÃO GERAL DO LIVRO

O conteúdo deste livro é dividido em três grandes partes:

A Parte I, As Lições da História, fornece o histórico da produção nos Estados Unidos, junto com uma revisão das técnicas administrativas das operações tradicionais, incluindo modelos de controle de estoques, planejamento de necessidade de materiais (MRP) e *just-in-time* (JIT). Ao revisar cada um desses temas, identificamos as ideias essenciais que são componentes necessários à ciência da produção. A Parte I termina com uma revisão crítica do porquê de essas técnicas históricas serem, por si só, inadequadas para as necessidades da produção do futuro.

A Parte II, A Ciência da Fábrica, apresenta os conceitos centrais do livro. Iniciamos com a estrutura básica da ciência da produção e com uma discussão das abordagens dos sistemas à solução de problemas. Depois analisamos as principais tendências comportamentais das fábricas, começando com os relacionamentos básicos entre as medidas (p. ex., produção, estoques e *lead time*) e trabalhando também as influências sutis da variabilidade. Da mesma forma, examinamos a ciência existente por trás de algumas técnicas japonesas, comparando sistemas de produção baseados nos conceitos de "produção puxada e produção empurrada". Para maior clareza, as conclusões mais importantes são definidas como "leis da produção", apesar de que, como será discutido mais adiante, algumas dessas leis são verdadeiras leis pétreas, enquanto outras são generalidades úteis, válidas na maioria dos casos. Incluímos na Parte II uma breve discussão sobre questões humanas fundamentais em sistemas de produção, para enfatizar o ponto essencial de que a produção é mais do que apenas equipamentos e logística – são pessoas, também. Além disso, identificamos conexões-chave entre a logística e a qualidade, para fornecer alguma ciência que fundamente as práticas de TQM.

A Parte III, Os Princípios na Prática, trata de questões específicas da gestão de produção em maiores detalhes. Por meio da aplicação das lições da Parte I e das leis da Parte II, comparamos diferentes abordagens a problemas comumente encontrados na gestão de uma fábrica. Estes incluem controles de chão de fábrica, sequenciamento e programação da produção, planejamento agregado de longo prazo, planejamento da força de trabalho, gestão da capacidade e coordenação de planejamento e de controle em todos os níveis em um sistema hierárquico. O foco está na escolha de medidas e controles corretos e no fornecimento de um marco referencial sobre o qual podemos construir soluções. Ilustramos procedimentos para solução de problemas, fornecendo instruções explícitas de "como fazer" para resolver problemas selecionados. O objetivo dessas soluções detalhadas não é tanto fornecer ferramentas prontas, mas ajudar o leitor a visualizar como os conceitos gerais da Parte II podem ser aplicados a problemas específicos.

Essa abordagem em três partes faz mais ou menos um paralelo das três categorias de habilidades necessárias aos gerentes e engenheiros de produção: os conceitos básicos, a intuição e a síntese. A Parte I se concentra nos conceitos básicos, apresentando uma perspectiva histórica e introduzindo termos e técnicas tradicionais. A Parte II focaliza a intuição, apresentando o comportamento fundamental dos sistemas de produção. A Parte III aborda a síntese, desenvolvendo um marco referencial para a integração de problemas diversos do planejamento da produção. Um profissional da produção, por meio do domínio dessas três habilidades, poderá identificar os problemas essenciais em uma fábrica *e* fazer algo para solucioná-los.

E, agora, vamos em frente com *A Ciência da Fábrica.*

PARTE I

As Lições da História

Aqueles que não podem lembrar-se do passado
estão condenados a repeti-lo.
GEORGE SANTAYANA

CAPÍTULO 1

A Indústria Norte-Americana

O que foi é o que será, o que acontece é o que há de acontecer, não há nada de novo debaixo do sol.

ECLESIASTES

1.1 INTRODUÇÃO

Uma premissa fundamental deste livro é que para gerir algo de maneira eficaz precisamos antes entender do assunto. No entanto, os sistemas de produção são entidades complexas que podem ser visualizadas de várias maneiras,[1] muitas das quais fazem parte da perspicácia gerencial. Uma perspectiva importante, em particular, que oferece um marco referencial de organização para todas as outras, é a da história.

Um senso histórico é fundamental aos gestores de produção em virtude de duas razões principais. Em primeiro lugar, na produção, como em todos os caminhos da vida, o teste final de uma ideia é o teste do tempo. Levando em consideração que o sucesso a curto prazo pode ser resultado de sorte ou de circunstâncias exógenas, só podemos identificar conceitos de valor duradouro por meio de uma observação a longo prazo. Segundo, em função das mudanças das necessidades ao longo do tempo para se obter sucesso, é crucial que os gestores tomem decisões já pensando no futuro. Uma das melhores ferramentas para se antecipar o futuro de maneira consistente é dar uma boa olhada para o passado.

A história da indústria norte-americana é fascinante: desde seu surgimento, a partir de um início fraco na era colonial, até a liderança mundial inquestionável em meados do século XX, atravessando um período de forte declínio nos anos 1970 e 1980 e uma revitalização no complexo ambiente global dos anos 1990. Infelizmente não temos aqui nem o espaço e nem o conhecimento necessário para tratar desse assunto de maneira satisfatória. Em vez disso, destacamos os acontecimentos e as tendências mais importantes, dando ênfase a temas que serão cruciais mais adiante neste livro. Esperamos que o leitor fique suficientemente interessado nesses assuntos históricos, a fim de buscar mais fontes bibliográficas. Os seguintes pontos iniciais são interessantes: Wren (1987) nos fornece uma excelente visão geral sob a perspectiva da gestão; Boorstin, em sua trilogia *The Americans* (1958, 1965, 1973), oferece vários pontos de vista sobre o mundo empresarial norte-americano em um contexto cultural; Chandler (1977, 1990) dá um tratamento soberbo da evolução da gestão em grande escala nos Estados Unidos, na Inglaterra e na Alemanha. No material exposto a seguir, baseamo-nos bastante nesses trabalhos e em suas referências.

---

[1] Por exemplo, para um engenheiro mecânico, um sistema de produção é um conjunto de processos físicos para transformar materiais; para um gerente de operações, é uma rede logística de fluxo de produtos; para um especialista em organizações, pode ser uma comunidade de pessoas com objetivos comuns; para um contador, é uma série de fluxos de caixa interconectados; e assim por diante.

1.2 A EXPERIÊNCIA NORTE-AMERICANA

Em muitos sentidos, os Estados Unidos iniciaram do zero. Um continente vasto e aberto oferecia recursos inigualáveis e oportunidades ilimitadas para o desenvolvimento. Sem as amarras das tradições do Velho Mundo, os norte-americanos estavam livres para escrever suas próprias regras. O governo, as leis, as práticas culturais e os costumes sociais eram escolhas a serem feitas como partes de uma grande experiência norte-americana.

Naturalmente, essas escolhas refletiram os tempos em que foram feitas. Em 1776, o sentimento antimonarquista, que logo iria alimentar a Revolução Francesa, estava crescendo tanto no Velho Mundo quanto no Novo. Os Estados Unidos optaram pela democracia. Em 1776, Scotsman Adam Smith (1723–1790) proclamou o fim do velho sistema mercantilista e deu início ao capitalismo moderno com seu livro *A Riqueza das Nações,* no qual anunciou os benefícios da divisão do trabalho e explicou o funcionamento da "mão invisível" do capitalismo.[2] Os Estados Unidos fizeram sua opção pelo mercado livre. Em 1776, James Watt (1736 –1819) vendeu seu primeiro motor a vapor na Inglaterra e iniciou a primeira revolução industrial. O país abraçou o novo sistema de fabricação, desenvolveu um estilo único de produção, e, finalmente, liderou os avanços nas comunicações e nos transportes que geraram a segunda revolução industrial. Ainda em 1776, o *common law* inglês era o padrão para o mundo civilizado. Os Estados Unidos adaptaram essa tradição, emprestada das leis romanas e do Código Napoleônico, e, rapidamente, tornaram-se o país mais litigioso do mundo.[3]

Os norte-americanos não inventaram conceitos revolucionários do nada. Em quase todos os casos, tomaram emprestado livremente (e até roubaram) ideias do Velho Mundo e as adaptaram ao Novo. Como as necessidades do Novo Mundo eram diferentes, não estavam amarradas aos costumes e às tradições do Velho Mundo, e, sinceramente, como os norte-americanos eram um tanto ingênuos, as instituições sociais e econômicas resultantes foram únicas.

O próprio fato de os Estados Unidos terem a oportunidade de criar a si próprios contou muito na formação de sua identidade nacional. Diferentemente dos países do Velho Mundo, que foram fundidos como nações bem depois de adquirirem um espírito nacional, os Estados Unidos da América se tornaram uma nação a partir de uma composição de colônias que tinham poucos sentimentos de uma identidade em comum. Por isso, os norte-americanos buscaram ativamente uma identidade na forma de símbolos culturais. O ícone mais forte e exclusivo dos Estados Unidos foi o personagem rude e individualista que buscava sua liberdade nas fronteiras. Isso deu origem às lendas em quadrinhos do Velho Oeste sobre Davy Crockett e Mike Fink e, posteriormente, foi importante na transformação de Abraham Lincoln em um ícone reverenciado em todo o país como o presidente-locomotiva. Mesmo após as fronteiras serem conquistadas, o mito do pioneiro sobreviveu na literatura popular e no cinema, com os *cowboys*, rancheiros, pistoleiros e colonizadores do Velho Oeste.

Nos últimos tempos, o mito do fronteira evoluiu para o do indivíduo que vence pelos próprios esforços, o *self-made man*, que tem suas raízes nos provérbios de Benjamin Franklin (1706 –1790) e nos ensaios de Ralph Waldo Emerson (1803–1882) e que encontraram um solo fértil na ética do trabalho protestante. Esse mito transformou industrialistas de sucesso do século XIX (p. ex, Carnegie, Rockefeller, Morgan) em heróis e forneceu apoio cultural para a perceptível busca pela riqueza dos especuladores na década de 1980. Os termos que se referiam ao empresário de risco no jogo de aquisições corporativas da chamada "década da ambição" – *pistoleiro, cavaleiro branco, senhores do universo* – não foram acidentais. Tampouco é o fato de que marketing e finanças têm sido muito mais populares nas universidades norte-americanas do que gestão de operações. A percepção tem sido de que, nas finanças e no marketing, pode-se fazer algo "grande" ou "audacioso" ao se dar início a empreendimentos ousados ou ao lançamento de novos produtos arrojados, enquanto na gestão de operações, os gestores

[2] Não é simples coincidência que Henry Ford, um dos homens mais visivelmente associados ao capitalismo, escreveria um livro, 150 anos após o de Smith, com o penúltimo capítulo intitulado "A Riqueza das Nações".

[3] Dois terços dos advogados do mundo trabalham nos Estados Unidos, onde existem mil advogados para cada cem engenheiros. O Japão, por sua vez, possui mil engenheiros para cada cem advogados (Lamm 1988, 17).

se esforçam para cortar custos de alguns centavos – necessários, talvez, mas não tão emocionantes. A atenção aos detalhes pode ser uma virtude na Europa ou no Japão, onde os limites de recursos naturais têm sido uma questão indiscutível; mas é definitivamente uma idiotice na terra dos *cowboys*.

Uma terceira força cultural que permeia a identidade norte-americana é uma fé inabalável no *método científico*. Desde o período do Iluminismo, que nos Estados Unidos tomou forma na ciência popular de Franklin e, depois, nas invenções pragmáticas de Whitney, Bell, Eastman, Edison, entre outros, os norte-americanos sempre abraçaram a abordagem racional, reducionista e analítica da ciência. O primeiro sistema de gestão genuinamente norte-americano foi a **gestão científica**.[4] A noção da "gestão pelos números" tem fortes raízes na propensão cultural por coisas científicas.

O método *reducionista*, preferido pelos cientistas, analisa os sistemas dividindo-os em partes e estudando cada uma delas. Esse foi um dos princípios fundamentais da gestão científica que funcionou para a melhora da eficiência total por meio da decomposição do trabalho em tarefas específicas e da melhora da eficiência de cada tarefa. Os engenheiros industriais e os pesquisadores de operações da atualidade ainda usam essa abordagem quase sempre, e pode-se dizer que são produtos do movimento da gestão científica.

Enquanto o reducionismo pode ser um paradigma de extrema utilidade na análise de sistemas complexos – e, certamente, a ciência ocidental colheu muitos triunfos por meio dessa abordagem, – ele não é a única perspectiva válida. Na verdade, como ficou óbvio pela enorme diferença entre a pesquisa acadêmica e a prática na indústria, muita ênfase em componentes individuais pode levar a uma perda de perspectiva do sistema como um todo.

Ao contrário do reducionismo do Ocidente, as sociedades do extremo Oriente parecem manter uma perspectiva mais **holística** ou **sistêmica**. Nessa abordagem, os componentes individuais são vistos muito mais em termos de suas interações com outros subsistemas e sob a luz dos objetivos gerais do sistema. Sem dúvida, essa perspectiva influenciou o desenvolvimento dos sistemas *just-in-time (JIT)* no Japão, como discutiremos em maiores detalhes no Capítulo 4.

A diferença entre a perspectiva reducionista e a holística é bem ilustrada pelas diversas respostas dos norte-americanos e dos japoneses para o problema dos *setups* nas operações de produção. O tempo de *setup* é necessário para ajustar os equipamentos quando se troca o produto a ser fabricado. Na literatura norte-americana sobre pesquisas de engenharia e de operações industriais, durante décadas, os tempos de *setup* eram considerados limitações, levando ao desenvolvimento de toda sorte de modelos matemáticos complexos para determinar os lotes econômicos "ótimos" que equilibrassem os custos dos *setups* com os custos de manutenção dos estoques. Essa visão fazia sentido sob a perspectiva reducionista, na qual os acertos eram fixos nos subsistemas considerados. Os japoneses, ao contrário, enxergando os sistemas de produção de maneira mais holística, reconheciam que os tempos de *setup* não eram fixos – e que podiam ser reduzidos. Além disso, partindo de uma perspectiva de sistemas, era claro o valor da redução dos tempos de *setup*. O uso inteligente de moldes, ferramentas, preparação fora do ciclo (*setup* externo, realizado antes da parada efetiva), e assim por diante, que se tornou conhecido como *troca de molde em um minuto* ou SMED (*single minute exchange of die* – Shingo 1985), permitiu que algumas fábricas japonesas obtivessem tempos de *setup* significativamente menores do que aqueles em fábricas norte-americanas do mesmo tipo. A indústria automotiva japonesa, em específico, tornou-se uma das mais produtivas do mundo. Essas fábricas ficaram mais simples de serem administradas e mais flexíveis do que as norte-americanas.

É claro que o sistema japonês também tinha seus pontos fracos. Seus sistemas confusos de preço e distribuição faziam seus aparelhos eletrônicos serem mais baratos em Nova York do que em Tóquio. A concorrência era fortemente regulada por uma rede corporativa tradicional que excluía os recém-chegados e levava a maus investimentos. Os altos lucros dos anos 1980 causaram uma supervalorização das ações e dos imóveis. Quando a bolha estourou nos anos 1990, o Japão encontrou-se preso em uma longa recessão que espalhou a "crise asiática" para todo o Cinturão do Pacífico.

---

[4] Esse nome perdura apesar do fato de que o próprio criador, Frederick W. Taylor, preferia os termos *gerência de tarefa* ou *sistema Taylor*.

1.3 A PRIMEIRA REVOLUÇÃO INDUSTRIAL

Antes da primeira revolução industrial, a produção era em pequena escala, para mercados limitados, e usava intensivamente a mão de obra em vez de capitais. O trabalho era feito em dois sistemas, o **sistema doméstico** e as **corporações de ofício**. No sistema doméstico, os materiais eram entregues nas residências, onde as pessoas executavam as operações necessárias. Por exemplo, na indústria têxtil, diferentes famílias teciam, engomavam e tingiam os materiais, e os comerciantes pagavam por peça processada. Nas corporações de ofício, o trabalho era passado de uma oficina para outra: o couro era curtido por um curtidor, que passava o material para um tingidor, que passava para os fabricantes de sapatos ou de selas. O resultado eram mercados separados para os materiais de cada uma das etapas do processo.

A primeira revolução industrial começou com a indústria têxtil na Inglaterra em meados do século XVIII. Essa revolução, que mudou dramaticamente as práticas de produção e o próprio curso da existência humana, foi estimulada por várias inovações que ajudaram a mecanizar muitas operações tradicionais executadas anteriormente de forma manual. Entre os avanços tecnológicos mais importantes estavam a *lançadeira voadora*, desenvolvida por John Kay em 1733, a *máquina Jenny de tecer* inventada por James Hargreaves em 1765 (Jenny era sua esposa), e a *estrutura d'água* desenvolvida por Richard Arkwright em 1769. Facilitando a substituição de capital por mão de obra, essas inovações geraram economias de escala que fizeram a produção em massa em locais centralizados tornar-se atrativa pela primeira vez.

No entanto, a inovação singular mais importante da primeira revolução industrial foi o motor a vapor, criado por James Watt em 1765 e instalado pela primeira vez por John Wilkinson em sua usina de ferro em 1776. Em 1781, Watt desenvolveu a tecnologia para transformar os movimentos verticais do pistão em movimentos circulares. Isso fez do vapor uma fonte prática e aplicável para inúmeros usos, como fábricas, navios, trens ou minas. O vapor deu uma liberdade muito grande para a localização e a organização das indústrias, liberando a produção de sua dependência da energia hidráulica. Ele também forneceu energia mais barata, o que permitiu menores custos de produção, preços inferiores e uma vasta expansão dos mercados.

Dizem que Adam Smith e James Watt fizeram mais para transformar o mundo que os rodeava do que qualquer outra pessoa naquele período da história. Smith nos mostrou por que o sistema moderno de fabricação, com sua divisão de trabalho e a "mão invisível" do capitalismo, era bem-vindo. Watt, com seus motores (e a fábrica bem organizada onde ele, seu sócio, Matthew Boulton, e seus filhos os produziam), mostrou-nos como fazê-lo. Muitas características da vida moderna, incluindo o já disseminado emprego em grande escala nas fábricas, a produção em massa de bens baratos, o nascimento dos grandes negócios, a existência das classes dos gestores profissionais, entre outros, são consequências diretas das contribuições de Smith e Watt.

1.3.1 A revolução industrial nos Estados Unidos

No século XVIII, a Inglaterra tinha uma vantagem tecnológica decisiva sobre os Estados Unidos e a protegia proibindo a exportação de modelos, planos ou pessoas que pudessem revelar as tecnologias sobre as quais sua força industrial era baseada. Foi somente na década de 1790 que a primeira fábrica têxtil com tecnologia avançada apareceu nos Estados Unidos – resultado de um dos primeiros casos de espionagem industrial!

Boorstin (1965, 27) descreve que, nos últimos anos do século XVIII, os norte-americanos fizeram inúmeras tentativas para inventar máquinas iguais às da Inglaterra, organizando até loterias federais para levantar fundos e incentivar os inventores. Quando esses esforços falharam, os norte-americanos tentaram importar ou copiar as máquinas da Inglaterra. Tench Coxe, um cidadão da Filadélfia, conseguiu obter um conjunto de modelos de latão feitos a partir das máquinas de Arkwright, mas os fiscais da alfândega britânica os descobriram no cais do porto e frustraram sua tentativa. Os Estados Unidos finalmente tiveram sucesso quando Samuel Slater (1768–1835) – que aos 14 anos tinha sido aprendiz de Jedediah Strutt, o sócio de Richard Arkwright (1732–1792), – disfarçou-se de fazendeiro e partiu da Inglaterra em segredo, sem sequer avisar sua mãe, para evitar a lei inglesa a qual proibia qualquer pessoa que tivesse conhecimentos tecnológicos de deixar o país. Com a promessa de uma sociedade, Moses Brown (a Brown University leva o seu nome), que tinha uma pequena operação têxtil em Rhode Island com o seu genro, William Almy, convenceu Slater a compartilhar seus conhecimentos tecnológicos contrabandeados. Com o capital de Brown e Almy e a memória fenomenal de Slater, eles construíram uma máquina de tecer algodão, e, em 1793, estabeleceram a primeira tecelagem moderna norte-americana em Pawtucket, Rhode Island.

O *sistema de Rhode Island*, como ficou conhecido o sistema de gestão empregado pela sociedade de Almy, Brown e Slater, era bem parecido com o britânico do qual se originou. Focando na tecelagem de fios finos, Slater e seus sócios dependiam pouco de uma integração vertical e muito da supervisão pessoal direta sobre suas operações. Porém, na década de 1820, a indústria têxtil norte-americana iria adquirir um caráter distinto do britânico por meio da consolidação de muitas operações que antes eram feitas em separado sob o mesmo teto. Isso foi catalisado por dois fatores.

Em primeiro lugar, os Estados Unidos, diferentemente da Inglaterra, não tinham uma tradição forte de corporações de ofício. Na Inglaterra, vários estágios da produção (p. ex., a fiação, a tecelagem, o tingimento e a estamparia na fabricação dos tecidos de algodão) eram executados por diversos artesãos que se consideravam participantes de diferentes profissões. Comerciantes especialistas vendiam o fio, os tecidos e as tinturas. Todos esses grupos tinham seus próprios interesses em não centralizar ou simplificar a produção. Os Estados Unidos, no entanto, dependiam principalmente do sistema doméstico de produção de têxteis vigente durante o período colonial. Os norte-americanos daquela época fiavam e teciam para si mesmos, ou compravam os tecidos de lã e algodão importados. Mesmo na segunda metade do século XVIII, uma grande parte da produção norte-americana era feita por artesãos das vilas não afiliados a corporações de ofício. Como resultado, não existiam associações constituídas que bloqueassem o movimento de integração da produção.

Segundo, os Estados Unidos, ao contrário da Inglaterra, no final do século XVIII e começo do XIX, ainda tinham grandes fontes de energia hidráulica inexploradas. Assim, o motor a vapor não substituiu os engenhos d'água de forma consistente até a Guerra da Secessão. Tendo em vista as grandes fontes de energia hidráulica disponíveis, era importante centralizar as operações de fabricação. E foi exatamente isso que Francis Cabot Lowell (1775–1817) fez. Após contrabandear da Inglaterra os planos para um tear automático (Chandler 1977, 58), ele e os seus sócios construíram as famosas fábricas em Waltham e Lowell, no Estado de Massachusetts, em 1814 e 1821. Utilizando-se de uma única fonte de energia hidráulica para suprir todos os passos do processo necessário para a produção de tecido de algodão, estabeleceram um exemplo inicial de um sistema de produção moderno e integrado. Ironicamente, pelo fato de o vapor facilitar a geração de energia em unidades menores, sua introdução na Inglaterra serviu para manter o processo de produção menor e mais fragmentado do que nos Estados Unidos, que possuíam amplas fontes de energia hidráulica.

O resultado foi que os norte-americanos, enfrentando um ambiente totalmente diferente das empresas britânicas, que eram econômica e tecnologicamente superiores, responderam com a inovação. Esses passos em direção à integração vertical da indústria têxtil no início do século XIX foram os precursores de uma forte tendência, que, em última análise, faria dos Estados Unidos a terra dos grandes negócios. As sementes das grandes fábricas integradas de produção em massa, que seriam a regra no século XX, foram plantadas bem cedo na história norte-americana.

1.3.2 O sistema norte-americano de produção

A integração vertical foi o primeiro passo no estilo característico da produção norte-americana. O segundo passo, mais importante ainda, foi a produção de peças intercambiáveis na fabricação de produtos complexos constituídos de múltiplas peças. Por volta da metade do século XIX, ficou claro que os norte-americanos estavam desenvolvendo uma abordagem de produção totalmente nova. A Exposição no Crystal Palace, em Londres, em 1851, assistiu ao nascimento do termo *Sistema norte-americano de produção* para descrever os produtos norte-americanos, tais como as fechaduras de Alfred Hobbs, a pistola de repetição de Samuel Colt e a colheitadeira mecânica de Cyrus McCormick, todas produzidas usando o método de peças intercambiáveis.

O conceito de peças intercambiáveis não nasceu nos Estados Unidos. O Arsenal de Veneza usava algumas peças padronizadas na produção de navios de guerra desde 1436. O fabricante de armas francês Honoré LeBlanc tinha mostrado para Thomas Jefferson componentes de mosquetes produzidos com o uso de peças intercambiáveis em 1785, embora os franceses abandonaram essa abordagem em favor de métodos tradicionais de artesanato (Mumford 1934, Singer et al. 1958). Coube a dois cidadãos da Nova Inglaterra, Eli Whitney (1765–1825) e Simeon North, provar a viabilidade das peças intercambiáveis como uma prática industrial consistente. Com a insistência de Jefferson, Whitney foi contratado para produzir 10.000 mosquetes para o governo norte-americano em 1801. Apesar de ter entregue o último mosquete somente em 1809 e o trabalho lhe ter rendido apenas $2.500, ele estabeleceu, acima de qualquer dúvida, a funcionalidade de seu então chamado "Sistema Uniforme". North, um fabricante de foices, confirmou a praticidade do conceito e inventou novos métodos para sua implantação, por meio de uma série de contratos, entre 1799 e 1813, para produzir pistolas com peças intercambiáveis para o Departamento de Guerra. A inspiração de Jefferson e as ideias de Whitney e North foram usadas em grande escala pela primeira vez na Springfield Armory, entre 1815 e 1825, sob a direção do Coronel Roswell Lee.

Antes da inovação das peças intercambiáveis, a fabricação de uma máquina complexa era executada em sua totalidade por um artesão, o qual fabricava e montava cada uma das peças. Com o sistema uniforme de Whitney, as peças individuais eram produzidas em massa com tolerância suficiente para permitir seu uso em qualquer produto acabado. A divisão do trabalho desejada por Adam Smith podia agora ser usada em uma extensão jamais alcançada antes, com cada trabalhador produzindo peças individuais, em vez do produto todo tornando o artesão altamente habilidoso não mais necessário.

É difícil mensurar a importância da ideia das peças intercambiáveis, que Boorstin (1965) chamou de "a maior inovação para a substituição da habilidade de toda a história humana". Imagine a produção de computadores pessoais usando o sistema do artesão habilidoso! Primeiro, o artesão teria de fabricar uma pastilha de silício e, depois, transformá-la nos *chips necessários*. Então as placas com circuitos impressos teriam de ser produzidas, sem mencionar todos os outros componentes que se ligam a elas: os *drives*, o monitor, a fonte de energia e assim por diante – tudo teria de ser fabricado. Finalmente, todos os componentes teriam de ser montados em um gabinete de plástico feito à mão. Mesmo que fosse possível realizar tal feito, os computadores custariam milhões de dólares e dificilmente seriam "pessoais". Sem exageros, nosso estilo de vida moderno depende e evoluiu a partir da inovação das peças intercambiáveis. Certamente, os contratos com Whitney e North foram uma das maneiras mais produtivas do uso do dinheiro público para estimular o desenvolvimento tecnológico em toda a história norte-americana.

Assim, o sistema norte-americano de produção, enfatizando a produção em massa pelo uso da integração vertical e das peças intercambiáveis, deu início a duas tendências importantes que tiveram impacto na gestão de produção dos Estados Unidos até hoje.

A primeira é que o conceito de peças intercambiáveis reduziu muito a necessidade de habilidades especializadas por parte dos trabalhadores. Whitney declarou que seu objetivo era "substituir a habilidade do artesão, a qual é adquirida somente após uma longa prática e experiência, algo que o país não possui em extensão considerável, pelas operações corretas e eficientes das máquinas" (Boorstin 1965, 33). Com o uso do sistema norte-americano, trabalhadores sem habilidades especializadas podiam fabricar produtos complexos. Um resultado imediato foi a diferença de salários entre a Inglaterra e os Estados Unidos. Na década de 1820, os salários de trabalhadores não especializados norte-americanos eram um terço ou até cinquenta por cento maiores do que os ingleses, enquanto os dos trabalhadores altamente especializados nos Estados Unidos eram apenas um pouco maiores do que na Inglaterra. Visivelmente, os norte-americanos definiram bem cedo em sua história uma remuneração menor para habilidades especializadas na comparação com outros países. Os operários, assim como as peças, tornaram-se intercambiáveis. O nascimento do operário padrão contribuiu para a sólida história das relações trabalhistas norte-americanas, o que também abriu caminho para a distinção entre planejamento (pelos gestores) e execução (pelos trabalhadores), sob os princípios da gestão científica no início do século XX.

A segunda tendência refere que, ao especializar equipamentos em vez de pessoas, o sistema norte-americano remunerava melhor a inteligência do que o treinamento especializado. Na Inglaterra, sem habilidade significava sem especialização; mas o sistema norte-americano acabou com a distinção entre habilidosos e não habilidosos. Além disso, máquinas, técnicas e produtos mudavam constantemente, de forma que ter uma mente aberta e maior versatilidade tornou-se mais importante do que a habilidade manual ou o conhecimento de tarefas específicas. No Novo Mundo, uma educação liberal tinha uma utilidade nunca antes conhecida no Velho Mundo, onde a educação era basicamente uma marca de refinamento. Essa tendência teria uma grande influência no sistema de educação norte-americano, e é bem provável que tenha também preparado o caminho para a ascensão do gestor profissional, o qual estaria supostamente apto a dirigir qualquer operação sem conhecimento detalhado de suas especificidades.

1.4 A SEGUNDA REVOLUÇÃO INDUSTRIAL

Apesar dos notáveis avanços na indústria têxtil realizados por Slater na década de 1790 e da demonstração prática do sistema uniforme por Whitney, North e Lee no início dos anos 1800, a maioria das indústrias norte-americanas antes de 1840 era pequena, familiar e tecnologicamente primitiva. Antes da década de 1830, o carvão ainda não estava disponível em muitos lugares, de forma que a maioria das indústrias dependia da energia hidráulica. As variações sazonais no suprimento de energia devido ao gelo ou à seca, somadas à falta de uma rede de transporte confiável com qualquer tempo, faziam da produção contínua e em tempo integral algo impraticável para muitos fabricantes. Os trabalhadores eram contratados temporariamente junto à população agrícola, e os produtos eram vendidos ao mercado local ou por meio da rede tradicional de comerciantes criada para vender produtos ingleses nos Estados Unidos. A classe de operários permanentes era pequena, e a classe dos gestores industriais, um tanto inexistente. Antes de 1840, quase não havia empresas industriais suficientemente sofisticadas para precisarem muito mais do que métodos tradicionais de gestão direta das fábricas por seus proprietários.

Anteriormente à Guerra da Secessão, fábricas grandes eram a exceção e não a regra. Em 1832, Louis McLane, o secretário do Tesouro, conduziu uma pesquisa sobre a produção em 10 estados e encontrou apenas 36 empresas com 250 trabalhadores ou mais, sendo que 31 delas eram indústrias têxteis. A vasta maioria das empresas tinha ativos de apenas alguns milhares de dólares, empregava menos do que uma dúzia de operários e dependia da energia hidráulica (Chandler 1977, 60–61). A Springfield Armory, frequentemente citada como a fábrica mais moderna da época – usava peças intercambiáveis, divisão do trabalho, técnicas de contabilidade de custos, padrões uniformes, procedimentos de inspeção e controle e métodos avançados no trabalho de metais –, raramente tinha mais do que 250 empregados.

A difusão do sistema de fábrica foi limitada pela dependência da energia hidráulica até serem inauguradas as minas de carvão no leste da Pensilvânia na década de 1830. A partir de 1840, as fornalhas alimentadas com carvão mineral começaram a fornecer um suprimento barato de ferro-gusa pela primeira vez. A disponibilidade de energia e de matéria-prima incitou várias indústrias (p. ex., fábricas de relógios, cofres, fechaduras, pistolas) a implantarem grandes fábricas usando o método de peças intercambiáveis. Ao final da década de1840, tecnologias recém-inventadas, como máquinas de costura e colheitadeiras, também adotaram o método de produção com peças intercambiáveis.

No entanto, mesmo com a fartura de carvão, as fábricas com produção em grande escala não surgiram de imediato. A empresa moderna e integrada não foi consequência das inovações tecnológicas e energéticas da primeira revolução industrial. A característica da *produção* em massa de fabricar em grande escala exigia também a coordenação de um sistema de *distribuição* em massa para facilitar o fluxo de materiais e de produtos na economia. Assim, a segunda revolução industrial teve como catalisador as inovações nos transportes e nas comunicações – estradas de ferro, barco a vapor e telégrafo – ocorridas entre 1850 e 1880. As inovações na tecnologia de distribuição, por sua vez, acionaram uma revolução na tecnologia de produção em massa na década de 1880 e 1890, incluindo a máquina Bonsack para fazer cigarros, o processo da "linha automática" de enlatar alimentos, a implantação prática do processo Bessemer para a fabricação do aço, a refinaria eletrolítica do alumínio e muitas outras.

Durante esse período, os Estados Unidos visivelmente lideraram o caminho das inovações na produção em massa e na distribuição, e, como resultado, ao irromper da Segunda Guerra Mundial, detinham mais empresas de grande porte do que todo o mundo.

1.4.1 O papel das ferrovias

As estradas de ferro foram a faísca que incendiou a segunda revolução industrial por três razões:

1. Elas foram o primeiro grande negócio dos Estados Unidos e, portanto, o primeiro lugar onde foram necessárias hierarquias de gestão em grande escala e práticas modernas de contabilidade.
2. A sua construção (ao mesmo tempo do sistema de telégrafo) criou um grande mercado para os produtos de produção em massa, como trilhos de ferro, rodas e pregos, assim como outros produtos básicos, como madeira, vidro, tapeçaria e fios de cobre.
3. Elas conectaram o país, fornecendo transporte confiável com qualquer tempo para produtos industrializados e criando mercados em massa para os produtos.

O coronel John Stevens recebeu o contrato do primeiro trecho de estradas de ferro a ser construído nos Estados Unidos do governo da Nova Jersey em 1815, mas, por causa de problemas de financiamento, só terminou a construção do trecho de 38 quilômetros da Camden and Amboy Railroad em 1830. Em 1850, havia 14.000 quilômetros de linhas férreas estendendo-se até Ohio (Stover 1961, 29). Em 1865, havia 56.463 quilômetros de ferrovias nos Estados Unidos, dos quais apenas 5.266 estavam a oeste do Mississipi. Em 1890, já havia um total de 321.669 quilômetros, sendo que 116.663 quilômetros ficavam a oeste do Mississipi. Diferentemente do Velho Mundo e do leste dos Estados Unidos, onde as estradas de ferro estabeleceram centros populacionais, as ferrovias do Oeste Americano foram construídas em áreas pouco povoadas, com linhas ligando "nada com coisa alguma" na expectativa de desenvolvimento futuro.

O capital necessário para a construção das ferrovias foi muito maior do que o gasto na indústria têxtil. Um indivíduo ou um pequeno grupo de associados dificilmente podia ser dono de uma ferrovia. Além disso, por causa da complexidade e da natureza dispersa das operações, os muitos acionistas ou seus representantes não podiam gerir diretamente uma estrada de ferro. Pela primeira vez, uma nova classe de trabalhadores assalariados – os gerentes médios – emergiu nos negócios dos Estados Unidos. Pela própria necessidade, as ferrovias se tornaram o berço das primeiras hierarquias administrativas, em que os gerentes geriam outros gerentes.

Um pioneiro dos métodos para administrar as novas estruturas emergentes foi Daniel Craig McCallum (1815–1878). Trabalhando para a empresa New York and Erie Railroad Company na década de 1850, ele desenvolveu princípios de administração e um organograma formal para definir as linhas de autoridade e de comunicações, e divisões do trabalho (Chandler 1977, 101). Henry Varnum Poor, editor do *American Railroad Journal,* publicava os trabalhos de McCallum em seu jornal e vendia cópias de seus organogramas por $1. Apesar de a linha Erie ter sido comprada por financistas que pouco se preocupavam com eficiência (p. ex., o infame Jay Gould e seus associados), os esforços publicitários de Poor garantiram que as ideias de McCallum tivessem um grande impacto na gestão de ferrovias nos Estados Unidos.

Devido a sua complexidade e à dependência de uma hierarquia de gestores, as ferrovias exigiam grandes volumes de dados e novos tipos de análises. Em resposta a essa necessidade, inovadores como J. Edgar Thomson, da Pennsylvania Railroad, e Albert Fink, da Louisville & Nashville, inventaram muitas das técnicas básicas da contabilidade moderna durante as décadas de 1850 e 1860. Contribuições específicas incluíram a introdução de índices padronizados, (como o índice entre as receitas operacionais de uma ferrovia e suas despesas, chamado de *índice operacional*), procedimentos de contabilidade do capital (por exemplo, contabilidade por reposição) e medidas de custos unitários (como custo por tonelada/milha). Novamente, Henry Varnum Poor divulgou as novas técnicas de contabilidade e elas rapidamente se tornaram uma prática industrial padrão.

Além de se tornarem o primeiro grande negócio, as ferrovias, juntamente ao telégrafo, abriram caminho para os grandes negócios do futuro, através da criação de uma rede de distribuição em massa, tornando, assim, possíveis os mercados em massa. Conforme os sistemas de transporte e comunicação foram melhorando, começaram a surgir, entre 1850 e 1860, os comerciantes de *commodities*, que compravam produtos agrícolas de fazendeiros e revendiam-nos para fábricas e atacadistas. Por volta das décadas de 1870 e 1880, também surgiram distribuidores varejistas, tais como as lojas de departamentos e as lojas de entregas por correio.

1.4.2 Varejistas em massa

O grande crescimento desses varejistas em massa criou uma necessidade de maiores inovações na gestão de operações. Por exemplo, as vendas da Sears & Roebuck cresceram de $138.000 em 1891 para $37.789.000 em 1905 (Chandler 1977, 231). Nos primeiros anos do século XX, Otto Doering desenvolveu um sistema para processar o grande volume de pedidos da Sears, o qual exigia equipamentos para transportar a documentação e os produtos no armazém. Porém, a chave de seu processo era um sistema rígido e complexo de programação, que dava a cada departamento apenas 15 minutos para entregar os itens de determinado pedido. O departamento que falhasse no cumprimento do programa recebia uma multa de 50 centavos por item. Conta a lenda que Henry Ford visitou e estudou essa exemplar loja de entregas por correio antes de instalar sua primeira fábrica (Drucker 1954, 30).

O sistema de distribuição em massa dos varejistas e das lojas de entregas por correio também deram contribuições importantes para o desenvolvimento das práticas contábeis. Em virtude de seus grandes volumes e baixas margens, essas empresas precisavam ter uma consciência extrema de seus custos. De maneira análoga ao uso dos índices operacionais das ferrovias, os varejistas usavam as margens brutas (recebimentos das vendas menos o custo das mercadorias vendidas e as despesas operacionais). No entanto, como os varejistas, tal qual as ferrovias, eram empresas de apenas uma atividade, eles desenvolveram medidas específicas para tornarem seus processos eficientes, as quais eram únicas para seu tipo de atividade. Enquanto as ferrovias se concentravam no custo por tonelada/milha, os varejistas focavam no giro do estoque (a razão das vendas anuais e da média do estoque). Marshall Field já controlava o giro do estoque desde 1870 (Johnson and Kaplan 1987, 41) e mantinha uma média de cinco a seis giros nas décadas de 1870 e 1880 (Chandler 1977, 223), números iguais ou superiores aos obtidos pelos varejistas atuais.

É importante compreender a diferença entre o ambiente em que os varejistas norte-americanos floresceram e o ambiente do Velho Mundo. Na Europa e no Japão, os produtos eram vendidos à população em centros estabelecidos, usando o boca a boca. Nessas condições, a propaganda era praticamente uma futilidade. Os norte-americanos, por outro lado, comercializavam seus produtos para uma população flutuante, dispersa por um vasto continente. A propaganda era o sangue vital de empresas como a Sears & Roebuck. Desde cedo, o marketing era mais importante no Novo Mundo do que no Velho. Mais tarde, o papel do marketing na produção seria reforçado ainda mais, quando fabricantes de novos produtos (equipamentos agrícolas, máquinas de costura e de escrever) descobriram que não podiam contar com atacadistas ou outros intermediários para fornecer os serviços especializados necessários para vender seus produtos e formaram suas próprias organizações de vendas.

1.4.3 Andrew Carnegie e as escalas de produção

Seguindo os passos das ferrovias, outras indústrias adotaram a tendência em direção aos grandes negócios, por meio de integração vertical e horizontal. Na integração horizontal, uma empresa compra seus concorrentes no mesmo negócio (aço, petróleo, etc.). Já na integração vertical, empresas compram seus fornecedores de matérias-primas ou compradores de seus produtos. Por exemplo, na indústria do aço, uma integração vertical é quando os proprietários de uma siderúrgica compram mineradoras de ferro, indo em direção ao topo da cadeia de produção, ou processadores de seu aço, indo em direção à base.

Em muitos aspectos, os administradores das fábricas modernas nasceram na indústria do aço. Antes da década de 1850, a indústria siderúrgica norte-americana foi fragmentada em empresas individuais que executavam a fundição, a laminação, o processamento e as operações de fabricação. Entre 1850 e 1860, respondendo ao enorme crescimento das ferrovias, apareceram várias fábricas de trilhos de grande porte integradas, nas quais ficavam sob um mesmo teto tanto os altos-fornos quanto as operações de moldagem. Mesmo assim, em 1868, os Estados Unidos ainda eram um participante minoritário na indústria mundial do aço, produzindo apenas 8.500 toneladas em comparação às 110.000 toneladas da Inglaterra.

Em 1872, Andrew Carnegie (1835–1919) entrou no setor do aço. Carnegie havia trabalhado para J. Edgar Thompson na Pennsylvania Railroad, onde havia sido promovido de operador de telégrafo a superintendente de divisão, e admirava os métodos de contabilidade e de gestão da indústria ferroviária. Ele combinou o novo processo Bessemer para fabricar o aço com os métodos de gestão de McCallum e Thompson, elevando a indústria a níveis de eficiência e integração até então inimagináveis. Carnegie expressou seu respeito pelos pioneiros das ferrovias, batizando sua primeira usina de aço totalmente integrada com o nome de *Edgar Thompson Works*. O objetivo da E. T. Works era ter "uma grande produção regular", o que foi alcançado por meio do uso dos altos-fornos com a tecnologia mais avançada do mundo. E o mais importante foi que a E. T. Works tirou total vantagem da integração, mantendo um fluxo de trabalho contínuo – ela foi a primeira usina de aço com leiaute definido pelo fluxo de materiais. Explorando incansavelmente as escalas de produção e o aumento da velocidade de produção, Carnegie logo se tornou o produtor de aço mais eficiente do mundo.

Carnegie aumentou ainda mais a escala de produção de suas operações, integrando verticalmente minas de ferro e de carvão e outras operações relacionadas ao aço para melhorar o fluxo. O efeito foi impactante. Em 1879, a produção norte-americana de aço quase se igualou à Inglaterra. E, por volta de 1902, os Estados Unidos produziram 9.138.000 toneladas em contraste com as 1.826.000 da Inglaterra.

Carnegie também soube aproveitar muito bem os conhecimentos de contabilidade de custo que adquiriu em sua experiência com as ferrovias. Adepto da exatidão dos custos – um de seus ditados preferidos era: "Cuide bem dos custos, e os lucros cuidarão de si mesmos" –, ele implantou um rígido sistema contábil. Por meio do foco incessante no custo unitário, tornou-se um produtor de aço de baixo custo, de forma que podia bater os preços de seus concorrentes, os quais não possuíam um controle tão exato de seus custos. Ele tirou proveito dessa informação, aumentando os preços paralelamente à concorrência durante os períodos de prosperidade e não hesitando em cortá-los durante as recessões.

Mais do que somente ilustrar graficamente os benefícios das economias de escala e da grande produtividade, Carnegie foi um exemplo clássico do empreendedor que fazia uso de dados pormenorizados e de uma atenção prudente aos detalhes operacionais para ganhar uma vantagem estratégica significativa no mercado. Ele se concentrava apenas no aço e conhecia completamente seu negócio, dizendo:

> "Acredito que o verdadeiro caminho para o sucesso em qualquer ramo é tornar-se um expert no negócio escolhido. Não acredito na política de diversificar os negócios e, em minha experiência, eu raramente ou mesmo nunca encontrei um homem que obteve sucesso nos negócios – com certeza não na produção – que se interessasse por vários ramos. Os homens que conseguiram sucesso foram aqueles que escolheram determinado ramo e permaneceram nele." (Carnegie 1920, 177)†

Além de ter sido proprietário de uma das maiores fortunas que o mundo já conheceu, Carnegie trouxe benefícios sociais substanciais. Quando Carnegie ingressou no ramo do aço na década de 1870, os trilhos de ferro custavam $100 por tonelada; ao final dos anos de 1890, custavam apenas $12 por tonelada (Chandler 1984, 485).

1.4.4 Henry Ford e a velocidade

Por volta do início do século XX, a integração, tanto vertical quanto horizontal, já tinha feito dos Estados Unidos a terra dos grandes negócios. A produção com grandes volumes tornou-se comum em indústrias de processamento de aço, alumínio, petróleo e tabaco. A produção em massa de produtos mecânicos, como máquinas de costura, máquinas de escrever, colheitadeiras e equipamentos industriais, baseada nos novos métodos para fabricar e montar peças de metal intercambiáveis, estava

† N. de T.: Tradução livre.

no auge. Entretanto, coube a Henry Ford (1863–1947) tornar possível a produção em massa e em alta velocidade de produtos mecânicos complexos com sua inovação: a linha de montagem móvel.

Como Carnegie, Ford reconheceu a importância da velocidade de produção. Em um esforço para acelerar a produção, Ford abandonou a prática de operários especializados montarem subconjuntos e ficarem rodeando um chassi estático para completarem a montagem. Em vez disso, ele inventou uma maneira de trazer o produto até o trabalhador em um fluxo contínuo, sem paradas. Muita coisa tem sido feita com as linhas de montagem móveis, originalmente usadas na fábrica de Ford em Highland Park em 1913. Porém, como Ford observou, o princípio era mais importante do que a própria tecnologia:

> "O espírito da coisa é manter todos os fluxos em movimento e levar o trabalho até o operário, e não o operário até o trabalho. Esse é o verdadeiro princípio de nossa produção, e as linhas móveis são apenas um dos muitos meios para esse objetivo." (Ford 1926, 103)†

Após Ford, a produção em massa tornou-se quase um sinônimo de produção em linha de montagem. Ford mostrou sua estratégia de oferecer transporte barato e confiável desde cedo, com o seu Modelo N, introduzido no mercado, em 1906, por $600. Esse preço era competitivo com o de carros muito menos sofisticados e muito mais baratos do que outros automóveis de quatro cilindros, que custavam em torno de $1.000. Em 1908, Ford surgiu com o seu lendário Modelo T Touring Car, que custava $850. Focando na melhoria contínua de um único modelo e levando suas tecnologias a novos limites em sua fábrica de Highland Park, Ford reduziu o tempo de mão de obra para produzir o seu Modelo T de 12,5 para 1,5 horas e também trouxe seu preço final para $360, em 1916, e $290, em 1920. Ford vendeu 730.041 unidades do Modelo T no ano fiscal de 1916/17, praticamente um terço do mercado de automóveis de todo o país. No início da década de 1920, a Ford Motor Company detinha dois terços desse mercado.

No entanto, Henry Ford também fez uma porção de coisas erradas. Teimosamente, ele mantinha firme sua crença no aperfeiçoamento de um único produto, sem nunca perceber a necessidade da constante atenção ao processo de trazer novos produtos ao mercado. Seu famoso ditado: "O cliente pode escolher o carro na cor que quiser, desde que seja preta", equiparou produção em massa com uniformidade de produto. Ele não conseguiu enxergar o potencial da produção de uma variedade de produtos finais a partir de um conjunto de peças padronizadas. Além disso, seu estilo de gestão era o de um ditador. Ele nunca aprendeu a confiar em seus gerentes subordinados para tomarem decisões importantes. Peter Drucker (1954) aponta o desejo de Henry de "gerir sem gestores" como a causa fundamental do forte declínio na participação da Ford no mercado (de mais de 60% para apenas 20%) entre o início da década de 1920 e a Segunda Guerra Mundial.

Em contrapartida, os sucessos espetaculares de Henry Ford não foram meramente resultado da sorte ou circunstância. Sua maior percepção, que o conduziu aos inovadores métodos de fabricação, foi seu apreço pela importância estratégica da rapidez. Ford sabia que grande produtividade e baixos estoques lhe permitiriam manter os custos baixos o suficiente para lhe darem uma vantagem sobre a concorrência e para que pudesse oferecer um preço final acessível a um grande segmento do público. Foi seu foco na velocidade que o motivou a inventar a linha de montagem móvel, mas sua preocupação com a velocidade ia muito além de sua linha de produção. Em 1926, ele disse: "Nosso estoque de produtos finais está todo em trânsito, assim como a maior parte do estoque de matérias-primas." Ele se orgulhava de que sua empresa podia retirar minério de ferro das minas e o transformar em um carro em apenas 81 horas. Mesmo levando em conta a estocagem do minério em períodos de inverno e outros estoques, ele dizia ter um *cycle time* de produção não maior do que 5 dias. Assim, não é de se admirar que Taiichi Ohno, o criador dos sistemas just-in-time, sobre o qual falaremos mais no Capítulo 4, era um aficionado de Ford.

A percepção de que velocidade é algo importante tanto para os custos quanto para a produção não foi a única responsável pelo sucesso de Ford. Porém, foi a sua atenção aos detalhes na implantação dessa ideia que o pôs à frente da concorrência. A linha de montagem móvel foi apenas uma inovação tecnológica que o ajudou a alcançar seu objetivo de ter um fluxo contínuo de materiais por todo o sistema. Ele aplicou muitos dos métodos da disciplina que estava emergindo, a gestão científica (apesar

† N. de T.: Tradução livre.

de Ford nunca ter ouvido falar de seu criador, Frederick Taylor), para decompor e refinar as tarefas individuais no processo de montagem. Seu livro de 1926 é recheado de descrições detalhadas de técnicas inovadoras – na fabricação de vidro, forros, volantes sintéticos, couro artificial, no tratamento térmico do aço, nas parafusadeiras ferramentas, buchas de bronze, tornos automáticos, máquinas de brochar, na fabricação de molas – que evidenciam sua atenção para os detalhes e sua importância. Apesar de seus defeitos e idiossincrasias, Henry Ford conhecia seu negócio e usou sua intimidade com os detalhes para deixar uma grande marca na história norte-americana da produção.

1.5 A ADMINISTRAÇÃO CIENTÍFICA

Apesar de a gestão estar sendo praticada desde os tempos antigos (Peter Drucker credita aos egípcios, que construíram as pirâmides, o título de maiores gestores de todos os tempos), a gestão, como *disciplina,* data do final do século XIX. Embora importantes, as experiências práticas e regras de ouro propostas por visionários como Machiavelli não fizeram da gestão uma área de estudos, porque não tinham um método sistemático de pesquisa crítica. Somente quando os gestores começaram a observar suas práticas à luz de uma abordagem racional e dedutiva do questionamento científico, a gestão pôde ser chamada de disciplina e ganhar algum respeito como as outras que usam métodos científicos, como a medicina e a engenharia. Não por acaso, os primeiros proponentes de uma abordagem científica da gestão eram engenheiros. Procurando introduzir um foco gerencial na malha profissional da engenharia, eles tentaram juntar à gestão um pouco da eficácia e do respeito da engenharia.

A observação científica do trabalho remonta, pelo menos, à época de Leonardo da Vinci, o qual, há mais de 450 anos, mediu a quantidade de terra que um homem podia movimentar com uma pá (Consiglio 1969). Porém, pelo fato de a produção estar sendo executada em pequenas instalações, que podiam ser gerenciadas diretamente por seus proprietários, havia pouco incentivo para se desenvolverem procedimentos sistemáticos de gestão de trabalho. Foi o nascimento das grandes organizações integradas, no final do século XIX e começo do século XX, que tornou a produção tão complexa a ponto de necessitar técnicas de controle mais sofisticadas. Como os Estados Unidos estavam liderando o movimento em direção a escalas de produção cada vez maiores, era inevitável que também liderassem a revolução gerencial.

Mesmo assim, antes de os autores norte-americanos desenvolverem suas ideias em resposta à segunda revolução industrial, alguns autores ingleses tinham antecipado a sistematização da gestão em resposta à primeira revolução industrial. Um desses visionários foi Charles Babbage (1792–1871), um inglês excêntrico com interesses em uma incrível gama de assuntos que, em 1822, demonstrou a primeira calculadora mecânica, a qual nomeou de "máquina diferencial", completa com um sistema de cartão para entrada de dados e armazenamento externo de memória. Ele voltou sua atenção à gestão de produção em seu livro de 1832: *On the Economy of Machinery and Manufactures,* no qual se baseou nos princípios de Adam Smith sobre a divisão do trabalho e descreveu como as várias tarefas em uma fábrica podiam ser divididas entre os diferentes tipos de trabalhadores. Usando uma fábrica de alfinetes como exemplo, ele descreveu as tarefas detalhadas necessárias à fabricação e mediu os tempos e recursos exigidos para cada uma delas. Ele também sugeriu um esquema de participação nos lucros, segundo o qual, parte dos salários pagos seria proporcional aos lucros da fábrica. Apesar de suas ideias serem originais, Babbage era um escritor, não um executor. Ele mediu os ritmos de trabalho apenas para seus fins descritivos; nunca se preocupou em melhorar a eficiência, bem como nunca levou sua calculadora para a realidade comercial, e suas ideias sobre gestão nunca foram implantadas.

Os primeiros escritos norte-americanos sobre gestão de produção parecem ter sido uma série de cartas escritas por James Waring See ao editor do periódico *American Machinist,* sob o codinome de "Chordal", tendo começado em 1877 e sido publicado em forma de livro em 1880 (Muhs, Wrege, Murtuza 1981). See defendia o pagamento de altos salários para atrair trabalhadores com qualidade, a padronização de ferramentas, as boas práticas de manutenção da fábrica, a descrição bem definida das tarefas e hierarquias claras de autoridade. Entretanto, talvez porque seu trabalho (*Extracts from*

Chordal's Letters) não soou como um livro de negócios, ou talvez por ele não ter interagido com outros pioneiros da área, See não teve um reconhecimento geral e nem foi citado em trabalhos posteriores sobre a gestão como uma disciplina formal.

A noção de que a gestão poderia se tornar uma profissão começou a despontar durante o período em que a engenharia foi reconhecida como uma profissão. A American Society of Civil Engineers foi criada em 1852, o American Institute of Mining Engineers, em 1871, e, mais importante para o futuro da gestão, a American Society of Mechanical Engineers (ASME), em 1880. A ASME logo se tornou o fórum para debates de assuntos relacionados às operações e à gestão de produção. Em 1886, Henry Towne (1844–1924), engenheiro, cofundador da Yale Lock Company e presidente da Yale and Towne Manufacturing Company, apresentou um estudo intitulado "O Engenheiro como um Economista" (Towne 1886). Nele, dizia que "a questão da gestão de fábricas é tão importante como a da engenharia... e [que] a gestão do *trabalho* tinha se tornado uma questão de tal magnitude a ponto de talvez justificar sua classificação como uma das artes modernas". Towne também solicitou à ASME que criasse uma "Seção de Economia" e fornecesse um "meio de intercâmbio" de experiências relacionadas à gestão de fábricas. Embora a ASME não tenha formado uma Divisão de Gestão até 1920, Towne e outros mantiveram a notoriedade das questões de gestão de produção nas reuniões da sociedade.

1.5.1 Frederick W. Taylor

Olhando para trás, é fácil dar crédito a muitos indivíduos pela busca da racionalização da prática da gestão. Porém, até Frederick W. Taylor (1856–1915), ninguém tinha gerado o interesse constante, os seguidores ativos e a estrutura sistemática de trabalho necessários para reivindicar de maneira plausível a gestão como uma disciplina. Foi Taylor que, de maneira persistente e ativa, conclamou o uso da ciência na gestão, apresentou suas ideias como um sistema coerente tanto em suas publicações quanto em suas muitas exposições orais, bem como, com a ajuda de seus colegas, implantou seu sistema em muitas fábricas. E é Taylor que jaz sob o seguinte epíteto: "pai da gestão científica".

Apesar de ter origem em uma família abastada, ter cursado a prestigiosa Exeter Academy e ter sido admitido na Harvard, Taylor optou por ser aprendiz de operador de máquinas; e logo foi promovido de operário a engenheiro-chefe na Midvale Steel Company entre 1878 e 1884. Um engenheiro até no sangue, ele obteve graduação em engenharia mecânica pelo Stevens Institute, por correspondência, enquanto trabalhava em tempo integral. Taylor desenvolveu várias invenções pelas quais registrou patentes. A mais importante delas, o aço de alta velocidade (que permite a uma ferramenta de corte continuar dura mesmo enquanto está em brasa), teria sido suficiente para lhe garantir um lugar na história, mesmo sem seu envolvimento com a gestão científica.

No entanto, as realizações de Taylor na área da engenharia foram pálidas em comparação a suas contribuições para a gestão. Drucker (1954) escreveu que o sistema de Taylor "pode ser a contribuição mais poderosa e mais duradoura dos Estados Unidos ao pensamento ocidental desde os Jornais Federalistas". Lenin, nem um pouco adepto dos negócios norte-americanos, era um admirador ardente de Taylor. Além de ficar conhecido como o pai da gestão científica, ele também foi aclamado como "o pai da engenharia industrial" (Emerson e Naehring 1988).

Mas quais foram as ideias que o elevaram à tão alta posição na história da gestão? Superficialmente, Taylor era um campeão quase fanático da eficiência. Boorstin (1973, 363) o chamou de "Apóstolo Americano do Evangelho da Eficiência". O núcleo de seu sistema de gestão consistia em decompor o processo de produção em suas várias partes, melhorando a eficiência de cada uma delas. Em sua essência, Taylor estava tentando fazer para as unidades de trabalho o que Whitney tinha feito para os materiais: padronizá-las e torná-las intercambiáveis. Os padrões de trabalho que ele aplicou a várias atividades, desde o uso de pás na movimentação de carvão até as máquinas de precisão, representavam o ritmo de trabalho que um bom trabalhador deveria realizar.

Entretanto, Taylor fez mais do que meramente medir e comparar os padrões de rendimento de cada trabalhador. O que tornou científico o trabalho de Taylor foi sua incansável busca pela melhor maneira de se executarem as tarefas. As regras populares, a tradição e as práticas padronizadas eram um anátema para ele. As tarefas manuais eram aperfeiçoadas à sua máxima eficiência por meio do exame de cada componente em separado, eliminando todos os movimentos falsos, demorados ou sem utilidade. O trabalho mecânico era acelerado pelo uso de gabaritos, acessórios e ferramentas diversas, muitos inventados pelo próprio Taylor. O "padrão" era o rendimento de um bom trabalhador *usando o melhor "método"*.

Com convicção no método científico que era peculiar aos norte-americanos, Taylor buscava o mesmo nível de previsibilidade e precisão para as tarefas manuais que ele conseguiu com as fórmulas de fluxo e velocidade que desenvolveu para as operações de corte de metais. A fórmula seguinte, para calcular o tempo necessário para carregar materiais em um carrinho de mão, *B*, é típica (Taylor 1903, 1431):

$$B = \left\{ p + [a + 0{,}51 + (0{,}0048)\text{distância do percurso}]\frac{27}{L} \right\} 1{,}27$$

Nessa fórmula, *p* representa o tempo de soltar 1 jarda cúbica com uma picareta, *a* representa o tempo para encher o carrinho com qualquer material, *L* representa a carga do carrinho em pés cúbicos, sendo que todos os tempos estão em minutos e as distâncias em pés.

Apesar de Taylor nunca ter conseguido transformar sua "ciência da pá" (como seus oponentes ironicamente tacharam seu estudo) em uma teoria do trabalho mais abrangente, não foi por falta de tentativas que isso não ocorreu. Ele contratou um parceiro, Sanford Thompson, para conduzir vários experimentos de medição do trabalho. Embora nunca tenha conseguido reduzir amplas categorias de trabalho em fórmulas, Taylor permaneceu confiante de que isso era possível:

> Após alguns anos, digamos três, quatro, cinco ou mais, alguém estará apto a publicar o primeiro livro sobre as leis dos movimentos do homem nas fábricas – todas as leis, não apenas algumas. Deixe-me prever, tão certo quanto o brilho do sol, isso vai acontecer em todos os negócios.[5]

Uma vez que o padrão para certa tarefa tivesse sido estabelecido especificamente, ele era mantido para motivar os trabalhadores a alcançá-lo. Taylor advogava três categorias básicas de motivações dos trabalhadores:

1. *A "cenoura"*. Taylor propunha um sistema de "taxas unitárias diferenciadas", segundo o qual os trabalhadores recebiam uma taxa baixa pelo primeiro aperfeiçoamento no trabalho e uma taxa substancialmente maior para o aperfeiçoamento seguinte. A ideia era dar uma recompensa significativa para os trabalhadores que atingiam a meta padrão em relação aos que não o faziam.
2. *A "vara"*. Apesar de tentar penalizar os trabalhadores que não atingiam a meta padrão, Taylor decidiu rejeitar essa abordagem. Esse trabalhador deveria ser realocado a outras tarefas onde ele se adequaria melhor, e aquele que se recusasse a atingir a meta ("um passarinho que sabia cantar, mas se negava a fazê-lo") deveria ser demitido.
3. *O caráter da fábrica.* Taylor sentia que era necessária uma *revolução mental,* na qual a gestão e o trabalho reconheciam seu objetivo comum, para que a gestão científica pudesse funcionar. Para os trabalhadores, isso significava deixar o projeto e a definição das metas de seu trabalho nas mãos da gestão e perceber que eles participariam dos ganhos de eficiência conseguidos pelos sistemas de pagamento por unidade produzida. O resultado, pensava ele, seria que tanto a produtividade quanto os salários aumentariam, os trabalhadores ficariam contentes e nem sequer haveria necessidade de sindicatos trabalhistas. Infelizmente, quando os sistemas de pagamento por peças atingiam salários considerados altos demais, tornou-se comum a prática de patrões reduzirem o preço ou aumentarem a meta padrão.

Além do estudo dos tempos e sistemas de incentivos, a formação de engenheiro de Taylor o levou à conclusão de que a autoridade de gestão deveria emanar do conhecimento e não do poder. Contrariando

[5] Trecho de um discurso proferido por Taylor no Cleveland Advertising Club, em 3 de março de 1915, e repetido no dia seguinte. Aquela foi sua última aparição em público. Reimpresso em Shafritz e Ott, 1992, 69–80. Tradução livre.

fortemente a figura militar da unidade de comando da gestão tradicional, Taylor propôs um sistema de "supervisão funcional" em que o tradicional capataz único e poderoso é substituído por oito supervisores diferentes, cada um com responsabilidade sobre funções específicas. Estes incluíam um *inspetor,* responsável pela qualidade do trabalho; o *chefe de turma,* encarregado pelo acionamento das máquinas e pela eficiência do movimento; o *chefe de ritmo,* que cuidava da velocidade das máquinas e da escolha das ferramentas; o *chefe de reparos,* responsável pela manutenção e pelo reparo das máquinas; o *encarregado de ordens de trabalho* ou *de encaminhamento,* responsável pela programação e encaminhamento dos trabalhos; o *supervisor de instruções,* que supervisionava o processo de instrução dos chefes e trabalhadores em detalhes de seus trabalhos; o *encarregado de tempo e custo,* responsável por enviar cartões de instrução aos homens e por verificar que eles registrassem o tempo e o custo de seu trabalho; e o *encarregado da disciplina,* o qual tomava conta da disciplina em casos de "insubordinação ou imprudência, falhas repetidas na execução das tarefas, atrasos ou faltas não justificadas."

Finalmente, completando esse sistema de gestão, Taylor reconheceu que precisava de um sistema contábil. Sem conhecimentos na área financeira, tomou emprestado e adaptou um sistema contábil da Manufacturing Investment Company, empresa onde foi gestor geral entre 1890 e 1893. Esse sistema foi desenvolvido por William D. Basley, o qual tinha trabalhado como contador na New York and Northern Railroad, mas fora transferido para a Manufacturing Investment Company, dos mesmos proprietários da ferrovia, em 1892. Taylor, assim como Carnegie antes dele, aplicou com sucesso os métodos contábeis das ferrovias à produção.

Para Taylor, a gestão científica não era apenas um estudo dos tempos e movimentos, um sistema de incentivos salariais, uma estratégia organizacional e um sistema contábil, era uma filosofia, a qual resumiu em quatro princípios. Apesar de terem sido redigidos de várias formas em seus escritos, eles eram, basicamente, o seguinte (Taylor 1911, 130):

1. O desenvolvimento de uma verdadeira ciência.
2. A seleção científica do trabalhador.
3. Sua educação e desenvolvimento científicos.
4. A cooperação íntima e amigável entre a gestão e os trabalhadores.

O primeiro princípio, com o qual Taylor queria dizer que era responsabilidade do gestor buscar uma base científica para tocar seus negócios, foi o fundamento da gestão científica. O segundo e o terceiro princípios abriram caminho para as atividades dos departamentos de recursos humanos e de engenharia industrial ao longo dos anos. Porém, nos tempos de Taylor, havia muito mais ciência nos livros sobre seleção e educação dos trabalhadores do que na prática. O quarto princípio era a justificativa de Taylor para sua crença de que os sindicatos não eram necessários. Como a eficiência contínua resultaria em maiores lucros, os quais seriam divididos entre a gestão e os empregados (uma suposição que as organizações trabalhistas não aceitaram), os trabalhadores deveriam se conformar com o novo sistema e trabalhar em cooperação com a gestão para alcançar seu potencial. Taylor acreditava que os operários cooperariam se lhes fossem oferecidos melhores salários em troca de mais eficiência, e ele ativamente se opôs às práticas de redução dos preços unitários pelas quais as empresas redefiniam as metas padrão quando os salários se tornavam altos demais. Entretanto, ele tinha pouca simpatia pela relutância dos trabalhadores em se sujeitar a estudos cronometrados e em abandonar suas práticas tradicionais em favor de novas. Como resultado, Taylor nunca manteve boas relações trabalhistas.

1.5.2 Planejamento *versus* execução

O que Taylor quis expressar em seu quarto princípio com os termos "cooperação íntima e amigável" era uma clara separação entre as responsabilidades da gestão e dos trabalhadores. Gestores deveriam planejar – projetar as tarefas, arrumar os espaços e avaliar os ritmos e movimentos –, e trabalhadores deveriam trabalhar. No pensamento de Taylor, isso seria uma simples questão de ajustar cada grupo ao trabalho a que estava mais bem qualificado.

Conceitualmente, a visão de Taylor sobre essa questão representava um princípio fundamental: planejar e fazer são atividades distintas. Drucker descreveu isso como uma das visões mais valiosas de Taylor, "uma grande contribuição para o surgimento da indústria norte-americana, maior do que a cronometragem ou estudos de tempos e movimentos. Nela está baseada toda a estrutura da gestão moderna" (Drucker 1954, 284). De maneira clara, a *gestão por objetivos* de Drucker não faria nenhum sentido sem a compreensão de que a gestão será mais fácil e bem mais produtiva se os gestores planejarem suas atividades antes de executá-las.

Mas Taylor foi além da distinção entre atividades de planejamento e de execução, colocando-as em funções bem separadas. Todas as atividades de planejamento ficaram com os gestores. Mesmo a gestão foi separada de acordo com planejamento e execução. Por exemplo, o chefe de turma era responsável por todo o grupo até a hora em que as unidades eram postas nas máquinas (planejamento), e o chefe de ritmo era responsável pela escolha das ferramentas e da supervisão das peças nas máquinas (execução). Os trabalhadores deveriam fazer suas tarefas da melhor maneira determinada pela gestão (cientificamente, é claro). Em essência, este é o sistema militar: os oficiais planejam e têm a responsabilidade, os soldados executam, mas não são responsáveis.[6] Taylor era inflexível quanto a atribuir aos operários tarefas para as quais eram qualificados; evidentemente, ele não achava que eles eram qualificados para planejar. Porém, conforme Drucker (1954, 284) observou, o planejamento e a execução são, na verdade, duas partes do mesmo trabalho. Alguém que planeja sem um mínimo de execução "sonha em vez de fazer", e alguém que executa sem nenhum planejamento não conseguirá fazer nem mesmo as tarefas mais mecânicas e repetitivas. Apesar de estar claro que, na prática, os operários *definitivamente* planejam, a tradição da gestão científica claramente tem desencorajado os trabalhadores norte-americanos de pensar com criatividade sobre seu trabalho e os gestores de desejar que isso aconteça. Juran (1992, 365) defendia que tirar dos trabalhadores a responsabilidade de planejar teve um efeito negativo na qualidade e resultou na confiança das empresas norte-americanas em inspeções para garantir a qualidade.

Em contraposição, os japoneses, com seus círculos de qualidade, programas de sugestões e maior autoridade dos operários de parar a produção caso algo de errado acontecesse, legitimaram o planejamento por parte dos trabalhadores. Da parte da gestão das empresas, a exigência japonesa de que os futuros gestores e engenheiros iniciassem suas carreiras como chão de fábrica também ajudou a remover a barreira entre planejamento e execução. Os programas de "qualidade na execução" são muito mais naturais nesse tipo de ambiente, e não foi por acaso que os japoneses valorizaram as ideias de profetas da qualidade, como Deming e Juran, bem antes do que os norte-americanos.

O erro de Taylor em relação à separação do planejamento e da execução foi em aplicar, a uma prática inapropriada, uma visão conceitual válida. Ele cometeu o mesmo erro ao ampliar o escopo, do estágio de planejamento para o de execução, de sua redução de tarefas do trabalho a seus componentes mais simples. O fato de que é eficaz analisar o trabalho detalhado em seus movimentos elementares não implica necessariamente que é também eficaz executá-los dessa maneira. As tarefas simplificadas podem melhorar a produtividade no curto prazo, mas, no longo prazo, seus benefícios são menos evidentes. A razão é que as tarefas muito simples e repetitivas não contribuem para a satisfação no trabalho, e, assim, a motivação no longo prazo fica difícil. Além disso, ao encorajar os trabalhadores a se concentrarem nos movimentos em vez de no trabalho, a gestão científica tornou os operários muito rígidos. À medida que as mudanças na tecnologia e no mercado se aceleravam, essa falta de flexibilidade se tornou uma desvantagem competitiva muito clara. Os japoneses, com sua perspectiva holística e as práticas de transferência de autoridade e responsabilidade aos trabalhadores, encorajaram de maneira consciente sua força de trabalho a ser mais flexível.

Ao fazer do planejamento uma obrigação explícita da gestão e ao enfatizar a necessidade da quantificação, a gestão científica teve um papel importante na criação e na modelagem das áreas da engenharia industrial, pesquisa operacional e ciência administrativa. O marco referencial reducionista

[6] A gestão funcional de Taylor representava um rompimento com a noção da gestão tradicional de uma linha única de autoridade, a qual os proponentes da gestão científica chamaram de gestão "militar" ou "maquinista" ou "Marquês de Queensberry" (veja, p. ex., L. Gilbreth 1914). Porém, ele aderiu e até reforçou a centralização militar de responsabilidade na gestão.

estabelecido pela gestão científica está por trás da tradicional ênfase dos engenheiros industriais no equilíbrio das linhas de produção e na utilização das máquinas. Também está por trás da fascinação dos pesquisadores operacionais pelos problemas simplistas de programação, uma obsessão que produziu 30 anos de literatura e praticamente nenhuma aplicação (Dudek, Panwalkar e Smith 1992). As falhas dessas abordagens não são as técnicas analíticas em si, mas a falta de um objetivo consistente com os objetivos gerais do sistema. O Taylorismo incentivou a criação de ferramentas úteis, mas não de uma estrutura na qual essas ferramentas pudessem atingir todo seu potencial.

1.5.3 Outros pioneiros da gestão científica

A posição de Taylor na história deve-se, em boa parte, à legião de seguidores que ele inspirou. Um de seus primeiros colaboradores foi Henry Gantt (1861–1919), que trabalhou com Taylor na Midvale Steel, na Simond's Rolling Machine e na Bethlehem Steel. Gantt é mais lembrado pelo diagrama de Gantt, usado na gestão de projetos, mas ele também era um ardente seguidor da eficiência e foi um consultor de sucesso da gestão científica. Apesar de Gantt ser considerado por Taylor como um de seus discípulos fiéis, Gantt discordava de Taylor em vários pontos. O mais importante era que Gantt preferia o sistema de "tarefas com premiação", no qual os trabalhadores tinham sua remuneração diária garantida, mas recebiam um bônus se completassem o trabalho em determinado tempo, diferentemente do sistema de remuneração por peça de Taylor. Gantt também era menos enfático do que Taylor quanto às perspectivas de criação de metas e padrões definidos e, portanto, desenvolveu procedimentos explícitos que permitiam aos trabalhadores protestar ou revisar os padrões e metas.

Outros indivíduos participantes do círculo de seguidores mais próximos de Taylor eram Carl Barth (1860–1939), o matemático de Taylor e desenvolvedor das réguas de cálculo específicas para ajuste das velocidades de corte e de avanço para as operações de corte de metais; Morris Cooke (1872–1960), que aplicou as ideias de Taylor na indústria, quando foi diretor de obras públicas na Philadelphia; e Horace Hathaway (1878–1944), que dirigiu pessoalmente a implantação da gestão científica na Tabor Manufacturing Company e escreveu muitos artigos para a literatura técnica sobre o assunto.

Também adicionaram energia ao movimento e brilho à reputação de Taylor alguns proponentes menos ortodoxos da gestão científica, com quem Taylor discutia bastante. Os mais importantes deles eram Harrington Emerson (1853–1931) e Frank Gilbreth (1868–1924). Emerson, que, independentemente de Taylor, tinha se tornado um campeão da eficiência e reorganizado as oficinas da Santa Fe Railroad, declarou, nas reuniões da Interstate Commerce Commission, a respeito das tarifas ferroviárias em 1910–1911 que a gestão científica poderia economizar "milhares de dólares" por dia. Como ele era o único "engenheiro eficiente" com experiência direta na indústria ferroviária, sua declaração teve um impacto enorme e despertou a consciência nacional para o assunto. Posteriormente em sua carreira profissional, Emerson teve um interesse particular sobre a seleção e o treinamento de funcionários. A ele também é creditada a criação do termo *despacho,* em referência ao controle do chão de fábrica (Emerson 1913), um termo que, certamente, provém de sua experiência com estradas de ferro.

Frank Gilbreth teve uma vida um pouco similar à de Taylor. Apesar de ter passado nos exames do MIT, Gilbreth preferiu ser um aprendiz de pedreiro. Revoltado com a ineficiência do procedimento de assentamento de tijolos, no qual um pedreiro tinha de levantar o peso de seu próprio corpo toda vez que apanhava um tijolo, ele inventou um andaime móvel para manter os tijolos a um nível adequado. Gilbreth foi consumido pela busca da eficiência. Ele estendeu os estudos de tempo de Taylor ao que chamou de *estudo de movimentos,* no qual fez detalhadas análises dos movimentos envolvidos no assentamento de tijolos com o objetivo de buscar procedimentos mais eficientes. Foi o primeiro a usar câmeras de filmagem para analisar os movimentos e classificou os elementos da movimentação humana em 18 componentes básicos, ou *therbligs* (o nome de Gilbreth ao contrário, ou quase isso). Seu sucesso ficou mais que evidente, já que ele se tornou um dos mais importantes construtores do país. Apesar de Taylor ter rivalizado com Gilbreth acerca de alguns de seus trabalhos fora da construção civil, ele deu bastante importância aos trabalhos de Gilbreth em seu livro de 1911, *Os Princípios da Gestão Científica.*

1.5.4 A ciência na gestão científica

A gestão científica tem sido venerada e também difamada. Ela gerou seguidores e oponentes que fizeram contribuições importantes à compreensão e à prática da gestão. Pode-se argumentar que ela é a raiz de muitos campos relacionados à gestão, desde a teoria da organização até as pesquisas operacionais. Porém, em uma análise final, a contribuição mais importante da gestão científica é a percepção de que a gestão pode ser abordada de uma maneira científica. Essa é uma ideia que nunca perderemos, é uma visão tão elementar que, assim como o conceito das peças intercambiáveis, uma vez atingida, é difícil imaginar a vida sem ela. Outros a propagaram; Taylor, pela sua firme perseverança, incrustou-a na consciência de nossa cultura. Como resultado, a gestão científica merece ser classificada como o primeiro *sistema* de gestão. Ela representa o ponto inicial para todos os outros sistemas. Quando Taylor iniciou sua busca por um sistema de gestão, ele tornou possível a visualização da gestão como uma profissão.

No entanto, não deixa de ser irônico que a herança da gestão científica seja a aplicação do método científico na gestão, porque, fazendo um retrospecto, vemos que a própria gestão científica estava longe de ser científica. O livro de Taylor *Os Princípios da Gestão Científica* é sobre advocacia e não ciência. Enquanto Taylor, na teoria, argumentava a favor de seu sistema de pagamento por peças, na Bethlehem Steel, ele usava o sistema de Gantt, que era mais prático. A sua famosa história sobre Schmidt, um ótimo trabalhador que atingia a excelência usando seu sistema de salários por peças produzidas, tem sofrido acusações por conter tantas inconsistências que deve ter sido forjada (Wrege and Perroni 1974). Os estudos da mensuração do trabalho de Taylor eram frequentemente feitos com descuido, e não há evidência de que ele tenha usado qualquer critério científico para selecionar os trabalhadores. Apesar de usar a palavra *científico* com insistente frequência, Taylor submeteu pouquíssimas de suas conjecturas a qualquer tipo de análise exigida pelo método científico.

Desse modo, enquanto a gestão científica encorajou a quantificação da gestão, pouco fez para colocá-la em um verdadeiro marco referencial científico. Mesmo assim, conferindo a Taylor seus devidos créditos pela pura força de suas convicções, ele atingiu a fé norte-americana na ciência e mudou para sempre nossa visão da gestão. Fica por nossa conta reconhecer todo o potencial de sua visão.

1.6 O NASCIMENTO DA ORGANIZAÇÃO MODERNA DE PRODUÇÃO

No final da Primeira Guerra Mundial, a gestão científica já estava bem desenvolvida, e as partes mais importantes do sistema norte-americano de produção estavam assentadas. As organizações de grande porte, integradas verticalmente, e que faziam pleno uso das técnicas de produção em massa, eram maioria. Apesar de o controle familiar de grandes organizações ainda ser comum, os gestores profissionais comandavam as operações do dia a dia com hierarquias departamentais centralizadas. Essas organizações exploravam bem os potenciais das economias de escala para produzirem um único produto. Um crescimento maior exigiria tirar vantagem das economias de *escopo* (ou seja, compartilhar os recursos de produção e distribuição entre produtos múltiplos). Como resultado, o desenvolvimento de estruturas institucionais e os procedimentos de gestão para controlar as organizações resultantes foram o tema dominante nos Estados Unidos no período entre as duas guerras mundiais.

1.6.1 Du Pont, Sloan e as estruturas

A história clássica do crescimento por meio da diversificação é a da General Motors (GM). Criada em 1908, quando William C. Durant (1861–1947) consolidou sua própria empresa, a Buick Motor Company com a Cadillac, a Oldsmobile e a Oakland, a GM logo se tornou um gigante industrial. O brilhante, porém errático, Durant estava muito mais interessado em aquisições do que em organização e continuou comprando unidades (incluindo a Chevrolet Motor Company) até o ponto em que, em 1920, a GM era a quinta organização industrial dos Estados Unidos; porém, era um império sem estrutura.

Não contando com escritórios corporativos, previsões de demanda e coordenação de produção, a corporação encontrava dificuldades financeiras sempre que as vendas caíam. A Du Pont Company veio em socorro de Durant por mais de uma vez, investindo pesado na GM, até que, por fim, tirou-o do poder em 1920 (Bryant e Dethloff 1990).

Pierre Du Pont (1870–1954) saiu de sua semiaposentadoria para substituir Durant como presidente, na esperança de tornar lucrativos os investimentos da Du Pont na GM. Não poderia ter sido encontrado um sucessor melhor. Em 1902, ele e seus primos, Alfred e Coleman, tinham adquirido o controle acionário da E. I. du Pont de Nemours & Company, uma série de indústrias com produção única de explosivos, e a consolidaram em uma organização multidepartamental, integrada e com direção centralizada (Chandler e Salsbury 1971). Bem conscientes dos princípios da gestão científica,[7] Du Pont e seus associados implantaram as técnicas de controle de produção e o sistema contábil de Taylor e introduziram testes psicológicos na seleção de pessoal. Talvez a inovação mais influente de Du Pont tenha sido a utilização refinada do conceito de Retorno Sobre o Investimento (RSI) na avaliação do desempenho relativo dos departamentos. Em 1917, a Du Pont Powder Company se firmava como a primeira corporação norte-americana moderna de produção.[8]

Quando mudou-se para a General Motors, Du Pont logo identificou Alfred P. Sloan (1875–1966) como seu mais importante colaborador e iniciou a reorganização da empresa. Du Pont e Sloan concordavam que as atividades da GM eram muito numerosas, dispersas e variadas para serem propícias à organização centralizada do modelo da Du Pont Powder Company. Com o apoio de Du Pont, Sloan fez um plano para estruturar a companhia em várias divisões operacionais autônomas coordenadas (mas não dirigidas) por um forte escritório geral. As diversas divisões foram cuidadosamente direcionadas para mercados específicos (a Cadillac para o mercado de luxo; a Chevrolet para o mercado popular, para competir diretamente com a Ford; e a Buick e a Oldsmobile para a classe média; a Pontiac foi introduzida na faixa entre a Chevrolet e a Oldsmobile nos meados da década de 1920) de acordo com o objetivo de Sloan de oferecer "um carro para cada bolso e necessidade" (Cray 1979). Sob a reorganização de Sloan, os escritórios da GM adotaram os métodos do RSI então usados na Du Pont Powder Company para avaliar as unidades e também desenvolveram novos procedimentos sofisticados para previsão da demanda, controle de estoques e estimativa de participação no mercado. Essas técnicas se tornaram padrões aplicados pelas indústrias de todo os Estados Unidos e são empregadas, de forma modificada, até hoje.

A estratégia de Sloan foi muito efetiva. Em 1921, a GM era a segunda em participação no mercado automotivo, com 12,3%, mas ainda distante dos 55,7% da Ford. Com suas linhas com objetivos específicos e a introdução regular de novos modelos, a GM aumentou sua participação para 32,3% em 1929, enquanto a Ford, que esperou até 1927 para substituir seu modelo T pelo modelo A, caiu para 31,3%. Em 1940, a Ford, que ainda era comandada por Henry, seu filho Edsel e um minúsculo grupo de executivos, estava com sérios problemas, caindo para 18,9%, ficando em terceiro lugar, atrás dos 23,7% da Chrysler, e bem distante dos 47,5% da GM (Chandler 1990). Somente uma reorganização completa comandada por Henry Ford II, iniciada em 1945, seguindo os modelos da GM, salvou a Ford da extinção.

Além de forjar empresas de enorme sucesso, Pierre Du Pont e Alfred Sloan deram forma às corporações de produção norte-americanas do século XX. Embora exibissem muitas variações, todas as grandes empresas do século XX usaram uma entre duas estruturas básicas. A organização centralizada e com departamentos funcionais, desenvolvida pela Du Pont, predomina entre as empresas com uma linha única de produtos para um único mercado. A organização descentralizada e multidivisional, desenvolvida na GM, é a regra para as empresas com várias linhas de produtos ou de mercados. O ambiente no qual praticamos a produção atual deve sua existência aos esforços desses dois inovadores e seus muitos associados.

---

[7] A. J. Moxham e Coleman du Pont tinham contratado Frederick Taylor como consultor na Steel Motor Company e tinham conhecimento na implantação do sistema de Taylor quando mais tarde se juntaram à Du Pont como executivos.

[8] Outra candidata à primeira organização moderna de produção seria a General Electric (GE), criada em 1892 pela junção da Edison General Electric e da Thomson-Houston Electric, ambas geradas a partir de outras consolidações. Para gerir essa primeira grande consolidação de empresas de produção de máquinas e equipamentos, a GE montou uma estrutura moderna de altos e médios gestores, baseada no modelo usado pelas ferrovias. Porém, suas medidas financeiras não eram tão sofisticadas quanto as usadas por Du Pont, e, diferentemente das modernas corporações norte-americanas, um conselho de gestão dominado por financistas de fora detinha um considerável poder de veto (Chandler 1977).

1.6.2 Hawthorne e o elemento humano

À medida que as organizações cresceram e se tornaram tecnologicamente mais complexas, o papel do trabalhador foi ganhando uma importância cada vez maior. Na verdade, os objetivos principais da gestão científica – motivar os trabalhadores e ajustá-los às tarefas – eram essencialmente comportamentais. Porém, Taylor, sendo um engenheiro de carteirinha, parecia acreditar que os seres humanos poderiam ser otimizados da mesma maneira que as máquinas de corte de aço. Por exemplo, ele observou que, assim como um trabalhador "empenha cada um de seus nervos para conseguir a vitória" em um jogo de baseball (Taylor 1911, 13), também deveria ser capaz de um esforço similar em seu trabalho. Apesar do fato de também ter sido um atleta talentoso, Taylor não mostrou o menor interesse pela diferença psicológica entre trabalho e diversão. De maneira similar, enquanto ele podia gastar horas estudando e educando os trabalhadores na ciência da pá, ele não tinha paciência para avaliar a ligação sentimental do trabalhador para com a pá que ele manejara por anos. Embora seus escritos indicassem, sem dúvida, preocupações com os trabalhadores, Taylor nunca conseguiu compreender seus pontos de vista.

Mesmo com os defeitos pessoais de Taylor, a gestão científica serviu para catalisar a abordagem comportamental por meio do sistemático questionamento sobre a autoridade, a motivação e o treinamento. Os primeiros escritores no campo da psicologia industrial reconheceram os méritos da gestão científica e enquadraram suas discussões de acordo com o sistema de Taylor.

O reconhecido pai da psicologia industrial foi Hugo Munsterberg (1863–1916). Nascido e educado na Alemanha, Munsterberg mudou-se para os Estados Unidos e estabeleceu um laboratório famoso em Harvard, onde estudou uma grande variedade de questões sobre educação, crime e filosofia, assim como indústria. Em seu livro de 1913, *A Psicologia e a Eficiência Industrial,* ele reconheceu os créditos da gestão científica e a abordou diretamente em três partes intituladas "O melhor Homem Possível" (sobre seleção de funcionários), "O Melhor Trabalho Possível" (sobre ambiente de trabalho e treinamento) e "O Melhor Efeito Possível" (sobre cumprimento das metas da gestão). O trabalho pioneiro de Munsterberg abriu caminho para um fluxo consistente de manuais sobre psicologia industrial e criou a tendência dos testes psicológicos logo após a Primeira Guerra Mundial.

Entre os norte-americanos que lideraram a aplicação da psicologia na indústria esteve Dill Scott (1869–1955), o qual estudou a seleção de pessoal e um sistema de notas para a promoção (Scott 1913). Uma série de artigos, que ele escreveu entre 1910 e 1911 para a revista *System* (hoje, *BusinessWeek*) sob o título "A psicologia dos negócios", teve muita influência na conscientização do campo da psicologia entre os gestores. Posteriormente, ele se dedicou ao campo da pesquisa psicológica na propaganda, definiu o papel adequado da função recém-criada de gestão de pessoal e tornou-se presidente da Northwestern University.

Lillian Gilbreth (1878–1972) foi uma das primeiras e mais destacadas proponentes da psicologia industrial, vinda dos quadros da gestão científica. Esposa de Frank Gilbreth, um dos pioneiros da gestão científica, e matriarca da prole famosa pelo livro *Cheaper by the Dozen* (Gilbreth e Carey 1949), Gilbreth foi também uma das pioneiras do movimento da gestão científica. Além de colaborar com o seu marido no trabalho sobre o estudo dos movimentos e continuar essa pesquisa após a morte dele, ela se tornou uma das primeiras defensoras da psicologia na gestão com seu livro *A Psicologia da Gestão* (1914), baseado em sua tese de doutorado em Psicologia na Brown University. Nesse livro, ela confronta a gestão científica com a tradicional em várias dimensões, inclusive a do indivíduo. Sua hipótese era a de que, em virtude de sua ênfase na seleção científica, no treinamento e na supervisão funcional, a gestão científica oferecia amplas oportunidades para o desenvolvimento individual, enquanto a gestão tradicional não permitia esse desenvolvimento, porque concentrava o poder em uma figura central. Apesar de os detalhes de seu trabalho em psicologia parecerem, atualmente, uma apologia à gestão científica e terem sido praticamente esquecidos, Lillian Gilbreth merece um lugar na história por sua preocupação desde cedo com a humanização do processo de gestão.

Mary Parker Follett (1868–1933) pertencia cronologicamente à era da gestão científica, mas seu pensamento sobre sociologia e psicologia no trabalho era bem adiantado para seu tempo. Como Lillian Gilbreth, ela encontrava na supervisão funcional de Taylor uma boa base para designar a autoridade:

> Uma pessoa não deveria dar ordens a outra, mas ambas deveriam concordar em acatar ordens de acordo com a situação...Temos aqui, creio eu, uma das maiores contribuições da gestão científica: a tendência de despersonalizar as ordens. (Follett 1942, 59)†

No entanto, Follett foi rejeitada por relegar o trabalhador à simples execução de tarefas dadas pela gestão. Ela dizia que "não é o consenso, mas a participação, a base certa para todas as relações sociais" (Follett 1942, 211). Por "participação", Follett incluía as ideias e também o trabalho dos empregados. Seu raciocínio era que as ideias têm valor em si mesmas, mas mais importante, que o próprio processo da participação é essencial para estabelecer um ambiente de trabalho funcional. Apesar de algumas vezes suas ideias parecerem idealistas, a profundidade e a amplitude de seu trabalho são impressionantes, e muitas de suas percepções ainda se aplicam à nossa realidade.

Um episódio da maior importância na busca pela compreensão do lado humano na indústria foi a série de estudos conduzidos na Western Electric em sua fábrica no bairro de Hawthorne, em Chicago, entre 1924 e 1932. Os estudos originais começaram com uma questão simples: como a iluminação do local de trabalho afeta a produtividade? Sob o patrocínio da National Academy of Science, uma equipe de pesquisadores do Massachusetts Institute of Technology observou grupos de operários trabalhando no enrolamento de bobinas em diferentes níveis de iluminação. Eles perceberam que, em comparação a um grupo normal de trabalho, a produtividade relativa subia com uma maior iluminação, como era esperado. Porém, em outro experimento, eles observaram que a produtividade também aumentava quando a iluminação *diminuía*, mesmo a níveis da luz da lua (Roethlisberger and Dickson 1939).

Sem conseguir explicar tais resultados, a equipe original abandonou os estudos sobre a iluminação e iniciou outros testes – sobre os efeitos dos períodos de descanso, da duração da semana de trabalho, dos planos de incentivos, do almoço gratuito e dos estilos de supervisão sobre a produtividade. Na maioria dos casos, o grupo sob estudo tinha uma tendência para uma produção maior do que a normal.

Vários peritos foram trazidos para estudar os dados intrigantes de Hawthorne, sendo o mais notável George Elton Mayo (1880–1949) de Harvard. Abordando o problema pela perspectiva da "psicologia da situação total", ele chegou à conclusão de que os resultados eram devidos principalmente a "uma mudança interessante na atitude mental do grupo". Na lenda que surgiu posteriormente em torno dos estudos de Hawthorne, as interpretações de Mayo foram reduzidas à simples explicação de que a produtividade aumentava em resultado da atenção recebida pelo grupo sob estudo, e isso foi chamado, desde então, de *efeito Hawthorne*. Entretanto, em seus escritos, Mayo (1933, 1945) não ficou satisfeito com essa explicação simples e modificou sua visão para além dessa percepção inicial, argumentando que o trabalho é, em sua essência, uma atividade grupal e que, em seus empregos, os trabalhadores se esforçam para conquistar um senso de propriedade, e não pelo simples ganho financeiro. Ao enfatizar a necessidade de os gestores ouvirem e aconselharem os trabalhadores para melhorarem sua colaboração, o movimento da psicologia industrial trocou a ênfase da gestão da eficiência técnica, o foco do Taylorismo, para uma orientação mais rica e mais complexa, a das relações humanas.

1.6.3 A educação gerencial

Além de encorajar a perspectiva das relações humanas, o crescimento das modernas empresas integradas solidificou a posição da classe gerencial. Antes de 1920, a maioria dos negócios de grande porte era comandada por seus proprietários-empreendedores, como Carnegie, Ford e Du Pont. O crescimento e a integração após a Primeira Guerra Mundial resultou em sistemas muito grandes para serem dirigidos pelos proprietários (apesar de Henry Ford tê-lo tentado, com efeitos desastrosos). Consequentemente, as responsabilidades pelas decisões eram passadas cada vez mais aos altos e médios gerentes, os quais não eram proprietários significativos da empresa.

† N. de T.: Tradução livre.

No século XIX e início do século XX, era comum que esses gerentes profissionais fossem tomados dos quadros de trabalhadores internos especializados, como operadores de máquinas. Porém, na medida em que as empresas modernas amadureceram, a formação universitária tornou-se cada vez mais uma necessidade. Muitos gestores dessa era foram educados em disciplinas da engenharia tradicional (por exemplo, mecânica, elétrica, civil, química). Alguns, porém, começaram a buscar uma educação diretamente relacionada à gestão, seja em escolas de negócios ou em programas de engenharia industrial, já estavam emergindo junto ao movimento da gestão científica, na virada do século.

O primeiro programa norte-americano de nível superior em gestão de empresas foi estabelecido em 1881 na Wharton School da Universidade da Pensilvânia. Em seguida, foi a vez das escolas superiores de Chicago e Berkeley em 1898, e em Dartmouth (com o primeiro programa de mestrado), New York University e Wisconsin em 1900. Em 1910, havia mais de uma dúzia de escolas de negócios organizadas individualmente em universidades norte-americanas, apesar de os programas geralmente serem limitados e terem currículos restritos à formação profissional (p. ex., economia, direito, línguas estrangeiras) com alguma literatura a respeito das melhores práticas industriais. A faculdade líder da época, Harvard, foi organizada em grande parte por Arch Shaw, que fora professor na Northwestern e que, como diretor de uma editora de Chicago, tinha publicado a *Biblioteca de Gestão Industrial*. Shaw baseou-se muito em palestrantes de fora sobre o movimento da gestão científica (Frederick Taylor, Harrington Emerson, Carl Barth e Morris Cooke) e foi essencial para a introdução do método de estudo de caso, que se tornou a marca registrada de Harvard e teria enorme influência sobre a educação nos negócios em todos os Estados Unidos (Chandler 1977).

Entre 1914 e 1940, as faculdades de gestão de empresas cresceram e diversificaram suas matérias. Durante esse período, a maioria das universidades estaduais introduziu faculdades de gestão; entre elas, estavam a Ohio State (1916); Alabama, Minnesota, North Carolina (1919); Virginia (1920); Indiana (1921); Kansas e Michigan (1924) (Pierson 1959). À medida que as faculdades cresciam, também aumentou o número de graduados: de 1.576 bacharéis e 110 MBAs, em 1920, para 18.549 bacharéis e 1.139 MBAs, em 1940 (Gordon and Howell 1959). Ao mesmo tempo, as áreas funcionais da educação na gestão de empresas estavam sendo padronizadas; por volta de meados da década de 1920, mais da metade das 34 faculdades pertencentes ao American Association of Collegiate Schools of Business exigia dos estudantes que tivessem cursos de contabilidade, direito comercial, finanças, estatística e marketing. Assim, os manuais de apoio a essa orientação funcional começaram a aparecer (p. ex., Hodge and McKinsey, em 1921, na contabilidade; Lough, em 1920, e Bonneville, em 1925, em finanças; e Cherington, em 1920, em marketing).

As faculdades norte-americanas de engenharia também responderam à necessidade de educação na gestão de empresas, introduzindo programas em engenharia industrial. Assim como as pioneiras faculdades de gestão, os primeiros departamentos de engenharia industrial foram fortemente influenciados pelo movimento da gestão científica. Hugo Diemer lecionou no primeiro curso de gestão industrial no departamento de engenharia mecânica da Universidade do Kansas entre 1901 e 1902 e, depois, desenvolveu o primeiro currículo de engenharia industrial na mesma área da Penn State em 1908. Outras faculdades de engenharia foram fundadas e, ao final da Segunda Guerra Mundial, havia mais de 25 cursos de engenharia industrial nas universidades norte-americanas. Após a guerra, o crescimento dessa área seguiu o da economia: em 1980, o número de cursos de engenharia industrial chegava a 100 (Emerson e Naehring 1988).

As ferramentas da engenharia industrial evoluíram à medida que essa área cresceu no período entreguerras. Além dos métodos de estudo dos tempos e movimentos (Gilbreth 1911; Barnes1937), técnicas de engenharia de custos (Fish 1915; Grant 1930), controle da qualidade (Shewhart 1931; Grant e Leavenworth 1946) e gestão de produção e controle de estoque (Spriegel e Lansburgh 1923; Mitchell 1931; Raymond 1931; Whitin 1953) foram apresentados em manuais e largamente usados nos currículos de engenharia industrial. Ao final da Segunda Guerra Mundial, todos os componentes importantes da disciplina de engenharia industrial estavam definidos, com exceção das ferramentas quantitativas da pesquisa operacional, que apareceram de maneira significativa somente após a guerra.

1.7 O PICO, O DECLÍNIO E O RESSURGIMENTO DA PRODUÇÃO NORTE-AMERICANA

Apesar de muitas empresas da produção norte-americana moderna terem sido formadas na década de 1920, a depressão da década de 1930 e a Guerra dos anos 1940 evitaram que o país colhesse todos os benefícios de seu poderoso setor industrial. Assim, foi somente no período após a Segunda Guerra Mundial, entre 1950 e 1960, que os Estados Unidos tiveram sua era dourada na indústria. Essa era moldou as atitudes de uma geração de gestores, influenciou muito as faculdades de gestão e de engenharia e abriu espaço para a não tão dourada era da indústria norte-americana das décadas de1980 e 1990.

1.7.1 A era dourada

A produção norte-americana entrou na Segunda Guerra Mundial em uma posição extremamente forte, tendo dominado as técnicas da produção e distribuição em massa e a gestão de organizações de grande porte, emergindo da guerra em uma posição dominante indiscutível. Em 1945, a indústria norte-americana era com folga a mais forte do mundo. O mercado norte-americano era oito vezes maior do que o segundo colocado, garantindo às empresas norte-americanas uma enorme vantagem. A renda *per capita* norte-americana era oito vezes a do Japão em 1950, fornecendo uma vasta fonte de capitais, apesar do fato de os rendimentos da poupança serem menores do que em outros países. O sistema educacional primário e secundário norte-americano era o melhor do mundo. E com a Lei GI, que garantia terrenos às universidades, os Estados Unidos suplantaram o resto do mundo também na educação superior. A produtividade da mão de obra (medida pelo PIB/por horas trabalhadas) era quase o dobro de qualquer país europeu, três vezes a da Alemanha e sete vezes a do Japão (Maddison 1984). Com seu enorme mercado doméstico, disponibilidade de capital e uma força de trabalho bem treinada e produtiva, os norte-americanos podiam produzir e distribuir produtos em um ritmo e escalas inimagináveis.

O resto do mundo, no entanto, estava quase em ruínas. Os parques industriais da Europa e do Japão tinham sido devastados pela guerra. Os institutos científicos de muitos países estavam desorganizados, enquanto os Estados Unidos herdaram alguns de seus gênios mais brilhantes. Além disso, ao fim da guerra, pelo fato de o transporte ser caro e as políticas de comércio serem protecionistas, as economias eram muito menos globalizadas do que são hoje. Como o maior mercado para quase tudo estava nos Estados Unidos, outros países estariam em uma enorme desvantagem competitiva, mesmo sem contar o seu parque industrial aniquilado e sua base de pesquisa e desenvolvimento desorganizada.

O resultado da expansão econômica do período pós-guerra na indústria norte-americana foi, sem dúvidas, extraordinário e lucrativo. Os norte-americanos viram sua renda disponível *per capita* (em dólares constantes de 1996) crescer de $5.912, em 1940, para $12.823, em 1970 (U.S. Department of Commerce 1972). Em 1947, as 200 maiores empresas dos Estados Unidos eram responsáveis por 30% do valor mundial agregado à produção e por 47,2% dos ativos de produção das corporações. Em 1963, elas eram responsáveis por 41% do valor agregado e por 56,3% dos ativos. Por volta de 1969, os 200 maiores industriários norte-americanos eram proprietários de 60,9% dos ativos de produção do mundo (Chandler 1977, 482). Durante um tempo, a vida foi fácil; porém, enquanto a geração norte-americana do *baby boom* aproveitava a boa vida nos subúrbios das cidades, o mundo competitivo que herdariam estava sendo criado pelos antigos aliados e inimigos de guerra dos Estados Unidos, à medida que se recuperavam.

1.7.2 Contadores contam, vendedores vendem

Durante a era dourada que se seguiu à Segunda Guerra Mundial, as principais oportunidades para as empresas de produção norte-americanas estavam nitidamente nas áreas do marketing, para desenvolver os gigantescos mercados potenciais para produtos novos, e das finanças, para alimentar seu crescimento. Como já mencionamos, os Estados Unidos já tinham um histórico de propaganda melhor do que o Velho Mundo. Além disso, como indica a confiança depositada por Du Pont e pela GM nas medidas financeiras para coordenar suas empresas de grande porte, os produtores norte-americanos estavam bem familiarizados com as ferramentas das finanças. A função da produção ficara em segundo plano. O domínio norte-americano na indústria era tão formidável que o eminente economista John Kenneth Galbraith proclamou o problema da produção como "resolvido" (Galbraith 1958).

No entanto, quando a explosão da produção das décadas de 1950 e 1960 tornou-se o fracasso dos anos 1970 e 1980, ficou evidente que algo saiu errado. A explicação mais simples é que, como os detalhes da produção não eram importantes durante a era dourada, as empresas norte-americanas relaxaram. Considerando o fato de que os produtos norte-americanos eram invejados em todo o mundo, as empresas podiam ditar as especificações de qualidade dos seus produtos, e os gestores começaram a acreditar que a qualidade estava garantida. Por causa da vantagem tecnológica norte-americana e da falta de concorrência, a melhoria contínua não era necessária para manter a participação no mercado, e as empresas passaram a acreditar na garantia de suas posições. Quando as empresas estrangeiras, que não podiam assumir nada como garantido, recuperaram-se suficientemente para apresentar um desafio real, muitas empresas norte-americanas não tiveram o vigor necessário para se opor.

Se essa explicação simples pode ser correta para algumas empresas ou indústrias, ela não conta a história completa. As influências da era dourada sobre as atuais condições da produção norte-americana são sutis e complexas. Além de promover a diminuição da importância dos detalhes da produção, a ênfase em marketing e finanças nos anos de 1950 e 1960 influenciou profundamente as organizações de produção norte-americanas de hoje. Ao reconhecerem essas áreas como as mais promissoras, cada vez mais "mentes brilhantes" escolheram carreiras nas áreas do marketing e das finanças. Elas se tornaram as profissões da moda, enquanto a produção e as operações eram vistas como becos sem saída. Isso levou ao crescimento do marketing a das finanças como as perspectivas dominantes da indústria norte-americana. A seguir mostramos algumas das consequências.

A perspectiva do marketing. Com os altos executivos e as celebridades ascendentes cada vez mais preocupados em vender, as organizações assumiram mais a perspectiva do marketing. Se não há nada intrinsecamente errado com a perspectiva do marketing para o seu departamento, ela pode ser uma perspectiva demasiadamente conservadora para a empresa como um todo. A tarefa principal do marketing é analisar a introdução de novos produtos, mas os produtos mais propícios às análises tendem a imitar outros, em vez de serem inovações.

Um bom exemplo real, que ilustra as armadilhas da perspectiva do marketing, foi o da IBM e do processo xerográfico. Ao final da década de 1950, a Haloid Company (que tinha introduzido a primeira copiadora comercial em 1949 e que depois mudou seu nome para Xerox) ofereceu à IBM a oportunidade de, em conjunto, desenvolver a primeira copiadora prática para escritórios. A IBM contratou Arthur D. Little, uma empresa de consultoria de Boston, para efetuar um estudo de mercado sobre o potencial do produto. A A. D. Little, baseando suas conclusões no consumo de papel-carbono e em avaliações sobre quais escritórios necessitariam de cópias, estimou uma demanda máxima de não mais do que cinco mil máquinas, muito menos do que o necessário para justificar os custos de desenvolvimento do produto (Kearns e Nadler 1992). A IBM recusou a oferta, e a Xerox acabou ganhando tanto dinheiro que os royalties pagos ao Battelle Memorial Institute, o laboratório de pesquisas onde o processo foi desenvolvido, chegaram a ameaçar seu *status* de instituição sem fins lucrativos.

A conclusão é que a perspectiva do marketing muitas vezes não irá justificar aventuras de alto risco e alto retorno vinculadas a produtos realmente inovadores. A máquina de Xerox *criou* uma demanda para cópias de papel que antes não existia. Mesmo que sejam difíceis de ser analisados, produtos revolucionários como esse podem ser enormemente lucrativos. Uma confiança demasiada no marketing pode ter feito com que muitas empresas norte-americanas grandes se aventurassem menos do que deveriam nessas ações mais arriscadas. Como evidência disso, considere que a última grande inovação do mercado automotivo a aparecer primeiramente em um carro norte-americano foi a transmissão automática na década de 1940. A tração nas quatro rodas, a direção nas quatro rodas, o motor turbo, os freios ABS e os veículos híbridos foram introduzidos por fabricantes estrangeiros (Dertouzos, Lester, Solow 1989, 19).

A perspectica financeira. Conforme observamos antes, a Du Pont foi a pioneira no uso dos índices de retorno sobre investimento (RSI) como medida da eficiência do capital nas empresas de grande porte logo após a virada do século. Porém, na década de 1910, a Du Pont Powder Company era da família Du Pont, a qual também a administrava; assim, não havia dúvidas de que ela deveria ser gerida para o benefício, no longo prazo, de seus proprietários. Pierre Du Pont jamais teria usado as fórmulas de RSI no curto prazo para avaliar o desempenho de seus gerentes. Nos anos de 1950 e 1960, os gestores de alto nível já não eram os proprietários, e a importância da perspectiva financeira fez com que a fórmula de RSI no curto prazo fosse empregada sob a forma de relatórios financeiros trimestrais, como uma medida de avaliação de desempenho individual.

Uma confiança demasiada na fórmula de RSI no curto prazo desencorajou os gerentes de buscarem empreendimentos de longo prazo e de maior risco, agravando, assim, a tendência do conservadorismo promovida pela perspectiva do marketing. O RSI no curto prazo pode ser aumentado artificialmente durante um tempo, talvez durante muitos anos, por meio da redução da base de investimentos, postergando-se a modernização dos processos, a manutenção ou a reposição dos equipamentos, ou comprando-se instalações não tão modernas. Entretanto, no longo prazo, tais práticas podem causar uma forte desvantagem competitiva a uma empresa. Por exemplo, Dertouzos, Lester e Solow (1989, 57) citam estatísticas mostrando que a taxa de investimentos de capitais sobre a produção líquida do Japão e da Alemanha Ocidental tem sido bem maior do que a dos Estados Unidos desde 1965, precisamente o período em que esses países diminuíram significativamente a diferença de produtividade em relação aos norte-americanos.

Além disso, a perspectiva financeira, que vê a gestão industrial como sendo essencialmente análoga a uma gestão de portfólio de investimentos, implica que a melhor maneira de minimizar os riscos é a diversificação. Um gestor de portfólios de investimentos diversifica através da compra de vários tipos de valores imobiliários. Assim que o resto do mundo se recuperou da guerra e iniciou uma séria concorrência com os norte-americanos na década de 1960, as empresas industriais cada vez mais se voltaram para a diversificação, quase a um ponto doentio no final daquela década. Em 1965, houve duas mil aquisições e fusões nos Estados Unidos; em 1969, esse número tinha crescido para mais de seis mil. Ademais, dos ativos adquiridos durante a onda de fusões no período de 1963–1972, quase três quartos deles eram relativos à diversificação de produtos, e a metade destes, de produtos não relacionados com a empresa (Chandler 1977). O efeito foi uma mudança dramática na caracterização das grandes empresas de produção dos Estados Unidos. Em 1949, 70% das 500 maiores empresas norte-americanas detinham 95% das receitas oriundas de apenas um ramo de negócios. Em 1969, 70% das grandes empresas não mais tinham um ramo dominante (Davidson 1990).

Assim como a perspectiva do marketing, a financeira também é muito restritiva para a empresa toda. Enquanto os gestores de portfólios puramente financeiros são, com certeza, bem racionais em seu uso da diversificação para atingir retornos estáveis, as empresas de produção que usam a mesma estratégia estão negligenciando uma importante diferença entre o conceito de portfólio e a gestão de produção: as empresas de produção influenciam seu destino de uma maneira muito mais direta do que fazem os investidores. A lucratividade de um negócio industrial depende de muitas coisas, incluindo o projeto e a qualidade dos produtos, a eficiência dos processos, o serviço de atendimento aos clientes e assim por diante. Quando uma empresa se afasta de seu negócio principal, há perigo de que ela falhe nesses fatores-chave. Isso pode mais do que descompensar qualquer vantagem potencial que haja na diversificação e, eventualmente, pode ameaçar a própria existência da empresa.

De fato, as evidências estatísticas pintam um quadro negativo da eficácia das estratégias das fusões e aquisições. Um estudo detalhado feito por Ravenscraft e Scherer (1987) das fusões dos anos 1960 e 1970 mostrou que, em média, a lucratividade e a eficiência das empresas sofrem declínio após serem adquiridas. Hayes e Wheelwright (1984, 13) citam mais estatísticas de Fruhan (1979) e da revista *Forbes* que mostram que os conglomerados altamente diversificados tendem a diminuir seu desempenho em relação às empresas altamente focadas no mercado de seus produtos. No campo da cultura popular, livros como *Barbarians at the Gate* (Burrough 1990) e *Merchants of Debt* (Anders 1992) ilustram graficamente como a cobiça desenfreada pode levar os processos de fusões e aquisições para longe de qualquer consideração de eficácia da produção. Scherer e Ross (1990, 173), em um estudo abrangente sobre as estruturas das empresas e o desempenho econômico, resumem a eficácia dos processos de fusões e aquisições com esta declaração: "O quadro que emerge é pessimista: falência generalizada, uma mediocridade considerável e sucessos ocasionais."

1.7.3 O gestor profissional

O rápido crescimento após a Segunda Guerra Mundial modelou profundamente os gestores de produção de duas novas maneiras. Primeiramente, uma forte demanda por gestores acionou a aceleração do processo de promoções em um sistema "de formação gerencial acelerada". Em segundo lugar, sem poder criar gerentes suficientes em seus quadros internos de pessoal, a indústria contou com as universidades para garantir o treinamento de gestores profissionais. Antes da guerra, os gerentes que detinham um MBA ainda eram uma raridade; apenas 1.139 graus de mestre foram concedidos em 1940 (Gordon e Howell 1959, 21). Após a guerra, esse número triplicou para 3.357, em 1948, e continuou a crescer constantemente, até que, ao final do século XX, as escolas norte-americanas formavam ao redor de cem mil MBAs por ano. O resultado final tem sido que o MBA tornou-se a credencial padrão para os executivos de negócios, o que tem causado mudanças no caráter tanto das faculdades de gestão quanto das empresas.

O gerente de formação acelerada. Conforme apontam Hayes e Wheelwright (1984), antes da guerra, fazia parte da tradição ficar um bom tempo – uma década ou mais – em uma determinada posição inferior, antes de ser promovido na hierarquia gerencial. Porém, após a guerra, simplesmente não havia a quantidade necessária de pessoas qualificadas para preencher a crescente demanda por gerentes. Para preencher esse espaço, as organizações de negócios identificavam talentos promissores e os colocavam em pistas rápidas para posições executivas. Esses indivíduos faziam rodízio por cargos inferiores durante curtos espaços de tempo – 2 ou 3 anos – em suas corridas para as posições do topo. Como resultado, os altos executivos com mais idade nas décadas de 1960 e 1970 tinham uma experiência menos profunda com posições de operações do que seus antecessores.

Pior ainda, o conceito do gerente de formação acelerada, originalmente desenvolvido para preencher uma necessidade pontual do pós-guerra, gradualmente se institucionalizou. Uma vez que algumas "estrelas" trilharam a escada hierárquica de forma rápida, tornou-se impossível convencer os que vinham atrás a retornar ao velho e tradicional ritmo anterior. Um gestor jovem e brilhante que não fosse promovido rápido o suficiente iria procurar oportunidades em outros lugares. A lealdade de uma vida toda para com uma só empresa tornou-se coisa do passado nos Estados Unidos, sendo comum altos executivos de uma empresa virem do quadro funcional de outra totalmente diferente.[9] As escolas de negócios norte-americanas pregaram o conceito do gestor profissional que pode dirigir qualquer empresa, não importando os detalhes tecnológicos e mercadológicos, e a indústria norte-americana o aplicou.[10] Os tempos de Carnegie e Ford, os proprietários-empreendedores-gestores que conheciam os detalhes de seus negócios de fio a pavio, ficaram para trás.

A introdução de padrões acadêmicos nas faculdades de negócios. À medida que as faculdades de negócios se expandiram após a guerra para preencher as necessidades por gestores profissionais, suas abordagens pedagógicas ficaram sob crescente avaliação. Em 1959, foram publicados dois estudos influentes sobre as escolas norte-americanas, patrocinados pela Ford Foundation (Gordon e Howell 1959) e pela Carnegie Corporation (Pierson 1959). Esses estudos criticaram as universidades norte-americanas por adotarem uma abordagem excessivamente vocacional na educação de negócios e pediam um aumento dos padrões acadêmicos e uma ampliação da ênfase no conhecimento geral, com base nas "disciplinas fundamentais" das ciências comportamentais, da economia, da matemática e da estatística. Os estudos defendiam uma mescla interessante entre especialização (ênfase em técnicas mais sofisticadas de análise[11]) e generalização (desenvolvimento de gerentes profissionais preparados para enfrentar qualquer problema de gerenciamento).

[9] Por exemplo, John Scully veio da Pepsi para comandar a Apple Computer, e Archie McCardle saiu da Xerox para chefiar a International Harvester.

[10] Até o governo norte-americano aplicou esse conceito. Quando o secretário do Tesouro Donald Regan e o chefe da Casa Branca James Baker trocaram de posições durante a gestão de Reagan, houve poucas notícias nos jornais a respeito – exceto por terem notado seus diferentes estilos de gestão.

[11] Presume-se que isso tenha algo a ver com o fato de que os estudos foram feitos na era do Sputnik – tempos de profunda crença na ciência.

Tendo permanecido às margens do respeito acadêmico desde sua formação, as faculdades de negócios levaram a sério essas recomendações e contrataram professores especialistas nas disciplinas de psicologia, sociologia, economia, matemática e estatística – muitos dos quais sem nenhuma experiência ou formação em negócios. Elas revisaram seus currículos para incluir mais disciplinas sobre esses assuntos "teóricos" básicos e reduziram aquelas com objetivos de treinar os estudantes para exercerem trabalhos específicos. A pesquisa operacional, que surgiu em cena com alguns sucessos militares bem divulgados durante a Segunda Guerra Mundial e se desenvolvia rapidamente na década de 1960 com a evolução do computador, foi logo assimilada na gestão de operações. O conceito do gestor profissional tornou-se o paradigma central da educação de negócios norte-americana.

Essa "modernização" das faculdades de negócios fez mais do que produzir uma geração de gestores com muita teoria geral e poucas habilidades práticas específicas. Ela desgastou o papel tradicional, embora pequeno, das faculdades como repositórios do melhor das práticas industriais. Com especialistas em psicologia e matemática correndo atrás de pesquisas extremamente específicas em periódicos acadêmicos enigmáticos, não é surpreendente que, quando o crescimento da produtividade diminuiu no fim da década de 1970 e início dos anos 1980, a indústria não foi pedir ajuda às universidades. Em vez disso, foi verificar os exemplos do Japão (como Schonberger 1982) e os estudos de práticas setoriais feitos por consultores (p. ex., Peters e Waterman 1982). Assim, após serem educados nas ferramentas "científicas" da gestão, os gerentes profissionais dos anos 1980 e 1990, com seus MBAs, foram cortejados por uma série interminável de soluções rápidas para os seus problemas gerenciais. Modas passageiras baseadas em termos impactantes, como teoria Z, gestão por objetivos, orçamento em base zero, descentralização, círculos de qualidade, reestruturação, "excelência", gestão por caminhadas, gestão por matrizes, empreendedorismo, análise da cadeia de valor, gerente-minuto, *just-in-time*, gestão da qualidade total, competição por tempo, reengenharia dos processos de negócios e muitas outras, vieram e se foram com uma regularidade estarrecedora. Enquanto muitas dessas "teorias" contêm realmente ideias válidas, a sua grande quantidade é uma evidência de que a solução não é rápida.

A ironia derradeira ocorreu na década de 1980, quando, em uma tentativa desesperada de resgatar a confiança dos estudantes, alienados pela quase total incoerência entre a sala de aula e a sala de reunião, muitas disciplinas de gestão operacional começaram a ensinar essas modas com termos impactantes. Assim, as faculdades de negócios abriram mão de seu papel como árbitro do que realmente funcionava ou não. Em vez de estabelecerem as tendências, elas começaram a segui-las.

Nos anos de 1990, era evidente que as faculdades de negócios e as corporações ficaram longe umas das outras, com a indústria inocentemente confiando em abordagens recheadas de palavras de impacto e com as academias pendendo demais para pesquisas especializadas e ensino de imitações. Ainda permanece aberta a questão sobre se esse vazio pode ser preenchido. Desse modo, as faculdades de negócios precisam recuperar seus fundamentos práticos, para poder focar suas ferramentas nos problemas de real interesse para a indústria, em vez de se concentrar em desafios intelectuais abstratos. Os setores da indústria precisam recuperar seu interesse sobre a importância dos detalhes técnicos da produção e desenvolver a capacidade para avaliar de maneira sistemática quais as práticas de gestão que realmente funcionam, em vez de ficar "pulando de galho em galho". Por meio do ajuste das atitudes dos acadêmicos e dos profissionais nas empresas, temos potencial para aplicar as ferramentas e as tecnologias desenvolvidas desde a Segunda Guerra Mundial para sustentar a produção como uma base sólida para a economia norte-americana no século XXI.

1.7.4 A recuperação e a globalização da produção

É bem provável que a década de 1990 seja lembrada como a era da exuberância irracional no mercado acionário e da bolha do setor das empresas virtuais. Mas ela também representa o ressurgimento impactante da produção norte-americana após o declínio dos anos de 1970 e 1980. O crescimento da produtividade anual na produção voltou a ficar acima dos 3% em quase toda a década de 1990 e numa média acima dos 4% de 2000 a 2003. Em 1997, os lucros anuais subiram 40%, e o desemprego ficou em seu menor nível em mais de duas décadas. Sete anos de crescimento econômico aumentaram os investimentos nas instalações fabris, e os equipamentos industriais das fábricas quase dobraram de 1987 a 1996 (*BusinessWeek,* junho 9, 1970, 70).

Os bons tempos da indústria norte-americana também foram sentidos fora do mercado doméstico. Ano após ano, entre 1993 a 1997, o Institute for Management Development de Lausanne, Suíça, classificou os Estados Unidos como o país mais competitivo do mundo. Um estudo de 1993 feito pelo Center for the Study of American Business (CSAB) da Universidade de Washington, em St. Louis, com 48 executivos industriais, verificou que 90% consideravam suas empresas mais competitivas do que eram cinco anos antes (Chilton 1995). A maioria desses executivos também relatou que a qualidade e o tempo de desenvolvimento de novos produtos melhoraram de maneira significativa no mesmo período.

Se a situação em meados dos anos 1990 era encorajadora, ela estava longe de voltar a ser aquela dos anos de 1960. O emprego total da indústria aumentou apenas de forma modesta (700 mil novos empregos) durante os anos de explosão econômica entre 1992 e1998, e caiu bastante (mais de 2.5 milhões de empregos) entre 1998 e 2003. A recessão de 2001 foi parcialmente responsável, assim como os crescimentos de produtividade recém-citados, necessários para manter o ritmo da forte concorrência global. Por exemplo, apesar da melhora do desempenho dos "três grandes" dos Estados Unidos, a Toyota manteve sua posição de número um no mercado mundial, aumentando constantemente sua participação. O estudo da CSAB mostrou que 75% dos executivos de produção concordaram fortemente (e mais 10% de forma moderada) que a concorrência enfrentada em 1993 foi muito mais acirrada do que 10 anos antes, e a maioria concordou que ainda mais melhorias na qualidade e no desenvolvimento dos produtos seriam necessárias nos próximos cinco anos para manter o ritmo.

À medida que os administradores procuravam com afinco maneiras de melhorar sua competitividade, os anos de 1990 tornaram-se a década da produção. Livros, vídeos, programas de computador e gurus prometiam aprimoramentos (quase) instantâneos. Enquanto esses eram muitas vezes descritos com palavras (e acrônimos) impactantes, seu conteúdo recaía em três tendências básicas que focavam na eficiência, na qualidade e na integração. Apesar de não trazerem conceitos novos, a intensidade com que eram perseguidas atingia novos limites, conforme os padrões de desempenho aceitos continuavam a crescer cada vez mais.

A **tendência da eficiência** é tão velha quanto a própria produção e foi o coração do movimento da gestão científica do começo do século XX, mas recebeu uma força substancial nos anos 1970 e 1990 com a emergência do sistema japonês *just-in-time* (JIT), particularmente na Toyota. Discutiremos isso com maior profundidade no Capítulo 4. Por ora, observaremos apenas que um foco-chave do sistema JIT foi a eliminação de estoques desnecessários, ou seja, do desperdício, nos sistemas de produção. Após algumas tentativas hesitantes de imitações nos anos 1980, as empresas norte-americanas flertaram com uma abordagem mais radical da eliminação de desperdício batizada de reengenharia de processos de negócios (*business process reengineering* – BPR) (Hammer and Champy 1993). Após o BPR ter caído em descrédito, a ênfase no JIT renasceu como *lean manufacturing* (produção enxuta). Se o nome "enxuta" será mantido ou não, a tendência para a eficiência, com certeza, será. Portanto, examinaremos a ciência subjacente à produção enxuta no Capítulo 9.

A **tendência da qualidade** remonta, no mínimo, ao trabalho pioneiro de Shewhart (1931), mas também recebeu um estímulo importante do Japão, nos anos 1970 e 1980, sob o título de Gestão da Qualidade Total (*Total Quality Management* – TQM). Após um intenso caso de amor com o discurso da qualidade nos anos 1980, muitas empresas se convenceram de que a TQM estava sendo vendida demais com apelos grandiosos do tipo "a qualidade é de graça" (Crosby 1979), e o termo também caiu em descrédito. No entanto, a tendência da qualidade foi logo ressuscitada quando a General Electric tomou emprestado o sistema estatisticamente comprovado da Motorola, chamado de Seis Sigma, implantando-o com grande sucesso nos anos 1990. Mais uma vez, independentemente da manutenção do termo "Seis Sigma", a qualidade chegou para ficar, de forma que examinaremos a influência japonesa com essa tendência no Capítulo 4 e, mais profundamente, no Capítulo 12.

A **tendência da integração** tem suas raízes nos métodos cada vez mais sofisticados que foram necessários para gerir as empresas verticalmente integradas e de grande porte de Carnegie, Ford e

Sloan. As tentativas de passar esses métodos para o computador levaram ao nascimento de sistemas de planejamento das necessidades de materiais (*material requirements planning* – MRP) nos anos 1970. Estes cresceram em seu escopo e adquiriram nomes mais pomposos como planejamento de recursos de produção (*manufacturing resources planning* – MRP II), planejamento das necessidades de negócios (*business requirements planning* – BRP) e sistema integrado de gestão empresarial (*enterprise resource planning* – ERP). Porém, durante os anos 1990, a pressão da concorrência global estava induzindo muitas empresas à terceirização dos processos secundários, levando a indústria a um enorme crescimento da indústria de produção contratada.[12] A necessidade de coordenar a produção e as operações de distribuição espalhadas por todo o globo resultou no surgimento da gestão da cadeia de suprimentos (*supply chain management* – SCM). Esta tinha um apelo tão forte que muitos ERP foram transformados em SCM – quase da noite para o dia. Não importando o nome, os problemas da integração da produção e os programas para sua solução ainda estarão conosco por muito tempo. Portanto, estudaremos as raízes de MRP da tendência da integração (computadorizada) no Capítulo 3 e voltaremos a ela na perspectiva da cadeia de suprimentos no Capítulo 17.

O resultado final da globalização é que a gestão de produção tornou-se uma atividade muito mais complexa e de escala bem maior do que era antes. As empresas de sucesso não necessitam apenas dominar as habilidades necessárias para tocar as fábricas com eficácia, precisam também coordená-las por meio dos vários níveis, empresas e culturas. Também é certo que o "problema da produção", declarado como resolvido por Galbraith em 1958, ainda estará conosco por muito tempo.

1.8 O FUTURO

O futuro da produção nos Estados Unidos não pode evitar de ser influenciado pelo seu passado. As práticas e as instituições usadas atualmente evoluíram bastante ao longo dos 200 anos que se passaram. As influências vão desde as ramificações do mito das fronteiras até o entusiasmo com as finanças e com o marketing e não desaparecerão da noite para o dia. Uma apreciação do que foi feito no passado pode, no mínimo, conscientizar-nos sobre as coisas com que estamos lidando (a Tabela 1.1 mostra um quadro resumido dos fatos mais importantes ocorridos na produção). Entretanto, a história molda somente as possibilidades futuras, e não o futuro em si. A evolução do sistema norte-americano de produção para o próximo nível fica por conta da próxima geração de gestores de produção.

Qual será esse nível? Apesar de ninguém poder dizer com certeza, acreditamos que o conceito do gestor profissional está intelectualmente falido. Em um mundo de intensa competitividade global, apenas definir as diretrizes gerais não é o suficiente. Os gestores precisam do conhecimento detalhado sobre seus negócios, que deve incluir os detalhes *técnicos*. Infelizmente, o surgimento de pacotes de programas tão monolíticos como são os sistemas integrados de gestão empresarial (assunto do Capítulo 3), que supostamente encapsulam as "melhores práticas", pode se revelar como um gigantesco passo para os gestores compreenderem melhor as suas práticas.

No futuro, é bem possível que a própria sobrevivência dependerá da compreensão desses detalhes. A função da produção não é mais um mal necessário e inevitável; é uma função estratégica vital. Em uma era em que os produtos altamente tecnológicos se transformam em mercadorias populares em um piscar de olhos, a produção ineficiente pode ser fatal. A recuperação econômica dos anos 1990 e o fato de que várias universidades deram início a programas de gestão da produção centrados em aspectos técnicos e detalhes operacionais da produção são sinais encorajadores de que estamos nos ajustando para a nova era.

No entanto, a mudança não acontecerá de maneira uniforme para toda a produção norte-americana. Algumas empresas se adaptarão – na verdade, já se adaptaram – ao novo mundo da concorrência global;

[12] Por exemplo, os serviços de produção eletrônica tornaram-se um setor de US$140 bilhões em 2003. As maiores empresas de serviços do setor, como a Solectron e a Flextronics, cresceram e tornaram-se multibilionárias, expandindo-se para além da contratação industrial, por meio do provimento de serviços ao longo da cadeia de fornecimento, desde a introdução de novos produtos até o atendimento de pós-venda, ou mesmo gerindo a integração de toda a cadeia de suprimentos.

TABELA 1.1 Marcos na história da produção

Data	Evento
4000 a.C.	Os egípcios coordenam projetos de grande porte para a construção das pirâmides.
1500	Leonardo da Vinci estuda os movimentos com a pá de maneira sistemática.
1733	John Kay inventa a lançadeira voadora.
1765	James Hargreaves inventa a máquina Jenny de tecer.
1765	James Watt inventa o motor a vapor.
1776	Adam Smith publica *A Riqueza das Nações*, introduzindo as noções da divisão do trabalho e da mão invisível do capitalismo.
1776	James Watt vende seu primeiro motor a vapor.
1781	James Watt inventa o sistema para produzir movimentos rotativos com o pistão do motor a vapor.
1785	Honore LeBlanc apresenta a Thomas Jefferson as partes intercambiáveis de mosquetes.
1793	É estabelecida a primeira fábrica de têxteis dos Estados Unidos em Pawtucket, RI.
1801	Eli Whitney é contratado pelo governo dos Estados Unidos para produzir mosquetes, usando o conceito de partes intercambiáveis.
1814	É estabelecida uma fábrica têxtil integrada nos Estados Unidos em Waltham, MA.
1832	Charles Babbage publica *On the Economy of Machinery and Manufactures*, sobre os procedimentos de custos e a organização das fábricas.
1840	A abertura de minas de carvão mineral no leste da Pensilvânia fornece aos Estados Unidos a primeira fonte de energia barata além da água.
1851	A Exposição no Crystal Palace em Londres apresenta "O sistema de produção norte-americano".
1854	Daniel C. McCallum desenvolve e implanta o primeiro sistema de gestão de organizações de grande porte na New York and Erie Railroad.
1855	Henry Bessemer patenteia um processo para refinar o ferro em aço que era muito melhor para a produção em massa do que o processo de "pudlagem" usado antes.
1869	A primeira via férrea transcontinental, a Union Pacific-Central Pacific, é terminada.
1870	Marshall Field usa o conceito de rotações do estoque para medir o desempenho de operações de varejo.
1875	Andrew Carnegie funda a Edgar Thompson Steel Works em Pittsburgh, a primeira fábrica de trilhos integrada a usar o processo Bessemer construída de forma improvisada e, por décadas, a maior usina de aço do mundo.
1877	Arthur Wellington publica *The Economic Theory of the Location of Railways*, o primeiro livro a apresentar métodos de orçamento de capitais.
1880	É fundada a American Society of Mechanical Engineers (ASME).
1886	Charles Hall, nos Estados Unidos, e Paul Heroult, na Europa, inventam simultaneamente o método eletrolítico para transformar a bauxita em alumínio.
1886	Henry Towne apresenta seu estudo na ASME, pedindo uma Seção de Economia sobre a gestão de fábricas.
1910	Hugo Diemer publica o livro *Factory Organization and Administration*, o primeiro manual de engenharia industrial.
1911	F. W. Taylor publica o livro *The Principles of Scientific Management*.
1913	Henry Ford introduz a primeira linha de montagem móvel de automóveis em Highland Park, MI.
1913	Ford W. Harris publica o livro *How Many Parts to Make at Once*.
1914	Lillian Gilbreth publica o livro *The Psychology of Management*.
1915	John C. L. Fish publica *Engineering Economics: First Principles*, o primeiro texto apresentando os métodos de fluxo de caixa.
1916	Henri Fayol publica a primeira teoria global da gestão em seu livro *Administration industrielle et generale* (só traduzida para o inglês em 1929).
1920	Alfred P. Sloan reorganiza a General Motors em uma sede central com várias divisões autônomas.
1924	Os estudos de Hawthorne são iniciados na fábrica da Western Electric, em Chicago, e continuam até 1932.
1931	Walter Shewhart publica o livro *Economic Control of Quality of Manufactured Product*, introduzindo o conceito de carta de controle.
1945	O ENIAC (Electronic Numerical Integrator and Calculator), o primeiro computador eletrônico digital, é construído na Universidade da Pensilvânia. John Bardeen, Walter Brattain e William Shockley coinventam o transistor na Bell Labs.
1947	Herbert Simon publica o livro *Administrative Behavior*, que marca uma mudança no foco da teoria organizacional, passando das estruturas organizacionais para os processos de tomada de decisões.
1953	A Thomson Whitin publica *The Theory of Inventory Management*, o primeiro livro a desenvolver uma teoria para definir a prática de controle de estoques.
1954	Peter Drucker publica *The Practice of Management*, introduzindo os conceitos da gestão por objetivos (MBO) em grande escala.
1964	O IBM 360 se torna o primeiro computador baseado em chips de silício.
1975	Joseph Orlicky publica o livro *Material Requirements Planning*.
1977	Introdução do Apple II dá início à revolução dos microcomputadores.
1978	Taiichi Ohno publica o *Toyota seisan hoshiki*, sobre o sistema (2 i's) Toyota de produção†.

† N. de E.: Publicado em português pela Bookman Editora: OHNO, T. *O Sistema Toyota de Produção*. 1. ed. Porto Alegre: Bookman, 1997.

outras resistirão às mudanças ou continuarão a procurar algum tipo de solução tecnológica rápida. As empresas norte-americanas não vão crescer ou cair como um todo. Aquelas que dominarem as complexidades da produção sob a nova ordem mundial vão prosperar; as que se abraçarem aos métodos desenvolvidos sob as condições únicas e, há tempos inexistentes, que se seguiram à Segunda Guerra Mundial, não vão; as que continuarem a aumentar seus lucros pressionando seus empregados por maior produtividade, sem permitir que os salários reais cresçam, também irão falhar (parece que a greve da General Motors no verão de 1998 foi uma rachadura no verniz da nova potência norte-americana).

Para fazer a transição para a nova era da produção, é crucial lembrar as lições deixadas pela história. De maneira consistente, a chave para uma produção eficaz não tem sido apenas a tecnologia, mas também a organização na qual ela foi usada. A única maneira para uma empresa industrial do futuro conquistar uma vantagem estratégica significativa no longo prazo será por meio do foco e da coordenação de suas operações de produção, em conjunto com o desenvolvimento de produtos e mercados, e com as necessidades dos clientes. O objetivo deste livro é oferecer ao gestor industrial a intuição e as ferramentas necessárias para fazer isso.

PONTOS PARA DISCUSSÃO

1. Antes de 1900, apesar de suas fraquezas na eficácia da gestão dos trabalhadores, as lideranças industriais eram bem exercidas por gestores capazes. Eles eram empreendedores da tecnologia, arquitetos de sistemas produtivos, verdadeiros leões da indústria. Porém, quando delegaram as responsabilidades de produção para departamentos do segundo nível, a instituição fabril nunca mais recuperou sua vitalidade. O leão foi domado. Seus sistemas gerenciais tornaram-se protecionistas e, em geral, não eram nem empreendedores, nem estratégicos. Desde então, os gestores de produção tiveram pouca participação no despertar de tecnologias de processos substancialmente novas – ao contrário de seus predecessores antes de 1900 (Skinner 1985).
   (a) Você concorda com Skinner?
   (b) Quais as diferenças estruturais entre as empresas industriais antes de 1890 e após 1920 que contribuíram para essa diferença na orientação gerencial?
   (c) Por que os gestores de produção ganharam cada vez mais fama de "guardiões dos ativos financeiros"? (Quais foram os efeitos no papel da produção como parte da estratégia de negócios?)
   (d) Como o Japão (ou a Alemanha) é diferente (ou igual) dos Estados Unidos no que diz respeito a essa tendência na liderança da indústria?
   (e) Considerando as características estruturais das empresas industriais (porte, complexidade, ritmo de mudança tecnológica) como algo dado, o que pode ser feito para revitalizar a liderança industrial?
2. O crescimento industrial norte-americano aconteceu após uma guerra com seu principal rival (a Inglaterra); o crescimento do Japão também ocorreu após uma guerra com seu principal rival (os Estados Unidos). O sucesso norte-americano pode ser atribuído ao seu sistema (p. ex., as peças intercambiáveis e a integração vertical), enquanto o sucesso japonês poderia ser atribuído ao seu sistema (*just-in-time*).
   (a) Que outros paralelos podem ser extraídos entre as histórias da indústria norte-americana e japonesa?
   (b) Quais as principais diferenças?
   (c) Que relevância têm essas similaridades e diferenças para o legislador e para o gestor de produção de hoje?

QUESTÕES PARA ESTUDO

1. Quais os eventos que caracterizaram a primeira e a segunda revolução industrial? Que efeitos essas mudanças tiveram na natureza da gestão industrial?
2. Liste três efeitos principais da gestão científica de Frederick W. Taylor sobre as práticas da gestão industrial norte-americana.
3. Os proponentes de uma economia de serviços para os Estados Unidos algumas vezes comparam o recente declínio do emprego industrial ao declínio anterior do emprego na agricultura. Como esses dois declínios diferem um do outro? Como isso poderia afetar os argumentos de que uma economia de serviços não irá reduzir nosso padrão de vida?

4. Quais são alguns dos sinais do declínio da indústria norte-americana? Por quanto tempo isso tem acontecido?
5. Dê um contra-argumento para cada uma destas "respostas comuns" sobre o porquê do declínio da indústria norte-americana:
   (a) Maior regulamentação do governo, impostos e assim por diante.
   (b) Degradação da ética do trabalho norte-americana combinada com relações contrárias entre o trabalho e a gestão.
   (c) Interrupções no suprimento e aumento de preços da energia desde o primeiro choque do petróleo da OPEC.
   (d) Entrada em massa de novos indivíduos na força de trabalho – adolescentes, mulheres e grupos minoritários – que tiveram de ser preparados e treinados.
   (e) Advento de custos de capital extraordinariamente elevados causados pela alta inflação.

   Se nenhuma das respostas acima é correta, o que mais resta?
6. Enumere duas tendências da gestão pós-guerra que têm contribuído para o declínio da produção norte-americana.
7. Por que não era importante para um gestor preocupar-se demais com os detalhes da produção no período dos anos 1950 ao início da década de 1960? Como isso afetou a natureza das faculdades de negócios norte-americanas durante esse período e as práticas administrativas atuais?
8. Liste alguns prós e contras da abordagem da gestão de portfólio para a gestão de uma empresa industrial complexa.
9. O que causou a necessidade da formação acelerada de gerentes nos anos 1950 e 1960? Quais impactos potenciais isso poderia causar na perspectiva da gestão?
10. Compare um gestor profissional (ou seja, um gestor que, presumivelmente, é capacitado a gerir qualquer negócio) com o gestor de um portfólio puramente financeiro. Liste alguns pontos fortes e fracos que esse indivíduo traria ao ambiente industrial.
11. Quais atitudes que um gestor profissional norte-americano moderno tem em comum com os colonizadores pioneiros dos Estados Unidos? Que consequências negativas isso poderia causar?
12. Mesmo em circunstâncias nas quais pode ser comprovado que projetos inovadores têm tido visivelmente melhor desempenho no longo prazo, por que muitos gestores optam por projetos de *imitações* de produtos?
13. Tem-se argumentado que muitos dos problemas da indústria americana podem ser ligados a uma confiança demasiada em medidas financeiras de curto prazo. Enumere algumas políticas, em nível governamental e empresarial, que poderiam ser usadas para desencorajar esse raciocínio.
14. Qual a habilidade essencial um gestor industrial precisa ter para ser capaz de observar o quadro global e, ainda assim, prestar atenção aos detalhes importantes, sem ficar sobrecarregado?
15. De modo superficial, poderíamos atribuir o sucesso da indústria norte-americana à competição eficaz nos custos (por meio das economias de escala graças à produção em massa), o sucesso da indústria alemã à competição eficaz na qualidade (pela reputação de projetos de produtos superiores e em conformidade com as especificações de desempenho), e o sucesso da indústria japonesa à competição eficaz nos tempos (por meio de menores ciclos de produção e rapidez na introdução de novos produtos). Claro, cada nova potência ascendente teve que competir também contra as vantagens dos seus antecessores; assim, a Alemanha teve de ser competitiva nos custos, e o Japão teve que ser bom nos custos e na qualidade, além de sua vantagem nos tempos. Pensando em termos desse modelo simples – que representa a competição global como uma sucessão de novas dimensões competitivas –, dê algumas sugestões do que poderia ser a próxima dimensão competitiva.

CAPÍTULO 2

O Controle de Estoques: Do Lote Econômico ao Ponto de Reposição

Compra aquilo de que não necessitas e logo venderás o que te é necessário.

"POOR RICHARD"

2.1 INTRODUÇÃO

A administração científica tornou possível a disciplina moderna de gestão de operações (GO). Ela não apenas estabeleceu a gestão como uma disciplina que merece ser estudada, mas também premiou a precisão quantitativa que, pela primeira vez, fez da matemática uma ferramenta de gestão. As fórmulas primitivas de trabalho de Taylor foram as precursoras de uma série de muitos modelos matemáticos projetados para ajudar a tomada de decisões em todos os níveis do projeto e no controle das fábricas. Esses modelos se tornaram assunto padrão no currículo dos engenheiros e gestores, e disciplinas inteiras de pesquisas acadêmicas surgiram em torno de áreas problemáticas da GO, incluindo o controle de estoques, a programação, o planejamento da capacidade, as previsões de demanda, o controle de qualidade e a manutenção de equipamentos. Os modelos e o foco da administração científica que os motivaram fazem parte da linguagem padrão dos negócios atuais.

Das subdisciplinas da gestão de operações que motivaram a criação de modelos matemáticos, nenhuma foi mais importante para a gestão de produção, nem mais típica da abordagem norte-americana à GO do que o controle de estoques. Neste capítulo, apresentamos o histórico da abordagem matemática ao controle de estoques nos Estados Unidos, de acordo com as seguintes razões:

1. Os modelos de controle de estoques em questão estão entre os resultados mais antigos da área de GO e continuam a ser usados e citados. Portanto, eles são componentes essenciais da linguagem da gestão de produção.
2. Os estoques desempenham um papel fundamental no comportamento das operações de quase todos os sistemas industriais. Os conceitos introduzidos nesses modelos históricos serão revisitados em nossa explanação sobre a Ciência da Fábrica, na Parte II, e em nossas discussões sobre gestão da cadeia de suprimentos, no Capítulo 17.
3. Esses resultados clássicos do controle de estoques são importantes para o desenvolvimento de técnicas mais modernas na gestão de produção, como o planejamento de necessidades de materiais (MRP), o *just-in-time* (JIT), a competição baseada no tempo (TBC), a produção enxuta e a produção ágil, e, por isso, são importantes como fundamentos para o restante da Parte I.

Começamos com o modelo mais antigo e mais simples – o lote econômico – e avançamos até os modelos mais sofisticados de ponto de reposição. Para cada modelo, oferecemos um exemplo, uma apresentação de seu desenvolvimento e uma discussão dos pontos que lhes servem de base.

2.2 O MODELO DO LOTE ECONÔMICO

Uma das primeiras aplicações da matemática na gestão de produção foi o trabalho de Ford W. Harris (1913) sobre o problema da definição do tamanho dos lotes econômicos na produção. Apesar de seu trabalho original ter sido citado de maneira incorreta por muitos anos (ver Erlenkotter 1989, 1990), o modelo do lote econômico de Harris tem sido muito estudado e é básico em quase todos os manuais introdutórios de gestão de produção e de operações.

2.2.1 A motivação

Considere a situação da MedEquip, uma pequena empresa fabricante de equipamentos de diagnóstico e de monitoramento de salas de operações que manufatura uma grande variedade de produtos finais por meio da montagem de componentes eletrônicos em racks de metal padronizados. Os racks são comprados de uma metalúrgica local, que precisa fazer *setups* de seus equipamentos de produção (prensas, estações de trabalho e estações de solda) a cada vez que produz uma série de racks. Por causa do tempo gasto no *setup* dos equipamentos, a metalúrgica pode produzir (e vender) os racks a preços mais baratos se a MedEquip comprá-los em quantidades maiores. Porém, pelo fato de a MedEquip não desejar atrelar grande parte de seu precioso capital a estoques de racks, ela não compra muitos.

Esse dilema é exatamente o que Harris estudou em seu trabalho intitulado "Quantas peças fazer de cada vez", no qual afirma:

> Os juros no capital investido em salários, materiais e despesas gerais determinam um limite máximo para a quantidade de peças que pode ser lucrativa se fabricada de uma vez; os custos dos *setups* dos trabalhos fixam seu limite mínimo. A experiência tem mostrado aos gestores uma maneira para determinar o tamanho econômico dos lotes. (Harris 1913)

O problema que Harris tinha em mente era o de uma fábrica produzindo vários produtos, onde a troca de produtos implica um *setup* dispendioso. Como exemplo, ele descreveu uma metalúrgica que produzia conexões de cobre. A cada vez que a fábrica mudava o tipo de conexão a ser produzido, os equipamentos tinham que ser ajustados, trabalhos extras tinham de ser executados e materiais poderiam ser desperdiçados (p. ex., o cobre gasto em peças de teste durante o processo de ajuste). Harris definiu a soma dos custos da mão de obra e dos materiais necessários para manufaturar outro tipo de produto como **custos de *setup***. (Note que se as conexões fossem compradas, em vez de fabricadas, o problema continuaria parecido, só que os custos de *setup* seriam correspondentes aos custos de se colocar um pedido.)

O *trade-off* básico de Harris com as conexões de cobre é o mesmo do exemplo da MedEquip. Grandes lotes reduzem os custos de *setup* por exigirem mudanças menos frequentes. Lotes menores, porém, reduzem o estoque pela melhor sincronização da chegada dos materiais com seu uso. O modelo de lote econômico era a abordagem sistemática de Harris para encontrar o equilíbrio entre essas duas preocupações.

2.2.2 O modelo

Apesar de proclamar, na citação anterior, que o lote econômico é baseado na experiência, Harris era consistente com a ênfase da administração científica de seu tempo na abordagem matemática da gestão

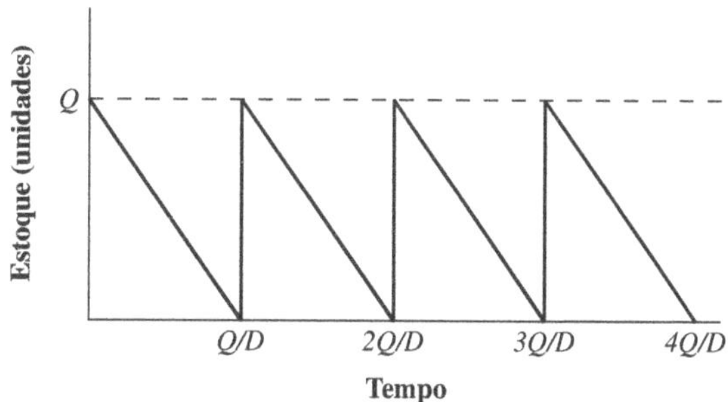

FIGURA 2.1 Estoque *versus* tempo no modelo de lote econômico.

de produção. Para chegar a uma fórmula do tamanho do lote econômico, ele pressupôs o seguinte sobre o sistema de produção:[1]

1. *A produção é instantânea.* Não há limitações na capacidade, e o lote inteiro é produzido simultaneamente.
2. *A entrega é imediata.* Não existe demora entre a produção e a disponibilidade para satisfazer a demanda.
3. *A demanda é determinística.* Não há incerteza sobre a quantidade e tempos da demanda.
4. *A demanda é constante ao longo do tempo.* Na verdade, ela pode ser representada por uma linha reta, de forma que, se a demanda anual é de 365 unidades, isso corresponde a uma unidade por dia.
5. *Um ciclo de produção implica custos fixos de setup.* Independentemente do tamanho do lote ou das condições da fábrica, os custos de *setup* são sempre os mesmos.
6. *Os produtos podem ser analisados individualmente.* Ou existe um único produto, ou não existem interações (p. ex., equipamentos compartilhados) entre os produtos.

Com essas pressuposições, podemos usar as anotações de Harris, com algumas modificações que facilitam a apresentação, para desenvolver o modelo de lote econômico e calcular o tamanho ideal dos lotes. A notação de que precisaremos é a seguinte:

D = taxa de demanda (em unidades por ano)

c = custo unitário de produção, sem contar os custos de estoques ou de *setup* (em \$ por unidade)

A = custo fixo de *setup* (ou de pedido) para produzir (ou comprar) um lote (em \$)

h = custos de manter estoques (em \$ por unidade e por ano); se os custos de manter estoques consistem apenas dos juros sobre o valor dos estoques, então $h = ic$, onde i representa a taxa de juros anual

Q = tamanho do lote (em unidades); esta é a variável decisória

Para fins do modelo, Harris representa tanto o tempo quanto o produto como grandezas contínuas. Como ele pressupôs uma demanda constante e determinística, colocar pedidos de Q unidades a cada vez que os estoques zeram resulta em um nível médio de estoque de $Q/2$ (ver Figura 2.1). O custo de manutenção associado a esse estoque é, portanto, $hQ/2$ por ano. Os custos de *setup* são de A por pedido, ou AD/Q por ano, pois precisamos colocar D/Q pedidos por ano para satisfazer a demanda. O custo de produção é de c por unidade, ou cD por ano. Assim, o custo total (dos estoques, dos *setups* e da produção) por ano, os quais chamaremos de $Y(Q)$, pode ser expresso como

[1] O leitor deve ter em mente que *todos* os modelos são, de alguma maneira, baseados em pressuposições simplificadoras. O mundo real é muito complexo para ser analisado diretamente. Boas pressuposições para modelos são aquelas que facilitam a análise e, ao mesmo tempo, capturam a essência do problema real. Explicitaremos as pressuposições subjacentes aos modelos que serão apresentados para permitir ao leitor julgar pessoalmente sua razoabilidade.

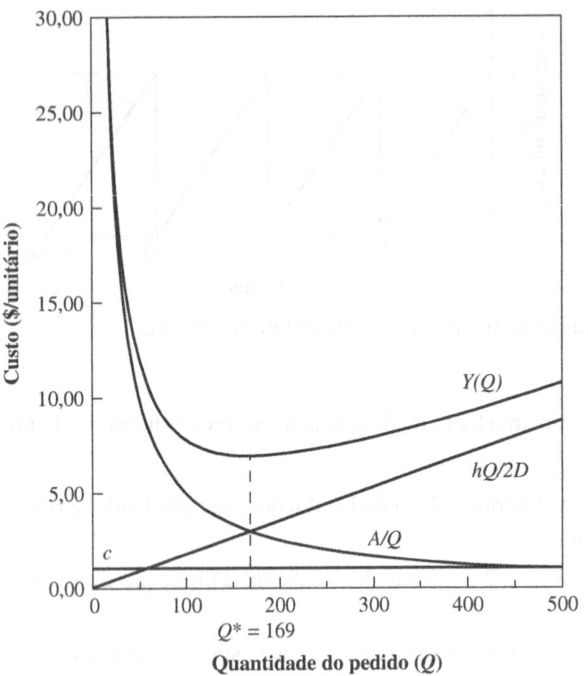

FIGURA 2.2 Custos no modelo de lote econômico.

$$Y(Q) = \frac{hQ}{2} + \frac{AD}{Q} + cD \tag{2.1}$$

Exemplo:

Para ilustrar a natureza de $Y(Q)$, vamos voltar ao exemplo da MedEquip. Suponha que a demanda por racks de metal é razoavelmente constante e previsível, atingindo $D = 1.000$ unidades por ano. O custo unitário dos racks é $c = \$250$, mas a metalúrgica também cobra um custo fixo de $A = \$500$ por pedido, para cobrir os custos de parar as máquinas e fazer o *setup* para um ciclo de produtos da MedEquip. A MedEquip estima que seu custo de oportunidade ou taxa mínima de atratividade seja de 10% ao ano. Ela também estima que o espaço da fábrica necessário para estocar os racks custa mais ou menos \$10 por ano, em valores anualizados. Assim, o custo total anual para manter um rack é $h = (0,1)(250) + 10 = \$35$. Substituindo esses valores na equação (2.1), temos as linhas da Figura 2.2.

Podemos fazer as seguintes observações sobre a função de custo $Y(Q)$ da Figura 2.2:

1. O termo hQ/D, que representa o custo de manter estoques, aumenta linearmente no tamanho do lote Q e, finalmente, se torna o componente dominante dos custos anuais totais para grandes Q.
2. O termo AD/Q, que representa o custo dos *setups*, diminui rapidamente em Q, indicando que, enquanto o aumento do tamanho do lote gera, inicialmente, uma redução substancial nos custos dos *setups*, o retorno gerado por tamanhos de lotes maiores diminui rapidamente.
3. O termo cD, que representa o custo unitário, não afeta o custo relativo para tamanhos diferentes de lotes, pois não inclui o termo Q.
4. O custo total anual, $Y(Q)$, é minimizado por alguns tamanhos de lotes Q. É interessante que esse mínimo acaba ocorrendo exatamente no valor de Q para o qual o custo de manter estoques e o custo dos *setups* são equilibrados (isto é, as curvas de hQ/D e AD/Q se cruzam).

Harris escreveu que achar o valor de Q que minimiza $Y(Q)$ "envolve questões matemáticas mais complexas" e nos dá uma solução sem maiores derivações. As questões matemáticas complexas a que ele se refere (cálculos) não parecem tão complexas atualmente, então forneceremos, na observação técnica a seguir, alguns detalhes que ele omitiu. Quem não tiver maior interesse nesses detalhes pode ignorar essa parte e as outras observações técnicas, sem prejuízo da continuidade.

Observação técnica

A abordagem padrão para se encontrar o valor mínimo de uma função irrestrita, como $Y(Q)$, é tomar suas derivadas em relação a Q, zerá-las e resolver o restante da equação para achar $Q*$. Isso nos dará um ponto em que a curva é zero (isto é, a função resulta em uma reta). Se a função for convexa (como verificaremos a seguir), então o ponto na curva zero será único e corresponderá ao mínimo de $Y(Q)$.

Tomando as derivadas de $Y(Q)$ e determinando o resultado igual a zero, teremos

$$\frac{dY(Q)}{dQ} = \frac{h}{2} - \frac{AD}{Q^2} = 0 \tag{2.2}$$

Essa equação representa a *condição de primeira ordem* para Q ser o mínimo. A *condição de segunda ordem* assegura que esse ponto da curva zero corresponda a um mínimo (comparando com um ponto máximo) por meio da verificação da segunda derivada de $Y(Q)$:

$$\frac{d^2Y(Q)}{dQ^2} = 2\frac{AD}{Q^3} \tag{2.3}$$

Considerando o fato de essa segunda derivada ser positiva para qualquer Q positivo (isto é, a função $Y(Q)$ é convexa), conclui-se que, solucionando (2.2) para $Q*$ (como fazemos em (2.4) a seguir), realmente minimiza $Y(Q)$.

O tamanho de lote que minimiza $Y(Q)$ na função de custo (2.1) é

$$Q^* = \sqrt{\frac{2AD}{h}} \tag{2.4}$$

Essa fórmula de raiz quadrada nos dá o tão conhecido **lote econômico**. Aplicando essa fórmula ao exemplo da Figura 2.2, temos

$$Q^* = \sqrt{\frac{2AD}{h}} = \sqrt{\frac{2(500)(1.000)}{35}} = 169$$

A intuição por trás desse resultado é que o alto valor do custo fixo ($500) associado com o pedido torna atrativo para a MedEquip pedir racks em lotes razoavelmente grandes (169).

2.2.3 A ideia central do lote econômico

A implicação óbvia do resultado acima é que a quantidade de pedidos ótima aumenta com a raiz quadrada do custo de *setup* ou da taxa da demanda, e diminui com a raiz quadrada do custo de manter estoques. Porém, uma ideia mais fundamental do trabalho de Harris é aquela que ele aponta no resumo, a saber, a percepção de que

> Existe um *trade-off* a ser realizado entre o tamanho do lote e o estoque.

Aumentando a quantidade do lote, também aumenta o valor médio dos estoques disponíveis, mas reduz a frequência dos pedidos. Ao usar o custo de *setup* para penalizar uma alta frequência dos pedidos, Harris expressou esse *trade-off* em termos econômicos claros.

O *trade-off* básico observado por Harris é indiscutível. Entretanto, o resultado matemático específico, isto é, a fórmula da raiz quadrada do lote econômico, depende das pressuposições do modelo, algumas das quais poderíamos certamente questionar (p. ex., quão realista é a produção instantânea?). Além disso, a utilidade da fórmula do lote econômico para fins computacionais depende do realismo dos dados de entrada. Apesar de Harris ter afirmado que "o custo de *setup* propriamente dito é geralmente entendido" e "pode, em uma grande fábrica, exceder *um dólar* por pedido", a estimativa dos custos de *setup* pode realmente ser uma tarefa difícil. Como discutiremos em detalhes mais adiante, nas Partes II e III, os *setups* em um sistema de fabricação têm vários efeitos (como na capacidade, na variabilidade e na qualidade) e, por isso, não podem ser facilmente reduzidos a um custo único invariável. Porém, nos sistemas de compra, em que alguns desses efeitos não são uma questão duvidosa e os custos de *setup* podem ser claramente interpretados como os custos de colocar uma ordem de compra, o modelo do lote econômico pode ser muito útil.

Vale a pena notar que podemos usar a ideia de que há um *trade-off* entre o tamanho do lote e os estoques, sem sequer recorrer à fórmula da raiz quadrada de Harris. Considerando o número médio de lotes por ano F ser

$$F = \frac{D}{Q} \tag{2.5}$$

e o total dos investimentos nos estoques ser

$$I = \frac{cQ}{2} = \frac{cD}{2F} \tag{2.6}$$

podemos simplesmente traçar os investimentos em estoques I como uma função da frequência de reposição de estoques F em lotes por ano. Fazemos isso com o exemplo da MedEquip usando $D = 1.000$ e $c = \$250$ na Figura 2.3. Note que esse gráfico mostra que os estoques são reduzidos pela metade (de \$12.500 para \$6.250) quando produzimos ou fazemos pedidos 20 vezes por ano, em vez de 10 vezes por ano (ou seja, alterando o lote mínimo de 100 para 50). No entanto, se fizermos os pedidos 30 vezes por ano, em vez de 20 (ou seja, o lote mínimo diminui de 50 para 33), os estoques caem apenas de \$6.250 para \$4.125, uma redução de 34%.

Essa análise mostra que existem retornos decrescentes para reposições de estoque adicionais. Se pudermos vincular um valor para esses ciclos de produção ou ordens de compra (isto é, o custo de *setups A*), então poderemos calcular o tamanho ótimo do lote usando a fórmula do lote econômico, como fizemos na Figura 2.2. Porém, se esse custo for desconhecido, como geralmente é, então a curva na Figura 2.3 nos dará pelo menos uma ideia do efeito nos estoques totais de uma reposição de estoque adicional por ano. Armado com a informação deste *trade-off*, um gestor pode selecionar um número razoável de mudanças de produtos ou de ordens de compra por ano e, assim, especificar um tamanho de lote econômico.

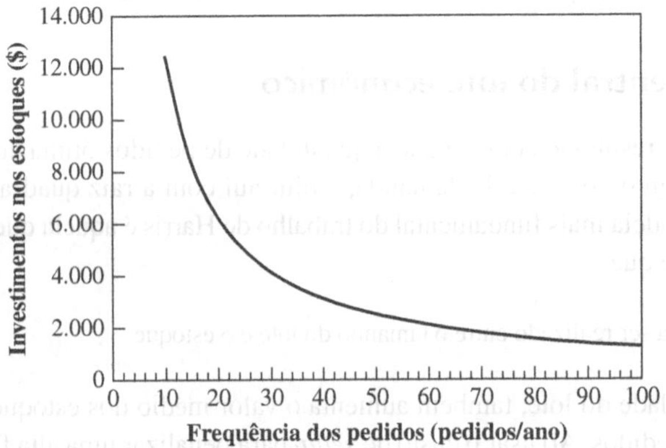

FIGURA 2.3 Investimento nos estoques *versus* lotes por ano.

2.2.4 A sensibilidade

Uma segunda ideia decorrente do modelo de lote econômico é que

A soma dos custos de manter estoques e de *setup* é razoavelmente insensível ao tamanho do lote.

Podemos notar isso na Figura 2.2, em que o custo total varia apenas entre sete e oito para valores de Q entre 96 e 306. Isso quer dizer que, se, por qualquer razão, usarmos um tamanho de lote que seja levemente diferente de $Q*$, o aumento nos custos de manter estoques mais os *setups* não será grande. Essa característica foi observada qualitativamente por Harris em seu artigo original. A primeira abordagem quantitativa de que temos conhecimento foi feita por Brown (1967, 16).

Para examinar a sensibilidade do custo em relação ao tamanho do lote, começamos com a substituição de Q por $Q* = \sqrt{2AD/h}$ na equação (2.1) para Y (mas omitindo o termo c, pois este não é afetado pelo tamanho do lote), e descobriremos que o custo mínimo de manter estoque mais os *setups* por unidade será dado por

$$
\begin{aligned}
Y^* = Y(Q^*) &= \frac{hQ^*}{2} + \frac{AD}{Q^*} \\
&= \frac{h\sqrt{2AD/h}}{2} + \frac{AD}{\sqrt{2AD/h}} \\
&= \sqrt{2ADh} \qquad (2.7)
\end{aligned}
$$

Agora, suponha que ao invés de usar $Q*$, usemos algum outro tamanho de lote arbitrário Q', que pode ser maior ou menor do que $Q*$. Da equação (2.1) para $Y(Q)$, vemos que o custo anual de manter estoque mais o de *setups* em Q' pode ser expresso por

$$
Y(Q') = \frac{hQ'}{2} + \frac{AD}{Q'}
$$

Assim, a taxa de custo anual usando o tamanho do lote Q' em relação ao custo anual ótimo (usando $Q*$) é dada por

$$
\begin{aligned}
\frac{Y(Q')}{Y*} &= \frac{hQ'/2 + AD/Q'}{\sqrt{2ADh}} \\
&= \frac{Q'}{2}\sqrt{\frac{h^2}{2ADh}} + \frac{1}{Q'}\sqrt{\frac{A^2D^2}{2ADh}} \\
&= \frac{Q'}{2}\sqrt{\frac{h}{2AD}} + \frac{1}{2Q'}\sqrt{\frac{2AD}{h}} \\
&= \frac{Q'}{2Q*} + \frac{Q*}{2Q'} \\
&= \frac{1}{2}\left(\frac{Q'}{Q*} + \frac{Q*}{Q'}\right) \qquad (2.8)
\end{aligned}
$$

Para melhor avaliar a equação (2.8), suponha que $Q' = 2Q*$, o que implica usar um lote duas vezes maior do que o ótimo. Desse modo, a taxa do custo de manter os estoques mais o custo dos *setups* em relação ao ótimo é $\frac{1}{2}(2 + \frac{1}{2}) = 1{,}25$, isto é, um erro de 100% no tamanho do lote resulta em 25% de erro no custo. Observe que se $Q' = Q*/2$, também causará um erro de 25% na função de custo.

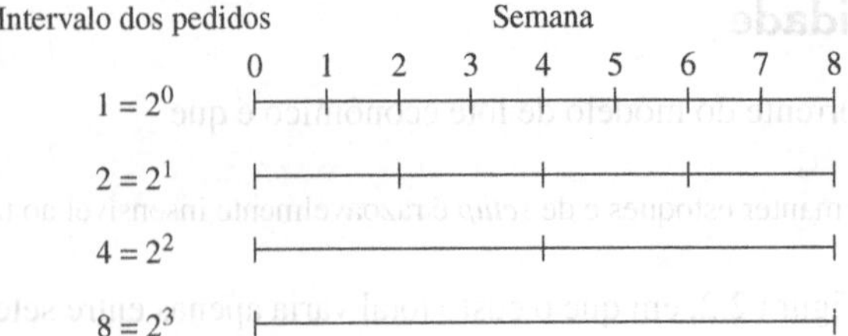

FIGURA 2.4 Intervalos de pedidos na potência de dois.

Podemos obter novas ideias de sensibilidade a partir do modelo de lote econômico, observando que, como a demanda é determinística, os intervalos de pedidos são completamente determinados pela quantidade de pedidos. Podemos expressar o intervalo entre os pedidos T como

$$T = \frac{Q}{D} \tag{2.9}$$

assim, dividindo a equação (2.4) por D, obtemos a seguinte equação para o intervalo ótimo entre os pedidos

$$T^* = \sqrt{\frac{2A}{hD}} \tag{2.10}$$

e substituindo (2.9) na equação (2.8), obtemos a seguinte expressão para a taxa do custo resultante de um intervalo arbitrário T' e o custo ótimo:

$$\frac{\text{Custo anual em } T'}{\text{Custo anual em } T^*} = \frac{1}{2}\left(\frac{T'}{T^*} + \frac{T^*}{T'}\right) \tag{2.11}$$

A equação (2.11) é útil quando se produzem vários produtos, caso em que é desejável colocar um pedido de forma que produtos diferentes sejam repostos ao mesmo tempo (para otimizar os custos de frete). Um método para facilitar isso, e que tem sido proposto amplamente na literatura da pesquisa operacional, é pedir os itens em intervalos dados pela *potência de 2*. Isto é, definir os intervalos em uma semana, duas semanas, quatro semanas, oito semanas e assim por diante.[2] O resultado é que os itens pedidos em intervalos de 2^n-semanas serão colocados ao mesmo tempo das ordens de compra com intervalos de 2^k semanas para todos k menores que n (ver Figura 2.4). Isso facilitará os fretes, a consolidação dos esforços de pedidos, a simplificação da programação de fretes, etc.

Além disso, os resultados de sensibilidade derivados anteriormente para o modelo de lote econômico implicam que o erro introduzido pela limitação do uso de intervalos na potência de 2 não será excessivo. Para observar isso, suponha que o intervalo ótimo de compra para um item T^* esteja entre 2^m e 2^{m+1} para algum m (ver Figura 2.5). Assim, T^* está ou no intervalo $[2^m, 2^m\sqrt{2}]$ ou no intervalo $[2^m\sqrt{2}, 2^{m+1}]$. Todos os pontos em $[2^m, 2^m\sqrt{2}]$ não são mais do que $\sqrt{2}$ vezes maiores do que 2^m. Da mesma forma, todos os pontos no intervalo $[2^m\sqrt{2}, 2^{m+1}]$ não são menores do que 2^{m+1} dividido por $\sqrt{2}$. Por exemplo, na Figura 2.5, 2^m está dentro de um fator de multiplicação de $\sqrt{2}$ de T_1^*, e 2^{m+1} está dentro de

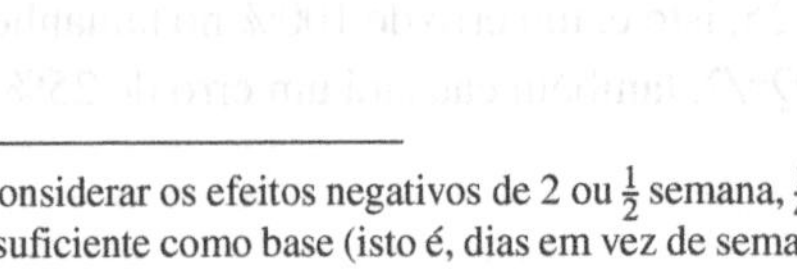

2^m T_1^* $2^m\sqrt{2}$ T_2^* 2^{m+1}

FIGURA 2.5 O intervalo da "raiz 2".

[2] Para completar, precisamos também considerar os efeitos negativos de 2 ou $\frac{1}{2}$ semana, $\frac{1}{4}$ semana, $\frac{1}{8}$ semana, etc. Porém, se usarmos uma unidade de tempo pequena o suficiente como base (isto é, dias em vez de semanas), isto não será necessário na prática.

um fator de multiplicação de $1/\sqrt{2}$ de T_2^*. Assim, o intervalo dos pedidos pela potência de 2 T' deve estar no intervalo $[T^*/\sqrt{2}, \sqrt{2}T^*]$ em torno do intervalo ótimo de pedidos T^*. Portanto, o erro máximo nos custos ocorrerá quando $T' = \sqrt{2}T^*$, ou $T' = T^*/\sqrt{2}$. A partir da equação em (2.11), o erro ao se usar $T' = \sqrt{2}T^*$ é

$$\frac{1}{2}\left(\sqrt{2} + \frac{1}{\sqrt{2}}\right) = 1{,}06$$

e é o mesmo quando $T' = T^*/\sqrt{2}$. Por isso, o erro no total dos custos de manter estoque mais os custos de *setup* resultantes do uso de um intervalo de pedidos ótimo pela potência de 2, em vez do intervalo ótimo de pedidos, com certeza não será maior do que 6%. Jackson, Maxwell e Muckstadt (1985), Roundy (1985, 1986) e Federgruen e Zheng (1992b) fornecem algoritmos para o cálculo do intervalo ótimo usando a regra da potência de 2 e estendem os resultados anteriores a aplicações mais genéricas para peças múltiplas.

Como uma ilustração concreta desses conceitos, considere novamente o problema da MedEquip. Calculamos a quantidade ótima de pedidos de racks como sendo $Q^* = 169$. Assim, o intervalo ótimo de pedidos é $T^* = Q^*/D = 169/1.000 = 0{,}169$ ano, ou $0{,}169 \times 52 = 8{,}78$ semanas. Além disso, suponha que as encomendas da MedEquip contenham várias outras peças do mesmo fornecedor. O preço unitário de \$250 para os *racks* é um preço que inclui um frete médio. Porém, se a MedEquip juntar as diferentes peças em seus pedidos, o total de custo dos fretes será menor, pois os itens podem ser entregues pelo mesmo caminhão. Se o intervalo mínimo de pedidos para qualquer dos produtos considerados for de 1 semana, então o intervalo entre os pedidos de *racks* pode ser arredondado para a próxima potência de 2, que é $T = 8$ semanas ou $8/52 = 0{,}154$ ano. Isso implica uma quantidade de pedidos de $Q = TD = 0{,}154(1.000) = 154$. Os custos totais de manter estoque mais os custos do pedido dessa quantidade modificada de pedidos é

$$Y(Q) = \frac{hQ}{2} + \frac{AD}{Q} = \frac{35(154)}{2} + \frac{500(1.000)}{154} = \$5.942$$

O custo ótimo anual (por exemplo, usando $Q^* = 169$) é dado por

$$Y^* = \sqrt{2ADh} = \sqrt{2(500)(1.000)(35)} = \$5.916$$

Assim, a quantidade de pedidos modificada causa menos de 1% de aumento nos custos. As outras peças compradas do mesmo fornecedor sofrerão um aumento similar em seus custos de manter estoque e de colocar os pedidos – mas nenhum maior do que 6%. Se esses aumentos são compensados pela redução nos fretes consolidados, então a programação baseada na potência de 2 é vantajosa.

2.2.5 Desdobramentos do lote econômico

A fórmula original de Harris tem sido modificada de várias maneiras ao longo dos anos. Uma das primeiras modificações (Taft 1918) foi para casos em que a reposição não é instantânea; em vez disso, há uma taxa de produção finita, porém constante e determinística. Esse modelo é chamado algumas vezes de **lote econômico de produção (LEP)**. Se tomarmos P como a taxa de produção (e assumirmos que $P > D$, de maneira que o sistema tenha capacidade de dar conta da demanda), então o modelo LEP resultará no seguinte tamanho de lote para minimizar a soma dos custos de manter estoque e dos *setups*:

$$Q^* = \sqrt{\frac{2AD}{h(1 - D/P)}} \tag{2.12}$$

Note que se $P = \infty$ (isto é, a reposição é infinitamente rápida), então essa fórmula se resume ao modelo normal do lote econômico. De outra forma, resultará em um lote econômico maior para compensar o fato de que os itens repostos levam tempo para serem produzidos.

Outras variações do modelo básico do lote econômico incluem pedidos em aberto (pedidos que não são atendidos imediatamente, mas têm que esperar até que os estoques estejam disponíveis), custos de *setup* maiores e menores, e descontos de quantidade, entre outros (ver Johnson e Montgomery 1974; McClain e Thomas 1985; Plossl 1985; Silver, Pyke, and Peterson 1998).

2.3 O LOTE DINÂMICO

Como apontamos há pouco, a formulação do lote econômico é baseada em uma série de pressupostos, a saber,

1. Produção instantânea.
2. Entrega imediata dos produtos.
3. Demanda determinística.
4. Demanda constante.
5. Custos de *setup* conhecidos e constantes.
6. Produto único ou produtos separáveis.

Já notamos que Taft flexibilizou a pressuposição de produção instantânea. A introdução de atraso nas entregas é simples se os tempos de entrega são conhecidos e fixos (ou seja, calculamos as quantidades de acordo com a fórmula do lote econômico e colocamos os pedidos em períodos iguais à entrega desejada, menos o tempo de entrega). Se os tempos de entrega são incertos, então é necessária uma abordagem diferente. Porém, é preciso uma fonte mais importante e mais válida de aleatoriedade do que os tempos de entrega. A questão de flexibilizar o pressuposto da demanda determinística será abordada na próxima seção, sobre os modelos estatísticos de estoques. Já discutimos uma abordagem para contornar a especificação de um custo constante de *setup*, examinando o *trade-off* entre estoque e frequência dos pedidos. No Capítulo 17, discutiremos as abordagens de tratar casos com produtos múltiplos, nos quais as peças não podem ser analisadas em separado. Isso exclui o pressuposto de uma demanda constante.

2.3.1 A prática

Considere a situação da RoadHog, Inc., uma pequena fabricante de acessórios para motos. Ela fabrica um silencioso com aletas (que não abafa muito o ruído do motor, mas fica bem bacana) em uma linha de produção que também é usada para produzir uma série de outros produtos. Como é muito caro fazer o *setup* da linha para fabricar os silenciosos, a RoadHog tem um incentivo para produzi-los em lotes. Entretanto, enquanto a demanda dos clientes é conhecida dentro de um período de 10 semanas de planejamento (pois é definida em um plano mestre de produção e fica "congelada"), ela não é necessariamente constante de semana a semana. Considerando o fato de isso violar um dos principais pressupostos do modelo de lote econômico, precisamos agora de um modelo diferente para equilibrar os custos dos *setups* e dos estoques.

A abordagem histórica mais importante para flexibilizar o pressuposto da demanda constante é o modelo de Wagner-Whitin (Wagner e Whitin 1958), o qual considera o problema da definição dos tamanhos de lotes de produção quando a demanda é determinística, mas a variação dos tempos e todas as outras condições do modelo do lote econômico continuam válidas. A importância dessa abordagem do **lote dinâmico** é que ela teve um impacto substancial na literatura do controle da produção e tem influenciado o desenvolvimento do planejamento de necessidades de materiais (MRP) e do sistema integrado de gestão empresarial (ERP), como discutiremos no Capítulo 3. Por essas razões, apresentamos agora a visão geral do procedimento de lote dinâmico de Wagner–Whitin.

2.3.2 A formulação do problema

Quando a demanda varia ao longo do tempo, um modelo de tempo corrido, como o de lote econômico, fica difícil de usar. Por isso, aglomeramos a demanda em períodos distintos, que podem corresponder a dias, semanas ou meses, dependendo do sistema. Uma programação diária de produção poderia fazer sentido para um sistema de grandes volumes com demanda que varia rapidamente, enquanto uma programação mensal pode ser adequada para um sistema com baixos volumes e demanda mais estável.

Para especificar o problema e o modelo, usaremos a seguinte notação, que corresponde à do modelo de lote econômico:

t = um período de tempo (vamos assumir que seja uma semana, mas pode ser usado qualquer intervalo); a amplitude dos períodos de tempo é $t = 1,..., T$, onde T representa o **horizonte de planejamento**

D_t = a demanda na semana t (em unidades)

c_t = o custo unitário de produção (em \$ por unidade), excluindo os custos de *setup* ou de estoques na semana t

A_t = o custo de *setup* para produzir (ou fazer pedidos) um lote na semana t (em \$)

h_t = o custo do estoque para manter uma unidade da semana t até a semana $t + 1$ (em \$ por unidade por semana); por exemplo, se o custo de manter o estoque consiste somente dos juros sobre os investimentos em estoque, em que i é a taxa de juros anual, então $h_t = ic_t/52$

I_t = estoque (em unidades) restante ao final da semana t

Q_t = tamanho do lote (em unidades) na semana t; existem T variáveis decisórias, uma para cada semana

Exemplo:

Com essas definições, podemos especificar o problema da RoadHog com mais precisão. Supomos que os dados para as próximas 10 semanas são os da Tabela 2.1. Note que, para simplificar, assumimos que o custo do *setup* A_t, o custo de produção c_t e o custo do estoque h_t são todos constantes ao longo do tempo, apesar de isso não ser necessário para o modelo de Wagner–Whitin. O problema básico é satisfazer todas as demandas com o mínimo custo (custo de produção mais custo do *setup* mais custo do estoque). Os únicos controles são as quantidades de produção Q_t. Porém, levando em consideração que toda a demanda deve ser atendida, apenas o tempo da produção pode ser escolhido, e não o total das quantidades de produção. Assim, se o custo unitário de produção é constante (isto é, c_t não varia com t), então os custos de produção serão os mesmos, não importando o tempo, e o mesmo pode ser omitido sem prejuízo algum.

O procedimento mais simples para a definição de tamanhos de lote é produzir exatamente o necessário em cada semana. Isso se chama a regra do **lote por lote** e, como veremos no Capítulo 3, ela pode fazer sentido em algumas circunstâncias. Porém, neste problema, a regra do lote por lote implica que teremos de produzir e, portanto, pagar custos de *setup* a cada semana. A Tabela 2.2 mostra o plano de

TABELA 2.1 Dados para o exemplo do lote dinâmico para a RoadHog

t	1	2	3	4	5	6	7	8	9	10
D_t	20	50	10	50	50	10	20	40	20	30
c_t	10	10	10	10	10	10	10	10	10	10
A_t	100	100	100	100	100	100	100	100	100	100
h_t	1	1	1	1	1	1	1	1	1	1

TABELA 2.2 Solução lote por lote do exemplo da RoadHog

t	1	2	3	4	5	6	7	8	9	10	Total
D_t	20	50	10	50	50	10	20	40	20	30	300
Q_t	20	50	10	50	50	10	20	40	20	30	300
I_t	0	0	0	0	0	0	0	0	0	0	0
Custos de *setup*	100	100	100	100	100	100	100	100	100	100	1.000
Custos de estoque	0	0	0	0	0	0	0	0	0	0	0
Custo total	100	100	100	100	100	100	100	100	100	100	1.000

produção e os custos resultantes para essa prática. Considerando o fato de que nunca restam estoques, o custo total é apenas o *setup* feito em cada uma das 10 semanas, ou $1.000.

Outra prática plausível é produzir uma quantidade fixa a cada vez que fazemos um novo *setup*. Isso é conhecido como a regra de lote do **pedido com quantidade fixa**. Levando em conta que há 300 unidades a produzir, um pedido com quantidade fixa seriam lotes com 100 unidades. Isso exigiria fabricar exatamente três vezes, o que resultaria em três *setups*, e não restaria estoque do produto ao final da semana 10. A Tabela 2.3 ilustra o plano de produção e os custos resultantes dessa prática. Note que, ao se usar essa prática, muitas vezes produzimos mais do que é necessário em determinada semana e, por isso, temos que arcar com o custo de manter estoques. Porém, o custo total dos estoques seria somente $400, que, quando somado aos $300 do custo de *setup*, resulta em custos totais de $700. Isso é menos do que os custos gerados pela prática do lote por lote. Mas não poderia ser melhor? Abaixo está um procedimento que, se seguido, com certeza nos dará o custo mínimo de *setups* e de estoques.

2.3.3 O procedimento de Wagner-Whitin

Uma observação importante para solucionar o problema do lote dinâmico é que se produzirmos os itens em uma semana t (e incorrermos em um custo de *setup*) para satisfazer a demanda na semana $t + 1$, então não pode ser economicamente viável produzir na semana $t + 1$ (e incorrer em outro *setup*). Ou é mais barato produzir *toda* a demanda da semana $t + 1$ na semana t, ou produzir tudo na semana $t + 1$; nunca será mais barato produzir um pouco em cada uma. (Note que violamos essa propriedade na solução do pedido com quantidade fixa, apresentada na Tabela 2.3.) Em termos mais gerais, podemos resumir esse resultado da seguinte forma:

A propriedade de Wagner-Whitin
Usando a prática do lote ótimo, ou o estoque de uma semana anterior carregado para a semana $t + 1$ será zero, ou a quantidade produzida na semana $t + 1$ será zero.

TABELA 2.3 A solução do pedido com quantidade fixa no exemplo da RoadHog

t	1	2	3	4	5	6	7	8	9	10	Total
D_t	20	50	10	50	50	10	20	40	20	30	300
Q_t	100	0	0	100	0	0	100	0	0	0	300
I_t	80	30	20	70	20	10	90	50	30	0	0
Custo de *setup*	100	0	0	100	0	0	100	0	0	0	300
Custos de estoque	80	30	20	70	20	10	90	50	30	0	400
Custo total	180	30	20	170	20	10	190	50	30	0	700

Esse resultado facilita muito o cálculo das quantidades ótimas a produzir, como veremos.[3]

A propriedade de Wagner–Whitin implica que $Q_t = 0$ ou Q_t será exatamente o suficiente para satisfazer a demanda na semana atual mais alguns números integrais de semanas futuras. Poderíamos calcular o plano da produção de menor custo por meio da enumeração de todas as combinações das semanas em que ocorra produção. Porém, considerando que em cada semana podemos ou não produzir, o número de tais combinações é 2^{N-1}, o que pode ser bem grande se forem levadas em conta muitas semanas. Para ser mais eficiente, Wagner e Whitin (1958) sugeriram um algoritmo bastante adequado à implementação em um computador. Descreveremos esse algoritmo usando o exemplo da RoadHog na observação técnica a seguir:

Observação técnica

O algoritmo de Wagner–Whitin avança no tempo, iniciando com a semana 1 e terminando com a semana N. Pela propriedade de Wagner–Whitin, sabemos que haverá produção em determinada semana somente se o estoque de produtos restante for zero. Se esse for o caso, então nossa decisão pode ser considerada em termos de quantas semanas de demanda podemos produzir. Por exemplo, em um problema de 6 semanas, há seis possibilidades para o montante que podemos produzir na semana 1, a saber, D_1, $D_1 + D_2$, $D_1 + D_2 + D_3$,..., $D_1 + D_2 + D_3 + D_4 + D_5 + D_6$. Se escolhermos produzir $D_1 + D_2$, então faltará estoque na semana 3 e teremos que produzir de novo naquela semana. Na semana 3, teremos a opção de produzir apenas para a semana 3; para as semanas 3 e 4; para as semanas 3, 4 e 5; ou para as semanas 3, 4, 5 e 6.

Passo 1

Iniciamos o algoritmo observando o problema de 1 semana, isto é, agimos como se o mundo acabasse após a semana 1. A melhor prática para essa semana é trivial: produzimos 20 unidades para satisfazer a demanda na semana 1 e ponto final. Como não existe estoque carregado de uma semana para outra e não estamos considerando os custos de produção, o custo mínimo no problema de 1 semana, que chamamos de Z_1^*, é

$$Z_1^* = A_1 = 100$$

Como veremos à medida que o algoritmo se desdobra, também é útil manter controle da última semana em que ocorre produção para cada problema em consideração. Nesse caso, obviamente, a produção ocorre apenas na semana 1, portanto, a última semana de produção no problema de 1 semana, que chamamos de j_1^*, é

$$j_1^* = 1$$

Passo 2

No passo seguinte do algoritmo, aumentamos o horizonte do tempo e consideramos o problema de 2 semanas. Agora temos duas opções para a produção na semana 2; podemos cobrir a demanda na semana 2 com a produção na semana 1 ou na semana 2. Se produzirmos na semana 1, vamos incorrer em custos de manter os estoques da semana 1 para a semana 2. Se produzirmos na semana 2, vamos incorrer em um custo de um *setup* extra na semana 2. Note também que, se produzirmos na semana 2, aí o custo de satisfazer a demanda anterior (ou seja, a demanda da semana 1) é dado por Z_1^*. Como estamos tentando minimizar os custos, a política ótima é escolher a semana com o custo total menor, isto é,

$$\begin{aligned} Z_2^* &= \min \begin{Bmatrix} A_1 + h_1 D_2 & \text{produzir na semana 1} \\ Z_1^* + A_2 & \text{produzir na semana 2} \end{Bmatrix} \\ &= \min \begin{Bmatrix} 100 + 1(50) = 150 \\ 100 + 100 \quad = 200 \end{Bmatrix} \\ &= 150 \end{aligned}$$

[3]Alguns especialistas têm notado que, enquanto do ponto de vista da matemática a propriedade de Wagner–Whitin é útil, na prática ela é óbvia ou ridícula. Em sua essência, ela diz que não devemos produzir até zerar o estoque. Se aceitarmos realmente todos os pressupostos do modelo, em particular aqueles sobre demanda conhecida e determinística e sobre custos de *setup* fixos e bem definidos, então a propriedade é quase redundante. Porém, em sistemas reais, nos quais a incerteza complica as coisas, pode-se quase sempre começar a produção antes de os estoques acabarem (para dar proteção a possíveis faltas de estoque causadas por interrupções aleatórias).

A decisão ótima é produzir na semana 1 para as semanas 1 e 2. Assim, a última semana em que ocorre produção em uma prática ótima de 2 semanas é

$$j_2^* = 1$$

Passo 3

Agora, vamos em frente com o problema de 3 semanas. Normalmente, quatro planos de produção possíveis teriam de ser considerados: produzir apenas na semana 1; produzir na semana 1 e na 2; produzir na semana 1 e na 3; ou produzir nas semanas 1, 2, e 3. Porém, precisamos levar em conta apenas três desses planos: produzir apenas na primeira; na primeira e na segunda; e na primeira e na terceira. Isso ocorre porque precisamos considerar apenas quando iremos produzir a demanda para a semana 3. Já resolvemos os problemas de 1 e 2 semanas. O tempo salvo em cálculos a partir dessas observações aumenta consideravelmente conforme aumenta também o número de semanas. Por exemplo, para o problema de 10 semanas, reduzimos o número de planos que precisamos avaliar de 512 para 10. Podemos reduzir isso mais ainda com o resultado do "horizonte de planejamento" discutido mais tarde.[4]

Se decidirmos produzir na semana 3, então sabemos pela solução do problema da semana 2 que o ótimo será produzir na semana 1, para cobrir as semanas 1 e 2.

$$Z_3^* = \min \begin{Bmatrix} A_1 + h_1D_2 + (h_1 + h_2)D_3 & \text{produzir na semana 1} \\ Z_1^* + A_2 + h_2D_3 & \text{produzir na semana 2} \\ Z_2^* + A_3 & \text{produzir na semana 3} \end{Bmatrix}$$

$$= \min \begin{Bmatrix} 100 + 1(50) + (1+1)(10) = 170 \\ 100 + 100 + 1(10) \qquad = 210 \\ 150 + 100 \qquad = 250 \end{Bmatrix}$$

$$= 170$$

Novamente, o ótimo é produzir tudo na semana 1, portanto

$$j_3^* = 1$$

Passo 4

A situação muda quando vamos para o próximo passo, o problema de 4 semanas. Agora existem quatro opções para avaliar quando produzir para a semana 4, a saber, as semanas 1 a 4:

$$Z_4^* = \min \begin{Bmatrix} A_1 + h_1D_2 + (h_1 + h_2)D_3 + (h_1 + h_2 + h_3)D_4 & \text{produzir na semana 1} \\ Z_1^* + A_2 + h_2D_3 + (h_2 + h_3)D_4 & \text{produzir na semana 2} \\ Z_2^* + A_3 + h_3D_4 & \text{produzir na semana 3} \\ Z_3^* + A_4 & \text{produzir na semana 4} \end{Bmatrix}$$

$$= \min \begin{Bmatrix} 100 + 1(50) + (1+1)(10) + (1+1+1)(50) = 320 \\ 100 + 100 + 1(10) + (1+1)(50) \qquad = 310 \\ 150 + 100 + 1(50) \qquad = 300 \\ 170 + 100 \qquad = 270 \end{Bmatrix}$$

$$= 270$$

Dessa vez, é melhor não produzir na semana 1, mas preencher a demanda da semana 4 com a produção na semana 4. Assim,

$$j_4^* = 4$$

[4] Essa técnica de solucionar sucessivamente os problemas em horizontes mais longos e de usar as soluções encontradas em passos anteriores para reduzir o volume de cálculos em cada novo passo é conhecida como *programação dinâmica*. A programação dinâmica é uma forma de *enumeração implícita* que nos permite considerar todas as soluções possíveis, sem explicitamente calcular os custos de cada uma delas.

Se nosso horizonte de planejamento fosse de apenas 4 semanas, a essa altura tudo estaria resolvido. Teríamos os resultados sobre os lotes ótimos apenas lendo os valores de j_t^* de trás para frente. O fato de que $j_4^* = 4$ significa que produziríamos $D_4 = 50$ unidades na semana 4. Isso nos deixaria com o problema de 3 semanas. Como $j_3^* = 1$, o ótimo seria produzir $D_1 + D_2 + D_3 = 80$ unidades na semana 1.

Passo 5 e além

Contudo, nosso horizonte de planejamento não é de apenas 4 semanas, é de 10 semanas. Por isso, precisamos continuar o algoritmo. No entanto, antes disso, faremos uma observação que, mais tarde, reduzirá os cálculos necessários. Note que até esse ponto, cada passo no algoritmo tem aumentado o número de semanas que precisamos considerar para a produção da última semana. Assim, no passo 4, tivemos que considerar a produção para a semana 4 em todas as semanas, de 1 a 4. O ponto é que nem sempre isso é necessário.

Note que, no problema de 4 semanas, o ótimo é produzir na semana 4 para a semana 4. Isso significa que o custo de *setup* na semana 4 é menor do que o custo de *setup* nas semanas 1, 2 ou 3, e do que ter que manter estoques para a semana 4. Se não fosse assim, então teríamos escolhido produzir em uma dessas semanas. Considere agora o que isso significa para a semana 5. Será que seria mais barato produzir para a semana 5 na semana 3 do que na 4? A produção nas semanas 3 e 4 precisa ser estocada da semana 4 para a semana 5 e, portanto, incorre nos mesmos custos de manter os estoques para aquela semana. Desse modo, a única questão é se é mais barato fazer o *setup* na semana 3 e carregar estoques da semana 3 até a semana 4, em comparação a fazer o *setup* na semana 4. Mas já sabemos a resposta desta questão. O fato de que $j_4^* = 4$ indica que é mais barato fazer o *setup* na semana 4. Assim, é desnecessário considerar a produção nas semanas 1, 2 e 3 para a demanda da semana 5. Precisamos levar em conta apenas as semanas 4 e 5.

Esse raciocínio pode ser expresso mais genericamente pelo seguinte:

A propriedade do horizonte de planejamento

Se $j_t^* = \bar{t}$, então a última semana na qual ocorreu produção em uma prática ótima de semana $t + 1$ tem de estar no conjunto $\bar{t}, \bar{t} + 1, ..., t + 1$.

Usando essa propriedade, o cálculo exigido para encontrar o custo mínimo para o problema da semana 5 é

$$Z_5^* = \min \begin{Bmatrix} Z_3^* + A_4 + h_4 D_5 & \text{produzir na semana 4} \\ Z_4^* + A_5 & \text{produzir na semana 5} \end{Bmatrix}$$

$$= \min \begin{Bmatrix} 170 + 100 + 1(50) = 320 \\ 270 + 100 \qquad\quad = 370 \end{Bmatrix}$$

$$= 320$$

Considerando que faremos o *setup* na semana 4 de qualquer maneira, é mais barato manter estoques da semana 4 para a semana 5 do que fazer o *setup* novamente na semana 5. Assim,

$$j_5^* = 4$$

Resolvemos as 5 semanas restantes usando a mesma abordagem.

Os resultados dos cálculos de Wagner–Whitin estão resumidos na Tabela 2.4. Os espaços em branco no canto superior direito dessa tabela são os resultados do uso da propriedade do horizonte de planejamento. Sem essa propriedade, teríamos de calcular os valores para todos esses espaços. Os resultados importantes do algoritmo são as duas últimas linhas, que nos dão o custo ótimo Z_t^* e a última semana de produção j_t^* para problemas com horizontes de planejamento iguais a $t = 1, 2, 3, \ldots$. Discutiremos a seguir como convertê-los em um plano de produção.

2.3.4 Interpretando a solução

O algoritmo de Wagner–Whitin nos diz que os custos totais mínimos de *setup* mais os de manter estoques, no exemplo da RoadHog, são mostrados na Tabela 2.4 como $Z_{10} = \$580$. Notamos que isso é, na verdade, menor do que os custos conseguidos por ambas as soluções apresentadas anteriormente, a

TABELA 2.4 Solução do exemplo Wagner-Whitin

Última semana com produção	**Horizonte de planejamento t**									
	1	**2**	**3**	**4**	**5**	**6**	**7**	**8**	**9**	**10**
1	100	150	170	320						
2		200	210	310						
3			250	300						
4				270	320	340	400	560		
5					370	380	420	540		
6						420	440	520		
7							440	480	520	610
8								500	520	580
9									580	610
10										620
Z_t^*	100	150	170	270	320	340	400	480	520	580
j_t^*	1	1	1	4	4	4	4	7	7 ou 8	8

do lote por lote e do pedido com quantidade fixa. Como isso representa a última semana de produção em um problema de t semanas, o ótimo é produzir o suficiente para cobrir a demanda da semana j_t^* até a semana t. No exemplo da RoadHog, notamos que $j_{10}^* = 8$, de maneira que o ótimo é produzir para as semanas 8, 9 e 10 na semana 8. Feito isso, resta o problema de 7 semanas. Como $j_7^* = 4$, o ótimo é produzir para as semanas 4, 5, 6 e 7 na semana 4. Assim, $Q_4^* = D_4 + D_5 + D_6 + D_7 = 130$. Ainda resta o problema de 3 semanas. Como $j_3^* = 1$, devemos produzir na semana 1 para as semanas1, 2 e 3, porque $Q_1^* = D_1 + D_2 + D_3 = 80$.

2.3.5 Cuidados

Apesar de os cálculos que suportam a Tabela 2.4 serem tediosos para se fazer à mão, são fáceis com computador. Dito isso, parece surpresa que muitos livros escolares sobre gestão de operações e de produção têm omitido o algoritmo de Wagner–Whitin a favor de práticas heurísticas mais simples, mas que nem sempre oferecem a solução ótima. Supostamente, "mais simples" significa tanto a menor sobrecarga de cálculos quanto a maior facilidade de se explicar. Dado que o algoritmo é usado apenas onde o planejamento da produção é feito por computador, o argumento de sobrecarga para efetuar os cálculos não é aplicável. Além disso, os conceitos que suportam o algoritmo não são difíceis – com certeza não tão difíceis a ponto de evitar que os interessados usem softwares comerciais que incorporem essa opção!

No entanto, existem questões mais importantes a respeito de toda a noção de lote "ótimo", seja quando usamos o algoritmo de Wagner–Whitin ou alguma das abordagens heurísticas parecidas.

1. Como o modelo de lote econômico, o de Wagner–Whitin assume que os custos de *setup* são conhecidos antes do cálculo. Mas, como observamos antes, os custos de *setup* podem ser muito difíceis de se estimar nos sistemas de produção. Além disso, o custo real de um *setup* é influenciado pela capacidade. Por exemplo, parar a produção para trocar um molde é muito caro, em termos de perda de produção, quando a fábrica está operando próximo à sua capacidade máxima, mas não tanto quando há uma grande capacidade ociosa. Essa questão não pode ser resolvida por nenhum modelo que pressuponha custos de *setup* independentes. Assim, parece que o modelo de Wagner–Whitin, como o de lote econômico, é mais adequado a sistemas de compra do que de produção.
2. Da mesma maneira que o modelo de lote econômico, o de Wagner–Whitin também pressupõe que a demanda e a produção são determinísticas. As incertezas, como cancelamentos de pedi-

dos, perdas de rendimento e problemas na programação de entregas, não são considerados. O resultado é que o plano de produção "ótimo" resultante do uso do algoritmo de Wagner–Whitin terá que ser ajustado para preencher as condições reais (p. ex., terá de ser reduzido para se ajustar a estoques restantes por causa de cancelamentos de pedidos ou inflacionado por motivo de alguma perda esperada de rentabilidade). O fato de que esses ajustes serão realizados caso a caso, associado à natureza especulativa dos custos de *setup*, pode fazer com que essa programação teoricamente ótima tenha um desempenho ruim na prática.

3. Outro pressuposto fundamental são os *produtos independentes,* isto é, a fabricação de produtos diferentes não pode exigir o uso de recursos compartilhados. Esse pressuposto é claramente violado em muitas circunstâncias práticas e pode tornar-se crucial se alguns desses recursos compartilhados forem muito utilizados.
4. A propriedade de Wagner–Whitin nos leva à conclusão de que ou não deveríamos produzir nada em uma semana ou deveríamos produzir nela toda a demanda de um número integral de semanas futuras. Essa propriedade advém (1) do fato de que se incorre em um custo fixo de *setup* sempre que há produção e (2) do pressuposto da capacidade infinita. No mundo real, onde os *setups* têm consequências mais sutis e a capacidade é finita, um plano de produção flexível pode ser bem diferente. Por exemplo, pode fazer sentido produzir de acordo com um plano nivelado (isto é, produzir aproximadamente as mesmas quantidades em cada semana) para atingir certo ritmo na linha de produção. O procedimento de Wagner–Whitin, por centrar-se exclusivamente no *trade-off* entre os custos fixos e os custos dos estoques, pode acabar servindo para levar nossa intuição para longe de questões realistas.

2.4 MODELOS ESTATÍSTICOS DE CONTROLE DE ESTOQUES

Todos os modelos discutidos até este ponto pressupõem que a demanda é conhecida de antemão. Apesar de haver casos em que esse pressuposto pode aproximar-se da realidade (quando a programação é congelada ao longo do horizonte de interesse), frequentemente, isso não acontece. Se a demanda é incerta, nesse caso, existem duas abordagens básicas a seguir:

1. Modelar a demanda como se ela fosse determinística para os fins do modelo e, então, modificar a solução para considerar as incertezas.
2. Representar, explicitamente, as incertezas no modelo.

Nenhuma abordagem é correta ou incorreta em qualquer sentido absoluto. A verdadeira questão é: qual é a mais *útil*? Em geral, a resposta depende das circunstâncias. Quando o planejamento é feito para um horizonte longo o suficiente para assegurar que desvios aleatórios sejam "cobertos", um modelo determinístico pode funcionar bem. Além disso, um modelo determinístico com "fatores de correção" apropriados para antecipar as variações aleatórias, somado a frequentes ciclos de recuperação para voltar à realidade, também pode funcionar bem. Porém, para determinar esses fatores de correção ou para ajudar a projetar políticas para lidar com prazos em que as incertezas são cruciais, um modelo que incorpora as incertezas de maneira explícita pode ser o mais apropriado.

Historicamente, a literatura da gestão de operações tem apresentado ambas as abordagens. O modelo determinístico mais usado no plano da produção é o planejamento de necessidades de materiais (MRP), nosso assunto no Capítulo 3. Os modelos probabilísticos mais usados são as abordagens baseadas no **ponto de reposição estatística**, as quais examinaremos nesta seção.

A modelagem estatística dos problemas de produção e de controle de estoques não é nova, remontando, no mínimo, a Wilson (1934). Em seu trabalho, Wilson desdobra os problemas de controle de estoque em duas partes distintas:

1. A definição da **quantidade de pedido,** ou seja, a quantidade de estoque que será comprada ou produzida a cada reposição.

2. A definição do **ponto de reposição**, ou seja, o nível de estoque no qual uma reposição (de compra ou de produção) precisa ser acionada.

Nesta seção, abordaremos essas duas partes do problema, em três estágios.

Primeiro, vamos considerar a situação em que estejamos interessados apenas em uma única reposição, de maneira que a questão é definir a quantidade apropriada a pedir, tendo em vista uma demanda incerta. Isso tradicionalmente tem sido chamado de **modelo do vendedor de jornais**, pois pode ser aplicado para alguém que compra os jornais no início do dia, vende uma quantidade desconhecida e deve jogar fora o resto. Esse modelo também pode ser aplicado aos sistemas de **revisão periódica** (p. ex., em que os estoques são repostos uma vez por semana).

Em segundo lugar, vamos considerar a situação em que os estoques são repostos uma unidade de cada vez, à medida que ocorrem as demandas aleatórias, de forma que a única questão é determinar o ponto de reposição. A meta de nível de estoque que definimos para o sistema é conhecido como **nível mínimo** de estoque, e, portanto, o modelo resultante é chamado de **modelo do estoque mínimo**.

Terceiro, vamos considerar sistemas de **revisão contínua** (nos quais os estoques são monitorados em tempo real) e a demanda ocorre aleatoriamente. Quando o nível do estoque atinge r (ou fica abaixo), é colocado um pedido de quantidade Q. Após um prazo de produção de ℓ, durante o qual pode ocorrer uma falta de estoque, o pedido é recebido. O problema é determinar valores apropriados para Q e r. O modelo que usamos para abordar essa questão é conhecido como o **modelo (Q, r)**.

Esses modelos farão uso dos conceitos e observações que existem no campo da probabilidade. Se faz muito tempo que o leitor os revisou, agora é uma boa hora para folhear o Apêndice 2A.

2.4.1 O modelo do vendedor de jornais

Considere a situação que um fabricante de lâmpadas natalinas enfrenta todos os anos. A demanda é, de certa maneira, imprevisível e acontece em um período tão curto, logo antes do Natal, que se o estoque não estiver nas prateleiras, as vendas serão perdidas. Assim, a decisão de quantos conjuntos de luzes serão produzidos precisa ser tomada antes da época do feriado. Além disso, o custo de recolher e armazenar os estoques não vendidos até o próximo ano é muito alto e não vale a pena. Em vez disso, todos os conjuntos não vendidos são liquidados após o Natal com um grande desconto.

Para escolher uma quantidade apropriada de produção, as informações importantes são (1) a demanda antecipada e (2) os custos de produzir demais ou de menos. Para desenvolver um modelo formal, tomamos os seguintes pressupostos:

1. *Os produtos são separáveis.* Podemos considerar os produtos, um de cada vez, pois eles não interagem entre si (não há recursos de produção compartilhados ou demanda correlacionada).
2. *O planejamento é feito para um período só.* Podemos esquecer os períodos futuros, pois os efeitos da decisão atual não são importantes (já que os estoques não são mantidos entre os períodos).
3. *A demanda é aleatória.* Podemos caracterizar a demanda por meio de uma distribuição de probabilidade conhecida.
4. *As entregas são efetuadas antes da demanda.* Todo o estoque pedido ou produzido está disponível e é suficiente para preencher a demanda.
5. *Os custos de excesso ou falta de produção são lineares.* As despesas por manter estoques demais ou de menos são proporcionais ao montante produzido a mais ou a menos.

Usaremos esses pressupostos para desenvolver um modelo, usando a seguinte notação:

X = demanda (em unidades), uma variável aleatória

$g(x)$ = a função densidade de probabilidade (pdf) da demanda; para esse modelo vamos assumir que a demanda é distribuída de maneira contínua porque nos convém para a análise, mas os resultados são essencialmente os mesmos, se a demanda for modelada como discreta (ou seja, restrita a valores integrais), conforme mostra o Apêndice 2B

$G(x) = P(X \leq x) =$ função distribuição acumulada (fda) da demanda

μ = a demanda média (em unidades)

σ = o desvio padrão da demanda (em unidades)

c_o = o custo (em \$) por unidade em excesso (ou seja, estoque restante após a demanda ser conhecida)

c_s = o custo (em \$) por unidade em falta

Q = a quantidade produzida ou comprada (em unidades); essa é a variável decisória

Exemplo:

Agora, considere o exemplo das luzes de Natal com alguns números. Suponha que um conjunto de luzes custe \$5 para fabricação e distribuição, e seu preço de venda seja \$10. Qualquer conjunto não vendido no Natal será liquidado por \$2,50. De acordo com as observações acima, isso quer dizer que o custo unitário de fazer unidades a mais é o valor perdido a cada conjunto liquidado = \$(5 – 2,50) = \$2,50. O custo de se produzir de menos é o lucro perdido em uma venda, ou c_s = \$(10 – 5) = \$5. Além disso, suponha que a demanda foi estimada em 10.000 unidades, com um desvio padrão de 1.000 unidades, e que a distribuição normal seja uma representação razoável da demanda.

A firma poderia optar em produzir 10.000 jogos de luzes. Porém, lembremos que a simetria (a curva em forma de sino) de uma distribuição normal implica que é igualmente possível que a demanda seja maior ou menor do que 10.000 unidades. Se a demanda for menor do que 10.000 unidades, a empresa perderá c_o = \$2,50 por unidade produzida em excesso. Se a demanda for maior do que 10.000 unidades, a empresa perderá c_s = \$5 por unidade produzida a menos. Claramente, produzir pouco custa mais caro do que produzir bastante. Isso sugere que a empresa deveria produzir mais do que 10.000 unidades. Mas quanto mais? Desenvolvemos um modelo, que segue abaixo, com o objetivo de resolver essa questão.

Para desenvolver o modelo, observe que, se produzirmos Q unidades e a demanda for de X unidades, então o número de unidades produzidas em excesso é dado por

$$\text{Unidades em excesso} = \max\{Q - X, 0\}$$

Isto é, se $Q \geq X$, então o excesso é simplesmente $Q - X$; mas se $Q < X$, então a produção é insuficiente e o excesso é zero. Podemos calcular o excesso estimado como sendo

$$E[\text{unidades a mais}] = \int_0^\infty \max\{Q - x, 0\}g(x)\,dx = \int_0^Q (Q - x)g(x)\,dx \tag{2.13}$$

De forma similar, o número de unidades produzidas a menos é dado por

$$\text{Unidades a menos} = \max\{X - Q, 0\}$$

Ou seja, se $X \geq Q$, então a produção a menos é $X - Q$; mas se $X < Q$, então existe produção em excesso e a produção insuficiente é zero. Podemos calcular a produção a menos como

$$E[\text{unidades a menos}] = \int_0^\infty \max\{x - Q, 0\}g(x)\,dx = \int_Q^\infty (x - Q)g(x)\,dx \tag{2.14}$$

Usando as fórmulas (2.13) e (2.14), podemos expressar o custo estimado como uma função da quantidade produzida, da seguinte forma

$$Y(Q) = c_o \int_0^Q (Q - x)g(x)\,dx + c_s \int_Q^\infty (x - Q)g(x)\,dx \tag{2.15}$$

Encontraremos o valor de Q que minimizará esses custos estimados na observação técnica abaixo.

Observação técnica

Como fizemos com o modelo de lote econômico, encontraremos o mínimo de $Y(Q)$ tomando suas derivadas e definido-as como zero. Porém, para isso, precisamos usar as derivadas de integrais com limites que são funções de Q. A ferramenta usada para isso é a *regra de Leibnitz*, que pode ser escrita como

$$\frac{d}{dQ}\int_{a_1(Q)}^{a_2(Q)} f(x, Q)\,dx = \int_{a_1(Q)}^{a_2(Q)} \frac{\partial}{\partial Q}[f(x, Q)]\,dx + f(a_2(Q), Q)\frac{da_2(Q)}{dQ}$$
$$- f(a_1(Q), Q)\frac{da_1(Q)}{dQ}$$

Aplicando isso para tomar a derivada de $Y(Q)$ e estabelecendo o resultado igual a zero, nos dá

$$\frac{dY(Q)}{dQ} = c_o \int_0^Q 1g(x)\,dx + c_s \int_Q^\infty (-1)g(x)\,dx$$
$$= c_oG(Q) - c_s[1 - G(Q)] = 0 \tag{2.16}$$

Solucionando (2.16), que simplificamos a seguir em (2.17), Q^* nos dá a quantidade de produção (pedido) que minimiza $Y(Q)$.

Para minimizar os custos esperados de produção excessiva mais produção insuficiente, devemos escolher uma quantidade de produção ou de pedido Q^* que satisfaça a seguinte fórmula do **quantil crítico**:

$$G(Q^*) = \frac{c_s}{c_o + c_s} \tag{2.17}$$

Primeiro, note que como $G(Q^*)$ representa a probabilidade de que a demanda seja menor ou igual a Q^*, esse resultado implica que Q^* deve ser escolhido de tal maneira que a probabilidade de se ter estoque suficiente para preencher a demanda seja $c_s/(c_o + c_s)$. Segundo, note que como $G(x)$ aumenta em x (as funções distribuição acumulada estão sempre em constante crescimento), de maneira que qualquer coisa que aumente o lado direito da fórmula (2.17) resultará em um Q^* maior. Isso implica que, aumentando c_s, Q^* também aumentará, enquanto aumentando c_o, Q^* diminuirá, como esperaríamos intuitivamente.

Podemos simplificar ainda mais a equação (2.17) se assumirmos que G é normal. Nesse caso, podemos escrever

$$G(Q^*) = \Phi\left(\frac{Q^* - \mu}{\sigma}\right) = \frac{c_s}{c_o + c_s}$$

onde Φ é a função distribuição acumulada (fda) da distribuição normal padrão.[5] Isso significa que

$$\frac{Q^* - \mu}{\sigma} = z$$

[5] Estamos fazendo uso do resultado bem conhecido de que, se X estiver distribuído normalmente com uma média μ e o desvio padrão σ, então $(X - \mu)/\sigma$ estará distribuído normalmente com uma média zero e o desvio padrão 1, isto é, uma distribuição normal padrão.

onde z é o valor na tabela normal padrão (veja a Tabela 1 ao final do livro) para o qual $\Phi(z) = c_s/(c_o + c_s)$. A função Φ também se encontra em programas de planilhas; no Excel $\Phi(z)$ = NORMSDIST (z). Assim,

$$Q^* = \mu + z\sigma \tag{2.18}$$

A equação (2.18) implica que, para um caso normal, Q^* é uma função crescente da demanda média μ. Também é crescente no desvio padrão da demanda σ, desde que z seja positivo. Esse será o caso sempre que $c_s/(c_o + c_s)$ for maior do que metade, pois $\Phi(0) = 0{,}5$ e $\Phi(z)$ é crescente em z. Contudo, se os custos fizerem com que $c_s/(c_o + c_s)$ seja menor do que metade, então o tamanho ótimo do pedido Q^* diminuirá conforme σ aumenta.

Exemplo:

Agora, voltemos ao exemplo das luzes de Natal. Pelo fato de a demanda ser distribuída normalmente, podemos calcular Q^* usando a fórmula em (2.18). Para isso, primeiro precisamos calcular o quantil crítico da seguinte forma

$$\frac{c_s}{c_o + c_s} = \frac{5}{2{,}50 + 5} = 0{,}67$$

Isso nos diz que devemos pedir luzes suficientes para ter 67% de chances de satisfazer a demanda (ou 33% de chances de faltar estoque). Para calcular a quantidade do pedido, consultamos uma tabela normal padrão para encontrar que $\Phi(0{,}44) = 0{,}67$. Assim, $z = 0{,}44$ e

$$Q^* = \mu + z\sigma = 10.000 + (0{,}44)1.000 = 10.440$$

Note que essa resposta pode ser interpretada como uma sugestão para produzir 0,44 desvios padrões acima da demanda. Assim, se o desvio padrão da demanda tiver sido 2.000 unidades, em vez de 1.000, a resposta teria sido produzir 0,44 × 2.000 = 880 unidades acima da demanda, ou 10.880 unidades.

O problema do vendedor de jornais e sua solução intuitiva do quantil crítico em (2.17) podem ser estendidos para uma variedade de aplicações que, diferentemente do exemplo das luzes de Natal, tem mais do que um período. Uma situação comum é o problema em que

1. Uma empresa enfrenta demandas periódicas (p. ex., mensais) que são independentes e têm a mesma distribuição $G(x)$.
2. Todos os pedidos estão pendentes (isto é, serão atendidos em algum momento).
3. Não há custos de *setup* associados à produção de um pedido.

É possível demonstrar que uma política de "pedir até Q" – ou seja, após cada demanda, produzir o suficiente para trazer o nível de estoque de volta até Q – é ótima nessas condições. Além disso, o problema de se encontrar o pedido ótimo até o nível Q^* pode ser formulado como o modelo do vendedor de jornais (ver Nahmias 1993, 291–294). Assim, a solução Q^* satisfaz a equação em (2.17), onde c_o representa o custo de manter uma unidade em estoque por um período e c_s representa o custo de manter uma unidade em pendência, isto é, um pedido não atendido, por um período. Similarmente, nessas mesmas condições, exceto que as vendas são perdidas em vez de mantidas em pendência, o pedido ótimo para voltar ao nível normal é encontrado por meio da solução (2.17) para Q^*, com c_o sendo igual ao custo de estoque por um período e c_s sendo igual ao lucro unitário (preço de venda menos o custo de produção).

Exemplo:

Uma sorveteria vende potes de um sorvete de qualidade a $15 cada. O custo no atacado é de $10 cada. A sorveteria recebe entregas semanais do sorvete e pode pedir qualquer quantidade. O proprietário tem controlado vários meses e observou que a demanda semanal (incluindo fazer o pedido quando o estoque acaba) tem sido, em média, de 25 potes. Ele usa como base uma taxa de juros de 25% para avaliar o custo de estoque.

Pela discussão recém-apresentada, a prática ótima de controle de estoque é pedir até a quantidade do nível ótimo. Para calcular esse nível, o proprietário precisa caracterizar a distribuição da demanda e os custos da produção a mais e a menos.

O proprietário tem uma boa estimativa da demanda média semanal. Entretanto, considerando que são necessários mais dados para calcular o desvio padrão do que para estimar a média, é comum a ausência de uma boa estimativa do desvio padrão. Assim, faz sentido apelar para a teoria dos processos de chegada para argumentar que a demanda é composta pela superposição de compras feitas por muitos indivíduos e, portanto, deveria ser distribuída de acordo com Poisson. Isso significa que o desvio padrão da demanda semanal deve ser igual à raiz quadrada da demanda média, e assim $\sigma = \sqrt{25} = 5$.

Os custos da produção a mais e a menos são fáceis de calcular. Se o dono ficar sem estoque de sorvetes, perderá vendas. Dessa forma, o custo de ficar sem estoque é o lucro perdido, que é $c_s = 15 - 10 = \$5$. Se o dono comprar sorvete demais, então ele incorre no custo de estoque, que é o juro sobre o preço no atacado, ou $c_o = 10(0{,}25/52) = \$0{,}048$. O cálculo do quantil crítico é

$$\frac{c_s}{c_o + c_s} = \frac{5}{0{,}048 + 5} = 0{,}99$$

Como $\Phi(2{,}326) = 0{,}99$, o nível ótimo para fazer os pedidos é

$$Q^* = 25 + 2{,}326(5) = 36{,}63 \approx 37$$

Assim, o proprietário da sorveteria deve verificar seu estoque semanal na hora da entrega e comprar o número de potes para completar o nível ótimo de 37 potes, o que causará o melhor equilíbrio entre as vendas perdidas e o custo de manter em estoque.

Concluímos esta seção com um resumo das ideias básicas existentes no modelo do vendedor de jornais:

1. Em um ambiente de demanda incerta, a quantidade apropriada do pedido ou de produção depende *tanto* da distribuição da demanda *quanto* dos custos relativos de produzir demais ou de menos.
2. Se a demanda estiver distribuída normalmente, então uma demanda média crescente aumentará a quantidade ótima de pedido (ou produção).
3. Se a demanda estiver distribuída normalmente, então aumentar a variabilidade (como o desvio padrão) da demanda ampliará a quantidade ótima de pedido (ou produção), se $c_s/(c_s + c_o) > 0{,}5$, e diminuirá, se $c_s/(c_s + c_o) < 0{,}5$.

2.4.2 O modelo do estoque mínimo

Considere a situação enfrentada pela Superior Appliance, uma loja que vende um modelo especial de geladeira. Como seu espaço é limitado, e o fabricante faz entregas frequentes também de outros equipamentos, a Superior acha prático fazer pedidos de reposição a cada vez que uma unidade é vendida. De fato, ela tem um sistema que aciona um novo pedido, automaticamente, sempre que ocorre uma venda. Contudo, pelo fato de o fabricante demorar muito para atender um pedido de reposição, a loja precisa manter em estoque algumas unidades para a pronta-entrega ao consumidor. Nessas condições, a questão principal é quantas unidades manter em estoque.

Com o objetivo de resolver essa questão, precisamos de um modelo. Para desenvolver um, faremos uso de uma estrutura de trabalho de tempo contínuo e assumimos os seguintes pressupostos para o modelo:

1. *Os produtos podem ser analisados individualmente.* Não existem interações entre os produtos (p. ex., recursos compartilhados).

2. *A demanda ocorre uma de cada vez.* Não há pedidos em lotes.
3. *Demanda não atendida é mantida em pendência.* Não há perda de vendas.
4. *Os tempos de reposição são fixos e conhecidos.* Não há tempos aleatórios na entrega. (Mostraremos como flexibilizar esse pressuposto para considerar tempos de reposição variáveis mais adiante neste capítulo.)
5. *As reposições são feitas uma de cada vez.* Não há custos de *setup* ou limitações no número de pedidos que podem ser colocados por ano, o que motivaria a reposição em lotes.
6. *A demanda pode ser aproximada como uma distribuição contínua.* Isto é, ignoramos a integralidade e agimos como se o produto fosse um líquido que pudesse ser comprado em qualquer volume positivo. Isso simplifica as fórmulas resultantes e é uma boa aproximação, exceto quando, durante o tempo de reposição, a demanda for muito baixa. Felizmente, isso não é um problema na prática, pois, de qualquer maneira, sistemas com baixa demanda não exigem grandes estoques. (Fornecemos fórmulas exatas para o caso de demanda discreta de Poisson no Apêndice 2B.)

Vamos flexibilizar o último pressuposto na próxima seção, no modelo (Q, r), que permite fazer pedidos a granel.

Usaremos a seguinte notação:

ℓ = o tempo de reposição (em dias), assumido como constante em toda esta seção

X = a demanda durante o tempo de reposição (em unidades), uma variável aleatória

$g(x)$ = a função densidade de probabilidade (pdf) da demanda durante o tempo de reposição

$G(x)$ = $P(X \leq x)$ = a função distribuição acumulada (fda) da demanda durante o tempo da reposição

θ = $E[X]$, demanda média (em unidades) durante o tempo de reposição ℓ

σ = desvio padrão da demanda (em unidades) durante o tempo de reposição ℓ

h = o custo de estoque de uma unidade durante um ano (em \$ por unidade e por ano)

b = o custo de estoque de uma unidade em pendência por um ano (em \$ por unidade e por ano)

r = ponto de reposição (em unidades), representa o nível de estoque que aciona um pedido de reposição; esta é a variável decisória

s = $r - \theta$, nível de estoque de segurança (em unidades)

$S(r)$ = taxa de preenchimento (frações de pedidos atendidos do estoque) como uma função de r

$B(r)$ = número médio de pedidos pendentes como função de r

$I(r)$ = nível médio de estoque existente (em unidades) como função de r

Em um sistema de estoque mínimo, monitoramos o estoque continuamente e colocamos um pedido de reposição a cada vez que a **posição de estoque** cai para o ponto de reposição r. A posição de estoque é definida como

$$\text{Posição de estoque} = \text{estoque existente} - \text{pedidos pendentes} + \text{pedidos} \tag{2.19}$$

em que o **estoque existente** representa o estoque físico, um **pedido pendente** representa a demanda do cliente ainda não atendida, e os **pedidos** representam solicitações de reabastecimento que ainda não chegaram. Assim, a posição de estoque representa o estoque possuído pela empresa que ainda não foi vendido aos clientes.

Note que, geralmente, a posição de estoque pode ser positiva ou negativa, pois os itens em pendência e não atendidos são subtraídos. No entanto, em um sistema de estoque mínimo, não permitimos que isso aconteça. Como um pedido de reposição é colocado sempre que a posição de estoque atinge r, a posição de estoque é sempre mantida em $r + 1$. Isso é chamado de **nível de estoque mínimo**. Ilustramos isso na Figura 2.6, que traça as linhas do **estoque líquido** (estoque existente menos os itens pendentes) e os pedidos em um sistema de estoque mínimo com um nível de estoque mínimo de 5.

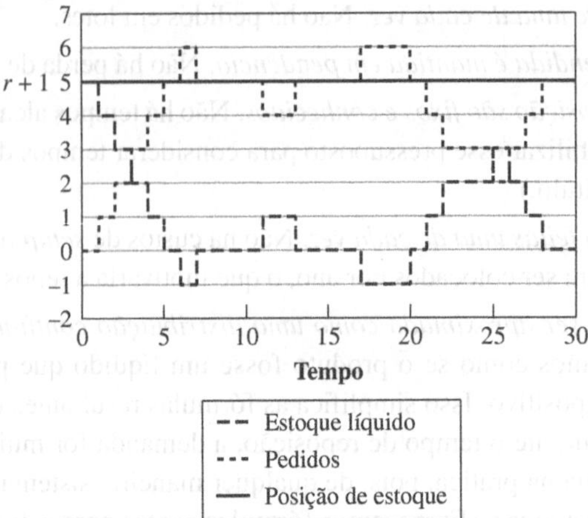

FIGURA 2.6 Estoque líquido, pedidos e posição de estoque.

Para a soma chegar sempre a 5, a soma dos estoques existentes e dos pedidos, isto é, dos estoques de propriedade da empresa, deve ser igual ao nível do estoque mínimo, exceto quando existem pedidos em pendência. Quando isso acontece, o número de pedidos deve ser igual ao estoque mínimo mais os pedidos em pendência.

A cada vez que um pedido de reposição é feito, ele demora um tempo fixo de reposição ℓ até chegar à empresa, durante o qual a demanda estimada é de θ unidades. Como havia r itens em estoque ou em pedidos para atender a demanda do cliente, enquanto esperamos a chegada do novo pedido de reposição, estimamos ter $r - \theta$ no estoque, quando o pedido chegar. Se $s = r - \theta > 0$, então chamamos isso de **estoque de segurança**, pois representa uma proteção contra eventuais faltas de estoque causadas por flutuações da demanda. Como θ é uma constante, encontrar s é equivalente à encontrar r. Assim, podemos visualizar o problema de controlar um sistema de estoque mínimo da mesma forma como o de encontrar o ponto ótimo de reposição (r), o nível do estoque de segurança ($s = r - \theta$) ou o nível de estoque mínimo ($r + 1$). Para sermos consistentes com os modelos subsequentes, usaremos o ponto de reposição r como nossa variável decisória.

Podemos abordar o problema de encontrar um nível ótimo de estoque mínimo de duas maneiras: seguir o mesmo procedimento usado até agora (no modelo de lote econômico, no de Wagner–Whitin e no do vendedor de jornais), formular uma função de custo e encontrar o ponto de reposição que minimiza esse custo; ou podemos simplesmente especificar o nível de atendimento ao cliente e encontrar o menor ponto de reposição capaz de atingi-lo. Desenvolveremos ambas as abordagens a seguir. Porém, para isso, precisamos, antes, identificar as medidas de desempenho $S(r)$, $B(r)$ e $I(r)$.

Podemos derivar expressões para medir o desempenho dando uma olhada na equação (2.19) e observando que, ao usar uma política de estoque mínimo com ponto de reposição r, a expressão seguinte é sempre válida:

$$\text{Posição de estoque} = r + 1 \tag{2.20}$$

Nível de atendimento. Considere um pedido de reposição específico. Assim que esse pedido é colocado, teremos $r + 1$ itens adicionais em estoque ou pedidos, comparando com o que temos de pedidos pendentes. Como os tempos de reposição são constantes, sabemos que todos os outros itens r que existem em estoque ou foram pedidos estarão disponíveis para atender novas demandas antes que o pedido em consideração chegue. Por isso, a única maneira possível de o pedido chegar após a demanda já ter ocorrido é no caso de a demanda durante o tempo de reposição ser maior ou igual a $r + 1$ (isto é, $X \geq r + 1$). Desse modo, a probabilidade de que o pedido chegue *antes* da demanda, ou seja, não fique em pendência, é dada por $1 - P(X \geq r + 1) = P(X \leq r + 1) = G(r + 1)$. Como todos os pedidos são idênticos em relação a esses cálculos, a fração das demandas que são atendidas com o estoque é igual à probabilidade de que um pedido chegue antes que a demanda ocorra, ou

$$S(r) = G(r + 1) \tag{2.21}$$

Portanto, $G(r + 1)$ representa a fração das demandas que serão atendidas com o estoque. Isso é normalmente chamado de **nível de atendimento** e representa uma definição razoável do atendimento ao cliente em muitos sistemas de controle de estoque.

Se a demanda é distribuída normalmente, então podemos simplificar a equação para $S(r)$ como segue:

$$S(r) = G(r + 1) = \Phi\left(\frac{r + 1 - \theta}{\sigma}\right) \tag{2.22}$$

Nesse caso, Φ representa a função distribuição acumulada (fda) da distribuição normal padrão. Podemos procurar o valor de $\Phi(z)$ para $z = (r + 1 - \theta)/\sigma$ em uma tabela de distribuição normal padrão ou calculá-lo usando a função normal de um programa de planilhas (p. ex., $\Phi(z)$ = NORMSDIST(z) no Excel).

Nível de pedidos pendentes. A qualquer tempo, o número de pedidos é exatamente igual ao número de demandas ocorridas durante os últimos ℓ períodos. Se tomarmos X como esse número (aleatório) de demandas, então, a partir das equações (2.19) e (2.20), extraímos

$$\text{Estoque existente} - \text{pedidos pendentes} = r + 1 - X \tag{2.23}$$

Note que o estoque disponível e os pedidos pendentes nunca poderão ser positivos ao mesmo tempo – porque, se tivermos ambos, atenderemos os pedidos pendentes até acabar o estoque ou até que todos os pedidos tenham sido atendidos. Então, no momento em que o número de pedidos a receber seja $X = x$, o nível de pedidos pendentes é dado por

$$\text{Pedidos pendentes} = \begin{cases} 0 & \text{se } x < r + 1 \\ x - r - 1 & \text{se } x \geq r + 1 \end{cases}$$

O nível estimado de pedidos pendentes pode ser calculado pela média dos possíveis valores de x:

$$\begin{aligned} B(r) &= \int_{r+1}^{\infty} (x - r - 1) g(x)\, dx \\ &= \int_{r}^{\infty} (x - r) g(x)\, dx \end{aligned} \tag{2.24}$$

Se a demanda for distribuída normalmente, então isso pode ser simplificado para (ver Zipkin 2000 para uma derivação)

$$B(r) = (\theta - r)[1 - \Phi(z)] + \sigma\phi(z) \tag{2.25}$$

onde $z = (r - \theta)/\sigma$, e Φ e ϕ representam, respectivamente, a função distribuição cumulativa (fda) e a função densidade de probabilidade (pdf) da distribuição normal padrão. Essa segunda forma é muito útil para análises de planilhas, pois não envolve uma integral. Além disso, já que podemos expressar pdf e fda do normal padrão no Excel como

$$\phi(z) = \text{NORMDIST}(z, 0, 1, \text{FALSE}) \tag{2.26}$$

$$\Phi(z) = \text{NORMDIST}(z, 0, 1, \text{TRUE}) \tag{2.27}$$

podemos facilmente calcular $B(r)$ para qualquer valor de r em apenas uma célula da planilha.

A função $B(r)$ é muito importante e útil na teoria do controle de estoques. Pelo fato de que ela mede o montante da demanda não atendida (o nível de pedidos pendentes), algumas vezes é chamada de **função de perda**. Veremos que ela reaparece no modelo de estoques mais complexo (Q, r), discutido mais adiante neste capítulo.

Nível de estoque. Tomando o que se espera de ambos os lados da equação (2.23) e observando que $I(r)$ representa o estoque existente esperado, $B(r)$ representa o nível esperado de pedidos pendentes e $E[X] = \theta$ é o tempo de reposição esperado, teremos

$$I(r) = r + 1 - \theta + B(r) \tag{2.28}$$

Exemplo:

Agora podemos analisar o exemplo da Superior Appliance. Suponha que, pela experiência do passado, sabemos que a demanda média para o refrigerador é de 10 unidades por mês e o tempo de reposição é um mês. Assim, a demanda média durante a reposição é $\theta = 10$ unidades. Suponha também que modelamos a demanda usando a distribuição de Poisson.[6] Isso significa que o desvio padrão da demanda durante o tempo de reposição é igual à raiz quadrada da média, então $\sigma = \sqrt{10} = 3{,}16$

Podemos usar a equação (2.22) para calcular o nível de atendimento para qualquer ponto de reposição. Por exemplo, se definirmos $r = 13$, então

$$S(13) = \Phi\left(\frac{14-10}{3{,}16}\right) = \Phi(1{,}26) = 0{,}896$$

e se definirmos $r = 14$, então

$$S(14) = \Phi\left(\frac{15-10}{3{,}16}\right) = \Phi(1{,}58) = 0{,}942$$

Desses resultados, podemos concluir que, se quisermos atingir um nível de atendimento de, no mínimo, 90%, precisamos escolher o ponto de reposição $r = 14$. Isso implica que o estoque de segurança será $s = r - \theta = 14 - 10 = 4$ unidades. Como $r = 14$ implica que $z = (15 - 10)/3{,}16) = 1{,}58$, podemos calcular que o número médio de pedidos pendentes em qualquer momento, usando a equação (2.25), será

$$\begin{aligned} B(15) &= (10 - 14 - 1)[1 - \Phi(1{,}58)] + \sigma\phi(1{,}58) \\ &= -5(1 - 0{,}942) + 3{,}16(0{,}114) = 0{,}077 \end{aligned}$$

A razão pela qual a média dos pedidos pendentes é tão baixa, menos um décimo de uma unidade, é que raramente haverá pedidos pendentes no sistema.

Finalmente, podemos calcular que o nível médio do estoque existente, usando a equação (2.28), será

$$I(r) = r + 1 - \theta + B(r) = 14 + 1 - 10 + 0{,}077 = 5{,}077$$

Se tivéssemos que aumentar o ponto de reposição de 14 para 15, o nível de atendimento aumentaria para 97%, o nível de pedidos pendentes cairia para 0,035 e o nível médio do estoque aumentaria para 6,035. Uma decisão importante para a Superior Appliance é se a melhoria no atendimento ao cliente (medida pelo nível de atendimento e de pedidos pendentes) vale ou não a pena em relação ao investimento adicional no estoque. Uma maneira para equilibrar essas questões conflitantes é usar um modelo de otimização dos custos, conforme mostramos a seguir.

[6] A distribuição de Poisson é uma boa opção para a modelagem de processos de demanda em que esta ocorre uma de cada vez e não apresenta flutuações cíclicas. Ela é completamente definida por apenas um parâmetro, a média, θ, e, por isso, é conveniente quando há falta de informações a respeito da variação da demanda. Além disso, desde que θ não seja muito baixo, a distribuição de Poisson é bem aproximada a uma distribuição normal com média θ e desvio padrão $\sigma = \sqrt{\theta}$.

Em geral, quanto maior a demanda média durante o tempo de reposição, maior é o nível do estoque mínimo necessário para atingir certo nível de atendimento. Isso não surpreende, pois o ponto de reposição r precisa conter estoques suficientes para cobrir a demanda enquanto os pedidos ainda não chegaram. Quando a demanda, durante o tempo de reposição, é normal, a probabilidade de ela ser maior do que θ durante o tempo de reposição é de exatamente a metade. Assim, qualquer nível de atendimento maior do que a metade exigirá que r seja maior do que θ.

Além da demanda média, a variabilidade do processo afeta a escolha do nível de estoque mínimo, o que pode ser visto por meio da equação (2.22). Como $\Phi(z)$ é uma função crescente de z, segue-se que o nível de atendimento (serviço) aumentará sempre que $z = (r + 1 - \theta)/\sigma$ também aumentar. Enquanto $r + 1 - \theta$ for positivo, o que será verdadeiro se o estoque de segurança $s = r - \theta$ não for negativo, z diminui quando σ aumenta. Portanto, a menos que o estoque de segurança seja negativo, um aumento na variabilidade da demanda resulta em diminuição dos serviços para um determinado ponto de reposição. Assim, para manter o nível de atendimento desejado diante de um aumento na variabilidade da demanda, é necessário um aumento no ponto de reposição, e, portanto, também no estoque de segurança.

O modelo do estoque mínimo tem sido amplamente estudado na literatura da administração das operações. Isso se deve, em parte, porque ele é relativamente simples de analisar, mas também porque ele é facilmente aplicável a uma série de situações. Por exemplo, estoques mínimos podem ser usados para controlar a liberação de ordens de serviço em uma linha de produção de múltiplos estágios. Em tais sistemas, o nível de estoque mínimo é estabelecido para cada estoque de segurança ao longo da linha (em cada uma das estações de trabalho). Sempre que um item sai do estoque de segurança, um pedido de reposição é acionado. Como será discutido no Capítulo 4, essencialmente, isso é o que um sistema *kanban* faz.

Finalmente, consideramos uma abordagem para definir o nível mínimo de estoque. Para isso, formulamos uma função de custo que consiste da soma dos custos de estoque mais os custos de pedidos pendentes como

$$
\begin{aligned}
Y(r) &= \text{custos de estoque} + \text{custos de pedidos pendentes} \qquad (2.29)\\
&= hI(r) + bB(r)\\
&= h(r + 1 - \theta + B(r)) + bB(r)\\
&= h(r + 1 - \theta) + (b + h)B(r) \qquad (2.30)
\end{aligned}
$$

Calculamos o ponto de reposição r que minimiza $Y(r)$ na observação técnica a seguir.

Observação técnica

Tratando r como uma variável contínua, podemos encontrar a derivada de $Y(r)$ conforme segue:

$$\frac{dY(r)}{dr} = h + (b + h)\frac{d\,B(r)}{dr}$$

Podemos alterar a equação (2.24) para calcular $d\,B(R)/d\,R$ como

$$
\begin{aligned}
\frac{d\,B(r)}{dr} &= \frac{d}{dr}\int_{r+1}^{\infty}(x - r - 1)g(x)\,dx\\
&= -\int_{r+1}^{\infty} g(x)\,dx\\
&= -[1 - G(r + 1)]
\end{aligned}
$$

Definindo $dY(r)/dr$ igual a zero, resulta em

$$\frac{dY(r)}{dr} = h - (b + h)[1 - G(r + 1)] = 0 \qquad (2.31)$$

Solucionando (2.31), temos a equação (2.32) para o valor ótimo de r.

O ponto de reposição r que minimiza os custos de estoque mais os custos dos pedidos pendentes é dado por

$$G(r^* + 1) = \frac{b}{b+h} \tag{2.32}$$

Note que essa fórmula tem o mesmo quantil crítico que vemos na solução do problema do vendedor de jornais na fórmula (2.17). Como assumimos que G é normal, podemos simplificar a equação (2.32) usando os mesmos argumentos empregados anteriormente para derivar a equação (2.18) e concluir que

$$r^* + 1 = \theta + z\sigma \tag{2.33}$$

onde z é o valor da tabela da distribuição normal padrão para o qual $\Phi(z) = b/(b + h)$, e θ e σ são, respectivamente, a média e o desvio padrão da demanda do tempo de produção.

Note que r^* aumenta em θ e também em σ desde que $z > 0$. Esse será o caso, enquanto $b/(b + h) > 0,5$ ou equivalente a $b > h$. Como manter uma unidade pendente normalmente é mais caro do que manter uma unidade em estoque, geralmente, o nível ótimo de estoque mínimo é uma função crescente da variabilidade da demanda.

Exemplo:

Vamos voltar ao exemplo da Superior Appliance. Lembre-se de que a demanda do tempo de produção é distribuída normalmente com uma média de $\theta = 10$ unidades por mês e um desvio padrão de $\sigma = \sqrt{\theta} = 3,16$ unidades por mês. Suponha que o custo de um refrigerador no atacado seja de $750 e que a Superior use uma taxa de juros de 2% ao mês para calcular seus custos de estoque, assim, $h = 0,02(750) = \$15$ mensais por unidade. Além disso, suponha que os custos de manter os pedidos pendentes são estimados em $25 mensais por unidade, pois a Superior normalmente tem que oferecer descontos aos clientes para itens fora do estoque.

Então o nível ótimo do estoque mínimo pode ser encontrado a partir da fórmula (2.33), calculando-se primeiramente z da seguinte forma

$$\frac{b}{b+h} = \frac{25}{25+15} = 0,625$$

e verificando-se uma tabela da distribuição normal padrão para encontrar $\Phi(0,32) = 0,625$. Assim, $z = 0,32$ e

$$r^* + 1 = \theta + z\sigma = 10 + 0,32(3,16) = 11,01 \approx 11$$

Usando a equação (2.22), podemos calcular o nível de atendimento para esse nível de estoque mínimo como

$$S(r) = \Phi\left(\frac{r+1-\theta}{\sigma}\right) = \Phi\left(\frac{11-10}{3,16}\right) = \Phi(0,316) = 0,62$$

Esse é um nível bem baixo de atendimento, o que pode indicar que nossa opção para o custo dos pedidos pendentes b foi muito baixa.

Se fôssemos aumentar o custo dos pedidos pendentes para b = $200, o segmento crítico cresceria para 0,93, e (como $z_{0,93} = 1,48$) aumentaria o nível ótimo do estoque mínimo para $r^* + 1 = 10 + 1,48(3,16) = 14,67 \approx 15$. Assim, o ponto de reposição é $r^* = 14$, aquele obtido em nossa análise anterior, em que escolhemos o ponto mínimo de reposição que nos deu um nível de atendimento de 90%. Lembremos que a taxa real de atendimento atingida é de 94.2%. Observe que o custo dos pedidos pendentes necessário para obter um nível de estoque mínimo de 15 é um nível de atendimento maior do que 90% é muito alto ($200 mensais por unidade!), o que sugere que um nível tão alto de atendimento pode ser antieconômico.[7]

Concluímos, observando que as principais ideias do modelo de estoque mínimo são as seguintes:

1. O ponto de reposição controla a probabilidade de falta de estoque, estabelecendo um estoque de segurança.
2. O nível de estoque mínimo necessário (e, portanto, o estoque de segurança) que permite determinado nível de atendimento é uma função crescente da média e (desde que o custo unitário dos pedidos pendentes seja maior do que os custos de estoque) do desvio padrão da demanda durante o tempo de reposição.
3. O nível de atendimento ótimo é uma função crescente dos custos dos pedidos pendentes e uma função decrescente dos custos de estoque. Assim, se ajustarmos os custos de estoque, podemos usar uma limitação no atendimento ou um custo de pedidos pendentes para determinar o nível apropriado do estoque mínimo.
4. Os níveis de estoque mínimo em sistemas com estágios múltiplos de produção são muito similares ao controle por cartões dos sistemas *kanban*, e, portanto, as ideias acima se aplicam também a eles.

2.4.3 O modelo (Q, r)

Considere a situação de Jack, um gerente de manutenção que precisa estocar peças de reposição para agilizar os reparos de equipamentos. A demanda por peças é uma função das falhas dos equipamentos, que são imprevisíveis. Além disso, suponha que o custo de colocar uma ordem de compra (para peças obtidas de um fornecedor externo) ou o custo do *setup* dos equipamentos de produção (para peças produzidas internamente) são significantes o bastante para tornar impraticáveis as reposições uma de cada vez. Assim, o gerente de manutenção precisa definir, não somente quanto estoque manter (como no modelo do estoque básico), mas também a quantidade a produzir ou pedir a cada vez (como no modelo do lote econômico e do vendedor de jornais). Solucionar tais questões de maneira simultânea é o objetivo do modelo (Q, r).

Partindo de uma perspectiva de modelagem, os pressupostos que subjazem ao modelo (Q, r) são idênticos àqueles do modelo de estoque mínimo, exceto que assumiremos um dos dois abaixo

1. Existe um custo fixo associado com um pedido de reposição ou
2. Existe uma limitação no número de pedidos anuais de reposição

e, assim, quantidades de reposições maiores do que um podem fazer sentido.

A mecânica básica do modelo (Q, r) é ilustrada na Figura 2.7, que nos mostra o **nível líquido do estoque** (estoque disponível menos os pedidos pendentes) e a **posição do estoque** (estoques líquidos mais pedidos em reposição) para um único produto monitorado continuamente. As demandas ocorrem de maneira aleatória, mas assumiremos que acontece uma de cada vez, e essa é a razão pela qual o estoque líquido é mostrado sempre em degraus na Figura 2.7. Quando a posição do estoque atinge o ponto de reposição r, é colocado um pedido de reposição para a quantidade Q. Após um tempo de reposição (constante), durante o qual pode ocorrer a falta de estoques, a reposição é recebida. O problema está em determinar os números apropriados de Q e r.

[7] Parte do motivo por que b necessita ser tão alto para atingir um $r = 14$ é que estamos arredondando para o número integral mais próximo. Se, em vez disso, arredondarmos sempre para cima, o que faz sentido se quisermos um atendimento de, no mínimo, $b/(b + h)$, então um valor (ainda alto) de $b = \$135$ torna $b/(b + h) = 0,9$ e resulta em $r^* = 13,05$, o que é arredondado para 14. Como uma distribuição contínua é, de qualquer maneira, apenas uma aproximação da demanda, na verdade, não importa se um b alto ou um procedimento agressivo de arredondamento forem usados para se obter um mesmo resultado final. O que realmente importa é que o usuário faça análises de sensibilidade para compreender a solução e seus efeitos.

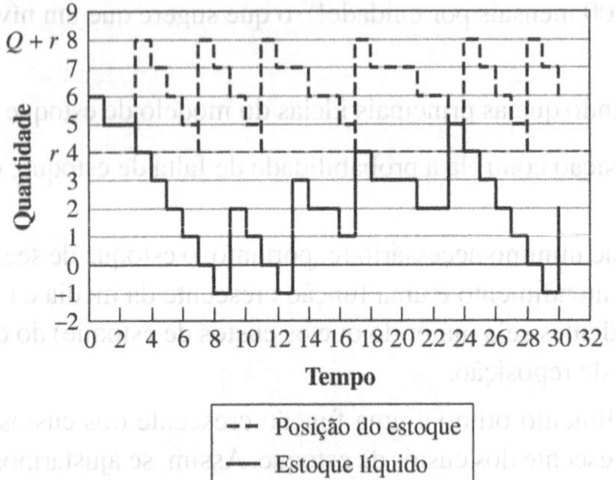

FIGURA 2.7 Estoque líquido e posição de estoque *versus* tempo no modelo (Q, r) com $Q = 4, r = 4$.

Como Wilson (1934) observou na primeira publicação formal sobre o modelo (Q, r), os controles Q e r têm diferentes objetivos. Como no modelo de lote econômico, a grandeza Q afeta o *trade-off* entre a frequência de produção ou de pedidos e o estoque. Valores maiores de Q resultarão em poucas reposições por ano, mas maiores níveis de estoque médio. Números menores produzirão um estoque médio baixo, porém mais pedidos de reposição no ano. Ao invés disso, o ponto de reposição r afeta a possibilidade de faltar estoque. Um ponto alto de reposição resultará em estoques grandes, mas também em uma baixa probabilidade de falta de estoques. Um ponto de reposição baixo reduzirá os estoques à custa de uma maior probabilidade de faltar estoques.

Dependendo de como os custos e o atendimento ao consumidor sejam representados, veremos que Q e r podem interagir em termos de seus efeitos sobre o estoque, sobre a frequência de pedidos e de produção, e sobre o atendimento ao consumidor. Entretanto, é importante reconhecer que os dois parâmetros geram dois tipos de estoque fundamentalmente diferentes. A quantidade de reposição Q afeta o **estoque cíclico**, isto é, os estoques mantidos para evitar custos excessivos de reposição. O ponto de reposição r afeta o **estoque de segurança**, ou seja, os estoques mantidos para evitar sua falta. Note que, nessas definições, todo estoque mantido no modelo do lote econômico é estoque cíclico, enquanto todo estoque mantido no modelo do estoque mínimo é de segurança. Em certo sentido, um modelo (Q, r) representa a síntese desses dois modelos.

Para formular o modelo (Q, r) básico, combinamos os custos do modelo de lote econômico e de estoque mínimo. Dessa forma, procuramos quais os valores de Q e r para solucionar um dos dois

$$\min_{Q,r}\{\text{custo fixo de } setup + \text{custo de pedidos pendentes} + \text{custo de estocagem}\} \tag{2.34}$$

ou

$$\min_{Q,r}\{\text{custo fixo de } setup + \text{custo de faltar estoque} + \text{custo de estocagem}\} \tag{2.35}$$

A diferença entre as formulações (2.34) e (2.35) está em como o atendimento ao consumidor é representado. Os custos de pedidos pendentes assumem que há um custo por unidade não entregue ao cliente, enquanto os custos de falta de estoque pressupõem que há um custo fixo para cada demanda não atendida por falta de estoque, independentemente da duração dos pedidos pendentes. Faremos uso de ambas as abordagens na análise a seguir.

Observação. Para desenvolver expressões para cada um desses custos, faremos uso da seguinte notação:

D = a demanda anual esperada (em unidades)

ℓ = o tempo de reposição (em dias); inicialmente assumimos isso como uma constante, apesar de mostrarmos mais adiante como incorporar tempos de reposição variáveis

X = a demanda durante o tempo de produção na reposição (em unidades), uma variável aleatória

θ = E[X] = D /365 = a demanda estimada durante o prazo de reposição (em unidades)

σ = o desvio padrão da demanda durante o tempo de reposição (em unidades)

$g(x)$ = a função densidade da probabilidade (pdf) da demanda durante o tempo de reposição

$G(x)$ = $P(X \leq x)$ = a função distribuição acumulada (fda) da demanda durante o tempo de reposição

A = os custos de *setup* ou de colocar o pedido de reposição (em $)

c = o custo unitário de produção ($ por unidade)

h = o custo de estocagem (em $ anuais por unidade)

k = o custo por falta de estoque (em $)

b = o custo unitário anual do pedido pendente (em valores por unidade pendente por ano); note que a falta de ter estoque disponível para atender a demanda é penalizada pelo uso de k ou b, mas nunca ambos

Q = a quantidade na reposição (em unidades); essa é uma variável decisória

r = o ponto de reposição (em unidades); essa é a outra variável decisória

s = $r - \theta$ = o estoque de segurança em decorrência de r (em unidades)

$F(Q, r)$ = a frequência do pedido (pedidos de reposição por ano) como função de Q e r

$S(Q, r)$ = o nível de atendimento (frações de pedidos atendidas do estoque) como função de Q e r; note que $S(1, r) = S(R)$ = a taxa básica do estoque de atendimento

$B(Q, r)$ = o número médio de pedidos pendentes como uma função de Q e r; note que $B(1, r) = B(R)$ = o nível de estoque dos pedidos pendentes

$I(Q, r)$ = o nível médio de estoque disponível (em unidades) como uma função de Q e r; note que $I(1, r) = I(r)$ = o nível de estoque mínimo

Custos

O custo fixo de *setup*. Existem duas maneiras básicas para abordar a quantidade a ser pedida Q maior do que um. Primeiro, poderíamos simplesmente definir um limite no número de pedidos de reposições no ano. Como o número de pedidos por ano pode ser calculado pela fórmula

$$F(Q, r) = \frac{D}{Q} \tag{2.36}$$

podemos calcular Q para certa frequência de pedidos F como $Q = D/F$. Como alternativa, poderíamos calcular certo custo fixo A para cada pedido de reposição. Então o custo fixo anual dos pedidos seria $F(Q, r)A = (D/Q)A$.

O custo da falta de estoque. Como observado antes, existem duas maneiras básicas para penalizar o baixo nível de atendimento ao consumidor. Uma é aplicar um custo toda vez que uma demanda não pode ser atendida pelo estoque, ou seja, quando falta estoque. A outra é aplicar uma penalização proporcional ao tempo que um pedido de um cliente fica aguardando atendimento, isto é, o pedido fica pendente.

O custo anual da falta de estoque é proporcional ao número de faltas de estoque ocorridas no ano, dado pela fórmula $D[1 - S(Q, r)]$. Podemos calcular $S(Q, r)$ através da observação da Figura 2.7, em que a posição de estoque fica na faixa entre r e $Q + r$.[8] Na verdade, isso faz com que, no longo prazo, a posição de estoque esteja distribuída de maneira uniforme – ou seja, há uma possibilidade igual para qualquer valor ser tomado – ao longo dessa faixa. Podemos explorar esse fato para usar os resultados obtidos do modelo de estoque mínimo na análise a seguir (ver Zipkin 2000 para uma versão mais rigorosa desse cálculo).

Suponha que observemos o sistema após ele estar rodando por um longo tempo e notemos que a posição atual do estoque é x.[9] Isso significa que temos estoque disponível e pedidos de reposição suficientes para cobrir as necessidades de x unidades. Então perguntamos: qual é a probabilidade de que a demanda $(x + 1)$ seja atendida pelo estoque? A resposta a essa questão é exatamente a mesma dada para o modelo do estoque mínimo. Isto é, como todos os pedidos pendentes chegarão dentro do tempo de reposição, a demanda $(x + 1)$ será atendida pelo estoque desde que a demanda durante o tempo de reposição seja igual ou menor do que x. Isso tem a seguinte probabilidade

$$P\{X \leq x\} = G(x) \tag{2.37}$$

Como as posições de estoque na faixa que vai de r até $r + Q$ são igualmente possíveis, o nível de atendimento do sistema todo é calculado pela média do nível de atendimento sobre todas as possíveis posições de estoque:

$$\begin{aligned} S(Q, r) &= \frac{1}{Q} \int_r^{r+Q} G(x)dx \\ &= 1 - \frac{1}{Q}[B(r) - B(r + Q)] \end{aligned} \tag{2.38}$$

onde a derivação da segunda igualdade é dada por Zipkin (2000). Como já mostramos que a função $B(r)$ pode ser calculada facilmente em uma planilha por meio da equação (2.25), essa fórmula para $S(Q, r)$ também é fácil de calcular em uma planilha.

Porém, às vezes, é difícil usá-las em modelos de otimização. Por isso, várias aproximações têm sido disponibilizadas. Uma delas, conhecida como aproximação de **estoque mínimo** ou de **serviço tipo I**, é simplesmente a fórmula do nível de atendimento do estoque mínimo aplicada para o nível de estoque mínimo (e não para o ponto de reposição) de r, calculada assim

$$S(Q, r) \approx G(r) \tag{2.39}$$

Da equação (2.38) fica evidente que $G(r)$ subestima a taxa real de atendimento. Isso porque $G(x)$ é uma função crescente de x. Assim, estamos tomando o menor termo na média. Porém, enquanto ela pode subestimar a taxa real de atendimento, é bem simples de ser trabalhada porque envolve apenas r e não Q. Por isso, ela pode ser a base de uma heurística bem útil para calcular boas práticas de (Q, r), como mostraremos a seguir.

Uma segunda aproximação do nível de atendimento, conhecida como **serviço tipo II,** é encontrada ao se ignorar o segundo termo na equação (2.38) (Nahmias 1993). Isso resulta em

$$S(Q, r) \approx 1 - \frac{B(r)}{Q} \tag{2.40}$$

Novamente, essa aproximação tende a subestimar a taxa real de atendimento, pois o termo $B(r + Q)$ em (2.38) é positivo. Entretanto, como essa fórmula ainda envolve Q e r, geralmente ela não é mais

[8] Estritamente falando, quando o estoque é diferenciado, a posição do estoque só pode ser tomada em valores $r + 1$, $r + 2, \ldots, r + Q$. A razão pela qual ela não pode ser igual a r é que, toda vez que atinge r, outro pedido de Q é colocado imediatamente. No entanto, como estimamos a demanda com uma distribuição normal e tratamos o estoque como contínuo, não nos importamos aqui com esse detalhe. Porém, o abordamos no Apêndice 2B, onde apresentamos as expressões exatas para o modelo (Q, r) com a demanda de Poisson.

[9] Essa técnica é chamada de *condicionamento* em um evento aleatório (isto é, o valor da posição de estoque) e é uma ferramenta de análise muito poderosa no campo da probabilidade.

simples de usar do que a fórmula exata. No entanto, como veremos a seguir, ela realmente se mostra uma aproximação intermediária útil para a derivação de uma fórmula de ponto de reposição.

O custo de pedidos pendentes. Se, em vez de penalizar a falta de estoques com um custo fixo k, penalizamos o tempo em que um pedido permanece em pendência, os custos anuais de mantê-los pendentes serão proporcionais ao seu nível médio $B(Q, r)$. A grandeza $B(Q, r)$ pode ser calculada de maneira similar à do nível de atendimento, pela média do nível de pedidos pendentes do modelo do estoque mínimo ao longo de todas as posições de estoque entre r e $r + Q$:

$$B(Q, r) = \frac{1}{Q}\int_r^{r+Q} B(x + 1)dx \tag{2.41}$$

Essa fórmula pode ser convertida para uma forma mais simples para o cálculo em uma planilha, definindo-se a seguinte função:

$$\begin{aligned}\beta(x) &= \int_x^{\infty} B(y)\,dy \\ &= \frac{\sigma^2}{2}\{(z^2 + 1)[1 - \Phi(z)] - z\phi(z)\}\end{aligned} \tag{2.42}$$

onde $z = (x - \theta)/\sigma$ (de novo, ver Zipkin 2000 para uma derivação da segunda igualdade). Isso nos permite simplificar a equação de $B(Q, r)$ para

$$B(Q, r) = \frac{1}{Q}[\beta(r) - \beta(r + Q)] \tag{2.43}$$

Assim como a expressão para $S(Q, r)$, algumas vezes é conveniente aproximar $B(Q, r)$ com uma expressão mais simples que não envolva Q. Uma maneira de fazê-lo é usar a fórmula análoga à do serviço tipo I e a fórmula dos pedidos pendentes do modelo de estoque mínimo

$$B(Q, r) \approx B(r) \tag{2.44}$$

O custo de estocagem. O último dos custos nos problemas (2.34) e (2.35) é o custo de estocagem, que pode ser expresso como $hI(Q, r)$. Podemos abordar $I(Q, r)$ dando uma olhada no estoque líquido médio e agindo como se a demanda fosse determinística, como na Figura 2.8, que demonstra um sistema com $Q = 4$, $r = 4$, $\ell = 2$ e $\theta = 2$. As demandas são perfeitamente regulares, então sempre que o estoque atinge o ponto de reposição ($r = 4$), um novo pedido é colocado, o qual chegará após o tempo correspondente a duas unidades. Como o pedido chega assim que a última demanda no ciclo de reposição ocorre, o menor nível de estoque a ser alcançado será $r - \theta + 1 = s + 1 = 3$. Em geral, sob essas

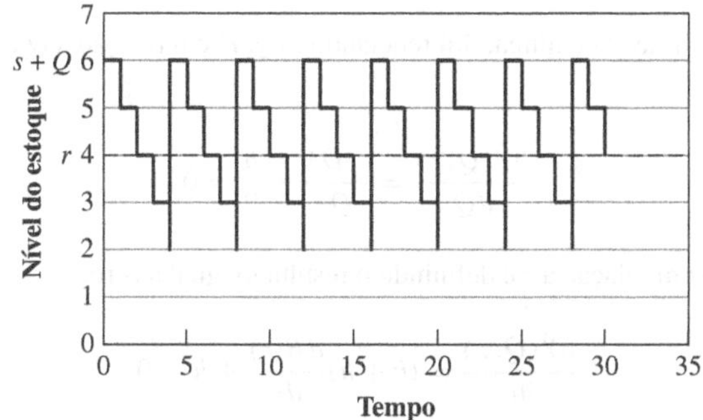

FIGURA 2.8 Estoque esperado *versus* tempo no modelo (Q, r), sendo $Q = 4$, $r = 4$, $\theta = 2$.

condições determinadas, o estoque baixará de $Q + s$ para $s + 1$ ao longo de cada ciclo de reposição. Dessa forma, o estoque médio é dado por

$$I(Q, r) \approx \frac{(Q+s)+(s+1)}{2} = \frac{Q+1}{2} + s = \frac{Q+1}{2} + r - \theta \tag{2.45}$$

Porém, na realidade, a demanda é variável e, algumas vezes, pode ocorrer a pendência de pedidos ainda não atendidos. Como o estoque disponível não pode ir abaixo de zero, a abordagem determinística acima estima o estoque real médio pelo nível médio dos pedidos pendentes. Assim, a expressão exata é

$$I(Q, r) = \frac{Q+1}{2} + r - \theta + B(Q, r) \tag{2.46}$$

A abordagem dos custos dos pedidos pendentes. Agora podemos transformar formulações verbais (2.34) em modelos matemáticos. A soma dos custos de *setup* e das ordens de compra, dos pedidos pendentes e dos estoques pode ser definida assim

$$Y(Q, r) = \frac{D}{Q}A + bB(Q, r) + hI(Q, r) \tag{2.47}$$

Infelizmente, existem duas dificuldades com a função dos custos $Y(Q, r)$. A primeira é que os parâmetros de custos A e b são difíceis de estimar na prática. Na verdade, os custos de pedidos pendentes são quase impossíveis de especificar, pois envolvem valores intangíveis, tais como a perda de clientela e da reputação da empresa. No entanto, felizmente, o objetivo não é realmente minimizar esses custos; é chegar a um equilíbrio razoável dos custos de *setup*, de atendimento e de estoques. Ao usar uma função de custos, podemos utilizar ferramentas de otimização de forma conveniente para fazer derivações de expressões para Q e r em termos de parâmetros de problemas. Mas a qualidade da prática deve ser avaliada diretamente em termos das medidas de desempenho, como vamos ilustrar no próximo exemplo. A segunda dificuldade é que as expressões para os termos $B(Q, r)$ e $I(Q, r)$ envolvem Q e r de maneiras complicadas. Assim, usar expressões exatas para essas quantidades não nos levará a expressões simples para Q e r. Portanto, para conseguirmos fórmulas práticas, aproximamos $B(Q, r)$ por meio da expressão (2.44) e usamos esta em vez da verdadeira expressão para $B(Q, r)$ na fórmula para $I(Q, r)$. Com essa aproximação, nossa função objetivo se torna

$$Y(Q, r) \approx \tilde{Y}(Q, r) = \frac{D}{Q}A + bB(r) + h\left[\frac{Q+1}{2} + r - \theta + B(r)\right] \tag{2.48}$$

Calculamos os valores de Q e r que minimizam $\tilde{Y}(Q, r)$ na observação técnica a seguir.

Observação técnica

Tratando Q como uma variável contínua, diferenciando $\tilde{Y}(Q, r)$ em relação a Q e definindo o resultado igual a zero, temos

$$\frac{\partial \tilde{Y}(Q, r)}{\partial Q} = \frac{-DA}{Q^2} + \frac{h}{2} = 0 \tag{2.49}$$

Diferenciando $\tilde{Y}(Q, r)$ com relação a r e definindo o resultado igual a zero,

$$\frac{\partial \tilde{Y}(Q, r)}{\partial r} = (b+h)\frac{dB(r)}{dr} + h = 0 \tag{2.50}$$

Podemos calcular a derivada de $B(r)$ pela diferenciação da expressão (2.24) para obter

$$\frac{dB(r)}{dr} = \frac{d}{dr}\int_r^\infty (x-r)g(x)\,dx$$
$$= -\int_r^\infty g(x)\,dx$$
$$= -[1-G(r)]$$

e reescrever a fórmula (2.50) como

$$-(b+h)[1-G(r)] + h = 0 \tag{2.51}$$

Assim, podemos resolver as fórmulas (2.49) e (2.51) para minimizar $\tilde{Y}(Q, r)$, o que fazemos na (2.52) e (2.53).

A quantidade ótima de reposição Q^* e o ponto de reposição r^* são dados por

$$Q^* = \sqrt{\frac{2AD}{h}} \tag{2.52}$$

$$G(r^*) = \frac{b}{b+h} \tag{2.53}$$

Observe que Q^* é dado pela fórmula do lote econômico e a expressão para r^* é dada pela fórmula geométrica do estoque mínimo. (Isso não surpreende, pois usamos uma aproximação do estoque mínimo para calcular o nível de pedidos pendentes.) Se assumirmos ainda que o tempo de demanda é distribuído normalmente com uma média θ e um desvio padrão σ, então podemos simplificar (2.53), como fizemos para o modelo do estoque mínimo em (2.33), para obter

$$r^* = \theta + z\sigma \tag{2.54}$$

onde z é o valor da tabela normal padrão, sendo que $\Phi(z) = b/(b+h)$.

É importante lembrar que, pelo fato de usarmos algumas aproximações dos valores de desempenho, os valores para Q^* e r^* são aproximados. Assim, devemos verificar seus desempenhos em termos de frequência dos pedidos, de nível de atendimento, de nível de pedidos pendentes e de estoque médio, usando as fórmulas (2.36), (2.38), (2.43) e (2.46).[10] Se o desempenho não for adequado, os parâmetros dos custos podem ser ajustados. Normalmente, faz sentido não mexer no custo de estocagem h e ajustar o custo fixo dos pedidos A e o custo de pedidos pendentes b, pois estes são mais difíceis de estimar de antemão. Note que aumentar *A também* aumenta Q^*, e, assim, reduz-se a média da frequência dos pedidos, enquanto aumentar b aumenta r^*, e, assim, reduz-se a taxa de faltas de estoque e o nível de pedidos pendentes. Ilustramos isso no próximo exemplo, que apresenta o caso em que o atendimento ao consumidor é caracterizado pela taxa de falta de estoque, em vez do nível de pedidos em pendência.

A abordagem dos custos da falta de estoque. Como uma alternativa à abordagem do custo dos pedidos pendentes, podemos transformar formulações verbais (2.35) em um modelo matemático definindo a soma dos custos anuais de *setup* ou dos pedidos, das faltas de estoque e dos estoques pela fórmula

$$Y(Q,r) = \frac{D}{Q}A + kD[1 - S(Q,r)] + hI(Q,r) \tag{2.55}$$

Como foi o caso do modelo dos pedidos pendentes, essa função de custos envolve parâmetros que são difíceis de especificar. Particularmente, o custo da falta de estoque k depende dos mesmos fatores intangíveis (perda de clientela e prejuízo para a reputação da empresa) que o custo de pedidos pendentes

[10]Tecnicamente, essas fórmulas também são aproximações, pois assumem que a demanda é distribuída normalmente. Mais exato, apesar de mais tedioso para implantar em uma planilha, seria o uso de fórmulas correspondentes à demanda de Poisson, mostrada no Apêndice 2B.

b. Assim, frisamos essa função de custos é simplesmente uma forma para derivar expressões para que Q e r equilibrem razoavelmente os *setups*, o atendimento e o estoque. Ela não é uma medida de desempenho propriamente dita.

Assim como o modelo dos pedidos pendentes, a função dos custos do modelo das faltas de estoque também contém expressões $S(Q, r)$ e $I(Q, r)$ que envolvem Q e r e, portanto, não levam a expressões simples. Faremos, então, dois níveis de aproximação para gerar as expressões fechadas para Q e r.

Primeiro, como fizemos no modelo dos custos de pedidos pendentes, anteriormente, assumiremos que o efeito de Q no nível de atendimento $S(Q, r)$ e o fator de correção dos pedidos pendentes $B(Q, r)$ no termo do estoque $I(Q, r)$ podem ser ignorados. Isso nos leva à fórmula já conhecida do lote econômico para a quantidade do pedido

$$Q^* = \sqrt{\frac{2AD}{h}}$$

Em segundo lugar, para calcular uma expressão para o ponto de reposição, fazemos duas aproximações em (2.55). Substituímos a fórmula do serviço $S(Q, r)$ pela aproximação do serviço tipo II (2.40) e o termo de correção dos pedidos em pendência $B(Q, r)$ pela aproximação do estoque mínimo em (2.44). Isso resulta na função de custos aproximada a seguir

$$Y(Q,r) \approx \tilde{Y}(Q,r) = \frac{D}{Q}A + kD\frac{B(r)}{Q} + h\left[\frac{Q+1}{2} + r - \theta + B(r)\right] \tag{2.56}$$

Passando pelo procedimento normal de otimização (tomando a derivada em relação a r, definindo o resultado igual a zero e achando r), temos a expressão a seguir para o ponto ótimo de reposição:

$$G(r^*) = \frac{kD}{kD + hQ} \tag{2.57}$$

Se assumirmos ainda que a demanda de produção é distribuída normalmente com uma média θ e um desvio padrão θ, então podemos simplificar a expressão do ponto de reposição para

$$r^* = \theta + z\sigma \tag{2.58}$$

onde $\Phi(z) = kD/(kD + hQ)$.

Note que, diferentemente da fórmula (2.54), a equação (2.58) é sensível a Q (porque z depende de Q). Especificamente, ao tornar Q maior, a razão $kD/(kD + hQ)$ diminui, assim, reduz r^*. A razão disso é que um valor maior de Q serve para aumentar o nível de atendimento – porque o ponto de reposição é ultrapassado com uma frequência menor – e, portanto, requer que esse ponto seja mais baixo para conseguir um determinado nível de serviço ao cliente.

Exemplo:

Jack, o gerente de manutenção, obteve dados históricos indicando que uma das peças de reposição em estoque tem uma demanda anual (D) de 14 unidades. O custo unitário c da peça é de $150, e considerando que a empresa tem como base uma taxa de juros de 20%, o custo anual de estocagem h foi definido como 0,2($150) = $30 por ano. São necessários 45 dias para se receber um pedido de reposição, então a demanda média do tempo de reposição é

$$\theta = \frac{14}{365} \times 45 = 1{,}726$$

A peça é comprada de um fornecedor, e Jack estima que o custo do tempo e dos materiais necessários para colocar um pedido A seja em torno de $15. O custo restante exigido pelo nosso modelo é ou o do pedido pendente ou o da falta de estoque, um dos dois. Apesar de não se sentir muito confortável por ter de estimá-los, quando pressionado, Jack estimou que o custo anualizado de um pedido pendente é de $b = \$100$, e o custo de uma falta de estoque pode ser aproximadamente $k = \$40$.[11] Finalmente, Jack decidiu que a demanda é distribuída de acordo com o modelo de Poisson, o que significa que o desvio padrão é igual à raiz quadrada da média.[12]

Independentemente de usar o modelo de custos dos pedidos pendentes ou o modelo das faltas de estoque, a quantidade do pedido é calculada usando (2.52), o que resulta em

$$Q^* = \sqrt{\frac{2AD}{h}} = \sqrt{\frac{2(15)(14)}{30}} = 3{,}7 \approx 4$$

Para calcular o ponto de reposição, podemos usar qualquer um dos dois modelos. Para usar a equação (2.54) da versão da demanda normal do modelo dos pedidos pendentes, fazemos uma aproximação da distribuição de Poisson pela demanda normal, com a média $\theta = 1{,}726$ e desvio padrão $\sigma = \sqrt{1{,}726} = 1{,}314$. O quantil crítico é dado por

$$\frac{b}{b+h} = \frac{100}{100+30} = 0{,}769$$

e de uma tabela normal padrão, obtemos $\Phi(0{,}736) = 0{,}769$. Assim, $z = 0{,}736$ e

$$r^* = \theta + z\sigma = 1{,}726 + 0{,}736(1{,}314) = 2{,}693 \approx 3$$

Como alternativa ao uso do modelo de custos dos pedidos pendentes, teríamos que calcular o ponto de reposição usando a equação (2.58) do modelo de custos das faltas de estoque. O quantil crítico nessa fórmula seria

$$\frac{kD}{kD+hQ} = \frac{40(14)}{40(14)+30(4)} = 0{,}824$$

e de uma tabela normal padrão, obtemos $\Phi(0{,}929) = 0{,}824$, de forma que $z = 0{,}929$ e

$$r^* = \theta + z\sigma = 1{,}726 + 0{,}929(1{,}314) = 2{,}946 \approx 3$$

Como essa prática ($Q = 4$, $r = 3$) é igual àquela resultante do modelo de custos dos pedidos pendentes, as medidas de desempenho também serão iguais. Então, na prática, os custos dos pedidos pendentes e da falta de estoques escolhidos por Jack são equivalentes. No caso de um produto único, qualquer modelo poderia ser usado – aumentar b ou k serviria para elevar o nível de atendimento e diminuir o nível dos pedidos pendentes (à custa de um nível maior de estoques). Assim, qualquer modelo pode ser usado para gerar um conjunto de soluções eficientes por meio da variação desses parâmetros de custo. Porém, como veremos no Capítulo 17, os dois modelos podem se comportar de maneiras diferentes em sistemas com produtos múltiplos.

Ao usar as equações (2.36), (2.38), (2.43) e (2.46), podemos calcular as métricas do desempenho alcançadas pela prática de ($Q = 4$, $r = 3$), as quais mostram que é preciso colocar pedidos de reposição 3,5 vezes ao ano, que o nível de atendimento é bastante alto (97,1%), que haverá poucos pedidos pendentes (apenas 0,017 na média) e que o inventário médio disponível será um pouco abaixo de quatro

[11] Note que qualquer abordagem para penalizar os pedidos em pendência ou a falta de estoque assume que o custo é independente de qual máquina é afetada. É claro que, na realidade, a falta de estoque de peças de uma máquina crucial custa muito mais do que a falta de peças de máquinas pouco utilizadas que têm excesso de capacidade.

[12] A premissa de Poisson é uma boa pressuposição quando a demanda é gerada por muitas fontes independentes, como os defeitos em muitas máquinas diferentes. Porém, se a demanda for gerada por um processo mais regular, como o procedimento programado de manutenção preventiva, a distribuição de Poisson tenderia a superestimar a variabilidade e levar a níveis de estoques de segurança conservadores, possivelmente excessivos.

unidades (3,79)[13]. O responsável pelas decisões poderia avaliar esses números e achar que a prática funciona bem. Se não, a análise de sensibilidade deveria ser usada para encontrar outras variantes para a solução.

Por exemplo, suponha que o responsável pelas decisões achou que 3,5 pedidos de reposição ao ano era pouco e que, devido à capacidade do departamento de compras, $F = 7$ pedidos por ano seriam administráveis. Assim, poderíamos usar Q = D/F =14/7 = 2. Porém, se mantivermos o ponto de reposição em r = 3, então o nível de atendimento torna-se

$$S(Q,r) = 1 - \frac{1}{Q}[B(r) - B(r + Q)] = 1 - \tfrac{1}{2}(0{,}116 - 0{,}003) = 0{,}943$$

o que pode ser muito baixo para uma peça de reposição crucial. Se aumentarmos o ponto de reposição para $r = 4$, então o nível de atendimento torna-se

$$S(Q,r) = 1 - \frac{1}{Q}[B(r) - B(r + Q)] = 1 - \tfrac{1}{2}(0{,}022 - 0{,}0002) = 0{,}989$$

Para essa nova prática de ($Q = 2$, $r = 4$), podemos calcular facilmente o nível de pedidos pendentes e o nível médio do estoque usando as equações (2.43) e (2.46) para $B(Q, r) = 0{,}005$ e $I(Q, r) = 3{,}78$. O ponto de reposição maior diminuiu a taxa de pedidos pendentes, e a frequência maior de pedidos reduziu o nível médio do estoque em relação à prática original de ($Q = 4$, $r = 3$). É claro que o custo disso seria 3,5 pedidos de reposição a mais ao ano.

Um método alternativo para fazer uma análise de sensibilidade seria modificar o custo fixo dos pedidos A até que a frequência dos pedidos $F(Q, r)$ seja satisfatória e, então, modificar o custo dos pedidos pendentes b ou o custo da falta de estoque k (dependendo de qual modelo está sendo usado) até que o nível de atendimento $S(Q, r)$ e/ou o nível de pedidos em pendência $B(Q, r)$ seja aceitável. Em um problema com um único produto como esse, não se obtém grande vantagem com essa abordagem, pois ainda estamos à procura de duas variáveis (A e b ou k, em vez de Q e r). Porém, como veremos no Capítulo 17, essa abordagem é *muito* mais eficiente em problemas com produtos múltiplos, nos quais podemos procurar em apenas um par (A, b) ou (A, k) em vez dos valores de (Q, r) para cada um dos produtos. Além disso, como as expressões (2.52), (2.54) e (2.58) são equações fechadas simples, envolvendo os dados dos problemas, elas são extremamente simples de calcular em uma planilha.

Modelando a variabilidade do tempo de produção. Por meio da nossa discussão dos modelos de estoque mínimo e (Q, r), assumimos que o tempo de reposição ℓ é fixo. Toda incerteza no sistema foi assumida em decorrência da incerteza da demanda. No entanto, em muitas situações práticas, o tempo de reposição também pode ser incerto. Por exemplo, um fornecedor de uma peça muitas vezes pode atrasar (ou adiantar) a entrega. O efeito principal dessa variável adicional é inflar o desvio padrão da demanda durante o tempo de reposição σ. Ao calcular uma fórmula para σ que considere a variabilidade do tempo de reposição, podemos facilmente incorporar essa fonte adicional de variação nos modelos de estoque mínimo e (Q, r).

Para desenvolver a fórmula apropriada, precisamos introduzir mais algumas notações:

L = o prazo de entrega das reposições (em número de dias), uma variável aleatória

$\ell = E[L]$ = o tempo de reposição esperado (em número de dias)

σ_L = o desvio padrão do tempo de reposição (em dias)

[13] Lembre-se de que essas medidas foram calculadas por meio da aproximação da demanda por uma distribuição normal. Se usarmos as fórmulas exatas para o caso das demandas discretas de Poisson, mostradas no Apêndice 2B, teremos números levemente diferentes ($F = 3{,}5$, $S = 96{,}3\%$, $B = 0{,}014$, $I = 3{,}79$). Note, porém, que, mesmo que θ seja baixo, a normal é uma boa aproximação da distribuição de Poisson, e é ainda melhor para valores maiores de θ. Como os dados da demanda e do custo nunca são exatos na prática, a diferença entre esses resultados raramente são importantes.

D_t = a demanda no dia t (em unidades), uma variável aleatória. Assumimos que a demanda é estável ao longo do tempo, de maneira que D_t tem a mesma distribuição para cada dia t; também assumimos que as demandas diárias são independentes entre si

d = $E[D_t]$ = a demanda diária esperada (em unidades)

σ_D = o desvio padrão da demanda diária (em unidades)

Como anteriormente, X representa a demanda (aleatória) durante o tempo de reposição. Com a notação acima, isso pode ser representado da seguinte forma

$$X = \sum_{t=1}^{L} D_t \tag{2.59}$$

Pelo fato de as demandas diárias serem independentes e distribuídas de maneira idêntica, podemos calcular a demanda esperada durante o tempo de reposição do seguinte modo

$$E[X] = E[L]E[D_t] = \ell d = \theta \tag{2.60}$$

que temos usado até agora. Porém, tempos variáveis alteram a variação da demanda durante os tempos de reposição. Ao usar a fórmula padrão para as somas das variáveis aleatórias independentes distribuídas identicamente, podemos calcular[14]

$$\text{Var}(X) = E[L]\,\text{Var}(D_t) + E[D_t]^2\,\text{Var}(L) = \ell\sigma_D^2 + d^2\sigma_L^2 \tag{2.61}$$

Portanto, o desvio padrão da demanda durante o tempo de reposição é

$$\sigma = \sqrt{\text{Var}(X)} = \sqrt{\ell\sigma_D^2 + d^2\sigma_L^2} \tag{2.62}$$

Para entender melhor como a fórmula (2.62) se comporta, considere o caso em que a demanda é uma distribuição de Poisson. Isso implica que $\sigma_D = \sqrt{d}$, pois o desvio padrão é sempre a raiz quadrada da média para as variáveis aleatórias de Poisson. Substituindo isso na fórmula (2.62), temos

$$\sigma = \sqrt{\ell d + d^2\sigma_L^2} = \sqrt{\theta + d^2\sigma_L^2} \tag{2.63}$$

Note que, se $\sigma_L = 0$, o que representa o caso em que o tempo de reposição é constante, então isso se resume a $\sigma = \sqrt{\theta}$, que é exatamente o que temos usado para o caso da demanda de Poisson. Se $\sigma_L > 0$, então a fórmula (2.63) serve para aumentar σ acima do que seria no caso de o *lead time* ser constante.

Para ilustrar o uso da fórmula acima em um modelo de estoque, vamos voltar ao exemplo da Superior Appliance, da Seção 2.4.2. Nele, assumimos que a demanda por refrigeradores era distribuída normalmente com uma média (θ) de 10 por mês e um desvio padrão (σ) de 3,16 por mês, e que o tempo de reposição (ℓ) era de um mês (30 dias). Assim, a demanda média diária é $d = \frac{10}{30} = \frac{1}{3}$. Como o desvio padrão da demanda mensal é igual à raiz quadrada da demanda média mensal (isto é, a distribuição parece ser igual à de Poisson), podemos usar (2.63) para calcular σ. Para os mesmos custos de estocagem e de pedidos pendentes da Seção 2.4.2, $h = 15$ e $b = 25$, o quantil crítico é $b/(h + b) = 25/(15 + 25) = 0{,}625$, assim, $z = 0{,}32$, pois $\Phi(0{,}32) = 0{,}625$. O nível ótimo do estoque mínimo é, portanto,

$$r^* + 1 = \theta + z\sigma = \theta + z\sqrt{\theta + d^2\sigma_L^2}$$

Se $\sigma_L = 0$, então obtemos $r^* + 1 = 11{,}01$, o que é igual ao que obtivemos antes. Se $\sigma_L = 30$ (ou seja, a variação nos tempos de reposição é tão grande que o desvio padrão é igual à média), então obteremos

[14] Apesar de as "unidades" em (2.56) parecerem erradas (o primeiro termo parece ter unidades de tempo, enquanto o segundo tem unidades de raiz quadrada do tempo), ambos os termos não têm, na realidade, dimensão. O motivo disso é que L é definido como uma variável aleatória, representando o *número* de períodos e não os períodos em si.

$r^* + 1 = 13{,}34$. As 3,33 unidades adicionais em estoque são necessárias para alcançar o mesmo nível de atendimento frente a uma maior variação da demanda.

As fórmulas (2.62) ou (2.63) podem ser usadas dessa mesma maneira para aumentar o ponto de reposição no modelo (Q, r) tanto em (2.54) quanto em (2.58), para trabalhar com as variáveis dos tempos de reposição.

As ideias básicas do modelo (Q, r). Deixando de lado toda a complexidade matemática e de modelagem, as ideias básicas por trás do modelo (Q, r) são essencialmente as mesmas dos modelos de lote econômico e de estoque mínimo, a saber,

> O estoque cíclico aumenta quando a frequência de reposições diminui.

e

> O estoque de segurança fornece uma reserva contra as faltas de estoques.

O modelo (Q, r) coloca essas ideias em uma estrutura de trabalho unificada.

Historicamente, o modelo (Q, r) (incluindo o caso especial do modelo de estoque mínimo, que é simplesmente um modelo (Q, r) com $Q = 1$) foi uma das primeiras tentativas para modelar de maneira explícita a incerteza no processo de demanda e fornecer uma compreensão quantitativa de como o estoque de segurança afeta o nível de atendimento. Em termos puramente intuitivos, esse modelo sugere que o estoque de segurança, o nível de atendimento e o nível de pedidos pendentes são afetados principalmente pelo ponto de reposição r, enquanto o estoque cíclico e a frequência de pedidos são funções da grandeza de reposição Q.

Porém, a matemática do modelo mostra que a situação real é mais sutil. Como vimos anteriormente, as expressões para os níveis de atendimento e dos pedidos pendentes dependem de Q, assim como de r. A razão é que, se o valor de Q é alto, de maneira que a peça é reposta com pouca frequência e em grandes lotes, então o nível de estoque raramente atinge o ponto de reposição e, assim, há poucas possibilidades de faltar estoque. Se, por outro lado, o valor de Q é baixo, então o nível de estoque cai frequentemente para o ponto de reposição e há maiores chances de faltar estoque.

Além dessas observações qualitativas, o modelo (Q, r) oferece algumas ideias quantitativas sobre os fatores que afetam a prática do estoque ótimo. Das fórmulas aproximadas (2.52), (2.54) e (2.58) podemos tirar as seguintes conclusões.

1. Aumentar a média anual da demanda D tende a elevar a grandeza do pedido ótimo Q.
2. Aumentar a demanda média durante o tempo de reposição θ aumenta o ponto ótimo de reposição r. Note que o aumento da demanda anual D ou do tempo de reposição ℓ servirá para aumentar θ. Isso implica que uma demanda alta ou um longo tempo de reposição exigem mais estoque de proteção.
3. Aumentar a variabilidade do processo de demanda σ tende a elevar o ponto ótimo de reposição r.[15] A ideia principal aqui é que um processo de demanda muito variável, geralmente, exige mais estoque de segurança como proteção contra a falta de estoque do que um processo de demanda estável.
4. Aumentar o custo de estocagem h tende a diminuir ambos, a quantidade ótima de reposição Q e o ponto de reposição r. Observe que o custo de estocagem pode ser elevado pelo aumento do custo do item, da taxa de juros associada ao estoque ou de custos de estocagem sem taxa de juros (p. ex., manuseio e deterioração). O ponto é que quanto mais caro for o custo de estocagem, menos estoques devemos manter.

[15] Note que isso é verdade somente se o quantil crítico em (2.54) ou (2.58) for, no mínimo, a metade. Se essa razão for menor do que a metade, então z será negativo e o ponto ótimo de reposição vai diminuir no desvio padrão da demanda do tempo de reposição. Mas isso ocorre apenas quando os custos são tais que o ótimo é definir um nível de atendimento relativamente baixo para aquele produto. Assim, casos em que z é positivo são muito comuns na prática.

O modelo de (Q, r) é um bom exemplo de uma abordagem que fornece tanto boas ideias gerais quanto ferramentas práticas úteis. Como tal, ele é um componente básico no conjunto de habilidades necessárias para qualquer gerente de fabricação.

2.5 CONCLUSÕES

Apesar de este capítulo cobrir uma ampla gama de abordagens a modelos de controle de estoque, apenas arranhamos a superfície desse vasto ramo da literatura da administração operacional. A complexidade e a variedade dos sistemas de controle de estoque têm criado muitos modelos. A Tabela 2.5 resume algumas das dimensões nas quais eles se diferenciam e classifica os cinco modelos abordados neste capítulo – lote econômico (EOQ), Wagner–Whitin (WW), vendedor de jornais (NV), estoque mínimo (BS) e (Q, r) –, mais o modelo de lote econômico de produção (EPL), que foi mencionado como uma extensão do lote econômico (EOQ). (Note que alguns espaços na Tabela 2.5 estão vazios, o que indica que aquelas decisões de modelagem foram minimizadas por outros pressupostos e, portanto, não se aplicam.) A literatura da administração das operações contém modelos que representam todas as combinações razoáveis, assim como modelos com características que vão além, como a substituição entre produto, relações explícitas entre estoques de peças de reposição e a utilização do pessoal de manutenção, e estoques perecíveis. Neste livro, voltaremos ao importante assunto da administração de estoques no Capítulo 17, no qual usaremos alguns modelos deste capítulo em ambientes práticos com produtos múltiplos e em sistemas de cadeias de fornecimento. O leitor interessado em um material mais abrangente do que o exposto nesses dois capítulos deve consultar Graves, Rinnooy Kan, Zipkin (1993); Hadley e Whitin (1963); Johnson e Montgomery (1974); McClain e Thomas (1985); Nahmias (1993); Peterson e Silver (1985); Sherbrooke (1992); e Zipkin (2000).

Apesar de alguns desses modelos exigirem dados que podem ser difíceis ou impossíveis de serem obtidos, eles oferecem algumas boas ideias básicas:

1. *Existe um* trade-off *direto entre os* setups *(frequência de reposição) e os estoques.* Quanto mais frequente for a reposição, menos *estoque cíclico* será mantido.
2. *Existe um* trade-off *direto entre o atendimento ao cliente e os estoques.* Em condições de demanda aleatória, níveis mais altos de atendimento ao consumidor exigem maiores níveis de *estoque de segurança.*
3. *Existe um* trade-off *direto entre a variabilidade e os estoques.* Para uma determinada frequência de reposição, se o atendimento ao cliente se mantém fixo (em um nível suficientemente

TABELA 2.5 Classificação de modelos de controle de estoques

	Modelo					
Decisões modelares	**EOQ**	**EPL**	**WW**	**NV**	**BS**	**(Q, r)**
Tempo contínuo (C) ou discreto (D)	C	C	D	D	C	C
Produto único (S) ou múltiplos (M)	S	S	S	S	S	S
Período único (S) ou múltiplos (M)	–	–	M	S	–	–
Pedidos pendentes (B) ou vendas perdidas (L)	–	–	–	L	B	B
Custos de *setup* ou de colocar pedido [sim (Y) ou não (N)]	Y	Y	Y	N	N	Y
Demanda determinística (D) ou aleatória (R)	D	D	D	R	R	R
Produção determinística (D) ou aleatória (R)	D	D	D	D	D	D
Demanda constante (C) ou dinâmica (D)	C	C	D	–	C	C
Taxa de produção finita (F) ou infinita (I)	I	F	I	–	I	I
Horizonte finito (F) ou infinito (I)	I	I	F	F	I	I
Hierarquia simples (S) ou múltipla (M)	S	S	S	S	S	S

alto), então quanto maior a variabilidade (desvio padrão dos da demanda ou dos tempos de reposição), maiores serão os níveis de estoque necessários.

Apesar dos esforços de alguns "gurus" da manufatura em negar a existência desses *trade-offs*, eles são fatos do dia a dia nas fábricas. Os alertas populares de que "o estoque é mau" ou "*setups* são ruins" pouco contribuem para direcionar a gerência às práticas úteis.

Em contrapartida, uma boa compreensão da dinâmica dos estoques, da frequência de reposição e do atendimento ao cliente permite ao gerente avaliar quais ações podem ter maior impacto. Essa intuição pode ajudar a abordagem de questões como: Quais *setups* podem ser os piores? Quais níveis de estoque são excessivos? Quanto custa melhorar o atendimento aos clientes? Quanto vale buscar um fornecedor mais confiável? E outras mais. Desenvolveremos ideias adicionais a respeito da administração de estoques na Parte II e voltaremos às considerações práticas sobre os estoques no contexto da administração das cadeias de suprimentos no Capítulo 17, na Parte III.

Os modelos de administração de estoques e as ideias discutidas aqui também fornecem uma estrutura de trabalho para se pensar sobre quais as ações de alto nível que podem mudar a natureza desses *trade-offs*, como maior flexibilidade dos sistemas, melhor administração dos fornecedores e o aprimoramento da qualidade. Encontrar as maneiras para alterar esses *trade-offs* fundamentais é uma prioridade crucial da administração que será explorada mais intensamente nas Partes II e III.

APÊNDICE 2A

AS PROBABILIDADES BÁSICAS

Experiências e eventos aleatórios

O ponto inicial no campo da **probabilidade** é a experiência aleatória. Uma **experiência aleatória** é qualquer medida ou determinação para as quais o resultado não é conhecido antecipadamente. Os exemplos incluem medir a dureza de uma barra de aço, verificar curtos-circuitos em uma placa de circuitos ou jogar uma moeda para tirar a sorte.

O conjunto de todos os resultados possíveis da experiência é chamado de **espaço da amostragem.** Por exemplo, leve em conta uma experiência aleatória de tirar a sorte com duas moedas. Consideremos que (*a, b*) demonstram os resultados da experiência, onde *a* é H, se a primeira moeda der cara, ou T, se der coroa, sendo *b* definido de maneira similar para a segunda moeda. O espaço da amostragem então é {(H, H), (H, T), (T, H), (T, T)}.

Um **evento** é o objeto do espaço da amostragem. Os elementos individuais no espaço da amostragem são chamados de **eventos elementares.** Um evento não elementar em nosso espaço amostral é que, "no mínimo, uma moeda cairá mostrando a cara," que corresponde ao conjunto {(H, H), (H, T), (T, H)}. Os eventos são usados para criar **enunciados de probabilidade.** Desse modo, podemos perguntar: qual a probabilidade de não dar coroa em nenhuma moeda?

Assim que o conjunto de eventos for definido, podemos criar enunciados a respeito de suas probabilidades.

Definições de probabilidade

Ao longo dos anos, três definições básicas de probabilidade têm sido propostas: (1) probabilidade clássica ou *a priori*, (2) probabilidade de frequência ou *a posteriori* e (3) probabilidade subjetiva. As diferentes definições são úteis para diversos tipos de experiências.

Uma **probabilidade *a priori*** é apropriada quando a experiência aleatória tem um espaço amostral composto de n resultados mutuamente exclusivos e idênticos. Nessas condições, se o evento A é composto por n_A desses resultados, definimos a probabilidade de A ocorrer como n_A/n. Essa definição é útil na descrição de jogos de azar. Por exemplo, a questão a respeito da probabilidade de não ocorrer nenhuma coroa quando duas moedas são jogadas ao ar pode ser interpretada dessa maneira. Claramente, todos os resultados no espaço da amostragem são mutuamente exclusivos. Se as moedas não forem "adulteradas", então nenhum resultado particular será "especial" e, portanto, não poderá ser mais provável de ocorrer do que outro qualquer. Assim, existem quatro resultados idênticos e exclusivos. Apenas um deles não tem coroa. Então a probabilidade de não mostrarem nenhuma coroa é de $\frac{1}{4}$ ou 0,25.

A segunda definição, a **probabilidade de frequência** ou ***a posteriori*,** também é expressa em termos de uma experiência aleatória, mas *após* a experiência, e não *antes*. Para descrever essa definição, imaginemos fazer certo número de experiências, digamos, N, das quais M resultam no evento E. Então definimos a probabilidade de E ser o número p ao qual a razão M/N converge, sendo N cada vez maior. Por exemplo, suponha que $p = 0{,}75$ é a fração de longo prazo de bons *chips* produzidos em uma linha de fabricação de *wafers* para equipamentos eletrônicos. Então podemos considerar p como a probabilidade de produzir um bom *wafer* em qualquer tentativa.

A **probabilidade subjetiva** pode ser usada para descrever experiências que são intrinsecamente impossíveis de serem repetidas. Por exemplo, a probabilidade de chover no churrasco da empresa amanhã é um número significativo, mas é impossível determinar através de uma experiência, pois o amanhã não pode ser repetido. Assim, quando o homem do tempo disser que há 50% de chances de chover amanhã, esse número representa uma estimativa puramente subjetiva de probabilidade.

Felizmente, não importa qual a definição de probabilidade usada, as ferramentas e técnicas para analisar um problema são as mesmas. O primeiro passo é designar probabilidades para os eventos por meio de uma função de probabilidade, que é uma função matemática que usa como entrada um evento e produz um número entre zero e um (isto é, uma probabilidade).

Por exemplo, considere novamente a experiência de jogar as duas moedas. Suponha que *P* seja a função de probabilidade correspondente. Considerando que não há nada especial nos resultados listados anteriormente, eles devem ser igualmente possíveis. Assim, podemos escrever

$$P\{(\text{H, T})\} = \tfrac{1}{4}$$

Como os eventos (H, T) e (T, H) são mutuamente exclusivos, suas probabilidades são aditivas, então

$$P\{(\text{H, T}) \text{ ou} (\text{T, H})\} = \tfrac{1}{4} + \tfrac{1}{4} = \tfrac{1}{2}$$

De maneira similar, a probabilidade do "evento certo" (isto é, de que (H, H), (H, T), (T, H) ou (T, T) ocorrerão) deve ser de um. As funções da probabilidade fornecem uma maneira prática e útil para fazer afirmações sobre eventos aleatórios.

Variáveis aleatórias e funções de distribuição

A maioria dos resultados da probabilidade leva ao conceito de **variável aleatória.** Infelizmente, o termo *variável aleatória* é um nome distorcido, pois ela não é nem aleatória nem uma variável. Como uma função da probabilidade, uma variável aleatória é uma função. Mas em vez de definir a probabilidade de eventos, ela fornece números para os *resultados* de uma experiência aleatória. Isso simplifica as representações dos resultados, tais como (H, T) com números.

Desse modo, uma variável aleatória para a experiência das duas moedas pode ser definida como

Resultado	Valor da variável aleatória
(H, H)	0
(H, T)	1
(T, H)	2
(T, T)	3

Uma variável aleatória para a experiência de medir a dureza de uma barra de aço poderia ser o resultado dado por um aparelho que aplica determinada pressão à barra e mostra o índice de dureza *Rockwell*. Uma variável aleatória para uma experiência com uma placa de circuitos poderia ser simplesmente o número de curtos-circuitos.

As variáveis aleatórias podem ser **contínuas** ou **discretas.** As variáveis aleatórias contínuas fornecem números reais aos seus resultados. A experiência da dureza é um exemplo. As variáveis aleatórias discretas, por outro lado, fornecem seus resultados em números inteiros. Exemplos de variáveis aleatórias discretas são as variáveis aleatórias definidas anteriormente na experiência com as moedas e com as placas de circuitos.

As variáveis aleatórias são também úteis na definição de eventos. Por exemplo, todos os resultados da experiência com a placa dos circuitos com menos do que cinco curtos-circuitos constituem um evento. O elo entre o evento referenciado por uma variável aleatória e a probabilidade daquele evento é dado pela sua função de distribuição, a qual representamos por *G*. Se *X* representa a dureza de uma barra de ferro com uma função de distribuição *G*, então a probabilidade de que o grau de dureza seja menor ou igual a algum valor *x* pode ser escrita como

$$P\{X \leq x\} = G(x)$$

Se o evento que nos interessa é que a dureza seja mostrada em alguma amplitude de valores, digamos x_1 a x_2, podemos escrever

$$P\{x_1 < X \leq x_2\} = G(x_2) - G(x_1)$$

Note que, como *X* é contínuo, ele pode ser mostrado por valores com um número infinito de casas decimais. Assim, a probabilidade de *X* ser *exatamente* um determinado número (digamos, $X = 500{,}0000...$) é zero. Porém, podemos falar da **função densidade de probabilidade** *f* como a probabilidade de *X* estar em um pequeno intervalo dividido pelo tamanho do intervalo, de maneira que

$$g(x)\,\Delta x = P\{x \leq X \leq x + \Delta x\}$$

É claro que para ser mais preciso, $g(x)$ é definido apenas no limite em que Δx chega a zero. No entanto, por razões práticas, desde que Δx seja um valor pequeno, essa expressão é quase exata. Por exemplo,

$$P[4{,}9999 \leq X \leq 5{,}0001] \approx f(5) \cdot 0{,}0002$$

para um alto nível de precisão.

Para as variáveis aleatórias contínuas definidas para números reais positivos, g e G são relacionados por

$$G(x) = \int_0^x g(x)\,dx$$

De maneira análoga às funções densidade de probabilidade de variáveis aleatórias contínuas, as variáveis aleatórias discretas têm funções massa de probabilidade. Como costume, demonstramos essas funções por $p(x)$ para distingui-las das funções densidade. Por exemplo, na experiência das duas moedas, o evento de as duas moedas darem cara é o mesmo do evento $\{X = 0\}$. Sua probabilidade associada é

$$P\{\text{duas caras}\} = P\{X = 0\} = p(0) = \tfrac{1}{4}$$

Note que, diferentemente do caso contínuo, no caso discreto existe uma probabilidade finita de valores particulares da variável aleatória.

Em muitos casos, as variáveis aleatórias discretas são definidas do zero até o infinito positivo. Para essas distribuições discretas, a relação entre p e G é dada por

$$G(x) = \sum_{i=0}^{x} p(i)$$

Ao usar a função de distribuição G para a experiência das duas moedas, podemos descrever a probabilidade de uma ou menos coroas como

$$P\{\text{uma ou menos coroas}\} = P[X \leq 2] = G(2) = p(0) + p(1) + p(2)$$

Expectativas e momentos

A densidade de probabilidade e as funções massa podem ser usadas para calcular a **expectativa** de uma variável aleatória, que também é conhecida como **primeiro momento** ou **média** e geralmente é representada por μ. Para uma variável aleatória discreta X definida de zero ao infinito com função massa de probabilidade p, o valor **esperado** de X, comumente representado por $E[X]$, é dado por

$$\mu = E[X] = p(1) + 2p(2) + 3p(3) + \cdots = \sum_{x=0}^{\infty} xp(x)$$

Para uma variável aleatória contínua com densidade g, o valor esperado é definido de maneira análoga como

$$\mu = E[X] = \int_0^{\infty} xg(x)\,dx$$

Observe que, a partir dessas definições, a média da soma das variáveis aleatórias é a soma de suas médias. Por exemplo, se X e Y são variáveis aleatórias de qualquer tipo (discretas ou contínuas, independentes ou não), então

$$E[X + Y] = E[X] + E[Y]$$

Além do cálculo da expectativa, podemos calcular o valor esperado de praticamente qualquer função de uma variável aleatória, apesar de apenas algumas serem comumente usadas. A função mais importante de uma variável aleatória, que mede a sua dispersão, é $(X - E[X])^2$. Sua expectativa é chamada de **variância,** em geral, representada por σ^2, e é dada por

$$\begin{aligned}\sigma^2 &= E[(X - E[X])^2] = E[X^2 - 2XE[X] - E[X]^2] = E[X^2] - E[X]^2 \\ &= \sum_{x=0}^{\infty} x^2 p(x) - \mu^2\end{aligned}$$

para os casos discretos, e por

$$\sigma^2 = E[(X - E[X])^2] = E[X^2] - E[X]^2$$
$$= \int_0^\infty x^2 g(x)\,dx - \mu^2$$

para os casos contínuos. O **desvio padrão** é definido como a raiz quadrada da variância. Note que o desvio padrão tem as mesmas unidades da média e da própria variável aleatória.

Nos Capítulos 8 e 9, são bastante usados tanto a média quanto o desvio padrão para descrever muitas variáveis aleatórias importantes relacionadas aos sistemas de fabricação (capacidade, ciclo operacional e qualidade).

A probabilidade condicional

Além da simples identificação da possibilidade de eventos individuais, muitas vezes é importante descrever a dependência dos eventos entre si. Por exemplo, poderíamos perguntar: qual a probabilidade de que uma máquina esteja desajustada, considerando que ela produziu três peças com defeito em sequência? Perguntas como essa são respondidas através do conceito da probabilidade condicional.

A probabilidade condicional de que o evento E_1 ocorra, considerando que o evento E_2 ocorreu, descrita como $P[E_1|E_2]$, é definida por

$$P[E_1|E_2] = \frac{P[E_1 \text{ e } E_2]}{P[E_2]}$$

Para ilustrar esse conceito, considere as seguintes questões relacionadas à experiência das duas moedas: Qual a probabilidade de dar duas caras, considerando que a primeira moeda já deu cara? E qual a probabilidade de dar duas caras, considerando que, no mínimo, dê uma cara?

Para responder à primeira questão, tomemos E_1 como o evento "duas caras" e E_2 como o evento "a primeira moeda deu cara". Note que o evento "E_1 e E_2" é equivalente ao evento E_1 (a única maneira de termos duas caras *e* a primeira moeda dar uma cara é termos duas caras). Portanto,

$$P[E_1 \text{ e } E_2] = P[E_1] = \tfrac{1}{4}$$

Como existem duas maneiras para que a primeira moeda seja uma cara [(H, H) e (H, T)], a probabilidade de E_2 é a metade, então

$$P[E_1|E_2] = \frac{P[E_1 \text{ e } E_2]}{P[E_2]} = \frac{\frac{1}{4}}{\frac{1}{2}} = \frac{1}{2}$$

Uma maneira de pensar sobre o condicionamento é que a informação de que sabemos que um evento já ocorreu serve para reduzir o espaço amostral "real". No exemplo anterior, o conhecimento de que "a primeira moeda já deu cara" elimina os resultados (T, H) e (T, T), restando apenas (H, H) e (H, T). Como o evento "duas caras" [(H, H)] corresponde à metade do restante dos resultados, sua probabilidade é a metade.

Para responder à segunda questão, tomemos E_2 como o evento "no mínimo uma cara". De novo, o evento "E_1 e E_2" é igual ao evento E_1 e tem a probabilidade de 25%. Porém, existem três maneiras de ter no mínimo uma cara [(H, H), (H, T) e (T, H)], então $P[E_2] = \frac{3}{4}$ e

$$P[E_1|E_2] = \frac{P[E_1 \text{ e } E_2]}{P[E_2]} = \frac{\frac{1}{4}}{\frac{3}{4}} = \frac{1}{3}$$

Dessa vez, o conhecimento de que ocorreu "no mínimo uma cara" elimina apenas o resultado (T, T), o que nos deixa o resultado (H, H) como um dos três igualmente possíveis, que então tem um terço de probabilidade.

Como outro exemplo, considere uma experiência aleatória envolvendo o lançamento de dois dados. O espaço amostral da experiência é dado por $\{(d_1, d_2)\}$, onde $d_i = 1, 2, \ldots, 6$ é o número de pontos no dado i. Existem 36 pontos diferentes no espaço amostral; pela simetria, todos têm chances iguais.

Tomemos X como uma variável aleatória igual à soma do número de pontos nos dados. Note que o número de valores possíveis de X é 11 e que eles *não* têm probabilidades iguais. Para calcular a probabilidade de qualquer valor particular de X, precisamos contar o número de maneiras em que ele pode surgir, isto é, o número de resultados que perfazem o evento, e dividi-los pelo total de resultados do espaço amostral. Assim, a probabilidade de cair um 6 é encontrada, notando-se que há cinco resultados possíveis para mostrar um 6 – $\{(1, 5), (2, 4), (3, 3), (4, 2), (5, 1)\}$ – do total de 36 resultados possíveis, então $P[X = 6] = \frac{5}{36}$.

Calculando a probabilidade condicional de dar um 6, considerando que a primeira jogada mostrará o 3 ou um número menor, é um pouco mais complicado. Tomemos E_1 como o evento "tirar um 6" e E_2 como o evento "o primeiro dado será 3 ou menos". O evento correspondente a E_1 *e* E_2 está relacionado a três resultados no espaço amostral $\{(1, 5), (2, 4), (3, 3)\}$ – então $P[E_1 \text{ e } E_2] = \frac{3}{36} = \frac{1}{12}$. O evento E_2 corresponde a 18 resultados no espaço amostral

$$\{(1, 1), (1, 2), (1, 3), (1, 4), (1, 5), (1, 6), (2, 1), (2, 2), (2, 3),$$
$$(2, 4), (2, 5), (2, 6), (3, 1), (3, 2), (3, 3), (3, 4), (3, 5), (3, 6)\}$$

Portanto, $P[E_2] = \frac{18}{36} = \frac{1}{2}$. Então, a probabilidade condicional de se tirar um 6, considerando que o primeiro dado é 3 ou menos é

$$P[E_1|E_2] = \frac{P[E_1 \text{ e } E_2]}{P[E_2]} = \frac{\frac{1}{12}}{\frac{1}{2}} = \frac{1}{6}$$

Eventos independentes

A probabilidade condicional nos permite definir a noção de **independência estocástica** ou, simplesmente, independência. Dois eventos E_1 e E_2 são definidos como **independentes** se

$$P[E_1 \text{ e } E_2] = P[E_1]P[E_2]$$

Note que essa definição implica que se E_1 e E_2 são independentes e $P(E_2) > 0$, então

$$P[E_1|E_2] = \frac{P[E_1 \text{ e } E_2]}{P[E_2]} = \frac{P[E_1]P[E_2]}{P[E_2]} = P[E_1]$$

Assim, os eventos E_1 e E_2 são independentes se o fato de que E_2 já ocorreu não influencia a probabilidade de E_1.

Se dois eventos são independentes, então as variáveis aleatórias relacionadas com esses eventos também são independentes. As variáveis aleatórias independentes têm algumas propriedades interessantes. Uma das mais úteis é que o valor esperado do produto de duas variáveis aleatórias independentes é o simples produto dos valores esperados. Por exemplo, se X e Y são variáveis aleatórias independentes com a média de μ_x e μ_y, respectivamente, então

$$E[XY] = E[X]E[Y] = \mu_x\mu_y$$

Em geral, isso não é verdadeiro, se X e Y não forem independentes.

A independência também tem consequências importantes para o cálculo da variância da soma de variáveis aleatórias. Especificamente, se X e Y são independentes, então

$$\text{Var}(X + Y) = \text{Var}(X) + \text{Var}(Y)$$

Novamente, isso não é verdadeiro, em geral, se X e Y não forem independentes.

Um caso especial importante desse resultado de variância ocorre quando as variáveis aleatórias X_i, $i = 1, 2, \ldots, n$ são independentes e distribuídas de maneira idêntica (isto é, elas tem a mesma função de distribuição) com a média μ e variância σ^2; e Y, outra variável aleatória, é definida como $\sum_{i=1}^{n} X_i$. Então, como as médias são sempre aditivas, a média de Y é dada por

$$E[Y] = E\left[\sum_{i=1}^{n} X_i\right] = n\mu$$

E também, pela independência, a variância de Y é dada por

$$\text{Var}(Y) = \text{Var}\left(\sum_{i=1}^{n} X_i\right) = n\sigma^2$$

Note que o desvio padrão de Y é, então, $\sqrt{n}\sigma$, o que não aumenta tão rapidamente com o tamanho da amostra n como a média. Esse resultado é importante na estimativa estatística, como observaremos mais adiante nesse apêndice.

Distribuições especiais

Existem vários tipos de funções de distribuição que descrevem vários tipos de variáveis aleatórias. Duas das mais importantes distribuições para modelos de sistemas de produção são a (discreta) de Poisson e a (contínua) normal.

A distribuição de Poisson. A **distribuição de Poisson** descreve uma variável aleatória discreta que pode mostrar valores 0, 1, 2,... A função massa de probabilidade (fmp) é dada por

$$p(i) = \frac{e^{-\mu}\mu^i}{i!} \qquad i = 0, 1, 2, \ldots$$

e a função distribuição acumulada (fda) é dada por

$$G(x) = \sum_{i=0}^{x} p(i)$$

A média (esperada) da distribuição de Poisson é μ, e o desvio padrão é $\sqrt{\mu}$. Note que isso implica o fato de a distribuição de Poisson ser uma "distribuição de apenas um parâmetro", porque a especificação da média automaticamente determina o desvio padrão.

Para ilustrar o uso da fmp e da fda de Poisson, suponha que o número de clientes que fazem pedidos em certa fábrica em determinado dia é uma distribuição de Poisson com uma média 2. Então a probabilidade de nenhum pedido ser colocado é dada por

$$p(0) = \frac{e^{-2}2^0}{0!} = e^{-2} = 0{,}135$$

A probabilidade de exatamente um pedido em determinado dia é

$$p(1) = \frac{e^{-2}2^1}{1!} = e^{-2} \times 2 = 0{,}271$$

A probabilidade de dois ou mais pedidos em determinado dia é de 1 menos a probabilidade de haver um ou menos pedidos, que é dada por

$$1 - G(1) = 1 - p(0) - p(1) = 1 - 0{,}135 - 0{,}271 = 0{,}594$$

Parte da razão pela qual a distribuição de Poisson é tão importante é que ela aparece com frequência na prática. Em especial, os **processos de contagem** compostos por vários processos de contagem independentes tendem a ser uma distribuição de Poisson. Por exemplo, na situação usada para os cálculos numéricos anteriores, o processo de contagem subjacente é o número de clientes que fazem pedidos. Ele é composto da soma dos processos de contagem independentes que representam o número de pedidos emitidos por cada cliente. Para sermos mais específicos, se tomarmos $N(t)$ como o número total de pedidos emitidos para a fábrica no período t, $N_i(t)$ vai representar o número de pedidos emitidos pelo cliente i no período t (que pode ou não ser uma distribuição de Poisson), e M representará o número total de clientes potenciais, então, obviamente,

$$N(t) = N_1(t) + \cdots + N_M(t)$$

Desde que M seja "suficientemente alto" (digamos 20 ou mais, o número exato depende em quão aproximado $N_i(t)$ seja de uma distribuição Poisson) e os tempos entre as contagens dos processos $N_i(t)$ sejam, para cada i, variáveis aleatórias independentes com uma distribuição idêntica, então $N(t)$ será um processo de Poisson. (Note que os tempos entre as chegadas dos pedidos só precisam ser distribuídos de maneira idêntica para cada cliente em separado, sem a necessidade de serem os mesmos para clientes diferentes. Assim, é totalmente possível que se tenham clientes com frequências diferentes de emissão de pedidos.)

Se $N(t)$ for um processo de Poisson com uma frequência de λ recebimentos de pedidos por período de tempo, então o número de recebimentos em t períodos de tempo será uma distribuição de Poisson com uma média λt. Isto é, a probabilidade de receber exatos i pedidos em um intervalo de tempo t é

$$p(i) = \frac{e^{-\lambda t}(\lambda t)^i}{i!} \qquad i = 0, 1, 2, \ldots$$

Essa situação aparece com frequência. A aplicação histórica do processo de Poisson foi identificar o número de ligações telefônicas para uma bolsa de valores em um determinado intervalo de tempo. Considerando que os clientes tendem a fazer suas chamadas em tempos independentes entre si, o número total de ligações recebidas pela bolsa ao longo do intervalo de tempo parece ser um processo de Poisson. Por essa mesma razão, muitos outros processos de chegadas (os clientes de um banco ou de um restaurante, os cliques em um site, as demandas de um distribuidor) são bem identificados por uma distribuição de Poisson. Uma situação similar importante na fabricação é o número de defeitos de uma máquina. Como os equipamentos complexos podem falhar por várias razões (falta de luz, falhas de bombas, emperramento, excesso de temperatura e quebra de componentes) e como não substituímos *todos* os componentes sempre que um quebra, acabamos tendo uma série de componentes com idades diferentes e com defeitos ocorrendo em tempos diferentes. Assim, podemos pensar nas ocorrências como "chegadas" de várias fontes diferentes. Como essas diferentes fontes normalmente são independentes, o número de ocorrências durante um dado intervalo no tempo das operações tende a parecer uma distribuição de Poisson.

A distribuição exponencial

Um ponto adicional importante sobre a distribuição de Poisson é que os tempos entre as chegadas em um processo de Poisson com uma frequência de chegadas λ são **distribuídos exponencialmente** (Figura 2.9). Isto é, o tempo entre n e a chegada $(n + 1)$ é uma variável aleatória contínua com uma função de densidade

$$g(t) = \lambda e^{-\lambda t} \qquad \lambda \geq 0$$

e uma função distribuição acumulada

$$G(t) = 1 - e^{-\lambda t} \qquad \lambda \geq 0$$

A média da exponencial é $1/\lambda$, e o desvio padrão também é $1/\lambda$. Assim, como a de Poisson, a distribuição exponencial tem um único parâmetro.

Para ilustrar a relação entre as distribuições exponencial e de Poisson, vamos reconsiderar o exemplo anterior em que havia um processo de Poisson com uma frequência de chegada de dois pedidos por dia. A probabilidade de que o tempo até chegar o primeiro pedido seja menor ou igual a 1 dia é dada pela função distribuição acumulada exponencial

$$G(1) = 1 - e^{(-2)(1)} = 0{,}865$$

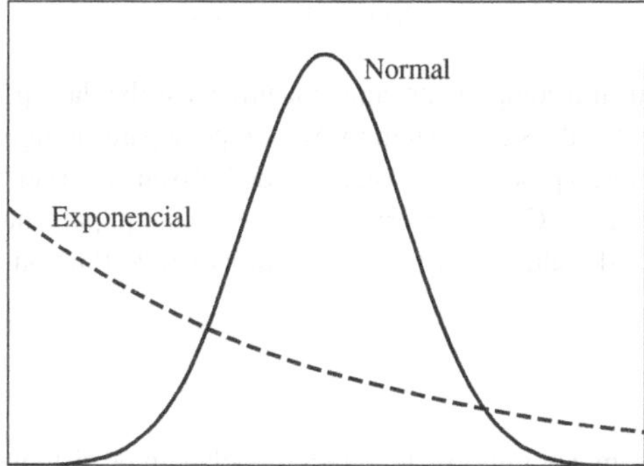

FIGURA 2.9 Funções de densidade normais e exponenciais com a mesma média.

Note que a probabilidade de que o primeiro pedido chegue em um dia é exatamente a mesma da probabilidade de haver um ou mais pedidos no primeiro dia. Isso é um menos a probabilidade de nenhum pedido chegar no primeiro dia, o que pode ser calculado utilizando-se a função massa de probabilidade de Poisson da seguinte forma

$$1 - p(0) = 1 - 0{,}135 = 0{,}865$$

Vemos que há uma relação direta entre a distribuição de Poisson (que mede o número de chegadas dos pedidos) e a exponencial (que mede os tempos entre as chegadas). Porém, é importante manter as distinções, pois a distribuição de Poisson é discreta e, portanto, adequada aos processos de contagem, enquanto a exponencial é contínua e, portanto, adequada aos tempos.

Um fato fascinante sobre a distribuição exponencial é que ela é a única distribuição contínua que possui a propriedade **falta de memória *(memorylessness property)***. Essa propriedade é definida pela **função taxa de falha,** que, por sua vez, é definida para qualquer variável aleatória X com uma função distribuição acumulada $G(t)$ ou uma função densidade de probabilidade $g(t)$ da seguinte forma

$$h(t) = \frac{g(t)}{1 - G(t)} \tag{2.64}$$

Para interpretar $h(t)$, suponha que a variável aleatória X sobreviveu por t horas. A probabilidade de que ela não sobreviverá por mais um período dt é dada por

$$\begin{aligned} P[X \in (t, t + dt) | X > t] &= \frac{P[X \in (t, t + dt), X > t]}{P[X > t]} \\ &= \frac{P[X \in (t, t + dt)]}{P[X > t]} \\ &= \frac{g(t)\,dt}{1 - G(t)} \\ &= h(t)\,dt \end{aligned}$$

Assim, se X representa uma vida inteira, então $h(t)$ representa a densidade condicional de que algum componente com idade de t anos irá falhar. Se X representa o tempo até a próxima chegada em um processo de contagem, então $h(t)$ representa a densidade de probabilidade de uma chegada, considerando que nenhuma chegada tenha ocorrido antes de t.

Uma variável aleatória cuja função taxa de falha $h(t)$ esteja aumentando em t é chamada de **taxa de falha crescente (TFC)** e se torna mais provável de falhar – ou então acabar – com a idade. Uma variável aleatória que tem um $h(t)$ decrescente em t chama-se **taxa de falha decrescente (TFD)** e se torna menos provável de ocorrer com a idade. Algumas variáveis aleatórias (como a vida útil de um item que passa por um aquecimento em seu período inicial, durante o qual ele se torna mais confiável e, então, finalmente, avança por um período de envelhecimento, quando se torna menos confiável) não são TFC nem TFD.

Agora vamos voltar à distribuição exponencial. A função taxa de falha para essa distribuição é

$$h(t) = \frac{g(t)}{1 - G(t)} = \frac{\lambda e^{-\lambda t}}{1 - (1 - e^{-\lambda t})} = \lambda$$

a qual é constante! Isso indica que um componente cuja vida útil é distribuída exponencialmente não vai aumentar nem diminuir sua probabilidade de falhas com o tempo. Se isso pode parecer algo notável, na verdade, é bastante comum, porque, como observamos, o processo de contagem de Poisson e, portanto, os tempos exponenciais entre as chegadas ocorrem frequentemente. Como observamos antes, um equipamento complexo que falha por uma série de razões terá seus eventos de falha descritos por um processo de Poisson e, assim, os tempos até a falha serão exponenciais.

A distribuição normal

Outra distribuição que é extremamente importante para a modelagem de sistemas de produção, aparece muitas vezes e serve de base para boa parte do campo da estatística é a distribuição normal (Figura 2.9). A distribuição normal é uma distribuição contínua descrita por dois parâmetros: a média μ e o desvio padrão σ. A função da densidade é dada por

$$g(x) = \frac{1}{\sqrt{2\pi}\sigma} e^{-(x-\mu)^2/(2\sigma^2)}$$

A função distribuição acumulada, como sempre, é a integral da função da densidade

$$G(x) = \int_{-\infty}^{x} g(y)\,dy$$

Infelizmente, não é possível escrever $G(y)$ como uma expressão simples e fechada. Mas é possível "padronizar" as variáveis aleatórias normais e calcular $G(x)$ a partir de uma tabela de pesquisa da distribuição normal padrão, como descrevemos mais adiante.

Uma **distribuição normal padrão** é uma distribuição com média 0 e desvio padrão 1. Sua função de densidade é quase sempre representada por $\phi(z)$ e é dada por

$$\phi(z) = \frac{1}{\sqrt{2\pi}} e^{-z^2/2}$$

A função distribuição acumulada é representada por $\Phi(z)$ e é dada por

$$\Phi(z) = \int_{-\infty}^{z} \phi(y)\,dy$$

Também não há uma expressão fechada para $\Phi(z)$, mas essa função está disponível em tabelas de pesquisa, como a Tabela 1 ao final deste livro, e em funções em calculadoras financeiras e programas de planilhas.

A razão por que as tabelas da distribuição normal padrão são tão úteis é que se uma variável aleatória X é uma distribuição normal com uma média μ e um desvio padrão σ, então a variável aleatória "padronizada"

$$Z = \frac{X - \mu}{\sigma}$$

também é distribuída normalmente com média 0 e desvio padrão 1.

Para ilustrar como essa propriedade pode ser explorada, suponha que um processo de fundição produza peças cujos pesos são normalmente distribuídos com uma média de 1.000 gramas e um desvio padrão de 150 gramas. Tomemos X como o peso (aleatório) de determinada peça. Assim, a probabilidade de que essa peça pesará menos ou igual a 850 gramas é

$$G(850) = P(X \leq 850) = P\left(\frac{X - 1.000}{150} \leq \frac{850 - 1.000}{150}\right) = P(Z \leq -1) = \Phi(-1)$$

Em uma tabela da distribuição normal padrão, encontramos $\Phi(-1) = 0{,}159$. (Também podemos calcular isso no Excel como (−1) = NORMSDIST(−1) = 0,159.) Portanto, podemos esperar que 15,9% das peças pesem menos de 850 gramas. De maneira similar, a probabilidade de a peça ter mais do que 1.150 gramas é

$$1 - G(1.150) = 1 - P(X \leq 1.150) = 1 - P\left(Z \leq \frac{1.150 - 1.000}{150}\right) = 1 - P(Z \leq 1) = \Phi(1)$$

Em uma tabela da distribuição normal padrão, ou Excel, $\Phi(1) = 0{,}841$, assim $1 - \Phi(1) = 0{,}159$. Note que isso é o mesmo que $\Phi(-1)$. A razão é que a distribuição normal padrão é simétrica (com o formato de um sino). Assim, a probabilidade de uma amostra aleatória de um desvio padrão ou mais abaixo da média é igual à probabilidade de uma amostra aleatória de um desvio padrão ou mais acima da média.

A probabilidade de que uma peça escolhida ao acaso pese entre 850 e 1.150 gramas é dada por $1 - G(1.150) - G(850) = 1 - 0{,}159 - 0{,}159 = 0{,}682$. Esses tipos de cálculos são essenciais para o **controle estatístico da qualidade.** Por exemplo, se tivéssemos menos do que 68,2% das peças com peso entre 850 e 1.150 gramas, então isso seria um sinal de que o processo não estaria mais produzindo peças de peso com distribuição normal com uma média de 1.000 e desvio padrão de 150. Isso poderia acontecer devido a uma alteração tanto na média quanto no desvio padrão no processo subjacente. Esse tipo de lógica pode ser usado para construir **gráficos de controle de processo** para monitorar o comportamento de vários tipos diferentes de processos.

Uma forte razão por que uma distribuição normal é tão importante na prática é que ela aparece frequentemente na natureza. Isso se deve ao famoso **teorema do limite central**, que diz (em linhas gerais) que a soma de um número suficientemente grande, digamos, maior do que 30, de variáveis aleatórias será normalmente distribuído.

Para ilustrar isso, suponha a medição dos números entre as ligações telefônicas que chegam a uma bolsa de valores. De nossa discussão da distribuição de Poisson, sabemos que esses tempos parecem ser de distribuição exponencial. A exponencial é muito diferente da normal, como podemos ver pelas funções de densidade mostradas na Figura 2.9. A densidade normal é uma função simétrica, na forma de um sino com seu pico no valor médio μ. A densidade exponencial, por outro lado, é definida apenas acima de zero, tem seu valor máximo em zero e declina de maneira exponencial acima de zero. Além disso, como a exponencial sempre tem um desvio padrão igual a sua média, enquanto a normal geralmente tem um desvio padrão menor do que sua média, dizemos, comumente, que as variáveis aleatórias exponenciais são mais *variáveis* do que as variáveis aleatórias normais. Definimos uma medida de variabilidade e discutimos esse conceito em maior profundidade no Capítulo 8.

No entanto, mesmo que os tempos entre as ligações estejam longe de ser normais, o teorema do limite central implica que a soma desses tempos tende a parecer normal. Isto é, se somarmos 40 tempos entre as ligações, o que representa o tempo até a ligação de número 40, e repetirmos esse procedimento muitas vezes para criar um histograma, o resultado será uma curva em formato de sino impossível de distinguir da curva de uma variável aleatória normal.

O teorema do limite central é fundamental na estatística porque frequentemente calculamos as médias dos dados. Por exemplo, se selecionarmos N indivíduos da população dos Estados Unidos ao acaso e medirmos sua altura, então tomamos X_i, representando a altura (aleatória) do indivíduo i, veremos que a altura média do grupo selecionado é

$$\bar{X} = \frac{X_1 + \cdots + X_N}{N}$$

Se repetíssemos essa experiência várias vezes, teríamos valores diferentes para as alturas N. Assim, a média $\bar{X}$ é uma variável aleatória. Se N for suficientemente grande, $\bar{X}$ será distribuída normalmente. Esse fato nos permite usar a distribuição normal para calcular a probabilidade de que $\bar{X}$ esteja em um determinado intervalo – ou seja, um intervalo de confiança – e fazer uma série de testes estatísticos.

Parâmetros e estatísticas

As probabilidades reais de eventos (p. ex., a probabilidade de que uma máquina funcione sem defeitos por, no mínimo, 100 horas) e momentos de distribuição (como o tempo médio para processar um trabalho) são **parâmetros** do sistema. Normalmente, eles são conhecidos apenas por Deus. Nós, meros humanos, podemos somente calcular **estimativas** dos valores reais dos parâmetros. Essa é a tarefa básica do campo da estatística.

Para estimar um parâmetro, tomamos uma **amostra aleatória**, que representa uma série de variáveis aleatórias independentes e distribuídas identicamente de uma determinada **população**.[16] Por exemplo, como não podemos medir a dureza de cada ponto de uma barra de aço, tomamos uma amostragem que nos possa fornecer uma indicação da dureza real.

Uma **estatística** é uma simples função de uma amostra aleatória que pode ser calculada – ela não tem parâmetros desconhecidos. Duas estatísticas comuns (também chamadas **estimadores**) são a **média da amostra** e a **variância da amostra** de uma variável aleatória. Considere uma amostra de n variáveis aleatórias independentes e distribuídas identicamente X_i, $i = 1, 2,..., n$, cada uma com a média μ e variância σ^2. A média da amostra $\bar{X}$ é dada pela média das observações, calculadas como

$$\bar{X} = \frac{1}{n}\sum_{i=1}^{n} X_i$$

Note que a própria média da amostra é uma variável aleatória. A média de $\bar{X}$ também é μ. Os estimadores, tais como $\bar{X}$, cujas expectativas são iguais ao valor do parâmetro que está sendo estimado, são chamados estimadores **não tendenciosos**. Como os X_i são independentes, a variância de $\bar{X}$ é dada por

[16] De certo modo, o papel do campo de estatística é o inverso daquele da probabilidade. Em estatística, usamos amostras para estimar propriedades da população. Em estatística, usamos amostras para estimar propriedades da população. Em probabilidade, utilizamos propriedades da população para descrever a probabilidade das amostras.

$$\text{Var}(\bar{X}) = \text{Var}\left(\frac{1}{n}\sum_{i=1}^{n} X_i\right) = \frac{1}{n^2}\text{Var}\left(\sum_{i=1}^{n} X_i\right) = \frac{1}{n^2}n\sigma^2 = \frac{\sigma^2}{n}$$

Portanto, enquanto a variância de qualquer observação em separado é σ^2, a variância da média de n observações é σ^2/n (então o desvio padrão é $\sigma/\sqrt{n}$). Como essa variância declina com n, a implicação é que amostras maiores têm estimativas melhores, ou seja, mais próximas, da média real da população.

Essa noção é formalizada pelo conceito do **intervalo de confiança.** O intervalo de confiança de $(1 - \alpha)\%$ da média real da população (isto é, o intervalo em que esperamos encontrar a média da amostra de $(1 - \alpha)\%$ do tempo se repetirmos a estimativa várias vezes) é dado por

$$\bar{X} \pm \frac{z_{\alpha/2}\sigma}{\sqrt{n}}$$

onde $z_{\alpha/2}$ é tal valor na tabela da distribuição normal padrão que $\Phi(z_{\alpha/2}) = 1 - \alpha/2$. Note que na medida em que n cresce mais, esse intervalo se torna mais estreito, significando que mais dados fornecem melhores estimativas.

O intervalo de confiança recém-apresentado pressupõe que a variância da população seja certamente conhecida. Porém, em geral, a variância também é desconhecida e, assim, precisa ser estimada. Isso é feito por meio do cálculo da **variância da amostra** s^2, que é um estimador não tendencioso da variância real e é dado por

$$s^2 = \frac{\sum_{i=1}^{n}(X_i - \bar{X})^2}{n - 1}$$

ou, em uma forma mais fácil de calcular, por

$$s^2 = \frac{\sum_{i=1}^{n} X_i^2 - n\bar{X}^2}{n - 1}$$

O intervalo de confiança da média da população torna-se

$$\bar{X} \pm \frac{t_{\alpha/2;n-1}s}{\sqrt{n}}$$

onde $t_{\alpha/2;n-1}$ é o percentil $1 - \alpha/2$ da distribuição t com $n - 1$ graus de liberdade.[17] Como $t_{\alpha/2;n-1} > z_{\alpha/2}$, o intervalo de confiança é mais amplo por causa da incerteza introduzida pelo fato de estimarmos a variância. Entretanto, como n aumenta, $t_{\alpha/2;n-1}$ converge para $z_{\alpha/2}$; e, portanto, para amostras grandes, os dois intervalos de confiança são essencialmente os mesmos.

Por exemplo, suponha que queiramos identificar os tempos dos processos de uma nova máquina. A primeira tarefa leva 90 minutos de operação, a segunda, 40 minutos, e a terceira, 110 minutos. A partir desses dados, estimamos o tempo médio dos processos como $\bar{X} = (90 + 40 + 110)/3 = 80$ horas. De maneira similar, a estimativa da variância é $s^2 = [(90 - 80)^2 + (40 - 80)^2 + (110 - 80)^2]/2 = 1.300$ (assim, $s = \sqrt{1.300} = 36{,}06$). Para esse caso especial (assumindo que as operações são distribuídas normalmente), o resultado é que $t_{\alpha/2;n-1} = t_{0{,}05;2} = 2{,}92$, e os 90% do intervalo de confiança do tempo médio real entre as paradas da máquina é dado por

$$\bar{X} \pm \frac{t_{\alpha/2;n-1}s}{\sqrt{n}} = 80 \pm \frac{2{,}92(36{,}06)}{\sqrt{3}} = 80 \pm 60{,}78$$

Não é surpreendente que, com apenas três observações, não temos muita confiança em nossa estimativa.

Neste livro, temos interesse principalmente em como os sistemas se comportam como função de seus parâmetros (tempo médio de processos, variância dos tempos de processo) e, portanto, assumimos que eles são conhecidos de maneira exata. Porém, alertamos o leitor para o fato de que, na prática, devem-se usar estimativas dos parâmetros reais. Muitas vezes, essas estimativas não são muito boas, de forma que a captação de mais dados se torna uma importante parte da análise.

[17] A distribuição t é muito similar a uma distribuição normal padrão, exceto por suas caudas mais grossas. As tabelas da distribuição t são dadas em textos estatísticos e também incluídas como funções em planilhas; no Excel $t_{\alpha/2;n-1} = TINV(\alpha, n - 1)$. Conforme os graus de liberdade aumentam, as caudas ficam mais finas e a distribuição t acaba não se distinguindo mais de uma distribuição normal padrão.

APÊNDICE 2B

FÓRMULAS DE CONTROLE DE ESTOQUE

Estudo de caso da demanda de Poisson

Se a demanda durante o tempo de reposição tiver a distribuição de Poisson com média θ, então a função massa de probabilidade (fmp) e a função distribuição acumulada (fda) são dadas por $p(i)$ e $G(x)$, respectivamente, em que

$$p(i) = \frac{e^{-\theta}\theta^i}{i!} \qquad i = 0, 1, 2, \ldots \tag{2.65}$$

$$G(x) = \sum_{i=0}^{x} p(i) \qquad x = 0, 1, 2, \ldots \tag{2.66}$$

Essas são as bases de todas as medidas de desempenho. Elas podem ser facilmente inseridas por meio de fórmulas em planilhas eletrônicas, ou já estão incluídas, como no caso do Excel

$$p(i) = \text{POISSON}(i, \theta, \text{FALSE})$$

$$G(x) = \text{POISSON}(x, \theta, \text{TRUE})$$

Aqui o θ representa a média, e VERDADEIRO (TRUE) e FALSO (FALSE) são usados para identificar e escolher entre uma função ou outra. Alertamos o leitor, porém, para o fato de que as funções de Poisson no Excel não são sempre estáveis para grandes valores de x, porque a fórmula $p(i)$ envolve a razão de dois grandes valores. Quando o valor de θ é alto (e, portanto, o ponto de reposição r também tende a sê-lo), muitas vezes é mais seguro usar as fórmulas de distribuição normal com média θ e desvio padrão $\sqrt{\theta}$.

Usando a função $G(x)$, é simples calcular o nível de atendimento para o modelo de estoque mínimo. Conforme observamos nas seções 2.4.2, a posição de estoque será de $r + 1$ imediatamente após colocarmos um pedido de reposição. Isso significa que esse pedido chegará para evitar uma falta de estoque apenas se a demanda (X) durante o tempo de reposição (ℓ) for maior ou igual a $r + 1$. A probabilidade de que isso *não ocorra* é a seguinte

$$P(X > r + 1) = P(X \leq r) = G(r)$$

Como todos os pedidos trazem a posição de estoque até o nível $r + 1$, isso é verdadeiro para cada pedido e, por consequência, o número médio da demanda atendida pelo estoque disponível (isto é, o nível de atendimento) é

$$S(r) = G(r) \tag{2.67}$$

Note que essa equação é um pouco diferente da (2.22) porque agora contamos com a demanda discreta.

A seguir, calculamos a função de perdas $B(r)$, que representa o nível médio de pedidos pendentes em um modelo de estoque mínimo com um ponto de reposição r. Como alternativa, $B(r)$ pode ser interpretado como o valor estimado no qual a demanda do tempo de reposição exceda o nível do estoque mínimo $r + 1$. Isso pode ser escrito de várias formas, incluindo as seguintes

$$B(r) = \sum_{x=R}^{\infty}(x - R)p(x)$$

$$= \theta - \sum_{x=0}^{R-1}[1 - G(x)]$$

$$= \theta p(R) + (\theta - R)[1 - G(R)] \tag{2.68}$$

A última forma é a mais conveniente para ser usada em planilhas, pois ela pode ser calculada sem usar quaisquer somas. Entretanto, só é válida para os casos da demanda de Poisson.

Ao usar a função $B(r)$, podemos calcular o nível médio de estoque $I(r)$ para o modelo do estoque básico com um ponto de reposição r, exatamente como fizemos no caso da demanda normal em

$$I(r) = r + 1 - \theta + B(R) \tag{2.69}$$

Agora veremos as medidas de desempenho para o modelo (Q, r), assumindo que seja um caso de demanda de Poisson. Como observamos na Seção 2.4.3, a posição de estoque no modelo (Q, r) fica entre r e $r + Q$. Porém, como o estoque é discreto, sua posição atinge r apenas por um instante; quando ele atinge esse ponto de reposição, um pedido é colocado e a posição do estoque imediatamente salta para $r + Q$. Como resultado, a posição do estoque fica distribuída de maneira uniforme, com valores (inteiros) entre $r + 1$ e $r + Q$, o que nos permite calcular o nível de atendimento por meio da média do estoque mínimo para os pontos de reposição de r a $r + Q - 1$:

$$\begin{aligned} S(Q, r) &= \frac{1}{Q} \sum_{x=r}^{r+Q-1} G(x) \\ &= 1 - \frac{1}{Q}[B(r) - B(r + Q)] \end{aligned} \tag{2.70}$$

A última forma, que expressa o nível de atendimento em termos da função $B(x)$, é mais conveniente para o uso em planilhas de cálculo, pois não exige o cálculo de nenhuma soma.

Podemos usar o mesmo tipo de argumento para calcular o nível dos pedidos pendentes no modelo (Q, r) por meio da média dos níveis de pedidos pendentes do modelo de estoque mínimo para pontos de reposição de r a $r + Q - 1$:

$$B(Q, r) = \frac{1}{Q} \sum_{x=r}^{r+Q-1} B(x) \tag{2.71}$$

No entanto, podemos escrever isso de forma mais simples, definindo a seguinte função:

$$\begin{aligned} \beta(x) &= \sum_{k=x}^{\infty} B(k) \\ &= \tfrac{1}{2}\{[(x - \theta)^2 + x][1 - G(x)] - \theta(x - \theta)p(x)\} \end{aligned} \tag{2.72}$$

onde a última igualdade é válida apenas para casos de Poisson. A função $\beta(x)$ muitas vezes é referida como a **função da perda do segundo pedido,** pois representa a soma da função da perda do primeiro pedido $B(k)$ acima do nível x. Ao usarmos a segunda forma para $\beta(x)$, tornamos essa expressão mais simples para calcular em uma planilha. Utilizando $\beta(x)$, podemos expressar o nível de pedidos pendentes do modelo (Q, r) como

$$B(Q, r) = \frac{1}{Q}[\beta(r) - \beta(r + Q)] \tag{2.73}$$

Finalmente, uma vez que tenhamos $B(Q, r)$, é simples calcular o nível de estoque médio do modelo (Q, r) como

$$I(Q, r) = \frac{Q + 1}{2} + r - \theta + B(Q, r) \tag{2.74}$$

Concluímos observando que, enquanto as fórmulas acima são exatas para casos que têm demanda de Poisson, existe uma série de razões pelas quais elas não representam os casos práticos de maneira exata, quais sejam:

1. Pressupomos que a média e o desvio padrão reais da demanda são conhecidos. Na prática, eles apenas podem ser estimados observando dados passados ou por meio de modelos de estimativas. Como sabemos que tanto as medidas de desempenho quanto os parâmetros ótimos de controle são sensíveis à demanda, possíveis erros nas estimativas podem influenciar substancialmente a eficácia de uma política de controle de estoque.
2. Pressupomos que a demanda é distribuída de acordo com a de Poisson. Enquanto isso é teoricamente justificável para casos em que a demanda provém de muitos clientes independentes que fazem compras unitárias, ela não é apropriada quando os clientes compram a granel. Se usarmos uma política de controle

baseada na suposição de que a demanda é unitária em uma situação na qual ocorrem compras a granel, então o atendimento ao consumidor será pior do que o estimado. É fácil verificar o motivo se considerarmos que o estoque de segurança de três unidades poderia ser muito útil na proteção contra a variação da demanda unitária (uma por vez), mas é basicamente inútil se a demanda ocorre em lotes de seis.

3. Pressupomos que a única variabilidade no sistema é devido à da demanda (e, talvez, à do tempo de reposição, se usarmos a fórmula da Seção 2.4.3). Na prática, porém, os clientes alteram seus pedidos, funcionários do estoque perdem unidades, pessoas escrevem os códigos errados, etc. Obviamente, fontes de variabilidade que não estão incluídas no modelo, mas que ocorrem na realidade, diminuem o desempenho das previsões teóricas.

Por essas e por outras razões, a administração de estoques é um campo complexo e sofisticado. Enquanto os resultados deste capítulo fornecem os fundamentos para resolver essas questões, eles estão longe de cobrir todos os assuntos.

QUESTÕES PARA ESTUDO

1. Em seu trabalho original de 1913 sobre o modelo do lote econômico, Harris sugeriu que "a maioria dos administradores, na realidade, tem uma ideia nebulosa da importância dos custos de *setup*".
   (a) Você acha que os custos de *setup*, conforme definidos no modelo do lote econômico, são mais bem especificados atualmente do que em 1913? Explique sua resposta.
   (b) Liste alguns exemplos de custos que podem compor os custos de *setup*.
   (c) O que os custos de *setup* do modelo poderiam substituir em um sistema real?
2. De maneira idêntica ao item 1(c), o que os custos de estocagem no modelo econômico poderiam substituir em um sistema real? Mantendo isso em mente, comente a sugestão (uma vez comum nos livros escolares) de que "uma taxa de 10% sobre os estoques é suficiente para cobrir os juros e a depreciação". Que outro nome você poderia dar para esses custos?
3. Harris escreveu que são exigidos "cálculos matemáticos avançados" para resolver o modelo do lote econômico. Qual o nome desse campo da matemática? Quem o inventou e quando? Você acha que eles eram realmente "cálculos matemáticos avançados" em 1913?
4. Considere as seguintes situações. Classifique-as com um A de apropriado ou um M de menos apropriado para aplicações do modelo do lote econômico.
   (a) Uma fábrica de automóveis compra parafusos de um fornecedor.
   (b) Uma fábrica de automóveis decide quantos carros pintar a cada lote com uma determinada cor.
   (c) Uma oficina compra barras de aço.
   (d) Um escritório compra papel para a copiadora.
   (e) Uma fábrica de aço decide quantas peças transportar a cada vez do forno para o laminador.
5. Um pressuposto básico que suporta o modelo do lote econômico é a existência de uma demanda constante e idêntica em um horizonte de tempo infinito. É claro que, na prática, isso não acontece com tamanha exatidão. Que outras opções existem para definir a quantidade dos lotes, se a demanda não for constante?
6. Qual a diferença principal nos pressupostos entre os modelos do lote econômico e de Wagner–Whitin?
7. A propriedade do modelo de Wagner–Whitin oferece uma ideia fundamental para o comportamento nas fábricas? Se sim, qual? Qual é o problema de se tomar essa propriedade como guia para a prática de produção?
8. Faça, no mínimo, três críticas à validade do modelo de Wagner–Whitin.
9. Qual a diferença principal entre os modelos do lote econômico e do (Q, r)? E entre os modelos de estoque mínimo e do (Q, r)?
10. Por que a declaração "o ponto de reposição r afeta o atendimento ao consumidor, enquanto a quantidade de reposição Q afeta a frequência da reposição" é mais ou menos verdadeira, mas não em termos exatos?
11. Por que aumentar a variabilidade do processo de demanda tende a exigir estoques de segurança mais altos (isto é, um ponto de reposição mais alto)?
12. Suponha que você esteja estocando peças de um fornecedor em um armazém. Como poderia usar um modelo (Q, r) para determinar se um fornecedor com um preço maior, mas com prazo de entrega mais curto, seria mais vantajoso? Que outros fatores você consideraria em sua decisão?

13. Para um problema com o ponto de reposição de um pedido com produtos múltiplos sujeito a uma limitação de atendimento agregada, qual seria o efeito de se aumentar o preço de uma das peças no nível de atendimento dessa peça? E nos níveis de atendimento das outras peças?
14. Um homem foi pego tentando levar uma bomba para dentro de um avião. Quando foi retirado, sua desculpa foi: "Todo mundo sabe que a probabilidade de se ter uma bomba em um avião é extremamente baixa. Imagine quão baixa seria a probabilidade de se ter *duas* bombas no avião! Eu não tinha intenção de explodir o avião. Ao levar apenas uma bomba, eu estava tentando torná-lo mais seguro!"

    O que você acha do raciocínio do homem? (*Dica:* Use a probabilidade condicional.)

PROBLEMAS

1. Faça a experiência de lançar duas moedas ao alto (25 e 50 centavos), conforme discutimos no Apêndice 2A, lance 50 vezes e registre o resultado (H ou T para cada moeda) para cada lance.
    (a) Estime a probabilidade de dar duas caras considerando que no mínimo vai dar uma cara, contando o número de resultados (H, H) e dividindo pelo número de resultados que deram, no mínimo, uma cara. Como isso é comparável ao valor real de um terço calculado no Apêndice 2A?
    (b) Estime a probabilidade de dar duas caras, considerando que a moeda de 25 centavos já deu uma cara, contando o número de resultados (H, H) e dividindo pelo número de resultados nos quais a moeda de 25 é uma cara. Como isso é comparável ao valor real de um meio calculado no Apêndice 2A?
2. Lembre do show *Vamos fazer negócios* (*Let's Make a Deal*). Você é um dos competidores e há um prêmio fabuloso atrás da porta número 1, da 2 ou da 3. Você escolheu a primeira porta. O apresentador do programa abre a terceira porta, que mostra um prêmio pequeno, e lhe pergunta se você quer mudar sua escolha. Você tem assistido ao programa por muitos anos e tem notado que o apresentador sempre oferece a opção de trocar de escolha. Além disso, você sabe que, quando o apresentador tem a escolha de abrir uma das portas (isto é, se os prêmios atrás das portas 2 e 3 são baixos), ele escolhe ao acaso. Você deve trocar sua escolha para a porta 2 ou continuar com a porta 1 para maximizar suas chances de ganhar o prêmio fabuloso?
3. Uma loja de presentes vende exatamente 10 bichinhos de pelúcia por dia, durante 310 dias por ano. O custo no atacado é de $5 cada bichinho, e a loja aplica uma taxa de juros de 20% para calcular os custos de estocagem.
    (a) Se a loja quiser emitir uma média de 20 pedidos de reposição por ano, qual a quantidade de cada pedido a ser usada?
    (b) Se a loja faz pedidos de 100 bichinhos, qual o custo fixo implicado em cada pedido?
    (c) Se a loja estima um custo de $10 para emitir um pedido de compra, qual a quantidade ótima para cada pedido?
4. Parafusos de aço inox de $\frac{1}{4}$", com 1,5 polegada de comprimento, são consumidos em uma fábrica em quantidades razoavelmente estáveis de 60 por semana. Os parafusos custam 2 centavos cada um. A fábrica tem um custo de $12 para emitir e colocar um novo pedido de compra, e os custos de estocagem são baseados em uma taxa de juros de 25% ao ano.
    (a) Determine a quantidade ótima de parafusos para a fábrica comprar a cada pedido e o período ótimo entre uma compra e outra.
    (b) Qual o custo anual de *setup* para esse item?
    (c) Suponha que, em vez de pequenos parafusos, estivéssemos falando de itens comprados a granel, como, por exemplo, materiais de embalagem. Que problema poderia aparecer em nossa análise?
5. Reconsidere o problema dos parafusos do Problema 4. Suponha que, apesar de termos estimado a demanda em 60 unidades por semana, na realidade, ela é de 120 unidades por semana (isto é, temos um erro de 100% na estimativa).
    (a) Se usarmos o tamanho do lote calculado no problema anterior (com a estimativa errada), qual serão os custos de *setup* mais os custos de estocagem para atender a taxa real de demanda?
    (b) Qual seria o custo se usássemos o tamanho ótimo do lote?
    (c) Qual o aumento porcentual no custo causado por um erro de 100% na estimativa da demanda? O que isso nos diz sobre a sensibilidade do modelo do lote econômico quanto aos possíveis erros nos dados?
6. Considere novamente o exemplo do parafuso do Problema 4 e assuma que a demanda de 60 parafusos por semana esteja certa. Agora, suponha que o intervalo mínimo para a reposição seja de um mês e que todos

os pedidos operacionais são colocados em meses na potência de 2 (por exemplo, 1 mês, 2 meses, 4 meses, 8 meses etc.), a fim de permitir a otimização de cargas com outras peças da fábrica.

(a) Qual é o intervalo de reposição com o menor custo considerando-se essa restrição?

(b) Quanto isso aumentará no custo total?

(c) Qual a relação entre a eficácia dos intervalos na potência de 2 e o resultado do problema anterior quanto ao efeito de erros de estimativa da demanda?

7. A Danny Steel, Inc., fabrica vários produtos com duas matérias-primas básicas: barras e chapas de aço. As barras são usadas a uma quantidade estável de 1.000 unidades por ano e custam $200 cada uma. As chapas são usadas a uma quantidade de 500 unidades por ano e custam $150 cada. A empresa aplica uma taxa de 20% para calcular os custos de estocagem, e o custo fixo para colocar um novo pedido de compra é de $50, dos quais $10 são custos de emissão do pedido e $40 é o custo fixo de entrega. O custo variável dos fretes (o custo por unidade) está incluso no custo unitário. A fábrica opera 365 dias por ano.

(a) Use a fórmula do lote econômico com o custo fixo total de $50 para calcular as quantidades ótimas de pedido, o intervalo dos pedidos e o custo anual de estoque das barras e chapas de aço. Qual a fração dos custos anuais (de estocagem e de pedido) corresponde a custos fixos de frete?

(b) Usando uma semana como intervalo básico, arredonde os intervalos dos pedidos de barras e chapas para a potência de 2 mais próxima. Se você pagar o custo fixo do frete apenas uma vez para as entregas que coincidem, qual será o novo custo anual?

(c) Deixe a mesma quantidade de pedidos para as barras de aço da parte (b), mas reduza o intervalo de pedidos das chapas para coincidir com os das barras. Recalcule o custo total anual e compare com a parte (b). Explique seu resultado.

(d) Com base em suas observações na parte (c), proponha uma abordagem para calcular uma programação de reposição em um ambiente com produtos múltiplos como este, onde uma parte dos custos fixos do pedido corresponde a uma taxa fixa de frete, que é paga apenas uma vez a cada entrega, não importando quantas peças diferentes são entregues.

8. Considere a seguinte tabela resultante de quantidades de lotes pelo algoritmo de Wagner–Whitin:

Mês	Demanda	Custo Mín.	Período dos pedidos
1	69	85	1
2	29	114	1
3	36	186	1
4	61	277	3
5	61	348	4
6	26	400	4
7	34	469	5
8	67	555	8
9	45	600	8
10	67	710	10
11	79	789	10
12	56	864	11

(a) Desenvolva a programação de pedidos ótima.

(b) Qual seria a programação se seu horizonte de planejamento fosse de apenas seis meses?

9. A Nozone, Inc., uma fabricante de unidades de recuperação de Freon (para os sistemas de ar condicionado de automóveis), tem um padrão de demanda sazonal muito forte, causado pelo verão. Neste ano, a Nozone montou um plano de produção de 6 meses em que a demanda mensal D_t para unidades de recuperação são fornecidas na tabela a seguir. Cada unidade de recuperação é fabricada a partir de um chassi de montagem mais várias peças. A montagem dos chassis é produzida na central de máquinas. Como há apenas uma linha de montagem para as unidades, as demandas da tabela também representam as montagens dos chassis. O custo unitário, o custo fixo de *setup* e os de estocagem mensais para a montagem dos chassis também são dados nessa tabela. O custo fixo de *setup* é uma estimativa da empresa para o custo de alteração da central de máquinas para produzir a montagem dos chassis, incluindo os custos de mão de obra e materiais, assim como o custo de parada das linhas de produção de outros itens.

t	1	2	3	4	5	6
D_t	1.000	1.200	500	200	800	1.000
c_t	50	50	50	50	50	50
A_t	2.000	2.000	2.000	2.000	2.000	2.000
h_t	1	1	1	1	1	10

(a) Use o algoritmo de Wagner–Whitin para calcular o melhor plano de produção para 6 meses na montagem de chassis.

(b) Comente se é adequado usar períodos de planejamento mensais. Quais os fatores que influenciam na escolha do período de planejamento?

(c) Comente sobre a validade de se usar um custo fixo de pedido para levar em consideração a limitação de capacidade da central de máquinas.

10. A YB Sporting Apparel imprime camisetas comemorativas de eventos esportivos importantes (por exemplo, clássicos do futebol, Copa do Mundo, etc). As camisetas custam $5 para serem fabricadas e distribuídas e são vendidas a um preço de $20. A política da empresa é de descartar qualquer saldo de estoque após cada evento, liquidando as camisetas restantes a um preço de $4. Em 1994, a YB imprimiu camisetas para o jogo final da Copa do Mundo em Chicago. Ela estimou uma demanda de 12.000 camisetas, com um grau significativo de incerteza, o que fez a YB imprimir apenas 10.000 camisetas. O que você acha da decisão tomada? Qual quantidade você recomendaria produzir?

11. A Slaq Computer Company fabrica computadores portáteis. A vida útil de um determinado modelo é de apenas 4 a 6 meses, o que significa que a Slaq tem pouquíssimo tempo para fazer ajustes em sua capacidade de produção e nos contratos de fornecimento durante a produção. Há um notebook a ser lançado em breve e a Slaq precisa negociar um contrato com um fornecedor de placas-mãe. Como a capacidade do fornecedor é justa, o contrato estimará o número de placas antes do início da produção. No momento da negociação do contrato, a Slaq estimou que a demanda para o novo computador seria distribuída normalmente e teria uma média de 10.000 unidades e um desvio padrão de 2.500 unidades. O lucro líquido de um computador vendido é de $500 (note que isso inclui o custo das placas-mãe e de todos os materiais, produção, embalagem e fretes). As placas custam $200 e não têm nenhuma outra utilização a não ser para esse modelo específico (se não utilizadas, terão de ser jogadas fora).

(a) Use o modelo do vendedor de jornais para calcular a quantidade de compra de placas-mãe que equilibra o custo de vendas perdidas e de materiais comprados em excesso.

(b) Comente sobre a eficácia do modelo do vendedor de jornais para planejar essa situação. Quais fatores não são considerados, mas poderiam ser importantes?

12. A loja Truck Stop, da Tammi, vende almofadas Seat-o-Nails, as quais são desenhadas especialmente para manter os motoristas acordados durante a viagem. Seu fornecedor de acessórios faz entregas em todas as terças-feiras, quando ela pode pedir tantas almofadas quanto quiser (o entregador sempre carrega quantidades a mais). Tammi, que na faculdade era boa em estatísticas, fez alguns cálculos e estimou que a demanda semanal para as almofadas é distribuída normalmente, com uma média de 35 e um desvio padrão de 10. O custo da almofada é de $40 no atacado e ela é vendida por $65. Tammi usa uma taxa de juros de 35% ao ano para avaliar seus custos de estocagem.

Chega terça-feira, ela tem 12 almofadas em estoque, e o caminhão do fornecedor acaba de chegar.

(a) Quantas almofadas Tammi deve comprar, considerando que ela perderá vendas se faltar estoque na semana?

(b) Quantas almofadas Tammi deve comprar, considerando que um cliente que deseja realmente uma almofada irá comprá-la mesmo que não haja em estoque, caso em que Tammi terá que pagar $5 extras para remetê-la ao cliente?

13. A Enginola, Inc., monta amplificadores em uma linha de produção de dois estágios. No primeiro estágio, é fabricado o chassi, e, no segundo, a encomenda do cliente é montada. O estágio da fabricação do chassi consiste de 20 estações paralelas, cada uma com um operador. O estágio do amplificador consiste de 15 estações paralelas, também cada uma com um operador. Pelo fato de todos os chassis serem idênticos, o tempo para um operador fabricar um é quase sempre o mesmo: 15 minutos. Porém, como há muitos amplificadores diferentes montados no chassi padrão, o tempo para um operador montar um amplificador é altamente variável, com uma média de 20 minutos. Infelizmente, a Enginola não tem dados precisos sobre os desvios padrão.

Note que o estágio do chassi tem mais capacidade do que o estágio do amplificador. Por isso, os operadores dos chassis têm outros trabalhos a fazer quando não estão fabricando chassis. A Enginola também implantou um sistema *kanban* para assegurar que os estoques de chassis já completos, que aguardam no estágio dos amplificadores, não se tornem excessivos. Esse sistema usa cartões que são anexados aos chassis prontos. Sempre que um operador dos amplificadores pega um chassi do estoque, ele retira o cartão e o remete à seção de fabricação de chassis. O cartão é dado a um dos operadores do estágio dos chassis como um sinal para construir mais uma unidade. Quando o operador completa mais um, ele anexa o cartão ao chassi fabricado e o manda para o estoque da seção dos amplificadores. Como os operadores não estão autorizados a fabricar mais chassis sem receberem um cartão e existe somente um número m de cartões no sistema, o total do estoque de chassis no estágio dos amplificadores não pode exceder m.

(a) Qual a distribuição apropriada para representar o número de chassis usados por hora pela seção dos amplificadores? Explique seu raciocínio.

(b) Considerando sua resposta ao item (a), qual a média e o desvio padrão do número de chassis usados pela seção dos amplificadores durante os 15 minutos em que a seção dos chassis gasta para construir uma unidade?

(c) Se a Enginola quiser ter certeza de que a probabilidade de um operador da seção de amplificadores encontrar um chassi disponível no estoque, quando precisar, seja de 99%, qual o número m de cartões *kanban* necessários?

14. A Chairish-Is-The-Word, Inc., fabrica cadeiras de madeira de alto padrão que são vendidas por uma série de lojas de varejo. O modelo mais popular vende ao preço (por atacado) de \$400 por cadeira, sendo que custa \$300 para ser fabricado. Os dados históricos mostram que a demanda média mensal é de 1.000 cadeiras, com um desvio padrão de 200 cadeiras, o que parece ser uma distribuição normal. A CITW usa uma taxa de juros anual de 20% para estimar seus custos de estocagem, e, portanto, o custo de manter em estoque uma cadeira por um mês é de $\$300(0{,}20)/12 = \$5$.

(a) Se todos os pedidos forem mantidos em espera até serem atendidos, e o custo da perda do cliente por manter uma única cadeira pendente for de \$20, qual a quantidade de estoque mínimo que a CITW deveria manter?

(b) Se um pedido não atendido pelo estoque normal for perdido (isto é, o cliente compra o item de um concorrente), qual o nível do estoque mínimo que a CITW deveria manter?

(c) Explique o motivo da diferença entre suas respostas em (a) e (b).

15. Jill, a gerente de uma loja de impressão de materiais publicitários, estoca cartuchos de *toner* para reposição de suas impressoras a *laser*. A demanda por cartuchos é de, aproximadamente, 30 por ano e é bastante variável (é uma distribuição de Poisson). Os cartuchos custam \$100 cada um e são entregues pelo fornecedor em 3 semanas. Jill usa uma abordagem (Q, r) para controlar seu estoque.

(a) Se Jill quiser limitar seus pedidos de reposição a uma média de 2 vezes ao ano, qual o tamanho de lotes Q ela deve usar? Com essa quantidade, qual o ponto de reposição r ela deve usar para ter certeza de que manterá um nível de atendimento (isto é, a probabilidade de ter cartuchos em estoque, quando necessários) de, no mínimo, 98%?

(b) Se Jill quiser aumentar o número de pedidos de reposição para 6 ao ano, quais as alterações em Q e r? Explique a diferença em r.

(c) Se o fornecedor de cartuchos de *toner* oferecer um desconto de \$10 por cartucho para pedidos de 50 ou mais, como isso afeta a atratividade relativa de se fazerem pedidos 2 vezes por ano em relação a 6 vezes por ano? Tente definir suas respostas em termos econômicos.

16. A Moonbeam-Mussel (MM), uma fabricante de pequenos aparelhos, tem um grande departamento de máquinas injetoras. Como o gerente geral da MM, Crosscut Clan, é um fanático por manter as máquinas sempre operando, a empresa mantém um estoque de módulos de reposição rápida para os dois problemas mais comuns. O módulo tipo A custa \$150 cada e tem sido usado em uma média acima de 7 por mês, e o módulo tipo B custa \$15 e tem sido usado numa média de 30 por mês. Ambos os módulos são comprados de um fornecedor e o tempo de reposição é de 1 mês e de 15 dias para os módulos A e B, respectivamente.

(a) Suponha que a MM queira seguir a prática do estoque mínimo. Assumindo que a demanda é uma distribuição de Poisson, quais deveriam ser os níveis de estoque para os módulos tipo A e tipo B, para alcançar um nível de atendimento de, no mínimo, 98% para cada módulo? Qual a estimativa para o nível de pedidos pendentes e o nível do estoques (em \$)?

(b) Suponha que a MM estima que os custos de se colocar um pedido de reposição (de qualquer tipo) sejam \$5 e as taxas de juros sobre os custos de se manterem estoques sejam de 3% ao mês. Use o modelo do lote econômico para calcular as quantidades (onde os valores do lote econômico são arredondados ao número inteiro mais próximo para chegar a Q). Para essas quantidades de pedidos, qual o ponto de reposição para atingir o nível de 98% no atendimento? Como esses pontos de reposição e os níveis médios de pedidos pendentes e de estoque que daí resultam podem ser comparados aos da parte (a)? Explique as diferenças.

(c) Suponha que a MM estima o custo unitário mensal de um pedido pendente em $15. Use a aproximação (2.54) para calcular os pontos de reposição para os módulos de tipo A e B (arredondando para o número inteiro mais próximo). Usando as quantidades de pedido do item (b) com esses novos pontos de reposição, compare a média do estoque total, dos pedidos pendentes e do nível de atendimento com os de (b). Comente qualquer diferença. (Note que o nível médio de atendimento é calculado por $(D_1S_1 + D_2S_2)/(D_1 + D_2)$, onde D_1 e D_2 são as demandas mensais, e S_1 e S_2 são os níveis de atendimento para os componentes A e B, respectivamente.)

(d) Recalcule os pontos de reposição como em (c), mas assumindo que os tempos de reposição são variáveis, com desvios padrão de 7 e 15 dias para os módulos de tipo A e B, respectivamente. Como isso afeta os pontos de reposição?

17. A Walled-In Books tem em estoque o romance *Guerra e Paz*. A demanda média é de 15 livros mensais, mas é bem variável (ou seja, é bem representada por uma distribuição de Poisson). A reposição pela editora demora duas semanas. O custo por atacado é $12, e a Walled-In usa um taxa de juros sobre o custo semanal de estocagem de 0,5%. Ela também estima que o custo fixo de colocar um pedido e receber uma reposição seja de $5.

(a) Calcule a quantidade ótima aproximada, usando a fórmula do lote econômico, arredondando para o número inteiro mais próximo. Com essa quantidade para o pedido, encontre o ponto de reposição que atinja um nível de atendimento de, no mínimo, 90%. Calcule o estoque médio resultante (em $).

(b) Usando a quantidade do pedido do item (a), encontre o ponto de reposição utilizando a estimativa tipo I para um nível de atendimento de, no mínimo, 90%. Calcule o nível de atendimento real e o nível de estoque resultante desse ponto de reposição e compare com os valores da parte (a). O que isso nos diz sobre a acuracidade da aproximação do serviço tipo I?

(c) Usando a quantidade de pedido calculada em (a), encontre o ponto de reposição que faz a estimativa tipo II de nível de atendimento atingir, no mínimo, 90%. Calcule o nível de atendimento real e o nível de estoque resultante desse ponto de reposição e compare com os valores da parte (a). O que isso nos diz sobre a acuracidade da aproximação do serviço tipo II? Como o valor de Q afeta a exatidão da aproximação do serviço tipo II?

(d) Corte a quantidade do pedido do item (a) pela metade e calcule o ponto de reposição necessário para atingir, no mínimo, 90% do nível de atendimento. Como o estoque resultante se compara com o obtido na parte (a)? Isso implica a aproximação do lote econômico ser deficiente? Sim ou não, por quê?

CAPÍTULO 3

A Cruzada do MRP

Não há nada de novo debaixo do sol.

ECLESIASTES

3.1 PLANEJAMENTO DAS NECESSIDADES DE MATERIAIS – MRP

No início da década de 1960, muitas empresas usavam os computadores digitais para desempenhar as funções contábeis de rotina. Considerando a complexidade e o tédio de controlar os estoques e de programar a produção, seria natural usar os recursos da informática também para administrar essas funções. Uma das pioneiras a fazer experiências nessa área foi a IBM, onde Joseph Orlicky e seus colegas desenvolveram o que veio a ser chamado de **planejamento das necessidades de materiais** (material requirements planning – **MRP**). Apesar de ter iniciado timidamente, o MRP teve um forte crescimento em 1972, quando a American Production and Inventory Control Society (APICS) lançou a "Cruzada do MRP" para promover seu uso. A partir de então, o MRP tornou-se o principal paradigma na área de controle de produção nos Estados Unidos. Até 1989, as vendas do programa MRP e de seus serviços de implantação e suporte alcançaram mais de US$ 1 bilhão.

Desde então, o MRP tem sido uma importante ferramenta em quase todas as empresas que usam os computadores na administração da produção e em recursos mais abrangentes como o MRP II, o planejamento de recursos de negócios (Business Resources Planning – BRP), o sistema integrado de gestão empresarial (Enterprise Resources Planning – ERP) e a gestão da cadeia de suprimentos (Supply Chain Management – SCM). Consequentemente, o MRP foi o coração da indústria do *software*, que gerou mais de US$ 24 bilhões em receitas em 2005.

Apesar do entusiasmo com as novas arquiteturas e da capacidade dos sistemas, a maioria dos programas de ERP e SCM detém em sua base a mesma tecnologia desenvolvida por Orlicky na década de 1960 – o MRP. Pelo fato de ele se manter tão em uso, todo gerente de fábrica bem treinado deve conhecer a forma como o MRP funciona (e como não funciona). Assim, neste capítulo, descrevemos o paradigma do MRP e de seus sucessores. Também mostraremos a ideia fundamental do MRP e algumas dificuldades que ele não resolve. Porém, reservamos o Capítulo 5 para aprofundar nossos comentários a esse respeito.

3.1.1 A ideia fundamental do MRP

Como observamos no Capítulo 2, antes do MRP, a maioria dos sistemas de controle da produção era baseado em uma variante do ponto de reposição estatístico. Isso significa que a produção de qualquer peça, produto final ou componente era acionada pela queda do estoque de tal material abaixo de certo nível específico. Orlicky e seus colegas descobriram que essa abordagem é mais apropriada para os produtos finais do que para seus componentes. A razão disso é que a demanda pelos produtos finais acontece fora do sistema e está sujeita a certos níveis de incerteza. Contudo, como os componentes são usados na produção dos produtos finais, a demanda por componentes é uma função da demanda por produtos finais e, portanto, é *conhecida* para qualquer programação de montagem de produtos finais. Ao se tratarem os dois tipos de demanda de maneira igual, como fazem os sistemas de ponto de reposição estatístico, ignora-se que a demanda dos componentes depende da demanda dos produtos finais, e isso leva a muitas ineficiências na programação da produção.

Qualquer demanda gerada fora do sistema é chamada de **demanda independente.** Isso inclui toda a demanda por produtos finais e, possivelmente, uma parte da demanda por componentes (por exemplo, quando são vendidos como peças de reposição). A **demanda dependente** é a demanda por componentes que formam os produtos finais da demanda independente. Assim, a ideia fundamental do MRP pode ser descrita da seguinte forma:

> A demanda dependente é diferente da independente. A produção para atender a demanda dependente deve ser programada de forma a deixar explícito o vínculo com a produção para atender a demanda independente.

Como veremos, os mecanismos básicos do MRP fazem exatamente isso. Trabalhando de trás para frente, partindo de uma programação de produção de um item de demanda independente, chega-se a programações para componentes de demanda dependente, o MRP adiciona uma ligação direta entre a demanda independente e a dependente, o que não existe nos sistemas de ponto de reposição estatístico. O MRP é, portanto, conhecido como um **sistema empurrado de produção**, pois ele calcula qual a programação necessária para produzir com base na demanda. Isso é o oposto dos **sistemas puxados de produção,** como o *kanban*, da Toyota, que autoriza a produção assim que o estoque é consumido. Discutiremos o *kanban* em maiores detalhes no Capítulo 4 e forneceremos uma comparação entre os sistemas de produção empurrada e puxada no Capítulo 10.

3.1.2 Uma visão geral do MRP

A função básica do MRP é revelada pelo seu próprio nome – planejar as necessidades de materiais. O MRP é usado para coordenar os pedidos internos e externos das fábricas, sendo os externos chamados de **ordens de compra** e os internos de **requisições.** O foco principal do MRP está na programação das requisições e ordens de compra para atender as necessidades de materiais da demanda externa.

O MRP trabalha em duas dimensões básicas no controle da produção: quantidades e tempos. O sistema precisa determinar quais as quantidades corretas de todos os tipos de itens, desde os produtos finais que são vendidos, passando pelos componentes usados em sua montagem final, até os insumos comprados como matérias-primas. Ele também precisa definir os tempos de produção, isto é, quando produzir, para entregar os produtos dentro dos prazos.

Em muitos sistemas de MRP, o tempo é dividido em **intervalos,** apesar de alguns sistemas usarem tempos contínuos. Um intervalo é usado para dividir tempo e demanda em porções definidas. A demanda acumulada em um intervalo de tempo é considerada pendente desde o início desse intervalo. Assim, se o intervalo for de uma semana e, durante a terceira semana, existir demanda para 200 unidades para a segunda-feira, 250 para terça, 100 para quarta, 50 para quinta e 350 para sexta-feira, então a demanda considerada do período em questão é de 950 unidades e é considerada pendente na segunda-feira de manhã. No passado, quando o processamento de dados era mais caro, os intervalos mais usados eram de uma semana ou mais. Atualmente, os sistemas de MRP mais modernos utilizam períodos de um dia, apesar de muitos ainda usarem semanas.

O MRP trabalha tanto com produtos acabados, chamados de **produtos finais**, quanto com as peças que os constituem, chamadas de **subitens**. A relação entre os produtos finais e seus subitens é descrita pela **estrutura de produto** (*bill of material* – BOM†), conforme mostrado na Figura 3.1. A demanda por produtos finais gera demanda para os subitens. Como observamos anteriormente, toda a demanda por produtos finais é independente, enquanto, normalmente, a maior parte da demanda por subitens é dependente. No entanto, pode haver demanda independente também para os subitens, quando eles são usados como peças de reposição, para testes, pesquisas, etc.

Para facilitar o processamento do MRP, cada item da estrutura de produto é codificado com um **código de subitem (CSI)**. Esse código indica, em uma estrutura de produto, o nível mais baixo em que determinada peça pode ser usada.[1] Os produtos finais (que não fazem parte de qualquer outro item) têm um CSI 0; um subconjunto que seja usado apenas por produtos finais tem um CSI 1; um componente usado apenas em subconjuntos que têm um CSI 1 terá um CSI 2; e assim por diante. Por exemplo, na Figura 3.1, as peças A e B são produtos finais com CSI 0. As necessidades dessas peças têm origem na demanda independente. À primeira vista, pode parecer que a peça 100 deveria ter um CSI de 1, pois é usada diretamente na parte A. Porém, pelo fato de ser também componente da peça 500 (cujo CSI é 1), ela leva um CSI 2. De maneira idêntica, como a parte 300 é necessária na peça B que tem um CSI 0, mas também é necessária para fazer a parte 100, que tem um CSI 2, ela leva um CSI 3.

A maioria dos pacotes comerciais de MRP inclui um **processador de estruturas de produto**, que é usado para fazer a manutenção dessas relações e designar um CSI para cada peça de maneira automática. Outras funções do processador de estruturas de produto incluem listagens indicando onde as peças são usadas, além da impressão da relação completa.

Além das informações da estrutura de produto, o MRP precisa de informações relativas à demanda independente que têm origem no **plano mestre de produção (PMP)**. Este contém as **necessidades brutas**, a posição do estoque **disponível** e dos pedidos pendentes (comprados e fabricados) chamados de **recebimentos programados**.

O procedimento básico do MRP é simples. Discutiremos cada um de seus passos em detalhes. Porém, em resumo, em cada nível da estrutura de produto, a começar pelos produtos finais, o MRP faz o seguinte para cada peça:

1. *As necessidades líquidas:* determina-se a **necessidade líquida** tomando as necessidades brutas e subtraindo o estoque disponível e qualquer recebimento programado. As necessidades brutas para os itens de nível zero têm origem no plano mestre de produção, enquanto, para os subitens, elas são resultado de processos anteriores do MRP ou são demandas independentes

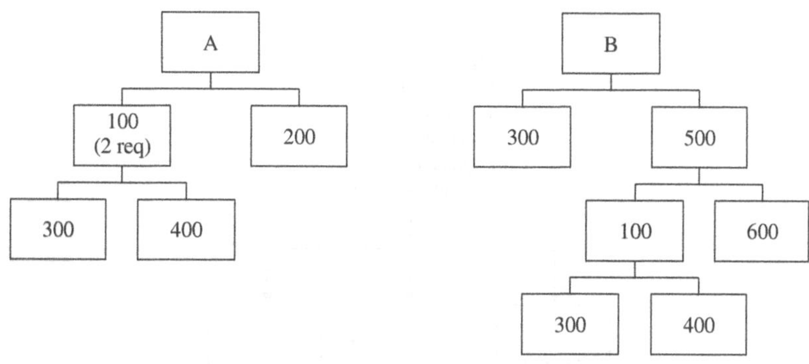

FIGURA 3.1 Duas estruturas de produto.

[1] Em alguns casos, os códigos de subitens têm a particularidade de que quanto menor o nível na estrutura de produto, *maior* é o seu número de código.

† N. de R. T.: No Brasil BOM também é traduzido como Lista de Materiais, Relação de Materiais e Árvore de Produto.

por essas peças, como reposição. Se o estoque disponível projetado for menor que zero, então existe uma necessidade de materiais.

2. *O tamanho do lote:* divide a demanda líquida em **lotes** apropriados para formar requisições.
3. *Os tempos:* compensa a data de entrega da requisição com **o prazo necessário de fabricação** para determinar o início da produção (ou da compra).
4. *A explosão da estrutura de produto:* usa a data do início da produção, o tamanho dos lotes e a estrutura de produto para gerar as necessidades brutas de todas as peças necessárias no(s) próximo(s) nível(is).
5. *A repetição:* repete os passos anteriores até que todos os níveis sejam processados.

Assim que cada peça da estrutura de produto é processada, as necessidades são geradas para os níveis mais baixos. O MRP processa todas as peças de um determinado nível antes de iniciar o próximo. Devido à maneira como os códigos dos subitens são definidos, esse procedimento gera toda a demanda bruta por um subitem antes de fazer o processamento. Descrevemos cada um desses passos em detalhes na Seção 3.1.4. Os principais resultados do sistema MRP são a emissão de ordens planejadas, avisos de alterações e relatórios de exceção. Definimos todos eles na Seção 3.1.3. A Figura 3.2 apresenta um esquema do processo completo.

Por ora, ilustramos esse procedimento com um exemplo simples. Suponha que a demanda do produto A é dada pelas necessidades brutas do seguinte plano mestre de produção:

Peça A	1	2	3	4	5	6	7	8
Necessidades brutas	15	20	50	10	30	30	30	30

Além disso, suponha que não há recebimentos programados (são um pouco complicados e serão discutidos mais adiante) e que o estoque disponível seja de 30 unidades. Vamos assumir que o tamanho do lote da peça A seja de 75 unidades e que o prazo de fabricação seja de uma semana. O processamento do MRP é feito assim:

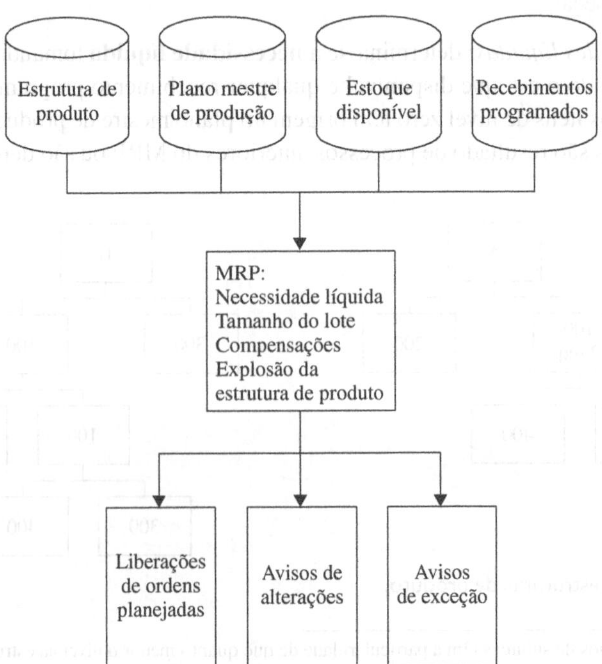

FIGURA 3.2 Esquema do MRP.

Necessidades líquidas. As 30 unidades disponíveis no estoque cobrirão toda a demanda para a semana 1, sobrando ainda 15 unidades. As 15 restantes são 5 a menos do que a demanda de 20 unidades da semana 2. Assim, as necessidades líquidas são as seguintes:

Peça A		1	2	3	4	5	6	7	8
Necessidades brutas		15	20	50	10	30	30	30	30
Estoque disponível projetado	30	15	−5	—	—	—	—	—	—
Necessidades líquidas		0	5	50	10	30	30	30	30

Tamanho do lote. A primeira demanda não atendida está na segunda semana. Desse modo, o **recebimento da primeira ordem** de 75 unidades (o tamanho do lote) será na semana 2. Como serão necessárias apenas 5 unidades na semana 2, 70 delas são transferidas para a semana 3, que tem uma demanda de 50. Isso deixa ainda 20 para a semana 4, que tem uma demanda de 10. Após atender a semana 4, o que resta é insuficiente para cobrir a demanda de 30 unidades na semana 5. Assim, precisamos de outro lote de 75 unidades para chegar no início da semana 5. Após subtrair 30 unidades, restam ainda 55 disponíveis para a semana 6, que também tem uma demanda de 30, deixando 25 para a semana 7. As 25 unidades restantes não são suficientes para cobrir a demanda de 30 na semana 7, então precisamos pedir outro lote de 75 para chegar no início da semana 7. Esse novo lote atende a demanda que faltou na semana 7 (cinco) e as 30 necessárias na semana 8. Mostramos os resultados desses cálculos na tabela a seguir:

Peça A		1	2	3	4	5	6	7	8
Necessidades brutas		15	20	50	10	30	30	30	30
Estoque disponível projetado	30	15	−5	—	—	—	—	—	—
Necessidades líquidas		0	5	50	10	30	30	30	30
Recebimentos de pedidos programados			75			75		75	

Sincronização dos tempos. Para determinar quando liberar (iniciar) as requisições de produção (se for fabricação própria) ou as ordens de compra (se houver compra de fornecedores), simplesmente subtraímos o prazo de produção do tempo do recebimento de pedidos programados e obtemos as liberações planejadas das requisições. O resultado dos *lead times* planejados para a semana 1 é mostrado a seguir:

Peça A		1	2	3	4	5	6	7	8
Necessidades brutas		15	20	50	10	30	30	30	30
Estoque projetado	30	15	−5	—	—	—	—	—	—
Necessidades líquidas		0	5	50	10	30	30	30	30
Recebimentos de pedidos programados			75			75		75	
Liberações planejadas (produção/compra)		75			75		75		

Explosão da estrutura de produto. Uma vez determinados os tempos e as quantidades para a peça A, é fácil gerar as necessidades de demanda por todos seus componentes. Por exemplo, cada unidade da peça A necessita de duas unidades da peça 100. Assim, as necessidades brutas da peça 100 para produzir a peça A são calculadas dobrando as liberações de ordens (produção/compra) planejadas para a peça A. As necessidades brutas da peça 100 geradas pela peça A precisam ser somadas às necessidades geradas por outras peças (por exemplo, a peça 500) para chegarmos ao total das necessidades brutas da peça 100. À medida que todas as peças são processadas nessa ordem (de baixo para cima) por meio de seus códigos de subitens, teremos acumulado todas as necessidades brutas para cada uma das peças antes de iniciar o processamento.

3.1.3 As entradas e saídas do MRP

As entradas básicas do MRP são as estimativas de demanda dos produtos finais, suas estruturas de produtos e a posição atual dos estoques, além de outros dados necessários para especificar as políticas de produção. Esses dados provêm de três fontes: (1) o arquivo mestre de itens, (2) o plano mestre de produção e (3) o arquivo da posição de estoques.

O plano mestre de produção. O plano mestre de produção é a fonte da demanda para o sistema MRP. Ele fornece as quantidades e os prazos de entrega de todas as peças com demandas independentes. Isso inclui a demanda para todos os produtos finais e também a demanda externa de subitens (por exemplo, demanda por peças de reposição).

O mínimo de informações que devem estar contidas em um plano mestre de produção é um conjunto de registros contendo um número de peça, uma quantidade necessária e um prazo final de entrega de cada ordem de compra. Essas informações são usadas pelo MRP para calcular as necessidades brutas que iniciam o processo. O plano mestre de produção normalmente usa o número da peça para estabelecer a ligação com o arquivo mestre de itens onde outras informações de processamento estão localizadas.

O arquivo mestre de itens. O arquivo mestre de itens é organizado pelo número de cada peça e contém, no mínimo, a descrição da peça, as informações da estrutura de produto, o tamanho do lote e os tempos planejados para a produção.

As informações mínimas contidas na estrutura de produto para uma determinada peça são seus componentes e as quantidades que são diretamente necessárias para fabricar tal peça. O processador da estrutura de produto usa essas informações para gerar estruturas de produto completas para qualquer item, apesar de esse detalhamento não ser necessário para o processamento do MRP.

Ao usar códigos dos subitens, o MRP acumula toda a demanda de uma determinada peça *antes* de processá-la. Para ver por que isso é necessário, suponha que ela não estava completa. Em nosso exemplo, o MRP poderia processar a peça 100 após as peças A e B, mas antes de processar a peça 500. Se fosse assim, o sistema não teria a demanda da peça 100 gerada pela peça 500. Se voltarmos e programarmos maior produção da peça 100, poderemos gerar muitas requisições pequenas para a peça 100, em vez de gerar poucas requisições grandes. Várias requisições pequenas podem facilmente ter a mesma data de produção. O resultado seria uma falha na exploração de economias de escala por meio do compartilhamento de *setups* de equipamentos muito utilizados. O uso dos códigos de subitens evita que isso aconteça.

Outras duas informações necessárias para o processamento do MRP são a **regra de tamanho do lote** (**RTL**) e o **planejamento do prazo de produção (PPP).** A RTL determina o tamanho dos lotes das requisições para balancear as questões de *trade-off* entre reduzir os estoques (usando lotes menores) e otimizar a capacidade (usando lotes maiores para evitar os custos de *setup* extras). Os métodos do lote econômico e o de Wagner–Whitin, discutidos no Capítulo 2, são duas possíveis RTLs. Discutiremos essas e outras regras mais adiante neste capítulo.

O PPP é usado para determinar os tempos de início de uma requisição. No MRP, esse procedimento é simples: o início é igual à data final de entrega menos o PPP. Assim, se os *lead times* planejados forem sempre idênticos aos PPPs, os resultados do MRP seriam peças finalizadas exatamente quando necessárias (isto é, *just in time*). Porém, os *lead times* reais variam e eles nunca são conhecidos antecipadamente. A decisão de quais *lead times* usar no sistema do MRP pode ser uma questão difícil, e será mais discutida neste capítulo e também no Capítulo 5.

O estoque disponível. Os dados do estoque disponível são armazenados em ordem do número de cada peça e contêm informações sobre a descrição da peça, sua localização e quantas unidades da peça estão disponíveis. O estoque disponível inclui as matérias-primas, os estoques semi-processados (estoques processados em um primeiro estágio, aguardando o consumo dentro da planta) e os estoques localizados na linha de montagem (em processo). O arquivo dos estoques disponíveis também pode conter informações sobre a **alocação,** que indica quantas unidades da peça já estão reservadas para requisições específicas.

Os recebimentos programados. Esse arquivo contém todas as ordens já liberadas, sejam **ordens de compra** ou **requisições internas** de produção. Um recebimento programado **(RP)** é uma **liberação de ordem planejada** que já foi realmente liberada. Para as peças compradas fora, isso envolve a emissão de uma ordem de compra (OC) para um fornecedor. Para as peças fabricadas internamente, isso envolve o recolhimento de todas as informações necessárias para a fabricação, a alocação dos estoques essenciais para sua produção e a liberação da requisição para a fábrica. Assim que a OC ou a requisição é liberada, a **liberação** que estava **planejada** é eliminada do banco de dados e um recebimento programado é criado. Assim, os RPs são as requisições e as ordens resultantes de processamentos anteriores do MRP e que estão agora sendo processadas ou não foram ainda recebidas do fornecedor. As requisições internas que ainda não chegaram aos locais do estoque são consideradas parte do **trabalho em processamento (work in process – WIP)**. Quando a ordem for completada, ou seja, finalizada e armazenada, o recebimento programado é eliminado da base de dados, e a posição de estoques disponíveis é atualizada para refletir as quantidades produzidas. Um procedimento idêntico é seguido no caso de ser uma ordem de compra de um fornecedor.

Normalmente, as informações contidas em cada recebimento programado são o número de identificação (da ordem de compra ou da requisição interna), o código da peça, a data de entrega, a data da liberação, a unidade de medida, a quantidade necessária e a quantidade disponível em estoque. Outras informações incluem o preço de compra ou o custo de fabricação, os dados de processamento e do fornecedor, os materiais necessários, os cuidados de manejo, a quantidade final projetada, a data projetada de produção, e assim por diante.

O conhecimento do estoque disponível e dos recebimentos programados é importante para determinar as necessidades líquidas. Esse procedimento muitas vezes é chamado de **análise da cobertura** e envolve a definição da parte da demanda que está "coberta" pelo estoque disponível atual, pelas ordens de compra e pelas requisições internas.

Se as demandas não mudarem e se as requisições forem entregues em dia, todos os recebimentos programados existentes correspondem exatamente às necessidades subsequentes. Infelizmente, as demandas, muitas vezes, mudam e as requisições internas nem sempre são produzidas no prazo devido, de forma que, às vezes, os recebimentos programados precisam ser ajustados. Tais ajustes são informados pelo sistema como um **aviso de alterações** descrito a seguir.

As saídas do MRP. As saídas de um sistema MRP incluem as liberações das ordens planejadas, avisos de alterações e relatórios de exceções. As liberações de ordens planejadas transformam-se em requisições internas que são processadas na fábrica.

Uma **liberação de ordem planejada (LOP)** contém, no mínimo, três informações importantes: (1) o código da peça, (2) o número de unidades necessárias e (3) a data a ser finalizada. Uma requisição ou uma **LOP** não precisam corresponder diretamente a um determinado pedido de um cliente e, na maioria dos casos, não correspondem. Na verdade, em uma situação em que existem muitas peças comuns, as LOPs podem incluir várias montagens diferentes, sem falar nos clientes. Porém, se todas as requisições são finalizadas em dia, todos os pedidos de todos os clientes também serão atendidos em dia. Isso é executado de maneira automática pelo processamento do MRP, que será discutido em detalhes mais adiante.

Os **avisos de alterações** indicam modificações feitas nas ordens e requisições, como as alterações de datas de produção ou suas prioridades. A alteração de uma data de produção pode ser uma **antecipação** ou uma **postergação.**

Os **relatórios de exceções**, como em qualquer sistema de informações gerenciais, são usados para avisar os usuários de que há discrepâncias entre o desejado e o resultado real. Tais relatórios podem indicar diferenças de quantidades, discrepâncias no estoque, possíveis atrasos, etc.

3.1.4 Os procedimentos do MRP

Se as ideias básicas do MRP são simples, seus detalhes podem ser complicados. Nesta seção, aprofundamos os procedimentos do MRP até termos detalhes suficientes para fornecer ao leitor uma ideia básica de como funciona a maioria dos sistemas industriais de MRP. Para isso, usaremos as seguintes notações. Para cada peça, definimos que:

D_t = necessidades brutas (demanda) para o período t (por exemplo, uma semana)

S_t = quantidade programada para chegar no período t (por exemplo, um recebimento programado)

I_t = estoque disponível projetado ao final do período t, onde o estoque disponível é dado por I_0

N_t = necessidades líquidas do período t

Com isso, vamos descrever agora os quatro passos básicos do MRP: o cálculo das necessidades líquidas, do tamanho do lote, dos tempos e a explosão da estrutura de produto.

As necessidades líquidas. A determinação das necessidades líquidas, ou a análise de cobertura, serve para calcular a demanda líquida. Em muitos sistemas, ela também ajusta os recebimentos programados, antecipando aqueles que devem chegar muito tarde e postergando os que estão programados para chegar cedo demais.

Em implantações mais básicas, a demanda líquida é calculada de maneira bem simples. Primeiro, calculamos o estoque disponível projetado (sem reposições),

$$I_t = I_{t-1} - D_t + S_t$$

sendo I_0 o estoque disponível atual. Depois, a demanda líquida é calculada como

$$N_t = \min\{\max(-I_t, 0), D_t\}$$

Essa fórmula faz a demanda líquida se igualar à grandeza do primeiro valor a ficar negativo, ou ao estoque disponível projetado ou à demanda do período, o que for menor.

Os sistemas mais sofisticados assumem que todos os recebimentos programados (RPs) serão recebidos antes que qualquer requisição recém-criada possa ser finalizada. Isso faz sentido, pois os RPs já estão a caminho, e é improvável que novas liberações de ordens planejadas tenham condições de chegar antes do RP. Se um RP está pendente com um fornecedor, deveria ser mais fácil antecipar a ordem existente do que criar uma nova. Da mesma maneira, um RP que já está na fábrica deverá terminar antes do que um que seja criado agora. Assim, vamos assumir que a cobertura será feita, primeiramente, a partir do estoque disponível, depois, dos RPs (não importando sua data) e, finalmente, de novas ordens planejadas. Para calcular quando o primeiro RP vai chegar, determinamos primeiro por quanto tempo o estoque disponível cobrirá a demanda. Calculamos, então

$$I_t = I_{t-1} - D_t$$

iniciando com $t = 1$ e com I_0 igual ao estoque disponível atual. Aumentamos t e continuamos a calcular I_t até que ele seja menor que zero. O período em que isso acontece é quando o primeiro recebimento programado deve chegar. Se a data final do primeiro RP for diferente, ela deve ser alterada, o que irá gerar um aviso de alteração indicando uma postergação ou uma antecipação do RP conforme sua data final.[2] Assim que o RP é alterado, o estoque disponível projetado deve refletir as mudanças; isto é,

$$I_t \text{ (após alteração do RP)} = I_t \text{ (antes da alteração do RP)} + S_t$$

[2] É claro que a alteração automática das datas finais ocorre somente na base de dados caso não haja intervenção de alguém. Os avisos de alterações são usados para comunicar essas informações ao responsável pela administração das ordens e requisições. Isso tudo parece fácil na teoria, porém, muitas vezes, uma requisição pode ter sua data de finalização impossível de ser cumprida. Em tais situações, as datas mostradas pelo MRP não refletem as situações reais da fábrica.

onde S_t é a quantidade do RP que é movida para o período t. Se I_t continuar menor do que zero, o próximo RP também deve ser movido para o período t, devendo ser repetido até que I_t se torne positivo ou não haja mais recebimentos programados.

Assim que o estoque disponível projetado torna-se positivo no período t, continuamos o procedimento avançando no tempo, aumentando t e calculando

$$I_t = I_{t-1} - D_t$$

novamente, até que I_t se torne menor do que zero. Repetimos esse procedimento até terminarem os recebimentos programados ou termos atingido o fim do horizonte do tempo. Se isso ocorrer quando ainda existirem RPs, um aviso de alteração deve ser emitido para cancelar essas ordens e requisições ou postergá-las para uma data bem mais adiante, pois não há demanda para elas por enquanto. Mas a situação mais comum é faltarem estoques e RPs antes que toda a demanda acabe. As demandas que excedem a cobertura pelos estoques disponíveis e recebimentos programados são as necessidades líquidas.

Assim que os recebimentos programados forem ajustados, as necessidades líquidas são calculadas como já mostrado: $N_t = \min\{\max(-I_t, 0), D_t\}$, e usadas no cálculo do tamanho dos lotes.

Antes de seguirmos adiante com o cálculo dos lotes, considere um exemplo para ilustrar esses procedimentos de análise de cobertura. A Tabela 3.1 mostra as necessidades brutas do plano mestre de produção para a peça A, três recebimentos programados e a posição atual do estoque.

Começamos calculando o estoque disponível, iniciando com 20 unidades, subtraímos 15 para as necessidades brutas no período 1, deixando 5 no estoque. Note que não estamos considerando o recebimento programado de 10 unidades do período 1, pois sempre usamos as que estão em estoque antes de usar os RPs.

Avançando para o segundo período, notamos que as necessidades brutas de 20 unidades excedem as 5 em estoque, de forma que um aviso de alteração é emitido para postergar o RP de 10 do período 1 para o período 2. Entretanto, isso nos dará um total de 15 unidades, 5 a menos do que o necessário. Assim, adicionamos o segundo RP ao período 2, totalizando, agora, 25 unidades. Observe que, como esse RP já era programado para o período, não é preciso emitir um aviso de alteração. Após ajustarmos os dois primeiros RPs para o período 2 e subtrairmos as necessidades brutas, ainda teremos 5 unidades em estoque. Como essa quantidade é insuficiente para cobrir a terceira demanda de 50, emitimos um aviso de antecipação para alterar a data do terceiro RP de 100 do quarto período para o terceiro período, gerando um estoque disponível de 55. Em alguns sistemas, a requisição poderia ser dividida, antecipando apenas a porção necessária. Porém, nesse exemplo, antecipamos a requisição por inteiro. Isso cobre as 10 unidades do período 4 e as 30 unidades do período 5, deixando 15 unidades em estoque. A demanda do período 6 é maior do que nosso estoque e não há mais RPs a ajustar. Portanto, a primeira demanda a descoberto é de 15 unidades e ocorre no período 6. A Tabela 3.2 resume nossa análise de cobertura e os cálculos usados na projeção dos estoques disponíveis.

Agora, as necessidades líquidas podem ser facilmente calculadas, como mostra a Tabela 3.2. Para os períodos 1 ao 5, a necessidade é zero, porque os estoques projetados são maiores do que zero. Para o

TABELA 3.1 Exemplo de dados de entrada

Peça A		1	2	3	4	5	6	7	8
Necessidades brutas		15	20	50	10	30	30	30	30
Recebimentos programados		10	10		100				
RPs ajustados									
Estoque disponível projetado	20								
Necessidades líquidas									
Recebimentos de ordens planejadas									
Liberações de ordens planejadas									

TABELA 3.2 Recebimentos programados ajustados, estoque disponível projetado e necessidades líquidas

Peça A		1	2	3	4	5	6	7	8
Necessidades brutas		15	20	50	10	30	30	30	30
Recebimentos programados		10	10		100				
RPs ajustados			20	100					
Estoque disponível projetado	20	5	5	55	45	15	−15	—	—
Necessidades líquidas							15	30	30
Recebimentos de ordens planejadas									
Liberações de ordens planejadas									

período 6, a necessidade é 15, simplesmente o número negativo do estoque disponível projetado. Para os períodos 7 e 8, as necessidades líquidas são iguais às brutas, ambas de 30 unidades.

O **tamanho dos lotes**. Assim que tenhamos calculado as necessidades líquidas, precisamos programar as quantidades para satisfazer a produção. Pelo fato de o MRP assumir que as demandas são determinísticas, porém inconstantes ao longo do tempo, esse é exatamente o mesmo problema abordado no Capítulo 2, que foi solucionado de maneira "ótima", usando o algoritmo de Wagner–Whitin. Discutiremos essa e outras técnicas para determinar o tamanho dos lotes na Seção 3.1.6. Para esclarecer e ilustrar os cálculos básicos do MRP, concentraremos nossa atenção em duas regras simples para definir os lotes.

A regra mais simples, conhecida como **lote a lote**, diz que o total a ser produzido em certo período é igual às necessidades líquidas daquele mesmo período. Essa prática é mais fácil de usar do que a mostrada no exemplo 3.1.2 e é consistente com a filosofia do *just-in-time* (ver Capítulo 4), de fabricar apenas o necessário.

Outra regra simples é chamada de **período fixo (PF)**, ou também **quantidade por período**. Essa regra tenta reduzir o número de *setups* necessários através da combinação das necessidades líquidas de P períodos. Note que, quando $P = 1$, o PF equivale ao lote a lote.

Voltando ao nosso exemplo, assuma que a regra para definir o tamanho dos lotes das peças A e B seja a do período fixo, sendo $P = 2$, e para todas as outras peças usamos o procedimento lote a lote. Assim, para a peça A, planejamos receber 45 unidades no período 6 (combinando a demanda líquida dos períodos 6 e 7) e 30 unidades no período 8 (não podemos fazer combinações além de nosso horizonte de planejamento). Os resultados desses cálculos do tamanho dos lotes são mostrados na Tabela 3.3.

Sincronização dos tempos. Quase sempre, o sistema MRP assume que o tempo para se fabricar uma peça é fixo, apesar de alguns sistemas permitirem que o prazo de fabricação seja uma função da quantidade da requisição. No entanto, independentemente das especificidades, o MRP trata os *lead times* como atributos da peça e, possivelmente, da requisição, mas *não* das condições do chão de fábrica. Isso pode causar problemas, como veremos mais adiante.

TABELA 3.3 Recebimentos e liberações de ordens planejados

Peça A		1	2	3	4	5	6	7	8
Necessidades brutas		15	20	50	10	30	30	30	30
Recebimentos programados		10	10		100				
RPs ajustados			20	100					
Estoque disponível projetado	20	5	5	55	45	15	−15	—	—
Necessidades líquidas							15	30	30
Recebimentos de ordens planejadas							45		30
Liberações de ordens planejadas					45		30		

Retornando ao exemplo, se assumirmos que o *lead time* planejado da peça A é de dois períodos, podemos calcular as liberações das ordens planejadas como mostra a Tabela 3.3.

A explosão da estrutura de produto. A Tabela 3.3 nos mostra os resultados finais do processamento da peça A. Lembre-se de que a peça A é composta de duas unidades da peça 100 e uma da peça 200 (ver Figura 3.1). Dessa forma, as liberações das ordens planejadas geradas para a peça A criam as necessidades brutas para as peças 100 e 200. Mais especificamente, precisamos de 90 unidades da peça 100 no período 4 (são necessárias 2 unidades para cada peça A) e 60 unidades no período 6. De maneira idêntica, precisamos de 45 unidades da peça 200 no período 4 e de 30 no período 6. Essas demandas precisam ser adicionadas a qualquer necessidade já acumulada para essas peças (por exemplo, se já processamos outras peças que as usem como subcomponentes). Para ilustrar, desenvolveremos um pouco mais o nosso exemplo.

O próximo passo é processar qualquer outra peça com CSI 0. Nesse exemplo, processaríamos a peça B em seguida. Suponha que a programação de produção para a peça B seja a seguinte:

t	1	2	3	4	5	6	7	8
Demanda	10	15	10	20	20	15	15	15

Além disso, assuma o seguinte estoque e outros dados para as peças B, 100, 300, e 500 (para sermos mais rápidos, deixamos de fora as peças 200, 400 e 600):

Código da peça	**Estoque disponível**	**RPs**		**Regra do tam. do lote**	**Tempo de produção**
		Período	**Quantidade**		
B	40	0		PF, 2 semanas	2 semanas
100	40	0		Lote a lote	2 semanas
300	50	2	100	Lote a lote	1 semana
500	40	0		Lote a lote	4 semanas

Como não há recebimentos programados para a peça B, os cálculos do MRP são simples. A Tabela 3.4 mostra os dados integrais.

Completamos agora o processamento de todas as peças com CSI zero (ou seja, as peças A e B). Das peças restantes, estamos considerando que apenas a peça 500 tem CSI um. Assim, tratamos dela a seguir.

A única fonte de demanda para a peça 500 é a B (a A não necessita da peça 500 e não há demanda externa para ela). Pelo fato de cada unidade de B necessitar de uma unidade da peça 500, as liberações de ordens planejadas para a peça B tornam-se as necessidades brutas da 500. Novamente, não há recebimentos programados. O processamento do MRP é mostrado na Tabela 3.5.

Como o prazo de produção da peça 500 é de quatro semanas, não há tempo suficiente para terminar as primeiras 25 unidades antes da quarta semana. Assim, a liberação de uma ordem planejada é

TABELA 3.4 O processamento da peça B no MRP

Peça B		1	2	3	4	5	6	7	8
Necessidades brutas		10	15	10	20	20	15	15	15
Recebimentos programados									
RP ajustados									
Estoque disponível projetado	40	30	15	5	−15	—	—	—	—
Necessidades líquidas					15	20	15	15	15
Recebimentos de ordens planejadas					35		30		15
Liberações de ordens planejadas			35		30		15		

TABELA 3.5 Cálculos do MRP para a peça 500

Peça 500		1	2	3	4	5	6	7	8
Necessidades brutas		35	35		30		15		
Recebimentos programados									
RPs ajustados									
Estoque disponível projetado	40	40	5	5	−25	—	—	—	—
Necessidades líquidas					25		15		
Recebimentos de ordens planejadas					25		15		
Liberações de ordens planejadas		25*	15						

*Indica um início atrasado

programada para a semana 1 (o quanto antes) com uma observação em um relatório de exceção de que possivelmente ela entrará em atraso.

Agora vamos ao nível 2, com a peça 100. Essa peça tem duas fontes de demanda, duas unidades para cada uma das peças A e uma unidade para cada peça 500. Não há recebimentos programados. O processamento do MRP é mostrado na Tabela 3.6

A única peça de nível 3 é a 300. Ela tem sua demanda originada das peças B e 100. Também há um recebimento programado de 100 unidades na semana 2 e, como esse RP chegará quando ocorre a primeira necessidade a descoberto, não há necessidade de ajustes. O processamento do MRP é mostrado na Tabela 3.7.

Completamos, assim, o processamento do MRP para todas as peças que nos interessam (o processamento para as peças 200 e 400 é exatamente idêntico). A Tabela 3.8 nos dá um resumo dos resultados que o sistema MRP gera a partir dos cálculos acima. Para cada aviso de alteração, o sistema indica a quantidade e o código das peças afetadas, a data final anterior, a nova data final e se é uma antecipação ou uma postergação. Para cada nova liberação de ordens planejada, ele indica a data da liberação, a (nova) data final, a quantidade liberada e se foi antecipada ou postergada.

3.1.5 Tópicos especiais do MRP

Até agora, concentramo-nos na mecânica do processamento do MRP. A partir deste momento, vamos fazer algumas considerações sobre certos aspectos técnicos que afetam seu desempenho. Abordaremos especialmente as questões sobre o que pode ser feito para melhorar seu desempenho quando as coisas não acontecem conforme planejadas.

Frequência da atualização. Um elemento essencial que determina a eficácia do sistema MRP é a frequência com que ele é atualizado. Se o atualizarmos com muita frequência, a fábrica pode ser inun-

TABELA 3.6 Cálculos do MRP para a peça 100

Peça 100		1	2	3	4	5	6
Necessidades para a peça A					90		60
Necessidades para a peça 500		25	15				
Necessidades brutas		25	15		90		60
Recebimentos programados							
RPs ajustados							
Estoque disponível projetado	40	15	0	0	−90	—	—
Necessidades líquidas					90		60
Recebimentos de ordens planejadas					90		60
Liberações de ordens planejadas			90		60		

TABELA 3.7 Cálculos do MRP para a peça 300

Peça 300		1	2	3	4	5	6	7	8
Necessidades para a peça B			35		30		15		
Necessidades para a peça 100			90		60				
Necessidades brutas			125		90		15		
Recebimentos programados			100						
RPs ajustados			100						
Estoque disponível projetado	50	50	25	25	-65	–	–	–	–
Necessidades líquidas					65		15		
Recebimentos de ordens planejadas					65		15		
Liberações de ordens planejadas				65		15			

TABELA 3.8 Resultados gerados pelo MRP

Transação	Código da peça	Data final antiga ou data da liberação	Nova data final	Quantidade	Aviso
Aviso de alteração	A	1	2	10	Postergação
Aviso de alteração	A	4	3	100	Antecipação
Liberação de ordem planejada	A	4	6	45	OK
Liberação de ordem planejada	A	6	8	30	OK
Liberação de ordem planejada	B	2	4	35	OK
Liberação de ordem planejada	B	4	6	30	OK
Liberação de ordem planejada	B	6	8	15	OK
Liberação de ordem planejada	100	2	4	90	OK
Liberação de ordem planejada	100	4	6	60	OK
Liberação de ordem planejada	300	3	4	65	OK
Liberação de ordem planejada	300	5	6	15	OK
Liberação de ordem planejada	500	1	4	25	Atraso
Liberação de ordem planejada	500	2	6	15	OK

dada com relatórios de exceção e com alterações das liberações das ordens planejadas.[3] Se, por outro lado, atualizarmos o sistema com pouca frequência, arriscamos ficar trabalhando com planejamentos desatualizados e vencidos. Ao projetar o sistema MRP, precisamos equilibrar a necessidade da distribuição dos tempos com a necessidade de estabilidade.

Ordens planejadas firmes. A alteração frequente da programação de produção pode causar muita instabilidade. Isso dificulta para os administradores realizarem a troca de funcionários e preparar os *setups*. Portanto, é melhor minimizar a descontinuidade da produção causada pelas alterações. Para tal, usam-se **ordens planejadas firmes**. Uma ordem planejada firme é uma liberação de ordem planejada que é mantida firme; isto é, ela será liberada independentemente de qualquer alteração no sistema. Consequentemente, as ordens planejadas firmes são tratadas no processamento do MRP como se fossem recebimentos programados (ou seja, elas devem ser incluídas na análise de cobertura). Convertendo todas as liberações de ordens planejadas dentro de certo período de tempo em ordens planejadas firmes, os planos de produção tornam-se mais estáveis. Isso é especialmente importante no curto prazo por motivos de controle administrativo. As ordens planejadas firmes também são úteis na redução do **nervosismo** do sistema, que é discutido em detalhes a seguir.

[3] No passado, quando os sistemas de computador tinham memória limitada e processamento demorado, o custo do processamento também poderia ser um limite. Porém, com o aumento da capacidade dos computadores nos últimos anos, esse fator perdeu importância na decisão sobre a frequência das atualizações.

A solução de problemas no MRP. Um sábio chamado Murphy disse uma vez: "Se algo pode dar errado, vai dar errado." Nos sistemas de MRP, muitas coisas podem dar errado. Requisições internas podem ser produzidas com atraso, peças podem ser estragadas, demandas podem mudar, e assim por diante. Como resultado, ao longo dos anos, os sistemas MRP adquiriram algumas capacidades para ajudar a administrar as alterações. Os exemplos incluem as técnicas de indexação e replanejamento de baixo para cima.

A **indexação** permite ao planejador visualizar a fonte da demanda que resulta em determinada liberação de ordem planejada. Isso é facilitado por meio do fornecimento de um *link* entre as necessidades brutas de cada item e todas suas fontes de demanda. Por exemplo, considere a liberação de uma ordem planejada de 65 unidades da peça 300 na semana 3 mostrada na Tabela 3.7. A indexação mostraria um *link* disso com as requisições em separado de 60 unidades da peça 100 e de 30 unidades da peça B na semana 4. Destas, por sua vez, pode ser feito um *link* com suas fontes de demanda, a saber, da peça B com a plano mestre de produção, e da peça 100 com as 60 unidades necessárias para produzir a peça A na semana 6 (ver Tabela 3.6).

Uma das utilizações da indexação é o **replanejamento de baixo para cima.** Isso é melhor ilustrado por meio de um exemplo. Suponha que descobrimos que o recebimento programado de 100 unidades da peça 300, a ser entregue na semana 2, não chegará a tempo (digamos que alguém achou a ordem de compra, que já deveria ter sido remetida ao fornecedor, atrás de um armário). Claro, a ação correta seria ligar para o fornecedor, emitir a ordem com urgência e torcer para que fosse entregue a tempo. Mas se isso não for possível, podemos usar o replanejamento de baixo para cima para investigar qual seria o impacto de uma entrega atrasada.

Verificando na Tabela 3.7, vemos que as necessidades brutas a serem afetadas são as 125 unidades da semana 2. Se o recebimento programado não chegar a tempo, teremos apenas 50 unidades em estoque para cobrir a demanda, faltando 75 unidades. Das 125 necessárias, 35 são para a peça B, um item de nível 0, e 90 são para a peça 100, um item de nível 2. Se tentarmos cobrir primeiro os itens de nível mais baixo (raciocinando que eles tem o potencial de causar os maiores problemas), veremos que é possível cobrir apenas 50 das 90 unidades necessárias à peça 100 no período 2. Visualizar a indexação um pouco adiante nos mostra que essas necessidades provêm de 90 unidades da demanda da peça A, para a qual podemos cobrir, agora, apenas 50 unidades. A essa altura, podemos ligar para o cliente que pediu as 90 unidades da peça A e ver se poderíamos negociar a entrega de apenas 50 no prazo e 40 mais tarde.

Como alternativa, poderíamos antes usar as 50 unidades em estoque para cobrir a demanda da peça B (a ideia seria cobrir os itens que geram mais receita nas vendas). Se fizermos isso, podemos atender às 35 unidades da demanda de B e ainda sobrariam 15 unidades para atender às 90 unidades necessárias para a peça 100. Repetimos a indexação dessa peça com suas demandas originais, o que nos mostra que ainda estariam faltando 75 das 90 unidades da peça A necessárias no período 4. Se a demanda pela peça B no plano mestre de produção for para um cliente real, enquanto a da peça A for apenas para cumprir uma previsão de vendas, poderíamos atender B antes. Outra opção seria dividir as 50 unidades em estoque e atender parte da demanda de B e parte da demanda da peça 100. A melhor decisão dependerá dos clientes envolvidos, sua flexibilidade em aceitar entregas com algum atraso, etc.

Em vez de usar a indexação, poderíamos ter eliminado o recebimento programado de 100 unidades da peça 300 e reprocessar completamente o MRP. Isso resultaria em uma liberação de ordem planejada na semana 1 e um aviso de exceção informando que haveria um atraso. Porém, um reprocessamento total do MRP não pode indicar exatamente quais os pedidos de clientes que seriam atrasados. O reprocessamento de baixo para cima e a indexação fornecem essas possibilidades ao administrador. O uso de ordens planejadas firmes permite remediar um plano de produção por meio da modificação do processamento original do MRP.

3.1.6 O tamanho dos lotes no MRP

Para demonstrar o processamento básico do MRP, descrevemos duas regras simples – a do período fixo e a do lote a lote. Nesta seção, discutimos questões envolvendo os problemas com a regra do lote a lote e descrevemos outras regras mais complexas para determinar o tamanho dos lotes.

O problema da definição do tamanho dos lotes envolve o *trade-off* básico entre emitir muitas requisições pequenas, o que tende a aumentar os custos de *setup* (com materiais, controle dos custos, mão de obra, etc.) e/ou a redução da capacidade, *versus* emitir poucas ordens grandes, o que tende a aumentar os estoques.

Lembremos que, no Capítulo 2, mostramos a abordagem de Wagner–Whitin (WW) para a definição dos lotes, assumindo uma capacidade infinita e custos de *setup* e de estocagem conhecidos de antemão. Sob essas condições, mostramos que o problema pode ser otimamente solucionado usando o algoritmo de Wagner-Whitin. É claro que os problemas com essa abordagem são saber se há a *possibilidade* de conhecermos quais os custos de *setup* e dos estoques e se a capacidade será suficiente. Como um humorista já disse a respeito dos custos de *setup*: "Eu ainda tenho que assinar um cheque para uma máquina." Em muitas situações, os custos de *setup* significam a limitação da *capacidade.* A ideia é projetar melhores regras para definição do tamanho dos lotes, de maneira que custos maiores nos *setups* exijam lotes maiores (o lote econômico). Como lotes maiores exigem menos *setups*, é consumida menos capacidade. Por outro lado, quando a capacidade não é limitada, custos menores nos *setups* podem ser usados para a redução do tamanho dos lotes (e dos estoques) às custas de mais *setups*. Assim, ajustando os custos de *setup*, o administrador pode equilibrar o nível de estoques com a capacidade.

Infelizmente, a tão conhecida "propriedade de Wagner–Whitin" de fabricar apenas quando o estoque atinge o nível 0 não é a melhor opção quando a capacidade é limitada. Apesar disso, muitas regras sugeridas para a definição do tamanho dos lotes que têm a propriedade de WW são comparáveis ao próprio algoritmo de WW. Assim, apesar de muitas suposições poderem não ser válidas na prática, parece que os projetistas dessas regras aceitam a validade do paradigma de Wagner–Whitin. É curioso o fato de que não conhecemos nenhum sistema industrial de MRP que use esse algoritmo. As alegações são de que ele é muito complicado ou muito demorado. Porém, com a rapidez dos computadores modernos, a velocidade não é mais um problema – o algoritmo de WW roda fácil e rápido em um computador comum. Uma razão mais válida pode estar contida na observação de que "as pessoas preferem conviver com um problema que não podem resolver, do que aceitar uma solução que elas não compreendem". Não importa a razão, uma gama de algoritmos alternativos para o cálculo do tamanho de lotes tem sido sugerida e oferecida de várias maneiras, junto com os sistemas de MRP. Discutiremos aqui alguns dos métodos mais comuns.

Lote a lote. Como já observamos, o lote a lote é a mais simples das regras para a definição do tamanho dos lotes – simplesmente produzir apenas as necessidades líquidas do período *t*. Como isso não deixa nenhum estoque ao final de *qualquer* período (dados os pressupostos do MRP), esse método minimiza os estoques (assumindo que é possível produzir a demanda em cada período). Porém, sob o paradigma de Wagner–Whitin, como há um *setup* em cada período com demandas, esse método também aumenta os custos totais de *setup*. Apesar disso, a regra do lote a lote é atrativa em vários aspectos. Em primeiro lugar, ela é simples. Segundo, ela é consistente com a filosofia do *just-in-time* (ver Capítulo 4) de produzir apenas o que é necessário e quando é necessário. Finalmente, como o procedimento distribui as necessidades em todos os períodos, ele tende a gerar uma programação de produção mais equilibrada. Em situações em que os custos de *setup* são mínimos, possivelmente essa seja a melhor prática.

A quantidade fixa e o lote econômico. Uma segunda prática também muito simples é determinar uma quantidade fixa sempre que uma ordem é colocada. Usamos essa regra em nosso primeiro exemplo. Ela é bastante utilizada por duas razões simples.

Primeiro, quando há correias transportadoras, carrinhos ou outros aparelhos para transportar as requisições pela fábrica que exigem certos tamanhos, faz sentido criar requisições que se adaptem a esses tamanhos. Em alguns casos, eles podem ser diferentes para locais específicos da fábrica. Por exemplo, para-choques são transportados em quantidades menores do que velas de ignição. Para evitar sobras, faz sentido coordenar as quantidades. Para isso, utiliza-se a prática de tamanhos de lotes na potência de 2 (1, 2, 4, 8, 16, etc.).

Segundo, a definição do tamanho dos lotes influencia o número de *setups*. Como há uma relação direta entre os custos de *setup* e os custos de estoque, o problema de escolher uma quantidade fixa é bastante parecido com o do lote econômico discutido no Capítulo 2. A diferença básica é que o modelo de lote econômico assume que a demanda é constante. No MRP, a demanda não precisa ser constante. Porém, podemos usar o modelo de lote econômico substituindo a demanda constante do modelo original por uma estimativa média $\bar{D}$. Então, usando A para representar o custo anual dos *setups* e h para o custo anual dos estoques, podemos utilizar a mesma fórmula do lote econômico do Capítulo 2

$$Q = \sqrt{\frac{2A\bar{D}}{h}}$$

para calcular a quantidade fixa Q. Conforme discutido anteriormente, é possível arredondar a quantidade para a potência de 2 mais próxima. A taxa de A/h pode ser ajustada para atingir uma determinada frequência de *setups*. O aumento de A/h reduzirá o número de *setups* necessários, enquanto a redução de A/h aumentará sua frequência. Após alguns experimentos, um valor compatível com a capacidade da linha de produção poderá ser determinado. É claro que, como esse valor vai depender das ordens reais, ele pode mudar bastante.

Diferente da regra do lote a lote, o método da quantidade fixa (independentemente do lote econômico ser usado ou não para obter o tamanho do pedido) não terá a propriedade de Wagner–Whitin da produção apenas quando o estoque é zerado. Isso significa que ele pode gerar um aumento de custos do estoque que não compensa os *setups* – uma ineficiência óbvia (considerando os pressupostos de Wagner–Whitin).[4]

No entanto, podemos modificar levemente essa regra para considerar apenas os tamanhos de lotes que sejam iguais às demandas de um ou mais períodos e, então, escolher aquele mais próximo do tamanho fixo desejado. Essa prática recupera a propriedade de Wagner–Whitin. Considere um exemplo em que a quantidade fixa seja de 50 unidades, e as necessidades líquidas sejam as seguintes:

Necessidades líquidas	15	15	60	65	55	15	20	10

Assim, para preservar a propriedade de Wagner–Whitin, nossos recebimentos de ordens planejadas seriam:

Recebimentos de ordens planejadas	30		60	65	55	45		

No período 1, 30 é mais próximo de 50 do que 15, então pedimos o correspondente para dois períodos de demanda, em vez de um. No período 3, 60 é mais próximo do que 125, de forma que pedimos o correspondente a um período apenas, em vez de dois, e assim por diante.

O período fixo. A regra do período fixo (PF) foi usada em um exemplo de processamento do MRP na Seção 3.1.4. Sua operação é simples: se formos produzir no período t, então criaremos toda a demanda do período $t, t + 1, ..., t + P - 1$, onde P é um parâmetro dessa prática. Se $P = 1$, a prática é lote a lote, pois produziremos apenas para o período atual. Como cada quantidade de produção é suficiente para a demanda exata de certo número de períodos, essa prática contém a propriedade de Wagner–Whitin.

Embora simples, essa prática tem algumas sutilezas. Ela não nos diz que a produção ocorrerá uma vez a cada P períodos. Se houver períodos sem demanda, eles serão ignorados. Considere o seguinte exemplo com $P = 3$.

[4] É claro que, como uma medida prática, provavelmente não planejaremos acabar o estoque exatamente ao recebermos o próximo pedido. Poderemos usar um estoque de segurança (discutido na próxima seção) para ter alguma proteção e então insistir com a propriedade de Wagner–Whitin para o estoque operacional (ou seja, o estoque que é para ser usado).

Período	1	2	3	4	5	6	7	8	9
Necessidades líquidas		15	45			25	15	20	15
Recebimentos de ordens planejadas		60				60			15

Pulamos o primeiro período, pois não há demanda. A primeira demanda ocorre no período 2, de forma que acumulamos a demanda dos períodos 2, 3 e 4 (note que não há demanda no período 4), pedindo 60 unidades para o período 2. De novo, pulamos o período 5, pois não há demanda, e acumulamos os períodos 6, 7 e 8 com o recebimento de uma ordem planejada de 60 unidades no período 6. Finalmente, pedimos 15 unidades para o período 9 e chegamos ao fim de nosso horizonte.

Uma maneira de determinar um número "ótimo" para P é usar a fórmula do lote econômico e a demanda média de um modo parecido ao usado na regra da quantidade fixa. No exemplo anterior, a demanda total para 9 períodos é de 135 unidades, a demanda média, portanto, é de 15 por período. Suponha que o custo de *setup* seja de $150, e o custo dos estoques a cada período seja de $2. Então podemos calcular o lote econômico da seguinte forma

$$Q = \sqrt{\frac{2AD}{h}} = \sqrt{\frac{2 \times 150 \times 15}{2}} = 47{,}4$$

Calculamos o período P como

$$P = \frac{Q}{D} = \frac{47{,}4}{15} = 3{,}16 \approx 3 \text{ períodos}$$

Certamente, a validade de calcular P com esse método terá todas as limitações do método de lote econômico já observadas no Capítulo 2.

O balanceamento de peças por período. O balanceamento de peças do período (PPB) é uma prática que combina os pressupostos do paradigma de Wagner–Whitin com a lógica do lote econômico. Uma das propriedades da solução do lote econômico para o problema do tamanho dos lotes é que ele iguala os custos de *setup* com os de estoque.

A ideia do PPB é balancear, isto é, deixar iguais, os dois custos. Para descrever isso, precisamos definir o termo **peças por período** como sendo o produto do número de peças em um lote multiplicado pelo número de períodos em que eles são mantidos nos estoques. Por exemplo, uma peça mantida por 10 períodos, cinco peças mantidas por dois períodos e 10 peças mantidas por um período representam 10 peças por período e incorrem no mesmo custo de estocagem. O balanceamento de peças por período busca aproximar, tanto quanto possível, os custos do estoque dos custos de *setup*. Podemos demonstrar isso usando os dados do exemplo anterior.

Ao considerar apenas as quantidades que preservam a propriedade de Wagner–Whitin, reduzimos nossas opções. Como não há necessidades no período 1, também não haverá produção naquele período. As opções de tamanho do lote para o período 2 são de 15 (produzir apenas para o período 2), de 60 (produzir para os períodos 2 e 3), de 85 (produzir para os períodos 2, 3 e 6), e assim por diante. A tabela a seguir mostra as peças por período e os custos envolvidos.

Quantidades para o período 2	Custos de *setup* ($)	Peças por período	Custos de estoque ($)
15	150	0	0
60	150	$45 \times 1 = 45$	90
85	150	$45 + 25 \times 4 = 145$	290

Como $90 é o valor mais próximo de $150, das opções disponíveis, escolhemos fazer 60 unidades no período 2. Como não há necessidades, não produziremos nada nos períodos 3, 4 e 5. Para o período 6, as opções são de 25, 40, 60 e 75 unidades. Novamente, apresentamos os cálculos em uma tabela.

Quantidade para o período 6	Custos de *setup* ($)	Peças por período	Custos de estoque ($)
25	150	0	0
40	150	$15 \times 1 = 15$	30
60	150	$15 + 20 \times 2 = 55$	110
75	150	$55 + 15 \times 3 = 100$	200

Os custos de estoque mais próximos de $150 são o resultado da produção de 60 unidades no período 6. Isso cobre as necessidades para os períodos 6, 7 e 8, deixando 15 para o período 9. Note que esta é exatamente a mesma programação que resultou da regra do período fixo (PF).

Outros métodos. Outros métodos para determinar o tamanho dos lotes têm sido propostos por pesquisadores, sendo que a maioria deles tenta fornecer uma solução quase ótima, de acordo com os critérios de Wagner–Whitin. Se eles são realmente apropriados ou não, esta é uma questão a se discutir. Baker (1993) faz um bom resumo de muitos deles.

Finalmente, notamos que, apesar de o algoritmo de Wagner–Whitin ser ótimo em certas circunstâncias, outras regras podem funcionar melhor na prática. Por exemplo, Bahl et al. (1987) fazem um resumo da literatura existente sobre o tamanho dos lotes em que o método da quantidade fixa, *sem* as modificações para incluir a propriedade de Wagner–Whitin, tende a funcionar melhor do que muitas regras que possuem essa propriedade, se usado em sistemas de produção mais complexos e com limite de capacidade. Eles concluem que a propriedade muitas vezes imposta de WW pode não ser prática em situações reais, pois "as sobras evitadas por quase todas [outras regras de tamanho de lotes] se transformam em estoques que são trunfos para a entrega pontual dos produtos finais". Isso faz sentido, pois essas sobras transformam-se em um tipo de estoque de segurança, uma questão que veremos na próxima seção.

3.1.7 O estoque de segurança e os *lead times* de segurança

Os pesquisadores da administração operacional têm debatido por muito tempo sobre a função do estoque e do prazo de segurança nos sistemas MRP. Orlicky achava que eles não tinham nenhuma função no sistema, exceto, talvez, para os produtos finais. Ele acreditava que os itens de nível baixo (subitens), eram bem cobertos pelo mecanismo do sistema. Desde os tempos de Orlicky, muitos pesquisadores têm discordado dele. Pelo fato de o MRP ser determinístico, segundo a lógica, algo deveria ser feito para reduzir os efeitos da incerteza e da aleatoriedade.

Existem várias fontes de incerteza. Primeiro, em todos os sistemas, a não ser os baseados em produção sob encomenda, a demanda ou os seus tempos exatos não são conhecidos. Segundo, os tempos de produção quase sempre estão sujeitos a variações, por defeitos de equipamentos, problemas de qualidade, problemas com funcionários, etc. Terceiro, as quantidades de produção são incertas, porque o número de peças boas finalizadas pode ser menor do que as quantidades iniciadas, em função de **perda de rendimento** ou de **quebras.**

O estoque e o *lead time* de segurança na produção podem ser usados como proteções contra esses problemas. Vollmann et al. (1992) sugerem que o *estoque de segurança* (ES) deve proteger contra as incertezas das *quantidades* da produção e da demanda, enquanto o *lead time de segurança* deve proteger contra as incertezas dos *tempos* da produção e da demanda.

Adotar um estoque de segurança em sistemas de MRP é bastante simples. Suponha que queiramos manter o nível de segurança de 10 unidades no estoque da peça B (ver Tabela 3.4). Calculamos as primeiras necessidades líquidas como fizemos antes, mas subtraímos 10 unidades adicionais para o estoque de segurança. O estoque disponível projetado *menos o estoque de segurança* se torna negativo já no período 3 (e não no período 4, como antes), como mostra a Tabela 3.9.

Assim, nossa primeira liberação de ordens planejadas será de 5 peças, necessárias para trazer ao nível de estoque de segurança desejado, mais as 20 unidades da demanda normal.

TABELA 3.9 Cálculos do MRP para a peça B com o estoque de segurança

Peça B		1	2	3	4	5	6	7	8
Necessidades brutas		10	15	10	20	20	15	15	15
Recebimentos programados									
RPs ajustados									
Estoque projetado	40	30	15	5	–	–	–	–	–
Estoque projetado - ES	30	20	5	-5	–	–	–	–	–
Necessidades líquidas				5	20	20	15	15	15
Recebimentos de ordens planejadas				25		35		30	
Liberações de ordens planejadas		25		35		30			

Introduzir o *lead time* de segurança nos cálculos do MRP é um pouco diferente. Se o *lead time* normal for de 2 semanas e desejarmos um *lead time* de segurança de 1 semana, faremos a compensação em dois estágios: o primeiro para o *lead time* de segurança, dando conta da data de *recebimento* das ordens planejadas (a data final), e o segundo usando o método normal do MRP para a obtenção da data da *liberação* das ordens planejadas. Demonstramos, na Tabela 3.10, o uso de um *lead time* de segurança de 1 semana usando os mesmos dados do exemplo anterior.

O passo adicional além dos cálculos normais do MRP é mostrado na linha "Recebimentos ajustados de ordens planejadas", o que dá suporte a esses recebimentos de acordo com o *lead time* de segurança de 1 semana. Note que o efeito nas liberações das ordens planejadas é idêntico a simplesmente aumentar os *lead times* planejados. Porém, os prazos para as requisições são menores em um sistema que usa *lead times* de segurança. O efeito do *lead time* de segurança na produção de uma peça é bem simples. Produzir as peças 1 semana antes significa que elas estarão disponíveis no prazo, a não ser que a entrega esteja atrasada em mais de 1 semana. Porém, as coisas são mais sutis quando levamos em consideração peças e montagens múltiplas.

Suponha, por exemplo, que uma fábrica produza uma peça que necessite de 10 componentes para a montagem. Suponha também que os *lead times* de produção atuais sejam bem parecidos a uma distribuição normal com uma média de três semanas e um desvio padrão de 1 semana. Para manter um bom nível de atendimento ao consumidor, queremos que a produção seja iniciada nos tempos programados, no mínimo, em 95% dos casos. Considerando que s representa o nível de atendimento (a probabilidade de entregas pontuais) para cada componente, então a probabilidade de que 10 componentes estejam disponíveis no prazo (assumindo entregas independentes) nos é dada por

$$\Pr\{\text{montagem iniciada no prazo}\} = s^{10}$$

Como queremos que essa probabilidade seja igual a 0,95, podemos achar s conforme segue:

$$s = (0{,}95)^{1/10} = 0{,}9949$$

TABELA 3.10 Cálculos do MRP para a peça B com *lead time* de segurança

Peça B		1	2	3	4	5	6	7	8
Necessidades brutas		10	15	10	20	20	15	15	15
Recebimentos programados									
RPs ajustados									
Estoque projetado	40	30	15	5	-15	–	–	–	–
Necessidades líquidas					15	20	15	15	15
Recebimentos de ordens planejadas					35		30		15
Recebimentos ajustados de ordens planejadas				35		30		15	
Liberações de ordens planejadas		35		30		15			

Os prazos de produção são distribuídos normalmente, o que representa, aproximadamente, 2,6 desvios-padrões acima da média, ou em torno de 5,6 semanas – mais ou menos o dobro da média do *lead time* para o *lead time* planejado.

É claro que essa análise assume que os 10 itens chegarão ao local de montagem em tempos diferentes um do outro, uma suposição que pode não ser verdadeira se eles são produzidos na mesma fábrica. Apesar disso, o fato é que, se quisermos garantir um determinado nível de atendimento para uma linha de montagem, o nível de atendimento dos componentes deve ser *muito* maior.

Concluindo, apesar de o *lead time* e o estoque de segurança serem úteis em um sistema de MRP, precisamos estar conscientes do fato de que ambos *enganam* o sistema. Estoques de segurança exigem a produção intencional de quantidades para as quais não há pedidos de clientes, enquanto os *lead times* de segurança programam datas finais anteriores às realmente necessárias. Ambas as situações levarão a cálculos de **prazos de entrega** (usados para fazer cotações de entregas aos clientes – o que será discutido em seguida) menos exatos. Estoques de segurança exagerados e *lead times* de produção longos demais podem resultar na perda do cliente por possível descrença na entrega dos produtos, apesar de as programações serem realmente viáveis. Além disso, existe sempre o risco de que, uma vez que os estoques de segurança e/ou os *lead times* de segurança sejam descobertos, as pessoas adotem um sistema informal de prazos e estoques "reais". Tais comportamentos podem levar à subversão do sistema formal e à degradação de seu desempenho.

3.1.8 Acomodando as perdas de rendimento dos processos

As discussões e exemplos recém-apresentados ilustram o uso de proteções contra as incertezas das demandas e tempos. Porém, a proteção contra os defeitos aleatórios de peças no processo de produção – perda de rendimento no processo – envolve um cálculo adicional. Suponha que a demanda líquida seja de N_t unidades e a taxa de rendimento seja y. Suponha também, para esse exemplo, que N_t seja um número grande, de forma que não precisamos nos preocupar com quantidades inteiras ou fracionadas. Assim, se iniciarmos a produção de $N_t(1/y)$ unidades, teremos, na média, N_t finalizadas, ou seja, a demanda líquida. Entretanto, se $N_t(1/y)$ for um número grande, é bastante improvável que a produção final seja exatamente de N_t. A produção final terá uma probabilidade praticamente igual de ser ou maior ou menor do que a demanda líquida. Uma produção final maior significa que as sobras serão estocadas para preencher necessidades futuras. Se o produto for altamente personalizado para cada cliente, isso pode ser um problema. Por outro lado, se produzirmos a menos, uma nova requisição será necessária para cobrir a diferença, e é possível que isso cause atrasos na entrega.

Nesse caso, o estoque de segurança pode aumentar o nível de atendimento aos consumidores. Aumentamos o tamanho da requisição para $N_t(1/y)$, como antes, e mantemos um estoque de segurança para acomodar as situações quando a produção final é menor do que o rendimento normal. Outra estratégia seria não manter estoques de segurança, mas aumentar a requisição em pouco mais do que $1/y$. Assim, é possível que a produção final seja maior do que a demanda líquida e as unidades que sobrarem serão estocadas. Os dois procedimentos são equivalentes, pois ambos resultam em um melhor nível de atendimento ao consumidor à custa de algum custo extra de estoque.

Por último, ressaltamos que a eficácia de qualquer estratégia de proteção depende da *variabilidade* da taxa de rendimento do processo. Por exemplo, se uma requisição é iniciada para produzir 100 unidades, com cada unidade tendo uma probabilidade independente de 0,9 de ser finalizada, então a média e o desvio padrão do número de unidades produzidas seriam de 90 e de 3, respectivamente. Assim, iniciando 120 (isto é, $100/0{,}9 + 3 \times 3$) unidades, teremos uma probabilidade maior de 0,99 (3 desvios-padrões acima da média) de que a produção final será de, no mínimo, 100 unidades. Contudo, se a taxa de rendimento do processo for do tipo *tudo ou nada*, caso em que ou todas as unidades são finalizadas bem ou todas saem com defeito (como o processamento por lote), então precisamos liberar duas requisições em separado, de 100 unidades cada, para obter uma probabilidade de 0,99 de produzir as 100 no prazo devido. No primeiro caso (independente), o aumento médio no estoque seria de 8 unidades ($120 \times 0{,}9 - 100$). No segundo (por lote), seria de 80 unidades ($200 \times 0{,}9 - 100$).

A moral é que a taxa *média* de rendimento não é suficiente para uma estratégia de proteção eficaz. O mecanismo e a variabilidade do processo, que causam as quebras de rendimento, também devem ser levados em consideração.

3.1.9 Os problemas do MRP

Apesar do entusiasmo inicial com o MRP – o livro de Orlicky levava o subtítulo *Um novo estilo de vida* –, vários problemas têm sido identificados ultimamente. Os três mais importantes são (1) a inviabilidade da capacidade de programações do MRP, (2) *lead times* planejados para muito tempo e (3) "nervosismo" do sistema. Esses e outros problemas geraram novos procedimentos e criaram uma nova geração do MRP, chamada de **planejamento dos recursos de produção**, ou **MRP II,** que foi incorporada como parte dos **sistemas integrados de gestão empresarial (ERPs)**, como discutiremos na próxima seção.

Inviabilidade da capacidade. O modelo básico para o MRP é uma linha de produção com prazos fixos. Como esse prazo leva em conta o volume de trabalho da fábrica, existe uma suposição implícita de que a linha terá sempre capacidade suficiente, não importando a carga de trabalho. Em outras palavras, o MRP assume que todas as linhas de produção têm capacidade infinita. Isso pode criar problemas quando os níveis de produção estão perto de sua capacidade máxima.

Uma maneira de se resolver esse problema é assegurar que a programação de produção que origina a demanda para o sistema está dentro dos limites da capacidade. A verificação disso pode ser feita através de um procedimento chamado planejamento grosseiro da capacidade (rough-cut capacity planning – RCCP), como veremos mais adiante. Como seu nome indica, o RCCP é uma estimativa, uma avaliação mais detalhada dos planos resultantes do MRP que pode ser feita por um procedimento chamado de **planejamento das necessidades de capacidade (capacity requirements planning – CRP)**. Ambos, o RCCP e o CRP são módulos muitas vezes encontrados nos sistemas MRP II.

***Lead times* planejados para muito tempo.** Como já discutimos anteriormente sobre os *lead times* de segurança, vimos que existem muitas pressões para alongar os prazos no planejamento do MRP. Na Parte II do livro, veremos que os *lead times* muito longos sempre levam a formação de estoques em excesso. Porém, como o efeito de uma entrega atrasada é mais impactante do que os custos de estoque (o que geralmente acontece, pois os estoques não gritam no seu ouvido, mas os clientes sim!), os gerentes de produção tendem a alongar os *lead times* planejados.

Os problemas causados por prazos longos são exacerbados pelo fato de o MRP usar *lead times constantes*, quando na realidade eles variam continuamente. Para compensar, o planejador, em geral, faz opção pela estimativa pessimista (mais longa) dos *lead times*. Suponha, por exemplo, que o *lead time* médio seja de 3 semanas, com um desvio padrão de 1 semana. Para se manter um bom nível de atendimento, o prazo definido é de 5 semanas. Como esses *lead times*, na realidade, são variáveis, alguns serão menores do que a média de 3 semanas, enquanto outros serão maiores. Se, no total, eles têm uma distribuição normal, então a maioria dos *lead times* será realmente de 3 semanas, e as peças serão mantidas no estoque por 2 semanas. O resultado final pode ser um excesso de estoques.

Quanto mais longo o *lead time* planejado, mais tempo as peças ficarão esperando até serem utilizadas por uma próxima operação, de forma que estoques maiores serão formados no sistema. Como definir *lead times* planejados iguais à média dos prazos da produção resulta em um nível de atendimento de apenas 50% para cada componente (e, portanto, um nível muito pior para os produtos montados), os gerentes sempre vão escolher *lead times* mais longos do que a média dos tempos da produção real. Esse comportamento degrada o sistema e aumenta os níveis de estoques.

Nervosismo do sistema. O nervosismo em um sistema de MRP ocorre quando uma pequena alteração no plano mestre de produção resulta em uma grande alteração na liberação de ordens planejadas. Isso pode causar efeitos estranhos. Como demonstramos no exemplo a seguir, é possível que uma *redução* na demanda inviabilize um plano do MRP que antes era viável.

O seguinte exemplo foi obtido de Vollmann et al. (1992). Consideremos duas peças: a peça A tem um prazo de produção de 2 semanas e usa a regra do período fixo (PF) para a definição do tamanho de lotes com um período fixado em 5 semanas. Cada unidade de A exige uma unidade do componente B, o qual tem um prazo de produção de 4 semanas e usa a mesma regra de PF com um período fixado em 5 semanas. As Tabelas 3.11 e 3.12 mostram os cálculos do MRP para ambas as peças. Agora, se reduzirmos a demanda do período 2 de 24 para 23 unidades, seria óbvio esperar que qualquer programação viável para 24 peças no período 2 deveria continuar viável para 23 peças no mesmo período. Mas note o que acontece com os cálculos na Tabela 3.13. A agregação da demanda durante o procedimento da definição do tamanho do lote causou uma diferença drástica nas liberações das ordens planejadas. No caso do componente B (Tabela 3.14), as liberações de ordens planejadas nem são mais viáveis.

Existem muitas maneiras de resolver o nervosismo. Uma delas é o uso apropriado das regras de cálculo do tamanho de lotes. Claramente, se usarmos a regra do lote a lote, as mudanças nas liberações de ordens planejadas não serão maiores do que as mudanças no plano mestre de produção. No entanto, o cálculo lote a lote pode gerar muitos *setups*, então precisamos de outros remédios.

Vollmann et al. (1992) recomendam o uso de regras distintas de tamanho de lotes para diferentes níveis da estrutura de produto, com quantidades fixas para os produtos finais, quantidades fixas ou lote a lote para os níveis intermediários e o período fixo para os níveis mais baixos. Como o tamanho dos lotes não se altera nos níveis superiores, isso tende a acalmar o nervosismo causado por essas alterações. É claro que se deve ter cuidado ao determinar o tamanho do lote fixo.

Se o uso das regras apropriadas de tamanho dos lotes pode reduzir o nervosismo do sistema, outras medidas podem aliviar alguns de seus efeitos. Uma maneira óbvia é reduzir as alterações já nos dados de entrada, o que pode ser feito por meio do congelamento da parte básica do plano mestre de produção. Isso reduz as quantidades de alterações que ocorrem no plano mestre de produção, diminuindo também as alterações nas liberações de ordens planejadas. Como as primeiras liberações são as que mais sofrem em caso de alterações, uma **zona congelada**, um determinado número de períodos no plano mestre de produção em que não seriam permitidas alterações, pode reduzir consideravelmente os problemas causados pelo nervosismo do sistema.

Em algumas empresas, as primeiras *X* semanas do plano mestre de produção são congeladas. Porém, na maioria dos sistemas, o termo *congelado* pode ser muito forte, pois as alterações são evitadas, mas não estritamente proibidas. (Talvez um termo como *zona perigosa* fosse mais adequado.) O conceito de **limites de tempo** expressa melhor essa prática. O primeiro limite, digamos, para preservar as primeiras 4 semanas, seria absolutamente congelado – não se podem fazer alterações. O próximo limite poderia ser para as semanas 5 a 7, que seria restrito, mas com menor rigidez. As alterações poderiam ser aceitas conforme as opções determinadas por módulo, se disponibilizadas pelo sistema, e haveria uma possível penalização financeira ao cliente. O limite seguinte, talvez da semana 8 a 12, seria ainda menos rígido. Nesse caso, as alterações de números de peças poderiam ser aceitas se todos os componentes estiverem à disposição. No último limite, após a semana 13, qualquer alteração seria aceita.

Outra maneira de reduzir as consequências do nervosismo do sistema é fazer uso efetivo das **ordens planejadas firmes**. Diferentes das zonas congeladas ou dos limites de tempo, as ordens planejadas firmes fixam as liberações das ordens planejadas. Convertendo as liberações de ordens planejadas

TABELA 3.11 Cálculos do MRP para a peça A antes da mudança na demanda

Peça A		1	2	3	4	5	6	7	8
Necessidades brutas		2	24	3	5	1	3	4	50
Recebimentos programados									
RPs ajustados									
Estoque projetado	28	26	2	-1	–	–	–	–	–
Necessidades líquidas				1	5	1	3	4	50
Recebimentos de ordens planejadas				14					50
Liberações de ordens planejadas		14					50		

TABELA 3.12 Cálculos do MRP para a peça B antes da mudança na demanda

Peça B		1	2	3	4	5	6	7	8
Necessidades brutas		14					50		
Recebimentos programados		14							
RPs ajustados		14							
Estoque projetado	2	2	2	2	2	2	−48	–	–
Necessidades líquidas							48		
Recebimentos de ordens planejadas							48		
Liberações de ordens planejadas			48						

TABELA 3.13 Cálculos do MRP para a peça A após a mudança na demanda

Peça A		1	2	3	4	5	6	7	8
Necessidades brutas		2	23	3	5	1	3	4	50
Recebimentos programados									
RPs ajustados									
Estoque projetado	28	26	3	0	−5	–	–	–	–
Necessidades líquidas					5	1	3	4	50
Recebimentos de ordens planejadas					63				
Liberações de ordens planejadas			63						

TABELA 3.14 Cálculos do MRP para a peça B após a mudança na demanda

Peça B		1	2	3	4	5	6	7	8
Necessidades brutas			63						
Recebimentos programados		14							
RPs ajustados			14						
Estoque projetado	2	2	−47	–	–	–	–	–	–
Necessidades líquidas			47				48		
Recebimentos de ordens planejadas			47						
Liberações de ordens planejadas		47*							

*Indica um início atrasado

existentes em ordens planejadas firmes, eliminamos todo o nervosismo do sistema em sua origem, onde ele é mais sensível. Considere o que aconteceria se a primeira liberação de ordens planejadas na Tabela 3.11 fosse convertida em uma ordem planejada firme antes da mudança da demanda. Isso faria ela ser tratada, no processamento do MRP, como um recebimento programado. Com essa mudança, não há nervosismo, como mostram as Tabelas 3.15 e 3.16.

É claro que o uso de ordens planejadas firmes e de limites de tempo implica menor resposta da parte da programação, que é congelada frente às mudanças na demanda. Outro efeito negativo é que as ordens planejadas firmes têm que ser convertidas manualmente, uma a uma, pelos planejadores do sistema.

3.2 PLANEJAMENTO DOS RECURSOS DE PRODUÇÃO – MRP II

O planejamento das necessidades de materiais (MRP) descrito até aqui ofereceu um método sistemático de planejamento e de compra de materiais para dar suporte à produção. As ideias eram relativamente simples e fáceis de serem implementadas no computador. Porém, restaram alguns problemas.

TABELA 3.15 Cálculos do MRP para a peça A com ordens planejadas firmes

Peça A		1	2	3	4	5	6	7	8
Necessidades brutas		2	23	3	5	1	3	4	50
Recebimentos congelados									
Ordens firmes				14					
Estoque projetado	28	26	3	14	9	8	5	1	-49
Necessidades líquidas									49
Recebimentos de ordens planejadas				[14]					49
Liberações de ordens planejadas		[14]					49		

TABELA 3.16 Cálculos do MRP para a peça B com ordens planejadas firmes

Peça B		1	2	3	4	5	6	7	8
Necessidades brutas		14					49		
Recebimentos programados		14							
RPs ajustados									
Estoque projetado	2	2	2	2	2	2	-47	–	–
Necessidades líquidas							47		
Recebimentos de ordens planejadas							47		
Liberações de ordens planejadas			47						

Como já mencionamos, problemas como a inviabilidade de capacidade, *lead times* planejados longos, nervosismo do sistema e outros podem subverter a eficácia de um sistema de MRP. Ao longo do tempo, foram desenvolvidos outros procedimentos para solucionar alguns desses problemas, que foram incorporados em um sistema mais abrangente, chamado de **planejamento dos recursos de produção (manufacturing resources planning – MRP II)**.

Além de resolver as deficiências do MRP original, o MRP II também trouxe outras funções para fazer um sistema realmente integrado da manufatura. As funções adicionadas ao MRP II incluem gerenciamento da demanda, previsões de vendas, planejamento da capacidade, plano mestre da produção, planejamento grosseiro da capacidade, planejamento das necessidades de capacidade, despacho e controle de entradas/saídas. Nesta seção, descrevemos a hierarquia do MRP II em que essas funções foram introduzidas e discutimos alguns de seus módulos. Nossa apresentação é um pouco resumida por duas razões. Primeiro, o MRP e o MRP II são assuntos que poderiam ocupar um livro inteiro. Recomendamos Vollmann et al. (1992) como uma excelente referência mais abrangente. Segundo, abordamos o assunto da hierarquia do planejamento da produção (no contexto de sistemas puxados) no Capítulo 13, no qual abordamos, em maiores detalhes, questões genéricas relacionadas a qualquer hierarquia de planejamento, como escalas de tempo, previsões, gerenciamento da demanda, entre outros.

3.2.1 A hierarquia do MRP II

A Figura 3.3 mostra um exemplo da hierarquia do MRP II. Usamos a palavra exemplo, pois existem provavelmente tantas hierarquias diferentes do MRP II quanto existem desenvolvedores de programas de MRP II (e há muitos deles, apesar de, hoje, muitos se intitularem "provedores de soluções" para empresas, ERPs ou SCMs).

3.2.2 O planejamento de longo prazo

No topo da hierarquia, temos o **planejamento de longo prazo**, envolvendo três funções: o planejamento de recursos, o planejamento agregado e as previsões de demanda. A duração do horizonte de

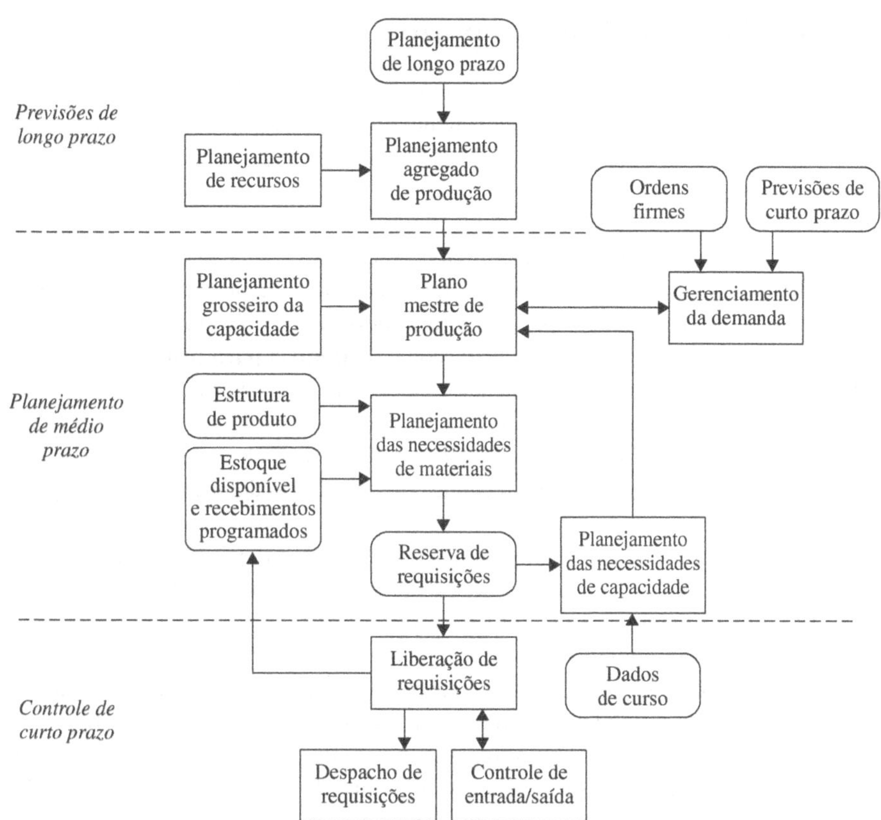

FIGURA 3.3 A hierarquia do MRP II.

tempo do planejamento de longo prazo varia de 6 meses a 5 anos. A frequência de replanejamento varia de uma vez por mês até uma vez por ano, sendo que o normal é entre duas e quatro vezes por ano. O nível de detalhes normalmente fica no nível da família das peças (isto é, um grupo de produtos finais que tem demanda e características de produção parecidas).

A função das **previsões** (*forecasting*) tem o objetivo de prever a demanda futura. A previsão de longo prazo é importante para determinar a capacidade, as necessidades de ferramentas e de pessoal. Já a de curto prazo faz a conversão de uma previsão de longo prazo de uma família de peças para itens finais individuais. Ambos os tipos de estimativa alimentam a função de **gerenciamento da demanda,** no nível intermediário. Descrevemos as técnicas específicas de previsões em maiores detalhes no Capítulo 13.

O **planejamento de recursos** é o processo de determinação das necessidades de capacidade de longo prazo. Decisões como construir uma nova fábrica ou expandir a existente são parte da função do planejamento de capacidade. Um importante resultado do planejamento de recursos é projetar a capacidade disponível em um horizonte de longo prazo. Essas informações são alimentadas como um parâmetro para a função do planejamento agregado.

O **planejamento agregado** é usado para determinar os níveis de produção, a formação de equipes, estoques, horas extras e outros no longo prazo. O nível de detalhe fica, em geral, nas famílias das peças e no mês. Por exemplo, a função de planejamento agregado determinará se aumentamos os estoques antecipadamente em função da demanda maior (obtida na função de previsões), se "testamos" a demanda variando a capacidade com o uso de horas extras ou se utilizamos alguma combinação de ambas. As técnicas de otimização, como a programação linear, muitas vezes são usadas para dar assistência ao processo de planejamento agregado. Discutiremos o planejamento agregado e os modelos que o sustentam em maiores detalhes no Capítulo 16.

3.2.3 O planejamento de médio prazo

No nível intermediário, encontramos a maior parte das funções do planejamento da produção. Elas incluem o gerenciamento da demanda, o planejamento grosseiro da capacidade, o planejamento mestre de produção, o planejamento das necessidades de materiais e o planejamento das necessidades de capacidade.

O processo de converter uma previsão agregada de longo prazo em uma previsão detalhada e, ao mesmo tempo, monitorar os pedidos individuais dos clientes é função do **gerenciamento da demanda.** O resultado desse módulo é um conjunto de pedidos dos clientes, com uma previsão de mais pedidos futuros. Ao longo do tempo, os pedidos futuros devem ser "consumidos" por pedidos reais.

Isso é feito por meio de uma técnica conhecida como **disponível para promessa** (*available to promise – ATP*). Essa ferramenta permite ao planejador saber quais as ordens do plano mestre da produção já estão comprometidas e quais estão disponíveis para vendas futuras para novos clientes. A ATP, combinada com uma programação de produção viável dentro da capacidade instalada, facilita a negociação de datas de entrega mais realistas. Se forem recebidos mais pedidos do que o planejado para manter o prazo de produção prometido, pode ser necessário capacidade adicional (por exemplo, horas extras). Por outro lado, se recebermos menos pedidos do que o planejado, o departamento de vendas pode oferecer descontos ou algum outro incentivo para aumentar a demanda. Em ambos os casos, as previsões e, possivelmente, o planejamento agregado precisam ser revistos.

O **plano mestre de produção** toma a previsão da demanda junto às ordens firmes do módulo de gerenciamento da demanda e, usando os limites da capacidade agregada, gera uma programação prévia ao nível mais alto dos detalhes de planejamento. Essas são as "demandas" (código da peça, quantidade e data final) utilizadas pelo MRP. Assim, o plano mestre de produção contém uma quantidade de ordens em cada período de tempo para cada item com demanda independente, para cada data. Para a maioria das fábricas, isso é dado no nível dos **itens finais**. No entanto, em alguns casos, faz mais sentido planejar por grupo de itens ou modelos em vez de itens finais. Um exemplo disso pode ser visto na indústria automotiva, na qual a fabricação e as especificações exatas de um carro são determinadas no minuto final da linha de montagem. Nessas situações, uma **programação de montagem final** determina quando os itens finais específicos são produzidos, enquanto o plano mestre de produção é usado para determinar os modelos. Um dado importante para esse tipo de planejamento é a **superestrutura de produto**, que contém os percentuais das previsões para diferentes opções de cada modelo específico. Para uma discussão completa das superestruturas na programação de montagem final, o leitor pode consultar Vollmann et al. (1992).

O **planejamento grosseiro da capacidade (RCCP)** é usado para fornecer uma verificação rápida da capacidade de alguns recursos essenciais para assegurar a viabilidade do plano mestre de produção. Apesar de ser mais detalhado do que o planejamento agregado, o RCCP é menos detalhado do que o planejamento das necessidades de capacidade (CRP), que é outra ferramenta para verificar o desempenho da capacidade após o processamento do MRP. O RCCP usa uma **relação de recursos** para cada item final do plano mestre de produção. A relação de recursos nos dá o número de horas necessárias em cada recurso crítico para fazer um item final específico. Esses tempos incluem não apenas o item final, mas também todas as necessidades explodidas. Por exemplo, suponha que a peça A é composta dos componentes A_1 e A_2. A peça A exige uma hora no centro de processamento 21, enquanto os componentes A_1 e A_2 exigem meia hora e uma hora, respectivamente. Assim, a relação de recursos da peça A mostraria 2,5 horas no centro de processamento 21 para cada peça A. Suponha também que temos a peça B sem componentes que exige duas horas no centro de processamento 21.

Para continuar o exemplo, suponha que dispomos das seguintes informações no que diz respeito ao plano mestre de produção para as peças A e B:

Semana	1	2	3	4	5	6	7	8
Peça A	10	10	10	20	20	20	20	10
Peça B	5	25	5	15	10	25	15	10

As relações dos recursos para as peças A e B são as seguintes:

Centro de processamento	Peça A	Peça B
21	2,5	2,0

Então os cálculos do RCCP para as peças A e B no centro de processamento 21 seriam como seguem:

Semana	1	2	3	4	5	6	7	8
Peça A (hora)	25	25	25	50	50	50	50	25
Peça B (hora)	10	50	10	30	20	50	30	10
Total (hora)	35	75	35	80	70	100	80	35
Disponíveis	65	65	65	65	65	65	65	65
A mais (+)/a menos(–)	30	–10	30	–15	–5	–35	–15	30

Se tivéssemos apenas a soma dos oito períodos agregados, concluiríamos que haveria capacidade suficiente – 520 horas *versus* uma necessidade de 510 horas. Porém, após fazer o RCCP, vemos que muitos períodos têm uma capacidade insuficiente, enquanto outros a têm em excesso. Fica, então, a cargo do planejador determinar o que pode ser feito para resolver a situação. Suas opções são (1) ajustar o plano mestre de produção por meio da alteração das datas finais ou (2) ajustar a capacidade pelo aumento ou pela diminuição dos recursos, do uso de horas extras, ou da terceirização de uma parte do trabalho.

Note que o RCCP não faz nenhuma compensação. Assim, os períodos devem ser suficientemente longos para que as peças, suas submontagens e seus componentes possam ser todos completados dentro de um único período. O RCCP também assume que a demanda pode ser atendida independentemente de como os trabalhos são programados nos centros de processamento, isto é, sem qualquer folga. Dessa maneira, o RCCP oferece uma estimativa otimista do que pode ser feito.

Por outro lado, ele não calcula o líquido. Enquanto isso pode ser aceitável para itens finais (suas demandas líquidas podem ser calculadas a partir dos estoques de produtos acabados com relativa facilidade), é menos aceitável para subconjuntos e componentes, principalmente quando existem muitos componentes compartilhados e os níveis de OPs são altos. Esse aspecto do RCCP tende a deixá-lo conservador.

Esses dois efeitos fazem com que seu desempenho seja difícil de ser mensurado. Em geral, a primeira aproximação tende a dominar a segunda, tornando o RCCP uma estimativa otimista do que pode ser realizado, mas nem sempre. Consequentemente, o planejamento grosseiro de capacidade pode ser realmente bem grosseiro.

O **planejamento das necessidades de capacidade (CRP)** fornece uma verificação mais detalhada da capacidade dos planos de produção gerados pelo MRP do que a ferramenta anterior, o RCCP. Os dados necessários incluem todas as liberações de ordens planejadas, as posições de OPs existentes, os dados de curso, assim como a capacidade e os *lead times* de todos os centros de processamento. Apesar de seu nome, o planejamento das necessidades da capacidade *não* gera uma análise da capacidade finita. Em vez disso, o CRP faz o que chamamos de **carga infinita futura.** Ele prevê os tempos do término das requisições para *cada centro de processamento* usando prazos de produção *fixos* e, então, calcula sua carga ao longo do tempo. A partir disso, essas cargas são comparadas com a capacidade instalada, mas não é feita nenhuma correção para as situações com sobrecarga.[5]

Para ilustrar como o CRP funciona, considere um exemplo simples de um centro de processamento que tenha um *lead time* de três dias e uma capacidade de 400 peças por dia. No início do primeiro

[5] Diferentemente do MRP e do CRP, as verdadeiras análises de capacidade finita não assumem um *lead time* fixo. Em vez disso, os tempos entre as operações de fabricação dependem do volume de trabalho existente e suas prioridades. A maioria dos programas de análise de capacidade finita fazem um tipo de simulação determinística do fluxo dos trabalhos pela fábrica. Como resultado, a análise da capacidade finita é muito mais complexa do que o CRP.

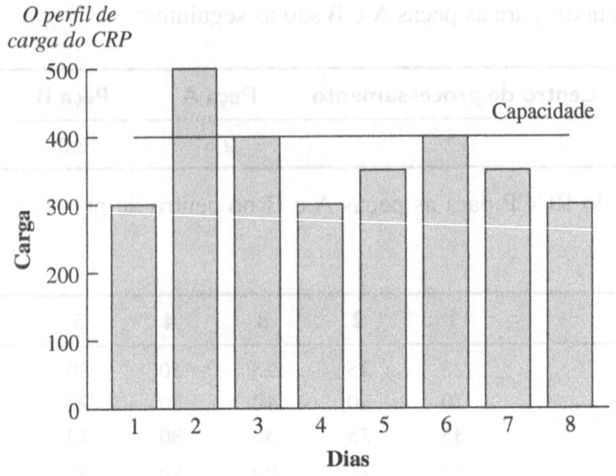

FIGURA 3.4 O perfil de carga do CRP.

dia, 400 unidades foram liberadas para o centro de processamento, 500 unidades permaneceram lá por um dia e 300 por dois dias. As liberações de ordens planejadas para os cinco dias são as seguintes:

Dia	1	2	3	4	5
Liberações de ordens planejadas	300	350	400	350	300

Usando um *lead time* de 3 dias, podemos calcular quando as peças sairão do centro de processamento. Se tivermos qualquer previsão de mais de 400 unidades por dia saindo do centro de processamento, ele pode estar sobrecarregado. O **perfil de carga** é mostrado na Figura 3.4. O primeiro dia apresenta uma carga de 300; as mesmas 300 unidades que estavam no centro de processamento por 2 dias, saindo ao final do dia 1. O segundo dia mostra 500; novamente, as mesmas 500 unidades que estavam lá por 1 dia no início do procedimento. Como 500 é mais do que a capacidade de 400 unidades por dia, isso representa uma condição de sobrecarga.

Note que, mesmo quando a carga excede a capacidade, o CRP assume que o tempo necessário no processo não é modificado. Obviamente, sabemos que o centro de processamento demoraria muito mais para processar uma sobrecarga. Assim, todas as estimativas do CRP que vão além dessa condição de sobrecarga possuem um erro. Portanto, o CRP não é, em geral, um bom preditor das condições de carga, a não ser no curto prazo. Outro problema é que ele mostra ao planejador apenas que existe um problema, mas não oferece nenhum subsídio sobre sua possível causa ou sobre o que pode ser feito para aliviá-lo. Para identificar isso, é preciso, primeiro, extrair um relatório que discrimina as cargas para depois verificar quais requisições estão gerando problemas, e daí usar a indexação para seguir o motivo do problema até a demanda no plano mestre de produção. Tal processo pode ser um trabalho bem tedioso.

Uma grande falha do CRP é que, como o próprio MRP, ele pressupõe, de forma implícita, uma capacidade *infinita*. Esse pressuposto nasce da premissa de prazos fixos de produção que não dependem da carga do centro de processamento. Considere o mesmo centro de processamento, sem qualquer carga de trabalho em seu início, e as seguintes liberações de ordens planejadas produzidas com uma regra de tamanho de lotes que tende a agrupar a demanda para evitar muitos *setups*:

Dia	1	2	3	4	5
Liberações de ordens planejadas	1.200	0	0	1.200	0

Usando o CRP, o perfil de carga mostrará uma condição de sobrecarga nos dias 3 e 6. Se precisássemos fazer um carregamento com a capacidade *finita*, veríamos um quadro bem diferente. Não haveria produção por 2 dias (a primeira liberação precisaria ser terminada) e, então, teríamos 400 unidades sendo produzidas a cada dia nos próximos 6 dias. A segunda liberação, no dia 4, chegaria na mesma hora em que a última liberação estivesse sendo levada para o centro de processamento. As relações básicas entre a capacidade, os trabalhos em curso e o tempo de passagem de um processo para outro são o assunto do Capítulo 7.

Assim, apesar da introdução esperançosa e dos objetivos válidos, existem problemas importantes com o CRP. Primeiro, ele exige muitas informações, e os resultados são volumosos e tediosos. Segundo, ele não oferece nenhuma solução para remediar uma situação de sobrecarga. Finalmente, como o procedimento usa o critério da capacidade *infinita* e muitos sistemas modernos podem executar o verdadeiro carregamento com capacidade *finita*, cada dia menos empresas estão usando o CRP.

O módulo de **planejamento das necessidades de materiais** de todas as versões iniciais do MRP II e de muitos sistemas modernos de ERP é idêntico aos procedimentos do MRP descritos anteriormente. O resultado do MRP é a **reserva de requisições**, que consiste de liberações das ordens planejadas, as quais são liberadas para o chão de fábrica por meio da função de **liberação de requisições**.

3.2.4 Os controles de curto prazo

Os planos gerados nas funções de planejamento de longo e médio prazo são implementados pelos módulos de **liberação de requisições**, **despacho de requisições** e **controle de entradas e saídas**.

O módulo de **liberação de requisições** converte as liberações de ordens planejadas em recebimentos programados. Uma das funções mais importantes desse módulo é a **alocação**. Quando há vários itens de alto nível que usam um mesmo subitem em sua fabricação, pode surgir um conflito caso não haja uma quantidade suficiente disponível no estoque. Por meio da alocação de uma peça a determinada requisição, a função de liberação de requisições pode racionalizar esses conflitos. Suponha que existam duas liberações de ordens planejadas que necessitem do componente A. Além disso, suponha que exista estoque disponível do componente A suficiente para uma das requisições, mas não para as duas. A primeira liberação de ordem planejada também necessita do componente B, que tem bastante estoque disponível, enquanto a outra liberação necessita do componente C, o qual não tem estoque suficiente. A função de liberação de requisições alocará as quantidades disponíveis em estoque para a primeira liberação, pois há estoque suficiente tanto de A quanto de B para dar início aos trabalhos de produção. Um aviso de falta de estoque seria gerado para a segunda liberação, que permanecerá na reserva de requisições até que haja estoque suficiente e possa, então, ser liberada.

Uma vez que uma requisição ou uma ordem de compra é liberada, algum controle deve ser mantido para se ter certeza de que ela seja finalizada no prazo e nas quantidades e especificações devidas. Se a requisição é para componentes comprados de fornecedores, a ordem de compra deve ser monitorada. Esse é um trabalho direto de monitoração de quando as ordens chegam e do seguimento das ordens pendentes. Se a requisição é para uma produção interna, ela cai na função chamada de **controle do chão de fábrica (CCF), controle das atividades de produção (CAP), ou controle da produção (CP)**. Ao longo deste livro, usamos a abreviatura CCF, como é mais tradicional e mais conhecida. Dentro do controle da produção, existem duas funções principais: o **despacho das requisições** e o **controle de entradas e saídas**.

O despacho das requisições. A ideia básica do despacho das requisições é simples: desenvolver uma regra para organizar as filas de requisições que se formam na frente de cada estação de trabalho para viabilizar a integridade dos prazos finais e a ótima utilização dos equipamentos e dos tempos de produção. Muitas regras têm sido propostas para executar essas funções.

Uma das regras mais simples de despacho é conhecida como o **menor tempo de processamento** (MTP). No **MTP**, as requisições na fila de cada centro de processamento são classificadas com as mais rápidas na frente. Dessa forma, a requisição que está na fila e que tem o menor tempo de processamento sempre terá prioridade sobre as outras. O efeito disso é eliminar os trabalhos pequenos e fazê-los passar rapidamente pela planta. O uso do MTP normalmente reduz os tempos médios de fabricação e aumenta a utilização dos equipamentos. Os prazos médios de entrega também são, em geral, muito bons, apesar de não serem levados em consideração na organização sequencial da fila.

Os problemas ocorrem quando há trabalhos especialmente *longos*. Nesses casos, a requisição pode ficar esperando na fila por um longo tempo sem nem mesmo ser iniciada. Assim, enquanto os prazos de entrega do MTP, na média, são bons, a variação dos atrasos pode ser alta. Uma maneira de evitar esse tipo de situação é usar uma regra conhecida como MTP^x, onde x é um parâmetro. Por essa regra, a próxima requisição a ser trabalhada será aquela com o tempo de processamento mais curto, *a não ser que* uma requisição esteja na fila de espera por um período x ou mais, nesse caso ela será a próxima requisição processada. Essa regra parece gerar bom desempenho em muitas situações.

Se as requisições são mais ou menos do mesmo tamanho e seus cursos pela fábrica são mais ou menos compatíveis, uma boa regra para o despacho é a do **prazo mais curto** ou **PMC**. No PMC, a requisição com o prazo final mais curto é a próxima a ser trabalhada. Essa regra tem um bom desempenho nas condições descritas, mas, normalmente, não é melhor do que o MTP em condições diferentes.

Seguem mais três regras comuns:

Da menor folga: A folga de um trabalho consiste de sua data final de entrega menos o tempo de processamento restante (incluindo os *setups*) menos o tempo atual. A requisição com a maior prioridade seria aquela com o menor tempo de folga.

Da menor folga por operação restante: Idêntica à regra anterior, exceto que tomamos a folga e a dividimos pelo número de operações que ainda restam para a peça ser finalizada. Como visto, a requisição com o menor tempo de folga seria a primeira a ser trabalhada.

Da razão crítica: As requisições são classificadas de acordo com um índice calculado pela divisão do tempo restante no processamento (ou seja, o prazo final de entrega menos o tempo atual) pelo número de horas de trabalho que ainda faltam. Se o índice for maior do que 1, o trabalho é finalizado antes. Se for menor do que 1, o trabalho é atrasado; e se o índice for negativo, ele já está atrasado. A requisição com o menor tempo seria a próxima.

Há ainda, no mínimo, 100 diferentes regras de despacho na literatura da administração de operações. Um bom resumo de muitas delas pode ser encontrado no livro de Blackstone et al. (1982), no qual os vários autores testam as regras usando uma fábrica simulada e uma série de condições diferentes.

É claro que nenhuma dessas regras funcionará bem em todas as condições, pois por sua própria natureza, elas nos dão uma visão limitada. A única maneira consistente para atingir a ótima programação é considerar a fábrica como um todo. O problema de se fazer isso é que (1) o problema de programação da fábrica é extremamente complexo e pode exigir muito tempo de cálculos do computador e (2) as programações resultantes muitas vezes não são intuitivas. Abordaremos o problema de programação com maior profundidade no Capítulo 15.

O controle de entradas e saídas. Esse método foi sugerido pela primeira vez por Wight (1970) como uma maneira de manter os prazos de fabricação sob controle. O controle de entradas e saídas funciona da seguinte maneira:

1. Monitoram-se os níveis de WIP em cada centro de processamento.
2. Se os WIPs passarem acima de certo nível, então a taxa atual de liberações está muito alta e é preciso reduzi-la.
3. Se os WIPs ficarem abaixo do nível especificado, então a taxa atual de liberações está muito baixa e é preciso aumentá-la.
4. Se os WIPs ficarem entre os níveis de controle especificados é porque a taxa de liberação está correta e deve ser mantida.

As ações de aumentar ou diminuir as liberações devem ser feitas por meio de alterações no plano mestre de produção.

O controle de entradas e saídas oferece uma maneira fácil de comparar as liberações com a capacidade instalada. Porém, se esperamos até que os níveis de WIPs se mostrem excessivos, então o próprio sistema, em muitos aspectos, já está fora de controle. Essa pode ser uma das razões por que os chamados sistemas que puxam a produção (por exemplo, o *kanban*, da Toyota) podem funcionar melhor do que os sistemas que empurram a produção, como os do MRP (presentes nos sistemas ERP/SCM). Enquanto esses sistemas controlam as liberações (via plano mestre de produção) e medem os níveis de WIPs (via controle de entradas e saídas), os sistemas *kanban* controlam diretamente os WIPs e medem as saídas diariamente. Assim, o *kanban* não permite níveis de WIPs excessivos e detecta os problemas (baixa produção) rapidamente. O *kanban* é discutido em maiores detalhes no Capítulo 4, enquanto as bases dos sistemas que empurram ou puxam a produção são aprofundados no Capítulo 10.

3.3 SISTEMA INTEGRADO DE GESTÃO EMPRESARIAL E GESTÃO DA CADEIA DE SUPRIMENTOS

Nos anos que seguiram ao desenvolvimento do MRP II, apareceram vários programas com a pretensão de substituí-lo e foram oferecidos por muitos fornecedores de sistemas e consultores. O MRP III nunca fez sucesso, tampouco o indigesto BRP (planejamento de requisitos do negócios). Finalmente, apesar de seu acrônimo menos apelativo, o sistema integrado de gestão empresarial (ERP) saiu vitorioso.

Isso se deve ao sucesso de alguns fornecedores de sistemas, especialmente a SAP, que tinha como objetivo não somente as operações de manufatura, mas *todas* as operações (produção, distribuição, contabilidade, finanças e recursos humanos) dentro da empresa. Assim, o sistema oferecido era desenvolvido para controlar toda a *empresa.*

O programa R/3 da SAP foi um exemplo típico de sistema integrado completo. De acordo com a *BusinessWeek*, esse sistema pode "funcionar como uma poderosa rede para otimizar a tomada de decisões, cortar custos e dar aos administradores o controle sobre impérios globais por meio do simples clique de um *mouse*" (Edmondson 1997). Apesar de parecer "comercialmente exagerada", essa descrição tem um fundo de verdade. Os sistemas ERP realmente integram as funções de maneira a facilitar muito a obtenção de uma visão geral de todas as operações quase em tempo real por parte da alta administração.

As vantagens dessa abordagem integrada incluem:

1. Funcionalidade integrada
2. Interfaces consistentes para os usuários
3. Banco de dados integrado
4. Contrato e fornecedor únicos
5. Arquitetura e conjunto de ferramentas unificados
6. Suporte unificado

Mas existem também desvantagens, como:

1. Incompatibilidade com sistemas existentes
2. Implantação longa e cara
3. Incompatibilidade com muitas práticas administrativas existentes
4. Perda de flexibilidade para usar sistemas de pontos táticos
5. Ciclos longos de desenvolvimento e implantação de produtos
6. Retorno financeiro longo
7. Falta de inovação tecnológica

Apesar desses defeitos, o ERP tem obtido um notável sucesso no mercado, conforme discutimos a seguir.

3.3.1 O ERP e a SCM

O sucesso do sistema integrado deve-se parcialmente a três tendências coincidentes que precederam seu desenvolvimento. A primeira foi o reconhecimento de um campo que veio a ser chamado de **gestão da cadeia de suprimentos (SCM)**. De muitas maneiras, a SCM amplia a abrangência de métodos tradicionais de controle de estoque para incluir distribuição, armazenamento e produção em vários lugares. Um fato interessante é que a definição de uma função de gestão da cadeia de suprimentos chamou mais atenção para a importância das questões logísticas. Podemos notar seus efeitos no crescimento de organizações como o Council of Logistics Management, que cresceu de 6.256 membros, em 1990, para quase 14.000, em 1997.

Nos últimos anos, houve um abandono do termo ERP em favor do termo mais abrangente (e mais em moda) *gestão da cadeia de suprimentos*. A mudança de termos coincidiu com o crescente uso da internet e do comércio eletrônico. Continuaremos nossa discussão da história da SCM no Capítulo 5 e discutiremos seus detalhes técnicos no Capítulo 17.

A segunda tendência que aumentou a aceitação do sistema integrado foi o movimento chamado de reengenharia de processos de negócios (business process reengineering – BPR) (ver Hammer e Champy 1993). Antes da década de 1990, poucas empresas desejavam mudar radicalmente suas estruturas para implantar um programa. Mas a BPR ensinou os administradores a pensar em termos de mudanças radicais. Hoje, a BPR como moda já esta praticamente morta, mas sua herança permanece, e muitos administradores creem que um dos benefícios de se implantar o ERP é a oportunidade de reestruturar suas operações.

A terceira tendência foi o crescimento explosivo do processamento descentralizado e da potência dos computadores pessoais. Um processamento do sistema MRP, que levava um fim de semana inteiro para rodar em um computador de 1 milhão de dólares nos anos 1960, agora pode ser feito em um *notebook* em poucos segundos. Em vez de um centro de processamento de dados para todas as informações da empresa, agora elas estão no local onde são necessárias, seja em computador pessoal ou em uma estação de trabalho, que são ligados em rede por *intranets*, e os dados são compartilhados por todos. As últimas versões do ERP já são projetadas tendo em mente essa arquitetura.

As vendas de ERP cresceram de maneira acentuada durante a década de 1990. Parte disso foi devido à sua grande aceitação e parte, provavelmente, ao medo irracional do *bug* do milênio, que supostamente desencadearia um "apagão" nos computadores na virada do século. Em 1989 as vendas totais do MRP II de US$ 1,2 bilhão eram menos de um terço do total das vendas de programas nos Estados Unidos (*Industrial Engineering* 1991). As vendas mundiais dos 10 maiores fornecedores de ERP eram de US$ 2,8 bilhões, em 1995, US$ 4,2 bilhões, em 1996, e US$ 5,8 bilhões, em 1997 (Michel 1997). A empresa alemã SAP, sozinha, vendeu mais de US$ 4,3 bilhões em 2001. Assim que a histeria do *bug* do milênio passou, as vendas de ERP diminuíram. A Gartner, Inc., informou que as vendas de novas licenças diminuíram cerca de 9% em 2002 (Gartner 2003). Após ter experimentado um crescimento de dois dígitos na segunda metade da década de 1990, as vendas da SAP diminuíram 5% em 2003 em relação ao ano anterior. Porém, em 2004, a AMR Research informou que o mercado de ERP estava crescendo novamente a uma taxa de 14% (Reilly 2005a).

Os programas de SCM levaram mais tempo para obter sucesso. Após diminuir em 2002 e 2003, o mercado global aumentou em 4% em 2004, chegando a quase US$ 5,5 bilhões (Reilly 2005b). Os três maiores fornecedores são a SAP, a Oracle e a i2.

No entanto, as grandes vendas de programas não mostram o quadro todo. Muitas empresas ficaram desapontadas com os volumes estratosféricos dos custos de implantação. Uma análise da *Fortune* mostrou que, de mil empresas que implantaram um sistema integrado, 44% informaram terem gasto em auxílio para implantação (por exemplo, em consultores) 4 vezes mais do que o preço do *software*. Conhecemos várias empresas que cancelaram seus projetos após terem gasto milhões, pois não queriam "jogar dinheiro pela janela". Discutiremos essas questões em maiores detalhes no Capítulo 5.

3.3.2 Sistemas de planejamento avançado

Se os sistemas ERP integram os dados da empresa, os **sistemas de planejamento avançado (advanced planning systems – APS)**, também conhecidos como **planejamento avançado e otimização (advanced planning and optimization – APO),** são usados para analisar os dados da organização toda. As capacidades de um APS são tão variadas quanto o número de fornecedores do *software*. A maioria das aplicações de APS é suportada por algoritmos baseados na memória que executam funções como programação finita da capacidade, previsão, disponível para promessa, administração da demanda, administração de armazéns e administração de tráfego e distribuição. Em muitos casos, os próprios fornecedores de ERP/SCM se associam a desenvolvedores de *software* mais especializados para poder fornecer essas funções. O interessante é que essa abordagem de agregação lembra, frequentemente, as abordagens anteriores do MRP II de "remendar" os problemas do MRP de programação infinita de trás para frente ou de retrabalhar a programação *após* ela ter sido gerada.

3.4 CONCLUSÕES

O planejamento das necessidades de materiais, ou MRP, evoluiu através do reconhecimento da diferença fundamental entre a demanda dependente e a independente. Foi também a primeira aplicação importante desenvolvida em computadores modernos no controle da produção. O MRP fornece um método simples para a aquisição de materiais com base nas necessidades, de acordo com o estabelecido em um plano mestre de produção. Como tal, ele funciona muito bem no controle das compras de peças e componentes. Porém, ainda existem problemas no controle da produção.

O planejamento dos recursos de produção, ou MRP II, foi desenvolvido para resolver os problemas do MRP e para integrar ainda mais as funções comerciais em uma estrutura de trabalho comum. O MRP II tem fornecido uma estrutura de controle bem ampla, que detalha o problema do controle da produção em uma hierarquia baseada nos tempos e na agregação dos produtos. Sem essa abordagem hierárquica, seria praticamente impossível resolver o enorme problema de coordenar milhares de ordens e requisições com centenas de equipamentos para diversos itens finais feitos a partir de outros tantos componentes. Na década de 1990, o ERP integrou essa abordagem hierárquica em uma ferramenta formidável de administração que poderia consolidar e controlar enormes quantidades de dados e informações. Mais recentemente, a funcionalidade do ERP foi combinada com a possibilidade da coordenação direta com os clientes e fornecedores, criando o sistema de gestão da cadeia de suprimentos (SCM).

Apesar das contribuições importantes do MRP, do MRP II, do ERP e da SCM para o conhecimento da manufatura como um todo, ainda existem problemas fundamentais com o modelo básico que subjaz a esses sistemas (isto é, os pressupostos de uma capacidade infinita e de *lead times* fixos, encontrados até mesmo nos mais sofisticados sistemas ERP e SCM). Como discutiremos no Capítulo 5, uma questão crítica de longo prazo é como resolver as dificuldades básicas do MRP e, ao mesmo tempo, preservar sua simplicidade e ampla aplicação. Abordaremos esse problema na Parte III do livro, após termos observado as ideias oferecidas pelo movimento *just-in-time* (JIT) no Capítulo 4 e desenvolvido relações básicas sobre os comportamentos nas fábricas na Parte II.

QUESTÕES PARA ESTUDO

1. Qual é a diferença entre o estoque de matéria-prima, o estoque de trabalhos em processamento (WIP) e o estoque de produtos acabados?
2. Qual é a diferença entre a demanda dependente e a independente? Dê alguns exemplos.

3. Em que nível um item final está na estrutura do produto? O que é um código de nível baixo? Qual é o código de nível baixo de um item final? Desenhe uma estrutura de produto na qual o componente de número 200 ocorre em dois níveis diferentes e tem um código de nível baixo 3.
4. O que é um planejamento mestre de produção e qual a sua função em um sistema de MRP?
5. Como se convertem as necessidades brutas em necessidades líquidas? Como se chama esse procedimento?
6. Por que qualquer recebimento programado é ajustado antes de se calcularem as necessidades líquidas?
7. Qual a regra de tamanho de lotes que gera menos estoques?
8. Quais os principais *trade-offs* na determinação do tamanho de lotes?
9. Em qual aspecto o algoritmo de Wagner–Whitin é ótimo? Por que, às vezes, ele é impraticável (o que ele ignora)?
10. Quais das regras de tamanho de lote abaixo possuem a chamada propriedade de Wagner–Whitin?
    (a) Wagner–Whitin
    (b) Lote a lote
    (c) Quantidade fixa (por exemplo, todas as requisições têm um tamanho de 50)
    (d) Período fixo
    (e) Balanceamento de peças por período
11. Como os *lead times* planejados diferem dos *lead times* reais? Qual é maior, o *lead time* planejado ou o *lead time* médio real? Por quê?
12. Qual premissa do MRP faz a suposição implícita de que a capacidade é infinita? Qual o efeito disso nos *lead times* planejados? E no estoque?
13. Qual é a diferença entre um recebimento de uma ordem planejada e uma liberação de uma ordem planejada? Como um recebimento programado difere de uma liberação de uma ordem planejada?
14. Qual é a diferença entre um recebimento programado e uma ordem planejada firme? Quais suas similaridades?
15. Por que devemos executar todo o processamento do MRP para um nível antes de seguirmos para o próximo nível mais baixo? O que aconteceria se não o fizéssemos?
16. O que é a explosão de uma estrutura de produto?
17. O que é indexação? Como ela ajuda no replanejamento de baixo para cima?
18. Qual é o efeito de se ter um estoque de segurança no cálculo das necessidades líquidas?
19. Qual é a diferença entre ter um *lead time* de segurança em um período e simplesmente adicionar mais um período no *lead time* planejado? O que seria igual?
20. O que é o nervosismo em um sistema de MRP? Qual sua causa? Por que ele é ruim? O que pode ser feito para evitá-lo?
21. O que é MRP II? Por que foi criado?
22. Por que o planejamento grosseiro da capacidade pode ser otimista demais? E por que poderia ser pessimista?
23. Por que o planejamento das necessidades de capacidade não é muito exato? Que suposições feitas no CRP são idênticas às do MRP?
24. Qual o objetivo do despacho? Quais são suas regras? Por que parece que a regra do processo de prazo mais curto funciona bem? Quando o prazo final mais curto funciona melhor?
25. Qual é o objetivo de um controle de entradas e saídas? Por que, muitas vezes, ele é "muito pouco e muito tarde"?
26. Como o ERP manteve o problema fundamental do MRP? Ele está resolvido nos sistemas de SCM?

PROBLEMAS

1. Suponha que uma montagem necessite de cinco componentes de cinco diferentes fornecedores. Para garantir o início da montagem no prazo, com 90% de certeza, qual deve ser o nível de atendimento para cada um dos cinco componentes? Assuma um nível de atendimento igual para todos os componentes.
2. O item final A tem um *lead time* planejado de 2 semanas. Existem, hoje, 120 unidades no estoque e nenhum recebimento programado. Calcule as liberações de ordens planejadas usando a regra do lote a lote e a programação de produção a seguir:

Semana	1	2	3	4	5	6	7	8	9	10
Demanda	41	44	84	42	84	86	7	18	49	30

3. Com as informações do Problema 2, calcule as liberações de ordens planejadas usando a regra do balanceamento de peças por período, considerando que a razão dos custos de *setup* em relação ao custo do estoque é 200.
4. *(Desafio)* Com as informações do Problema 2, calcule as liberações de ordens planejadas usando o processo de Wagner–Whitin, considerando que a razão dos custos de *setup* em relação aos custos do estoque é 200. Qual a diferença de custos desse plano em relação ao caso anterior?
5. Refaça o Problema 2 com 50 unidades de estoque de segurança. Qual a diferença em relação ao resultado do Problema 2?
6. Refaça o Problema 2 com um *lead time* planejado de 2 períodos e um estoque de segurança de 1 período. Qual é a diferença em relação ao Problema 2?
7. Suponha que a demanda para a montagem de um sistema de direção assistida é a seguinte:

Sistema H	1	2	3	4	5	6	7	8	9	10
Demanda	45	65	35	40	0	0	33	0	32	25

   Atualmente, existem 150 peças no estoque. A produção é planejada por meio do método do período fixo e de 2 períodos. O *lead time* é de 3 períodos. Determine a programação das ordens planejadas.
8. Considere o problema anterior, assumindo que o recebimento programado de 50 peças vai chegar no período 5.
   (a) Que mudanças precisam ser feitas no recebimento programado?
   (b) Usando a mesma regra de tamanho do lote, calcule a programação das ordens planejadas.
9. A demanda para a montagem de um sistema de direção assistida é a seguinte:

Sistema H	1	2	3	4	5	6	7	8	9	10
Demanda	14	12	12	13	5	90	20	20	20	20

   Atualmente existem 50 peças disponíveis em estoque. A regra do tamanho do lote, de novo, é a do **período fixo**, usando 2 períodos. O *lead time* é de 3 períodos.
   (a) Determine a programação de liberações de ordens planejadas para as direções assistidas.
   (b) Suponha que a montagem de cada sistema necessite de dois pinhões. Atualmente, existem 100 pinhões no estoque, a regra do tamanho do lote é a do lote a lote, e o *lead time* é de 2 períodos. Determine as necessidades brutas e, em seguida, a programação das liberações das ordens planejadas dos pinhões.
   (c) Suponha que a administração diminua a previsão da demanda do primeiro período para 12. O que acontece com a programação das liberações de ordens planejadas para os sistemas de direção assistida? E para os pinhões?
10. Considere um item final composto por um único componente. A demanda para o item final é de 20 na semana 1, 4 na semana 2, 2 na semana 3 e zero até a semana 8, quando há uma demanda de 50. Atualmente, há 25 unidades em estoque e nenhum recebimento programado. Para o componente, há 10 unidades em estoque e nenhum recebimento programado.

    As liberações de ordens planejadas para todos os itens são calculadas usando o algoritmo de Wagner–Whitin, com um custo de *setup* de $248 e custos de estoques de $1 por semana. O *lead time* planejado para esse item é de 1 semana e, para o componente, de 3 semanas.
    (a) Calcule as liberações das ordens planejadas para o item final e o componente. Existe algum problema?
    (b) A previsão da demanda da semana 8 foi alterada para 49. Recalcule as liberações de ordens planejadas para o item final e para o componente. Existe algum problema?
    (c) Suponha que as liberações de ordens planejadas para as 2 primeiras semanas da peça (a) foram convertidas em *ordens planejadas firmes*. Refaça os cálculos após as mudanças na semana 8 para 49. Existe algum problema? Comente sobre o nervosismo e o uso de ordens planejadas firmes.

11. Gira os resultados do MRP para os itens A, 200, 300 e 400 usando as seguintes informações. (*Nota:* O item final A é o mesmo do problema 2.)
    - Estrutura de produto:
      A: Duas peças 200 e uma 400
      200: Matéria-prima
      300: Matéria-prima
      400: Uma peça 200 e uma 300
    - Plano mestre de produção:

Semana	1	2	3	4	5	6	7	8	9	10
Demanda (A)	41	44	84	42	84	86	7	18	49	30

    - Arquivo mestre e dados de estoque dos itens:

Item	Estoque disponível	Quant. pedida	Data final	*Lead time* (semanas)	Regra do tamanho do lote (*setup/estoque*)
A	120	0		2	PPB (200)
200	300	200-100	3-5	2	Lote a lote
300	140	100-100	4-7	2	Lote a lote
400	200	0		3	Lote a lote

12. Considere uma fábrica de placas de circuitos que produz três tipos de placas: Trinity, Pecos e Brazos. As estruturas de produto são as seguintes:

    Trinity: 1 subcomposto 111 e 1 subcomposto 112
    Pecos: 1 subcomposto 211 e 1 subcomposto 212
    Brazos: 1 subcomposto 311 e 1 subcomposto 312
    Subcomposto 111: Núcleo 1
    Subcomposto 112: Núcleo 2
    Subcomposto 211: Núcleo 1
    Subcomposto 212: Núcleo 1
    Subcomposto 311: Núcleo 1
    Subcomposto 312: Núcleo 2
    Todos os núcleos: matéria-prima

    Recentemente, as operações de laminação e de impressão dos circuitos têm sido os gargalos na linha de produção. Os períodos (isto é, o tempo de uma placa nas ferramentas-gargalo) gastos nessas áreas são dados a seguir. Esses períodos são medidos em horas e incluem as ineficiências, como a falta de operadores, parada de máquinas, *setups*, etc.

Placa	Trinity	Pecos	Brazos
Laminação	0,020	0,022	0,020
Impressão	0,000	0,000	0,000

Placa	S111	S112	S211	S212	S311	S312
Laminação	0,015	0,013	0,015	0,013	0,015	0,015
Impressão	0,025	0,023	0,028	0,023	0,027	0,028

Placa	Núcleo 1	Núcleo 2
Laminação	0,008	0,008
Impressão	0,000	0,000

A demanda futura para as próximas 6 semanas é

Semana	1	2	3	4	5	6
Trinity	7.474	2.984	5.276	5.516	3.818	3.048
Pecos	6.489	5.596	7.712	7.781	3.837	4.395
Brazos	3.898	3.966	3.858	6.132	5.975	6.051
Total	17.861	12.546	16.846	19.429	13.630	13.494

(a) Faça a relação de capacidade para as placas Trinity, Pecos e Brazos nas operações de laminação e impressão de circuitos.

(b) Use essas relações para determinar a carga para cada uma das próximas 6 semanas em ambas as operações de laminação e impressão de circuitos. Os centros de processamento operam 5 dias por semana com 3 turnos por dia (24 horas por dia). As paradas para almoço e descanso estão incluídas nos dados dos períodos. Há 6 máquinas de laminação e 8 máquinas de impressão (o gargalo) nas operações de impressão dos circuitos. Quais semanas estão folgadas ou sobrecarregadas? O que deve ser feito?

13. As peças Wills e Duncan precisam passar pelo centro de processamento 22. A peça Wills é liberada para o centro de processamento 22, enquanto a peça Duncan deve antes passar pelo centro de processamento 21, e só depois vai para o centro 22. O *lead time* planejado para passar pelo centro 22 é de 3 dias, e para o centro 21 é de 2 dias. Existem 16 horas de capacidade diária no centro 22. Cada peça Wills gasta 0,04 hora, e a peça Duncan gasta 0,025 hora no centro 22. Atualmente, há 300 unidades da peça Wills que já ficaram 1 dia no centro 22, e 200 unidades que já ficaram 2 dias. As liberações para os centros de processamento (da Wills para o centro 22 e da Duncan para o centro 21) são mostradas em seguida. Existem também 225 unidades da peça Duncan que já ficaram no centro de processamento por 1 dia, e 200 unidades que já ficaram z dias. Há ainda 250 unidades no centro 21 que já ficaram lá por 1 dia, e 200 unidades que já ficaram 2 dias. As liberações são as seguintes:

Dia	Hoje	1	2	3	4	5
Wills	250	300	350	300	300	300
Duncan	250	150	150	150	150	150

(a) Determine quantas peças Wills sairão do centro de processamento 22 em cada dia.

(b) Determine quantas peças Duncan sairão do centro de processamento 22 em cada dia.

(c) Calcule o perfil de carga do centro de processamento 22.

Capítulo 4

Da Revolução do Just-in-Time *à Produção Enxuta*

Tiro o chapéu para a nova Constituição
Saúdo a nova revolução
Sorrio para as mudanças do mundão
Pego meu violão e toco uma canção
Igualzinho ao que fiz ontem
Então, me ajoelho e rezo para que
NÃO NOS ENGANEM DE NOVO, NÃO!
The Who

4.1 AS ORIGENS DO JIT

Nas décadas de 1970 e 1980, enquanto muitas indústrias norte-americanas se envolviam (ou não) na cruzada do MRP, algo totalmente diferente acontecia no Japão. Assim como os norte-americanos haviam feito no século XIX, os japoneses começaram a desenvolver um estilo diferente de produção, o que acabaria desencadeando um período de grande crescimento em sua economia. As técnicas de produção que sustentaram o sucesso fenomenal do Japão ficaram conhecidas como *just-in-time* (JIT) e fazem parte de um capítulo importante da história da administração da manufatura.

As raízes do JIT certamente penetram fundo na cultura, na geografia e na história econômica japonesa. Por causa de sua história de vida, com limitações de recursos e de espaço, os japoneses têm uma inclinação a serem conservadores. Isso facilitou a aceitação de práticas rígidas no controle de materiais, ao contrário da sociedade norte-americana, com sua cultura do consumismo. Além disso, a cultura oriental é mais orientada aos sistemas do que a ocidental, com suas raízes no reducionismo científico. As políticas que afetam o comportamento de toda a equipe, como os funcionários polivalentes e a Gestão da Qualidade Total, são mais naturais nesse tipo de ambiente. A geografia também influenciou as práticas japonesas. As práticas de fornecedores fazerem entregas de materiais mais frequentes são mais fáceis no Japão, onde a localização das indústrias é mais concentrada e as distâncias são menores do que nos Estados Unidos, com seu grande espaço aberto e longas distâncias. Muitas outras razões estruturais têm sido alegadas para justificar o sucesso japonês, porém, como uma empresa não tem controle sobre esses fatores externos, eles pouco interessam para nossos objetivos aqui.

O que mais nos interessa são as práticas do JIT. A melhor fonte de conhecimento das ideias que suportam o JIT é o trabalho feito por Taiichi Ohno, na Toyota Motor Company. De acordo com Ohno, a Toyota iniciou sua cruzada pela inovação em 1945, quando Toyoda Kiichiro, presidente da Toyota, exigiu que sua empresa "alcançasse os norte-americanos em três anos. Caso contrário, a indústria automobilística japonesa não sobreviveria" (Ohno 1988, 3). Na época, a economia do Japão tinha sido arrasada pela guerra, a produtividade era nove vezes menor do que a dos Estados Unidos, e sua produção de carros era mínima. Obviamente, a Toyota não alcançou os norte-americanos em 3 anos, mas deu início a um movimento que, no final, levaria aos objetivos de Toyoda, ativando as mudanças mais fundamentais ocorridas na administração da manufatura desde o movimento da administração científica no início do século XX.

Ohno, que mudou-se para a Toyota Motor vindo da Tecelagem Toyoda em 1943, reconheceu que a única maneira para competir com os Estados Unidos seria alcançar os mesmos níveis de produtividade dos norte-americanos. Isso só seria possível por meio da eliminação do desperdício com o objetivo de reduzir os custos. Entretanto, diferentemente das indústrias automotivas norte-americanas, a Toyota não poderia reduzir seus custos explorando as economias de escala com grandes fábricas de produção em massa. O mercado japonês era pequeno demais para isso. Assim, os administradores da Toyota decidiram que sua estratégia seria produzir muitos modelos em quantidades pequenas.

O maior desafio, do ponto de vista do controle da produção, era manter um fluxo constante com uma combinação de produtos variados. Além disso, para evitar o desperdício, essa tarefa teria de ser executada sem muitos estoques. Ohno descreveu o sistema desenvolvido na Toyota baseado em dois pilares:

1. O ***just-in-time***, ou seja, a produção apenas quando necessária.
2. A **autonomação**, isto é, a automação com um toque humano.

Ele atribuiu a ideia do *just-in-time* a Toyoda Kiichiro, que usou o termo para descrever o processo ideal para a montagem de automóveis. O modelo de Ohno para o JIT era o supermercado estilo norte-americano, que surgiu no Japão em meados da década de 1950. Em um supermercado, os clientes pegam apenas do que, quando e de quanto necessitam. Na analogia da fábrica de Ohno, uma estação de trabalho seria um cliente que "pegaria" materiais de uma estação de trabalho anterior, que agiria como uma espécie de supermercado. É claro que, em um supermercado, o estoque é reposto de um almoxarifado ou por entregas dos fornecedores, enquanto, em uma fábrica, a reposição exige a produção de materiais da estação anterior. Seu objetivo era que cada uma das estações de trabalho adquirisse os materiais necessários apenas na hora exata em que fossem essenciais ou, como se diria em inglês, ***just in time***.

O fluxo do *just-in-time* exige um sistema operacional muito estável. Se os materiais não estiverem disponíveis quando uma estação de trabalho necessita deles, o sistema todo estará comprometido. Como discutiremos na próxima seção, isso traz muitas complicações ao ambiente da produção. Uma maneira de evitar que isso aconteça é o conceito de Ohno de **autonomação**, referindo-se a máquinas que são, ao mesmo tempo, automatizadas, de forma que um trabalhador pode operar várias máquinas, e à prova de falhas, de forma que elas detectam automaticamente os problemas. Ohno recebeu essa inspiração de Toyoda Sakichi, o inventor do tear automático usado na Tecelagem Toyoda onde trabalhava. A automação era essencial para atingir os níveis de produtividade necessários para alcançar os norte-americanos. A infalibilidade, o processo que auxilia o operador a interferir no processo, quando necessário, era o que Ohno descrevia como "a automação com um toque humano". Ele via essa combinação como necessária para evitar interrupções no ambiente do JIT.

Entre o final da década de 1940 e a década de 1970, a Toyota instituiu uma série de procedimentos e sistemas para implementar o *just-in-time* e a autonomação. Isso inclui o famoso sistema *kanban*, que discutiremos em detalhes mais adiante, assim como vários sistemas relacionados a redução dos *setups*, treinamento de pessoal, relações com os fornecedores, controle de qualidade, entre outros. Apesar de nem todos os esforços terem sido um sucesso, muitos foram, e o efeito geral foi o crescimento da Toyota de um participante insignificante no mercado automotivo, em 1950, para uma das maiores indústrias do mundo nos anos 1990.

4.2 OS OBJETIVOS DO JIT

Para Ohno atingir seus objetivos de as estações de trabalho serem supridas com os materiais exatamente na hora necessária, era preciso um ambiente de produção perfeito. Talvez como resultado da propensão japonesa de falar através de metáforas,[1] ou pela dificuldade de se traduzir o japonês (as palavras são traduzidas, mas o contexto não), essa necessidade tenha sido, muitas vezes, descrita em termos de ideais absolutos. Por exemplo, Robert Hall, um dos primeiros norte-americanos a descreverem o JIT, usava termos como **produção sem estoques** e **estoque zero**. Porém, ele não queria dizer literalmente que as empresas deveriam operar sem estoques. Muito pelo contrário, ele escreveu:

> Estoque zero tem a conotação de um nível de perfeição que nunca será possível atingir em um processo industrial. Porém, o conceito de um alto nível de excelência é importante, pois estimula a busca por uma melhora constante por meio da atenção criativa dirigida tanto à tarefa geral quanto aos seus mínimos detalhes. (Hall 1983, 1)

Edwards (1983) expressou os objetivos do JIT de maneira mais radical, em termos dos **sete zeros**, que são necessários para que se alcance o **estoque zero**. Esses, junto com a lógica que os suporta, são resumidos assim:

1. **Zero defeitos.** Para evitar rupturas do processo de produção em um ambiente JIT, no qual as peças são supridas pelas estações de trabalho apenas na hora em que são necessárias, é essencial que as peças fabricadas sejam de boa qualidade. Como não há excesso de estoques para eventuais substituições de peças defeituosas, uma peça com defeito causará um atraso. Portanto, é essencial que todas as peças sejam feitas corretamente na primeira vez. O único nível de defeitos aceitável é zero, e não é possível aguardar por inspeções posteriores para verificar a qualidade. A qualidade deve estar na fonte.
2. **Tamanhos de lote (com excesso) zero.** Em um sistema JIT, a meta é a reposição do estoque usado por uma estação subsequente, assim que ele é utilizado. Como as estações subsequentes podem usar peças de vários tipos, a máxima eficiência é mantida se cada estação de trabalho puder repor as peças uma de cada vez. Se, em vez disso, as estações só puderem produzir as peças em lotes grandes, então poderá ser impossível repor todos os tipos de peças de forma rápida o suficiente para evitar atrasos. Essa meta é muitas vezes chamada de **lote de uma unidade ou lote unitário**.
3. **Zero *setups*.** A razão mais comum para se terem tamanhos grandes de lotes em sistemas de produção são os tempos significativos de *setup*. Se são necessárias muitas horas para se trocar um molde de uma máquina para produzir um tipo diferente de peça, então faz sentido rodar lotes grandes entre as trocas. Tamanhos pequenos de lotes levariam a *setups* frequentes e comprometeriam a capacidade. Assim, a eliminação dos *setups* é uma precondição para alcançar tamanhos de lote de uma unidade.
4. **Zero paradas de máquinas.** Sem excesso de trabalhos em curso (WIP) no sistema para compensar eventuais faltas de estoque, as quebras de máquinas rapidamente causarão a parada de toda a linha de produção. Portanto, um ambiente ideal de JIT não pode tolerar paradas não planejadas de equipamentos (ou a falta de operadores).
5. **Zero deslocamentos.** Se as peças são fabricadas em quantidades exatas e no prazo certo, não precisam ser manuseadas mais do que o absolutamente necessário. Movimentos extras do estoque e para ele não são tolerados. O ideal é suprir os materiais diretamente de cada uma das estações de trabalho, sem pausas intermediárias. Qualquer deslocamento extra poderia

[1] Shigeo Shingo, que, junto com Ohno, influenciou o desenvolvimento do sistema da Toyota, descreve esse processo da seguinte maneira: "o processo de produção da Toyota consegue obter água torcendo uma toalha que já está seca" (Shingo 1990, 54) e "não há nada mais importante do que plantar 'árvores de determinação'" (Shingo 1990, 172).

comprometer as operações do *just-in-time*, pois as peças precisariam ser produzidas com antecipação para compensar os tempos gastos com os deslocamentos.

6. ***Lead time* zero.** Em um fluxo *just-in-time* perfeito, uma estação de trabalho requisita as peças à estação anterior e elas são entregues imediatamente. Isso exige um *lead time* zero por parte da estação fornecedora. É claro que lotes de apenas uma unidade fazem um bom trabalho na redução do *lead time* eficaz necessário para sua produção, mas o tempo de processamento também é importante, assim como os tempos de espera (*queueing time*). A meta do *lead time* zero é essencial para o objetivo de se manterem estoques zero.
7. **Zero variações.** Em um ambiente JIT, no qual as peças são produzidas somente quando necessárias, o fluxo de materiais através da fábrica será tão constante quanto é o planejamento da produção. Se houver mudanças bruscas nas quantidades ou na combinação de produtos do plano da produção, então, considerando que não há excesso de WIPs no sistema, que poderiam compensar essas mudanças, o próprio sistema será forçado a responder. A não ser que haja excesso substancial de capacidade no sistema, isso seria impossível de ocorrer, e o resultado seria a ruptura do fluxo e atrasos na produção. Um plano de produção balanceado e uma combinação de produtos uniforme são determinantes para o funcionamento do sistema JIT.

Obviamente, os sete zeros são tão impossíveis de se alcançar quanto o estoque zero. Um *lead time* zero, sem estoque, significaria, literalmente, produção instantânea, o que é fisicamente impossível. O objetivo dessas metas, de acordo com os desenvolvedores do JIT e seus usuários, é a inspiração para um ambiente de melhoria contínua. Não importa quão bem um sistema de produção funciona, sempre há espaço para melhorias. Medir o progresso, tomando como base esses ideais absolutos, fornece tanto um incentivo quanto uma medida do sucesso.

4.3 O AMBIENTE COMO UM CONTROLE

Os ideais do JIT sugerem um aspecto das técnicas japonesas de produção que é realmente revolucionário: o quanto os japoneses consideram o ambiente de produção como um controle. Em vez de simplesmente reagir a coisas como tempos de *setup* das máquinas, prazos de entrega dos fornecedores, problemas de qualidade, programas de produção, eles trabalharam proativamente na formação do ambiente. Para tanto, tornaram seus sistemas de manufatura mais fáceis de administrar.

Os norte-americanos, ao contrário, com suas raízes na administração científica e suas tendências reducionistas, tinham a tendência a isolar os aspectos individuais dos problemas da produção e tentar "otimizar" cada um deles separadamente. Os norte-americanos consideravam os tempos (ou custos) de *setup* como fixos e tentavam encontrar o melhor tamanho de lote (por exemplo, o modelo de lote econômico de produção). Os japoneses tentaram eliminar – ou, ao menos, reduzir – os *setups* e, com isso, suprimir o problema do tamanho do lote. Os norte-americanos consideravam as datas finais dos pedidos e as requisições como um fator exógeno e tentavam otimizar a programação da produção, como o modelo de Wagner–Whitin. Os japoneses consideravam que os prazos finais com os clientes são negociáveis e se esforçaram para integrar o marketing e a produção para conseguir programações de produção que não exigissem uma otimização exata ou alterações abruptas. Os norte-americanos aceitavam entregas caras e esparsas de seus fornecedores e tentavam encontrar o lote econômico ótimo (por exemplo, modelo de lote econômico). Os japoneses negociavam contratos de longo prazo com poucos fornecedores, que garantiam entregas mais frequentes. Os norte-americanos analisavam os defeitos de qualidade e faziam inspeções elaboradas para localizá-los. Os japoneses esforçavam-se para assegurar que tanto os fornecedores quanto os operadores internos se conscientizassem das exigências de qualidade e dos equipamentos capazes de mantê-la. Os engenheiros de produção norte-americanos pegavam as especificações de produtos que os projetistas "jogavam por cima do muro" e faziam o possível para adaptar os processos de manufatura para acomodá-los. Já os projetistas e engenheiros da produção japoneses trabalhavam em equipe para assegurar os projetos mais práticos para as linhas de produção.

Essas distinções entre os Estados Unidos e o Japão não são uma acusação direta aos modelos norte-americanos. Na verdade, como ressaltamos no Capítulo 2, modelos oferecem ideias valiosas. Por exemplo, o modelo de lote econômico sugere que os custos totais (custos de *setup* mais os custos de estocagem) dependem do custo de cada *setup*, de acordo com a fórmula a seguir:

$$\text{Custos anuais} = \sqrt{2ADh}$$

onde A é o custo de *setup* (em \$), D é a taxa de demanda (em unidades anuais), e h é o custo de estocagem por unidade (em \$ anuais). Se considerarmos $D = 100$ e $h = 1$ por motivos de exemplificação, podemos identificar a relação entre os custos totais e os custos de *setup* no gráfico da Figura 4.1. Esse gráfico e, portanto, o modelo indicam que existem benefícios claros na redução dos custos de cada *setup*. Como esse custo diminui com os tempos de *setup*, o modelo de lote econômico identifica bem o valor da redução dos tempos gastos com os *setups*. Porém, apesar de a ideia estar aí, o sentido de sua importância estratégica não está. Como consequência, as metodologias mais sérias para a redução dos tempos de *setup* não foram desenvolvidas pelos norte-americanos, mas sim pelos japoneses.

No que diz respeito aos *setups* e muitas outras áreas, os japoneses tiveram uma visão mais holística e sistemática da produção, com uma compreensão mais profunda do comportamento desses sistemas. Por consequência, eles puderam identificar as práticas para cortar custos em todas as funções tradicionais e gerenciar as interfaces entre essas funções. Assim, se as técnicas específicas do JIT (discutidas a seguir) são importantes, a *abordagem de sistemas* para transformar o ambiente da produção e a *atenção constante aos detalhes* durante um período longo de tempo são fundamentais. Ohno estava estimulando isso quando advertia para que "se perguntasse 'por quê' cinco vezes", por meio disso, ele expressava que se deveria insistir em procurar e solucionar os possíveis problemas para alcançar a meta principal. Uma sequência normal de "porquês" que Ohno imaginava era: Uma estação ficava sem trabalho. Por quê? Uma estação de trabalho parou? Por quê? Uma bomba falhou? Por quê? Faltou óleo. Por quê? Uma junta com vazamento não foi detectada. Por quê? E assim por diante. Esse tipo de busca incessante pela compreensão e pela melhoria dos processos pode ser a razão do notável sucesso do Japão.

4.4 A IMPLANTAÇÃO DO JIT

Como fica claro a partir do que foi discutido anteriormente, o JIT é mais do que um sistema de entregas frequentes de materiais ou o uso de cartões (***kanban***) para controlar as entregas. No coração do sistema de manufatura desenvolvido pela Toyota e por outras empresas japonesas, existe uma cuidadosa reestruturação do ambiente da produção. Ohno (1988, 3) foi muito claro a respeito disso:

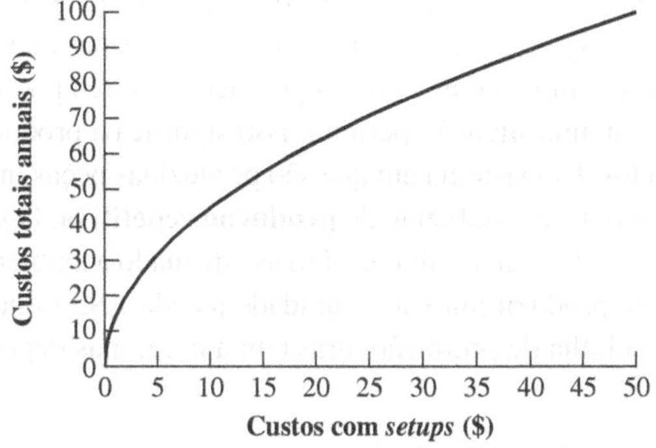

FIGURA 4.1 Custos totais *versus* custos de *setup* no modelo de lote econômico.

O *kanban* é apenas uma ferramenta para implantar o *just-in-time*. Para que essa ferramenta funcione de maneira adequada, o processo de produção precisa ser gerenciado para fluir o máximo possível. Essa é a condição básica. Outras condições importantes são uniformizar ao máximo os níveis de produção e trabalhar sempre de acordo com os padrões previamente estabelecidos.

Apenas quando as mudanças surtirem efeito no ambiente, as técnicas específicas do JIT funcionarão bem. Agora veremos as questões fundamentais que afetam o ambiente de produção para a implantação do JIT com sucesso.

4.4.1 A suavização do fluxo da produção – *Heijunka*

De acordo com o requerimento de um fluxo com zero variações, o JIT exige um planejamento nivelado da produção. Se seu volume ou a combinação de produtos variar muito no decorrer do tempo, será muito difícil para as estações de trabalho reporem seus estoques no conceito do *just-in-time*. Voltando à analogia com o supermercado, se todos os clientes decidirem fazer suas compras na terça-feira, ou se todos decidirem comprar tomates ao mesmo tempo, vão faltar estoques. Porém, pelo fato de os clientes estarem dispersos ao longo do tempo e comprarem diferentes combinações de produtos, o supermercado consegue repor as prateleiras um pouco de cada vez e evitar a falta de estoques.

Em um sistema de produção, as necessidades são geradas pela demanda dos clientes. Entretanto, a sequência em que os produtos são fabricados não precisa ser a mesma em que os produtos são comprados pelos clientes. Na verdade, isso nem seria possível, pois as reais demandas dos clientes quase nunca são conhecidas de antemão pelas fábricas, que, em vez disso, utilizam um plano mestre de produção que especifica quais produtos elas vão fabricar ao longo do tempo. Como observamos no capítulo anterior, um sistema normal de MRP usa intervalos de tempo de uma semana ou mais em suas programações.

Uma condição primária para o JIT é garantir um balanceamento razoável das quantidades a produzir ao longo do tempo. Como notamos no Capítulo 3, muitos sistemas ERP contêm módulos de plano mestre de produção para facilitar o processo de suavização. Eles foram, em parte, estimulados por um sistema da Toyota chamado *heijunka*.

No entanto, mesmo um plano mestre de produção balanceado, que particulariza as quantidades a cada semana ou mês, poderia permitir, dentro desses períodos, variações que excedessem à habilidade do sistema de atingir as demandas caso fossem seguidas as regras do *just-in-time*. Assim, o sistema da Toyota e praticamente todos os outros sistemas JIT usam um **plano de montagem final (PMF)** que especifica as necessidades diárias, ou mesmo horárias. O desenvolvimento de um PMF nivelado envolve dois passos:

1. Suavizar as necessidades agregadas da produção.
2. Determinar a sequência final de montagem.

Suavizar o plano final de montagem é um cálculo direto. Se a programação da produção requer 10.000 unidades e há 20 dias úteis no mês, então o PMF determina que sejam produzidas 500 unidades por dia. Se há dois turnos, isso significa uma produção de 250 unidades diárias por turno. Se cada turno for de 480 minutos cada um, o tempo médio entre as produções – o tempo *takt*[2] – terá de ser 480/250 = 1,92 minutos por unidade. Em uma situação perfeita, isso significa a produção de uma unidade a cada 1,92 minutos, ou 115 segundos. Um sistema em que são produzidas peças inteiras com uma taxa razoavelmente constante é chamado de um ambiente de **produção repetitiva**. O sistema *kanban* desenvolvido pela Toyota, o qual será discutido mais adiante, é mais adequado a ambientes de produção repetitiva.

Na verdade, dificilmente produziremos uma unidade a cada 1,92 minutos exatos. Pequenos desvios não são problemas: se a linha de produção atrasa uma hora, mas depois se recupera, não há pro-

[2] Esta é uma palavra alemã utilizada para descrever um sistema japonês que indica um intervalo de tempo exato (tal como a medição de tempos em música).

blema. Porém, se o sistema se desvia do padrão especificado por um período de mais de um turno ou de um dia, uma ação corretiva (por exemplo, horas extras) normalmente é necessária. A manutenção de um fluxo de produção constante e previsível é o único meio para que um sistema JIT possa atender os clientes nos prazos devidos. Assim, os sistemas JIT geralmente requerem medidas para promover a manutenção de um fluxo constante – capacidade extra para garantir que as quotas de produção serão atingidas.

Uma vez que as necessidades agregadas ao plano mestre de produção foram determinadas em taxas diárias, precisamos transformar as necessidades específicas dos produtos em uma sequência de produção. Fazemos isso dividindo as necessidades diárias de acordo com a mesma proporção dos produtos do plano mestre de produção. Por exemplo, se as 10.000 unidades a serem produzidas durante o mês consistem de 50% (5.000 unidades) do produto A, 25% (2.500 unidades) do produto B e 25% (2.500 unidades) do produto C, isso significa que a produção diária de 500 unidades deve consistir em

$$0{,}5 \times 500 = 250 \text{ unidades de A}$$

$$0{,}25 \times 500 = 125 \text{ unidades de B}$$

$$0{,}25 \times 500 = 125 \text{ unidades de C}$$

Além disso, os produtos devem obedecer a uma sequência na linha de produção, de maneira que essas proporções sejam mantidas tão uniformes quanto possível. Assim, a sequência

A–B–A–C–A–B–A–C–A–B–A–C–A–B–A–C ···

manterá uma combinação 50-25-25 de A, B e C ao longo do tempo. Obviamente, isso exige uma linha que seja flexível o suficiente para dar suporte a esse **modelo de produção combinada** (isto é, a produção de diferentes produtos ao mesmo tempo e na mesma linha), o que é impossível, a não ser que os *setups* entre os produtos sejam muito rápidos ou não existam. E mais, como a taxa de produção é de uma unidade a cada 1,92 minutos, essa sequência implica que o tempo entre a produção dos produtos A será de $2 \times 1{,}92 = 3{,}84$ minutos e o tempo entre a produção dos produtos B e C será de $4 \times 1{,}92 = 7{,}68$ minutos. A linha de montagem, assim como o resto da fábrica, precisa estar em condições ciências para permitir esses tempos.

É claro, a maior parte das necessidades de produção não se submeterá a essas sequências simples. Nesse caso, faz sentido que se ajustem os números da demanda (por exemplo, quando a demanda é, na realidade, uma simples estimativa bruta) para acomodar essas sequências; ou pode ser necessário desdobrar as sequências simples e diluir as sobras ao longo da programação diária. Entretanto, o objetivo continua sendo o de balancear o fluxo ao máximo. Isso contraria abertamente as práticas tradicionais dos norte-americanos de produzir grandes lotes de um produto antes de produzir outro produto diferente, com ênfase em atingir as quotas de produção no final do mês.

4.4.2 A reserva de capacidade

Uma aparente dificuldade do JIT está em conviver com as variações inesperadas, como o cancelamento de pedidos ou defeitos em equipamentos. Em um sistema de MRP, quando as necessidades da produção se alteram, a programação é simplesmente reprocessada, algumas requisições podem ser adiantadas, e as coisas continuam. Porém, em um sistema JIT, em que foram feitos grandes esforços para assegurar um fluxo balanceado e contínuo, é necessária outra abordagem. De maneira similar, se um defeito em uma máquina causa um atraso na produção, as necessidades líquidas no MRP incluirão as necessidades não atingidas no próximo processamento. O sistema JIT, com sua produção nivelada, não tem maneiras intrínsecas de controlar tal déficit.

Essa rigidez é, com certeza, um problema para um sistema JIT "ideal". Porém, um JIT ideal só é possível em um ambiente ideal – assim como com quase tudo. (Se a demanda é absolutamente balanceada, perfeitamente previsível e dentro da capacidade instalada, então também o MRP funcionará muito bem e produzirá conforme os conceitos do *just-in-time*.) Porém, os sistemas JIT do mundo real nunca são os ideais, e a ocorrência de variações inevitáveis requer algumas medidas para remediar as rupturas inesperadas. Uma abordagem comum usada pelos japoneses é manter certa capacidade de segurança. Ao programar a fábrica para operar menos de 24 horas por dia, a linha de produção pode compensar algum eventual atraso. Se a produção avançar mais do que seu padrão normal, os funcionários são dispensados ou redirecionados a outras tarefas. Se a produção ficar abaixo de sua taxa padrão, seja por causa de problemas na linha ou de alterações na programação, algumas horas extras podem ser feitas para compensar. Uma maneira de permitir esse sistema é trabalhar em **dois turnos** por dia, separados por paradas (Schonberger 1982, 137). As paradas podem ser usadas para manutenção preventiva ou como horas extras, se necessário. Uma prática comum é programar turnos em horários "4–8–4–8", caso em que dois turnos de 8 horas são separados por paradas de 4 horas.

A reserva de capacidade garantida pela disponibilidade de horas extras serve como uma alternativa aos níveis de segurança dos trabalhos em curso (WIP) encontrados na maioria dos sistemas de MRP. Se uma ocorrência inesperada, como uma parada de máquina, causa um atraso na produção em uma estação de trabalho, manter certos níveis de segurança de WIP pode evitar a parada de outras estações. Em um sistema JIT, no qual esses níveis são muito justos, qualquer defeito causará a parada de estações em algum ponto do sistema. Portanto, para manter a taxa de produção constante, será necessário algum nível de horas extras. Na verdade, os japoneses reduziram os níveis de WIP, de maneira que a produção ocorra de acordo com o conceito *just-in-time*, mas mantendo certa capacidade de segurança, para eventualidades.

4.4.3 A redução dos *setups*

Uma sequência de produção igual à sugerida, A–B–A–C–A–B–A–C–A–B–A–C–, dificilmente será viável se os tempos de *setup* necessários para a troca da produção entre os diferentes produtos forem significativos. Por exemplo, se cada um dos três produtos exige a mudança de moldes, o que demora várias horas, não há como alcançar a taxa diária de 500 unidades com uma sequência que precise trocar os moldes a cada peça diferente. Nos Estados Unidos, os *setups* eram considerados uma necessidade, e os grandes lotes tinham o objetivo de manter um número mínimo de trocas. No Japão, a redução dos tempos de *setup* ao ponto em que as trocas não quebram mais as sequências uniformes transformou-se quase em uma arte. Ohno descreveu *setups* na Toyota que foram reduzidos de 3 horas, em 1945, para 3 minutos, em 1971 (Ohno 1988).

Uma série de boas referências fornece dados específicos sobre as técnicas mais inteligentes usadas para a otimização dos tempos de *setup* (Hall 1983; Monden 1983; Shingo 1985), por isso não nos aprofundaremos em maiores detalhes aqui. Em vez disso, faremos algumas observações de princípios gerais que têm sido usados como guias nesse esforço de reduzi-los.

O segredo para uma abordagem genérica na redução dos *setups* é a distinção entre o ***setup* interno** e o ***setup* externo.** As operações de *setup* interno são aquelas tarefas que são executadas quando uma máquina está parada (isto é, não está produzindo), e as operações de *setup* externo são aquelas tarefas que podem ser executadas enquanto a máquina está funcionando. Por exemplo, remover um molde é uma operação interna, mas reunir e preparar o ferramental para removê-lo é uma operação externa. É o *setup* interno que causa interrupções da produção, e, portanto, essa é a porção do processo de *setup* que merece a maior atenção. Com essas diferenças em mente, Monden (1983) identificou quatro conceitos básicos para a redução dos *setups*:

1. *Separar as operações de setup interno do externo.* O fato de a máquina estar parada enquanto certas tarefas estão sendo completadas não garante que elas sejam tarefas internas. O processo de redução do *setup* precisa ser iniciado com a pergunta de quais tarefas *precisam* ser executadas enquanto a máquina está parada.
2. *Transformar ao máximo as tarefas de setup interno em externo.* Por exemplo, se alguns componentes podem ser montados previamente antes de parar a máquina, ou se um molde pode ser tratado antes de sua instalação, os tempos de *setup* interno podem ser reduzidos substancialmente.

3. *Eliminar os processos de ajuste.* Isso é crítico e, muitas vezes, toma de 50 a 70% do tempo do *setup* interno. A preparação de equipamentos, sensores e aparelhos pode ser otimizada e até mesmo eliminar os ajustes.
4. *Eliminar o próprio setup.* Isso pode ser feito por meio da adoção de um projeto uniforme dos produtos como a mesma braçadeira para todos os produtos, ou da produção de várias peças ao mesmo tempo (como estampar as peças A e B ao mesmo tempo e separá-las posteriormente), ou da existência de máquinas paralelas, cada uma com um *setup* para produtos diferentes.

As referências citadas oferecem uma série de técnicas para implantar esses conceitos, desde afrouxar um parafuso com rapidez, passando pelo uso de procedimentos e ferramentas-padrão, ou de operações em paralelo (dois trabalhadores executando o mesmo *setup* em conjunto), até a identificação por cores, etc. A verdadeira lição tirada dessa gama de ideias talvez seja expressa pelo velho ditado: "A necessidade é a mãe das invenções." As sequências uniformes de produção usadas no JIT *exigiam* substituições rápidas, que foram providenciadas pelos esforços dos diligentes engenheiros japoneses.

4.4.4 O treinamento multifuncional e o leiaute da fábrica

Ohno sempre interpretava a melhoria da produtividade como um objetivo crucial para a Toyota. No entanto, por causa de sua preocupação em assegurar um fluxo constante e nivelado de materiais, sem excesso de WIP, os ganhos de produtividade não poderiam ser alcançados com funcionários produzindo grandes lotes em cada máquina. Ficou claro que o sistema JIT funcionaria melhor se operado por funcionários polivalentes, os quais podem se deslocar para vários pontos necessários para manter o fluxo contínuo da produção. Além disso, a existência de trabalhadores com múltiplas habilidades adiciona flexibilidade a um sistema que exige flexibilidade, aumentando bastante a possibilidade de o JIT trabalhar com mudanças de combinação de produtos e outras exceções.

Para criar uma cultura de trabalhadores multifuncionais, a Toyota usou um sistema de rotação de funcionários de dois tipos. Primeiro, os trabalhadores faziam rotação entre as várias funções na oficina.[3] Assim que um número suficiente era treinado em toda a fábrica, iniciava-se uma rotação diária, a qual era destinada às seguintes funções:

1. Manter em dia as várias habilidades adquiridas.
2. Reduzir a fadiga e a rotina por parte dos funcionários.
3. Fornecer a cada funcionário uma visão positiva do sistema todo.
4. Aumentar o potencial para novas ideias, pois mais pessoas estariam pensando sobre como fazer cada trabalho.

Esses esforços para um treinamento multifuncional realmente ajudaram os japoneses a alcançar os índices de produtividade norte-americanos. Eles também promoveram uma grande flexibilidade, que os norte-americanos, com suas rígidas classificações de funções e seu histórico de relações trabalhistas de confrontação, tiveram dificuldade em atingir.

Com os conceitos do treinamento multifuncional e da autonomação, tornou-se possível apenas um funcionário operar várias máquinas ao mesmo tempo. O trabalhador carrega uma peça na máquina, dá início à operação e se desloca para outra máquina enquanto o processo é executado. Mas lembremos que, em um sistema JIT com um baixo nível de WIP, é importante conservar o fluxo das peças. Dessa forma, não é prático manter um operário cuidando de certo número de máquinas que executam a mesma operação em um grande centro de processamento. Simplesmente não haverá produtos em processamento suficientes para manter a operação.

Um leiaute melhor seria manter as máquinas localizadas próximas umas das outras e que executassem as diferentes e sucessivas operações de maneira que os produtos pudessem fluir facilmente de

[3] É interessante notar que os gerentes também faziam a rotação entre as várias funções, para comprovar suas habilidades aos funcionários.

uma máquina para outra. O posicionamento linear das máquinas, tradicionalmente comum nas fábricas norte-americanas,[4] serve para manter o fluxo dos produtos, mas não é bom para que um só trabalhador cuide de muitas máquinas, pois ele teria que caminhar muito entre elas. Para facilitar o fluxo dos materiais e reduzir as distâncias, os japoneses usaram linhas, ou células, de produção no formato de U, conforme mostrado na Figura 4.2.

As vantagens das células em U são as seguintes:

1. Um único trabalhador pode cuidar e operar as máquinas caminhando pouco.
2. Elas são flexíveis quanto ao número de operadores necessários, permitindo fazer ajustes de acordo com as necessidades da produção.
3. Um único trabalhador pode monitorar a alimentação e a produção da célula, assegurando a continuidade de fluxo do *just-in-time*.
4. Os trabalhadores podem trabalhar em cooperação para suavizar operações não balanceadas e resolver outros problemas conforme eles ocorrem.

O uso do leiaute de células nos sistemas JIT precipitou uma tendência que ganhou força nos Estados Unidos durante a década de 1980. Atualmente, há células de produção em U em uma série de ambientes de produção, ao ponto de elas terem se tornado mais populares do que o próprio sistema que as gerou.

4.4.5 Menos trabalhos em curso

Todas as melhorias acima exigem menores níveis de WIP do que as fábricas que não têm um fluxo balanceado e contínuo de produção, certa capacidade de segurança, *setups* rápidos, trabalhadores polivalentes e células em U. Menos WIP significa um ciclo operacional (*cycle time*) menor e uma resposta mais rápida no atendimento aos consumidores. É claro que também significa menos estoques de segurança para enfrentar eventuais problemas. Se uma máquina parar ou se um operador falhar em executar uma ação necessária, a produção cairá. Da mesma forma, se ocorrer um problema de qualidade, a produção para, pois não há nenhuma máquina substituta para continuar o processo. Assim, como as sequências uniformes criaram a necessidade de *setups* rápidos, as linhas com baixos níveis de WIP requerem um alto nível de qualidade. Um sistema *just-in-time* simplesmente não pode funcionar com altos níveis de retrabalhos ou de sucateamento de peças. Esse desenvolvimento evoluiu para uma nova revolução, que se tornou mais influente do que o próprio JIT – a TQM.

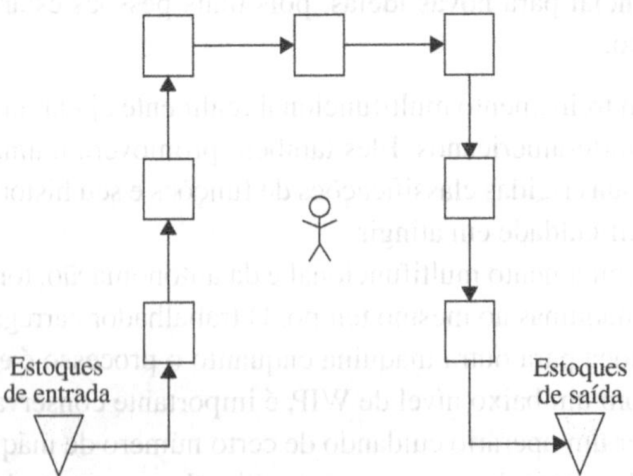

FIGURA 4.2 Célula de produção em formato de U.

[4]Os leiautes lineares eram essenciais nas fábricas coloniais movidas pela força da água, onde as máquinas eram movidas por correias vindas de um eixo central. Quando o vapor e a eletricidade substituíram a força hidráulica, as linhas de produção lineares já tinham se tornado um padrão nos Estados Unidos.

4.5 A GESTÃO DA QUALIDADE TOTAL – TQM

Apesar de as técnicas básicas do controle de qualidade terem sido desenvolvidas e adotadas pelos norte-americanos há muito tempo, especialmente por Shewhart (1931), Feigenbaum (1961), Juran (1964) e Deming (1950a, 1950b, 1960), foi o sistema JIT japonês que elevou a qualidade a uma importância estratégica inusitada.

4.5.1 Os fatores que exigiram maiores níveis de qualidade

Schonberger (1982, 50) aponta duas razões possíveis para a decolagem do controle de qualidade no Japão, e não nos Estados Unidos:

1. A aversão histórica dos japoneses ao desperdício de recursos escassos, isto é, à fabricação de produtos ruins.
2. A resistência inata dos japoneses aos especialistas, incluindo os *experts* do controle de qualidade, o que tornou mais natural assegurar a qualidade no ponto da fabricação do que depender de inspeções posteriores em estações de controle de qualidade.

Além desses fatores culturais, há o fato de que o JIT *exige* um alto nível de qualidade para funcionar bem. No JIT, um operador de máquina não dispõe de muitas peças para encontrar uma que possa servir. Sua opção pode ser de apenas uma única peça; se não servir, a produção para. Se isso acontecesse muitas vezes, as consequências poderiam ser devastadoras. A analogia que muitos autores usam é a comparação do JIT a um rio com pedras no fundo. A água representa os níveis de WIP, e as pedras, os problemas. Enquanto o nível das águas está alto, as pedras estão invisíveis, mas se as águas baixarem elas aparecem. De maneira similar, quando o nível de WIP da fábrica é reduzido, qualquer defeito se torna muito importante.

Observe que o JIT não apenas ressalta os problemas de qualidade, mas também facilita a identificação de sua origem. Se os níveis de WIP são altos e as inspeções de qualidade são feitas em estações separadas, os operadores podem não receber o *feedback* adequado e em tempo hábil sobre seus próprios níveis de qualidade. Já em um ambiente JIT, as peças fabricadas por um operador serão utilizadas rapidamente por outro operador da estação de trabalho subsequente, que terá um grande interesse em notificar o defeito ao operador anterior. Isso serve para alertar o operador para um problema potencial e, talvez, ainda em tempo hábil para corrigi-lo. Também ajuda na indução da motivação psicológica para "fazer certo já na primeira vez". Os defensores do JIT alegam que isso resultará em um aumento da consciência geral pela qualidade, em respeito ao consumidor.

De maneira análoga aos seus efeitos sobre as técnicas de redução dos *setups*, a pressão do JIT gerou uma onda de criatividade para novas metodologias sobre a melhoria da qualidade. Muitos livros da década passada trazem mais detalhes desses métodos (ver DeVor, Chang e Sutherland 1992; Garvin 1988; Juran 1988; Shingo 1986), por isso não nos aprofundaremos no assunto agora, mas voltaremos a ele no Capítulo 12.

4.5.2 Os princípios da qualidade do JIT

Resumimos abaixo os sete princípios descritos por Schonberger (1982, 55) como essenciais ao controle da qualidade no Japão:

1. **O controle do processo.** Os japoneses fizeram muitos esforços para permitir que os próprios trabalhadores pudessem se certificar de que seus processos de produção estavam operando de maneira eficaz. Isso incluiu o uso de gráficos de controle estatístico de processos (CEP) e outros métodos, mas também envolvia a simples delegação aos funcionários de responsabilidade pela qualidade e de autoridade para fazer alterações quando necessárias.

2. **Fácil visualização da qualidade.** Como instruídos por Juran e Deming na década de 1950, os japoneses fizeram uso extensivo de mostradores visuais para ressaltar as medidas de qualidade. Quadros, medidores, placas e prêmios foram usados para destacar a qualidade. Os japoneses foram além, inventando o conceito *poka-yoke,* ou "à prova de erros". A ideia era de projetar o sistema de maneira que o trabalhador *não conseguisse* cometer um erro. Essas práticas eram direcionadas, em parte, para fornecer um adequado *feedback* aos funcionários e para provar o alto nível de qualidade aos inspetores dos clientes.
3. **Insistência no cumprimento.** Os trabalhadores japoneses eram encorajados a cobrar o cumprimento dos padrões de qualidade em todos os níveis do sistema. Se os materiais recebidos de fornecedores não estavam dentro dos padrões, eram devolvidos. Se uma peça na linha de produção estivesse com defeito, não era aceita. A atitude adotada era a de que a qualidade vinha em primeiro lugar, depois a quantidade.
4. **Parada da produção.** Os japoneses enfatizavam o ideal "qualidade antes de tudo" ao ponto de autorizar qualquer trabalhador a parar a linha de produção para corrigir problemas de qualidade. Em algumas fábricas, luzes de diferentes cores (amarelo para um problema e vermelho para a parada da linha) eram sinalizadas em um quadro indicando a situação em cada área da fábrica. Esse quadro era mostrado em um local bem visível, de maneira que todos podiam ver a situação de toda a fábrica. Nas fábricas onde essas técnicas eram usadas, a qualidade realmente tinha a prioridade máxima.
5. **A autocorreção.** Ao contrário das linhas de retrabalho frequentemente encontradas nas fábricas norte-americanas, os japoneses normalmente exigiam que o próprio trabalhador ou a equipe que produzira um item defeituoso o consertasse. Isso deixava toda a responsabilidade da qualidade para os próprios trabalhadores.
6. **A inspeção 100%.** O objetivo de longo prazo era de inspecionar todas as peças produzidas, não apenas uma amostragem. Técnicas de inspeção, simples ou automatizadas, eram interessantes; equipamentos automáticos à prova de falhas que monitoravam a qualidade durante a produção eram melhores ainda. Porém, em algumas situações em que inspecionar 100% da produção era impossível, os japoneses usavam o método $N = 2$, em que a primeira e a última peça de cada partida eram inspecionadas. Se as duas eram boas, assumia-se que a máquina estava ajustada e que toda a partida estava de acordo.
7. **A melhoria contínua.** Ao contrário dos ocidentais, que aceitavam certo nível de defeitos, os japoneses buscavam o ideal de zero defeitos. Nesse contexto, existe sempre espaço para a melhoria da qualidade.

Com o impacto sobre o leiaute das células nas fábricas, o JIT fez nascer uma revolução na qualidade, que foi muito além do *kanban* e de outros sistemas JIT. Os anos 1980 foram chamados de a *década da qualidade,* com iniciativas importantes, como o Malcolm Baldridge Award, o Seis Sigma e os padrões da ISO 9000. A alta consciência da qualidade no mundo todo tem suas raízes na revolução causada pelo JIT.

4.5.3 O ocidente contra-ataca – a ISO 9000

Se o Malcolm Baldridge Award não era muito mais do que motivos de vanglória para as empresas que o conquistavam, tanto o Seis Sigma quanto a ISO 9000 causaram um profundo impacto na indústria. Apesar de o Seis Sigma levar mais tempo para decolar, a ISO 9000 foi adotada com rapidez.

Em um esforço para capturar os benefícios da revolução emergente da qualidade, em especial o que era compreendido como a "administração japonesa à la Toyota", em 1979, o governo inglês emitiu sua "British Standard 5750".

A ideia básica era parecida à automação de Ohno: determinar a melhor prática e, então, assegurar o seu cumprimento. O resultado é um certificado que atesta a existência de um processo de alta qualidade. É interessante que a Toyota nunca procurou obter tal certificado. Fazer isso seria indicar que se havia alcançado um objetivo arbitrário – a antítese da melhoria contínua. Além disso, seria muito mais fácil auditar a empresa para ver se ela possuía um "processo" e ele se estava sendo seguido do que determinar se o processo realmente é eficaz. Consequentemente, a BS 5754 foi muito criticada sob alegações de ser ineficaz na promoção da qualidade e muito burocrática em suas exigências de documentação.

Porém, apesar dessas críticas, o British Standards Institute, junto com o governo inglês, convenceu a International Organization for Standardization a adotar o mesmo padrão em 1987, que ficou conhecido como a ISO 9000.

> **ISO 9000 (1994) parágrafo 1:**
> Os requisitos especificados têm o objetivo de, em primeiro lugar, atender às exigências dos consumidores, por meio da prevenção de não conformidades em todos os estágios, desde o projeto até o atendimento final.

À primeira vista parece bom: documentar seus procedimentos de maneira que um auditor independente possa comprovar que a empresa os está seguindo e, assim, emitir um certificado para seus clientes. Infelizmente, não há qualquer exigência de que os procedimentos usados sejam bons ou mesmo garantia de que cumpri-los resultará em alta qualidade. A ISO 9000 supostamente garante a qualidade pelo fato de que, se são encontrados problemas, existem procedimentos para remediá-los (mas não há nada que garanta que os procedimentos são eficazes). Seddon (2000) comenta:

> A certificação da qualidade, de acordo com a Norma, é um modo de administração que evita as não conformidades e, assim, "certifica a qualidade". Isso é o que faz a ISO 9000 diferente de outras normas: ela é uma norma de administração, e não uma norma do produto. Ela vai além da padronização dos produtos: é a padronização do como as coisas são feitas, não do que é feito. Usar padrões para ditar e controlar como a organização trabalha é aplicar os padrões sobre um novo território. Para fazer isso, primeiro deveríamos estabelecer que tais requisitos funcionam – que eles resultam em maneiras de trabalho que melhoram o desempenho.
>
> No entanto, a plausibilidade da ISO 9000 e o fato de que os que têm interesse em mantê-la eram (e ainda são) maioria evitaram esses questionamentos. Em outras palavras, a ISO 9000 pede aos administradores que digam o que eles fazem, que façam o que eles dizem e que provem-no a um auditor.

O resultado foi a criação de uma indústria caseira de auditores da ISO 9000, juntamente a uma tremenda carga de esforços por parte das empresas que buscam a certificação para documentar qualquer procedimento concebível. Em 1995, o processo se tornou tão popular que foi satirizado nos quadrinhos cômicos do *Dilbert,* apresentando, entre outros, o "inspetor estúpido", que auditava até a máquina do café.

É interessante o fato de que a Toyota testou a ISO 9000 em uma de suas fábricas e desistiu de usá-la, pois não adicionava valor algum (Seddon 2006). Devido a esses e a outros problemas, o movimento pela qualidade total começou a perder força. Porém, logo retornou sob um nome diferente – Seis Sigma – o qual discutimos abaixo (ver a Seção 4.7.2).

4.6 OS SISTEMAS DE PRODUÇÃO PUXADA E O *KANBAN*

A técnica japonesa mais parecida com as práticas do JIT é o sistema de produção puxada, conhecido como ***kanban,*** desenvolvido na Toyota. A palavra japonesa *kanban* significa *cartão,*[5] e, no sistema *kanban* da Toyota, eram usados cartões para gerenciar o fluxo dos materiais através da fábrica.

Para descrever o sistema *kanban* da Toyota, é bom fazer a distinção entre os sistemas que **empurram** ou **puxam** a produção.[6] Em um sistema que **empurra**, como o MRP, as liberações de trabalhos

[5] Ohno traduziu a palavra *kanban* como *quadro sinalizador,* mas usaremos simplesmente *cartão*, como é mais comum.

[6] Ver o Capítulo 10 para maiores detalhes e comparações dos sistemas que empurram e puxam a produção.

são *programadas*. Em um sistema que **puxa**, as liberações são *autorizadas*. A diferença é que uma programação é preparada previamente, enquanto a autorização depende das condições da fábrica. Por causa disso, um sistema que empurra se acomoda diretamente aos prazos dos pedidos dos clientes, mas é forçado a responder às alterações feitas na linha de fabricação (o MRP precisa ser atualizado). De maneira similar, um sistema que puxa responde diretamente às alterações, mas precisa ser forçado para se acomodar aos prazos dos clientes (acertando um plano de produção balanceado com a demanda e usando horas extras para garantir que a taxa de produção seja mantida).

A Figura 4.3 mostra uma comparação do MRP com o *kanban*. No sistema MRP, as liberações para a linha de produção são geradas pela programação. Tão logo uma peça seja completada em uma estação de trabalho, ela é "empurrada" para a próxima estação. Enquanto os operadores das máquinas tiverem peças disponíveis, eles continuam a trabalhar nesse sistema.

4.6.1 O *kanban* clássico

No sistema *kanban*, a produção é acionada pela demanda. Quando uma peça é removida de um ponto de estocagem (que pode ser o estoque de produtos finais ou de produtos intermediários) a estação que alimenta o ponto de estoque é autorizada a fazer a reposição da peça. Essa estação manda uma autorização para a estação anterior para que reponha a peça recém-usada. Cada estação faz a mesma coisa, repondo a peça usada pela estação posterior e autorizando a estação anterior a proceder assim. No sistema *kanban*, um operador precisa de uma peça *e também* de um sinal de autorização (*kanban*) para fazer seu trabalho.

O sistema *kanban* desenvolvido na Toyota usava dois tipos de cartões para autorizar a produção e para movimentar uma peça. Esse sistema de **dois cartões** é mostrado na Figura 4.4.

A lógica básica é a seguinte: quando uma estação de trabalho fica disponível para a próxima tarefa, o operador pega o próximo **cartão de produção** de uma caixinha. Esse cartão sinaliza ao operador que é necessária uma nova peça para a estação de trabalho subsequente. Então ele verifica o estoque de entrada de materiais necessários para a fabricação da peça. Se os materiais necessários estão disponíveis, o operador remove os **cartões de movimentação** presos aos materiais e coloca-os em outra caixinha. Se os materiais não estão disponíveis, o operador escolhe outro cartão de produção. Sempre que o ope-

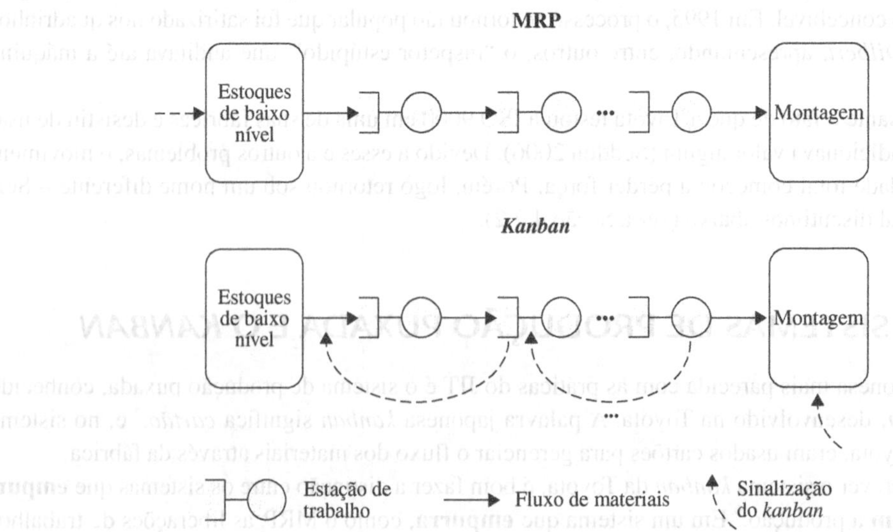

FIGURA 4.3 Comparação entre o MRP e o *kanban*.

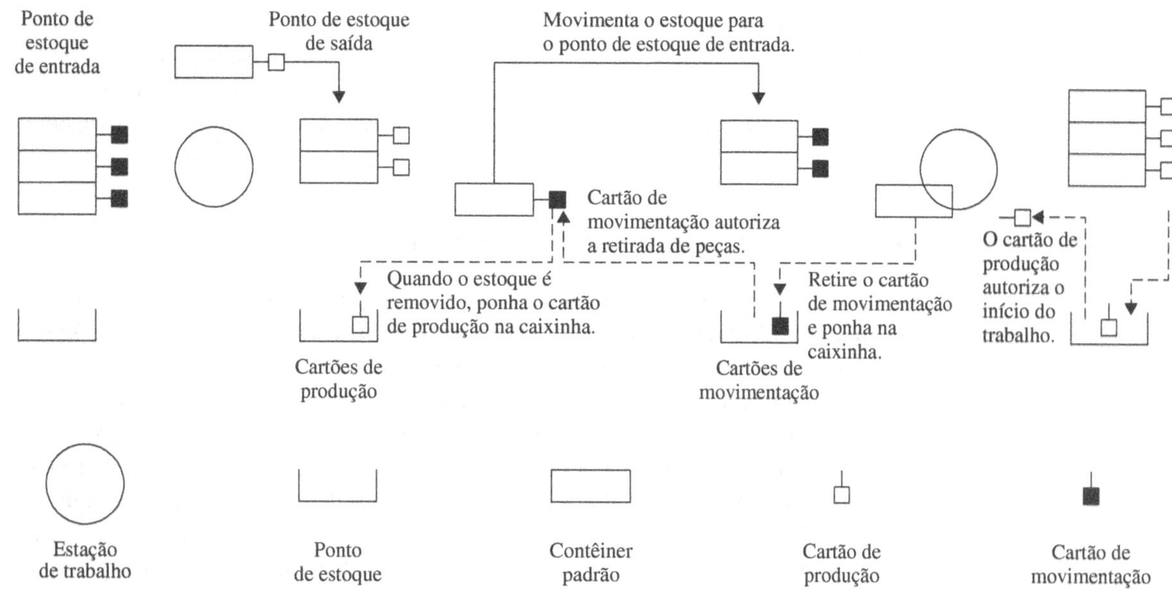

FIGURA 4.4 O sistema *kanban* com dois cartões da Toyota.

rador encontrar um cartão de produção e também os materiais necessários, ele fabrica a peça, anexa o cartão de produção e a coloca no estoque de saída.

Periodicamente, um **movimentador** verifica a caixinha dos cartões de movimentação e apanha os cartões. Ele, então, providencia os materiais indicados nos cartões, retirando-os de seus respectivos pontos de estoque, troca seus cartões de produção pelos cartões de movimentação e desloca os materiais para os pontos de estoque de entrada. Os cartões de produção removidos são depositados nas caixinhas das estações de trabalho em que se originaram, como um sinal para repor o estoque nos pontos de saída.

A lógica para esse sistema de dois cartões usado pela Toyota é que, quando as estações de trabalho estão distribuídas por toda a fábrica, não é possível uma movimentação instantânea das peças entre as estações. Assim, os estoques em processo deverão estar localizados em dois lugares, a saber, em um ponto de estoque de saída, quando o produto foi recém-processado por uma máquina, e em um ponto de estoque de entrada, quando o produto foi movido para a próxima máquina. Os cartões de movimentação servem como sinais para os movimentadores transferirem os materiais de um local para outro.

4.6.2 Outros sistemas de produção puxada

Em um sistema com estações de trabalho próximas umas às outras, o WIP pode ser literalmente "estendido" de um processo para outro. Desse modo, não há necessidade de dois pontos de estocagem, já que pode ser usado um sistema com apenas **um cartão**. Nesse sistema, um operador continua precisando do cartão de produção e dos materiais necessários para iniciar a fabricação de uma peça. Porém, em vez de remover um cartão de movimentação dos materiais que entram, o operador simplesmente remove o cartão de produção do processo anterior e o remete de volta àquele processo. Se analisarmos bem, vai ficar visível que o sistema com dois cartões é idêntico ao sistema de um cartão em que as movimentações entre os processos são tratadas como estações de trabalho. Assim, a escolha de um sistema ou outro depende do quanto se quer controlar o WIP envolvido nas movimentações. Se as operações são rápidas e previsíveis, esse controle possivelmente nem seja necessário. Se forem operações irregulares e demoradas, o controle de movimentação dos produtos em processo talvez se justifique.

Em muitas implantações, nem mesmo são usados cartões. Há situações em que um limite de WIPs é estabelecido por meio da permissão de somente um número pequeno de contêineres na linha de produção. Em outros, os limites são sinalizados nos próprios locais. Por exemplo, um "local de *kanban*" pode ser indicado por meio de uma marca no chão que indique quantos WIPs podem ser estocados naquele ponto. Outros usam "*kanbans* eletrônicos" que controlam os níveis de WIP na linha por meio do computador. A entrada e a saída de WIPs são registradas com o uso de código de barras, etiquetas eletrônicas, etc.

4.6.3 O *kanban* e o sistema de estoque mínimo

Os controles-chave em um sistema de *kanban* (com um ou dois cartões) são os limites de WIP em cada estação. Esses limites podem tomar a forma de um número determinado de cartões, de um limite nas quantidades de contêineres ou, simplesmente, de um limite nos volumes. Eles controlam os níveis de WIP no sistema e, por afetarem a frequência com que as máquinas ficam sem peças, determinam indiretamente a taxa máxima de produtividade. Examinaremos as relações entre o WIP e a produtividade em maiores detalhes na Parte II do livro. Por ora, é bom lembrar a similaridade entre o sistema *kanban* e os métodos do ponto de reposição discutidos no Capítulo 2. Considere o sistema *kanban* de um cartão com *m* cartões de produção em determinada estação. A cada vez que o estoque na estação subsequente fica abaixo de *m*, os cartões de produção são liberados, autorizando a estação a produzir para fazer as reposições no estoque de segurança. A lógica desse processo é quase a mesma do modelo do estoque mínimo, com a estação subsequente agindo como a demanda e com um número *m* de cartões servindo como o estoque mínimo. Uma diferença fundamental é que um sistema de estoque mínimo não tem limite de WIP, enquanto o *kanban* sim, isto é, a pilha de pedidos em um sistema de estoque mínimo pode exceder o número de cartões de produção em um sistema *kanban*. Apesar disso, muito da intuição desenvolvida para o sistema do estoque mínimo no Capítulo 2 é valida também para o sistema *kanban*.

Durante as décadas de 1970 e 1980, o JIT tornou-se uma prática bem definida e parecia ter superado o MRP II e os sistemas de produção controlados pelo computador. Porém, ele não durou muito e sucumbiu aos encantos da possibilidade de a administração ter todos os processos de negócios (incluindo a produção) em uma estrutura tecnológica de informações integradas – o sistema integrado de gestão empresarial (ERP).

4.7 ADEUS, JIT; OLÁ, PRODUÇÃO ENXUTA

Ao menos aparentemente, o ERP parecia conter o JIT em módulos com nomes como "produção repetitiva". Esses módulos permitiram carregar o plano mestre de produção e implantar o sistema de puxar os materiais. Mas eles também revelaram certa falta de compreensão do JIT dentro da lógica do ERP. Se o módulo da produção repetitiva forneceu o *software* para executar o *kanban* e suavização da produção, faltou a *filosofia* da melhoria contínua, assim como outros elementos externos ao *software*, como os controles visuais, os testes à prova de erros e o fluxo de uma peça por vez.

4.7.1 A produção enxuta

Em 1990, após um período de 5 anos de estudos do setor automobilístico, um novo termo para o JIT – **produção enxuta** – apareceu no livro *A Máquina que Mudou o Mundo* (Womack, Jones, Roos 1990). Também apareceu, em 1996, um segundo livro, *Lean Thinking* (Womack e Jones 1996) que descrevia a "filosofia" enxuta. Em uma visão retrospectiva, a produção enxuta forneceu um conjunto melhor do que as várias técnicas de JIT. O foco do termo enxuto recaiu sobre o *fluxo*, a *cadeia de valores* e a eliminação de *muda*, a palavra japonesa para desperdício, por meio de eventos *kaizen*. Não demorou muito e a maioria das empresas já estava assimilando, novamente, termos japoneses no afã de se tornarem "enxutas" (incluindo as que recentemente haviam abandonado o JIT, abraçando o ERP). Além disso, como a filosofia enxuta não exigia a ajuda do computador ou o desenvolvimento de sistemas, praticamente não existiam barreiras para os consultores do sistema enxuto. A imprensa econômica descreveu muitos casos de como as empresas tinham cortado seus estoques, encurtado seus *lead times* e aumentado seus lucros – tudo sem o uso de computadores. Assim, com a ajuda de um pelotão de consultores, o enxuto virou moda.

Infelizmente, durante aquela época, muitas ideias esclarecedoras de Ohno e Shingo a respeito da filosofia e da lógica do JIT foram perdidas. Agora, existe uma grande confusão sobre os benefícios de um sistema que puxa os materiais e sobre a necessidade de uma programação linear (que discutiremos mais adiante, no Capítulo 10). Apesar disso, parece que o enxuto tem tido mais sucesso do que o JIT na obtenção de resultados. Na verdade, o JIT nunca desapareceu; ele simplesmente ganhou um novo nome, uma nova embalagem e ficou melhor do que antes.

4.7.2 O Seis Sigma e outros

Assim como o JIT, a gestão da qualidade total (TQM) também nunca desapareceu. Além disso, apesar de sua origem no JIT, a revolução da TQM durou muito mais do que a revolução original do JIT. Apesar disso, seus benefícios foram ligados ao JIT e, após algum tempo, nos meados da década de 1990, a TQM também começou a perder seu brilho. Uma das razões foi que a popularidade do JIT havia desaparecido, e as exigências da alta qualidade ficaram menos evidentes. E muitos administradores se sentiram sobrecarregados com as exigências de documentação da ISO, cujo resultado não valia a pena em relação aos esforços exigidos. Por essas e outras razões, a TQM deixou de ser atrativa como era na década de 1980.

O grande vácuo deixado pelo JIT e pela TQM coincidiu com o nascimento de outro fenômeno – o **Seis Sigma**. Sua origem ocorreu durante 1985 e 1987, na Motorola. O Seis Sigma foi concebido como um método radical para a criação de novos produtos e processos que permitiriam à Motorola competir com mais eficiência contra os japoneses. Na verdade, o objetivo do Seis Sigma era reduzir os defeitos na magnitude de partes por milhão (PPM)[7] – melhor do que nível "normal" de qualidade existente na época. Para tanto, Bob Galvin, gerente-geral da Motorola, insistia que a qualidade dos produtos e serviços devia ser melhorada em um fator de 10 a cada dois anos. Esse objetivo agressivo tornou-se o ímpeto para a abordagem de reduzir as variações no processo, que logo se tornou conhecido como o método de medir, analisar, melhorar e controlar (*MAIC – Measure, Analyze, Improve, Control*). Esse método valeu à Motorola uma das primeiras premiações do *Malcolm Baldridge National Quality Award* em 1988.

Se o Seis Sigma não foi além de suas origens na Motorola, deve ter sido porque recebeu pouca atenção. Felizmente, lideranças carismáticas de empresas como a Asea Brown Boveri (ABB), Allied Signal e General Electric (GE) promoveram o Seis Sigma para além do que a Motorola havia conseguido. Jack Welch, da GE, em especial, lançou uma campanha, em 1995, para transformar sua companhia de uma "grande empresa" para "a maior empresa do mundo". Ele insistia que todos os aspectos de seus negócios deviam ser tratados sob o ponto de vista do Seis Sigma. Além disso, o treinamento no método Seis Sigma seria uma exigência para promoções. Pela perspectiva financeira, as metas da GE foram todas atingidas; seus relatórios financeiros durante o período 1996–99 estimam cortes de custos relacionados ao método Seis Sigma chegando a US$1–2 bilhões por ano. Desde 1995, o valor das ações da GE quadruplicaram de valor.

Na virada do milênio, o Seis Sigma amadureceu para um método bem mais definido, conhecido como DMAIC (o termo MAIC precedido pela letra D de "definir"). Enquanto a metodologia DMAIC concentra-se na melhoria dos processos de fabricação, uma nova variante do Seis Sigma (*DFSS – Design For Six Sigma*) concentra-se no projeto de novos produtos e processos. O *DFSS* tem sua própria metodologia – definir, medir, analisar, projetar, verificar (*DMADV – Define, Measure, Analyze, Design, Verify*). Empresas dos mais variados setores, como hospitais, indústrias, bancos, sistemas e materiais de construção, adotaram o Seis Sigma como a base para seus esforços na melhoria dos processos.

[7] Tecnicamente, um processo Seis Sigma não tem mais do que 3,4 defeitos por milhão. Isso corresponde a limites de controle de 4,5 sigma. Felizmente, adicionando outro 1,5 sigma para "mudanças de processos", chega-se a um termo muito mais apelativo com uma bela aliteração.

Assim que o Seis Sigma cresceu e se desenvolveu, tornou-se o que muitos de seus adeptos consideram ser um sistema completo de administração que foi um sucesso exatamente em razão de seu foco nos resultados. Outros observaram que o Seis Sigma é uma extensão dos movimentos da TQM e do JIT, bem como um sucessor das iniciativas originais de Deming, Juran, Crosby e até mesmo Shewhart.

4.8 AS LIÇÕES DE JIT/PRODUÇÃO ENXUTA E TQM/SEIS SIGMA

A gama de assuntos tratados neste capítulo deixa claro que o JIT/produção enxuta não é um procedimento ou uma técnica simples, tampouco pode ser considerado uma estratégia de administração coerente e bem definida. Em vez disso, é uma série de atitudes, filosofias, prioridades e metodologias que levaram o nome de JIT e, agora, produção enxuta. O verdadeiro elo entre elas é a sua origem na Toyota e em outras empresas japonesas.

Se o JIT/produção enxuta falha em fornecer políticas abrangentes para administrar uma fábrica, seus desenvolvedores, na Toyota e em outras fábricas, demonstraram uma clara genialidade, gerando soluções criativas para resolver problemas específicos. Inerentes a essas soluções, seguem algumas ideias-chave que merecem um lugar de destaque na história da administração da manufatura:

1. *O próprio ambiente de produção é um controle.* As estratégias que envolvem a redução dos *setups*, a mudança dos projetos de produto levando em conta o processo da sua fabricação, o nivelamento das programações de produção, etc., podem ter um impacto na eficácia dos processos de fabricação maior do que qualquer outra decisão tomada na fábrica.
2. *Os detalhes operacionais são importantes para a estratégia.* Ohno e outros reforçaram a ideia centenária de Carnegie de que os pequenos detalhes nos processos da produção podem conferir uma importante vantagem competitiva. Como Carnegie, os defensores do JIT, em seus esforços para reduzir o desperdício, concentraram-se nos custos de fabricação e examinaram os mínimos detalhes dos processos de produção.
3. *É importante controlar os WIPs.* A importância de um fluxo constante e nivelado dos materiais através do sistema já era reconhecida por Ford desde 1910 e enfatizada por Ohno nos anos 1980. Praticamente todos os benefícios do JIT são uma consequência direta de baixos níveis de WIP (por exemplo, com *cycle times* curtos) ou da pressão criada nesses níveis (como os altos níveis de qualidade).
4. *A flexibilidade vale muito.* O JIT é inerentemente inflexível. Em sua essência, ele precisa de uma taxa de produção e de uma combinação de produtos absolutamente estáveis ao longo do tempo. Porém, talvez em reação a essa tendência de inflexibilidade, os defensores do JIT desenvolveram uma preciosa apreciação do valor da flexibilidade em resposta a um mercado volátil. Eles temperaram o JIT com várias práticas projetadas para promover a flexibilidade, incluindo *setups* rápidos, capacidade de segurança, treinamento multifuncional dos funcionários, células em U e muitas outras.
5. *A qualidade pode ser a prioridade.* Apesar de muitos conceitos de qualidade usados pelos japoneses em seus sistemas terem sido desenvolvidos por *experts* norte-americanos, as empresas japonesas foram muito mais eficientes em pôr esses conceitos em prática do que as norte-americanas.
6. *A melhoria contínua é uma condição para a sobrevivência.* Ao contrário da ideia de Ford, de um produto e um processo que pudessem ser aperfeiçoados, os japoneses reconheceram que a produção é um jogo em contínua mudança. Padrões que eram os melhores ontem não serão bons amanhã. Apesar de dizermos que o JIT foi uma "revolução", foram necessários, mais ou menos, 25 anos (dos anos 1940 até o final dos 1960) de atenção constante para a Toyota reduzir seus *setups* de 3 horas para 3 minutos. Mais do que qualquer coisa, os usuários do JIT têm se dedicado a fazer as coisas cada vez melhor, em avanços milimétricos.

Os movimentos da TQM/Seis Sigma nasceram da necessidade de reduzir as variações causadas por erros ocorridos no ambiente da produção. Na verdade, veremos na Parte II do livro que a compreensão de como as variações degradam o desempenho da produção é uma das chaves para melhorar um sistema de manufatura.

As ideias-chave são:

1. *A qualidade e a logística têm de ser melhoradas em conjunto.* Um sistema de produção não pode ser enxuto se tiver um nível baixo de qualidade, isto é, os produtos precisam ser fabricados com perfeição já na primeira vez. Da mesma maneira, um sistema não pode gerar produtos de qualidade de maneira consistente, a não ser que seja bem enxuto, ou seja, precisa ter um nível baixo de WIP.
2. *"Se você não tem tempo para fazer a coisa certa, quando terá tempo para refazê-la?"* Esse aforismo transmite de forma sucinta a necessidade da boa qualidade em um sistema de produção.
3. *A variabilidade precisa ser identificada e reduzida.* O foco do Seis Sigma é identificar e reduzir a variabilidade por meio da (1) determinação de suas raízes e da (2) eliminação de suas causas. O problema com o Seis Sigma é que muitos problemas não são diretamente relacionados às variações, mas sim indiretamente. Isso será um assunto a tratar na Parte II deste livro.

PONTOS PARA DISCUSSÃO

1. Considere o seguinte comentário: Henry Ford praticou a fabricação com *lead time* curto já na década de 1910. As ferramentas básicas da gestão da qualidade total foram desenvolvidas e praticadas na Western Electric nos anos 1920. O *kanban* é equivalente ao sistema do estoque mínimo, que era bem conhecido desde a década de 1930. Assim, o *just-in-time* não é nada mais do que uma evolução das ideias tradicionais dos norte-americanos em uma nova embalagem, pela qual os japoneses foram supervalorizados.
   (a) Você concorda ou discorda do comentário acima?
   (b) Quais aspectos do JIT parecem radicalmente diferentes de outras técnicas mais antigas? Esses aspectos justificam chamar o JIT de "revolução"?
   (c) Quais aspectos do JIT têm origem especificamente na cultura japonesa? Que implicações isso poderia ter para a possibilidade de sua aplicação nos Estados Unidos?

QUESTÕES PARA ESTUDO

1. Quais os sete zeros do JIT? Destes, quais são realmente alcançáveis? Quais são completamente absurdos, se tomados literalmente?
2. Discuta a diferença fundamental entre o objetivo de zero defeitos do JIT e os níveis aceitáveis de qualidade de antigamente. O que isso tem a ver com o adágio: "Se você não tem tempo para fazer a coisa certa, quando terá tempo para refazê-la?"
3. Por que o tempo zero de *setup* é útil? E o *lead time* zero?
4. Na filosofia do JIT, por que muitas vezes o estoque é tratado como algo ruim?
5. O que significa a analogia simples a um rio, onde os WIPs são representados pela água, e os problemas, pelas pedras no fundo? Quais dificuldades poderiam surgir do ponto de vista que a analogia sugere?
6. O que Ohno quer dizer com os "cinco porquês"?
7. De que maneira Ohno descreve um supermercado no estilo norte-americano como uma inspiração para o JIT? Que problemas existem em potencial no uso de um supermercado como uma comparação com um sistema de produção?
8. Que função a gestão da qualidade total (TQM) teve no JIT? Você acha que o JIT depende da TQM, promove-a, ou ambos?
9. Descreva a autonomação.

10. Por que a flexibilidade do trabalho é importante em um sistema JIT?
11. O que são células de produção? Que função elas têm no JIT?
12. Quais as vantagens do modelo de produção combinada?
13. Explique como funciona um sistema *kanban* de dois cartões.
14. Até que ponto um sistema *kanban* com dois cartões equivale ao sistema com um cartão? O que é desconsiderado no caso de dois cartões?
15. Qual a "mágica" do *kanban*? Será o fato de que o estoque é puxado de uma estação para a próxima, ou será algo mais fundamental?
16. Mencione duas razões pelas quais o sistema *kanban* da Toyota não foi adotado por todas as indústrias americanas (ou japonesas).
17. Por que um volume constante e uma combinação estável de produtos são essenciais ao *kanban*?
18. Enumere três maneiras pelas quais a rigidez intrínseca do JIT é compensada na prática.
19. Qual a diferença fundamental entre um sistema que empurra e um que puxa a produção?
20. Em uma linha de produção em série, em qual estação (primeira, intermediária, última, etc.) seria melhor ter um gargalo em um sistema que empurra a produção? E em um sistema que puxa? Explique seu raciocínio.
21. Para cada uma das seguintes situações, indique qual seria o melhor sistema, o *kanban* ou o MRP.
    (a) Uma fábrica de carros que produz três modelos diferentes
    (b) Uma oficina que fabrica produtos personalizados sob encomenda
    (c) Uma fábrica de placas de circuito integrado com 40.000 códigos de peças ativas
    (d) Uma fábrica de placas de circuito integrado com 12 códigos de peças ativas
    (e) Uma fábrica com uma linha de montagem em que todas as peças são compradas de fornecedores

CAPÍTULO 5

Afinal, O Que Deu Errado?

Nossa tarefa não é encontrar os culpados pelo passado, mas sim encontrar o caminho para o futuro.

JOHN F. KENNEDY

5.1 O PROBLEMA

Os capítulos anteriores mostraram em detalhes um considerável progresso no caminho trilhado até aqui. Então, por que o nome deste capítulo é "Afinal, o que deu errado?" Para responder essa questão, faremos outra: Após tanto "progresso", por que a "lei de Newton dos consultores", a qual diz que

> Para cada *expert* a favor de um assunto, há um *expert* igual e contrário

ainda é plenamente válida? Lembre-se que, no Capítulo 1, as abordagens à administração da produção eram divididas em três tendências básicas:

1. **Da eficiência:** Essa abordagem começou no início do século XX, com o movimento da administração científica e as primeiras tentativas de definição modular dos processos de produção. A administração científica morreu na década de 1920, mas a tendência da eficiência persistiu por anos até experimentar um grande avivamento, quando as atenções internacionais se voltaram para o *just-in-time* (JIT), desenvolvido no Japão durante as três décadas anteriores, explodindo no cenário empresarial ao final da década de 1970. Se o JIT compartilhava o foco na eficiência com a administração científica, ele tinha a tendência de não enfatizar os diferentes módulos em favor de um foco na filosofia geral e nos métodos adotados no chão de fábrica. Atualmente, o movimento da eficiência continua com os nomes de produção enxuta e Sistema Toyota de Produção (STP), e é caracterizado pela ênfase na administração por meio de métodos visuais, um fluxo suave de materiais e estoques mínimos. Assim como o JIT, o sistema enxuto e o da Toyota tendem a utilizar mais o *benchmarking* e a imitação do que o uso de modelos matemáticos ou computadores.
2. **Da qualidade:** Essa abordagem remonta aos trabalhos de Shewhart, que, na década de 1930, introduziu o método estatístico no controle da qualidade. Dos anos 1950 a 1980, o movimento cresceu sob a influência de Juran e Deming, mas manteve-se baseado na estatística e foi praticamente ignorado pela indústria norte-americana. Porém, a qualidade chegou ao topo, seguindo os rastros do movimento do JIT e, na década de 1980, evoluiu para a gestão da qualidade total (TQM). Apesar de sua abordagem ter obtido bastante sucesso, ela foi supervalorizada ao ponto de a TQM ter reduzido a qualidade a um simples clichê, causando um retrocesso que quase fez essa tendência esvair-se do cenário empresarial no início de 1990. No entanto,

ela ressurgiu no final da década – sob a bandeira do Seis Sigma – quando ABB, Allied Signal, General Electric e outras empresas começaram a implantar a metodologia, originalmente desenvolvida na Motorola, em meados dos anos 1980. O Seis Sigma reconduziu a tendência da qualidade às suas origens estatísticas, concentrando-se na identificação e na redução das variabilidades. Mas ela continuou evoluindo até se tornar uma estrutura abrangente de análise de sistemas que busca elevar a questão da qualidade para o contexto mais amplo da eficiência em geral.

3. **Da integração:** Essa abordagem teve início na década de 1960, com a introdução do computador nas fábricas. Apesar de as organizações em larga escala terem sido integradas antes, foi com o advento do planejamento das necessidades de materiais (MRP) que a integração formal de fluxos e funções tornou-se o foco para a melhoria da produtividade e dos lucros. Nos anos 1970, o MRP angariou grande publicidade e um lugar de destaque com a cruzada promovida pela American Production and Inventory Control Society (APICS). Porém, apesar de o MRP continuar a ser comercializado, o sucesso do JIT na década de 1980 tirou um pouco de seu brilho temporariamente. O movimento ressurgiu nos anos 1990, de forma expandida com o sistema integrado de gestão empresarial (ERP), o qual prometia usar a tecnologia emergente do processamento distribuído para integrar todos os processos da empresa em uma única aplicação de sistemas. A onda da reengenharia e os receios com o *bug* do milênio gerou mais demanda por esses sistemas extremamente caros. Entretanto, assim que o milênio virou e nada aconteceu, as empresas se deram conta de que o ERP fora supervalorizado. Desse modo, muitos fornecedores de ERP o transformaram (às vezes, literalmente, da noite para o dia) em sistemas mais abrangentes, chamados de gestão da cadeia de suprimentos (SCM). Atualmente, eles continuam a oferecer sua visão de integração computacional sob o nome de SCM.

Hoje cada uma dessas tendências tem seus seguidores. Cada um dos sistemas (**produção enxuta, Seis Sigma** e **SCM**) é vendido como *a melhor* solução para os problemas de produtividade tanto na indústria quanto nos serviços, assim como em outros setores, tais como construção civil, hospitais, etc. A competição resultante entre essas diferentes abordagens promoveu um excesso de zelo por parte de seus defensores. No entanto, como a história mostra repetidamente, o zelo em excesso tende a resultar na supervalorização de programas ao ponto de serem reduzidos a simples siglas sem muito sentido. A tendência periódica de essas correntes distintas serem reduzidas a meros modismos de marketing é um dos sinais da existência de um problema na situação da administração industrial. A separação dessas três tendências em sistemas concorrentes entre si, o que gera um ambiente que não ajuda a disseminação de suas boas ideias, é outro sinal desse problema.

Essa crise pode ter suas origens em raízes comuns – *a falta de uma estrutura científica para a administração da manufatura*. As confusões resultantes são várias:

1. Não há uma definição universal para os problemas da melhoria da produtividade.
2. Não existe um padrão uniforme para a avaliação das políticas de concorrência.
3. Há uma compreensão pequena acerca das interações entre as medidas financeiras (tais como o lucro e o retorno sobre o investimento) e as medidas da produção (trabalho em curso, *cycle time*, índices de produção, capacidade, utilização, variabilidade, etc.).
4. Há pouco entendimento de como as medidas de produção se relacionam entre si.

Assim, não existe um sistema para fazer distinção do que é bom ou ruim em termos conceituais, metodológicos ou estratégicos. Além disso, considerando o fato de as barreiras para a entrada nessa área serem tão pequenas, o setor da manufatura está cheio de consultores – e, como as relações acima são tão pouco compreendidas, eles ficam dependentes de modismos verbais e de histórias de pescador sobre como essa e aquela técnica funcionaram em tal e tal empresa. Dessa forma, as empresas ficam, inevitavelmente, à mercê da administração pela imitação e pela retórica. Não é surpreendente que a maioria dos trabalhadores que estão com o anzol na água suspira a cada modismo, consciente de que "felizmente isso também passará".

Não obstante, a prática da gestão de operações não precisa ser dominada por pessoas guerreando entre si por causa de palavras de efeito sem definições precisas. Não é assim em outras áreas. Por exemplo, considere um engenheiro projetando um circuito com um interruptor. A voltagem é de 120 volts, e a resistência, de 60 ohms. Qual a intensidade necessária do interruptor? A resposta é simples. Como o engenheiro sabe que $V = IR$ (essa é a lei de Ohm, uma relação fundamental na ciência da eletricidade), o interruptor precisa ser de 120 volts/60 ohms = 2 ampères. Sem a necessidade de modismo ou de "*experts*".

É claro que esse é um caso simples, porém, mesmo em ambientes mais complexos, uma estrutura de trabalho científica pode ajudar na tomada de decisões. Por exemplo, a construção de pontes não é uma ciência exata, mas existem muitos princípios bem conhecidos que podem ser usados para facilitar o processo de construção e evitar maiores riscos. Sabemos que o concreto é muito resistente na compressão, mas não na tensão. Por outro lado, o aço é muito resistente na tensão, mas não na compressão. Consequentemente, há muito tempo, os engenheiros projetaram o "concreto armado", que faz a melhor combinação dos dois materiais. Da mesma forma, sabemos que toda a pressão deve ser suportada e que não pode haver torque líquido. Portanto, para uma ponte curta, um bom projeto é uma viga curva que distribua a pressão do centro da ponte para as estruturas de sustentação. Uma ponte mais comprida pode exigir uma superestrutura ou mesmo um mecanismo de suspensão. Conhecimentos assim não especificam exatamente como as pontes devem ser construídas, mas permitem que os engenheiros não se arrisquem com tendências mirabolantes.

Na manufatura, a ausência de um conjunto de princípios tem aberto caminho para "*experts*", que competem para atrair a atenção dos administradores com base apenas na retórica e na personalidade. Nesse ambiente, modismos chiques e livros com títulos ambiciosos são o caminho mais fácil pra atrair a atenção de profissionais superatarefados. Por exemplo, Orlicky (1975) pôs o seguinte subtítulo em seu livro sobre o MRP: "Um Novo Estilo de Vida na Administração da Produção e Estoques"; Shingo (1985) entitulou seu livro sobre SMED (*Single-Minute Exchange of Die* – troca de moldes em um minuto) "Uma Revolução nos Sistemas Produtivos"; e Womack e Jones (1991) deram ao seu livro sobre produção enxuta o grandioso nome "A Máquina que Mudou o Mundo". Se por trás de muitos nomes espalhafatosos há boas ideias, na maioria das vezes, eles simplificam demais os problemas e as soluções. Como resultado, a excitação com a tendência do momento se transforma em frustração assim que os resultados prometidos não se realizam, e os desapontados saem à procura de outra tendência mais promissora.

Esse exemplo, de executivos que tomam suas decisões com base apenas em tendências do momento, certamente é uma simplificação da realidade, mas não muito. Procurando pelo sintagma "*lean manufacturing*" (manufatura enxuta) ou "*lean production*" (produção enxuta) no site da Amazon.com, encontramos 1.700 títulos; para o termo "*supply chain*" (cadeia de suprimentos), aparecem 5.218; e, para "*Six Sigma*" (Seis Sigma), 1.484 títulos. Essa fartura de livros é caracterizada por títulos que se distinguem apenas por suas ideias superficiais e pela maneira ofuscante como foram escritos.

Apesar de as três tendências mais importantes descritas acima mostrarem sinais não muito fortes de que as decisões executivas baseadas em modismos e na retórica podem, algum dia, ser relegadas apenas aos livros de história da manufatura, elas ainda têm de dar um passo decisivo nessa direção. Cada uma das tendências descritas contém falhas fundamentais que as impedem de servir como estruturas de trabalho mais abrangentes.

Primeiro, vamos fazer algumas considerações sobre a tendência da eficiência e da produção enxuta. Apesar de essa abordagem ter se baseado nos modelos de produção e na ciência, as ferramentas atuais da produção enxuta são bastante simples. Por exemplo, a maioria dos consultores da produção enxuta começa fazendo um mapeamento elementar dos *valores* para identificar o *muda* do sistema, depois, projeta uma evolução do sistema, preparando um *mapeamento projetado*, e, finalmente, tentam cobrir as diferenças do ponto onde se está agora até onde se quer chegar por meio de eventos *kaizen* razoavelmente padronizados (reduções dos *setups*, os 5 porquês, controles visuais, *kanban*, etc.). Se as situações são bastante similares a um caso anterior vivido e solucionado, e os envolvidos forem espertos o suficiente para identificar o comportamento análogo, os esforços repetidos agora têm chances reais de sucesso. Porém, em situações inusitadas, uma abordagem como essa, baseada em experiências anteriores, provavelmente não trará as inovações necessárias para uma boa solução.

A seguir, faremos algumas considerações sobre a tendência da qualidade e o Seis Sigma. Ao contrário da tendência da eficiência, que evoluiu do complexo para o simples, o movimento pela qualidade migrou do simples para o complexo. Na década de 1980, as práticas da TQM, como os círculos de qualidade, foram muito criticadas por serem consideradas superficiais e simplistas. Mas os treinamentos atuais do Seis Sigma enfatizam fortemente as exigências de ferramentas estatísticas, transmitindo-as ao longo de um curso de quatro semanas com 36 horas/aula cada uma, acompanhando a implantação com projetos significativos de melhorias. Além disso, os desenvolvedores dos treinamentos do Seis Sigma adquiriram táticas de marketing e de motivação e transformaram seus graduados em "faixas pretas" e seus gerentes em "campeões" em seus programas. Esses nomes marcantes, assim como um comprometimento de toda a alta direção, criaram um bom suporte para treinamentos eficazes e contribuíram muito para o sucesso do Seis Sigma.

Infelizmente, apesar de o Seis Sigma fornecer um bom treinamento em estatística avançada, ele não ensina como se comporta um sistema de produção. Nesse sentido, considere uma fábrica com altos níveis de estoques, um atendimento de baixo nível e uma baixa produtividade. Um faixa preta do Seis Sigma abordaria esse cenário tentando definir melhor os problemas (uma meta louvável); fazendo algumas mensurações; analisando os dados por meio do uso de algum tipo de projeto experimental para determinar os fatores que causam os altos níveis de estoque, o baixo nível de atendimento e a baixa produtividade; implementando algumas mudanças; e, finalmente, instituindo alguns controles. Esse processo até poderia, algum dia, dar bons resultados, mas seria longo e tedioso. Em um setor competitivo e de mudanças rápidas, não há tempo disponível para redescobrir as causas de problemas genéricos como os altos níveis de WIP ou um baixo nível de atendimento aos clientes. Os gerentes e engenheiros precisam saber usar princípios definidos para resolver esses problemas. Infelizmente, apesar de esses princípios existirem, eles não fazem parte da metodologia do Seis Sigma.

Assim, fazemos algumas considerações sobre a tendência de integração e a gestão das cadeias de suprimentos (SCM). Em razão de sua conexão histórica com a computação, esse movimento tende a visualizar a produção sob o ponto de vista da tecnologia da informação (TI): se coletarmos dados suficientes, instalarmos os equipamentos necessários e implementarmos o *software* correto, o problema será solucionado. Não importa o nome do *software*, se MRP, ERP ou SCM, o foco está no fornecimento de informações exatas e em tempo hábil sobre as situações e localizações de pedidos, ordens, requisições, materiais e equipamentos, tudo com o objetivo de melhorar a tomada de decisões.

Lamentavelmente, o que em geral não é informado quando o problema é descrito em termos de TI é que qualquer sistema integrado é baseado em algum *modelo*. E, no caso do SCM, assim como do ERP, do MRP II e do MRP, o modelo tem sido quase sempre o *errado!* Desse modo, na prática, a maior parte dos esforços tem sido direcionada para assegurar a integridade dos dados para que as transações sejam consistentes e para que a interface seja simples (mas não demais) de usar. A validade do modelo tem recebido pouca atenção, pois isso não é visto como uma questão de sistemas. Como resultado, o programa SAP/R3 usa o mesmo modelo subjacente para a produção e logística que foi usado por Orlicky ainda na década de 1960 (ou seja, um modelo básico de entrada/saída com *lead times* fixos e capacidade infinita). Certamente os sistemas de SCM e ERP mais modernos incorporaram funções para detectar os problemas causados pelas falhas do modelo original, mas esses esforços são, na realidade, muito pouco e muito tarde.

5.2 A SOLUÇÃO

As três tendências principais da administração da manufatura contêm os elementos de uma solução integrada, conforme segue:

1. O Seis Sigma oferece uma *metodologia* de melhoria que envolve tanto a alta administração quanto os trabalhadores dos níveis mais baixos. Ele também reconhece que as melhorias são

difíceis de serem conquistadas (apesar da retórica) e que *existe* um conjunto de conhecimentos que é preciso assimilar para que alguém se torne realmente eficaz. Por fim, ele fornece um programa detalhado de treinamento, junto à expectativa de que as tecnologias avançadas sejam realmente necessárias para o sucesso.

2. A filosofia enxuta promove os *incentivos* corretos: concentrar-se no cliente, esquecer o custo unitário, verificar as práticas óbvias de desperdício e eliminá-las, e modificar e melhorar o ambiente.
3. A TI (por exemplo, os sistemas SCM e ERP) fornece os *dados* necessários para promover decisões racionais por parte dos administradores da manufatura.

No entanto, ainda falta um componente importante em tudo isso – **uma estrutura de trabalho científica que possa compreender as operações que sustentam a manufatura**. De forma diferente dos engenheiros elétricos e dos construtores de pontes, a maioria dos faixas pretas do Seis Sigma, dos consultores da produção enxuta e dos desenvolvedores de SCM simplesmente não tem o conhecimento suficiente do funcionamento básico dos sistemas de manufatura, incluindo as interações entre *cycle times*, índices de produção, estoques operacionais, trabalho em curso, capacidade instalada, variabilidade da demanda e processos de produção, etc. Sem esses conhecimentos, eles são forçados a fazer uma das seguintes opções:

1. Analisar o sistema com dados estatísticos para determinar a causa e o efeito, e, então, implantar certas mudanças e instalar controles – essa é a abordagem do Seis Sigma.
2. Imitar o que tem dado certo em outras situações e torcer para que funcione novamente – essa é a abordagem da produção enxuta.
3. Instalar novos programas – essa é a abordagem da TI.

Não é surpresa que a taxa de sucesso de empresas que usam essas abordagens varia muito. A razão disso é que seus defensores ficam dependendo da sorte e de gênios locais que acertem em suas escolhas do sistema que melhor funcione. A sorte, quando vem, não dura muito e, raramente, é a razão de um sucesso sustentável. Um gênio da casa (como Ohno na Toyota) seria muito mais valioso, mas os verdadeiros gênios são muito raros. O resto de nós depende de algum tipo de estrutura de trabalho que nos permita fazer as melhores escolhas e adaptar os conceitos das tendências mais (e menos) importantes, criando um sistema eficaz de administração para ambientes específicos.

Neste livro, utilizamos o termo *Ciência da Fábrica* para nos referirmos à estrutura de trabalho necessária. Na Parte II, descreveremos os fundamentos da Ciência da Fábrica. Na Parte III, mostraremos como esses fundamentos podem ser aplicados na prática para melhorar e controlar uma ampla gama de sistemas de manufatura. No restante deste capítulo, retomaremos a linha de pensamento dos Capítulos 1 ao 4 e discutiremos as virtudes e as falhas das abordagens do passado sob a perspectiva da ciência da fábrica.

5.3 A ADMINISTRAÇÃO CIENTÍFICA

Frederick W. Taylor, como muitos outros no final do século XIX e início do XX, tinha muita fé na ciência. Na verdade, considerando o notável progresso obtido nos dois séculos anteriores, muita gente achava que todos os conceitos básicos da ciência já tinham sido estabelecidos. Em 1894, Albert Michelson declarava:

> As leis e os fatos mais importantes e fundamentais da ciência e da ciência já foram todos descobertos e estão tão firmemente estabelecidos, que a possibilidade de serem superados em consequência de novas descobertas é extremamente remota... As chances de nossas futuras descobertas encontram-se após seis casas decimais (0,000001%).

Lord Kelvin concordou, em 1900, dizendo: "Atualmente, não há nada de novo a ser descoberto na ciência. Tudo o que nos resta é apenas buscar medidas cada vez mais exatas."

É claro que sabemos que o edifício inteiro da ciência desabaria dentro de 20 anos com as descobertas da relatividade e da mecânica quântica. Porém, na virada do século, quando Taylor e outros se esforçavam para promover a administração científica, a muitos parecia que a ciência já era um completo e inquestionável sucesso. Esperava-se que os novos campos da ciência, a psicologia e a sociologia, iriam trilhar um caminho idêntico. Assim, seria bem plausível e popular propor que a ciência traria o mesmo sucesso à administração, como aconteceu com a ciência.

Entretanto, em uma visão retrospectiva, parece que a administração científica tinha mais coisas em comum com abordagens atuais de jargões estonteantes do que com as áreas científicas de então. Como os jargões modernos, a "administração científica" era um termo muito popular na época e emprestava aos consultores um mandato "científico" na venda de seus serviços profissionais. O termo era vagamente definido e, portanto, podia ser vendido como "a" solução para todos os problemas da administração. Todavia, diferentemente da moderna ciência, Taylor fez muitas mensurações, mas poucos experimentos. Ele desenvolveu fórmulas, mas não as unificou em nenhuma teoria. Na verdade, nem Taylor nem nenhum de seus contemporâneos descreveram a questão crucial de como os sistemas da manufatura funcionam. Em vez disso, eles concentraram seus esforços em questões imediatas e prescritivas de como melhorar a eficiência.

Como resultado, todo o fluxo do trabalho gerado pelo movimento da administração científica seguiu os mesmos padrões usados por Taylor. Em vez de questionar progressivamente os detalhes do comportamento dos sistemas, os pesquisadores e os profissionais simplesmente abordaram o mesmo e velho problema da eficiência com ferramentas cada vez mais sofisticadas. Por exemplo, em 1913, Harris publicou seus originais sobre o lote econômico (EOQ) e estabeleceu um padrão matemático exato para a pesquisa eficiente com sua famosa fórmula da raiz quadrada para o problema do tamanho dos lotes. Apesar de ser elegante, sua fórmula baseava-se em suposições que – para muitos sistemas de produção no mundo real – eram altamente questionáveis. Como discutimos no Capítulo 2, esses pressupostos irreais incluíam:

- Um custo único de *setup*, conhecido e fixo
- Uma demanda constante e determinística
- A produção instantânea (capacidade infinita)
- A existência de um único produto ou de nenhuma interação entre produtos

Por causa desses pressupostos, os cálculos do lote econômico (EOQ) fazem muito mais sentido se aplicados nos departamentos de compras do que na produção, a qual era o objetivo de Harris. Em um ambiente de compras, os *setups* (correspondentes às ordens de compras) podem ser caracterizados com um custo fixo e constante. Porém, nos sistemas de produção, os *setups* causam uma série de outros problemas (por exemplo, implicações da combinação de produtos, efeitos na capacidade instalada, efeitos nas variabilidades), como serão discutidos em mais detalhes na Parte II do livro. As suposições feitas pelo modelo do lote econômico (EOQ) ignoram completamente essas questões importantes.

Ainda pior do que essas suposições simplistas foi a perspectiva míope que o modelo EOQ promoveu sobre a definição do tamanho dos lotes. Ao tratar os *setups* como limitações exógenas a serem contornadas da melhor forma possível, o modelo do lote econômico e seus sucessores cegaram os pesquisadores e profissionais da administração de operações para a possibilidade da redução deliberada dos *setups*. Isso levou os japoneses a uma abordagem totalmente diferente do problema para descobrir todos os benefícios potenciais da redução dos *setups*.

No Capítulo 2, discutimos os aspectos similares do irrealismo das suposições que suportam os modelos de Wagner–Whitin, do estoque mínimo e do (Q, r). Em cada caso, a falha do modelo não foi a de não basear-se em algum problema ou ideia real. Cada um deles o fez. Como notamos, a ideia do lote econômico da relação entre os estoques e os *setups* ilumina o comportamento fundamental de uma fábrica, que também acontece com as ideias do modelo (Q, r) sobre as relações entre os estoques (de segurança) e o nível de atendimento aos clientes. Porém, com a fascinação pelas coisas científicas, as boas ideias foram rapidamente superadas pela matemática. O realismo foi sacrificado pela precisão e pela elegância. Em vez de aprofundarem e ampliarem as ideias originais, por meio do estudo dos comportamentos de diferentes tipos de sistemas reais, os *experts* concentraram seu foco em procedimentos de cálculo cada vez mais rápidos para a solução de problemas mais simplificados. Em vez de trabalharem para a integração das diferentes ideias em uma estrutura estratégica de trabalho, eles se concentraram em retalhos cada vez menores de um problema maior para conseguir fórmulas matemáticas corretas. Tais práticas continuaram por décadas sob o nome de "pesquisas operacionais".

Felizmente, no final da década de 1980, a competição acirrada dos japoneses, alemães e outros acordou os acadêmicos e profissionais dos Estados Unidos, que se deram conta de que mudanças eram necessárias. Muitas vozes pediam maior ênfase nas operações. Por exemplo, professores da Harvard Business School enfatizaram a importância estratégica dos detalhes operacionais (Hayes, Wheelwright e Clark 1988, 188):

> Mesmo as decisões táticas como o tamanho dos lotes da produção (o número de componentes ou submontagens produzidos em cada lote) e o leiaute dos departamentos têm um impacto significante e cumulativo nas características do desempenho. Essas decisões, que parecem insignificantes, agregam e afetam de maneira significativa o potencial de uma fábrica para alcançar suas prioridades competitivas (custo, qualidade, entrega, flexibilidade e inovação) que são estabelecidas pelas estratégias de competição. Além disso, o conjunto das políticas, práticas e decisões que perfazem o sistema produtivo não pode ser facilmente adquirido ou copiado. Quando bem integrado com seus equipamentos, um sistema de manufatura se torna uma vantagem competitiva sustentável.

Seus colegas do Massachusetts Institute of Technology concordaram, sublinhando a necessidade de as operações terem maior peso no treinamento dos administradores (Dertouzos, Lester e Solow 1989, 161):

> Por muito tempo, as escolas de negócios têm tomado a posição de que um bom administrador é aquele que possa administrar qualquer negócio, independentemente de suas bases tecnológicas... Entre as consequências disso, os cursos sobre a administração da produção ou das operações tornaram-se cada vez menos centrais para os currículos das escolas de negócios. Agora ficou claro que essa visão está errada. Apesar de não ser necessário que todo o administrador seja graduado em alguma engenharia ou ciência, ele precisa compreender como a tecnologia se relaciona com o posicionamento estratégico de sua empresa...

Contudo, enquanto observações como essas levaram a um consenso crescente de que a administração operacional era importante, elas não apresentam uma concordância do que ou como ela deveria ser ensinada. Atualmente, a velha abordagem de apresentar as operações apenas como uma série de modelos matemáticos ficou desacreditada. O estudo de "casos" ainda continua em uso em algumas escolas de negócios e ele pode realmente fornecer boas ideias sobre muitos problemas reais da produção. Porém, estudar centenas de casos em um curto espaço de tempo apenas reforça a noção de que as decisões executivas poderiam ser tomadas com base em pouco ou nenhum conhecimento dos detalhes operacionais fundamentais. O foco nos fundamentos da ciência da fábrica, apresentado na Parte II do livro, é nossa tentativa de fornecer tanto os fundamentos quanto uma estrutura integrada. Nela, fazemos uso das ideias revisadas nesta seção e usamos a precisão da matemática para esclarecer e generalizar a aplicação dessas ideias. Um melhor entendimento constrói uma intuição melhor, e boa intuição é uma necessidade para se tomarem boas decisões. E não estamos sós na busca de uma estrutura de trabalho para formar uma intuição prática sobre as operações por meio de modelos (ver outros, como Askin e Standridge 1993, Buzacott e Shanthikumar 1993, e Suri 1998). Tomamos isso como um sinal de esperança de que, finalmente, está nascendo um novo paradigma para a educação sobre as operações fabris.

Ironicamente, o maior problema com a abordagem da administração científica é que ela não é nada científica. A ciência envolve três atividades principais: (1) a observação dos fenômenos, (2) a conjectura sobre suas causas e (3) a dedução lógica de outros efeitos. O resultado da aplicação apropriada do método científico é a criação de modelos que forneçam um melhor entendimento do mundo que nos rodeia. Apenas os modelos matemáticos, sem a fundamentação em experiências, não fornecem uma melhor compreensão do mundo. Felizmente, parece que estamos avançando; tanto os profissionais quanto os pesquisadores têm buscado novos métodos para a compreensão e o controle dos sistemas de produção.

5.4 A EVOLUÇÃO DO COMPUTADOR

Como o fluxo de modelos criado pelo movimento da administração científica não fornece soluções práticas aos problemas administrativos do mundo real, era apenas uma questão de tempo até que os administradores se voltassem para uma abordagem alternativa. O surgimento do computador digital forneceu o que parecia uma oportunidade única. A necessidade dos administradores de produção de terem melhores ferramentas, junto com a necessidade dos desenvolvedores de criarem aplicações para os computadores, fez nascer o MRP.

Pelo menos sob determinado ponto de vista, o MRP foi um tremendo sucesso. O número de sistemas de MRP usados pela indústria norte-americana cresceu de uma dúzia de empresas, no início da década de 1960, para 150, em 1971 (Orlicky 1975). A *American Production and Inventory Control Society* (APICS) lançou sua cruzada publicitária para a promoção do MRP em 1972. Em 1981, estimava-se que o número de empresas usuárias de sistemas de MRP nos Estados Unidos havia subido para 8.000 (Wight 1981). Apenas no ano de 1984, 16 empresas comercializaram US$ 400 milhões em programas de MRP (Zais 1986). Em 1989, vendeu-se US$ 1,2 bilhão com esses sistemas para as indústrias norte-americanas, o que era um terço de todo o mercado de sistemas de computação dos Estados Unidos (*Industrial Engineering* 1991). Ao final da década de 1990, o mercado de ERP tinha atingido US$ 10 bilhões – os serviços de consultoria de ERP eram maiores ainda – e a SAP, o maior fornecedor de ERP, tornou-se a quarta maior empresa de *software* do mundo (Edmondson e Reinhardt 1997). Depois de uma ligeira queda, após o não acontecimento do *bug* do milênio, as vendas de programas de ERP retomaram seu crescimento, com mais de US$ 24 bilhões em 2005. Assim, diferentemente dos modelos de administração de estoque discutidos no Capítulo 2, o MRP *foi*, e ainda é, largamente utilizado pela indústria.

Mas será que funcionou? O resultado mostrou uma melhora nas empresas que implantaram os sistemas MRP? Há evidências consideráveis sugerindo que a resposta é não.

Primeiro, de uma perspectiva geral, o giro dos estoques das indústrias norte-americanas permaneceu praticamente constante nas décadas de 1970 e 1980, durante e após a cruzada do MRP (Figura 5.1). (Note que o giro dos estoques cresceu na década de 1990, mas isso é, quase certo, uma consequência das pressões da redução dos inventários geradas pelo movimento do JIT e não diretamente relacionada ao MRP.) Por outro lado, é óbvio que muitas empresas não usavam o MRP durante esse período. Então, se parece que o MRP realmente não revolucionou a eficiência de todo o setor da ma-

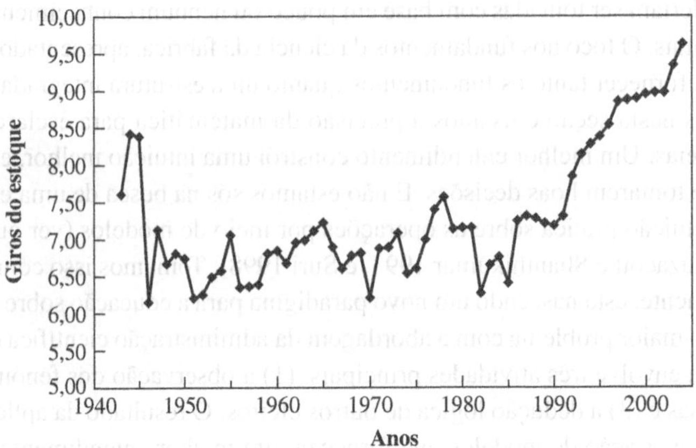

FIGURA 5.1 Índices de giros do estoque de 1940 a 2003.

nufatura, esses números, por si só, não podem ser tomados como uma relação direta com a eficácia do MRP em cada uma das empresas usuárias.

Em um nível micro, as pesquisas preliminares com usuários do MRP também não mostram um quadro muito bom. A empresa de consultoria Booz, Allen e Hamilton, em um estudo de 1980 com mais de 1.100 empresas, descreve que muito menos de 10% das companhias norte-americanas e europeias conseguiram recuperar, em 2 anos, os investimentos feitos em seus sistemas MRP (Fox 1980). Em 1982, a APICS fez uma pesquisa junto a 679 de seus membros, e apenas 9,5% classificaram suas empresas como usuários classe A (Anderson et al. 1982).[1] Cerca de 60% classificaram suas firmas como usuários classe C ou D. Para apreciar melhor a significância dessas respostas, observamos que as pessoas que responderam a esse estudo eram gerentes de produção e membros da APICS – gente com fortes incentivos para enxergar o MRP como algo positivo! Assim, seu pessimismo revela muito. Uma pesquisa menor, com 33 usuários de MRP, na Carolina do Sul, chegou a números similares em relação à eficácia do sistema; também revelou que a média dos investimentos finais feitos em equipamento, programas, consultorias e treinamentos em um programa de MRP era de US$ 795.000,00, com um desvio padrão de US$ 1.191.000,00 (LaForge e Sturr 1986).

Essas estatísticas desestimulantes e tamanha evidência da existência de problemas levaram muitos críticos do MRP a fazer declarações extremamente depreciativas. Eles rotularam o MRP como o "erro de US$ 100 bilhões", afirmando que "90% dos usuários do MRP estão insatisfeitos" e que "o MRP perpetua as ineficiências das fábricas, tais como os altos índices de estoques" (Whiteside e Arbose 1984).

Esse bombardeio de críticas fez os proponentes do MRP reagirem em sua defesa. Apesar de não negarem que foi um sucesso menor do que o esperado quando a cruzada MRP foi lançada, eles não atribuíram essa falta de sucesso ao próprio sistema. A literatura da APICS (por exemplo, Orlicky *apud* Latham 1981), cita uma série de razões para a maioria das falhas do sistema MRP, mas nunca questionou o próprio sistema. John Kanet, um ex-gerente de materiais da Black & Decker, que escrevera um elogioso artigo sobre o sistema MRP em 1984 (Kanet 1984), mas tornou-se seu crítico em 1988, resumiu as desculpas apresentadas em relação às falhas do sistema da seguinte forma:

> Por mais de 10 anos, ouvimos as muitas razões pelas quais a abordagem do sistema de MRP não funcionou na redução dos estoques ou na melhoria dos níveis de atendimento ao cliente na indústria dos Estados Unidos. Em primeiro lugar, disseram-nos que a razão pela qual o MRP falhou foi porque nossos dados não estavam corretos. Assim, nós os arrumamos; o MRP, ainda assim, não funcionou. Então nos disseram que nossos planos mestres de produção não eram realistas. Por isso, tentamos torná-los realistas, mas isso não funcionou. A seguir, disseram-nos que faltava o envolvimento da alta direção; de forma que os altos executivos foram envolvidos. Finalmente, disseram-nos que o problema era o treinamento. Então treinamos todo mundo, dando início à era dourada da consultoria baseada no MRP. (Kanet 1988)

Como esses esforços todos ainda não foram suficientes para tornar o MRP eficaz, Kanet e muitos outros concluíram que devia haver algo mais fundamental de errado com a abordagem. A razão de o MRP não funcionar como esperado é a seguinte: *o MRP é baseado em um modelo falho*. Como discutimos no Capítulo 3, o cálculo-chave que suporta o MRP é feito usando *lead times* fixos para "atrasar" as liberações em relação às suas datas finais. Esses *lead times* são relacionados apenas ao código das peças e não levam em conta a situação da fábrica. Mais especificamente, os *lead times* não consideram a carga da fábrica. Um sistema de MRP assume que o tempo em que uma peça segue seu fluxo através da fábrica é o mesmo, não importando se a fábrica está vazia e sem trabalho ou se está sobrecarregada. Como mostra o trecho a seguir do livro original de Orlicky, esse descolamento dos *lead times* em relação à capacidade foi deliberado e era básico para o MRP (Orlicky 1975, 152):

---

[1] O estudo usou quatro categorias propostas por Oliver Wight (1981) para classificar os sistemas de MRP: classes A, B, C e D. De um modo geral, os usuários da classe A representam empresas que fizeram a implantação total e eficaz do sistema. Os da classe B tinham sistemas totalmente implantados, mas não totalmente eficazes. Os da classe C fizeram uma implantação parcial, razoavelmente eficaz. E os usuários da classe D fizeram uma implantação marginal, com poucos benefícios para a empresa.

Um sistema de MRP não leva em conta a capacidade, e assim deve ser, pois sua função é determinar quando e quais materiais e componentes serão necessários a fim de se executar certo plano mestre de produção. Só pode haver uma resposta para isso, e ela não pode variar dependendo dos diferentes níveis de capacidade.

Porém, a não ser que a capacidade seja infinita, o tempo para uma peça percorrer seu fluxo na fábrica depende *sim* de sua carga. Como todas as fábricas têm capacidades finitas, a suposição de um *lead time* fixo será, no máximo, uma estimativa da realidade. Além disso, liberar as requisições e ordens tarde demais pode destruir toda a coordenação das peças na montagem final ou causar a finalização dos produtos com atraso, por isso há um incentivo para inflar os *lead times* do MRP e garantir uma margem de segurança contra qualquer problema que uma peça possa enfrentar em seu percurso (aguardar outras prioridades, paradas de máquinas, etc.). Mas o aumento dos *lead times* eleva a carga da fábrica, os congestionamentos e o tempo do fluxo através da fábrica. Assim, o resultado é uma maior pressão para aumentar ainda mais os *lead times*. O efeito final é que o MRP, considerado uma ferramenta para reduzir os estoques e melhorar o nível de atendimento aos clientes, na verdade, pode piorar a situação. E é bastante revelador o fato de que as falhas apontadas por Kanet há mais de 20 anos ainda se fazem presentes na maioria dos sistemas de MRP e ERP atuais.

Essa falha no modelo que suporta o MRP é tão simples, tão óbvia, que parece incrível que chegamos até aqui sem nos darmos conta dela (ou, ao menos, sem termos nos preocupado com ela). Na verdade, é um exemplo que mostra o perigo de se permitir que um modelo matemático substitua um modelo empírico e científico na administração da manufatura. Porém, precisamos admitir que, até certo ponto, nós temos o benefício de poder visualizar completamente o passado. Se analisado historicamente, o MRP faz perfeito sentido e tornou-se, de certa maneira, a quintessência dos sistemas de controle da produção nos Estados Unidos. Quando a administração científica conheceu o computador, o resultado foi o MRP. Infelizmente, o computador que a administração científica conheceu em 1960 era muito limitado. Por consequência, o MRP não é muito adequado ao ambiente e aos computadores existentes no século XXI.

Como apontamos no Capítulo 3, a meta original e louvável do MRP era a de examinar especificamente as demandas dependentes. A alternativa de tratar todas as demandas como sendo independentes, usando os métodos de ponto de reposição para os estoques de produtos de nível baixo, exigiria a explosão da estrutura de produto e a compensação das necessidades líquidas com os estoques disponíveis – tarefas muito tediosas em sistemas com estruturas de produtos complexas. Daí o grande apelo para o uso do computador.

O estado da arte da tecnologia da informação em meados dos anos 1960 era o computador IBM 360 que usava uma memória principal com cada *bit* representado por um círculo magnético do tamanho da letra *o* nesta página. Quando o IBM 370 foi introduzido em 1971, os circuitos integrados substituíram a memória principal usada no modelo anterior. Naquela época, um *chip* de 14 polegadas tinha capacidade para mil caracteres. Já em 1979, um computador *mainframe* com mais de um milhão de *bytes* de RAM era uma máquina grande. Com tais limites de memória, a execução de todo o processamento do MRP em RAM seria impossível. A única esperança para sistemas realistas de produção seria basear o MRP em transações, isto é, registros individuais de peças seriam carregados a partir de algum tipo de mídia de armazenamento (provavelmente fitas magnéticas), processados e, então, regravados na mídia. Como observamos no Capítulo 3, a lógica do MRP foi primorosamente adaptada a um sistema baseado em transações.

Assim, se considerarmos a meta de tratar especificamente as demandas dependentes em um ambiente baseado em transações, o MRP até é uma solução razoável. A esperança dos proponentes do MRP era que, por meio de cuidadosa atenção dada aos dados de entrada, aos controles e a circunstâncias especiais, com a expedição, a falha do modelo que o suporta poderia ser superada, e o MRP seria reconhecido como uma importante evolução dos velhos métodos de controle da produção. Essa era a verdadeira intenção dos módulos do MRP II como o CRP (*Capacity Requirements Planning* – Planejamento dos Recursos de Capacidade) e o RCCP (*Rough Cut Capacity Planning* – Capacidade de Recursos Críticos). Infelizmente, eles não fizeram sucesso, e o MRP II foi extremamente criticado na década de 1980, enquanto as empresas japonesas faziam esforços, com sucesso, revisitando métodos antigos parecidos com a velha abordagem do ponto de reposição. Os defensores do JIT logo fariam alarde sobre a morte eminente do MRP.

No entanto, o MRP não morreu, principalmente porque o MRP II resolveu importantes funções na manutenção de dados e processamento de transações não relacionadas com a produção, tarefas que não foram substituídas pelo JIT. O MRP persistiu na década de 1990, expandindo sua abrangência para incluir outras funções comerciais e outras ferramentas múltiplas, e foi rebatizado com o nome de ERP. De maneira simultânea, a tecnologia dos computadores avançou até o ponto em que a restrição da base de transações do antigo MRP foi descartada e tornou-se desnecessária. Muitas firmas independentes apareceram na década de 1990 oferecendo vários tipos de planos com capacidade finita em substituição aos cálculos do MRP. Porém, pelo fato de eles serem aplicações localizadas e variadas, muitos usuários relutavam em adotá-los, até que foram reunidos em um conjunto mais amplo, chamado ERP. Como resultado, aconteceram muitas fusões e combinações, contratos de licenciamentos e outros acordos entre os fornecedores de ERP, e surgiram os desenvolvedores de programas.

Há muitas coisas positivas sobre a recente evolução dos sistemas ERP. A integração e a conectividade que eles fornecem tornam mais informações disponíveis para quem toma as decisões e em tempos mais atrativos do que nunca. Em alguns sistemas, a inclusão de módulos com programação da produção com capacidade finita é promissora na substituição da velha lógica do MRP. Porém, como discutiremos no Capítulo 15, os problemas de programação da produção são particularmente difíceis. Nem é razoável esperar uma solução uniforme para todos os ambientes. Por isso, os fornecedores de ERP estão começando a personalizar seus sistemas de acordo com as "melhores práticas" em várias indústrias. Mas os sistemas resultantes são mais monolíticos do que nunca, muitas vezes exigindo que as empresas reestruturem seus negócios para se adaptar aos programas. Apesar de muitas empresas, acostumadas pelo movimento do BPR (*Business Process Reengineering* – Reengenharia de Processos de Negócios) a pensar em termos revolucionários, até desejarem fazê-lo, essa pode ser uma opção perigosa. Quanto mais as empresas se adaptam a um padrão uniforme na estrutura da administração de suas operações, menos elas poderão usá-la como uma arma estratégica e estarão mais vulneráveis às inovações criativas de seus concorrentes no futuro.

Ao final do século XX, mais buracos começaram a aparecer na paisagem do ERP. Em 1999, a SAP AG, o maior fornecedor de ERP do mundo, foi prejudicada por duas implantações malsucedidas na Whirlpool Corp que foram amplamente noticiadas, resultando em atrasos na entrega de equipamentos de implantação a muitos clientes, em especial à Hershey Foods Corp. Como resultado, as prateleiras das lojas de presentes ficaram vazias exatamente às vésperas do Natal. Nesse meio-tempo, muitas empresas resolveram cancelar as implementações da SAP, que arcou com prejuízos de US$ 100 a US$ 250 milhões (Boudette 1999). Finalmente, uma pesquisa do Meta Group com 63 companhias revelou uma média de retorno sobre o investimento de US$ 1,5 milhão *negativo* em suas implantações de ERP (Stedman 1999).

Entretanto, assim que o milênio virou sem ter acontecido nenhuma catástrofe na informática, o ERP se tornou ultrapassado quase de imediato. Os fornecedores substituíram o ERP pelos pacotes de gestão da cadeia de suprimentos (SCM). A rapidez e a presteza como fizeram essa evolução induzem a questionar se foram realmente efetuadas melhoras significativas no pacote. Não obstante, a SCM tornou-se o novo sistema "quente" da indústria norte-americana. Muitas empresas criaram posições ao nível de vice-presidência para gerenciar suas cadeias de suprimentos. Legiões de consultores ofereciam suporte para as implantações. E as vendas de *software* continuaram a crescer.

Assim como com as "revoluções" já ocorridas no passado na manufatura, as esperanças eram muitas com a SCM. A imprensa popular estava cheia de artigos profetizando que a SCM revolucionaria a indústria, coordenando os fornecedores, os clientes e as fábricas para reduzir os níveis de estoques e melhorar os níveis de atendimento. Mas a SCM, como as revoluções do passado, falhou em corresponder às promessas feitas, e o ERP retornou junto à SCM, trazendo confusão ao mercado. Durante a década de 1990 e no início dos anos 2000, uma série de pesquisas mostrava melhorias na implementação de tecnologia da informação apesar de seu desempenho continuar abaixo das expectativas.

Um estudo, agora conhecido como "O Relatório do Caos", conduzido pelo Standish Group em 1995, mostrava que mais de 31% de todos os projetos de TI eram cancelados antes de serem completados e que quase 53% dos projetos teriam custado 189 % de suas estimativas originais. Além disso, somente 16% dos projetos de sistemas foram completados dentro do prazo e de acordo com o orçamento original. Mais recentemente, o estudo de Robbins-Gioia (2001) indicou que 51% das empresas pesquisadas achavam que suas implantações de ERP não eram satisfatórias. O maior problema parece ser a complexidade inerente de tais sistemas e a falta de entendimento sobre o que exatamente o sistema deve fazer.

O dilúvio bem-divulgado de acusações e recriminações entre a Nike e a i2, em 2001, ilustrou a frustração dos administradores, que sentiram, mais uma vez, que lhes fora negada uma solução para o seu antigo problema de coordenação (Koch 2007). A situação chamou a atenção até das altas autoridades governamentais, como ficou evidente quando o presidente da Reserva Federal dos Estados Unidos, Alan Greenspan, declarou, no Congresso norte-americano, em meados de fevereiro de 2001, que estava ocorrendo estocagem antecipada de produtos, a despeito dos avanços na automação das cadeias de suprimentos.

Apesar de tudo isso, a ideia original do MRP – de que as demandas dependentes e independentes devem ter um tratamento diferenciado – continua sendo fundamental. A estrutura hierárquica do planejamento que era central para a construção do MRP II (e também para os sistemas ERP/SCM) fornece a coordenação e a estrutura lógica para a manutenção e o compartilhamento dos dados. Porém, o uso eficiente da capacidade de processamento dos dados e a sofisticação da programação prometidos pelos sistemas ERP/SCM do futuro exigirão a personalização do sistema de informações para atender as necessidades específicas da empresa, e não o contrário. Isso exigiria um bom conhecimento dos processos mais importantes da empresa e dos efeitos decorrentes de decisões específicas do planejamento e controle.

A evolução do MRP para o ERP/SCM representou uma série impressionante de avanços em TI. Todavia, como na administração científica, a falha do MRP sempre foi a falta de um modelo *científico* exato em suporte aos processos de fluxo de materiais. O sucesso do movimento da SCM dependerá, em última análise, mais do progresso na criação de modelos corretos do que de maiores avanços em TI.

5.5 OUTRAS ABORDAGENS CIENTÍFICAS

Nem a pesquisa operacional nem o MRP tiveram sucesso em alcançar uma solução sistemática para o problema da administração da manufatura que fora levantado pelo movimento original da administração científica. Mas isso não estancou as pesquisas. Ao longo dos anos, vários movimentos tentaram vestir o manto da administração científica com níveis variados de sucesso. A seguir, resumimos alguns que tiveram impactos significativos sobre as práticas atuais do mercado.

5.5.1 A reengenharia de processos de negócios

Na essência, a reengenharia de processos de negócios (BPR) era a análise de sistemas aplicada à administração.[2] Porém, por estar em sintonia com a tendência norte-americana para o grandioso e o ousado, a ênfase recaiu fortemente sobre uma mudança *radical*. As lideranças da BPR a definiam como "um redesenho radical dos processos de negócios com o objetivo de alcançar profundas melhorias em medidas críticas de desempenho exigidas pela modernidade, como custos, qualidade, atendimento e rapidez" (Hammer and Champy 1993). Pelo fato de os esquemas de redesenho da BPR envolverem a eliminação de muitos postos de trabalho, ela logo tornou-se sinônimo de reestruturação.

Como qualquer termo da moda, a BPR desapareceu com a mesma rapidez com que surgiu. Em meados da década de 1990, foi banida do vocabulário da maioria das empresas. Mesmo assim, deixou

[2] A análise de sistemas é uma maneira racional do uso dos meios e dos fins para a solução de problemas, em que as ações são avaliadas em termos de objetivos específicos. Será discutida em mais detalhes no Capítulo 6.

uma herança que continua válida. As demissões dos anos 1990, durante tempos de crise e de prosperidade, certamente causaram um efeito positivo na produtividade da mão de obra. Entretanto, como as demissões afetaram tanto trabalhadores quanto gerentes de médio escalão em níveis sem precedentes, elas minaram a lealdade dos trabalhadores.[3] Além disso, a BPR representava um golpe extremo contra a plácida estabilidade dos anos dourados da década de 1960; a mudança radical não era apenas temida, ela era buscada. Isso abriu caminho para revoluções maiores. Por exemplo, é difícil imaginar que as empresas optariam pela implantação de sistemas ERP na década de 1990, o que exigia uma reestruturação fundamental dos processos para se ajustarem ao sistema e não o contrário, se anteriormente não tivessem sido condicionadas a pensar em mudanças radicais e revolucionárias pela BPR.

5.5.2 A produção enxuta

Apesar de a BPR ter desaparecido rapidamente, a perspectiva do ponto de vista da análise de sistemas continua. Os consultores da produção enxuta desenvolveram outra versão para a análise de sistemas – o **mapeamento do fluxo de valor** (***value stream mapping*** **– VSM**) – que tem muito em comum com a BPR. O mapeamento do fluxo de valor é realmente uma variação de um procedimento mais antigo conhecido como "mapeamento do fluxo dos processos", que fornece uma representação visual de cada processo para que seja estudado ou melhorado. O procedimento do VSM é iniciado com o mapeamento da situação atual, que identifica o perfil do fluxo das peças através da fábrica e compara o tempo de agregação de valor aos totais de *cycle times* de uma peça específica. Os resultados podem ser surpreendentes, com tempos de agregação de valor perfazendo menos do que 1% do total. Os consultores criam, então, um "mapeamento da situação futura", que demonstra como o sistema funcionará quando a produção enxuta estiver implantada. Porém, apesar de o VSM ser um primeiro passo válido, ele não é um paradigma totalmente finalizado para análises de sistemas pelas seguintes razões:

1. Não há uma definição exata do que é "agregação de valor", uma falha que frequentemente leva ao desperdício de muito tempo na discussão e análise sobre o que é agregação de valor e o que não é.
2. A agregação de valor, muitas vezes, é tão baixa que não oferece uma meta razoável para o *cycle time*.
3. O VSM não fornece meios para diagnosticar as causas de *cycle times* muito longos.
4. Apesar de o VSM coletar dados sobre a capacidade e a demanda, ele não calcula a *utilização*, de forma que nunca descobre quando um processo enfrenta demanda além de sua capacidade.
5. Não existe como verificar a viabilidade da "situação futura".

Isso não significa que o VSM não é útil – ele é. Qualquer projeto de melhoria deveria começar com uma avaliação da situação atual. Centenas de empresas descobriram boas oportunidades pelo simples uso do VSM para examinar seus processos de forma cuidadosa. Contudo, assim que as soluções mais evidentes são solucionadas, o VSM não oferece uma maneira de identificar maiores oportunidades. Para tanto, é preciso um modelo que conecte sistematicamente as políticas com o desempenho. Nada no atual movimento da produção enxuta tem equilíbrio para oferecer tal modelo.

5.5.3 O Seis Sigma

Como alega basear-se em métodos científicos, o Seis Sigma tem raízes no movimento da administração científica. Porém, conforme observamos anteriormente, o Seis Sigma enfatiza apenas o aspecto experimental do método científico. Pela falta de um modelo que o suporte, ele trata cada sistema de produção como uma "caixa-preta" e não assimila as descobertas obtidas durante os experimentos

[3] A enorme popularidade das tiras cômicas de "Dilbert", que fazia gozação aberta da BPR e de outros modismos gerenciais, teve efeitos em criar um sentimento de crescente alienação da força de trabalho das empresas norte-americanas. De maneira irônica, a resposta de muitas empresas foi o banimento da BPR de seus escritórios.

anteriores. Nesse sentido, os especialistas do Seis Sigma são cientistas que lançam fora seus dados antigos a cada vez que fazem uma nova experiência. É claro que esse tipo de abordagem é ridícula sob a perspectiva científica, mas, na prática, isso continua assim, pois os gerentes adeptos do Seis Sigma não são cientistas. Por isso, em vez de publicarem e coletarem seus resultados, construindo um conjunto de teorias, eles enxergam cada situação como nova e única. Pouca coisa é retida das experiências anteriores e menos ainda é compartilhado entre as empresas.

Apesar disso, o Seis Sigma, que começou como uma maneira de identificar e reduzir a variabilidade dos processos, agora oferece sua própria abordagem da análise de sistemas e usa alguns métodos bem sofisticados. O método é chamado de DMAIC:

Defina o problema.
Meça o desempenho e quantifique o problema.
Analise, principalmente, por meio de técnicas estatísticas.
Melhore a situação. (***Improve***, em inglês)
Controle: "mantenha o processo sob controle."

A abordagem DMAIC é extremamente útil na solução de problemas para os quais o Seis Sigma foi projetado. Ele mostra suas raízes no controle da qualidade nos passos *analisar* e *controlar*. Porém, assim como o mapeamento do fluxo de valor, o DMAIC *não* substitui um paradigma geral para a análise de sistemas.

Para observar o porquê, considere a aplicação da abordagem DMAIC para o problema da redução do *cycle time* (o tempo necessário para uma requisição passar por toda a fábrica). Assim que alguns dados são coletados sobre os *cycle times* atuais e uma meta quantitativa é definida, o processo requer que se execute o próximo passo: "*analise*". Contudo, na maioria das vezes, algum integrante da equipe de aperfeiçoamento dirá que o passo de medição não foi completado, pois não foram coletados os dados suficientes. Isso ocorre devido à medição e à análise *sempre* ocorrem juntas e não poderem ser separadas deliberadamente em subprocessos diferentes um do outro. Simplesmente é impossível coletar todos os dados necessários com antecedência. Em vez disso, o processo da medição e da análise se repete ao passo que cada nova análise leva a diferentes questões.

Outro problema com a análise no processo DMAIC é que, normalmente, são usados métodos estatísticos para determinar as causas e os efeitos. Os autores deste livro tiveram a chance de observar os perigos disso quando lecionavam fundamentos básicos da Ciência da Fábrica a um grupo de candidatos a faixas pretas do Seis Sigma que já haviam tido duas semanas de aulas convencionais no programa de treinamento, incluindo o projeto de experimentos e análises de variância. O grupo levou quatro dias estudando o comportamento básico dos sistemas de manufatura (ou seja, a Parte II deste livro), e depois, no último dia do curso, os candidatos tinham que fazer um estudo de um caso para a redução do *cycle time*. Apesar de nossos esforços para mostrar as causas reais de longos *cycle times* por meio das teorias da Ciência da Fábrica, todos os membros do curso recorreram ao método de projetar uma experimentação para determinar as *causas* de longos *cycle times*. Evidentemente, a devoção ao processo DMAIC cegava o grupo para enxergar o ***porquê*** de os *cycle times* serem longos demais.

De maneira irônica, parece que os movimentos da BPR e do Seis Sigma, que têm suas raízes no campo ultrarracional da análise de sistemas, podem, na verdade, ter deixado muitos profissionais da manufatura mais vulneráveis do que nunca aos jargões da moda.

5.6 E AGORA, AONDE VAMOS?

Na Parte I do livro, especialmente neste último capítulo, chegamos a estas observações:

1. A administração científica tornou-se administração matemática no que se refere à redução do problema da produção em subproblemas mais tratáveis analiticamente, muitas vezes usando premissas de modelos irrealistas que oferecem pouca direção sob a perspectiva do conjunto. Os métodos matemáticos e algumas ideias originais certamente podem ser bastante úteis, mas

é preciso uma estrutura de trabalho melhor para a aplicação desses conhecimentos no contexto estratégico da empresa como um todo.

2. A tecnologia da informação sem um modelo adequado para os processos de fluxo de materiais é fundamentalmente falha. Por exemplo, o MRP tem suas falhas, não nos detalhes, mas em suas bases, pois assume que a capacidade é infinita e que, no controle das liberações de requisições e ordens, os *lead times* de produção são fixos. "Remendos", como o MRP II e o CRP, podem trazer pequenas melhorias ao sistema, mas não podem solucionar esse problema básico. Além disso, essa falha fundamental do MRP continua no ERP e na SCM.
3. Outras abordagens "científicas", como a reengenharia dos processos de negócios, têm incentivado os administradores a repensar seus processos sem oferecer uma estrutura de trabalho para isso. Essas abordagens acabaram por se identificar diretamente com soluções radicais e com o *downsizing* para fornecer uma alternativa balanceada.
4. A produção enxuta fornece muitas ferramentas úteis para melhorar as operações, mas a metodologia é uma imitação e, como tal, não oferece uma abordagem geral para a melhoria de qualquer operação, nem um paradigma abrangente para a análise de sistemas. O mapeamento do fluxo de valor oferece um bom início, mas não se aprofunda em fornecer soluções para muitos problemas reais, como tamanhos de lotes práticos e a definição dos estoques.
5. O Seis Sigma baseia-se no método científico, em especial nas experimentações. Porém, ele não oferece um paradigma para organizar e reter o conhecimento obtido das experiências anteriores. Além disso, se o procedimento DMAIC é útil na determinação das causas e na implantação de controle da variabilidade, ele não oferece um conjunto completo de ferramentas.

Na prática, é verdade que a metamorfose do JIT e da TQM para a produção enxuta e o Seis Sigma resultou em métodos mais robustos, mas o que nos resta ainda são conjuntos de técnicas, em vez de sistemas completos. Apesar de muitos elogios, nenhum desses métodos conseguiu superar o sucesso daqueles da Toyota. As ideias dos fundadores do JIT e da TQM precisam de uma estrutura de trabalho mais sutil e mais complexa que seja totalmente compreendida e aplicada corretamente. Elas precisam de uma ciência da manufatura.

As tendências históricas contêm muitos dos componentes necessários para uma ciência da manufatura, mas não todos. Na verdade, se a administração científica tivesse usado mais ciência junto com sua matemática, se a tecnologia da informação tivesse usado um modelo científico para seus modelos de dados, se a "reengenharia" tivesse usado paradigmas de sistemas totalmente desenvolvidos em vez de um programa supervalorizado de *downsizing*, se a produção enxuta tivesse desenvolvido um entendimento que fosse além das suas experiências anteriores e se o Seis Sigma tivesse construído um paradigma para expor seus resultados e experiências, qualquer desses movimentos poderia ter levado à formação de uma verdadeira ciência. Entretanto, como todos eles parecem ter sido bloqueados e desviados periodicamente para "jargões da moda", sobrou agora para os pesquisadores e profissionais da produção o trabalho de dar um passo atrás e aplicar uma ciência genuína ao problema vital de administrar os sistemas de manufatura.

Não temos ilusões de que isso será fácil. Os norte-americanos alimentam uma teimosa fé no aparecimento de uma solução final e permanente para o problema da manufatura. Veja só o famoso economista John Kenneth Galbraith, fazendo eco à confiança extremada de Lord Kelvin sobre a ciência ao declarar que havíamos "resolvido o problema da produção" e poderíamos agora avançar para outros campos (Galbraith 1958). Apesar de logo ter ficado evidente que o problema da produção estava longe de ter sido resolvido, a esperança na possibilidade de uma solução fácil continua inabalada. Cada uma das sucessivas abordagens sobre a administração da produção – administração científica, pesquisa operacional, MRP, JIT, TQM, BPR, ERP, SCM, produção enxuta, Seis Sigma, etc. – tem sido vendida como "*a*" solução de todos os problemas. Cada uma delas tem nos desapontado, mas continuamos na esperança ilusória de uma "mágica tecnológica" que salvará a manufatura norte-americana.

A manufatura é complexa, de grande escala, tem objetivos múltiplos, mudanças rápidas e é altamente competitiva. *Não pode* existir uma solução simples e uniforme que funcionará bem para todo um espectro de diferentes ambientes de produção. Além disso, mesmo que uma empresa pudesse desenvolver um sistema que funcione extremamente bem atualmente, se não houvesse melhoria contínua, isso seria um convite para que a concorrência a ultrapassasse. Em última análise, cada empresa precisa depender de seus próprios recursos para desenvolver uma estratégia eficaz de produção, mantê-la por meio de políticas e procedimentos apropriados e continuar a aperfeiçoar esses procedimentos ao longo do tempo. Conforme a competição global for se intensificando, o modo como as empresas farão isso se tornará não apenas uma questão de lucratividade, mas de sobrevivência no mercado. *A Ciência da Fábrica* fornece uma estrutura de trabalho para a compreensão desses importantes processos e as relações entre as medidas de desempenho.

Será que aprenderemos as lições da história ou vamos continuar a ser iludidos pela existência de uma solução fácil? Vamos juntar as boas ideias em uma estrutura de trabalho racional e científica ou vamos simplesmente continuar o jogo de criar novos jargões da moda? Ou, pior ainda, talvez nos cansemos e comecemos a concatenar jargões da moda, como no caso do LeanSigma?

Acreditamos que a era da ciência na manufatura já chegou. Como mostraremos na Parte II, muitos princípios básicos que governam o comportamento dos sistemas de manufatura já são conhecidos. Se, com base nesses princípios, construirmos uma estrutura de trabalho juntando as muitas boas ideias inerentes às tendências da administração recém-discutidas, poderemos, finalmente, realizar as promessas da administração científica: uma administração científica baseada na *ciência!*

PONTOS PARA DISCUSSÃO

1. Considere o trecho a seguir em referência a um problema de programação de duas máquinas para minimizar sua utilização:

   Atualmente, parece que um estudo (de Johnson) causou uma onda de pesquisas sobre tempos e movimentos batendo recordes de tempo que os pesquisadores estão gastando na pesquisa de um problema que não tem solução e tem poucas consequências práticas. (Dudek, Panwalkar e Smith 1992)

   (a) Por que pesquisadores acadêmicos se dedicariam a um problema como esse?
   (b) Por que os jornais acadêmicos publicariam tal matéria?
   (c) Por que os profissionais do setor não redirecionam as pesquisas acadêmicas ou desenvolvem suas próprias ferramentas de programação?

2. Considere o trecho abaixo:

   Um sistema de MRP não leva em conta a capacidade, e assim deve ser, pois sua função é determinar quando e quais os materiais e componentes serão necessários a fim de se executar certo plano mestre de produção. Só pode haver uma resposta para isso, e não podem existir variações que dependam de diferentes níveis de capacidade. (Orlicky 1975)

   Por mais de dez anos, ouvimos as muitas razões pelas quais a abordagem do sistema de MRP não funcionou na redução dos estoques ou na melhoria dos níveis de atendimento ao cliente na indústria dos Estados Unidos. Em primeiro lugar, disseram-nos que a razão pela qual o MRP falhou foi porque nossos dados não estavam corretos. Assim, nós os arrumamos; o MRP, ainda assim, não funcionou. Então nos disseram que nossos planos mestres de produção não eram realistas. Por isso, tentamos torná-los realistas, mas isso não funcionou. A seguir, disseram-nos que faltava o envolvimento da alta direção; de forma que os altos executivos foram envolvidos. Finalmente, disseram-nos que o problema era o treinamento. Então treinamos todo mundo, dando início à era dourada da consultoria baseada no MRP. (Kanet, 1988)

   (a) Quem estava certo? Será que os fundamentos do MRP estão errados mesmo, ou seu paradigma básico pode ser corrigido para funcionar?
   (b) Que tipos de ambientes são melhores para o MRP?
   (c) Que abordagens podemos imaginar para fazer um sistema de MRP levar em conta uma capacidade finita?
   (d) Sugira algumas oportunidades para integrar os conceitos do JIT a um sistema MRP.

QUESTÕES PARA ESTUDO

1. Considerando os últimos 50 anos, por que relativamente poucos diretores de empresas industriais norte-americanas vieram do setor industrial e não do setor das finanças e da contabilidade? Que fatores podem estar mudando essa situação?
2. De que maneira a crença norte-americana no método científico contribuiu para a falha no desenvolvimento de boas ferramentas para a administração das operações?
3. Qual foi a função do computador na evolução do MRP?
4. Em quais das situações a seguir o MRP poderia funcionar bem? E em quais funcionaria mal?
   (a) Uma fábrica operando com menos de 80% de sua capacidade e com uma demanda relativamente estável
   (b) Uma fábrica operando com menos de 80% da capacidade com uma demanda extremamente instável
   (c) Uma fábrica operando com mais de 95% de sua capacidade e com uma demanda relativamente estável
   (d) Uma fábrica operando com mais de 95% de capacidade com uma demanda extremamente instável
   (e) Uma montadora que compra todos os componentes e peças de fornecedores e possui mão de obra bem flexível (isto é, a capacidade efetiva pode ser facilmente ajustada)
   (f) Uma montadora que compra seus componentes e peças de fornecedores e com mão de obra, isto é, capacidade, fixa funcionando com mais de 95% de sua capacidade
5. Você acha que alguma grande inovação tecnológica na programação poderia fazer do ERP um sistema perfeito para o controle da produção e tornar desnecessárias todas as ideias do JIT? Por quê?
6. Qual a diferença entre um JIT *romântico* e um *pragmático*? Como essa distinção pode ter impedido a eficácia do JIT nos Estados Unidos?
7. Enumere alguns termos do JIT que podem ter causado confusão nos Estados Unidos. Por que tais termos podem ser perfeitamente compreensíveis para os japoneses, porém confusos para os norte-americanos?
8. Quanto tempo levou para a Toyota reduzir seus tempos de *setup* de 3 horas para 3 minutos? Com que frequência você tem observado esse tipo de dedicação aos detalhes dos níveis básicos em organizações industriais norte-americanas?
9. Como a história poderia ser diferente se Taiichi Ohno tivesse escolhido comparar a Toyota com as montadoras de automóveis dos Estados Unidos dos anos 1960, em vez de ter usado as fontes que usou (por exemplo, a Tecelagem Toyota, os supermercados norte-americanos e as ideias de Henry Ford da década de 1920)? Que implicações isso poderia ter para o valor do *benchmarking* no ambiente moderno de competitividade global?

PARTE II

A Ciência da Fábrica

Uma teoria deve ser tão simples quanto possível, mas não mais simples do que o necessário.

ALBERT EINSTEIN

CAPÍTULO 6

Uma Ciência para a Manufatura

Eu costumo dizer que quando se pode medir o que se está falando e expressar o assunto em números, pode-se dizer que temos algum conhecimento a respeito; mas quando não sabemos expressá-lo em números, nosso conhecimento é pobre e insatisfatório; ele pode até ser o início do conhecimento, mas, em nossa mente, pouco avançamos em direção à ciência, seja qual for o assunto.

LORD KELVIN

6.1 AS SEMENTES DA CIÊNCIA

Quando este livro foi escrito, em 1996, os administradores da manufatura enfrentavam tempos confusos. As abordagens históricas à administração da produção (por exemplo, controles tradicionais de estoques, MRP e JIT) haviam comprovado suas falhas e incompatibilidades. Ao enfrentarem níveis de competição e complexidade sem precedentes, a administração das fábricas saiu em busca de "*experts*" para encontrar as soluções. Mas o volume imenso de livros, cursos, pacotes de sistemas, vídeos, sites e outras fontes que proliferavam filosofias e ferramentas concorrentes entre si serviam apenas para aumentar a confusão. Nunca antes houvera tantas opções, porém menos clareza, no mundo da manufatura.

Enquanto esse ambiente caótico podia ser ruim para os administradores da indústria, ele era bom para os acadêmicos. Toda ciência é motivada pelo desejo de pôr em ordem o mundo que nos rodeia. O fato de que a manufatura estava em tão óbvia desordem nos pressionou a buscar as direções corretas na ciência. Sem a anarquia da manufatura ocorrida na década de 1990, a ciência da produção não teria evoluído como tal. Porém, agora que houve necessidade de soltá-la pelo mundo, é apenas uma questão de tempo até que as práticas da manufatura sejam guiadas por princípios lógicos, em vez da retórica emocional.

Neste capítulo, examinamos os fundamentos da ciência da manufatura e os conectamos às raízes de toda a ciência. Isso fornecerá a perspectiva necessária para desenvolvermos os princípios específicos de produção nos capítulos posteriores, na Parte III.

6.1.1 Uma chuva de chavões

Em meados dos anos 1990, muita gente de produção acostumou-se a visualizar as disciplinas da área em termos de uma chuva de chavões administrativos (MRP, MRP II, ERP, JIT, CIM, FMS, TOC, TQM, BPR), a maioria associada a um guru. Micklethwait e Woolridge (1996) descreveram essa tendência em seu livro com um título revelador: *Os Feiticeiros.*

Dez anos depois, as coisas não melhoraram muito. Os sistemas ERP tornaram-se sistemas de gestão da cadeia de suprimentos (SCM) e a única inovação evidente na administração dos jargões é que a salada de três letras evoluiu com a adição de outros ingredientes, como palavras inteiras, tais como enxuto, e até uma letra grega – 6σ. Esses dois movimentos tornaram-se tão populares que, em 2002, muitos referiam-se a eles como "*Lean* Seis Sigma" ou, simplesmente, "*Lean Sigma*". Isso pode ser uma indicação da crescente degradação na criação de modismos, pois agora seria suficiente combinar dois velhos modismos para obter um novo e mais moderno.

É claro que todos esses termos, velhos ou novos, oferecem algum conteúdo de verdades, caso contrário não teriam ganhado popularidade no mercado. Mas a verdadeira natureza desses chavões é descobrir uma solução mágica para todas as situações. Assim, eles fornecem uma perspectiva pouco equilibrada do que funciona bem ou mal e quando. Isso tem levado a uma mentalidade de administração tipo "trem da alegria", com resultados um tanto desastrosos. Os funcionários, enfrentando as seguidas e contínuas "revoluções", acabam adotando uma atitude cínica de que "esta também vai passar". No entanto, não amedrontados, muitos administradores e gerentes continuam a acreditar que alguém, em algum lugar, trará uma solução mágica que irá resolver todos seus problemas operacionais. Como resultado, livros com belos títulos e consultores em diversos assuntos prosperam no mercado, mas há pouco progresso.

Certamente, parte da confusão é gerada pela excessiva retórica usada pelos consultores e desenvolvedores de sistemas para divulgarem seus produtos. Materiais promocionais extremamente bem elaborados, apresentando conteúdos vagos e alegando um grande impacto, tornam difíceis as comparações entre os sistemas por parte dos gerentes. Porém, suspeitamos que as raízes do problema são mais profundas e acreditamos que grande parte dessa confusão é consequência direta de nossa falta de confiança na **ciência da manufatura** que está na base desses sistemas.

6.1.2 Por que uma ciência?

Em uma área como a da Ciência, em que o objetivo é compreender o universo físico, a necessidade de uma ciência é óbvia. Mas a administração da produção é uma área aplicada, em que o objetivo é o desempenho financeiro e não a descoberta de novos conhecimentos. Então, por que a necessidade de uma ciência?

A resposta mais simples é a de que muitos campos de aplicações são suportados pela ciência. A Medicina é baseada na Biologia, na Química e em outras áreas da ciência. A Engenharia se baseia na estática, na dinâmica e em outros ramos da Ciência. A Engenharia Elétrica depende da ciência da eletricidade e do magnetismo. Em cada caso, os fundamentos científicos fornecem um conjunto poderoso de ferramentas, mas não são em si mesmos toda a disciplina aplicada. Por exemplo, a prática da Medicina envolve muito mais do que a simples aplicação dos princípios da Biologia.

Mais especificamente, a ciência fornece uma série de usos no contexto da administração das fábricas.

Em primeiro lugar, a ciência oferece precisão. Uma das razões para desenvolver a ciência da produção é fornecer uma definição mais precisa de como os sistemas funcionam. As relações que fornecem estimativas são as **bases** da ciência. Por exemplo, a fórmula $F = ma$ é uma relação básica da Ciência. As ferramentas para o estudo das probabilidades, como as usadas nos modelos para estimar a incerteza da demanda nos sistemas de estoque no Capítulo 2, são exemplos importantes das bases da Ciência da Fábrica.

A ciência também oferece a **intuição**. A fórmula $F = ma$ é intuitiva. Se duplicarmos a força, então, para a mesma massa, a aceleração também dobra. Os estudantes nas escolas são obrigados a cursar matérias de ciências, não de forma que saibam calcular o resultado de experiências, mas de forma que possam entender melhor o mundo que os rodeia. Ao saber que a água se expande quando é congelada e que o gelo em expansão pode rachar o bloco de um motor, as pessoas percebem a utilidade de se usar um anticongelante nos carros em regiões frias (independentemente do cálculo da concentração molar da solução). De maneira similar, um gerente não tem tempo suficiente para conduzir análises detalhadas de uma decisão. Em tais casos, o valor real dos modelos é melhorar a intuição. Uma boa intuição permite aos administradores que concentrem suas energias em assuntos de maior prioridade.

Por último, a ciência facilita a **síntese** de sistemas complexos, fornecendo uma estrutura de trabalho unificada. Por exemplo, por muitos anos, a eletricidade, o magnetismo e a ótica eram tidos como áreas diferenciadas. Com quatro equações, James Clerk Maxwell uniu-as. Na manufatura, as medidas importantes de desempenho, como trabalhos em curso e *cycle times*, são muitas vezes tratadas de maneira independente. Porém, como veremos no Capítulo 7, existem relacionamentos úteis e bem definidos entre os dois. Além disso, as fábricas são sistemas complexos que envolvem pessoas, equipamento e recursos financeiros. Como tais, elas podem ser visualizadas de várias maneiras: como um grupo de pessoas compartilhando os mesmos valores, como uma comunidade criativa com o objetivo de desenvolver novos produtos, como um conjunto de processos físicos inter-relacionados, como uma rede de fluxos de materiais ou como um conjunto de centros de custos. Por meio de uma estrutura de trabalho consistente, uma ciência da manufatura oferece uma maneira para sintetizar esses diferentes pontos de vista. Juntar as diferentes partes de um sistema em um todo eficaz é o cerne da função da administração.

Para mostrar com mais detalhes a necessidade de uma ciência da manufatura, vejamos dois exemplos.

Exemplo: O projeto de um produto

Imagine que um conceito novo de um produto envolve um motor de 3-kW funcionando em instalações elétricas domésticas padronizadas (120 volts com disjuntores de 20 ampères). Será que isso é uma boa ideia?

Pela ciência básica da eletricidade, sabemos que a relação fundamental entre a potência (P), a corrente (I) e a tensão (E) é

$$P = EI$$

Como as especificações do produto implicam que $P = 3.000$ watts e $E = 120$ volts, o motor gerará $I = P/E = 3.000/120 = 25$ ampères. Mas isso vai sobrecarregar o disjuntor de 20 ampères imediatamente. Assim, a ciência nos diz que o projeto proposto não é bom e também nos indica onde podem ser feitas mudanças para tornar o projeto viável. Assumindo que a necessidade da potência é fixa, pode-se transformar o motor para 220 volts ou usar uma fiação de bitola maior com um disjuntor mais potente.

O ponto a ressaltar nesse exemplo é que o conhecimento básico de relações simples pode ser usado no processo de projetar o produto. Muitas decisões de projetos, envolvendo produtos que vão desde semicondutores até pontes, são tomadas com base em teorias científicas bem desenvolvidas. Apesar de as teorias científicas subjacentes não serem as mesmas, elas têm as seguintes características em comum:

1. Elas fornecem relações *quantitativas* que descrevem o comportamento do sistema (por exemplo, $P = EI$).
2. Elas são fundamentadas em teorias para *sistemas simples,* em torno das quais são construídas teorias para sistemas mais complexos do mundo real (as relações mecânicas clássicas são todas descritas para sistemas sem resistência e fricção do ar).
3. Elas contêm relações fundamentais *intuitivas*. Por exemplo, $F = ma$ indica claramente que a duplicação da massa, mediante uma força constante, reduz a aceleração pela metade. Para um determinado conjunto em observação, uma fórmula muito mais complexa do que $F = ma$ poderia ser melhor, mas não forneceria a mesma clareza de ideias e, portanto, seria menos útil.

Exemplo: O projeto de uma fábrica

Suponha, agora, que vamos trabalhar com as especificações de uma fábrica em vez de um produto. De forma específica, imagine que o vice-presidente de manufatura solicitou o projeto para uma fábrica de placas de circuito impresso (PCI) com as seguintes características:

- Produção de 3.000 PCIs por semana para atender a demanda.
- Um *cycle time* (tempo desde a liberação até o término de uma requisição) de não mais do que uma semana para manter uma entrega rápida.
- Inexistência de horas extras (semana de 40 horas de trabalho), para manter os custos baixos.

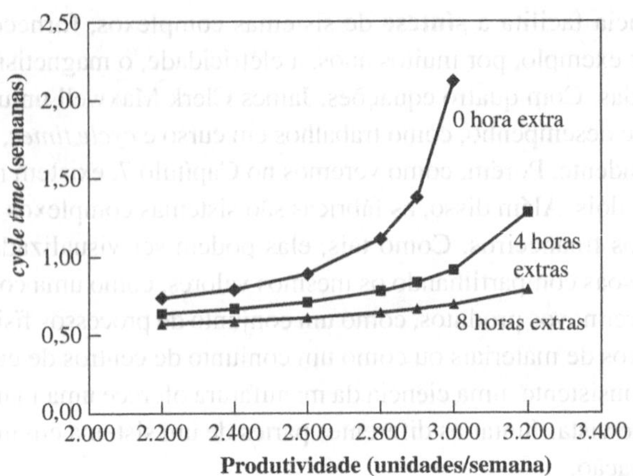

FIGURA 6.1 A relação entre o *cycle time* e a demanda.

Será que tal fábrica é viável?

Dessa vez, a resposta não é tão clara. O equivalente à fórmula $F = ma$ para o projeto de uma fábrica não é bem conhecido,[1] e informações das fábricas análogas a elementos mais sofisticados da engenharia elétrica ainda não foram desenvolvidos.

Se uma teoria já existisse, o que ela poderia nos mostrar para um caso assim? Uma possibilidade seriam as relações necessárias para gerar o gráfico da Figura 6.1 para a fábrica de PCIs. O eixo x indica a taxa de produtividade, enquanto o eixo y nos mostra o *cycle time* médio. As três curvas mostram as relações para as opções sem a realização de horas extras, com 4 e 8 horas extras por semana.

Certamente a resposta imediata para a pergunta do vice-presidente seria: "Sim!", mas com a ressalva de que precisaríamos fazer "algumas alterações". As curvas da Figura 6.1 mostram que se insistirmos em ter um *cycle time* médio de 1 semana sem fazer horas extras, a produção máxima será de 2.600 unidades por semana. Se quisermos um *cycle time* médio menor do que 1 semana, produziremos 3.000 unidades semanais, mas precisamos fazer 4 horas extras por semana. Assim, se as curvas do gráfico expressam os dados da fábrica, é difícil atender as exigências do vice-presidente. Isso não quer dizer que é impossível, apenas que não pode ser executado com as especificações exigidas atualmente. Portanto, da mesma forma como o exemplo anterior do motor elétrico, a próxima coisa a pensar sobre nossa teoria seriam as indicações do que poderia ser alterado nos dados da Figura 6.1 para viabilizar o projeto do vice-presidente.

Note que as relações existentes na Figura 6.1 satisfazem as propriedades de um projeto científico citadas anteriormente: elas são *quantitativas, simples* e *intuitivas.* Mesmo se elas não fossem usadas para responder às questões envolvendo números, tais como as perguntas do vice-presidente, as relações de produção contidas nesse gráfico mostram ideias válidas. Elas indicam que os esforços para elevar a produção resultam em um aumento direto do *cycle time*. Também mostram que, se adicionarmos capacidade, no caso, as horas extras, isso torna o *cycle time* menos sensível à taxa de produção. Faremos mais conjecturas sobre as leis que governam esses comportamentos no restante da Parte II.

Por último, vamos considerar um terceiro exemplo que ilustra o perigo de usar os chavões em vez da ciência.

Exemplo: O pensamento enxuto

Suponha que temos uma fábrica que produz vários produtos em vários centros de processamento e queremos melhorar o seu desempenho usando as práticas da produção enxuta. Para isso, começamos com duas relações fundamentais comumente citadas na literatura enxuta:

[1] Existe sim uma fórmula análoga a $F = ma$ plausível para o projeto de uma fábrica, como veremos no Capíulo 7, mas ela não é suficiente para resolver as questões levantadas por esse exemplo.

Cycle time = tempos de agregação de valor + tempos sem agregação de valor

e

redução dos tempos sem agregação de valor → maior eficiência

Observando a fórmula acima, está claro que, ao reduzirmos os tempos sem agregação de valor, acontece tanto a redução do *cycle time* quanto o aumento da eficiência. Assim, suponha que desdobremos todos os passos dos processos em componentes que agregam valor e componentes que não agregam valor. Suponha também que encontramos vários centros de processamento cujos tempos de processamento são menores do que o tempo *takt* – o tempo entre as saídas – definido para poder atender a demanda e, portanto, são partes de seus tempos em que há folga (são claramente atividades sem agregação de valor). Para melhorar a eficiência, eliminamos um pouco dessa capacidade adicional, remanejando-a para outra parte da fábrica onde a demanda está crescendo. Com isso, esperamos reduzir custos ao fazer uso de capacidade subutilizada (tanto da mão de obra quanto das máquinas).

Porém, para nosso desespero, observamos que os *cycle times* não foram reduzidos, mas sim aumentados em quase cinco vezes! O que deu errado?

O problema aqui é a falta de um modelo que faça sentido e uma má interpretação das causas que geram o *cycle time*. A equação

Cycle time = tempos de agregação de valor + tempos sem agregação de valor

é uma **tautologia**. Em outras palavras, sua verdade já está contida em seus próprios termos e, assim, não oferece melhores ideias sobre a situação do mundo do que a afirmativa:

Todas as pessoas do mundo ou são a Hillary Clinton ou não são a Hillary Clinton.

Na verdade, a distinção entre agregar valor ou não agregar valor e o conceito relativo de que, para melhorar a eficiência, deve-se "eliminar o desperdício" (ou *muda*) caem no vácuo, e é o mesmo que dizer "faça a coisa certa". É claro que todos querem fazer a coisa certa, mas a frase não oferece direções de como proceder. Assim, se não formos cuidadosos, poderemos estar reduzindo um tipo de desperdício apenas para aumentar outro.

Por exemplo, se – como frequentemente acontece – o maior componente do *cycle time* forem peças *aguardando recursos*, podemos reduzir esse "desperdício" aumentando a disponibilidade dos recursos que estão em falta. Mas isso significa um aumento de "desperdício" na forma de maiores custos de mão de obra e de capital. E então, devemos fazê-lo? A resposta é: depende das particularidades de cada situação. Mas o que deve ficar claro é que a tão chamada lógica da produção enxuta não fornece nenhuma direção.

O que é realmente necessário é um paradigma básico que nos permita escolher as vantagens e desvantagens entre os diferentes tipos de "desperdícios" e nos ajude a identificar as raízes das suas causas. Chamamos esse paradigma de *Ciência da Fábrica*,[2] porque ele é fundamental para a compreensão do comportamento de todas as fábricas.

6.2 AS RAÍZES FORMAIS

Antes de podermos desenvolver a Ciência da Fábrica como uma ciência da produção, precisamos olhar para trás e compreender melhor o conceito de ciência.

[2] Apesar de nosso foco ser a manufatura, como o próprio termo Ciência da Fábrica enfatiza, a ciência com que nos preocupamos pode ser aplicada a qualquer rede de processos através da qual as entidades (requisições, clientes, tarefas, etc.) fluem. Assim, os princípios aqui desenvolvidos também são aplicáveis a muitos outros tipos de sistemas, incluindo os setores de serviços, bancos, hospitais, entre outros.

6.2.1 O que é Ciência?

Em 1950, Einstein escreveu:

> *A perfeição dos meios e a confusão de objetivos parecem caracterizar a nossa época.*

Sua observação ainda parece aplicável à era pós-moderna. Tornamo-nos sofisticados tecnologicamente, mas ainda nos faltam direções a seguir.

Se observarmos o pensamento filosófico de muito tempo atrás, podemos entender o porquê. Iniciando com Aristóteles (322 a.C.) e mantendo-se por quase 2.000 anos desde então, a metaciência sempre envolveu quatro "causas": a material, a eficiente, a formal e a final. A *causa material* é a matéria da qual um objeto ou um sistema é formado. A *causa eficiente* é aquilo que formou o objeto. A *causa formal* é o modelo ou a essência do objeto ou sistema. A *causa final* é o objetivo para o qual o objeto ou o sistema foi feito.

Durante o período chamado Iluminismo, as causas formais e finais foram praticamente eliminadas. Isso fez nascer um movimento filosófico novo, chamado de "Materialismo", que declarava que somente as coisas existentes eram materiais e que todos os fenômenos eram resultado da interação de matérias.[3]

A consequência desse foco materialista na atual administração da manufatura é que achamos muito importante estudar e entender os processos de fabricação e os produtos, mas acreditamos que qualquer consideração além disso deve ser evidente por si mesma. Em qualquer sistema de produção, desde os semicondutores até os produtos farmacêuticos, existem muitos *experts* em processos e materiais. Mas são poucas as pessoas que têm uma visão total do conjunto. Como resultado, podemos ser muito enxutos ou alcançar uma alta qualidade nos produtos e processos ou ter um ótimo atendimento ao cliente, porém, ao mesmo tempo, podemos ter dificuldade em equilibrar todos esses objetivos aparentemente conflitantes. Em termos aristotélicos, compreendemos muito bem as causas materiais e eficientes, mas temos pouco conhecimento das causas formais e finais.

Em vista disso, é interessante que, há mais de 20 anos, um livro chamado *A Meta* (Goldratt e Cox 1984) fez um grande sucesso ao concentrar-se nas causas finais. A meta ou a causa final de um sistema de produção, à qual o título se referia, era "gerar lucros no presente e no futuro". Apesar de isso capturar o objetivo de um sistema de manufatura, sugerimos expandi-lo para "gerar lucros no presente e no futuro de maneira consistente com nossos valores centrais", o que exclui os meios imorais de ganhar dinheiro, que, infelizmente, tornaram-se tão comuns em nossa era.

6.2.2 A "causa formal" dos sistemas de manufatura

Isso nos deixa com a "causa formal", a qual é "formal" porque trabalha com a forma de um objeto, isto é, sua definição, modelo ou essência. A causa formal define o objeto em termos de princípios fundamentais ou leis genéricas, de forma que é importante para se ter uma visão científica da produção. Nesta seção, postulamos uma nova causa formal para os sistemas de manufatura, que servirá como base para o resto do livro.

Os elementos essenciais e primitivos

A causa formal de um sistema de produção ou de serviços envolve dois elementos essenciais: **demanda** e **transformação**. Em outras palavras, a *essência* de qualquer sistema de produção/serviços é transformar os materiais ou outros recursos em mercadorias ou serviços para atender à demanda. Poderíamos dizer que o "suprimento" também é um elemento essencial de um sistema de produção. No entanto, em termos fundamentais, um fornecedor transforma os recursos em produtos e, portanto, faz parte do elemento da transformação.

[3] O movimento teve suas raízes na antiguidade com Tales e Demócrito, mas foi extrapolado de maneira radical por Thomas Hobbs e, mais tarde, por David Hume, Denis Diderot, entre outros.

Essas "formas" são as mesmas para um sistema de uma operação simples em um centro de processamento, para um fluxo único em uma fábrica, ou para toda a cadeia de suprimentos de uma empresa multibilionária (ver a Figura 6.2). Os detalhes e sua complexidade variam muito entre os diferentes sistemas, mas sua essência é a mesma.

As reservas de segurança

Se a demanda e a transformação estivessem perfeitamente alinhadas, teríamos a "forma" ideal: a transformação atenderia à demanda de maneira exata, não haveria necessidade de manter estoques, todos os recursos teriam 100% de utilização, e os *lead times* seriam iguais aos tempos de processamento. Não haveria qualquer desperdício. Infelizmente, esse ideal é impossível de ser alcançado na prática. Pelo fato de a demanda nunca estar perfeitamente alinhada com a transformação, surgem as reservas de segurança. Uma reserva de segurança é um recurso extra que corrige as diferenças do alinhamento entre a demanda e a transformação, e é formada de três maneiras:

1. Estoques (materiais extras no processo de transformação ou entre esse processo e o da demanda)
2. Tempo (demora entre uma demanda e seu atendimento pelo processo da transformação)
3. Capacidade (potencial extra de transformação necessária para satisfazer demandas imprevisíveis ou irregulares)

Como explicaremos no restante da Parte II, o fator que, na prática, impossibilita o alinhamento da demanda com a transformação é a **variabilidade**. Como tanto o processo da demanda quanto o da transformação estão sujeitos a variações (por exemplo, clientes mudam de ideia, equipamentos falham, etc.), nunca poderemos alinhá-los completamente. Assim, sempre teremos reservas de segurança, as quais prejudicam a eficiência dos sistemas de produção e serviços. Como discutiremos em detalhes nos Capítulos de 7 a 9, compreender as causas subjetivas da variabilidade e da formação das reservas de segurança é essencial aos projetos e à administração de sistemas eficientes de produção.

Sob um ponto de vista filosófico, procuramos tornar os sistemas reais tão próximos do ideal quanto possível. Saindo da filosofia e entrando na ciência, notamos que existem dois elementos primários que compõem os sistemas de produção: os estoques e os fluxos. Um **fluxo** representa os recursos ou os materiais circulando pelos processos de transformação, e ele é essencial, pois a transformação seria impossível sem um fluxo de materiais. Um **estoque** (ou **inventário**) representa os materiais ou outros recursos aguardando para serem transformados. Os estoques não são essenciais, pois há sistemas que não mantêm estoques entre a demanda e a transformação, como o sistema de atendimento.

Nesses termos, as reservas de segurança (materiais extras) são mantidas nos estoques, enquanto as outras duas reservas, a de tempos e a de capacidade, relacionam-se aos fluxos. A demanda e a transfor-

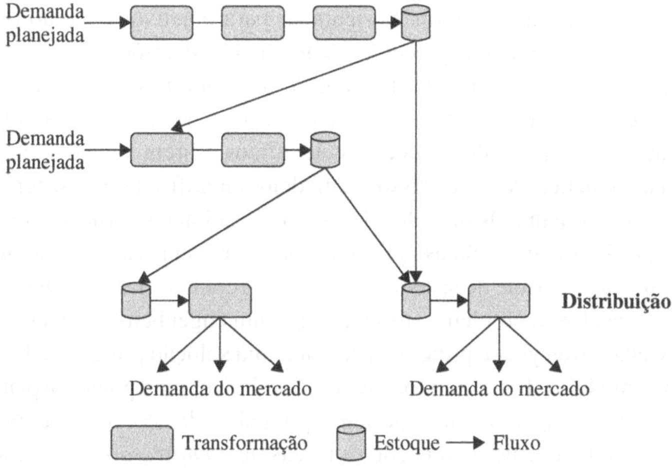

FIGURA 6.2 A forma de um sistema de produção.

mação são dois tipos de fluxo: a demanda é um fluxo de entrada, e a transformação, de saída. É claro que a natureza específica dos fluxos e dos estoques pode variar muito em diferentes sistemas. Mas mesmo esse modelo formal extremamente simplificado pode esclarecer nossa visão dos sistemas de produção, como ilustramos com o exemplo a seguir.

Exemplo: A má administração das reservas de segurança

Um gerente de certa fábrica, após ler sobre os benefícios do *kanban*, decidiu-se logo por implantá-lo. Alguns "pontos de estocagem *kanban*" foram marcados no chão da fábrica e os funcionários foram instruídos sobre o número de unidades que deveriam ser mantidas em cada um desses pontos. Conforme planejado, os níveis de estoque e os *cycle times* começaram a cair. Porém, para a aflição do gerente, a produção da fábrica também caiu. Em pouco tempo, a fábrica já não estava mais conseguindo atender à demanda, e o nível de atendimento aos clientes caiu rapidamente.

O que deu errado? Usando a terminologia de nosso modelo formal, o gerente da fábrica reduziu a reserva de *tempos* sem questionar suas razões subjacentes (ou seja, a variabilidade) do porquê de essas reservas se formarem. Como resultado, o sistema foi forçado a formar reservas de segurança alternativas por meio da redução das unidades produzidas e, por consequência, da redução da utilização da fábrica. Isso acabou criando uma reserva de capacidade não desejada.

As causas específicas e as relações entre as reservas de segurança são examinadas no restante da Parte II. Por ora, vamos resumir as principais ideias de nosso modelo formal:

1. As duas partes *essenciais* de um sistema de produção são a demanda e a transformação.
2. Os dois elementos *primitivos* de um sistema de produção são os estoques e os fluxos.
3. Se a demanda e a transformação não estão *alinhadas* perfeitamente, haverá formação de uma ou mais *reservas de segurança*.
4. Existem somente três tipos de reservas de segurança:
   (a) De estoques
   (b) De tempos
   (c) De capacidade
5. A causa mais comum do desalinhamento entre a demanda e a transformação é a *variabilidade*.

6.2.3 Os modelos prescritivos e descritivos

A "causa formal" recém-descrita é um modelo descritivo muito primitivo de um sistema de produção. Pelo fato de os **modelos descritivos** simplificarem a complexa realidade por meio da distinção de comportamentos essenciais, eles são a base de toda a ciência. Porém, diferentemente da ciência, a engenharia e a administração são disciplinas orientadas para objetivos e, como tal, exigem também **modelos prescritivos** que auxiliem nos processos de tomada de decisões.

Os modelos prescritivos normalmente derivam de um conjunto de pressupostos *matemáticos*. Como tais, elas se diferenciam dos modelos descritivos usados na ciência e na química, os quais são descrições sobre a natureza. Apesar de os modelos científicos usarem a matemática como linguagem, eles não *derivam* da matemática. Ao invés disso, os modelos científicos são essencialmente conjecturas sobre como as coisas funcionam. Os modelos descritivos resultantes fornecem os fundamentos para serem usados pelos profissionais em áreas aplicadas como a engenharia elétrica, química e mecânica para ajudar no projeto e no controle de sistemas complexos (como as fábricas químicas).

Como exemplo, considere o problema enfrentado por um engenheiro civil na seleção de um projeto para uma ponte. Cada estratégia de projeto representa uma solução prescritiva baseada tanto nas experiências quanto nos modelos. Por exemplo, para um vão longo, uma ponte suspensa é, muitas vezes, uma boa opção. As pontes suspensas são suportadas por cabos de aço, que podem aguentar enormes forças de *tensão*, mas praticamente inúteis contra forças de *compressão*. Já para um vão curto, uma melhor opção seria uma estrutura de concreto armado, com seus blocos em leve curvatura para cima, produzindo forças de compressão nos componentes que suportam as cargas. O concreto armado pode suportar grandes forças de compressão, mas não trabalha bem sob tensão.

Como os engenheiros civis sabem disso? Logo no início de seus cursos universitários, antes de aprenderem disciplinas que ensinam a construção de grandes estruturas, eles cursam disciplinas mais básicas na ciência da engenharia. Uma delas, que trata sobre a estática e a dinâmica, ensina sobre as forças de compressão e de tensão. Nela, o aluno aprende como um arco transmite a carga do seu topo para a base. Outra disciplina básica ensina a resistência de materiais como o concreto e o aço. De acordo com nossa abordagem, essas são disciplinas descritivas. Somente após a compreensão desses conceitos básicos o aluno começa a aprender sobre projetos ou disciplinas prescritivas.

Alguém poderia argumentar que os modelos tradicionais ensinados nos cursos de administração operacional representam os fundamentos de um modelo descritivo da administração da manufatura. Assim como os modelos ensinados nos cursos da Engenharia, eles são elementares e são usados como blocos na construção de sistemas mais complexos. Porém, há uma diferença fundamental. Como Little (1992) observou, muitos modelos matemáticos usados na administração de operações e na engenharia industrial são *tautologias*, isto é, considerando um conjunto específico de pressupostos, o sistema pode se comportar de uma mesma maneira específica. A ênfase é posta na derivação correta dos pressupostos para se obter as conclusões e não na questão sobre se o modelo representa a realidade de um sistema prático. Na essência, a verdade do modelo é expressa por si mesmo. Little até demonstrou que uma "lei" que carrega seu nome (algo que exploramos mais no Capítulo 7) não é uma lei, mas uma tautologia. Como pode ser comprovado matematicamente, as razões para se testar a lei de Little por meio de dados empíricos não é diferente de sair na rua pedindo para as pessoas confirmarem que são ou não a Hillary Clinton.

Diferentemente das tautologias matemáticas, os modelos ensinados nos cursos de Engenharia fazem *sim* conjecturas sobre o mundo que nos rodeia. Eles são um convite para o aluno verificar declarações específicas e compará-las às evidências empíricas (os estudantes fazem exatamente isso nas experiências em laboratório). A fórmula $F = ma$ é uma dessas conjecturas. Essa lei, por certo, não é uma tautologia matemática; na verdade ela nem é estritamente correta (é apenas correta para velocidades menores do que a da luz). Não obstante, é muito útil e é a base de muitos modelos complexos de Engenharia. Outros resultados importantes da Ciência como a fórmula $F = ma$ e outras leis de Newton são também notáveis por sua simplicidade. No entanto, como qualquer aluno iniciante dos cursos de engenharia pode atestar, as áreas da estática e da dinâmica não são nada simples, apesar de serem baseadas em um conjunto de poucas leis extremamente simples sobre a natureza.

É importante também notar que nenhuma lei científica pode sequer ser provada. A derivação de princípios primários não constitui provas, pois eles mesmos são conjecturas. Como é impossível observar todas as situações concebíveis (diferentemente da indução matemática), nunca poderemos saber se nossas explicações atuais sobre os fenômenos observados são corretas, ou se alguma outra explicação melhor logo aparecerá. Se a história nos fornece alguma direção, podemos apostar que todas as leis científicas que hoje "sabemos" um dia serão desafiadas e superadas. Como "Theodoric of York" (personagem de Steve Martin) descreveu:

> *Sabe, a medicina não é uma ciência exata, mas estamos aprendendo mais a cada instante. Veja, há apenas 50 anos, pensava-se que uma doença como a de sua filha era causada por possessão demoníaca ou bruxaria. Mas hoje sabemos que Isabelle sofre de um desequilíbrio dos humores corporais causado, talvez, por um sapo ou um gnomo que vive em seu estômago.*

Apesar disso, a prática da ciência ainda nos dá esperanças. Uma lei não comprovada ou refutada (tal como $F = ma$) pode ser muito útil. A chave está em compreender onde ela pode ou *não pode* ser aplicada. Por isso, é importante fazer o máximo de esforço para refutarmos nossas hipóteses, em vez de verificá-las. Quanto mais refutamos, mais aprendemos sobre o sistema e melhor será a lei que restará no final (Polya 1954). Chamamos esse processo de **conjectura e refutação** (Popper 1963). De muitas maneiras, a conjectura e a refutação estão para a ciência, assim como o procedimento "pergunte o 'porquê' cinco vezes" está para uma implantação de um sistema JIT/produção enxuta. Ambos representam procedimentos para ir além do óbvio e chegar até a causa raiz.

Se ainda não existe uma ciência básica da administração de operações universalmente aceita, muitos pesquisadores e professores estão se interessando em recuperar esse atraso (ver Askin e Standridge 1993, Buzacott e Shanthikumar 1993, e Schwarz 1998). Este livro representa nossos esforços para estruturar uma ciência da manufatura. Visivelmente, ela está longe de ser completa. As relações entre a ciência e as fábricas que podemos oferecer a esta altura são apenas uma combinação de ideias vindas de práticas históricas, de pesquisas recentes e de experiências profissionais, equações teóricas e alguns resultados de nossas próprias pesquisas. Entretanto, a Ciência da Fábrica não é mais um chavão. Ela não é fácil e não promete soluções para todas as situações. Ela simplesmente oferece as relações básicas entre fatores fundamentais da manufatura, como estoque, *cycle times*, produtividade, capacidade, variabilidade, atendimento aos clientes, etc. Acreditamos que a compreensão dessas relações no contexto de uma ciência da produção, mesmo que seja uma ciência incompleta, fornecerá ao leitor melhores ferramentas para projetar e controlar empresas industriais mais eficazes.

6.3 OS OBJETIVOS ESTRATÉGICOS E OPERACIONAIS

Os modelos descritivos que nos ajudam a compreender as relações básicas subjacentes ao comportamento de um sistema de manufatura são importantes. Mas uma ciência da manufatura, em última análise, é uma disciplina aplicada, cujo objetivo é ajudar a projetar e administrar sistemas de produção. Assim, precisamos começar com objetivos bem claros e, então, construir uma estrutura de trabalho com a qual possamos avaliar práticas e políticas.

6.3.1 O objetivo fundamental

Já definimos uma "causa final" para o sistema de manufatura, e ela também serve como um **objetivo fundamental**:

Gerar lucros no presente e no futuro de maneira consistente com nossos valores centrais.

Podemos verificar que essa declaração é muito vaga e não contém muitas direções concretas, mas essa é a natureza de um objetivo fundamental. Ele fornece um ponto em comum a todas as partes interessadas da empresa e ajuda a definir a problemática da administração da produção.

Em muitas organizações, gasta-se muito tempo para transformar o objetivo fundamental em uma declaração de *missão.* Uma boa declaração de missão aborda as maneiras como um objetivo fundamental será atingido por meio das estratégias da empresa. Por exemplo, a declaração de missão da Levi-Strauss é "fabricaremos os jeans mais desejados e mais usados no planeta". Essa breve descrição deixa claro que a qualidade (expressa por meio das palavras "mais desejados") é a característica competitiva dominante da empresa. É claro que o preço, a variedade de produtos e o atendimento ao cliente precisam ser competitivos, mas essas não são as razões pelas quais a Levi-Strauss espera que compremos seus produtos.

Nem todas as declarações de missão são tão bem focadas. Por exemplo, a missão da Amazon.com é a seguinte: "A Amazon.com busca ser a empresa mais centrada nos clientes, o lugar onde eles podem encontrar e descobrir qualquer produto que queiram comprar pela Internet por um ótimo preço." Mas fica claro para quem utiliza o *site* da Amazon que a variedade de produtos é o que a distingue de seus concorrentes. Apesar de a declaração de missão certamente dizer isso, ela também aponta para objetivos secundários como o preço e o atendimento, mesmo que a Amazon não tenha intenções claras de oferecer o preço mais baixo ou o melhor atendimento no ramo de lojas virtuais. Assim, a inclusão desses elementos extras em sua declaração de missão tira o foco do verdadeiro objetivo fundamental.

Finalmente, algumas declarações de missão divergem totalmente do objetivo fundamental. Por exemplo, a Mary Kay Cosmetics tem a seguinte missão: "Valorizar a vida das mulheres" e a da Disney é: "Fazer as pessoas felizes". Apesar de serem inspiradoras, essas declarações não são muito úteis para dirigir a tomada de decisões da empresa.

Assim, enquanto declarações de missão podem ser valiosas como *slogans* marcantes, principalmente para os consumidores, elas não fazem parte do processo de conversão do objetivo fundamental da empresa em direções operacionais concretas.

6.3.2 Os objetivos hierárquicos

Para oferecer uma base melhor para ajudar a tomar decisões operacionais, é preciso identificar os objetivos mais detalhados que dão suporte ao objetivo fundamental. Para isso, é útil definir o termo "gerar lucros" em detalhes mensuráveis, refinando o objetivo fundamental como segue:

Obter um "bom" retorno sobre o investimento (RSI) no longo prazo.

Essa declaração também serve como um objetivo básico com o qual as várias partes interessadas concordam. Ela satisfaz os acionistas, pois o RSI ajuda a suportar o preço das ações. Também satisfaz os funcionários, pelo menos no que diz respeito a uma coisa, pois eles têm mais chances de continuarem empregados e almejarem possíveis promoções. Finalmente, ela implica a satisfação dos clientes, pois, do contrário, seria impossível conseguir um bom RSI no longo prazo.

Para falar mais sobre objetivos específicos, observamos que o RSI (assim como o lucro) é determinado por três fatores financeiros – (1) **receitas,** (2) **ativos** e (3) **custos** – como segue:

$$\text{Lucro} = \text{receitas} - \text{custos}$$

$$\text{RSI} = \frac{\text{lucros}}{\text{ativos}}$$

Mas essas medidas ainda são de um nível muito alto para aplicação nas operações do dia a dia das fábricas. Assim, traduzimos os termos originais **receitas, ativos** e **custos** para seus equivalentes na fábrica: (1) **produtividade**, a quantidade de produtos *vendidos* por unidade de tempo (de nada adianta produzir sem vender); (2) **ativos**, especificamente os ativos controláveis, como os estoques; e (3) **custos**, que consistem das despesas operacionais da fábrica, especificamente as variações de custos como as horas extras, as terceirizações e a sucata. Essas três medidas fornecem o elo entre os objetivos de alto nível, como o RSI, e os de nível mais baixo (por exemplo, disponibilidade de máquinas) que são mais diretamente ligados às atividades da produção.

Agora podemos fazer a ligação do objetivo fundamental aos **objetivos subordinados** que o sustentam. A Figura 6.3 ilustra um exemplo de uma hierarquia de objetivos que poderia ser o resultado desse procedimento. A lógica por trás dessa hierarquia deriva das fórmulas do RSI e do lucro. Um alto índice de RSI é atingido por meio de altos lucros e poucos ativos. Altos lucros exigem custos baixos e vendas altas. Custos baixos implicam custos unitários baixos, que exigem alta produtividade, alta utilização e baixos estoques. Como veremos mais adiante na Parte II, para alcançar baixos níveis de estoques e, ao mesmo tempo, manter alta produtividade e utilização, é preciso manter uma baixa variabilidade na produção. Vendas altas exigem um produto de alta qualidade que os consumidores queiram comprar, além de um bom atendimento. Um alto nível de atendimento requer entregas rápidas e confiáveis. Entregas rápidas exigem *cycle times* curtos, baixa utilização de equipamentos e/ou altos estoques. Para manter muitos produtos disponíveis são necessários altos níveis de estoques e mais variabilidade de produtos. Porém, para obter uma qualidade alta, precisamos de baixa variabilidade dos processos e *cycle times* curtos (para facilitar a detecção rápida de defeitos). Finalmente, observando o lado dos ativos na hierarquia, necessitamos de uma alta utilização para minimizar o investimento em equipamentos (bens de capital), e baixos estoques para reduzir o dinheiro vinculado a materiais. Como pôde ser observado, a combinação de baixo estoque e alta utilização exige baixa variabilidade.

Note que essa hierarquia contém certos conflitos. Por exemplo, queremos ter estoques altos para entregas rápidas, mas também estoques baixos para manter ativos baixos para ter um alto retorno sobre investimento. Precisamos de alta utilização para manter os ativos e os custos unitários baixos, mas

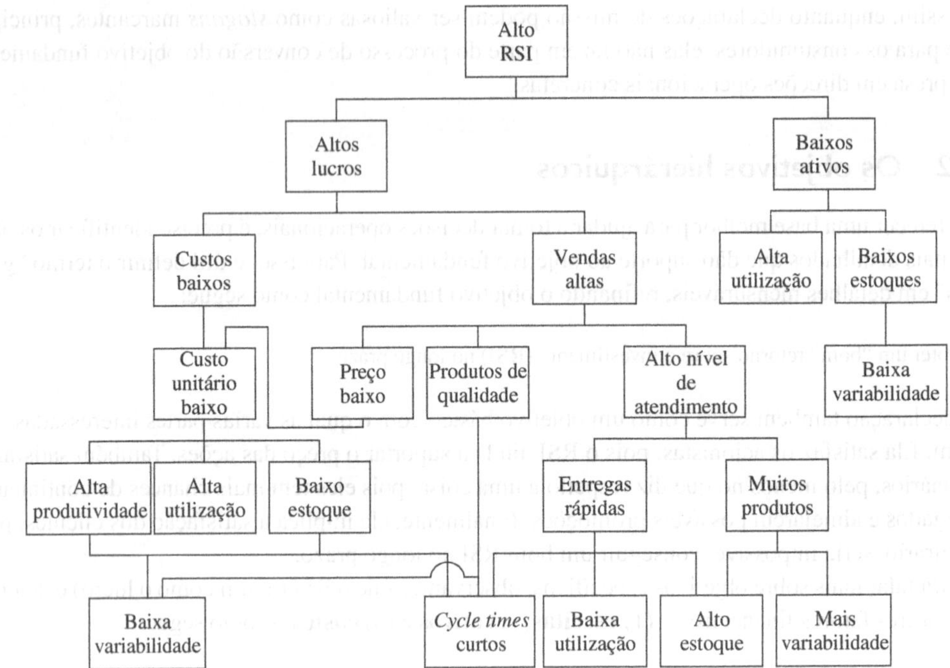

FIGURA 6.3 Os objetivos hierárquicos em uma organização industrial.

também baixa utilização para entregas rápidas. Queremos mais variabilidade para ter mais variedade de produtos, mas também menor variabilidade para manter os estoques baixos e a produção alta. Apesar da relutância de alguns consultores da produção enxuta, não temos outra opção a não ser fazermos alguns ***trade-offs*** para resolver esses conflitos.

É útil observar que, na Figura 6.3, os *cycle times* curtos dão suporte tanto aos custos baixos quanto às vendas altas. Essa é a motivação existente por trás da ênfase na rapidez durante a década de 1990, incorporada em práticas como ***quick response manufacturing*** **(produção de resposta rápida)**. Voltaremos a abordar o importante tópico da redução do *cycle time* na Parte III, após estabelecermos as relações básicas que envolvem a variabilidade mais adiante, ainda na Parte II.

6.3.3 O posicionamento estratégico

Para identificar os pontos de maior alavancagem em um sistema de produção, não basta detalhar os objetivos subordinados que suportam o objetivo fundamental. Não são todos que têm a mesma importância e, como notamos anteriormente, alguns objetivos são conflitantes. Assim, precisamos de uma estrutura de trabalho com a qual possamos definir as prioridades entre os objetivos subordinados e determinar os *trade-offs* adequados. Tal estrutura de trabalho precisa incorporar tanto as estratégias, que determinam o modo como escolhemos alcançar o objetivo fundamental, quanto as operações as quais determinam as capacidades do sistema de produção.

Para desenvolver tal estrutura, voltamos à fórmula do RSI, que separa os objetivos que se relacionam ao aumento das vendas daqueles ligados à redução dos custos e dos ativos. Conforme ilustrado na Figura 6.3, a parte da equação referente aos custos e ativos é direta e simples. Uma alta utilização (e produção) somada a estoques baixos é a chave da eficiência de custos para quase todos os sistemas de produção. Se os níveis alcançados variam para os diferentes ambientes de produção, quase sempre estoques baixos e uma alta utilização são as melhores opções.

A complexidade e, por consequência, a necessidade de uma direção estratégica, é muito maior para a parte da equação que trata das receitas. Todas as empresas de manufatura constroem uma proposta de valor aos seus clientes baseada em alguma combinação das seguintes opções:

1. *Preço:* Apesar de a questão do preço ser uma decisão gerencial que deve levar em conta a concorrência do mercado, ela depende muito dos custos unitários, os quais são influenciados por uma série de práticas operacionais.
2. *Tempo:* O *lead time* (ou seja, a rapidez de entrega) é um componente essencial do valor de um produto para o cliente, o qual é determinado pelos ciclos operacionais (em sistemas de produção sob encomenda) e pelas políticas de controle de estoque (em sistemas de produção para estoque).
3. *Qualidade:* Como discutiremos no Capítulo 12, a qualidade consiste de várias dimensões e pode ser medida de várias maneiras. Algumas destas, como o projeto do produto e o atendimento ao consumidor, podem estar fora do escopo da função da produção. Mas outras, como as taxas de defeitos, são influenciadas pelas práticas adotadas dentro da fábrica.
4. *Variedade:* Oferecer mais produtos permite que os clientes façam escolhas mais apropriadas aos seus gostos (desde que a variedade não seja tão excessiva que possa sobrecarregar os clientes com opções). Mas a variedade também agrega complexidade e variabilidade, o que aumenta os custos.

Esses 4 itens podem ser considerados os principais componentes dos pedidos dos clientes, pois é o desejo de um produto, juntamente com essas características, que faz as vendas acontecerem. A ênfase dada a cada um desses itens é uma função da estratégia de cada empresa. Por exemplo, tanto o Serviço Postal norte-americano quanto a Federal Express operam no mesmo setor de entregas postais. No entanto, o Serviço Postal dá mais ênfase aos preços, enquanto a Fed Ex enfatiza a rapidez. De maneira similar, a Kia vende seus carros com o apelo do preço, enquanto a Bentley baseia suas vendas na qualidade.

A decisão estratégica de como priorizar essas dimensões está além do escopo da problemática da produção, que é o objeto deste livro, mas ela tem que ser feita a fim de determinar quais capacidades operacionais serão necessárias. Por exemplo, o Serviço Postal norte-americano usa a entrega ponto a ponto para minimizar os custos de transportes, de forma a sustentar sua estratégia de preços baixos, enquanto a Fed Ex usa estrutura de rede em estrela para facilitar a rapidez na entrega, o que contribui para sua estratégia de alto nível de atendimento.

As fronteiras eficientes

Um conceito que pode ajudar a estruturar o pensamento sobre esses *trade-offs*, assim como a função estratégica da eficiência operacional, é o que chamamos de as **fronteiras eficientes**. Por exemplo, a Figura 6.4 ilustra a fronteira eficiente do *trade-off* custo *versus* rapidez na entrega enfrentada pela Fed Ex e pelo Serviço Postal norte-americano. Cada ponto na curva representa a solução de menor custo (considerando as tecnologias atuais) para certo tempo de entrega. Os pontos acima da curva são ineficientes, pois representam soluções de alto custo, enquanto os pontos abaixo da fronteira eficiente são, por definição, impraticáveis, pois representam custos impossíveis de serem atingidos com as tecnologias atuais.

A fronteira eficiente ressalta a necessidade estratégica pela eficiência operacional. Uma empresa cuja atuação fica fora da fronteira eficiente estará vulnerável a um concorrente mais eficiente, que pode cobrar um preço menor por um produto similar. Como notamos no Capítulo 1, essa foi exatamente a estratégia empregada por Andrew Carnegie para dominar o mercado do aço dos Estados Unidos. Ao se tornar o produtor com o menor preço do aço (o único produtor dentro da fronteira eficiente), ele podia cobrar preços altos com uma grande margem de lucro quando a demanda do mercado era mais forte. Quando a demanda era fraca, ele podia cortar seus preços abaixo da concorrência e tirar seus competidores do mercado.

Mas o aço é uma *commodity*, por isso toda a concorrência se baseia no preço. Em mercados diferentes dos de *commodities*, a concorrência se dá em outras dimensões além do preço. Por exemplo, na indústria de entregas, os clientes levam em consideração a rapidez na entrega e os preços. Assim, uma fronteira eficiente interessante para esse ramo é a que apresentamos na Figura 6.4. Outras fronteiras eficientes, que mostram os *trade-offs* entre qualidade *versus* custos ou variedade *versus* custos, podem ser interessantes em outros ramos do mercado.

Note que, na Figura 6.4, os serviços oferecidos pela Fed Ex e pelo Serviço Postal norte-americano são posicionados em pontos distantes da curva. Ambas são eficientes, mas representam pontos de equilíbrio bem diferentes no *trade-off* entre custos *versus* rapidez na entrega. Ao diferenciarem seus serviços dessa maneira, a Fed Ex e o Serviço Postal abordam diferentes segmentos do mercado. O Serviço Postal satisfaz os clientes interessados nos custos, enquanto a Fed Ex atende os clientes que estão com pressa e estão dispostos a pagar pela rapidez da entrega. O conceito da fronteira eficiente enfatiza a importância estratégica da diferenciação de mercado, assim como da eficiência operacional.

O que diferencia uma proposta eficiente ou ineficiente nos serviços oferecidos por uma empresa é o custo de manter reservas de segurança para compensar a variabilidade. Numa proposta eficiente, a variabilidade é minimizada, e os três tipos de reservas de segurança – de capacidade, de tempos e de estoques – são usados da melhor maneira possível, com custos mínimos. Assim, do ponto de vista operacional, o problema de alcançar certo ponto na fronteira eficiente é uma questão da gestão adequada da variabilidade do sistema e das reservas de segurança.

Para ilustrar isso, vamos considerar um exemplo bem simples extraído do Capítulo 2 – um sistema de estoque mínimo. Lembre-se que um sistema de estoque mínimo tem um parâmetro de controle, o nível do estoque mínimo. A cada vez que ocorre uma demanda por parte do cliente, um pedido de reposição é remetido para a instalação de produção. Se existir estoque disponível, o pedido do cliente é atendido de imediato. Se não existir estoque disponível, o pedido fica em pendência. Quando existem pedidos que ainda não foram atendidos, a posição do estoque (estoque disponível mais os pedidos de reposição menos os pedidos pendentes) é negativa. Esse sistema é ilustrado na Figura 6.5.

Usando a prática do estoque mínimo, a posição do estoque é sempre a mesma. Assim, o nível do estoque mínimo representa o volume máximo de estoque disponível que sempre teremos no sistema. O volume mínimo do estoque disponível é zero, isto é, quando falta estoque. Porém, como os pedidos pendentes são ilimitados, a posição do estoque pode ficar negativa em qualquer quantidade aleatória.

Para nos aprofundarmos mais neste exemplo, vamos assumir que a variabilidade da demanda por parte dos consumidores e a variabilidade dos processos de produção não estão sob nosso controle, de forma que teremos apenas dois controles sendo exercidos: (1) o nível do estoque mínimo (2) a taxa (capacidade) do processo de produção. Com eles, podemos obter diferentes pontos de equilíbrio entre a capacidade, os estoques e a reserva de tempos.

O nível do estoque mínimo ajusta o equilíbrio entre o estoque e os tempos. Por exemplo, se definirmos o estoque mínimo em um nível bem alto, então o nível de atendimento ao cliente será bom (ou seja, a maioria de seus pedidos será atendida de imediato, e os clientes não ficarão aguardando um pedido pendente), mas a média do estoque disponível também será alta. Se definirmos o estoque mínimo a um nível baixo, o estoque disponível também será baixo, mas a falta de estoque será mais frequente, e o tempo de espera para atender um pedido de cliente será mais longo.

A taxa da velocidade do processo de produção ajusta o equilíbrio entre a capacidade, os estoques e os tempos. Por exemplo, se a taxa de produção for definida a um nível baixo, apenas um pouco acima da taxa de demanda, então a fábrica terá dificuldades para manter o ritmo, o que resultará em tempos de reposição variáveis e longos. Isso, por sua vez, causará ou longos períodos no atendimento aos

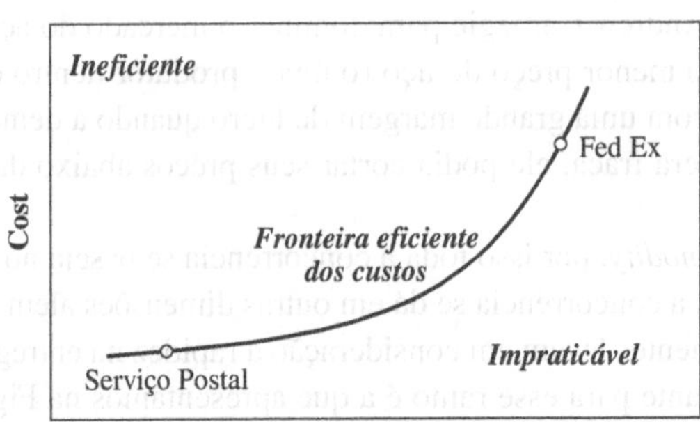

FIGURA 6.4 Uma fronteira eficiente sensível aos custos.

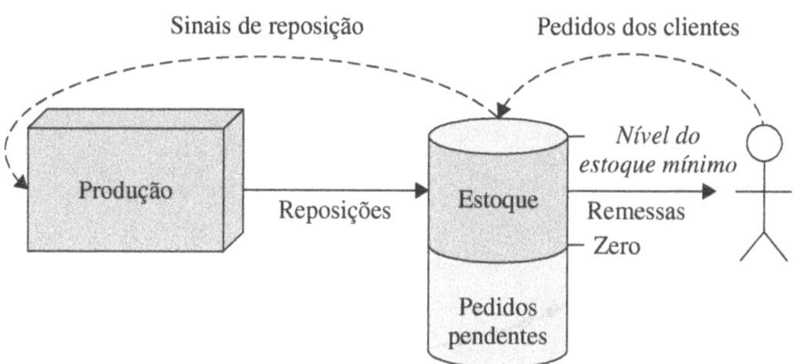

FIGURA 6.5 Um sistema de estoque mínimo alimentado por um processo simples de produção.

pedidos pendentes (se o estoque mínimo for baixo) ou altos níveis de estoque (se o nível do estoque mínimo for alto). Por outro lado, se a taxa de produção for definida em um nível muito mais alto do que a taxa de demanda, os tempos de reposição serão curtos e previsíveis. Isso nos permitirá um bom nível de atendimento ao cliente (com períodos curtos no atendimento aos pedidos pendentes) e poucos estoques. É claro que definir a taxa de produção muito acima da taxa da demanda significa que teremos uma considerável capacidade ociosa.

Esses *trade-offs* são ilustrados na Figura 6.6. O eixo *x* representa o tempo médio que um cliente aguarda até um pedido pendente ser atendido; essa é a reserva de segurança de tempos do sistema. O eixo *y* representa o volume médio disponível no estoque, medido em meses de suprimento; essa é a reserva de segurança de estoque. As três curvas diferentes representam o *trade-off* entre os estoques e os tempos nos casos em que a taxa da produção excede a taxa da demanda em 2,5%, 5% e 10%. Note que, ao reduzir a reserva de segurança dos tempos, há um aumento da reserva de segurança de estoques, e vice-versa, enquanto quando se aumenta a reserva de segurança da capacidade, há uma redução nas reservas dos tempos e de estoques.

Em termos práticos, podemos notar que uma reserva de segurança de capacidade de apenas 2,5% nos força ou a manter um grande nível de estoques ou um período longo no atendimento aos pedidos pendentes. Por exemplo, se quisermos conservar um nível de pedidos pendentes próximo de zero, teremos que manter 5 meses de estoque. Como alternativa, se quisermos manter o estoque próximo de zero, teremos que impor aos nossos clientes uma espera de um mês para atendimento de seus pedidos pendentes.[4] Se aumentarmos a reserva de segurança da capacidade em 5%, os níveis de estoque e os tempos de espera melhoram. Podemos manter estoques próximos de zero com um tempo médio menor do que 1 mês no atendimento aos pedidos pendentes, ou podemos reduzir os prazos de atendimento próximos a zero mantendo 3 meses de estoques. O aumento da reserva de segurança da capacidade em 10% nos permite ou trabalhar com estoques próximos de zero e com um prazo de atendimento de apenas ½ mês, ou reduzir a média de atendimento para quase zero mantendo apenas 1 mês de estoque.

Apesar de a Figura 6.6 ilustrar os *trade-offs* em nosso sistema simples de estoque mínimo, ela não nos mostra quais seriam as melhores políticas a adotar. A resposta certa depende do mercado e da estratégia da empresa. Por exemplo, se os clientes do segmento-alvo de nosso exemplo não se importam muito com os prazos de atendimento e, sim, com os preços, então devemos adotar pequenas reservas de segurança de capacidade e de estoques (ajustando a taxa de produção próxima da taxa da demanda, usando um nível baixo de estoque mínimo) e uma grande reserva de segurança de tempos.[5]

É claro que curvas iguais às da Figura 6.6 existem apenas nos livros. Essas curvas contínuas e suaves são resultantes de um suposto sistema bem simples, que consiste de uma única estação de trabalho, com apenas um processo de produção e com uma política de controle de estoque mínimo. Tendo

[4] Note que a Figura 6.6 mostra apenas os níveis médios de estoques e dos prazos de atendimento. Se quisermos um nível de estoques que nos permita praticamente zerar os prazos de atendimento, então precisaríamos manter 6 meses de estoque.

[5] Veremos no Capítulo12 que existem outras razões relacionadas à qualidade que podem tornar atrativos os *lead times* mais rápidos. Essas razões complicariam nossa análise, mas o conceito básico para buscar um bom ponto em uma curva da fronteira da eficiência continua válido.

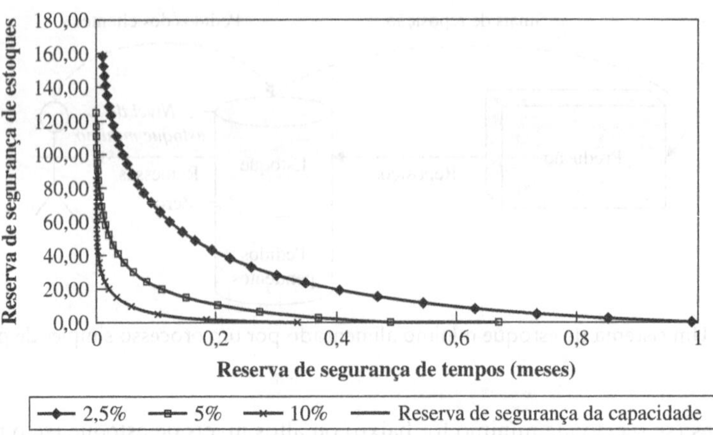

FIGURA 6.6 Desempenho do sistema de estoque mínimo alimentado por um processo de produção.

apenas dois fatores para controlar (a taxa de produção e o nível do estoque mínimo), podemos mapear facilmente todos os *trade-offs*.

No mundo real, as coisas são bem mais complicadas. As fábricas têm centenas, ou mesmo milhares de variáveis a controlar. Por exemplo, uma empresa pode adotar um sistema *kanban*, um MRP ou uma política baseada no (Q, r). Ela pode usar uma programação feita por computador ou um programa de manutenção preventiva. Pode também implantar vários outros programas de formação de equipes e treinamento de operadores. Considerando-se um mesmo perfil de demanda, um mesmo conjunto de máquinas, mesmo pessoal, etc., cada política operacional resultará em alguma combinação entre as reservas de segurança de capacidade, de estoques e de tempos. Para um conjunto de políticas que alcança a mesma capacidade do exemplo, os resultados poderiam ser parecidos com os mostrados na Figura 6.7.

Note que algumas políticas causam resultados em que as reservas de segurança de estoques ou de tempos são maiores do que se outras políticas fossem praticadas. Essas são políticas ineficientes. Um caso que demonstra essa ineficiência, e que podemos observar frequentemente nas fábricas, ocorre quando as empresas gastam milhões de dólares para melhorar e integrar seus sistemas de informações e depois se acomodam em tocar a produção com apenas algumas planilhas manuais e alguma política simplista de controle de estoques. Muitas vezes, a política de controle de materiais define um número fixo de semanas de estoques para todos os itens, o que já mostramos no Capítulo 2, *e isso sempre está errado!* O resultado normal é o excesso de estoques e um atendimento aos clientes apenas adequado – uma política ineficiente.

Para ilustrar os perigos de se decidir por uma política ineficiente, mostramos dois pontos na Figura 6.7, aos quais demos o nome de "Política Ineficiente" e "Política Eficiente". Em relação à política eficiente, a política ineficiente resulta em 33% a mais de estoques, com os tempos um pouco piores (prazos médios de atendimento mais longos). Lembre-se de que ambos os pontos se referem a um mesmo ambiente físico, mesmas máquinas, mesmos operadores, mesmos clientes, etc. A única diferença entre esses dois pontos é a política usada para cada um. Isso mostra, de maneira clara, que uma empresa que adota a política eficiente terá uma vantagem substancial nos custos em relação a outra empresa que adota uma política ineficiente, mesmo sem qualquer melhoria na fábrica ou na equipe.

Na Figura 6.7, a fronteira eficiente consiste daqueles pontos em que não existem alternativas praticáveis cujas reservas de segurança são menores ou iguais àquelas alcançadas pela política aplicada a esses pontos. Como possivelmente existem apenas umas poucas políticas alternativas, a fronteira eficiente pode consistir de um número limitado de pontos, em vez de uma curva suave.

No entanto, mesmo que a política aplicada esteja dentro da fronteira eficiente, não devemos ser complacentes. A razão é que a fronteira eficiente é definida apenas para a *tecnologia atual*. Será sempre possível melhorar as tecnologias aplicadas à produção, de maneira a alterar a fronteira eficiente. Por exemplo, a Figura 6.8 mostra uma fábrica cuja fronteira eficiente é melhor do que a da Figura 6.7.

Ambos os sistemas, a produção enxuta e o Seis Sigma, enfrentam o problema supondo uma contínua melhoria da tecnologia na produção. A produção enxuta concentra-se na redução de desperdícios

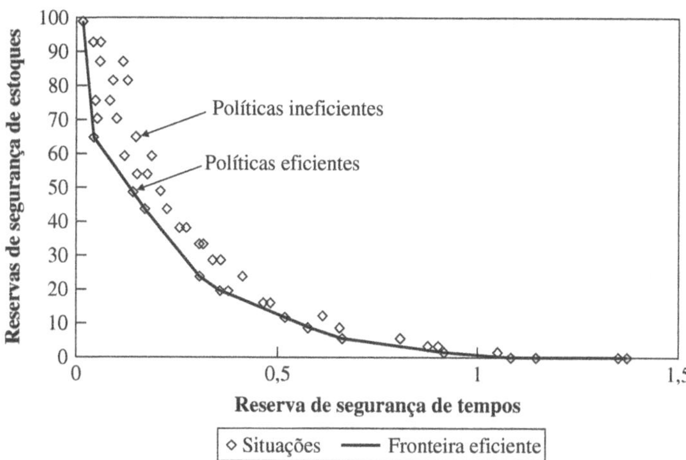

FIGURA 6.7 Curva de troca de uma fábrica antes das melhorias.

(por meio da eliminação de passos desnecessários nos processos, da redução dos tempos de *setup* ou do aumento da disponibilidade de equipamento) com o objetivo de elevar a capacidade efetiva. O Seis Sigma concentra-se na redução da variabilidade nos processos de produção, o que reduz a necessidade de despesas com reservas de segurança. Porém, nem a produção enxuta nem o Seis Sigma fornecem uma estrutura de trabalho para definir as prioridades das melhorias ou para compreender os *trade-offs* entre capacidade, *cycle time*, estoques, utilização e variabilidade.

Nos Capítulos 7, 8, 9 e 12, desenvolvemos um conjunto de princípios em suporte tanto à produção enxuta quanto ao Seis Sigma e fornecemos uma estrutura de trabalho para definir as prioridades nas alternativas de melhorias. Esses resultados representam a base da Ciência da Fábrica.

6.4 AS MEDIDAS DE DESEMPENHO E DOS MODELOS

Para desenvolver uma ciência da manufatura que nos permita identificar e definir as políticas e as prioridades de possíveis melhorias, precisamos (a) compreender as relações entre as três reservas de segurança e as variabilidades e (b) expressar essa compreensão por meio de políticas operacionais detalhadas, o que exige o uso de modelos. O desafio é desenvolver modelos que sejam suficientemente corretos para representar essas relações mais importantes, mas que sejam simples o bastante para que

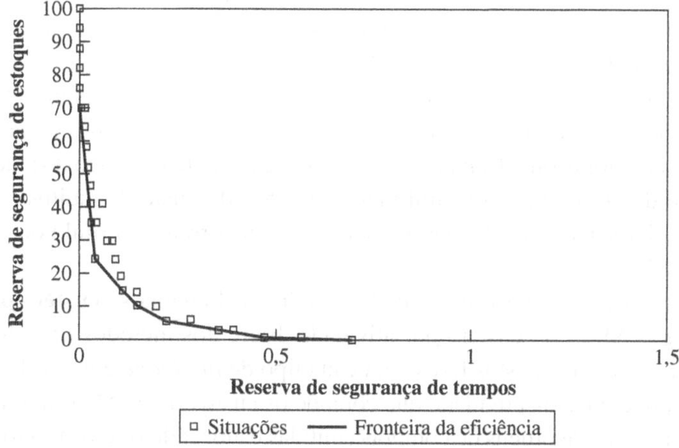

FIGURA 6.8 Curva de troca de uma fábrica após as melhorias efetuadas.

possamos criar uma boa intuição. Esse não é um desafio tão fácil. Na verdade, como notamos na Seção 6.1.2, é muito fácil nos atermos a modelos simplistas que, à primeira vista, parecem ser corretos, porém, de fato, estão errados.

Muito do restante da Parte II é dedicado aos modelos que darão suporte a nossas discussões sobre os procedimentos operacionais da Parte III. Porém, antes de desenvolver modelos específicos, faremos algumas observações amplas sobre modelos em geral.

6.4.1 A contabilidade de custos

Os modelos matemáticos estudados em cursos sobre a administração de operações (lote econômico, MRP, modelos de estimativas, modelos de programação linear, etc.) não são os únicos para medir o desempenho e avaliar as políticas gerenciais em sistemas de manufatura. Na verdade, alguns dos modelos mais comuns usados pelos administradores das fábricas são relacionados aos métodos contábeis. Apesar de ser, muitas vezes, vista como um mero método de registro ou de controle dos custos, a contabilidade, na verdade, é baseada em modelos, de forma que está sujeita às mesmas armadilhas em relação às suposições feitas em qualquer exercício sobre modelos.

Uma das principais funções da contabilidade de custos é fazer estimativas sobre quanto custa a fabricação de cada produto. Tais estimativas são muito usadas para se tomar decisões de longo prazo (será que devemos continuar a fabricar esse produto, ou terceirizá-lo) e de curto prazo (que preço podemos oferecer a esse cliente?). Porém, como muitos custos nos sistemas de produção não são diretamente ligados a cada um dos produtos, eles podem ser estimados apenas por meio de modelos.

Os custos diretos, tais como as matérias-primas, são fáceis de alocar a cada produto. Se comprarmos peças fundidas e, depois, elas são transformadas em caixas de disjuntores, então o preço das peças fundidas deve estar incluso no custo unitário das caixas. A mão de obra direta pode ser um pouco mais difícil de alocar no caso de os funcionários produzirem múltiplos produtos. Por exemplo, se um operador de máquinas fabrica dois tipos de caixas de disjuntores, então precisamos decidir qual a proporção de seu tempo é gasto em cada uma, para alocar os custos de mão de obra corretamente. Mas este é um cálculo relativamente simples.

A grande dificuldade, e daí a necessidade de um modelo, aparece na alocação dos custos gerais de fabricação (***overhead***). Os custos gerais de fabricação, também chamados de custos fixos, referem-se àqueles que não são diretamente identificados com produtos. Os gastos com pagamento de prestações da aquisição da fábrica, com o salário do diretor-geral, com o custo de um laboratório de pesquisa e desenvolvimento, e com os custos de serviços administrativos são exemplos de custos que não variam diretamente com os níveis de produção de cada produto. Porém, considerando que fazem parte do negócio, eles fazem parte, indiretamente, de seus custos de produção. O desafio é fazer uma alocação dos custos fixos entre os diversos produtos de uma maneira razoável.

A abordagem (modelo) tradicional para a alocação dos custos fixos era usar as horas trabalhadas como referência, isto é, se um produto específico usa 2% das horas gastas pelos funcionários que produzem os produtos, então seria alocado a esse produto 2% dos custos fixos. O raciocínio lógico para essa prática é que, na virada do século, quando as técnicas contábeis "modernas" foram desenvolvidas, a mão de obra direta e os materiais geralmente representavam quase 90% dos custos totais dos produtos (ver Johnson e Kaplan 1987 para um excelente histórico dos métodos contábeis). Atualmente, a mão de obra direta constitui menos de 15% do custo de muitos produtos, de forma que os métodos tradicionais têm sido classificados como incorretos. O título do livro de Johnson e Kaplan é Relevance Lost.

O maior concorrente para substituir o modelo tradicional chama-se **custeio por atividade** (***activity-based costing*** **– ABC**). O custeio por atividade difere dos métodos tradicionais pelo fato de que busca fazer a conexão dos custos fixos com cada tipo de *atividade* em vez de cada produto. Por exemplo, comprar pode ser uma atividade que compõe os custos fixos. Mensurando as atividades do departamento pelo número de ordens de compras emitidas e alocando os custos fixos do departamento conforme cada produto comprado, o custeio por atividade tenta alocar os custos fixos de maneira mais exata. Um procedimento similar é efetuado para cada atividade específica, com o objetivo de alocar os custos fixos mais corretamente. O apêndice 6A nos fornece um exemplo ilustrativo dos mecanismos do custeio por atividade e suas diferenças em relação aos métodos tradicionais.

Pelo fato de o custeio por atividade dividir os custos fixos de fabricação em categorias, ele promove uma melhor compreensão e uma eventual redução desses custos (pois ficam mais explícitos). Assim, o método é um passo positivo para a criação de um modelo dos custos. Porém, não constitui uma panaceia. Os modelos de custos, mesmo que detalhados, muitas vezes são enganosos.

Em primeiro lugar, existem casos em que a *alocação* dos custos é um modelo que deixa a desejar do ponto de vista de sistemas. Um dos autores deste livro trabalhou em uma fábrica de produtos químicos onde havia um considerável debate e muita análise para determinar o preço de uma *commodity* que era um subproduto de um produto final e, ao mesmo tempo, era matéria-prima para se fabricar outro produto final. Os usuários da *commodity* argumentavam que seu preço deveria ser zero, pois ela seria sucateada se eles não a usassem. Os produtores da *commodity* argumentavam que os usuários deveriam pagar o valor correspondente ao custo que eles obteriam se tivessem de fabricá-la. Na verdade, nenhum dos processos seria lucrativo isoladamente, mas eram bem lucrativos se considerados em conjunto. Uma abordagem melhor das análises e dos debates seria concentrar-se nas questões sobre onde e como se poderia melhorar o rendimento (quanto produzir) em cada um dos dois processos.

Em segundo lugar, não importa quão detalhado seja o modelo, representar exatamente o valor de recursos limitados usando uma abordagem baseada em custos comum a todas as metodologias contábeis é extremamente difícil. Isso se aplica a ambos os métodos, tanto o **custeio total** quanto o **custeio por absorção,** descritos acima, além do **custeio variável,** segundo o qual os custos fixos de fabricação não são considerados.†

O custeio total por absorção é apropriado se estivermos construindo uma nova fábrica e, portanto, considerando todos os seus custos. O custeio variável é apropriado nas operações de uma fábrica onde estamos preocupados com os custos que podem ser controlados no curto prazo. Por exemplo, em uma nova fábrica, devem ser considerados todos os custos de equipamentos e mão de obra. Se um plano de produção requer um número maior de *setups* que consomem mais mão de obra, então tal plano realmente custará mais do que um plano que requer menos *setups*. Por outro lado, em uma fábrica já em operação, deveríamos ignorar completamente o custo das máquinas, pois elas já foram compradas. É um custo a fundo perdido. Às vezes, os gerentes são tentados a processar mais produtos em um equipamento mais caro com o objetivo de "recuperar os seus custos". Porém, sob uma perspectiva geral, isso pode não fazer sentido, especialmente se a máquina mais cara é menos apropriada para processar os produtos do que uma mais barata.

A maioria dos métodos de custeio (incluindo o por atividade) é baseada na absorção total e não nos custos variáveis. Isso pode levar a más decisões. Por exemplo, se um cliente solicita uma peça que exige um longo tempo no centro de processamento que tem a maior quantidade de trabalho, o custo é alto. Entretanto, se o cliente solicita um item que passa somente por operações que têm pouca carga de trabalho, o custo é, essencialmente, apenas o da matéria-prima. As máquinas e a mão de obra não custariam praticamente nada, pois estão disponíveis de qualquer forma. O exemplo a seguir ilustra o perigo de se usar o custeio por absorção total para tomar decisões sobre a produção.

Exemplo: O planejamento da produção

Considere uma fábrica com três máquinas que fabricam dois produtos, A e B, conforme a Tabela 6.1. O produto A custa $50 em matéria-prima e exige 2 horas na máquina 1 e 2 horas na máquina 3. O produto B custa $100 em matéria-prima e exige $2\frac{1}{2}$ horas na máquina 2 e $1\frac{1}{2}$ hora na máquina 3. Assim, ambos os produtos requerem 4 horas de máquina e 4 horas de mão de obra. A mão de obra custa $20 por hora (incluindo encargos). A fábrica trabalha uma média de 21 dias por mês, com dois turnos, num total de 16 horas por dia (os trabalhadores se intercalam para paradas), somando 336 horas por mês. As despe-

† N. de R.T.: No Brasil, os métodos oficiais de custeio são regulados pela legislação tributária do IR, porém as comparações do livro continuam válidas como ferramentas gerenciais.

TABELA 6.1 Exemplo de uma fábrica com dois produtos – dados

Produto	Preço ($)	Custo da matéria--prima ($)	Total mão de obra	Custo unitário ($)	Demanda mínima; máxima mensal
A	600	50	4	130	75; 140
B	600	100	4	180	0; 140

sas não materiais (mão de obra, salários da supervisão, administração, etc.) são de $100.000 por mês. Ambos os produtos têm um preço de venda de $600 por unidade e usam quantidades iguais aos custos fixos de fabricação. O Departamento de Marketing estima uma demanda de 140 unidades por mês para os dois produtos. Para manter sua posição no mercado, a empresa precisa produzir um mínimo de 75 unidades do produto A por mês. A Tabela 6.1 faz um resumo dos dados desse exemplo.

Suponha que façamos o custeio dos produtos utilizando um método de absorção e, então, usemos esses custos para ajudar no planejamento das quantidades a fabricar. Como ambos os produtos requerem o mesmo número de horas de mão de obra e de atividades, alocaremos a eles uma mesma porção dos custos fixos de fabricação. Como esses custos não afetam os custos *relativos* dos dois produtos (pois são iguais para ambos), podemos simplesmente ignorá-los ao escolher os produtos a produzir. O lucro por unidade vendida do produto A (ignorando os custos fixos de fabricação e da mão de obra) é de $600 – $50 = $550, e o lucro por unidade vendida do produto B é de $600 – $100 = $500. Como o produto A é mais lucrativo, parece lógico que nosso plano de produção deveria favorecer a produção de A.

Há 21 × 16 = 336 horas disponíveis por mês. Como cada unidade de B requer 2 horas de tempo das máquinas 1 e 3 para ser produzida, a produção máxima será de 336/2 = 168 unidades. Como a demanda potencial é apenas de 140, parece razoável planejar a produção para a demanda máxima de A (140 unidades por mês) que, é claro, atende nossa demanda mínima para manter a participação do mercado, que é de 75. Isso usará 280 horas por mês da máquina 3, restando 336 – 280 = 56 horas da máquina 3 para a produção de B. Assim, podemos produzir 56/1,5 = 37 unidades B por mês (na verdade, 37,33, mas arredondamos para o número inteiro mais próximo).[6]

O lucro mensal desse plano pode ser calculado multiplicando as quantidades produzidas de A e B por seus lucros unitários e subtraindo os custos não materiais:

$$\text{Lucro} = 140(\$550) + 37(\$500) - \$100.000 = -\$4.500$$

Esse plano traz prejuízo!

Em vez de depender de um modelo contábil, poderíamos ter usado um modelo de otimização baseado na **programação linear** (ver o Capítulo 16). A ideia por trás da programação linear é formular um modelo para maximizar o lucro de acordo com as limitações da demanda e da capacidade. Para esse exemplo, a solução seria um plano de produção de 75 unidades de A e 124 unidades de B por mês. Note que esse plano vai totalmente contra nossa intuição, quando consideramos o "custo" do produto; estamos fabricando mais do produto que dá menos lucro!

No entanto, o plano de produção por esse método seria:

$$\text{Lucro} = 75(\$550) + 124(\$500) - \$100.000 = \$3.250$$

o que é um bom lucro!

A moral desse exemplo é que *o valor dos recursos limitados depende de como eles são usados.* Um modelo estático baseado nos custos, não importa quão bem detalhado, é incapaz de alocar os custos de maneira exata quando os recursos são limitados, como máquinas com limitação de capacidade,

[6] Note que não precisamos nos preocupar com a máquina 2, pois ela só é usada pelo produto B. Todas as 336 horas por mês são disponibilizadas para a produção de B, que é suficiente para produzir 336/2,5 = 134 unidades. Assim, é a capacidade da máquina 3 que determinará a quantidade do produto B que pode ser produzida.

de forma que podem produzir resultados enganosos. Somente um modelo de otimização mais sofisticado, que determine de maneira dinâmica os custos de tais recursos ao calcular o plano ótimo, pode evitar esses problemas.

Além de oferecer uma alternativa à perspectiva da contabilidade de custos, os modelos de otimização que levam em consideração as limitações são úteis para uma grande variedade de problemas na administração das operações. Na Parte III, abordaremos de maneira mais específica os problemas relativos à programação, ao planejamento da produção no longo prazo e ao planejamento da força de trabalho usando esses modelos. Assim, os métodos para a análise de modelos de otimização que consideram as limitações, como a programação linear, constituem ferramentas importantes para os gerentes da produção.

6.4.2 A modelagem tática e estratégica

Os modelos são muito úteis, mas é importante lembrar que eles são apenas ferramentas gerenciais, e não a realidade. A formulação apropriada de um modelo depende do tipo de tomada de decisão que ele deve auxiliar. Os parâmetros que normalmente são considerados limitados para efeitos de tomada de decisões táticas, em geral, são controlados ao nível estratégico. Assim, se um modelo pode ser eficaz para o planejamento da produção no médio prazo, outro modelo (possivelmente ainda um modelo de otimização limitado) é necessário para o planejamento de longo prazo. O Capítulo 13 explica em maiores detalhes as relações hierárquicas entre o planejamento da produção e os modelos de controle. Por ora, vamos ressaltar a distinção entre o planejamento tático e o estratégico usando o exemplo anterior.

Pelo fato de o exemplo dado concentrar-se no problema tático de planejar a produção do mês seguinte, fazia sentido levar em consideração as limitações da demanda e da capacidade. Porém, para um prazo estratégico mais longo, tanto a capacidade quanto a demanda estão sujeitas a influências. A capacidade pode ser aumentada, adotando um terceiro turno de trabalho, ou reduzida, eliminando o segundo turno. Descontos nos preços de venda podem aumentar a demanda, enquanto a entrada de um produto concorrente (por exemplo, uma versão nova) no mercado pode reduzi-la. Os modelos podem esclarecer as relações entre as decisões táticas e estratégicas e ajudar a assegurar a consistência entre elas. Por exemplo, ao empregar a análise de sensibilidade da programação linear (Capítulo 16), podemos achar que a limitação para produzir um mínimo de 75 unidades mensais do produto A reduziria os lucros. Na verdade, se eliminarmos essa limitação e solucionarmos o modelo novamente, ele vai gerar um plano para produzir 68 unidades de A e 133 de B, o que nos dará um lucro de $3.900 ao mês, um aumento de $650 mensais.

Isso sugere que devemos considerar as razões estratégicas da limitação de produzir um mínimo de 75 unidades mensais do produto A. Se a razão for um compromisso firme de um cliente específico, ela realmente pode ser necessária. Porém, se for apenas uma estimativa da quantidade possivelmente necessária para atender a demanda futura, então o uso de um limite de 68 unidades pode ser razoável e trará mais lucros.

Outra informação fornecida pela análise de sensibilidade da programação linear é que, para cada hora adicional de tempo disponível na máquina 3 (até 7 horas extras por dia), o lucro aumentaria $275. Como as horas extras não custam esse valor, poderíamos incluir algumas no plano de curto prazo. Todavia, no longo prazo, a decisão tática de se usar ou não horas extras se relaciona mais com as decisões estratégicas de aumentar o efetivo de pessoal, adicionar mais máquinas, terceirizar parte da produção, etc. Assim, o modelo também sugere que, no futuro, essas opções sejam consideradas.

O planejamento eficaz exige o uso de diferentes modelos para a solução de diversos problemas e a coordenação entre esses modelos. Um modelo tático, tal como é o modelo de otimização que considera as limitações, que foi usado anteriormente para gerar um plano de produção para os meses seguintes, pode fornecer a intuição (quais as variáveis importantes), as informações sensitivas (onde existe possibilidades de alavancagem) e dados (identificação dos atuais gargalos) para usar no planejamento estratégico. Por outro lado, um modelo estratégico, como um modelo de planejamento da capacidade em longo prazo, pode fornecer dados (por exemplo, limitações de capacidade) e sugerir alternativas (como terceirizações) para uso no nível tático. Discutiremos a coordenação no Capítulo 13 e os modelos específicos para os vários níveis ao longo da Parte III.

6.4.3 Os riscos

Há muitas fontes de incerteza nas situações enfrentadas pela administração das fábricas, incluindo as flutuações da demanda, problemas no fornecimento de materiais, perda de rentabilidade, paradas de máquinas, problemas trabalhistas, concorrência, etc. Em alguns casos, a incerteza deve ser representada explicitamente nos modelos. Em outros casos, como veremos na Parte III, ela pode até ser ignorada. Porém, em todas as situações relacionadas aos modelos e à administração, a existência da incerteza torna essencial a consideração do que pode acontecer se as suposições feitas não se realizarem.

Como um exemplo estratégico de alto nível, considere a experiência de um grande fabricante de carros da indústria norte-americana. No final da década de 1970 e início da de 1980, muita gente reconhecia a necessidade de investir no aperfeiçoamento da qualidade do produto, de forma que foram propostas mudanças nos processos e produtos. Entretanto, os recursos para muitos desses projetos foram negados por não mostrarem um retorno justificável. A suposição implícita por parte dos diretores da corporação era de que a posição competitiva dos seus produtos em relação aos dos concorrentes não mudaria. Assim, o custo dos novos produtos não podia ser justificado pela promessa de melhores resultados. Porém, quando a concorrência elevou a qualidade de seus produtos de maneira mais rápida do que era previsto, a empresa sofreu muitos prejuízos e perdeu grande parte de sua participação no mercado e, só na década de 1990, após uma década de grandes perdas e fechamento de fábricas, a empresa voltou a ter lucros (mas ficou longe de sua participação anterior no mercado). Atualmente, o futuro da empresa ainda é incerto.

A falha na análise da empresa foi fundamental. Os projetos de melhoria de qualidade foram avaliados com base em seu potencial para melhorar os lucros em vez da necessidade de evitar prejuízos. A administração falhou em considerar de maneira adequada o que aconteceria se a concorrência oferecesse melhores produtos. A melhoria dos processos e produtos não deveria ter sido vista como uma opção para o aumento dos lucros, mas sim como uma condição de sobrevivência no negócio.

O procedimento de avaliar o potencial de consequências negativas em uma situação de incertezas é conhecido como **análise de riscos** e tem sido muito usado em negócios mais arriscados, como exploração de petróleo. Usando um modelo, o analista faz conjecturas sobre possíveis cenários e classifica cada um com uma probabilidade de ocorrer.[7] Como os cenários, muitas vezes, envolvem movimentações estratégicas da concorrência, tais análises são efetuadas por um alto executivo junto a um especialista técnico e um modelo. Uma abordagem para avaliar as decisões potenciais é contrapor os vários resultados com as probabilidades e calcular um valor esperado de algum índice de desempenho (por exemplo, lucratividade). Uma alternativa, muitas vezes mais realista, é examinar os vários cenários e escolher um curso de ação que evite grandes catástrofes. Essa estratégia chama-se **minimax** (ou seja, minimize os danos máximos) e é bastante usada pelos militares. Se a empresa automotiva mencionada anteriormente tivesse adotado uma estratégia minimax, ela provavelmente teria aprovado muito mais projetos de melhoria de produtos e processos do que aprovou, pois isso seria uma medida de segurança contra as melhorias dos concorrentes. É claro que é muito fácil analisar e criticar o passado. Muitas vezes, a melhor opção não nos salta aos olhos. Na verdade, a suprema tarefa da alta administração é mapear as estratégias razoáveis para o longo prazo, considerando certo nível de incerteza sobre o futuro. Esses executivos são bem pagos, em parte por seu trabalho ser tão difícil. (Já a questão sobre se eles têm inteligência ou apenas sorte não vem ao caso, desde que a empresa tenha sucesso.)

Ao nível das fábricas, os gerentes das operações precisam desempenhar uma função similar à dos altos executivos, apenas com um horizonte e uma escala menores. Por exemplo, considere o problema recorrente de escolher as máquinas para montar uma nova linha de produção.

---

[7] Para planos de contingência, pode-se também efetuar a análise de cenários sem o uso das probabilidades. Veja, por exemplo, Wack (1985).

6.5 UMA METODOLOGIA PARA IMPLANTAR MELHORIAS

Antes de terminarmos este capítulo, oferecemos uma metodologia que temos usado para ajudar as empresas a efetuarem melhorias em suas operações de maneira rápida e consistente. Mantendo em mente as ideias da fronteira eficiente, podemos descrever a metodologia em quatro passos:

1. Onde estamos hoje em relação a nossa fronteira eficiente e quão longe estamos dela?
2. O que pode ser feito para nos posicionarmos novamente na fronteira eficiente? O que pode ser feito para melhorar a curva da fronteira?
3. Mudar o sistema (por exemplo, controles, reservas de segurança, redução das variabilidades) para nos posicionarmos na fronteira eficiente (melhorada).
4. Implantar sistemas gerenciais para continuarmos na fronteira eficiente.

O primeiro passo começa com uma técnica simples da produção enxuta, discutida no Capítulo 5, chamada de *mapeamento do fluxo de valor*. Isso envolve fazer um mapa dos processos dos fluxos de materiais e de informações. O resultado é um mapa visual de todo o sistema, juntamente com as fontes dos dados.[8] Os dados coletados podem, então, ser usados em uma análise feita com uma ferramenta da Ciência da Fábrica chamada ***absolute benchmarking***, a qual é discutida no Capítulo 7 para os fluxos e, no Capítulo 17, para os estoques. Esse passo mostra onde estamos hoje em relação a onde poderíamos e deveríamos estar.

O segundo passo é o uso de modelos da Ciência da Fábrica para fazer "experimentos" com a fábrica sem realmente usar a *própria* fábrica.[9] Em outras palavras, fazemos experimentos com os modelos. Se nosso modelo é uma representação correta da fábrica, então, quando fazemos alterações no modelo e elas trazem bons resultados, é razoável afirmar que os mesmos resultados podem ser obtidos na fábrica real. Se os resultados forem ruins, partimos para outra experiência!

É importante notar que a maioria dos modelos contidos neste livro tem o objetivo de desenvolver a intuição, e não são modelos que representam sistemas reais de manufatura. Os modelos necessários para analisar os complexos sistemas de produção atuais vão além do simples mapeamento do fluxo de valor e até mesmo do *absolute benchmarking*. A maioria deles são modelos em computadores e ou envolvem as técnicas de simulação de Monte Carlo, ou algum tipo de análise de redes de filas, ou um modelo aleatório de estoques. Existem muitos programas que permitem a criação desses modelos, incluindo o Arena, o AutoMod, o ProModel, o Simscript, o Witness e muitos outros, que incluem simulações de Monte Carlo. Existem ainda modelos para análise de redes de filas, tais como o Lean Physics Support Tools e o MPX, cuja vantagem é a velocidade. Se não são tão corretos como os modelos de simulações de Monte Carlo, eles são muito mais rápidos e fáceis de usar. O Lean Physics Support Tools também fornece modelos de controle de estoques.

Apesar de tudo, *a intuição é a chave dos bons modelos*. Sem uma boa intuição, o modelo se torna uma "caixa preta" em que o analista altera os parâmetros de maneira aleatória, esperando que acerte algum. Com uma boa intuição, sabe-se exatamente onde há chances de melhorias. O desenvolvimento dessa intuição é um dos objetos de estudo da Ciência da Fábrica.

Uma vez feita a experiência com o modelo, estaremos aptos a implantar as melhorias, que poderiam ser uma simples alteração em uma prática, como alterar o tamanho dos lotes de um controle de estoques, ou poderiam representar uma grande mudança no sistema de produção, como a redução dos tempos de *setup* de máquinas importantes, o aumento dos tempos, etc. O ponto importante é que, tendo usado um modelo, já desenvolvemos um bom projeto *antes* de efetuar as mudanças.

---

[8] Não fazemos um "mapa da situação atual" e também não projetamos um "mapa da situação futura" porque ainda não temos um modelo que nos indique o que aconteceria se fizéssemos certas alterações. Não faz sentido projetar uma "situação futura" quando na maioria dos casos, a não ser os mais simples, ninguém realmente sabe quais os resultados das alterações propostas. Quem faz isso sem usar algum tipo de modelo está apenas inventando coisas!

[9] Na verdade, fazer experiências com a própria fábrica pode ser uma carreira de curta duração, especialmente quando a experiência não dá certo.

As alterações efetuadas em um sistema de produção devem ser implantadas com um ou mais eventos *kaizen*, envolvendo todas as partes interessadas no processo. É muito importante envolver os operadores por duas razões:

1. Para que eles "comprem o peixe". Isso é muito importante, pois são eles que farão com que o sistema funcione ou não.
2. Os operadores conhecem detalhes que os gerentes e engenheiros nunca conhecerão.

Por último, queremos fazer alterações que sejam consistentes e duradouras. Há uma piada entre os consultores que diz que tudo que eles precisam são 5 anos com clientes, pois, depois disso, eles já podem reimplantar tudo de novo. A razão por que muitas implantações não são duradouras é que as medidas usadas para avaliar o desempenho dos funcionários não são consistentes com o que estamos tentando alcançar (ver o Capítulo 11). Por exemplo, se quisermos alcançar um fluxo melhor, não devemos ficar medindo a utilização de todas as máquinas e equipamentos. Se o fizermos, não será surpresa se uma máquina rápida, no início da linha de produção, produzir mais materiais do que uma máquina lenta, mais adiante, pode processar. O resultado será um alto nível de WIP, longos *cycle times* e nenhum aumento real da produção.

Outra razão para frustrações nos projetos de melhorias é que eles nunca se tornam *reais*, pois as melhorias não fazem parte do *sistema de gerenciamento*. A fantástica planilha do Airton ou o modelo de programação da Neuza não durarão muito tempo depois que os dois saírem de seus postos. Assim, as melhorias implantadas *precisam* fazer parte do sistema ERP/SCM usado pela administração. Isso não significa que precisamos substituir os sistemas, mas sim que todos os novos procedimentos adotados devem ser alimentados e integrados ao sistema existente. Isso é menos difícil de se fazer atualmente, com as integrações por meio de redes de intranet e as novas linguagens de transferência de dados, como o XML. Finalizando, as pessoas precisam compreender o que está acontecendo. A Ciência da Fábrica é uma estrutura de trabalho abrangente para a compreensão das operações de manufatura, para a análise e melhoria do sistema de produção e para o aperfeiçoamento da execução dos planos de produção (ver a Parte III). Porém, se a administração não entender as bases da Ciência da Fábrica, suas ideias, que parecem radicais, nunca serão implantadas. Além disso, se os engenheiros e gerentes responsáveis pela implantação não tiverem também uma compreensão mais ou menos abrangente da Ciência da Fábrica, o projeto falhará. Por último, se os operadores não tiverem um entendimento básico de por que estão fazendo o que nós estamos fazendo, o projeto não funcionará. Assim, um tipo de programa de treinamento é a chave do sucesso do projeto.

As três chaves para o sucesso de qualquer projeto de melhorias são:

1. O alinhamento das medidas.
2. A integração com os sistemas administrativos existentes.
3. O treinamento de operadores, engenheiros, gerentes intermediários e executivos.

6.6 CONCLUSÕES

Este capítulo assenta as bases para a nossa abordagem da Ciência da Fábrica no desenvolvimento da intuição, das bases e das habilidades necessárias ao gerente de produção moderno. As observações mais importantes sobre a necessidade e uso de modelos científicos representados por essa abordagem são as seguintes:

1. *O gerenciamento da manufatura precisa de uma ciência.* Apesar da considerável sabedoria popular existente sobre a produção, ainda há pouco conhecimento que foi averiguado empiricamente e que pode ser generalizado para dar suporte ao projeto, ao controle e à administração de fábricas. Se quisermos ir além dos modismos e dos jargões, os pesquisadores e os praticantes precisam juntar forças para desenvolver uma verdadeira ciência da manufatura.

2. *Uma abordagem científica é uma ferramenta valiosa para a administração da produção.* Ao adotar uma visão holística da empresa industrial e promover uma clara ligação entre as políticas e os objetivos, as melhorias serão previsíveis e significativas.
3. *Bons modelos descritivos levam a bons modelos prescritivos.* A tentativa de otimizar um sistema que não entendemos é inútil. Precisamos de modelos descritivos para afinarmos nossa intuição e concentrarmos nossa atenção nos parâmetros com máxima alavancagem. Além disso, as políticas baseadas em descrições precisas do comportamento do sistema trabalharão mais facilmente com, e não contra, as tendências naturais do sistema. Tais políticas estão prontas para serem mais eficientes do que as que tentam forçar o sistema a um comportamento que não é natural.
4. *Os modelos são uma parte necessária, mas não completa, do conjunto de habilidades do gerente de uma fábrica.* Pelo fato de que a análise dos sistemas exige que sejam avaliadas todas as alternativas em relação aos objetivos, algum tipo de modelo é necessário para gerenciar todos os *trade-offs* de todos os problemas e decisões da produção. Os modelos podem variar desde simples procedimentos de quantificação até as mais sofisticadas metodologias de análise e otimização. A *arte* da modelagem está na seleção do modelo apropriado para uma determinada situação e a coordenação dos muitos modelos usados para dar assistência ao processo de tomada de decisões.
5. *A contabilidade de custos geralmente fornece modelos ruins para o uso nas operações da produção.* O objetivo da contabilidade é mostrar aonde o dinheiro foi, e não aonde ele deve ir no futuro. As decisões operacionais exigem a identificação dos custos marginais e não totalmente absorvidos e precisam considerar as limitações existentes no sistema.
6. *É preciso adotar uma metodologia coerente e unificada para as melhorias.* Uma boa estrutura de trabalho científica é apenas o início da conversa. Para obter sucesso, é preciso haver uma metodologia clara que leve em consideração as questões administrativas, tais como o "alinhamento das medidas", assim como a integração com os sistemas existentes usados pela administração. Além disso, essa metodologia deve fornecer o treinamento com detalhamento apropriado para todos os níveis de gerência e para a força de trabalho.

O restante da Parte II focará o desenvolvimento de modelos específicos para promover o entendimento e a intuição em relação ao comportamento dos sistemas de produção. Isso nos permitirá projetar melhor os novos sistemas e aperfeiçoar os existentes. A Parte III usará esses conceitos para fornecer uma estrutura de trabalho para aprimorar o planejamento e a execução.

APÊNDICE 6A

O CUSTEIO POR ATIVIDADE

Existem quatro passos básicos na alocação de custos por atividade (Baker 1994):

1. Determinar as atividades relevantes.
2. Alocar os custos fixos para essas atividades.
3. Selecionar uma *base* de alocação apropriada para cada atividade.
4. Alocar os custos aos produtos usando a base.

Para ilustrar a mecânica do custeio por atividade e compará-lo com a abordagem tradicional baseada em horas de trabalho, vamos considerar um exemplo. Imagine uma fábrica que faz dois produtos diferentes, um quente e outro frio, e vende 6.000 unidades mensais do quente e 3.000 do frio. O total dos custos fixos de fabricação é de $250.000 por mês. A fábrica trabalha um total de 5.000 horas por mês, das quais 2.500 horas são dedicadas ao produto quente e 2.500 ao frio.

A contabilidade tradicional alocaria os custos fixos de maneira idêntica entre os dois produtos, pois o número de horas totais trabalhadas é o mesmo. Assim, seriam $125.000 para cada produto. Isso implica um custo geral unitário de $125.000/6.000 = $20,83 para o quente, e $125.000/3000 = $41,67 para o frio. O custo unitário de cada um dos produtos seria então calculado, adicionando esses custos fixos aos custos dos materiais e mão de obra. Note que, pelo fato de a quantidade do produto frio ser menor, esse procedimento infla seu custo unitário.

Agora reconsidere o problema da alocação dos custos fixos usando o método do custeio por atividade. Suponha que determinemos que as principais atividades que geram os custos fixos são (1) compra de materiais, (2) suporte de engenharia, (3) expedição e (4) vendas. Além disso, imagine que vamos alocar os custos fixos para cada uma das atividades do seguinte modo: $50.000 para compras, $65.000 para engenharia, $35.000 para expedição e $100.000 para vendas. A base (unidade de medida) para as compras é o número de ordens de compras (um total de 900); para a engenharia, o número de horas de máquinas (5.000 horas); para a expedição, o número de unidades expedidas (9.000); e para vendas, o número de pedidos feitos por telefone (600). Usando esses dados, pode ser calculado um custo para cada unidade básica. A alocação dos custos fixos para cada produto é então determinada pelo número de unidades básicas usadas para aquele produto, multiplicado pelo custo da unidade básica. A alocação por unidade é calculada dividindo-se o total dos custos fixos alocados pelas unidades. A Tabela 6.2 resume os dados e os cálculos deste exemplo.

O valor unitário dos custos fixos do produto quente é a soma de "CF totais, quente" dividido pelo número de unidades vendidas, isto é, $155.833/6.000 = $25,97. De maneira similar, o valor unitário dos custos

TABELA 6.2 Os cálculos do exemplo de custeio por atividade

Categoria	Compras	Engenharia	Expedição	Vendas	Soma
Custos totais	$50.000	$65.000	$35.000	$100.000	$250.000
Unidades usadas, quente	600	2.500	6.000	400	-
Unidades usadas, frio	300	2.500	3.000	200	-
Custo unitário	$55,56	$13,00	$3,89	$166,67	-
CF totais, quente	$33.336	$32.500	$23.333	$66.667	$155.836
CF totais, frio	$16.664	$32.500	$11.667	$33.333	$94.164

fixos do produto frio é de $94.164/3.000 = $31,38. Note que, enquanto o frio ainda recebe um valor maior de custos fixos do que o quente (em consequência do menor volume), a diferença entre os dois não é tão grande quanto o cálculo tradicional anterior. A razão é que o custeio por atividade reconhece que, devido ao maior volume, maiores esforços e, por consequência, maiores custos das atividades de compras, engenharia e vendas são alocados ao produto quente. O efeito final é que o produto frio tem uma margem de lucro maior do que pelos cálculos tradicionais.

QUESTÕES PARA ESTUDO

1. Qual a importância de algo abstrato como uma "ciência da produção" para a administração das fábricas?
2. Discuta a "falácia de se afirmar o que é consequente", segundo a qual, se A implica B, e B é verdadeiro, conclui-se que A também é verdadeiro. Dê um exemplo.
3. Quantas observações consistentes são necessárias para provar uma conjectura? Quantas observações inconsistentes são necessárias para desqualificar uma conjectura?
4. Como o conceito das "conjecturas e refutações" pode ser usado em um ambiente real de solução de problemas?
5. Dê um exemplo novo de tautologia.
6. Enumere algumas dimensões em que os ambientes de produção podem ser diferentes entre si. Como elas poderiam afetar as "leis" que governam seus comportamentos? Você acha possível que uma única ciência da produção seja válida para todos os ambientes industriais?
7. Explique como cada um dos itens abaixo pode promover ou impedir o objetivo de maximizar a lucratividade em longo prazo:
   (a) Reduzir o *cycle time* médio
   (b) Reduzir os trabalhos em curso
   (c) Aumentar a diversidade dos produtos
   (d) Melhorar a qualidade dos produtos
   (e) Melhorar a manutenção das máquinas
   (f) Reduzir os tempos de *setup*
   (g) Melhorar o treinamento multifuncional
   (h) Aumentar a utilização das máquinas
8. Por que você acha que muitos autores da produção enxuta e do Seis Sigma têm dificuldade para reconhecer a existência de *trade-offs*? Você acha que isso teve efeitos positivos, negativos ou ambos?
9. Por que o objetivo de maximizar os lucros pode ser difícil de ser usado ao nível das fábricas? E quais vantagens, ou desvantagens, poderia haver se fosse usada uma "minimização do custo unitário"?
10. Sugerimos o lucro líquido e o retorno sobre o investimento como boas medidas de desempenho das empresas. Você acha que elas realmente representam boas medidas para empresas saudáveis? Quais as características que não são adequadamente refletidas nessas medidas? Você consegue sugerir alternativas?
11. Sugerimos os itens a seguir

    - Receitas (quantidade total de produtos bons vendidos por período)
    - Despesas operacionais (o orçamento operacional da fábrica)
    - Ativos (os valores investidos na fábrica, incluindo os estoques)

    como medidas do desempenho das plantas. Como elas influenciam as medidas de lucros totais e RSI da empresa? Existem atividades nas plantas não incluídas nos itens anteriores e que afetam os objetivos da empresa? Como podem ser abordadas?
12. Por que a diferença entre os objetivos e as limitações tende ficar obscura nos processos reais de tomada de decisões?
13. Dê um exemplo de como o "comportamento de jogo" (isto é, a consideração dos outros participantes) é importante no ambiente industrial.

PROBLEMAS

1. Considere uma linha de produção com duas estações de trabalho em que não pode haver estoques entre elas (isto é, ambas estão bem acopladas). A estação 1 consiste de uma única máquina que tem um potencial de produção diária de uma, duas, três, quatro, cinco ou seis unidades, cada uma dessas produções é igualmente possível (ou seja, o potencial de produção é determinado pelo lance de um único dado). A estação 2 consiste de apenas uma máquina que tem um potencial de produção diária de três ou quatro unidades, ambos são igualmente possíveis (ou seja, ela produz três unidades se uma moeda der cara e quatro se der coroa).
   (a) Calcule a capacidade de cada uma das estações de trabalho (em unidades por dia). Você acha que a linha está equilibrada, isto é, ambas as estações têm a mesma capacidade?
   (b) Calcule a produtividade diária esperada da linha. Por que o resultado é diferente de (a)?
   (c) Suponha que outra máquina idêntica seja adicionada à estação 1. Qual o aumento da produtividade média? Quais as implicações que isso poderia ter no equilíbrio da linha?
   (d) Imagine que outra máquina idêntica seja adicionada à estação 2 (mas não à estação 1). Qual o aumento na produtividade média? O impacto é o mesmo se adicionarmos uma máquina nas estações 1 e 2? Explique sua resposta.
2. Um fabricante de aspiradores de pó produz três modelos – X-100, X-200 e X-300 – em uma linha de produção com três estações de trabalho – montagem do motor, montagem final e teste. A linha é altamente automatizada e é operada por três funcionários, um em cada estação de trabalho. Os dados dos tempos de produção, custos de materiais, preço de venda e demandas constam nas tabelas seguintes:

Produto	Custo dos materiais ($/unidade)	Preço ($/unidade)	Demanda mínima (unidades por mês)	Demanda máxima (unidades por mês)
X-100	80	350	750	1.500
X-200	150	500	0	500
X-300	160	620	0	300

Produto	Montagem do motor (mínimo por unidade)	Montagem final (mínimo por unidade)	Teste (mínimo por unidade)
X-100	8	9	12
X-200	14	12	7
X-300	20	16	14

A mão de obra custa $20 por hora (incluindo os encargos), e os custos fixos de fabricação para a linha são de $460.000 por mês. O plano de produção atual inclui os três itens X-100, X-200 e X-300 com 625, 500 e 300 unidades por mês, respectivamente.

   (a) Qual é o lucro mensal resultante do plano atual (receitas das vendas, menos os custos com mão de obra, menos os custos com materiais, menos os custos fixos)?
   (b) Estime o lucro por unidade para cada modelo, usando o método das horas trabalhadas para alocar os custos fixos no mês. Qual produto parece mais lucrativo? O plano atual é consistente com essas estimativas? Se não, proponha um plano alternativo e calcule os lucros mensais.
   (c) Suponha que os custos fixos de fabricação são classificados em fábrica e equipamento, administração, compras, e vendas e expedição. Os custos de fábrica e equipamentos usam a metragem quadrada como base, de forma que o espaço dedicado a produtos específicos (áreas de estocagens de produtos) é designado para um produto específico, enquanto o espaço comum é alocado de maneira igual. Os custos administrativos usam as horas trabalhadas como base (ou seja, assim como foi usado na parte *b* para todos os custos fixos). Os custos da atividade de compras usam como base as ordens de compra, de forma que as peças encomendadas para cada produto específico são contadas e alocadas àquele produto, e as peças comuns são divididas de maneira igual. Os custos para vendas e expedição são alocados de acordo com os pedidos dos clientes, de forma que, novamente, os pedidos para produtos específicos são alocados àqueles mesmos produtos, e os custos dos pedidos com produtos múltiplos são divididos entre eles. Os detalhes dos custos fixos e a alocação das unidades básicas para cada produto são os seguintes:

Categoria	Fábrica e equipamentos	Administração	Compras	Vendas e expedição
Custos totais	$250.000	$100.000	$60.000	$50.000
Base	m^2	Horas trabalhadas	Ordens de compras	Pedidos dos clientes
Total de unidades usadas	120.000	49.625	2.000	150
Unidades de X-100	40.000	18.125	500	100
Unidades de X-200	50.000	16.500	600	30
Unidades de X-300	30.000	15.000	900	20

(i) Calcule o lucro unitário para cada produto, usando o custeio por atividade com base nos detalhes acima. Compare os valores obtidos com as estimativas de lucro unitário, usando o método das horas trabalhadas.

(ii) Os lucros unitários obtidos com o custeio por atividade sugerem um plano de produção diferente? Se não, proponha um e calcule seus lucros mensais, comparando-os com os do plano atual e com os sugeridos pela alocação dos custos pelas horas trabalhadas.

(iii) O que há de errado com a abordagem de calcular os lucros unitários de cada produto e, então, produzir o máximo dos mais lucrativos?

CAPÍTULO 7

A Dinâmica Básica das Fábricas

Eu não sei como o mundo me enxerga; mas eu me vejo como um menino brincando numa praia, divertindo-me ao achar, de vez em quando, uma pedrinha mais lisa ou uma concha mais bonita, diante do grande oceano de verdades a serem ainda descobertas.

ISAAC NEWTON

7.1 INTRODUÇÃO

No capítulo anterior, argumentávamos que a administração da manufatura necessita de uma ciência da produção. Neste novo capítulo, iniciamos o desenvolvimento dessa ciência examinando alguns comportamentos básicos nas linhas de produção. Ainda não é nossa intenção especificar como otimizar ou aprimorar os sistemas de produção, em vez disso, simplesmente descrevemos como eles podem se comportar e como eles realmente se comportam. Ao usar uma compreensão descritiva dos fatores que influenciam o desempenho e que desenvolvemos nesta Parte II, abordaremos o problema prescritivo de como melhorar o desempenho na Parte III do livro.

Neste e em outros capítulos da Parte II, adotaremos a visão reducionista comum à ciência, isto é, reduziremos os complexos sistemas de produção a um nível manuseável, restringindo nossa atenção a componentes e comportamentos específicos. De maneira particular, ao longo da Parte II, focaremos quase exclusivamente as linhas de produção. A razão disso é que as linhas são bastante simples para serem analisadas, mas muito reais para nos fornecer uma conexão realista entre as medidas operacionais e financeiras. Uma estação de trabalho até pode ser fácil de se analisar, mas tem uma relação distante com o desempenho financeiro geral. No outro extremo, uma fábrica tem relações diretas óbvias com o desempenho financeiro da empresa, mas é extremamente difícil de se analisar. Em razão disso, as dinâmicas das linhas de produção (ou *fluxos de processos*) representam os fundamentos da ciência da produção.

Neste capítulo, primeiro classificamos as linhas de produção de acordo com três parâmetros. Dois deles são descrições simples e mensuráveis de uma linha, enquanto o terceiro é uma caracterização mais abstrata sobre sua eficiência. Depois, examinamos os extremos de comportamentos (ou seja, da eficiência) possíveis para as duas descrições mensuráveis definidas. Isso nos leva a um método para classificar as linhas de produção em termos de sua eficiência. E, finalmente, ilustramos, por meio de um caso real, como esse esquema de classificação pode ser usado para uma base interna de comparação com o desempenho real.

No entanto, antes de começarmos, precisamos definir os termos usados.

7.2 DEFINIÇÕES E PARÂMETROS

O método científico exige uma terminologia exata. Infelizmente, os termos usados na produção e na linguagem da administração das operações não são padronizados. Isso pode tornar extremamente difícil a comunicação e o aprendizado entre o pessoal de diferentes fábricas (e até dentro de uma mesma fábrica). O significado disso, para nós, é que o melhor que podemos fazer é definir minuciosamente os termos e alertar para o fato de que outros autores podem usá-los com um sentido diferente.

7.2.1 Definições

Na Parte II, focamos o comportamento das *linhas* de produção, pois são as conexões entre os processos individuais e a planta como um todo. Assim, os termos a seguir são definidos de maneira a nos permitir a descrição das linhas com precisão. Alguns desses termos também podem ter significados mais amplos quando aplicados às plantas, conforme notamos em nossas definições e, ocasionalmente, adotamos na Parte III. Porém, para desenvolver uma boa intuição sobre as linhas de produção, manteremos essas definições mais restritas no restante da Parte II.

Uma **estação de trabalho** é um conjunto de uma ou mais máquinas ou estações manuais que executam, essencialmente, funções idênticas. Como exemplos, podemos citar uma estação de torneamento composta por vários tornos, uma estação de inspeção composta por várias bancas operadas por inspetores de qualidade ou uma estufa de aquecimento composta por uma sala isolada onde as peças são testadas. Nos **leiautes por processos**, as estações são organizadas de acordo com as operações a serem executadas (por exemplo, todas as retíficas localizadas no departamento de retificação). Nos **leiautes por produto**, elas são organizadas em linhas que fabricam produtos específicos (uma retífica dedicada especialmente para um só produto). Os termos estação, centro de trabalho e centro de processamento são sinônimos de *estação de trabalho.*

Uma **peça** é uma parte de matéria-prima, um componente, uma submontagem ou uma montagem que é trabalhada em uma estação de trabalho da fábrica. A **matéria-prima** refere-se a materiais comprados de fornecedores externos, como uma barra de aço. Os **componentes** são peças individuais que são montadas em produtos mais complexos (por exemplo, engrenagens). As **submontagens** são unidades montadas que serão remontadas em um produto mais complexo (por exemplo, transmissões). As montagens (ou montagens finais) são produtos finais completos, como os carros. Note que um produto final de uma fábrica pode ser matéria-prima para outra. Por exemplo, as transmissões são produtos finais de uma fábrica de transmissões, mas são matéria-prima ou componentes comprados por uma montadora de automóveis.

Uma peça que é vendida diretamente a um cliente, seja ou não uma montagem, é chamada de produto final. A relação entre os produtos finais e suas partes constituintes (matérias-primas, componentes e submontagens) fazem parte de uma lista de materiais, ou **estrutura de produto**, a qual foi apresentada em detalhes no Capítulo 3.

Os materiais de **consumo** são ferramentas, produtos químicos, gases e óleos lubrificantes usados nas estações de trabalho, mas que não fazem parte integrante de um produto vendido. Mais formalmente, as partes integrantes são listadas na estrutura de produto, e os materiais de consumo, não. Isso significa que alguns materiais que integram o produto, como cola, solda, tintas, podem ser considerados como partes integrantes se constantes da estrutura de produto ou, senão, como materiais de consumo. Como podem ser usados diferentes esquemas na aquisição de peças e de materiais de consumo – as peças podem ser compradas por meio de um sistema de MRP, e materiais de consumo podem ser comprados por meio de um sistema de ponto de reposição –, essa opção influi na maneira como esses itens são manuseados.

Um **roteiro** de produção descreve a sequência em que uma peça passa por várias estações de trabalho. Um roteiro é iniciado com uma matéria-prima, um componente ou uma submontagem comprada e termina em um ponto de estoque intermediário ou no estoque de produtos finais. Por exemplo, o roteiro seguido por uma engrenagem inicia-se com a matéria-prima: uma barra de aço; passa por outras operações como corte, geração de dentes, rebarbação, etc., até um ponto de estocagem das engrenagens prontas. Esse estoque de engrenagens acabadas, por sua vez, pode ser o início do roteiro de outras submontagens. A estrutura de produto e os roteiros ligados a elas contêm as informações básicas para se fabricar um produto final. Muitas vezes, usamos o termo linha ou roteiro como sinônimos.

Uma **ordem do cliente** é um pedido de um cliente por uma determinada peça em uma determinada quantidade, a ser entregue em uma data específica. A **ordem de compra** (impressa ou eletrônica) remetida pelo cliente pode conter vários itens. Assim, vamos nos referir a uma ordem do cliente simplesmente como uma **ordem**. Dentro da fábrica, uma ordem pode também ter o significado de reposição de um estoque (por exemplo, estoque de segurança). Embora o prazo possa ser mais importante para uma ordem de clientes externos, qualquer tipo de ordem (interna ou externa) representa demanda.

Um trabalho refere-se ao conjunto de materiais que seguem um roteiro de produção, junto às informações necessárias (por exemplo, um projeto ou uma estrutura de produto). Apesar de todo o trabalho ser acionado por uma ordem (existente ou prevista) do cliente, muitas vezes, não existe uma relação direta entre uma ordem e um trabalho. Isso porque (1) um trabalho é medido em termos de certas peças específicas (e identificado por um número específico), e não pelas peças que fazem parte do conjunto sendo montado para atender uma ordem, e (2) o número de peças de um trabalho pode depender de considerações sobre a eficiência da produção, como o tamanho de lotes e, por isso, não fechar com as quantidades exatas das ordens dos clientes.

Com a terminologia recém-apresentada, podemos, agora, definir as medidas de desempenho de nosso interesse.

A saída média de um processo de produção (máquina, estação, linha, fábrica) por unidades de tempo (hora, dia, mês) é definida simplesmente como **produtividade** (**TH**) ou, às vezes, como **taxa de produtividade**. Ao nível da empresa, a produtividade é definida como a produção por unidade de tempo que é vendida. Porém, os gerentes de linhas de produção geralmente controlam mais o que é feito do que o que é vendido. Assim, para uma planta, uma linha de produção ou uma estação de trabalho, definimos produção como sendo a quantidade média de peças boas (sem defeitos) produzidas por unidade de tempo (pois a gerência tem sim controle sobre a qualidade). Em uma linha de produção composta por grupos de máquinas que fabricam uma única família de produtos, sendo que todos os produtos passam por cada estação apenas uma vez, a produção em cada uma das estações deverá ser a mesma, desde que não haja perdas de rendimento. Em uma planta mais complexa, onde as estações atendem a roteiros múltiplos (por exemplo, uma fábrica de manufatura funcional), a produtividade de uma estação corresponderá à soma da produtividade dos roteiros que passam por ela (de forma que a produtividade é medida em valores monetários ou em peças padronizadas para permitir a soma de cada um dos fluxos). Quando a produtividade é medida em valores de custo (em vez do preço de venda), é chamada de **custo do produto vendido** (**CPV**).

O limite máximo da produtividade de um processo de produção é chamado de **capacidade**. Na maioria dos casos, a liberação de trabalhos no limite ou acima de sua capacidade desestabiliza o sistema, isto é, acumula WIPs sem limites. Apenas sistemas muito especiais podem operar com estabilidade e com capacidade máxima. Pelo fato de esse conceito ser sutil e importante, falaremos dele mais adiante neste capítulo, assim que tenhamos introduzido todos os conceitos apropriados.

Conforme já mencionado, a alimentação inicial de um processo de produção é chamada de **estoque de matéria-prima** (**EMP**). Como exemplo, citamos as barras de aço que são cortadas e processadas para fabricar inúmeros produtos, ou a madeira que gera produtos de papel e celulose de todos os tipos. Normalmente, os estoques no início dos roteiros de produção são chamados de matéria-prima, mesmo que muitas vezes essa matéria-prima já tenha sofrido outros processos anteriormente.

Um estoque ao final de um roteiro pode ser ou um **estoque intermediário** ou um **estoque de produtos prontos** (**EPA**). Os estoques intermediários são usados para acumular as diferentes peças dentro da fábrica para posterior processamento ou montagem. Por exemplo, um roteiro para produzir a montagem de transmissões pode ser alimentado por vários estoques intermediários de engrenagens, eixos, etc. Um estoque de produtos finais é onde são mantidos os produtos finais prontos para serem remetidos ao cliente.

Os estoques existentes entre o início e o fim de um roteiro de produção são chamados de **trabalhos em processo** (**WIP**). Como os roteiros de produção se iniciam e terminam em algum ponto de estoque, os trabalhos em processo (WIP) são todos os produtos que se encontram entre (mas não incluem) os pontos finais de estoque. Apesar de a sabedoria popular incluir os estoques intermediários como trabalhos em processo (WIP), aqui fazemos distinção entre os dois para ajudar a esclarecer a discussão.

Uma medida comum da eficiência com que o estoque gira chama-se giro ou **rotação do estoque**, que é definida como a **razão da produtividade** pela média dos estoques. Normalmente, a produtividade é definida em termos anuais, e esse índice representa o número médio de vezes que o estoque gira ou é reposto. Quais estoques exatamente são incluídos em um cálculo depende do que estaremos medindo. Por exemplo, em um armazém, todos os estoques são de produtos finais, então o giro é calculado pela TH/EPA. Em uma planta, em geral, consideram-se tanto os WIPs nas linhas de produção quanto os estoques de produtos acabados; desse modo, o giro é calculado por: TH/(WIP + EPA). Em qualquer caso, é essencial ter certeza de que a produtividade e os estoques estejam sendo medidos em unidades idênticas. Como os estoques normalmente são medidos em valores de custo (e não a preços de venda), a produção também deve ser medida em valores de custo (custo do produto vendido).

O ***cycle time*** **(CT)**†, também chamado de tempo de ciclo, **lead time efetivo, lead time de produção, throughput time, flow time** ou *cycle time médio*, de um determinado roteiro é o tempo médio desde a liberação de um trabalho no início do roteiro até o próximo ponto de estoque ao seu final, ou seja, o tempo durante o qual a peça é um WIP.[1] Apesar de esta ser uma definição exata do *cycle time*, ela é limitada, permitindo que a definamos apenas para roteiros individuais. É comum pessoas referirem-se ao *cycle time* (CT) de um produto final que é composto de várias submontagens complexas (por exemplo, automóveis), sendo que a expressão não é muito clara. Em que ponto devemos começar a medir o tempo no caso de um automóvel? Quando o chassi é colocado na linha de montagem? Quando o motor inicia a montagem? Ou, como no caso de Henry Ford, quando o minério de ferro era extraído das minas? Discutiremos esse conceito mais adiante, por ora, limitamo-nos aos roteiros individuais de produção.

O ***lead time*** de determinado roteiro ou linha de produção é o tempo alocado para a produção de uma peça naquele roteiro ou naquela linha. Como tal, é uma constante determinada pela gerência.[2] Em oposição a isso, o *cycle time* de um produto final é aleatório. Assim, em uma linha de produção em um ambiente de *trabalho sob encomenda* (em que se produz mediante ordens com datas de entrega específicas), uma medida importante do desempenho é o nível de atendimento, o qual é definido como

$$\text{Nível de atendimento} = P\{\textit{cycle time} \leq \textit{lead time}\}$$

Note que essa definição implica que, para uma determinada distribuição do *cycle time*, o nível de atendimento pode ser influenciado pela manipulação do *lead time* (quanto maior o *lead time*, maior o nível de atendimento).

Se a linha de produção estiver trabalhando em um ambiente de *produção para estoque* (em que a produção preenche uma reserva de estoque disponível da qual os clientes ou outras linhas se alimentam sem ter que esperar), então uma medida de desempenho diferente pode ser melhor do que o nível de atendimento. Uma opção lógica seria a taxa de preenchimento, já discutida no Capítulo 2, a qual é definida como a fração atendida dos pedidos dos clientes. Como essa taxa e outras medidas de desempenho são, muitas vezes, referidas como níveis de atendimento, o leitor deve se aprofundar no significado real sempre que encontrar um desses termos. Para sermos consistentes, usaremos o conceito anterior de nível de atendimento ao longo da Parte II, mas voltaremos a esse conceito da taxa de preenchimento no Capítulo 17.

A utilização de uma estação de trabalho é a fração de tempo em que uma estação não está ociosa devido à falta de peças para processar. Isso inclui o tempo em que a estação está processando peças ou

---

[1] O *cycle time* (CT) também tem outro significado nas linhas de produção: tempo alocado a cada estação de trabalho para completar sua tarefa. Também pode se referir ao tempo de processamento de uma máquina (por exemplo, o tempo para uma prensa executar seu movimento uma vez). Evitaremos esses significados para não criarmos confusão.

[2] Lembre-se de que a função de definição dos tempos do MRP dependem da escolha desses *lead times*.

† N. de R.T.: Os termos originais *Cycle Time* (CT) e *Lead Time* (LT) foram invertidos na edição em Português devido ao significado dos conceitos aplicados atualmente em Engenharia de Produção.

tem peças esperando para serem processadas, mas está parada por causa de falhas nos equipamentos, *setups* ou outras causas que prejudicam o processamento normal. Podemos calcular a utilização como

$$\text{Utilização} = \frac{\text{taxa de chegada}}{\text{taxa efetiva de produção}}$$

onde a taxa efetiva de produção é definida como a taxa média máxima em que a estação de trabalho pode processar as peças, considerando os efeitos de falhas, de *setups* e de outras causas relevantes ao longo do período de planejamento em questão.[3]

7.2.2 Parâmetros

Os parâmetros são descritores numéricos de processos de produção e, portanto, variam entre as diversas fábricas. Dois parâmetros importantes para descrever uma linha de produção individual (um roteiro) são a taxa de gargalo e o tempo bruto de processamento. Definimos ambos a seguir, junto a outro parâmetro, o nível *crítico* de WIP, que pode ser calculado a partir dos dois anteriores.

A **taxa do gargalo** (r_b) da linha é a taxa (peças ou trabalhos por unidade de tempo) da estação que tem a maior utilização no longo prazo. Longo prazo significa que as paradas devido a falhas de máquinas, paradas do operador, problemas de qualidade, etc. são excluídas do horizonte considerado. Isso implica que um tratamento apropriado das paradas do processo será diferente, dependendo da frequência do plano de produção. Por exemplo, para planejamentos diários, as paradas normalmente ocorridas durante o dia devem ser incluídas; mas paradas longas não planejadas, como as resultantes de quebras graves nas máquinas, não devem ser incluídas. Todavia, para planos de períodos maiores do que um ano, o tempo perdido com essas paradas por quebras graves deve ser considerado se essas ocorrências não estão planejadas para o período.

Para linhas que consistem de apenas um roteiro de produção em que cada uma das estações é usada pela peça uma vez apenas e não há perda de rendimento, a taxa de chegada para todas as estações deve ser a mesma. Assim, a estação com a utilização mais alta será aquela com a menor capacidade em longo prazo (com a taxa efetiva mais lenta). Todavia, em uma linha de produção com roteiros mais complicados ou com perda de rendimento, o gargalo pode não estar na estação mais lenta. Uma estação de trabalho mais rápida que tenha uma taxa de chegada mais alta pode ter uma utilização maior. Por isso, é importante definir o gargalo em termos de utilização, como fizemos aqui.

Para observar tal fato, considere a linha na Figura 7.1, com uma taxa de chegada de r peças por minuto e tempo de processamento de 1 e 2 minutos, respectivamente, nas estações 1 e 2. Como a estação 2 processa as peças a uma taxa de 0,5 por minuto, enquanto a estação 1 as processa a uma taxa de 1 por minuto, a estação 2 é claramente a mais lenta das duas e, portanto, considerando apenas a taxa, ela seria o gargalo. Porém, pelo fato de $y\%$ das peças processadas na estação 1 serem sucateadas antes de seguirem para a estação 2, na verdade, a estação 1 processa uma carga maior do que a estação 2. Para medir mais corretamente qual estação tem mais carga, calculamos sua utilização da seguinte maneira:

$$u(1) = \frac{r}{1} = r$$

$$u(2) = \frac{yr}{0,5} = 2yr$$

[3] É comum encontrar a definição da utilização sem considerar seus detratores, isto é, *a taxa efetiva da produção* é substituída na equação acima pela *taxa máxima de produção*. Não adotamos essa prática para não distorcer as evidências de onde exatamente a capacidade é mais apertada. Por exemplo, uma máquina pode ter uma utilização relativa bastante baixa em relação à sua capacidade máxima, mas ter uma alta utilização no momento em que seus detratores forem levados em consideração. Portanto, observar a utilização em relação à produção máxima não nos oferece uma boa indicação de que a máquina pode ficar sobrecarregada se a taxa de chegadas aumenta um pouco. Assim, para obter uma visão correta da situação da capacidade, usaremos de maneira consistente a definição de utilização recém-apresentada.

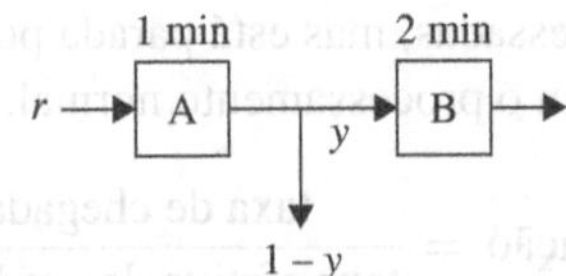

FIGURA 7.1 Um gargalo na linha de produção com perda de rendimento.

Se $y < 0{,}5$, então a utilização da estação 1 é maior do que a estação 2, e ela é o gargalo. A razão é que quando mais do que a metade da produção da estação 1 for sucateada, ela precisa processar mais que o dobro da estação 2, o que supera o fato de a estação 1 ser duas vezes mais rápida. Assim, se aumentarmos progressivamente a taxa de chegada r quando $y < 0{,}5$, a estação 1 estará sobrecarregada antes da estação 2. Como o gargalo é o recurso com menor "folga" em sua capacidade, nesse caso, é razoável dizer que a estação 1 é o gargalo.

O tempo bruto de processamento (T_0) da linha é a soma dos tempos *médios* de processo de *longo prazo* de cada estação de trabalho da linha de produção. Como alternativa, podemos definir o tempo bruto de processamento como o tempo médio que um trabalho leva para atravessar uma linha livre (de maneira que ele não tenha que aguardar outros trabalhos à sua frente). Novamente, precisamos nos preocupar com a duração do horizonte do planejamento, quando decidimos incluir os tempos "médios" dos processos. No longo prazo, T_0 deve incluir as paradas não frequentes aleatórias e planejadas, enquanto, no curto prazo, deve incluir somente as demoras mais frequentes.

O nível crítico de WIP (W_0) da linha é aquele em que, dado um valor de r_b e T_0 e sem variabilidade, a linha alcança a produção efetiva máxima (ou seja, r_b) com *cycle time* mínimo (T_0). Mostramos a seguir o nível crítico de WIP, que é definido pela taxa do gargalo e pelo tempo bruto de processamento pela seguinte relação:

$$W_0 = r_b T_0$$

7.2.3 Exemplos

Agora vamos ilustrar essas definições com dois exemplos simples.

A Fábrica de Moedas Um. A Fábrica de Moedas Um é uma fábrica com uma linha de produção simples que produz moedas gigantes de 1 centavo usadas exclusivamente nos desfiles do dia da declaração da independência dos Estados Unidos. Como ilustra a Figura 7.2, a linha de produção consiste de quatro máquinas em sequência: a primeira máquina é uma prensa que corta as moedas em metal liso; a segunda máquina estampa a face de Lincoln em um lado da moeda e a insígnia do Memorial no outro lado; a terceira máquina faz a borda da moeda; e a quarta faz seu acabamento. Cada máquina leva 2 horas *exatas* para executar suas operações. (Mais tarde vamos abordar tempos mais diversos.) Após cada moeda ser processada, elas seguem de imediato para a próxima máquina. A linha trabalha 24 horas por dia, e o mercado para essas moedas é ilimitado, de maneira que toda a produção é vendida. Assim, para esse sistema, a produtividade máxima é, sem dúvida, a melhor opção.

Como se trata de uma linha de produção sequencial sem perda de rendimentos, a taxa de chegada para cada uma das estações é a mesma. O gargalo (a estação com a maior utilização) é a mais lenta. No

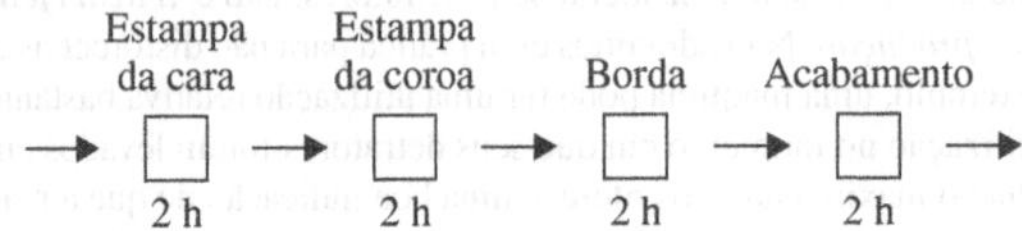

FIGURA 7.2 Fábrica de Moedas Um.

entanto, a capacidade de cada máquina é igual, 1 moeda a cada 2 horas, ou $\frac{1}{2}$ peça por hora. Qualquer uma das quatro máquinas pode ser considerada como gargalo, e a taxa de produção no gargalo é igual a

$$r_b = 0{,}5 \text{ moedas por hora}$$

ou 12 moedas por dia. Uma linha assim é equilibrada, pois todas as estações têm capacidades iguais.

Em seguida, note que o tempo bruto de processamento é a simples soma dos tempos de processamento das quatro estações, então

$$T_0 = 8 \text{ horas}$$

O nível crítico de WIP é dado por

$$W_0 = r_b T_0 = 0{,}5 \times 8 = 4 \text{ moedas}$$

Mais adiante, mostraremos que esse é o nível de WIP que permite à linha alcançar uma produtividade de $r_b = 0{,}5$ peça por hora e um *cycle time* (CT) de $T_0 = 8$ horas. Note que W_0 é igual ao número de máquinas existentes na linha. Isso acontece *sempre* que a linha de produção for equilibrada, pois ter apenas um trabalho em cada máquina é suficiente para manter todas elas sempre em atividade. Porém, como veremos, isso não acontece quando a linha não for equilibrada.

A Fábrica de Moedas Dois. Agora, considere uma fábrica um pouco mais complexa, a Fábrica de Moedas Dois, que tem uma linha de produção desequilibrada, com estações com diversas máquinas em cada uma. Conforme ilustra a Figura 7.3, a Fábrica de Moedas Dois ainda fabrica o mesmo produto, nas mesmas quatro etapas: corte, estampa, borda e acabamento; contudo, agora, as estações têm um número de máquinas e tempos de processamento diferentes entre si.

Estações de trabalho com várias máquinas complicam um pouco os cálculos da capacidade. Para uma única máquina, a capacidade é simplesmente o inverso do tempo de processamento (por exemplo, se um trabalho leva $\frac{1}{2}$ hora, a máquina faz 2 trabalhos por hora). A capacidade de uma estação com várias máquinas iguais e paralelas deve ser calculada multiplicando-se a capacidade de uma máquina individual pelo número de máquinas. Por exemplo, na Fábrica de Moedas Dois, a capacidade de cada máquina na estação 3 é

$$\tfrac{1}{10} \text{ moedas por hora}$$

assim, a capacidade da estação é

$$6 \times \tfrac{1}{10} = 0{,}6 \text{ moedas por hora}$$

Note que a capacidade pode ser calculada dividindo-se o número de máquinas pelo tempo de processamento, o que foi feito na Tabela 7.1 para cada estação.

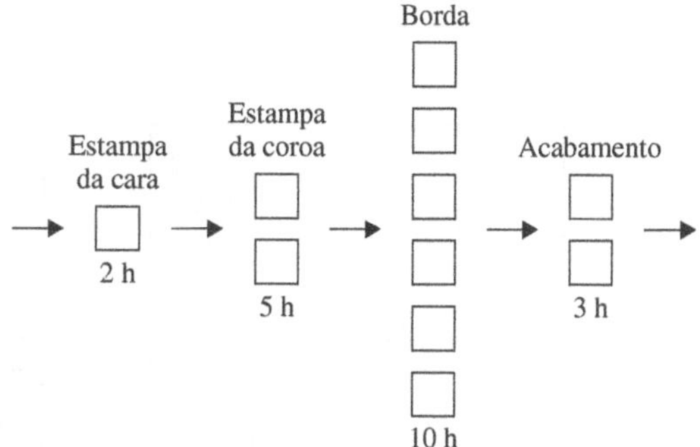

FIGURA 7.3 Fábrica de Moedas Dois.

TABELA 7.1 Fábrica de Moedas Dois: Uma linha de produção desequilibrada

Número da estação	Número de máquinas	Tempo do processo (horas)	Capacidade da estação (trabalhos por hora)
1	1	2	0,50
2	2	5	0,40
3	6	10	0,60
4	2	3	0,67

A capacidade de uma linha com várias máquinas em cada estação é definida pela taxa do gargalo, ou a estação mais lenta da linha. Na Fábrica de Moedas Dois, o gargalo é a estação 2, então

$$r_b = 0{,}4 \text{ moedas por hora}$$

Note que o gargalo não é a estação que tem as máquinas mais lentas (estação 3) e nem a que tem o menor número de máquinas (estação 1).

O tempo bruto de processamento da linha ainda é a soma dos tempos de processamento. Observe que adicionar mais máquinas a cada estação não vai diminuir o valor de T_0, pois uma moeda pode ser trabalhada somente por uma máquina de cada vez. Assim, o tempo bruto de processamento para a Fábrica de Moedas Dois é

$$T_0 = 2 + 5 + 10 + 3 = 20 \text{ horas}$$

Não importa se a linha tem estações com uma única máquina ou com várias, o nível crítico de WIP será sempre definido como

$$W_0 = r_b T_0 = 0{,}4 \times 20 = 8 \text{ moedas}$$

Na Fábrica de Moedas Dois, assim como na Fábrica de Moedas Um, W_0 é um número inteiro. Isso, é claro, não precisa necessariamente ser assim. Se W_0 for um número fracionado, significa que não há um nível constante de WIP necessário para alcançar a produtividade (TH) de exatamente r_b trabalhos por hora e um *cycle time* (CT) de T_0 horas. Além disso, observe que o nível crítico de WIP na Fábrica de Moedas Dois (8 moedas) é menor do que o número de máquinas (11). A razão disso é que o sistema

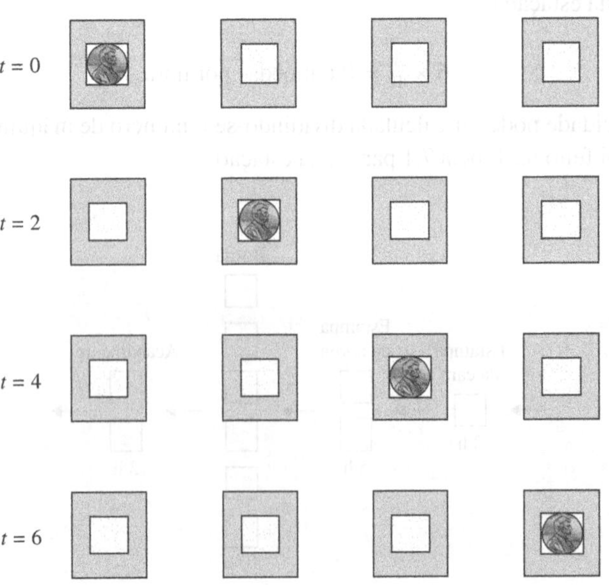

FIGURA 7.4 Fábrica de Moedas Um com WIP = 1.

não é equilibrado, isto é, as estações têm capacidades diferentes, de forma que algumas não estarão sendo utilizadas totalmente.

7.3 CORRELAÇÕES SIMPLES

Agora, em busca de uma ciência da produção, faremos a pergunta fundamental: Quais as relações entre os trabalhos em processo (WIP), a produtividade (TH) e o *cycle time* (CT) em uma linha de produção simples? É claro que a resposta dependerá das suposições que fazemos sobre a linha. Nesta seção, faremos uma descrição precisa, isto é, quantitativa, dos comportamentos possíveis, que servirá para afiar nossa intuição sobre como as linhas se comportam e nos dará uma escala para fazermos um *benchmarking* com os sistemas reais.

Um dos problemas de se identificarem as relações entre medidas como os trabalhos em processo (WIP) e a produtividade (TH) é que, em sistemas reais, eles tendem a variar de maneira simultânea. Por exemplo, em um sistema de MRP, a linha pode ser inundada de trabalhos em um determinado mês (por um plano mestre de produção apertado) e ter uma carga bastante suave no mês seguinte. Assim, tanto WIPs quanto TH possivelmente serão altos no primeiro mês e baixos no segundo. Para maior clareza na apresentação a seguir, vamos eliminar esse problema controlando os níveis de WIP em uma quantidade constante ao longo do tempo. Por exemplo, nas Fábricas de Moedas, iniciaremos as linhas com um número específico de moedas (trabalhos) e então liberaremos uma moeda lisa na linha a cada vez que uma moeda acabada deixar a linha.[4]

7.3.1 O melhor desempenho possível

Para analisar e compreender o comportamento de uma linha sob as melhores circunstâncias possíveis, ou seja, quando os tempos de processamento são absolutamente regulares, vamos fazer uma simulação com a Fábrica de Moedas Um. Isso será fácil se usarmos uma folha de papel e algumas moedas, como mostra a Figura 7.4.

Iniciamos simulando um sistema em que apenas um trabalho é permitido na linha de produção. A primeira moeda gasta 2 horas sucessivamente, nas estações 1, 2, 3 e 4, somando um *cycle time* (CT) de 8 horas. A seguir uma segunda moeda é liberada na linha, e a mesma sequência é repetida. Como esse ritmo resulta em uma moeda sendo produzida a cada 8 horas, a produtividade (TH) é de $\frac{1}{8}$ moedas por hora. Note que o CT é igual ao tempo bruto de processamento $T_0 = 8$, e a TH é $\frac{1}{4}$ da taxa do gargalo $r_b = 0{,}5$.

Agora, liberamos uma segunda moeda na linha (duas moedas liberadas ao mesmo tempo na linha). Após 2 horas, a primeira moeda completa o processamento na estação 1 e começa a ser processada na estação 2. Ao mesmo tempo, a segunda moeda inicia o processamento na estação 1. Assim, a segunda moeda seguirá a primeira, trocando de estação a cada 2 horas, conforme a Figura 7.5. Após a espera inicial da segunda moeda, ela não vai precisar aguardar nunca mais. Assim que o sistema estiver trabalhando a um ritmo estável, cada moeda liberada na linha continuará a ter um CT de 8 horas exatas. Além disso, como duas moedas são produzidas a cada 8 horas, a TH aumenta para $\frac{2}{8}$ moedas por hora, o dobro de quando o nível de WIP era 1 e a capacidade da linha era de 50% ($r_b = 0{,}5$).

Adicionamos uma terceira moeda. De novo, após um período inicial, quando as moedas ficam aguardando na primeira estação, não há mais esperas depois, conforme mostra a Figura 7.6. O CT continua sendo de 8 horas. Como a cada intervalo de 8 horas o sistema fabrica 3 moedas, a TH a cada 8 horas aumentou para $\frac{3}{8}$ moedas por hora, ou 75% de r_b.

Quando adicionamos uma quarta moeda, podemos ver que todas as estações ficam ocupadas durante todo o tempo ao atingir um ritmo estável (ver Figura 7.7). Pelo fato de as moedas não terem que esperar entre as estações, o CT ainda é $T_0 = 8$ h. Como a última estação fica sempre ocupada, ela com-

[4] Dizemos que uma linha assim está operando de acordo com um protocolo CONWIP (*WIP constante*), do qual trataremos de forma mais aprofundada nos Capítulos 10 e 14.

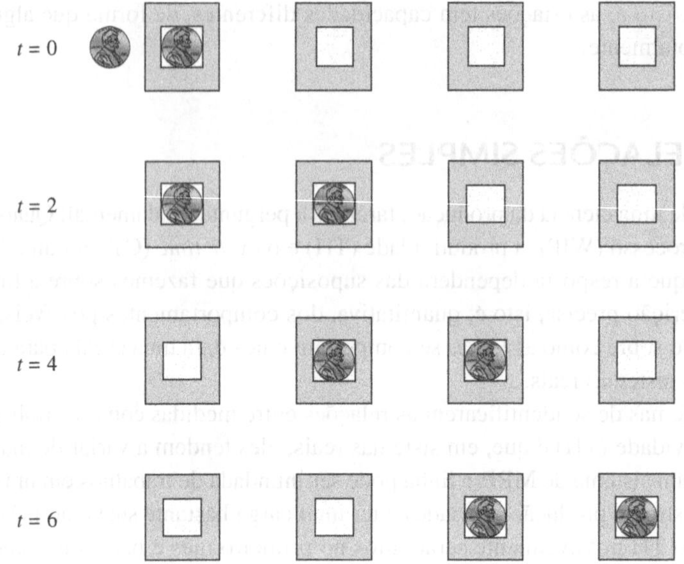

FIGURA 7.5 Fábrica de Moedas Um com WIP = 2.

pleta uma moeda, hora sim, hora não, a TH é de 1/2 moedas por hora, que é igual à capacidade da linha r_b. Esse comportamento muito especial, no qual o CT é T_0 (seu valor mínimo) e a TH é r_b (seu valor máximo), somente é alcançado quando os WIPs atingem seu nível crítico, que, lembrando, no caso da Fábrica de Moedas Um é

$$W_0 = r_b T_0 = 0{,}5 \times 8 = 4 \text{ moedas}$$

Agora, adicionamos a quinta moeda à linha. Pelo fato de haver somente quatro máquinas, uma moeda ficará aguardando na primeira estação, mesmo após o sistema ter alcançado a estabilidade. Medimos o CT como sendo o tempo desde que um trabalho é liberado (quando ele entra na fila na primeira estação) até o ponto em que a peça deixa a linha, que é agora de 10 horas, devido às duas horas

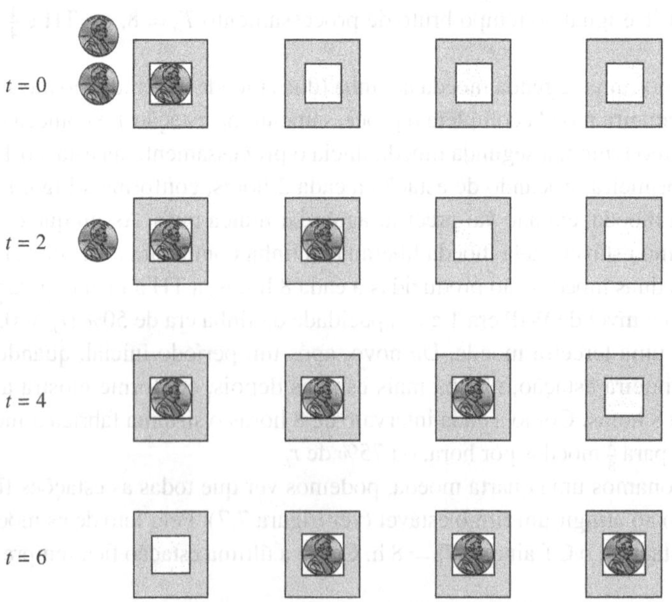

FIGURA 7.6 Fábrica de Moedas Um com WIP = 3.

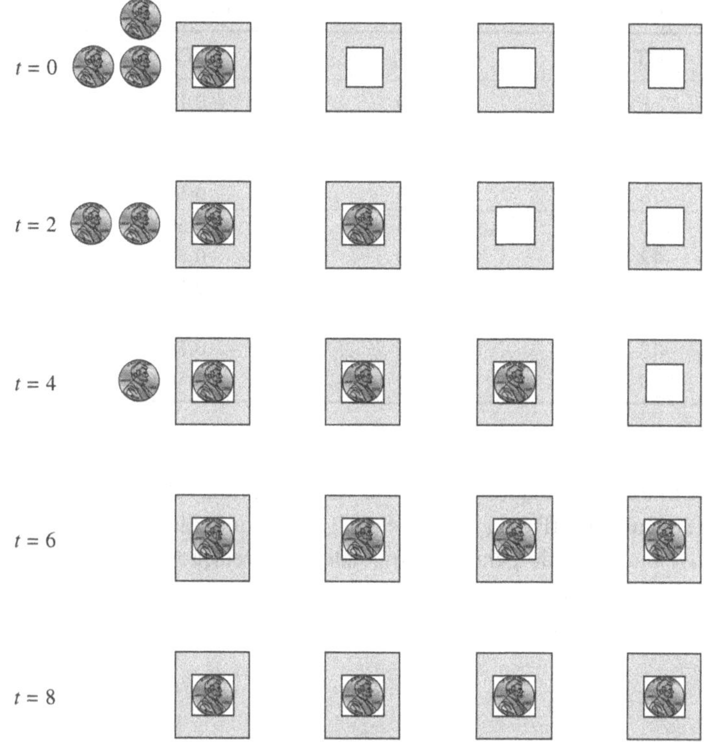

FIGURA 7.7 Fábrica de Moedas Um com um nível de WIP = 4.

extras aguardando na estação 1. Assim, pela primeira vez, o CT fica maior do que seu valor mínimo T_0 = 8. Porém, como todas as estações estão sempre ocupadas, a produção efetiva continua sendo r_b = 0,5 moedas por hora.

Agora, veja o que acontece se liberarmos 10 moedas na linha. A um ritmo estável, uma fila de 6 moedas se formará, aguardando em frente à estação 1, o que significa que uma moeda gasta 12 horas desde a hora em que é liberada na linha até começar a ser processada na estação 1.

Assim, o *cycle time* é de 20 horas (12 na fila, mais 8 em processo). Como antes, todas as máquinas permanecem sempre ocupadas, e a produtividade ainda é de $r_b = 0,5$ moedas por hora. A essa altura, fica claro que cada moeda adicionada aumenta o *cycle time* em 2 horas, sem elevar a produção efetiva da linha.

Na Tabela 7.2, mostramos o comportamento da Fábrica de Moedas Um, sem nenhuma variabilidade e com vários níveis de WIP, e apresentamos seus gráficos na Figura 7.8. Do ponto de vista do desempenho, está claro que a Fábrica de Moedas Um trabalha melhor com um nível de WIP de quatro moedas. Somente com esse nível de moedas em processo podemos obter um *cycle time* mínimo T_0 e uma produtividade máxima r_b – qualquer nível abaixo diminuirá a produtividade sem reduzir o *cycle time*, e qualquer nível acima aumentará o *cycle time* sem elevar a produtividade. Esse nível especial de WIP chama-se nível crítico de WIP (W_0).

Neste exemplo específico, o nível crítico de WIP é igual ao número de máquinas, o que acontecerá sempre que a linha de produção tiver estações com capacidades iguais (ou seja, sempre que for uma linha equilibrada). Para linhas não equilibradas, W_0 será menor do que o número de máquinas, mas ainda terá a propriedade de ser o nível de WIP que alcança a produtividade máxima com um *cycle time* mínimo, e ainda será definido por $W_0 = r_b T_0$.

É importante notar que, apesar de o nível crítico de WIP ser ótimo quando não existe variabilidade, ele *não* será ótimo em outros casos. Na verdade, o conceito de um nível ótimo de WIP nem é bem definido quando os tempos de processamento são variáveis; em geral, o aumento do nível de WIP elevará também a produtividade (o que é bom) e o *cycle time* (o que é ruim).

TABELA 7.2 WIP, *cycle time* e produtividade na Fábrica de Moedas Um

WIP	CT	% T_0	TH	% r_b
1	8	100	0,125	25
2	8	100	0,250	50
3	8	100	0,375	75
4	8	100	0,500	100
5	10	125	0,500	100
6	12	150	0,500	100
7	14	175	0,500	100
8	16	200	0,500	100
9	18	225	0,500	100
10	20	250	0,500	100

A lei de Little. Um exame cuidadoso da Tabela 7.2 revela uma relação interessante e fundamental entre os trabalhos em curso (WIP), o *cycle time* (CT) e a produtividade (TH). Qualquer nível de WIP é igual ao *cycle time* multiplicado pela produtividade. Essa relação é conhecida como a *lei de Little* (em homenagem a John D. C. Little, que comprovou essa fórmula matematicamente) e ela representa a primeira relação da Ciência da Fábrica:

A lei de Little:

$$\text{WIP} = \text{TH} \times \text{CT}$$

Acontece que a lei de Little é válida para *todas* as linhas de produção, não apenas àquelas com variabilidade zero. Como já mencionamos no Capítulo 6, essa lei não é sequer uma *lei*, mas uma *tautologia.* Para casos especiais (quando os tempos são infinitos), essa relação pode ser comprovada matematicamente. Porém, ela não é exatamente válida para tempos menores do que os infinitos (que, é claro, são os únicos tempos que podem ser observados na prática), exceto em circunstâncias muito especiais. Não obstante, usaremos a lei como uma conjectura sobre a natureza dos sistemas de manufatura e como uma aproximação quando ela não for exata.

Como aproximação, essa lei é de ampla aplicação, pois pode ser usada em relação a uma única estação de trabalho, a uma linha de produção ou à fábrica como um todo. Desde que as três expressões sejam medidas em unidades consistentes entre si, a lei de Little é válida no longo prazo. Isso a faz aplicável para muitas situações práticas. Algumas dessas aplicações incluem:

1. *O cálculo das filas de espera.* Como a lei de Little pode ser aplicada para estações individuais, podemos usá-la para calcular as filas de espera dos produtos e a utilização (frações de tempo

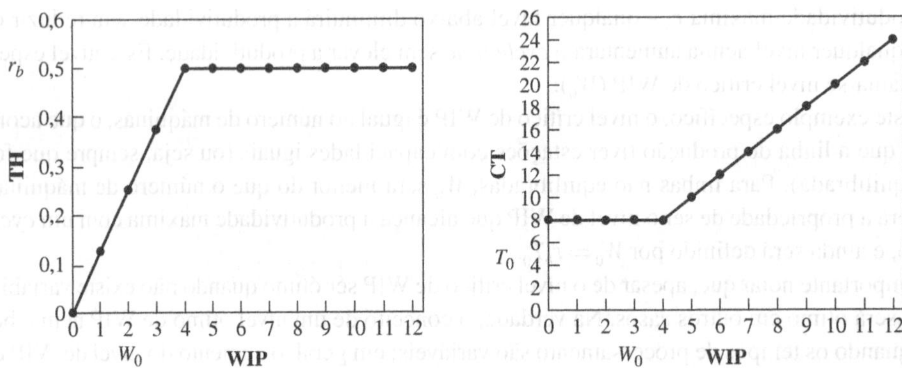

FIGURA 7.8 *Cycle time* e produtividade *versus* WIP na Fábrica de Moedas Um.

ocupado) para cada uma das estações em uma linha de produção. Por exemplo, considere a Fábrica de Moedas Dois, que foi resumida na Tabela 7.1, e suponha que ela esteja trabalhando no gargalo (isto é, 0,4 trabalho por hora). Usando a lei de Little, o nível esperado de WIP na estação 1 será

$$\text{WIP} = \text{TH} \times \text{CT} = 0{,}4 \text{ trabalho por hora} \times 2 \text{ horas} = 0{,}8 \text{ trabalho}$$

Como só tem uma máquina na estação 1, isso significa que ela será utilizada em 80% do tempo. De maneira idêntica, na estação 3, a lei de Little prevê uma média de 4 trabalhos para o nível de WIP. Como há seis máquinas, a utilização média será de 4/6 = 66,7%. Note que isso é igual à razão de taxa de gargalo sobre a taxa da estação 3 – 0,4/0,6, como poderíamos esperar.

2. *A redução do cycle time.* Como a lei de Little pode ser definida como

$$\text{CT} = \frac{\text{WIP}}{\text{TH}}$$

é claro que a redução do *cycle time* implica também a redução de WIP, desde que a produtividade seja mantida. Assim, uma longa fila de espera de produtos é uma indicação de uma oportunidade para reduzir o *cycle time*, assim como o nível de WIP. Discutiremos as medidas específicas para a redução desses fatores no Capítulo 17.

3. *A medição do* cycle time *(CT).* A medição direta do *cycle time* pode, às vezes, ser difícil, pois implica verificar os tempos de entrada e saída de cada peça no sistema. Como as medições do nível de WIP e da produtividade são rotineiras, pode ser mais fácil usar a sua razão para, de maneira indireta, obter o *cycle time.*

4. *O planejamento de estoques.* Em muitos sistemas, os trabalhos são programados para serem terminados antes do prazo devido para garantir um alto nível de atendimento aos clientes. Pelo fato de que, em nossa era de plena consciência dos custos dos estoques, os clientes frequentemente se recusam a aceitar entregas antecipadas, esse tipo de "*lead time de segurança*" resulta em mais trabalhos aguardando no estoque de produtos finais antes de serem remetidos aos clientes. Se o tempo programado do estoque for de n dias, então, de acordo com a lei de Little, o montante do estoque de produtos acabados será dado por nTH (onde a produtividade é medida em unidades por dia).

5. *Os giros do estoque.* Lembre-se que os giros do estoque são definidos pela razão da produtividade em relação ao estoque médio. Se tivermos uma fábrica onde todo o estoque é WIP (os produtos são remetidos diretamente da linha da produção, e não existem estoques de produtos finais), então os giros são definidos pela razão TH/WIP, que, pela lei de Little, é simplesmente 1/CT. Se incluirmos os produtos finais, os giros são definidos por TH/(WIP + EPA). Mesmo assim, a lei de Little se aplica, de forma que essa relação representa o inverso do tempo médio total para que um trabalho atravesse a linha de produção, mais os tempos em estoques intermediários. Assim, de maneira intuitiva, os giros de estoques são de 1 dividido pelo tempo médio que o estoque permanece no sistema.

6. *Sistemas com produtos múltiplos.* Até agora, temos considerado que os estoques são medidos em unidades, e a produtividade (TH), em unidades por dia (ou qualquer outro intervalo de tempo). Mas a lei de Little não exige que seja necessariamente assim. Se tivermos muitos tipos de produtos com níveis diferentes de trabalhos em curso, *cycle time* e produtividade, certamente podemos aplicar a lei sobre cada um em separado. Podemos também medir os estoques e o WIP em unidades monetárias. Por exemplo, se medirmos a produção em termos de custo das mercadorias vendidas ($ por dia) e o WIP, em valores monetários, então a lei de Little poderá ser aplicada no cálculo do *cycle time* médio da produção para todos os produtos por meio da equação CT = WIP/TH. Note, porém, que *devemos* medir a produção em termos do custo de mercadorias vendidas, e não ao preço de venda, para sermos coerentes com as unidades do WIP.

Em certo sentido, a lei de Little é a lei "$F = ma$" da Ciência da Fábrica. É uma equação com aplicação ampla que relaciona três números fundamentais. Ao mesmo tempo, a lei de Little pode ser vista como um truísmo sobre as unidades. Ela meramente indica o fato óbvio de que podemos medir os níveis de WIP em uma estação, linha ou sistema em unidades de trabalhos ou de tempo. Por exemplo, uma linha de produção que produz 100 cárters por dia e possui um nível de WIP de 500 cárters tem o correspondente a 5 dias de produção. A lei de Little é uma declaração de que isso é válido para calcular a média WIP, de *cycle time* e da produtividade da seguinte forma

$$\text{CT} = \frac{\text{WIP}}{\text{TH}}$$

ou

$$5 \text{ dias} = \frac{500 \text{ cárters}}{100 \text{ cárters por dia}}$$

Agora podemos generalizar os resultados mostrados na Tabela 7.2 e na Figura 7.8 para alcançar nosso objetivo original de oferecer um resumo preciso da relação entre WIP e produtividade como exemplo de uma linha com o melhor desempenho possível, ou seja, com variabilidade zero. Então poderemos aplicar a lei de Little para descrever a relação do WIP com o *cycle time*. Como essas relações foram consideradas para linhas perfeitas com variabilidade zero, as seguintes expressões indicam uma *produtividade máxima* e um *cycle time mínimo* para um dado nível de WIP de qualquer sistema com os parâmetros r_b e T_0. As equações resultantes são a próxima lei da Ciência da Fábrica.

A lei do Melhor Desempenho: *O cycle time mínimo para um determinado nível de WIP w é dado por*

$$\text{CT}_{\text{melhor}} = \begin{cases} T_0 & \text{se } w \leq W_0 \\ \dfrac{w}{r_b} & \text{de outra forma} \end{cases}$$

A produtividade máxima para um determinado nível de WIP w é dada por

$$\text{TH}_{\text{melhor}} = \begin{cases} \dfrac{w}{T_0} & \text{se } w \leq W_0 \\ r_b & \text{de outra forma} \end{cases}$$

Uma conclusão que podemos tirar do esquema anterior é que, ao contrário do dito popular, o estoque zero *não* é um objetivo real. Mesmo em perfeitas condições determinadas, um estoque *zero* causará uma produtividade de *zero* e, por consequência, *zero* de receitas. Um ideal de WIP mais realista é o nível crítico de WIP W_0.

A Fábrica de Moedas Um representa uma situação ideal (variabilidade zero), em que seria ótimo manter um nível de WIP igual ao número de máquinas. É claro que, no mundo real, não há muitas fábricas que trabalham com um nível tão baixo de WIP. Na verdade, em muitas linhas de produção que temos visto, a relação entre o nível do WIP para o número de máquinas é perto de 20:1. Se essa taxa fosse válida para a Fábrica de Moedas Um, o *cycle time* seria de quase 7 dias, com 80 trabalhos de WIP. Obviamente, isso seria muito pior do que um *cycle time* de 8 horas e com um nível de WIP de 4 trabalhos, ou seja, o nível "ótimo". Por que, então, as fábricas no mundo real trabalham com um nível crítico de WIP tão longe do ideal?

Infelizmente, a lei de Little oferece pouca ajuda. Como TH = WIP/CT, podemos ter a mesma produção tanto com altos níveis de WIP e ***cycle times*** longos quanto com baixos níveis de WIP e *cycle times* curtos. O problema é que a lei de Little é apenas uma relação entre três grandezas. Precisamos de uma segunda relação se quisermos determinar duas grandezas a partir de uma terceira conhecida (por exemplo, tendo a produtividade, estimar qual o WIP e o *cycle time*). E não há tal relação que possa ser aplicada de maneira geral. O melhor que podemos fazer é identificar o comportamento de uma linha considerando suposições específicas. Além do caso do melhor desempenho possível, que consideramos anteriormente, vamos tratar de outros dois cenários, aos quais vamos chamar de o **pior desempenho possível** e o **pior desempenho na prática**.

7.3.2 O pior desempenho possível

Contrastando com o melhor desempenho possível de uma linha de produção, vamos agora considerar o pior. Mais especificamente, vamos supor *o cycle time máximo* e *a produtividade mínima* possíveis para uma linha com uma taxa de gargalo r_b e um tempo bruto de processamento T_0, o que nos permitirá captar o comportamento e medir o desempenho de linhas reais de produção. Se alguma linha de produção real for mais parecida com o pior desempenho do que com o melhor, então teremos alguns problemas sérios (ou oportunidades de melhorias, dependendo de sua perspectiva).

Para facilitar nossa discussão sobre o pior desempenho, lembre-se de que estamos assumindo um volume de trabalhos sempre constante na linha de produção. Sempre que um trabalho é acabado, outro é iniciado. Uma maneira como podemos obter isso na prática seria se os trabalhos fossem transportados através da linha em paletes. Sempre que um trabalho é acabado, ele é removido do seu palete e o palete retorna ao início da linha para o transporte de outro trabalho. Assim, o nível de WIP é igual ao número (fixo) de paletes existentes na linha.

Agora, imagine você mesmo sentado em um palete, circulando em uma linha com o melhor desempenho e com um WIP igual ao seu nível crítico (por exemplo, na Fábrica de Moedas Um seriam quatro trabalhos). A cada vez que você chega a uma estação, uma máquina estará disponível para iniciar o trabalho imediatamente. É exatamente pelo fato de você não ter que aguardar na fila (*queueing*) que essa linha alcança o *cycle time* mínimo de T_0.

Para atingir os *cycle times* máximos possíveis para esse sistema, precisamos, de alguma maneira, aumentar o tempo de espera sem alterar o tempo *médio* de processamento, (do contrário mudaríamos r_b e T_0). O pior caso imaginável seria se você, a cada vez que chegasse a uma estação sentado em seu palete, tivesse que aguardar sua vez atrás de *todos* os outros trabalhos. Como isso seria possível?

Considere o seguinte: suponha que você esteja no palete número 4 em uma versão modificada da Fábrica de Moedas Um com quatro paletes na linha. Porém, em vez de todos os trabalhos exigirem 2 horas exatas em cada estação, imagine que o trabalho para o palete 1 exige 8 horas, enquanto os paletes 2, 3 e 4 exigem 0 horas. O tempo médio de processamento nas estações continua

$$\frac{8+0+0+0}{4} = 2 \text{ horas}$$

como antes, de forma que ainda temos $r_b = 0{,}5$ trabalhos por hora e $T_0 = 8$ horas. Entretanto, toda vez que seu palete chega a uma estação, você encontra os paletes 1, 2 e 3 a sua frente (ver a Figura 7.9). O trabalho mais lento do palete 1 causa o atraso de todos os outros que ficam sempre enfileirados atrás. Esta é a espera máxima em uma linha e, portanto, representa o caso do pior desempenho possível.

O *cycle time* para esse sistema é

$$8+8+8+8 = 32 \text{ horas}$$

ou $4T_0$ e, como são executados quatro trabalhos a cada vez que o palete 1 acaba na estação 4, a produtividade é de

$$\tfrac{4}{32} = \tfrac{1}{8} \text{ trabalho por hora}$$

ou $1/T_0$ trabalhos por hora. Note que a multiplicação da produtividade com o *cycle time* é 1/8 x 32 = 4, que é o nível de WIP, assim, podemos notar que a lei de Little funciona.

Resumimos esses resultados em uma linha geral como nossa próxima lei da Ciência da Fábrica.

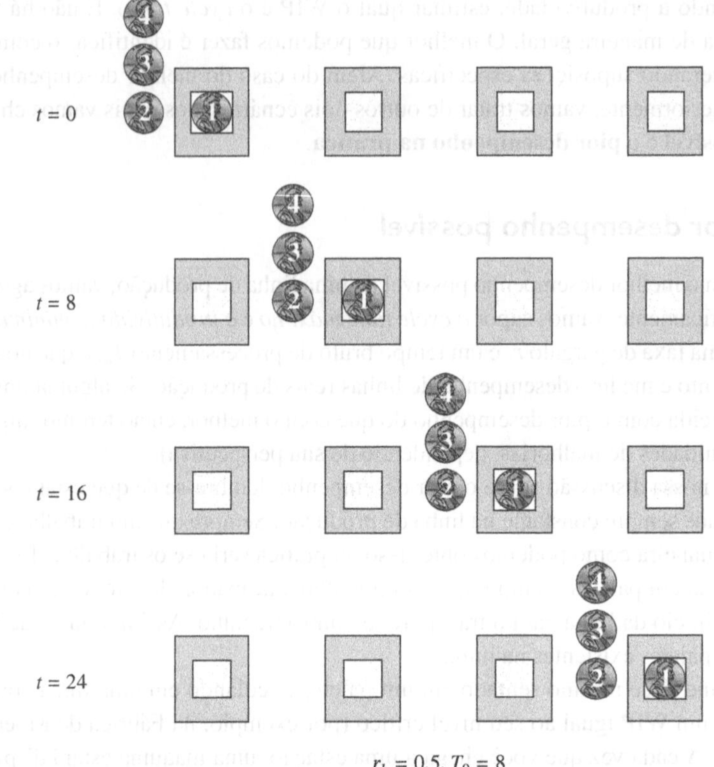

FIGURA 7.9 A evolução do pior desempenho possível.

A lei do Pior Desempenho: *Para um determinado nível de WIP w, o pior cycle time possível é dado por*

$$\text{CT}_{\text{pior}} = wT_0$$

E a pior produtividade possível para um determinado nível de WIP w é dada por

$$\text{TH}_{\text{pior}} = \frac{1}{T_0}$$

É interessante notar que tanto o melhor quanto o pior desempenho ocorrem em sistemas não aleatórios. Existe *variabilidade* no sistema com o pior desempenho, pois os trabalhos têm diferentes tempos de processamento; mas não há *aleatoriedade,* pois todos os tempos de processamento são completamente previsíveis. A literatura existente sobre a gestão da qualidade ressalta a necessidade da redução da variabilidade, porém, algumas vezes, deixa implícito que variabilidade e aleatoriedade são sinônimos. Os resultados do método da Ciência da Fábrica recém-apresentados mostram que não é esse o caso; a variabilidade pode ser o resultado de aleatoriedade ou de *mau controle* (ou ambos). Examinaremos essa distinção em maior profundidade após termos desenvolvido as ferramentas para tratar da variabilidade nos Capítulos 8 e 9.

Finalmente, o leitor pode, e com razão, estar cético sobre o realismo do pior desempenho na prática. Afinal, chegamos a essa situação forçando ao máximo o tempo de espera (para obter *cycle times* mais longos) adotando tempos de processamento tão variáveis quanto possíveis. Para isso, assumimos que os trabalhos de um dos paletes tinham longos tempos de processamento, enquanto todos os outros tinham tempos iguais a zero. É óbvio que isso é difícil de acontecer na prática.

No entanto, pode acontecer e (pelo menos em certa extensão) realmente acontece. Para saber como, suponha que os quatro paletes usados para carregar os trabalhos na Fábrica de Moedas Um (quando o WIP é de 4 trabalhos) são transportados entre as estações com uma empilhadeira. Além disso, imagine que, pelo fato de a empilhadeira ser usada também para outros trabalhos, ela não poder fazer as viagens necessárias para transportar cada palete individualmente. Em vez disso, ela aguarda até que todos os quatro trabalhos sejam acabados em uma estação e os transporta em grupo para a próxima estação. No final da linha de produção, ela também espera até que todos os paletes fiquem vazios, transportando todos juntos para o início da linha, para serem recarregados com novos trabalhos. Assumindo que o tempo de processamento de cada trabalho em cada estação é de 2 horas (como era originalmente na Fábrica de Moedas Um) e que os tempos de transporte da empilhadeira sejam bastante rápidos, quase zero, a evolução do sistema será exatamente como mostra a Figura 7.9. Assim, o pior desempenho possível pode ser causado por **movimentações em lotes**.

É claro que será raro encontrar fábricas reais onde as movimentações em lotes sejam tão extremas que forcem todos os trabalhos da linha a serem movimentados juntos. O mais comum é que o WIP em uma linha seja transportado em lotes de vários tamanhos. Como esse tipo de transporte mais realista não irá produzir o pior desempenho possível, ele é um fator que pode causar um desempenho mais próximo do pior. Como consequência, o transporte em lotes é um problema real (ou uma oportunidade para melhorias) em muitos sistemas de produção.

7.3.3 O pior desempenho na prática

É quase certo que nenhuma linha de produção no mundo real tem um comportamento exatamente igual ao melhor ou ao pior desempenho. Assim, para compreender melhor o comportamento entre esses casos extremos, vamos considerar um caso intermediário, mais realista. Faremos isso por meio de um exemplo, que, diferente dos dois anteriores, envolve um ambiente aleatório. Na verdade, em certo sentido, ele representa um caso com o máximo de aleatoriedade. Vamos chamá-lo de **pior desempenho na prática** para expressar nossa crença de que qualquer ambiente com um desempenho pior do que esse sempre terá oportunidades de melhorias.

Para descrever o caso do pior desempenho na prática e mostrar por que ele pode ser considerado um ambiente com o máximo de aleatoriedade, precisamos antes definir o conceito de uma *situação* de sistema. A situação do sistema é uma descrição completa dos trabalhos em todas as estações: quantos existem e qual o tempo de processamento da cada um. Sob condições especiais, as quais assumimos e descrevemos a seguir, a única informação necessária é o número de trabalhos existentes em cada estação. Assim, podemos fazer um resumo conciso da situação usando um vetor com um número de elementos iguais ao número de máquinas existentes em uma linha de produção.

Por exemplo, em uma linha com quatro estações e três trabalhos, o vetor (3, 0, 0, 0) representa a situação em que todos os três trabalhos se encontram na primeira estação, enquanto o vetor (1, 1, 1, 0) representa a situação em que existe um trabalho em cada estação, nas estações 1, 2 e 3. Há 20 situações possíveis para um sistema que tem quatro máquinas e três trabalhos, os quais são mostrados na Tabela 7.3.

Dependendo das suposições específicas sobre a linha, nem todas as situações ocorrerão necessariamente. Por exemplo, se, em um sistema com quatro estações e três trabalhos, todos os tempos de processamento perfazem 1 hora, e tal sistema se comporta como o caso do melhor desempenho possível, então apenas quatro situações – (1, 1, 1, 0), (0, 1, 1, 1), (1, 0, 1, 1) e (1, 1, 0, 1) – ocorrerão, conforme mostra a Figura 7.10. De maneira similar, se o sistema se comporta como o caso do pior desempenho possível, então teremos a repetição de quatro situações diferentes – (3, 0, 0, 0), (0, 3, 0, 0), (0, 0, 3, 0) e (0, 0, 0, 3) –, conforme ilustra a Figura 7.11. Pelo fato de nenhum desses sistemas serem aleatórios, situações diferentes nunca acontecerão.

Quando a aleatoriedade é introduzida em uma linha, outras situações serão possíveis. Por exemplo, suponha que os tempos de processamento são determinados, mas, de vez em quando, uma máquina quebra e fica parada por várias horas. Então, na maior parte do tempo, vamos observar a ocorrência de algumas situações "espalhadas", como ilustra a Figura 7.10 e, de vez em quando, teremos as situações "acumuladas" conforme mostra a Figura 7.11. Se o nível de aleatoriedade for baixo (quando as quebras de máquinas são muito raras), então a frequência de várias situações espalhadas será bem alta, e se houver muita aleatoriedade (muitas quebras de máquinas), então todas as situações mostradas na Tabela 7.3 poderão ocorrer com bastante frequência. Assim, definimos que um cenário com uma *aleatoriedade máxima* é aquele em que podem ocorrer todas as situações possíveis com uma frequência igual.

TABELA 7.3 Situações possíveis para um sistema com quatro máquinas e três trabalhos

Situação	Vetor	Situação	Vetor
1	(3, 0, 0, 0)	11	(1, 0, 2, 0)
2	(0, 3, 0, 0)	12	(0, 1, 2, 0)
3	(0, 0, 3, 0)	13	(0, 0, 2, 1)
4	(0, 0, 0, 3)	14	(1, 0, 0, 2)
5	(2, 1, 0, 0)	15	(0, 1, 0, 2)
6	(2, 0, 1, 0)	16	(0, 0, 1, 2)
7	(2, 0, 0, 1)	17	(1, 1, 1, 0)
8	(1, 2, 0, 0)	18	(1, 1, 0, 1)
9	(0, 2, 1, 0)	19	(1, 0, 1, 1)
10	(0, 2, 0, 1)	20	(0, 1, 1, 1)

Para que todas as situações tenham as mesmas possibilidades de ocorrer, são necessárias três condições especiais:

1. A linha deve ser equilibrada (todas as estações devem ter os mesmos tempos médios de processamento).
2. Todas as estações devem ter máquinas individuais. (Esta suposição também ajuda a evitar as complexidades do processamento paralelo e de trabalhos passando na frente de outros.)
3. Os tempos de processamento devem ser aleatórios e ocorrer de acordo com uma distribuição de probabilidades conhecida como uma **distribuição exponencial**. Essa é a única distribuição contínua que tem uma propriedade especial conhecida como falta de memória (ver Apêndice 2A). Isso significa que, se o tempo de processamento de uma máquina é distribuído de maneira exponencial, o conhecimento de quanto tempo um trabalho está em processo não oferece nenhuma informação sobre quando ela será acabada. Por exemplo, se o tempo de processamento em uma máquina é exponencial, com uma média de 1 hora, e o trabalho atual está em processo por 5 segundos, então a estimativa do tempo restante de processo é 1 hora. Se o trabalho em curso estiver em processo por 1 hora, o tempo restante estimado é de 1 hora. Se o trabalho em curso está em processo por 942 horas, o tempo restante estimado ainda é

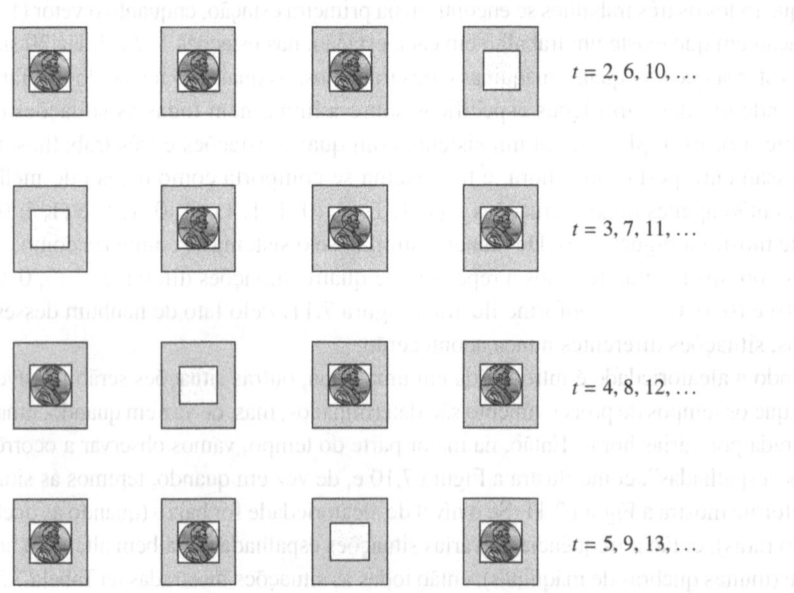

FIGURA 7.10 Situação no caso do melhor desempenho possível em uma linha com quatro máquinas e três trabalhos.

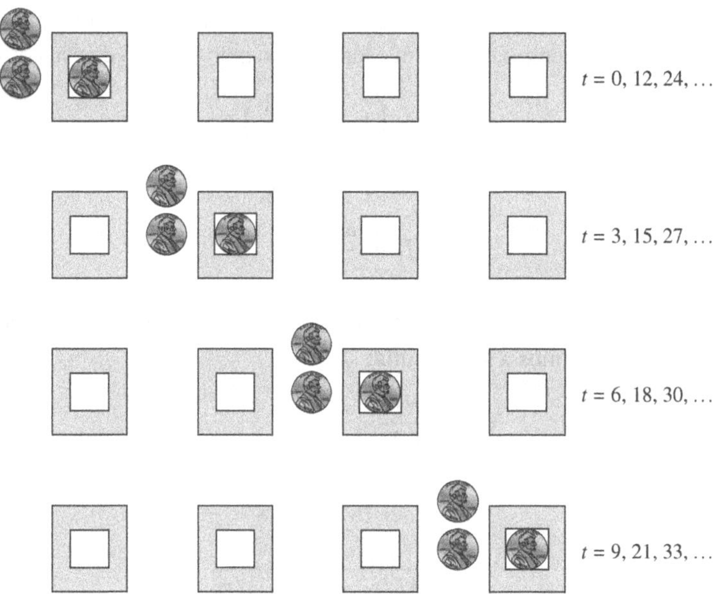

FIGURA 7.11 Situação no caso do pior desempenho possível, com uma linha de quatro máquinas e três trabalhos.

o mesmo: 1 hora.[5] É como se a máquina esquecesse os trabalhos executados anteriormente quando faz as estimativas do futuro – daí o termo falta de memória. Assim, se os tempos de processamento são distribuídos de maneira exponencial, não há necessidade de saber a duração do processamento em curso para definir completamente a situação do sistema.

Para entender como o pior desempenho na prática funciona, lembre-se novamente de quando você se imaginou circulando sentado em seu palete pela linha de produção. Suponha que há N estações (com apenas uma máquina em cada), com um tempo médio de processamento de t e um nível constante de w trabalhos na linha. Assim, o tempo bruto de processamento é $T_0 = Nt$, e a taxa de gargalo para essa linha é de $r_b = 1/t$.

Como as três condições recém-descritas garantem que todas as situações são parecidas, então, de uma posição privilegiada em seu palete, você esperaria ver, em média, os outros $w - 1$ trabalhos distribuídos igualmente entre as N estações, a cada vez que você chegasse a uma delas. Assim, na sua chegada, o número de trabalhos a sua frente é de $(w - 1)/N$. Como o tempo médio que você gasta na estação será o mesmo tempo para todos os outros trabalhos serem processados mais o tempo necessário para processar o trabalho de seu palete, podemos dizer que

$$\begin{aligned}\text{tempo médio em uma estação} &= \text{tempo do seu trabalho} + \text{tempo dos outros trabalhos}\\ &= t + \frac{w-1}{N}t\\ &= \left(1 + \frac{w-1}{N}\right)t\end{aligned}$$

Assumindo que os $(w - 1)/N$ trabalhos a sua frente precisam de um tempo médio de $[(w - 1)/N]t$ para serem processados, estamos ignorando o fato de que o trabalho sendo processado na estação estava parcialmente feito no momento da sua chegada. É a propriedade de falta de memória da distribuição exponencial que nos permite tal afirmação.

[5] Apesar de parecer difícil imaginar um comportamento de tempos de processamento assim, há possíveis exemplos práticos como os tempos de voos em atraso, os tempos de chegada de trens em certas estações ferroviárias, os tempos até que algumas empreiteiras terminem seus trabalhos, etc.

Por último, como assumimos que todas as estações são idênticas, podemos calcular o *cycle time* pela simples multiplicação do tempo médio em cada estação pelo número de estações N para obter

$$\begin{aligned} \text{CT} &= N\left(1 + \frac{w-1}{N}\right)t \\ &= Nt + (w-1)t \\ &= T_0 + \frac{w-1}{r_b} \end{aligned}$$

Aqui usamos o fato de que $r_b = 1/t$ e $T_0 = Nt$ porque a linha é equilibrada. Para conseguir a produtividade correspondente, aplicamos a lei de Little:

$$\begin{aligned} \text{TH} &= \frac{\text{WIP}}{\text{CT}} \\ &= \frac{w}{T_0 + (w-1)/r_b} \\ &= \frac{w}{W_0/r_b + (w-1)/r_b} \\ &= \frac{w}{W_0 + w - 1} r_b \end{aligned}$$

Isso nos dá a definição do pior desempenho na prática, conforme mostrado a seguir.

Definição do pior desempenho na prática: *O cycle time do pior desempenho na prática (PDP), considerando um determinado nível de WIP w, é dado por*

$$\text{CT}_{\text{PDP}} = T_0 + \frac{w-1}{r_b}$$

A produtividade do PDP para um determinado nível de WIP w é dada por

$$\text{TH}_{\text{PDP}} = \frac{w}{W_0 + w - 1} r_b$$

Note que, nesse caso, o comportamento é razoável para um nível de WIP tanto extremamente alto quanto extremamente baixo. Em um extremo, quando há somente um trabalho no sistema ($w = 1$), o *cycle time* torna-se o tempo bruto de processamento T_0, como seria esperado. No outro extremo, assim que o nível de WIP fica muito alto (isto é, $w \to \infty$), a produtividade se aproxima da capacidade r_b, e o *cycle time* aumenta. A intuição por trás deste último resultado é que atingir produtividade próxima da capacidade máxima em sistemas com alta variabilidade exige altos níveis de WIP, para garantir que os gargalos (ou seja, todas as estações, no caso de uma linha equilibrada) nunca fiquem parados por falta de trabalho. Mas um nível alto de WIP também causa grandes tempos de espera e longos *cycle times*.

A produtividade e o *cycle time* do caso do pior desempenho na prática situam-se sempre entre o pior e o melhor desempenho. Assim, o pior desempenho na prática nos fornece um ponto médio bastante útil, que se parece com o comportamento de muitos sistemas do mundo real. Coletando os dados médios de WIP, de produtividade e de *cycle time* (na verdade, por causa da lei de Little, dois deles já seriam suficientes) para uma linha de produção real, podemos determinar se essa linha está na região entre o melhor desempenho possível e o pior desempenho na prática, ou entre o pior desempenho e o pior desempenho na prática. Os sistemas com um desempenho melhor do que o PDP (com maior produtividade e menor *cycle time* para um determinado nível de WIP) são "bons" (enxutos), e os sistemas com desempenho pior são "ruins" (gordos). Faz sentido focar nossos esforços de melhorias nas linhas ruins, pois estas são as que mais oferecem oportunidades para melhorias. Assim, os três casos acima fornecem uma espécie de metodologia para um ***benchmarking* interno**, isto é, em oposição a um ***benchmarking* externo**, em que as comparações são feitas com os sistemas de fora. Vamos ilustrar o procedimento de *benchmarking* interno em mais detalhes na Seção 7.3.5.

Se o *benchmarking* interno indica que uma linha de produção é ruim, podemos obter algumas direções de *como* efetuar melhorias por meio das três suposições sob as quais foi desenvolvido o caso do pior desempenho na prática, quais sejam:

1. Uma linha equilibrada
2. Estações com apenas uma máquina
3. Tempos exponenciais de processamento (sem memória)

Como essas três condições foram escolhidas para maximizar a aleatoriedade na linha de produção, a melhoria de qualquer delas afeta também o desempenho da linha.

Primeiro, poderíamos provocar o desequilíbrio da linha adicionando mais capacidade a uma das estações. Isso poderia ser feito com mais máquinas, reduzindo as paradas por causa de descanso dos empregados ou de falhas no equipamento, ou aumentando a velocidade do processo por meio de métodos mais eficientes, etc. É óbvio que, se aumentamos a capacidade em todas as estações, a produtividade também aumentará. Porém, mesmo que aumentemos a capacidade em apenas algumas estações, de maneira que r_b não seja alterado, isso vai reduzir a aleatoriedade (isto é, as situações mostradas na Tabela 7.3 não mais serão igualmente possíveis), de forma que a curva da produção *versus* WIP aumentará mais rapidamente (ou seja, um nível menor de WIP no sistema alcançará a mesma produção). Assim, notamos que uma linha *desequilibrada* contraria, de certa maneira, a ênfase tradicional dos engenheiros de produção no equilíbrio das linhas. Porém, como veremos no Capítulo 18, o balanceamento das linhas aplica-se basicamente para linhas com um *ritmo* constante, e não para linhas com estações independentes como as que estamos considerando agora.

Segundo, poderíamos usar máquinas paralelas em cada uma das estações, em vez de estações com apenas uma máquina. Se a melhoria for conseguida adicionando máquinas extras, isso serviria para aumentar a capacidade e teria os mesmos efeitos recém-discutidos. Contudo, mesmo a substituição de máquinas únicas por máquinas paralelas com a mesma capacidade poderia melhorar o desempenho em alguns casos. Por exemplo, reconsidere o caso da Fábrica de Moedas Um assumindo que os tempos de processamento são exponenciais em vez de determinados e que sua *média* seja de 2 horas em cada estação. Suponha que as estações 3 e 4 (borda e acabamento) sejam juntadas em uma única estação com duas máquinas paralelas, onde as máquinas executam a borda e o acabamento no mesmo ato e demoram o dobro do tempo anterior (uma média de 4 horas por moeda). Como a capacidade da estação é de 1/2 moeda por hora, a taxa de gargalo da linha ainda é $r_b = 0{,}5$. E o tempo bruto de processamento continua sendo $T_0 = 8$ horas. Porém, no sistema anterior, duas moedas poderiam chegar juntas em uma das operações, borda ou acabamento, e uma teria que aguardar. No sistema modificado, em qualquer circunstância em que haja duas moedas em qualquer das operações, é certo que ambas estarão sendo trabalhadas. O resultado seria menos tempo de espera e *cycle times* menores para um determinado nível de WIP no sistema remontado com máquinas paralelas.

Poderíamos também reduzir a variabilidade dos tempos de processamento para menos do que é implícito pela distribuição exponencial. Reduzindo a possibilidade da acumulação de trabalhos nas estações e, portanto, os tempos de espera, isso melhoraria a produtividade e o *cycle time* para um determinado nível de WIP. Examinaremos, no Capítulo 8, o significado da redução da variabilidade em relação ao seu exponencial e, na Parte III, veremos métodos práticos para sua aplicação.

As Figuras 7.12 e 7.13 ilustram alguns desses conceitos por meio do planejamento do *cycle time* e da produtividade em função do nível de WIP para a Fábrica de Moedas Dois, sob a suposição da distribuição exponencial de tempos de processamento em todas suas estações de trabalho. Para efeitos de comparações, também mostramos as linhas de casos de melhor, pior desempenho e pior desempenho na prática, para taxa de gargalo e tempo bruto de processamento constantes (para $r_b = 0{,}4$ e $T_0 = 20$). Mesmo que os tempos de processamento sejam exponenciais, pelo fato de a Fábrica de Moedas Dois ter uma linha desequilibrada e estações com máquinas paralelas, seu desempenho é melhor do que o pior desempenho na prática. Se reduzíssemos a variabilidade dos tempos de processamento, isso iria melhorá-lo ainda mais.

7.3.4 As taxas de gargalo e o *cycle time*

Desde a década de 1980, muita atenção tem sido dada para a importância dos gargalos nos sistemas de produção (ver Goldratt e Cox 1984). Certamente, pelas discussões apresentadas, concordamos que uma taxa de gargalo r_b é importante, pois ela estabelece a capacidade da linha. Mas as leis da Ciência da Fábrica também nos oferecem ideias que vão além dessa conclusão óbvia.

Em primeiro lugar, se estivermos operando uma linha "boa" (isto é, com a produção maior do que o pior desempenho na prática para qualquer nível de WIP), então, em níveis normais de WIP (por exemplo, entre 5 e 10 vezes W_0), o *cycle time* será bem próximo de w/r_b, onde w é o nível de WIP, o que pode ser observado nas Figuras 7.12 e 7.13. Assim, aumentar a taxa de gargalo r_b reduzirá o *cycle time* para qualquer nível de WIP.

Infelizmente, muitas vezes é ciência ou economicamente impraticável melhorar o gargalo. Por exemplo, suponha que, em uma fábrica de circuitos impressos, a máquina de cobrir as placas com cobre é o gargalo. A taxa a que essa máquina produz é ditada pela química do processo. Desse modo, se ela já está trabalhando no limite máximo de horas por dia (supondo que a máquina não é afetada por problemas de manutenção ou de operadores, os quais poderiam eventualmente ser resolvidos), então a única maneira de aumentar a capacidade da linha seria adicionar outra máquina igual. Essa seria uma opção extremamente onerosa e, provavelmente, adicionaria capacidade em demasia, pois o aumento seria de 100%. Em uma situação assim, pode fazer sentido aumentar a capacidade de recursos fora do ponto de gargalo.

Para ilustrar tal fato, considere um sistema com quatro estações individuais. Cada estação leva 10 minutos para executar um trabalho, exceto a última (a estação que é o gargalo), que leva 15 minutos. Assim, a taxa de gargalo é de quatro trabalhos por hora.

Suponha, agora, que melhoremos o gargalo para 10 minutos por trabalho (6 trabalhos por hora), balanceando a linha. A Figura 7.14 ilustra o impacto na curva da produtividade *versus* WIP. Note que a linha melhorada tem uma taxa limite de produção mais alta (uma nova r_b), mas a curva da produtividade se mantém mais distante dela do que no sistema original. A razão disso é que em uma linha balanceada é mais frequente a falta de peças para o seu gargalo do que em uma linha não balanceada e, portanto, esta situação exige um nível maior de WIP para a produção alcançar mais capacidade. Apesar disso, a melhora do gargalo causa um aumento na produtividade para qualquer nível de WIP.

Como alternativa, suponha que melhoremos todos os processos, exceto o gargalo, de maneira que eles gastem apenas 5 minutos, mantendo o tempo do gargalo em 15 minutos. A Figura 7.15 mostra que

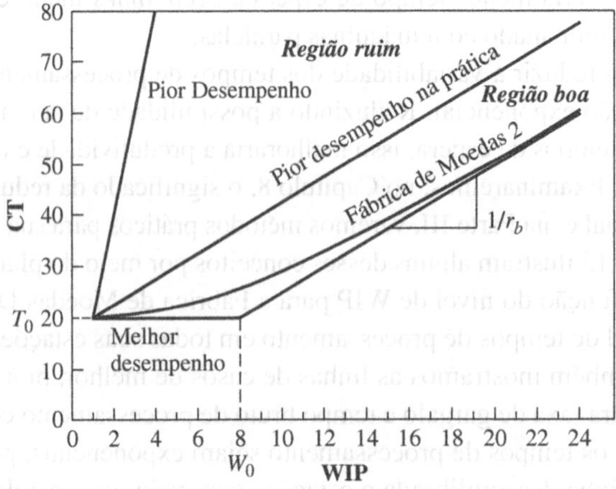

FIGURA 7.12 *Cycle time versus* WIP na Fábrica de Moedas Dois.

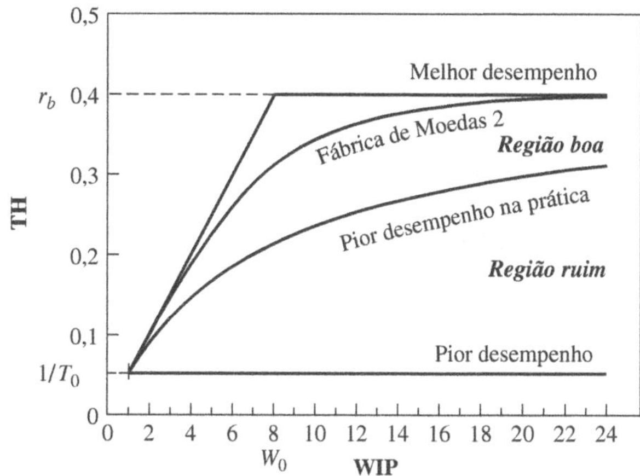

FIGURA 7.13 Produtividade *versus* WIP na Fábrica de Moedas Dois.

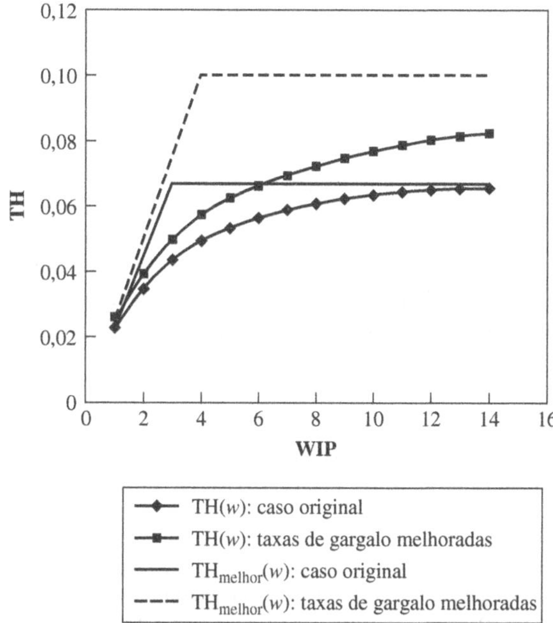

FIGURA 7.14 Alteração na curva da produtividade causada pela melhora da taxa de gargalo.

isso também aumenta a produtividade para qualquer nível de WIP. Na verdade, para níveis baixos de WIP, o aumento na produtividade é maior do que aquele alcançado melhorando o gargalo. Para altos níveis de WIP (seis ou mais), melhorar a taxa de gargalo causa um aumento maior na produtividade do que melhorar a taxa dos outros processos. Notamos também que fizemos uma melhora mais acentuada nas outras estações do que na estação gargalo, isto é, cortamos os tempos de processamento pela metade em três máquinas e apenas 33% na outra). Se pudéssemos reduzir qualquer processo em 5 minutos, o melhor ponto para reduzi-lo seria *sempre* o gargalo! Porém, como isso nem sempre é possível (do ponto de vista econômico), é bom saber que é possível melhorar o desempenho do sistema aperfeiçoando os processos que não são gargalo.

7.3.5 *Benchmarking* interno

Possuímos agora as ferramentas para avaliar o desempenho de uma linha de produção. A ideia básica é comparar o desempenho real com os casos do melhor e pior desempenho, e pior desempenho na

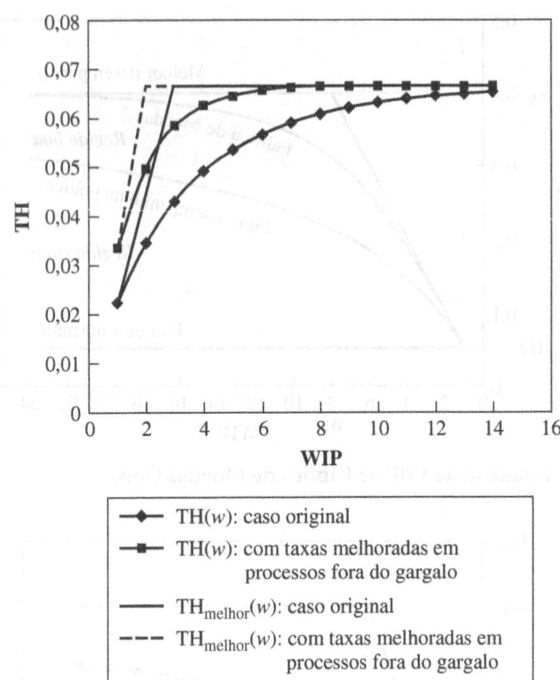

FIGURA 7.15 Alterações na curva da produtividade pelo aprimoramento de processos fora do gargalo.

prática. O pior desempenho na prática serve como nosso modelo; desempenhos piores do que esse podem indicar problemas (oportunidades), e desempenhos melhores podem sugerir que a linha não é tão ineficiente. Para ver como isso funciona na prática, vamos para um caso real.

O caso da HAL:

A HAL, uma empresa de computadores, produz placas de circuitos impressos que são vendidas a outras fábricas. Na linha da empresa, as placas são preenchidas com componentes e, então, remetidas para o uso na montagem de computadores pessoais. O processo básico para a produção das placas é o seguinte:

1. *Laminação.* Camadas de cobre e *prepreg* (fibra de vidro impregnada com epóxi) são prensadas para formar a base (placas lisas).
2. *Corte.* As bases são cortadas no tamanho genérico adequado.
3. *Impressão dos circuitos.* Por meio da exposição fotográfica e de um processo de impressão, os circuitos são produzidos nas bases cortadas, dando-lhes personalidade (uma característica singular). Agora elas se tornaram painéis.
4. *Teste óptico e reparos.* Os circuitos são então escaneados para a detecção de defeitos, que são reparados caso não sejam muito sérios.
5. *Perfuração.* São feitos furos nos painéis para conectar os circuitos das placas com camadas múltiplas. Note que os painéis precisam então retornar à operação de laminação para terminar o processo de construção das camadas. Os painéis com apenas uma camada não precisam de perfuração ou de cobertura de cobre.
6. *Cobertura de cobre.* Os painéis com múltiplas camadas passam por um banho de cobre, que é depositado nos furos, conectando os circuitos nas diferentes camadas.
7. *Proteção.* Uma camada plástica protetora é aplicada aos painéis.
8. *Corte final.* Os painéis são cortados no tamanho final. Na maioria dos casos, são fabricadas placas múltiplas em um único painel e, então, as placas são cortadas no tamanho final. Dependendo do tamanho da placa, um painel pode ser dividido em 2 ou em até 20 placas.
9. *Teste final.* É feito um teste elétrico em cada uma das placas para confirmar seu bom funcionamento.

Os engenheiros da HAL monitoram a capacidade e o desempenho da linha de produção das placas. Suas melhores estimativas sobre a capacidade estão resumidas na Tabela 7.4, que fornece as taxas médias dos processos (o número de painéis produzidos por hora) e os tempos médios dos processos (horas) em cada estação. (Note que, pelo fato de os painéis serem, muitas vezes, processados em lotes e muitos processos terem máquinas paralelas, a taxa de um processo não é o inverso do tempo.) Esses valores são médios e se referem às diferentes placas fabricadas pela HAL e também aos diversos roteiros de produção – alguns painéis podem passar 2 vezes pela laminação. Também são considerados os fatores detrativos, como quebras de máquinas, tempos de *setup* e ineficiências dos operadores. Assim, a taxa do processo é uma aproximação de quantos painéis cada um dos processos pode produzir por hora se houvesse uma alimentação ilimitada. O tempo de processamento representa o tempo médio que um painel normal gasta para ser trabalhado em cada processo e inclui os tempos perdidos pelos fatores detrativos, mas não inclui os tempos de espera para serem processados nas diversas estações.

As principais medidas de desempenho enfatizadas pela HAL são a produtividade (quantas placas são produzidas), o *cycle time* (o tempo gasto para produzir uma placa normal), o trabalho em curso (estoques na linha de produção) e o nível de atendimento aos clientes (quantidade de pedidos entregues aos clientes dentro do prazo). Ao longo dos últimos meses, a produção média tem sido de 1.400 painéis por dia, o que dá cerca de 71,8 painéis por hora (a HAL trabalha em 3 turnos por dia, que somam 19,5 horas produtivas cada, após descontar as paradas de almoço, trocas de turnos e reuniões). O nível de WIP na linha tem sido, em média, de 47.000 painéis, e o *cycle time*, mais ou menos de 34 dias, ou 816 horas. O atendimento ao cliente tem sido, em média, de 75%.

A questão é a seguinte: como está indo a HAL?

Podemos responder parte da questão sem qualquer análise. A administração da HAL não está satisfeita com o nível de 75% no atendimento aos clientes, pois tem um objetivo corporativo de atingir o índice de 90%. Então, nesse aspecto, o desempenho não é bom. Porém, talvez a razão disso sejam os vendedores ultrazelosos, que prometem aos seus clientes prazos de entrega impraticáveis. Pode não ser um indicativo de que há algo de errado na linha de produção.

Para avaliar o desempenho, juntamente com outras métricas – produtividade, WIP e *cycle time* – usaremos o procedimento do *benchmarking* interno. Para isso, observe, na Tabela 7.4, que a taxa de gargalo é de $r_b = 114$ painéis por hora e o tempo bruto de processamento é de $T_0 = 33{,}9$ horas. Assim, o nível crítico de WIP para a linha é de

$$W_0 = r_b \times T_0 = 114 \times 33{,}9 = 3.869 \text{ painéis}$$

Antes de fazermos os cálculos para as comparações, vamos verificar a lei de Little sobre esses dados:

$$\text{TH} \times \text{CT} = 1.400 \text{ painéis/dia} \times 34 \text{ dias} = 47.600 \text{ painéis}$$

o que é muito parecido com o desempenho real de 47.000 painéis. Como a lei de Little é válida somente para as médias de longo prazo, não poderíamos esperar que ela fosse exata. Mas esses números estão bem dentro dos parâmetros e, portanto, sugerem que não há problemas.

Agora comparamos o desempenho real com o pior desempenho na prática, considerando os mesmos níveis de r_b, T_0 e WIP da linha de produção da HAL:

$$\text{TH}_{\text{PWC}} = \frac{w}{W_0 + w - 1} r_b = \frac{47\dot{}000}{3\dot{}869 + 47\dot{}000 - 1}(114) = 105{,}3 \text{ painéis por hora}$$

A produção real é de 71,8 painéis por hora, a qual é bem menor do que as 105,3 anteriores, indicando que o desempenho real é muito pior do que o pior desempenho na prática.

Podemos ilustrar esses cálculos desenhando as curvas da produção do melhor, do pior e do pior desempenho na prática *versus* o desempenho real. Isso resulta no gráfico da Figura 7.16, que mostra muito bem que os dois números (WIP de 47.000 e produtividade de 71,8) situam-se dentro da região "ruim" entre o pior desempenho e o pior desempenho na prática. De maneira clara, as linhas que mostram esse comportamento oferecem maiores oportunidades para melhorias do que aquelas da região "boa", entre as linhas do pior desempenho na prática e do melhor desempenho.

Esse exemplo mostra que os modelos apresentados neste capítulo podem ajudar a diagnosticar os problemas de uma linha de produção e determinar se há eficiência operacional ou não. Mas eles não nos mostram as razões de uma linha estar operando de maneira ineficiente e, portanto, não nos ajuda a

TABELA 7.4 Dados da capacidade da linha de produção de placas de circuito impresso da HAL

Processo	Taxa (peças por hora)	Tempo (horas)
Laminação	191,5	4,7
Corte	186,2	0,5
Impressão dos circuitos	114,0	3,6
Teste óptico/reparos - int.	150,5	1,0
Segunda laminação - camadas	158,7	2,0
Circuitos externos	159,9	4,3
Teste óptico/reparos - ext.	150,5	1,0
Perfuração	185,9	10,2
Cobertura de cobre	136,4	1,0
Proteção	117,3	4,1
Corte final	126,5	1,1
Teste final	169,5	0,5
r_b, T_0	114,0	33,9

melhorá-la. Para tanto, precisamos fazer uma investigação mais profunda de quais as causas de algumas linhas serem muito eficientes na conversão de WIP em produtividade e outras não. Esse é o nosso assunto para os próximos dois capítulos.

7.4 SISTEMAS COM LIMITAÇÕES DE MÃO DE OBRA

Ao longo deste capítulo, focamos as linhas de produção em que as máquinas são as limitações (o gargalo) do sistema. Assumimos, de maneira implícita, que os elementos humanos faziam parte das estações de trabalho. Porém, em alguns sistemas, os operadores executam tarefas múltiplas ou cuidam de várias estações ao mesmo tempo. Esses tipos de sistemas demonstram uma maior complexidade em seu comportamento do que as linhas simples consideradas até aqui, pois o fluxo dos trabalhos é afetado pela quantidade e pelas características tanto das máquinas quanto de seus operadores.

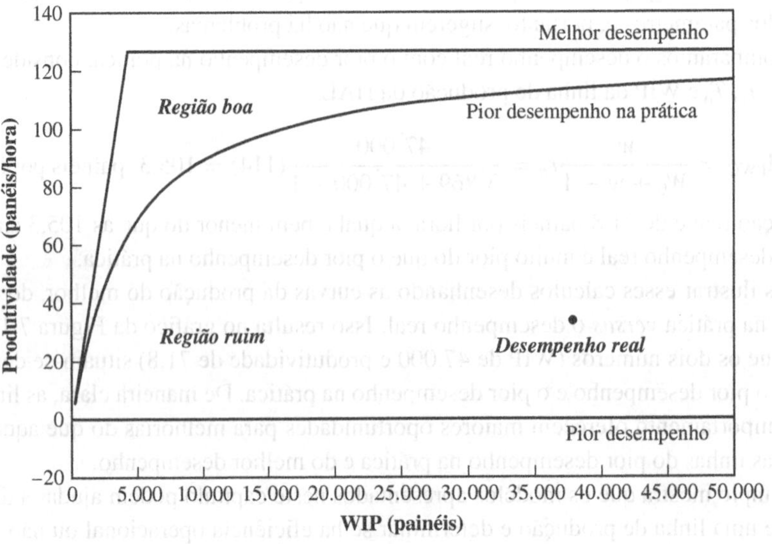

FIGURA 7.16 Produtividade *versus* WIP no caso da HAL.

Apesar de o assunto da mão de obra flexível ser muito mais amplo para ser tratado aqui de maneira mais completa, podemos fazer algumas observações sobre como as linhas com limitações de mão de obra se relacionam às linhas simples apresentadas até agora. Para tanto, consideremos as três situações a seguir.

7.4.1 Um caso de capacidade ampla

Começaremos com o caso em que a mão de obra é a única limitação da produção, isto é, assumimos que há máquinas suficientes nas estações e que os operadores não irão parar por falta de equipamentos. Poderíamos imaginar que tal situação seria irreal na prática, mas existem situações reais parecidas com esse perfil de comportamento. Os autores deste livro encontraram uma situação parecida nas instalações de uma gráfica que produzia catálogos e outros materiais de marketing. A empresa recebia os conteúdos (textos, fotos, etc.) de seus clientes e convertia esses materiais em dados eletrônicos para impressão através de uma série de processos (digitalização, correção de cores, acabamento das páginas), que eram então mandados a uma impressora. A maioria desses processos de pré-impressão exigia o uso de um computador com alguns equipamentos periféricos. Pelo fato de os computadores serem baratos em relação ao custo de possíveis atrasos na entrega, a empresa instalou várias estações de trabalho iguais para garantir que os técnicos nunca teriam que parar suas tarefas por falta de equipamentos. O resultado foi que existiam muito mais equipamentos do que pessoas disponíveis, o que fazia da mão de obra a principal limitação do sistema.

A principal razão pela qual a empresa gráfica instalara uma ampla capacidade nas estações de trabalho foi facilitar sua política de mão de obra flexível. Em vez de possuir especialistas em cada operação, a empresa treinou seus funcionários para exercerem funções múltiplas, de maneira que qualquer pessoa sabia fazer quase todas as operações. Isso permitia à empresa alocar funcionários de acordo com os trabalhos e não com as estações. Um funcionário cuidava de um trabalho através de todo o sistema, executando cada uma das tarefas na estação apropriada, conforme mostra a Figura 7.17. Os computadores extras disponíveis garantiam que ninguém ficaria aguardando para usar os equipamentos nas várias estações. Tendo um funcionário para cuidar de cada pedido do cliente significa que o cliente precisava contatar uma única pessoa, que se responsabilizava pela qualidade do trabalho até o final.

Em um sistema como esse, a capacidade da produção é definida pela mão de obra disponível, em vez dos equipamentos. Para identificar a capacidade, continuaremos a usar o termo T_0 para representar os tempos médios para um trabalho atravessar todo o sistema, independentemente de qual operador fosse o responsável pelo trabalho. Além disso, supomos que uma vez que um operador inicia um trabalho, ele vai acompanhá-lo até o final da produção. Parar um trabalho na metade não aumentará a produtividade e elevará seu *cycle time*, a não ser que algum cliente tenha uma prioridade maior do que os outros, não haveria razões para fazê-lo. Nessas circunstâncias, os trabalhos são liberados no sistema somente quando um funcionário fica disponível, não havendo limitações no que se refere a equipamentos, e o *cycle time* é sempre T_0. Se há n funcionários na linha, todos trabalhando ao mesmo ritmo, então cada um deles acaba um trabalho a cada período T_0, o que significa que a produtividade será de n/T_0.

Como o caso da capacidade ampla é uma situação ideal, qualquer mudança em nossas suposições só poderá diminuir a produtividade. Alguns exemplos de tais mudanças são menos equipamentos, de maneira que alguns funcionários fiquem sem poder trabalhar; chegada intermitente dos trabalhos, o

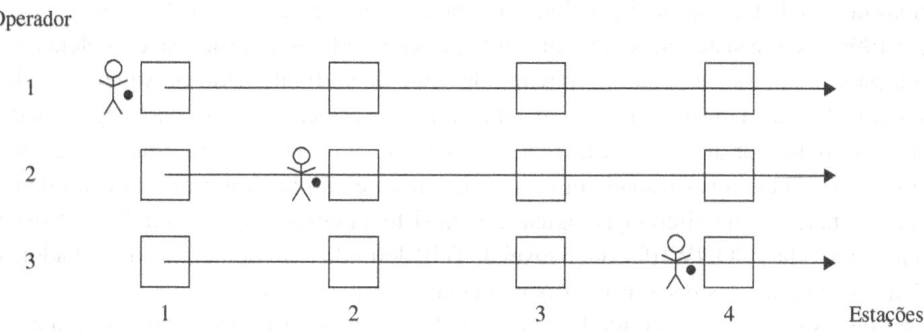

FIGURA 7.17 Uma linha com capacidade ampla e com operadores multifuncionais.

que pode causar falta de trabalho; treinamento menos multifuncional do pessoal, de maneira que algumas tarefas tenham que aguardar um especialista em algumas estações; ou qualquer outra mudança que evite que os funcionários estejam sempre ocupados. Podemos definir a capacidade de um sistema com limitações de mão de obra como segue.

Definição (capacidade de mão de obra): *A capacidade máxima de uma linha de produção com n operadores multifuncionais com ritmos de trabalho iguais é*

$$\text{TH}_{\text{max}} = \frac{n}{T_0}$$

Essa definição fornece uma maneira de introduzir a mão de obra no cálculo da capacidade. Por exemplo, em uma linha que tem mais estações de trabalho do que operadores, a taxa de gargalo dos equipamentos r_b pode ser uma estimativa enganosa da capacidade da linha de produção. Onde a produção é limitada pela mão de obra, n/T_0 pode ser um limite máximo mais realista e mais útil para a produtividade. Esse limite pode ser aplicado a uma série de sistemas, incluindo aqueles com trabalhadores parcial ou totalmente treinados para exercerem funções múltiplas.

No entanto, um tipo de sistemas em que isso não é aplicável é aquele em que um funcionário pode processar mais de um trabalho ao mesmo tempo. Por exemplo, uma célula de produção onde apenas um operador pode cuidar de várias máquinas automáticas ao mesmo tempo pode ter uma produtividade maior do que n/T_0. Tais sistemas são frequentemente vistos como sistemas com limitação de equipamento, nos quais a limitação de mão de obra age como um fator detrativo da capacidade e aumentativo da variabilidade. Examinaremos os fatores detrativos em maiores detalhes no Capítulo 8.

7.4.2 Um caso de flexibilidade total

Para aprofundar nosso entendimento de como os equipamentos e a mão de obra afetam a capacidade, vamos considerar o caso em que os trabalhadores são completamente multifuncionais (podem operar qualquer estação de trabalho da linha). Além disso, vamos assumir que os trabalhadores se responsabilizam por um trabalho até seu final, como no caso da capacidade ampla. Porém, diferentemente desta, os equipamentos são limitados e os operadores podem ter que aguardar para iniciarem seus trabalhos, conforme mostra a Figura 7.18. Quando um operador termina um trabalho ao final da linha, ele volta ao começo e inicia outro.

Se os operadores mostrados na Figura 7.18 têm o mesmo ritmo de trabalho, então essa linha é logicamente idêntica às linhas "CONWIP" já abordadas anteriormente, exceto o fato de o nível de WIP agora ser o número de operadores. Assim, o comportamento da linha situa-se em algum ponto entre os casos de melhor e pior desempenho, sendo que o caso do pior desempenho na prática faz a divisão entre a linha boa e a ruim. Além disso, todas as estratégias de melhorias abordadas anteriormente – aumento da capacidade, redução do equilíbrio, uso de máquinas paralelas e redução da variabilidade – continuam aplicáveis.

A suposição de que os operadores são totalmente multifuncionais e efetuam as tarefas ao longo de toda a linha pode não ser realista em muitas situações. Por exemplo, se a estação exige habilidades muito diferentes, pode fazer sentido que os operadores se especializem mais e se concentrem em apenas algumas tarefas. Um exemplo é uma linha do tipo corrente humana (*bucket brigade*, ver Bartholdi e Eisenstein 1996). Nesse sistema, sempre que um operador no final do processo completa um trabalho, ele volta à estação anterior e pega um trabalho de seu colega, finalizando-o. Aquele trabalhador que passou seu trabalho faz o mesmo processo e volta também à estação anterior para pegar um trabalho de outro colega. E assim por diante, até que o primeiro trabalhador na primeira estação pega um trabalho novo. Se todos os operadores trabalham no mesmo ritmo e não há demoras extras no manuseio das várias tarefas, então não há diferenças lógicas de um sistema igual ao da Figura 7.18. O sistema ainda opera como uma linha "CONWIP" com o nível de WIP definido pelo número de trabalhadores. Apenas a identidade dos operadores responsáveis por cada tarefa é que muda.

Apesar de o sistema da "corrente humana", na lógica, não ser diferente do sistema em que cada operador é responsável por apenas um trabalho de cada vez do início ao final, na prática, ele mostra

FIGURA 7.18 Linha com operadores multifuncionais e responsáveis por cada trabalho completo.

algumas diferenças. Cada operador tende a operar estações por zonas. Na verdade, no caso em que todos os tempos de processamento são perfeitamente determinados (caso do melhor desempenho), a linha se acomodará em um ciclo repetitivo no qual cada trabalhador processa as mesmas tarefas através da mesma sequência de estações. O treinamento multifuncional e a transferência de trabalhos permite que a linha de produção se equilibre, de maneira que cada trabalhador gaste o mesmo tempo em cada trabalho. Esse tipo de sistema é bastante usado em indústrias de produção de assentos para carros (ver o Capítulo 10 para uma discussão desse sistema na Toyota), na administração de estoques em armazéns e nas preparações de sanduíches em redes de *fast-food* (Subway).

Note que as esperas ainda podem acontecer nas "correntes humanas". Quando um operador em uma zona consegue alcançar seu colega da próxima zona, o primeiro vai ter que aguardar até o segundo terminar, a não ser que haja equipamentos extras. Assim, faz sentido organizar as zonas em que os trabalhadores operam para minimizar essas ocorrências, colocando os operadores mais rápidos nas zonas finais, e os mais lentos nas iniciais. Bartholdi e Eisenstein (1996) mostram que a organização da linha, desde os mais lentos até os mais rápidos, pode melhorar consideravelmente a produtividade e observam que isso tende realmente a acontecer nas indústrias onde esse tipo de sistema é usado.

7.4.3 As linhas "CONWIP" com mão de obra flexível

Se cada trabalhador continua responsável por cada trabalho até o final (ou passa seu trabalho para seu colega diretamente como nas correntes humanas), o número de trabalhos no sistema será sempre igual aos trabalhadores na linha e o sistema passa a ter um comportamento logístico, como uma linha "CONWIP". Porém, em muitos sistemas, o número de trabalhos geralmente é maior do que o de trabalhadores. Se os trabalhadores puderem trabalhar em várias estações diferentes, o desempenho do sistema dependerá de quão eficaz for a alocação da mão de obra em relação à promoção do fluxo ao longo do sistema. Isso pode se tornar complexo, pois existem inúmeras maneiras de alocar dinamicamente a mão de obra no sistema.

Uma dessas maneiras, que é uma extensão natural do sistema da corrente humana com mais trabalhos do que trabalhadores, é permitir que qualquer dos trabalhadores que fique livre pegue o próximo trabalho disponível de um de seus colegas em processos anteriores ou de um estoque intermediário (ver a Figura 7.19 para uma ilustração). Sempre que um trabalhador tem que aguardar seu colega em uma estação adiante que ainda está ocupada, ele coloca o trabalho no estoque intermediário em frente à estação ainda ocupada e retorna à estação anterior para pegar outro. Isso continua até que o número total de trabalhos no sistema não exceda um limite pré-definido (sem esse limite, um operador rápido na frente inundaria a linha com WIP).

Se todas as estações consistem de apenas uma máquina, de maneira que os trabalhos têm um fluxo único e não podem ultrapassar um ao outro, então, a qualquer momento, um operador n (o último na linha) estará trabalhando na tarefa que está mais adiantada. O operador $n - 1$ estará envolvido com o penúltimo trabalho, que não o bloqueado pelo operador n, e assim por diante. Se for possível a ultrapassagem de trabalhos em estações com várias máquinas, os operadores podem sair da ordem. Mas

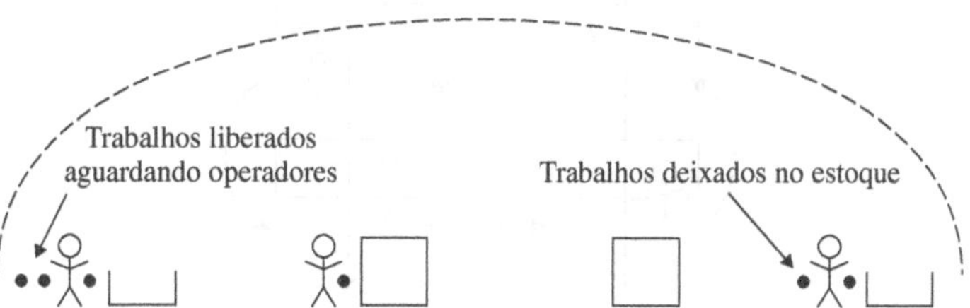

FIGURA 7.19 Linha CONWIP usando a corrente humana com estoque intermediário.

a intenção básica ainda é manter os operadores trabalhando nas tarefas mais ao fim da linha, sempre que puderem. Manter os operadores sempre ocupados tende a maximizar a produtividade; processar os trabalhos mais ao final da linha tende a minimizar o *cycle time*. Assim, a expectativa é de que essa prática funcione razoavelmente bem.

Os sistemas em que o processamento dos trabalhos exige tanto uma máquina quanto um operador são mais complexos do que os discutidos até aqui, nos quais apenas as máquinas eram as limitações. Porém, em alguns casos, o comportamento do sistema em relação à mão de obra pode ser idêntico. Por exemplo, se não há diferenças no ritmo dos trabalhadores, então a produtividade do sistema depende totalmente da frequência em que os trabalhos liberados ficam parados por falta de um operador. Se isso nunca acontece, o sistema opera como uma linha CONWIP normal. Se acontecer tão frequentemente que os operadores poderiam fazer cada trabalho do início ao fim, então o sistema operará como uma linha CONWIP com um número de trabalhos igual ao de trabalhadores. Se os trabalhos com uma máquina disponível têm que aguardar um operador, então o desempenho se situa em algum ponto entre uma linha CONWIP normal, isto é, com um nível de WIP igual ao número de trabalhos, e uma linha CONWIP com um nível de WIP igual ao número de trabalhadores.

7.4.4 Projeto de um sistema com mão de obra flexível

Na prática, ao usar a flexibilidade da mão de obra para melhorar a eficiência operacional, isso envolve dois tipos de decisões gerenciais:

1. *Treinamento:* determinar quais os operadores serão treinados para executar quais tarefas do sistema.
2. *Alocação:* alocar os operadores para tarefas em tempo real de acordo com as necessidades do sistema e as capacidades dos trabalhadores.

Pelo fato de o treinamento poder ser oneroso e demorado, muitas vezes é impraticável ensinar todas as habilidades necessárias ao trabalhador para quer ele possa executar todas as tarefas. Assim, as políticas de alocação que fazem um operador seguir os trabalhos ao longo de toda a linha, ou mesmo de uma grande porção dela, podem não ser uma opção prática. Felizmente, as pesquisas recentes sugerem que políticas baseadas em treinamentos com um menor nível de multifuncionalidade podem obter a maioria dos seus benefícios. Uma abordagem é o uso de **políticas de encadeamento**, segundo as quais os operadores são treinados para cobrir certas zonas limitadas de estações de trabalho, exatamente onde as zonas se sobrepõem. A Figura 7.20 descreve uma linha de produção em forma de U na qual os operadores podem cobrir sua estação-base e também a próxima (com o operador da última estação treinado para cobrir também a primeira, para fechar a corrente). Ao usar esse sistema, a capacidade pode ser deslocada de maneira dinâmica entre as estações por meio da realocação dos operadores em suas zonas de responsabilidade (ver Hopp, Tekin e Van Oyen 2004 para maiores detalhes). Isso torna os sistemas bem robustos contra flutuações causadas por sobrecargas de trabalho (por exemplo, devido a mudanças temporárias na combinação de produtos) ou por problemas com pessoal, como o absenteísmo.

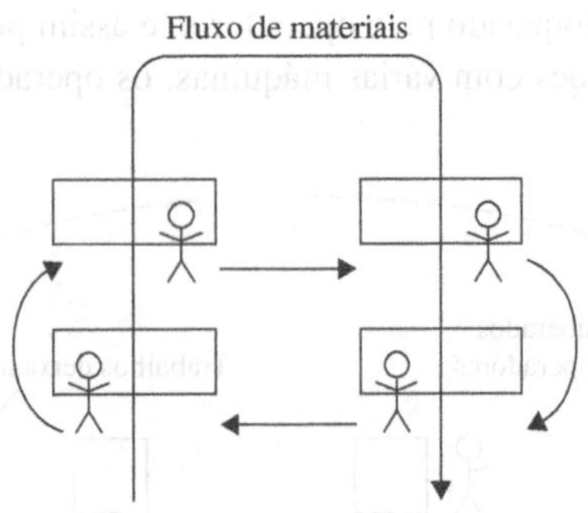

FIGURA 7.20 Exemplo de uma linha de produção com encadeamento das habilidades dos operadores.

Além de afetar a eficiência operacional, o treinamento multifuncional e a alocação dinâmica dos operadores podem influir na qualidade, na ergonomia, no atendimento aos clientes e em outros fatores de um sistema de produção. Pelo fato de as necessidades estratégicas e as características ambientais variarem muito entre os sistemas, muitas abordagens diferentes têm sido usadas para desenvolver e aproveitar a flexibilidade da mão de obra. A definição de qual é a melhor abordagem para certo sistema envolve a avaliação dos objetivos estratégicos que podem ser alcançados por meio do treinamento multifuncional em conformidade com as políticas do ambiente do sistema (ver Hopp e Van Oyen 2004 para uma estrutura de trabalho formal para fazer tais avaliações).

7.5 CONCLUSÕES

Neste capítulo, examinamos o comportamento fundamental de uma linha de produção simples, estudando as relações entre *cycle time*, WIP, produtividade e capacidade. Observamos o seguinte:

1. Uma única linha pode ser razoavelmente resumida em dois parâmetros independentes: a taxa de gargalo r_b e o tempo bruto de processamento T_0. Porém, como notamos, é possível uma ampla gama de comportamentos para linhas de produção com os mesmos valores de r_b e T_0. Investigaremos as causas dessas disparidades nos próximos dois capítulos.
2. A lei de Little (WIP = TH × CT) fornece as relações fundamentais entre três medidas médias de longo prazo do desempenho de *qualquer* estação, linha ou sistema de produção.
3. O caso do melhor desempenho define a produtividade máxima e o *cycle time* mínimo para um determinado nível de WIP em qualquer linha com valores específicos de r_b e T_0. O caso do pior desempenho define a produtividade mínima e o *cycle time* máximo em qualquer linha com valores específicos de r_b e T_0. O caso do pior desempenho na prática oferece um cenário intermediário que serve como divisor entre os sistemas "bons" e "ruins".
4. O nível crítico de WIP, definido como $W_0 = r_b T_0$, representa um nível ideal de WIP (em comparação ao ideal nada realista do nível zero de estoques, o qual resultaria em zero de produtividade). Com W_0, o melhor desempenho (uma linha com variabilidade zero) alcança tanto uma produtividade máxima (r_b) quanto um *cycle time* mínimo (T_0).
5. Tanto o melhor quanto o pior desempenho ocorrem em sistemas não aleatórios. O pior desempenho resulta de uma alta variabilidade causada por maus controles e não pela aleatoriedade em si. O pior desempenho na prática representa uma situação de máxima aleatoriedade.
6. Quando os níveis de WIP são altos, a redução do tempo bruto de processamento T_0 pouco afeta o *cycle time*, porém, se aumentamos r_b, isso poderá causar um alto impacto.
7. Se todas as outras condições forem mantidas (isto é, se r_b e T_0 são iguais), as linhas desequilibradas mostram menos congestionamento do que as linhas balanceadas.
8. As linhas de produção podem ser limitadas por uma combinação de equipamentos e de mão de obra. A capacidade dos equipamentos é limitada pela taxa de gargalo r_b, enquanto a capacidade da mão de obra é limitada por n/T_0, onde n é o número de trabalhadores da linha.
9. Os sistemas com alta variabilidade nos processos e estações equilibradas são os que mais aceitam as políticas de treinamento multifuncional e de mão de obra flexível. Além disso, as estações com máquinas paralelas são mais adequadas à aplicação de políticas de mão de obra flexível.

A compreensão que emerge dessa análise das dinâmicas básicas das fábricas é que uma linha pode alcançar a mesma produção com um nível menor de WIP por meio do aumento da capacidade ou do aprimoramento da eficiência. Como mostramos com o caso do pior desempenho na prática, a principal maneira de aumentar a eficiência da linha é reduzindo a variabilidade em cada uma das estações de trabalho. Para avaliar a relativa eficácia do aumento da capacidade *versus* a redução da variabilidade, precisamos desenvolver mais a ciência da Ciência da Fábrica para descrever o comportamento dos sistemas produtivos envolvendo a variabilidade, o que será realizado nos Capítulos 8 e 9.

QUESTÕES PARA ESTUDO

1. Suponha que a produtividade está perto da capacidade r_b. Usando a lei de Little, faça as relações entre:
   (a) WIP e *cycle time* em uma linha de produção.
   (b) Os estoques de produtos finais e o tempo gasto no estoque.
   (c) O número de carros aguardando em uma cabine de pedágio e o tempo médio de espera na fila.
2. É possível que uma linha tenha a mesma produtividade tanto com um alto nível de WIP e com alto *cycle time* quanto com um baixo nível de WIP e com um baixo *cycle time*? Qual combinação você preferia ter em sua linha? Por quê?
3. Para um determinado conjunto de características de uma linha de produção (o tempo bruto de processamento T_0 e a taxa de gargalo r_b) e um determinado nível de WIP w, qual é o melhor *cycle time* que pode ser alcançado? E qual o "pior"? Qual a produtividade correspondente a esses dois casos?
4. Quais são as condições da produtividade pelo caso do pior desempenho na prática? Quais tipos de comportamento podem resultar em um desempenho pior do que esse caso? O que isso influiria na produção? E no *cycle time*?
5. O nível crítico de WIP W_0 pode exceder o número de máquinas na linha?
6. Suponha que os tempos de processamento em uma máquina são distribuídos exponencialmente com uma média de 10 minutos, e um trabalho já está rodando na linha há 90 minutos. Qual é a estimativa do tempo restante até ele ser finalizado?

PROBLEMAS

1. Calcule a capacidade em peças/hora das seguintes situações:
   (a) Uma estação com três máquinas paralelas e com um tempo de processamento de 20 minutos para cada estação.
   (b) Uma linha de produção equilibrada com estações de apenas uma máquina, todas com um tempo médio de processamento de 15 minutos.
   (c) Uma linha com quatro estações de apenas uma máquina, na qual os tempos médios de processo são 15, 20, 10 e 12 minutos, respectivamente, para as estações 1, 2, 3 e 4.
   (d) Uma linha com quatro estações de máquinas múltiplas, na qual o número de máquinas (paralelas) nas estações 1, 2, 3 e 4 é de 2, 6, 10 e 3, respectivamente. Os tempos médios de processamento nas estações 1, 2, 3 e 4 são de 10, 24, 40 e 18 minutos, respectivamente.
   (e) Uma linha com três estações com ampla capacidade de equipamentos (os operadores nunca precisam aguardar por falta de equipamento) operada por seis trabalhadores, os quais têm ritmos iguais e levam 10, 15 e 5 minutos, respectivamente, nas estações 1, 2 e 3.
   (f) A mesma linha do caso anterior, mas com apenas duas máquinas paralelas na estação 2. As outras estações continuam com capacidade ampla.
2. Considere uma linha com três estações de apenas uma máquina. Os tempos médios de processamento nas estações 1, 2 e 3 são de 15, 12 e 14 minutos, respectivamente. Porém, a estação 2 está sujeita a falhas aleatórias que reduzem sua disponibilidade para apenas 75%.
   (a) Qual é a estação gargalo dessa linha?
   (b) Qual é a taxa de gargalo r_b, o tempo bruto de processamento T_0 e o nível crítico de WIP W_0 para essa linha?
   (c) Se a disponibilidade da estação 2 for reduzida para 50%, o que acontece ao nível crítico de WIP W_0? Descreva, em breves palavras, os possíveis impactos dessa mudança.
3. Uma linha de produção fabrica buchas de pó de metal em três processos: compactação, endurecimento e acabamento, os quais são efetuados em três estações com apenas uma máquina e têm um tempo médio de processamento de 12, 10 e 6 minutos, respectivamente. A compactação e o endurecimento são dedicados inteiramente às peças fabricadas, mas o acabamento é também usado para rolamentos de outra linha; o tempo médio de processamento dos rolamentos é de 14 minutos.
   (a) Se os volumes de produção de peças e rolamentos são iguais, qual é o gargalo da linha de buchas?
   (b) Se o volume de rolamentos for 3 vezes mais que o volume de buchas, qual é o gargalo da linha de pó de metal?
   (c) Se o volume dos rolamentos for 9 vezes o de buchas, qual o gargalo da linha de pó de metal?

(d) Se você tivesse que optar, qual o processo de gargalo que você escolheria?

4. Uma gráfica roda uma linha de produção de manuais com duas estações, sendo que a primeira estação faz os furos nas páginas e a segunda faz a encadernação. Em média, a máquina de perfurar pode processar 15.000 páginas por hora, enquanto a encadernação processa 10.000 páginas por hora. A gráfica recebe trabalhos que exigem os dois processos a uma média de 8.000 páginas por hora. Ela também recebe trabalhos que exigem somente o processo de perfuração a uma média de 5.000 páginas por hora. Qual das duas estações é o gargalo?

5. Considere uma linha com quatro estações, sendo que todas elas têm apenas uma máquina. A estação 2 tem um tempo médio de processamento de 2 horas por trabalho, e as outras estações têm um tempo médio de processamento de 1 hora por trabalho. Assumindo que os tempos de processamento são determinísticos (como no caso do melhor desempenho), responda o seguinte:
   (a) Quais são os valores de r_b e T_0 dessa linha?
   (b) Como os valores de r_b e T_0 mudam, se outra máquina igual é adicionada à estação 2? Que efeitos isso traz para o desempenho?
   (c) Como os valores de r_b e T_0 mudam, se a velocidade da máquina na estação 2 é aumentada para ter um tempo médio de processamento de 1 hora? Quais os efeitos disso no desempenho?
   (d) Como os valores de r_b e T_0 mudam, se outra máquina igual é adicionada à estação 1? Que efeitos isso teria sobre o desempenho?
   (e) Como os valores de r_b e T_0 mudam, se a velocidade da máquina da estação 1 é aumentada para ter um tempo médio de processamento de 1/2 hora? Quais os efeitos sobre o desempenho? Seus resultados concordam com a crença de que não adianta fazer melhorias em processos fora do ponto do gargalo ou discordam dela?

6. Repita o problema 4 supondo que todos os trabalhos são processados em uma estação antes de seguir adiante (como no caso do pior desempenho).

7. Repita o problema 4 supondo que os tempos de processamento são distribuídos de maneira exponencial e a linha é equilibrada pela taxa do gargalo (como no caso do pior desempenho na prática).

8. Considere uma linha de produção com três estações que fabrica apenas um produto que deve passar pelas estações 1, 2 e 3 em sequência:

   - A estação 1 tem 5 máquinas iguais, com um tempo médio de processamento de 15 minutos por trabalho.
   - A estação 2 tem 12 máquinas iguais, com um tempo médio de processamento de 30 minutos por trabalho.
   - A estação 3 tem 1 máquina, com um tempo médio de processamento de 3 minutos por trabalho.

   (a) Qual é a taxa de gargalo r_b, o tempo bruto de processamento T_0 e o nível crítico de WIP w_0?
   (b) Calcule o *cycle time* médio com um nível de WIP de 20 trabalhos, assumindo um caso de
      (i) Melhor desempenho possível
      (ii) Pior desempenho possível
      (iii) Pior desempenho na prática
   (c) Suponha que você queira que a produtividade de uma linha seja de 90% da taxa de gargalo. Ache o nível de WIP necessário para alcançar isso sob as condições de um caso de
      (i) Melhor desempenho possível
      (ii) Pior desempenho possível
      (iii) Pior desempenho na prática
   (d) Se o *cycle time* ao nível crítico de WIP é de 100 minutos, como fica o desempenho nos três casos acima? É possível realizar melhorias?

9. A Rivet Inc. é uma pequena oficina que produz produtos de metal laminado. Uma de suas linhas é dedicada à produção de capas leves para proteção de aparelhos de ar condicionado, porém, devido à grande demanda, a empresa adicionou uma segunda linha. A nova linha usa um equipamento automático com maior capacidade, mas consiste do mesmo processo básico da linha antiga. Além disso, a nova linha usa uma máquina a cada estação, enquanto a antiga linha tem máquinas paralelas em suas estações de trabalho. Os dados dos processos, as taxas das máquinas, o número de máquinas por estação e os tempos médios para um trabalho em uma estação (excluindo as filas de espera), são fornecidos na seguinte tabela, para cada uma das linhas:

	Linha antiga			Linha nova		
Processo	**Taxa da máquina (peças/hora)**	**Número de máquinas por estação**	**Tempo (minutos)**	**Taxa da máquina (peças/hora)**	**Número de máquinas por estação**	**Tempo (minutos)**
Perfuração	15	4	4,0	120	1	0,50
Freios	12	4	5,0	120	1	0,50
Montagem	20	2	3,0	125	1	0,48
Acabamento	50	1	1,2	125	1	0,48

Ao longo dos 3 meses, a linha antiga produz uma média de 315 peças por dia, com um turno único de 8 horas, e tem uma média de 400 peças de WIP. A linha nova produz uma média de 680 peças a cada dia de 8 horas de trabalho, mantendo uma média de 350 peças de WIP. A administração não está satisfeita com o desempenho da linha antiga, porque está produzindo menos com mais WIP do que a nova linha. Seu trabalho é avaliar as duas linhas, usando os dados fornecidos, e identificar possíveis pontos a melhorar em cada uma das linhas, resolvendo as seguintes questões.

(a) Calcule os valores de r_b, T_0 e W_0 para as duas linhas. Qual das linhas tem o maior nível crítico de WIP? Explique o porquê.

(b) Compare o desempenho das duas linhas com o caso do pior desempenho na prática. A que conclusões você chega sobre o desempenho relativo das duas linhas, comparando com suas capacidades potenciais? A administração está certa em criticar a ineficiência da linha antiga?

(c) Se você fosse o gerente responsável por essas duas linhas, que opção você consideraria para aumentar a produtividade da linha antiga? E da nova?

10. A empresa Floor-On, Ltd., opera uma linha que produz peças de revestimento autoadesivas. Essa linha consiste de estações com apenas uma máquina e é quase equilibrada (as taxas de rendimento das estações são quase iguais). Um engenheiro de produção estimou a taxa de gargalo da linha em 2.000 unidades por dia de 16 horas de trabalho e o tempo bruto de processamento em 30 minutos. A linha tem produzido 1.700 unidades por dia, e o *cycle time* tem apresentado uma média de 3,5 horas.

(a) Qual o nível médio de WIP?

(b) Como esse desempenho pode ser comparado ao caso do pior desempenho na prática?

(c) O que aconteceria com a produtividade da linha se aumentássemos a capacidade em uma estação fora do gargalo, mantendo o nível de WIP constante em relação aos níveis atuais?

(d) O que aconteceria com a produtividade da linha se substituíssemos uma estação de apenas uma máquina por uma estação com quatro máquinas paralelas, com a mesma capacidade da máquina única anterior, mantendo o nível de WIP constante em relação ao seu nível atual?

(e) O que aconteceria com a produtividade da linha se transportássemos as unidades entre as estações em grandes lotes em vez de uma unidade por vez?

11. A empresa T&D Electric faz interruptores elétricos de alta voltagem, além de outras utilidades elétricas. Uma linha operada por três trabalhadores monta um tipo específico de interruptor. Atualmente, os três operadores têm responsabilidades fixas: cada um monta um conjunto específico de componentes no interruptor e o passa adiante em uma correia transportadora. A correia permite a formação de fila de espera em frente a cada trabalhador. O gargalo é a estação do meio, com uma taxa de 11 unidades por hora, e o tempo bruto de processamento é de 15 minutos. Para melhorar a eficiência da linha, a gerência está pensando em dar um treinamento multifuncional aos operadores e implantar algum tipo de sistema de mão de obra flexível.

(a) Se a atual produtividade é de 10,5 unidades por hora, com um nível médio de WIP de cinco trabalhos, qual é o potencial para um sistema de mão de obra flexível ter sucesso?

(b) Se a atual produtividade é de 8 unidades por hora, com um nível médio de WIP de 7 unidades, qual é o potencial para um sistema de mão de obra flexível ter sucesso?

(c) Se todos os 3 operadores fossem totalmente multifuncionais e equipados para montar as unidades completas em paralelo (não precisariam passar os trabalhos para outro operador) e pudessem manter o ritmo atual para cada operação, qual seria a capacidade do sistema? Que tipo de problema prático tornaria tal política difícil de ser aplicada?

(d) Sugira um sistema de mão de obra flexível que possa melhorar a eficiência de uma linha como essa com um treinamento menos multifuncional (os operadores seriam treinados e equipados para montar certos componentes, mas não todos).

12. Considere uma linha equilibrada composta por cinco estações de apenas uma máquina e com tempos exponenciais de processo. Suponha que a utilização seja de 75% e que a linha funciona sob o protocolo "CONWIP" (um novo trabalho é iniciado sempre que outro termina).
    (a) Qual o nível de WIP da linha?
    (b) Qual é o *cycle time* em percentual de T_0?
    (c) O que acontece ao WIP, ao *cycle time* e à produção, em relação ao sistema original, se fizermos cada uma das seguintes mudanças (uma de cada vez)?
        (i) Aumentar o nível de WIP
        (ii) Diminuir a variabilidade de uma estação
        (iii) Diminuir a capacidade de uma estação
        (iv) Aumentar a capacidade de todas as estações

EXERCÍCIOS PARA DESENVOLVER A INTUIÇÃO

1. Faça uma simulação da Fábrica de Moedas Dois em uma folha de papel, desenhando um esquema de uma linha de produção (ver a Figura 7.21). Desenhe os quadrados grandes o suficiente para caber uma moeda. À direita de cada quadrado, escreva os tempos de processamento daquele quadrado (à medida que a simulação evolui, risque o tempo anterior e escreva o novo). A simulação evolui conforme se define o "tempo simulado" atual (o primeiro tempo em que um trabalho foi terminado), e as moedas vão sendo movimentadas de acordo com ele.
    (a) Faça sua simulação durante várias horas simuladas, usando sete moedas. Note como a estação 2, às vezes, fica sem trabalho.
    (b) Faça sua simulação durante várias horas simuladas, usando oito moedas. Observe que a estação 2 nunca fica sem trabalho, e nunca há filas de espera depois que a fila inicial na estação 1 se dissipa.
    (c) Faça sua simulação durante várias horas simuladas, usando 9 moedas (a Figura 7.21 ilustra esse cenário após 22 horas simuladas). Note que, após a fila inicial momentânea na estação 1, há sempre uma fila de espera em frente à estação 2.

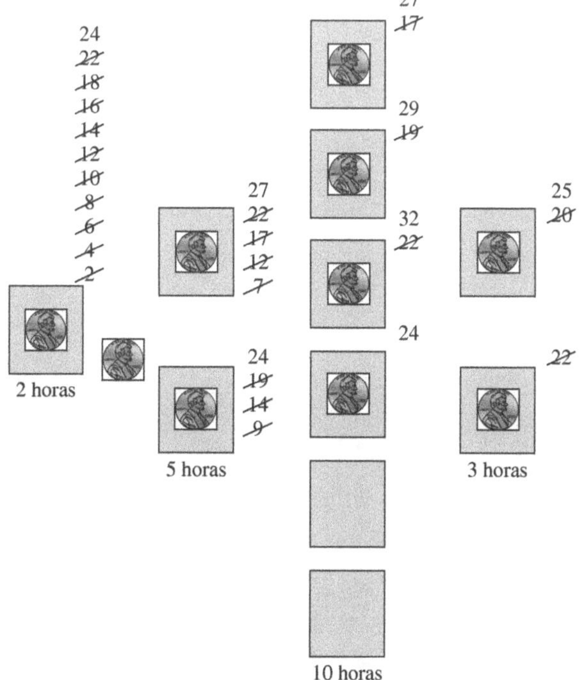

FIGURA 7.21 Fábrica de Moedas Dois com $w = 9$ e 22 horas de simulação.

2. Faça a simulação da Fábrica de Moedas Dois para 25 horas, iniciando com uma linha livre e 8 moedas esperando na fila inicial. Registre o *cycle time* de cada moeda que termina o processo nesse tempo (ou seja, registre o tempo do início e do término, e calcule o *cycle time* diminuindo um tempo do outro).
   (a) Qual é o *cycle time* médio?
   (b) Quantos trabalhos foram acabados durante as 25 horas?
   (c) Qual a produtividade média ao longo das 25 horas? Será que o WIP médio é igual ao *cycle time* vezes a produtividade (WIP = CT x TH)? Por quê? (Dica: A lei de Little era válida para as 2 primeiras horas da simulação da Fábrica de Moedas Um?) O que isso significa sobre o uso da lei de Little em intervalos curtos de tempo?

CAPÍTULO 8

Informações Básicas sobre a Variabilidade

Deus não joga dados com o universo.

ALBERT EINSTEIN

Pare de dizer a Deus o que Ele deve fazer.

NIELS BOHR

8.1 INTRODUÇÃO

A lei de Little (TH = WIP/CT) implica que é possível alcançar a mesma produtividade por meio da combinação de um *cycle time* longo com um alto nível de WIP ou de um *cycle time* curto com um nível baixo de WIP. É óbvio que um sistema com *cycle time* curto e um WIP baixo seria o preferido. Mas quais as causas para essas diferenças? Na maioria das vezes, a resposta está na *variabilidade*.

A Fábrica de Moedas Um, do Capítulo 7, alcança sua produção máxima (1/2 moeda por hora) com um nível de WIP de $W_0 = 4$ moedas (o nível crítico) caso ela se comporte da mesma forma como no caso do melhor desempenho possível. Porém, se funcionar como no caso do pior desempenho na prática, precisará de um nível de 27 moedas de WIP para alcançar 90% da capacidade (57 moedas para alcançar 95% da capacidade). E se funcionar como no caso do pior desempenho possível, nem chegará aos 90% de capacidade. Por que a grande diferença? Por causa da variabilidade!

A empresa Briar Patch Manufacturing tem duas estações de trabalho muito parecidas em sua fábrica. Ambas têm apenas uma máquina e trabalham com uma taxa de 4 trabalhos por hora (quando não estão paradas). As duas estão sujeitas aos mesmos padrões de demanda, com uma carga média de 69 trabalhos por dia (2,875 por hora). Ambas também estão sujeitas a paradas imprevisíveis. Contudo, em uma das estações, que tem uma máquina tipo Hare X19, as paradas são bem raras, mas tendem a ser bem longas. A outra estação, com uma máquina Tortoise 2000, tem paradas muito mais frequentes, mas elas são relativamente mais curtas. Ambas as máquinas têm uma disponibilidade (ou seja, uma fração de tempo em longo prazo em que elas não estão paradas para reparos) de 75%. Assim, a capacidade de ambas as estações é idêntica 4(0,75) = 3 trabalhos por hora. Como as duas têm a mesma capacidade e as mesmas demandas, deviam ter o mesmo desempenho – *cycle time*, WIP, *lead time* e nível de atendimento – certo? Errado! Acontece que todas as medidas da Hare X19 são piores do que as da Tortoise 2000. Por quê? Repetindo, a resposta está na variabilidade!

A variabilidade existe em todos os sistemas de produção e pode causar um grande impacto no seu desempenho. Por essa razão, a habilidade de medir, compreender e gerenciá-la torna-se crítica para uma administração eficaz da produção. No Capítulo 6, desenvolvemos um modelo genérico e formal das cadeias de suprimentos da produção e observamos que a variabilidade causa a degradação do desempenho, pois infla uma ou mais das três reservas de segurança (inventário, tempo e capacidade). Neste capítulo, desenvolveremos as ferramentas básicas e a intuição necessárias para identificar a variabilidade nos sistemas de produção. No próximo capítulo, mostraremos, em maiores detalhes, as maneiras como a variabilidade degrada o desempenho dos sistemas e como ela pode ser administrada.

8.2 VARIABILIDADE E ALEATORIEDADE

O que é, exatamente, a variabilidade? Uma definição formal é: a *falta de uniformidade de uma classe de entidades*. Por exemplo, um grupo de indivíduos com exatamente o mesmo peso não tem variabilidade neste aspecto, enquanto um grupo de pessoas com muitos pesos diferentes tem uma alta variabilidade. Nos sistemas de produção, há muitos atributos em que essa característica é importante. As dimensões ciências, tempos de processamento, paradas de máquinas, reparos, medidas de qualidade, temperaturas, dureza dos materiais, tempos de *setup*, e outros são exemplos de características que tendem a não ser uniformes.

A variabilidade está intimamente ligada (mas não é igual) à **aleatoriedade**. Assim, para compreender suas causas e efeitos, é preciso entender o conceito de aleatoriedade e de **probabilidade.** Neste capítulo, desenvolvemos as ideias de maneira tão intuitiva e tão livre quanto possível. Entretanto, para uma maior exatidão, existem pontos em que precisamos usar a linguagem formal da probabilidade. Em especial, o conceito de uma **variável aleatória** e sua identificação por meio de sua **média** e de seu **desvio padrão** serão essenciais. O leitor que desconhece essa linguagem deve revisar o Apêndice 2A, que expõe os conhecimentos básicos das probabilidades, antes de continuar este capítulo.

Como mencionado acima, tanto o caso do pior desempenho possível e do pior desempenho na prática representam sistemas cujo desempenho é degradado pela variabilidade. Entretanto, no caso do pior desempenho possível, a variabilidade é totalmente previsível – uma consequência de *controle mal exercido* – enquanto no caso do pior desempenho na prática, ela é decorrente de uma aleatoriedade imprevisível. Para compreender a diferença, é preciso distinguir entre variação controlável e aleatória.

A **variação controlável** ocorre pelo resultado direto de decisões. Por exemplo, se uma fábrica produz vários produtos, haverá variabilidade em suas descrições (suas dimensões ciências, os tempos de fabricação, etc.). Da mesma forma, se os materiais são transportados em lotes de um processo para outro, a primeira peça acabada vai ter que aguardar um tempo mais longo até ser transportada do que a última, e, assim, os tempos de espera serão mais variáveis do que se elas fossem movidas uma de cada vez.

Em oposição a isso, as **variações aleatórias** são consequência de eventos que estão fora do controle imediato. Por exemplo, os tempos entre as demandas dos clientes não estão sob nosso controle. Assim, podemos esperar uma flutuação em algumas das estações de trabalho. Da mesma maneira, não sabemos quando uma máquina poderá quebrar. Essa quebra gera uma parada que é adicionada ao tempo efetivo de processo de um trabalho, pois esse trabalho precisa aguardar o reparo da máquina antes de acabar o processo. Como essas contingências são imprevisíveis ou incontroláveis (pelo menos de imediato), as paradas de máquinas aumentam a variabilidade dos tempos efetivos de processo de maneira aleatória.

Apesar de os dois tipos de variações causarem impacto em uma fábrica, os efeitos da variação aleatória são mais sutis e exigem meios mais sofisticados para serem identificados. Por isso, neste capítulo, manteremos o foco na variação aleatória.

8.2.1 As raízes da aleatoriedade

Existem, no mínimo, dois tipos de aleatoriedade – aparente e real. No primeiro caso, os sistemas apenas *parecem* ter um comportamento aleatório porque temos informações imperfeitas (ou incompletas). A premissa que suporta essa visão é que, se algum dia conhecêssemos todas as leis da ciência e tivéssemos uma completa descrição do universo, então, teoricamente, poderíamos prever com certeza cada detalhe de sua evolução daí em diante. A aplicação prática é que, ao melhorar nosso conhecimento sobre o processo, poderemos reduzir a incerteza e, por consequência, a variabilidade. Assim, se nossas previsões forem falhas, precisamos procurar novas informações para melhorar o processo de previsão.

A própria noção de um processo ser verdadeiramente aleatório gera problemas para muita gente (inclusive para os filósofos). Como é que algo pode ocorrer independentemente de suas condições iniciais? Isso não viola a noção de causa e efeito? Apesar de estar além de nossos objetivos discutir esse dilema filosófico mais profundamente, é interessante fazermos algumas observações básicas sobre a natureza da aleatoriedade. Nesta interpretação, entendemos o universo como tendo um *comportamento* aleatório. Em outras palavras, não é suficiente apenas ter uma descrição do universo e das leis da ciência para prever o futuro. Isso, no máximo, pode nos fornecer estimativas estatísticas dos acontecimentos futuros. Além disso, as condições iniciais idênticas não nos garantem acontecimentos futuros idênticos. Devido à violação aparente do princípio de causa e efeito, essa visão tem sido muito criticada nos círculos filosóficos. Mas seus proponentes observam que o princípio de causa e efeito pode ser respeitado, por meio da definição de outras quantificações mais fundamentais que não são afetadas pela aleatoriedade.[1]

O debate na comunidade da ciência entre essas duas escolas de pensamento aqueceu-se durante a primeira parte do século XX. Einstein posicionava-se com a primeira visão (do conhecimento incompleto) e afirmava de maneira enfática que "Deus não joga dados com o universo". Bohr e outros acreditavam na segunda visão (de um universo aleatório) e sugeria a Einstein: "não diga a Deus o que Ele deve fazer" (ver Whitaker 1996, para uma discussão maior sobre essa controvérsia). Nos anos recentes, as evidências experimentais tendem a mostrar a visão de um universo aleatório, para decepção de muitos filósofos.

Não importa se a aleatoriedade é elementar ou decorrente da falta de conhecimento, os efeitos são os mesmos – muitas facetas da vida, incluindo a administração da produção, são inerentemente imprevisíveis. Isso quer dizer que os resultados de ações gerenciais nunca são garantidos. Na verdade, iniciando-se nas mesmas condições e usando as mesmas políticas de controle em dias diferentes, os resultados obtidos podem ser diferentes.

Porém, a distinção entre a aleatoriedade elementar e a falta de conhecimento tem implicações práticas. Se um erro de previsão for decorrente da aleatoriedade, nenhuma informação a mais poderá melhorar aquela previsão. Por exemplo, suponha que produzimos um aparelho usado por pessoas com certa doença crônica, e o público consumidor faz seus pedidos diretamente pela internet. Quando eles irão fazer o pedido é uma decisão de cada pessoa. Assim, se não existirem grandes mudanças na população das pessoas com aquela doença e se tivermos um mercado cativo garantido por patentes registradas, poderíamos esperar uma demanda estável, mas aleatória. Na verdade, poderíamos esperar uma demanda exatamente do tipo Poisson, tendo em vista a enorme população envolvida. Isso não significa que saberemos qual seria a demanda exata, mas saberíamos a sua distribuição de probabilidade. Além disso, nenhum computador ou programa, por mais moderno que fosse, poderia nos ajudar em estimar a demanda de uma maneira mais precisa. A demanda é aleatória e precisamos lidar com ela (usando as ferramentas apresentadas no Capítulo 2).

Isso não significa que devemos desistir de gerenciar a fábrica e a cadeia de suprimentos, apenas quer dizer que precisamos nos preocupar em descobrir políticas *robustas*. Uma política robusta é aquela que funciona bem na *maior parte* do tempo. Ela é diferente da política *ótima*, a qual é a melhor para determinado conjunto de situações. Uma política robusta geralmente não é a *ótima*, mas é "bastante boa". Em oposição a isso, a política ótima pode funcionar extremamente bem para as condições para as quais ela foi projetada, mas funcionar muito mal em muitas outras situações. Infelizmente, as empresas continuam a oferecer ferramentas cada vez mais sofisticadas para otimizar processos que são, inerentemente, aleatórios. Essas ferramentas são chamadas, entre outros, de módulos de capacidade finita ou sistemas de planejamento e otimização avançados (*advanced planning and optimization* – APO). Lamentavelmente, elas envolvem modelos detalhados de otimização que *assumem* conhecimento total. Como a alimentação das informações é aleatória, não causa surpresa que essas ferramentas frequentemente acabam gerando planos de produção ruins. Assim, o investimento em tais ferramentas, em geral, resulta em gastos enormes com programas e integração, em oposição a poucos resultados tangíveis.

[1] Quantificações conhecidas como *números quânticos* são bem definidas e determinam a distribuição de probabilidade de observáveis aleatórios, tais como a localização e a velocidade, em vez de resultados reais.

Isso ainda fica pior: como a empresa e seus sistemas de cadeias de suprimentos não funcionam bem, a maioria das fábricas é controlada por vários planejadores que usam planilhas de cálculo projetadas especificamente para "tapar os buracos" dos resultados dos dispendiosos programas. Tal situação deixa muito a desejar, pois (1) as planilhas não são baseadas em uma boa compreensão da logística que sustenta as operações e (2) muitas flutuações que os planejadores tentam controlar são, inerentemente, aleatórias. A segunda situação tem como resultado o enchimento do sistema com dados *aleatórios*, que acabam causando maior *variabilidade* e reduzindo sua *eficácia*.

Uma ferramenta mais eficiente para a administração é uma *boa intuição probabilística*. Esta, se combinada com políticas robustas e eficazes, levará à melhora do desempenho, apesar da aleatoriedade. Infelizmente, parece que tal intuição é rara. Assim, um dos objetivos mais importantes deste capítulo é desenvolver essa habilidade fundamental.

8.2.2 A intuição probabilística

A intuição desempenha um papel importante em muitos aspectos de nossas vidas. A maioria das decisões que tomamos é baseada em alguma forma de intuição. Por exemplo, diminuímos a velocidade dirigindo nas curvas pela intuição desenvolvida após termos dirigido por um certo tempo, e não por nosso conhecimento detalhado das leis da ciência aplicadas aos automóveis. Decidimos se precisamos renegociar o financiamento de nossa casa pela nossa intuição sobre a economia, e não por causa de análises econômicas formais. Planejamos um eventual pedido de aumento de acordo com nossa intuição a respeito dos humores do chefe, e não pelas teorias científicas sobre seu perfil psicológico.

Em muitas situações, nossa intuição é muito boa a respeito de efeitos de "primeira ordem". Por exemplo, se aumentamos a velocidade do gargalo (a estação com a maior atividade) em uma linha de produção, sem mudar nada mais, é claro que esperamos obter mais produtos. Esse tipo de intuição geralmente vem de nossa atitude em relação ao mundo ao agirmos como se ele fosse **determinístico**, isto é, sem nenhuma aleatoriedade. Na linguagem da probabilidade e da estatística, tal raciocínio baseia-se no **primeiro momento**, ou na **média** das variáveis aleatórias envolvidas. Desde que as mudanças nas quantidades médias (aumento da velocidade média de uma máquina) sejam significativas em relação às variáveis aleatórias envolvidas, esse tipo de intuição é válida.

Nossa intuição tende a se desenvolver em um grau muito menor em um segundo momento (para quantidades que envolvem a variância de variáveis aleatórias). Por exemplo, o que varia mais, o tempo de processamento de uma peça ou o tempo de processar um lote delas? O que causa maior impacto, as falhas de equipamentos curtas e frequentes ou as mais longas e raras? O que resulta em um melhor desempenho da linha, a redução da variabilidade dos tempos de processamento em estações mais próximas da matéria-prima ou em locais mais próximos do cliente? Essas e outras questões sobre a variabilidade relacionadas ao comportamento das fábricas exigem uma intuição mais sutil do que aquela de simplesmente entender que aumentar a velocidade do gargalo melhora a produtividade.

Pelo fato de as pessoas em geral não terem uma intuição bem desenvolvida em relação aos segundos momentos, elas erram na interpretação de fenômenos aleatórios. Um exemplo típico acontece nas salas de aula, quando os estudantes que tiveram uma nota baixa na primeira prova mostram alguma melhora na segunda, enquanto os que tiveram boas notas na primeira pioram na segunda. Esse é um exemplo de um fenômeno chamado de regressão à média. Uma nota extrema (alta ou baixa) na primeira prova seria resultado, pelo menos em parte, de variáveis aleatórias (sorte ou azar, dor de cabeça no dia da prova, etc.). Como os efeitos aleatórios para certo estudante dificilmente serão extremos duas vezes seguidas, o estudante que tirou uma nota extrema na primeira prova tem maiores probabilidades de obter um resultado mais moderado na segunda. Infelizmente, muitos professores interpretam esses resultados como um sinal de que finalmente estão conseguindo chegar nos piores estudantes ao mesmo tempo em que começam a perder os melhores. Na verdade, uma simples aleatoriedade pode ser a causa desses resultados.

Uma interpretação errada da tendência geral da regressão à média também ocorre entre os gerentes de produção. Após um período lento de produção, um gerente pode reagir com palavras ríspidas ou ações disciplinares junto aos funcionários e, com certeza, a produção aumentará. De maneira similar, após um período de alto desempenho e muitos elogios, a produção diminuirá – em clara evidência de que os funcionários tornaram-se complacentes. É claro que o mesmo comportamento – um resultado melhor após um ruim e um pior após um resultado bom – é provável, *mesmo que não haja qualquer mudança,* sempre que a aleatoriedade estiver presente.

Além dos dois primeiros momentos (média e variância), os fenômenos aleatórios são influenciados por um terceiro momento (assimetria), por um quarto (curtose) e por outros momentos mais avançados. Os efeitos desses fenômenos mais avançados são muito menos importantes do que os associados com os dois primeiros, então manteremos nosso foco na média e na variância. Além disso, conforme observado anteriormente, como os efeitos associados à média são razoavelmente intuitivos e os associados às variâncias, mais sutis, daremos especial atenção para a compreensão das variâncias.

8.3 A VARIABILIDADE DOS TEMPOS DE PROCESSAMENTO

A variável aleatória de maior interesse na Ciência da Fábrica é o **tempo efetivo de processamento** de um trabalho em uma estação. Usamos a palavra *efetivo* porque nos referimos ao tempo total tomado por um trabalho em uma estação. Fazemos isso porque, de um ponto de vista logístico, se a máquina B está improdutiva porque está esperando um trabalho ser terminado na máquina A, não importa se o trabalho está sendo processado ou se está parado na máquina A porque esta está em manutenção, em *setup*, retrabalhando uma peça por causa de problemas de qualidade ou aguardando um operador retornar. Para a máquina B, os efeitos são os mesmos. Por isso, juntaremos esses e outros efeitos em uma única medida agregada de variabilidade.

8.3.1 As medidas e as classes de variabilidade

Para analisar a variabilidade de maneira eficaz, devemos poder quantificá-la. Fazemos isso por meio do uso de *medidas* padrão da estatística para definir um conjunto de *classes* da Ciência da Fábrica.

A **variância,** comumente designada por σ^2 (sigma ao quadrado), é uma medida da variabilidade *absoluta*, assim como o **desvio padrão** σ, definido como a raiz quadrada da variância. Muitas vezes, a variabilidade absoluta é menos importante do que a variabilidade *relativa*. Por exemplo, um desvio padrão de 10 micrômetros (μm) indicaria uma variabilidade extremamente baixa no comprimento de parafusos de 2 polegadas, mas representaria um alto nível de variação para as larguras de linhas em um chip em que a largura média é de 5 micrômetros. Uma medida relativa razoável da variabilidade de uma variável aleatória é o desvio padrão dividido pela média, que é chamado de **coeficiente de variação (CV)**. Se designarmos a letra t como a média (usamos t porque as principais variáveis aleatórias consideradas aqui são tempos) e σ designa a variância, o coeficiente de variação c pode ser expresso por

$$c = \frac{\sigma}{t}$$

TABELA 8.1 Classes de variabilidades

Classe de variabilidade	Coeficiente de variação	Situação típica
Baixa (VB)	$c < 0,75$	Tempos de processamento sem paradas
Moderada (VM)	$0,75 \le c < 1,33$	Tempos de processamento com ajustes rápidos (por exemplo, *setups*)
Alta (VA)	$c \ge 1,33$	Tempos de processamento com longas paradas (por exemplo, quebra de máquinas)

Em muitos casos, torna-se mais conveniente usar o coeficiente de variação ao quadrado (CV²):

$$c^2 = \frac{\sigma^2}{t^2}$$

Usaremos bastante o CV e o CV² para representar e analisar a variabilidade em sistemas de produção. Diremos que uma variável aleatória tem uma **variabilidade baixa (VB)** se seu CV for menor do que 0,75; uma **variabilidade moderada** (VM) se seu CV for entre 0,75 e 1,33; e uma **variabilidade alta** (VA) se seu CV for maior do que 1,33. A Tabela 8.1 apresenta esses casos e fornece exemplos.

8.3.2 A variabilidade baixa e moderada

Quando falamos em tempos de processamento, nossa tendência é pensar sobre o tempo real que uma máquina ou um operador gasta em um trabalho (ou seja, deixando de fora quebras ou *setups*). Esses tempos tendem a ter uma distribuição de probabilidades parecida com a curva clássica de um sino. A Figura 8.1 mostra a distribuição de probabilidades para tempos de processamento com uma média de 20 minutos e um desvio padrão de 6,3 minutos. Note como a maior parte da área sob a curva é simetricamente distribuída ao redor de 20. O CV desse caso é de 0,32 e está na faixa de variabilidade baixa (VB). Uma densidade de probabilidade no formato do sino é uma característica da maioria dos tempos de processamento de VB.

Considere agora uma situação com uma média de tempos de processamento de 20 minutos, mas com um CV ao redor de 0,75, o início da faixa de variabilidade moderada. Um exemplo disso poderia ser os tempos de processamento de uma operação manual que, na maior parte do tempo, é fácil, porém, de vez em quando, ocorrem dificuldades. A Figura 8.2 compara as duas distribuições. Note que o caso de VB tem a maior parte de suas probabilidades concentradas ao redor da média de 20 minutos. No caso de VM, os tempos com maior probabilidade estão abaixo da média, ao redor de 9 minutos. Contudo, enquanto a curva da VB desce até 40, a VM desce até 80. Assim, a média é a mesma, mas as variâncias, muito diferentes. Como veremos, essa diferença é fundamental para o desempenho operacional de uma estação de trabalho.

Para sentir os efeitos operacionais da variabilidade, suponha que o processo de VB alimenta o processo de VM. Por enquanto, o processo de VM manterá a linha facilmente. Entretanto, assim que ocorrer um processo de tempo longo, uma fila de trabalhos se forma em frente ao segundo processo. Poderíamos supor que os tempos de processamento longos seriam compensados pelos mais curtos, mas isso não ocorre. Uma série de tempos de processamento curtos na segunda estação de trabalho pode esvaziar a fila rapidamente, causando a falta de trabalho. Quando isso ocorre, a capacidade é perdida e não pode ser armazenada para um próximo período de tempos longos.[2]

Outra forma de observar isso é notando que, quando um processo alimenta outro, o que entra também deve sair, isto é, há uma **conservação dos materiais.** A não ser que paremos o fluxo de trabalho

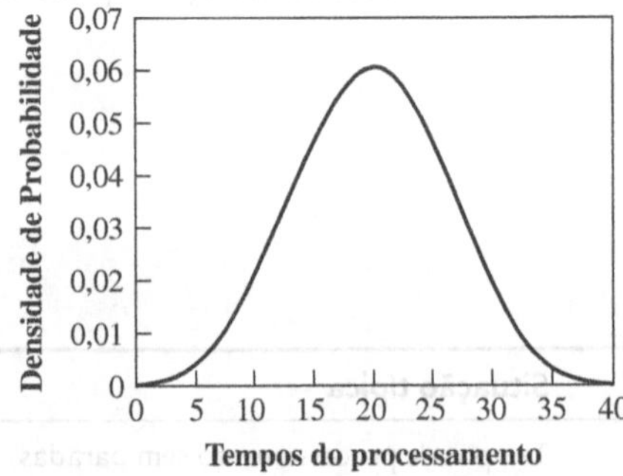

FIGURA 8.1 Distribuição de variabilidade baixa.

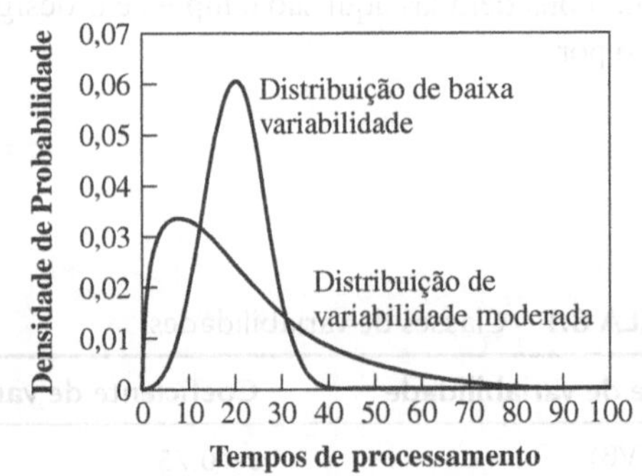

FIGURA 8.2 Distribuições de variabilidade baixa e moderada.

[2] No processo de variabilidade moderada da Figura 8.2, 20% dos tempos de processamento são de 9 minutos ou menos, e outros 20% são de 31 minutos ou mais. Ambos devem ocorrer para que a média de 20 se mantenha.

do primeiro processo sempre que o segundo processo está cheio (um procedimento chamado de *bloqueio*, que será discutido mais adiante), o volume de trabalho em frente ao segundo processo poderá crescer sem controle. Como há vezes em que a segunda estação trabalha muito mais rápido do que a primeira, e como a taxa média de saída deve ser igual à de entrada, haverá uma tendência à formação de uma fila de trabalhos.

Discutiremos isso com mais profundidade na Seção 8.6. Por ora, observamos que, quanto maior a variabilidade nos tempos efetivos de processamento, maior será a fila média. Considerando a lei de Little, isso também implica que, quanto maior a variabilidade, maior será o *cycle time*.

8.3.3 Tempos de processamento com variabilidade alta

Pode ser difícil imaginar tempos de processamento com um CV maior do que 1,33. Mas é fácil a criação de tempos *efetivos* de processamento com esse nível de variabilidade. Suponha que uma máquina tenha um tempo médio de processamento de 15 minutos e um CV de 0,225 *quando não há paradas*. Isso seria menos variável do que o caso de variabilidade baixa mostrado anteriormente. Mas imagine que a máquina sofra paradas de, em média, 248 minutos que ocorrem, em média, após 744 minutos de produção. Podemos mostrar (os detalhes são dados adiante) que isso causa um tempo médio efetivo de processamento de 20 minutos (como antes) e um CV efetivo de impressionantes 2,5! A Figura 8.3 compara essa distribuição de variabilidade alta com a distribuição de variabilidade baixa mostrada anteriormente. Pelo fato de a distribuição de VA ser mais alta e mais estreita, à primeira vista, ela parece ser menos variável do que a distribuição de VB. Isso ocorre porque não podemos visualizar o que vai ocorrer mais adiante. Após 40 minutos ou mais, o quadro muda. A Figura 8.4 compara as distribuições em uma diferente escala para tempos acima de 40 minutos. Nela, vemos que a distribuição de VB cai para quase nada, enquanto a de VA parece ficar quase uniforme. Ela realmente diminui bem devagar. Isso implica que existe uma pequena probabilidade de que os tempos de processamento serão extremamente longos. Também é a razão pela qual a distribuição dos tempos de processamento de variabilidade alta parece ter uma média menor no outro gráfico. Na maior parte do tempo, ela gira em torno de 15 minutos. Mas um em cada 50 trabalhos leva 17 minutos. Isso infla a média para perto de 20 e eleva o CV para até 2,5.

O efeito desse nível de variabilidade na linha de produção pode ser grave. Por exemplo, suponha que a produtividade seja de um trabalho a cada 22 minutos. Não haveria problemas do ponto de vista da capacidade, pois o tempo médio de processamento, *incluindo* as paradas, é de 20 minutos. Mas uma parada de máquinas de 250 minutos provocará uma fila de espera de quase 12 trabalhos. Quando a máquina voltar a funcionar, a taxa de dissipação dessa fila será de $1/15 - 1/22 \approx 1/47$. Assim, o tempo necessário para eliminar a fila formada seria de 536 minutos, *assumindo que a máquina não quebre mais!* Se ocorrer outra parada durante esse período, o tempo perdido será adicionado ao tempo da fila. Sob condições comuns para equipamentos complexos, isto é, tempos de parada com distribuição exponencial, a probabilidade de tais paradas é de $1 - e^{-536/744} = 0{,}51$. Isso significa que mais de 50% das

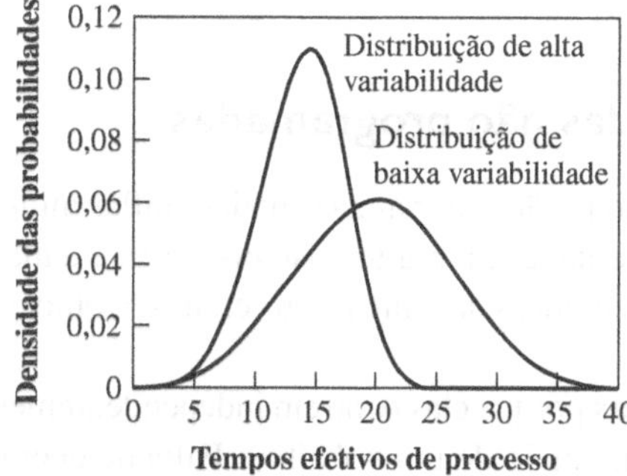

FIGURA 8.3 Comparação de distribuições de alta e baixa variabilidade.

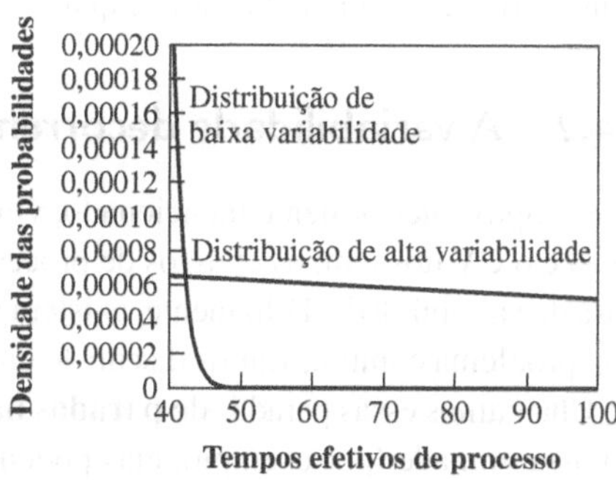

FIGURA 8.4 Comparação de distribuições de alta e baixa variabilidade acima de 40 minutos.

paradas ocorrem antes que a fila seja dissipada. Portanto, a fila de espera média seria maior do que 12 trabalhos, na verdade quase 20 (como veremos na Seção 8.6).

8.4 AS CAUSAS DA VARIABILIDADE

Para identificar as melhores estratégias para gerenciar os sistemas de produção no que se refere à sua variabilidade, antes de tudo é importante compreender suas causas. As principais fontes de variabilidade nos ambientes da produção são:

- A variabilidade "natural", que inclui as pequenas flutuações nos tempos de processamento causadas por diferenças de operadores, máquinas e materiais.
- Paradas aleatórias.
- *Setups*.
- Disponibilidade de operadores.
- Retrabalhos.

Discutiremos a seguir cada uma em separado.

8.4.1 A variabilidade natural

A variabilidade natural é aquela inerente ao **tempo natural de processamento,** excluindo paradas aleatórias, *setups*, ou qualquer outra influência externa. Em certo sentido, é uma categoria que engloba de tudo, pois inclui a variabilidade de fontes diversas que não as explícitas (por exemplo, um cisco no olho do operador). Como muitas dessas fontes de variabilidade não explícitas estão relacionadas aos operadores, elas existem muito mais em processos manuais do que nos automáticos. Porém, mesmo nos processos mais bem controlados, sempre haverá alguma variabilidade natural. Por exemplo, em operações de usinagem totalmente automatizadas, a composição dos materiais pode ser diferente, causando pequenas variações na velocidade dos processos.

Tomaremos t_0 e σ_0 para designar, respectivamente, a média e o desvio padrão dos tempos de processamento. Dessa forma, podemos expressar o coeficiente de variação do tempo natural de processamento como

$$c_0 = \frac{\sigma_0}{t_0}$$

Na maioria dos sistemas, os tempos naturais de processamento são de variabilidade baixa, então $c_0 < 0{,}75$.

Os tempos naturais de processamento são apenas o ponto inicial para avaliar seus tempos efetivos. Em qualquer sistema real de produção, as estações de trabalho estão sujeitas a vários **detratores,** incluindo paradas de máquinas, *setups*, ausência do operador, entre outros. Como já mencionado antes, esses detratores servem para inflar a média e o desvio padrão dos tempos efetivos de processamento. A seguir, fornecemos uma maneira de quantificar esses efeitos.

8.4.2 A variabilidade decorrente de paradas não programadas

No exemplo anteriormente mencionado, vimos que as paradas não programadas podem inflar muito a média e o CV dos tempos efetivos de processamento. Na verdade, em muitos sistemas, essa é a maior causa de variabilidade. Felizmente, existem várias maneiras práticas de reduzir seus efeitos. Como esse é um problema comum, vamos discuti-lo em detalhes.

Chamamos essas paradas de **paradas não programadas** porque elas ocorrem independentemente de nossa vontade (por exemplo, elas podem ocorrer bem no meio de um trabalho). Falta de energia, operadores chamados por causas emergenciais ou falta de materiais de consumo (como combustíveis, óleo de corte) são outras possíveis fontes de paradas não programadas. Como elas têm efeitos similares nos comportamentos das linhas de produção, faz sentido combiná-las e tratá-las de maneira uniforme, como as paradas de máquinas dentro do conceito já discutido (isto é, incluindo as paradas causadas por outras fontes juntamente às quebras de máquinas ao se calcular o tempo médio entre as falhas e o tempo médio dos reparos). Discutiremos as **paradas programadas** (paradas que ocorrem entre, e não durante, os trabalhos) na próxima seção.

Para ver como as paradas de máquinas causam variabilidade, vamos retornar ao exemplo da empresa Briar Patch Manufacturing e fornecer alguns detalhes numéricos. Ambas as máquinas, a Hare X19 e a Tortoise 2000, têm uma média dos tempos naturais de processamento de $t_0 = 15$ minutos e um desvio padrão natural de $\sigma_0 = 3{,}35$ minutos. Assim, as duas estações têm um coeficiente de variação natural de $c_0 = \sigma_0/t_0 = 3{,}35/15{,}0 = 0{,}223$ (ou um CV² de c_0^2=0,05). Ambas as máquinas estão sujeitas a paradas por falhas e têm a mesma disponibilidade de longo prazo (isto é, fração de funcionamento) de 75%. Porém, a Hare X19 tem paradas longas e mais raras, enquanto a Tortoise 2000 tem paradas curtas e mais frequentes. A Hare X19 tem um tempo médio entre falhas (*mean time between failures* – MTBF), designado por m_f, de 12,4 horas, ou 744 minutos, e um tempo médio de reparo (*mean time to repair* – MTTR), designado por m_r, de 4,133 horas, ou 248 minutos. A Tortoise 2000 tem um MTBF de $m_f = 1{,}90$ horas, ou 114,0 minutos, e um MTTR de $m_r = 0{,}633$ horas, ou 38,0 minutos. Note que os tempos entre as falhas e os tempos de reparo são ambos três vezes maiores para a Hare X19 do que para a Tortoise 2000. Por último, vamos supor que os tempos de reparo são variáveis e têm um CV = 1,0 (variabilidade moderada) para as duas máquinas.

A maior parte das ferramentas de planejamento da capacidade inclui as paradas aleatórias quando calculam a capacidade *média*. Isso é feito calculando a disponibilidade, que é fornecida em termos de m_f e m_r pela fórmula

$$A = \frac{m_f}{m_f + m_r} \tag{8.1}$$

Assim, para ambas as máquinas, a disponibilidade A é

$$A = \frac{744}{744 + 248} = \frac{114}{114 + 38} = 0{,}75$$

Ajustando os tempos naturais do processamento t_0 para calcular a fração de tempo em que a máquina fica indisponível, nos dá um **tempo médio efetivo de processamento** t_e de

$$t_e = \frac{t_0}{A} \tag{8.2}$$

Assim, em ambos os casos, $t_e = 20$ minutos. Lembre-se de que, no Capítulo 7, definimos a capacidade de uma estação de trabalho como sendo o número de máquinas m dividido pelo tempo médio efetivo de processamento. Se r_0 é a (taxa de) capacidade natural, então a (taxa de) **capacidade efetiva** r_e é

$$r_e = \frac{m}{t_e} = A\frac{m}{t_0} = Ar_0 = 0{,}75(4 \text{ trabalhos/hora}) = 3 \text{ trabalhos/hora} \tag{8.3}$$

A capacidade efetiva da Hare X19 e da Tortoise 2000 é a mesma. Como quase todos os sistemas de manutenção usados nas indústrias para analisar as paradas consideram apenas os efeitos sobre a disponibilidade e a capacidade, as duas estações de trabalho seriam classificadas como equivalentes.

Porém, quando incluímos os efeitos da variabilidade, as estações são muito diferentes. Para entender o porquê, considere como elas se comportariam em uma linha de produção. Se a Hare X19 tiver uma falha de 4,13 horas (a duração média do reparo das falhas), ela vai precisar de 4,13 horas de WIP em um estoque de segurança à sua frente para manter a alimentação da próxima estação. Por outro lado, a Tortoise 2000 precisa, em média, menos de 1/6 dessa quantidade de WIP para se garantir contra uma de suas falhas. Como as falhas são aleatórias pela sua própria natureza, o WIP no estoque de segurança precisa ser mantido sempre para garantir uma proteção contra a perda de produtividade. De maneira evidente, uma linha com a Tortoise 2000 garantirá o mesmo nível de proteção e, por consequência, o mesmo nível de produtividade, com menos WIP do que uma linha com a Hare X19.[3] O efeito final é que a linha com a Hare X19 será menos eficiente (alcançará uma produtividade menor com certo nível de WIP ou terá mais WIP e *cycle time* maior para obter a mesma produtividade) do que a linha com a Tortoise 2000.

Anteriormente, afirmamos que o CV da X19 era de 2,5. Obtemos esse número usando um modelo matemático, que agora descrevemos. Assumimos que os tempos até a falha são distribuídos exponencialmente (e têm uma variabilidade moderada).[4] Porém, não fizemos nenhuma suposição específica quanto aos tempos de reparos, exceto que eles fazem parte de alguma distribuição de probabilidades. Definimos σ_r como o desvio padrão dos tempos desses reparos e $c_r = \sigma^r/m^r$ como seu CV. Em nosso exemplo, c_r é 1,0 (supomos que os tempos de reparo também têm uma variabilidade moderada).

Nessas condições, podemos calcular a média, a variância e o CV² dos tempos efetivos de processamento (t_e, σ_e, e c^2_e, respectivamente) como

$$t_e = \frac{t_0}{A} \tag{8.4}$$

$$\sigma_e^2 = \left(\frac{\sigma_0}{A}\right)^2 + \frac{(m_r^2 + \sigma_r^2)(1-A)t_0}{Am_r} \tag{8.5}$$

$$c_e^2 = \frac{\sigma_e^2}{t_e^2} = c_0^2 + (1 + c_r^2)A(1-A)\frac{m_r}{t_0} \tag{8.6}$$

O coeficiente de variação do tempo efetivo de processamento c_e pode ser calculado extraindo-se a raiz quadrada de c^2_e.

Note que a média dos tempos efetivos de processamento, dada pela equação (8.4), depende apenas da média dos tempos naturais de processamento e da disponibilidade da máquina, sendo, portanto, a mesma para as duas estações de trabalho:

$$t_e = \frac{t_0}{A} = \frac{15}{0{,}75} = 20{,}0 \text{ minutos}$$

No entanto, o CV² dos tempos efetivos de processamento da equação (8.6) depende de mais coisas do que da média dos tempos de processamento e da disponibilidade. Para entender os aspectos envolvidos, podemos reescrever a fórmula (8.6) como

$$c_e^2 = c_0^2 + A(1-A)\frac{m_r}{t_0} + c_r^2 A(1-A)\frac{m_r}{t_0}$$

O primeiro termo refere-se à variabilidade natural (não computada) do processo. O segundo deve-se ao fato de que há paradas aleatórias. Note que esse termo existiria mesmo que essas paradas (para reparos) fossem constantes (isto é, mesmo se $c_r = 0$). Por exemplo, um ajuste periódico que sempre gasta o mesmo tempo para ser feito teria um $c_0^2 = 0$. Eliminar a variabilidade nos tempos de reparos não reduziria em nada esse termo. Porém, o último termo refere-se explicitamente à variabilidade dos tempos de reparo e desapareceria se essa variabilidade fosse eliminada. Note que os dois termos têm m_r crescente em relação a uma disponibilidade fixa. Assim, se todas as outras condições permanecem iguais, os longos tempos de reparo causariam mais variabilidade do que os tempos curtos. Ao substituir os números nessas equações, teríamos

[3] Na verdade, a linha com a Hare X19 exigirá mais do que 4,13 horas de WIP, e a linha com a Tortoise 2000, mais do que 38 minutos de WIP, pois esses números são apenas *médias*. Mas o ponto continua válido: a linha com a Hare X19 necessita de muito mais WIP para alcançar a mesma produtividade do que a linha com a Tortoise 2000.

[4] Essa é, muitas vezes, uma boa suposição prática, especialmente para equipamentos complexos, pois tais máquinas tendem a combinar componentes novos e antigos. Assim, a propriedade da falta de memória das distribuições exponenciais tende a ser válida para os tempos entre *qualquer* falha, a qual poderia ser causada por componentes antigos ou novos.

$$c_e^2 = 0{,}05 + (1 + 1)0{,}75(1 - 0{,}75)\frac{248}{15} = 6{,}25$$

ou $c_e = 2{,}5$, mostrando que a Hare X19 tem uma variabilidade alta. Todavia, a Tortoise 2000 tem

$$c_e^2 = 0{,}05 + (1 + 1)0{,}75(1 - 0{,}75)\frac{38}{15} = 1{,}0$$

e, portanto, um $c_e = 1$, mostrando que está na faixa de variabilidade moderada.

Assim, uma linha de produção com a Hare X19 terá muito mais variabilidade do que uma com a Tortoise 2000. As maneiras como isso afeta o WIP e o *cycle time* serão exploradas em maiores detalhes na Seção 8.6.

Essa análise nos leva à conclusão de que uma máquina com paradas frequentes e curtas é preferível a uma com paradas mais raras, mas mais longas, desde que a disponibilidade seja igual nas duas. Isso poderia contrariar nossa intuição não probabilística, que sugere que uma dor de cabeça mais forte, uma vez ao mês, seria melhor do que dores de cabeça menos intensas, mas diárias. Porém, do ponto de vista logístico, as dores de cabeças menos intensas, mesmo que diárias, são mais facilmente gerenciáveis.

Esse é um entendimento potencialmente válido, pois, na prática, podemos transformar as paradas longas em paradas mais frequentes e curtas (por exemplo, por meio de programas de manutenção preventiva). Entretanto, a não ser que o leitor se torne complacente, a inexistência de paradas é ainda melhor do que as curtas e frequentes. O que está posto aqui não deve retirar a atenção aos esforços para melhorar a confiança geral do sistema.

8.4.3 A variabilidade decorrente de paradas programadas

As **paradas programadas** representam as paradas que ocorrem inevitavelmente, mas sobre as quais temos algum controle acerca de quando ocorrerão, ao contrário das paradas não programadas, que podem ser causadas por alguma catástrofe ou por algum desajuste mais grave da máquina e forçam a interrupção, não importando se o trabalho foi ou não foi terminado. Um exemplo de parada programada é o caso em que as ferramentas e os equipamentos usados começam a ficar desgastados e precisam de ajustes. Nessas situações, podemos aguardar a finalização do trabalho que está sendo executado antes de parar a produção para fazer os ajustes necessários.

A mudança de processos (*setups*) pode ser classificada como paradas programadas quando ocorrem por força de alterações no processo de produção (tais como a troca de um dispositivo), ao contrário da troca de um produto. As mudanças em decorrência de troca de produtos (*setups* para novos produtos) estão sob nosso controle (decidimos quantas peças serão feitas antes de trocar) e são um assunto dos Capítulos 9 e 15. Outras paradas programadas incluem as manutenções, paradas para descanso, reuniões dos operadores ou trocas de turnos. Elas geralmente ocorrem *entre* os trabalhos, e não *durante*. As paradas programadas requerem um tratamento um pouco diferenciado das não programadas. Como sua fonte mais comum é o *setup* de máquinas, desenvolveremos nossa discussão em torno desse fator. Porém, a abordagem é aplicável a qualquer outra parada programada, assim como a análise anterior é aplicável a qualquer tipo de quebra de máquinas.

Similar às paradas não programadas, os cálculos comuns de capacidade não analisam em profundidade o impacto dos *setups*. Esses cálculos da capacidade média apenas nos dizem que os *setups* curtos são melhores do que os longos, mas não avaliam as diferenças entre uma máquina lenta com *setups* curtos, e uma máquina rápida com *setups* longos, quando as duas têm a mesma capacidade.

Por exemplo, considere a decisão de trocar uma máquina relativamente rápida que precisa de *setups* periódicos por outra mais lenta que não precisa de *setups*. A máquina 1, a mais rápida, pode produzir uma média de uma peça por hora, mas precisa de *setup* (com duração de 2 horas) a cada quatro peças produzidas. A máquina 2, mais flexível, não necessita de *setups*, mas é mais lenta e precisa, em média, de 1,5 hora para produzir uma peça. A capacidade efetiva r_e da máquina 1 é de

$$r_e = \frac{4 \text{ peças}}{6 \text{ horas}} = \frac{2}{3} \text{ peças/hora}$$

Como se trata de uma estação de trabalho com uma única máquina, o tempo efetivo de processamento é o inverso da capacidade efetiva, portanto, $t_e = 1{,}5$ hora. Assim, as máquinas 1 e 2 têm a mesma capacidade efetiva.

As análises tradicionais da capacidade das máquinas, que consideram apenas sua média, julgariam as duas máquinas equivalentes, e não se imaginaria substituir a máquina 1 pela máquina 2. Porém, conforme exposto anteriormente, o tratamento dado pela Ciência da Fábrica às quebras de máquinas mostra que considerar sua variabilidade pode ser importante para a avaliação das máquinas com quebras. Todas as outras condições permanecendo iguais, a máquina 2 terá tempos efetivos de processamento menos variáveis do que a máquina 1 (porque a cada quatro trabalhos na máquina 1, ela tem um longo tempo de *setup* incluído em seu tempo efetivo de processamento). Assim, a substituição da máquina 1 pela 2 reduzirá o CV de seus tempos de processamento e tornará a linha mais eficiente. Essa *redução da variabilidade* provoca efeitos que validam a preferência do JIT por *setups* curtos e é uma motivação evidente para a tecnologia de *manufatura flexível.*

No entanto, a avaliação dos benefícios da flexibilidade pode ser sutil. Se todas as outras condições permanecem iguais, isso implica que a variabilidade natural de ambas as máquinas é igual (de maneira que os *setups* da máquina 1 aumentarão indubitavelmente o CV dos tempos efetivos de processamento). Mas e se a máquina mais lenta tiver também mais variabilidade natural? Nesse caso, precisamos calcular e comparar o CV dos tempos efetivos de processamento das duas máquinas.

Para calcular esse coeficiente para uma máquina com *setups*, primeiro precisamos dos dados dos tempos naturais de processamento, que são a média t_0 e a variância σ_0. (Podemos usar a média t_0 e o CV c_0, pois $\sigma_0^2 = c_0^2 t_0^2$.) Depois precisamos descrever os *setups*, assumindo que a máquina processa uma média de N_s peças (ou trabalhos) entre os *setups*, sendo que a duração média de cada *setup* é de t_s, com um CV c_s. Também assumiremos que a probabilidade de se fazer um *setup* após qualquer trabalho é igual,[5] isto é, se for processada uma média de 10 peças entre os *setups*, haverá 1 chance em 10 de que um *setup* tenha que ser feito após o atual trabalho em curso, não importando quantas peças já foram feitas desde o último *setup.*

Tomando essas suposições, as equações da média, da variância e do CV² dos tempos efetivos de processamento são, respectivamente,

$$t_e = t_0 + \frac{t_s}{N_s} \tag{8.7}$$

$$\sigma_e^2 = \sigma_0^2 + \frac{\sigma_s^2}{N_s} + \frac{N_s - 1}{N_s^2} t_s^2 \tag{8.8}$$

$$c_e^2 = \frac{\sigma_e^2}{t_e^2} \tag{8.9}$$

Para ilustrar a utilidade dessas equações, considere outro exemplo de comparação entre as duas máquinas. A máquina 1 é flexível e não precisa de *setups*, mas seus tempos de processamento têm certa variabilidade. Os tempos naturais de processamento têm uma média de $t_0 = 1{,}2$ hora e um CV de $c_0 = 0{,}5$. A máquina 2 processa uma média de $N_s = 10$ peças entre os *setups* e tem uma média dos tempos naturais de processamento de $t_0 = 1{,}0$ hora e um CV de $c_0 = 0{,}25$. O tempo médio dos *setups* é de $t_s = 2$ horas, com um CV de $c_s = 0{,}25$. Qual é a melhor máquina?

Primeiro, vamos considerar a capacidade efetiva. A máquina 1 tem

[5] Essa suposição implica que o número de peças processadas entre os *setups* tem uma variação moderada (ou seja, a média e o desvio padrão são iguais). Uma análise idêntica pode ser feita para outras suposições a respeito da variabilidade dos tempos entre os *setups*.

$$r_e = \frac{1}{t_0} = \frac{1}{1{,}2} = 0{,}833$$

e a máquina 2

$$r_e = \frac{1}{t_e} = \frac{1}{1 + \frac{2}{10}} = 0{,}833$$

portanto, as duas máquinas são equivalentes nesse aspecto. Assim, a questão de qual é a melhor resume-se a qual delas tem menos variabilidade.

Usando a equação (8.9), podemos calcular $c_e^2 = 0{,}31$ *para a máquina 2, comparando com* $c_e^2 = c_0^2 = 0{,}25$ da 1. Assim, a máquina 1, que é a mais variável sem os *setups*, tem menos variabilidade do que a máquina 2, que é a menos variável com os *setups*.

É claro que essa conclusão foi uma consequência dos números especificados no exemplo. Nem sempre as máquinas flexíveis têm menos variabilidade. Por exemplo, considere o que acontece se a máquina 2 tivesse um *setup* mais curto ($t_s = 1$ hora) após uma média de $N_s = 5$ peças. A capacidade efetiva se mantém inalterada. Porém, a variabilidade efetiva da máquina 2 é significantemente menor, com $c_e^2 = 0{,}16$. Nesse caso, a máquina 2 com os *setups* seria a melhor opção.

8.4.4 A variabilidade do retrabalho

Outra fonte importante de variabilidade nos sistemas de produção são os problemas de qualidade. O caso mais simples é analisar o retrabalho em uma estação com apenas uma máquina. Isso acontece quando uma estação executa um trabalho e verifica se a peça foi produzida corretamente. Se houver defeitos, a tarefa é repetida (retrabalhada). Se pensarmos nos tempos adicionais de processamento gastos "fazendo o trabalho direito" como uma parada, é fácil observar que essa situação é equivalente a um caso de parada programada. Assim, o retrabalho tem efeitos idênticos aos *setups*, pois os dois roubam capacidade e contribuem muito com a variabilidade dos tempos efetivos de processamento.

Como nas quebras e nos *setups*, a razão tradicional para reduzir os retrabalhos é evitar a perda de capacidade efetiva, ou seja, reduzir o desperdício. Como nas análises das quebras e dos *setups*, essa perspectiva se aplicaria a uma situação de duas máquinas com uma mesma capacidade efetiva e taxas de retrabalho equivalentes. Porém, uma análise sobre os *setups*, como a anterior, mostra que o CV dos tempos efetivos de processamento aumentam à medida que a taxa de retrabalhos também se eleva. Dessa forma, mais retrabalhos implicariam maior variabilidade. E mais variabilidade causa maior congestionamento, mais WIP e maior *cycle time*. Assim, os impactos dessa maior variabilidade, junto aos efeitos da perda de capacidade, tornam os retrabalhos realmente um problema sério. Voltaremos a abordar essa importante relação entre a qualidade e as operações em maiores detalhes no Capítulo 12.

8.4.5 Um resumo das fórmulas da variabilidade

Os cálculos de t_e σ_e^2 e c_e^2 para ambos os casos, de paradas programadas e não programadas, são resumidos na Tabela 8.2. Note que, se tivermos uma situação envolvendo paradas não programadas e programadas (quebras e *setups* juntos), essas fórmulas devem ser aplicadas de maneira consecutiva e separada. Por exemplo, começamos com os parâmetros dos tempos naturais de processamento t_0 *e* c_0^2. Depois, incorporamos os efeitos das falhas, calculando t_e, σ_e, e c_e^2 para os tempos efetivos de processamento por meio do uso das fórmulas das paradas não programadas mostradas anteriormente. E, por último, incorporamos os efeitos dos *setups*, usando os valores de t_e, σ_e, *e* c_e^2 no lugar de t_0, σ_e, e c_0^2 nas fórmulas das paradas programadas. A média final t_e, o desvio padrão σ_e e o CV² c_e^2 serão, assim, inflados para abranger os dois tipos de paradas.

TABELA 8.2 Resumo das fórmulas para calcular os parâmetros do tempo efetivo de processamento

Situação	Natural	Não programada	Programada
Exemplos	**Máquina confiável**	**Falhas aleatórias**	***Setups*; retrabalhos**
Parâmetros	t_0, c_0^2 (Básico)	Básico mais m_f, m_r, c_r^2	Básico mais N_s, t_s, c_s^2
t_e	t_0	$\frac{t_0}{A}, A = \frac{m_f}{m_f + m_r}$	$t_0 + \frac{t_s}{N_s}$
σ_e^2	$t_0^2 c_0^2$	$\frac{\sigma_0^2}{A^2} + \frac{(m_r^2 + \sigma_r^2)(1-A)t_0}{Am_r}$	$\sigma_0^2 + \frac{\sigma_s^2}{N_s} + \frac{N_s - 1}{N_s^2} t_s^2$
c_e^2	c_0^2	$c_0^2 + (1+c_r^2)A(1-A)\frac{m_r}{t_0}$	$\frac{\sigma_e^2}{t_e^2}$

8.5 A VARIABILIDADE DO FLUXO

Toda a discussão recém-apresentada teve como foco apenas a variabilidade dos tempos de processamento de estações de trabalho com somente uma máquina. Mas a variabilidade de uma estação pode afetar o comportamento de outras estações de uma linha de produção, por meio de outro tipo de variabilidade, que chamamos de **variabilidade do fluxo.** Os fluxos referem-se à transferência de trabalhos ou peças entre as estações. Se uma estação de trabalho anterior tem uma variabilidade alta em seus tempos de processamento, o fluxo que segue para outras estações também terá variabilidade alta. Assim, para analisar seus efeitos em uma linha de produção, precisamos identificar a variabilidade no fluxo.

8.5.1 A identificação da variabilidade do fluxo

O ponto inicial para se estudarem os fluxos é a chegada dos trabalhos em uma estação. As saídas de uma estação serão as chegadas em outra estação. Assim que descrevemos a variabilidade das chegadas em uma estação e determinamos como isso afeta a variabilidade das saídas da mesma estação (e chegadas na próxima estação), teremos identificado a variabilidade do fluxo da linha toda.

O primeiro fator das chegadas em uma estação é a **taxa de chegada,** medida em trabalhos por unidades de tempo. Para ter consistência, as unidades da taxa de chegada precisam ser idênticas às da capacidade. Por exemplo, se definimos a capacidade das estações em unidades de trabalho por hora, então as taxas de chegada também deverão ser definidas em unidades por hora. Como podemos identificar a capacidade pela média dos tempos de processamento t_e ou pela taxa média da estação r_e, podemos também identificar as taxas de chegadas na estação por meio da **média dos tempos entre as chegadas,** que designamos por t_a, ou pela taxa média de chegada, designada por r_a. Essas duas medidas são a simples inversão uma da outra

$$r_a = \frac{1}{t_a}$$

e, portanto, são totalmente equivalentes.

Para que uma estação possa dar conta das chegadas, é preciso que a capacidade seja maior do que a taxa de chegada, isto é,

$$r_e > r_a$$

Em praticamente todos os casos reais (aqueles com variabilidade), a capacidade precisa ser *estritamente* maior do que a taxa de chegada para evitar que a estação fique sobrecarregada. A seguir, examinaremos as razões com mais detalhes.

FIGURA 8.5 Processos de chegadas com CVs altos e baixos.

Assim como existe variabilidade nos tempos de processamento, ela também existe nos tempos entre as chegadas. Uma forma razoável de medir a variabilidade para os tempos entre as chegadas pode ser feita exatamente da mesma forma do que para os tempos de processamento. Se σ_a for o desvio padrão dos tempos entre as chegadas, então seu CV c_a é

$$c_a = \frac{\sigma_a}{t_a}$$

Chamamos isso de **CV de chegadas**, que é diferente do **CV de tempos de processamento,** designado por c_e. De maneira intuitiva, um CV de chegadas baixo indica chegadas regulares a um bom ritmo, enquanto um CV alto indica chegadas irregulares e fora de ritmo. A diferença é ilustrada na Figura 8.5. O CV de chegadas c_a, junto à média dos tempos entre as chegadas t_a, resume os aspectos essenciais do processo de chegadas em uma estação de trabalho.

O próximo passo é identificar as partidas da estação. Podemos usar medidas similares às usadas para descrever as chegadas, isto é, o **tempo médio entre as partidas** t_d, a **taxa de partidas** $r_d = 1/t_d$, e o CV de partidas c_d. Em uma linha de produção em série, onde todas as saídas da estação i são entradas na estação $i + 1$, a taxa de partida de i tem que ser igual à taxa de chegada em $i + 1$, então

$$t_a(i + 1) = t_d(i)$$

Na verdade, em uma linha de produção em série sem perdas de rendimento e sem retrabalhos, a taxa de chegada para todas as estações é igual à produtividade. E, também, em uma linha de produção em série em que as partidas de i se tornam chegadas em $i + 1$, o CV de partidas da estação i é o mesmo das chegadas na estação $i + 1$, assim

$$c_a(i + 1) = c_d(i)$$

Essas relações são mostradas no gráfico da Figura 8.6.

A única questão que ainda resta para resolver a respeito da variabilidade do fluxo é como identificar a variabilidade das partidas de uma estação em termos de informações sobre a variabilidade das chegadas e dos tempos de processamento. A variabilidade das partidas de uma estação é o resultado da variabilidade das chegadas àquela estação e da variabilidade dos tempos de processamento. A contribuição relativa desses dois fatores depende da **utilização** da estação de trabalho. Lembre-se que a utilização de uma estação, designada por u, é a fração de tempo em que ela está em funcionamento em longo prazo, sendo definida formalmente para uma estação com m máquinas idênticas, como

$$u = \frac{r_a t_e}{m}$$

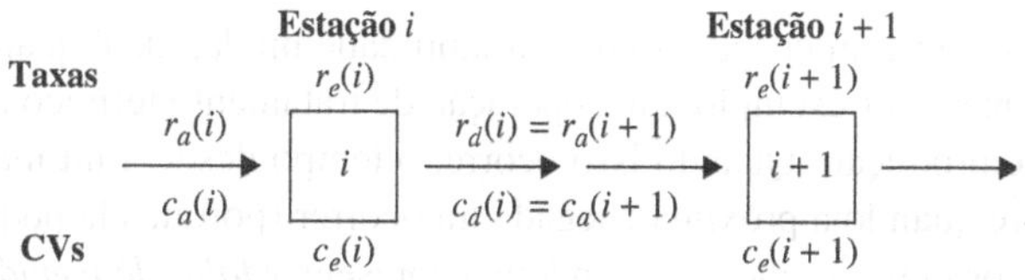

Estação i **Estação** $i + 1$

Taxas $r_e(i)$ $r_e(i + 1)$

$r_a(i)$ → [i] → $r_d(i) = r_a(i + 1)$ → [$i + 1$] →

$c_a(i)$ $c_d(i) = c_a(i + 1)$

CVs $c_e(i)$ $c_e(i + 1)$

FIGURA 8.6 A propagação da variabilidade entre estações em série.

Note que u aumenta com a taxa de chegada e com a média dos tempos de processamento. Um limite máximo da utilização é de 1 (isto é, 100%), implicando que os tempos efetivos de processamento têm que seguir a fórmula

$$t_e < \frac{m}{r_a}$$

Se u se aproxima de 1 (100%), então a estação está quase sempre ocupada. Portanto, nessas condições, os tempos entre as partidas da estação serão essencialmente idênticos aos tempos de processamento. Dessa forma, poderíamos esperar que o CV fosse o mesmo dos tempos de processamento (ou seja, $c_d = c_e$).

No outro extremo, quando u fica perto de zero, a estação tem apenas uma carga leve. Praticamente toda vez que um trabalho é acabado, a estação tem que esperar um longo tempo para outro trabalho chegar. Pelo fato de o tempo de processamento ser uma fração pequena dos tempos entre as partidas, estes serão quase idênticos aos tempos entre as chegadas. Assim, nessas condições, poderíamos esperar que os CVs de chegadas e partidas fossem os mesmos (isto é, $c_d = c_a$).

Um método bom e simples para interpolar esses dois extremos é usar o quadrado da utilização, como segue:[6]

$$c_d^2 = u^2 c_e^2 + (1 - u^2) c_a^2 \tag{8.10}$$

Se a estação está sempre ocupada, de maneira que $u = 1$, então $c_d^2 = c_e^2$. Igualmente, se a máquina ficar (quase) sempre desocupada, de maneira que $u = 0$, então $c_d^2 = c_a^2$. Para níveis intermediários de utilização, $0 < u < 1$, o CV² c_d^2 é uma combinação do CV² de chegadas c_a^2 e do CV² do tempo de processamento c_e^2.

Quando há mais de uma máquina em uma estação (isto é, $m > 1$), segue uma maneira razoável para estimar c_d^2 (apesar de haver outras; ver Buzacott e Shanthikumar 1993):

$$c_d^2 = 1 + (1 - u^2)(c_a^2 - 1) + \frac{u^2}{\sqrt{m}}(c_e^2 - 1) \tag{8.11}$$

Note que isso se resume à equação (8.10) quando $m = 1$.

O resultado final é que a variabilidade do fluxo e a do tempo de processamento podem variar muito na prática. Utilizando o mesmo esquema de classificação usado para a variabilidade do tempo de processamento, podemos classificar as chegadas de acordo com o CV de chegadas c_a, como segue:

Variabilidade baixa (VB)	$c_a \leq 0{,}75$
Variabilidade moderada (VM)	$0{,}75 < c_a \leq 1{,}33$
Variabilidade alta (VA)	$c_a > 1{,}33$

As partidas podem ser classificadas da mesma maneira, de acordo com o CV de partidas c_d.

Por exemplo, as partidas de uma estação com uma alta carga de trabalho e variabilidade baixa terão a tendência de também mostrar uma variabilidade baixa, enquanto as partidas de uma estação com uma alta carga de trabalho e variabilidade alta terão também a tendência de mostrar uma variabilidade alta. Estações com uma variabilidade moderada produzirão partidas do mesmo tipo. Todas essas partidas, por sua vez, se transformarão em chegadas para outras estações e, na prática, podem ocorrer todos os tipos de chegadas.

Outra maneira de ocorrerem chegadas com variabilidade moderada é quando uma estação é alimentada por muitas fontes. Por exemplo, uma operação de tratamento térmico pode receber trabalhos de diferentes linhas de produção. Quando isso ocorre, o tempo desde a última chegada não oferece muita informação sobre quando a próxima chegada irá ocorrer (porque ela poderá vir de diversos lugares). Assim, os tempos entre as chegadas tendem a apresentar *falta de memória,* ou seja, tendem a

[6] Note que, novamente, uma equação envolvendo os CVs é expressa em termos de seus CV²s.

ser exponenciais, e, por consequência, c_a será próximo de um. Mesmo quando as chegadas de fontes diversas são bastante regulares (de variabilidade baixa), a *superposição* de todas as chegadas tenderá a mostrar uma variabilidade moderada.

8.5.2 A variabilidade da demanda e do fluxo

Muitas vezes, é extremamente difícil obter qualquer informação a respeito da variabilidade entre as chegadas, simplesmente porque não as registramos. Porém, é comum que tenhamos a variabilidade da *demanda* (como já mencionado no Capítulo 2). Por sorte, podemos fazer uma relação entre as duas.

As definições são similares àquelas do Capítulo 2:

N_t = o número de demandas (chegadas) no período t, uma variável aleatória. Assumimos que a demanda é constante ao longo do tempo, de maneira que N_t tem a mesma distribuição para cada período t; também assumimos que as demandas do período são independentes.

$\mu_n = E[N_t]$ = o número esperado de demandas por período (em unidades).

σ_n = o desvio padrão do número de demandas por período (em unidades).

Então, se o período for longo o suficiente (mais detalhes sobre isso a seguir), temos

$$c_a^2 = \frac{\sigma_a^2}{t_a^2} \rightarrow \frac{\sigma_n^2}{\mu_n} \qquad (8.12)$$

É interessante que a fórmula (8.12) parece errada. À esquerda da flecha, temos algo ao quadrado dividido por outro termo ao quadrado, enquanto à direita, temos algo ao quadrado dividido por um termo simples. E o que aconteceu com a "unidade"? A resposta está no fato de que N_t não tem "unidades" como centímetros ou quilogramas porque é uma "contagem", a qual é apenas um "número puro".

Lembre-se da distribuição de Poisson, no Capítulo 2, em que a média e a variância eram iguais. Nesse caso, c_a^2 será de um. Esse é um caso real em que, se a demanda durante um período for do tipo Poisson, os tempos entre as chegadas das demandas são exponenciais (o que apresenta $c_a^2 = 1$).

A única condição para que essa seja uma boa estimativa é que o período de tempo seja longo o suficiente. Nesse caso, se a média μ_n for muito maior do que um, o período é "suficientemente longo". Então a fórmula (8.12) deve funcionar bem se $\mu_n \geq 10$.

Note que a variável aleatória é o número de demandas no período, e não a demanda total. Assim, se tivermos apenas três pedidos (demandas) em um mês, cada um de 10.000 unidades, o valor de N_t será 3, e não 30.000.

8.5.3 Chegadas e partidas de lotes

Uma causa importante de variabilidade no fluxo é a **chegada em lotes**. Isso acontece sempre que diversos trabalhos são liberados em lotes para uma estação. Por exemplo, suponha que uma empilhadeira carregue 16 trabalhos uma vez por turno (8 horas) para uma estação. Como as chegadas ocorrem sempre dessa maneira, sem qualquer aleatoriedade, poderíamos dizer que a variabilidade e o CV são zero.

No entanto, se olharmos os tempos entre as chegadas dos trabalhos do lote sob a perspectiva de cada trabalho, surge um quadro totalmente diferente. O tempo entre as chegadas (isto é, o tempo desde a chegada anterior) para o primeiro trabalho é de 8 horas e para os próximos 15 trabalhos será zero. Assim, a média dos tempos entre as chegadas é t_a é $\frac{1}{2}$ hora (8 horas dividido por 16 trabalhos), e a variância desses tempos é dada por

$$\sigma_a^2 = [\tfrac{1}{16}(8^2) + \tfrac{15}{16}(0^2)] - t_a^2 = \tfrac{1}{16}(8^2) - 0{,}5^2 = 3{,}75$$

Portanto, o CV² das chegadas é

$$c_a^2 = \frac{3{,}75}{(0{,}5)^2} = 15$$

Em geral, se tivermos um lote de tamanho k, essa análise resultará em $c_a^2 = k - 1$.

E então, qual está correta, $c_a^2 = 15$ ou $c_a^2 = 0$? A resposta é que o sistema se comportará "de alguma forma entre os dois valores". A razão disso é que os lotes misturam dois efeitos diferentes. O primeiro é resultado do próprio lote, o que não é realmente uma questão aleatória, mas de má administração, como aquela discutida no caso do pior desempenho possível no Capítulo 7. A segunda é a variabilidade nas chegadas dos lotes (identificada pelo CV de chegadas dos lotes). Examinaremos as relações entre os lotes e a variabilidade em mais detalhes no Capítulo 9.

8.6 INTERAÇÕES DA VARIABILIDADE – A TEORIA DAS FILAS

Os resultados acima sobre a variabilidade do fluxo e do tempo de processamento são como blocos para caracterizar os efeitos da variabilidade geral sobre uma linha de produção. Agora, vamos abordar o problema da avaliação do impacto desses tipos de variabilidade sobre as medidas mais importantes de uma linha de produção, que são os trabalhos em curso (WIPs), o *cycle time* e a produtividade.

Para isso, vamos observar, primeiro, que os tempos efetivos de processamento (incluindo *setups*, quebras, etc.) geralmente representam apenas uma pequena fração (5 a 10%) do *cycle time* total de uma fábrica. Isso está documentado em muitas pesquisas (como Bradt 1983). A maior parte do tempo extra é gasta *aguardando* os vários recursos (como estações de trabalho, transporte, operadores, etc.). Assim, uma questão fundamental da Ciência da Fábrica é a compreensão das causas subjetivas de todo esse tempo de espera.

A ciência da espera chama-se **teoria das filas** (***queueing***[7] ***theory***). Essa teoria é sobre o comportamento dos elementos que aguardam em uma **fila**. Como os trabalhos "aguardam em fila" enquanto esperam para serem processados, transportados, esperam por outras peças e assim por diante, a teoria das filas é uma boa ferramenta para a análise dos sistemas de manufatura.

Um **sistema de filas** combina todos os componentes considerados até aqui: um processo de chegada, um atendimento (processo de produção) e uma fila. As chegadas podem consistir de trabalhos individuais ou em lotes; os trabalhos podem ser idênticos ou diferentes entre si; os tempos entre as chegadas podem ser constantes ou aleatórios; uma estação de trabalho pode ter uma única máquina ou várias máquinas em paralelo, que podem ter tempos de processamento constantes ou aleatórios. A disciplina das filas pode ser: primeiro a chegar, primeiro a ser atendido – PCPA (*first-come, first--served* – FCFS, ou *first-in, first-out* – FIFO); ou último a chegar, primeiro a ser atendido – UCPA (*last-come, first-served* – LCFS, ou *last-in, first-out* – LIFO); prazo mais curto – PMC (*earliest due date* – EDD); menor tempo de processamento – MTP (*shortest process time – SPT*); ou qualquer esquema de prioridade. O espaço de uma fila pode ser ilimitado ou finito. A variedade dos sistemas de filas é quase infinita.

Não importa qual o sistema de filas em consideração, a função da teoria das filas é caracterizar medidas de desempenho em termos de parâmetros descritivos. Faremos isso, a seguir, para alguns sistemas de filas que são mais aplicáveis aos padrões de produção.

8.6.1 A notação e as medidas da teoria das filas

Para usar a teoria das filas e descrever o desempenho de uma estação, assumiremos os seguintes parâmetros:

r_a = a taxa de chegada de trabalhos na estação em unidades de tempo. Em uma linha de produção em série sem perdas de rendimento ou retrabalhos, r_a = TH em todas as estações.

$t_a = 1/r_a$ = o tempo médio entre as chegadas.

[7] *Queueing* também é a única palavra (no inglês) da qual nos lembramos com cinco vogais seguidas, o que pode ser útil em algum concurso de palavras.

c_a = o CV de chegadas.
m = o número de máquinas paralelas em uma estação.
b = o tamanho do estoque de segurança (número máximo de trabalhos permitidos no sistema).
t_e = a média do tempo efetivo de processamento. A taxa (capacidade) da estação é dada por $r_e = m/t_e$.
c_e = o CV do tempo efetivo de processamento.

As medidas de desempenho nas quais nos concentraremos são as seguintes:

p_n = a probabilidade de que haja n trabalhos na estação.
CT_q = a estimativa do tempo de espera gasto na fila.
CT = o tempo estimado gasto na estação (ou seja, tempo na fila mais tempo de processamento).
WIP = a média do nível de WIP (em trabalhos) na estação.
WIP_q = WIP (em trabalhos) que se espera encontrar na fila.

Além dos parâmetros recém-apresentados, um sistema de filas caracteriza-se por uma série de suposições específicas, incluindo o tipo da distribuição das chegadas e dos tempos de processamento, as regras de despacho, os protocolos de recusa, as chegadas ou os processamentos em lotes, a existência ou não de uma rede de estações em fila, a existência ou não de classes de trabalho únicas ou múltiplas, e muitas outras. Uma classificação parcial de um sistema de filas de uma estação e uma classe de trabalhos é dada pela *notação de Kendall,* que caracteriza uma estação em fila por meio de quatro parâmetros:

$$A/B/m/b$$

onde A descreve a distribuição dos tempos entre as chegadas, B descreve a distribuição dos tempos de processamento, m é o número de máquinas na estação, e b é o número máximo de trabalhos permitidos no sistema. Seguem alguns dos valores usados para A e B, junto às suas interpretações:

D: uma distribuição constante (determinística)
M: uma distribuição exponencial (markoviana)
G: uma distribuição completamente genérica (por exemplo, normal, uniforme)

Em muitas situações, o tamanho da fila não é explicitamente limitado (o estoque de segurança é muito grande). Identificamos esse caso como $A/B/m/\infty$ ou, simplesmente, $A/B/m$.

Por exemplo, o sistema de filas $M/G/3$ refere-se a uma estação de trabalho com três máquinas, com tempos entre as chegadas com uma distribuição exponencial, tempos de processamento em uma distribuição genérica e um estoque de segurança infinito.

Focaremos, primeiro, nos sistemas de filas $M/M/1$ e $M/M/m$, pois eles fornecem uma importante fonte de intuição e servem como blocos para construir outros sistemas mais gerais. Depois, veremos os sistemas de filas $G/G/1$ e $G/G/m$, pois eles têm uma aplicação direta na modelagem de estações de trabalho nas linhas de produção. E, finalmente, discutiremos o que acontece quando limitamos os estoques de segurança nos casos $M/M/1/b$ e $G/G/1/b$.

Para sermos simples, limitaremos nossas considerações aos sistemas com uma classe de trabalho única (um único produto). É claro que a maioria dos sistemas de manufatura tem diversos produtos, mas podemos desenvolver as ideias principais em relação à função da variabilidade com um modelo de sistema de um único produto. Além disso, esses modelos, às vezes, podem ser usados para estimar o comportamento de sistemas de trabalhos múltiplos. Os detalhes e sistemas mais sofisticados de modelos com várias classes de trabalhos (diversos produtos) são dados por Buzacott e Shanthikumar (1993).

8.6.2 Relações fundamentais

Antes de considerarmos especificamente os sistemas de filas, vamos observar algumas relações importantes que se aplicam a todas as estações de trabalho (independentemente das suposições sobre as distribuições das chegadas e dos tempos de processamento, número de máquinas, etc.). A primeira é a expressão **utilização,** que é a probabilidade de que a estação esteja ocupada, e sua fórmula é

$$u = \frac{r_a}{r_e} = \frac{r_a t_e}{m} \tag{8.13}$$

A segunda é a relação entre a média dos tempos totais gastos em uma estação CT e a média dos tempos gastos na fila CT_q. Como as médias podem ser somadas, temos

$$CT = CT_q + t_e \tag{8.14}$$

Em terceiro, aplicar a lei de Little nessa estação resulta em uma relação entre WIP, CT e taxa de chegadas:

$$WIP = TH \times CT \tag{8.15}$$

E, em quarto, aplicar a lei de Little apenas sobre a fila resulta em uma relação entre WIP_q, CT_q e taxa de chegadas:

$$WIP_q = r_a \times CT_q \tag{8.16}$$

Usando as relações supracitadas e o conhecimento do desempenho de qualquer uma das medidas (CT, CT_q, WIP ou WIP_q), podemos calcular as outras três.

8.6.3 Uma fila *M/M/1*

Um dos sistemas de filas mais simples para ser analisado é o *M/M/*1. Esse modelo assume tempos de chegada exponenciais, uma única máquina com tempos de processamento exponenciais, um protocolo do tipo primeiro a chegar, primeiro a ser atendido, e um espaço ilimitado para os trabalhos aguardarem em fila. Apesar de não ser uma representação acurada da maioria das estações de trabalho das linhas de produção, o sistema de filas *M/M/*1 é tratável e oferece ideias válidas para abordar outros sistemas mais complexos e realistas.

O ponto principal, ao analisar um sistema de filas *M/M/*1, é a propriedade da *falta de memória* das distribuições exponenciais. Para saber o porquê, considere as informações necessárias para caracterizar a evolução futura (probabilística) do sistema, isto é, o que precisamos saber sobre a situação atual do sistema para responder a questões como: Qual a probabilidade de o sistema estar desocupado em certo momento? Qual a probabilidade de um trabalho aguardar na fila por um tempo menor do que um tempo especificado, antes de ser atendido? A questão não é *como* calcular a resposta a essas perguntas, mas sim *quais informações* do sistema seriam necessárias para fazê-lo.

Para começar, precisamos de informações sobre os tempos entre as chegadas e os tempos de processamento. Como se assume que os dois são exponenciais, precisamos apenas de suas médias (pois, em uma distribuição exponencial, o desvio padrão é igual à média). O tempo médio entre as chegadas é t_a; assim, a taxa de chegadas é $r_a = 1/t_a$. O tempo médio de processamento é t_e, de forma que a taxa de processamento é $r_e = 1/t_e$.

Além disso, a *única* informação de que necessitamos é quantos trabalhos existem atualmente no sistema. Pelo fato de as distribuições dos tempos entre as chegadas e dos tempos de processamento não terem memória, o tempo entre a última chegada e o tempo em que o trabalho atual está em processamento será irrelevante para o comportamento futuro do sistema. Por isso, a **situação** do sistema pode ser expressa por um simples número *n*, representando o número de trabalhos atualmente no sistema. Ao calcular a probabilidade no longo prazo, em termos de cada uma das situações, podemos identificar todas as medidas de desempenho de longo prazo (taxas consistentes), inclusive o CT, WIP, CT_q e WIP_q. Fazemos isso para uma fila do tipo *M/M/*1 na seguinte Observação Técnica.

Observação técnica

Defina p_n como a probabilidade de encontrar, em longo prazo, o sistema na situação n, isto é, com um total de n trabalhos em uma fila aguardando o processo.[8] Como os trabalhos chegam um de cada vez e a máquina também os processa um por um, a situação do sistema pode mudar apenas em uma unidade por vez. Por exemplo, se existem atualmente n trabalhos na estação, então a única mudança possível na situação é um aumento para $n + 1$ (uma nova chegada) ou uma redução para $n - 1$ (uma nova partida). A taxa em que o sistema se move de uma situação n para uma situação $n + 1$, considerando que sua situação atual é n, é representada por r_a, a taxa de chegadas. Igualmente, a taxa condicional para o sistema mover-se de uma situação n para $n - 1$, considerando que a situação atual do sistema é n, é representada por r_e, a taxa de processo. A dinâmica do sistema é ilustrada no gráfico da Figura 8.7.

Por conseguinte, a **taxa** incondicional (isto é, situação constante) em que o sistema se move de uma situação $n - 1$ para uma situação n é dada por $p_n{-}1r_a$, ou seja, a probabilidade de estar na situação $n - 1$ multiplicada pela taxa de $n - 1$ para n, considerando que o sistema está na situação n. De maneira similar, a taxa em que o sistema se move de uma situação n para $n - 1$ é $p_n r_e$. Para que o sistema seja estável, essas duas taxas devem ser iguais (do contrário, a probabilidade de estar em uma dada situação se deslocaria ao longo do tempo). Assim,

$$p_{n-1}r_a = p_n r_e$$

ou

$$p_n = \frac{r_a}{r_e} p_{n-1} = u p_{n-1} \tag{8.17}$$

onde $u = r_a t_e = r_a/r_e$ é a utilização, que se não tiver bloqueios, será a fração de tempo no longo prazo em que a máquina permanece ocupada.

Pela definição da utilização, deduz-se que a probabilidade (fração de tempo no longo prazo) de que a estação não esteja ocupada é de $1 - u$. Como a máquina está desocupada quando não há trabalhos no sistema, isso implica que $p_0 = 1 - u$. Isso nos dá um dos valores de p_n. Para conseguir o restante, escrevemos nossa equação (8.17) para $n = 1, 2, 3,...,$ que resulta em

$$p_1 = up_0 = u(1 - u)$$

$$p_2 = up_1 = u \cdot u(1 - u) = u^2(1 - u)$$

$$p_3 = up_2 = u \cdot u^2(1 - u) = u^3(1 - u)$$

$$\vdots$$

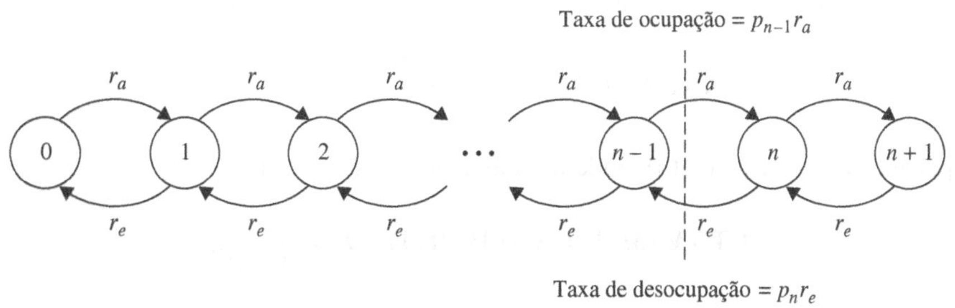

Taxa de ocupação = $p_{n-1}r_a$

Taxa de desocupação = $p_n r_e$

FIGURA 8.7 Diagrama mostrando a transição de situação de uma fila *M/M/1*.

[8] Essas probabilidades fazem sentido apenas para **situações constantes** (depois que o sistema estiver rodando por tempo suficiente para que a situação atual não dependa mais das condições iniciais). Isso significa que podemos calcular medidas de longo prazo apenas usando valores de p_n. Felizmente, nossas medidas mais importantes (CT, WIP, CTq e WIPq) são medidas de longo prazo. A análise de comportamentos **transitórios** (de curto prazo) dos sistemas de filas é difícil e não será discutida aqui.

Continuando dessa maneira, temos, para qualquer situação

$$p_n = u^n(1-u) \qquad n = 0, 1, 2, \ldots \tag{8.18}$$

Como esses valores de p_n são probabilidades e, portanto, devem ser somados a 1, podemos escrever

$$p_0 + p_1 + p_2 + \cdots = (1 + u + u^2 + \cdots)p_0 = 1$$

Observando que $(1 + u + u^2 + \cdots) = 1/1 - u$,[9] temos novamente

$$p_0 = 1 - u \tag{8.19}$$

Porém, se $u \geq 1$, então $(1 + u + u^2 + \ldots)$ será infinito, o que violaria os princípios das probabilidades. Assim, para que uma estação tenha um comportamento estável em longo prazo (sem que uma fila "estoure"), precisamos ter $u < 1$ (uma utilização estritamente menor do que 100%).

A medida de desempenho mais direta para calcular é WIP (isto é, o número estimado no sistema). Para o caso *M/M/1*

$$\begin{aligned} \text{WIP} &= \sum_{n=0}^{\infty} np_n \\ &= (1-u)\sum_{n=0}^{\infty} nu^n \\ &= u(1-u)\sum_{n=1}^{\infty} nu^{n-1} \\ &= \frac{u}{1-u} \end{aligned} \tag{8.20}$$

onde o último termo provém do fato de que $\sum_{n=1}^{\infty} nu^{n-1}$ é uma derivada de $\sum_{n=0}^{\infty} u^n$, que já mostramos ser igual *a* $1/(1-u)$. Como a derivada da soma é a soma das derivadas, $\sum_{n=1}^{\infty} nu^{n-1}$ é igual à derivada de $1/(1-u)$, que é $1/(1-u)^2$. Note que isso é válido apenas se $u < 1$, o que já era uma condição para que a fila fosse estável.

8.6.4 As medidas de desempenho

As várias medidas de desempenho de situações estáveis podem ser calculadas por meio dos resultados derivados da observação técnica anterior. A equação do nível de WIP estimado é derivada da equação (8.20) conforme segue

$$\text{WIP}(M/M/1) = \frac{u}{1-u} \tag{8.21}$$

Lembrando que $u =$ taxa e, usando a lei de Little, temos uma relação para uma média do *cycle time*

$$\text{CT}(M/M/1) = \frac{\text{WIP}(M/M/1)}{r_a} = \frac{t_e}{1-u} \tag{8.22}$$

A seguir, partindo da equação (8.14), podemos calcular o tempo na fila

$$\text{CT}_q(M/M/1) = \text{CT}(M/M/1) - t_e = \frac{u}{1-u}t_e \tag{8.23}$$

E, finalmente, usando $u =$ taxa, de novo, e aplicando a lei de Little à fila, temos

$$\text{WIP}_q(M/M/1) = r_a \times \text{CT}_q(M/M/1) = \frac{u^2}{1-u} \tag{8.24}$$

[9] Se $u < 1$, então, observando que $1 + u + u^2 + \cdots = 1 + u(1 + u + u^2 + \cdots)$ e assumindo que $x = 1 + u + u^2 + \cdots$, veremos que $x = 1 + ux$. Encontrando x, temos $1 - ux = 1$, ou $x = (1-u)^{-1}$.

Observe que WIP, CT, CT_q e WIP_q aumentam em u. Isso não é surpresa, pois os sistemas ocupados mostram mais congestionamento do que os sistemas com uma carga leve. Além disso, para um valor fixo de u, CT e CT_q aumentam em t_e. De forma que, para certa carga de utilização, as máquinas mais lentas causam mais tempo de espera. Por último, note que, como essas equações têm o termo $1 - u$ no denominador, todas as medidas de congestionamento "explodem" à medida que u fica mais próximo de um. Isso significa que os níveis de WIP e os *cycle times* aumentam muito rápido (ou seja, não linearmente) conforme a utilização se aproxima de 100%. Discutiremos as implicações disso em maiores detalhes no Capítulo 9.

Exemplo:

Lembre-se de que, no exemplo da empresa Briar Patch Manufacturing, a taxa de chegada da Tortoise 2000 era de 2,875 trabalhos por hora ($r_a = 2{,}875$). Assuma agora que os tempos entre as chegadas têm uma distribuição exponencial (o que não é uma suposição ruim se os trabalhos chegarem de vários locais diferentes). Lembre-se também de que a taxa de produção era de três trabalhos por hora (ou $t_e = 1/3$) e $c_e = 1{,}0$. Como os tempos efetivos de processamento têm um CV de um, assim como a distribuição exponencial, faz sentido usar o modelo M/M/1 para representar a Tortoise 2000.[10]

A utilização é calculada por $u = 2{,}875/3 = 0{,}9583$, e as medidas do desempenho são dadas a seguir:

$$\text{WIP} = \frac{u}{1-u} = \frac{0{,}9583}{1-0{,}9583} = 23 \text{ trabalhos}$$

$$\text{CT} = \frac{\text{WIP}}{\text{TH}} = \frac{23}{2{,}875} = 8 \text{ horas}$$

$$\text{CT}_q = \text{CT} - t_e = 8 - 0{,}3333 = 7{,}6667 \text{ horas}$$

$$\text{WIP}_q = \text{TH} \times \text{CT}_q = 2{,}875 \times 7{,}6667 = 22{,}0417 \text{ trabalhos}$$

Notamos que o WIP e o CT são muito menores do que aqueles da máquina Hare X19 nas mesmas condições de demanda. Entretanto, para modelar os números não exponenciais da Hare X19, precisamos de um modelo mais genérico do que o *M/M/*1.

8.6.5 Sistemas com tempos de processamento e tempos entre as chegadas genéricos

A maioria dos sistemas de manufatura não preenche as condições do modelo de fila *M/M/*1. Os tempos de processamento raramente são exponenciais. Quando as estações de trabalho são alimentadas pelas estações anteriores, cujos tempos de processamento não são exponenciais, é provável que os tempos entre as chegadas também não o sejam. Para abordar sistemas com distribuições não exponenciais de tempos entre as chegadas e de tempo de processamento, precisamos usar o modelo de fila *G/G/*1.

Infelizmente, sem a propriedade da falta de memória das distribuições exponenciais para facilitar a análise, não podemos calcular as medidas exatas do desempenho para as filas *G/G/*1. Porém, podemos fazer estimativas por meio de uma aproximação de "dois momentos", que usam apenas a média e o desvio padrão (ou o CV) das distribuições dos tempos de processamento e entre as chegadas. Apesar de haver casos em que não funcione como esperado, essa aproximação é razoavelmente acurada na maioria dos sistemas de produção (exceto nos casos que têm c_e e c_a muito maiores do que um, ou quando u é maior do que 0,95 ou menor do que 0,1). Pelo fato de funcionar bem, essa estimativa é a base de muitos programas comerciais disponíveis no mercado para a análise das filas na produção.

[10] Na verdade, os tempos de processamento não são exponenciais, porém, como $c_e = 1$ era o resultado das falhas superpostas aos tempos naturais de processamento de variabilidade baixa, portanto, a fila *M/M/*1 não é exata, mas é uma boa aproximação.

Como fizemos no caso da *M/M/*1, primeiro desenvolveremos uma expressão para os tempos de espera em uma fila com CT_q e, depois, calculamos as outras medidas de desempenho. A estimativa para CT_q, que foi investigada por Kingman (1961) (ver Medhi 1991 para outras derivações), é dada por

$$CT_q(G/G/1) = \left(\frac{c_a^2 + c_e^2}{2}\right)\left(\frac{u}{1-u}\right)t_e \tag{8.25}$$

Essa aproximação tem algumas propriedades bem interessantes. Primeiro, ela é perfeita para uma fila *M/M/*1.[11] Ela também é correta para uma fila *M/G/*1, apesar de isso não ficar evidente a partir da discussão apresentada aqui. Ela separa perfeitamente os três termos: um **termo para a variabilidade** *V*, não dimensionado, um **termo para a utilização** *U* e um **termo para os tempos** *T*, como mostramos a seguir

$$CT_q(G/G/1) = \underbrace{\left(\frac{c_a^2 + c_e^2}{2}\right)}_{V}\underbrace{\left(\frac{u}{1-u}\right)}_{U}\underbrace{t_e}_{T}$$

ou

$$CT_q = VUT \tag{8.26}$$

Chamamos essa fórmula de **equação de Kingman** ou **equação *VUT***. A partir dela, podemos observar que, se o fator *V* for menor do que um, então os tempos de fila e, por consequência, outras medidas de congestionamento serão menores para uma fila *G/G/*1 do que para uma fila *M/M/*1. E, inversamente, se *V* for maior do que um, o congestionamento será maior do que para uma fila tipo *M/M/*1. Assim, a equação *VUT* mostra que o *M/M/*1 é um caso intermediário para estações únicas, de maneira similar ao que representa o caso do pior desempenho na prática para as linhas de produção.

Exemplo:

Vamos retornar ao exemplo da Briar Patch Manufacturing e fazer algumas considerações sobre a máquina Hare X19. Lembre-se de que essa máquina tem uma variabilidade alta ($c_e^2 = 6{,}25$). Assuma novamente, que os tempos entre as chegadas são exponenciais ($c_a^2 = 1$). A utilização da Hare X19 é u = 0,9583. Assim, podemos usar a equação VUT para calcular os tempos de fila, como segue

$$\begin{aligned} CT_q &= \left(\frac{c_a^2 + c_e^2}{2}\right)\left(\frac{u}{1-u}\right)t_e \\ &= \left(\frac{1 + 6{,}25}{2}\right)\left(\frac{0{,}9583}{1 - 0{,}9583}\right)20 \\ &= 1.667{,}5 \text{ minutos} = 27{,}79 \text{ horas} \end{aligned}$$

que é o mesmo resultado mencionado na introdução deste capítulo.

Agora suponha que a Hare X19 alimenta a máquina Tortoise 2000. Não existe perda de rendimento, então a taxa de entradas para a Tortoise 2000 é a mesma da Hare X19; e, considerando que as duas máquinas têm a mesma taxa efetiva, também têm a mesma utilização $u = 0{,}9583$. Porém, para usar a equação *VUT*, precisamos encontrar o CV de chegadas c_a para a Tortoise 2000. Fazemos isso primeiro encontrando o CV de partidas c_d da Hare, usando a equação (8.10).

[11] Quando c_a e c_e são ambos iguais a um, a primeira fração se torna um e o outro termo é o tempo de espera tipo *M/M/*1 na fila CT*q* (*M/M/*1).

$$\begin{aligned} c_d^2 &= c_e^2 u^2 + c_a^2(1 - u^2) \\ &= 6{,}25(0{,}9583^2) + 1{,}0(1 - 0{,}9583^2) \\ &= 5{,}8216 \end{aligned}$$

Como a Hare X19 alimenta a 2000, c_a^2 para a Tortoise 2000, é igual a c_d^2 para a Hare X19. Portanto, a estimativa do tempo da fila na máquina Tortoise 2000 será

$$\begin{aligned} \mathrm{CT}_q &= \left(\frac{c_a^2 + c_e^2}{2}\right)\left(\frac{u}{1-u}\right)t_e \\ &= \left(\frac{5{,}82 + 1{,}0}{2}\right)\left(\frac{0{,}9583}{1 - 0{,}9583}\right)20 \\ &= 1.568{,}97 \text{ minutos} = 26{,}15 \text{ horas} \end{aligned}$$

que, novamente, é o mesmo resultado mencionado na introdução deste capítulo.

Note que o tempo da fila na Tortoise 2000 é quase tão grande quanto o da Hare X19, apesar desta ter uma variabilidade de processos muito maior. A razão disso são as chegadas com variabilidade alta na Tortoise 2000 ($c_a = \sqrt{5{,}8216} = 2{,}41$). Se a Tortoise 2000 fosse alimentada com chegadas de variabilidade moderada (com $c_a = 1{,}0$), seu desempenho seria representado pela fila do tipo *M/M/*1, que prevê um tempo médio de espera de 7,67 horas. O tempo excessivo (e o congestionamento) é uma consequência da propagação da variabilidade no fluxo a partir da Hare X19.

8.6.6 As máquinas paralelas

A equação *VUT* fornece uma ferramenta para analisar as estações de trabalho que consistem de apenas uma máquina. Porém, em sistemas do mundo real, muitas vezes, as estações têm várias máquinas paralelas. A razão é óbvia: o aumento da capacidade da estação por meio de máquinas adicionais. Para analisar e entender as estações com várias máquinas paralelas, precisamos de um modelo mais genérico.

O tipo mais simples de estação com máquinas paralelas é um caso em que os tempos entre as chegadas são exponenciais ($c_a = 1$), assim como os tempos de processamento ($c_e = 1$). Isso corresponde a um sistema de fila modelo *M/M/m*. Nesse modelo, todos os trabalhos aguardam em fila única pela próxima máquina disponível (diferente da maioria dos supermercados, onde cada caixa tem sua fila em separado, e igual à maioria dos bancos modernos, onde há uma fila única para todos os caixas). Apesar de as probabilidades de situação constante das filas tipo *M/M/m* poderem ser calculadas exatamente, elas são confusas e fornecem pouca intuição adicional. Mais útil é a estimativa padrão para os tempos de espera na fila, proposta por Sakasegawa (1977), que fornece intuição e é bastante acurada (ver Whitt (1993) para uma discussão dos seus usos e méritos):

$$\mathrm{CT}_q(M/M/m) = \frac{u^{\sqrt{2(m+1)}-1}}{m(1-u)}t_e \tag{8.27}$$

Note que, quando $m = 1$, essa expressão se resume à equação (8.23), que é a expressão exata dos tempos de fila tipo *M/M/*1. Usando essa expressão, junto com algumas relações universais (8.14) a (8.16), podemos obter expressões para CT(*M/M/m*), WIP(*M/M/m*) e WIP_q(*M/M/m*).

Exemplo:

Considere novamente o exemplo da Briar Patch Manufacturing. Lembre-se de que a máquina Tortoise 2000 tinha tempos de processamento com $c_e = 1$ e, assim, bastante aproximados a um modelo exponencial. Agora, suponha que as chegadas na Tortoise 2000 ocorrem a uma taxa de 207 trabalhos por dia com tempos exponenciais de ($c_a = 1$) entre as chegadas. Como isso está além da capacidade de apenas uma máquina Tortoise 2000, vamos assumir que agora a Briar Patch Manufacturing tem três dessas máquinas.

Primeiro, considere o que aconteceria se cada uma das máquinas tivesse seu próprio fluxo de chegada, isto é, cada máquina atende um terço da demanda total, ou 69 trabalhos por dia (2,875 trabalhos por hora). Como os tempos de processamento são de 1/3 de hora, a utilização de cada máquina é de $u = 2{,}875(1/3) = 0{,}958$. Assim, a situação de cada uma das máquinas é exatamente aquela do modelo da Seção 8.6.4, na qual calculamos o tempo médio de fila sendo de 7,67 horas.

Agora suponha que as três máquinas Tortoise 2000 estão combinadas um uma estação única, de maneira que a demanda total de 207 trabalhos por dia, ou 8,625 trabalhos por hora, chegam através de uma única fila que serve as três máquinas em paralelo. A utilização é a mesma, pois

$$u = \frac{r_a t_e}{m} = \frac{(8{,}625)(\frac{1}{3})}{3} = 0{,}958$$

No entanto, o tempo médio na fila de espera agora é de

$$\begin{aligned} \mathrm{CT}_q &= \frac{u^{\sqrt{2(m+1)}-1}}{m(1-u)} t_e \\ &= \frac{(0{,}958)^{\sqrt{2(3+1)}-1}}{3(1-0{,}958)} \left(\frac{1}{3}\right) = 2{,}467 \text{ horas} \end{aligned}$$

que é bem menor do que o caso em que as três máquinas tinham filas separadas para cada uma. Concluímos que, quando a variabilidade e a utilização são iguais, uma estação com máquinas paralelas é melhor do que uma com máquinas dedicadas. A razão disso, como qualquer um que já entrou na fila errada em um caixa de supermercado sabe, é que um longo tempo de processamento atrasa todos os demais trabalhos que estão esperando na fila, se for uma máquina dedicada. Quando a fila é única, como nos bancos, atualmente, a máquina que pega um processo mais longo não atrasa os outros trabalhos na fila e, portanto, não afeta muito o tempo médio de espera. Esse é um exemplo da propriedade mais genérica chamada de **combinação das variabilidades,** que será discutida na Seção 8.8.

8.6.7 As máquinas paralelas e os tempos normais

Uma estação com máquinas paralelas e tempos normais (não exponenciais) de processamento e entre as chegadas é representada por uma fila do tipo *G/G/m*. Para desenvolver uma aproximação para essa situação, note que a estimativa da fórmula (8.25) pode ser redefinida como

$$\mathrm{CT}_q(G/G/1) = \left(\frac{c_a^2 + c_e^2}{2}\right) \mathrm{CT}_q(M/M/1)$$

onde $\mathrm{CT}q\ (M/M/1) = [u/(1-u)]t_e$ é o tempo de espera em uma fila tipo M/M/1. Isso sugere a estimativa, a seguir, para uma fila G/G/m (ver Whitt 1983 para uma discussão)

$$\mathrm{CT}_q(G/G/m) = \left(\frac{c_a^2 + c_e^2}{2}\right) \mathrm{CT}_q(M/M/m) \tag{8.28}$$

Usando a equação (8.27) para aproximar $\mathrm{CT}_q(M/M/m)$ na equação (8.28), temos a seguinte expressão para o tempo de espera na fila *G/G/m*:

$$\mathrm{CT}_q(G/G/m) = \left(\frac{c_a^2 + c_e^2}{2}\right) \left(\frac{u^{\sqrt{2(m+1)}-1}}{m(1-u)}\right) t_e \tag{8.29}$$

A expressão (8.29) é uma versão da equação *VUT* para as máquinas paralelas. Os termos *V* e *T* são idênticos à versão para a máquina única dada na expressão (8.26), mas o termo *U* é diferente. Apesar de parecer complicado, isso não necessita de qualquer tipo de algoritmo iterativo para sua solução e, portanto, é de implantação fácil em um programa de planilhas. Isso torna possível lidar com a aproximação da estação única (8.29) por meio da equação intermediária (8.11) e criar uma ferramenta em uma planilha para analisar o desempenho de uma linha de produção.

8.7 OS EFEITOS DOS BLOQUEIOS

Até aqui, consideramos apenas sistemas em que não há limitações para o tamanho da fila. Na verdade, em cada sistema examinado até agora, as filas médias (e o *cycle time*) aumentam de maneira infinita, à medida que a utilização se aproxima de 100%. Porém, no mundo real, as filas nunca são infinitas. Elas são limitadas pelo espaço, pelo tempo ou pelas políticas operacionais. Assim, um importante tópico na ciência da Ciência da Fábrica é o comportamento de sistemas com espaço limitado para filas.

8.7.1 Uma fila *M/M/1/b*

Considere o caso em que os tempos de processamento e das chegadas são exponenciais, assim como o de uma fila *M/M/*1, mas também que há espaço apenas para *b* unidades no sistema (na fila e no processamento). De acordo com a notação de Kendall, isso corresponde a uma fila do tipo *M/M/*1*/b*. Esse sistema tem um comportamento muito parecido ao de uma fila *M/M/*1, porém, agora, quando o sistema fica cheio, o fluxo das chegadas para. Quando isso acontece, dizemos que a máquina foi **bloqueada**. Esse modelo representa uma situação muito comum nas aplicações nas linhas de produção atuais.

Por exemplo, considere uma célula de produção que consiste de duas estações com um estoque intermediário entre elas. A primeira máquina processa a matéria-prima e a deposita no estoque intermediário para a segunda máquina. Se assumirmos que a matéria-prima está sempre disponível (por exemplo, barras de aço ou chapas de metal com bastante oferta), então o modelo *M/M/*1*/b* pode nos dar uma boa estimativa do comportamento da segunda máquina. Na verdade, se ambas as máquinas têm tempos de processamento exponenciais, o modelo será perfeito. Esse tipo de configuração é comum. Na verdade, em sua natureza, todos os sistemas *kanban* têm um comportamento de bloqueio.

Em um modelo de filas com bloqueio, como o *M/M/*1*/b*, a taxa de chegadas r_a tem um significado diferente do que em modelos de filas sem limitações. Aqui ela representa a taxa de chegadas *potenciais*, assumindo que o sistema não está cheio. Então $u = r_a t_e$ não é mais a probabilidade de que a máquina esteja ocupada no longo prazo, mas representa qual seria sua utilização sem rejeitar nenhuma das chegadas. Como consequência, *u* pode ser igual ou maior que um. Calculamos as probabilidades e as medidas para uma fila do tipo *M/M/*1*/b* na observação técnica a seguir.

Observação técnica

Como nas filas do tipo *M/M/*1, definimos a situação de uma fila *M/M/*1*/b* como sendo o número de trabalhos existentes no sistema. Contudo, diferentemente da *M/M/*1, a fila *M/M/*1*/b* tem um número finito (limitado) de situações $n = 0, 1, 2, \ldots, b$. Procedendo como fizemos para a fila *M/M/*1, podemos mostrar que a probabilidade de longo prazo de uma fila *M/M/*1*/b* estar na situação *n* é

$$p_n = u^n p_0$$

Um pouco de álgebra nos mostra que, para obter $p_0 + \cdots + p_b = 1$, é preciso

$$p_0 = \frac{1 - u}{1 - u^{b+1}} \tag{8.30}$$

Então,

$$p_n = \frac{u^n(1-u)}{1-u^{b+1}} \tag{8.31}$$

Note que as equações (8.30) e (8.31) se tornam iguais àquelas da fila *M/M/1* conforme b se aproxima do infinito (pois $u^{b+1} \to 0$ conforme $b \to \infty$).

A equação (8.30) é válida enquanto $u \neq 1$. Para o caso especial em que $u = 1$, todas as situações do sistema são parecidas e têm a mesma probabilidade, então

$$p_n = \frac{1}{b+1} \quad \text{para } n = 0, 1, \ldots, b \tag{8.32}$$

Podemos calcular o nível médio de WIP com a fórmula

$$\text{WIP} = \sum_{n=0}^{b} np_n \tag{8.33}$$

Como o sistema aceita todas as chegadas sempre que haja vagas, e a taxa das entradas é igual à das saídas, podemos calcular a produtividade pela fórmula

$$\text{TH} = (1 - p_b)r_a \tag{8.34}$$

Para o caso em que $u \neq 1$, o nível médio de WIP e da produtividade são

$$\text{WIP}(M/M/1/b) = \frac{u}{1-u} - \frac{(b+1)u^{b+1}}{1-u^{b+1}} \tag{8.35}$$

$$\text{TH}(M/M/1/b) = \frac{1-u^b}{1-u^{b+1}}r_a \tag{8.36}$$

Para o caso em que $u = 1$, o WIP e a produtividade simplificam-se para

$$\text{WIP}(M/M/1/b) = \frac{b}{2} \tag{8.37}$$

$$\text{TH}(M/M/1/b) = \frac{b}{b+1}r_a = \frac{b}{b+1}r_e \tag{8.38}$$

Para qualquer um dos dois casos, podemos usar a lei de Little para calcular o *cycle time*, o tempo da fila e o tamanho da fila como

$$\text{CT}(M/M/1/b) = \frac{\text{WIP}(M/M/1/b)}{\text{TH}(M/M/1/b)} \tag{8.39}$$

$$\text{CT}_q(M/M/1/b) = \text{CT}(M/M/1/b) - t_e \tag{8.40}$$

$$\text{WIP}_q(M/M/1/b) = \text{TH}(M/M/1/b) \times \text{CT}_q(M/M/1/b) \tag{8.41}$$

Podemos obter um bom entendimento dessas fórmulas por meio da interpretação do modelo *M/M/1/b* como um sistema de duas máquinas em sequência. Assume-se que a primeira tem matéria-prima infinita, de modo que nunca ficará sem alimentação. De maneira similar, a segunda máquina sempre poderá liberar os produtos produzidos (nunca está bloqueada). Porém, o estoque intermediário entre as duas máquinas é limitado e é igual a B. Se as duas máquinas têm tempos de processamento exponenciais, o modelo de comportamento da fila da segunda máquina e do estoque intermediário é do tipo *M/M/1/b*, onde $b = B + 2$. Os outros dois espaços de estoques de segurança são as próprias máquinas.

Note que o WIP para uma fila *M/M/1/b sempre* será menor do que aquele de um sistema *M/M/1*. Isso é assim porque a segunda máquina tem bloqueio, o que evita que o nível de WIP seja maior do que

b. Se b é baixo, o efeito pode ser muito grande. Na verdade, o sistema *kanban*, que se comporta como um estoque finito, tem a exata intenção de evitar grandes níveis de WIP.

No entanto, a redução do WIP tem seu preço – a perda de produtividade. Lembre-se de que, no caso *M/M/*1, a taxa de chegadas é igual à taxa de saídas. Isso ocorre porque, em situações constantes, tudo o que entra tem de sair. Isso não acontece com o bloqueio, pois a taxa de entradas é igual à de saídas (produtividade) mais a taxa em que as chegadas são rejeitadas. Usando as equações (8.36) e (8.38), vemos que

$$\text{TH} = \frac{1 - u^b}{1 - u^{b+1}} u r_e < u r_e$$

se $u \neq 1$, e

$$\text{TH} = \frac{b}{b+1} r_e < r_e$$

se $u = 1$. Essas últimas expressões mostram que a produtividade de um sistema com bloqueio sempre será menor do que sem o bloqueio. Além disso, quanto menor o tamanho do estoque intermediário b, maior a redução da produtividade.

Exemplo:

Considere uma linha de produção com duas máquinas em sequência. A primeira demora, em média, $t_e(1) = 21$ minutos para completar um trabalho. A segunda, demora $t_e(2) = 20$ minutos. Ambas as máquinas têm tempos de processamento exponenciais ($c_e(1) = c_e(2) = 1$). Entre as duas máquinas há espaço suficiente para dois trabalhos, então $b = 4$ (dois no estoque intermediário e dois nas máquinas).

Primeiramente, considere o que aconteceria se o estoque intermediário fosse infinito. Como a primeira máquina funciona constantemente, a taxa de chegadas para a segunda máquina é igual à da primeira. Assim, a utilização da segunda máquina é $u = r_d/r_e = 1/21 / 1/20 = 0{,}9524$. As outras medidas de desempenho para a segunda máquina podem ser calculadas usando-se as fórmulas do modelo *M/M/*1, sendo

$$\text{WIP} = \frac{u}{1-u} = \frac{0{,}9524}{1-0{,}9524} = 20 \text{ trabalhos}$$

$$\text{TH} = r_a = \tfrac{1}{21} \text{ minuto} = 0{,}0476 \text{ trabalho por minuto}$$

$$\text{CT} = \frac{\text{WIP}}{\text{TH}} = 420{,}18 \text{ minutos}$$

Agora, considere o caso com o estoque intermediário finito. Primeiro calculamos TH, usando o modelo de fila *M/M/*1/*b*.

$$\begin{aligned} \text{TH} &= \frac{1-u^b}{1-u^{b+1}} r_a \\ &= \frac{1-0{,}9524^4}{1-0{,}9524^5}\left(\frac{1}{21}\right) \\ &= 0{,}039 \text{ trabalho por minuto} \end{aligned}$$

Já podemos calcular o *WIP parcial* (designado por WIPP) no sistema representado pelo modelo *M/M/*1/*b*, a saber: a segunda máquina, o estoque de dois trabalhos e o estoque envolvendo a primeira máquina. Podemos notar que o WIP na primeira máquina só é incluído no WIPP se estiver na fila (quando a primeira máquina está bloqueada). O WIP que estiver sendo processado na primeira máquina não é incluído, pois é visto como "a caminho" para o sistema representado pelo modelo *M/M/*1/*b*. A partir da equação (8.35), o WIP parcial é

$$\text{WIPP} = \frac{u}{1-u} - \frac{(b+1)u^{b+1}}{1-u^{b+1}}$$
$$= 20 - \frac{5(0{,}9524^5)}{1-0{,}9524^5} = 20 - 18{,}106 = 1{,}894 \text{ trabalho}$$

O *cycle time* para a linha é o tempo gasto com o WIP parcial na segunda máquina mais o tempo em processamento na primeira. Note que não levamos em consideração nenhum tempo de fila da primeira máquina, pois ele seria infinito devido à matéria-prima ser ilimitada.

$$\text{CT} = \frac{\text{WIPP}}{\text{TH}} + t_e(1) = \frac{1{,}894}{0{,}039} + 21 = 69{,}57 \text{ minutos}$$

Uma segunda aplicação da lei de Little mostra que o WIP na linha do sistema é de

$$\text{WIP} = \text{TH} \times \text{CT} = 0{,}039 \text{ trabalhos/minuto} \times 69{,}57 \text{ minutos} = 2{,}71 \text{ trabalhos}$$

A comparação entre os casos com e sem estoque intermediário é reveladora. A limitação da fila entre as estações reduz bastante WIP e CT (em mais de 83%), mas também reduz a produtividade (contudo, em apenas 18%). Porém, uma diminuição de 18% na produtividade pode acabar sendo mais cara do que a economia no custo dos estoques. Isso demonstra por que o *kanban* não pode ser implantado com o simples objetivo de reduzir os estoques. A perda na produtividade em geral é muito grande. A única maneira de reduzir WIP e CT sem sacrificar muito a produtividade é reduzir também a variabilidade (em outras palavras, precisamos retirar as pedras, e não apenas baixar o nível da água). Infelizmente, não podemos avaliar a redução da variabilidade com um modelo *M/M/1/b* porque ele assume que os tempos de processamento são exponenciais. Discutiremos os modelos não exponenciais na próxima seção.

Uma segunda observação que podemos fazer ao usar o modelo *M/M/1/b* é que os estoques intermediários finitos forçam a estabilidade independentemente do valor de r_a e r_e. A razão é que o WIP e, por consequência, o *cycle time* não podem "explodir" em um sistema com um estoque intermediário finito. Por exemplo, suponha que a velocidade das duas máquinas supracitadas fosse revertida, com a mais rápida alimentando a mais lenta. Se o estoque intermediário fosse infinito, o WIP também poderia sê-lo (em longo prazo), assim como o *cycle time*. Porém, no caso com o estoque intermediário finito $u = 21/20 = 1{,}05$, então

$$\text{TH} = \frac{1-u^b}{1-u^{b+1}} r_a = \frac{1-1{,}05^4}{1-1{,}05^5}\left(\frac{1}{20}\right) = 0{,}0390 \text{ trabalho por minuto}$$

O WIP parcial é

$$\text{WIPP} = \frac{u}{1-u} - \frac{(b+1)u^{b+1}}{1-u^{b+1}}$$
$$= \frac{1{,}05}{1-1{,}05} - \frac{5(1{,}05^5)}{1-1{,}05^5}$$
$$= 2{,}097 \text{ trabalhos}$$

e o *cycle time* é

$$\text{CT} = \frac{\text{WIP}}{\text{TH}} + t_e(1) = \frac{2{,}097}{0{,}0390} + 20 = 73{,}78 \text{ minutos}$$

Por último, o WIP na linha de produção é

$$\text{WIP} = \text{TH} \times \text{CT} = 0{,}0390 \times 73{,}78 = 2{,}88 \text{ trabalhos}$$

o que é um pouco maior do que o resultado no caso com a máquina mais rápida na segunda posição, pois a taxa de chegadas no sistema é maior. Todavia, a produtividade não é afetada pela ordem das máquinas. O último resultado é conhecido como *reversibilidade* e é válido para linhas com mais de duas máquinas e tempos de processamento normais (ver Muth 1979 para uma prova). É um resultado teórico fascinante, porém, como as empresas raramente têm a opção de fazer essa reversão, isso não é muito usado na prática.

8.7.2 Modelos gerais de bloqueio

Para analisar os efeitos da variabilidade, precisamos aplicar o modelo *M/M/1/b* em distribuições mais genéricas de tempos de processamento e entre as chegadas. Em geral, isso é bastante difícil. Sugerimos ao leitor ver a obra de Buzacott e Shanthikumar (1993, Capítulo 4) para uma abordagem mais completa. Entretanto, podemos fazer algumas aproximações úteis modificando o modelo de filas *M/M/1/b* de maneira similar às alterações feitas anteriormente com a fila *M/M/1* para modelar a *G/G/1*.

Vamos considerar três casos: (1) quando a taxa de chegadas é menor do que a taxa de produção ($u < 1$), (2) quando a taxa de chegadas é maior do que a taxa de produção ($u > 1$) e (3) quando as duas taxas são iguais ($u = 1$).

A taxa de chegadas é menor do que a taxa de produção. Primeiro calculamos o WIP esperado no sistema sem nenhum bloqueio, designado por WIP_{nb}, usando a equação de Kingman e a lei de Little.

$$\begin{aligned} \text{WIP}_{\text{nb}} &\approx r_a \left\{ \left(\frac{c_a^2 + c_e^2}{2} \right) \left(\frac{u}{1-u} \right) t_e + t_e \right\} \\ &= \left(\frac{c_a^2 + c_e^2}{2} \right) \left(\frac{u^2}{1-u} \right) + u \end{aligned} \tag{8.42}$$

Agora, lembre que, para a fila *M/M/1*, o WIP $= u/(1 - u)$, de forma que

$$u = \frac{\text{WIP} - u}{\text{WIP}}$$

Podemos usar o WIP_{nb} de maneira análoga para calcular a utilização "corrigida" ρ

$$\rho = \frac{\text{WIP}_{\text{nb}} - u}{\text{WIP}_{\text{nb}}} \tag{8.43}$$

Depois substituímos u por ρ em (quase) todos os casos na equação de *M/M/1/b* para a produtividade e obtemos

$$\text{TH} \approx \frac{1 - u\rho^{b-1}}{1 - u^2\rho^{b-1}} r_a \tag{8.44}$$

Ao combinar a equação de Kingman (para calcular ρ) com o modelo M/M/1/b, incorporamos os efeitos da variabilidade e do bloqueio. Apesar de essa expressão ser bem mais complexa do que a da fila M/M/1/b, ela é fácil de calcular por meio de uma planilha. Além disso, pelo fato de podermos mostrar com facilidade que $\rho = u$ se $c_a = c_e = 1$, a equação (8.44) resume-se à expressão exata da (8.36) no caso em que os tempos de chegadas e de processamento são exponenciais.

Infelizmente, as expressões para WIP e CT esperados tornam-se muito mais confusas. Porém, para estoques intermediários pequenos, o WIP será quase (mas sempre menor do que) o máximo no sistema (isto é, b). Para estoques maiores, o WIP será próximo (mas sempre menor do que) o da fila *G/G/1*. Assim,

$$\text{WIP} < \min\{\text{WIP}_{\text{nb}}, b\} \tag{8.45}$$

Usando a lei de Little, obtemos um limite aproximado de CT,

$$\text{CT} > \frac{\min\{\text{WIP}_{\text{nb}}, b\}}{\text{TH}} \tag{8.46}$$

com a produtividade (TH) calculada da forma recém-apresentada. Isso é apenas um limite aproximado, pois a expressão de TH é uma aproximação.

A taxa de chegadas é maior do que a taxa de produção. No exemplo anterior para a fila *M/M/1/b*, vimos que o nível médio de WIP era diferente, mas não muito, quando a ordem das máquinas foi invertida. Isso nos motiva a aproximar o WIP em casos em que a taxa de chegadas é maior do que a taxa da produção por meio do WIP resultante de quando as máquinas são invertidas. Quando fazemos a inversão, o processo de produção se transforma no processo de chegadas e vice-versa, e a utilização é $1/u$ (que será menor do que 1, pois $u > 1$). O nível médio de WIP da linha com as máquinas invertidas é aproximado por

$$\text{WIP}_{\text{nb}} \approx \left(\frac{c_a^2 + c_e^2}{2}\right)\left(\frac{1/u^2}{1 - 1/u}\right) + \frac{1}{u} \tag{8.47}$$

Podemos calcular uma utilização "corrigida" ρ_R para a linha invertida, da mesma maneira como fizemos para o caso em que $u < 1$, o que resulta em

$$\rho_R = \frac{\text{WIP}_{\text{nb}} - 1/u}{\text{WIP}_{\text{nb}}}$$

Podemos, então, definir $\rho = 1/\rho_R$ e calcular TH como antes. Assim que tenhamos uma aproximação para TH, podemos usar as fórmulas (8.45) e (8.46) para achar os limites de WIP e de CT, respectivamente.

A taxa de chegadas é igual à taxa de produção. Finalmente, a seguir temos uma boa aproximação da produtividade para o caso em que $u = 1$ (Buzacott e Shanthikumar 1993):

$$\text{TH} \approx \frac{c_a^2 + c_e^2 + 2(b-1)}{2(c_a^2 + c_e^2 + b - 1)} r_e \tag{8.48}$$

Com essa aproximação da produtividade, podemos novamente usar as fórmulas (8.45) e (8.46) para achar os limites de WIP e de CT.

Exemplo:

Vamos voltar ao exemplo da Seção 8.7.1, em que a primeira máquina (com tempo de processamento de 21 minutos) alimentava a segunda máquina (com um tempo de processamento de 20 minutos) e existia um estoque intermediário com espaço para dois trabalhos (de maneira que $b = 4$). Anteriormente, assumimos que os tempos de processamento eram exponenciais e vimos que, ao limitar o estoque, a produtividade foi reduzida em 18%. Uma maneira de compensar essa redução, causada pela limitação do WIP, é diminuir a variabilidade. Então, vamos considerar este exemplo com uma variabilidade do processo reduzida, de maneira que os coeficientes de variação efetivos para ambas as máquinas sejam iguais a 0,25.

A utilização ainda é $u = r_a/r_e = \frac{1}{21}/\frac{1}{20} = 0{,}9524$, de forma que podemos calcular o WIP, sem nenhum bloqueio, como

$$\begin{aligned}\text{WIP}_{\text{nb}} &= \left(\frac{c_a^2 + c_e^2}{2}\right)\left(\frac{u^2}{1-u}\right) + u \\ &= \left(\frac{0{,}25^2 + 0{,}25^2}{2}\right)\left(\frac{0{,}9524^2}{1-0{,}9524}\right) + 0{,}9524 \\ &= 2{,}143\end{aligned}$$

A utilização corrigida é

$$\rho = \frac{\text{WIP}_{\text{nb}} - u}{\text{WIP}_{\text{nb}}} = \frac{2{,}143 - 0{,}9524}{2{,}143} = 0{,}556$$

Por último, calculamos a produtividade como sendo

$$\begin{aligned}\text{TH} &= \frac{1 - u\rho^{b-1}}{1 - u^2\rho^{b-1}} r_a \\ &= \frac{1 - 0{,}9524(0{,}556^3)}{1 - 0{,}9524^2(0{,}556^3)} \frac{1}{21} \\ &= 0{,}0473\end{aligned}$$

Assim, a redução percentual na produtividade em relação à taxa ilimitada do estoque intermediário ($\frac{1}{21} = 0{,}0476$) é agora menor do que 1%. A redução da variabilidade do processo nas duas máquinas tornou possível reduzir o WIP por meio da limitação do estoque intermediário sem uma perda significante na produtividade. Isso mostra por que a redução da variabilidade tem tanta importância na implantação do sistema JIT.

8.8 A COMBINAÇÃO DE VARIABILIDADES

Neste capítulo, identificamos várias causas da variabilidade (falhas, *setups*, etc.) e observamos como elas podem congestionar um sistema de manufatura. Evidentemente, como discutiremos no Capítulo 9, uma maneira de reduzir esse congestionamento é a redução da variabilidade, questionando suas causas. Porém, outra maneira mais sutil é combinar as múltiplas fontes de variabilidade. Chamamos isso de **combinação de variabilidades,** algo que tem várias aplicações práticas na produção.

Um exemplo da combinação de variabilidades no dia a dia é o planejamento financeiro. Geralmente, todos os consultores financeiros recomendam fazer os investimentos em um portfólio diversificado em vários instrumentos financeiros. A razão, obviamente, é a proteção contra o risco. É muito improvável que todos os investimentos venham a ter um rendimento baixo ao mesmo tempo. Também é muito improvável que todos tenham um ótimo rendimento. Assim, esperam-se retornos menos variáveis de um portfólio diversificado do que de qualquer ativo financeiro único.

A combinação de variabilidades tem uma função importante em muitas situações da produção. Discutiremos, a seguir, como ela afeta o processamento em lotes, a agregação de estoques de segurança e o compartilhamento das filas.

8.8.1 O processamento em lotes

Para ilustrar a ideia básica da combinação de variabilidades, considere a seguinte questão: O que é mais variável, o tempo de processamento de uma única peça ou de um lote delas? Para responder, precisamos definir o que significa a palavra *variável*. Neste capítulo, temos argumentado que o coeficiente de variação é uma maneira razoável para identificar a variabilidade. Então vamos concentrar nossa análise de acordo com ele.

Primeiro, considere uma única peça cujo tempo de processamento é descrito por uma variável aleatória com uma média t_0 e um desvio padrão σ_0. O CV é

$$c_0 = \frac{\sigma_0}{t_0}$$

Considere agora um lote de n peças, cada uma delas com um tempo médio de processamento t_0 e um desvio padrão σ_0. Então o tempo médio de processamento do lote é a simples soma dos tempos individuais das peças que o compõem

$$t_0(\text{lote}) = nt_0$$

e a variância do tempo de processamento do lote é a soma das variâncias individuais

$$\sigma_0^2(\text{lote}) = n\sigma_0^2$$

Assim, o CV do tempo de processamento do lote é

$$c_0(\text{lote}) = \frac{\sigma_0(\text{lote})}{t_0(\text{lote})} = \frac{\sqrt{n}\sigma_0}{nt_0} = \frac{\sigma_0}{\sqrt{n}t_0} = \frac{c_0}{\sqrt{n}}$$

O CV do tempo de processamento diminui em um sobre a raiz quadrada do tamanho do lote. Podemos concluir que os tempos de processamento dos lotes são menos variáveis do que o de cada peça individual (desde que todos os tempos de processamento sejam independentes e distribuídos de maneira idêntica). A razão é similar àquela do portfólio financeiro. É muito improvável haver tempos de processamento extremamente curtos ou longos para todas n peças. Por isso, o lote tende a fazer uma média das peças individuais.

Isso significa que o processamento das peças em lotes vai reduzir a variabilidade? Não necessariamente. Como veremos no Capítulo 9, o processamento em lotes pode ter outras consequências negativas que podem superar os benefícios da baixa variabilidade. Mas haverá situações em que os efeitos de redução da variabilidade por causa do processamento em lotes são muito importantes, como em uma amostragem para o controle de qualidade. Verificar as medidas de qualidade de um lote de peças reduz a variabilidade na estimativa e, portanto, é um procedimento-padrão nos gráficos de controle (ver o Capítulo 12).

8.8.2 A agregação dos estoques de segurança

A combinação de variabilidades é também de grande importância para a administração de estoques. Para entender o porquê, considere um fabricante de computadores que comercializa sistemas com três diferentes opções para cada uma das seguintes peças: processador, disco rígido, CD-ROM, disco removível, memória RAM e teclado. Isso dá um total de $3^6 = 729$ configurações diferentes. Para simplificar nosso exemplo, vamos assumir que cada um dos componentes custa \$150, de maneira que o custo dos produtos finais de qualquer configuração é de 6 × \$150 = \$900. Além do mais, vamos assumir que a demanda para cada uma das configurações forma uma distribuição de Poisson com uma média de 100 unidades por ano, e o *lead time* de reposição é de 3 meses.

Primeiro, suponha que o fabricante mantém estoques de produtos finais de todas as configurações e define seus níveis de acordo com o modelo de estoque mínimo. Usando as técnicas do Capítulo 2, podemos observar que, para manter um nível de atendimento de 99%, é preciso um nível mínimo de estoque de 38 unidades, que, no total, resulta em um valor médio de \$11.712,425 para cada configuração. Assim, o investimento total em estoque é de 729 × \$11.712,425 = \$8.538.358,00.

Agora suponha que, em vez de estocar os computadores acabados, o fabricante decide estocar somente os componentes e monta-os de acordo com o pedido de cada cliente. Vamos assumir que, do ponto de vista do *lead time* de entrega ao cliente, isso é possível, pois a maior parte do prazo de 3 meses para reposição deve-se à compra dos componentes. Além disso, como existem somente 18 componentes diferentes, ao contrário das 729 distintas configurações de computadores, haverá menos materiais para manter em estoque. Todavia, como agora precisamos montar os componentes, cada um deles necessita de uma taxa de reposição de $0{,}99^{1/6} = 0{,}9983$ para garantir o nível de atendimento de 99%[12]. Assumindo um *lead time* de reposição de 3 meses para cada componente, para conseguir a taxa de 0,9983, é necessário um nível mínimo de estoque de 6.306 unidades, o que resulta em um valor médio de $34.655,447 para cada componente. Assim, o investimento total em estoques seria agora de 18 × $34.655,447 = $623.798, uma redução de 93%!

Esse efeito não é limitado apenas ao modelo de estoque mínimo. Ele também é valido para sistemas que usam o (Q, r) ou outras regras de administração de estoques. O ponto principal é manter um estoque *genérico*, que pode ser usado para satisfazer a demanda de múltiplos pedidos. Isso explora o princípio da propriedade da combinação de variabilidades e reduz as necessidades dos estoques de segurança. Discutiremos mais sobre os sistemas de montagem sob encomenda no Capítulo 10 no contexto de produção puxada e empurrada.

8.8.3 Compartilhamento da fila

Mencionamos antes que os supermercados mantêm filas individuais para cada caixa, enquanto os bancos mantêm uma fila única. A razão pela qual os bancos adotam a fila única é tentar reduzir o congestionamento, combinando as variabilidades dos tempos de processamento dos caixas. Se um deles se mantiver ocupado com uma questão mais demorada com um dos clientes, a fila continua andando, atendida por outros caixas. Em contraposição a isso, no supermercado, se um dos caixas tiver que verificar o preço de uma mercadoria, todas as pessoas na sua fila precisam esperar (ou começam a mudar de fila, o que começa a funcionar de forma parecida com o caso da fila única, mas com menos eficiência e igualdade nos tempos da espera).

Em uma fábrica, a fila única pode ser usada para reduzir as chances de que o WIP se amontoe em frente a uma máquina que está processando um trabalho muito longo. Por exemplo, na Seção 8.6.6, mostramos um exemplo em que o *cycle time* era de 7,67 horas se as três máquinas tivessem filas individuais, mas apenas de 2,467 horas (uma redução de 67%) se as três máquinas compartilhassem uma única fila.

Considere outro exemplo: suponha que a taxa de chegadas dos trabalhos seja de 13,5 trabalhos por hora (com $c_a = 1$) para uma estação com cinco máquinas. Cada máquina gasta 0,3 horas por trabalho, com um CV natural de 0,5 (isto é, $c_0^2 = 0{,}25$). O tempo médio entre falhas de todas as máquinas é de 36 horas, e os tempos de reparos são exponenciais, com uma média de 4 horas. Usando a equação (8.6), podemos calcular o CV^2 efetivo como sendo 2,65, de forma que $c_e = \sqrt{2{,}65} = 1{,}63$.

Usando o modelo da Seção 8.6.6, podemos criar modelos para as filas individuais ou para o caso da fila única. No caso da fila individual, o *cycle time* médio é de 5,8 horas, enquanto no caso da fila única compartilhada é de 1,27 hora, uma redução de 78% (ver o Problema 6). A razão para essa grande diferença é evidente. A fila única compartilhada protege os trabalhos contra longas falhas. É improvável que todas as máquinas parem na mesma hora, e, se as máquinas são alimentadas por uma fila única, os trabalhos podem evitar uma máquina parada, seguindo para outras que estejam vagas, o que pode ser uma boa maneira de diminuir a variabilidade em processos com máquinas compartilhadas.

Porém, se as filas individuais são para trabalhos realmente diferentes, e a combinação deles envolve *setups* para preparar as máquinas de um tipo de produto para outro, a situação é mais complexa. A redução de custos de evitar os *setups* por meio do uso de filas individuais pode superar os benefícios da combinação de variabilidades pelo uso da fila única. Examinaremos as relações envolvidas entre a variabilidade, os *setups* e os lotes no Capítulo 9.

[12] Note que, se o custo dos componentes fosse diferente, poderíamos definir diferentes níveis de atendimento. Para reduzir o custo total dos estoques, faz sentido definir níveis mais altos para componentes mais baratos e níveis mais baixos para componentes mais caros. Vamos ignorar esse fato, pois estamos focando a possibilidade de melhorar a eficiência, por meio da combinação de variabilidades. O Capítulo 17 apresenta outras ferramentas para otimizar as práticas de administração de estoques em sistemas com produtos múltiplos.

8.9 CONCLUSÕES

Neste capítulo, examinamos os tópicos sutis e complexos da variabilidade, desde as variações naturais fundamentais e aleatórias até a sua propagação e os efeitos sobre uma linha de produção. Os pontos fundamentais da perspectiva da Ciência da Fábrica são os seguintes:

1. *A variabilidade é um fato da vida.* Na verdade, o campo da ciência indica cada vez mais que a aleatoriedade é um aspecto inescapável da própria existência. Do ponto de vista gerencial, fica evidente que a habilidade de lidar de maneira eficaz com a variabilidade e a incerteza será muito importante no futuro.
2. *Existem várias fontes de variabilidade nos sistemas de produção.* A variabilidade do processamento é criada por coisas que variam desde as mais simples, como as decorrentes de mudanças no procedimento das tarefas, até os efeitos mais complexos dos *setups*, paradas não planejadas e problemas de qualidade. A variabilidade do fluxo é criada pela maneira como os trabalhos são liberados no sistema e entre as estações. Como resultado, a variabilidade existente em um sistema é a consequência de decisões gerenciais, da seleção de processos, dos projetos do sistema e do controle da qualidade.
3. *O coeficiente de variação é uma medida-chave da variabilidade.* Usando essa razão sem unidade determinada do desvio padrão das médias, podemos fazer comparações consistentes dos níveis de variabilidade dos tempos de processamento e do fluxo. Para as estações de trabalho, o CV do tempo *efetivo* de processamento é inflado por quebras de máquinas, *setups*, retrabalhos e muitos outros fatores. Os impactos que causam paradas raras, mas longas, tendem a inflar o CV muito mais do que paradas curtas e frequentes, considerando uma disponibilidade constante.
4. *A variabilidade se propaga.* Saídas muito variáveis partindo de uma estação tornam-se entradas muito variáveis na outra estação. Com níveis de baixa utilização, a variabilidade do fluxo do processo de produção de uma estação é determinada, em grande parte, pela variabilidade do processo de chegadas. Porém, conforme aumenta a taxa de utilização, a variabilidade do fluxo acaba sendo determinada pelos tempos de processamento da estação.
5. *O tempo de espera é, frequentemente, o maior componente do cycle time.* Dois fatores contribuem para os longos tempos de espera: os altos níveis de utilização e de variabilidade. Os modelos de filas discutidos neste capítulo ilustram claramente que o aumento da capacidade efetiva (para baixar os níveis de utilização) e uma variabilidade decrescente (para diminuir o congestionamento) são uma boa estratégia para reduzir o *cycle time*.
6. *A limitação dos estoques de segurança reduz o cycle time à custa da produtividade.* Como a limitação dos estoques entre as estações é equivalente à implantação do *kanban*, esse princípio é a maior razão de que a redução da variabilidade (por meio de suavização da produção, de melhor disposição das máquinas e controle do fluxo, de manutenção preventiva e de melhora da qualidade) é crítica em sistemas *just-in-time*. Ele também nos aponta a maneira pela qual a capacidade, o nível de WIP e a redução da variabilidade podem agir como substitutos entre si para atingir a produtividade e o *cycle time* desejados. Compreender as relações entre esses fatores é fundamental para o projeto de um sistema operacional em suporte aos objetivos da empresa.
7. *A combinação das variabilidades reduz seus efeitos.* Combinar as diversas variabilidades tende a reduzir seus efeitos finais por meio de menor dependência de que apenas um fator isolado seja o responsável pelo desempenho geral. Esse efeito tem diversas aplicações para a Ciência da Fábrica. Por exemplo, os estoques de segurança podem ser reduzidos mantendo estoques genéricos e montando sob encomenda. O *cycle time* em estações de trabalho com máquinas múltiplas pode ser reduzido compartilhando-se uma única fila.

No próximo capítulo, usaremos essas ideias, juntamente aos conceitos e às fórmulas desenvolvidos, para examinar como a variabilidade degrada o desempenho de uma fábrica, e como evitar que isso aconteça.

QUESTÕES PARA ESTUDO

1. Qual a lógica de usar o coeficiente de variação c em vez do desvio padrão σ como medida da variabilidade?
2. Para as variáveis aleatórias a seguir, indique se você acha que são de nível baixo, moderado ou alto.
   (a) O tempo necessário para responder essas questões
   (b) O tempo necessário para um mecânico substituir o escapamento de um carro
   (c) O número de jogadas para que dois dados somem sete pontos
   (d) O tempo provável de que ocorra uma nova falha em uma máquina recém-consertada por um bom técnico
   (e) O tempo provável de que ocorra uma nova falha em uma máquina recém-consertada por um técnico não muito bom
   (f) O número de palavras entre dois erros de digitação neste livro
   (g) O tempo entre as chegadas de clientes em um terminal bancário automático
3. Que tipo de estação de trabalho é representado por uma fila *M/G/2*?
4. Por que a utilização precisa ser *estritamente* menor do que 100%, para um sistema com uma fila *M/M/*1 ser estável?
5. O que significa uma *situação constante?* Por que esse conceito é importante na análise de modelos de filas?
6. Por que o número de clientes de uma estação de trabalho é um bom exemplo para indicar a *situação atual* em uma fila do tipo *M/M/*1, mas não em uma fila *G/G/*1?
7. O que acontece com CT, WIP, CT_q e WIP_q à medida que a taxa de chegadas r_a se aproxima da taxa de processo r_e?

PROBLEMAS

1. Considere os seguintes conjuntos de tempos entre as saídas dos trabalhos de uma máquina. Calcule o coeficiente de variação para cada amostra e sugira uma situação em que tal comportamento poderia ocorrer:
   (a) 5, 5, 5, 5, 5, 5, 5, 5, 5, 5
   (b) 5,1; 4,9; 5,0; 5,0; 5,2; 5,1; 4,8; 4,9; 5,0; 5,0
   (c) 5, 5, 5, 35, 5, 5, 5, 5, 5, 42
   (d) 10, 0, 0, 0, 0, 10, 0, 0, 0, 0
2. Suponha que os trabalhos chegam a uma estação com uma única máquina a uma taxa de 20 por hora, sendo o tempo de processamento 2,5 minutos.
   (a) Qual é a utilização da máquina?
   (b) Suponha que os tempos entre as chegadas e de processamento sejam exponenciais:
      i. Qual o tempo médio de um trabalho na estação (tempo de espera mais o tempo de processamento)?
      ii. Qual a média de trabalhos da estação?
      iii. Qual é a probabilidade (em longo prazo) de haver mais de três trabalhos na estação?
   (c) Suponha que os tempos de processamento não sejam exponenciais e tenham uma média de 2,5 minutos e um desvio padrão de 5 minutos.
      i. Qual o tempo médio de cada trabalho na estação?
      ii. Qual a quantidade média de trabalhos na estação?
      iii. Qual a quantidade média de trabalhos na fila?
3. O tempo médio de exposição de um painel em uma fábrica de placas de circuito integrado é de 2 minutos, com um desvio padrão de 1,5 minutos.
   (a) Qual o coeficiente de variação natural?
   (b) Sendo os tempos independentes, qual será a média e a variância de um trabalho com 60 painéis? Qual seria seu coeficiente de variação?

(c) Suponha agora que os tempos até a falha na máquina do processo de exposição dos painéis sejam distribuídos de maneira exponencial, com uma média de 60 horas, e os tempos de reparo também sejam distribuídos de maneira exponencial, com uma média de 2 horas. Qual é a média e o coeficiente de variação *efetivos* do tempo de processamento em um trabalho com 60 painéis?

4. Reconsidere o Problema 3 com um tempo médio de 2 minutos para a exposição de cada painel, e um desvio padrão de 1 ½ minuto em trabalhos com 60 painéis cada um. Como antes, ocorrem falhas a cada 60 horas de funcionamento da máquina, mas agora acontece apenas *entre* os trabalhos (essas falhas não prejudicam cada trabalho individual). Os tempos de reparos são os mesmos. Calcule a média e o coeficiente de variação efetivos do tempo de processamento para os trabalhos com 60 painéis. Quais as diferenças com os resultados do Problema 3?

5. Considere duas máquinas diferentes, A e B, que podem ser usadas em uma estação de trabalho. A máquina A tem um tempo efetivo de processamento de 0,85 horas e um coeficiente de variação ao quadrado de 4. (*Dica:* Uma planilha de cálculo pode ser útil para ajudar na resposta às questões seguintes.)
   (a) Para uma taxa de chegadas de 0,92 trabalhos por hora com $c_a^2 = 1$, qual das máquinas terá um *cycle time* médio mais curto?
   (b) Agora suponha duas máquinas do tipo A na estação e dobre a taxa de chegadas (isto é, dobre a capacidade e a produtividade). O que acontece com o *cycle time*? Faça o mesmo com as máquinas do tipo B. Qual tipo de máquinas produz o *cycle time* médio mais curto?
   (c) Com apenas uma máquina em cada estação, assuma uma taxa de chegadas de 0,95 trabalhos por hora, com $c_a^2 = 1$. Recalcule o tempo médio gasto nas estações para as máquinas A e B. Compare com (a).
   (d) Imagine a estação com apenas uma máquina do tipo A.
      i. Assuma uma taxa de chegadas de 0,5 trabalhos por hora. Qual o tempo médio gasto na estação? O que acontece com esse tempo médio se a taxa de chegadas é aumentada em 1% (para 0,505)? O que representa isso em termos porcentuais dos tempos de espera?
      ii. Assuma uma taxa de chegadas de 0,95 trabalhos por hora. Qual o tempo médio gasto na estação? O que acontece com esse tempo médio se a taxa de chegadas for aumentada em 1% (para 0,9595)? O que representa isso em termos porcentuais dos tempos de espera?

6. Reconsidere o exemplo da Seção 8.8. A taxa de chegada dos trabalhos é de 13,5 trabalhos por hora (com $c_a^2 = 1$) em uma estação com 5 máquinas. Cada uma delas gasta 0,3 horas por trabalho com um coeficiente de variação natural de 0,5 (isto é, $c_0^2 = 0,25$). O tempo médio até a falha é de 36 horas para todas as máquinas.
   (a) Demonstre que o coeficiente de variação ao quadrado do tempo efetivo de processamento é de 2,65.
   (b) Qual é a utilização de uma máquina quando ela atende 1/5 da demanda (isto é, 2,7 trabalhos por hora) assumindo que c_a ainda é igual a 1?
   (c) Qual é a utilização da estação com uma taxa de chegadas de 13,5 trabalhos por hora?
   (d) Calcule o *cycle time* médio em uma máquina ao atender 1/5 da demanda.
   (e) Calcule o *cycle time* médio na estação ao atender 13,5 trabalhos por hora.

7. Uma montadora de veículos vende 50 modelos básicos de carros (quaisquer opcionais extras são incluídos na revendedora após a compra). Existem 2 tipos de clientes: (1) aqueles que pedem para a fábrica o carro na configuração que desejam e aguardam algumas semanas para a entrega e (2) aqueles que querem o carro rapidamente e compram do estoque disponível na revendedora. O modo tradicional de lidar com os clientes do segundo tipo é a revendedora manter em estoque os modelos mais procurados. Uma nova estratégia seria manter os estoques em centros regionais de distribuição, que poderiam entregar o carro à revendedora em 24 horas. Com essa estratégia, as revendedoras manteriam no estoque apenas amostras dos modelos em um *show-room* em quantidade suficiente para atender aos *test drives*.

   Considere uma região onde a demanda total para cada um dos 50 modelos é uma distribuição de Poisson, com uma taxa de 1.000 carros por mês. O *lead time* para reposição dos carros pela fábrica (para a revenda ou para o centro de distribuição) é de 1 mês.
   (a) Primeiro, considere o caso em que o estoque é mantido nas revendedoras. Assuma que existem 200 revendedoras na região, cada uma com demanda de 1.000/200 = 5 carros de cada um dos 50 modelos por mês (a demanda continua sendo do tipo Poisson). A revendedora monitora seus níveis de estoque continuamente e faz pedidos de reposição em lotes de um (usam um modelo de estoque mínimo). Quantos carros cada revenda precisa manter em estoque para garantir um nível de atendimento de 99%?
   (b) Agora suponha que todo o estoque seja mantido no centro regional de distribuição, o qual também usa o modelo de estoque mínimo para controlar seus níveis. Quanto estoque é necessário para garantir o nível de atendimento de 99%?

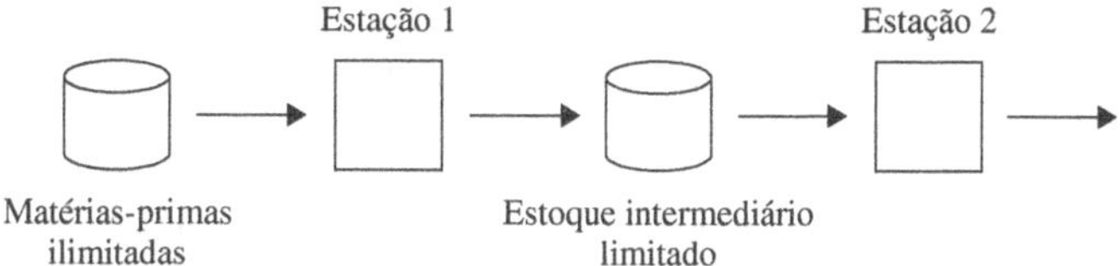

FIGURA 8.8 Linha de produção com duas estações de trabalho e um estoque intermediário limitado.

8. Frequentemente, os tempos naturais de processamento são compostos de vários estágios diferentes. Por exemplo, uma tarefa manual pode ser composta de movimentos manuais individuais (ou "therbligs", como Gilbreth os chamou).

   Imagine que uma tarefa manual é executada por um único operador em uma média de 1 hora. Como alternativa, a tarefa poderia ser separada em 10 subtarefas de 6 minutos cada uma e executadas por diferentes operadores. Imagine que os tempos das subtarefas são independentes (não se correlacionam) e assuma que o coeficiente de variação seja de 0,75 para a tarefa geral ou para as subtarefas. Tal suposição é válida se o formato das distribuições dos tempos de processamento da tarefa geral ou das subtarefas forem iguais. (Lembre-se de que as variações aleatórias podem ser somadas.)

   (a) Qual é o coeficiente de variação para todas as 10 subtarefas juntas?
   (b) Escreva uma equação relacionando o coeficiente de variação ao quadrado da tarefa geral original com o mesmo coeficiente de variação ao quadrado das subtarefas juntas.
   (c) O que deve ser levado em consideração antes de dividir uma tarefa em subtarefas menores? E por que não dividi-la em tantas quanto possível? Mencione alguns prós e contras.
   (d) Um dos princípios do JIT é a padronização da produção. Explique por que grande parte do sucesso do JIT se relaciona com a redução da variabilidade.

9. Considere uma estação de trabalho com 11 máquinas (paralelas), cada uma com um tempo de processamento de uma hora para cada trabalho e com $c_e^2 = 5$. Cada máquina custa \$10.000. As ordens de trabalho chegam a uma taxa de 10 por hora com $c_a^2 = 1$ e precisam ser atendidas. A administração definiu uma média máxima do tempo de resposta (o tempo que um trabalho gasta na estação) de 2 horas. Atualmente, esse tempo está em pouco mais de 3 horas (verifique).

   Analise as seguintes opções para reduzir esse tempo.

   (a) Fazer mais manutenção preventiva, de maneira que m_r e m_f sejam reduzidos, mas sem diminuir m_r/m_f. Isso custaria \$8.000 e não melhoraria o tempo médio de processamento, mas reduziria c_e^2 para 1.
   (b) Adicionar outra máquina à estação, ao custo de \$10.000. A nova máquina seria idêntica àquela existente, de maneira que $t_e = 1$ e $c_e^2 = 5$.
   (c) Modificar as máquinas atuais para torná-las mais rápidas, sem alterar o coeficiente de variação ao quadrado, ao custo de \$8.500. As máquinas modificadas teriam $t_e = 0{,}96$ e $c_e^2 = 5$.

   Qual seria a melhor opção?

10. (Este problema é razoavelmente complexo e poderia ser considerado como um pequeno projeto.) Considere uma linha de produção simples com duas estações de trabalho, conforme mostra a Figura 8.8. Ambas as máquinas gastam 20 minutos por trabalho e têm um coeficiente de variação ao quadrado de 1. A primeira máquina pode sempre puxar os materiais para o fluxo, e a segunda máquina pode sempre empurrar materiais para o estoque de produtos finais. Entre as duas máquinas existe um estoque intermediário para 10 trabalhos (ver as Seções 8.7.1 e 8.7.2).

    (a) Modele o sistema usando uma fila tipo *M/M/1/b*. (Note que $b = 12$, considerando as duas máquinas.)
        i. Qual é a produtividade?
        ii. Qual é o WIP parcial (isto é, o WIP aguardando na primeira ou na segunda máquina, mas não em processo na primeira máquina)?
        iii. Qual é o *cycle time* total da linha (sem incluir os tempos com a matéria-prima)? (*Dica:* Use a lei de Little para calcular o WIP parcial e a produtividade, e depois adicione os tempos de processamento da primeira máquina.)
        iv. Qual é o WIP total da linha? (*Dica:* Use a lei de Little para o *cycle time* total e a produtividade.)
    (b) Reduza o estoque intermediário para um (de maneira que $b = 3$) e recalcule as medidas anteriores. O que acontece com a produtividade, com o *cycle time* e com o WIP? Comente isso do ponto de vista estratégico.

(c) Defina que o estoque intermediário é 1 e o tempo de processamento da segunda máquina é de 10 minutos. Recalcule as medidas anteriores. O que acontece com a produtividade, com o *cycle time* e com o WIP? Comente isso do ponto de vista estratégico.

(d) Mantenha o estoque intermediário em 1 e defina os tempos de processamento das duas estações em 20 minutos (como o problema original), mas acerte os coeficientes de variação para 0,25 (ao quadrado = 0,0625).

i. Qual é a produtividade?

ii. Calcule um limite máximo de WIP no sistema.

iii. Calcule um limite máximo (aproximado) de *cycle time*. Esse limite é aceitável?

iv. Comente sobre a redução da variabilidade do ponto de vista estratégico.

CAPÍTULO 9

A Influência Devastadora da Variabilidade

Quando a sorte está do seu lado, você nem precisa do seu cérebro.

GIORDANO BRUNO, QUEIMADO NA FOGUEIRA EM 1600

Quanto maior sua sabedoria, maior a sua sorte.

J. R. EWING DE DALLAS

9.1 INTRODUÇÃO

No Capítulo 6, desenvolvemos um modelo formal de uma cadeia de suprimentos de manufatura cujo "objetivo fundamental" é

gerar lucros no presente e no futuro de maneira consistente com nossos valores centrais.

Também observamos que uma cadeia de suprimentos é composta de dois elementos essenciais – a **demanda** e a **transformação**. Afirmamos que, quando a demanda e a transformação não estão perfeitamente alinhadas, haverá a formação de uma reserva de segurança na forma de estoque, **tempo** e/ou **capacidade**. Também apontamos que a causa mais comum dessa falta de alinhamento é a **variabilidade**.

Os Capítulos 7 e 8 foram dedicados à construção de ferramentas para identificar e avaliar a variabilidade do fluxo e dos tempos de processamento. Neste capítulo, usaremos essas ferramentas para expandir nosso modelo formal do Capítulo 6 e descrever comportamentos fundamentais de sistemas de manufatura que envolvem a questão da variabilidade.

Como no Capítulo 7, definimos nossas conclusões principais como leis da Ciência da Fábrica. Algumas dessas "leis" são sempre válidas (por exemplo, a lei da conservação dos materiais), e outras são quase sempre válidas. Aparentemente, isso não parece ser nada científico. Porém, observamos que as leis da Ciência, tais como a segunda lei de Newton $F = ma$ e a lei da conservação da energia, também são quase sempre válidas. Porém, apesar de terem sido substituídas por resultados mais profundos da mecânica quântica e da relatividade, essas leis continuam sendo muito úteis. Assim também são as leis da Ciência da Fábrica.

9.1.1 A variabilidade pode ser benéfica?

As discussões no Capítulo 7 e 8 (e o título deste capítulo) podem causar a impressão de que a variabilidade é um mal. No jargão da produção enxuta (Womack e Jones 1996), a variabilidade corresponde ao *muda*, a palavra japonesa que significa desperdício, o que sugere que ela deva sempre ser eliminada. Porém, apesar de, muitas vezes, ser esse o caso, precisamos ficar atentos para não simplificar demais as coisas e perder a visão do objetivo fundamental da empresa. Lembre-se de nossa revisão histórica no Capítulo 1, em que Henry Ford era quase fanático pela necessidade de reduzir a variabilidade. Segundo Ford, um cliente poderia escolher qualquer cor de seu carro, desde que fosse preta. Os modelos de carros não eram muito variados e eram modificados com pouca frequência. Ao estabilizar os produtos e manter as operações simples e eficientes, Ford revolucionou o mercado, reduzindo drasticamente o preço dos carros para que as massas pudessem adquiri-los. Entretanto, quando a General Motors, sob a administração de Alfred P. Sloan, ofereceu uma maior variedade de produtos nos anos 1930 a 1940, a Ford Motor Company perdeu grande parte de sua participação do mercado. É evidente que a maior variedade de opções causou também uma maior variabilidade nos sistemas produtivos da GM, que, com isso, perdia em eficiência. Apesar desse fato, a GM foi bem melhor que a Ford. Por quê?

A resposta é simples. A GM e a Ford não estavam no negócio de automóveis para reduzir a variabilidade ou o *muda* (desperdício). Elas estavam no negócio para fazer lucros no presente e no futuro. Se aumentar a variedade dos produtos, eleva a variabilidade, mas também aumenta as receitas em valores que superam quaisquer custos incorridos, o que pode ser uma boa estratégia de negócios.

9.1.2 Exemplos de variabilidade boa e ruim

Para ressaltar como a variabilidade pode ser boa (uma consequência necessária da estratégia dos negócios) ou ruim (um efeito não desejado de políticas ineficientes), vamos considerar alguns exemplos.

A Tabela 9.1 lista diversas causas da variabilidade. Por exemplo, como vimos no Capítulo 8, as paradas não planejadas, como as quebras e falhas de máquinas, podem ser as causas de uma enorme variabilidade do sistema. Apesar de ela não poder ser evitada, ela também não é algo que introduzimos deliberadamente no sistema.

Em oposição, a Tabela 9.2 lista alguns casos em que a estratégia na condução dos negócios introduz, de maneira consciente, mais variabilidade no sistema. Como vimos acima, na GM dos anos 1930 a 1940, a variabilidade foi uma consequência da opção de oferecer uma maior variedade de produtos. Na Intel, nas décadas de 1980 e 1990, a variabilidade foi um resultado da introdução rápida de novos produtos em um ambiente de mudanças tecnológicas. Por meio da introdução de microprocessadores cada vez mais eficientes, antes mesmo de o potencial da geração anterior ter-se estabilizado, a Intel estimulou a demanda por novos computadores e criou uma eficiente barreira para a entrada de novos competidores no mercado. Em uma empresa chamada Jiffy Lube, a oferta de uma troca de óleo na hora, enquanto você aguarda alguns minutos, é a estratégia fundamental do negócio, apesar de gerar uma grande variabilidade da demanda, o que é consequência da estratégia escolhida. A Jiffy Lube poderia reduzir a sua variabilidade programando as trocas de óleo como fazem as outras oficinas tradicionais, porém, ao fazê-lo, ela perderia sua vantagem competitiva.

Independentemente de a variabilidade ser boa ou ruim em termos da estratégia dos negócios, ela causa problemas operacionais e precisa ser bem administrada. A estratégia específica para se lidar com ela depende da estrutura do sistema e dos objetivos estratégicos da empresa. Neste capítulo, apresentamos as leis que governam as maneiras pelas quais a variabilidade afeta o comportamento de sistemas de produção. Elas definem *trade-offs* importantes que precisam ser avaliados para a evolução de operações eficazes.

TABELA 9.1 Exemplos de variabilidade ruim

Causa	Exemplo
Paradas planejadas	*Setups*
Paradas não planejadas	Falhas de máquinas
Problemas de qualidade	Perda de rendimento e retrabalho
Rotatividade dos operadores	Diferenças de habilidades
Projeto inadequado	Alterações de engenharia

TABELA 9.2 Exemplos de variabilidade (potencialmente) boa

Causa	Exemplo
Maior variedade de produtos	A GM nas décadas de 1930 e 1940
Mudanças tecnológicas	A Intel nas décadas de 1980 e 1990
Variabilidade da demanda	A empresa Jiffy Lube

9.2 AS LEIS DA VARIABILIDADE

Agora que já definimos o desempenho em termos suficientemente concretos, podemos identificar os efeitos da variabilidade sobre o desempenho.

A variabilidade aumenta sempre que há uma redução da *uniformidade*. Por exemplo, a uniformidade diminui quando os tempos de chegadas ou de processamento se tornam diferentes entre si. Isso pode ser uma consequência da *aleatoriedade* (os clientes fazem seus pedidos por decisões individuais e independentes, gerando um fluxo imprevisível de pedidos), que pode ser vista como uma diminuição das *informações*. Mas a variabilidade não precisa ser necessariamente um fruto da aleatoriedade. Se uma empresa aumenta o número de produtos de sua linha, as diferenças nos tempos de processamento podem elevar a variabilidade mesmo que os tempos de processamento individuais sejam completamente previsíveis. Outro exemplo de alta variabilidade sem aleatoriedade é o caso do pior desempenho possível, descrito no Capítulo 7.

O **controle** também influencia a variabilidade. Um sistema está sob controle se seu nível atual de variabilidade é consistente com as variações previstas para esse tipo de sistema. A ferramenta para monitorar as variações e determinar quando seus níveis deixam de ser flutuações naturais é o **gráfico de controle** (ver o Capítulo 12). Um gráfico de controle demonstra os níveis dos objetivos para cada processo mensurável (por exemplo, média de defeitos em uma amostragem fixa) e os **limites de controle** que diferenciam as flutuações naturais das variações bruscas decorrentes de alterações significativas nos processos. Os processos que mostram variações naturais mais acentuadas terão limites de controle mais distantes do nível previsto. Um sinal de "fora do controle" é gerado quando as variações prescritas para um nível aumentam além dos limites aceitáveis.

No entanto, podemos ter problemas ao tentarmos "controlar" (isto é, reagir) as flutuações aleatórias. Ao fazê-lo, podemos, na verdade, *aumentar* a variabilidade do sistema.[1] Infelizmente, parece haver uma tendência crescente de se cair nessa armadilha à medida que a tecnologia da informação e a maior integração fornecem maiores oportunidades de "controle". Os chamados sistemas de otimização e planejamento avançado são particularmente suscetíveis a esse problema. A tentativa de atualizar um plano, em resposta a alterações na demanda ou no *status* dos equipamentos que estão dentro dos limites de variação esperados, é uma perda de tempo e, em última instância, inútil.

Se examinarmos cuidadosamente qualquer fonte de variabilidade, vamos ver que, se as alterarmos, aumentaremos também alguma das reservas de segurança mencionadas anteriormente.[2] Por exemplo, se elevarmos a variabilidade dos tempos de processamento e mantivermos a mesma produtividade, saberemos, por meio da equação *VUT* do Capítulo 8, que o *cycle time* também será alterado, aumentando, assim, a reserva de segurança dos tempos. Se tentarmos impor uma restrição no WIP (via *kanban* ou CONWIP), saberemos, pelas nossas discussões sobre os sistemas de filas com bloqueio, que a produtividade cairá (pois faltará alimentação no gargalo) e aumentará a reserva de segurança da capacidade. Por último, se tentarmos nivelar a demanda por meio de pedidos com prazos mais longos, estaremos impondo aos clientes uma reserva de segurança de tempos. Essas observações são alguns exemplos específicos das seguintes leis fundamentais da Ciência da Fábrica.

Lei da variabilidade: *O aumento da variabilidade sempre reduzirá o desempenho de um sistema de produção.*

---

[1] Deming (1982, 327) descreve um experimento que ilustra esse ponto usando um funil. O funil é utilizado para direcionar gotas para um alvo. Pelo fato de haver variabilidade no fluxo do funil, às vezes as gotas não atingem o alvo. Assim, podemos pensar que, se as gotas caírem um centímetro para a esquerda, deveríamos corrigir imediatamente a posição do funil um centímetro para a direita. Deming mostra que essa prática de fazer correções imediatas a cada observação só serve para espalhar as gotas ao redor do alvo. Na essência, essa prática reage ao ruído do sistema, em vez de analisar um número suficiente de ocorrências para medir estatisticamente sua consistência, para depois fazer uma correção.

[2] Considerando o escopo deste livro, estamos sendo deliberadamente flexíveis na definição das medidas da variabilidade e das reservas de segurança. Há casos patológicos em que o aumento da variabilidade pode levar a uma redução da reserva de segurança. Porém, a "lei" que diz que as reservas de segurança acompanham o aumento da variabilidade é válida para a maioria dos casos mais importantes, mas poderia ser mais rigorosa nessas definições.

Esse conceito é de extrema validade, pois implica que uma variabilidade maior de qualquer tipo afetará alguma medida de desempenho. Consequentemente, a redução da variabilidade é essencial para melhorar o desempenho. Na verdade, reconhecer a validade de se reduzir a variabilidade e o desenvolvimento de métodos de como fazê-lo (por exemplo, acertando a produção, reduzindo os *setups*, gerenciando a qualidade total, adotando a manutenção preventiva) foi fundamental para o sucesso dos sistemas JIT que discutimos no Capítulo 4.

Porém, podemos ser ainda mais específicos sobre como a variabilidade afeta o desempenho por meio da lei da Ciência da Fábrica a seguir.

Lei das reservas de variabilidade: *Em um sistema de produção, a variabilidade formará suas reservas de segurança a partir de alguma combinação de*

1. *Estoques*
2. *Capacidade*
3. *Tempos*

Essa lei é uma importante extensão da lei da variabilidade, pois enumera as reservas de segurança que surgirão em decorrência da variabilidade. Isso quer dizer que, se não podemos mudar o fato de que a variabilidade diminui o desempenho, podemos escolher como ela vai diminuir. Podem-se adotar diferentes estratégias para lidar com ela, dependendo dos diferentes ambientes empresariais.

9.2.1 Exemplos de reservas de segurança

Os exemplos a seguir ilustram (1) que a variabilidade forma suas reservas de segurança e (2) que elas podem ser gerenciadas, dependendo dos ambientes de produção e da estratégia empresarial adotada. Incluímos alguns exemplos de fora do ambiente da produção para enfatizar a aplicação dessas leis tanto nos serviços quanto em produtos.

Canetas esferográficas. Imagine um lojista que venda canetas esferográficas baratas. A demanda é imprevisível (variável). Porém, considerando que os clientes comprarão em qualquer outro lugar se não acharem o que querem na loja (quem faria encomenda de uma caneta barata?), neste caso o revendedor não pode se proteger com uma reserva de tempos. Da mesma maneira, como a expectativa dos consumidores pela pronta-entrega das canetas descarta a possibilidade de um ambiente de venda sob encomenda, a capacidade também não pode ser usada como reserva de segurança. Resta apenas uma opção, os estoques. Na verdade, é exatamente o que o lojista cria ao manter um bom estoque de canetas, uma reserva de segurança de estoque.

Serviços de emergência. A demanda por ambulâncias dos bombeiros ou hospitais é, necessariamente, variável, pois é óbvio que as pessoas não podem agendar uma emergência. Tampouco podemos ter uma reserva de segurança de estoque (um estoque de viagens ao hospital?). Também não podemos contar com uma reserva de segurança de tempos, pois a máxima rapidez é a medida mais importante do serviço. Assim, resta apenas uma opção de reserva de segurança, a capacidade. Na verdade, a utilização das ambulâncias é muito baixa. Uma capacidade "extra" se faz necessária para cobrir eventuais picos de demanda.

Transplante de órgãos. A demanda por transplantes de órgãos é variável, assim como sua oferta, pois é impossível programá-las. Como a taxa da oferta é fixada pela morte de doadores, não podemos aumentar a capacidade. Como os órgãos têm uma vida útil muito curta após a morte do doador, também não podemos tê-los em estoque. Resta apenas uma opção, o tempo. E, na verdade, o período de espera para transplantes é longo, até demais. Até os sistemas médicos têm que se submeter às leis da Ciência da Fábrica.

O sistema de produção da Toyota. O sistema de produção da Toyota foi o berço do JIT e continua sendo o modelo da produção enxuta. Com base em seu sucesso, a Toyota saltou de uma relativa obscuridade para um lugar de liderança na produção automobilística mundial. Como eles conseguiram?

Primeiro, a Toyota usou todas as oportunidades para a redução da variabilidade, especialmente nos seguintes aspectos:

1. A variabilidade da demanda. Os projetos e o marketing dos produtos da Toyota faziam tal sucesso que a demanda por seus carros era maior do que a oferta (as três maiores montadoras norte-americanas também deram uma mãozinha, produzindo modelos de qualidade inferior no final da década de 1970). Isso ajudou de muitas maneiras. Em primeiro lugar, a Toyota pôde limitar o número de opções dos carros produzidos. Um carro marrom tinha sempre um interior marrom. Muitos itens opcionais, como conjuntos cromados e aparelhos de som, eram instalados pelos revendedores. Em segundo, a Toyota podia definir seu plano de produção com meses de antecedência. Isso praticamente eliminava toda variabilidade da demanda das fábricas.
   A Toyota também isolou qualquer variabilidade restante, usando um "takt time", que representa um tempo fixo entre a produção individual de seus carros, que é o equivalente a manter uma quota diária de produção. Por meio da produção exata do mesmo número de carros a cada dia, eliminava qualquer variabilidade que pudesse afetar a fábrica.
2. A variabilidade da produção. Com o foco na redução de *setups*, na padronização das práticas, na administração da qualidade total, no zero defeitos, na manutenção preventiva total e em outras técnicas de suavização do fluxo, a Toyota eliminou muita variabilidade em suas fábricas.
3. A variabilidade do fornecimento. As relações da Toyota com seus fornecedores, na década de 1980, lembravam um feudo. Como suas operações significavam grande parte da demanda de seus fornecedores, existia uma enorme alavancagem. Na verdade, os próprios executivos da Toyota faziam parte da diretoria de seus fornecedores. Isso garantia (1) que a Toyota podia dispor dos materiais exatamente conforme o programado, (2) que os fornecedores também adotaram as técnicas de redução da variabilidade "sugeridas" pela Toyota e (3) que os fornecedores arcavam com qualquer reserva de segurança de estoque necessária.

Segundo, a Toyota usava reservas de segurança de capacidade contra qualquer resto de variabilidade. Ela fazia isso programando as fábricas para menos do que três turnos por dia, usando os períodos de manutenção preventiva programada ao final de cada turno para compensar qualquer falha nas quantidades produzidas. O resultado era uma taxa de produção diária muito previsível.

Terceiro, apesar da propensão dos autores norte-americanos de falarem em termos de "estoque zero" e "estoque maligno", a Toyota mantinha em seu sistema certo nível de estoques de WIP e de produtos acabados. Porém, devido a seus esforços vigorosos na redução das variabilidades e de sua reserva de segurança de capacidade, a quantidade de estoques necessários era bem menor do que na maioria das montadoras da década de 1980.

9.2.2 Pague agora ou pague depois

A lei das reservas de segurança poderia também ser chamada de lei do "pague agora ou pague depois", porque se você não pagar a conta para reduzir a variabilidade de imediato, vai pagar mais tarde, de uma forma ou de outra, em razão dos seguintes fatores:

- Redução da produtividade
- Desperdício de capacidade

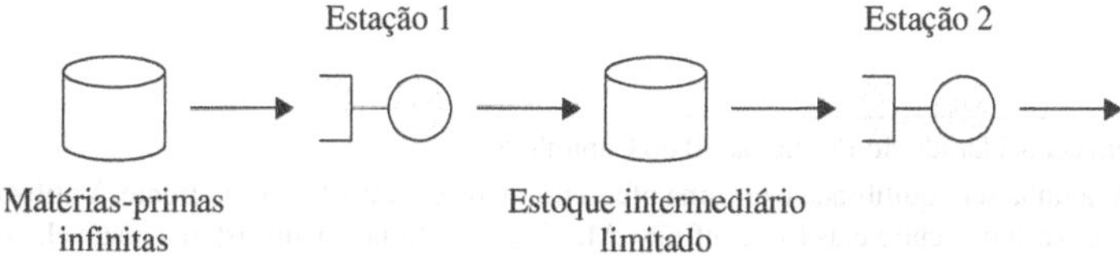

FIGURA 9.1 Cenário do tipo "Pague agora ou pague depois".

- *Cycle times* inflados
- Maiores níveis de estoques
- *Lead times* de entrega mais longos e/ou baixo nível de atendimento aos consumidores

Para examinarmos as implicações da lei das reservas de segurança em termos mais concretos, no ambiente da produção, vamos considerar uma linha simples como a mostrada na Figura 9.1. A estação 1 puxa os trabalhos, que contém 50 peças, de uma oferta ilimitada de matéria-prima, processa-as e as manda para um estoque intermediário na frente da estação 2. Esta puxa os trabalhos do estoque, processa-os e os passa adiante. Ao longo do exemplo, vamos assumir que a estação 1 gasta 20 minutos para processar o trabalho e é também o gargalo (a estação de maior utilização). Isso significa que a capacidade teórica é de 3.600 peças por dia (24 horas/dia × 60 minutos/hora × 1 trabalho/20 minutos × 50 peças/trabalho).[3]

Vamos assumir também que a estação 2 gasta em média 20 minutos, de maneira que a linha é equilibrada. Assim, o *cycle time* mínimo, teoricamente, é de 40 minutos, e o nível mínimo do WIP é de 100 peças (um trabalho em cada estação). Porém, em razão da variabilidade, o sistema não atinge seu desempenho ideal. Discutimos, a seguir, os resultados de um modelo desse sistema simulado por computador sob várias condições, para ilustrar os efeitos das alterações na capacidade, na variabilidade e no limite do estoque. Esses resultados estão resumidos na Tabela 9.3.

Uma linha equilibrada, com variabilidade moderada e um grande estoque intermediário. Como nosso ponto de partida, vamos considerar a linha de produção equilibrada, na qual ambas as máquinas têm tempos médios de processo de 20 minutos por trabalho, uma variabilidade moderada (com coeficientes de variação iguais a um, então $c_e(1) = c_e(2) = 1$) e um estoque intermediário com um limite de 10 trabalhos (500 peças).[4] Uma simulação desse sistema para 1.000.000 minutos (694 dias rodando 24 horas/dia) resulta em uma produtividade de 3.321 peças/dia, um *cycle time* médio de 150 minutos e um WIP médio de 347 peças. Podemos comprovar a lei de Little (WIP = TH × CT) por meio da observação de que a produtividade pode ser expressa como 3.321 peças/dia ÷ 1.440 minutos/dia = 2,3 peças/minuto, então

$$347 \text{ peças} \approx 2{,}3 \text{ peças/minuto} \times 150 \text{ minutos} = 345 \text{ peças}$$

Pelo fato de estarmos simulando um sistema envolvendo a variabilidade, as estimativas de TH, CT e WIP estão sujeitas a erros. Todavia, como usamos uma simulação de longo prazo, o sistema se estabilizou e, portanto, tornou-se muito coerente com a lei de Little.

Note que, enquanto essa configuração alcança uma produtividade razoável (apenas 7,7% abaixo do nível máximo teórico de 3.600 peças por dia), ela é atingida à custa do alto nível de WIP e de longos *cycle times* (ambos com quase 4 vezes o nível crítico de WIP e dos tempos brutos de processamento). A razão disso é que as flutuações da velocidade das duas estações fazem o estoque entre elas ficar cheio com facilidade, o que infla tanto o *cycle time* quanto o WIP. Assim, o sistema usa o WIP como sua principal reserva de segurança contra a variabilidade.

Uma linha equilibrada, com variabilidade moderada e um pequeno estoque intermediário. Uma maneira para diminuir o alto nível de WIP e do *cycle time* é simplesmente reduzirmos o estoque intermediário. Esse é o resultado da implantação de um sistema *kanban* com um nível reduzido de WIP, sem outras mudanças estruturais. Para uma ilustração completa dos impactos causados por essa abordagem, limitamos o tamanho do estoque intermediário de 10 trabalhos para 1. Se a primeira máquina

[3] Esse é o mesmo sistema considerado no Problema 10 do Capítulo 8.

[4] Note que, pelo fato de a linha ser equilibrada e ter uma oferta ilimitada de trabalhos a sua frente, a utilização em ambas as máquinas seria de 100%, se o estoque entre elas fosse infinito. Mas isso resultaria em um sistema instável, no qual o WIP cresceria infinitamente. Um estoque limitado se encheria e bloquearia a estação 1, segurando as liberações e evitando que o WIP cresça indefinidamente. Isso serve para estabilizar o sistema e ficar mais parecido com os sistemas reais de produção, nos quais o nível de WIP jamais pode ser infinito.

TABELA 9.3 Resumo dos resultados da simulação do pague agora ou pague depois

Caso	Estoque (trabalhos)	$t_e(2)$ (min)	CV	Produtividade TH (por dia); utilização	CT (min); CT/T_0^*	*WIP* (peças); WIP/W_0^*
1	10	20	1	3.321; 0,923	150; 3,75	347; 3,47
2	1	20	1	2.712; 0,753	60; 1,50	113; 1,13
3	1	10	1	3.367; 0,935	36; 1,20	83; 1,11
4	1	20	0,25	3.443; 0,956	51; 1,28	123; 1,23

termina enquanto a segunda tem um trabalho na fila, ela aguardará em uma situação de bloqueio improdutivo até que a segunda máquina acabe seu trabalho.

Nosso modelo de simulação confirma que um estoque intermediário menor reduz o nível do *cycle time*, agora ao redor de 60 minutos, e de WIP, em torno de 113 peças. Contudo, a produtividade cai para perto de 2.712 peças por dia (com uma taxa de utilização de 75%, uma queda de 18% em relação ao caso anterior). Sem o alto nível de WIP no estoque para proteger a estação 2 contra as flutuações da velocidade da estação 1, a estação 2 fica sem peças para trabalhar. Assim, a produtividade e as receitas são bastante reduzidas. Como a utilização da estação 2 caiu, o sistema agora usa a capacidade ociosa como sua reserva de segurança principal contra a variabilidade. Porém, na maioria dos ambientes, isso seria um preço muito alto e inaceitável para reduzir *cycle time* e WIP.

Uma linha desequilibrada, com variabilidade moderada e um pequeno estoque intermediário. Parte da razão de as estações 1 e 2 ficarem sujeitas ao bloqueio e à falta de peças no caso recém-apresentado é que suas capacidades são iguais. Se um trabalho está no estoque e a estação 1 completa sua tarefa antes de a estação 2 acabar, a estação 1 fica bloqueada; se o estoque está vazio e a estação 2 completa sua tarefa antes de a estação 1 acabar, a estação 2 fica sem alimentação. Como essas situações ocorrem com frequência, nenhuma das estações consegue funcionar perto da capacidade máxima.

Uma maneira de resolver esse problema é desequilibrar a linha. Se uma das máquinas for muito mais rápida que a outra, ela acabará antes seu trabalho (quase sempre), permitindo, assim, que a outra estação opere perto da capacidade máxima. Para ilustrar isso, vamos supor que a máquina na estação 2 seja substituída por outra que roda duas vezes mais rápido (com tempos médios de processamento de $t_e(2) = 10$ minutos por trabalho), mas continua com o mesmo coeficiente de variação ($c_e(2) = 1$), mantendo o tamanho do estoque intermediário em um trabalho.

Nosso modelo de simulação prevê um grande aumento na produtividade, atingindo 3.367 peças por dia, enquanto o *cycle time* e o WIP se mantêm em 36 minutos e 83 peças, respectivamente. O preço dessa melhora no desempenho é o desperdício de capacidade – a utilização da estação 2 é menor do que 50% – e, assim, o sistema novamente usa a capacidade ociosa como sua principal reserva de segurança contra a variabilidade. Se o custo da máquina mais rápida é barato, isso pode ser uma boa opção. Porém, se o equipamento for caro, a opção provavelmente é inaceitável.

Uma linha equilibrada, com variabilidade baixa e um pequeno estoque intermediário. Por último, para alcançar uma alta produtividade, com um *cycle time* e um WIP baixos, sem recorrer à capacidade, podemos considerar a opção de reduzir a variabilidade. Nesse caso, voltamos a ter uma linha equilibrada, com ambas as estações tendo tempos médios de processamento de 20 minutos por trabalho. Entretanto, assumiremos que o coeficiente de variação dos processos foram reduzidos de 1,0 para 0,25 (de uma variabilidade moderada para uma baixa).

Sob essas condições, nosso modelo de simulação mostra que a produtividade ficou alta, com 3.443 peças por dia; o *cycle time* baixou para 51 minutos; e o nível do WIP também diminuiu para 123 peças. Assim, se essa redução de variabilidade for possível e viável em termos de custos, ela é a melhor das opções. Como observamos no Capítulo 8, existem muitas maneiras de reduzir a variabilidade dos processos, inclusive melhorando a eficiência das máquinas, aumentando a velocidade dos reparos, diminuindo os *setups* e minimizando a ausência de operadores, entre outras.

Comparações. Como podemos ver pelo resumo da Tabela 9.3, os quatro casos expostos são uma ilustração direta da nossa interpretação "pague agora ou pague depois" da lei das reservas de segurança contra a variabilidade. No primeiro caso, "pagamos" pela produção com *cycle times* mais longos e níveis mais altos de WIP. No segundo caso, "pagamos" pelos tempos baixos de *cycle times* e pelo nível baixo de WIP com perda de produtividade. No terceiro caso, "pagamos" por eles com a capacidade ociosa. No quarto caso, "pagamos" pela alta produtividade, por um *cycle time* curto e por um WIP baixo com a redução da variabilidade. Como a lei das reservas de segurança contra a variabilidade não pode especificar qual a melhor forma de pagamento, ela é muito útil para avisar que, de alguma forma, o preço sempre será pago.

9.2.3 A flexibilidade

Apesar de a variabilidade necessitar sempre de algum tipo de reserva de segurança, seus efeitos podem ser minimizados pela **flexibilidade**. Uma reserva de segurança flexível é aquela que pode ser usada de várias maneiras. Como uma reserva de segurança flexível é mais desejada do que uma fixa, podemos determinar o seguinte corolário para a lei em questão.

Corolário da flexibilidade das reservas de segurança: *Em um sistema de produção, a flexibilidade reduz a necessidade de reservas de variabilidade.*

Um exemplo de capacidade flexível é uma força de trabalho treinada para ser multifuncional. Por meio da movimentação entre as tarefas que necessitam de capacidade, os trabalhadores multifuncionais (flexíveis) podem cobrir a mesma carga de trabalho com uma capacidade total menor do que seria preciso com trabalhadores fixos para cada tarefa.

Um exemplo de estoques flexíveis é um WIP genérico que é mantido no sistema e somente é personalizado posteriormente. Por exemplo, a Hewlett-Packard produzia impressoras genéricas para o mercado europeu e não incluía as conexões e os cabos específicos de cada país. Essas impressoras genéricas podiam então ser montadas para atender a demanda de qualquer país da Europa. O resultado era um estoque flexível bem menor do que seria necessário se houvesse um estoque de produtos específicos para cada um dos países.

Um exemplo de tempos flexíveis é a prática de fornecer aos clientes prazos de entrega variáveis, de acordo com o volume atual dos pedidos em espera (quanto maior a pilha de pedidos, maior seria o prazo de entrega). Um determinado nível de atendimentos pode ser alcançado por meio de *lead times* médios menores se forem oferecidos *lead times* variáveis a cada cliente, em vez de um *lead time* fixo e padronizado para todos. Apresentamos um modelo para *lead times* de entrega no Capítulo 15.

Existem muitas maneiras de formar flexibilidade nos sistemas de produção, por meio do projeto de produtos, leiaute de instalações, equipamentos de processamento, políticas trabalhistas, administração de fornecedores, etc. Encontrar novas maneiras criativas para tornar os recursos mais flexíveis é o principal desafio da abordagem da produção em massa, para oferecer um conjunto diversificado de produtos ao consumidor, sem aumentar os custos de produção em massa.

9.2.4 O aprendizado organizacional

O exemplo do "pague agora ou pague depois" sugere que adicionar capacidade e reduzir variabilidade são, em certo sentido, opções inter-relacionadas. Ambas podem ser usadas para reduzir os *cycle times*, considerando um determinado nível de produtividade, ou para aumentar a produtividade, levando em conta um determinado nível de *cycle time*. Porém, há certos fatores intangíveis a considerar. O primeiro é o nível de facilidade de implantação. Aumentar a capacidade, geralmente, é uma solução fácil – apenas compre algumas máquinas, – enquanto reduzir a variabilidade é mais difícil (e arriscado), exigindo a identificação das causas de seu excesso e a execução de políticas específicas para eliminá-la. Sob esse ponto de vista, parece que, se os custos e os impactos do aumento da capacidade ou da redução da variabilidade causam os mesmos efeitos sobre a linha de produção, então o aumento da capacidade é a opção mais atrativa.

No entanto, há um segundo fator importante a considerar – o aprendizado. Um programa de redução da variabilidade com sucesso pode gerar capacidades que podem ser transferidas a outras partes do negócio. Como exemplos de benefícios de um programa bem elaborado de redução da variabilidade, cujo impacto poderá ser ampliado para além de seus objetivos originais específicos, podemos citar: a experiência em usar uma metodologia geral para melhorias (discutida no Capítulo 6), as melhorias alcançadas nos processos específicos (como a redução dos *setups* e retrabalhos) e um elevado nível de consciência da força de trabalho sobre as consequências da variabilidade. A consciência clara da necessidade da redução da variabilidade promove um ambiente de melhoria contínua da capacidade dos processos. Isso pode ser uma fonte para a criação de uma vantagem competitiva significativa – qualquer um pode comprar mais máquinas, mas não é qualquer um que pode melhorar continuamente as habilidades para usá-las. Por isso, acreditamos que a redução da variabilidade é, muitas vezes, a melhor opção e deve ser considerada seriamente antes de se recorrer ao aumento da capacidade.

9.3 AS LEIS DOS FLUXOS

A variabilidade afeta a maneira como os materiais fluem pelo sistema e o nível da capacidade que pode ser efetivamente utilizada. Nesta seção, descreveremos as leis que governam o fluxo dos materiais, a capacidade, a utilização e a propagação da variabilidade.

9.3.1 Os fluxos dos produtos

Iniciaremos com uma importante lei que provém diretamente das leis (naturais) da Ciência, chamada de conservação dos materiais. Em termos da produção, podemos assim defini-la:

A lei da conservação dos materiais: *Em um sistema estável, em longo prazo, a taxa das saídas é igual à taxa das entradas, menos qualquer perda de rendimento, mais qualquer peça produzida no sistema.*

A expressão "em um sistema estável" supõe que as entradas no sistema não excedam (nem mesmo sejam iguais) à sua capacidade. A expressão seguinte, "em longo prazo", implica que o sistema seja observado por um tempo significativamente longo. Essa lei pode ser violada em intervalos curtos. Por exemplo, pode sair mais material do que entrar – por algum tempo. É evidente que, se esse for o caso, o WIP da fábrica cairá e, em algum momento, poderá chegar a zero, causando o fim da produção. Mas a lei não pode ser violada de maneira indefinida. As últimas expressões, "menos qualquer perda de rendimento" e "mais qualquer peça produzida no sistema", são importantes avisos a respeito da afirmação simples de que "as entradas têm que ser iguais às saídas". Podem ocorrer perdas de rendimento quando o número de peças no sistema é reduzido de alguma maneira que não a produção (por exemplo, sucata ou defeitos). A produção de peças no sistema ocorre sempre que uma peça é subdividida em peças múltiplas: uma chapa de aço pode ser cortada em vários pedaços menores.

Essa lei faz uma ligação da utilização das estações de trabalho com a produtividade. Por exemplo, em uma linha em série sem perdas de rendimento e operando sob um protocolo de MRP (que empurra o fluxo), a produtividade em qualquer estação i, TH(i), mais a produtividade da própria linha, TH, é igual à taxa de liberação r_a na linha. A razão, obviamente, é que o que entra deve também sair (desde que a taxa de liberação seja menor do que a capacidade da linha, de maneira que haja estabilidade). Assim, a utilização em cada uma das estações é dada pela divisão da produção pela capacidade da estação ($u(i) = \text{TH}(i)/r_e(i) = r_a/r_e(i)$ na estação i).

Por último, essa lei está por trás de nossa escolha em definir que o gargalo esteja na estação com maior ocupação, e não necessariamente na mais lenta. Por exemplo, se uma linha tem perda de rendimento, então uma estação mais lenta mais adiante pode ter uma utilização menor do que alguma estação mais rápida, mais atrás (pelo fato de que a primeira estação pode processar peças que serão, mais tarde, sucateadas). Como a primeira estação estará limitando o desempenho da linha, ela é definida, corretamente, como sendo o gargalo.

9.3.2 A capacidade

A lei da conservação dos materiais implica que a capacidade de uma linha tem que ser, no mínimo, igual à taxa de chegadas ao sistema. Do contrário, o nível de WIP cresceria de maneira contínua sem nunca se estabilizar. Porém, quando se considera a variabilidade, essa condição não é tão válida. Para ver como, lembre-se de que os modelos de filas apresentados no Capítulo 8 indicavam que tanto o WIP quanto o *cycle time* tornam-se infinitos assim que a utilização se aproxima de um, caso o WIP no sistema seja ilimitado. Desse modo, para o sistema ser estável, todas as estações devem ter uma taxa de processamento estritamente maior do que a taxa de chegadas da estação. Acontece que esse comportamento não é uma particularidade matemática, mas é, na verdade, um dos princípios fundamentais da Ciência da Fábrica.

Para tanto, note que, se um sistema de produção contém variabilidade (e todos os sistemas reais contêm), então, independentemente do nível de WIP, podemos sempre encontrar uma possível sequência de eventos que pode causar a falta de alimentação no gargalo (o WIP acaba). A única maneira de assegurar que não faltará alimentação no gargalo é manter sempre um nível de WIP na fila. Porém, não importa qual o nível inicial de WIP, existe um conjunto de tempos de processamento e entre as chegadas que, em determinado momento, irá zerá-lo. A única maneira de manter sempre certo nível de WIP na linha é começar com um nível infinito de WIP. E, assim, para r_a (taxa de chegadas) ser igual a r_e (taxa de processamento), é preciso uma quantidade infinita de WIP na linha. Todavia, segundo a lei de Little, isso implica que o *cycle time* será, também, infinito.

Mas há uma exceção para esse tipo de comportamento. Quando o c_a^2 e o c_e^2 forem iguais a zero, então o sistema torna-se completamente determinístico. Nesse caso, não existe absolutamente nenhuma aleatoriedade nos tempos de processamento ou de chegada, e a taxa de chegadas é exatamente igual à taxa de liberação. Entretanto, como a Ciência moderna ("natural", não "da fábrica") nos diz que sempre existe certo nível de aleatoriedade, isso nunca pode acontecer na prática.

A esta altura, o leitor com algum senso prático pode se tornar um tanto cético e pensar algo como: "Espere aí. Conheço muitas fábricas que se esforçam para acertar as liberações de trabalhos de acordo com sua capacidade e, até agora, desconheço alguma com uma quantidade *infinita* de WIP." Isso é uma observação válida, o que nos lembra do importante conceito da situação constante.

A situação constante relaciona-se com a noção do desempenho de um "sistema estável" e em "longo prazo", já discutida na lei da conservação dos materiais. Para um sistema ter uma situação constante, seus parâmetros não podem mudar nunca e devem estar funcionando por um prazo longo o suficiente para que as condições iniciais já não importem mais.[5] Como nossas fórmulas foram elaboradas sob a suposição de uma situação constante, a discrepância entre nossa análise (que é correta) e o que existe na prática (que também é correto) tem de estar em nossa visão de um sistema de produção em uma situação constante.

O círculo vicioso das horas extras. O que acontece, na verdade, com uma situação constante é que a fábrica funciona através de uma série de "ciclos", nos quais os parâmetros do sistema são alterados ao longo do tempo. Um tipo de comportamento comum é o "círculo vicioso das horas extras", descrito assim:

1. A capacidade da fábrica é calculada levando em consideração os detratores, como as paradas aleatórias, retrabalhos, *setups*, falta de operadores, pausas ou hora do almoço.

[5] Lembre-se que no exemplo da fábrica de moedas no Capítulo 7 a linha teve que funcionar durante um certo tempo para superar uma condição de transição causada pelo início com todas as moedas na primeira estação. A situação constante só foi alcançada quando a linha começou a se comportar da mesma maneira, repetidamente. Em linhas com variabilidade, o comportamento atual não voltará a se repetir, mas a probabilidade de o sistema estar em certa situação se estabilizará.

2. O plano mestre de produção é seguido de acordo com essa capacidade efetiva. As taxas de liberações agora são essencialmente iguais à capacidade.[6]
3. Cedo ou tarde, por causa da aleatoriedade da chegada dos trabalhos, dos tempos de processamento, ou de ambos, faltará alimentação no processo que é o gargalo da fábrica.
4. Entra um volume de trabalho no sistema maior do que sai e, assim, o WIP aumenta.
5. Como o sistema está operando em sua capacidade, a produtividade se mantém relativamente constante. Segundo a lei de Little, o aumento do WIP é refletido no *cycle time* mais ou menos na mesma intensidade.
6. Os trabalhos começam a atrasar.
7. Os clientes se queixam.
8. Depois que o WIP, os *cycle times* e as queixas dos consumidores tenham aumentado bastante, a administração decide que é hora de agir.
9. Apela-se para horas extras, um terceiro turno, terceirização de alguns serviços, pedidos de clientes são rejeitados, etc.
10. Como consequência do passo 9, a capacidade efetiva agora é bem maior do que a taxa de liberações de trabalhos. Por exemplo, se um terceiro turno é adotado, a utilização cairia de 100% para algo em torno de 67%.
11. O nível de WIP e o *cycle time* diminuem, e o atendimento ao consumidor melhora. Todos suspiram aliviados, se admiram de que as coisas tenham saído do controle e prometem que isso não acontecerá jamais.
12. *Volte ao passo 1!*

A moral do círculo vicioso das horas extras é que, apesar de a administração querer que os trabalhos sejam liberados na mesma taxa do gargalo, isso é impossível em uma situação constante. Sempre que qualquer alternativa de hora extra, terceiro turno, trabalho em fins de semana ou terceirização de algumas tarefas for autorizada, a capacidade da fábrica salta para níveis bem maiores do que a taxa de liberação dos trabalhos. (Da mesma forma, a rejeição de mais pedidos faz a taxa de liberação ir bruscamente abaixo da capacidade.) Assim, em longo prazo, a taxa média de liberações será sempre menor do que a taxa média da capacidade. Podemos resumir esses comportamentos da produção por meio da seguinte lei da Ciência da Fábrica.

A lei da Capacidade: *Em uma situação constante, qualquer fábrica terá que liberar os trabalhos a uma taxa média estritamente menor do que a taxa média de sua capacidade.*

Essa lei tem profundas implicações. Como é impossível alcançar realmente 100% da capacidade dos recursos de uma fábrica, na verdade, as decisões da administração devem se preocupar em escolher se as medidas como excesso de capacidade, horas extras ou terceirização devem fazer parte de uma estratégia planejada ou devem ser apenas usadas em reação a condições que estão ficando fora de controle. Infelizmente, pelo fato de muitos gerentes de fábrica não levarem em consideração essa lei da Ciência da Fábrica, eles inconscientemente acabam escolhendo administrar suas fábricas como bombeiros, tendo que apagar constantemente os incêndios.

9.3.3 A utilização

A lei das reservas de segurança e a equação *VUT* sugerem que há dois fatores que determinam os tempos das filas: a utilização e a variabilidade. Destes, a utilização é o de maior importância em seus efeitos. A razão disso é que a equação *VUT* (para estações de máquinas únicas ou diversas) tem o termo

[6] Note que, se houve algum otimismo no cálculo da capacidade, as taxas de liberações podem até ser maiores do que a capacidade.

1 – u em seu denominador. Assim que a taxa de utilização u se aproxima de 1, o *cycle time* se aproxima do infinito. Podemos definir isso na seguinte lei.

A lei da utilização: *Se uma estação aumentar sua utilização sem que haja outras alterações no sistema, a média de WIP e do* cycle time *se elevará de um modo não linear.*

Na prática, é o *modo não linear* que geralmente causa os maiores problemas. Para entender o porquê, suponha que a utilização seja de $u = 97\%$, o *cycle time* seja de 2 dias e o coeficiente de variação de ambos os tempos de processo e entre as chegadas seja igual a um. Se aumentarmos a utilização em 1% para $u = 0{,}9797$, o *cycle time* vai para 2,96 dias, um aumento de 48%. Fica evidente a sensibilidade do *cycle time* às alterações na utilização. Além disso, esse efeito é mais pronunciado ainda à medida que u se aproxima mais de um, como podemos ver pela Figura 9.2. Esse gráfico mostra as relações entre o *cycle time* e a utilização para $V = 1$ e $V = 0{,}25$, onde $V = (c_a^2 + c_e^2)/2$. Note que as duas curvas "estouram" assim que u se aproxima de 1, mas a curva do sistema com uma variabilidade alta ($V = 1{,}0$) estoura mais rapidamente. Segundo a lei de Little, podemos concluir que o WIP também sobe à medida que u se aproxima de um.

Alguns avisos de ordem técnica devem ser observados. Primeiro, se $V = 0$, então o *cycle time* se mantém constante para qualquer nível de utilização até 100% e, a partir daí, torna-se infinito (inviável). De maneira similar à linha do caso do melhor desempenho possível, estudado no Capítulo 7, uma estação com uma variabilidade zero pode operar com 100% da utilização sem formar uma fila. Porém, como todas as estações de trabalho da vida real têm alguma variabilidade, isso é impossível de ocorrer na prática.

Segundo, nenhuma estação no mundo real tem espaço para a formação de uma fila infinita. O espaço, o tempo ou as políticas irão impor um limite finito ao WIP. Como vimos nos modelos com bloqueio no Capítulo 8, fixar um limite no WIP, sem que haja outras mudanças, causará a redução da produtividade (e, por consequência, da utilização). Assim, a relação qualitativa da Figura 9.2 continua válida, mas o limite no tamanho da fila tornará impossível alcançar os pontos com alta utilização/altos *cycle times* da curva.

A sensibilidade extrema do desempenho do sistema à utilização torna muito difícil escolher uma taxa de liberações que alcance tanto uma alta eficiência da estação quanto um *cycle time* curto. Qualquer erro, em particular aqueles nos níveis mais altos (que são os mais prováveis de ocorrer, como resultado do otimismo sobre a capacidade do sistema, junto com o desejo de maximizar a produção), pode resultar em grandes aumentos na média do *cycle time*. Discutiremos as mudanças estruturais no Capítulo 10, dentro do contexto dos sistemas que puxam e empurram a produção.

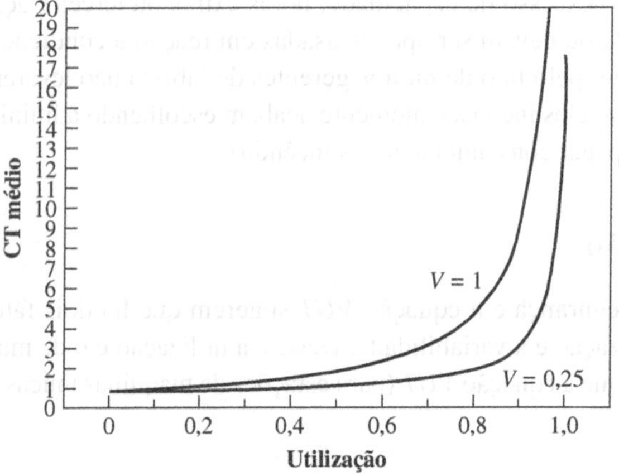

FIGURA 9.2 A relação entre o *cycle time* e a utilização.

9.3.4 A variabilidade e o fluxo

A lei da variabilidade afirma que a variabilidade prejudica o desempenho de qualquer sistema de produção. Mas o nível do prejuízo causado depende de onde ela é criada em cada linha de produção. Em linhas sem controle de WIP, o aumento da variabilidade dos processos em qualquer estação causará (1) a elevação do *cycle time* daquela estação e (2) a propagação de mais variabilidade às estações posteriores, ampliando também seus *cycle times*. Essa observação resulta no seguinte corolário sobre a lei da variabilidade e sua propriedade de propagação, discutida no Capítulo 8.

Corolário da localização da variabilidade: *Em uma linha em que as liberações são independentes das finalizações, a ocorrência de variabilidade no início do roteiro de produção aumentará o* cycle time *em um grau maior do que se a mesma variabilidade ocorresse no final do roteiro.*

As implicações desse corolário dizem respeito ao fato de que os esforços para a redução da variabilidade devem ser direcionados, em primeiro lugar, ao início da linha, pois nesse ponto é que seus efeitos são maiores (ver a ilustração do Problema 12).

Note que o corolário se aplica apenas às linhas em que as liberações são independentes das finalizações. Em uma linha do tipo CONWIP, na qual as liberações de trabalhos são diretamente relacionadas às finalizações, o fluxo da primeira estação é afetado na mesma proporção em que a estação $i + 1$ é afetada pela estação i. Assim, há pouca diferença entre o início e o fim da linha, e há menos incentivo para reduzir a variabilidade no início da linha do que no final. Assim, esse corolário é válido apenas para sistemas que empurram a produção, e não para os que puxam-na.

9.4 AS LEIS DO PROCESSAMENTO EM LOTES

Uma das grandes causas da variabilidade é o processamento em lotes. Como vimos no caso do pior desempenho possível no Capítulo 7, a variabilidade pode ser maximizada com a movimentação dos produtos em grandes lotes, mesmo quando os tempos de processamento são constantes. A razão disso, naquele exemplo, era que os tempos efetivos entre as chegadas dos trabalhos eram bem grandes para a primeira peça do lote e zero para todas as outras (porque todas chegaram juntas). O resultado foi que cada estação tinha chegadas com uma grande variabilidade e, assim, o *cycle time* médio era o pior possível para uma determinada taxa de gargalo e um determinado tempo bruto de processamento. Pelo fato de o processamento em lotes causar um efeito tão grande na variabilidade e, portanto, também no desempenho, a definição do tamanho dos lotes em um sistema de manufatura é um controle muito importante. Porém, antes de tentar calcular o tamanho "ótimo" dos lotes (assunto que deixamos para o Capítulo 15, como parte de nossa discussão sobre a programação), precisamos entender seus efeitos sobre o sistema.

9.4.1 Os tipos de lotes

Uma questão que algumas vezes atrapalha a discussão sobre os lotes é que, na verdade, há dois tipos deles. Considere uma linha de montagem dedicada à produção de apenas um produto. Após a produção de cada unidade, ela é movida para o processo de pintura. Qual é o tamanho do lote?

Pode-se dizer que o lote é de uma unidade apenas, pois, após sua produção, ele é movido para a pintura. Por outro lado, pode-se também dizer que o tamanho do lote é infinito, pois não há troca de processos (isto é, o número de peças entre as trocas é infinito). Todavia, como "um" não é infinito, qual está correto?

A resposta é que ambos estão corretos. Mas existem dois diferentes tipos de lotes: **lotes de transferência** e **lotes de processamento**. O lote de transferência é um lote de muitas peças movimentadas de uma só vez. O lote de processamento é formado de muitos lotes de transferência processados em conjunto. Vamos discutir cada um deles, em maiores detalhes, a seguir.

Lote de Processamento. Existem dois tipos de lotes de processamento – ***sequenciais e simultâneos***. Os lotes sequenciais representam o número de lotes transferidos que serão processados antes que a estação mude para outra família de peças. Recebem o nome de sequenciais porque as peças são processadas pela estação de maneira sequencial. Os lotes simultâneos representam o número de peças produzidas "simultaneamente" em um "lote de verdade", tal como uma operação de tratamento térmico ou um forno. Apesar de os lotes sequenciais e simultâneos serem muito diferentes fisicamente, eles têm efeitos operacionais similares.

O tamanho de um lote de processamento relaciona-se à duração da troca do processo ou *setup*. Quanto mais longo o *setup*, maior o número de peças que precisam ser produzidas entre os *setups* para alcançar certa capacidade. O tamanho de um lote de processamento simultâneo depende do número de peças que podem ser processadas juntas e da demanda existente para a estação. Para minimizar a utilização, tais equipamentos devem funcionar com uma carga máxima. Porém, se tal equipamento não for um gargalo, então essa preocupação não é essencial, e rodar o processo com uma carga menor pode ser a melhor opção para manter um *cycle time* baixo.

Lote de transferência. Este lote é o número de peças acumuladas antes de serem transferidas para a próxima estação. Quanto menor o lote de transferência, menor será o *cycle time*, pois há menos tempo de espera para formar o lote. Entretanto, lotes menores também resultam em um maior manuseio dos materiais, então há um *trade-off* entre os dois fatores. Por exemplo, uma empilhadeira pode fazer a transferência apenas uma vez por dia e transportar lotes de 3.000 unidades. Porém, um operador pode usar um carrinho menor, em vez da empilhadeira, e transportar 100 unidades de cada vez. Ao proceder dessa forma, haveria redução do tempo necessário para formar e transferir cada lote, mas exigiria 30 viagens por turno para o operador transportar as mesmas 3.000 peças.

Na verdade, se considerarmos as operações de manuseio dos materiais entre as estações como um processo, um lote de transferência é um lote de processamento simultâneo especial. A empilhadeira pode transferir 1 ou 10 peças com a mesma rapidez, assim como um forno pode aquecer 1 ou 10 peças com a mesma rapidez. Apesar disso, como é intuitivo pensar sobre o manuseio de materiais de maneira distinta de um processo, vamos considerar os dois separadamente.

A distinção entre um lote de processamento e um de transferência é, muitas vezes, desprezada. Na verdade, desde quando Ford Harris desenvolveu o modelo do lote econômico (EOQ), em 1913, até recentemente, a maioria dos planejadores simplesmente assumia que os dois lotes eram iguais. Mas isso não precisa ser assim. Em um sistema em que os *setups* são longos, e os processos são bem ajustados entre si, pode fazer sentido manter grandes lotes de processamento e pequenos lotes de transferência. Essa prática é chamada de **divisão de lotes** (*lot splitting*) e pode reduzir bastante o *cycle time* (discutiremos isso com maiores detalhes na Seção 9.5.3).

9.4.2 Os lotes de processamento

Lembre que, no Capítulo 4, dissemos que os defensores da produção enxuta gostam de lotes iguais a um. A razão é que, se o processamento é feito uma peça de cada vez, não há tempos de espera para se formarem lotes, e menos tempo é gasto em filas de espera para grandes lotes. Contudo, na maioria dos sistemas do mundo real, a definição de tamanhos de lote igual a um não é algo tão simples assim. O motivo disso é que o tamanho dos lotes pode afetar a capacidade. O processamento em lotes de um pode causar a superutilização de uma estação de trabalho (em razão dos tempos excessivos de *setup* ou do processamento de lotes simultâneos). O desafio é equilibrar a capacidade com as demoras introduzidas pelos lotes (ver Karmarkar 1987 para uma discussão mais completa). Podemos resumir os princípios dos lotes de processamento sequenciais e simultâneos por meio da seguinte lei da Ciência da Fábrica:

A lei dos Lotes de Processamento: *Nas estações com operações em lotes ou tempos significativos na troca de processos:*

1. *O tamanho mínimo de um lote de processamento que resulta em um sistema estável pode ser maior que um.*

2. *À medida que o tamanho dos lotes de processamento aumenta, o cycle time também se amplia proporcionalmente.*
3. O *cycle time* da estação será minimizado para um determinado tamanho de lotes de processamento, que pode ser maior do que um.

Podemos ilustrar as relações descritas acima, entre a capacidade e os lotes de processamento, com os exemplos seguintes.

Exemplo: Lotes de processamento sequenciais

Considere uma estação de trabalho que precisa processar diferentes famílias de peças. As peças chegam em lotes em que todas, em cada lote, pertencem a uma mesma família, mas os lotes são de diferentes famílias. A taxa de chegadas é definida em 0,4 peças por hora, e cada peça requer 1 hora em processamento, independentemente do tipo de família. A máquina precisa de um *setup* entre os lotes porque ela tem que ser ajustada para cada família diferente. Assim, a escolha do tamanho do lote vai afetar o número de *setups* necessários (e também a utilização) e os tempos de espera em cada lote parcial. Além disso, o *cycle time* será afetado pela decisão sobre se as peças sairão de uma estação em lotes quando estes estiverem completos, ou uma a uma, utilizando-se a divisão de lotes.

Note que, se usássemos um tamanho de lote igual a um, poderíamos processar apenas uma peça a cada 6 horas (5 horas para o *setup*, mais 1 hora de processamento), o que não acompanharia as chegadas. O tamanho mínimo de lote que podemos considerar é de 4 peças, o que nos daria uma capacidade para 4 peças a cada 9 horas (5 horas de *setup*, mais 4 horas para o processamento das peças), ou uma taxa de 0,44 peças por hora.

O gráfico da Figura 9.3 desenha a linha do *cycle time* da estação para diversos tamanhos de lote com ou sem a divisão dos lotes. Note que o tamanho mínimo viável resulta em um *cycle time* médio de aproximadamente 70 horas sem a divisão dos lotes e 68 horas com a divisão dos lotes. Sem a divisão dos lotes, o *cycle time* mínimo fica ao redor de 31 horas, com um tamanho de lote de 8 peças. Com a divisão, ele fica em torno de 27 horas, com lotes de 9 peças. Acima desses níveis mínimos, o *cycle time* aumenta quase linearmente, com a divisão de lotes tendo um desempenho marginal melhor (com *cycle times* mais curtos) do que sem a divisão.

A lei dos lotes de processamento implica que pode ser necessário, e até benéfico, o uso de lotes grandes para manter a utilização, o *cycle time* e o WIP. Mas devemos ter cuidado ao aceitar essa conclusão sem questionar os demais fatores. A necessidade de lotes sequenciais é causada pelos *setups* longos. Assim, a prioridade número um deveria ser a redução dos tempos de *setup* ao máximo possível, considerando a questão econômica. Por exemplo, a Figura 9.3 mostra o comportamento de uma estação de trabalho com uma média de *setup* de 2,5 horas, em vez de 5 horas.

Note que, com tempos de *setup* mais curtos, os *cycle times* mínimos são em torno de 50% menores (por volta de 16 horas sem a divisão dos lotes e de 14 horas com a divisão) e são alcançados com lotes

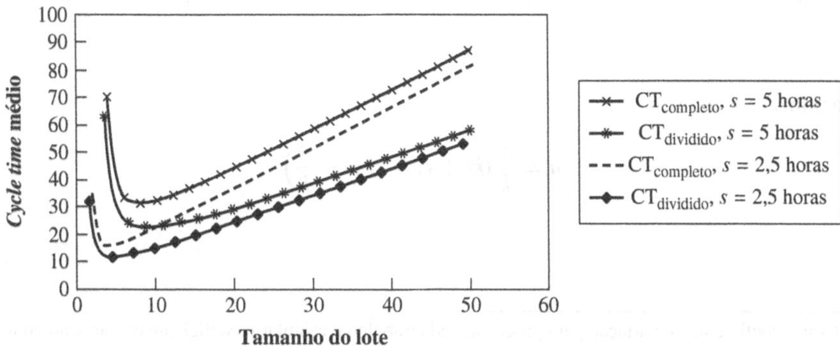

FIGURA 9.3 *Cycle time versus* tamanho do lote sequencial em uma estação com tempos de *setup* iguais a 5 horas ou 2,5 horas.

menores (4 peças em ambos os casos). Assim, as implicações mais completas da lei supracitada são que o processamento em lotes e a redução dos tempos de *setup* precisam ser usados de maneira equilibrada para alcançar uma alta produção e níveis eficientes de WIP e de *cycle times*.

Exemplo: Os lotes de processamento simultâneos

Considere o tratamento térmico de uma fábrica que produza unidades para diagnóstico médico. A operação consiste em rodar um lote de unidades através de múltiplos estágios dentro de uma sala de aquecimento controlado, que leva 24 horas, independentemente de quantas unidades estão sendo aquecidas. A sala de aquecimento tem espaço para 100 unidades de cada vez. Suponha que as unidades chegam à taxa de 1 por hora (24 por dia). É evidente que, se processássemos o tratamento térmico para uma unidade por vez, teríamos a capacidade de apenas 1/24 unidades por hora, o que é bem abaixo da taxa de chegadas. Na verdade, se o processo térmico fosse feito para lotes de 24 unidades, então teríamos a capacidade de 1 unidade por hora, o que resultaria na utilização de 100%. Como a utilização precisa ser menor do que 100% para ser estável, o lote mínimo viável é de 25 unidades.

É claro que uma política simples seria a de carregar todas as unidades que estão na fila (ou a capacidade máxima da máquina, das duas a menor) assim que o lote anterior for completado. Porém, essa pode não ser uma boa política se os trabalhos chegam aos trancos e barrancos. Em outras palavras, os trabalhos não chegam aos poucos, mas sim em blocos. Nessa situação, pode ser melhor até formar um lote grande do que processar qualquer trabalho que esteja na fila. Evidentemente, se forem produtos múltiplos, as coisas se complicam bem mais, mas isso está fora do escopo deste texto.

O processamento sequencial de lotes. Podemos fazer uma interpretação melhor das interações entre o processamento em lotes e o *cycle time* examinando o modelo que suporta o exemplo da Figura 9.3.

Observação técnica – As interações do processamento sequencial de lotes

Para desenvolver um modelo para o processamento sequencial de lotes, no qual os lotes de peças chegam a uma única máquina e são processados com um *setup* entre cada lote, faremos uso das seguintes convenções:

k = o tamanho do lote sequencial
r_a = a taxa de chegadas (peças por hora)
t = o tempo de processamento de uma peça (horas)
s = o tempo para fazer um *setup* (horas)
c_e^2 = o coeficiente de variação efetivo ao quadrado de um lote, incluindo os tempos de processamento e de *setup*

Além disso, para simplificar, faremos as seguintes suposições: (1) O coeficiente de variação ao quadrado (c_e^2) do tempo efetivo de processamento de um lote é igual a 0,5, não importando o seu tamanho[7] e (2) o coeficiente de variação ao quadrado dos lotes é sempre um.

Como r_a é a taxa de chegada das *peças*, a taxa de chegada dos lotes é r_a/k. O tempo efetivo de processamento de um lote é dado pelo tempo de processamento de k peças no lote, mais o tempo de *setup*

$$t_e = kt + s \tag{9.1}$$

assim, a utilização da máquina é

$$u = \frac{r_a}{k}(kt + s) = r_a\left(t + \frac{s}{k}\right) \tag{9.2}$$

[7] Poderíamos fixar o coeficiente de variação para processar cada trabalho e calcular o coeficiente de variação do lote em função do seu tamanho. Porém, o modelo, considerando um coeficiente de variação de chegadas constante, apresenta o mesmo comportamento fundamental – um aumento brusco no *cycle time* para lotes pequenos e um aumento linear para lotes grandes – e é muito mais fácil de analisar.

Note que, para ter estabilidade, temos que ter $u < 1$, o qual exige que

$$k > \frac{sr_a}{1 - tr_a}$$

O tempo médio de espera na fila CT_q é dado pela equação *VUT*

$$\mathrm{CT}_q = \left(\frac{1 + c_e^2}{2}\right)\left(\frac{u}{1 - u}\right)t_e \tag{9.3}$$

onde t_e e u são dados pela equação (9.1) e (9.2).

O *cycle time* médio total da estação consiste do tempo de fila, mais o tempo de *setup*, mais o tempo de espera no lote (*wait-in-batch time* – WIBT), mais o tempo de processamento. O WIBT depende de o lote ser dividido, ou não, em peças unitárias para movimentação no fluxo. Se não for dividido (ou seja, o lote todo tem de ser completado antes que qualquer peça siga adiante), então todas as outras peças ficam aguardando até completar $k - 1$ peças do lote, de forma que

$$\mathrm{WIBT}_{\mathrm{completo}} = (k - 1)t$$

e o *cycle time* total é

$$\begin{aligned}\mathrm{CT}_{\mathrm{completo}} &= \mathrm{CT}_q + s + \mathrm{WIBT}_{\mathrm{completo}} + t \\ &= \mathrm{CT}_q + s + (k - 1)t + t \\ &= \mathrm{CT}_q + s + kt \end{aligned} \tag{9.4}$$

Se os lotes são divididos (isto é, cada peça segue adiante assim que é processada, de forma que são usados lotes de transferência de uma peça), então o tempo de espera no lote depende da posição de cada peça dentro do lote. A primeira peça não espera, pois é processada e segue imediatamente. A segunda peça tem que esperar atrás da primeira e fica um tempo t aguardando no lote. A terceira peça aguarda um tempo $2t$, e assim por diante. O tempo médio para as k peças aguardarem no lote é, portanto,

$$\mathrm{WIBT}_{\mathrm{dividido}} = \frac{k - 1}{2}t$$

de maneira que

$$\begin{aligned}\mathrm{CT}_{\mathrm{dividido}} &= \mathrm{CT}_q + s + \mathrm{WIBT}_{\mathrm{dividido}} + t \\ &= \mathrm{CT}_q + s + \frac{k - 1}{2}t + t \\ &= \mathrm{CT}_q + s + \frac{k + 1}{2}t \end{aligned} \tag{9.5}$$

As equações (9.4) e (9.5) são as bases da Figura 9.3. Podemos dar uma ilustração específica de seu uso por meio dos dados do exemplo da Figura 9.3 ($r_a = 0{,}4$, $ct + t\,s = 5$) para $k = 10$, de forma que

$$t_e = s + kt = 5 + 10 \times 1 = 15 \text{ horas}$$

A utilização da máquina é

$$u = \frac{r_a t_e}{k} = \frac{(0{,}4 \text{ peça/hora})(15 \text{ horas})}{10} = 0{,}6$$

O tempo de espera de um lote na fila é

$$\mathrm{CT}_q = \left(\frac{1 + 0{,}5}{2}\right)\left(\frac{0{,}6}{1 - 0{,}6}\right)15 = 16{,}875 \text{ horas}$$

Então, se o lote não for dividido, o *cycle time* médio é

$$\mathrm{CT}_{\mathrm{completo}} = \mathrm{CT}_q + s + kt = 16{,}875 + 5 + 10(1) = 31{,}875 \text{ horas}$$

Se for usada a divisão do lote em lotes de transferência de uma unidade, o *cycle time* médio é

$$\mathrm{CT}_{\text{dividido}} = \mathrm{CT}_q + s + \frac{k+1}{2}t = 16{,}875 + 5 + \frac{10+1}{2}(1) = 27{,}375 \text{ horas}$$

o que é menor, como já era esperado.

A principal conclusão dessa análise do processamento sequencial de lotes é que os tempos de *setup* podem ficar suficientemente curtos, então o processamento sequencial de lotes com tamanho igual a um é uma maneira eficaz para reduzir o *cycle time*. Porém, se tempos curtos de *setup* não forem possíveis (pelo menos no curto prazo), então o *cycle time* poderá ser sensível à opção de determinar o melhor tamanho de lote, que poderá ser bem maior do que um.

9.4.3 Os lotes de transferência

Em uma visita às instalações de uma fábrica, o guia nos mostrou orgulhosamente uma de suas recentes inovações – uma célula de produção. As peças fundidas chegavam a essa célula vindas da fundição e, em menos de uma hora, elas eram perfuradas, torneadas e polidas. Da célula, elas seguiam para uma operação de submontagem. O guia nos explicou que posicionando os vários processos bem próximos entre si e cuidando para que o fluxo fosse bom dentro da célula, o *cycle time* para essa fase do roteiro de produção foi reduzido de vários dias para apenas 1 hora. Ficamos realmente impressionados – até descobrirmos que as peças fundidas eram liberadas na célula e as peças já acabadas eram depois transportadas para a submontagem com uma empilhadeira em cargas de até 10.000 peças! O resultado era que a primeira peça levava apenas 1 hora para ser processada na célula, contudo, depois tinha que aguardar as outras 9.999 antes de ser transportada para a submontagem. Como a capacidade da célula era em torno de 100 peças por hora, era preciso 100 horas para completar um palete. Assim, apesar de a célula ter sido projetada para reduzir o WIP e o *cycle time*, o resultado da linha era bem parecido com o caso do pior desempenho possível estudado no Capítulo 7.

A razão pela qual a fábrica optou por transportar as peças em lotes de 10.000 foi a suposição errada (mas comum) de que os lotes de transferência devem ser iguais aos lotes de processamento. No entanto, na maioria dos ambientes de produção, não há nenhuma razão para que deva ser assim. Como apontamos anteriormente, a divisão em lotes menores para transferência pode reduzir em muito o *cycle time*. É evidente que essa divisão implica mais manuseio de materiais. Por exemplo, se, na célula recém-mencionada, as peças fossem transferidas em lotes de 1.000 (em vez de 10.000), então as cargas seriam transportadas a cada 10 horas (em vez de 100). Apesar de a linha de montagem ser grande e os processos serem demorados, esses materiais adicionais eram bem gerenciáveis e poderiam reduzir o WIP e o *cycle time* da linha em 10 vezes.

O comportamento desse exemplo é resumido na seguinte lei da Ciência da Fábrica.

A lei da movimentação em lotes: *Os* cycle times *de um segmento de um roteiro da produção são proporcionais ao tamanho dos lotes de transferência usados naquele segmento, considerando que não há necessidade de se esperar pelos meios de transporte.*

Essa lei sugere uma das maneiras mais fáceis de reduzir o *cycle time* em sistemas de produção – a redução dos lotes de transferência. Na verdade, isso é tão banal que, muitas vezes, passa despercebido pelos gerentes. Porém, se a redução dos lotes de transferência pode ser simples e barata, é preciso fazer muitas considerações para decidir as estratégias, pois as consequências podem tornar as coisas mais complexas. Claro, lotes de transferência menores exigirão *mais* esforços no manuseio dos materiais. Daí a ressalva *levando em conta que não há necessidade de se esperar pelos meios de transporte*. Se houver necessidade de se aguardarem os meios de transporte para se fazer a transferência, então o tempo de espera nessa fila adicional pode cancelar ou reduzir os efeitos dos lotes menores. Assim, a lei da movimentação em lotes descreve a possível redução do *cycle time*, desde que haja capacidade suficiente por parte dos meios de transporte para realizar as movimentações sem demora. Ilustramos essa lógica de maneira mais clara por meio de um modelo matemático descrito na observação técnica a seguir.

Observação técnica - Os lotes de transferência

Considere os efeitos do processamento em lotes em uma linha de produção simples como aquela mostrada na Figura 9.4. A primeira estação recebe peças simples e as processa uma a uma. As peças são então coletadas em lotes de transferência do tamanho k antes de seguirem para a próxima estação, onde são processadas por lote e passadas adiante uma a uma. Para sermos simples, vamos assumir que o tempo de transferência entre as estações seja zero.

Designando r_a para demonstrar a taxa de chegada à linha, e $t(1)$ e $c_e(1)$ para representar, respectivamente, a média e o coeficiente de variação dos tempos de processamento na primeira estação, podemos calcular a utilização como $u(1) = r_a t(1)$ e a estimativa dos tempos de espera na fila usando a equação *VUT*.

$$\mathrm{CT}_q(1) = \left(\frac{c_a^2(1) + c_e^2(1)}{2}\right)\left(\frac{u(1)}{1 - u(1)}\right)t \tag{9.6}$$

O tempo total gasto na primeira estação inclui a espera na fila, o tempo de processamento e o tempo gasto para formar um lote. O tempo médio da formação do lote é calculado por meio da observação de que a primeira peça precisa esperar as outras $k - 1$ peças, enquanto a última não espera tempo algum. Como as peças chegam ao processamento dos lotes na mesma taxa r_a que chegam à estação (lembre-se da conservação dos fluxos), o tempo médio gasto para a formação de um lote é a média entre $(k - 1)(1/r_a)$ e 0, que é $(k - 1)/(2r_a)$. Como $u(1) = r_a t(1)$, temos

$$\text{Espera média no lote} = \frac{k-1}{2r_a} = \frac{k-1}{2u(1)}t(1)$$

Como era de se esperar, essa quantidade será zero se o tamanho do lote k for igual a zero. Agora podemos expressar o tempo total gasto por uma peça na primeira estação CT(1) como

$$\mathrm{CT}(1) = \mathrm{CT}_q(1) + t(1) + \frac{k-1}{2u(1)}t(1) \tag{9.7}$$

Para calcular a média do *cycle time* na segunda estação, podemos imaginar uma fila de lotes completos, uma fila de peças simples (lotes parciais) e um servidor. Podemos calcular o tempo de espera na fila dos lotes completos $\mathrm{CT}_q(2)$ usando a equação (9.6) com os valores de $u(2)$, $c_a^2(2)$, $c_e^2(2)$ e $t(2)$ ajustados para representar os lotes. Fazemos isso observando que os tempos entre as partidas dos lotes são iguais à soma entre as partidas de k peças. Assim, como vimos no Capítulo 8, adicionar k variáveis aleatórias independentes, distribuídas de maneira idêntica e com um coeficiente de variação ao quadrado de c^2 resulta em uma variável aleatória com um CV² de c^2/k, sendo que o CV² de entradas da segunda estação será dado por $c_d^2(1)/k = c_a^2(2)/k$. De maneira similar, como é preciso processar k peças individuais para processar um lote todo, o CV² para os tempos de processo do lote na segunda estação será de $c_e^2(2)/k$, onde $c_e^2(2)$ é o CV² de processamento para as peças individuais na segunda estação. O tempo médio efetivo para processar um lote é de $kt(2)$ e a taxa média de chegadas dos lotes é de r_a/k. Assim, como seria esperado, estimamos a utilização como

$$u(2) = \frac{r_a}{k}kt(2) = r_a t(2)$$

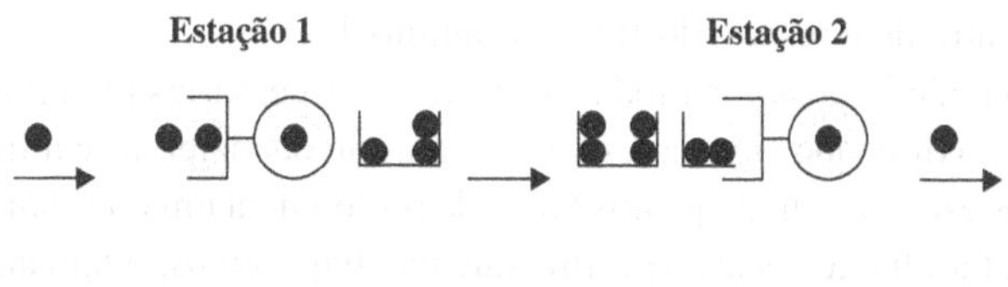

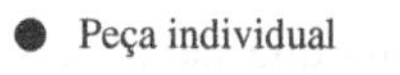

FIGURA 9.4 Exemplo de formação e de divisão de um lote.

Assim, pela equação *VUT*, o *cycle time* médio da segunda estação é de

$$\mathrm{CT}_q(2) = \left(\frac{c_a^2(2)/k) + (c_e^2(2)/k}{2}\right)\left(\frac{u(2)}{1-u(2)}\right)kt(2)$$

$$= \left(\frac{c_a^2(2) + c_e^2(2)}{2}\right)\left(\frac{u(2)}{1-u(2)}\right)t(2)$$

É interessante que o tempo de espera na fila dos lotes completos é o mesmo tempo de espera das peças simples (por causa do cancelamento de k, restando a já conhecida equação *VUT*).

Além da fila para os lotes completos, vamos considerar também a fila dos lotes parciais. Podemos calcular isso observando quanto tempo uma peça fica na fila dos lotes parciais. O primeiro lote parcial que chega em uma máquina desocupada não precisa esperar nada, enquanto o último terá que esperar pelas outras $k - 1$ peças para completar o processamento. O tempo médio que as peças no lote terão que esperar é de $(k - 1)\,t(2)/2$.

O *cycle time* total de uma peça na segunda estação será a soma do tempo de espera na fila dos lotes completos, mais os tempos de espera na fila dos lotes parciais, mais o tempo de processo da peça:

$$\mathrm{CT}(2) = \mathrm{CT}_q(2) + \frac{k-1}{2}t(2) + t(2) \tag{9.8}$$

Agora podemos expressar o *cycle time* total do sistema de duas estações com um tamanho de lote de k peças da seguinte forma

$$\begin{aligned}\mathrm{CT}_{\text{lote}} &= \mathrm{CT}(1) + \mathrm{CT}(2)\\ &= \mathrm{CT}_q(1) + t(1) + \frac{k-1}{2u(1)}t(1) + \mathrm{CT}_q(2) + \frac{k-1}{2}t(2) + t(2)\\ &= \mathrm{CT}_{\text{individual}} + \frac{k-1}{2u(1)}t(1) + \frac{k-1}{2}t(2)\end{aligned} \tag{9.9}$$

onde $\mathrm{CT}_{\text{individual}}$ representa o *cycle time* do sistema sem processamento em lotes (isto é, com $k = 1$).

A expressão (9.9) ilustra quantitativamente a lei da movimentação em lotes – o *cycle time* aumenta proporcionalmente em relação ao tamanho do lote. Note, porém, que o aumento do *cycle time* ocorre quando o tamanho k do lote é aumentado, isso nada tem a ver com a variabilidade do processamento ou das chegadas [isto é, os termos na equação (9.9) que envolvem k não incluem nenhum coeficiente da variabilidade]. Existe *alguma* variabilidade – algumas peças esperam um longo tempo em decorrência da formação do lote, enquanto outras não esperam nada, – mas é uma variabilidade causada por *maus controles* ou *projetos ruins* (igual ao caso do pior desempenho possível do Capítulo 7), e não por causa de incertezas no processo ou no fluxo.

Por último, podemos notar que o impacto dos lotes de transferência é maior quando a utilização da primeira estação é baixa, pois isso faz com que o termo $(k - 1)t(1)/[2u(1)]$ da equação (9.9) aumente. A razão disso é que, quando a taxa de chegadas é baixa em relação à taxa de processamento, demora mais tempo para completar um lote de transferência, e as peças ficam muito tempo esperando na fila dos lotes parciais.

A produção em células. As implicações fundamentais da lei da movimentação em lotes é que os grandes lotes inflam o *cycle time* de maneira direta. Assim, reduzi-los pode ser uma boa estratégia para redução do *cycle time*. Uma maneira para manter os lotes pequenos é por meio das **células de produção**, que discutimos dentro do contexto do JIT no Capítulo 4.

Teoricamente, uma célula posiciona todas as estações necessárias para produzir uma família de peças em uma grande proximidade ciência. Como o manuseio de materiais é minimizado, é bem viável mover as peças entre as estações em pequenos lotes, de preferência uma por uma. Se a célula processa realmente apenas uma família de peças, de forma que não haja *setups*, o tamanho do lote pode ser de um, infinito ou qualquer número entre esses dois extremos (controlado essencialmente pela demanda).

Se a célula processa múltiplas peças, de maneira que são necessários vários *setups*, sabemos, por meio de nossas discussões anteriores, que lotes de processamento sequenciais são muito importantes e afetam a capacidade e o *cycle time* da célula. Na verdade, como veremos no Capítulo 15, pode fazer sentido definir diferentes tamanhos de lotes para diferentes famílias de peças e até mesmo variar os tamanhos ao longo do tempo. Porém, não importa como os lotes de processamento são formados, essa decisão é independente da sua movimentação. Mesmo que, por causa dos *setups*, sejam necessários grandes lotes de processamento, podemos usar a sua divisão para mover os materiais em lotes de transferência menores e aproveitar as vantagens que a proximidade ciência das células de produção oferece.

9.5 O *CYCLE TIME*

Tendo já considerado assuntos como a utilização, a variabilidade e o processamento em lotes, vamos agora tratar de uma medida mais complicada, o *cycle time*. Primeiro vamos ver o *cycle time* de uma estação isolada. E, depois, descreveremos como esses *cycle times* isolados são combinados e formam o *cycle time* de uma linha de produção.

9.5.1 O *cycle time* de uma estação de trabalho

Começamos por desdobrar os componentes do *cycle time* de uma estação de trabalho.

A definição de *cycle time* de uma estação de trabalho: *O* cycle time *médio de uma estação é composto pelos seguintes componentes:*

1. *Tempo de movimentação*
2. *Tempo de fila*
3. *Tempo de setup*
4. *Tempo de processamento*
5. *Tempo de espera para formar um lote*
6. *Tempo de espera em um lote*
7. *Tempo de espera por outras peças*

O tempo de movimentação é o tempo que os trabalhos levam na movimentação entre as estações de trabalho. O **tempo de fila** é o tempo que os trabalhos ficam esperando para serem processados na estação, ou movidos para a próxima estação. O **tempo de *setup*** é aquele tempo que um trabalho espera enquanto se faz o *setup* da máquina. Note que esse tempo pode, na verdade, ser menor do que o tempo de *setup* da estação, se parte dele for feito enquanto o trabalho ainda está sendo movido para a estação. O **tempo de processamento** é o tempo em que o trabalho está sendo processado na estação. Como discutido no contexto do processamento em lotes, o **tempo de espera para formação do lote** é aquele que os trabalhos aguardam para completar um lote, seja para processamento seja para transferência, e o **tempo de espera em um lote** é o tempo médio que uma peça gasta em um lote esperando seu processamento em uma máquina. Por último, o **tempo de espera por outra peça** ocorre nas estações de montagem, quando os componentes ficam aguardando as outras peças que formam um conjunto a ser montado.

Note que, destes, apenas o tempo de processamento contribui diretamente para a fabricação do produto. O tempo de movimentação poderia ser visto como um mal necessário, pois não importa a distância entre as estações, algum tempo de movimentação será sempre necessário. E os outros tempos mencionados são pura ineficiência. Na verdade, muitas vezes eles são chamados de tempos sem agregação de valor, desperdício ou *muda*. Também são englobados no que se chama de tempos de fila ou demora. Porém, como veremos, esses tempos são consequência de diferentes causas e precisam de diferentes tratamentos. Como eles, muitas vezes, constituem a maior parte do *cycle time*, é bom fazer uma distinção bem clara entre eles para podermos identificar políticas específicas de aprimoramento.

Já discutimos os tempos dos lotes, então agora vamos tratar dos tempos de espera por outras peças, antes de avançarmos para o *cycle time* da linha.

9.5.2 As operações de montagem

A maioria dos sistemas de manufatura envolve algum tipo de operação de montagem. Os componentes eletrônicos são inseridos nas placas de circuito. As peças do chassi, os motores e outros componentes são montados em veículos. Os produtos químicos são combinados em reações para formar outros produtos. Desse modo, qualquer processo que use duas ou mais matérias diferentes para gerar um produto é uma operação de montagem.

As montagens complicam os fluxos dos sistemas de produção porque envolvem **combinações.** Em uma operação de combinação, o processamento não pode ser iniciado até que todos os componentes necessários estejam disponíveis. Se uma operação de montagem é alimentada por diversas linhas de fabricação que fazem os componentes, a falta de um deles pode interromper a montagem e todas as outras linhas de fabricação. Devido a sua grande importância no desempenho do sistema, é comum subordinar as operações do planejamento e o controle da produção às operações de montagens. Isso pode ser feito por meio da especificação de uma **programação da montagem final** e do trabalho de trás para frente na programação das linhas de fabricação. Discutiremos as operações de montagem sob o ponto de vista qualitativo no Capítulo 12, do ponto de vista do controle das operações no Capítulo 14, e da perspectiva do seu planejamento no Capítulo 15.

Por ora, vamos resumir a lógica do comportamento das operações de montagem por meio da seguinte lei da Ciência da Fábrica.

A lei das operações de montagem: *O desempenho de uma estação de montagem é prejudicado pelo aumento dos seguintes fatores:*

1. *Quantidade de componentes sendo montados.*
2. *Variabilidade da chegada dos componentes.*
3. *Falta de coordenação entre as chegadas dos componentes.*

Note que cada um deles poderia ser considerado um aumento na variabilidade. Assim, a lei das operações de montagem é uma situação específica que faz parte da lei da variabilidade mais genérica. O raciocínio e as implicações dessa lei são bem intuitivos. Em termos práticos, considere uma operação que monta componentes em uma placa de circuitos. Todos os componentes são comprados de acordo com um planejamento do MRP. Se algum deles faltar no estoque, então a montagem das placas não pode ser feita, e o planejamento é prejudicado.

Para melhor analisar os impactos do número de componentes sobre o *cycle time*, suponha que seja feita uma alteração na estrutura do produto, de forma que seja preciso mais um componente para a montagem do produto final. Se todos os outros permanecem iguais, o componente extra só vai afetar o *cycle time* se, eventualmente, faltar no estoque.

Para compreender os efeitos da variabilidade na chegada dos componentes, suponha que a empresa mude o fornecedor de um dos componentes e esse novo fornecedor é muito mais variável nas entregas do que o anterior. Da mesma maneira que a variabilidade nas chegadas causa a formação de filas nas estações de trabalho das linhas de fabricação, a maior variabilidade adicionada pelas entregas menos precisas do novo fornecedor vai inflar o *cycle time* da estação de montagem, fazendo com que ela tenha de esperar pelas entregas atrasadas.

Por último, para analisar os impactos da falta de coordenação entre as chegadas dos diversos componentes, suponha que a empresa atualmente compre dois dos componentes do mesmo fornecedor, o qual sempre os entrega ao mesmo tempo. Se a empresa altera sua política e passa a comprar os dois componentes de dois diferentes fornecedores, então os componentes podem não ser mais entregues na mesma data. Mesmo que os dois fornecedores tiverem o mesmo nível de variabilidade de antes, o fato de que as entregas não são mais coordenadas causará mais demoras. É claro que isso está desconsiderando outros possíveis fatores, como o de que, ao entregar os dois componentes, um mesmo fornecedor poderia ser menos confiável, ou que um fornecedor pode ser mais confiável para certo componente. Todavia, se todas as outras condições forem iguais, a chegada sincronizada de todos os componentes certamente reduzirá os tempos. Discutiremos os métodos para sincronizar as linhas de produção com as operações de montagem no Capítulo 14.

9.5.3 O *cycle time* da linha

Nos exemplos da Fábrica de Moedas no Capítulo 7, na qual todos os trabalhos eram processados em lotes de um e a movimentação era instantânea, o *cycle time* era a simples soma dos tempos de processamento e de fila. Porém, quando se considera o processamento em lotes e a movimentação, não podemos sempre calcular o *cycle time* da linha pela simples soma do *cycle time* das estações que a compõe. Como um lote pode ser processado em mais do que uma estação ao mesmo tempo (se o lote é dividido), precisamos levar em conta o que acontece em todas as estações. Por isso, definimos o *cycle time* da linha da seguinte forma:

Definição do *cycle time* da linha: *O* cycle time *médio de uma linha é igual à soma dos cycle times das estações individuais, menos qualquer tempo sobreposto de duas ou mais estações.*

Para ilustrar o efeito da sobreposição de *cycle times*, vamos considerar uma linha com três estações, sem nenhuma variabilidade na demanda ou nos processos (ver Tabela 9.4). Os trabalhos chegam de maneira predeterminada em lotes de $k = 6$ peças a cada 35 horas. É feito um *setup* a cada lote e, depois disso, cada trabalho é processado um a um, seguindo para a próxima estação. A utilização das estações é de 49%, 75% e 100%, respectivamente.

Se considerarmos cada estação independentemente e somarmos os *cycle times*, estaremos superestimando o cálculo do *cycle time* total. Usando a equação (9.5) para calcular o *cycle time* de cada uma delas, teremos

$$\text{CT}(1) = \text{CT}q + s(1) + \frac{k+1}{2}t(1) = 0{,}0 + 5 + \frac{6+1}{2}(2) = 12$$

onde o tempo da fila é zero, pois não há variabilidade no sistema. Para as estações 2 e 3, podemos fazer o mesmo para obter

$$\text{CT}(2) = \text{CT}q + s(2) + \frac{k+1}{2}t(2) = 0{,}0 + 8 + \frac{6+1}{2}(3) = 18{,}5$$

$$\text{CT}(3) = \text{CT}q + s(3) + \frac{k+1}{2}t(3) = 0{,}0 + 11 + \frac{6+1}{2}(4) = 25$$

TABELA 9.4 Exemplos da sobreposição de *cycle times*

	Estação 1	Estação 2	Estação 3
Tempo de *setup* (horas)	5	8	11
Tempo de processamento unitário (horas)	2	3	4

Que resulta em um *cycle time* total de

$$\text{CT} = \text{CT}(1) + \text{CT}(2) + \text{CT}(3) = 12 + 18{,}5 + 25 = 55{,}5$$

Mas essa análise não é correta, pois ignora as sobreposições entre as estações.

Para esse exemplo determinístico, podemos calcular o *cycle time*, seguindo os trabalhos de um lote ao longo da estação. Isso é mostrado na Figura 9.5. O primeiro trabalho termina após 33 horas, o se-

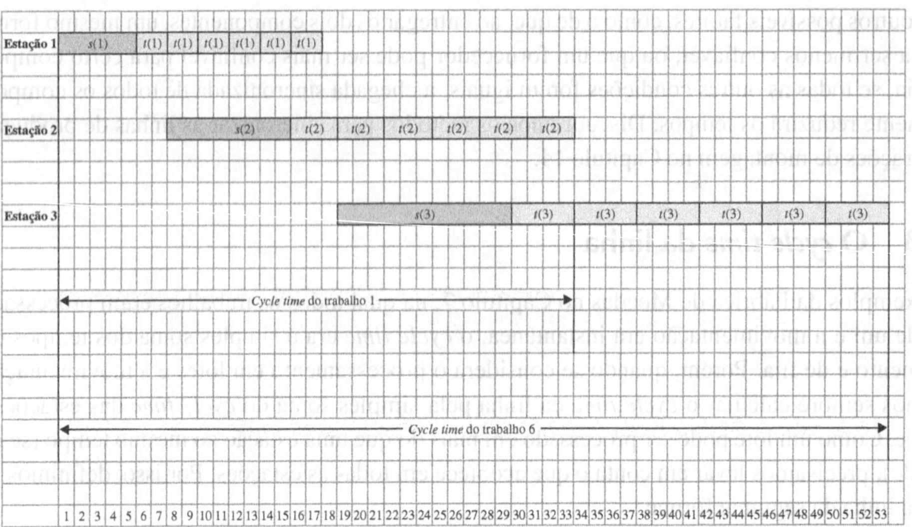

FIGURA 9.5 Exemplo da divisão de um lote.

gundo, após 37 horas, e assim por diante. O *cycle time* médio é a média desses números, 43, que é bem menor do que 55,5. Assim, não se pode usar a equação (9.5) para calcular o *cycle time* da linha toda.

A situação mudaria se a linha fosse invertida (isto é, se colocássemos primeiro a estação com 4 horas de tempo de processamento e, depois, a estação com 2 horas). Nesse caso, o *cycle time* médio seria de 38 horas. Isso significa que o *cycle time* de uma linha não depende apenas da variabilidade, da utilização e dos tempos de processamento, mas também da ordem do fluxo.

As coisas podem se tornar mais complexas ainda se houver algum tempo ocioso adicionado em algumas estações. Considere o caso com 6 trabalhos no lote de processamento, mas sem tempo de *setup* e com tempos de processamento iguais a 4, 3 e 2, respectivamente. Nesse caso, o primeiro trabalho leva 9 horas para completar a linha, o segundo, 13 horas, e os seguintes, 17, 21, 25 e 29. Porém, a segunda máquina fica desocupada 1 hora em cada 4, e a terceira máquina fica desocupada 2 horas em cada 4. Isso acontece porque a primeira máquina é o gargalo, e não há *setups* posteriores que acumulem peças. Os tempos ociosos adicionados tornam o cálculo do *cycle time* muito complexo, mesmo em casos em que não haja variabilidade decorrente de filas.

Como resultado, as relações simples da Ciência da Fábrica são muito úteis na construção de intuição, mas não são suficientes para os modelos de sistemas reais. Para fazer uma análise detalhada de um sistema de produção, é preciso saber usar a simulação de Monte Carlo ou um programa de tratamento de filas capaz de criar modelos complexos. Os modelos criados com a simulação de Monte Carlo podem ser bastante acurados (se modelados corretamente), mas são demorados e exigem bons conhecimentos de estatística. Já os modelos de processamento de filas são bem rápidos, pois usam estimativas, mas podem ser menos acurados. Entretanto, é preciso cuidado na seleção de modelos de filas, pois os efeitos da formação e da divisão de lotes geralmente não são bem modelados.

9.5.4 O *cycle time*, o *lead time* e o atendimento

Em um sistema de produção com capacidade infinita e nenhuma variabilidade, a relação entre o *cycle time* e o *lead time* de entrega ao cliente é simples – eles são a mesma coisa. O gerente de um sistema assim poderia simplesmente prometer um *lead time* de entrega aos seus clientes igual ao *cycle time* da produção na fábrica e teria um nível de atendimento de 100%. Infelizmente, todo sistema do mundo real apresenta variabilidades, então um atendimento perfeito é impossível, e existe muita confusão na distinção entre *cycle time*, *lead time* de entrega e suas relações com o nível de atendimento aos clientes. Apesar de já termos mencionado essas questões nos Capítulos 3 e 7, agora vamos defini-las com maior precisão e fornecer uma lei da Ciência da Fábrica que relaciona a variabilidade, o *lead time* de entrega, o *cycle time* e os níveis de atendimento.

Definições. Ao longo deste livro, temos usado os termos *cycle time* e *cycle time* médio para representar o tempo médio que um trabalho leva através de uma linha de produção. Porém, para falar mais sobre o *lead time*, precisamos ser um pouco mais precisos quanto aos termos escolhidos. Assim, para esta seção, vamos definir ***cycle time*** como uma variável aleatória que representa o tempo que um trabalho demora para atravessar um roteiro de produção. Mais especificamente, definimos T como uma variável aleatória que representa o *cycle time*, com uma média de CT e um desvio padrão de σ_{CT}.

Diferentemente do *cycle time*, o ***lead time*** é uma constante gerencial usada para indicar o tempo máximo para a entrega de um trabalho. Há dois tipos de *lead times*: o do cliente e o da produção. O ***lead time* do cliente** é o tempo para entregar um pedido, do início ao fim (vários roteiros), enquanto o ***lead time* da produção** é o tempo de um determinado roteiro na produção.

Em um ambiente de **produção para estoque**, o *lead time* do cliente é zero. Quando o cliente chega, o produto está disponível, ou não. Se não está, o nível de atendimento é prejudicado. Em um ambiente de **produção sob encomenda**, o *lead time* do cliente é o tempo que o cliente combina com a fábrica para produzir e entregar o produto. Nesse caso, quando há variabilidade, o *lead time* geralmente precisa ser maior do que o *cycle time* médio para se obter um bom nível de atendimento ao cliente (definido como o percentual de entregas dentro do prazo).

Uma maneira de reduzir o *lead time* do cliente é fabricar mais componentes básicos e estocá-los. Como o ciclo de produção será reduzido (por haver uma maior disponibilidade dos componentes básicos, será necessário cumprir apenas com as operações remanescentes) o *lead time* do cliente também pode ser mais curto. Discutiremos esse sistema de **montagem sob encomenda** no contexto dos fluxos que puxam ou empurram a produção no Capítulo 10.

Relações. Com estruturas de produto complexas, o cálculo de *lead times* do cliente (prazos de entrega) viáveis pode ficar difícil. Uma maneira de resolver esse problema é usar o *cycle time* dos trabalhos ou roteiros. Designamos l para representar o *lead time* da produção para um roteiro específico da produção T. O *lead time* da produção é muito usado para planejar as liberações (por exemplo, em um sistema MRP) e controlar os níveis de atendimento.

Agora podemos definir o **atendimento** s para os roteiros no modo da produção sob encomenda, como a probabilidade de que o *cycle time* seja igual ou menor do que o *lead time* especificado, de forma que

$$s = \Pr\{T \leq \ell\} \tag{9.10}$$

Se T tiver a função de distribuição F, então a equação (9.10) pode ser usada para definir l como

$$s = F(\ell) \tag{9.11}$$

Se os *cycle times* tiverem uma distribuição normal, então, para um nível de atendimento s,

$$\ell = \mathrm{CT} + z_s\sigma_{\mathrm{CT}} \tag{9.12}$$

onde z_s é o valor da tabela normal padrão para o qual $\Phi(z_s) = s$. Por exemplo, se o *cycle time* de um determinado roteiro tiver uma média de 8 dias e um desvio padrão de 3 dias, o valor de z_s para 95% será de 1,645, e o *lead time* exigido será de

$$\ell = 8 + 1{,}645(3) = 12{,}94 \approx 13 \text{ dias}$$

A Figura 9.6 mostra a função da distribuição F e a função de densidade f para o *cycle time*. Os 5 dias adicionais acima da média são chamados de ***lead time* de segurança**.

Ao definir um nível de atendimento alto o suficiente (para garantir que os trabalhos sejam produzidos dentro do prazo), podemos calcular os *lead times* do cliente somando os tempos mais longos

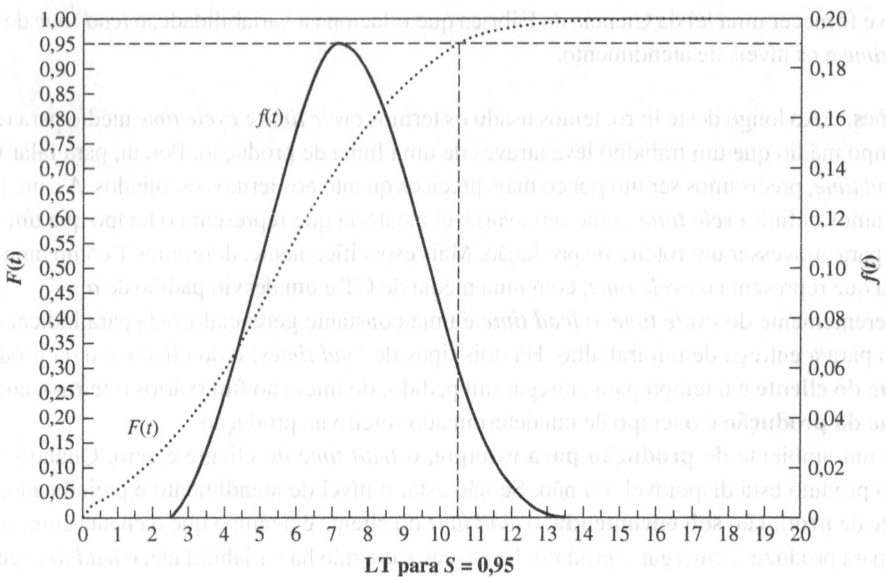

FIGURA 9.6 Função de distribuição do *cycle time* e do *lead time* exigido.

de produção para cada um dos níveis da estrutura de produto. Por exemplo, a Figura 9.7 ilustra um sistema com duas linhas de produção alimentando uma série de operações de montagem. O *lead time* da produção para a montagem e as operações subsequentes é de 4 dias para um nível de atendimento de 95%. Como a montagem representa o nível 0 na estrutura de produto (lembre-se dos códigos de nível baixo do Capítulo 3), temos que o *lead time* do nível 0 é de 4 dias. De maneira similar, o *lead time* da produção de 95% é 4 dias para os itens superiores e 6 dias para os inferiores, de maneira que o *lead time* para o nível 1 é 6 dias. Assim, o *lead time* total do cliente é 10 dias.

Infelizmente, o nível total de atendimento de 10 dias para os clientes é de menos que 95%. Isso é assim porque não levamos em consideração a possibilidade dos tempos de espera por outras peças na frente da montagem. Como notamos na lei das operações de montagem, o tempo de espera por peças é resultado de quando as linhas de produção entregam os produtos à montagem de maneira não sincronizada. Por causa disso, sempre que existam operações de montagem, é preciso adotar um *lead time* de segurança.

Agora podemos resumir o princípio fundamental em relação à variabilidade do *cycle time* para obter os *lead times* necessários por meio da seguinte lei da Ciência da Fábrica.

A lei do *lead time*: *O lead time da produção, para um roteiro que resulta em um dado nível de atendimento, é uma função crescente da média e do desvio padrão do cycle time daquele roteiro.*

Intuitivamente, essa lei sugere que visualizemos o *lead time* da produção como resultado do *cycle time* mais um "adicional", que depende do desvio padrão desse *cycle time*. Quanto maior seu

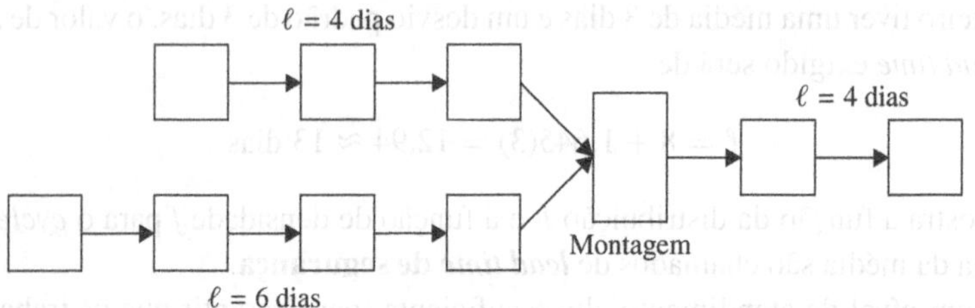

FIGURA 9.7 Sistema de montagem.

desvio padrão, maior o "adicional" para obter um determinado nível de atendimento. Para um ambiente de produção sob encomenda, em que desejamos que o *lead time* da produção seja curto para podermos oferecer ao cliente também um *lead time* curto, precisamos manter baixos tanto a média quanto o desvio padrão do *cycle time*.

Os fatores que inflam o *cycle time* médio são geralmente os mesmos que afetam o desvio padrão dos tempos de processamento, como observamos no Capítulo 8. Eles incluem a variabilidade causada pelos operadores, as paradas aleatórias, os *setups*, os retrabalhos, etc. Porém, da perspectiva do *cycle time*, o retrabalho é especialmente prejudicial. Sempre que houver a necessidade de um determinado trabalho voltar a algum ponto do fluxo e ser reprocessado, a variabilidade do *cycle time* aumenta muito. Voltaremos a esse e outros assuntos relacionados à variabilidade do *cycle time* ao discutirmos os efeitos da qualidade na logística no Capítulo 12.

9.6 O DESEMPENHO E A VARIABILIDADE

Na terminologia formal do Capítulo 6, a administração de qualquer sistema começa com a definição dos **objetivos fundamentais** (geralmente, a causa final). Quem toma as decisões define as **políticas** na tentativa de alcançar esses objetivos e avalia o desempenho em termos de **medidas** práticas. A compreensão das relações entre os controles e as medidas disponíveis para um gerente de produção é o principal objetivo da Ciência da Fábrica.

Um dos principais conceitos de como os controles afetam as medidas em um sistema de produção é a variabilidade. Conforme definido por uma das leis da Ciência da Fábrica, quando existir qualquer falta de sincronia entre as demandas externas e as transformações internas, haverá a criação de alguma reserva de segurança.

Como demonstramos no Capítulo 7, o caso do melhor desempenho possível ocorre em linhas sem nenhuma variabilidade, enquanto o pior desempenho possível acontece em linhas com variabilidade máxima. No Capítulo 8, observamos que várias medidas importantes do desempenho das estações de trabalho, como o *cycle time* e o WIP, são funções do aumento da variabilidade. Portanto, a variabilidade é uma medida muito importante.

As seções anteriores deste capítulo têm abordado as leis a respeito da variabilidade. Nesta seção, oferecemos as medidas de desempenho consistentes com essas leis.

9.6.1 As medidas de desempenho da produção

O desempenho é estreitamente relacionado à quantidade de reservas de segurança presentes no sistema. Um sistema perfeito não terá nenhuma, enquanto um sistema com um desempenho ruim terá muitas dessas reservas. Isso implica que podemos oferecer uma alternativa para a definição tradicional do conceito de "produção enxuta", em vez da definição de que um sistema "enxuto" é aquele que tem pouco ou nenhum nível de desperdício.

Definição da produção enxuta: *Uma cadeia de suprimentos de manufatura é enxuta se atingir seus objetivos fundamentais com custos mínimos de reservas de segurança.*

Conforme discutido no Capítulo 6, "gerar lucros no presente e no futuro..." exige (1) que se obtenham lucros e (2) que se tenha um bom retorno sobre os investimentos. Isso requer a combinação da demanda com produtos de qualidade, de maneira contínua, ao menor custo e com o mínimo de ativos.

Com esses objetivos em mente, a definição acima implica que uma cadeia produtiva perfeita deve ter as seguintes características:

1. Produtividade exatamente igual à demanda
2. Utilização total dos equipamentos
3. *Lead time* zero para o cliente

4. Nenhum atraso na entrega
5. Qualidade perfeita (sem sucateamento ou retrabalho de peças)
6. Estoque zero de matérias-primas e de produtos acabados
7. Níveis mínimos de WIP (isto é, o WIP crítico)

Essas exigências são extremas. O caso do melhor desempenho possível da Fábrica de Moedas Um, no Capítulo 7, chega perto. Teríamos que ter 100% de utilização de todos os equipamentos, níveis críticos de WIP, *cycle time* igual ao tempo bruto de processamento e uma produtividade igual à do gargalo. Mas como poderíamos ter estoques zero com um *lead time* zero e sem atraso dos trabalhos? Repetindo, a resposta está em ter uma variabilidade zero, o que inclui a variabilidade da demanda. Em outras palavras, para a Fábrica de Moedas Um ter um desempenho *perfeito*, teríamos que ter também clientes perfeitos. Nesse caso, a demanda de um cliente chegaria a uma taxa exata de 1 pedido a cada 2 horas – a taxa do gargalo. Em outras palavras, assim que o produto acabasse, um cliente chegaria e diria "puxa, isso é exatamente o que eu quero" e compraria o produto. Se o próximo cliente não chegasse dentro de 2 horas, ele seria descartado ou teria que esperar mais 2 horas (uma reserva de tempo). O cliente não poderia chegar após 2 horas, ou teríamos acabado o produto, criando estoques. O cliente precisaria chegar exatamente na hora em que o produto sai da linha de produção – nem antes, nem depois. Somente assim, teríamos um desempenho perfeito.

No entanto, como sempre há algum tipo de variabilidade, o desempenho perfeito é impossível. Entretanto, apesar de impossível, podemos medi-lo e compará-lo aos padrões da perfeição.

Antes disso, porém, precisamos definir os termos utilizados. Usaremos as grandezas determinadas nos capítulos anteriores, adicionando algumas definições novas. Também vamos estabelecer alguns valores "ideais" que não incluem os "detratores". Por exemplo, se r_b era definido como a taxa do gargalo, considerando detratores como as paradas de máquina e *setups*, agora definimos r_b^* como a taxa "ideal" do gargalo, excluindo tais detratores. A razão para usarmos valores "ideais" como este é que uma linha funcionando à taxa do gargalo e dos tempos brutos de processamento pode não expressar bem o melhor desempenho possível, porque r_b e T_0 podem incluir muitas ineficiências. Portanto, o desempenho perfeito envolve dois níveis. O primeiro, em que a linha deve obter o melhor desempenho possível de acordo com seus parâmetros; isso é representado pelo caso do melhor desempenho possível no Capítulo 7. O segundo, os parâmetros estabelecidos têm que ser os melhores possíveis. Dessa forma, o desempenho perfeito representa *o melhor entre os melhores*.

r_b = *a taxa do gargalo da linha, incluindo os detratores (peças/dia)*
r_b^* = *a taxa do gargalo da linha, excluindo os detratores (peças/dia)*
T_0 = os tempos brutos de processamento, incluindo os detratores (dias)
T_0^* = os tempos brutos de processamento, excluindo os detratores (dias)
$W_0 = r_b T_0$ = o nível crítico de WIP, incluindo os detratores (peças)
$W_0^* = r_b^* T_0^*$ = o nível crítico de WIP, excluindo os detratores (peças)
Q_t = o tamanho do lote de transferência (peças)
NWP = o número de posições (ativas) do WIP
D = a taxa média da demanda (peças/dia) – supõe-se uma demanda de acordo com os requisitos do cliente
$\bar{I}$ = o estoque médio disponível (peças)
$\bar{B}$ = a média de pedidos pendentes
TH = a média da produtividade, dada pela taxa de saídas da linha de produção (peças/dia)

O parâmetro NWP é o número de trabalhos, isto é, lotes de transferência, que podem ser processados de maneira simultânea na linha (ver o Problema 9 do Capítulo 7). Para as máquinas sequenciais, uma posição de WIP e uma máquina são equivalentes (fazemos um trabalho de cada vez). Para as máquinas simultâneas, uma posição de WIP representa um lote de transferência (um forno de tratamento térmico pode processar vários lotes ao mesmo tempo). Para uma máquina transportadora, o número de posições de WIP são os lotes de transferência que podem ser transportados de uma só vez. Assim, o número de posições do WIP em uma máquina é o número de lotes de transferência que podem ser processados simultaneamente.

Agora, definiremos várias **medidas de eficácia** que operacionalizam os objetivos de se obter uma produção enxuta. Como existem três tipos de reservas de segurança, precisamos de três diferentes medidas. Os objetivos detalhados acima são classificados nessas medidas.

A eficácia da capacidade

A eficácia da capacidade está relacionada à **utilização** total. Como a capacidade ociosa implica custos extras, uma linha ideal tem todas as suas estações utilizando 100% da capacidade.[8] Além disso, como uma linha perfeita não será contaminada por detratores, a utilização será de 100% em relação à melhor taxa possível (sem os detratores). Usamos as relações derivadas do Capítulo 7 (ver o Problema 9) para definir a **eficácia total da capacidade** E_C como

$$E_C = 1 - \frac{D}{r_b^*} \cdot \frac{W_0^*/Q_t}{\text{NWP}}$$

O primeiro termo da fração, D/r_b^*, é a eficiência do gargalo, e o segundo, $W_0^*/(Q_t\text{NWP})$, representa a utilização máxima da linha com a produtividade igual à taxa do gargalo. Nesse termo, W_0^*/Q_t representa o número médio de lotes de transferência (trabalhos) que podem estar ocupados quando $\text{TH} = r_b^*$, ou seja, produtividade máxima. Isso é então dividido pelo número de posições de WIP (o número de posições de capacidade dos lotes de transferência, NWP). O resultado será o número médio das "posições de WIP" que estão ocupadas. Assim, E_C representa a fração de capacidade produtiva disponível que não está sendo usada e estará entre zero (ideal) e um (pior). Note que essa medida não é absoluta e, portanto, pode ser usada para comparar diferentes cadeias produtivas.

Para medir o *custo* da capacidade ociosa, tomaremos $C(k)$ como o custo anual (o investimento amortizado mais as despesas anuais, incluindo a mão de obra) para o centro de processamento k, com posições de WIP NWP(k) e o tempo ideal de processamento $t_0^*(k)$. Dessa forma, a fração do centro de processamento que está sendo usada é de

$$\frac{Dt_0^*/Q_t}{\text{NWP}(k)}$$

Assim, o custo da reserva de capacidade, C_C, será de

$$C_C = \sum_k C(k)\left[1 - \frac{Dt_0^*}{\text{NWP}(k)}\right]$$

Apesar de essa medida mais acurada representar o custo da capacidade ociosa, ela é uma medida absoluta e não serve para fazer comparações entre diferentes sistemas.

A eficácia dos estoques

Para a eficácia dos estoques, poderíamos considerar a medida tradicional de "giro"

$$\text{Giro do estoque} = \frac{\text{demanda}}{\text{estoque médio}}$$

Mas o giro geralmente é uma medida agregada de uma operação toda. Se considerarmos estoques individuais, poderíamos tornar nosso giro tão grande quanto quiséssemos, dividindo o estoque em porções cada vez menores.

[8] Note que 100% de utilização só é possível para linhas *perfeitas*, sem nenhuma variabilidade. Em linhas reais, contendo variabilidade, empurrar a utilização para perto de 1 prejudicará seriamente as outras medidas. É fundamental lembrar que o desempenho do sistema é medido pelo conjunto de *todas* as medidas, não por apenas uma delas.

O problema com a eficácia dos estoques é que o estoque mínimo absoluto necessário é zero. No entanto, há um valor mínimo necessário de WIP "sob encomenda" que é

$$DT_0^*$$

e podemos esperar que o estoque varie de acordo. Assim, uma medida não absoluta do estoque seria

$$\frac{\bar{I}}{DT_0^*}$$

Essa medida pode variar de zero ao infinito, pois não há um limite para o estoque existente na cadeia de suprimentos.

Para produtos múltiplos com custos variados, uma medida não absoluta relativa ao estoque, E_I, é

$$E_I = \frac{\sum_i c(i)\bar{I}(i)}{\sum_i c(i)D(i)T_0^*(i)}$$

onde $c(i)$ representa o custo, $\bar{I}(i)$ representa o estoque médio, $D(i)$ denota a demanda e $T_0^*(i)$ exprime o tempo bruto ideal de processamento do item i. Note que a soma envolve todos os pontos de estoque, incluindo a matéria-prima, os produtos acabados, os locais de montagem, os pontos de *kanban*, etc.

A eficácia do tempo

A reserva de tempo é a duração entre a ocorrência da demanda e seu atendimento. Sua medida inclui a média, o modo, o percentil 95, etc. das reservas de segurança de tempos com que os clientes se deparam. Para o propósito de criar uma medida da eficiência, usaremos a média.[9]

Em um sistema de fabricação para estoque, uma reserva é o tempo até que a demanda seja atendida pelo estoque, ou seja, o tempo de pedido pendente. Usando a lei de Little, obtemos a média desse tempo,

$$\frac{\bar{B}}{D}$$

Note que essa não é uma medida sem dimensões, pois ela tem unidades de horas, dias, semanas ou algum outro período de tempo. Porém, podemos comparar essa medida de tempo com o tempo bruto ideal de processamento,

$$\frac{\bar{B}/D}{T_0^*}$$

o que nos fornece uma boa medida relativa sem dimensões.

Uma medida agregada das reservas de tempo de muitos itens é a média ponderada da demanda, então

$$E_T = \frac{\sum_i D(i) \cdot \dfrac{\bar{B}(i)/D(i)}{T_0^*(i)}}{\sum_i D(i)} - 1$$

$$= \frac{\sum_i \bar{B}(i)/T_0^*(i)}{\sum_i D(i)} - 1$$

[9] A razão mais importante por que escolhemos a média para medir a reserva dos tempos é que a média da soma de várias reservas é a simples soma das médias de cada uma, o que não acontece com medidas como o modo ou o percentil.

Para os sistemas de produção sob encomenda, a medida óbvia da sua eficácia é o médio, CT, pois isso representa o prazo que os clientes esperam para serem atendidos. É interessante que essa medida é equivalente à recém-apresentada para ambientes de produção para estoque. Para tanto, note que, em um sistema de produção sob encomenda, todas as grandezas de reposição são 1 (isto é, são as demandas), e os pontos de reposição são −1 (ou seja, a produção é acionada por cada pedido). Em outras palavras, a reposição do estoque é feita a cada pedido recebido, e espera-se até que ele entre em carteira antes de repô-lo. Lembre-se de que, no Capítulo 2, quando $Q = 1$ e $r = -1$, o estoque médio é zero, e a média dos pedidos pendentes torna-se a média do estoque, θ. Porém, como o "tempo de reposição" é o *cycle time*,

$$\bar{B} = \theta = D \cdot \text{CT}$$

e, portanto,

$$\begin{aligned} E_T &= \frac{\sum_i D(i) \cdot \text{CT}(i)/T_0^*(i)}{\sum_i D(i)} \\ &= \frac{\sum_i W(i)/T_0^*(i)}{\sum_i D(i)} \end{aligned}$$

Assim, a medida E_T pode ser usada para medir a eficácia dos tempos em sistemas de fabricação para estoque, sob encomenda ou qualquer outro.

Exemplos

Uma linha de produção perfeita com apenas um produto terá os três tipos de reservas de segurança (tempo, capacidade e estoque) iguais a zero. Por exemplo, a Fábrica de Moedas Um, no Capítulo 7, não tem detratores, então $r_b = r_b^* = 0{,}5$ moedas por hora e $T_0 = T_0^* = 8$ horas. Da mesma forma, $W_0 = W_0^* = 4$ e existem quatro posições de WIP. Se a demanda é igual a 0,5 moedas por hora, então a eficácia da capacidade será de

$$\begin{aligned} E_C &= \text{capacidade total} \left[1 - \frac{\text{TH}}{r_b^*} \cdot \frac{w_0^*}{\text{NWP}}\right] \\ &= \text{capacidade total} \left[1 - \frac{0{,}5}{0{,}5} \cdot \frac{4}{4}\right] \\ &= 0 \end{aligned}$$

Se a matéria-prima for liberada conforme o *just-in-time* (uma moeda lisa a cada 2 horas) e os pedidos dos clientes são prometidos (e expedidos) a cada 2 horas, então $E_I = 0$ e $E_T = 0$.

Em linhas não tão perfeitas, as reservas não serão iguais a zero. A eficácia da linha é determinada pela combinação das três reservas, e poderíamos criar uma medida única para medir sua eficácia por meio da média ponderada das três. Porém, como observamos, o peso de cada uma delas seria altamente dependente da natureza da linha e de sua atividade. Por exemplo, um produtor de *commodity* com equipamentos dispendiosos daria maior ênfase à eficácia da capacidade e dos tempos do que à dos estoques, enquanto uma oficina especializada daria maior importância à eficácia dos tempos em detrimento da capacidade.

Considere a Fábrica de Moedas Um nas condições do caso do pior desempenho na prática, com uma demanda de Poisson. Assuma que o sistema mantém um estoque, que é controlado por uma política de estoque mínimo em que um pedido é colocado a cada vez que ocorre uma demanda. Existe variabilidade nos processos e na demanda, o que criará uma reserva de estoque, de tempo e/ou de capacidade. Consideramos três níveis de demanda: 0,45; 0,425; e 0,333 moedas por hora, correspondentes aos níveis de eficácia da capacidade de 10, 15 e 33,3%. Para o caso com 0,45 moedas por hora e estoque mínimo de zero, a medida de eficácia seria:

$$
\begin{aligned}
E_C &= 1 - \frac{D}{r_b^*} \cdot \frac{W_0^*/Q_t}{NWP} \\
&= 1 - \frac{0{,}45}{0{,}5} \cdot \frac{4/1}{4} \\
&= 0{,}1 \\
E_I &= \frac{\sum_i c(i)\bar{I}(i)}{\sum_i c(i)D(i)T_0^*(i)} \\
&= \frac{0}{(0{,}01)(0{,}45)(4)} \\
&= 0 \\
E_T &= \frac{\sum_i W(i)/T_0^*(i)}{\sum_i D(i)} \\
&= \frac{36/8}{0{,}45} \\
&= 10
\end{aligned}
$$

A Figura 9.8 compara a eficácia dos estoques e dos tempos para as três diferentes capacidades. Podemos ver que, com uma reserva de capacidade pequena, precisamos de uma grande reserva de estoques ou de tempos. Os cálculos acima mostram que, para se ter um estoque zero, seria necessário que o cliente esperasse, em média, 10 vezes o tempo bruto de processamento. Por outro lado, para se reduzir a espera do cliente a quase zero, seria necessário um estoque ao redor de 14 vezes o nível crítico de WIP. Se aumentarmos a reserva de capacidade, esses valores são reduzidos proporcionalmente, como vemos na figura.

A Figura 9.9 mostra o que acontece quando reduzimos a variabilidade. A linha mais alta (quadrados preenchidos) é a mesma linha da opção de 10% da reserva de capacidade do gráfico anterior e tem um CV² = 1,0. A linha do meio também tem uma reserva de capacidade de 10%, mas um CV² = 0,5. A linha de baixo tem uma reserva de capacidade de 15% com um CV² = 1,0. Isso demonstra que uma redução de 30% na variabilidade tem quase o mesmo efeito de 5% de aumento da capacidade. Isso implica que um aumento na capacidade tem um impacto maior do que uma redução, na mesma proporção, da variabilidade. Apesar disso, às vezes é mais econômico reduzir a variabilidade em 30% do que aumentar a capacidade em 5%. Felizmente, muitas mudanças que reduzem a variabilidade (por exemplo, redução dos tempos de *setup*, aumento da disponibilidade) também elevam a capacidade.

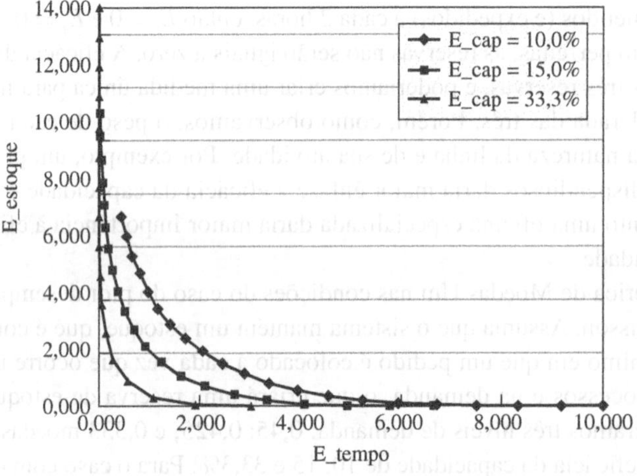

FIGURA 9.8 Medidas de eficácia dos estoques na Fábrica de Moedas Um.

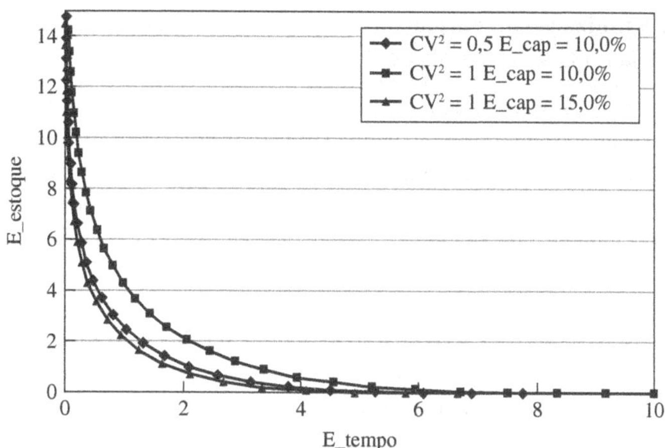

FIGURA 9.9 Comparação das duas Fábricas de Moedas.

9.7 OS DIAGNÓSTICOS E AS MELHORIAS

As leis da Ciência da Fábrica discutidas neste livro descrevem os aspectos fundamentais do comportamento dos sistemas de produção, ressaltando os *trade-offs* mais importantes. Porém, por si mesmas, elas não podem resultar em projetos específicos ou políticas gerenciais. A razão é que uma estrutura operacional ótima depende das limitações específicas de cada ambiente e dos objetivos estratégicos estabelecidos. Uma empresa que compete no bom atendimento aos seus clientes precisa focar em entregas eficientes e rápidas, enquanto outra que compete com preços baixos precisa focar na utilização e nos custos dos equipamentos. Felizmente, as leis da Ciência da Fábrica podem ajudar a identificar as áreas onde há alavancagem e oportunidades de melhorias, não importando as particularidades do sistema.

Os exemplos a seguir ilustram o uso dos princípios deste capítulo para melhorar um sistema existente em relação a três medidas importantes do desempenho: a produtividade, o *cycle time* e o atendimento ao consumidor.

9.7.1 O aumento da produtividade

A produtividade de uma linha é dada por

$$\text{TH} = \text{utilização do gargalo} \times \text{taxa do gargalo}$$

Assim, as duas maneiras de aumentar a produtividade são o aumento da utilização do gargalo ou o aumento de sua taxa. Pode não soar bem falar em aumento da utilização, pois sabemos que isso também aumenta o *cycle time*. Mas objetivos diferentes exigem políticas diferentes. Em um sistema sem restrições de WIP, uma alta utilização causará a formação de filas e, com isso, aumentará o *cycle time*. Porém, como vimos no exemplo do "pague agora ou pague depois", nos sistemas com limitações de WIP (estoques finitos ou limitações como as do *kanban*), o bloqueio e a falta de alimentação limitarão a utilização do gargalo e, portanto, diminuirão a produtividade.

Segue uma lista básica das políticas para aumentar a produtividade.

1. **Aumentar a taxa do gargalo** elevando sua taxa efetiva. Isso pode ser feito por meio da compra de mais máquinas; da contratação ou treinamento de funcionários; da continuação do funcionamento das estações, mesmo durante as pausas para café e almoço; do uso de mão de obra flexível; da melhora da qualidade; da alteração dos projetos de produtos para reduzir os tempos no gargalo; etc.

2. **Aumentar a utilização do gargalo** pela redução de bloqueios e pela falta de alimentação no gargalo. Há duas maneiras para isso:
   - *Maiores níveis de WIP no gargalo*. Isso pode ser feito por meio do aumento do tamanho dos estoques intermediários (ou, de maneira equivalente, por meio do aumento do número de cartões de *kanban*) no sistema. O mais eficiente é elevar os níveis em frente ao gargalo (permitir o aumento da fila evita a falta de alimentação) e imediatamente após o gargalo (permitir o aumento da fila evita o bloqueio). Ampliar os estoques intermediários longe desses dois pontos pode ajudar, mas com um efeito menor.
   - *Aumentar a capacidade do gargalo*. Isso pode ser feito por meio do aumento das taxas efetivas das estações fora do ponto do gargalo. Estações de trabalho mais rápidas antes do gargalo resultam em falta de alimentação menos frequente e, depois do gargalo, em menos bloqueios. Adicionar capacidade às estações com maior utilização longe do ponto de gargalo terá maior impacto, pois estas são as estações que mais estão sujeitas a bloqueios ou falta de alimentação. Essas ações podem ser executadas por meio de políticas tradicionais de melhoria da capacidade como as supracitadas, com o objetivo específico de elevar a capacidade da estação-gargalo.

Exemplo: Melhoria da produtividade

A empresa HAL Computer tem uma fábrica de placas de circuito integrado onde há uma linha de produção com duas estações de trabalho. A primeira estação (de aplicação da resistência) faz a aplicação de material fotorresistente nas placas. A segunda estação (de exposição) faz a exposição das placas à luz ultravioleta para produzir um molde de circuitos que, depois, é gravado nas placas. Como a operação tem que ser executada em uma sala limpa, o espaço de WIP entre os dois processos é limitado a 10 trabalhos. O cálculo da capacidade mostra que a operação de exposição é o gargalo, exigindo uma média de 22 minutos para processar um trabalho, com um $CV^2 = 1$. A operação da resistência exige 19 minutos para processar um trabalho, com um $CV^2 = 0{,}25$. Agregado a isso (mas não incluído nos tempos de processamento recém-mencionados), o processo de exposição tem um tempo médio até a falha de $3\frac{1}{3}$ horas e um tempo médio de reparo de 10 minutos, enquanto a aplicação de resistência tem 48 horas e 8 horas, respectivamente. Os trabalhos chegam para a aplicação de resistência com níveis médios de variabilidade, e assumimos que o CV^2 c_a^2 é igual a um. O objetivo da produtividade é uma taxa efetiva de 2,4 trabalhos por hora.

A partir da experiência adquirida, a HAL sabe que a linha é incapaz de atingir essa produtividade almejada. Para solucionar essa situação, os engenheiros responsáveis são favoráveis à instalação de uma segunda máquina de exposição. Contudo, além de ser cara, uma segunda máquina exigiria a expansão da sala limpa especial, o que aumentaria os custos de maneira significativa e causaria a perda de muita produção durante o período de construção. Assim, o desafio é usar as leis da Ciência da Fábrica para encontrar uma solução melhor.

As duas ferramentas principais à nossa disposição são a equação *VUT* para o cálculo dos tempos de filas

$$\text{CT}_q = \left(\frac{c_a^2 + c_e^2}{2}\right)\left(\frac{u}{1-u}\right)t \tag{9.13}$$

e a equação de ligação

$$c_d^2 = u^2 c_e^2 + (1 - u^2)c_a^2 \tag{9.14}$$

Usando essas equações em conjunto com as fórmulas apresentadas no Capítulo 8 para os CV^2 efetivos, podemos analisar as razões por que a linha não consegue alcançar seu objetivo de produtividade.

Com as fórmulas (9.13) e (9.14) [juntamente com as equações adicionais para o cálculo dos tempos médios de processamento $t_e(1)$ *e* $t_e(2)$ e os *CV²* $c_e^2(1)$ e $c_e^2(2)$, às quais voltaremos mais tarde], estimamos que os tempos de espera são de 645 minutos na fila da estação da aplicação de resistência e de 887 minutos na fila da exposição, quando a taxa de chegadas é definida em 2,4 trabalhos por hora. Os níveis de WIP são de 25,8 e 35,5 trabalhos nas estações 1 e 2, respectivamente.

Isso revela por que o sistema não consegue produzir 2,4 trabalhos por hora, apesar de a utilização do gargalo (exposição) ser de apenas 92,4%. O problema está no fato de que, na sala limpa especial, cabem apenas 20 trabalhos, enquanto o modelo prevê um número médio de 35,5 trabalhos na fila. Como o sistema real não permite a formação de WIP em frente à operação de exposição para atingir esse nível, a operação de aplicação de resistência de vez em quando é bloqueada (ou seja, ela fica ociosa por falta de espaço na estação posterior para enviar as peças completadas). O resultado é a perda de produção na estação de aplicação de resistência, o que, em determinado momento, causa a falta de alimentação na estação de exposição (que fica ociosa por falta de peças para processar). No fim, nenhuma das estações consegue manter a utilização necessária para a produção de 2,4 peças por hora.[10]

Assim, concluímos que o problema tem suas raízes na longa fila da estação de exposição. Pela lei de Little, reduzir o tamanho médio da fila equivale a diminuir os seus tempos médios. Então, agora vamos examinar os tempos da fila da exposição em maiores detalhes:

$$\begin{aligned} \mathrm{CT}_q(2) &= \left(\frac{c_a^2(2) + c_e^2(2)}{2}\right)\left(\frac{u(2)}{1-u(2)}\right) t_e(2) \\ &= (3{,}16)(12{,}15)(23{,}1 \text{ minutos}) \\ &= 887 \text{ minutos} \end{aligned}$$

O terceiro termo $t_e(2)$ é o tempo efetivo de processamento da exposição, que é, simplesmente, o tempo bruto de processamento dividido pela disponibilidade

$$\begin{aligned} t_e(2) &= \frac{t(2)}{A(2)} = \frac{t(2)}{m_f(2)/(m_f(2)+m_r(2))} \\ &= 22\left(\frac{31/3 + 1/6}{31/3}\right) \\ &= 23{,}1 \text{ minutos} \end{aligned}$$

Como esse resultado é apenas levemente maior do que o tempo bruto de processamento de 22 minutos, há pouco espaço para melhorias por meio do aumento da disponibilidade.

O segundo termo na expressão de $\mathrm{CT}_q(2)$ é o termo da utilização $u(2)/(1 - u(2))$. Apesar de, à primeira vista, o valor de 12,15 parecer grande, ele corresponde a uma utilização de 92,4%, que é grande, mas não excessiva. Apesar de o aumento da capacidade dessa estação certamente reduzir o tempo da fila (e seu tamanho), já observamos que essa opção seria dispendiosa.

Então olhamos para o primeiro termo, o fator de inflação da variabilidade $(c_a^2(2) + c_e^2(2))/2$. Lembre que uma variabilidade moderada nas chegadas ($c_a^2(2) = 1$) e nos tempos de processamento ($c_e^2(2) = 1$) resulta em um valor de 1 para esse termo. Assim, um valor de 3,16 é grande demais para qualquer sistema. Para investigar por que isso ocorre, vamos desdobrar suas partes constituintes, que resultam em

$$\begin{aligned} c_e^2(2) &= 1{,}04 \\ c_a^2(2) &= 5{,}27 \end{aligned}$$

[10] Note que poderíamos também analisar essa situação usando o modelo dos bloqueios da Seção 8.7.2. O leitor está convidado a ver o Problema 13 e conferir essa ferramenta mais sofisticada, que pode ser usada para obter os mesmos resultados, com maior precisão.

É óbvio que o processo das chegadas é a fonte dominante da variabilidade. Isso aponta para o problema que ocorre anteriormente no fluxo do processo de aplicação da resistência. Então vamos investigar a causa do alto valor de $c_a^2(2)$. Lembre que $c_a^2(2) = c_d^2(1)$, o que, segundo a equação (9.14), é dado por

$$\begin{aligned} c_d^2(1) &= u^2(1)c_e^2(1) + [1 - u^2(1)]c_a^2(1) \\ &= (0{,}887^2)(6{,}437) + (1 - 0{,}887^2)(1{,}0) \\ &= 5{,}05 + 0{,}22 \\ &= 5{,}27 \end{aligned}$$

O componente que torna o valor de $c_d^2(1)$ alto é $c_e^2(1)$, o CV² efetivo da máquina de aplicação da resistência. Esse coeficiente é composto por duas partes: o CV² natural, $c_0^2(1)$ e outro termo inflado devido a falhas de máquinas. Usando as fórmulas do Capítulo 8, podemos desdobrar $c_e^2(1)$ conforme segue:

$$A(1) = \frac{m_f(1)}{m_f(1) + m_r(1)} = \frac{48}{48 + 8} = 0{,}8571$$

$$t_e(1) = \frac{t(1)}{A(1)} = \frac{19}{0{,}8571} = 22{,}17 \text{ minutos}$$

$$\begin{aligned} c_e^2(1) &= c_0^2(1) + \frac{2m_r(1)A(1)[1 - A(1)]}{t(1)} \\ &= 0{,}25 + \frac{2(480)(0{,}8571)(0{,}1429)}{19} = 6{,}44 \end{aligned}$$

A maior parte de $c_e^2(1)$ é resultado das paradas aleatórias, sugerindo que uma alternativa para o aumento da capacidade na exposição seria uma melhoria na questão das quebras e paradas na estação de aplicação de resistência. É importante notar que esta estação é o verdadeiro problema, mesmo que a exposição seja o gargalo. Como a variabilidade se propaga pela linha toda, um problema de congestionamento em uma estação pode ser o resultado de variabilidade gerada em uma estação anterior.

Existem várias opções práticas para minimizar o problema das paradas na estação da aplicação de resistência. Por exemplo, a HAL poderia tentar reduzir os tempos médios de reparo mantendo peças de reposição "a postos" para substituir as peças mais sujeitas a falhas. Se tal política reduzisse pela metade o tempo médio dos reparos, o aumento correspondente da capacidade efetiva e a redução do CV² das partidas da operação de aplicação de resistência diminuiriam os tempos de fila para 146 minutos (menos de 25% do original) e 385 minutos na exposição (menos de 50% do original).

Como alternativa, a HAL poderia fazer uma manutenção preventiva com maior frequência. Suponha que se possam evitar as longas falhas (8 horas) por meio do desligamento da máquina a cada 30 minutos e executando ajustes de 5 minutos. A capacidade seria a mesma, como no caso original (porque a variabilidade seria a mesma), porém, pelo fato de as paradas serem mais regulares, os tempos de fila seriam reduzidos para 114 minutos na aplicação de resistência e 211 minutos na exposição. De acordo com a lei de Little, isso resultaria em uma média de 8,4 trabalhos na exposição, o que está bem dentro do limite de espaço.

Com qualquer uma das alternativas de melhoria mencionadas, torna-se perfeitamente viável alcançar a taxa desejada de 2,4 trabalhos por hora (na verdade, até um pouco acima disso). Qualquer outra política adotada para reduzir a variabilidade dos tempos das partidas na estação de aplicação da resistência causaria efeitos similares. Pelo fato de melhorar o perfil dos tempos de reparos da operação da resistência ser mais barato e menos impactante do que comprar outra máquina, essas alternativas merecem ser observadas com atenção.

9.7.2 A redução do *cycle time*

Com a combinação da definição do *cycle time* da estação e da linha, podemos desdobrar os tempos em um sistema de produção conforme segue:

1. Tempo de movimentação
2. Tempo de fila
3. Tempo de *setup*
4. Tempo de processamento
5. Tempo de lotes de processamento (espera para a formação e espera dentro do lote)
6. Tempo de lotes de transferência (espera para a formação e espera dentro do lote)
7. Tempo de espera por outras peças
8. Menos o tempo de sobreposição das estações

Na maioria dos sistemas de produção, temos visto que os tempos reais de movimentação e de processamento perfazem uma pequena fração (5 a 10%) do total do *cycle time*. Na verdade, as linhas em que esses tempos são dominantes provavelmente são linhas muito eficientes com poucas oportunidades de melhoria. Para linhas ineficientes, a maior oportunidade de alavancagem está em outros tempos. A lista a seguir resume as políticas para a redução de cada um desses tempos.

O tempo de fila é causado pela utilização e pela variabilidade, e as duas categorias de políticas de melhorias são as seguintes:

1. *Reduzir a utilização* por meio do aumento da taxa efetiva no gargalo. Isso pode ser feito elevando essa taxa (comprando mais equipamentos, reduzindo os tempos de *setup*, diminuindo os tempos dos reparos, melhorando os processos, alternando os operadores nas pausas de café e almoço, fornecendo treinamento multifuncional aos funcionários para aproveitar as vantagens da capacidade flexível, etc.) ou minimizando o fluxo do gargalo (planejando mudanças para dirigir algum fluxo para outras estações possíveis, melhorando o rendimento ou reduzindo os retrabalhos).
2. *Reduzir a variabilidade* nos tempos de processo ou nas chegadas em qualquer estação, mas especialmente naquelas com alta utilização. A variabilidade dos processos pode ser reduzida diminuindo os tempos dos reparos, reduzindo os tempos de *setup*, melhorando a qualidade para diminuir os retrabalhos e evitar perda de rendimento, minimizando a variabilidade dos operadores com um treinamento melhor, etc. A variabilidade das chegadas pode ser reduzida por meio da diminuição da variabilidade do processamento em estações anteriores; da programação e do controle no chão da fábrica mais bem executados, para melhorar o fluxo dos materiais; da inexistência de liberações em lote (liberação de mais do que um trabalho por vez); e da instalação de um sistema que puxa a produção (ver o Capítulo 10).

O tempo de lotes de processamento é determinado pelo tamanho dos lotes. As duas maneiras básicas para reduzir os lotes de processamento (sequenciais ou simultâneos) são:

1. A *otimização dos lotes* para melhor equilibrar os tempos de filas provocadas pela alta utilização. Já abordamos anteriormente, neste capítulo, algumas ideias sobre esse *trade-off*. Oferecemos outras, mais detalhadas, no Capítulo 15.
2. A *redução dos setups* para permitir tamanhos menores de lotes, sem aumentar a utilização. Já existem técnicas bem desenvolvidas para a análise e a redução de *setups*. (Shingo 1985).

O tempo de espera por outras peças é causado pela falta de sincronização da chegada dos componentes em uma estação de montagem. As principais alternativas para melhorar a sincronização são:

1. A *redução da variabilidade na fabricação* para reduzir a volatilidade das chegadas na estação de montagem, o que pode ser feito por meio das mesmas técnicas de redução da variabilidade usadas na diminuição do tempo de fila.

2. A *sincronização das liberações* por meio dos sistemas de controle do chão de fábrica e/ou da programação para coordenar as liberações na linha em relação aos trabalhos completados na montagem. Discutiremos os mecanismos do chão de fábrica no Capítulo 14 e os procedimentos de programação no Capítulo 15.

O tempo de sobreposição nas estações. Diferentemente dos outros tempos, esse é benéfico, e seria até bom aumentá-lo, pois ele é subtraído do *cycle time* total. Eles podem ser aumentados por meio do uso da divisão de lotes, quando é possível e praticável. A simplificação do manuseio de materiais (por exemplo, pelo uso de células de produção) torna possível o uso de lotes de transferência menores, melhorando, assim, o benefício do *cycle time* em relação à divisão de lotes.

Exemplo: A redução do *cycle time*

A empresa SteadyEye, um fabricante de acessórios para máquinas fotográficas profissionais, comercializa seus produtos sob encomenda para o setor cinematográfico. Ultimamente, a empresa vem se preocupando com os *lead times* oferecidos a seus clientes, os quais não são mais competitivos, sendo oferecidos em dois modos em bases bissemanais. (Por exemplo, se um pedido é recebido em qualquer dia no intervalo de duas semanas iniciando em 5 de setembro e 18 de setembro, a data de entrega é calculada em 10 semanas a contar de 18 de setembro.) Porém, seu maior concorrente está oferecendo um prazo de entrega de 5 semanas a partir da data efetiva do pedido. E, pior ainda, os níveis de estoque da SteadyEye são recordes, o *cycle time* médio (atualmente, 9 semanas) nunca foi tão longo e o atendimento aos clientes (os pedidos entregues dentro do prazo estipulado) é baixo (menos do que 70%) e está caindo.

O processo da SteadyEye começa com a entrada dos pedidos dos clientes, que é feita diariamente por um funcionário. Para sua frustração, parece que a maioria dos pedidos vem no final de cada um dos intervalos de 2 semanas, o que atrasa seu trabalho e o obriga a fazer horas extras. Um sistema de ERP processa os pedidos mais antigos e gera um conjunto de ordens de compra para os fornecedores e distribui listas. Essas listas são enviadas para cada centro de processamento, mas são especialmente importantes para a área de montagem, pois é lá onde as peças são reunidas para formar os conjuntos montados e atender aos pedidos dos clientes. Infelizmente, é comum o pessoal ignorar essas listas, pois as peças não estão disponíveis no estoque.

A SteadyEye fabrica tripés, gruas e outros equipamentos estruturais para seus conjuntos de suporte de câmeras de filmagem, assim como engrenagens e caixas de engrenagens para o controle dos conjuntos, mas compra todos os motores e componentes eletrônicos de terceiros. As matérias-primas e os subconjuntos são recebidos, as barras de metal são cortadas no tamanho desejado para os vários produtos e seguem para a seção de torneamento em um palete levado por uma empilhadeira. Em razão dos longos tempos de troca de processos na seção dos tornos, os lotes de processamento são bem grandes. As outras operações incluem a perfuração, o esmerilhamento e o polimento. O polimento é muito rápido, então só existe uma máquina polidora. Infelizmente, seu ajuste é difícil, gerando paradas para ajuste muito longas e muitas peças sucateadas. A operação de tratamento térmico leva 3 horas e envolve um grande forno onde cabem cerca de 1.000 peças. Como a maioria dos lotes de processamento é maior do que o necessário para atender um único pedido, as peças voltam para um estoque intermediário, localizado após cada operação.

A raiz do problema da SteadyEye é um *cycle time* muito longo, o qual, de acordo com as leis da Ciência da Fábrica, é uma consequência da variabilidade (nas chegadas e no processamento) e da utilização das máquinas. Assim, as políticas de melhorias devem focar esses pontos.

Para começar, a variabilidade das chegadas está sendo aumentada pelo sistema de processamento dos pedidos dos clientes. Ao estabelecer períodos de 2 semanas nos quais todos os pedidos recebidos recebem o mesmo prazo de entrega (a partir do último dia de cada período), o sistema encoraja os clientes a fazerem seus pedidos nos últimos dias. (Por que fazer antes, se o prazo de entrega será o mesmo?) O resultado desse comportamento dos clientes cria a concentração dos pedidos nos últimos dias, o que inunda o sistema, contribuindo muito para aumentar o c_a^2 efetivo. Mas esse problema pode ser resolvido por uma simples alteração do sistema. Uma política melhor seria receber um pedido no dia t e prometer a entrega para o dia $t + \ell$ (onde ℓ é o *lead time*, que queremos diminuir para 5 semanas ou menos). Os pedidos podem ainda ser processados em lotes dentro do sistema, puxando as ordens posteriormente no plano mestre da produção, mas isso pode ficar evidente aos clientes.

No próximo passo, a análise da variabilidade dos tempos efetivos de processamento mostra que a operação de polimento tem uma enorme c_e^2, ao redor de 7. Isso é piorado pelo fato de que a utilização da máquina polidora, após considerar os vários detratores, é de mais de 90%. Uma boa política de melhoria seria analisar os parâmetros que afetam a operação para encontrar maneiras de se reduzir o tempo dos ajustes. Isso também diminuiria o sucateamento de peças e a necessidade de apressar o trabalho para repor as peças sucateadas. O efeito final será a redução de c_e^2 e u na operação de gargalo, o que também reduzirá as filas e o *cycle time*. Como essas medidas irão minimizar também a variabilidade do *cycle time*, elas permitirão uma maior redução do *lead time* oferecido aos clientes do que a redução na média do *cycle time*.

Outra grande fonte de variabilidade e do *cycle time* desse sistema é o processamento em lotes, que é causado pelo manuseio dos materiais e pela maneira do seu processamento. Os lotes de transferência são grandes (em geral, a carga total de um palete), pois os processos estão longe e a empilhadeira não tem capacidade para fazer viagens frequentes. Uma boa política seria organizar os processos em células de produção próximas à linha de montagem e fazer algum investimento em correias transportadoras, o que poderia resultar na redução do lote de transferência para um. Os lotes de processamento são grandes em razão dos longos *setups*. Assim, a melhoria mais lógica seria implantar um programa rigoroso de redução dos *setups* [usando técnicas do tipo trocas em 1 minuto (ver Shingo 1985)]. Como é comum reduzir os tempos de *setup* em um fator de 4, essas melhorias poderiam permitir à SteadyEye que diminuísse seus lotes de processamento em 75% ou mais.

Além desses melhoramentos nos processos em si, existem algumas mudanças no sistema que poderiam ajudar a reduzir o *cycle time* ainda mais. Uma delas seria restringir o uso do sistema ERP somente para a emissão das ordens de compra aos fornecedores e para a geração de pedidos planejados dos clientes, mas não para convertê-los em trabalhos. Um módulo específico se faz necessário para combinar os pedidos dos clientes em trabalhos, de maneira que produtos iguais sejam agrupados e processados juntos (para otimizar os *setups*) e atender os prazos. O funcionamento de um modelo assim é mostrado no Capítulo 15.

Além disso, pode fazer sentido fabricar e estocar alguns dos componentes mais usados, em vez de fazê-los todos sob encomenda. O estoque intermediário, que estava armazenando as sobras de lotes grandes com muitas peças, seria apenas para esses componentes com maior procura. Pelo fato de o tamanho dos lotes tornar-se bem menor, as outras peças nunca estariam estocadas, mas sim usadas de imediato. Dessa forma, mesmo que houvesse mais estoques de certas peças selecionadas (as mais usadas e de cujas a eliminação do *cycle time* reduziria os prazos de entrega), o nível geral dos estoques intermediários seria menor.

O resultado final dessa bateria de alterações seria a redução significativa do *cycle time*, com possibilidades de reduzir sua média de 10 para 2 semanas. Se a empresa conseguir realizá-las, transformará suas operações e obterá uma vantagem competitiva significativa e estratégica.

Para um exemplo mais detalhado de reduções do *cycle time*, o leitor deve consultar o Capítulo 19.

9.7.3 A melhora do atendimento ao cliente

Em termos operacionais, a satisfação do cliente resume-se ao *lead time* (resposta rápida) e ao atendimento (entrega no prazo). Como observamos anteriormente, uma maneira de reduzir o *lead time* é manter um estoque genérico parcial das peças e componentes mais comuns, e fazer a montagem sob encomenda. Discutiremos essa abordagem em maiores detalhes no Capítulo 10.

Para o segmento do sistema que usa a fabricação sob encomenda, a lei do *lead time* implica que

$$\begin{aligned} \textit{Lead time} &= \textit{cycle time} \text{ médio} + \textit{lead time} \text{ de segurança} \\ &= \textit{cycle time} \text{ médio} + z_s \times \text{desvio padrão do } \textit{cycle time} \end{aligned}$$

onde z_s é um fator de segurança que aumenta de acordo com o nível desejado do atendimento. Assim, a redução do *lead time* para um determinado nível de atendimento (ou a melhoria do atendimento para um determinado *lead time*) exige uma redução do *cycle time* médio e/ou do desvio padrão do *cycle time*. As políticas para reduzir o *cycle time* médio já foram mostradas. Felizmente, essas mesmas políticas servem também para reduzir o seu desvio padrão. Porém, como já abordado, algumas políticas, como a redução de longos processos de retrabalho, são especialmente eficazes para diminuir a variabilidade do *cycle time*.

Exemplo: A melhora do atendimento

O foco do exemplo da SteadyEye foi na redução do *cycle time* médio. A razão disso era a preocupação da empresa com o prazo de entregas aos seus clientes. Mas não faz sentido abordar o problema do *lead time* sem considerar também o atendimento. Prometer um curto prazo de entrega e, depois, não cumpri-lo dificilmente levará a uma melhora no atendimento. Entretanto, as melhorias que sugerimos podem permitir as duas coisas em conjunto.

Por exemplo, lembre que uma das políticas propostas era a de reduzir o sucateamento de peças na máquina polidora, que, por sua vez, reduziria a necessidade de apressar pequenos trabalhos para substituir as peças sucateadas e não prejudicar o ritmo da montagem final. Isso reduzirá o desvio padrão do *cycle time*, assim como sua média. Mesmo se melhorarmos o atendimento (aumentando o fator de segurança z_s), o *lead time* total do cliente ainda pode ser reduzido. As outras medidas de redução da variabilidade trarão efeito similar.

Para tanto, suponha que o *cycle time* médio original era de 9 semanas, com um desvio padrão de 3 semanas. Um *lead time* de 10 semanas permite que se aloque apenas cerca de um terço do desvio padrão para o *lead time* de segurança. Como $z = 0,33$, isso resulta em um nível de atendimento de apenas 63%, que é consistente com o que ocorre atualmente.

Suponha que, após termos seguido todos os passos para redução do *cycle time*, sua média foi diminuída para 7 dias úteis (1,4 semanas), e seu desvio padrão, para $\frac{1}{2}$ semana. Nesse caso, um *lead time* de 2 semanas representa uma segurança de 0,6 semanas, ou 1,2 desvio padrão, o que resulta em um nível de atendimento de 88%. Um *lead time* mais razoável (de 3 semanas) representa um *lead time* de segurança de 3,2 desvios padrão, com um nível de atendimento de mais de 99,9%. A combinação de *lead times* bem mais curtos da concorrência juntamente com uma entrega eficaz seria uma vantagem competitiva importante para a SteadyEye.

Por último, ressaltamos que os benefícios da redução da variabilidade e do *cycle time* não se limitam aos sistemas de produção sob encomenda. Lembre que uma das sugestões de melhorias para sua redução era de estocar algumas peças com maior demanda, mesmo em um regime sob encomenda. Por exemplo, imagine que a SteadyEye estoque uma engrenagem para a qual há uma demanda média de 500 por semana, com um desvio padrão de 100. O *cycle time* para a produção da peça é de 9 semanas, com um desvio padrão de 3. Assim, a demanda média durante o período de reposição é de 4.500, e seu desvio padrão é de 1.530. Se produzirmos $Q = 500$ por vez, então podemos usar o modelo (Q, r) do Capítulo 2 para calcular um ponto de reposição de $r = 7.800$ e assegurar uma taxa de atendimento de 99% na reposição. Essa política exigiria manter um estoque médio de 3.555 unidades. Porém, se as medidas sugeridas anteriormente para a redução da variabilidade diminuírem o *cycle time* para 1,4 semana, com um desvio padrão de 0,4 semanas, o ponto de reposição cairia para $r = 1.080$, e o estoque médio necessário cairia para 631 unidades, uma redução de 92%. Isso demonstra os benefícios de se estocarem as peças e produtos com maior demanda, mesmo em um regime de fabricação sob encomenda.

9.8 CONCLUSÕES

O objetivo principal deste capítulo é entender o efeito da variabilidade no desempenho das linhas de produção. Seus pontos mais importantes podem ser resumidos da seguinte forma:

1. *A variabilidade prejudica o desempenho.* Se algum tipo de variabilidade – de processamento, de fluxo ou de lote – aumentar, algo terá que ceder. Os estoques aumentarão, a produtividade cairá, os *lead times* subirão, ou alguma outra medida de desempenho será prejudicada. Como resultado, quase todos os programas eficazes de melhorias envolvem pelo menos alguma preocupação com a redução dos níveis de variabilidade.
2. *A formação de reservas de segurança contra a variabilidade é uma realidade das fábricas.* Todos os sistemas se protegem contra a variabilidade por meio de estoques, capacidade ou tempos. Assim, se ela não for reduzida, a empresa terá que conviver com algumas das consequências a seguir:
   (a) Longos *cycle times* e altos níveis de estoque
   (b) Capacidade ociosa
   (c) Perda de produtividade
   (d) Longos *lead times* e/ou baixos níveis de atendimento
3. *As reservas de segurança flexíveis são mais eficazes do que as inflexíveis.* A opção de usar várias combinações entre os estoques, a capacidade e os tempos reduz o total da reserva necessária contra a variabilidade em um sistema. Esse princípio está por trás da ênfase das práticas modernas na flexibilidade ou na agilidade.
4. *Os materiais conservam suas características.* O que flui para dentro de uma estação de trabalho sairá dela, seja como produto bom ou sucata.
5. *Em longo prazo, as liberações sempre serão menores do que a capacidade.* Podemos ter a intenção de rodar um processo em 100% de sua capacidade, porém, quando se considera a capacidade real, incluindo o uso de horas extras, da terceirização, etc., isso é impossível. É melhor planejar a redução das taxas de liberação dos trabalhos antes que o sistema "exploda" e force essa redução de qualquer maneira.
6. *A variabilidade no começo do fluxo é mais prejudicial do que no seu final.* Uma alta taxa de variabilidade no início de um fluxo que empurra a produção propaga seus efeitos, causando filas nas estações posteriores, porém, se ela estiver no final do fluxo, tem impacto apenas sobre as estações locais. Assim, existe uma maior alavancagem dos benefícios da redução da variabilidade aplicada no início do fluxo do que no seu final.
7. *O* cycle time *aumenta de maneira não linear em relação à utilização.* Quanto mais a utilização se aproximar de 1 (100%), em longo prazo, os níveis de WIP e o *cycle time* tendem ao infinito. Isso significa que, operando com uma utilização alta, o desempenho do sistema é muito sensível às taxas de liberação dos trabalhos.
8. *O tamanho dos lotes de processamento afeta a capacidade.* A interação entre o tamanho dos lotes de processamento e os tempos de *setup* é sutil, assim aumentar o tamanho dos lotes eleva a capacidade e, portanto, reduz as filas. Contudo, também aumentam os tempos de espera para a formação dos lotes e dentro deles. O foco principal em situações com lotes sequenciais deve ser a redução dos tempos de *setup*, que permitirá o uso eficiente de pequenos lotes. Se os *setups* não puderem ser reduzidos, pode-se tentar um *cycle time* com lotes de tamanhos maiores do que um. Da mesma forma, dependendo da capacidade e da demanda, o tamanho mais eficiente dos lotes para processos simultâneos pode estar entre um e o número máximo de trabalhos que couber no processo.
9. *Os* cycle times *aumentam proporcionalmente em relação aos tamanhos dos lotes de transferência.* A espera para a formação e divisão dos lotes pode ser uma fonte enorme para o aumento do *cycle time*. Assim, a redução dos lotes de transferência é uma das maneiras mais simples de diminuir o próprio *cycle time* em muitas linhas de produção.
10. *A espera por outras peças pode causar sérias demoras nos sistemas de montagem.* A falta de sincronização causada por variabilidade, falta de planejamento ou falta de bons controles na

fábrica podem resultar na criação de maiores níveis de WIP e mais demoras na montagem de componentes.

11. *O diagnóstico tem um papel importante na Ciência da Fábrica.* Suas leis e conceitos são úteis para identificar as causas dos problemas do desempenho em um sistema de produção. Por mais que as fórmulas analíticas também sejam valiosas nesse sentido, é a intuição existente em seus conceitos que representa o fator mais fundamental no processo de diagnose.

A variabilidade não é muito bem compreendida nos ambientes de produção, mas as ideias apresentadas neste capítulo estão entre os conceitos mais úteis da Ciência da Fábrica. Faremos um uso intenso delas na Parte III do livro para solucionar problemas específicos da administração da produção.

QUESTÕES PARA ESTUDO

1. Quais as condições necessárias para uma estação de trabalho operar com 100% de sua capacidade em longo prazo e com estabilidade (isto é, sem que o WIP tenda ao infinito)? Isso pode ocorrer na prática?
2. Em uma linha com grandes lotes de transferência, por que a espera pela formação do lote é maior quando a utilização é mais baixa? Que suposição sobre as liberações está por trás disso? E por que isso pode não ser viável na prática?
3. De que maneira a redução da variabilidade e a expansão da capacidade são opções similares? Quais são as diferenças importantes entre elas?
4. Considere duas estações adjacentes, A e B, em uma linha. Um operador na estação A executa um conjunto de tarefas em um trabalho, que segue para a estação B, onde um segundo operador executa outras tarefas. Há um espaço limitado para estoques entre as duas estações. Atualmente, A e B executam suas próprias tarefas. Quando o estoque intermediário fica cheio, A é bloqueada. Quando está vazia, B fica sem alimentação. Porém, uma nova política foi proposta, a qual designa um conjunto de tarefas, algumas de A e outras de B para serem "compartilhadas" pelas duas estações. Quando o estoque intermediário estiver com mais de 50%, a estação A executa as tarefas compartilhadas antes de mandar mais trabalhos para o estoque. Quando houver menos do que 50%, ela deixa as tarefas compartilhadas para B executar. Assumindo que as tarefas compartilhadas podem ser feitas com igual rapidez por A ou B, comente os efeitos que essa política terá sobre a variabilidade geral da linha. Você acha que vai funcionar bem?
5. A literatura sobre o sistema de produção enxuta cita muitas vezes a máxima: "A variabilidade é a raiz de todos os males." A lei da Ciência da Fábrica diz que "a variabilidade prejudica o desempenho". Todavia, no Capítulo 7, mostramos que o pior desempenho possível de uma linha com certo nível de r_b (taxa do gargalo) e T_0 (tempo bruto de processamento) ocorre quando o sistema é completamente determinístico (sem variação aleatória). Você acha que isso faz sentido?
6. Considere uma fábrica com apenas uma estação de trabalho, que é composta por quatro máquinas em paralelo, as quais têm tempos de processamento moderadamente variáveis. Note que, se o nível de WIP é fixo para os quatro trabalhos, a fábrica pode manter 100% de utilização, um *cycle time* mínimo e uma produtividade máxima, independentemente de os tempos de processamento serem aleatórios ou não. Como explicar esse desempenho aparentemente "perfeito", considerando a variabilidade existente? (*Dica:* Considere *todas* as medidas de desempenho, incluindo aquelas do estoque de produtos acabados e da demanda, nas quais não há nenhuma variabilidade. O que acontece a essas medidas para tempos de processamento variáveis e uma demanda constante?)

EXERCÍCIOS DE FORMAÇÃO DE INTUIÇÃO

O objetivo destes exercícios é aprimorar a sua intuição. Os problemas aqui apresentados não têm nenhum compromisso com a realidade.

1. Você precisa produzir 35 unidades de um produto em 1 dia. Se fizer mais que 35, terá que pagar um custo de estocagem de $1 por cada unidade extra. Se fizer menos que 35, terá que pagar uma multa de $10 a cada unidade.

Você pode fabricar o produto em uma de duas estações de trabalho (não pode usar as duas). A primeira estação (W1) contém uma única máquina capaz de produzir uma média de 35 unidades por dia. A segunda estação (W2) contém 10 máquinas, cada uma capaz de fazer uma média de 3,5 unidades por dia. Qual estação você usaria?

Exercício: Faça uma simulação da produção da W1 jogando um dado uma vez, multiplicando seu resultado por 10. Simule a produção da W2 jogando o dado 10 vezes somando seus resultados.

Faça essa experiência cinco vezes. Calcule o valor total da multa e os custos de estocagem que você teria em cada vez. Qual a melhor estação a usar? Quais as implicações que poderia haver em substituir um grupo de máquinas velhas por um sistema de produção flexível?

2. Você produz 20 produtos diferentes e pode escolher entre dois processos distintos. No processo um (P1), você estoca todos os 20, mantendo um estoque de 5 unidades de cada produto, totalizando 100 unidades. No processo dois (P2), você estoca apenas os componentes básicos, para depois personalizar cada pedido recebido do cliente. O tempo para fazer isso não é maior do que para fabricar cada pedido. Nesse processo, você mantém um estoque de 80 unidades dos componentes com maior demanda. A cada dia você recebe os pedidos para cada um dos produtos. A demanda é entre um e seis itens, com níveis iguais e o estoque é reposto no fim de cada dia.

   Exercício: Qual processo você acha que teria o melhor nível de atendimento (ou seja, a maior probabilidade de ter o item pedido em estoque), P1, com 100 peças no estoque, ou P2, com apenas 80? Simule as duas opções, jogando um dado para representar a demanda para cada um dos 20 diferentes produtos, e controle a demanda total e as faltas no estoque. Repita a simulação, no mínimo, cinco vezes e calcule o nível médio de atendimento.

3. Considere uma linha composta por cinco estações em série. Cada uma tem o *potencial* para produzir entre uma e seis peças por dia, com uma produção igual (note que isso significa uma produção média potencial de 3,5 unidades por dia em cada estação). Porém, uma estação no meio da linha não pode produzir, em um dia, mais do que o WIP inicial daquele dia.

   Exercício 1: Faça uma experiência usando um lance do dado para representar a produção potencial diária de cada estação. Use palitos, fichas, moedas, ou o que achar melhor, para representar o WIP. Cada vez que jogar o dado, a produção real da estação será o número que for menor, seja o dado ou o WIP disponível.

   Como você inicia do zero, vai demorar cinco dias para preencher a linha. Por isso, comece registrando a produção a partir do sexto período. Desenhe a produção acumulada e o WIP total na linha *versus* os tempos até o dia 25.

   Exercício 2: Agora reduza o WIP usando um mecanismo *kanban*. Para isso, não permita que o WIP seja maior do que quatro unidades em qualquer ponto (afinal, a taxa de produção é de 3,5, e podemos manter as quatro). Faça isso diminuindo a produção em cada estação que resultar em um WIP maior do que 4 para a próxima estação. Repita o exercício anterior sob essas condições. O que acontece com a produção? E com o WIP?

   Exercício 3: Agora reduza a variabilidade. Para isso, mude a interpretação das jogadas. Se der 3 ou menos, a produção potencial será de 3 unidades. Se der 4 ou mais, a produção será de 4 unidades. Note que a média é a mesma de antes. Agora, repita o primeiro exercício (sem o mecanismo *kanban*) e o segundo exercício (com o *kanban*). Compare seus resultados com os casos anteriores.

   Exercício 4: Finalmente, considere uma situação em que há dois tipos de máquinas na linha, um tipo com alta variabilidade e outro com uma variabilidade menor. Deveríamos colocar a máquina mais variável alimentando a menos variável, ou o contrário? Repita o primeiro exercício para uma linha em que as duas primeiras máquinas são extremamente variáveis (a produção potencial é dada pelo resultado do dado) e as últimas três máquinas são menos variáveis (se der 3 ou menos, a produção potencial será de 3 unidades. Se der 4 ou mais, a produção será de 4 unidades). Repita com uma linha na qual as últimas duas máquinas são extremamente variáveis e as primeiras três são menos variáveis. Compare a produtividade e o WIP das duas linhas e explique os resultados.

PROBLEMAS

1. Considere uma linha que produz dois tipos diferentes de câmeras digitais astronômicas. A TS-7 custa $2.000, enquanto a TS-8, que usa um chip mais potente, custa $7.000. A maior parte do custo das câmeras deve-se ao valor do chip.

Na produção, ambas passam pelo mesmo processo de três passos, mas com diferentes tempos. A capacidade para produzir a TS-7 é de sete, cinco e seis por dia nas estações 1, 2 e 3, respectivamente (isto é, se produzirmos apenas o produto TS-7). De maneira similar, a capacidade para a TS-8 é de seis por dia em todas as estações (assumindo a produção exclusiva da TS-8). Cinco por cento das unidades da TS-8 necessitam ser retrabalhadas e precisam voltar e passar pelo processo novamente nas três estações (os tempos de processamento são iguais aos da primeira passada). Os retrabalhos nunca passam uma terceira vez pela linha. O produto TS-7 nunca precisa ser retrabalhado.

A demanda é de 3 por dia para a TS-7 e uma por dia para a TS-8. O nível médio do estoque de chips é de 20 para a TS-7 e de 5 para a TS-8. O *cycle time* para ambas as câmeras é de 4 dias, enquanto o tempo bruto de processamento, sem considerar os detratores, é de 0,5 por dia. As câmeras são produzidas para estoque e as vendas são atendidas pelo estoque de produtos finais. A média do estoque final é de 4 unidades da TS-7 e uma unidade da TS-8, e o nível de atendimento é de 0,85 para ambas.

(a) Calcule a produtividade TH(i) de cada estação, para cada produto.
(b) Calcule a utilização $u(i)$ de cada estação.
(c) Usando ($) como medida agregada, calcule o valor do estoque de matéria-prima, do WIP e do EPA.
(d) Calcule a eficiência de E_{TH}, E_u, E_{inv}, E_{CT}, E_{LT}, E_s e E_Q.
(e) Suponha que a máquina da estação 1 custe $1 milhão e as máquinas na estação 2 e 3 custem $10.000 cada uma. Sugira uma medida diferente para o cálculo de E_u. Recalcule-o e compare com o valor original.

2. Descreva os tipos de reservas de segurança (de estoques, de tempos ou de capacidade) que você encontraria nas seguintes situações.
   (a) Um fabricante de guarda-roupas personalizados
   (b) Um fabricante de peças automotivas para reposição
   (c) Uma sala de emergência de um hospital
   (d) Walmart
   (e) Amazon.com
   (f) Um fornecedor do governo que fabrica submarinos
   (g) Um produtor de produtos químicos a granel, tipo ácido acético
   (h) Um fabricante de cortadores de grama para o Extra, o Carrefour, e a Ferramentas Gerais
   (i) Uma autoestrada
   (j) Um ônibus espacial (como sistema de entrega para experiências avançadas)
   (k) Uma escola de administração

3. Calcule a capacidade (trabalhos por dia) para as seguintes situações.
   (a) Uma máquina com um tempo médio de processamento de 2,5 horas e um CV² de 1,0. A carga horária é de 8 horas por dia.
   (b) Uma máquina com um tempo médio de processamento de 2,5 horas e um CV² de 0,5. A carga horária é de 8 horas por dia.
   (c) Uma estação de trabalho com 10 máquinas paralelas, cada uma com um tempo médio de processamento de 2,5 horas. A carga horária é de dois turnos de 8 horas cada. As paradas para almoço e café totalizam 1,25 horas por turno.
   (d) Uma estação de trabalho com 10 máquinas paralelas, cada uma com um tempo médio de processamento de 2,5 horas. A carga horária é de dois turnos de 8 horas cada. As paradas para almoço e café totalizam 1,25 hora por turno. As máquinas falham, em média, a cada 100 horas, com um tempo de reparo de 4 horas.
   (e) Uma estação de trabalho com 10 máquinas paralelas, cada uma com um tempo médio de processamento de 2,5 horas. A carga horária é de dois turnos de 8 horas cada. As paradas para almoço e café totalizam 1,25 hora por turno. As máquinas falham, em média, a cada 100 horas, com um tempo médio de reparo de 4 horas, e é preciso um *setup* a cada 10 trabalhos, sendo que o tempo do *setup* é de 3 horas.
   (f) Uma estação de trabalho com 10 máquinas paralelas, cada uma com um tempo médio de processamento de 2,5 horas, com dois turnos de 8 horas cada. As paradas para almoço e café totalizam 1,25 hora por turno. As máquinas falham, em média, a cada 100 horas, com um tempo médio de reparo de 4 horas, e é preciso um *setup* a cada 10 trabalhos, sendo que o tempo de *setup* é de 3 horas. Pelo fato de os operadores terem reuniões de treinamento, não dá para contar com mais de 85% de utilização dos trabalhadores na operação das máquinas.

4. Os trabalhos chegam a uma linha com duas máquinas em série a uma taxa de 2 por hora, com tempos determinísticos (fixos) entre as chegadas. A estação 1 tem uma máquina que leva exatos 29 minutos para processar

cada trabalho. A estação 2 tem uma máquina que leva exatos 26 minutos para cada trabalho, desde que esteja funcionando, mas está sujeita a falhas, em média, a cada 10 horas, com um tempo médio de reparo de 1 hora.

(a) Qual é o coeficiente de variação ao quadrado c_a^2 das chegadas na estação 1?

(b) Qual é o coeficiente de variação ao quadrado efetivo $c_e^2(1)$ dos tempos de processamento na estação 1?

(c) Qual é a utilização da estação 1?

(d) Qual é o *cycle time* na fila da estação 1?

(e) Qual é o *cycle time* total da estação 1?

(f) Qual é o coeficiente de variação ao quadrado das chegadas na estação 2?

(g) Qual é a utilização da estação 2?

(h) Qual é o coeficiente de variação ao quadrado efetivo $c_e^2(2)$ dos tempos de processamento da estação 2?

(i) Qual é o *cycle time* na fila da estação 2?

(j) Qual é o *cycle time* total da estação 2?

5. Uma puncionadeira recebe bobinas de lâminas de metal e pode produzir cinco tipos de caixas de disjuntores: B1, B2, B3, B4 e B5. Cada caixa leva 1 minuto para ser fabricada. Para mudar o processo de produção, de um tipo para outro, leva 4 horas. Existe uma demanda de 1.800, 1.000, 600, 350 e 200 unidades por mês para B1, B2, B3, B4 e B5, respectivamente. A fábrica trabalha um turno por dia, 5 dias por semana. Considerando as paradas para o almoço, descanso, etc., sobram 7 horas para cada turno. Assuma que haja 52 semanas de trabalho por ano.

(a) Qual o r_a em número de caixas por hora?

(b) Qual seria a utilização, se não houvesse *setups*? (Note que a utilização se aproxima dessa taxa conforme o tamanho dos lotes se aproxima do infinito.)

(c) Suponha que o coeficiente de variação ao quadrado seja 0,2 não importando os tamanhos dos lotes. Qual é o *cycle time* médio quando os tamanhos dos lotes são todos iguais a 1.000 (assuma que $c_a^2 = 1$)?

(d) Use o método da tentativa e do erro para encontrar um conjunto de tamanhos de lotes que minimize o *cycle time*.

(e) Quantas vezes por mês, em média, fabrica-se cada tipo de caixa, usando os tamanhos de lotes calculados em (d)?

6. Uma operação de tratamento térmico leva 6 horas para processar um lote de peças, com um desvio padrão de 3 horas. O máximo que cabe no forno são 125 peças. Atualmente, existe demanda para 160 peças por dia (16/hora por dia). Elas chegam à operação do tratamento térmico uma por vez, de acordo com uma distribuição de Poisson (isto é, com $c_a = 1$).

(a) Qual é a capacidade máxima (peças por dia) da operação do tratamento térmico?

(b) Se usássemos o tamanho máximo de lote, qual seria a média do *cycle time* da operação?

(c) Qual é o tamanho máximo de lote que atende a demanda existente?

(d) Se usássemos o tamanho mínimo de lote viável, qual seria o *cycle time* médio da operação?

(e) Calcule o tamanho de lote que minimize o *cycle time*. Qual o *cycle time* médio resultante?

7. Considere uma linha equilibrada, com cinco estações iguais em série, cada uma contendo uma única máquina com tempos de processamento com variabilidade baixa e um estoque intermediário infinito. Suponha que a taxa de chegadas seja de r_a, que a utilização de todas as máquinas seja de 85% e que o coeficiente de variação ao quadrado c_a^2 seja igual a um. O que acontece com o WIP, o *cycle time* e a produtividade se fizermos o seguinte?

(a) Diminuirmos a taxa de chegadas.

(b) Aumentarmos a variabilidade de uma estação.

(c) Aumentarmos a capacidade em uma das estações.

(d) Reduzirmos a capacidade de todas as estações.

8. Considere uma linha com duas estações. A primeira puxa um fluxo de matéria-prima cujo estoque é infinito. Entre as duas existe um estoque com espaço para cinco trabalhos. A segunda estação pode sempre empurrar o fluxo para o estoque de produtos acabados. Porém, se o estoque está cheio quando a primeira estação termina um trabalho, ela precisa esperar até que haja espaço no estoque, antes de começar um novo trabalho. Ambas as estações levam 10 minutos por trabalho e têm tempos exponenciais de processamento ($c_e = 1$).

(a) Qual é a produtividade, o *cycle time* e o WIP da linha?

(b) Qual é a produtividade, o *cycle time* e o WIP se aumentarmos o espaço do estoque para 7 trabalhos?

(c) Qual é a produtividade, o *cycle time* e o WIP se baixarmos o rendimento da segunda máquina para 12 minutos por trabalho?

(d) Qual é a produtividade, o *cycle time* e o WIP se baixarmos o rendimento da primeira máquina para 12 minutos por trabalho?

(e) O que acontece com a produtividade se reduzirmos a variabilidade da segunda máquina, de maneira que o seu coeficiente de variação ao quadrado seja igual a 0,25?

9. Considere uma estação que processa dois itens, A e B. O item A chega a uma taxa de 10 por hora sendo os tempos de *setup* de 5 horas e o tempo para processar uma peça de 1 minuto. O item B chega a uma taxa de 20 por hora, com o tempo de *setup* de 4 horas e o tempo para processar uma unidade de 2 minutos. A variabilidade das chegadas e dos processos é moderada (ou seja, $c_a = c_e = 1$) não importando o tamanho dos lotes.
   (a) Qual é o tamanho mínimo de lote para A para manter o sistema estável (assuma que B tem um tamanho de lote infinito)?
   (b) Crie uma planilha e encontre o tamanho dos lotes de A e B que minimiza o *cycle time* médio.

10. Considere uma linha estável e equilibrada com uma variabilidade moderada e grandes estoques entre as estações. A linha usa um fluxo que empurra a produção, então as liberações para a linha independem de sua situação. A capacidade da linha é de r_b, e a utilização é bastante alta. O que acontece com a produtividade e o *cycle time* quando fizermos o seguinte?
    (a) Reduzirmos o tamanho do estoque intermediário, permitindo o bloqueio em todas as estações, exceto a primeira, onde os trabalhos param se o estoque está cheio (isto é, são perdidos).
    (b) Reduzirmos a variabilidade de todos os tempos de processo.
    (c) Desequilibrarmos a linha, sem alterar r_b.
    (d) Aumentarmos a variabilidade dos tempos de processamento.
    (e) Reduzirmos a taxa de chegadas.
    (f) Reduzirmos a variabilidade dos tempos de processamento *e* reduzirmos o tamanho do estoque como em (a). Compare o resultado com (a).

11. Uma determinada estação tem capacidade para 1.000 unidades por dia e sua variabilidade é moderada, de maneira que $V = (c_a^2+c_e^2)/2 = 1$. A demanda atual é de 900 unidades por dia. Suponha que a administração decidiu que os *cycle times* não devem ser maiores do que 1,5 vez o tempo bruto de processamento.
    (a) Qual é o *cycle time* atual em múltiplos do tempo bruto de processamento?
    (b) Mantendo a variabilidade inalterada, qual deveria ser a capacidade para atender as exigências do *cycle time* e da demanda? Que aumento porcentual isso representa?
    (c) Mantendo a capacidade inalterada, que valor seria necessário para V atender as exigências do *cycle time* e da demanda? Que redução porcentual isso representa (compare os coeficientes de variação, não os seus quadrados). Discuta uma estratégia realista para alcançar os objetivos da administração.

12. Considere duas estações em série. Cada uma é composta por uma única máquina que exige *setups* muito longos. Para manter a capacidade, são usados tamanhos grandes de lotes. O resultado é um tempo efetivo de processamento de 1 hora por trabalho e um coeficiente de variação de ($t_e = 1{,}0$ e $c_e^2 = 9{,}0$). Os trabalhos chegam em fluxo constante a uma taxa de 0,9 trabalho por hora, e eles vêm de vários lugares da fábrica, de forma que $c_a = 1{,}0$ é uma suposição razoável (ver a discussão no Capítulo 8).

    Agora, suponha que exista uma máquina flexível com a mesma capacidade, mas com uma variabilidade efetiva menor ($t_e = 1{,}0$ e $c_e^2 = 0{,}25$), a qual pode substituir uma máquina em qualquer uma das estações. Em qual estação deve-se substituir a máquina antiga pela nova (flexível) para conseguir a maior redução no *cycle time*? [Dica: Use a equação $c_d^2 = u^2 c_e^2 + (1 - u^2)\, c_a^2$ junto às equações do *cycle time*.]

TABELA 9.4 Opções de compra de máquinas para cada centro de processamento

Tipo da estação	Opções de máquinas [velocidade (peças/hora), coeficiente de variação, custo ($ mil)]			
	Tipo 1	**Tipo 2**	**Tipo 3**	**Tipo 4**
MMOD	42-2,0-50	42-1,0-85	50-2,0-65	10-2,0-110,5
SIP	42- 2,0-50	42-1,0-85	50-2,0-65	10-2,0-110,5
ROBOT	25-1,0-100	25-0,7-120	—	—
HDBLD	5-0,75-20	5.5-0,75-22	6-0,75-24	—

13. Lembre o exemplo da melhoria da produção na Seção 9.7.1. Assumindo que existe uma quantidade ilimitada de matéria-prima para a estação de aplicação de resistência, responda o seguinte:
    (a) Calcule t_e *e* c_e^2 usando os dados do exemplo da Seção 9.7.1 para as duas operações, a de aplicação e a de exposição.

(b) Use o modelo geral de bloqueios da Seção 8.7.2 para calcular a produtividade da linha, assumindo que haja espaço para 10 trabalhos entre as duas estações ($b = 12$). A produtividade resultante será suficiente para atender a demanda?

(c) Reduza o tempo médio de reparo de 8 para 4 horas e recalcule a produtividade. E agora, a produção atende a demanda?

14. A Tabela 9.4 mostra a velocidade (em peças por hora), o coeficiente de variação e o custo para um conjunto de ferramentas para uma linha de placas de circuito. Os trabalhos seguem pela linha em cargas de 50 peças cada uma (isso não pode ser alterado). O coeficiente de variação representa os tempos *efetivos* de processamento e, portanto, incluem os efeitos de paradas, *setups*, etc.

    O *cycle time* médio desejado para a linha é de 1,0 dia. A demanda é de 1.000 peças/dia.

    (a) Qual é a menor configuração que atende a demanda existente?

    (b) Quantas opções de configuração existem?

    (c) Encontre uma boa configuração.

15. Considere a linha 1 da tabela 9.4 e suponha que os trabalhos chegam em lotes de 6, a cada 35 horas e sem nenhuma variabilidade nas chegadas, nos tempos de *setup* ou nos tempos de processamento. Faça um gráfico de Gantt (isto é, uma linha do tempo) igual ao da Figura 9.5 para o sistema quando as estações são mudadas da sua posição original (1, 2, 3) para as seguintes posições:

    (a) 1, 3, 2

    (b) 2, 1, 3

    (c) 2, 3, 1

    (d) 3, 1, 2

    Verifique se o *cycle time* está dentro dos limites dados na Seção 9.5.3.

16. Suponha que as peças chegam em lotes de 12, a cada 396 minutos, em uma linha de três estações e sem nenhuma variabilidade. A primeira estação tem um *setup* de 15 minutos e um tempo de processamento por unidade de 7 minutos, a segunda tem um *setup* de 8 minutos e processa cada peça em 3 minutos, a terceira tem um *setup* de 12 minutos e processa cada peça em 4 minutos.

    (a) Qual é a utilização de cada estação? Qual delas é o gargalo?

    (b) Qual é o *cycle time* se 12 peças são movidas de cada vez?

    (c) Qual é o *cycle time* para a primeira peça se elas forem movidas uma por vez?

    (d) Qual é o *cycle time* da 12ª peça se elas forem movidas uma por vez?

    (e) Qual é o *cycle time* médio se as peças são movidas uma por vez?

    (f) Faça uma experiência igual à da Fábrica de Moedas para determinar o *cycle time* médio. Considere que 12 peças chegam a cada 396 minutos e, então, são movidas uma por vez.

    (g) Dobre a taxa de chegadas (lotes de 12 chegando a cada 198 minutos). O que acontece ao *cycle time* se as peças forem movidas em lotes de 12? O que acontece ao *cycle time* se as peças forem movidas uma por vez?

    (h) Agora suponha que as chegadas têm uma distribuição de Poisson com um mesmo tempo médio entre elas (de 396 minutos). Qual é o tempo da fila formada em cada estação?

    (i) Agora dobre a taxa de chegadas tipo Poisson. O que acontece com o *cycle time*?

CAPÍTULO 10

Os Sistemas de Produção Puxada e Empurrada

Você diz sim.
Eu digo não.
Você diz pare,
Eu digo vai, vai, vai!
JOHN LENNON, PAUL MCCARTNEY

10.1 INTRODUÇÃO

Praticamente todas as descrições dos sistemas *just-in-time* usam os termos sistemas de produção *puxada* ou *empurrada*; contudo, eles nem sempre são bem definidos e podem ter contribuído para criar alguma confusão sobre assunto nos Estados Unidos.

Neste capítulo, definimos esses termos em nível conceitual. Por meio da separação dos conceitos de puxado e empurrado de sua implantação específica, observamos que, no mundo real, a maioria dos sistemas são híbridos ou misturas dos dois. Além disso, contrastando os extremos de produção "puramente puxada" e "puramente empurrada", compreendemos melhor os fatores que tornam eficazes os sistemas que puxam a produção. Esse entendimento sugere que existem várias maneiras de obter os benefícios dos sistemas que puxam. Qual a melhor delas depende de diversas considerações de cada ambiente em particular, como discutiremos neste capítulo e na Parte III do livro.

10.2 PERCEPÇÕES SOBRE A PRODUÇÃO PUXADA

O pai do JIT, Taiichi Ohno, usou o termo *puxar* apenas em um sentido muito genérico (Ohno 1988, xiv):

> Os fabricantes e as empresas não podem mais se basear apenas na produção planejada nos escritórios e, depois, distribuir, ou *empurrar*, eles (os produtos) para o mercado. Tornou-se uma situação corriqueira para os clientes e consumidores, cada um com valores diferentes, que eles fiquem na linha de frente do mercado e, por assim dizer, *puxem* as mercadorias, na quantidade e na hora em que realmente necessitam.

Essa e outras descrições dos autores japoneses do JIT pouco contribuíram para descrever o que realmente acontecia na Toyota, e a definição de puxar acabou sendo feita por escritores norte-americanos. Por exemplo, Hall (1983,39), em um dos primeiros textos sobre o JIT, caracterizava um sistema que puxa pelo fato de que "os materiais são retirados ou requeridos pelos usuários conforme suas necessidades". Apesar de ele saber que são possíveis vários tipos de sistemas que puxam os materiais, o único que ele descreveu em detalhe foi o sistema *kanban* da Toyota, que discutimos no Capítulo 4. O autor Schonberger (1982), em outro dos principais livros norte-americanos sobre o JIT, também se referiu ao termo de forma restrita ao contexto específico do sistema *kanban* da Toyota. Por isso, não chega a surpreender que, na década de 1980, um sistema que puxava os materiais era visto como um sinônimo de *kanban*.

No entanto, tal interpretação tão estreita não refletia nem as intenções de Ohno nem as práticas existentes na Toyota. Limitar o termo *puxar* ao significado do *kanban* obscurece a essência do termo por abordá-lo com muita especificidade, sugerindo que ele se aplica de uma maneira mais restrita do que é na realidade. Por exemplo, um sistema *kanban* clássico não pode ser usado em um ambiente com 50.000 códigos de peças ativos, pois exigiria, no mínimo, um contêiner-padrão, sempre disponível no sistema, para cada código. Mas isso não significa que um sistema que puxe o fluxo não traria benefícios, implantado-se de maneira diferente.

Na década de 1990, a quantidade crescente de implementações de sistemas puxados diminuiu sua identificação de sistema puxado com o *kanban*. Em vez disso, o termo identificava-se, agora, com o sistema de "produção sob encomenda", isto é, um pedido do cliente *puxaria* um produto do sistema. Segundo essa interpretação, em um sistema de produção para estoque, os produtos seriam "empurrados" aos clientes, pois são fabricados antes que haja um pedido. Porém, se muitas vezes é uma boa estratégia estocar alguns produtos fabricados sob encomenda, essa definição não evidencia como e por que um sistema de produção puxada pode melhorar a eficiência.

Na verdade, segundo essa definição, um sistema MRP, em que o plano mestre de produção é baseado completamente em pedidos de clientes (em vez de previsões de vendas), seria classificado como um sistema de produção puxada. Mas o MRP é a quintessência dos sistemas de produção empurrada! O "planejamento da produção feito nos escritórios", a que Ohno dá uma conotação negativa, refere-se exatamente ao MRP. Então a identificação dos sistemas de produção sob encomenda como um sistema de produção puxada é ainda mais infeliz do que sua comparação com o *kanban*.

Para examinar o conceito do termo *puxar* sob a perspectiva da Ciência da Fábrica, precisamos de uma definição simples o suficiente para capturar apenas sua natureza essencial, mas geral o bastante para abranger todas as diversas maneiras de sua implantação.

10.2.1 A principal diferença entre puxar e empurrar

Para identificar a diferença essencial entre puxar e empurrar, primeiro precisamos observar que a característica fundamental de qualquer sistema de controle é o mecanismo que aciona a movimentação do trabalho. Por exemplo, um sistema MRP *programa* as liberações de trabalho com base na demanda (real ou estimada), enquanto o *kanban autoriza* a liberação de trabalhos com base no *status* do sistema (pela sinalização dos cartões). Essa distinção, que é esquematizada na Figura 10.1, é uma definição razoável dos termos *puxar* e *empurrar*, ou seja, um sistema de produção empurrada programa as liberações dos trabalhos com base em informações de fora, enquanto um sistema de produção puxada autoriza as liberações com base em informações internas.

Todavia, se essa definição é consistente com nossa intuição de empurrar (de fora) e puxar (de dentro), o foco nos mecanismos de ação tende a ofuscar o porquê de a produção puxada funcionar. A razão disso é que a eficácia da produção puxada depende principalmente do tipo de informações endógenas usadas para puxar os trabalhos do sistema. Sem a especificação dessas informações, a definição dos

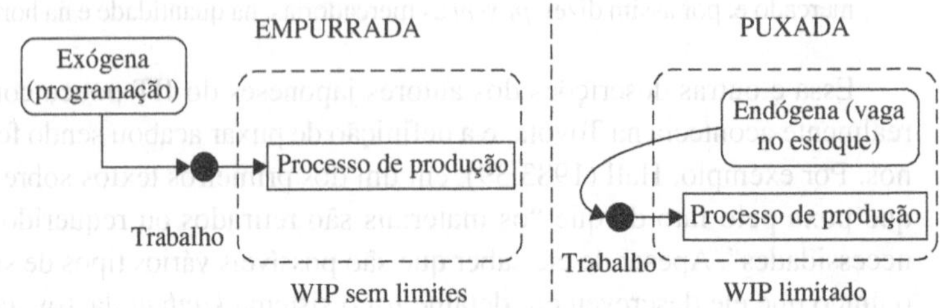

FIGURA 10.1 Os mecanismos da produção puxada e empurrada.

mecanismos de ação da produção puxada pode tornar-se enganosa. Por exemplo, Hall (1983, 39) cita um supervisor da General Motors que descreveu a essência do termo puxar como "você nunca produz nada para *mandar* a lugar nenhum. Alguém tem que vir buscar." Essa declaração sobre puxar está totalmente errada. Se as pessoas "têm que vir buscar" porque o produto já está lá ou porque existem meios disponíveis para transportar os materiais, o sistema se comportará exatamente como se as pessoas *mandassem* os trabalhos de uma estação para outra. O simples ato de puxar os trabalhos entre as estações, por si só, não afeta o desempenho de maneira significativa.

A chave do sucesso da produção puxada é que as informações usadas para controlar as liberações se relacionam ao *status* do WIP no sistema. Como resultado, uma característica uniforme dos sistemas de produção puxada é que eles controlam os níveis de WIP que pode existir no sistema. Como discutiremos mais adiante, é exatamente esse comportamento que conduz aos benefícios da eficiência de puxar. Assim, definiremos a distinção crítica entre os sistemas de produção puxada ou empurrada da maneira a seguir.

Definição: *Um* **sistema de produção puxada** *estabelece um limite a priori para o WIP, enquanto um* **sistema de produção empurrada** *não o faz.*

A Figura 10.1 mostra essa distinção. Pelo fato de um sistema de produção empurrada liberar trabalhos para o sistema sem um ciclo de informações que comuniquem o *status* do WIP, seus níveis podem flutuar quase livremente. Mas um sistema de produção puxada, que aciona as liberações em resposta às vagas no estoque (dizendo que mais uma unidade pode ser puxada), proíbe mais liberações quando todas as vagas estiverem preenchidas e, portanto, não deixará o WIP crescer além de um limite previamente especificado.

Por exemplo, no sistema *kanban* mostrado na Figura 4.4, uma estação de trabalho anterior só pode mandar um trabalho a uma estação posterior quando for autorizada por um cartão de produção, indicando que mais uma unidade do estoque na estação posterior foi usada. Quando não há nenhum cartão vago, isso significa que o estoque da estação posterior está cheio. Assim, o estoque máximo da estação posterior é limitado pela quantidade de cartões *kanban* entre as duas estações e o total de WIP na linha é limitado pela quantidade de cartões *kanban* existentes na linha. É o limite de WIP estabelecido pelos cartões *kanban*, e não os cartões em si, que faz o sistema *kanban* funcionar.

As situações ilustradas na Figura 10.1 são radicais. No sistema de produção empurrada, as liberações são controladas exclusivamente por informações externas (o plano mestre de produção), mas, na prática, poucos usuários do MRP confiam cegamente nas liberações de ordens planejadas. Em vez disso, eles levam em consideração o *status* do sistema (por exemplo, um equipamento com problemas que causou o atraso na produção) para ajustar o plano do MRP. Como ambos os sinais, exógenos e endógenos, são usados para liberar os trabalhos, o sistema é híbrido de produção puxada e empurrada. Por outro lado, um sistema de produção puxada que gera um cartão autorizando a produção, mas atrasa a liberação do trabalho em razão da falta antecipada de demanda pela peça (não está incluída no plano mestre de produção), também é um sistema híbrido. Foram feitas várias tentativas de combinar a ação de puxar e empurrar em sistemas híbridos (ver Wight 1970, Deleersnyder et al. 1992 e Suri 1998). Discutiremos as virtudes dos sistemas híbridos e apresentaremos uma abordagem deles na Parte III do livro.

Nosso objetivo em definir bem a distinção entre os sistemas "puros" de produção puxada e empurrada, conforme a ilustração da Figura 10.1, é isolar os benefícios dos sistemas de produção puxada e verificar suas causas reais. Em certo sentido, estamos falando da mesma abordagem da Ciência (clássica) em que os sistemas mecânicos são, muitas vezes, estudados em ambientes sem fricção. Isso não se dá porque os ambientes sem fricção sejam comuns, mas sim porque conceitos como o da gravitação, da aceleração e da velocidade ficam mais evidentes em um ambiente puro. Assim como a ideia da ausência de fricção da mecânica clássica ressalta as análises de sistemas físicos em bases mais realistas, também as nossas observações sobre os sistemas puros de produção puxada e empurrada fornecem os fundamentos para os projetos e melhorias em sistemas de produção do mundo real.

10.3 A MAGIA DA PRODUÇÃO PUXADA

Armados com uma definição formal da produção puxada, voltamo-nos agora à questão mais importante deste capítulo: o que torna os sistemas de produção japoneses, em especial o da Toyota, tão bons? A partir das discussões do Capítulo 4, ficou evidente que não existe uma resposta fácil para essa pergunta. O sucesso de diversas empresas japonesas de alto desempenho, incluindo a Toyota, na década de 1980, foi o resultado de várias práticas, desde a redução de *setups* até o controle de qualidade e o lançamento rápido de novos produtos. Além disso, essas empresas operavam em um ambiente cultural, geográfico e econômico bem diferente do norte-americano. Porém, se encararmos o sistema JIT/produção enxuta em termos puramente operacionais, poderemos, então, compreender algumas das razões mais importantes para seu sucesso. Além disso, como as políticas operacionais são transferíveis, enquanto a cultura e a geografia não o são, as ideias obtidas por meio de nossa visão são eminentemente práticas.

No geral, a história do sucesso japonês foi baseada na habilidade de oferecer ao mercado produtos de qualidade, no tempo certo, com custos competitivos e em uma boa variedade. No nível específico, isso foi alcançado por meio de um sistema eficaz de controle da produção, que facilitou a fabricação com custos baixos, contando com alta produção, baixos estoques e pouco retrabalho. Esse sistema promoveu uma alta qualidade externa por meio da implantação da qualidade interna, permitiu um bom nível de atendimento aos clientes por meio de um fluxo de produção constante e previsível, e possibilitou um perfil flexível de resposta rápida às mudanças das demandas do mercado, sendo flexível o bastante para acomodar as alterações em seu *mix* de produtos (a não ser quando elas eram muito imprevisíveis e drásticas).

Qual é o segredo para todas essas características atraentes que tornaram o Sistema Toyota de Produção uma base tão desejada para uma estratégia de negócios de sucesso? A resposta está contida em nossa definição de um sistema de produção puxada: *existe um limite máximo de estoques no sistema.* Enquanto isso é alcançado por meio de cartões *kanban*, de sinalizações eletrônicas ou de monitoramento manual dos níveis de WIP, todos os sistemas de produção puxada asseguram que, não importando o que aconteça no chão de fábrica, os níveis pré-determinados de WIP *não podem* ser excedidos. Ao se estabelecer um nível máximo de WIP, os sistemas de produção puxada impõem uma forte ênfase no fluxo de materiais; se a produção para, a alimentação de materiais também para. Essa ênfase no fluxo traz vários benefícios operacionais que, conforme discutidos a seguir, são a mágica da produção puxada.

10.3.1 A redução dos custos de produção

Se for estabelecido um nível máximo de WIP, as interrupções na linha (falhas de máquinas, paradas por problemas de qualidade, atrasos por alterações no *mix* dos produtos) não poderão fazer o WIP crescer acima do limite estabelecido. Note que, em um sistema puro de produção empurrada, esse limite não existe. Se um plano de produção gerado pelo MRP for seguido à risca (sem os ajustes às condições da fábrica), tal plano pode ficar bem acima da produção e inundar a fábrica, causando uma **explosão do WIP.**

É claro que não vamos encontrar fábricas no mundo real com limites infinitos de WIP. Quando as coisas ficam um tanto complicadas, a administração sempre vai tomar algumas ações: programa algumas horas extras, contrata mão de obra temporária para aumentar a capacidade, prorroga os prazos de entrega dos pedidos ou limita a liberação de trabalhos na fábrica – em outras palavras, a administração deixa de usar um sistema puro de produção empurrada. E, finalmente, as coisas voltam ao normal – até a próxima explosão do WIP (ver o Capítulo 9 para uma discussão do ciclo vicioso das horas extras). O ponto principal é que, em um ambiente de produção empurrada, as ações corretivas não são tomadas antes que o problema aconteça e o WIP já tenha saído de controle.

Em um sistema de produção puxada, que estabelece um limite máximo de WIP, as liberações são estancadas *antes* que o sistema seja sobrecarregado. A produção vai despencar, com certeza, mas isso aconteceria independentemente dos níveis de WIP. Por exemplo, se uma máquina importante parou, nem o maior nível de WIP do mundo a faria produzir mais. Contudo, ao manter os estoques fora do sistema, o limite máximo de WIP preserva certa flexibilidade que não existiria se tais estoques fossem liberados para a fábrica. Enquanto os trabalhos existem apenas como pedidos (no papel), as alterações de planejamento ou de engenharia podem ser feitas sem problemas. Entretanto, uma vez que estejam no chão da fábrica, onde recebem uma "personalidade" (por exemplo, uma placa recebe os circuitos impressos), as alterações podem ser muito mais dispendiosas, com interrupções apressadas, e as mudanças de engenharia podem ser quase impossíveis. Assim, um limite máximo de WIP diminui os custos de produção ao reduzir os custos causados por alterações de expedição e de engenharia.

Além de melhorar a flexibilidade, um sistema de produção puxada promove um ritmo melhor na liberação dos trabalhos. Para tanto, note que um sistema puro de produção empurrada muitas vezes permite níveis excessivos de trabalho no sistema, como quando o congestionamento das linhas estanca a liberação de novos trabalhos. Isso serve para inflar os níveis médios de WIP sem melhorar os de produção. Um limite máximo de WIP, não importando o tipo de mecanismo usado para puxar os fluxos e atingir seu nível, reduzirá os níveis de estoque necessários para alcançar certo nível de produtividade. Isso reduzirá diretamente os custos de produção associados aos custos de manutenção dos estoques.

10.3.2 A redução da variabilidade

A chave para manter um bom nível de atendimento ao cliente é um fluxo previsível através das linhas de produção. É preciso, especialmente, uma baixa **variabilidade do *cycle time*.** Se sua variabilidade for baixa, então saberemos, com um alto nível de precisão, quanto tempo um trabalho vai demorar na linha, o que nos permitirá oferecer prazos de entrega mais realistas aos clientes e cumpri-los. Uma baixa variabilidade do *cycle time* também nos ajudará a oferecer *lead times* mais curtos aos clientes. Se o *cycle time* for de 10 dias, com desvio padrão de 6 dias, então podemos informar ao cliente um *lead time* de 16 dias para garantir um bom atendimento. Por outro lado, se o *cycle time* for de 10 dias, com desvio padrão de 1 dia, então um *lead time* de 11 dias será suficiente.

Um sistema *kanban* permite uma menor variabilidade dos *cycle times* do que um sistema puro de produção empurrada. Como o *cycle time* aumenta os níveis do WIP (segundo a lei de Little), e o *kanban* evita sua explosão, ele também evita explosões do *cycle time*. Contudo, note que a razão disso é o limite máximo imposto ao WIP – e não a simples ação de puxar a produção em cada estação. Assim, qualquer sistema que imponha um limite máximo ao WIP evitará os grandes estoques nas linhas e, por consequência, os altos *cycle times* que ocorrem em sistemas puros de produção empurrada.

Ao *kanban* também se credita a redução da variabilidade diretamente em cada estação de trabalho. Isso é o que o JIT diz na sua analogia de "reduzir os níveis da água para expor as pedras". Essencialmente, o *kanban* limita o WIP no sistema, tornando-o mais vulnerável às variações e exercendo pressão na gerência para sua contínua melhoria.

Ilustramos a intuição que suporta essa analogia por meio de um exemplo simples na Figura 10.2. O sistema consiste de duas máquinas: a máquina 1 alimenta a máquina 2. A máquina 1 é extremamente rápida, produzindo uma peça por segundo, enquanto a máquina 2 é lenta e produz apenas uma peça por hora. Suponha um sistema *kanban* (de um cartão) que limita o nível do WIP entre as máquinas a cinco trabalhos. Pelo fato de a máquina 1 ser tão rápida, esse estoque estará sempre cheio quando a máquina 1 estiver funcionando.

No entanto, imagine que a máquina 1 esteja sujeita a falhas periódicas. Se uma falha demorar mais do que 5 horas, vai faltar alimentação para a máquina 2, que é o gargalo. Assim, dependendo da frequência e da duração das falhas da máquina 1, a máquina 2 pode ficar sem alimentação por um bom tempo, apesar da grande rapidez da máquina 1.

Fica claro que se o tamanho do estoque (quantidade de cartões *kanban*) for aumentado, a falta de alimentação na máquina 2 diminuirá. Por exemplo, se o estoque fosse aumentado em 10 trabalhos, somente as falhas de mais de 10 horas causariam falta de alimentação. De fato, os níveis extras de WIP protegem o sistema dos efeitos prejudiciais das falhas. Porém, como observamos anteriormente, um sistema puro de produção empurrada necessita de níveis maiores de WIP para atingir certo nível de

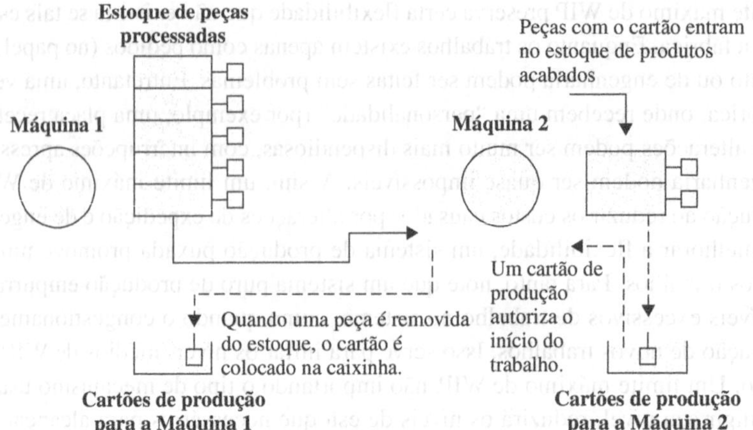

FIGURA 10.2 Estações de trabalho conectadas por um estoque limitado.

produtividade. A produção empurrada tende a mascarar os efeitos das falhas da máquina 1 exatamente dessa maneira. O sistema de produção empurrada terá níveis de WIP maiores em toda a linha, de forma que as falhas serão menos impactantes. Se a administração se acomodar em conviver com os altos níveis de WIP, haverá pouca pressão para melhorar os defeitos da máquina 1.

Como a literatura do JIT corretamente aponta, se quisermos manter altos níveis de produtividade com níveis *baixos* de WIP (e *cycle times* curtos), precisamos reduzir essas fontes devastadoras de variabilidade (falhas, *setups*, retrabalhos, etc.). Percebemos que, novamente, a solução está em estabelecer um nível máximo para o WIP, e não no mero mecanismo de puxar o fluxo em cada estação. Com certeza, puxar a produção em cada estação controla os níveis de WIP em cada ponto do processo, o que não é o caso, necessariamente, com um limite máximo genérico de WIP. Todavia, diminuir seu nível geral por meio de um limite máximo *reduzirá* os níveis médios de WIP nas várias estações e, dessa forma, aplicará a pressão que promove a melhoria contínua do sistema todo. Se tal limite máximo distribui ou não devidamente o WIP ao longo da linha é uma questão que ainda discutiremos adiante.

10.3.3 A melhoria da qualidade

A qualidade é geralmente considerada uma pré-condição do JIT e um dos grandes benefícios do sistema. Como resultado, o JIT promove níveis mais altos de qualidade simplesmente pela sua necessidade e também estabelece condições sob as quais os altos níveis de qualidade são mais fáceis de manter.

Como já observamos no Capítulo 4, a qualidade é um componente básico da filosofia do JIT. A razão está em que, se os níveis de WIP forem baixos, uma estação terá falta de alimentação de peças sempre que elas tiverem problemas de qualidade, mesmo estando disponíveis no estoque daquela estação. Sob o ponto de vista logístico, os efeitos disso são bastante similares às falhas das máquinas: como os níveis de WIP ficam suficientemente baixos, o porcentual de peças boas existentes no sistema precisa ser alto, a fim de manter os níveis da produção. Para assegurar que isso aconteça, os sistemas *kanban* são, em geral, acompanhados por controle estatístico de processos (CEP), por treinamento dos funcionários em relação à qualidade, por procedimentos de solução de problemas e por outras técnicas para monitoração e melhoria dos níveis da qualidade em todo o sistema. Como quanto maior a qualidade, menores os níveis de WIP, os esforços na redução de seus níveis praticados em um sistema JIT também necessitam de melhorias contínuas.

Por trás dessa pressão por maior qualidade, o JIT também pode facilitar diretamente a manutenção de seu alto nível porque as inspeções são mais eficientes em um ambiente de baixos níveis de WIP. Se os níveis dos estoques são altos e as filas, longas, uma inspeção de qualidade pode não identificar um problema em um processo antes que um grande lote de peças defeituosas já tenha sido produzido. Se os níveis são baixos, de maneira que a fila em frente ao posto de controle de qualidade seja curta, então os defeitos podem ser detectados a tempo, antes da produção de muitas peças defeituosas. Esse é o objetivo do controle estatístico de processos, com monitoração em tempo real. Porém, onde a inspeção imediata não é possível, como em uma fábrica de placas de circuitos onde elas passam por um controle óptico ou um teste eletrônico para determinar sua qualidade, os níveis de WIP podem amplificar de maneira significativa o poder de um bom programa de controle de qualidade.

Note que, mais uma vez, os benefícios creditados ao *kanban* ou ao JIT são realmente consequências da redução do WIP. Assim, um simples limite máximo de WIP serve para fornecer a mesma pressão que o *kanban* exerce para a melhoria da qualidade e a redução das filas para facilitar a garantia de qualidade.

Além disso, existe mais um benefício relacionado à qualidade que também é atribuído diretamente à ação do *kanban* de puxar a produção. O argumento básico é que, se os funcionários do fluxo abaixo precisam buscar as peças em estações anteriores, eles também podem inspecioná-las. Se as peças são defeituosas, eles podem rejeitá-las de imediato. O resultado é a detecção mais rápida dos problemas e as chances menores de as peças com defeito seguirem adiante e serem trabalhadas.

Esse argumento não é muito convincente quando o manuseio dos materiais é feito por um funcionário designado apenas para isso, como, um operador de empilhadeira. Se os operadores de empilhadeiras estão "empurrando" as peças para a próxima estação porque elas já foram acabadas na anterior, ou se estão "puxando" as peças porque estão autorizadas pelos cartões *kanban*, isso faz pouca diferença em sua habilidade de inspecioná-las.

O argumento é mais convincente quando as peças são pequenas e as estações são próximas, de forma que os operadores das máquinas podem se deslocar para buscar suas próprias peças. Nesse caso, é provável que, se os operadores das estações posteriores vão pegar suas peças, eles têm condições de verificar sua qualidade melhor do que se o operador da estação anterior simplesmente as deposita no estoque das máquinas posteriores.

A questão é se o operador da estação posterior realmente inspeciona todas as peças recebidas – sejam elas empurradas ou puxadas. Temos visto sistemas, não necessariamente de produção puxada, em que os operadores têm que aprovar a transferência de materiais assinando um formulário. Com a assinatura, supõe-se uma inspeção de qualidade.

No entanto, impor limites ao WIP entre duas estações próximas é uma questão secundária e completamente à parte. Voltaremos a falar desse assunto mais adiante, ainda neste capítulo. Por ora, queremos, simplesmente, ressaltar que os benefícios da garantia de qualidade da produção puxada em cada uma das estações podem ser obtidos por meio da inspeção das transações, independentemente do mecanismo usado para respeitar o limite máximo de WIP.

10.3.4 Preservando a flexibilidade

Um sistema puro de produção empurrada pode liberar trabalhos para uma linha que já está congestionada, apenas para depois ver esses trabalhos ficarem parados em algum lugar do fluxo. O resultado será a perda da flexibilidade de várias maneiras. Primeiro, as peças que já foram parcialmente acabadas não poderão mais receber alguma alteração de engenharia (por exemplo, de projeto). Segundo, os altos níveis de WIP impedirão mudanças de prioridades ou do plano mestre de produção, pois as peças podem precisar ser removidas do fluxo para dar lugar a outras com uma alta prioridade. Por último, se os níveis de WIP forem altos, as peças poderão ser liberadas na fábrica bem antes dos prazos planejados. Pelo fato de os pedidos dos clientes tornarem-se mais incertos quanto maior o horizonte de planejamento, o sistema pode ter que se basear apenas na previsão de demandas futuras para determinar as liberações dos trabalhos. Como as previsões nunca são tão acuradas como desejaríamos que fossem, isso acaba degradando o desempenho do sistema todo.

Um sistema de produção puxada que estabelece um limite para o WIP pode evitar esses efeitos negativos e, dessa forma, melhorar a flexibilidade geral do sistema. Ao evitar a liberação de mais trabalhos quando a fábrica está congestionada, um sistema de produção puxada manterá a demanda apenas no papel pelo máximo tempo possível. Isso facilita as alterações de engenharia, de planejamento ou o remanejamento de prioridades. Além disso, a liberação dos trabalhos quanto mais tarde possível assegura que eles possam se basear ao máximo em ordens firmes dos clientes. O efeito final será uma habilidade crescente de resposta ao mercado, com um bom nível de atendimento aos clientes.

A analogia para ilustrar os benefícios da flexibilidade dos sistemas de produção puxada é o controle de tráfego aéreo. Quando voamos de Porto Alegre para São Paulo, muitas vezes temos que esperar em Porto Alegre mesmo após o horário de nosso voo, devido ao que as companhias aéreas chamam de *controle de tráfego aéreo.* O que elas querem dizer é que o aeroporto de Cumbica, em São Paulo, está sobrecarregado (ou vai estar quando nosso avião chegar lá). Mesmo que partíssemos de Porto Alegre no horário, teríamos que ficar sobrevoando São Paulo, esperando uma oportunidade para aterrissar. Assim, o controle de tráfego aéreo, corretamente (apesar de nos fazer perder a paciência), mantém nosso avião no chão em Porto Alegre, até que se dissipe o congestionamento em São Paulo (ou garanta que vai se dissipar até chegarmos lá). O resultado final é que nosso voo vai aterrissar em São Paulo exatamente como se tivesse decolado de Porto Alegre no seu horário original, porém, dessa forma, acabamos usando menos combustível e reduzindo os riscos de acidentes. É importante também mantermos outras opções em aberto, como cancelar nosso voo se as condições meteorológicas se tornarem inseguras.

10.3.5 A coordenação de trabalhos futuros

As discussões anteriores implicam que os sistemas de produção puxada mantenham a flexibilidade por meio da coordenação das liberações de acordo com a situação atual da linha (não liberando nada quando ela estiver congestionada). Os benefícios da coordenação também podem ser estendidos às situações favoráveis das linhas. Se seguirmos estritamente os mecanismos de puxar a produção e liberarmos os trabalhos no sistema sempre que os níveis de WIP ficarem abaixo de seu limite máximo, podemos trabalhar à frente do planejamento quando as coisas estão tranquilas. Por exemplo, se tivermos um período sem falhas de máquinas, nem problemas com operadores, nem falta de materiais, etc., podemos produzir mais do que o planejado. Um sistema puro de produção empurrada não pode explorar esse período de boa sorte, pois as liberações são feitas de acordo com o plano, não importando o *status* da fábrica.

É claro que, na prática, em geral, há um limite de quanto podemos adiantar os trabalhos, mesmo em um sistema de produção puxada. Se começarmos trabalhos cujas datas de entrega são bastante longínquas, que representam especulações de demanda, então completá-los agora pode ser arriscado. Possíveis alterações de engenharia ou de demanda também podem anular vantagens de se produzir antes do prazo. Portanto, assim que tivermos uma certeza razoável sobre a demanda, faz sentido reduzir os ritmos de trabalho. Discutiremos esse assunto em maiores detalhes na Parte III do livro.

10.4 O SISTEMA CONWIP

Apesar de o mais famoso sistema de produção puxada ser o *kanban*, no qual os níveis de WIP são controlados em cada estação por meio de cartões de autorização, o *kanban* não é necessariamente o sistema mais simples. A maneira mais direta de estabelecer um limite máximo de WIP é simplesmente *fazê-lo*, ou seja, para certa linha de produção, estabelecer um limite e não permitir liberações que possam excedê-lo. Chamamos esse protocolo, segundo o qual um novo trabalho é introduzido na linha a cada vez que outro segue adiante de **CONWIP** (*CONstant Work In Process* – trabalho constantemente em curso), pois ele resulta em um nível de WIP que é quase constante.

Lembre que, no Capítulo 7, usamos o protocolo CONWIP para controlar o WIP de maneira que pudéssemos determinar as relações entre o WIP, o *cycle time* e a produtividade). Oferecemos agora o conceito como base para um mecanismo prático para se estabelecer um limite máximo de WIP. Antes de tudo, vamos descrevê-lo do ponto de vista qualitativo e, depois, fornecemos um modelo quantitativo para analisar o desempenho de uma linha de produção operando sob o conceito CONWIP.

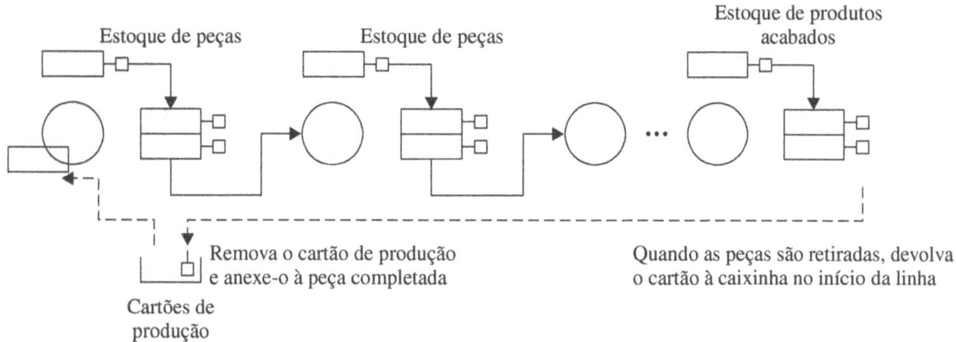

FIGURA 10.3 Uma linha de produção CONWIP.

10.4.1 Os mecanismos básicos

Podemos visualizar a operação de uma linha CONWIP conforme a Figura 10.3, na qual os trabalhos que seguem adiante deixam cartões de produção vagos, que são devolvidos ao início da linha, autorizando a liberação de novos trabalhos. Note que essa maneira de descrever uma linha CONWIP assume, implicitamente, duas coisas:

1. A linha de produção consiste de um roteiro único, através do qual todas as peças fluem.
2. Os trabalhos são iguais, de maneira que o WIP pode ser medido razoavelmente em unidades (isto é, a quantidade de trabalhos ou peças na linha).

Se a fábrica contém muitos roteiros de produção que compartilham as mesmas estações de trabalho, ou se os diferentes trabalhos exigem diferentes processos nas máquinas em níveis significativos, então as coisas não serão tão simples assim. Mas sempre há maneiras de resolver esses problemas. Por exemplo, podemos estabelecer níveis de CONWIP para diferentes roteiros. Podemos também definir seus níveis para certos "trabalhos padronizados", os quais são ajustados de acordo com o volume de processamento exigido por recursos críticos. Abordaremos esse tipo de questão de implantações na Parte III do livro. Por enquanto, focaremos uma linha de produção com um único roteiro e um único produto, para podermos melhor analisar as diferenças essenciais entre os sistemas CONWIP, *kanban* e MRP.

Da perspectiva dos modelos, um sistema CONWIP parece uma **rede de filas fechada** na qual os clientes (trabalhos) nunca deixam o sistema, circulando indefinidamente dentro da rede, como mostra a Figura 10.4. É claro que, na realidade, os trabalhos que entram são diferentes daqueles que saem. Porém, para os objetivos do modelo, isso não faz diferença alguma, pois presumimos que todos eles sejam iguais.

Por outro lado, um sistema puro de produção empurrada, ou MRP, se comporta como uma **rede de filas aberta**, na qual os trabalhos dão entrada na linha e partem assim que um segue adiante (também ilustrada na Figura 10.4). As liberações para a linha são acionadas pelo planejamento das necessidades de materiais, não importando qual a quantidade de trabalhos existentes na linha. Assim, diferentemente de uma rede fechada, a quantidade de trabalhos pode variar ao longo do tempo.

Por último, a Figura 10.4 mostra também um sistema *kanban* (de um cartão) como uma **rede de filas fechada e com bloqueio**. Como no modelo da rede fechada, num sistema CONWIP, os trabalhos circulam indefinidamente. Entretanto, diferentemente do sistema CONWIP, o *kanban* limita o número de trabalhos em cada estação, pois o número de cartões de produção em cada estação estabelece o nível máximo de WIP. Cada cartão de produção age exatamente como um espaço em um estoque finito em frente de cada estação. Se esse estoque ficar cheio, a estação anterior é bloqueada.

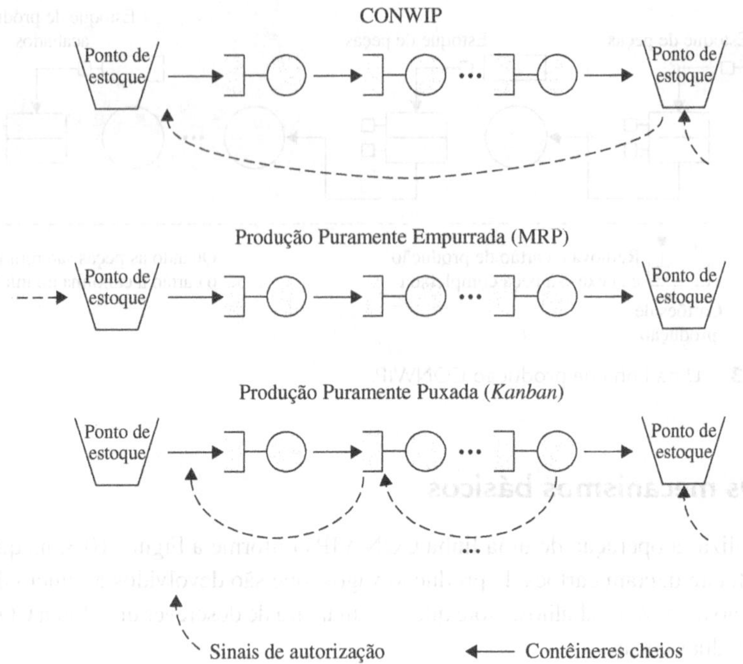

FIGURA 10.4 Sistemas CONWIP, de produção puramente empurrada e *kanban*.

10.4.2 O modelo de análise do valor médio

Para analisar as linhas CONWIP e compará-las com os sistemas de produção empurrada, é útil desenvolver um modelo quantitativo dos sistemas fechados (CONWIP), similar ao modelo da equação de Kingman, desenvolvido no Capítulo 8. Para o caso em que todas as estações consistem de uma máquina única, podemos fazê-lo usando uma técnica conhecida como **análise do valor médio (AVM)**.[1] Essa abordagem, que usamos sem identificá-la especificamente no Capítulo 7 para desenvolver as curvas da produtividade e do *cycle time* para o caso do pior desempenho na prática, é um procedimento repetitivo que desenvolve as medidas da linha com o nível de WIP w em termos daquelas para nível de WIP $w - 1$. A ideia básica é que um trabalho que chega a uma estação em um sistema com uma quantidade w tem os outros trabalhos $w - 1$ distribuídos de acordo com o comportamento médio de um sistema com $w - 1$ trabalhos. Isso é verdadeiro para o caso em que os tempos de processamento são exponenciais ($c_e = 1$). Para tempos de processamento normais, isso é apenas em parte verdadeiro. Como tal, isso nos dá um modelo aproximado, parecido com o modelo de Kingman para os sistemas abertos.

Usando a seguinte notação para descrever uma linha CONWIP com n-estações,

$u_j(w)$ = a utilização da linha CONWIP com um nível de WIP w
$CT_j(w)$ = o *cycle time* na estação j em uma linha CONWIP com um nível de WIP w
$CT(w) = \sum_{j=1}^{n} CT_j(w)$ = o *cycle time* de uma linha CONWIP com um nível de WIP w
$TH(w)$ = a produtividade de uma linha CONWIP com um nível de WIP w
$WIP_j(w)$ = o nível médio de WIP na estação j em uma linha CONWIP com um nível de WIP w

desenvolvemos um modelo AVM para calcular cada uma das grandezas supracitadas em função de um nível de WIP w. Fornecemos maiores detalhes na observação técnica a seguir.

[1] Infelizmente, a análise do valor médio não é válida para o caso de várias máquinas. Podemos fazer uma aproximação de uma estação de máquinas paralelas com uma máquina rápida única (de maneira que a capacidade seja igual). Porém, como já vimos no Capítulo 7, as máquinas paralelas tendem a superar o desempenho das máquinas únicas, considerando capacidades iguais. Assim, essa aproximação possivelmente seja menor do que o desempenho de uma linha CONWIP com estações com várias máquinas paralelas.

Observação técnica

Como era no caso do modelo de Kingman para sistemas abertos, o desafio para desenvolver um modelo de análise do valor médio para um modelo fechado é calcular o *cycle time* de uma estação. Fazemos isso tratando as estações com um comportamento igual às filas *M/G/1* – isto é, como estações de máquinas únicas com chegadas do tipo Poisson e tempos gerais de processamento aleatórios. Três resultados fundamentais para uma fila tipo *M/G/1* são os seguintes:

1. A probabilidade, em longo prazo, de que a estação servidora esteja ocupada é

$$P(\text{ocupada}) = u$$

onde u é a utilização do sistema.

2. O numero médio de trabalhos em serviço (isto é, sendo processados, e não esperando na fila) do ponto de vista de um trabalho que chega aleatoriamente é

$$E[\text{n}^\circ \text{ de trabalhos em serviço}] = P(\text{ocupada}) \times 1 + [1 - P(\text{ocupada})](0) = u$$

3. O tempo médio de processamento restante de um trabalho em serviço (que é zero, se não houver nenhum trabalho em serviço) da perspectiva de um trabalho que chega aleatoriamente (ver Kleinrock 1975 para mais detalhes) é

$$E[\text{tempo restante de processamento}] = P(\text{ocupada})E[\text{tempo restante de processamento}|\text{ocupada}]$$
$$\approx u\frac{t_e(c_e^2 + 1)}{2}$$

Note que se $c_e = 1$ (ou seja, se os tempos de processamento são exponenciais), então o tempo restante de processamento, considerando que a estação está ocupada, é simplesmente t_e (o tempo médio de processamento de um trabalho recém-iniciado), o qual é um exemplo da propriedade da falta de memória da distribuição exponencial. Quando $c_e > 1$, o tempo restante de processamento é maior do que t_e, pois, em sistemas com alta variabilidade, os trabalhos que chegam aleatoriamente terão mais chances de encontrar trabalhos longos pela frente. Por outro lado, se $c_e < 1$, então o tempo médio de processamento é menor do que t_e.

Com essas três propriedades, podemos estimar o tempo médio que um trabalho gasta na estação j em um sistema com w trabalhos como sendo o tempo restante de processamento do trabalho atualmente em serviço, mais o tempo para processar os trabalhos que ainda estão na fila à frente do trabalho que está chegando, mais o tempo de processamento do próprio trabalho. Como o número de trabalhos na fila é o mesmo número de trabalhos na estação menos um (se houver) em serviço, podemos resumi-lo da seguinte forma:

$$\text{CT}_j(w) = E[\text{tempo restante de processamento}] + (E[\text{n}^\circ \text{ de trabalhos na estação}]$$
$$- E[\text{n}^\circ \text{ de trabalhos na estação}])t_e(j) + t_e(j)$$

Agora, supondo que um trabalho chegue em uma linha com w trabalhos e tenha em frente os outros trabalhos distribuídos de acordo com o comportamento médio de uma linha com $w - 1$ trabalhos, e usando a expressão anterior para o tempo restante de processamento, podemos descrever isso como o seguinte:

$$\text{CT}_j(w) = u_j(w-1)\frac{t_e(j)[c_e^2(j)+1]}{2} + [\text{WIP}_j(w-1) - u_j(w-1)]t_e(j) + t_e(j)$$
$$= \text{TH}(w-1)t_e(j)\frac{t_e(j)[c_e^2(j)+1]}{2} + [\text{WIP}_j(w-1) - \text{TH}(w-1)t_e(j) + 1]t_e(j)$$
$$= \frac{t_e^2(j)}{2}[c_e^2(j) - 1]\text{TH}(w-1) + [\text{WIP}_j(w-1) + 1]t_e(j)$$

Note que substituímos a expressão da utilização $u_j(w) = \text{TH}(w)t_e(j)$. Com essa fórmula do *cycle time* para a estação j, podemos facilmente calcular o *cycle time* para a linha (que é apenas a soma dos *cycle times* das estações). Conhecer o *cycle time* nos permite calcular a produtividade por meio da lei de Little (pois o nível do WIP em uma linha CONWIP é fixo em w). Por último, usando a produtividade e o *cycle time* de cada estação, de acordo com a lei de Little, podemos calcular os níveis de WIP em cada estação.

Tomando $WIP_j(0) = 0$ e $TH(0) = 0$, o algoritmo da AVM calcula o *cycle time*, a produtividade e os níveis do WIP de cada estação em função do número de trabalhos na linha CONWIP de maneira repetitiva, usando as seguintes equações:

$$CT_j(w) = \frac{t_e^2(j)}{2}[c_e^2(j) - 1]TH(w-1) + [WIP_j(w-1) + 1]t_e(j) \tag{10.1}$$

$$CT(w) = \sum_{j=1}^{n} CT_j(w) \tag{10.2}$$

$$TH(w) = \frac{w}{CT(w)} \tag{10.3}$$

$$WIP_j(w) = TH(w)CT_j(w) \tag{10.4}$$

Essas fórmulas podem ser facilmente usadas em planilhas para gerar curvas de $TH(w)$ e $CT(w)$ para outras linhas CONWIP, além dos casos do melhor e do pior desempenho, e do pior desempenho na prática. Buzacott e Shanthikumar (1993) já as testaram fazendo várias simulações de conjuntos de parâmetros de sistemas e concluíram que o resultado aproximado é razoavelmente acurado para sistemas com valores de $c_e^2(j)$ entre 0,5 e 2.

Para ilustrarmos o uso das equações de (10.1) a (10.4), vamos voltar ao exemplo da Fábrica de Moedas do Capítulo 7. Lembre que a Fábrica de Moedas tinha quatro estações, cada uma com um tempo médio de processamento $t_e = 2$ horas. Usando as fórmulas do Capítulo 7, pudemos calcular as curvas $TH(w)$ e $CT(w)$ para os casos do melhor e do pior desempenho, e do pior desempenho na prática. Suponha agora que estamos interessados em considerar os efeitos de aumentar a velocidade de uma das estações (para criar uma linha desequilibrada) ou reduzir a variabilidade relativa ao caso do pior desempenho na prática. Como as fórmulas para o pior desempenho na prática (PDP) consideram apenas o caso de uma linha equilibrada com $c_e = 1$ em todas as estações, não podemos usar as fórmulas do Capítulo 7. Podemos, porém, usar o algoritmo da AVM recém-exposto.

Considere a Fábrica de Moedas com uma variabilidade reduzida (relativa ao caso do pior desempenho na prática), de maneira que $c_e(j) = 0{,}5$ para $j = 1, \ldots, 4$. Iniciando com um $WIP_j(0) = 0$ e $TH(0) = 0$, podemos calcular

$$CT_j(1) = \frac{t_e^2(j)}{2}[c_e^2(j) - 1]TH(0) + [WIP_j(0) + 1]t_e(j) = t_e(j) = 2$$

para $j = 1, \ldots, 4$. Como todas as estações são iguais, $CT(w) = 4CT_j(w)$, de forma que $CT(1) = 8$ horas. A produtividade é

$$TH(1) = \frac{1}{CT(1)} = \frac{1}{8}$$

e a média de WIP em cada estação é

$$WIP_j(1) = TH(1)CT_j(1) = (\tfrac{1}{8})(2) = \tfrac{1}{4}$$

Tendo calculado esses números para $w = 1$, avançamos para $w = 2$ e calculamos o *cycle time* de cada estação da seguinte forma

$$CT_j(2) = \frac{t_e^2(j)}{2}[c_e^2(j) - 1]TH(1) + [WIP_j(1) + 1]t_e(j)$$

$$= \frac{2^2}{2}(0{,}5^2 - 1)\left(\frac{1}{8}\right) + \left(\frac{1}{4} + 1\right)2 = 2{,}313$$

Assim, $CT(2) = 4CT_j(2) = 9{,}250$ e $TH(2) = 2/CT(2) = 0{,}216$. Continuando dessa maneira, podemos gerar os números da Tabela 10.1.

Usando o mesmo procedimento, poderíamos também gerar $TH(w)$ e $CT(w)$ para o caso de aumentarmos a capacidade, por exemplo, por meio da redução do tempo médio de processamento nas estações 1 e 2 de duas para uma hora. Fizemos isso e apresentamos os resultados do caso da redução da variabilidade da Tabela 10.1 e do caso do aumento da capacidade, junto aos casos do melhor e do pior desempenho, e do pior desempenho na prática, na Figura 10.5. Note que ambos os casos apresentam melhorias em relação ao caso do pior desempenho na prática, pois eles permitem que a linha gere uma maior produtividade para certo nível de WIP. Nesse exemplo, aumentando a velocidade de duas estações, resultou em uma melhoria maior do que a redução da variabilidade em todas as estações. É claro que, na prática, os resultados dependem das especificações do sistema. O modelo da AVM apresentado aqui é uma ferramenta simples para examinar os efeitos das alterações de capacidade e da variabilidade em linhas CONWIP.

Agora que dispomos dos modelos para ambos os sistemas de produção puxada e empurrada, podemos fazer algumas comparações para aprofundar nossa compreensão dos benefícios potenciais do sistema de produção puxada. Iniciaremos comparando o sistema CONWIP com o MRP e, depois, o CONWIP com o *kanban*.

10.5 COMPARAÇÕES ENTRE O CONWIP E O MRP

Uma distinção fundamental entre os sistemas de produção puxada e empurrada é a seguinte:

> Os sistemas de produção empurrada controlam a produtividade e observam o WIP. Os sistemas de produção puxada controlam o WIP e observam a produtividade.

Por exemplo, no MRP, estabelecemos um plano mestre de produção que determina a liberação das ordens planejadas. Estas, por sua vez, determinam o que é liberado no sistema. Todavia, dependendo do que acontece na linha, o nível de WIP pode oscilar ao longo do tempo. Num sistema de produção puxada, o nível de WIP é controlado diretamente por meio do número de cartões. Contudo, dependendo do que acontece na linha, a taxa de produção pode oscilar ao longo do tempo. Qual seria a melhor abordagem? Apesar de não existir uma resposta fácil, podemos fazer algumas observações.

TABELA 10.1 Cálculo da AVM para a Fábrica de Moedas com $c_e(j) = 0{,}5$

w	$TH(w)$	$CT(w)$	$CT_j(w)$	$WIP_j(w)$
1	0,125	8,000	2,000	0,250
2	0,216	9,250	2,313	0,500
3	0,280	10,703	2,676	0,750
4	0,325	12,318	3,080	1,000
5	0,356	14,052	3,513	1,250
6	0,378	15,865	3,966	1,500
7	0,395	17,731	4,433	1,750
8	0,408	19,631	4,908	2,000
9	0,418	21,555	5,389	2,250
10	0,426	23,495	5,874	2,500
11	0,432	25,446	6,362	2,750
12	0,438	27,406	6,852	3,000

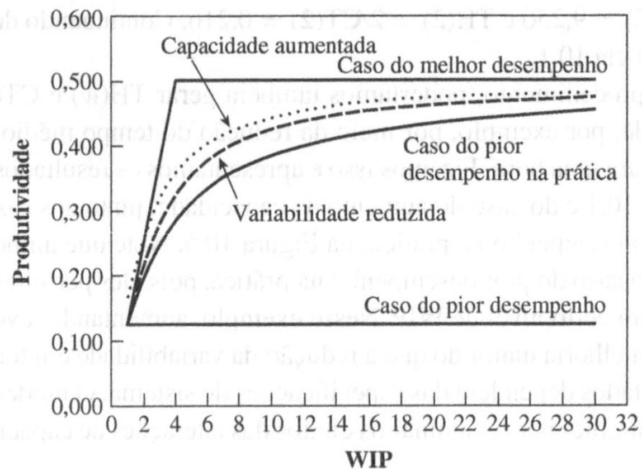

FIGURA 10.5 Curvas dos efeitos no desempenho da Fábrica de Moedas pela redução da variabilidade e pelo aumento da capacidade.

10.5.1 A possibilidade de observação

A primeira e fundamental questão é que notamos que o WIP pode ser observado facilmente, enquanto a produtividade não. Assim, definir o WIP como controle em um sistema puxado é comparativamente fácil. Podemos fazer uma contagem ciência dos trabalhos existentes na fábrica para manter o nível máximo de WIP. Por outro lado, para definir a taxa das liberações (o controle) em um sistema empurrado é preciso fazê-lo por meio da *capacidade*. Se a taxa definida for muito alta, o sistema pode ser inundado por WIP, se for muito baixa, perde-se receitas em razão da redução da produtividade. Mas a definição da capacidade não é coisa simples. Uma gama de detratores, desde as paradas de máquinas até a falta de operadores, dificulta o cálculo com precisão. Esse fato torna o sistema empurrado intrinsecamente mais difícil de otimizar do que o sistema puxado.

Estamos falando de um princípio geral da teoria dos controles. Em geral, é preferível controlar um parâmetro robusto (de maneira que os erros causem menor prejuízo) e observar os parâmetros sensíveis (de maneira que o *feedback* funcione), em vez do contrário. Como o WIP é robusto e observável, enquanto a produtividade é sensível e só pode ser controlada por meio do parâmetro da capacidade, que não é tão observável, este é um argumento muito forte a favor dos sistemas de produção puxada.

10.5.2 A eficiência

Um segundo argumento a favor dos sistemas puxados é que eles são mais eficientes do que os empurrados. Por "mais eficientes" queremos dizer que os níveis de WIP exigidos para alcançar certo nível de produtividade são menores em um sistema puxado do que em um empurrado. Para ilustrar o porquê disso, consideremos um sistema CONWIP igual àquele da Figura 10.3, com um nível fixo de WIP w, e vamos observar a produtividade TH(w). Depois, consideremos um sistema MRP (puramente empurrado), como aquele da Figura 10.4, composto pelas mesmas máquinas da linha CONWIP, mas com liberações de acordo com a taxa TH(w). Pela lei da conservação dos materiais, a taxa de saídas do sistema de MRP será a mesma da taxa de entradas, isto é, TH(w). Então os sistemas CONWIP e MRP são equivalentes em termos de produtividade, e a questão da eficiência fica por conta de qual dos dois alcança essa produtividade com menores níveis de WIP.

Vamos levar em conta um exemplo específico em que há cinco estações com máquinas únicas em série, cada uma das estações processando os trabalhos a uma taxa de 1 por hora e com tempos de processamento distribuídos de maneira exponencial. Para esse sistema simples, a produtividade do sistema CONWIP, em função do nível de WIP, é dada pela fórmula do caso do pior desempenho na prática vista no Capítulo 7, que se resume ao seguinte

$$\widetilde{\text{TH}}(w) = \frac{w}{w + W_0 - 1} r_b = \frac{w}{w + 4} \tag{10.5}$$

Se definirmos a taxa das liberações ao sistema que empurra como TH, segundo a qual os tempos entre as liberações são exponenciais, então cada uma das estações tem um comportamento igual a uma fila independentemente do tipo *M/M/*1, e o nível total de WIP nos é dado pelo nível médio de WIP de uma fila tipo *M/M/*1 multiplicado por cinco, que, como já vimos no Capítulo 8, é $u/(1 - u)$, onde u é o nível de utilização. Como, nesse caso, o tempo de processamento é igual a um e a taxa das chegadas é igual a TH, $u = \text{TH}$. Portanto, o nível médio de WIP no sistema é

$$\tilde{w}(\text{TH}) = 5\left(\frac{u}{1-u}\right) = 5\left(\frac{\text{TH}}{1-\text{TH}}\right) \tag{10.6}$$

Agora suponha que definimos $w = 6$ no sistema CONWIP. Pela equação (10.5), a produtividade é $\widetilde{\text{TH}}(6) = 0{,}6$ trabalhos por hora. Então, se fixarmos $\text{TH} = 0{,}6$ na equação (10.6), veremos que o WIP no sistema MRP é de $\tilde{w}(0{,}6) = 7{,}5$. Assim, o sistema de produção empurrada tem mais WIP para a mesma produtividade.

Note que o nível de WIP no sistema empurrado será maior do que w, não importando qual o valor de w. Para isso, vamos definir $\text{TH} = w/(w + 4)$ na equação (10.6):

$$\tilde{w}\left(\frac{w}{w+4}\right) = \frac{5[w/(w+4)]}{1 - w/(w+4)} = \frac{5w}{4}$$

Então, nesse exemplo, para *qualquer* nível de produtividade, o nível médio de WIP no sistema empurrado será 25% maior do que no sistema CONWIP.

Apesar de a magnitude do aumento do WIP no sistema empurrado em relação ao sistema CONWIP depender, obviamente, dos parâmetros específicos da linha, esse efeito qualitativo é genérico, conforme descrito na seguinte lei.

A lei da eficiência do sistema CONWIP: *Para determinado nível de produtividade, um sistema de produção empurrada terá um maior nível médio de WIP do que um sistema CONWIP equivalente.*

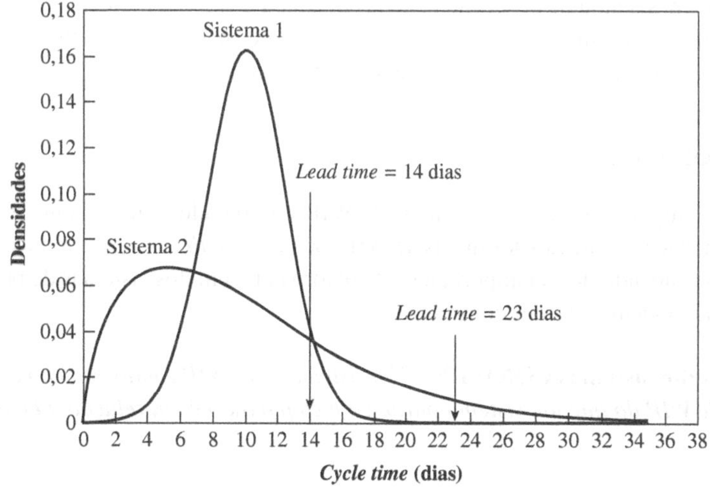

FIGURA 10.6 Efeitos da variabilidade do *cycle time* sobre o *lead time* dos clientes.

Essa lei tem um corolário imediato. Quando a produtividade for a mesma nos sistemas CONWIP e MRP, então a lei de Little e o fato de que o nível médio de WIP é maior no sistema MRP implicam o seguinte.

Corolário: *Para um determinado nível de produtividade, um sistema de produção empurrada terá cycle times médios maiores do que um sistema CONWIP equivalente.*

10.5.3 A variabilidade

Podemos também demonstrar que os sistemas de MRP têm maior variabilidade dos *cycle times* do que os sistemas CONWIP equivalentes. A razão é que, por definição, o nível de WIP em um sistema CONWIP é fixo em um determinado nível w. Esse fato introduz uma correlação negativa entre os níveis de WIP em estações diferentes. Por exemplo, se sabemos que existem w trabalhos na estação 1, então temos certeza absoluta de que não existem outros trabalhos em nenhuma outra estação. Nesse caso, o conhecimento dos níveis de WIP da estação 1 nos fornece informações perfeitas sobre os níveis de WIP das outras estações. Porém, se soubéssemos que existem $w/2$ trabalhos na estação 1 (em uma linha de 10 estações), mesmo assim isso nos daria informações válidas para as outras estações. Por exemplo, é muito improvável que qualquer outra estação também tenha $w/2$ trabalhos. Essa correlação negativa entre os níveis de WIP tende a diminuir as flutuações do *cycle time*.

Por outro lado, os níveis de WIP em cada uma das estações são *independentes* um do outro em um sistema empurrado[2]; um nível alto de WIP na estação 1 não diz nada sobre seus níveis nas outras estações. Assim, é possível que os níveis de WIP sejam altos (ou baixos) em várias estações simultaneamente. Como os *cycle times* têm uma relação direta com o WIP, isso significa que podem existir *cycle times* extremos (altos ou baixos). O resultado é que os *cycle times* são mais variáveis em um sistema de produção empurrada do que em um sistema de produção puxada equivalente.

Uma maior variabilidade do *cycle time* significa que é necessário oferecer um maior *lead time* ao cliente para atingir o mesmo nível de atendimento. Isso é assim porque, para atingir um determinado nível de atendimento, precisamos oferecer ao cliente o *cycle time* médio, mais algum fator de seu desvio padrão (sendo que tal fator depende do nível de atendimento desejado). Por exemplo, a Figura 10.6 mostra dois sistemas com um *cycle time* médio de 10 dias. Entretanto, o sistema 2 tem um desvio padrão do *cycle time* bem maior do que o do sistema 1. Para alcançar 90% de atendimento, o sistema 1 precisa oferecer um *lead time* de 14 dias, enquanto o sistema 2 precisa de 23 dias. A maior variabilidade do sistema empurrado aumentará o desvio padrão de seu *cycle time*. Note que isso se soma ao fato de que, para certo nível de produtividade, o *cycle time* médio no sistema de produção empurrada é maior do que o de um sistema de produção puxada equivalente. Assim, para uma mesma produtividade e um mesmo nível de atendimento, os *lead times* serão maiores no sistema empurrado por duas razões: *cycle time* médio mais longo e desvio padrão do *cycle time* maior.

10.5.4 A robustez

A vantagem mais importante de um sistema CONWIP, comparado a um sistema de produção puramente empurrada, não é a redução dos níveis de WIP (ou do *cycle time*), nem a redução da variância do *cycle time*, mesmo sabendo de sua importância. A maior vantagem dos sistemas de produção puxada é a sua robustez, que podemos definir como segue:

A lei da robustez dos sistemas CONWIP: *Um sistema CONWIP é mais robusto em relação a erros nos seus níveis de WIP do que um sistema puramente empurrado é em relação a erros na sua taxa de liberações.*

[2] Essa observação é estritamente verdadeira apenas se os tempos de processamento forem exponenciais, mas é muito mais próxima da verdade em um sistema empurrado do que em um puxado, mesmo quando os tempos não são exponenciais.

Para esclarecer essa lei, suponhamos uma função muito simples do lucro como segue

$$\text{Lucro} = p\text{TH} - hw \tag{10.7}$$

onde p é o lucro marginal por trabalho, TH é a taxa da produtividade, h é o custo de cada unidade de WIP (isso inclui os custos de *cycle time* maior, menor qualidade, etc.), e w é o nível médio de WIP. Em um sistema CONWIP, a produtividade será uma função do WIP, isto é, $\widetilde{\text{TH}}(w)$, e escolhemos o valor de w para maximizar o lucro. Em um sistema empurrado, o nível médio de WIP é uma função da taxa de liberação dos trabalhos $\tilde{w}(\text{TH})$, e definimos o valor de TH para maximizar os lucros.

Deve ficar claro, a partir de nossa lei anterior, que o lucro ótimo será maior no sistema CONWIP do que em um sistema empurrado (pois o CONWIP terá um nível menor de WIP para qualquer nível de produtividade). Porém, a lei da robustez do CONWIP relaciona-se ao que acontece se w for determinado a um nível abaixo do ótimo no sistema CONWIP ou se TH for definido a um nível abaixo do ótimo no sistema empurrado. Como o WIP e a produtividade são medidos em unidades diferentes, mediremos os níveis abaixo de ótimo em termos de erro porcentual. Mostramos isso na Figura 10.7, usando nosso exemplo anterior de cinco máquinas com tempos de processamento exponenciais de 1 hora e coeficientes de custo $p = 100$ e $h = 1$.

Vemos que o melhor nível de WIP para o sistema CONWIP é de 16 trabalhos, resultando em um lucro de $64,00 por hora. Para o sistema empurrado, a melhor TH é de 0,776 trabalhos por hora, resultando em um lucro de $60,30 por hora. Assim, como seria de se esperar, o nível ótimo do lucro do sistema CONWIP é levemente maior (ao redor de 6%) do que o nível ótimo do sistema empurrado. Contudo, mais importante ainda é o fato de que a função do lucro para o sistema CONWIP é bem achatada entre os níveis de WIP de 40 a 160% dos níveis ótimos. Por outro lado, a função do lucro para o sistema empurrado diminui constantemente quando a taxa de liberações é definida abaixo do nível ótimo e cai de maneira acentuada quando essa taxa é definida, mesmo que levemente, acima do nível ótimo. Na verdade, o lucro fica negativo quando a taxa de liberações atinge 120% do nível ótimo, enquanto, no sistema CONWIP, ele continua positivo até que o nível de WIP alcance 600% do nível ótimo.[3]

Essas observações são especialmente importantes diante da questão da evidência levantada anteriormente. Como notamos, a taxa ótima de liberações em um sistema empurrado tem que ser definida em relação à capacidade real do sistema, a qual não é fácil de determinar. O otimismo humano natural, combinado com o desejo compreensível de maximizar as receitas por meio da produtividade máxima do sistema, oferece um forte incentivo para definir a taxa das liberações a um nível muito elevado. Conforme a Figura 10.7, esse é precisamente o erro que acaba saindo mais caro.

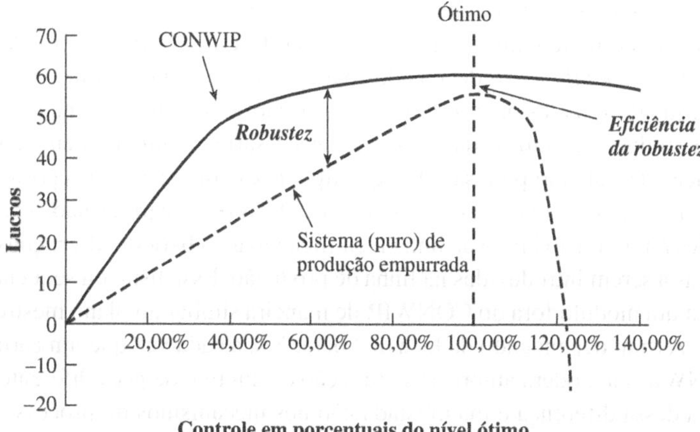

FIGURA 10.7 A robustez relativa entre um sistema CONWIP e um sistema (puro) de produção empurrada.

[3] Apesar de termos fornecido apenas um exemplo, o resultado da robustez é bem genérico e não depende das suposições feitas aqui. Ver Spearman e Zazanis (1992) para mais detalhes.

O sistema CONWIP, por outro lado, é controlado por meio da definição dos parâmetros facilmente evidentes dos níveis de WIP. Isso, combinado com o achatamento da curva do lucro perto do nível ótimo, significa que alcançar um lucro próximo do ótimo será bem mais fácil do que no sistema de produção empurrada. A consequência prática de tudo isso é que a diferença no desempenho entre um sistema CONWIP e um sistema puramente empurrado possivelmente será muito maior do que indicado por uma comparação razoável do tipo feito usando a equação (10.5) e (10.6). Assim, a maior robustez é provavelmente a melhor razão para usar um sistema puxado como o CONWIP em vez de um empurrado.

10.6 COMPARAÇÕES ENTRE O CONWIP E O *KANBAN*

Como mostrado na Figura 10.4, o CONWIP e o *kanban* são sistemas de produção puxada, no sentido de que as liberações para a linha são acionadas por demandas externas. Pelo fato de que os dois sistemas estabelecem um limite máximo ao WIP, eles têm vantagens de desempenho parecidas em relação ao MRP. Mais especificamente, ambos alcançam um determinado nível de produtividade com menores níveis de WIP, em comparação a um sistema de produção puramente empurrada, e apresentam menores níveis de variabilidade dos *cycle times*. Além disso, como ambos são controlados pela definição de um nível de WIP, e sabemos que esse é um controle mais robusto do que a taxa de liberações, os dois sistemas serão mais fáceis de administrar do que um sistema de produção puramente empurrada. Entretanto, existem diferenças importantes entre o CONWIP e o *kanban*.

10.6.1 Questões do controle dos cartões

A diferença mais óbvia é que o *kanban* exige a definição de mais parâmetros do que o CONWIP. Em um sistema de *kanban* de um cartão, o usuário precisa definir um controle de contagem dos cartões para cada uma das estações – no caso de 2 cartões, esse controle duplica. Já em um sistema CONWIP, há somente um cartão para controlar toda a linha. Como o controle adequado do número de cartões exige a combinação da análise e de ajustes contínuos, esse fato significa que o CONWIP é intrinsecamente mais fácil de controlar. Por isso, propomos o CONWIP como o padrão pelos quais os outros sistemas devam ser avaliados. Se usarmos um sistema puxado mais complexo do que o CONWIP, como o *kanban*, então o desempenho do sistema deve justificar a maior complexidade. Na Parte III do livro, vamos examinar situações em que sistemas mais complexos realmente parecem valer a pena. Porém, neste capítulo, continuaremos nos limitando às linhas de produção simples com uma série de estações agrupadas, que nos permitam fazer as comparações básicas entre o CONWIP e o *kanban*.

Outra diferença importante entre os sistemas CONWIP e o *kanban*, não evidenciada na Figura 10.4, é que os cartões do *kanban* são designados para *peças específicas* com o mesmo código e, no sistema CONWIP, são designados para *linhas*. Isto é, os cartões em um sistema *kanban* identificam a peça para a qual a produção é autorizada. Isso se faz necessário em um ambiente com muitos produtos, pois uma estação de trabalho precisa saber que tipo de estoque deve ser reposto em seu ponto de estoque intermediário. Por outro lado, em um sistema CONWIP, os cartões não especificam qualquer código de peça, eles retornam ao início da linha identificando uma **lista de liberações,** a qual fornece a sequência das peças a serem introduzidas na linha de produção. Essa lista, ou sequência, de liberações deve ser gerada em um módulo fora do CONWIP, de maneira similar ao plano mestre de produção em um sistema MRP.[4] Assim, dependendo da lista de liberações, a cada vez que um cartão volta ao início de uma linha CONWIP, ele poderá autorizar a produção de um tipo de peça diferente.

A importância dessa diferença é manifestada não nos mecanismos do processo de liberação dos trabalhos, mas em sua implicação para os dois sistemas. Em sua forma pura, o sistema *kanban* precisa

[4] A diferença mais importante entre desenvolver uma lista de liberação e um plano mestre de produção é que a lista de liberações é uma *sequência* sem tempos associados aos trabalhos, enquanto o plano mestre de produção é uma *programação* que indica os tempos para os requerimentos. Discutiremos a distinção e as vantagens relativas entre os dois no Capítulo 15.

usar contêineres padronizados de WIP para cada um dos códigos das peças ativas na linha de produção. Se não for assim, uma estação posterior poderia gerar um nível de demanda que a estação anterior não possa atender. Se, como temos visto na prática, a linha produz 40.000 peças com diferentes códigos, um sistema *kanban* do tipo da Toyota seria inundado de WIP. O problema é que a maior parte dos 40.000 códigos, mesmo ativos, é produzida apenas de vez em quando e em quantidades pequenas. Assim, o sistema *kanban* mantém níveis desnecessários de WIP na fábrica para peças que podem levar meses para serem produzidas. Porém, se essas peças com baixa demanda não fossem estocadas na fábrica, então uma demanda ao fim da linha geraria demandas não atendidas em cada uma das estações, até o começo da linha. O tempo para iniciar um trabalho do início até o fim da linha seria muito mais longo do que o atendimento normal da demanda ao fim da linha, e o protocolo do *just-in-time* seria quebrado.

Um sistema CONWIP, por usar cartões para a linha e uma lista de liberações, não tem esse problema. Se a contagem do cartão em uma linha CONWIP indica w, então, no máximo, w trabalhos podem estar na linha, sendo que w quase sempre será muito menor do que 40.000. Se uma peça não é requisitada durante 6 meses, ela não aparecerá na lista e não será liberada. Quando uma demanda por pequenas quantidades aparece, a lista as liberará na linha com um *lead time* adequado. Assim, o desempenho *just-in-time* pode ser mantido, mesmo para essas quantidades pequenas.

No entanto, devemos observar que há uma diferença fundamental entre o sistema *kanban* e o CONWIP no que tange ao *lead time*: em um sistema *kanban* puro, ele é *zero*, enquanto no CONWIP ele é *pequeno*. Esse é o preço que o CONWIP tem que pagar pela flexibilidade. O *kanban* é um sistema puro de produção para estoque no qual as peças devem estar disponíveis em seus estoques intermediários quando são necessárias. Por outro lado, o CONWIP mantém os *cycle times* curtos por meio de níveis baixos de WIP. Se os *cycle times* forem curtos o bastante, não haverá necessidade de se alterar a sequência das peças, de forma que a flexibilidade adicional compensará os *cycle times* maiores.

10.6.2 Questões de *mix* de produtos

Os conhecedores do *kanban* eram claramente conscientes de que ele não funcionaria em todos os ambientes de produção. Hall (1983) observou que o *kanban* é aplicável apenas em ambientes de produção repetitiva, querendo dizer que ele funciona com fluxos de materiais em roteiros determinados e a um ritmo fixo. Grandes variações no volume ou no *mix* de produtos destroem esse fluxo, pelo menos quando as peças são consideradas de maneira individual, de forma que elas minam o funcionamento do *kanban*. O CONWIP, apesar de também exigir volumes relativamente estáveis (um plano mestre de produção nivelado), é muito mais robusto para assimilar alterações em seu *mix*, como resultado das possibilidades de planejamento introduzidas pela lista de liberações.

Uma alteração no *mix* de produtos pode causar consequências mais sutis do que o simples aumento dos níveis de WIP exigido nos sistemas *kanban*. Se a complexidade de sua composição variar (as peças exigem diferentes volumes de processamento nas máquinas), o gargalo da linha também pode mudar, dependendo do *mix* de produtos. Por exemplo, considere a linha de cinco estações da Figura 10.8. O produto A exige 1 hora de processamento em todas as máquinas, exceto as máquinas 2 e 3, nas quais necessita de 3 e 2,5 horas, respectivamente. O produto B exige 1 hora de processamento em todas as máquinas, exceto nas máquinas 3 e 4, nas quais requer 2,5 e 3 horas, respectivamente. Assim, se estivermos produzindo o produto A, a máquina 2 é o gargalo. Se produzirmos o produto B, a máquina 4 será o gargalo. Porém, para combinações contendo entre 25 e 75% do produto A, a máquina 3 se torna o gargalo da linha.

Para tanto, considere um *mix* de 50% do produto A e 50% do B. Os tempos médios de processamento nas máquinas 2, 3 e 4 são

$$\text{Tempo médio na máquina 2} = 0{,}5(3) + 0{,}5(1) = 2 \text{ horas}$$
$$\text{Tempo médio na máquina 3} = 0{,}5(2{,}5) + 0{,}5(2{,}5) = 2{,}5 \text{ horas}$$
$$\text{Tempo médio na máquina 4} = 0{,}5(1) + 0{,}5(3) = 2 \text{ horas}$$

Somente quando o porcentual de A é maior do que 75% é que o tempo médio na máquina 2 excede 2,5 horas. Da mesma forma, somente quando o porcentual de B é maior do que 75% (o porcentual de A é menor que 25%) é que o tempo médio da máquina 4 excede 2,5 horas.

Em um ambiente ideal do *kanban*, definiríamos a sequência de A e B para alcançar um *mix* estabilizado; por exemplo, para uma combinação de 50% de cada produto, usaríamos a sequência A-B-A-B-A-B-... Em um ambiente que não seja o ideal, no qual as exigências do *mix* não são constantes (a demanda é sazonal ou as estimativas são voláteis), uma sequência uniforme pode não ser prática. Contudo, se deixarmos o *mix* variar em função da demanda, isso pode causar problemas com o controle das contagens do cartão do *kanban*. Geralmente queremos colocar mais cartões de produção antes e depois do gargalo, para não causar a falta de alimentação ou o bloqueio. Mas qual é o gargalo – a máquina 2, a 3 ou a 4? A resposta, claro, depende do *mix* que estivermos usando. Isso significa que a ótima contagem do cartão é uma função do *mix* de produtos. Assim, para alcançar um alto nível de produtividade com baixos níveis de WIP, é possível que tenhamos que variar as contagens dos cartões de maneira dinâmica ao longo do tempo. Como já argumentamos, definir a contagem dos cartões em um sistema *kanban* é uma tarefa muito importante e pode ser realmente difícil.

De qualquer maneira, o CONWIP tem só um cartão. Assim, desde que a taxa desejada se mantenha relativamente constante, não há necessidade de alterar a contagem do cartão à medida que o *mix* muda. Além disso, o WIP se acumulará de maneira *natural* em frente ao gargalo, exatamente como é necessário.[5] Em nosso exemplo, quando estivermos produzindo uma combinação mais carregada do produto A, a máquina 2 será a mais lenta e, portanto, terá a maior fila. Quando o *mix* for mais carregado do produto B, a maior fila estará na máquina 4. Felizmente, isso acontece sem nossa intervenção, devido às forças naturais que governam o comportamento dos gargalos. Novamente, podemos observar que o sistema CONWIP é fundamentalmente mais simples de gerenciar do que o *kanban*.

10.6.3 Questões de pessoal

Finalmente, completamos nossa comparação entre os sistemas CONWIP e *kanban* com duas observações relacionadas ao pessoal. A primeira é que, pelo fato de os sistemas *kanban* puxarem em todas as estações, eles introduzem certo nível de estresse no sistema. Os operadores de um sistema *kanban* que dispõe de matérias-primas, mas não dispõe de um cartão de produção, não podem iniciar os trabalhos. Quando um cartão chega, eles precisam repor as vagas (peças consumidas) no sistema tão rápido quanto possível, para evitar a falta de alimentação em algum ponto da linha. Como Klein (1989) observou, esse tipo de ritmo pressionado pode ser uma fonte significativa de estresse para os operadores.

Por outro lado, o CONWIP age como um sistema que empurra em cada estação, exceto na primeira. Quando os operadores de máquinas no meio do fluxo recebem matéria-prima, eles já estão autorizados a iniciarem seus trabalhos. Desse modo, os operadores podem adiantar seus trabalhos até o nível máximo permitido pela disponibilidade de materiais e estarão menos sujeitos às pressões do ritmo. É claro que, na primeira estação de uma linha CONWIP, os operadores também só estarão autorizados a iniciarem os trabalhos mediante um cartão de produção e terão as mesmas condições de trabalho da primeira estação em uma linha *kanban*. Isso é inevitável se quisermos estabelecer um limite máximo para o WIP. Assim, a linha CONWIP também pode introduzir certo nível de estresse, mas menos do que o *kanban*.

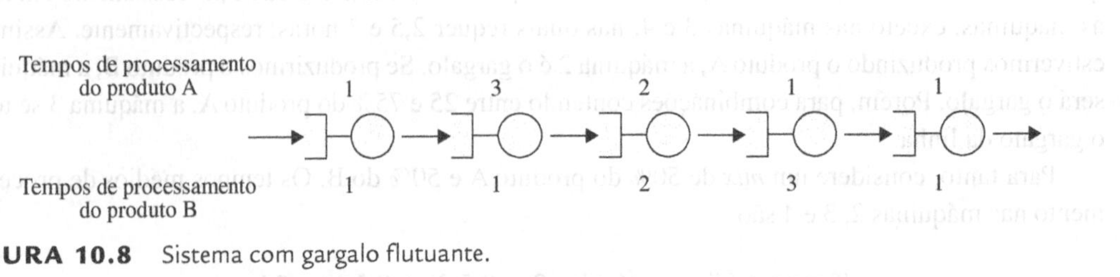

Tempos de processamento do produto A: 1 3 2 1 1

Tempos de processamento do produto B: 1 1 2 3 1

FIGURA 10.8 Sistema com gargalo flutuante.

[5] Note que o bloqueio não é um problema em um sistema CONWIP, pois não há contagens de cartões entre as estações para limitar a transferência de trabalhos completos para a próxima estação.

Nossa segunda observação em relação ao pessoal é que o ato de puxar em cada uma das estações de uma linha *kanban* pode fomentar um relacionamento mais próximo entre os operadores das estações adjacentes. Como eles precisam puxar as peças necessárias pelo *kanban*, eles se comunicam continuamente com os operadores da estação anterior. Isso oferece uma oportunidade para verificar problemas de qualidade e discutir qualquer problema com o ritmo da produção. Ouvimos muitas vezes a citação desse benefício como motivação para se usar um sistema *kanban* puro.

Reconhecemos que o benefício da comunicação e do aprendizado em razão da proximidade dos operadores poder ser significativo, mas questionamos se, realmente, a disciplina do ato de puxar é necessária para se obter esse resultado. Não importando os mecanismos (se *kanban* ou não) que estejam sendo usados entre duas estações, a transferência de peças de uma estação anterior para uma posterior ocorrerá de qualquer maneira. Para evitar a transferência de peças com defeito, podemos adotar um protocolo do tipo "compra-venda", segundo o qual o operador da estação posterior se recusa a aceitar as peças se não estiverem dentro dos padrões de qualidade, com ou sem *kanban*. Para motivar a cooperação dos trabalhadores para a solução de problemas em relação ao fluxo da produção, é preciso adotar uma perspectiva que alcance os operadores de toda a linha. Em vez do foco do *kanban* em manter os estoques intermediários cheios, o sistema CONWIP precisa concentrar-se na aderência à taxa de produção estabelecida. Se os operadores precisam se movimentar entre as várias estações para promover esse objetivo, não há problemas. Existem várias maneiras de estruturar as responsabilidades das tarefas para alcançar o objetivo maior de manter uma taxa contínua de produtividade. Nossa observação é que, se os mecanismos do *kanban* podem ser uma maneira de promover a cooperação entre os operadores, ela não é a única. Consideradas a logística e a simplicidade a favor do sistema CONWIP, pode ser mais vantajoso buscar outras maneiras de motivação, em vez de implantar um protocolo rígido de *kanban*.

10.6.4 A interface estoque/sob encomenda

No início deste capítulo, observamos que sistemas de produção empurrada programam a liberação dos trabalhos baseados em informações de fora do sistema produtivo, enquanto as que puxam autorizam a liberação dos trabalhos com base no *status* do sistema. Porém, enquanto as liberações iniciais para a linha de produção podem ser baseadas na demanda externa ou nos níveis internos dos estoques, em certo ponto, o fluxo dos produtos deve se conectar com a demanda. No mínimo, o último passo, quando um cliente compra o produto, é acionado apenas pela demanda. Essa observação levou alguns autores (por exemplo, Lee e Billington 1995, e nós mesmos, em edições anteriores deste livro) a definir o ponto no fluxo do produto onde a influência do movimento muda de produção para preencher uma vaga no estoque para produção para atender um pedido como "Interface E/S".

No entanto, enquanto conectar as liberações para preencher posições vagas no estoque em uma linha de produção garante um nível máximo de WIP, fazer ligações de outras movimentações aos pedidos dos clientes não implica necessariamente a ausência de um limite para o WIP. Por exemplo, se o sistema limita o número de pedidos dos clientes, então a porção de WIP na linha relacionada ao ambiente de produção sob encomenda pode ser limitada. Como isso não estaria em concordância com a definição de um sistema empurrado, evitamos usar o termo "Interface E/S" e o chamaremos de interface estoque/sob encomenda (E/S).

Para ilustrar o conceito da interface E/S em termos concretos, consideremos os dois sistemas da Figura 10.9. Na parte inicial da linha de produção da QuickTaco, os tacos são produzidos para manter um determinado nível de estoques na chapa de aquecimento, o que faz dessa parte da linha uma produção para estoque. Já a parte final da linha aciona os produtos (tacos) somente quando existe um pedido do cliente, de forma que essa parte funciona como uma produção sob encomenda. Nesse sistema, a interface E/S fica na chapa de aquecimento. Por outro lado, a movimentação dos tacos da linha da TacoUltimo é acionada somente por meio de pedidos dos clientes, e a linha toda funciona como produção sob encomenda. A interface E/S está no refrigerador, onde as matérias-primas são estocadas de acordo com os níveis estabelecidos.

Linha de produção da QuickTaco

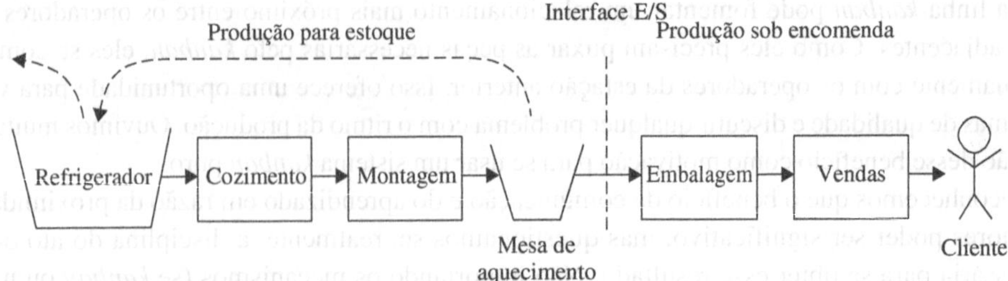

Linha de produção da TacoUltimo

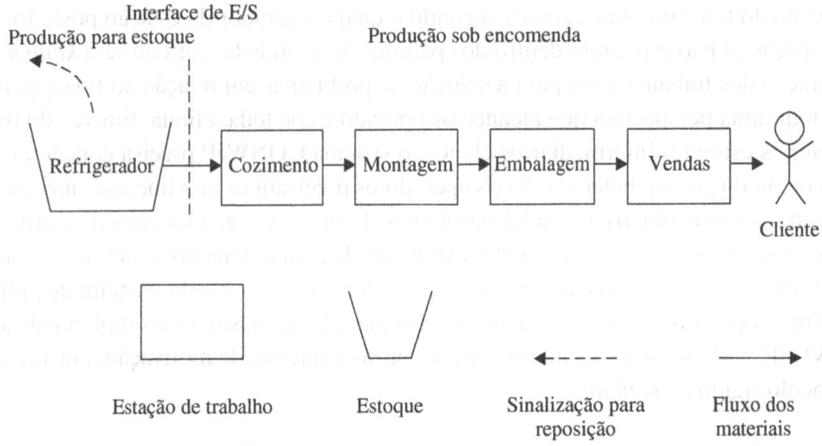

FIGURA 10.9 Ilustração do ponto de interface estoque/encomenda.

Pela comparação das vantagens relativas entre as linhas de produção da QuickTaco e da TacoUltimo, podemos compreender as interações que envolvem o posicionamento da interface E/S. A linha da TacoUltimo, pelo fato de ser totalmente dependente dos pedidos de seus clientes e manter estoques quase que exclusivamente de matérias-primas, tem a vantagem de uma maior flexibilidade (pois pode produzir qualquer taco que o cliente pedir). A linha da QuickTaco, em razão de manter certo estoque de tacos prontos, tem a vantagem do atendimento mais rápido (pois oferece *lead times* mais curtos aos clientes). Assim, as interações são entre a rapidez e flexibilidade. Posicionando a interface E/S mais próxima do cliente, podemos reduzir os *lead times*, em detrimento da flexibilidade.

No entanto, como podemos definir o ponto da interface E/S em um sistema? Como isso depende das preferências dos clientes e dos detalhes físicos dos processos de produção, não é uma questão simples. Mas podemos apresentar algumas observações e alguns exemplos práticos.

Primeiro, note que a razão mais importante para mover a interface E/S para mais perto dos clientes é a rapidez do atendimento. Assim, só faz sentido quando o ganho de rapidez produzir uma melhoria sensível no atendimento, sob a perspectiva dos clientes. Por exemplo, em um sistema de produção com *cycle times* de 2 horas na linha, mas que embarca as mercadorias ao final de cada dia, os clientes podem não sentir diferença alguma nos *lead times* com o reposicionamento da interface E/S para reduzir o *cycle time*. Mesmo no setor de *fast-food*, no qual a rapidez é essencial, existem restaurantes que usam uma linha de produção do tipo da TacoUltimo. Eles fazem isso assegurando que o *cycle time* da linha seja curto o suficiente para permitir ao sistema oferecer um bom atendimento. Porém, nas horas de pico, quando há maior pressão por rapidez no atendimento, muitos desses restaurantes mudam para um tipo de produção igual ao da QuickTaco.

Segundo, observe que as opções de posicionamento da interface E/S são afetadas pelo próprio processo. Por exemplo, na linha de produção de tacos, podemos propor o posicionamento da interface E/S em algum ponto no meio da montagem. Isto é, cozinhar as *tortillas* e colocar a carne, mas deixá-las abertas, aguardando as opções do cliente para os diferentes molhos (personalização). Mas teríamos que estocá-las, com possíveis problemas de qualidade (por exemplo, os tacos podem se desfazer parcialmente) e, assim, provavelmente, essa opção não daria certo.

Terceiro, note que as economias resultantes do posicionamento do ponto da interface E/S são afetadas pelo desdobramento dos produtos (isto é, personalizada com mais ou menos opções) na medida em que avançam pela linha. Em um sistema com pouca variação nos produtos finais (por exemplo, uma fábrica de chapas de compensado, onde as matérias-primas são a madeira e a cola para produzir chapas com diferentes espessuras), pode ser uma boa opção posicionar a interface E/S ao final do processo. Contudo, em um sistema cujos produtos são oferecidos com várias opções de configuração (por exemplo, uma fábrica de computadores, onde os componentes podem ser configurados em uma grande variedade de produtos finais), manter estoques de produtos acabados seria muito dispendioso (ver o exemplo dos estoques de segurança na Seção 8.8.2). Por exemplo, na linha dos tacos, posicionar a interface E/S após a operação da embalagem provavelmente seria uma má ideia, pois seria necessário estocar tacos já prontos e embalados em todas suas possíveis combinações e tamanhos. A Figura 10.10 mostra como o posicionamento correto da interface E/S para certos produtos é afetado pela necessidade de rapidez e pelas diferentes configurações dos produtos.

E, finalmente, note que a personalização tem uma relação direta com as combinações de variabilidade, sobre as quais já falamos no Capítulo 8. Em um sistema no qual os produtos se tornam cada vez mais personalizáveis à medida que o fluxo avança, o posicionamento da interface E/S no início da linha pode reduzir os níveis de estoques de segurança necessários como proteção contra a variabilidade. Por exemplo, a Benetton usava um sistema em que blusões não tingidos eram produzidos para estoque e, depois, eram tingidos sob encomenda, ou seja, eles posicionaram a interface E/S que estava atrás da operação de tingimento para diante, próximo ao cliente. Desse modo, puderam juntar os estoques de segurança de várias cores de blusões em um só, de forma que reduziram os custos de estoque para se atingir um determinado nível de atendimento ao cliente.

Seguem alguns exemplos práticos em que a interface E/S foi reposicionada para melhorar o desempenho geral do sistema:

1. A *IBM* tinha uma fábrica de placas de circuitos impressos que produzia mais de 150 tipos de placas de fibra de vidro com uma camada de cobre de várias espessuras. A parte inicial da linha produzia chapas vazias, das quais todas as placas eram feitas. Havia apenas oito tipos de chapas vazias, que eram produzidas em um processo de laminação em lotes difícil de personalizar em relação aos pedidos dos clientes. A administração decidiu fazer um estoque de chapas vazias (isto é, reposicionou a interface E/S da matéria-prima para um ponto além do processo de laminação). O resultado foi a eliminação de um ou dois dias de *cycle time* no *lead time* dos clientes a um pequeno custo de estoques adicionais.

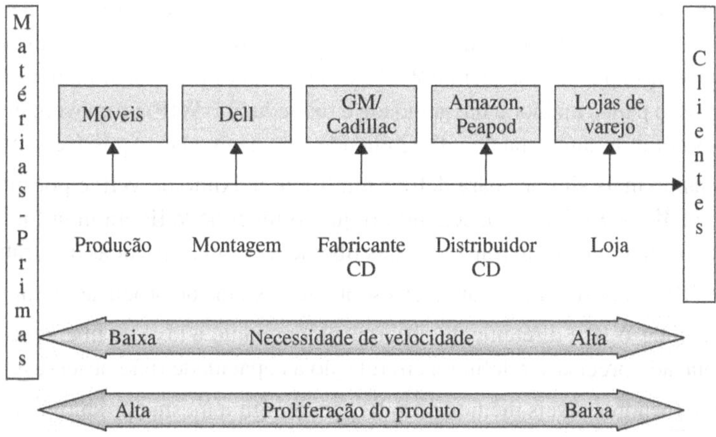

FIGURA 10.10 Posicionamento correto da "Interface E/S" em relação aos ambientes da produção e do *marketing*.

2. A *General Motors* introduziu um sistema diferente para a entrega de seus veículos, começando pela Cadillac na Flórida, no qual as configurações mais populares eram estocadas em centros de distribuição (CD) regionais (*Wall Street Journal,* 21 de outubro de 1996, A1). Seu objetivo era oferecer um prazo de entrega de 24 horas para esses veículos populares para qualquer de suas revendas. O *lead time* para configurações personalizadas seria mantido nos níveis tradicionais de algumas semanas. Assim, diferentemente do sistema tradicional, no qual a interface E/S era localizada na linha de montagem da fábrica (para os veículos feitos sob encomenda) e nas revendas (para os veículos feitos para estoque), esse sistema novo reposicionou a interface E/S nos centros de distribuição. A expectativa era de que, fazendo um estoque único dos veículos populares para atender todas as revendas, a General Motors teria maior rapidez na entrega para um maior número de seus clientes, com um custo de estocagem menor. Note que esse exemplo mostra que é possível, e até bom, ter a interface E/S em diferentes locais para os mesmos produtos do mesmo sistema.
3. A *Hewlett-Packard* produzia vários tipos de impressoras para o mercado europeu. Contudo, em razão das diferenças de corrente elétrica e de padrões de tomadas, as impressoras eram estocadas para cada país de acordo com suas especificações. Por meio da modificação dos processos de produção, ao excluir os acessórios de conexão elétrica, a Hewlett-Packard remetia impressoras genéricas para a Europa. Lá, os centros de distribuição instalavam as conexões de acordo com as especificações de cada país (ver Lee, Billington e Carter 1993 para maiores detalhes). Por meio do posicionamento da interface E/S nos centros de distribuição da Europa, em vez de em suas fábricas nos Estados Unidos, o *cycle time* do transporte foi eliminado do *lead time* dos clientes. Ao mesmo tempo, deixando a personalização das conexões elétricas para o fim do processo, a Hewlett-Packard conseguiu centralizar os estoques de todos os países. Esse é um exemplo de **postergação**, quando os processos de produção e o produto foram projetados para permitir a sua personalização ao final. A postergação pode ser usada para facilitar o atendimento rápido em um ambiente de muitas opções de personalização, uma técnica muitas vezes chamada de **customização em massa** (Feitzinger e Lee 1997).

10.7 CONCLUSÕES

Resumimos a seguir os principais pontos deste capítulo:

1. Os sistemas de produção empurrada *programam* a liberação dos trabalhos com base nas informações da demanda, enquanto os sistemas de produção puxada *autorizam* a liberação dos trabalhos, com base nos níveis dos estoques existentes no sistema.
2. A "mágica" dos sistemas de produção puxada é que eles estabelecem um limite máximo para o WIP, o que evita o crescimento desnecessário dos estoques que não ajudam a melhorar a produtividade. A produção puxada é apenas um meio para atingir um fim. O resultado é que os sistemas de produção puxada reduzem o WIP e os *cycle times* médios, diminuem sua variabilidade, criam pressão para a melhoria da qualidade e (ao reduzir o WIP) promovem uma detecção mais eficaz dos defeitos, aumentando a flexibilidade para acomodar as possíveis mudanças.
3. O mecanismo mais simples para definir um limite máximo de WIP é por meio do CONWIP (***CON****stant* ***W****ork* ***I****n* ***P****rocess*), segundo o qual o nível de WIP em uma linha de produção é mantido constante pela sincronização das liberações com as partidas dos trabalhos.
4. O CONWIP tem as seguintes vantagens sobre um sistema de produção puramente empurrada:
   (a) O nível de WIP é diretamente observável, enquanto a taxa de liberações em um sistema empurrado precisa ser definida em relação à capacidade (não observável).
   (b) Exige menores níveis médios de WIP para atingir a mesma produtividade.
   (c) É mais robusto contra possíveis erros nos parâmetros de controle.
   (d) Em circunstâncias favoráveis, facilita o adiantamento dos trabalhos.

5. O CONWIP tem as seguintes vantagens sobre um sistema *kanban* puro:
   (a) É mais simples, no sentido de que exige apenas uma contagem de cartão para a linha toda, em vez de uma contagem de um cartão *kanban* para cada estação de trabalho.
   (b) Pode acomodar as alterações de *mix* de produtos pelo uso de cartões específicos e uma lista de liberações para a linha.
   (c) Pode acomodar um gargalo flutuante (que depende do *mix* de produtos), devido à tendência natural do acúmulo de WIP em frente à máquina mais lenta.
   (d) Introduz menos estresse aos operadores, em função de um protocolo mais flexível quanto ao ritmo do fluxo.
6. A *interface estoque/sob encomenda (E/S)* descreve o ponto em que os sistemas de produção são acionados por influência da produção para estoque ou produção sob encomenda. O posicionamento do local da interface E/S altera o equilíbrio entre a rapidez e a flexibilidade. Ao combinar as mudanças do produto e do processo com o reposicionamento da interface E/S, as empresas podem oferecer um melhor nível de atendimento com um custo extra pequeno, ou até nulo.

Essas observações são baseadas em versões altamente simplificadas de sistemas puros de produção empurrada, *kanban* e CONWIP, mas elas contêm as ideias essenciais da Ciência da Fábrica. Na Parte III do livro, voltaremos ao problema de como pôr essas ideias em prática em ambientes do mundo real.

QUESTÕES PARA ESTUDO

1. Os sistemas de MRP/ERP usados nas indústrias são sistemas puramente empurrados segundo as definições abordadas neste capítulo? Por quê?
2. Por que o WIP é mais fácil de se observar do que a produtividade?
3. Quando se controla um sistema sujeito a forças aleatórias, por que faria sentido controlar o parâmetro da robustez e observar o parâmetro da sensibilidade, e não o contrário?
4. Por que os sistemas de produção puxada são mais robustos do que os de produção empurrada? Que consequências tem isso para as fábricas?
5. Sugira mecanismos pelos quais uma empresa pode estabelecer um limite máximo de WIP em suas linhas de produção.
6. Um benefício potencial do *kanban*, ao adotar o conceito da produção puxada um todas as estações, seria a promoção da boa comunicação entre os vários estágios da linha. Quão importante é, na realidade, o mecanismo de puxar para essa boa comunicação? Você poderia sugerir outros procedimentos para melhorar a comunicação?
7. Como é que o pagamento de incentivos baseados na quantidade de peças produzidas poderia ser prejudicial em um ambiente de produção puxada? Que outras formas de compensação ou incentivos poderiam ser melhor?

PROBLEMAS

1. Considere um sistema de produção que consiste de apenas uma estação com uma taxa de produção de 1 peça por minuto e uma variabilidade de processamento dada por $c_e = 1$.
   (a) Suponha que seja um sistema de produção empurrada, com uma taxa de liberações de 0,9 peças por hora e com $c_a = 1$. Use a equação *VUT* para calcular o *cycle time* médio da produção de peças no sistema. Calcule o que acontece com o *cycle time* médio das peças, se a variabilidade de processamento for eliminada, de maneira que $c_e = 0$ (mas a variabilidade das chegadas continuar a mesma).
   (b) Agora suponha que o sistema adote uma linha CONWIP, com um nível de WIP de 1 trabalho e com níveis de variabilidade de $c_e = c_a = 1$. Qual é a taxa média da produtividade e do *cycle time*? O que acontece com a produtividade e com o *cycle time* se eliminarmos a variabilidade de processamento, de maneira que $c_e = 0$?
   (c) Qual sistema é mais eficiente em termos de geração de uma alta produtividade com um nível baixo de WIP?
   (d) Como o impacto da variabilidade difere em um sistema de produção puxada e empurrada? Como é que, nesse exemplo, ela foi tão pronunciada?

2. Considere uma linha de produção com três estações em série com apenas uma máquina. Cada uma tem um tempo de processamento com uma média de 2 horas e um desvio padrão também de 2 horas. (Note que isso significa que a linha é idêntica à do caso do pior desempenho na prática do Capítulo 7.)
   (a) Suponha que a linha seja de produção empurrada e libere os trabalhos a uma taxa de 0,45 por hora, com uma variabilidade de $c_a = 1$. Qual é o nível médio de WIP na linha?
   (b) Calcule a produtividade da linha, se ela fosse do tipo CONWIP com um nível de WIP igual a sua resposta em (a). A produtividade é maior ou menor que 0,45? Explique o resultado.
3. Considere a mesma linha de produção do Problema 2. Suponha que o lucro marginal seja de $50 por peça, e o custo do WIP seja de $0,25 por peça, a cada hora.
   (a) Qual é o lucro da linha de produção empurrada se definirmos TH = 0,4?
   (b) Qual é o lucro de uma linha de produção puxada se definirmos o nível de WIP = 12? Como comparar isso com a resposta (a) e quais as implicações disso para a lucratividade relativa dos sistemas de produção puxada e empurrada?
   (c) Aumente TH de (a) em 20%, para 0,48, e calcule o lucro do sistema da produção empurrada. Aumente o WIP de (b) em 25%, para 15, e calcule o lucro do sistema de produção puxada. Compare a diferença de (c) com a de (b). Quais as implicações disso para a robustez relativa dos sistemas de produção puxada e empurrada?
4. Considere o mesmo sistema de produção e a mesma função dos lucros do Problema 3.
   (a) Calcule os níveis ótimos de produtividade operando em um sistema de produção empurrada e o nível ótimo de WIP se o sistema fosse CONWIP. Qual a diferença nos níveis de lucratividade?
   (b) Suponha que os tempos atuais de processamento tenham uma média e um desvio padrão de 2,2 horas, mas a produtividade do sistema empurrado e o WIP do sistema puxado tenham tempos de processamento com uma média e um desvio padrão de 2 horas [isto é, sejam iguais aos níveis calculados em (a)]. E agora, qual o nível de lucratividade nos dois sistemas? Que comparações podemos fazer? Repita esse cálculo para um sistema em que os tempos de processamento têm uma média e um desvio padrão de 2,4 horas. O que acontece com a diferença entre os lucros dos dois sistemas?
5. No caso do pior desempenho na prática, assumimos que a linha fosse equilibrada (isto é, $t_e(j) = t$ para todos os j) e que os tempos de processamento fossem exponenciais (isto é, $c_e(j) = 1$ para todos os j). Mostre que, nessas condições, as fórmulas da análise do valor médio para CT(w) e TH(w) se resumem às fórmulas correspondentes para o caso do pior desempenho na prática

$$\mathrm{CT}(w) = T_0 + \frac{w-1}{r_b}$$

$$\mathrm{TH}(w) = \frac{w}{W_0 + w - 1} r_b$$

   Dica: Note que, pelo fato de a linha ser equilibrada, $T_0 = nt$ e $r_b = 1/t$, onde n é o número de estações da linha.
6. Implemente as fórmulas de análise do valor médio de (10.1) a (10.4) em uma planilha para o exemplo da Fábrica de Moedas, sendo que $t_e(j) = 2$ horas e $c_e(j) = 0{,}5$ para $j = 1,..., 4$. (Você pode verificar seu modelo comparando os valores com a Tabela 10.1.) Agora mude os coeficientes de variação, de maneira que $c_e(j) = 1$ para $j = 1,..., 4$ e compare seus resultados ao caso do pior desempenho na prática. Eles são iguais? (Se não, deve haver um erro em seu modelo.) Use o caso com $c_e(j) = 1$ como base para as questões a seguir.
   (a) Faça as seguintes alterações, uma por vez, e observe os efeitos sobre TH(w):
      (i) $t_e(1) = 2{,}5$
      (ii) $t_e(3) = 2{,}5$

      Existe alguma diferença entre ter o gargalo na estação 1 ou na 3? Explique o porquê.
   (b) Mantendo $t_e(3) = 2{,}5$ e todos os outros $t_e(j) = 2$, faça as seguintes alterações, uma por vez, e observe os efeitos sobre TH(w).
      (i) $c_e(1) = 0{,}25$
      (ii) $c_e(3) = 0{,}25$

      É mais eficiente reduzir a variabilidade do gargalo (estação 3) ou fora dele? Explique.
   (c) Novamente, mantendo $t_e(3) = 2{,}5$ e todos os outros $t_e(j) = 2$, suponha que, com o mesmo custo, você pode aumentar a velocidade da estação 2, de maneira que $t_e(2) = 0{,}25$, ou reduzir a variabilidade em todas as máquinas fora do gargalo, de maneira que $c_e(j) = 0{,}5$ para $j = 1, 2, 4$. Qual seria o melhor investimento? Por quê?

Capítulo 11

O Elemento Humano no Gerenciamento das Operações

Assim como a lei é necessária para preservar as boas maneiras, também as boas maneiras são necessárias para manter a lei.

Machiavelli

Consideramos que essas verdades são óbvias.

Thomas Jefferson

11.1 INTRODUÇÃO

Iniciamos este capítulo ressaltando o que ele não pretende ser. De maneira evidente, até pelo seu tamanho, o capítulo não pretende fornecer nenhum tipo de abordagem abrangente sobre as relações humanas no gerenciamento industrial. Não estamos tentando mostrar pesquisas sobre comportamento organizacional, fatores humanos, psicologia empresarial, teoria das organizações, ciências aplicadas ao comportamento ou qualquer outro campo de estudo dos comportamentos humanos. Respeitando a importância desses assuntos, este livro reitera e mantém seu foco na administração das operações.

No entanto, mesmo sendo um livro sobre as operações, estaríamos sendo omissos se deixássemos a impressão de que a administração empresarial é apenas uma questão de aplicar modelos matemáticos e belas ideias logísticas. As pessoas são um elemento crítico para qualquer empresa. Mesmo nas fábricas modernas, altamente automatizadas, as pessoas têm uma função fundamental na manutenção dos equipamentos, na coordenação dos fluxos de materiais, no controle da qualidade, no planejamento da capacidade, etc. Não importa o seu grau de sofisticação, as empresas não funcionarão bem se as pessoas não trabalharem de maneira eficaz. Por outro lado, algumas fábricas, com recursos de informática ainda bem primitivos, têm uma enorme eficácia em suas operações, em seu contexto estratégico, exatamente em função de seu pessoal.

O que oferecemos aqui é uma abordagem das relações humanas sob a perspectiva da Ciência da Fábrica. Lembre-se de que sua premissa fundamental é que existem leis naturais ou tendências que governam o comportamento das fábricas. A compreensão dessas leis e sua aplicação adequada facilitam a implantação e a execução das políticas gerenciais. De maneira similar a essas leis ciências, cremos que existem tendências naturais no comportamento humano, ou "leis de RH", que influenciam as operações de maneira significativa. Neste capítulo, mostramos alguns aspectos básicos do comportamento humano relacionados à administração das operações. Esperamos que o material aqui exposto inspire o leitor a aprofundar seu entendimento em relação aos assuntos do livro com as disciplinas comportamentais.

11.2 AS LEIS HUMANAS BÁSICAS

Uma das razões pelas quais cremos que um breve estudo sobre o elemento humano nas fábricas pode ser interessante é que as decisões erradas não são feitas por falta da avaliação de detalhes psicológicos sutis, mas sim pela falta de atenção a aspectos da natureza humana. Nesse sentido, mostraremos exemplos mais adiante. Por ora vamos abordar alguns pontos básicos.

11.2.1 A base do interesse pessoal

Pelo fato de o comportamento humano ser um campo bastante explorado, poderíamos enumerar várias perspectivas históricas dos pontos mais elementares. Por exemplo, poderíamos mostrar algo assim:

> *A autopreservação é a mais importante das leis.*
> John Dryden, 1681

Na verdade, uma variação dessa frase, com um pouco mais de relevância institucional, forma a nossa lei de RH mais importante.

A lei do interesse pessoal: *As pessoas, e não a organização, é que podem melhorar a si mesmas.*

Com essa frase, queremos apenas dizer que são os indivíduos que fazem suas escolhas de acordo com suas preferências e objetivos, e não as organizações. É claro que as preferências individuais podem ser complexas e implícitas, tornando-as difíceis de serem conectadas a motivos bem definidos. Mas o ponto é que as pessoas que formam as organizações não agem necessariamente de acordo com os objetivos organizacionais. A razão é que a soma das ações que melhoram o bem-estar dos indivíduos que as constituem não garante a melhora do bem-estar da organização.

A lei do interesse pessoal pode parecer óbvia. Na verdade, existem muitos exemplos de comportamentos ótimos para os indivíduos e não tão bons para a empresa. Um projetista pode criar um produto difícil de ser fabricado porque seu objetivo é otimizar seu desenho do ponto de vista do desempenho, e não da fabricação. Um vendedor pode empurrar a seus clientes produtos cuja capacidade já está sobrecarregada, porque sua meta pessoal é apenas maximizar suas vendas. Um gerente de produção pode querer rodar grandes lotes de um produto antes de ter de trocar os processos da linha, porque seu objetivo pessoal é maximizar a produtividade. Um funcionário da manutenção pode estocar muitas peças porque seu objetivo é fazer os reparos e substituições o mais rápido possível. Sem dúvidas, qualquer um com alguma experiência em fábricas deve ter observado muitos exemplos de comportamentos que são contraproducentes, mas perfeitamente lógicos sob a perspectiva do indivíduo.

Apesar dos inúmeros exemplos, agimos muitas vezes como se a lei recém-apresentada não fosse verdadeira. O modelo específico da fábrica à qual nos referimos é aquele com um problema de **otimização com restrições**. Esse problema pode ser expresso por um modelo matemático como segue

Otimizar	objetivos
Sujeitos a	limitações

Em qualquer livro sobre gerenciamento de operações, inclusive este (ver Capítulos 15, 16, e 17), acharemos vários exemplos desses problemas. Por exemplo, em uma situação de gerenciamento de inventário, podemos querer minimizar os investimentos feitos nos estoques que, por sua vez, influenciam no alcance de certo nível mínimo de atendimento ao cliente ou, em um problema de planejamento de capacidade, poderíamos querer maximizar os níveis de produção que estão sujeitos às limitações orçamentárias ou à demanda pelos produtos. Existem muitos outros problemas operacionais que podem servir de exemplo para modelos de otimização.

Talvez porque esses modelos sejam tão comuns na prática, muita gente visualiza a própria empresa como um problema de otimização limitada (ver, por exemplo, Goldratt 1986). O objetivo é maximizar o lucro, e a limitação é a capacidade ciência, a disponibilidade de matérias-primas, etc. Apesar de, às

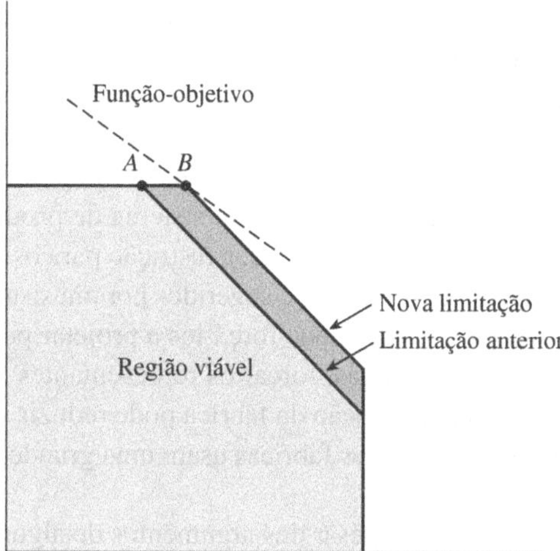

FIGURA 11.1 Um exemplo de modelo de otimização.

vezes, ser útil pensar assim a respeito de uma fábrica, essa analogia pode ser perigosa se esquecermos da lei do interesse pessoal descrita anteriormente.

Em um modelo matemático de otimização, a eliminação ou o relaxamento de uma limitação só podem melhorar a solução. Essa propriedade decorre do fato de que as limitações em um modelo matemático definem a região viável de maneira geométrica. A Figura 11.1 representa um caso especial de um modelo de otimização, chamado de **programação linear,** no qual a função-objetivo e as limitações são funções lineares das variáveis das decisões (ver Apêndice 16A para uma abordagem sobre a programação linear). A área sombreada representa o conjunto de pontos que satisfaz todas as limitações, também chamada de **região viável**. O melhor ponto da região viável (o ponto *A* na Figura 11.1) é a solução ótima para o problema. Se relaxarmos uma limitação, a região viável crescerá, aumentando a área sombreada da figura. Assim, o ponto ótimo original ainda está na região viável, agora ampliada, e as coisas não podem ficar piores. Nesse caso, o objetivo é melhorado movendo a região viável para o ponto *B*.

Esse comportamento é uma derivação de uma elaborada teoria de análise da sensibilidade dos modelos de otimizações. Na verdade, em muitos modelos, é possível avançar até a identificação de quanto será a melhoria do objetivo se relaxarmos levemente uma limitação. Porém, é importante notar que esse comportamento *só* é válido porque assumimos que a *melhor* solução encontra-se na região viável. Por exemplo, na Figura 11.1, assumimos que localizamos o melhor ponto (*A*), antes de relaxar uma limitação, de forma que ainda poderíamos localizar o ponto *A*, se necessário, mesmo após termos relaxado a limitação. Além disso, desprezaríamos o ponto *A* apenas se localizássemos um ponto melhor (*B*). Se não tivéssemos certeza de encontrar o ponto ótimo na região viável, então a eliminação ou o relaxamento de uma limitação poderiam nos levar a uma solução pior.

A matemática nos dá a certeza de que encontraremos o ponto ótimo sujeito às limitações. Mas o significado da lei apresentada é que as organizações, incluindo os sistemas de manufatura, *não buscam*, de maneira natural, a solução ótima dentro da região viável. Não há nenhuma garantia de que um determinado *mix* de produtos de uma fábrica seja o ótimo em qualquer sentido. E também não há certeza de que outros fatores importantes, como a produtividade, os níveis de WIP, a qualidade, o projeto dos produtos, a programação dos trabalhos, a estratégia de marketing ou o planejamento da capacidade vão ser otimizados do ponto de vista dos lucros. Assim, não há certeza de que, ao relaxarmos uma das limitações, isso trará algum benefício ao sistema.

Talvez, pelo fato de ser um sistema complexo envolvendo muitas pessoas, uma fábrica seja mais parecida com a sociedade do que com um modelo de otimização. A sociedade tem muitas limitações, na forma de leis e de outras restrições comportamentais. E apesar de muitos de nós podermos argumentar sobre a adequação de determinadas leis, praticamente ninguém ousaria afirmar que a sociedade seria melhor se não houvesse lei alguma. Nós, humanos, claramente necessitamos de algumas limitações para nos mantermos longe de algumas soluções extremamente ruins.

O mesmo é aplicável para os sistemas de produção. Existem muitos casos em que as limitações adicionais trazem melhorias de comportamento ao sistema. No controle da produção, um sistema CONWIP coloca restrições na movimentação dos materiais ao longo dos fluxos da fábrica e, como discutimos no Capítulo 10, funciona melhor do que um sistema de produção puramente empurrada, que não tem essas limitações. No projeto dos produtos, a restrição para os engenheiros adotarem certos tipos de furos, parafusos e fixadores padronizados e sugeridos por um sistema de desenho assistido por computador (*computer aided design* – CAD) pode forçá-los a projetar peças que são mais fáceis e de menor custo para produzir. Na área de vendas, forçar os representantes a coordenarem as condições oferecidas aos clientes de acordo com a situação da fábrica pode reduzir suas vendas individuais, mas aumentar a lucratividade da empresa. Todas as fábricas usam uma grande variedade de limitações perfeitamente aceitáveis em seus sistemas.

O ponto importante disso tudo é que, apesar dos argumentos de alguns gurus populares, a melhoria dos sistemas de produção não é apenas uma questão de remover restrições. Certamente algumas melhorias podem ser alcançadas dessa maneira. Por exemplo, se nosso objetivo fosse melhorar a produção, relaxar as restrições impostas pela máquina-gargalo, adicionando mais capacidade, poderia ser uma boa opção. Contudo, a melhoria da produção também pode ser atingida trabalhando as peças certas nos tempos certos, um tipo de comportamento que exige a *adoção* de limitações para ser atingido.[1] Na prática, o sistema de produção não estará "otimizado" desde o início, nem será "otimizado" após as melhorias serem feitas. O melhor que podemos fazer é manter os olhos bem abertos para uma ampla gama de opções e fazer a seleção de maneira coerente. Em última instância, a boa administração é mais uma questão de incentivos e restrições adequados do que de simples remoção de limitações. Porém, estreitar nossa visão e adotar uma perspectiva muito restringida da fábrica é uma das limitações que podemos dispensar.

11.2.2 A diversidade é um fato

Todos nós, seres humanos, temos tanto em comum que é tentador fazer generalizações. Inúmeros filósofos, escritores, compositores e cientistas sociais ganharam a vida, ao longo dos séculos, fazendo exatamente isso. Todavia, antes que também sigamos por esse caminho e sucumbamos à tentação urgente de tratar as pessoas como mais um elemento de nossas representações matemáticas da fábrica, faremos uma pausa para observar alguns pontos óbvios.

A lei da individualidade: *As pessoas são diferentes.*

Além de fazer a vida ficar interessante, essa lei sobre as pessoas tem um série de ramificações nas empresas. Os operadores trabalham em diferentes ritmos; os gerentes interagem de maneiras diferentes com seus subordinados; os empregados são motivados por objetivos diferentes. Apesar de todos saberem dessas obviedades, é importante lembrá-las quando tiramos conclusões baseadas em modelos simplistas ou avaliamos as necessidades do pessoal com base em descrições padronizadas de tarefas.

A diferença mais evidente entre as pessoas no local de trabalho é o seu nível de habilidade. Algumas pessoas simplesmente executam uma tarefa de maneira melhor do que outras. Temos observado enormes diferenças entre o ritmo de diferentes trabalhadores na execução de uma mesma tarefa manual. As diferenças de experiência na função, nas habilidades manuais ou na simples disciplina podem ser algumas das influências. Mas não importam as causas, tais diferenças existem e não podem ser ignoradas.

Conforme já foi observado no Capítulo 1, Taylor reconhecia as diferenças inerentes de cada trabalhador. Sua resposta era a de que os gerentes deviam treinar os trabalhadores para realizarem suas tare-

[1] Supomos aqui que poderíamos caracterizar esse tipo de coordenação melhorada como a remoção de limitações às informações, mas isso nos parece pedante demais.

fas específicas. Aqueles que atingiam a taxa padrão fixada pela administração eram os "trabalhadores de primeira classe", e todos os outros eram descartados. Além da ameaça da demissão, Taylor e seus engenheiros de produção faziam uso de vários esquemas para motivar seus funcionários a alcançarem o rendimento desejado. Estilos mais recentes, como a *gerência participativa,* têm promovido uma menor ênfase nos sistemas de incentivos a favor de mais trabalho em equipe e do uso de trabalhadores qualificados para treinar seus colegas. Mas não importa qual o procedimento usado na seleção, nos salários ou no treinamento dos trabalhadores, as diferenças persistem e, muitas vezes, são muito importantes.

Um exemplo específico de um sistema de produção no qual as diferenças entre os funcionários têm um impacto significante nas decisões logísticas é o **sistema da corrente humana** (ver Bartholdi e Eisenstein 1996). Esse sistema foi motivado pela Toyota Sewn Products Management System e era comercializado pela Seiki Co., uma subsidiária da Toyota, para a produção de muitos tipos de confecções. Algumas variações desse sistema têm sido adotadas em muitos ambientes, incluindo a coleta de mercadorias em armazéns e a montagem de sanduíches (por exemplo, na Subway). O sistema básico, mostrado na Figura 11.2, funciona da seguinte maneira: cada trabalhador se responsabiliza por um trabalho, processando-o em cada uma das máquinas, até que outro trabalhador, fluxo abaixo, venha e tome seu trabalho para seguir adiante. Por exemplo, sempre que o último operador da linha (o trabalhador 3) termina um trabalho, ele segue fluxo acima até o próximo trabalhador (2) e pega seu trabalho. Então ele processa o trabalho em cada máquina até o fim da linha. O trabalhador 2, de maneira similar, vai até o trabalhador 1. Ele continua processando o trabalho nos vários estágios, até que o trabalhador 3 venha, tome o trabalho e o termine. No início da linha, o trabalhador 1 começa um novo trabalho e o processa até que o trabalhador 2 venha e o tome-o, seguindo o mesmo processo.

Pelo fato de cada passo da linha envolver habilidades idênticas (por exemplo, o manuseio de máquinas de costura no Sewn Products System, a coleta de mercadorias em um armazém ou a montagem de sanduíches na Subway), um funcionário que sabe trabalhar no primeiro estágio está apto a trabalhar em todos os outros. Assim, os trabalhadores podem ser posicionados de acordo com sua rapidez. Os autores Bartholdi e Eisenstein (1996) demonstraram que organizar os trabalhadores começando pelos

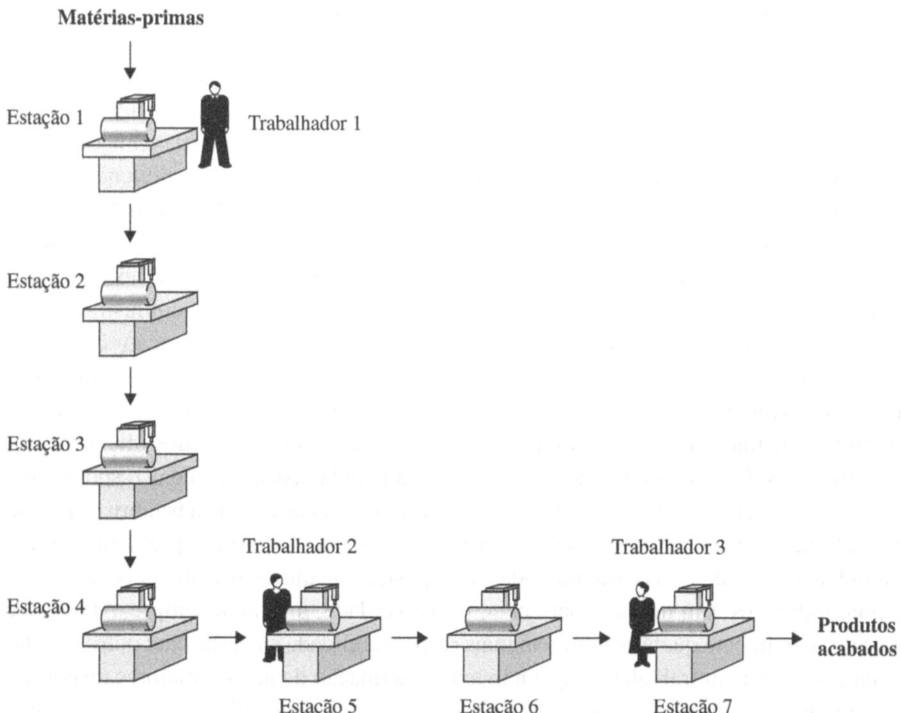

FIGURA 11.2 O sistema da corrente humana.

mais lentos até os mais rápidos (isto é, o 1 seria o mais lento, e o 3, o mais rápido) equilibra a linha de maneira natural e garante sua otimização (no sentido de maximizar a produtividade). Seus estudos empíricos de empresas que usam o sistema da corrente humana dão suporte a sua conclusão de que a organização dos trabalhadores nessa ordem (dos lentos para os rápidos) é uma política bastante eficaz. Esses estudos são um excelente exemplo de como os modelos matemáticos podem ser usados para ajudar o gerenciamento de um sistema que envolve diferentes níveis de habilidade.

Outras diferenças nas habilidades humanas, além da simples variação no ritmo do trabalho, também podem ter importantes consequências na tomada de decisões operacionais. Por exemplo, um gerente com uma boa memória e um dom especial para manipular uma programação pode fazer um sistema parecer muito eficaz baseado em suas habilidades. Porém, quando ele é substituído por outro gerente, as coisas podem se deteriorar de maneira drástica. O novo gerente provavelmente será culpado por não dominar as mesmas habilidades do gênio anterior, mas a verdadeira falha está no sistema baseado em programações.

Há alguns anos, observávamos um exemplo em que se prenunciava um desastre em uma pequena fábrica de armários de ferro a partir de chapas de metal. A fábrica usava um sistema de controle de produção que gerava "requisições de corte" de chapas de metal para as prensas, detalhando o formato das peças que formariam o produto final. Essas peças eram cortadas e seguiam em pilhas, sem ordem alguma, para a montagem final. Na montagem, o sistema de computação fornecia apenas uma lista das necessidades de materiais para os produtos, sem especificar as peças que os compunham. Essas informações sobre a estrutura de produto estavam na cabeça de um único funcionário chamado John. Ele verificava a lista de produtos e juntava os conjuntos das peças que os formavam. Trabalhando na empresa há décadas, ele sabia de cor as necessidades de cada produto fabricado pela empresa. Ninguém mais na empresa tinha esse conhecimento. Quando o homem adoeceu, a produtividade despencou. Apesar de a administração estar satisfeita com o sistema, pelo fato de John já estar em seus 60 anos, achamos que a confiança da administração não iria muito longe.

Além das variações em habilidades e na experiência, as pessoas também têm diferentes visões da vida. O axioma norte-americano básico de que "todos os homens são criados iguais" não implica que todas as pessoas buscam as mesmas coisas. Para melhor ou pior, temos observado diferenças fundamentais na atitude das pessoas em relação ao trabalho. Algumas querem assumir responsabilidades, desafios e variação em suas funções; outras preferem a estabilidade, a previsibilidade e a capacidade de poder deixar seu trabalho para trás ao final de mais um dia. As forças armadas já reconhecem explicitamente a existência dessas diferenças e as usam na distribuição de responsabilidades de seu pessoal. Os oficiais detêm grande autoridade, mas são também responsáveis pelos atos de seus subordinados. Os soldados, porém, são apenas responsáveis pelo seguimento das ordens e de suas funções específicas.

Alguns autores parecem adotar a visão de que todas as pessoas deveriam pertencer à primeira categoria (os oficiais) e que a falta de suporte do ambiente de trabalho condena os outros a pertencerem à segunda categoria (os soldados). Por exemplo, Douglas McGregor (1960) propôs sua **teoria Y** sobre a administração, dizendo que os trabalhadores são mais motivados pela responsabilidade e pelos desafios do que pelo temor e os incentivos financeiros, que eram usados pela administração tradicional, o que ele chamou de **teoria X**. Enquanto pode até ser verdade que a administração segundo a teoria Y realmente induz mais trabalhadores a assumir uma visão igual a dos oficiais no exército, nossa opinião é de que sempre haverá trabalhadores – alguns muito bons – que adotarão a visão do soldado.

Na fábrica, a distinção entre as pessoas que se identificam com a visão dos oficiais ou dos soldados tem implicações diretas no nível de sucesso alcançado pela distribuição das responsabilidades de tomada de decisões, dependendo dos trabalhadores. Muitas técnicas usadas nas fábricas japonesas, que dão responsabilidades aos operadores para controlar a qualidade, identificar problemas ou autorizar a parada da linha em caso de falhas, são baseadas na suposição de que os trabalhadores desejam assumir essas responsabilidades. Em nossa experiência, isso é verdade, mas nem sempre. Alguns indivíduos crescem profissionalmente quando assumem mais responsabilidade e autoridade; outros se encolhem e sofrem com elas. Um bom trabalhador que não tem a inclinação de aceitar maiores responsabilidades pode até prejudicar as técnicas que se baseiam na delegação de autoridade. Essa é uma consideração à qual deve ser dada atenção quando as novas políticas de administração forem implantadas. Novos procedimentos podem exigir mais treinamento ou a rotação de funções. Certamente, sempre haverá um lugar para os "soldados" e os "oficiais" no local de trabalho, mas ter um soldado exercendo as funções de um oficial, ou vice-versa, pode fazer com que, mesmo as boas técnicas, causem maus resultados.

Uma observação final sobre as diferenças humanas é o fato de que os indivíduos têm diferentes perspectivas sobre suas vidas e, no trabalho, isso implica que eles também terão respostas diferentes às várias formas de motivação do pessoal. Como já observamos no Capítulo 1, a visão de Taylor, de que os trabalhadores são motivados apenas pelo dinheiro, tem sido posta em cheque e perdeu crédito. Os trabalhos de Hugo Munsterberg (1913), Lillian Gilbreth (1914), Elton Mayo (1933, 1945) e Mary Parker Follett (1942) forneceram evidências convincentes de que os trabalhadores são motivados também pelos aspectos sociais do trabalho, além da questão financeira. De maneira clara, os pesos relativos que os indivíduos dão para as questões financeiras e sociais são diferentes. Mas o mais importante, do ponto de vista das operações, é que existem muitas maneiras não financeiras para motivar os trabalhadores a participarem efetivamente dos novos sistemas a serem implantados. Premiações, cerimônias, flexibilidade no trabalho, reconhecimento no jornal interno e muitas outras opções criativas podem ser eficazes, desde que usadas em uma atmosfera genuína de respeito pelo trabalhador. À medida que as indústrias têm usado mais e mais os sistemas de produção puxada – nos quais a produção de peças remunerada por unidade pode ser uma ideia destrutiva, se não for coordenada – as técnicas não financeiras para a motivação do pessoal têm sido cada vez mais importantes.

11.2.3 Os efeitos do fanatismo

Como abordamos na Parte I deste livro, os últimos anos têm assistido uma revolução no ambiente das fábricas. Começando com a cruzada do MRP nos anos 1970, passando pela revolução do JIT e da TQM dos anos 1980, até os movimentos da TBC (competição baseada no tempo) e da BPR (reengenharia de processos de negócios) dos anos 1990, os administradores de produção têm sido constantemente pressionados a mudar tudo o que estão fazendo. Como resultado, as empresas alteram as responsabilidades de várias posições, criam outras posições e empregam equipes transitórias com a função de implantar as mudanças desejadas. Sob essas condições, a função dos gerentes é de enorme importância. Na verdade, ousamos escrever a seguinte lei sobre o pessoal.

A lei do "gênio": *Para quase todos os programas, sempre há um "gênio" ou um especialista que pode fazer dar certo – pelo menos por algum tempo.*

Obviamente, muitos programas de mudanças acabam não dando certo, apesar da existência de um gênio. Isso pode até indicar se o programa é ruim ou não. Mas significa, de maneira evidente, que o gênio (apesar de seu sucesso individual) não teve capacidade suficiente para fazer do programa um grande sucesso. A lei apresentada implica que os gênios podem ser bons agentes de mudanças, mas que existe um lado bom e um lado ruim nisso.

O lado bom dos gênios é que eles podem exercer uma tremenda influência no sucesso de um sistema. Considere a participação de Taiichi Ohno e Shigeo Shingo na Toyota. Esses homens notáveis desenvolveram, venderam suas ideias e implantaram muitas das características do sistema *just-in-time* na Toyota de tal maneira que ele se tornou a espinha dorsal de uma enorme empresa de sucesso. É importante notar, porém, que Ohno e Shingo fizeram muito mais do que simplesmente vender suas ideias. Eles também foram pensadores e inventores. Um gênio de verdade precisa ter a habilidade de desenvolver e adaptar um sistema para as necessidades da aplicação a ser implantada. Além de serem brilhantes, Ohno e Shingo tinham outra vantagem como gênios: eles trabalharam em tempo integral, sem sair da Toyota, por muitos anos. Para serem eficazes de verdade, os gênios precisam se envolver intimamente com os sistemas que estão tentando mudar.

Sentimos a importância de se ter um gênio por meio da experiência de um consultor conhecido nosso. Nosso amigo tinha acabado de fazer uma apresentação a um grupo de gerentes a respeito das razões para que adotassem um determinado sistema de controle de produção em sua fábrica. Assim que terminou, sentou-se, com a certeza de que fora bem-sucedido, como os olhares aprovadores dos gerentes confirmavam. O gerente-geral, claramente impressionado com a apresentação, deliberadamente virou as costas e pediu a seus subordinados para lhe explicarem, *com suas próprias palavras*, por que deveria comprar o novo sistema. Quando ficou evidente que seus gerentes não conseguiam sequer chegar perto da retórica exuberante e da lógica confiante do consultor, o gerente-geral, reconhecendo que lhe faltava um gênio, desistiu do sistema e deixou nosso amigo a ver navios.

O lado ruim dos gênios é que, no ambiente de negócios atual, qualquer gerente é candidato potencial a assumir uma nova posição. A grande rapidez com que os gerentes fazem rotação de suas funções significa que o criador de certo programa, muito provavelmente, deixará sua posição antes que sua implantação tenha sido completada. Temos visto sistemas que funcionam bem enquanto seu criador é mantido em sua posição, mas desmoronam assim que ele a deixa. Alguém definiu o termo "gênio" como "alguém que consegue ficar um passo adiante dos desastres que ele mesmo causa". Se pode haver alguma verdade nessa definição, o fenômeno a que ela se refere é que existe uma tendência natural de os sistemas se degradarem, assim que seus criadores os abandonam.

A implicação dessas observações sobre a função dos gênios como agentes de mudança é que devemos estar atentos para criar habilidades comuns para sobreviver à perda dessas pessoas brilhantes como uma medida de qualidade de um novo sistema. Isso está ocorrendo lentamente também no mundo acadêmico, onde experiências educacionais que originalmente são um sucesso acabam sendo meras imitações mecânicas de sua versão original assim que novos instrutores assumem o comando. Hoje, uma pergunta comum feita a um professor que sugere um curso novo ou uma inovação em determinado currículo escolar é: o que acontecerá quando você for substituído? O resultado é que alguns planos altamente inovadores são barrados ou alterados; mas as mudanças que conseguem superar os obstáculos têm muitas chances de gerar impactos sustentáveis. De maneira idêntica, questionar o que acontecerá após o gênio deixar a empresa pode levar algumas a abandonarem seus planos ou fazerem alterações para que eles sejam gerenciáveis sem nenhum gênio.

É bom lembrar que a "revolução do JIT" nunca foi uma revolução no Japão. Foi o resultado de uma longa série de melhorias feitas ao longo de décadas. Cada melhoria era integrada gradualmente ao sistema, permitindo tempo para o pessoal se acomodar às novas mudanças. Consequentemente, os japoneses tiveram uma experiência muito mais profunda com o programa JIT do que os norte-americanos. Em razão de sua maior estabilidade, os japoneses dependiam muito menos de seus gênios para alcançar o sucesso (apesar de Ohno e Shingo terem sido realmente grandes gênios) do que as empresas norte-americanas que tentavam implantar o JIT. A lição a ser aprendida, é que, se os gênios podem ter uma grande influência na promoção das mudanças, devemos nos esforçar em criar ambientes em que eles são de grande ajuda, mas não insubstituíveis.

11.2.4 A realidade do esgotamento das pessoas

O rápido ritmo das revoluções no ambiente empresarial, com as sucessivas admissões e demissões de pessoal, trouxe outro efeito negativo muito sério, resumido na lei seguinte.

A lei do esgotamento: *As pessoas se esgotam.*

Em praticamente todas as fábricas que visitamos, ouvimos uma grande lista de inovações anunciadas com grande pompa, comandadas por verdadeiros fanáticos, implantadas com entusiasmo e depois utilizadas apenas parcialmente, sendo aos poucos esquecidas e, finalmente, descartadas. É possível que, nos primeiros contatos com os sistemas MRP, nos anos 1970, os funcionários realmente acreditaram nas mudanças. Porém, em nossa opinião, muitas pessoas, incluindo gerentes, têm se tornado céticos, em virtude dos frequentes fracassos. Muitos adotam a atitude de que um novo programa é apenas "a revolução do mês"; se a ignorarem ela desaparecerá, assim como as anteriores. Infelizmente, isso acontece no mundo real.

Como já observamos no Capítulo 3, os defensores do MRP deram um tom revolucionário às mudanças das políticas das operações, descrevendo o MRP como nada menos do que "um novo estilo de vida" (Orlicky 1975), e proclamaram uma "*cruzada* do MRP". No Capítulo 4, apontamos que os defensores do JIT intensificaram essa tendência ao descrever o *just-in-time* com um fervor quase religioso. Agora, esses padrões foram estabelecidos, e qualquer nova ideia exige um anúncio estrondoso com o uso de retórica revolucionária para atrair alguma atenção ao produto. O perigo disso é que essa prática desencoraja os gerentes de executarem as pequenas mudanças pontuais, mas necessárias, em vez de grandes revoluções, que podem ser frustrantes. Se, às vezes, as revoluções são realmente necessárias, muitas promovem esgotamento e estresse do pessoal.

Assim, encontramo-nos na posição de termos que efetuar mudanças nos sistemas com uma força de trabalho estressada e esgotada. E isso não é fácil, pois o sucesso de qualquer sistema novo depende das pessoas que o usam. Mas há certas coisas que podemos fazer:

1. *Faça revoluções com parcimônia.* Nem todas as melhorias em uma fábrica precisam ser apresentadas como um novo estilo de vida. Por exemplo, em vez de mergulhar de cabeça em um sistema *kanban*, pode fazer sentido adotar alguns procedimentos de limitação do WIP. Como já apontado no Capítulo 10, um limite máximo de WIP oferece muitos dos benefícios logísticos do *kanban* e é muito mais transparente aos funcionários.

2. *Não abra mão do treinamento.* Se uma grande mudança de sistemas se faz necessária, certifique-se de que *todos* os funcionários sejam treinados aos níveis apropriados. Mesmo os operadores das máquinas precisam saber *por que* um novo sistema está sendo implantado, e não apenas *como* usá-lo. Um treinamento básico em estatística pode ser uma necessidade para um programa de controle de qualidade. Um treinamento básico nas leis da Ciência da Fábrica pode ser necessário para implantar um programa de produção puxada ou de redução do *cycle time*.

3. *Use programas-piloto.* Em vez de implantar de imediato um novo programa para a fábrica toda, pode ser melhor fazê-lo em apenas uma linha ou em parte da fábrica. Pode-se testar uma ferramenta nova de programação apenas em um centro de processamento, ou adotar um mecanismo de produção puxada em apenas um segmento de uma linha de produção. A natureza de um estudo-piloto deve ser pensada de antemão, pois, dependendo de seus resultados, o sistema precisa ser adaptado para que o programa-piloto possa ser realista e funcione direito. Por exemplo, se uma ferramenta de programação é usada apenas em parte da fábrica, ela deve poder funcionar com o restante da fábrica que não está sendo programado da mesma maneira. Ao abordar um ponto gerenciável do problema, o sistema terá maiores probabilidades de sucesso e maiores chances de superar o ceticismo, e ganhará apoio da força de trabalho. O melhor ambiente para executar um plano-piloto é uma nova fábrica, linha ou produto, em vez de uma já existente, pois ajuda a superar os problemas de o pessoal rejeitar inovações e defender os métodos tradicionais existentes. Depois que os novos procedimentos foram demonstrados no programa-piloto, é muito mais fácil aplicá-los aos sistemas existentes.

11.3 PLANEJAMENTO *VERSUS* MOTIVAÇÃO

Existem inúmeras arenas no ambiente empresarial, onde o elemento humano pode tornar opaca a distinção entre planejamento e motivação. Por exemplo, em nome da exatidão das medidas, uma ferramenta de programação deveria usar dados históricos sobre a previsão da capacidade das máquinas e da fábrica. Porém, se os dados históricos são insatisfatórios, então usar essa ferramenta para programar o futuro pode ser encarado como aceitar padrões subavaliados. Para evitar essa percepção, muitos gerentes, de maneira deliberada, usam dados fora da realidade ao estimar a capacidade da fábrica em seus procedimentos de programação. Como eles argumentam: "Se a gente não definir metas altas, o pessoal não vai se esforçar."

Consideradas nossas discussões anteriores de como os indivíduos são motivados por coisas diferentes, é razoável supor que alguns funcionários alcancem um bom desempenho sob a pressão de metas impossíveis. Porém, já encontramos operadores e gerentes que estavam sendo avaliados por metas totalmente fora da realidade da fábrica. Alguns ficavam desencorajados, e com razão; outros ficavam céticos diante da situação. Superestimar a capacidade da fábrica pode ser um convite para uma baixa motivação e desmoralização do pessoal.

E pode haver consequências ainda mais sérias quando essas estimativas irreais são usadas para calcular os prazos de entrega aos clientes. Observamos um caso em que o gerente da fábrica elevou, por decreto e da noite para o dia, sua estimativa de produção em 50%. Quase nenhuma alteração ciência foi feita na fábrica; sua intenção era pura e simplesmente aumentar a pressão para obter maior produção. Como ninguém ousou desafiar o chefe, os novos números foram acatados de imediato e implantados no sistema, inclusive aqueles usados para a previsão de entregas aos clientes. Quando os níveis da produção falharam em atingir as novas metas fixadas, ou sequer chegar perto delas, a fábrica foi inundada por pedidos atrasados.

O comportamento do gerente é uma variação da analogia popular dos defensores do JIT, de que a fábrica é um rio, as águas são os níveis de WIP, e os problemas, as pedras no fundo. Para que os problemas (pedras) apareçam, é preciso reduzir os níveis de WIP (água). É claro que se isso for realizado dessa forma implica que o problema será encontrado por imprudência, colidindo com as pedras. Nosso gerente de fábrica encontrou suas limitações de capacidade da mesma maneira. Na Parte I do livro, sugerimos que um sonar (na forma de modelos adequados) também pode ser uma complementação válida para essa analogia. Com ele, podemos identificar os problemas (as pedras no fundo do rio) antes mesmo de reduzir os níveis de WIP, de forma a evitar muitos sofrimentos e esforços. O gerente da fábrica poderia ter poupado seu pessoal e seus clientes de muita ansiedade e angústia, se suas estimativas irrealistas *não* tivessem sido usadas para prometer prazos de entrega impossíveis.

Em geral, qualquer modelo, análise ou sistema de controle dependerá de vários parâmetros de desempenho, como produtividade, rendimento, equipamentos, medidas de qualidade e retrabalhos. Como existe um desejo natural de melhorar essas medidas de desempenho, há também uma tentação de ir além e superá-las, quer por otimismo ou por motivação. Pensamos ser importante fazer uma distinção entre sistemas que usam a *previsão* e os que usam a *motivação*. Os sistemas baseados em previsões, tais como ferramentas de programação, sistemas de previsão de prazos de entrega ou procedimentos de planejamento da capacidade, deveriam usar os dados mais acurados disponíveis, incluindo os dados históricos quando relevantes. Já os sistemas baseados na motivação, tais como incentivos, avaliações de mérito e procedimentos disciplinares, podem se apoiar em objetivos especulativos, apesar do cuidado em não desencorajar os funcionários ao fixar objetivos altos demais.

11.4 A RESPONSABILIDADE E A AUTORIDADE

A observação de que a avaliação de pessoas com base em objetivos irrealistas pode minar a moral da força de trabalho é apenas uma parte específica de um problema maior. Geralmente, as pessoas não devem ser punidas por coisas que estão além de seu controle. O próprio sistema jurídico reconhece esse princípio, pois os menores são tratados de maneira diferente dos adultos e a alegação de insanidade mental é permitida. Porém, muitas vezes ignoramos esse princípio na administração das fábricas, quando definimos metas que não podem ser alcançadas ou quando avaliamos os funcionários por fatores que não estão sob seu controle. Isso viola um princípio básico de administração, definido em uma de nossas leis.

A lei da responsabilidade: *A responsabilidade, sem a respectiva autoridade, é desmoralizante e contraproducente.*

Deming (1986) nos deu uma ilustração de práticas gerenciais inconsistentes com esse princípio por meio de sua conhecida experiência das bolinhas vermelhas e brancas. Em seus cursos, ele escolhia um grupo aleatório de pessoas de sua audiência para subir no palco. Após algumas instruções preliminares sobre os processos de admissão e demissão, ele pedia a cada uma das pessoas para mergulhar uma pazinha com 50 buracos dentro de um caixote cheio de bolinhas vermelhas e brancas (ver a Figura 11.3). Cada bola branca significava boa qualidade, e cada bola vermelha, uma unidade com defeito. A pessoa com o menor número de bolas defeituosas (vermelhas) era recompensada e promovida a "funcionário do mês", enquanto aquelas com maior número de defeitos eram demitidas ou penalizadas. De-

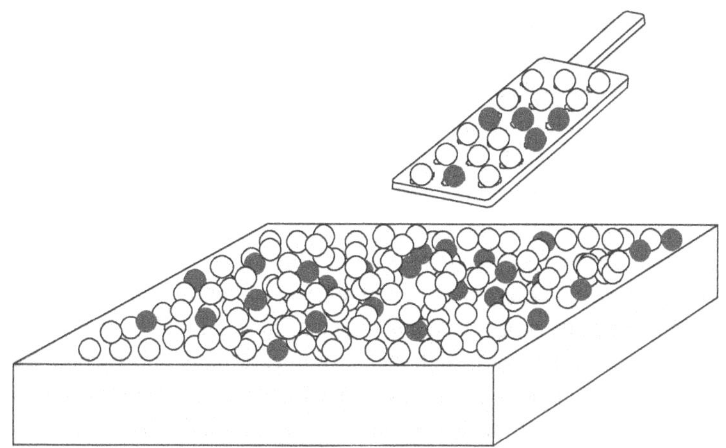

FIGURA 11.3 O experimento das bolinhas vermelhas de Deming.

pois, o processo era repetido com as mesmas pessoas, de forma que, invariavelmente, o "funcionário do mês" piorava na segunda rodada, enquanto os que tinham ido mal antes, melhoravam na segunda rodada. Pensativo, Deming concluía que os "funcionários do mês" estavam sendo relaxados após serem recompensados, enquanto os rebaixados respondiam melhor aos seus métodos disciplinares. Ele repetia esse processo de promoções, democões, demissões e penalizações para provar suas conclusões.

É claro que a taxa de defeitos no experimento de Deming estava totalmente fora do controle dos participantes. A tendência de os melhores funcionários piorarem, e de os piores melhorarem, não é nada mais do que um exemplo da chamada **regressão à média**, que discutimos no Capítulo 8. O experimento de Deming, como ele bem sabia, mostrava apenas ruídos estatísticos. A conclusão é que, em um sistema de produção sob forças aleatórias (todos eles), alguma variação de desempenho será causada por pura sorte. As práticas eficazes de administração precisam saber distinguir entre as diferenças reais e os ruídos estatísticos. Se não o fizerem, acabarão colocando funcionários em posições nas quais estarão sendo avaliados, pelo menos parcialmente, por medidas e critérios que não estão sob seu controle.

Se o experimento de Deming é radical – raramente as diferenças de desempenho dos funcionários são *completamente* causadas por sorte – podemos observar algumas analogias no mundo real. Por exemplo, muitas empresas ainda adotam sistemas que remuneram o funcionário por unidades, sendo que seu salário depende da quantidade de peças produzidas. Se, por qualquer razão, um trabalhador não receber matéria-prima suficiente da estação anterior, ele perderá ganhos sem qualquer culpa. De maneira similar, se um trabalhador for sobrecarregado com peças que não pagam muito bem, ele poderá ser penalizado financeiramente, mesmo que sua produtividade seja mantida.[2] E se a remuneração for apenas pelas peças boas que produz e os defeitos de qualidade forem gerados por estações anteriores, ele que pagará a conta. Se agir de acordo com a lei do interesse pessoal, será incentivado a ignorar os defeitos de qualidade. Se o sistema o forçar a inspecionar as peças, será penalizado pela redução do fluxo das peças.

Esses exemplos ilustram algumas razões por que esse sistema de remuneração por unidades produzidas tem sido muito debatido desde os tempos de Taylor e por que muitos sistemas tradicionais têm caído em desuso nos últimos anos. Cem anos de experiência não conseguiram produzir um sistema eficaz e genérico de remuneração por peças produzidas, e duvidamos que isso seja possível.

A remuneração por peças não é a única prática gerencial que não se adapta ao princípio da responsabilidade e autoridade. Existe outra, que é o cálculo dos prazos de entrega da fábrica. Geralmente, os prazos de entrega aos clientes são estabelecidos fora do ambiente de produção, pela área de vendas,

[2] Pelo fato de os sistemas de remuneração por unidades produzidas poderem pagar algumas peças melhor do que outras, os trabalhadores tendem a escolher as mais rentáveis, independentemente das necessidades da fábrica. Esse é um exemplo natural da lei do interesse pessoal.

pelo controle de qualidade ou por decisão da empresa (garantia de entrega em x semanas). Se, como muitas vezes acontece, a área de produção é responsável por atender aos prazos dos clientes, acabará sendo punida sempre que a demanda exceder a capacidade. Porém, como a demanda não está sob seu controle, isso acaba violando a lei que implica a responsabilidade ser proporcional à autoridade. Por isso, os *prazos de entrega da produção* devem ser separados e estimados de acordo com a capacidade da produção, e não necessariamente iguais aos prazos de entrega prometidos aos clientes. Se a área de vendas promete prazos impossíveis em relação à capacidade real de produção, aquela área deve ser responsabilizada; a produção só deve ser responsabilizada se não conseguir alcançar os seus próprios prazos de entrega de fabricação. É claro que não pode haver muita rigidez nessa separação, pois a produção deve ser flexível o bastante para acomodar as mudanças legítimas da área de vendas. O Capítulo 15 mostrará esse problema com maiores detalhes e oferecerá mais opções para a empresa calcular prazos de entrega realistas aos clientes e deles fazer derivações para os prazos de produção.

A disparidade entre a responsabilidade e a autoridade pode ir até a gerência e ser causada por fatores sutis. Testemunhamos um caso de certo gerente, o qual era responsável pelos aspectos operacionais de sua linha de produção, incluindo a produtividade, a qualidade e o *cycle time*. Além disso, ele tinha total autoridade, orçamentária ou não, para tomar as medidas necessárias para alcançar sua meta de desempenho. Entretanto, ele não podia fazê-lo por falta de *tempo*, que era tomado, em grande parte, pelas questões não operacionais, pois ele também era responsável pelas questões pessoais em sua linha. Como consequência, ele tinha muita pressão pelo resultado fraco do desempenho operacional de sua linha. Nossa impressão é que essa não é uma situação incomum.

Para evitar colocar gerentes em uma posição onde eles ficam incapazes de lidar com as questões logísticas de maneira eficaz, sugerimos o uso de políticas direcionadas explicitamente para preservar o tempo *para cuidar das operações*. Uma boa abordagem é designar um gerente operacional responsável por períodos específicos (por exemplo, um turno ou um dia). Durante esse período, tal gerente fica livre de cuidar de outras questões que não as pertinentes à linha de produção. O efeito será forçar o gerente a se envolver de maneira íntima com os problemas operacionais e sua solução. Esse conceito é idêntico ao do "oficial de bordo" universalmente usado na marinha, que de forma temporária é responsável pela operação do navio, ficando isento de qualquer outra função não relacionada àquela responsabilidade. Em um navio, é essencial ter uma autoridade claramente definida e responsável pela tomada de decisões críticas em um instante. À medida que as operações de produção trilham o inevitável caminho em direção à redução dos níveis de WIP e às técnicas para abreviar o *cycle time*, definir um gerente com o foco total para fazer julgamentos e tomar decisões operacionais está se tornando cada vez mais importante.

11.5 RESUMO

Reconhecemos que este capítulo é apenas uma rápida pincelada sobre as maneiras complexas como os seres humanos se comportam em ambientes da produção. Esperamos ter fornecido subsídios suficientes para convencer o leitor de que a gerência das operações é uma questão que vai muito além dos modelos matemáticos. Mesmo as questões altamente técnicas, tais como a programação dos equipamentos, o planejamento da capacidade, o controle da qualidade ou a manutenção, envolvem as pessoas de maneira fundamental. É importante lembrar que um sistema consiste de equipamentos, lógica *e* pessoas. Os sistemas bem projetados tornam eficaz o uso desses três fatores.

Além dessa observação fundamental, os principais pontos abordados neste capítulo foram:

1. *As pessoas agem de acordo com seu próprio interesse.* Com certeza, o altruísmo existe, e muitas vezes os motivos são sutis, mas, geralmente, as ações das pessoas são consequência de seus próprios interesses. Se esses interesses levam a comportamentos contraproducentes em relação ao sistema, eles precisam ser mudados. Se não oferecemos aqui nenhum tratamento mais abrangente a respeito da motivação, tentamos demonstrar que apenas incentivos financeiros não são suficientes.

2. *As pessoas são diferentes.* Pelo fato de as pessoas serem distintas em relação a seus talentos, interesses e objetivos, sistemas diferentes funcionarão melhor com essas pessoas. Não faz sentido a imposição de um sistema de controle para um ambiente em que as qualificações das pessoas são diferentes das necessárias.

3. *Os gênios podem exercer influências positivas e negativas.* Parece que estamos em uma era em que cada nova ideia de administração precisa do suporte de um guru com superpoderes. Se essas pessoas podem realmente ser agentes de mudança, elas também podem tornar atraente uma ideia sem sentido. A manufatura necessita de menos retórica e mais melhorias pontuais.

4. *As pessoas se esgotam.* Isso se tornou um problema bem real após a década de 1990. Temos embarcado em tantos modismos que os trabalhadores e os próprios administradores estão cansados da "revolução do mês". No futuro, fazer as mudanças necessárias nos ambientes da produção vai exigir menos retórica e mais lógica e esforço.

5. *Existe uma diferença entre o planejamento e a motivação.* Uma visão otimista dos dados referentes à capacidade, ao rendimento e à confiança para motivar o pessoal pode ser justificável, desde que sem cobranças extremas. Porém, usar números históricos distorcidos para se fazer previsões é muito perigoso.

6. *A responsabilidade deve ser proporcional à autoridade.* Esse princípio gerencial óbvio e conhecido ainda é, muitas vezes, violado nas práticas das fábricas. À medida que os processos de produção exigem cada vez mais rapidez e menores níveis de WIP, está se tornando mais importante designar um gerente com *tempo* e foco exclusivo nas operações como parte da autoridade para arcar com suas responsabilidades sobre a produção.

Esperamos que essas observações simples sirvam como inspiração ao leitor para entender o papel do elemento humano nos sistemas de gerenciamento das operações. Tentamos manter uma perspectiva humanística na Parte III do livro, na qual abordaremos a prática dos conceitos da Ciência da Fábrica e encorajamos o leitor para isso.

PONTOS PARA DISCUSSÃO

1. Comente a frase a seguir, parafraseada da afirmação que se ouviu de um trabalhador horista no restaurante de uma empresa:

   "A administração quer que nos esforcemos mais e mais para fazer a reengenharia da fábrica e implantar um sistema mais eficiente. Se não nos esforçamos, eles vêm para cima de nós. Se fizermos o que eles querem, estaremos destruindo nossos postos de trabalho. Assim, a melhor coisa é fazer de conta que estamos nos esforçando, mas sem produzir grandes mudanças."

   (a) Quais as implicações dessa declaração para o relacionamento entre a administração e os trabalhadores da fábrica?
   (b) O trabalhador tem razão?
   (c) Como essas preocupações dos trabalhadores poderiam ser abordadas dentro de um programa de mudanças?

2. Considere a seguinte paráfrase de uma declaração de um pequeno empresário:

   "Há vinte anos, nossos operadores eram verdadeiros artistas e conheciam os processos pelo avesso. Hoje, temos sorte se os funcionários chegam ao trabalho no horário certo. Precisamos desenvolver um sistema automático para controlar os processos em nossos equipamentos, nem tanto para melhorar a qualidade ou melhorar nossa competitividade, mas simplesmente porque os trabalhadores não conseguem mais fazê-lo manualmente."

   (a) Quais as implicações dessa declaração para o relacionamento entre a administração e os trabalhadores da empresa?
   (b) O empresário tem razão?
   (c) Que tipo de políticas a administração poderia adotar para melhorar a eficácia dos operadores?

3. Considere a seguinte declaração:

   "O sistema JIT funcionou para a Toyota e outras empresas japonesas porque elas tinham os gênios que o inventaram. As empresas norte-americanas tiveram pouco sucesso com o JIT porque não tinham pessoas brilhantes para implantá-lo."

   (a) Você acha que isso é verdade?

   (b) Quais as diferenças importantes sobre o JIT no Japão e nos Estados Unidos que essa declaração ignora?

QUESTÕES PARA ESTUDO

1. A literatura popular sobre as indústrias tem, às vezes, mostrado a melhoria contínua da qualidade como uma questão de "remover as limitações". Por que, às vezes, as limitações podem ter seu lado bom nos sistemas de produção? Como a remoção de limitações poderia, realmente, piorar as coisas?
2. Ao lidar com um sistema de produção, cujo pessoal está desgastado e frustrado pelas repetitivas "revoluções", que medidas a administração pode usar para inspirar as mudanças realmente necessárias?
3. Muitos gerentes de produção são relutantes em usar os dados históricos da capacidade da fábrica para planejar o futuro, pois acham que estariam utilizando desempenhos medíocres. Faça um comentário sobre esse dilema e seus efeitos na motivação do pessoal. Quais as medidas que um administrador pode adotar para separar o planejamento da motivação?
4. No exemplo das bolinhas vermelhas de Deming, os funcionários não exercem controle sobre seus desempenhos. O que esse experimento tem a ver com as situações do mundo real, onde o desempenho dos funcionários depende de sua habilidade e também de pura sorte? Que ideias gerenciais podem ser extraídas desse exemplo?
5. Compare os sistemas MRP, *kanban* e CONWIP do ponto de vista das questões humanas. Quais as implicações de cada um deles sobre o pessoal da fábrica? E sobre os engenheiros que programam os equipamentos de produção? E sobre os gerentes diretamente responsáveis pela supervisão dos trabalhos? Até que ponto os fatores humanos são benefícios de um sistema de controle de produção em especial, de forma que não podem ser obtidos por meio da modificação de um dos outros métodos de controle de produção?

CAPÍTULO 12

Manufatura com Qualidade Total

A qualidade não é um ato, mas sim um hábito.
ARISTÓTELES

12.1 INTRODUÇÃO

Uma das ideias fundamentais da Ciência da Fábrica é que a variabilidade tem um papel importante na determinação do desempenho de um sistema de manufatura. Conforme já observamos nos Capítulos 8 e 9, a variabilidade pode ser causada por várias razões: falhas de equipamentos, *setups*, comportamento dos operadores, flutuações na grade de produtos, entre outros. Mas uma de suas causas mais importantes, que pode alterar radicalmente o desempenho do sistema, é a qualidade. Os problemas de qualidade quase sempre geram variabilidade. Por isso, a redução da variabilidade muitas vezes é um caminho para a melhoria da qualidade. Como a qualidade e a variabilidade estão intimamente ligadas, concluiremos a Parte II do livro abordando essa questão crítica.

12.1.1 A década da qualidade

A década de 1980 foi a *década da qualidade* nos Estados Unidos. Muitos livros foram publicados sobre o assunto, milhares de funcionários fizeram cursos e treinamentos, e qualidade tornou-se a palavra de ordem no mundo empresarial. Em 1987, a Organização Internacional de Normalização (ISO) estabeleceu a série de padrões de qualidade ISO 9000. No mesmo ano, foi criado o prêmio Malcolm Baldrige National Quality Award por meio de um decreto do Congresso norte-americano.[1]

O conceito de qualidade e seus métodos de controle, certificação e gerenciamento não eram novidade nos anos 1980. O controle de qualidade, como uma disciplina, tem sua origem, no mínimo, em 1924, quando Walter A. Shewhart, que trabalhava na Bell Telephone Laboratories, da Western Electric, introduziu os gráficos de controle de processo. Shewhart publicou seu primeiro texto importante sobre a qualidade em 1931. Armand Feigenbaum cunhou o termo controle total da qualidade em um jornal, em 1956, e o usou como título da edição de 1961 de seu livro Controle da Qualidade, escrito em 1951.

No entanto, por mais que os termos e as ferramentas da qualidade estivessem presentes desde muitos anos, foi somente na década de 1980 que a indústria norte-americana reconheceu o potencial estratégico da qualidade. Sem dúvida nenhuma, esse interesse foi estimulado em grande parte pelo

[1] A Japanese Union of Scientists and Engineers (JUSE) já tinha estabelecido seu prêmio máximo da qualidade, o Deming Prize, em honra ao norte-americano W. Edwards Deming, em 1951.

considerável aumento na qualidade dos produtos japoneses durante as décadas de 1970 e 1980, assim como muito do interesse norte-americano na redução dos estoques originou-se das histórias de sucesso japonesas sobre o JIT.

Mas será que toda essa preocupação com a qualidade resultou em melhorias? É difícil afirmar com certeza, pois, como discutiremos neste capítulo, a qualidade é um termo abrangente que pode ser interpretado de muitas maneiras diferentes. Existem, sim, evidentes melhorias. Na indústria automotiva, por exemplo, o índice de problemas com os carros nos primeiros 3 meses após a compra a cada 100 veículos tem diminuído de maneira contínua, passando de 176, em 1998, para 118, em 2005 (J. D. Power 2005). Apesar disso, algumas pesquisas sugerem que a opinião dos consumidores sobre os níveis de qualidade dos produtos norte-americanos, em geral, é de que ela estava *decrescendo* durante a década de 1980 (Garvin 1988). O índice de satisfação dos consumidores norte-americanos (ACSI), uma medida geral da percepção sobre a qualidade, que vem sendo controlada desde 1994, mostrou um declínio da satisfação com os produtos fabricados durante a década de 1990 (Fornell et al. 2005).[2] Apesar de o índice ter aumentado levemente após a virada do século, em 2004, ele ainda estava tão baixo quanto em 1994. A satisfação com a indústria automobilística praticamente não se alterou de 1994 a 2004. A combinação entre o aumento das medidas objetivas de qualidade e a constante diminuição das medidas subjetivas da satisfação sugere que os consumidores estão ficando mais exigentes. Dito isso, podemos esperar que a qualidade se mantenha como um grande desafio para o futuro.

12.1.2 Uma história sobre a qualidade

Iniciamos nossas considerações sobre a questão da qualidade com uma experiência pessoal. Em 1991, um dos autores deste livro adquiriu um fogão que apresentou uma série incrível de problemas. Primeiro, por questões de estilo, o fogão veio com grades de cozimento em aço revestido com porcelana em cores claras. Após alguns dias de uso, a porcelana rachou e se desprendeu, deixando as grades com uma má aparência. Quando o serviço de atendimento ao consumidor (SAC) da empresa foi contatado (bem como alguns colegas que haviam comprado o mesmo fogão), descobrimos que *todos os fogões* daquele modelo tinham o mesmo defeito – uma taxa de 100% de defeito! Bela garantia de qualidade!

O SAC foi razoavelmente gentil e mandou novas grades, mas elas tiveram o mesmo defeito das originais e nossas queixas continuaram. Após três ou quatro reposições (incluindo uma em que o fabricante mandou dois jogos de grades, um para uso doméstico, e outro para usar quando havia convidados!), o fabricante mudou de fornecedor e mandou grades mais duráveis, mas cuja cor escura não combinava com o conjunto. Bela integração de forma e função!

À medida que a história das grades se desenrolava, o fogão começou a apresentar outros problemas. Por exemplo, após ter acendido o queimador, o acendedor automático não desligava, ficando um barulho intermitente e alto sempre que o fogão estava sendo usado. O pessoal da assistência técnica foi chamado para resolver esse problema, que se repetiu *oito* vezes no primeiro ano de uso (o prazo de garantia). Em uma dessas visitas, o técnico admitiu que não tinha ideia de como ajustar o fogão e que ele simplesmente substituía as peças com defeito. Belo serviço de pós-venda e bela forma de fazer a coisa certa desde a primeira vez!

Ao final do primeiro ano, o fabricante nos ofereceu a compra de um período estendido de garantia e reconheceu que, pelo fato de o modelo do fogão ter apresentado tantos problemas (eles disseram isso de uma forma menos apropriada), a garantia estendida seria uma boa solução para o nosso caso. Belo método de garantir seu produto e de oferecer qualidade com base no consumidor!

Durante o período em que escrevíamos a primeira edição deste livro, a tampa do forno do fogão caiu. Após alguns anos de uso (e de problemas), o fogão foi relegado ao quintal do autor, onde ele finalmente atingiu as expectativas de alguém ao ser recolhido e ter ido parar no ferro velho. *Essa não é uma história inventada*!

[2] Devemos notar, porém, que a ACSI mostra que o nível de satisfação dos consumidores é sempre bem menor para serviços do que para produtos e que a queda entre 1994 e 2004 foi ainda mais acentuada para os serviços.

12.1.3 O *status* da qualidade

Não queremos dizer que essa história indica o nível de qualidade da indústria atual. Mas é incrível (e triste) que uma empresa, na década de 1990, possa violar todos os princípios de uma boa gerência da qualidade. Além disso, desconfiamos que esse não foi apenas um caso isolado. Quase todo mundo tem uma história dessas para contar, e bem menos pessoas têm histórias gratificantes de que suas expectativas de qualidade foram superadas pelos fabricantes.

Além disso, à medida que os níveis exigidos aumentam, os padrões de qualidade devem acompanhá-los. No passado, compradores de carros de "boa qualidade" tinham que trocar os pneus várias vezes em uma viagem de 200 km e, se fosse a álcool, sofriam para ligar em qualquer manhã mais fria. Hoje, um carro com um pixel não funcional na tela do GPS já é considerado com defeito. É evidente que o problema da qualidade não tem solução definitiva; o melhor que podemos fazer é tentar acompanhar a evolução dos fatos.

O que uma empresa pode fazer? Muito. Não existe uma empresa no mundo que não possa melhorar seus produtos, processos ou sistemas; aproximar-se mais dos clientes; ou entender melhor as influências da qualidade em seus negócios. Além disso, existe uma vasta literatura para consultas. Apesar de a literatura sobre a qualidade, assim como aquela sobre o JIT, conter uma sobrecarga de retórica imprecisa, ela oferece muitas informações úteis. Ela pode ser dividida em duas categorias, a **gestão da qualidade total** (***total quality management*** – **TQM**), que se concentra na qualidade em termos qualitativos de seu gerenciamento (por exemplo, promovendo um ambiente de suporte às melhorias da qualidade), e o **controle estatístico da qualidade** (***statistical quality control*** – **SQC**), que se concentra na qualidade em termos quantitativos de engenharia (como a medição da qualidade e a certificação de acordo com os padrões estabelecidos). Ambas as categorias são necessárias para formular um programa eficaz de melhoria da qualidade. Qualquer TQM sem SQC resulta em mera conversa fiada, enquanto todos SQCs sem TQM resultam em meros números sem objetivo algum.

O trabalho de Garvin (1988) é um bom exemplo de boa literatura sobre a TQM, no qual algumas das discussões a seguir se basearam. O livro de Garvin oferece uma boa perspectiva dos conceitos da qualidade e de como ela afeta a sua empresa. Outros livros sobre a TQM bastante conhecidos são os de Crosby (1979, 1984), Deming (1986) e Juran (1989, 1992). No campo de SQC existem muitos trabalhos bons, a maioria deles contendo uma breve introdução à TQM, como os livros de Banks (1989); DeVor, Chang, Sutherland e Ermer (2006); Gitlow et al. (1989); Montgomery (1991); Thompson e Koronacki (1993); e Wheeler (1999); entre outros. Alguns desses livros, principalmente o *Quality Control Handbook* (1998), de Juran, abordam tanto a perspectiva da TQM quanto a de SQC. Não temos a intenção de oferecer a mesma profundidade desses livros neste breve capítulo. O que podemos fazer é usar uma estrutura de trabalho da Ciência da Fábrica para focalizar o aspecto de como a qualidade se encaixa no contexto do gerenciamento das operações de manufatura. Convidamos o leitor interessado no assunto a consultar as referências recém-mencionadas para obter um maior conhecimento específico.

12.2 AS PERSPECTIVAS DE QUALIDADE

12.2.1 Definições gerais

O que é qualidade? Para falar sobre as medidas e as melhorias da qualidade, precisamos de uma definição adequada para nosso trabalho. Garvin (1988) fornece cinco definições, as quais resumimos a seguir:

1. *Transcendental.* A qualidade refere-se a uma "excelência inata", a qual não é um atributo específico do produto, nem do consumidor, mas uma terceira entidade separada. Isso vai ao encontro daquela visão da qualidade do tipo "não consigo defini-la, mas posso reconhecê-la".

2. *Com base no produto.* A qualidade é uma função dos atributos do produto (a qualidade de um tapete pode ser determinada pela quantidade de nós por centímetro quadrado, ou a qualidade do para-choque de um automóvel é o custo do estrago sofrido em uma batida a 10 km por hora). Esta visão da qualidade é do tipo "quanto mais, melhor" (mais nós, mais resistência ao choque, etc.).
3. *Com base no usuário.* A qualidade é determinada pela maneira como as preferências do cliente são satisfeitas; assim, é uma função dos valores do consumidor (características, durabilidade, estética, etc). Em essência, essa é a visão da qualidade do tipo "a beleza está nos olhos do cliente".
4. *Com base na fabricação.* A qualidade é confirmada pela concordância com os padrões especificados (por exemplo, está dentro dos limites de tolerância, ou atinge o desempenho conforme os padrões). Pelo fato de essa definição de qualidade se referir diretamente ao processo da fabricação dos produtos, essa visão é do tipo "fazer certo desde a primeira vez".
5. *Com base no valor.* A qualidade é determinada pelo desempenho ou concordância do produto *e* do seu preço (por exemplo, um CD de $1.000 não significa alta qualidade, não importando seu desempenho, pois poucos acham que um CD vale tal preço). Essa é a visão de qualidade do tipo "valorize seu dinheiro" ou "excelência comprável".

Essa lista de definições provoca duas conclusões. A primeira é que a qualidade é um conceito com várias facetas e que não é facilmente resumido em simples medidas numéricas. Precisamos de uma estrutura de trabalho a partir da qual possamos avaliar as políticas de qualidade, assim como precisamos de uma para avaliar as políticas da administração operacional (isto é, a Ciência da Fábrica). Na verdade, como discutiremos mais adiante, as duas estruturas se relacionam diretamente, talvez como duas facetas da ciência da manufatura à qual nos referimos no Capítulo 6.

A segunda é que as definições são bastante focadas no *produto.* Esse é o caso da maioria da literatura sobre a TQM em função do princípio de que a qualidade, em última instância, tem que ser "*focada no cliente*". Como o que o cliente enxerga é o produto, a qualidade deve ser medida em termos dos produtos. Todavia, a qualidade do produto como é vista pelo cliente é composta por uma série de fatores *focados nos processos*, tais como o projeto, o controle das operações na fabricação, a mão de obra aplicada, a supervisão dos processos, a assistência técnica, o tratamento pós-venda, etc.

12.2.2 A diferença entre a qualidade interna e a externa

Para uma boa compreensão das relações da qualidade com foco no produto ou no processo, achamos melhor utilizar a seguinte distinção entre qualidade interna e externa:

1. **A qualidade interna** se refere à conformidade com as especificações de qualidade dentro da fábrica e está diretamente ligada à definição de qualidade com base na fabricação. É normalmente monitorada por meio de medidas diretas de produto, tais como os índices de sucateamento e de retrabalho, e por meio de medidas indiretas de processos, tais como a pressão (em uma máquina injetora) ou a temperatura (em banhos de metais).
2. **A qualidade externa** se refere à maneira como o cliente enxerga o produto e pode ser interpretada usando as definições transcendental, com base no produto, com base no cliente e com base no valor, ou uma combinação delas. Pode ser monitorada por meio de medidas diretas de satisfação dos clientes, tais como as taxas de devoluções, e por meio de indicadores indiretos de satisfação dos clientes, tais como amostragens, inspeções, dados da assistência técnica, pesquisas, etc.

Para alcançar um alto nível de qualidade externa, é preciso transformar as preocupações dos consumidores em medidas de controle da qualidade interna. Assim, pela perspectiva de um gerente de produção, as ligações entre a qualidade externa e interna são a chave para o desenvolvimento de um programa eficaz de controle da qualidade. Alguma das maneiras mais importantes como a qualidade interna se relaciona com a externa são as seguintes:

- *A prevenção de erros.* Se houver poucos erros na fábrica, menos defeitos tendem a escapar do processo de inspeção e chegar ao consumidor. Assim, à medida que a qualidade percebida pelos clientes é determinada pela ausência de defeitos, um alto nível de "qualidade na origem" na fábrica vai resultar em um alto nível de qualidade com base no consumidor.
- *Melhorias na inspeção.* Se ocorrem poucos defeitos durante o processo de fabricação, a garantia da qualidade exigirá inspeções para detectar ou corrigir um menor número de itens. Isso tende a reduzir a pressão sobre o pessoal da qualidade para "deixar passar" algumas coisas – em outras palavras, relaxar os padrões de qualidade para produzir mais.[3] Além disso, quanto menor o tempo gasto no retrabalho ou na substituição de peças defeituosas, maior será o tempo gasto para rastrear problemas de qualidade até suas causas. O ideal seria que, no final, crie-se uma espiral crescente de qualidade, pela qual a prevenção e a detecção de erros melhorem de forma contínua ao longo do tempo.
- *Melhorias no ambiente.* Muitos problemas de qualidade que chegam aos clientes não podem ser detectados na fábrica.[4] Para esses e outros problemas que são evidentes, mas acabam escapando mesmo assim, é importante estabelecer um sistema de *feedback* no qual as informações externas são captadas e usadas para melhorar os processos internos. A John Deere implantou um sistema assim para sua divisão de semeadeiras, reconfigurando-as em projetos modulares e designando equipes para todas as operações (por exemplo, fabricação, submontagem e montagem final) em cada módulo. Quando os pedidos de garantia indicavam um problema em determinado módulo, a gerência sabia exatamente quem era responsável e onde era preciso fazer correções.

Resumindo, a compreensão da questão da qualidade significa levar o cliente em consideração. Fazer produtos de qualidade significa levar em conta a produção.[5] Para fins deste capítulo, vamos assumir que as necessidades dos clientes tenham sido compreendidas e transformadas em especificações de qualidade dentro da fábrica. Nosso foco será nas relações entre a qualidade e as operações, principalmente as maneiras como as duas podem resultar em um trabalho conjunto, como parte de um processo contínuo de melhorias da fábrica.

12.3 O CONTROLE ESTATÍSTICO DA QUALIDADE (SQC)

O controle estatístico da qualidade (SQC), em geral, tem seu foco na qualidade da *fabricação*, de acordo com as medidas em conformidade com as especificações. O objetivo final do SQC é a redução sistemática da variabilidade das medidas-chave da qualidade. Por exemplo, tamanho, peso, maciez, resistência, cores e velocidade (por exemplo, dos produtos finais) são, todos, atributos mensuráveis que caracterizam a boa qualidade do processo de fabricação. Ao se trabalhar para garantir que essas medidas sejam estritamente controladas dentro dos limites desejados, o SQC funciona diretamente como a interface entre as operações e a qualidade.

12.3.1 Abordagens do SQC

Podemos classificar as ferramentas usadas no SQC, para assegurar a qualidade, em três grandes categorias:

[3] Crosby (1979, 41) relata um caso em que o pessoal da produção encarava seus colegas da inspeção de qualidade como inimigos, protestando a cada peça rejeitada, como se o pessoal da qualidade estivesse sabotando a fábrica.

[4] Garvin (1988, 129) oferece um exemplo de um compressor de um sistema de ar condicionado que falhou por causa da corrosão causada pela umidade. Tal problema não ficava evidente em um período razoável, de forma que não era detectado como um problema de fabricação.

[5] Aqui nos referimos à "visão da empresa" ou "de M maiúsculo" sobre a manufatura, o que inclui o projeto do produto, a produção e a assistência técnica.

1. **Amostragens de Aceitação.** Os produtos são inspecionados para determinar se eles estão em conformidade com as especificações de qualidade. Em algumas situações, são feitas inspeções de 100%, enquanto em outras é feita alguma forma de amostragem estatística. As amostragens podem ser uma opção por razões de custo ou uma necessidade absoluta, como quando o produto testado é destruído. Por exemplo, as fábricas de telefones celulares normalmente testam todas as unidades para assegurar que todos os circuitos e controles do aparelho funcionam. Por outro lado, uma fábrica de doces não pode testar 100% de seus doces para sentir seu gosto, de forma que deve ser usado algum tipo de amostragem para assegurar a qualidade. Note que as amostragens são essenciais em testes no final da linha para detectar problemas após terem ocorrido.
2. **Controle Estatístico de Processos – CEP (SPC em inglês).** Os processos são monitorados de maneira contínua em relação à média e à variabilidade do desempenho, para determinar quando ocorrem problemas especiais, ou quando o processo saiu fora de controle. Por exemplo, em um processo de banho de níquel, é importante controlar e ajustar a temperatura, o pH e os níveis dos componentes dos banhos químicos. Se eles fogem aos padrões especificados, poderão causar problemas de qualidade (por exemplo, problemas com o acabamento, adesão ou durabilidade) e, portanto, devem ser corrigidos. Além de controlar os parâmetros dos processos químicos, também é comum monitorar a cobertura do banho (por exemplo, usando um instrumento para medir sua espessura). Se essa espessura foge às especificações estabelecidas, é preciso fazer correções. Note que o CEP é um método em tempo real que identifica os problemas à medida que ocorrem (ou logo depois) e facilita a ação corretiva imediata.
3. **Planejamento de Experimentos (DOE).** As causas dos problemas de qualidade são determinadas por meio de experimentos com objetivos específicos. A ideia básica é fazer alterar sistematicamente variáveis sob controle para determinar seus efeitos sobre as medidas de qualidade. Existem muitas ferramentas estatísticas (por exemplo, projetos em blocos, projetos fatoriais, projetos de nichos, análise de resposta de superfícies e métodos Taguchi) para correlacionar de forma eficiente os controles com a produção e para otimizar os processos. A John Deere Engine Works, por exemplo, usou os métodos de projetos experimentais para investigar os efeitos da conversão de cromato, do tipo de pintura e do tratamento de superfícies na adesão da pintura sobre as peças de alumínio. Eles descobriram que o tipo de tinta era o maior fator de adesão, o que evitou gastos de meio milhão de dólares ao ano por meio da eliminação da conversão de cromato. Note que o planejamento de experimentos é uma ferramenta diagnóstica que identifica as causas dos problemas e ajuda a evitar ocorrências futuras.

Normalmente, assim que as empresas amadurecem, ficam menos dependentes de amostragens efetuadas após o fato e usam mais o controle estatístico de processos e planejamento de experimentos orientados para a qualidade contínua.

Livros inteiros foram escritos sobre cada uma dessas práticas, e maiores detalhes fogem ao escopo de nosso trabalho. Montgomery (2004) fornece uma boa ideia geral sobre os métodos de amostragens. DeVor et al. (2006) contém um ótimo resumo dos métodos de controle estatístico de processos, e Montgomery (2000) oferece uma boa introdução sobre as ferramentas de planejamento de experimentos. Pelo fato de o controle estatístico de processos se relacionar de maneira específica com a interface entre a qualidade e a variabilidade, oferecemos uma ideia geral dos seus conceitos. Após explicar o CEP, mostraremos como ele gerou o Seis Sigma, que evoluiu para um sistema abrangente de redução da variabilidade e é um excelente complemento para a estrutura de trabalho da Ciência da Fábrica.

12.3.2 O controle estatístico de processos

O controle estatístico de processos (CEP) geralmente começa com algum atributo mensurável da qualidade[6] – por exemplo, o diâmetro de um furo em uma peça de ferro fundido. Não importa quão bem controlado é o processo de fundição, haverá sempre certo nível de variabilidade em seu diâmetro. Se esse nível for relativamente pequeno, o chamamos de **variabilidade natural**. Um processo que esteja operando dentro de sua variabilidade natural está dentro do **controle estatístico**. Níveis maiores de variabilidade, que podem potencialmente ser relacionados a suas causas, são chamados de **variações por causas definidas.** Um processo que está operando sob essas variações é considerado **fora de controle**. O desafio fundamental do CEP é separar as variações naturais das variações por causas especiais. Pelo fato de, em geral, observarmos diretamente apenas o próprio atributo de qualidade e não suas causas, é necessário usarmos dados estatísticos para isso. As ferramentas estatísticas e os gráficos para a demonstração dos resultados têm origem nos trabalhos de Shewhart (1931).

Para ilustrar os princípios básicos que suportam o CEP, vamos considerar o exemplo do controle do diâmetro do furo de uma peça fundida por meio do processo de fundição em areia. Suponha que o diâmetro desejado seja de 10 milímetros e encontremos uma peça com um furo de 10,1 milímetros. Será que podemos concluir que o processo de fundição está fora de controle? Depende. Pode ser que o desvio de 0,1 milímetro esteja dentro dos níveis de variação natural. Se ajustássemos o processo (por exemplo, alterando a areia, o aço ou o molde usados) tentando corrigir o erro, é muito provável que o resultado fosse pior ainda. A razão é que fazer ajustes em reação a "ruídos aleatórios" só aumenta a variabilidade do processo (ver Deming 1982, 327, para a discussão de sua experiência do funil que ilustra esse fato). Assim, para assegurar que os ajustes sejam feitos somente em resposta às variações por causas definidas, precisamos identificar quais os limites da variação natural.

Em nosso exemplo, vamos supor que tenhamos certa quantidade de peças fundidas e determinamos que o diâmetro médio a ser controlado é $\mu = 10$ milímetros e que seu desvio padrão é $\sigma = 0{,}025$ milímetro. Suponha ainda que, a cada 2 horas, façamos testes com uma amostragem aleatória de cinco peças, medindo os diâmetros e calculando sua média (que denominamos $\bar{x}$), e elaboremos um gráfico igual ao da Figura 12.1.

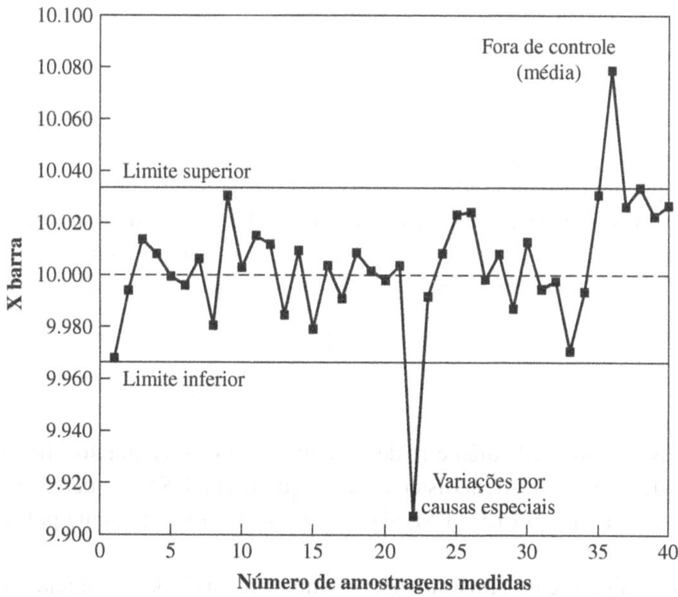

FIGURA 12.1 Gráfico de controle do processo do tamanho médio dos furos em peças fundidas.

[6] Conforme observamos mais adiante, nesta seção, o CEP também pode ser aplicado onde a qualidade é avaliada de maneira subjetiva, contanto que possamos classificar os resultados como "aceitáveis" ou "não aceitáveis".

A partir dos princípios básicos da estatística, sabemos que $\bar{x}$ é uma variável aleatória que tem um desvio padrão

$$\sigma_{\bar{x}} = \frac{\sigma}{\sqrt{n}} \tag{12.1}$$

onde n é o número da amostragem; neste exemplo, $n = 5$.[7]

A ideia básica dos gráficos de controle é bem similar ao teste de uma hipótese. Nossa hipótese nula é que o processo está sob controle; isto é, as amostras provêm de um processo com uma média μ e desvio padrão σ. Para evitar a conclusão de que o processo está for a de controle, quando não está, definimos um padrão estrito para designar os desvios como "causa especial". A convenção normal é apontar posições que estejam 3 desvios padrão acima ou abaixo da média. Fazemos isso especificando os limites superiores e inferiores de controle conforme segue:

$$\text{Limite inferior de controle} = \mu - 3\sigma_{\bar{x}} \tag{12.2}$$

$$\text{Limite superior de controle} = \mu + 3\sigma_{\bar{x}} \tag{12.3}$$

Se observarmos uma média de uma amostra fora do limite inferior e do superior, então essa observação é designada como uma variação por causa especial. No exemplo das peças fundidas mostrado no gráfico da Figura 12.1, tal desvio ocorreu na amostra 22. Isso pode ser causado por materiais defeituosos (por exemplo, aço ou areia), problemas de equipamentos (por exemplo, no molde, nos processos) ou erros do operador. O CEP não nos diz por que o desvio ocorreu – apenas que ele é anormal o suficiente para fazermos maiores investigações.

Às vezes, outros critérios, além dos pontos fora dos limites de controle, são empregados para sinalizar condições fora de controle. Por exemplo, a ocorrência de vários pontos em série consecutiva acima (ou abaixo) da média pode ser interpretada como uma mudança em potencial da média do processo. Na Figura 12.1, a amostra 36 está fora de controle. Porém, diferentemente do ponto da amostra 22, que também está fora de controle, a 36 é acompanhada de anormalidades aparentes também nas amostras 35 a 40. Isso é uma forte evidência de que a causa do problema da amostra 36 não é exclusiva dessa amostra, mas se deve a algo que ocorre no processo da fundição e que causou o aumento da média do diâmetro do furo. Outros critérios baseados em amostragens múltiplas, tais como comportamentos que mostram tendências (por exemplo, altos e baixos em sequência), também podem ser usados no gráfico para identificar as variações por causas definidas.

É importante notar que, pelo simples fato de um processo estar sendo controlado estatisticamente, não significa que é **capaz** (isto é, que ele consegue preencher as especificações com regularidade). Por exemplo, suponha que, no caso da fundição, por razões operacionais, precisemos que o diâmetro dos furos esteja entre um **limite inferior da especificação (LIE)** e um **limite superior da especificação (LSE)**. Se o processo é capaz de alcançar esses níveis, depende da sua comparação com os limites naturais de tolerância superiores (LNS) e inferiores (LNI), que são definidos como segue:

$$\text{LNI} = \mu - 3\sigma \tag{12.4}$$

$$\text{LNS} = \mu + 3\sigma \tag{12.5}$$

Note que LNI e LNS são limites do diâmetro de cada um dos furos, enquanto LIE e LSE são limites da média do diâmetro das amostras. Além disso, observe que LNI e LNS são determinados internamente pelo próprio processo, enquanto LIE e LSE são determinados externamente pelas especificações de desempenho.

Vamos considerar alguns casos ilustrativos. Os limites naturais de tolerância são dados por LNI = $\mu - 3\sigma = 10 - 3(0{,}025) = 9{,}925$ e LNS = $\mu + 3\sigma = 10 + 3(0{,}025) = 10{,}075$. Suponha que os níveis especificados sejam dados por LIE = LIE1 = 9,975 e LSE = LSE1 = 10,025. Parece evidente, como

[7] Note que este é outro exemplo de formação de reserva de variabilidade. Escolher $n > 1$ estreita nossa estimativa de $\bar{x}$, de forma que estamos reduzindo as chances de reação aos "ruídos aleatórios" do sistema.

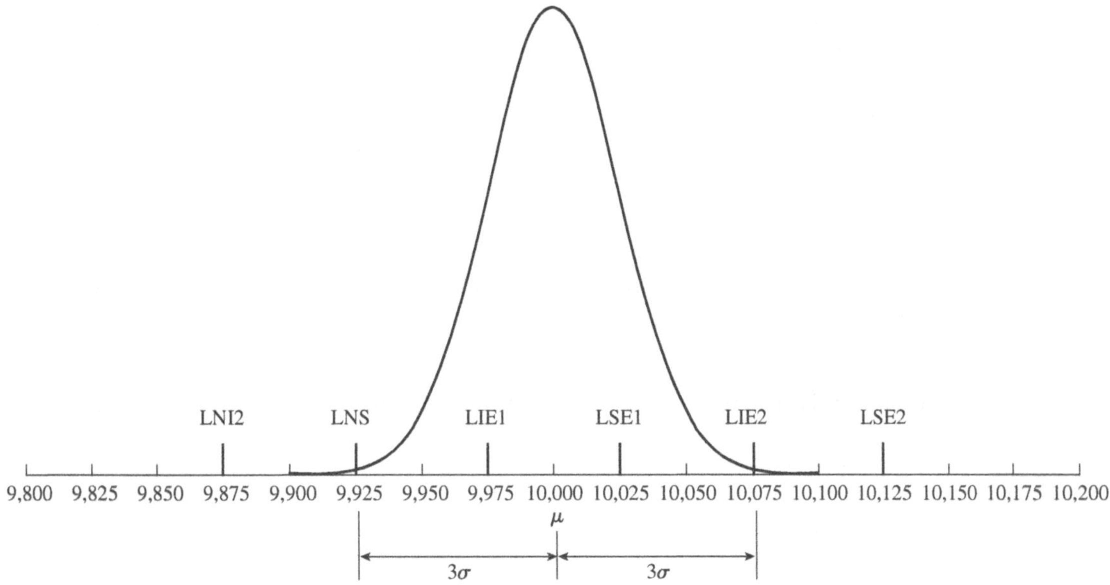

FIGURA 12.2 Capacidade do processo: uma comparação dos limites especificados com os limites naturais de tolerância.

mostra a Figura 12.2, que o processo de fundição está produzindo muitas peças fora dos padrões estabelecidos. Mais precisamente, se os diâmetros são distribuídos de maneira normal, então

$$\begin{aligned} P(9{,}975 \leq X \leq 10{,}025) &= P\left(\frac{9{,}975 - 10}{0{,}025} \leq Z \leq \frac{10{,}025 - 10}{0{,}025}\right) \\ &= P(-1 \leq Z \leq 1) = \Phi(-1) + 1 - \Phi(1) \\ &= 0{,}1587 + 1 - 0{,}8413 \\ &= 0{,}3174 \end{aligned}$$

Isso significa que quase 32% falharão no atendimento às especificações.

Agora, suponha que os níveis especificados sejam dados por LIE = LIE2 = 9,875 e LSE = LSE2 = 10,125. Como os limites de tolerância natural são bem menores do que esses valores, era de se esperar apenas algumas poucas ocorrências de peças fora das expectativas. Na verdade, a repetição dos cálculos supracitados para esses novos limites mostra que a fração de peças fora dos padrões será de 0,00000057.

Uma boa medida também é o **índice de capacidade do processo**, o qual é definido como

$$C_{pk} = \frac{Z_{\min}}{3} \tag{12.6}$$

onde

$$Z_{\min} = \min\{-Z_{\text{LIE}}, Z_{\text{LSE}}\} \tag{12.7}$$

e

$$Z_{\text{LIE}} = \frac{\text{LIE} - \mu}{\sigma} \tag{12.8}$$

$$Z_{\text{LSE}} = \frac{\text{LSE} - \mu}{\sigma} \tag{12.9}$$

O valor mínimo aceitável de C_{pk} é geralmente considerado 1. Note que, nos exemplos anteriores, $C_{pk} = \frac{1}{3}$ para (LIE1, LSE1), mas $C_{pk} = \frac{5}{3}$ para (LIE2, LSE2). Note que C_{pk} é sensível tanto à variabilidade (σ) quanto à assimetria (uma média não centralizada entre LSE e LIE). Assim, isso nos fornece uma medida quantitativa simples da capacidade do processo em alcançar as especificações de desempenho.

É claro que muitos outros detalhes precisam ser abordados para a implantação de um gráfico de CEP. Já calculamos antes as estimativas originais de μ e σ; na prática, existem várias maneiras de extrair esses dados das informações observadas. Precisamos, também, selecionar o tamanho da amostragem para que seja grande o suficiente para evitar reações às flutuações aleatórias, mas não tão grande que possa mascarar as variações por causas definidas. A frequência com que fazemos as amostragens deve ser equilibrada entre seu custo e a necessidade de monitoração do processo.

12.3.3 Outros benefícios do controle estatístico de processos (CEP)

O gráfico de $\bar{x}$ discutido anteriormente é apenas um dos vários tipos de gráfico de CEP. Muitas variações foram propostas para preencher as necessidades de uma grande variedade de situações para assegurar a qualidade dos processos e dos produtos. Algumas delas, especialmente úteis para a administração da produção, são:

1. As *amplitudes* (*Range charts*). Um gráfico de $\bar{x}$ exige que a variabilidade do processo (isto é, σ) esteja sob controle para que seus limites sejam válidos. Assim, é comum monitorar essa variabilidade por meio de um gráfico de amplitude da amostragem. Se $x_1, x_2, \ldots, x_n$ são as medidas coletadas (por exemplo, o diâmetro dos furos) em uma amostragem de n, então a amplitude é a diferença entre a maior e a menor observação

$$R = x_{\text{max}} - x_{\text{mín}} \tag{12.10}$$

Cada amostragem cobre uma amplitude que pode ser representada no gráfico. Usando informações históricas para estimar a média e o desvio padrão de R, representados por $\bar{R}$ e σ_R, podemos definir os limites de controle do gráfico como

$$\text{LCL} = \bar{R} - 3\sigma_R \tag{12.11}$$

$$\text{UCL} = \bar{R} + 3\sigma_R \tag{12.12}$$

Se o gráfico de R não indicar nenhuma situação fora de controle, então isso é sinal de que a variabilidade do processo é estável o suficiente para se usar um gráfico $\bar{x}$. Muitas vezes, os gráficos de $\bar{x}$ e R são usados de maneira simultânea para observar mudanças na média ou na variância do processo que a suporta.

2. *A fração dos itens em desconformidade (gráficos p).* Uma alternativa para um gráfico de medidas ciências, como é feito para um gráfico $\bar{x}$, é controlar a fração dos itens das amostragens periódicas que falham em atingir os padrões de qualidade. Note que esses padrões podem ser quantitativos (por exemplo, o diâmetro de um furo dentro das especificações) ou qualitativos (por exemplo, um vinho aprovado por um degustador). Se cada um dos itens tem uma probabilidade p de ser defeituosa, então a variância da fração dos itens em desconformidade em uma amostragem n é dada por $p(1-p)/n$. Assim, se estimarmos a fração dos itens em desconformidade em dados do passado, podemos expressar os limites de controle para o gráfico p como

$$\text{LIC} = p - 3\sqrt{\frac{p(1-p)}{n}} \tag{12.13}$$

$$\text{LSC} = p + 3\sqrt{\frac{p(1-p)}{n}} \tag{12.14}$$

3. *As aplicações além da qualidade.* O procedimento básico do gráfico de controle pode ser usado para quase todos os processos sujeitos à variabilidade. Por exemplo, descrevemos um procedimento para o controle estatístico da produtividade no Capítulo 14, o qual monitora as saídas de um processo para determinar se há controle para atingir certa quota especificada de produção. Outra aplicação dos gráficos fora do campo da qualidade está no cálculo dos prazos de entrega, os quais discutiremos no Capítulo 15. A ideia básica é adicionar um *lead time* de segurança ao *cycle time* estimado e, então, controlar o atendimento ao cliente (por exemplo, como um porcentual das entregas efetuadas dentro dos prazos). Se o sistema sair de controle, então isso é um sinal para que o *lead time* de segurança seja ajustado.

A eficácia e a flexibilidade dos gráficos de controle os tornam extremamente úteis no monitoramento de todo tipo de processos onde a variabilidade está presente. Como praticamente todos os processos de manufatura envolvem a variabilidade, algo que temos enfatizado repetidamente neste livro, as técnicas de CEP são uma parte fundamental do conjunto de ferramentas de um gerente de produção moderno.

12.4 O SEIS SIGMA

O termo "Seis Sigma" foi cunhado (e depois patenteado) pela Motorola para descrever as práticas do controle de qualidade da empresa na década de 1980. Inicialmente considerado um método estatístico para levar os índices de defeitos a níveis bem baixos (de partes por milhão), o Seis Sigma cresceu progressivamente, evoluindo para um sistema completo de gerenciamento da qualidade que inclui uma metodologia para a solução de problemas e uma estrutura organizacional. Na década de 1990, quando outras empresas, principalmente a General Electric e a AlliedSignal, elevaram as práticas do Seis Sigma do chão de fábrica para as salas dos executivos, ele começou a ser encarado como um sistema de administração abrangente e direcionado especialmente para a redução da variabilidade em todos os processos empresariais para ajudar na tomada de decisões com base em dados concretos e direcionados aos clientes.

12.4.1 Os fundamentos estatísticos

A base do Seis Sigma é um modelo que conecta a variabilidade do processo aos defeitos. Na verdade, é o mesmo modelo que suporta os gráficos de CEP, em que as saídas de um processo mensurável variam de acordo com uma distribuição normal com uma média μ e um desvio padrão σ. Como mostra a Figura 12.2, a fração dos resultados fora dos padrões depende dos limites especificados; quanto maior seu intervalo (LSE, LIE), menor a chance de resultados desconformes. O modelo do Seis Sigma mede o intervalo específico em unidades de σ e usa a distribuição normal para calcular o número esperado de resultados em desconformidade.

Ilustramos isso voltando ao nosso exemplo anterior das peças fundidas. Suponha que determinemos que uma peça é boa se o diâmetro de seu furo está entre 9,95 e 10,05 milímetros. Em termos do controle estatístico de processos (CEP), isso significa que o intervalo das especificações é dado por (LIE, LSE) = (9,95;10,05), cuja metade da diferença é 0,05 milímetro. Suponha, ainda, que o processo de fundição produz peças com furos cujos diâmetros fazem parte de uma distribuição normal com uma média $\mu = 10$ milímetros e um desvio padrão $\sigma = 0{,}025$ milímetro. Chamamos isso de um **processo centrado**, pois sua média está exatamente no centro dos limites especificados. Além disso, como a metade do intervalo é igual a 2 desvios padrão do processo ($2\sigma = 2(0{,}025) = 0{,}05$ milímetro), esse é um **processo de dois sigma**. Se o intervalo das especificações fosse de 3 desvios padrão, de maneira que (LIE, LSE) = (9,925;10,075), então este seria um processo de três sigma. E, se (LIE, LSE) = (9,850;10,150), teríamos um **processo de seis sigma**.

A Figura 12.3 ilustra como esse modelo básico é usado para traduzir a variabilidade do processo de fundição em uma taxa de defeitos. Em um processo centralizado de k sigma, a fração dos resultados

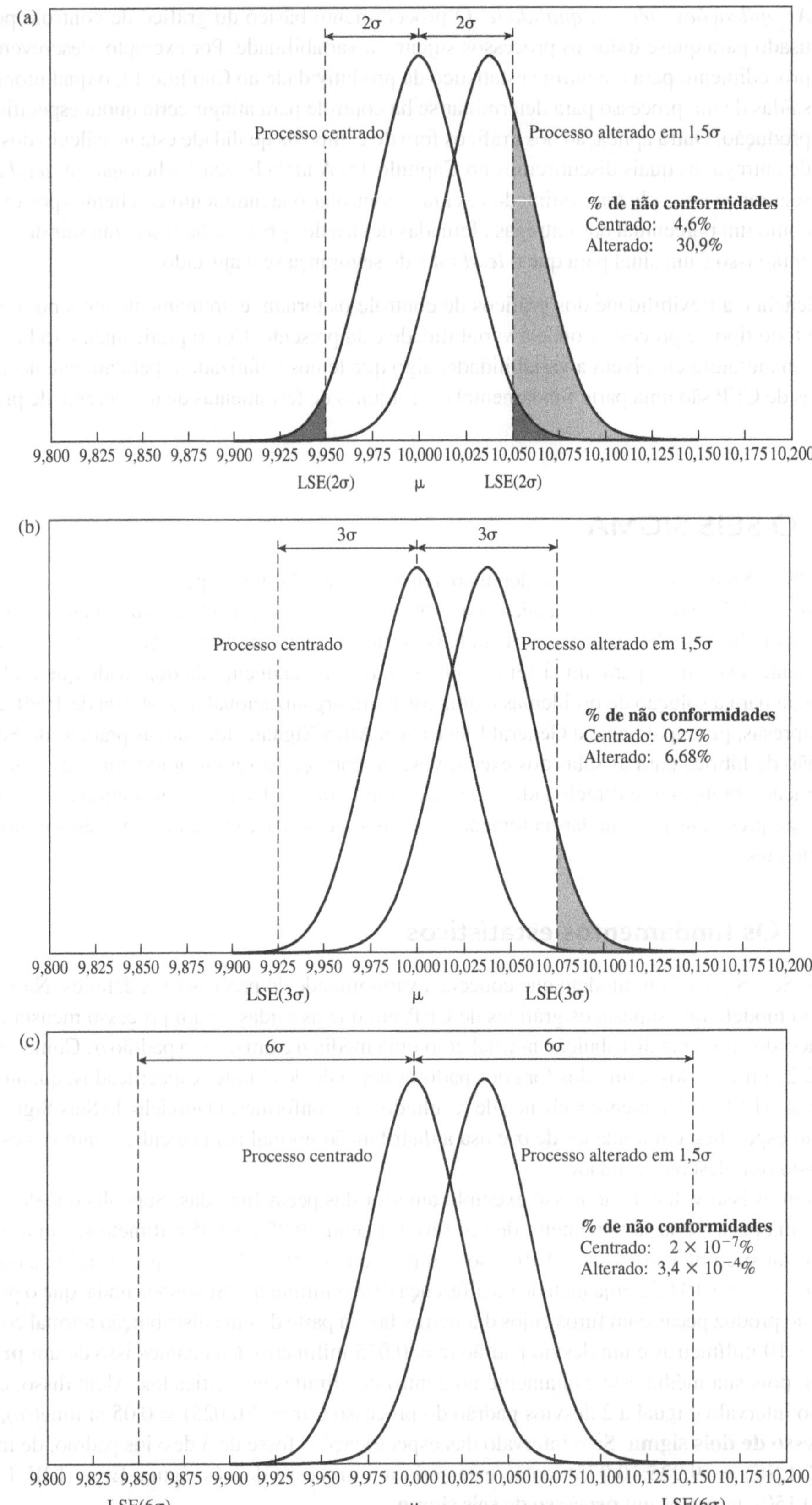

FIGURA 12.3 O índice percentual de não conformidades em processos centrados e alterados com limites de especificação definidos como: (a) 2 sigma, (b) 3 sigma, (c) 6 sigma.

em desconformidade (ruins) é dada pela área de uma distribuição normal além de *k* sigma, que esteja acima ou abaixo da média. Para um processo de um sigma, isso representa mais ou menos 32%; para um processo de dois sigma, 5%; e para um processo de três sigma, menos de 1%.

Para um processo Seis Sigma centralizado, a fração dos resultados em desconformidade é menor do que 2 em um bilhão (Tabela 12.1). Isso pode parecer um padrão extremamente radical – e é mesmo. Que tipo de operação pode processar um bilhão de vezes e ter menos de dois erros? Não será a taxa de acidentes aéreos – a taxa de acidentes fatais em voos comerciais é de 0,17 por 1.000.000 (170 por bilhão) de decolagens. Também não seriam as viagens de trens – com aproximadamente 1 morte por milhão (1.000 por bilhão) de quilômetros percorridos. Tampouco a mortalidade infantil – o índice de mortalidade infantil nos Estados Unidos é de 7 por 1.000 (7.000.000 por bilhão). Nem o índice de mortalidade da rubéola – que é de 1 por 1.000.000 (1.000 por bilhão). E nem mesmo o índice de mortalidade por picada de abelhas – cerca de 0,2 mortes por milhão (200 por bilhão) nos Estados Unidos.

No entanto, esse índice de defeitos tão ínfimo não é o que as pessoas querem dizer quando se referem à qualidade no sistema Seis Sigma. A razão é que o modelo subjacente não assume que a média do processo sob medição está no centro do intervalo das especificações. Em vez disso, assume que é um processo *alterado* que está centrado em 1,5 desvio padrão fora do centro do intervalo de especificação.

A Figura 12.3 ilustra essa alteração de 1,5 sigma para o exemplo do processo de fundição. Por exemplo, o gráfico de a) mostra o caso em que o intervalo das especificações é (9,95;10,05) mas o processo em si tem uma média de 10,0375 e um desvio padrão de 0,025 milímetros. Isto é, a média do processo é $1{,}5(0{,}025) = 0{,}0375$ milímetros acima do centro do intervalo de especificação. Como resultado, seria muito melhor produzir peças fundidas cujo diâmetro dos furos estivesse acima do limite superior de especificação de 10,05 do que se a média do processo fosse centrada em 10 milímetros. Como consequência, o porcentual das peças não conformes é de 30,9% para o processo alterado em 2 sigma, em comparação com apenas 4,6% no processo centrado em 2 sigma.

Os gráficos b) e c) mostram processos centrados e alterados em 3 e 6 sigma. O processo alterado em Seis Sigma é usado como o objetivo nos programas Seis Sigma. Ele corresponde ao porcentual de $3{,}4 \times 10^{-4}\%$, ou 3,4 partes por milhão. Se não chega a ser o padrão de 2 partes por bilhão do modelo do Seis Sigma centrado, esse valor representa um objetivo de qualidade bem ambicioso para a maioria das operações. Por exemplo, a empresa J. D. Power and Associates relatou que a taxa de problemas de qualidade das chamadas telefônicas feitas por aparelhos sem fio (que chamadas perdidas/desconectadas, estática/interferência, etc.) é de 21 por 100, o que é 70.000 vezes o padrão de 3,4 partes por milhão. Por outro lado, o índice de acidentes fatais nas viagens aéreas comerciais de 0,17 por 1.000.000 é considerado melhor do que esse padrão.

Mas precisamos ter cuidado ao interpretar esses índices de qualidade, porque eles envolvem duas partes, um numerador e um denominador. Para melhorar o nível da qualidade de 3,4 defeitos por milhão, podemos reduzir o numerador ou aumentar o denominador. A primeira opção corresponde a uma redução no número de defeitos, enquanto a segunda representa um aumento no número de oportunidades de gerar um defeito. É bem possível manipular a definição de "oportunidades de gerar um defeito" com o fim de apresentar um nível de qualidade distorcido.

TABELA 12.1 Não conformidades por milhões de oportunidades para vários valores de sigma

	Fração de não conformidade		Defeitos em partes por milhão	
Sigma	**Centrado**	**Alterado**	**Centrado**	**Alterado**
1	0,31731	0,69767	317.311	697.672
2	0,04550	0,30877	45.500	308.770
3	0,00270	0,06681	2.700	66.811
4	0,00006	0,00621	63	6.210
5	5,733E-07	0,00023	0,57	233
6	1,973E-09	3,398E-06	0,002	3,4

Por exemplo, em uma conferência, perguntamos a um gerente de uma linha de produção de semicondutores por que sua empresa considerava aceitável uma taxa de 90% de qualidade, mesmo tendo como objetivo os níveis do Seis Sigma. O gerente respondeu que 10% de sucateamento estavam perto dos objetivos do Seis Sigma, considerando todas as maneiras possíveis de como poderia acontecer um defeito. Em vez de adotar as medidas convencionais de qualidade (os chips bons divididos pelo número total de chips produzidos), a empresa usava o critério do número de chips bons dividido por milhões de oportunidades potenciais de gerar defeitos.

Assim, se o Seis Sigma é uma maneira razoável para medir o progresso das melhorias de qualidade, desde que o número de oportunidades potenciais de gerar um defeito seja fixo, ele não fornece uma comparação absoluta dos níveis de qualidade entre sistemas diferentes. Para avaliar os níveis reais da qualidade de determinado sistema, precisamos saber mais do que a taxa de efeitos por milhões. Necessitamos saber também a maneira como essa taxa é calculada.

12.4.2 DMAIC

A verdadeira substância do Seis Sigma está na estrutura de trabalho e nas ferramentas desenvolvidas para alcançar o padrão estatístico de qualidade recém-descrito. Dependendo da organização, uma implantação de Seis Sigma envolve quase todos os métodos de monitoramento da qualidade, desde gráficos de controle até círculos de qualidade. A linha mestre de todos os programas do Seis Sigma se baseia em uma forte ênfase na análise dos dados. Diferentemente das iniciativas primárias usadas na época da TQM na década de 1980, como as caixas de sugestões e as sessões de *brainstorming* (tempestade de ideias), as iniciativas do Seis Sigma são fundamentadas fortemente em medições, métricas e análises estatísticas de dados.

A estrutura de trabalho básica em que o Seis Sigma opera suas ferramentas quantitativas é usada para extrair os níveis de qualidade de 3,4 partes por milhão e é denominada de **DMAIC** *(Define, Measure, Analyze, Improve, Control)*, que significa:

Defina o processo a ser melhorado.
Meça seu desempenho atual.
Analise quando, onde e por que os defeitos ocorrem.
Melhore o processo eliminando os defeitos. (***Improve*** em inglês)
Controle o desempenho do processo no futuro.

Essa estrutura de trabalho é adequada para os processos existentes e que necessitem de melhorias. Para processos que ainda não existem, que serão implantados ou reprojetados (por exemplo, processos analisados, mas que ainda não atendem as necessidades do cliente ou do próprio Seis Sigma), uma variável do DMAIC, foi desenvolvida e denominada **DMADV** *(Define, Measure, Analyze, Design, Verify)*, que significa:

Defina os objetivos do projeto.
Meça e determine as necessidades e especificações do cliente.
Analise as opções para atender as necessidades.
Desenhe e Projete o processo para atender as necessidades do cliente.
Verifique se o desempenho do projeto realmente atende as necessidades do cliente.

Como o modelo estatístico do Seis Sigma, que era baseado em métodos bem definidos, o DMAIC e o DMADV foram adaptados de uma metodologia conhecida, que é o processo básico da análise de sistemas. Com sua forte ênfase nas medidas quantitativas de desempenho, esses sistemas fornecem um mecanismo estruturado para a solução de problemas, que pode ser aplicado em praticamente qualquer ambiente empresarial.

12.4.3 A estrutura organizacional do Seis Sigma

Se o Seis Sigma é basicamente uma combinação de ferramentas convencionais, por que se tornou tão famoso?

Uma resposta é que o Seis Sigma foi uma combinação especialmente bem-sucedida. Muitas outras inovações (o automóvel, o modelo de negócios da Dell, os musicais da Broadway) devem mais às combinações bem-sucedidas de elementos já existentes do que a qualquer mudança revolucionária em uma área específica. A combinação de métricas quantitativas rigorosas de desempenho com o processo da análise estruturada foi, certamente, feliz.

Porém, uma explicação mais viável para o sucesso do Seis Sigma é a estrutura organizacional usada na implantação de seus processos. Um programa do Seis Sigma é definido em cinco funções:

A liderança executiva inclui o Presidente (CEO) e outros altos executivos. Enquanto, formalmente, não fazem parte da equipe do Seis Sigma, eles são responsáveis por estabelecer uma visão e delegar poderes a outros participantes. O sucesso do Seis Sigma em empresas como a Motorola, a GE e Allied-Signal dependia muito do suporte e do envolvimento da alta direção.

Os campeões *(Champions)* são os líderes com responsabilidade do dia a dia na implantação do Seis Sigma em toda a organização. São escolhidos dos quadros de gerentes e agem como mentores para os faixas pretas. O nome dado para essa função varia conforme a empresa (por exemplo, a GE usava o termo "líderes da qualidade").

Mestres faixas pretas *(Master Black Belts)* são eleitos pelos campeões e servem como treinadores internos especializados no Seis Sigma. Diferentemente dos líderes e dos campeões, os mestres se dedicam ao Seis Sigma em tempo integral. Eles dão suporte aos campeões e aconselham os faixas pretas e os faixas verdes. Essa função exige um rigoroso treinamento em estatística e boas habilidades gerenciais. Além de aplicar o rigor estatístico, eles têm a responsabilidade de assegurar o desenvolvimento do programa por toda a organização.

Os faixas pretas *(Black Belts)* operam sob o comando dos mestres para aplicarem os métodos do Seis Sigma a projetos específicos. Dedicam tempo integral ao programa. Seu interesse principal é a execução do programa Seis Sigma, ao contrário dos campeões e mestres, que se concentram na identificação de oportunidades potenciais para sua aplicação.

Os faixas verdes *(Green Belts)* são os funcionários que assumem a implantação do programa, além de suas responsabilidades rotineiras. Eles geralmente operam sob o comando dos faixas pretas para a obtenção dos resultados gerais. Em algumas organizações, essa função é dividida entre os faixas verdes, que gerenciam os projetos, e os faixas amarelas, seus subordinados.

Ao estabelecer e definir bem essas funções por meio de um rigoroso treinamento, o Seis Sigma desenvolve indivíduos que realmente se interessem em garantir que os métodos sejam usados de maneira eficaz. Assim, diferentemente de alguns programas, nos quais a disseminação tem curta duração, o Seis Sigma possui a vantagem de ser implantado por pessoal com dedicação total. Os títulos de faixas pretas e mestres têm tal reputação que muitas pessoas os usam até em seus cartões de visita. Enquanto outros sistemas tentam copiar essa prática de criar uma alta reputação para seus cargos como engenheiro de produção enxuta, nenhum deles chega perto da visibilidade do sistema de faixas do Seis Sigma.

De uma perspectiva da Ciência da Fábrica, o Seis Sigma é um método eficaz de redução da variabilidade. Pela combinação de (1) um modelo estatístico rigoroso para medir a variabilidade em comparação das necessidades funcionais, (2) um processo estruturado de solução de problemas e (3) uma hierarquia de especialistas bem treinados e motivados, o Seis Sigma é quase uma ferramenta ideal para a redução da variabilidade em um sistema. Como já discutimos nos Capítulos 8 e 9, os níveis de variabilidade podem ser causados por problemas de qualidade, erros de operadores, dificuldades com os fornecedores e uma série de outros motivos. Assim que uma área problemática seja identificada, um processo do Seis Sigma pode estabelecer as medidas e visar a um projeto de aperfeiçoamento para eliminar a variabilidade.

No entanto, apesar de o Seis Sigma ser muito bom para a quantificação da variabilidade e ajudar a encontrar maneiras de eliminá-la, ele não é muito bom para prever onde ela irá ocorrer e onde ela é mais prejudicial, ou mesmo para gerar políticas abrangentes a seu respeito. A razão é que o Seis Sigma é baseado em um modelo estatístico genérico e usa procedimentos genéricos de análise de sistema. Ele não inclui uma ciência da manufatura que forneça a perspectiva necessária para focar o poder de redução da variabilidade do Seis Sigma onde ele trabalha melhor. Assim, o Seis Sigma é um bom complemento, mas não um substituto, para a ciência da Ciência da Fábrica.

12.5 QUALIDADE E OPERAÇÕES

A variabilidade é uma importante ligação entre qualidade e operações. O outro elo fundamental é o custo. Porém, há algumas divergências quanto à maneira como essa ligação funciona. Seguem duas visões diferentes:

1. *Os custos aumentam com a qualidade.* Esta é a visão tradicional da engenharia de produção, que acha que alcançar maior qualidade externa exige mais esforços de inspeções, mais rejeições, e processos e materiais mais caros. Como a disposição dos clientes para pagar mais por mais qualidade diminui quanto mais aumentam seus níveis, essa visão leva ao argumento do "nível ótimo de defeitos", comum em livros da engenharia de produção do passado.
2. *Os custos diminuem com a qualidade.* Esta é a visão mais recente da TQM, defendida com frases do tipo *a qualidade é gratuita* (Crosby 1979) ou *a fábrica oculta;* ela alega que as reduções conseguidas com materiais e mão de obra para fazer a coisa certa já na primeira vez mais do que compensam os custos de melhoramentos da qualidade. Esta visão está em concordância com as metas do JIT de zero defeitos e melhoria contínua.

Nenhuma dessas visões é aceita universalmente. Se melhorar a qualidade de certo produto significa substituir um componente de cobre por um de ouro, então realmente o custo aumenta com a qualidade. Quando é assim, faz sentido sondar o mercado para ver se há disposição para pagar mais pela qualidade ou se a melhoria nem sequer será percebida. Por outro lado, se a melhora da qualidade é uma questão de transferir a responsabilidade das inspeções e testes do final das linhas para os operadores individuais de cada máquina, é possível que a redução dos custos dos retrabalhos, do sucateamento e das inspeções compensará os custos de sua implantação.

Se a melhoria da qualidade aumenta ou diminui os custos, isso depende também de seus níveis. Quando o nível de defeitos é alto, a melhoria de rendimento custa muito pouco para ser feita. Providências básicas, como melhorar a manutenção, reforçar políticas e adotar métricas visíveis, podem fazer

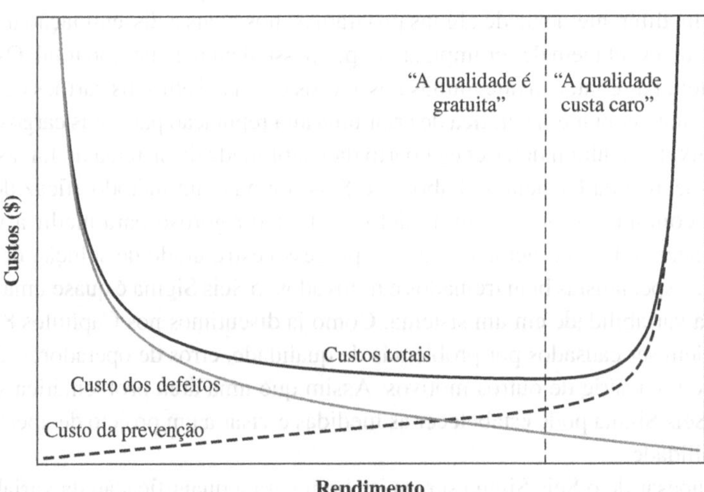

FIGURA 12.4 O custo da qualidade.

uma grande diferença na qualidade. Porém, à medida que a taxa de rendimento se aproxima dos 100%, os ganhos se tornam mais difíceis, podendo ser necessárias mudanças importantes nos processos, a substituição de máquinas e a renovação dos produtos para se obter melhoras. Conforme mostra a Figura 12.4, essa dinâmica influi no total dos custos de qualidade, incluindo os custos de prevenção e de defeitos, diminuindo e depois aumentando em relação ao rendimento.

O que conta, em última instância, é a correta avaliação dos custos e do resultado específico de uma melhoria na qualidade. Isso é crucial para determinar quais as políticas a adotar em nome da melhoria contínua e quais devem ser dirigidas pela vontade do mercado.

Os efeitos dos melhoramentos na qualidade são, muitas vezes, variados e intimamente relacionados com as operações. Nas seções a seguir, usaremos a estrutura de trabalho da Ciência da Fábrica para examinar as interações entre a qualidade e as operações. Nossa intenção não é tanto fornecer estimativas numéricas específicas dos custos da qualidade – a variedade de situações que surgem na indústria é muito grande para um tratamento padronizado, – mas sim aumentar e estender a intuição desenvolvida na Parte II sobre o comportamento dos sistemas de produção para incorporar considerações sobre a qualidade.

12.5.1 A qualidade dá suporte às operações

No Capítulo 9, apresentamos duas leis da manufatura que são importantes para entender o impacto da qualidade das operações nas fábricas, a lei da variabilidade e da utilização. Elas podem ser resumidas como segue:

1. A variabilidade causa congestionamento.
2. O congestionamento aumenta com a utilização, mas de maneira não linear.

Na prática, os problemas de qualidade são a maior causa da variabilidade. Além disso, ao causar a repetição dos trabalhos (como o retrabalho ou a substituição de peças sucateadas), os problemas com a qualidade acabam aumentando a utilização das estações de trabalho. Ao afetar a variabilidade e a capacidade, esses problemas podem trazer consequências operacionais extremas.

Os efeitos do retrabalho em uma máquina. Para sentir o quanto a qualidade afeta a utilização e a variabilidade, vamos considerar o exemplo de uma única máquina, conforme a Figura 12.5. A máquina recebe peças a uma taxa de um a cada 3 minutos. Os tempos de processamento mostram uma média e um desvio padrão de t_0 e σ_0 minutos, respectivamente, de maneira que o coeficiente de variação natural dos tempos de processamento seja de $c_0 = \sigma_0/t_0$. Porém, com uma probabilidade p, uma peça sai com defeito. Assumindo que a inspeção de qualidade integra o processo, de forma que se a peça estiver com defeito, sabe-se de imediato, e ela precisa ser retrabalhada, o que exige a repetição dos tempos do processamento, com a média t_0 e o desvio padrão σ_0, e ainda tem a probabilidade p de sair com defeito novamente. A máquina continua a retrabalhar a peça até que saia uma peça sem defeito. Definimos os tempos totais gastos para produzir uma peça boa como sendo o tempo efetivo de processamento.

Definindo T_e para representar o tempo (aleatório) efetivo de processamento de uma peça, podemos calcular a média t_e, a variância σ_e^2, e o coeficiente de variação ao quadrado (CV²) c_e^2 desse tempo, assim como a utilização u da máquina, da seguinte forma:

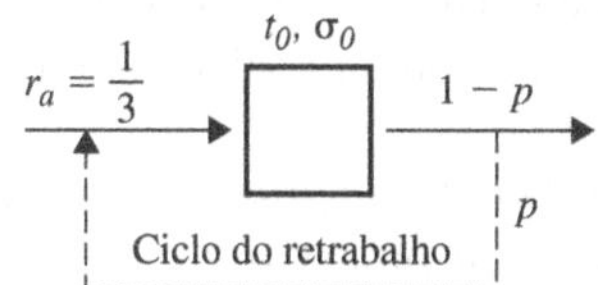

FIGURA 12.5 O retrabalho em apenas uma estação.

$$t_e = E[T_e] = \frac{t_0}{1-p} \tag{12.15}$$

$$\sigma_e^2 = \mathrm{Var}(T_e) = \frac{\sigma_0^2}{1-p} + \frac{pt_0^2}{(1-p)^2} \tag{12.16}$$

$$c_e^2 = \frac{\sigma_e^2}{t_e^2} = \frac{(1-p)\sigma_0^2 + pt_0^2}{t_0^2} = c_0^2 + p(1-c_0^2) \tag{12.17}$$

$$u = \frac{1}{3}t_e = \frac{t_0}{3(1-p)} \tag{12.18}$$

Podemos extrair as seguintes conclusões deste exemplo:

1. *A utilização aumenta de maneira não linear em relação à taxa de retrabalho.* Isso ocorre em virtude de o tempo médio de processamento de um trabalho aumentar com o maior número de repetições, enquanto a taxa de chegadas de novos trabalhos permanece constante. Em algum ponto, a carga adicional causada pelo retrabalho vai sobrecarregar a estação. No exemplo apresentado, a equação (12.18) mostra que, para $p > 1 - t_0/3$, a utilização excede 1 (100%), indicando que, em longo prazo, o sistema não tem capacidade suficiente para dar conta das novas chegadas e dos retrabalhos.
2. *A variância dos tempos de processamento considerando σ_e^2 aumenta com a taxa de retrabalho.* A razão é que, quanto mais vezes um trabalho é repetido na máquina, menos previsível se torna o término do processo.
3. *A variabilidade do tempo de processamento, medida pelo CV², pode aumentar ou diminuir com a taxa de retrabalhos, dependendo da variabilidade natural do processo.* Apesar de a variância e a média do tempo efetivo de processamento sempre aumentarem com a taxa de retrabalho, a variância não aumenta sempre mais do que a média. Assim, o CV², que é a razão da variância e da média, pode aumentar ou diminuir. Podemos ver pela equação (12.17) que c_e^2 aumenta em p se < 1, diminui em p se $c_0^2 > 1$, e permanece constante em p se $c_0^2 = 1$. A intuição por trás disso é que, quando $c_0^2 > 1$, os efeitos da formação de reservas de variabilidade (que ocorre quando somamos os tempos de processamento dos retrabalhos) se tornam grandes o suficiente para fazer com que o CV² do tempo efetivo de processamento diminua em p.

Podemos usar esses resultados específicos para uma única máquina com retrabalhos para gerar algumas observações gerais sobre seus efeitos sobre o *cycle time* e o *lead time* de um processo. Como a média e a variância do tempo efetivo de processamento aumenta com a taxa de retrabalho, podemos usar a lei do *lead time* do Capítulo 9 para concluir que o *lead time* necessário para alcançar certo nível de atendimento também aumenta a taxa de retrabalhos.

No entanto, o efeito do retrabalho sobre o *cycle time* não é tão evidente assim. O fato de o CV² do tempo efetivo de processamento poder diminuir, enquanto o retrabalho aumenta, pode dar a falsa impressão de que o retrabalho poderia causar a redução do *cycle time*. Mas esse não é o caso. A razão é que, aumentando o retrabalho, também aumenta a utilização, o que é um efeito de primeira ordem sobre o *cycle time* que se supera o efeito de segunda ordem de uma possível redução na variabilidade. Assim, mesmo em processos com uma alta variabilidade natural, o aumento do retrabalho vai inflar o *cycle time* médio. Além disso, ao inflar o desvio padrão do *cycle time* também vai aumentar a variância do tempo total e do tempo de espera na fila de cada trabalho. Esses efeitos sobre o *cycle time* representam observações genéricas sobre o impacto do retrabalho, como resumimos na lei a seguir.

Lei do retrabalho: *Para determinado nível de produtividade, o retrabalho aumenta tanto a média quanto o desvio padrão do* cycle time *de um processo.*

Para uma ilustração dessa lei, suponha que a estação de trabalho mencionada anteriormente seja alimentada por um processo de chegada com variabilidade moderada ($c_a = 1$) e com tempos determi-

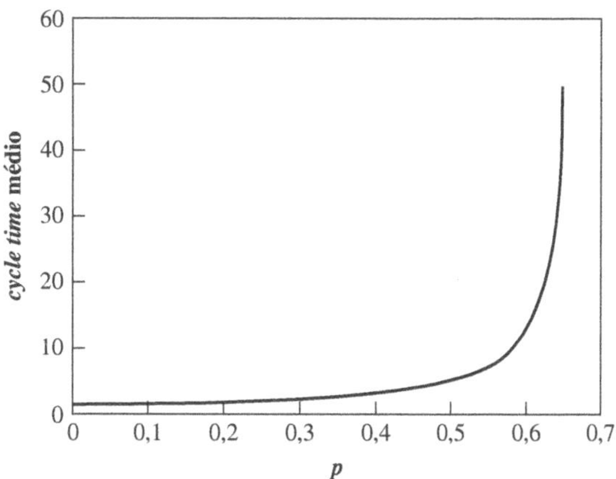

FIGURA 12.6 O *cycle time* como uma função da taxa de retrabalho.

nísticos de processamento, de maneira que $t_0 = 1$ e $c_0 = 0$. Então, para o modelo de Kingman de uma estação de trabalho introduzido no Capítulo 8, o *cycle time* pode ser expresso como uma função de p, de forma que

$$\begin{aligned} \text{CT} &= \frac{c_a^2 + c_e^2}{2} \frac{u}{1-u} t_e + t_e \\ &= \frac{1+p}{2} \frac{1/(3(1-p))}{1-1/(3(1-p))} \frac{1}{1-p} + \frac{1}{1-p} \end{aligned}$$

A Figura 12.6 apresenta o *cycle time versus* a taxa de retrabalhos. Esse gráfico mostra que o *cycle time* aumenta de maneira não linear em direção ao infinito, à medida que p se aproxima de 2/3, o ponto em que o retrabalho faz com que a capacidade efetiva do sistema fique abaixo da taxa de chegadas.

Os efeitos do retrabalho em uma linha CONWIP. É claro que as medidas ao nível das estações de trabalho, tais como a utilização, a variabilidade e o *cycle time*, são apenas medidas indiretas, o que realmente nos interessa é a produtividade, os níveis de WIP e o *cycle time* da linha. Para uma ilustração da lei do retrabalho em uma linha, considere a linha CONWIP da Figura 12.7. Os tempos de processamento são dois terços de uma hora para as máquinas 1, 2 e 4, e uma hora na máquina 3 (o gargalo). Todos os tempos de processamento são determinísticos ($c_e^2 = 0$). Porém, a máquina 2 está sujeita a retrabalhos. Como no exemplo anterior, assumimos que cada trabalho processado precisa ser reprocessado com uma probabilidade p. Daí que, como no exemplo anterior, o tempo médio efetivo de processamento na máquina 2 é dado por

$$t_e(2) = \frac{2/3}{1-p}$$

Assumiremos também que a linha de produção dispõe de matérias-primas ilimitadas e que a única fonte de variabilidade é o retrabalho.

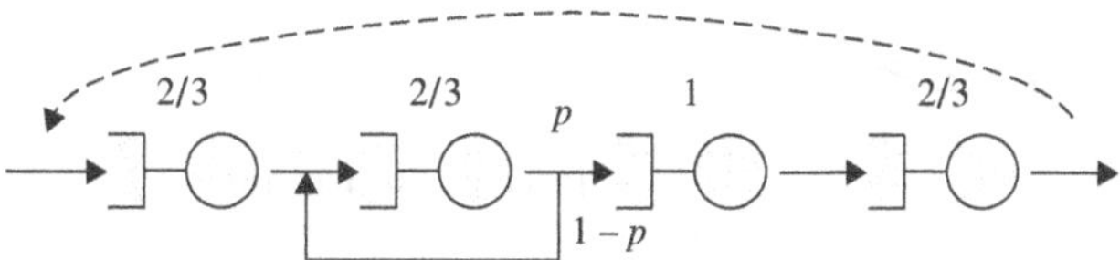

FIGURA 12.7 Linha de produção CONWIP com retrabalhos.

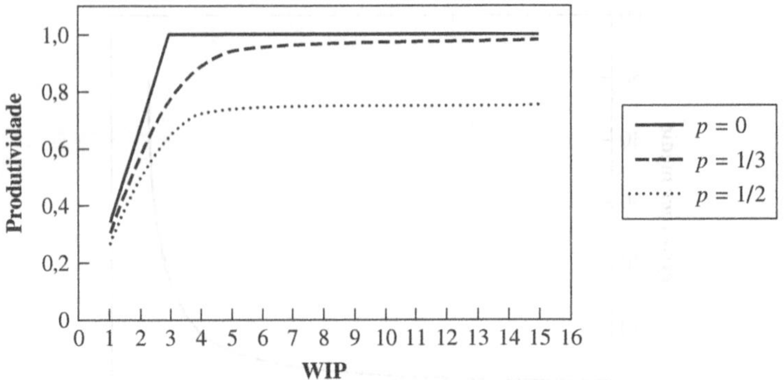

FIGURA 12.8 Produtividade *versus* WIP para diferentes taxas de retrabalho.

Como até mesmo essa linha simples é muito complexa para permitir uma análise conveniente (o exemplo da máquina única já foi problemático o suficiente!), vamos usar simulações feitas por computadores para estimar as medidas de desempenho dos vários valores de *p*, com diferentes níveis de WIP. As Figuras 12.8 e 12.9 resumem os resultados de nossas simulações.

Quando $p = 0$ (retrabalhos inexistentes), o sistema se comporta como no caso do melhor desempenho possível, estudado no Capítulo 7. Assim, podemos aplicar suas fórmulas para identificar as curvas da produtividade *versus* WIP e do *cycle time versus* WIP. Note que, sem retrabalhos, a taxa do gargalo r_b é de um trabalho por hora e o tempo bruto de processamento T_0 é de $r_bT_0 = 3$ horas. Portanto, o nível crítico de WIP é de 3 trabalhos. A esse nível de WIP, conseguimos uma produtividade máxima (1 trabalho por hora) e um nível mínimo de *cycle time* (3 horas).

Quando $p = 1/3$, o tempo médio efetivo de processamento da máquina 2 é de $t_e(2) = 1$, a taxa do gargalo. Assim, r_b não foi alterado, mas o valor de T_0 aumenta para 3,33 horas. Isso significa que, conforme o nível de WIP se aproxima do infinito, atingimos a produtividade máxima de um trabalho por hora. Nossa simulação indica que produtividade praticamente máxima é alcançada com um nível de WIP de 10 trabalhos – mais do que o triplo do nível de WIP exigido no caso sem retrabalhos. A um nível de WIP de 10 trabalhos, o *cycle time* médio é de aproximadamente 10 horas – também o triplo do nível ideal do caso. A implicação disso é que o efeito principal do retrabalho quando $p = 1/3$ é a transformação de uma linha que tinha o comportamento do caso do melhor desempenho possível em uma linha que se aproxima do comportamento do caso do pior desempenho na prática. Isso é uma ilustração da lei do retrabalho em ação no que diz respeito à média do *cycle time*.

Quando $p = 1/2$, o tempo médio efetivo de processamento na máquina 2 é de $t_e(2) = 4/3$, o que a torna o gargalo. Assim, mesmo com um nível infinito de WIP, não alcançaremos uma produtividade acima de $r_b = 3/4$ trabalho por hora. Como era de se esperar, a Figura 12.8 mostra uma redução substancial da produtividade com qualquer nível de WIP. A Figura 12.9 mostra que os *cycle times* são mais

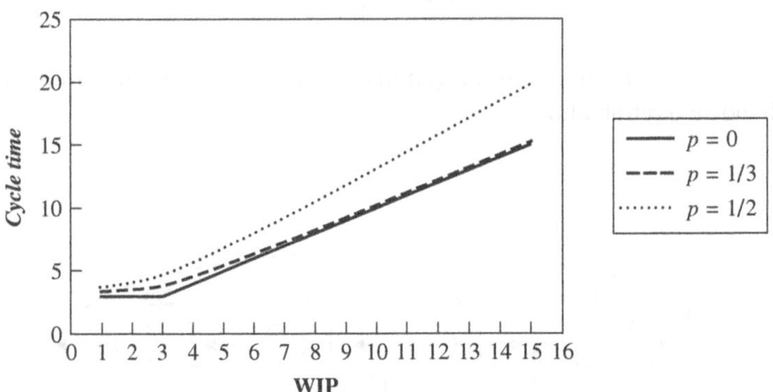

FIGURA 12.9 *Cycle time versus* WIP para diferentes taxas de retrabalho.

longos com qualquer nível de WIP, como consequência da redução da capacidade da máquina 2. Além disso, em virtude de a taxa do gargalo ter sido reduzida, a curva do *cycle time* aumentou em relação ao WIP, a uma taxa maior do que nos dois casos anteriores.

A simulação de modelos nos permite controlar os dados estatísticos de outras linhas de produção. O desvio padrão do *cycle time* nos interessa em especial. Lembre que a lei do *lead time* implica que, se prometemos certos prazos de entrega aos clientes para atingir determinado nível de atendimento (a probabilidade de cumprir os prazos de entrega), então os *lead times* são uma função crescente tanto da média quanto do desvio padrão do *cycle time*. Desvios padrão do *cycle time* maiores significam que teremos de oferecer aos clientes prazos de entrega mais longos e, consequentemente, teremos que manter os estoques de produtos acabados por mais tempo, para compensar a taxa de produção variável. Como mostra a Figura 12.10, o desvio padrão do *cycle time* aumenta com a taxa de retrabalho. Além disso, ele se eleva também com o nível de WIP (pois há mais WIP na linha, causando mais demoras aleatórias na fila de espera das estações de trabalho). Como notamos, o retrabalho adicional exige também maiores níveis de WIP na linha para alcançar a mesma produtividade, esse efeito tende a agravar o problema da variabilidade do *cycle time*. Este é um exemplo da lei do retrabalho em relação à variação do *cycle time*.

Os resultados das Figuras 12.8, 12.9 e 12.10 têm as seguintes implicações sobre os problemas de qualidade nas operações e nos impactos de seus custos.

1. *Efeitos sobre a produtividade.* Se o nível de retrabalho for bastante alto para fazer com que um recurso se torne o gargalo (ou, pior ainda, se o problema está no próprio gargalo), ele pode, de maneira substancial, alterar a capacidade da linha. Se este for o caso, a melhoria da qualidade pode facilitar um aumento da produtividade. A receita adicional decorrente de tal melhoria pode exceder amplamente os custos de efetuar as melhorias na linha.
2. *Efeitos sobre o WIP.* O retrabalho em um recurso que não seja o gargalo, mesmo que tenha capacidade ociosa, aumenta a variabilidade da linha, exigindo maiores níveis de WIP (e de *cycle time*) para alcançar o mesmo nível de produtividade. Assim, a redução nos retrabalhos pode facilitar a redução do WIP. Apesar de a redução de custo dessa alteração possivelmente não ser tão impactante como a melhoria das receitas decorrentes do aumento da capacidade, ela pode ser significativa em relação aos custos de implantar as melhorias.
3. *Efeitos sobre o lead time.* Ao reduzir a capacidade e aumentar a variabilidade, os problemas causados pelo retrabalho exigem maiores níveis de WIP na linha e, portanto, provocam um aumento no *cycle time* médio. Esses problemas também aumentam a variabilidade dos *cycle times* e levam a prazos maiores de entrega ou menores níveis de atendimento aos clientes. A vantagem competitiva de prazos mais curtos e maior certeza de entrega, conseguida por meio da redução do retrabalho é difícil de quantificar com exatidão, mas pode ter muita importância estratégica.

Outras observações. Concluímos nossas discussões sobre os efeitos dos problemas de qualidade com algumas observações que vão além dos exemplos já apresentados.

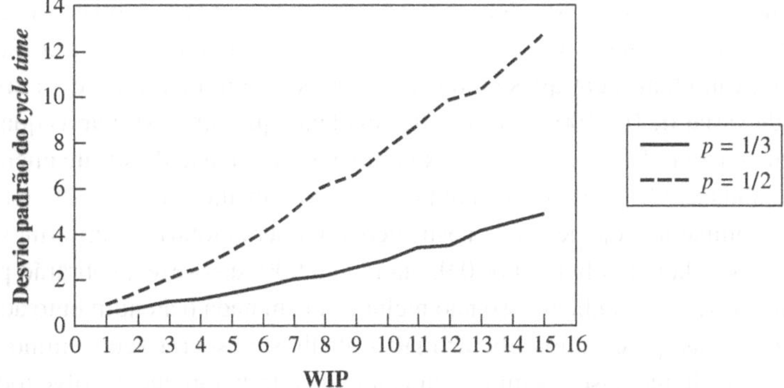

FIGURA 12.10 Desvio padrão do *cycle time versus* WIP para diferentes taxas de retrabalho.

Para começar, notamos que, *quanto maior o ciclo de retrabalho, maiores serão suas consequências.* Nos dois exemplos anteriores, representamos o retrabalho como a repetição de um trabalho em uma mesma máquina. Na prática, o retrabalho envolve muito mais recursos do que isso. Uma peça com defeito pode ter que passar novamente por várias máquinas e processos para ser corrigida. Quando isso ocorre, os esforços do retrabalho afetam a capacidade e a variabilidade do tempo efetivo de processamento em várias estações. Além disso, como cada repetição do ciclo de retrabalho adiciona ainda mais tempo do que no caso da máquina única, o efeito sobre o *cycle time* tende a ser maior. Como resultado, as consequências da lei do retrabalho tornam-se mais evidentes conforme aumenta o ciclo do retrabalho.

Pelo fato de os retrabalhos causarem tantos efeitos prejudiciais às linhas de produção, muitas vezes os gerentes de manufatura são tentados a montar linhas paralelas apenas para os retrabalhos. Essa abordagem realmente evita a redução da capacidade e os efeitos da maior variabilidade na linha de produção. Porém, se isso é feito instalando mais capacidade em outros lugares, o que custa caro e toma mais espaços, pouco contribuirá para eliminar o aumento da média e do desvio padrão do *cycle time* causado pelos problemas do retrabalho. Pior ainda, tal abordagem pode servir para varrer os problemas da qualidade para debaixo do tapete. Desviar as peças com defeitos para uma linha em separado transfere a responsabilidade para outros. Manter a responsabilidade na linha de produção original impõe uma pressão sadia para a correção de seus próprios problemas e ajuda a criar uma maior consciência da qualidade. Se tal consciência levar à detecção mais rápida dos problemas, isso pode reduzir o ciclo dos retrabalhos e mitigar suas consequências. Se isso pode conduzir a maneiras de se evitarem os defeitos, melhores serão os efeitos das melhorias. Consequentemente, apesar do apelo de curto prazo de se instalar uma linha separada para os retrabalhos, no longo prazo, é melhor evitar essa abordagem em favor de melhoramentos mais fundamentais na qualidade.

Em muitos ambientes de produção, os problemas da qualidade interna levam ao **sucateamento** – perda das peças *(yeld loss)* – em vez de retrabalho, porque o defeito não pode ser corrigido ou porque fica muito mais caro corrigi-lo. Assim, é importante observar que *o sucateamento tem efeitos similares aos do retrabalho.* Do ponto de vista das operações, as peças sucateadas são, em sua essência, similares às peças retrabalhadas que precisam ser processadas novamente desde o início da linha. Nesse sentido, as peças sucateadas são uma forma extrema de retrabalho e, portanto, têm os mesmos efeitos recém-observados, talvez maiores.

Uma diferença entre o retrabalho e o sucateamento é o método usado para compensá-los. Enquanto para os retrabalhos podem até ser usadas linhas em separado, isso não existe para as peças sucateadas. E a maioria dos sistemas de produção adota alguma forma para superdimensionar os trabalhos para se protegerem contra a perda de rendimento. (Discutimos esse assunto no Capítulo 3 no contexto do MRP, mas o abordaremos novamente no contexto de qualidade e operações.) A abordagem mais apropriada é dividir as quantidades estimadas pela taxa de rendimento esperada. Por exemplo, se temos um pedido para 90 peças e a taxa de rendimento é de 90% (isto é, uma taxa de sucateamento de 10%), então liberaríamos

$$\frac{90}{0{,}9} = 100$$

unidades para atender o pedido. Se 10% for sucateado, teremos as 90 peças boas para atender o cliente.

Essa abordagem seria ótima se a taxa de sucateamento fosse realmente uma constante (uma perda constante de 10%). Entretanto, em quase todas as situações do mundo real, essa taxa é um número aleatório, que pode variar de 0 a 100%. Assim, fica evidente que superestimar as quantidades não é a melhor abordagem a adotar. Suponha que, no exemplo anterior, a taxa de sucateamento *estimada* seja de 90%, mas na realidade, 90% das vezes, o rendimento do trabalho seja de 100% (sem perdas) e, em 10% das vezes, o rendimento seja de 0% (catastrófico, com perda total). Se inflarmos o trabalho dividindo a quantidade pedida pelo cliente por 0,9, então, em 90% das vezes, sobrarão peças e, em 10% das vezes, faltarão. Nesse caso radical, isso não melhoraria em nada o atendimento ao cliente!

Quando faltam peças, precisamos liberar mais trabalhos e esperar seu término antes de fazer a remessa do lote para o cliente. Isso é similar a um ciclo de retrabalho que envolve toda a linha. A não ser que tenhamos um *lead time* folgado para o cliente, o resultado será um atraso na entrega. O custo para a empresa pode ser a perda de reputação perante o cliente (difícil de quantificar) e os prejuízos de forçar a linha de montagem a acelerar o pedido de compensação.

Por outro lado, quando uma margem baixa de perda de rendimento resulta em mais produtos do que os necessários para atender ao pedido, o excesso acabará nos estoques de produtos acabados (EPA), para atendimento de necessidades futuras. É evidente que, se todos os produtos são personalizados e não podem ser usados para atender a demanda futura, esses excessos acabarão sendo sucateados.

De qualquer maneira, não existem razões para achar que o custo de fabricar *n* unidades a menos seja igual ao custo de fabricar *n* unidades a mais. Na maioria dos casos, os custos de produzir a menos supera os custos de produzir a mais. Assim, do ponto de vista da minimização dos custos, poderia fazer sentido aumentar as quantidades *além* da perda de rendimento esperada. Por exemplo, em uma situação em que o rendimento varia entre 80 a 90%, poderíamos dividir a quantidade por 0,85, em vez de 0,90, de maneira que teríamos 106 peças, em vez de 100, para atender um pedido de 90. Isso nos permite a entrega no prazo sempre que a margem de perdas não ultrapasse 15%.

Porém, em casos em que a margem de perdas é de 0 ou 100% (ou seja, ou se perde todo o lote ou todo o lote é bom), inflar as quantidades do pedido é um exercício fútil. (Teríamos que repetir a produção de todas as quantidades do pedido para compensar a catástrofe do primeiro lote.) Uma alternativa mais prática é adotar estoques de segurança de produtos acabados; por exemplo, tentamos manter um estoque de produtos acabados para cobrir *n* pedidos, onde *n* é o número de quantidades sucateadas que queremos cobrir. Em um sistema com múltiplos produtos, isso pode exigir estoques consideráveis (e caros).

A conclusão inevitável é que o sucateamento de peças causado por diferentes taxas de rendimento durante os processos de produção sai caro e causa muitos impactos negativos. Quanto mais variável for essa taxa, mais difícil será mitigar os efeitos de manter estoques de segurança de produtos finais. Assim, em uma visão de longo prazo, o melhor é aplicar todos os esforços para minimizar ou eliminar o sucateamento ou o retrabalho.

12.5.2 A qualidade depende das operações

A seção anterior ressaltou que níveis elevados de qualidade otimizam as operações. Felizmente, na maioria das vezes, o contrário também é verdadeiro. Como muitas vezes é observado na literatura do JIT, ao passo que uma gerência rigorosa das operações leva a menores níveis de WIP (com menores filas), ela ajuda na detecção de problemas, facilitando o controle de suas causas.

Mais especificamente, suponha que existe uma tendência de se formar um alto nível de WIP entre certo ponto de uma linha de produção e outro ponto onde esses defeitos são detectados. Tais defeitos poderiam ser causados por uma máquina no início da linha por ter saído de controle (desajuste), mas isso não é detectado antes do final da linha, onde são realizados testes. Quando os defeitos são detectados pelos testes, é provável que todas as peças produzidas pela máquina desajustada no início da linha estejam com o mesmo defeito. Se a linha tem um nível alto de WIP, as perdas por sucateamento das peças defeituosas podem ser grandes. Se a linha tiver um nível baixo de WIP, tais perdas serão menores.

É evidente que, no mundo real, as causas e a detecção de defeitos são muito mais complexas. Existem muitas causas potenciais de defeitos, algumas das quais inéditas – ou, no mínimo, raras. A detecção de defeitos pode ocorrer em múltiplos pontos nas linhas, sejam pontos de inspeção formais ou o resultado da observação informal. Se essa realidade serve como um desafio para a compreensão e a gerência dos níveis da qualidade, isso não altera o ponto principal: os altos níveis de WIP tendem a agravar as perdas por meio do aumento do tempo e, portanto, das unidades produzidas entre o ponto da causa e da detecção dos defeitos.

Exemplo: A detecção de um defeito

Considere novamente a linha CONWIP mostrada na Figura 12.7, só que, dessa vez, a taxa de retrabalho da máquina é zero. Suponha também que, a cada vez que um trabalho é processado na máquina 1, existe uma probabilidade q de que essa máquina se desajuste e produza peças defeituosas até que seja reajustada. Porém, o *status* de desajuste da máquina 1 pode ser inferido apenas detectando as peças defeituosas, o que não ocorre antes que as peças sejam processadas na máquina 4. A cada vez que uma peça com defeito é detectada, assumimos que a máquina 1 é ajustada de imediato. Mas todas as peças produzidas pela máquina 1 entre o instante em que ocorreu o desajuste até a detecção do defeito na máquina 4 são defeituosas e serão sucateadas ao final da linha.

A Figura 12.11 mostra a curva da produtividade (de peças boas) *versus* o nível de WIP para quatro diferentes situações. Na primeira, quando $q = 0$ (sem problemas de qualidade) e todos os tempos de processamento são determinísticos, temos uma curva do melhor desempenho possível. Na segunda situação, comparamos a produtividade *versus* o nível de WIP quando $q = 0$, mas os tempos de processamento são exponenciais (e têm um coeficiente de variação de 1). Nesse caso, a produtividade aumenta com o WIP, alcançando quase o máximo de 15 trabalhos produzidos. Note que essa curva é um pouco melhor do que o pior desempenho na prática por causa do desequilíbrio da linha.

No entanto, quando $q = 0{,}05$ e os tempos de processamento são determinísticos, a produtividade aumenta e, em seguida, cai em relação ao WIP. A razão disso é que, para altos níveis de WIP, a perda aumentada por sucateamento supera o incremento da taxa de produção. A produtividade máxima ocorre a um nível de WIP de três trabalhos, que é seu nível crítico. Quando $q = 0{,}05$ e os tempos de processamento são exponenciais, a produtividade aumenta e, em seguida, diminui, com uma produtividade máxima atingida com um nível de WIP de nove trabalhos. Note que podemos compensar a variabilidade induzida pelos tempos aleatórios de processamento mantendo altos níveis de WIP (15 trabalhos, por exemplo), mas a variabilidade ocasionada pelas perdas causadas por sucateamento é agravada com o alto WIP. De forma que, em vez de aumentar o nível de WIP no sistema para compensar, precisamos reduzi-lo ainda mais, para mitigar essa segunda causa de variabilidade, maximizando a produtividade. Usando a metáfora, isso é como baixar os níveis da água para esconder as pedras. Obviamente, metáforas têm limites.

Nossa opinião é que, na prática, as curvas da produtividade *versus* WIP, muitas vezes, mostram esse comportamento de aumento seguido de diminuição não apenas por causa da detecção de baixa qualidade, mas também porque os altos níveis de WIP dificultam o controle dos trabalhos, de forma que mais tempo é desperdiçado para localizar peças e recolocá-las entre os vários processos. Além disso, maiores níveis de WIP geram mais chances de ocorrerem defeitos. Em geral, podemos concluir que as melhores operações (isto é, com maior controle dos níveis de WIP) levam a melhores níveis de qualidade (menores perdas) e, portanto, a maiores níveis de produtividade (novamente, melhores operações). Isso é apenas uma ilustração do fato de que as operações e a qualidade dependem uma da outra e podem, ambas, ser exploradas para promover um ciclo de melhoria contínua.

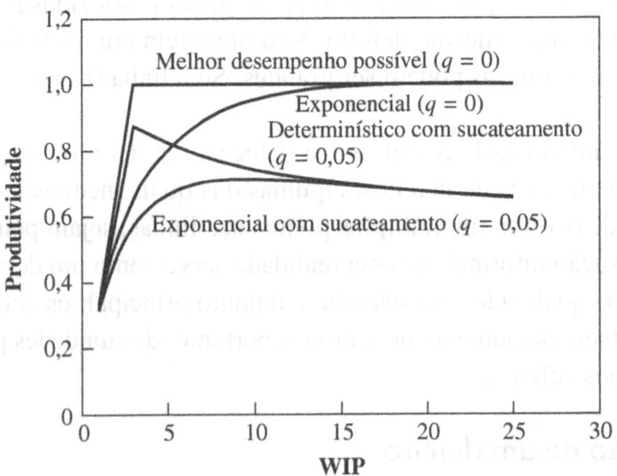

FIGURA 12.11 Produtividade *versus* WIP em um sistema com perdas por sucateamento.

12.6 A QUALIDADE E A CADEIA DE SUPRIMENTOS

A TQM aborda a qualidade externa e interna. Sob a perspectiva da certificação da qualidade (por exemplo, ISO 9000), a literatura da TQM muitas vezes menciona a **cadeia de suprimentos**: a rede de diferentes fábricas e fornecedores que disponibilizam as matérias-primas, componentes e serviços. Quase a totalidade das fábricas modernas depende de fornecedores externos para, no mínimo, algumas matérias-primas necessárias para alimentar seus processos de fabricação. Na verdade, a tendência dos últimos anos tem ido em direção à *desintegração vertical*, por meio da terceirização de uma quantidade crescente de componentes fabricados.

Quando grande parte de um produto vem de fornecedores externos, fica evidente que a qualidade interna da fábrica e, talvez, a externa ficam com uma dependência crítica desses materiais que vêm de fora. Como os programadores de sistemas costumam dizer: "Se entrar lixo, sai lixo." (Ou como os agricultores dizem: "Não dá para transformar orelha de porco em bolsa de seda.") Seja qual for a metáfora, o ponto é que um programa eficaz de TQM precisa abordar a questão dos componentes comprados. A certificação dos fornecedores, sua seleção usando outros critérios que não apenas o preço e a definição de procedimentos que garantam a qualidade dos materiais que chegam às linhas – são decisões importantes para garantir a qualidade dos componentes comprados. A escolha e o caráter dessas políticas dependem de cada situação. Verifique as referências anteriormente citadas sobre a TQM para maiores detalhes.

Assim como o sucateamento interno de peças defeituosas ou o retrabalho podem trazer consequências graves às operações, os problemas de qualidade dos fornecedores também podem ter impactos significantes no desempenho das fábricas. Primeiro, porque qualquer defeito nas peças compradas que entre no processo de produção para causar problemas de rejeição e retrabalho afetará as operações da maneira como foi discutida. Porém, mesmo se os materiais comprados forem inspecionados antes de chegarem às linhas, seja na fábrica do fornecedor ou no seu recebimento, esses problemas de qualidade ainda podem ter efeitos negativos sobre as operações. O motivo é que eles servem para inflar a *variabilidade nos prazos de entrega.* Se os problemas de sucateamento ou retrabalho de peças na fábrica do fornecedor podem causar o atraso de alguns pedidos, ou se alguma compra é devolvida por problemas de qualidade detectados no recebimento, o tempo efetivo de entrega (isto é, o tempo entre a emissão da ordem de compra ao fornecedor até o recebimento das peças boas) se tornará irregular e imprevisível.

12.6.1 Um exemplo de *lead time* de segurança

Para avaliar melhor os efeitos da variabilidade nas entregas de peças adquiridas de terceiros, considere o exemplo a seguir. Uma fábrica decidiu comprar certa peça de um entre dois fornecedores em uma base de lote por lote, isto é, a fábrica não comprará a peça em grandes quantidades para não estocá-la, mas adquirirá do fornecedor apenas a quantidade para satisfazer seu plano de produção. Se as peças chegarem com atraso, o plano será interrompido e atrasará a entrega de produtos finais aos clientes. Assim, a administração decide formar certo ***lead time* de segurança** em suas compras. O resultado é que, na média, as peças chegarão adiantadas e ficarão estocadas como matérias-primas até serem usadas na linha de montagem. A questão-chave é: qual o nível necessário de ***lead time* de segurança**?

A Figura 12.12 mostra as funções densidade de probabilidade para as entregas de dois fornecedores. Ambos têm uma média de entrega de 10 dias. Entretanto, as entregas do fornecedor 2 são muito mais variáveis do que as do 1 (talvez porque o fornecedor 2 não possui um bom controle das operações e da qualidade em sua fábrica). Como resultado, para ter 95% de certeza de que uma ordem de compra será entregue no prazo, ou seja, no tempo exigido pelo plano de produção, as peças devem ser compradas com um *lead time* de 14 dias do fornecedor 1 ou de 23 dias do fornecedor 2 (ver a Figura 12.13). O *lead time* adicional para o fornecedor 2 é necessário para cobrir a variabilidade dos prazos de entrega. Note que isso implica que uma ordem de compra atendida pelo fornecedor 1 irá permanecer no estoque de matérias-primas da fábrica, em média, por 14 – 10 = 4 dias, enquanto as do fornecedor 2, por 23 – 10 = 13 dias – uma diferença de 225%. A partir da lei de Little, sabemos que os estoques de matéria-prima também serão 225% maiores se comprarmos do fornecedor 2, em vez do 1.

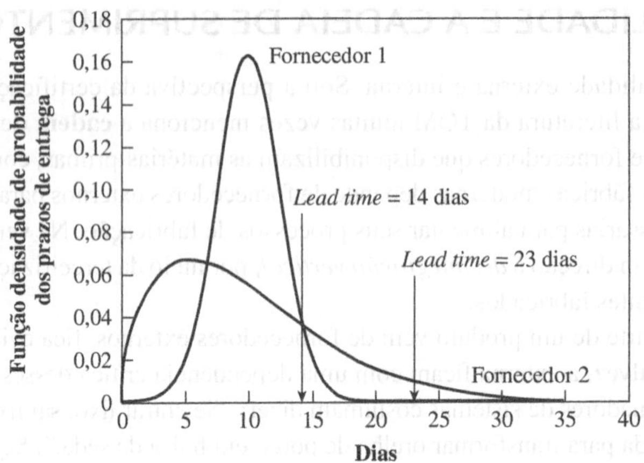

FIGURA 12.12 Efeitos da variabilidade das entregas sobre os *lead times* das compras.

12.6.2 Componentes adquiridos de terceiros em um sistema de montagem

Os efeitos da variabilidade dos prazos de entrega tornam-se mais importantes ainda para as linhas de montagem. Em muitos ambientes de manufatura, certo número de componentes é comprado de diferentes fornecedores para a montagem de seus produtos finais. Para evitar a ruptura do plano de produção, *todos* os componentes precisam estar disponíveis dentro do prazo. Por isso, o nível de *lead time* de segurança necessário para alcançar a mesma probabilidade de iniciar a montagem no tempo previsto é maior do que se fosse apenas um componente comprado.

Para ver como isso funciona, considere um exemplo em que um produto é montado com 10 componentes, todos comprados de diferentes fornecedores, que têm a mesma distribuição (média e variância) nos prazos de entrega. Como os componentes são idênticos em relação a suas características de entrega, assumimos um *lead time* de compras também idêntico para todos. Suponha que isso é feito de maneira igual ao exemplo com um componente, de forma que cada componente tenha 95% de chances de ser entregue dentro do prazo. Assumindo que os prazos sejam independentes um do outro, a probabilidade de que todos os componentes serão entregues no prazo é dada pelo *produto* das probabilidades de cada um deles

$$\text{Prob}\{\text{todos os 10 componentes sejam entregues no prazo}\} = (0{,}95)^{10} = 0{,}5987$$

Assim, a montagem só poderá ser iniciada no tempo previsto menos do que 60% das vezes!

Evidentemente, a fábrica necessita de *lead times* mais longos e de uma probabilidade individual mais alta para alcançar 95% de chance de ter todos os componentes disponíveis conforme o plano de produção. Mais especificamente, se p representar a porcentagem de um componente chegar no prazo, precisaremos de

$$p^{10} = (0{,}95)$$

ou

$$p = 0{,}95^{1/10} = 0{,}9949$$

Para garantir que todas as peças estejam disponíveis em 95% das vezes, cada uma precisa estar disponível em 99,49% das vezes.

Para verificar a importância disso, considere a Figura 12.13, que mostra a função distribuição acumulada dos prazos de entrega do fornecedor 1.[8] Esta curva nos dá a probabilidade de que os prazos

[8] A função distribuição acumulada é simplesmente a área abaixo da função densidade de probabilidade mostrada na Figura 12.12, de 0 a t.

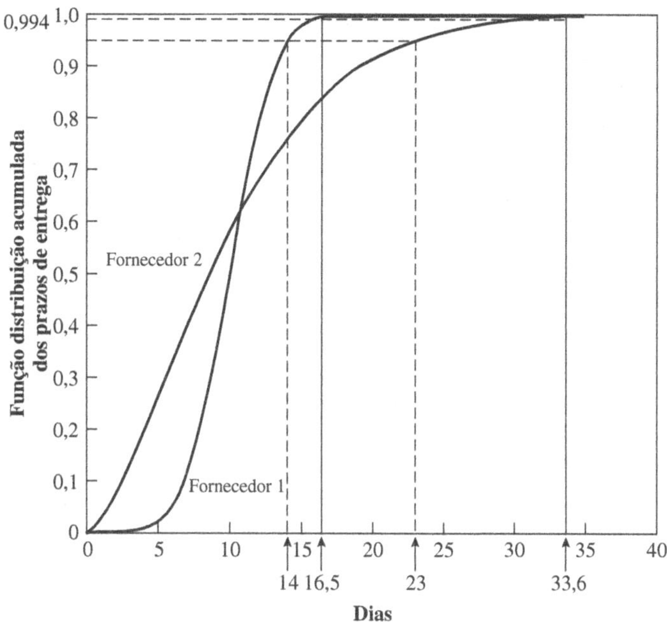

FIGURA 12.13 Definindo os *lead times* de segurança para sistemas com múltiplos componentes.

de entrega sejam menores ou iguais a t para todos os valores de t. Para um único componente estar disponível 95% das vezes, é suficiente ter um *lead time* de 14 dias (ou seja, um *lead time* de segurança de 4 dias) nas compras. Contudo, para um único componente estar disponível 99,49% das vezes, para a montagem do produto composto pelos 10 componentes, é necessário um *lead time* de 16,3 dias (ou seja, um *lead time* de segurança de 6,3 dias) nas compras. Assim, as peças adquiridas serão mantidas no estoque de matérias-primas por, em média, mais 2,3 dias no sistema, e o inventário de matérias-primas aumentará em um valor correspondente.

Como os sistemas de múltiplos componentes exigem uma alta probabilidade de entregas dentro do prazo de cada peça individual, o desenho de suas distribuições é crítico. Por exemplo, o *lead time* de compras necessário para o fornecedor 2, mostrado na Figura 12.13, para alcançar 99,49% de probabilidade de entregas dentro do prazo é de 33,6 dias. Lembre que no caso de uma peça só, havia uma diferença de 9 dias entre os prazos dos fornecedores 1 e 2 (14 dias para o 1, e 23 dias para o 2). No caso do conjunto de 10 componentes, a diferença é de 33,6 – 16,3 = 17,3 dias. A conclusão é que fornecedores confiáveis são *de extrema* importância para o funcionamento eficiente de linhas de montagem que envolvem múltiplos componentes adquiridos de terceiros.

12.6.3 A seleção e o gerenciamento dos fornecedores

A discussão anterior tem algo (mesmo que não tenha tudo) a ver com o problema da seleção dos fornecedores. Para ilustrar melhor, suponha que os componentes sejam comprados de dois diferentes fornecedores. Cada um tem uma probabilidade p de entregar dentro do prazo, e a probabilidade de a fábrica receber os componentes de ambos no prazo é de p^2. Agora, suponha também que todos os componentes poderiam ser adquiridos de um único fornecedor. Se esse fornecedor puder fazer as entregas em prazos melhores que p^2 para todas as peças, então, sendo todas as outras condições iguais, seria melhor mudar para o fornecedor único. Mesmo que o custo das compras seja mais alto, os custos da estocagem de matérias-primas seria reduzido, assim como os riscos de rupturas na produção. Ter menos fornecedores para muitas peças pode resultar em um desempenho melhor nas entregas do que ter muitos fornecedores pelas seguintes razões:

1. As compras tornam-se maiores e, portanto, assumem uma prioridade maior para os negócios do fornecedor.

2. O departamento de compras tem mais facilidade de controlar os fornecedores se eles forem poucos (porque há maior conhecimento de circunstâncias especiais que poderiam alterar os *lead times* normais de compra e porque permite que se façam ligações de "cobrança" e acompanhamento de prazos, etc.).

As ideias contidas nesses exemplos simples se aplicam aos sistemas reais. Obviamente, na prática, os fornecedores não têm distribuições iguais em suas entregas, tampouco os custos dos diferentes componentes são similares. Por isso, pode fazer sentido definir diferentes probabilidades de entrega para os diferentes componentes. Uma peça mais barata (por exemplo, uma resistência) provavelmente deve ter uma probabilidade alta de chegar no prazo, pois os custos de estocagem são pequenos.[9] Um componente mais caro (por exemplo, uma tela de LCD) deve ter uma baixa probabilidade de entrega no prazo, para reduzir seu *lead time* de segurança e, por consequência, os níveis de estoques. A ideia básica é que, se tiver que ocorrer uma parada da produção, que seja por causa de uma tela de LCD de $500 e não por causa de uma resistência de $0,50.

Existem algoritmos formais para o cálculo de *lead times* adequados para sistemas de linhas de montagens compostos por peças múltiplas e não idênticas (ver Hopp and Spearman1993). Porém, sejam quais forem os métodos de cálculo para definir os *lead times* de segurança das peças, o resultado deve ser a definição de um nível de probabilidade para cada uma. Conforme as abordagens anteriores, ilustradas na Figura 12.12, para uma probabilidade fixa de entregas dentro do prazo, os *lead times* e os estoques de matéria-prima aumentam a variabilidade do fornecedor. Além disso, como observamos na Figura 12.13, quanto mais fornecedores, maior é o nível de probabilidade individual necessário para garantir certa probabilidade de manter o plano de produção.

Essa discussão pode ser imaginada como uma interpretação resumida da Ciência da Fábrica sobre a visão do JIT no gerenciamento de fornecedores. A literatura do JIT sugere constantemente a certificação de um número pequeno de fornecedores, exatamente porque é necessária uma variabilidade baixa nas entregas *just-in-time*. Na verdade, a Toyota desenvolveu um sistema bem mais complexo de gerenciamento dos fornecedores, e que vai muito além da simples certificação – ao ponto de enviar conselheiros para implantarem no fornecedor o "sistema Toyota", que aborda tanto as operações quanto o controle de qualidade. O objetivo é garantir todo o suporte para os fornecedores que fazem parte do sistema da Toyota e sejam eficientes o bastante para continuarem como parceiros economicamente viáveis no longo prazo.

12.7 CONCLUSÕES

A qualidade é uma questão abrangente e variada, envolvendo desde a definição das necessidades dos clientes até as ferramentas para efetuar e manter as medidas analíticas. Neste capítulo, tentamos visualizar essa gama de assuntos e sugerimos referências aos leitores com maior interesse em se aprofundarem nos detalhes. Para nos mantermos na estrutura de trabalho da Ciência da Fábrica, concentramos nosso foco, primeiramente, nas relações entre a qualidade e as operações, e mostramos que ambas estão intimamente interligadas de várias maneiras. Mais especificamente, abordamos os seguintes pontos:

1. *Bons níveis de qualidade dão suporte a boas operações.* A redução do retrabalho e do sucateamento aumenta a capacidade e diminui o congestionamento. Assim, um controle melhor da qualidade – por meio do controle das entradas, da prevenção e da detecção de erros – facilita o aumento da produtividade e reduz o WIP, o *cycle time* e o *lead time* de entrega.
2. *Boas operações dão suporte às melhorias de qualidade.* A redução dos níveis de WIP – por meio de um melhor planejamento, de mecanismos de produção puxada para o controle do

[9] Na verdade, para itens realmente baratos usados regularmente, faz sentido comprá-los em grandes quantidades e estocá-los na fábrica, para garantir sua disponibilidade. Porém, isso não pode ser aplicado a materiais comprados a granel (por exemplo, embalagens) para os quais o custo do espaço de estocagem e de manuseio se torna antieconômico.

chão de fábrica, ou (mesmo sendo uma opção pouco criativa) o aumento da capacidade – serve para reduzir a quantidade de produtos gerados entre a causa dos defeitos e sua detecção. Isso tem o potencial de minimizar o sucateamento e o retrabalho de peças e ajudar a identificar as raízes dos problemas de qualidade.

3. *Uma boa qualidade dos fornecedores promove boas operações e a qualidade da fábrica.* Um fornecedor com uma fábrica com menos sucateamento e retrabalho, e menores problemas com a qualidade externa, terá melhores condições de efetuar entregas dentro dos prazos. Isso permite que a fábrica compradora tenha *lead times* menores nas compras de peças (por exemplo, o *just in time* se torna possível), custos menores com estoques de matérias-primas, e rupturas menos frequentes na produção.

Com base nesses argumentos, concluímos que tanto a qualidade quanto as operações são partes integrantes de uma boa estratégia na administração das fábricas. Não se pode imaginar uma sem a outra. Assim, talvez devamos visualizar a TQM mais em termos de *qualidade da administração* do que da *administração da qualidade.*

QUESTÕES PARA ESTUDO

1. Por que é tão difícil definir a qualidade? Forneça sua própria definição para uma operação específica de sua escolha.
2. Indique três maneiras importantes como a boa qualidade interna ajuda a promover a qualidade externa.
3. Usando a seguinte definição do custo da qualidade:

   Os custos da qualidade são definidos como qualquer gasto na fabricação de produtos ou serviços em excesso àqueles em que se teria incorrido se os produtos e serviços tivessem sido produzidos da maneira certa já na primeira vez. [Garvin (1988, 78)]

   identifique os custos associados com cada um dos tipos de problemas de qualidade a seguir:
   (a) Uma linha de fluxo com uma família única de produtos, onde as peças com defeitos detectadas em qualquer estação são sucateadas.
   (b) Uma linha de fluxo com uma família única de produtos, onde as peças com defeitos detectadas são retrabalhadas em parte da linha.
   (c) Uma máquina de corte cujo mau funcionamento destrói as peças sendo trabalhadas, fazendo com que a máquina precise entrar em manutenção.
   (d) Grades de aço de queimadores de fogão que são cobertas com porcelana que racha logo após o uso.
   (e) Uma minivan cujas molas que mantêm aberta a porta de trás falham.
   (f) Baterias baratas em carros novos, que falham após 18 meses de uso, quando a garantia é de 12 meses.
4. Para cada um dos exemplos a seguir, você acha que os custos vão aumentar ou diminuir com a melhora da qualidade? Explique.
   (a) Um fabricante de carros instala baterias de maior qualidade com vida útil maior.
   (b) Uma editora reduz o número de erros em seus livros, contratando mais revisores.
   (c) Uma siderúrgica que produz rolos de aço melhora seu processo de galvanização por meio da instalação de um sistema melhor de monitoramento (que controla a temperatura, o pH, etc. em vários pontos do banho químico).
   (d) Um fabricante de interruptores de alta voltagem elimina as inspeções de qualidade dos componentes de metais mediante a certificação de seu fornecedor.
   (e) Um fabricante de automóveis corrige um defeito óbvio (uma pintura malfeita) mesmo após a garantia
5. Por que o Seis Sigma assume um processo que é alterado em 1,5 sigma do ponto médio do intervalo de especificação? Que efeitos isso traz para a qualidade, segundo o Seis Sigma?
6. A taxa de defeitos no Seis Sigma é definida como o número de defeitos dividido pelo número de oportunidades para se criarem defeitos.
   (a) Alguns usuários definem o número de oportunidades como o número de inspeções e testes efetuados. Por que isso não é uma maneira válida para determinar a taxa de defeitos? (*Dica:* as melhores indústrias tendem a efetuar poucos testes e inspeções.)

(b) Outra escola da qualidade define as oportunidades como as transformações que adicionam valor, isto é, os produtos e serviços sofrem um processo de transformação que interessa aos consumidores (se um passo do processo elimina defeitos de um passo anterior, isso não interessa), e somente as operações originais é que contam (o retrabalho não conta como uma oportunidade). Você acha que isso leva a medidas mais confiáveis na taxa de defeitos do que a definição anterior? Como algum usuário sem escrúpulos poderia manipular o cálculo das oportunidades para fazer com que a taxa de defeitos pareça melhor do que realmente é?

7. Que implicações na qualidade pode ter a redução dos tempos de *setup* em uma linha de produção?
8. Como a melhoria da qualidade interna facilita o planejamento da produção?
9. Por que as consequências operacionais do retrabalho se tornam mais severas à medida que o ciclo do retrabalho aumenta?
10. Por que as consequências do retrabalho são similares às do sucateamento de peças? Por que seriam diferentes?
11. Por que é tão importante detectar os problemas da qualidade o quanto antes?

PROBLEMAS

1. A Manov Steel Inc. é uma indústria siderúrgica que produz chapas de aço com uma espessura de 0,125 polegada. Suponha que os limites especificados sejam entre 0,120 e 0,130 polegadas. Conforme os dados históricos, a espessura real de uma chapa produzida tem uma distribuição normal com uma média e um desvio padrão de $\mu = 0{,}125$ e $\sigma = 0{,}0025$.
   (a) Quais são os limites de tolerância inferior e superior para as chapas de aço produzidas?
   (b) Quais os limites superior e inferior de controle, se usarmos um gráfico de controle que mostra a espessura média de amostras de tamanho $n = 4$?
   (c) Qual será o porcentual de não conformidade, segundo os limites de controle e de tolerância indicados em (a) e (b)? Qual é o índice de capacidade do processo C_{pk}? Você considera esse processo capaz de preencher as especificações de desempenho?
   (d) Suponha que a média do processo é modificada subitamente de 0,125 para 0,1275. O que acontece com o índice de capacidade do processo C_{pk} e com o porcentual de não conformidade?
   (e) Sob as mesmas condições de (d), qual a probabilidade de que o gráfico $\bar{x}$ especificado em (b) detectará um sinal de perda de controle na primeira amostra após a mudança na média do processo?
2. Um comprador fez cotações para peças com diâmetro de 3,0 ± 0,018 polegadas. O estudo estatístico de três fornecedores indicou que seus processos estão sob controle e produzem medições com uma distribuição normal com os seguintes dados estatísticos:

   Fornecedor 1: $\mu = 3$ polegadas, e $\sigma = 0{,}009$ polegada
   Fornecedor 2: $\mu = 3$ polegadas, e $\sigma = 0{,}0044$ polegada
   Fornecedor 3: $\mu = 2{,}99$ polegadas, e $\sigma = 0{,}003$ polegada

   Assumindo que todos os fornecedores oferecem as peças e entregas nas mesmas condições, qual fornecedor o comprador deveria escolher? Explique seu raciocínio.
3. Suponha que uma usina elétrica representa seus defeitos pelos minutos sem produção de energia, isto é, falhas. No ano passado, a usina funcionou (produzindo energia) por 525.600 minutos e ficou parada (sem produzir energia) por 500 minutos.
   (a) Qual é a taxa porcentual do tempo em funcionamento?
   (b) Na terminologia do Seis Sigma (usando uma alteração de 1,5 sigma), isso corresponde a que nível de sigma? (*Dica:* use a Tabela 12.1 e encontre os números inteiros entre os quais está o valor real.)
4. Considere uma máquina única que exige 1 hora para processar cada peça. Com probabilidade p, certa peça precisa ser retrabalhada, o que exige o reprocessamento na máquina e mais 1 hora de processamento. Todavia, todas as peças ficam boas após o retrabalho, e nenhuma é reprocessada.
   (a) Calcule a média e a variância dos tempos efetivos de processamento dessa máquina em função de p.
   (b) Use sua resposta em (a) para calcular o coeficiente de variação ao quadrado dos tempos efetivos de processamento. Isso é uma função crescente de p? Explique.

5. Suponha que a máquina do Problema 4 faz parte de uma linha com duas estações, na qual ela alimenta outra máquina, a qual tem tempos de processamento com uma média de 1,2 hora e um coeficiente de variação ao quadrado de 1. Os trabalhos chegam à linha a uma taxa de 0,8 trabalhos por hora com um CV^2 das chegadas igual a 1.
   (a) Calcule o *cycle time* da linha quando $p = 0,1$.
   (b) Calcule o *cycle time* da linha quando $p = 0,2$.
   (c) Quais os efeitos do retrabalho sobre o *cycle time*, e como eles são diferentes em (a) e (b)?
6. Suponha que uma fábrica de telefones celulares adquira componentes eletrônicos de vários fornecedores. Para um dos componentes, a fábrica tem a opção de dois fornecedores: o fornecedor 1 tem *lead times* de entrega com uma média de 15 dias e um desvio padrão de 1 dia, e o fornecedor 2 tem um *lead time* médio na entrega de 15 dias e um desvio padrão de 5 dias. Ambos os fornecedores têm *lead times* com uma distribuição normal.
   (a) Assumindo que a fábrica de celulares compra o componente em uma base de lote por lote e quer ter uma certeza de 99% de disponibilidade para satisfazer o plano de produção, quantos dias de *lead time* são necessários com o fornecedor 1? E com o fornecedor 2?
   (b) Quantos dias uma peça normal adquirida do fornecedor 1 permanecerá no estoque de matérias-primas antes de ser usada? E do fornecedor 2? Como essa informação pode ser usada para justificar a escolha do fornecedor 1, mesmo que ele cobre um preço mais alto?
   (c) Suponha que a fábrica de celulares compre (em uma base de lote por lote) 100 peças de diferentes fornecedores, todos com as mesmas condições de entrega do fornecedor 1. Assumindo que todas as peças também têm o mesmo *lead time*, qual são os *lead times* necessários para assegurar que *todas* estarão disponíveis quando a produção necessitar? Qual sua resposta se todos os fornecedores tiverem *lead times* iguais aos do fornecedor 2?
   (d) Qual seria sua resposta dada em (a) se, em vez de comprar lote por lote, a fábrica fizesse compras correspondentes a 5 dias de sua produção?
7. Considere uma estação que transforma peças fundidas em interruptores elétricos. As peças fundidas são compradas de um fornecedor e estão sujeitas a defeitos. Se tudo corre bem, o trabalho (incluindo os tempos de carga e descarga) precisa de 15 minutos, e o CV^2 dos tempos naturais de processamento (por causa da variabilidade do tempo que o operador leva para carregar e iniciar a máquina) é de 0,1. Porém, dois tipos de defeitos nas peças fundidas podem romper o processo.

   Um defeito (uma falha) resulta na quebra da peça durante o trabalho. Quando isso ocorre, a peça é sucateada ao final da operação e outra peça é iniciada na máquina. Mais ou menos 15% das peças fundidas mostram esse tipo de defeito.

   Outro tipo de defeito (uma parte mais dura) resulta na quebra da ferramenta de corte da máquina. Quando isso acontece, a máquina precisa ser parada até chegar um técnico, que a examina e a conserta. O processo todo leva, em média, 2 horas, mas é muito variável (o desvio padrão dos tempos de reparo também é de 2 horas). Além disso, como a peça é sucateada, precisa ser substituída por outra, após o conserto da máquina. Mais ou menos 5% das peças apresentam esse problema.
   (a) Calcule a média e o CV^2 dos tempos efetivos de processamento (isto é, o tempo necessário para se obter uma peça boa). [*Dica:* Use as equações (12.15) e (12.17) para verificar os efeitos do primeiro tipo de defeito, e consulte a Tabela 8.1 para as fórmulas para resolver o segundo tipo de defeito. *Pergunta:* As paradas causadas pelo segundo tipo de defeito deveriam ser tratadas como programadas ou não programadas?]
   (b) Como sua resposta para (a) mudaria se os porcentuais de defeitos são invertidos (isto é, 5% das peças têm o primeiro tipo de defeito, e 15% têm o segundo)? O que isso significaria para a possibilidade de ruptura dos dois defeitos?
   (c) Suponha que, se alimentarmos as peças para o corte de forma mais lenta, podemos assegurar que o segundo tipo de defeito não quebre a máquina. Assim, as peças com esse defeito seriam sucateadas, mas não causariam a parada da máquina (eles se tornam iguais ao primeiro tipo de defeito). No entanto, isso aumenta o tempo médio para trabalhar as peças sem defeitos de 15 para t minutos. Qual é o valor máximo de t para o qual a velocidade mais lenta alcança, no mínimo, a mesma capacidade da situação original em (a)?
   (d) Qual estação você prefere: aquela em (a), com rapidez, mas com quebra da máquina, ou aquela em (c), com velocidade mais lenta, com tempos iguais a sua resposta em (c), mas sem quebras? (*Dica:* Como os coeficientes de variação ao quadrado efetivos dos dois casos são comparáveis?)

PARTE III

A Aplicação dos Princípios

Em questões de estilo, siga a correnteza;
Em questões de princípios, fique firme como uma rocha.
THOMAS JEFFERSON

Capítulo 13

Uma Estrutura de Trabalho para o Planejamento da Produção Puxada

Pensamos de maneira geral, vivemos nos detalhes.

Alfred North Whitehead

13.1 INTRODUÇÃO

Lembre que iniciamos este livro mencionando que os três elementos críticos para uma educação voltada à administração das operações são:

1. Conceitos básicos
2. Intuição
3. Síntese

Dedicamos quase a totalidade das Partes I e II do livro para os dois primeiros elementos. Por exemplo, as ferramentas e a terminologia introduzidas na Parte I (EOQ, (Q, r), BOM, PMP) e as medidas da variabilidade (como o coeficiente da variação) e os conceitos elementares da teoria das filas apresentados na Parte II são *conceitos básicos* da administração da manufatura. As ideias de modelos tradicionais de controle de estoques, o MRP e o JIT foram abordados na Parte I, e as relações, pertinentes à Ciência da Fábrica, entre produtividade, WIP, *cycle time* e variabilidade, apresentadas na Parte II, são componentes importantes para formar uma boa *intuição* para a tomada de decisões operacionais.

No entanto, com exceção de algumas referências sobre a integração das perspectivas contrastantes da ciência comportamental e operacional apresentadas no Capítulo 11 e dos aspectos básicos da qualidade apresentados no Capítulo 12, ainda temos que abordar o terceiro elemento, a **síntese.** Estamos preparados agora para completar essa parte muito importante, estabelecendo uma estrutura de trabalho para a aplicação dos princípios explanados na Parte I e II na solução dos problemas reais da manufatura.

Nossa abordagem é baseada em duas premissas importantes:

1. Os problemas nos diferentes níveis organizacionais exigem níveis de detalhes, suposições na criação dos modelos e frequência de planejamento diferentes.
2. As ferramentas de análise e planejamento têm que ser consistentes para todos os níveis.

A primeira premissa nos motiva a usar diversas ferramentas para problemas distintos. Infelizmente, o uso de ferramentas e procedimentos diferentes em todo o sistema pode causar alguns conflitos com a segunda premissa. Pelo potencial existente para inconsistências, é comum encontrar ferramentas de planejamento que têm sido aplicadas além dos objetivos específicos para os quais foram desenhadas. Por exemplo, trabalhamos em certa fábrica que usava uma ferramenta de programação que calculava em detalhes a produção *minuto a minuto* de cada máquina da fábrica para gerar planos de produção agregados para *dois anos*. Apesar de essa ferramenta ser boa para o curto prazo (um dia ou uma semana), não fazia sentido para o longo prazo (apenas a inclusão e a correção de dados levaram uma semana!). Além disso, o resultado era tão distorcido para o médio e longo prazo, que após algumas semanas era totalmente ignorado pelo chão de fábrica.

Para desenvolver métodos que sirvam aos seus objetivos específicos e sejam também consistentes para outras aplicações, recomendamos os seguintes passos no desenvolvimento de uma estrutura de trabalho para o planejamento:

1. **Dividir apropriadamente o sistema geral em partes.** Podem ser adotados vários métodos de planejamento diferentes para partes do processo, diferentes categorias de produtos, diferentes prazos, diferentes turnos, etc. O importante é localizar cada parte gerenciável, mas preservar sua integração com o todo.
2. **Identificar as conexões entre as partes.** Por exemplo, se os planos de produção para dois produtos que compartilham um mesmo centro de processamento são feitos em separado, eles devem ser conectados por meio da capacidade do processo que é compartilhado. Se usarmos ferramentas diferentes para planejar as necessidades de materiais para diversos horizontes de tempos, devemos nos assegurar de que os planos são consistentes em relação à capacidade, às combinações de produtos, ao pessoal, etc.
3. **Usar as informações atualizadas do sistema para melhorar a sua consistência.** Todas as ferramentas de análise, planejamento e controle usam parâmetros estimados (capacidade, velocidade dos processos, rendimento, falhas, manutenção e reparos, demandas e outros). À medida que o sistema roda no dia a dia, devemos atualizar os dados, considerando nosso conhecimento adquirido no processamento real do sistema. Em vez de permitir o uso de estimativas de maneira descoordenada e pontual, devemos usar as informações atualizadas para que as ferramentas as utilizem de maneira consistente e coordenada para atualizar as projeções.

Ao longo deste capítulo, oferecemos a visão de uma estrutura de trabalho consistente com esses passos e com os princípios da Ciência da Fábrica apresentados anteriormente. Não queremos passar a ideia de que essa estrutura é a única consistente com esses princípios, mas a apresentamos como uma abordagem conjunta com as questões pertinentes nos vários níveis, sob uma perspectiva suficientemente ampla para que seja personalizada de acordo com as reais necessidades de cada ambiente de produção. Os capítulos a seguir permitirão a visualização, em maiores detalhes, dos componentes mais importantes dessa estrutura.

13.2 A DESAGREGAÇÃO

O primeiro passo no desenvolvimento de uma estrutura de planejamento é desdobrar os vários problemas em partes individuais gerenciáveis, podendo ser feito de maneira explícita, por meio da definição de uma hierarquia de planejamento, conforme discutiremos adiante, ou de maneira implícita, abordando as várias decisões com diferentes modelos e premissas. Independentemente dos horizontes de planejamento, alguma forma de desagregação *terá* de ser feita, pois qualquer sistema de produção do mundo real é complexo demais para ser abordado com um único modelo.

13.2.1 A medida dos tempos no planejamento da produção

Uma das dimensões mais importantes dos sistemas de manufatura, que precisa ser definida, é a dimensão do *tempo*. A razão principal é que as decisões operacionais são diferentes em relação aos tempos afetados e suas consequências. Por exemplo, a construção de uma nova fábrica trará consequências em vários anos, ou mesmo décadas, enquanto os efeitos da decisão por determinada peça para ser trabalhada em uma máquina podem sumir em questão de horas, ou mesmo minutos. Isso torna essencial a utilização de **horizontes de planejamento** diferentes nos processos decisórios. Como a decisão de construir uma nova fábrica terá influências ao longo de anos, precisamos avaliar seus efeitos futuros para que possamos tomar uma boa decisão. Assim, o horizonte de planejamento para a solução desse problema seria bem longo. Evidentemente, não precisamos olhar muito adiante para decidir sobre questões referentes ao que trabalhar em uma estação, de forma que esse problema terá um horizonte de planejamento curto.

O tamanho adequado do horizonte de planejamento também varia entre as indústrias e os níveis organizacionais. Alguns setores, como os de petróleo e de telefonia, fazem seus planejamentos para décadas, pois as consequências de suas decisões também terão impacto ao longo dos anos. Dentro de uma organização, os horizontes mais longos são usados mais pela alta administração, a qual é responsável pelo planejamento de longo prazo, do que pelo pessoal da fábrica, em que as decisões do dia a dia são as que interessam.

Neste livro, focamos primeiramente as decisões relevantes para o funcionamento da fábrica e dividimos o horizonte de planejamento em **longo**, **médio** e **curto**. Em relação a fábricas, um horizonte longo pode variar de 1 a 5 anos, sendo que o normal seria de 2 anos. Um horizonte médio pode variar de uma semana a um ano, sendo que o normal seria de um mês. Um horizonte curto varia de uma hora a uma semana, sendo que em geral é de um dia.

A Tabela 13.1 relaciona várias decisões tomadas nas fábricas em horizontes longos, médios e curtos. Note que, normalmente, as decisões de longo prazo envolvem a **estratégia**, considerando questões como o que fabricar, como fabricar, como obter suporte financeiro, como vender, onde fabricar, onde obter as matérias-primas, assim como os princípios gerais para operar o sistema. As decisões de médio prazo envolvem as **táticas**, como a definição dos trabalhos, de quem irá fazê-los, de que ações serão tomadas na manutenção dos equipamentos, de quais produtos serão vendidos, etc. Essas decisões táticas devem ser tomadas levando em conta as limitações lógicas e ciências estabelecidas pelas decisões estratégicas de longo prazo. Por último, as decisões de curto prazo envolvem o **controle**: a movimentação dos materiais e os operadores, o ajuste dos processos e equipamentos, e a tomada de quaisquer

TABELA 13.1 Decisões estratégicas, táticas e de controle

Horizonte de tempo	Duração	Decisões representativas
Longo prazo (estratégia)	De um ano até décadas	Decisões financeiras
		Estratégias de marketing
		Projeto de produtos
		Decisões sobre as tecnologias de processamento
		Decisões sobre a capacidade
		Localização da fábrica
		Contratos com fornecedores
		Programas de desenvolvimento de RH
		Políticas de controle da fábrica
		Políticas de garantia de qualidade
Médio prazo (tática)	De uma semana até um ano	Programação dos trabalhos
		Distribuição de responsabilidades
		Manutenção preventiva
		Promoções de venda
		Decisões de compra
Curto prazo (controle)	De uma hora a uma semana	Controle do fluxo de materiais
		Responsabilidades dos operadores
		Decisões de *setup* das máquinas
		Controle de processos
		Decisões sobre a manutenção da qualidade
		Reparos emergenciais de equipamentos

ações necessárias para que o sistema continue funcionando para atingir suas metas. Tanto as decisões estratégicas de longo prazo quanto as táticas de médio prazo vão estabelecer as limitações em que as decisões de controle devem ser tomadas.

Diferentes horizontes de planejamento implicam diferentes **frequências de reavaliações.** Uma decisão de longo prazo baseada em informações sobre vários anos futuros não precisa ser revisada com muita frequência, porque as previsões sobre o que vai ocorrer no futuro longínquo não mudam muito de forma rápida. Por exemplo, apesar de ser uma coisa boa reavaliar quais produtos fabricar, isso não é uma decisão que precisa ser tomada todas as semanas. Em geral, os problemas de longo prazo são reavaliados em bases trimestrais ou anuais, sendo que algumas questões de prazo muito longo (por exemplo, com que tipo de negócios devemos nos envolver?) são reavaliadas com frequência ainda menor. Os problemas de médio prazo são reavaliados em bases semanais ou mensais, e os problemas de curto prazo, diariamente. É evidente que essas são colocações genéricas, e ocorrem variações consideráveis conforme os problemas de cada empresa.

Além dessas diversas frequências nas reavaliações, os problemas dos vários horizontes diferem em seus *níveis de detalhes*. Em geral, quanto mais curto o prazo, maiores detalhes são necessários para criar os modelos e a formação de bancos de dados. Por exemplo, se estamos estudando uma decisão de longo prazo sobre a capacidade de uma fábrica a ser construída, não precisamos de muitos detalhes sobre os roteiros de produção das peças. Uma estimativa aproximada sobre os tempos de processamento de cada peça pode ser suficiente para avaliar as necessidades. Entretanto, no nível tático de médio prazo, precisamos de mais detalhes sobre esses roteiros de produção (por exemplo, quais as máquinas específicas que serão usadas) para avaliar se certo plano é viável para preencher as necessidades dos clientes. Finalmente, no que diz respeito aos controles de curto prazo, podemos precisar de muito mais informações sobre os roteiros das peças, incluindo a necessidade de retrabalhos ou outros detalhes para facilitar o fluxo da linha.

Uma boa analogia para essa distinção entre a estratégia, a tática e o controle é um mapa de viagem. Os problemas de longo prazo são como viagens de longa duração. Precisamos de um mapa que abranja uma grande área, mas não em muitos detalhes. Um mapa que mostre as rodovias mais importantes pode ser suficiente. De maneira similar, uma decisão que envolve o longo prazo precisa de uma ferramenta que cubra muito tempo (um horizonte longo de planejamento), mas não com muitos detalhes. Os problemas de curto prazo são como viagens de curta duração. Precisamos de um mapa que cubra uma pequena área, mas que nos forneça maiores detalhes. Um mapa que nos mostre as ruas, ou mesmo prédios em particular, será mais apropriado. De maneira análoga, para uma decisão que envolva o curto prazo, precisamos de uma ferramenta que não abranja muito tempo (um horizonte curto de planejamento), mas que nos forneça bastante detalhes sobre o que ela está cobrindo.

13.2.2 Outras dimensões de desagregação

Além do tempo, há várias outras dimensões nas quais os problemas de planejamento e de controle da produção geralmente se desdobram. Pelo fato de as fábricas modernas serem grandes e complexas, é praticamente impossível considerar a fábrica como um todo ao se tomarem decisões específicas. As três dimensões a seguir podem ser usadas para desdobrar a fábrica em partes mais gerenciáveis para uma melhor análise:

1. **Processos.** Tradicionalmente, muitas fábricas eram organizadas de acordo com os processos físicos da fabricação. Operações como fundição, esmerilhamento, perfuração e tratamento térmico eram realizadas em locais separados e sob diferentes gerentes. Se tal organização dos processos ficou sendo menos popular com a revolução do JIT, com seus leiautes de células voltadas para o fluxo, a divisão dos processos ainda existe. Por exemplo, a fundição é uma operação bem diferente e, muitas vezes, é executada em locais separados e distantes do processo de laminação. Da mesma forma, a laminação de chapas de fibra de vidro e de cobre em grandes prensas é executada em uma operação separada – ciência, operacional e logisticamente – do processo de impressão dos circuitos, para o qual se aplica um processo químico e fotóptico. Em tais situações, muitas vezes faz sentido designar essas operações

diferentes para gerentes distintos. Também pode fazer sentido usar diferentes procedimentos de planejamento, programação e controle.

2. **Produtos.** Apesar de existirem fábricas dedicadas a um único produto (por exemplo, uma fábrica de poliestireno), a maioria delas desenvolve produtos múltiplos. Na verdade, a pressão por competir em relação à variedade e à personalização de produtos provavelmente serviu para o aumento do número médio de produtos diferentes nas fábricas. Por exemplo, é comum uma fábrica manter 20.000 códigos de peças diferentes (contando os produtos finais e os componentes). Nessas condições, como é difícil considerar cada código de forma individual, muitas fábricas os agregam em categorias mais tratáveis com o objetivo de um melhor planejamento e gerenciamento.

Uma forma de agregação é juntar as peças que têm os mesmos roteiros de produção. Normalmente, existem muito menos roteiros de produção em uma fábrica do que códigos de peças. Por exemplo, em uma fábrica de placas de circuito integrado que produz milhares de diferentes placas de circuitos, podem existir apenas dois **roteiros básicos** na produção (para placas pequenas ou grandes). Muitas vezes, porém, o número real de roteiros pode ser bem maior se levarmos em conta as mínimas variações nos roteiros básicos (como testes extras, terceirização de algumas operações e aplicação de ouro nas superfícies de contato). Para o planejamento, em geral, é bom manter o número básico de roteiros e ignorar as variações mínimas.

Em sistemas com tempos significativos de *setup*, a agregação a partir dos roteiros pode ir longe demais. Por exemplo, um roteiro específico em uma linha de placas de circuito integrado pode produzir 1.000 tipos diferentes de placas. Mas pode haver apenas quatro espessuras de camada de cobre. Como a velocidade da correia transportadora precisa ser alterada de acordo com cada espessura (para assegurar que o processo seja completo), é necessário um *setup*, envolvendo a perda de capacidade, sempre que houver uma alteração de espessura. Além disso, os 1.000 tipos de placas podem necessitar diferentes moldes para a perfuração. Sempre que a linha tem que ser alterada com diferentes moldes, é necessário um *setup*. Se formos computar todas as possíveis combinações de espessuras e moldes com os 1.000 tipos de placas, haverá $4 \times 3 = 12$ **famílias de produtos** distintas no roteiro de produção. A definição de uma *família* assegura que não haverá *setups* significativos *dentro* de uma família, mas pode haver *setups entre* elas. Como discutiremos no Capítulo 15, os *setups* têm importantes impactos no planejamento da produção. Por isso, a agregação dos produtos em famílias pode facilitar o processo de planejamento sem simplificá-lo demais.

3. **Pessoal.** Há muitas maneiras de desdobrar a força de trabalho de uma fábrica: funcionários *versus* administração, sindicalizados *versus* não sindicalizados, chão de fábrica *versus* gerência, permanentes *versus* temporários, por departamentos (produção, controle de produção, engenharia, RH), por turnos, etc. Em uma grande fábrica, o esquema de organização do pessoal pode ser tão complexo quanto os equipamentos. Se uma discussão mais detalhada está além do objetivo deste livro – tocamos em alguns pontos no Capítulo 11 – é importante observar as implicações logísticas da organização desses dados. Por exemplo, alocar gerentes diferentes para processos ou turnos diferentes pode gerar uma falta de coordenação. Depender de trabalhadores temporários para obter uma força de trabalho variável pode reduzir a memória organizacional e, possivelmente, os níveis de habilidade da empresa. A aderência muito rígida às descrições das funções pode impedir oportunidades de treinamento multifuncional para aumentar a flexibilidade do sistema. Como observamos no Capítulo 11, a eficácia de um sistema de produção depende muito de sua força de trabalho. Apesar de sempre ser necessário classificar os trabalhadores em diferentes categorias em função dos níveis de treinamento, salários e comunicações, é importante lembrar que não estamos limitados apenas aos procedimentos do passado. Ao assumir uma perspectiva que leva em conta as questões logísticas e humanas, um bom gerente buscará as políticas eficazes que podem dar suporte a ambas.

13.2.3 A coordenação

Não há nada de revolucionário na discussão anterior sobre desdobrar os problemas de tomada de decisão de acordo com as diferentes dimensões de tempo, processos, produtos ou pessoas. Praticamente todas as operações de produção, em algum nível, tomam decisões de longo, médio e curto prazo. O que vai distinguir um bom sistema não é se fazemos ou não essas desagregações dos problemas gerais, mas como os problemas individuais resultantes são solucionados e, especialmente, como são coordenados entre si. Examinaremos esses problemas em maiores detalhes ao longo dos capítulos restantes da Parte III. Por ora, vamos abordar a questão da coordenação com auxílio de uma ilustração.

O problema de quais peças fabricar, e onde, envolve os vários níveis de longo, médio e curto prazo. Em longo prazo, precisamos nos preocupar com os volumes brutos e a combinação de produtos para podermos planejar a capacidade e o pessoal. Em médio prazo, precisamos desenvolver um plano de produção mais detalhado, para definir as matérias-primas e os fornecedores, e poder negociar os contratos com os clientes de maneira racional. Em curto prazo, precisamos estabelecer e executar um plano de trabalho detalhado para controlar os centros de processamento. A essência dos três problemas é a mesma, apenas os tempos são diferentes. Assim, parece óbvio que as decisões tomadas nos três níveis devam ser consistentes entre si, no mínimo, nas expectativas de seus resultados. E isso é mais fácil falar do que fazer.

Quando geramos um plano de produção de longo prazo, o qual nos dá as quantidades a serem produzidas de cada peça em cada período (geralmente meses ou trimestres), não podemos considerar os processos de produção em muitos detalhes ou determinar o número exato de *setups* que serão necessários para os vários equipamentos. Contudo, ao desenvolver um plano de produção de médio prazo, precisamos calcular as necessidades de *setups*, pois, em caso contrário, não poderemos determinar se o plano é viável em relação à capacidade. Assim, para o plano de longo prazo ser consistente com o de médio prazo, precisamos nos assegurar de que, em longo prazo, ele leva em conta certo nível de capacidade que será necessária para fazer os *setups* nos vários centros de processamento. Para garantir que isso seja feito, precisamos ter controle do número real de *setups* e ajustar as previsões no plano de longo prazo de maneira correspondente.

Uma ligação similar é necessária entre os planos de médio e curto prazo. Quando geramos o plano de produção em médio prazo, não podemos antecipar todas as variações dos fluxos de materiais que irão ocorrer nos processos reais. Os equipamentos podem falhar, os operadores podem ficar doentes, podem surgir problemas na qualidade e nos processos – nenhum deles pode ser previsto. Porém, no plano de curto prazo, quando planejarmos as operações minuto a minuto, precisamos considerar quais as máquinas estarão sendo usadas, quantos operadores estarão ausentes e muitos outros fatores que afetarão o *status* real da fábrica. O resultado é que as atividades reais da produção nunca corresponderão exatamente ao plano. Assim, para as atividades de curto prazo poderem gerar dados consistentes, pelo menos em média, com as necessidades planejadas, o plano de médio prazo precisa de alguma reserva de capacidade ou de tempos para acomodar as variações aleatórias. Uma reserva de capacidade pode ser criada na forma de "dois turnos", conforme discutimos no Capítulo 4, sobre o JIT. Reservas de tempos podem ser criadas pelo aumento nos prazos de entrega cotados aos clientes, para evitar atrasos na fábrica.

A seguir, discutiremos outras relações entre os níveis de planejamento no contexto de problemas específicos. No entanto, como o leitor certamente encontrará procedimentos e ferramentas diferentes dos apresentados neste livro, é preciso estabelecer relações que sirvam como princípios gerais. O ponto principal é que os vários níveis podem e devem ser abordados com diferentes ferramentas e premissas, mas conectados por mecanismos simples como os discutidos anteriormente.

13.3 AS PREVISÕES

O ponto inicial de praticamente todos os sistemas de planejamento da produção são as previsões. Isso porque as consequências das decisões do planejamento da produção quase sempre dependem do futuro. Uma decisão que parece boa agora pode ser ruim no futuro. Todavia, como ninguém tem uma bola de cristal para prevê-lo, o melhor que podemos fazer é usar as informações que temos no presente para escolher políticas e práticas que, acreditamos, podem fazer sucesso no futuro.

Obviamente, a dependência do futuro não é válida apenas para a manufatura. O sucesso das políticas governamentais depende de parâmetros futuros como as taxas de juros, o crescimento econômico, a inflação e o desemprego. A lucratividade das companhias de seguros depende de compromissos futuros, que dependem de coisas imprevisíveis, como os desastres naturais. O fluxo de caixa das empresas petrolíferas é ditado pelo sucesso futuro das perfurações de poços. Em casos assim, nos quais a eficácia das decisões do presente depende de resultados incertos do futuro, as pessoas que tomam decisões confiam em algum tipo de previsão para gerar vários níveis de expectativas e avaliar as melhores alternativas.

Pelo fato de haver muitas abordagens disponíveis, as previsões são um campo variado e fértil. Uma distinção básica é feita entre métodos de:

1. Previsões qualitativas
2. Previsões quantitativas

Os métodos de previsões qualitativas tentam desenvolver cenários futuros prováveis usando os conhecimentos das pessoas, em vez de modelos matemáticos precisos. Um método estruturado para se isso é o **Delphi.** No método Delphi, os *experts* são questionados sobre algum assunto futuro, por exemplo, a data provável de introdução de uma nova tecnologia. O processo geralmente é feito por escrito, mas também pode ser oral. As respostas são recolhidas e devolvidas aos *experts*, os quais fazem suas reconsiderações e respondem novamente às perguntas originais ou a outras mais. Esse processo pode se repetir em várias rodadas, até que haja consenso ou alguma estabilidade nas respostas. A técnica Delphi e outras parecidas são úteis para as previsões de longo prazo, no qual o futuro depende de acontecimentos passados em muitas maneiras complexas. As previsões de tecnologias futuras, para as quais as mudanças radicais incertas são o ponto principal, muitas vezes são abordadas a partir desse método. Martino (1983) fez um resumo de vários métodos de previsões qualitativas nesse contexto.

Os métodos de previsões quantitativas são baseados nas premissas de que o futuro pode ser previsto usando medidas numéricas do passado em algum tipo de modelo matemático. Existem duas classes básicas de modelos de previsões quantitativas:

1. **Os modelos causais** predizem um parâmetro futuro (por exemplo, a demanda por um produto) em função de outros parâmetros (como taxa de juros, aumento do PIB, índice de construções).
2. **Os modelos de séries temporais** predizem um parâmetro futuro (por exemplo, a demanda por um produto) em função de valores do passado dos mesmos parâmetros (como a demanda histórica).

Já que não há como fornecermos uma visão completa das práticas das previsões, limitaremos nossa atenção a essas técnicas, que têm maior relevância para a administração de operações. Mais especificamente, pelo fato de as decisões operacionais se preocuparem mais com os problemas que têm horizontes de planejamento de menos de dois anos, as técnicas de longo prazo para previsões qualitativas não são muito usadas em situações de administração de operações. Além disso, pelo fato de os modelos de séries temporais serem simples de usar e terem aplicações práticas (em um contexto que não envolve previsões) para os módulos de controle da produção vamos concentrar nossa atenção nos métodos quantitativos.

Antes de abordarmos alguma técnica específica, chamamos atenção para as seguintes leis famosas sobre as previsões.

Primeira lei das previsões: *As previsões sempre estão erradas.*

Segunda lei das previsões: *As previsões detalhadas são piores do que as agregadas.*

Terceira lei das previsões: *Quanto mais avançam no futuro, menos confiáveis serão.*

Não importa quão qualificados os *experts*, ou quão sofisticado o modelo, a previsão do futuro simplesmente é impossível; portanto, temos a primeira lei. Ademais, pelo conceito da combinação das variabilidades, uma previsão agregada (por exemplo, de uma família de produtos) terá menos variabilidade do que uma previsão detalhada (por exemplo, de um produto individual); portanto, temos a segunda lei. Finalmente, quanto mais avançamos no futuro, maior é o potencial de mudanças qualitativas (por exemplo, a concorrência lança um importante produto novo) que invalidam completamente qualquer abordagem usada; logo, temos a terceira lei.

Não queremos dizer que essas leis desqualificam as previsões. Ao contrário, a noção de toda a hierarquia do planejamento é baseada em previsões. Simplesmente não há como tomar boas decisões sobre a dimensão da capacidade, ou sobre o quadro de pessoal, ou sobre os níveis de estoques necessários, sem alguma previsão da demanda futura. *Porém,* como nossas previsões são as melhores possíveis no momento, devemos nos esforçar em tomar as decisões mais robustas em relação a possíveis erros. Por exemplo, usando os melhores leiautes de fábrica e equipamentos para permitir novos produtos, mudanças de volumes, alterações no *mix* de produtos, cujo conceito muitas vezes é chamado de **manufatura rápida**, podemos reduzir muito as consequências de erros nas previsões. De maneira similar, o treinamento multifuncional da força de trabalho e as políticas de adaptação podem aumentar a flexibilidade. Por fim, como observamos na Parte II, a redução dos *cycle times* de fabricação pode diminuir a dependência nas previsões.

13.3.1 As previsões causais

Em uma previsão causal, tentamos explicar o comportamento de parâmetros futuros incertos em termos de outros, mais previsíveis e evidentes. Por exemplo, se estamos avaliando a opção de abrir uma nova franquia de uma rede de *fast-food* em certo local, precisamos de uma previsão da demanda, incluindo dados da população e dos concorrentes. Com esses dados em mãos, podemos usar métodos estatísticos para estimar as constantes para um modelo.

O mais comum é o modelo linear simples, que segue a seguinte equação:

$$Y = b_0 + b_1X_1 + b_2X_2 + \cdots + b_mX_m \tag{13.1}$$

onde Y representa o parâmetro a estimar (a demanda) e as variáveis X_i são parâmetros previsíveis (a população e a concorrência). Os valores de b são constantes que devem ser estimadas a partir dos dados.

Essa técnica da aplicação de uma função com os dados chama-se de **análise de regressão**; muitos pacotes de informática, incluindo a maioria das planilhas, dispõem dessas ferramentas para executar os cálculos via computador. Os exemplos a seguir ilustram como a análise de regressão pode ser usada como uma ferramenta para efetuar previsões causais.

Exemplo: Mr. Forest's Cookies

Uma franquia de lojas de doces estava no processo de avaliar alguns locais para abertura de novas lojas. A administração achava que o sucesso de uma nova loja era bastante influenciado pela população que vivia em um raio de 10 km do local. Os analistas obtiveram os dados da população e as vendas anuais de 12 lojas franqueadas já existentes, conforme apresentado na Tabela 13.2.

Para desenvolver um modelo e fazer a estimativa das vendas da nova loja, os analistas usaram uma análise de regressão, a qual é uma ferramenta para encontrar a linha reta que melhor se enquadra através dos dados. Para tanto, usaram a função **Regressão** do Excel, que gerou os dados mostrados na Figura 13.1. Os três números-chave, em negrito, são os seguintes:

1. **Coeficiente de Interceptação**, que é a estimativa de b_0 na equação (13.1), ou 50,30 (arredondado em duas casas decimais) para este problema. Esse coeficiente representa o ponto de intercepção de Y na linha dos dados.
2. **Coeficiente X_1**, ou a estimativa de b_1 na equação (13.1), a qual é 4,17 para este problema. Esse coeficiente representa a inclinação da linha dos dados. É indicada como "População (em milhares)" na Figura 13.1.
3. **R ao quadrado** representa a fração da variação dos dados que é explicada pela linha de regressão. Se os dados da regressão preenchessem a linha com perfeição, R ao quadrado seria

TABELA 13.2 Dados das franquias Mr. Forest's Cookies

Franquia	População (em milhares)	Vendas (em milhares de $)
1	50	200
2	25	50
3	14	210
4	76	240
5	88	400
6	35	200
7	85	410
8	110	500
9	95	610
10	21	120
11	30	190
12	44	180

1. Quanto menor o R ao quadrado, piores são os dados para a linha da regressão. Nesse caso, R ao quadrado é de 0,77441441, o que significa que é razoavelmente bom, mas não perfeito. O Excel também gera um gráfico dos dados e da linha de regressão, conforme a Figura 13.2, que nos permite visualizar e examinar como funciona o modelo e a disposição dos dados.

Assim, o modelo de previsão é dado por

$$\text{Vendas} = 50{,}30 + 4{,}17 \times \text{população} \tag{13.2}$$

onde as vendas são medidas em milhares de $, e a população representa os moradores (em milhares) em um raio de 10 km do local. Uma nova franquia com uma população de 60 mil pessoas resultaria em vendas anuais de

$$50{,}30 + 4{,}17(60) = 300{,}5$$

o que é igual a $300.500, pois as vendas são em milhares de $.

A julgar pelos resultados das Figuras 13.1 e 13.2, o modelo parece razoável para se fazer previsões que não exigem muita precisão, desde que a população na área da nova franquia seja entre 15.000 e

SÍNTESE DOS RESULTADOS

Estatísticas da Regressão						
Múltiplo de R	0,880008188					
R ao quadrado	**0,774414411**					
R ao quadrado ajustado	0,751855852					
Erro padrão	77,79635826					
Observações	12					
ANOVA						
	df	*SS*	*MS*	*F*	*Significância F*	
Regressão	1	207768,9331	207768,9331	34,32907286	0,000159631	
Residual	10	60522,73358	6052,273358			
Total	11	268291,6667				
	Coeficientes	*Erro Padrão*	*t Estat*	*Valor de P*	*Inferior 95%*	*Superior 95%*
Intercepção	**50,30456039**	45,79857723	1,098386968	0,297777155	−51,74104657	152,3501673
População (em milhares)	**4,169903827**	0,711696781	5,859101711	0,000159631	2,584144304	5,755663349

FIGURA 13.1 Resultados da análise de regressão no Excel.

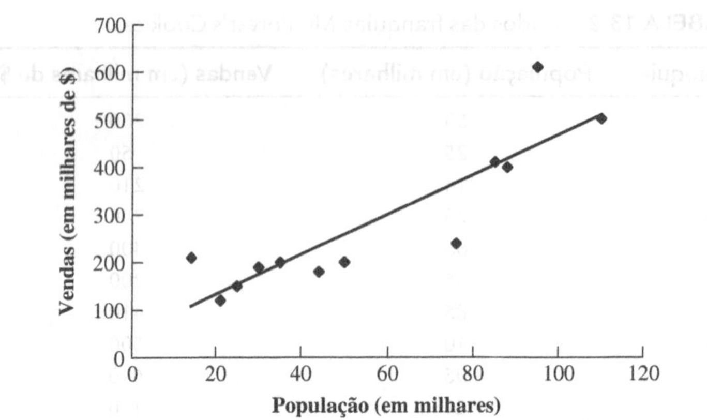

FIGURA 13.2 O enquadramento da linha de regressão dos dados da Mr. Forest's Cookies.

110.000. Como os dados iniciais não incluem a população além desses limites, não temos bases para fazer previsões para populações menores do que 15.000 ou maiores do que 110.000.

Se os analistas da Mr. Forest quiserem desenvolver um modelo mais refinado, poderiam considerar a inclusão de outras variáveis, como a renda média da população, o número de possíveis concorrentes na área, o número de outros pontos comerciais dentro de certa área. O modelo geral da equação (13.1), conhecido como **modelo de regressão múltipla** (diferente do **modelo de regressão simples,** que inclui apenas uma variável), permite trabalhar com múltiplas variáveis previsíveis, assim como as planilhas de cálculos dos computadores.

Programas de planilhas como o Excel simplificam a mecânica da regressão. Mas uma boa interpretação dos resultados exige conhecimentos estatísticos. Pelo fato de a estatística e os cálculos de regressão serem comuns nas empresas – para análises de marketing, projetos de produtos, avaliações de pessoal, previsões, controle de qualidade e controle de processos – eles são parte essencial da bagagem de habilidades necessárias a um gerente de produção moderno. Qualquer livro de estatística fornece os conhecimentos básicos necessários.

Apesar de, muitas vezes, útil, um modelo causal nem sempre permite que façamos as previsões necessárias. Por exemplo, se a demanda de materiais de construção para o *próximo* mês, sob o ponto de vista do fabricante, depende do índice de novas construções do *último* mês (por causa do curto espaço de tempo entre o índice de novas construções e a compra do fabricante dos materiais), então o modelo precisa de dados decorrentes apenas de observações, e podemos fazer uma previsão de maneira mais direta. Por outro lado, se a demanda de aparelhos de ar condicionado do *próximo* mês depende das temperaturas médias diárias do *próximo* mês, então podemos obter uma previsão das temperaturas e depois fazer uma previsão da demanda dos aparelhos de ar condicionado. (Considerando a qualidade das previsões do tempo em longo prazo, não fica claro se tal modelo seria de grande utilidade nesse caso.)

13.3.2 As previsões de séries temporais

Para prever um parâmetro numérico para o qual os resultados do passado são uma boa indicação do comportamento futuro, mas não existe uma relação forte de causa-efeito para construir um modelo causal, usamos, frequentemente, um **modelo de séries temporais**. A demanda por um produto pode ter essas características e, assim, em suas previsões, essa é uma das técnicas mais utilizadas. A razão é que a demanda é uma função de fatores como a atração do consumidor, a eficácia do marketing e a concorrência. Apesar de esses fatores serem difíceis de incluir explicitamente no modelo, tendem a persistir ao longo do tempo, então os dados da demanda do passado oferecem, muitas vezes, uma boa previsão da demanda futura. O que os modelos de séries temporais fazem é tentar capturar as tendências do passado, extrapolando-as para o futuro.

Apesar de haver muitos modelos de séries temporais, os procedimentos básicos são os mesmos para todos eles. Tratamos os períodos de tempo, como meses, denominados $i = 1, 2, \ldots, t$, onde o período t é a observação mais recente a ser usada na previsão. Chamamos as observações reais de $A(i)$, sendo que as previsões para os períodos $t + \tau$, $\tau = 1, 2, \ldots$ são representadas por $f(t + \tau)$. Conforme mostrado na Figura 13.3, um modelo de série temporal usa os dados das observações do passado $A(i)$, $i = 1, \ldots, t$ (por exemplo, $A(i)$ poderia representar a demanda do mês i, onde t representa o mês mais recente nos dados disponíveis) e gera as previsões para os valores futuros $f(t + \tau)$, $\tau = 1, 2, \ldots$ (por exemplo, $f(t + \tau)$ representa uma previsão da demanda para o mês $t + \tau$, onde τ são os meses futuros). Com esse objetivo, alguns modelos, incluindo os discutidos aqui, calculam uma **estimativa suavizada** $F(t)$, que representa a posição atual do processo sendo considerado, e uma **tendência suavizada** $T(t)$, que representa sua tendência futura.

Existem muitos modelos diferentes que podem efetuar essas funções básicas; saber qual é o mais apropriado depende de cada aplicação específica. Apresentamos quatro abordagens bem simples. O modelo da **média móvel** calcula a previsão para o próximo período (e, depois, para o período seguinte) usando a média das últimas m observações (onde o usuário escolhe o valor de m). O modelo da **suavização exponencial** calcula uma estimativa como uma média ponderada (onde o usuário escolhe os pesos) das observações mais recentes e da estimativa suavizada. Como o modelo da média ponderada, a suavização exponencial simples não leva em conta as tendências (seja para baixo ou para cima) dos dados e, portanto, usa a estimativa suavizada para fazer as previsões dos períodos futuros. O **modelo da suavização exponencial com uma tendência linear** usa a estimativa suavizada de maneira similar à exponencial, mas também calcula a tendência ou a inclinação dos dados. Por último, o modelo do **método de Winter** acrescenta multiplicadores de sazonalidade à suavização exponencial com uma tendência linear para representar situações em que a demanda tem um comportamento sazonal.

O modelo da média móvel. A maneira mais simples de se converterem observações reais em previsões é calcular suas médias. Para tanto, estamos assumindo, de maneira implícita, que não existe tendência, de maneira que $T(t) = 0$ para todos os t. Então calculamos a estimativa suavizada como sendo as próprias médias e as usamos para a previsão de todos os períodos futuros, de forma que

$$F(t) = \frac{\sum_{i=1}^{t} A(i)}{t}$$

$$f(t+\tau) = F(t) \qquad \tau = 1, 2, \ldots$$

Um problema potencial com essa abordagem é que ela aloca pesos iguais a todos os dados históricos, não importando sua idade. Entretanto, dados de demandas de 3 anos atrás podem não ser mais tão úteis como os mais recentes para fazer as previsões futuras. Para capturar a tendência de os dados mais recentes serem mais importantes na definição das previsões, praticamente todos os modelos de séries temporais dispõem de um mecanismo para tirar o peso dos dados históricos. Um procedimento simples para isso é, também, desconsiderar os dados muito antigos. Os modelos de séries temporais que fazem isso são os de **média móvel**, os quais funcionam da mesma maneira como a média simples, exceto pelo fato de apenas os dados m mais recentes (onde m é um parâmetro escolhido pelo usuário) serem usados no cálculo da média. Assume-se que a tendência é zero, de maneira que $T(t) = 0$ e que todas as previsões futuras correspondem à estimativa suavizada atual:

$$F(t) = \frac{\sum_{i=t-m+1}^{t} A(i)}{m} \tag{13.3}$$

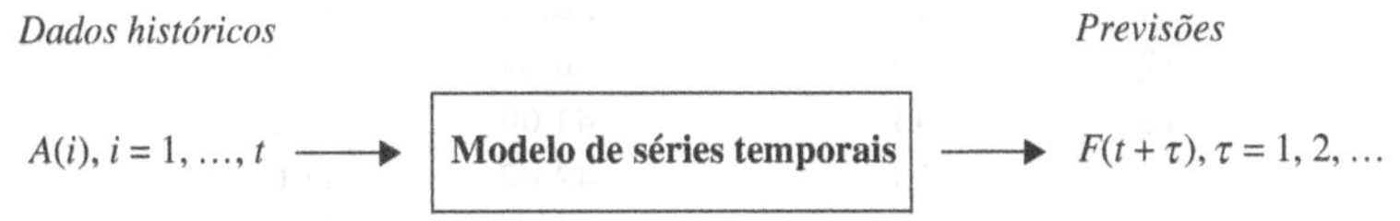

Dados históricos — *Previsões*

$A(i), i = 1, \ldots, t$ ⟶ **Modelo de séries temporais** ⟶ $F(t + \tau), \tau = 1, 2, \ldots$

FIGURA 13.3 A estrutura básica dos modelos de séries temporais.

$$f(t+\tau) = F(t) \qquad \tau = 1, 2, \ldots \tag{13.4}$$

Note que a escolha do valor de m fará uma grande diferença no resultado do método da média móvel. Uma maneira de definir um valor para uma situação específica é tentar várias opções e verificar se os resultados alternativos fazem sentido com os dados atuais. Por exemplo, suponha que temos 20 meses de demanda histórica para um determinado produto, como mostra a Tabela 13.3. A qualquer momento, podemos fingir que só temos dados até esse determinado momento e usar a média móvel para gerar as previsões. Se definirmos $m = 3$, então no período $t = 3$ podemos calcular a estimativa suavizada como a média dos três primeiros dados, ou seja,

$$F(3) = \frac{10 + 12 + 12}{3} = 11{,}33$$

No período $t = 3$, nossa previsão para a demanda no período 4 (e para os demais períodos, pois não há uma tendência) é $f(4) = F(3) = 11{,}33$. Contudo, uma vez que calculamos o período 4 e temos uma nova observação da demanda real, nossa estimativa torna-se a média da segunda, terceira e quarta posições, ou seja,

$$F(4) = \frac{12 + 12 + 11}{3} = 11{,}67$$

Agora, nossa previsão para o período 5 (e os demais) é $f(5) = F(4) = 11{,}67$. Continuando assim, podemos calcular nossa previsão para $t = 4, \ldots, 20$, como mostra a Figura 13.3. Não podemos fazer previsões para os períodos 1, 2 e 3 porque precisamos de três posições de dados antes que possamos calcular a média móvel.

Se mudarmos o número de períodos em nossa média móvel para $m = 5$, podemos calcular a estimativa suavizada e a previsão para os períodos $6, \ldots, 20$, como mostra a Tabela 13.3.

TABELA 13.3 Médias móveis para $m = 3$ e $m = 5$

Mês t	Demanda $A(t)$	Previsão $f(t)$ $m = 3$	Previsão $f(t)$ $m = 5$
1	10	–	–
2	12	–	–
3	12	–	–
4	11	11,33	–
5	15	11,67	–
6	14	12,67	12,0
7	18	13,33	12,8
8	22	15,67	14,0
9	18	18,00	16,0
10	28	19,33	17,4
11	33	22,67	20,0
12	31	26,33	23,8
13	31	30,67	26,4
14	37	31,67	28,2
15	40	33,00	32,0
16	33	36,00	34,4
17	50	36,67	34,4
18	45	41,00	38,2
19	55	42,67	41,0
20	60	50,00	44,6

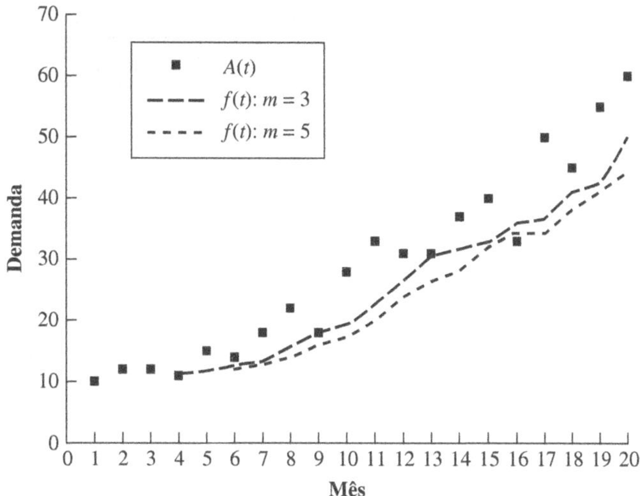

FIGURA 13.4 A média móvel com $m = 3, 5$.

O que é melhor, $m = 3$ ou $m = 5$? É difícil responder analisando a Tabela 13.3. Porém, se desenharmos um gráfico de $A(t)$ e $f(t)$, podemos ver qual o modelo que nos dá resultados mais próximos dos valores reais observados. Como vemos na Figura 13.4, ambos tendem a subestimar a demanda, sendo que o modelo com $m = 5$ mostra o pior desempenho. A razão disso é que o modelo da média móvel assume que não existe tendência dos dados, nem para cima nem para baixo. Mas podemos ver nos desenhos que os dados têm uma clara tendência ascendente. Assim, a média móvel da demanda histórica tende a ser menor do que a demanda futura. Como o modelo com $m = 5$ é ainda mais conectado à demanda histórica (pois inclui posições mais antigas), ele sofre mais com essa tendência.

Esse exemplo nos leva às seguintes conclusões sobre o modelo da média móvel:

1. Quanto maior o valor de *m*, maior a estabilidade do modelo, mas menor a resposta do processo a possíveis mudanças.
2. O modelo subestima os parâmetros com uma tendência crescente e superestima os parâmetros com uma tendência decrescente.

Podemos resolver o problema da determinação de uma tendência no contexto do modelo de médias móveis. Para aqueles familiarizados com as análises de regressões, a maneira de fazê-lo é estimar uma inclinação para as últimas *m* posições de dados, via uma regressão linear, e então igualar as previsões à estimativa suavizada, mais uma extrapolação dessa tendência linear. Mas existe outra maneira mais fácil de introduzir uma tendência linear em um modelo diferente de séries temporais. Faremos essa abordagem após apresentar outro modelo isento de tendências.

O modelo da suavização exponencial. Observe que a abordagem das médias móveis aloca pesos idênticos a cada uma das *m* observações mais recentes, e nenhum peso para as observações antigas. Outra maneira para descontar os dados antigos é fazer uma média da estimativa suavizada atual com a posição mais recente de dados. O resultado será que, quanto mais antiga a posição dos dados, menor o peso que lhe será alocado para determinar as previsões. Chamamos esse método de **suavização exponencial.** Ele funciona como explicamos a seguir. Primeiro, vamos assumir que a tendência é sempre zero, então $T(t) = 0$. A seguir, calculamos a estimativa suavizada e a previsão no período *t* como sendo

$$F(t) = \alpha A(t) + (1 - \alpha)F(t - 1) \tag{13.5}$$

$$f(t + \tau) = F(t) \qquad \tau = 1, 2, \ldots \tag{13.6}$$

onde α é uma constante entre 0 e 1 escolhida pelo usuário. O melhor valor dependerá de cada dado específico.

TABELA 13.4 Uma suavização exponencial com $\alpha = 0{,}2$ e $\alpha = 0{,}6$

Demanda t	Mensal $A(t)$	Previsão $f(t)$ $\alpha = 0{,}2$	Previsão $f(t)$ $\alpha = 0{,}6$
1	10	—	—
2	12	10,00	10,00
3	12	10,40	11,20
4	11	10,72	11,68
5	15	10,78	11,27
6	14	11,62	13,51
7	18	12,10	13,80
8	22	13,28	16,32
9	18	15,02	19,73
10	28	15,62	18,69
11	33	18,09	24,28
12	31	21,08	29,51
13	31	23,06	30,40
14	37	24,65	30,76
15	40	27,12	34,50
16	33	29,69	37,80
17	50	30,36	34,92
18	45	34,28	43,97
19	55	36,43	44,59
20	60	40,14	50,83

A Tabela 13.4 ilustra o método exponencial, usando os mesmos dados das médias móveis. A não ser que iniciemos com um valor histórico de $F(0)$, não podemos fazer uma previsão para o período 1. Apesar de haver várias maneiras para inicializar o modelo (por exemplo, fazendo a média das observações do passado em algum intervalo de tempo), a opção de $F(0)$ se dissipa ao longo do tempo. Assim, escolhemos usar o método mais simples possível para inicializar o módulo e definimos $F(1) = A(1) = 10$ para começarmos. No momento $t = 1$, nossa previsão para o período 2 (e para os demais) é $f(2) = F(1) = 10$. Quando atingimos o período 2 e observamos que $A(2) = 12$, atualizamos nossa estimativa suavizada como segue:

$$F(2) = \alpha A(2) + (1 - \alpha)F(1) = (0{,}2)(12) + (1 - 0{,}2)(10) = 10{,}40$$

Nossa previsão para o período 3, e para os demais, é, agora, $f(3) = F(2) = 10{,}40$. Podemos continuar assim para gerar o restante dos valores de $f(t)$ da Tabela 13.4.

Note, na Tabela 13.4, que, quando usamos $\alpha = 0{,}6$, em vez de $\alpha = 0{,}2$, as previsões são muito mais sensíveis a cada nova posição de dados. Por exemplo, no período 2, quando a demanda aumentou de 10 para 12, a previsão usando $\alpha = 0{,}2$ aumentou para apenas 10,40, enquanto, ao usar $\alpha = 0{,}6$, ela aumenta para 11,20. Essa sensibilidade crescente pode ser benéfica se o modelo estiver controlando uma tendência real dos dados, ou pode ser danosa se estiver mostrando reações exageradas para uma observação fora do normal. Assim, de maneira similar às nossas observações sobre o método das médias móveis, podemos tirar as seguintes conclusões a respeito da suavização exponencial:

1. Valores menores para α tornam o modelo mais estável, mas menos sensível a mudanças no processo da previsão.
2. O modelo tende a subestimar os parâmetros com uma tendência crescente e superestimar os parâmetros com uma tendência decrescente.

A escolha da constante apropriada para α na suavização exponencial, e para m no método das médias móveis, exige um pouco de tentativa e erro. Normalmente, o melhor a fazer é tentar vários

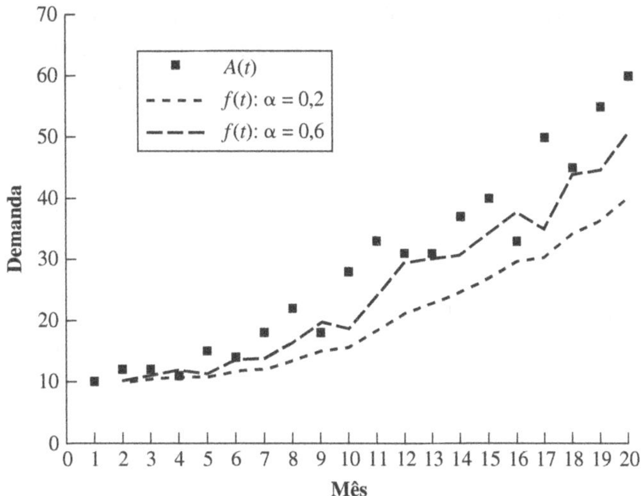

FIGURA 13.5 Uma suavização exponencial com $\alpha = 0{,}2$ e $\alpha = 0{,}6$.

valores para α e ver quais geram as previsões que melhor correspondem aos dados históricos. Por exemplo, a Figura 13.5 mostra previsões usando a estimativa exponencial $f(t)$, sendo $\alpha = 0{,}2$ e 0,6, com os valores reais $A(t)$. Esse gráfico mostra de maneira clara que os valores gerados usando $\alpha = 0{,}6$ se aproximam mais dos valores reais do que usando $\alpha = 0{,}2$. A crescente sensibilidade causada pelo uso de um valor alto para α permitiu ao modelo o controle da tendência crescente dos dados. Porém, pelo fato de o modelo da suavização exponencial não assumir explicitamente a existência de uma tendência, ambos os conjuntos de previsões tendem a se mostrar em atraso em relação aos dados reais.

O modelo da suavização exponencial com uma tendência linear. Agora abordamos um modelo especificamente projetado para o controle das tendências crescentes ou decrescentes dos dados. Para simplificar, o modelo assume que a tendência é linear, isto é, a qualquer tempo, nossa previsão do futuro seguirá uma linha reta. A cada vez que temos uma nova observação, atualizamos a inclinação da linha, de maneira que o método pode controlar dados não lineares, apesar de ser menos preciso do que para dados com uma tendência geral linear.

O método básico atualiza uma estimativa suavizada $F(t)$ e uma tendência $T(t)$ a cada nova observação disponível. A partir disso, a previsão para os períodos futuros τ, denominados $f(t + \tau)$, é calculada como a estimativa suavizada mais τ vezes a tendência. A equação é a seguinte:

$$F(t) = \alpha A(t) + (1 - \alpha)[F(t-1) + T(t-1)] \tag{13.7}$$

$$T(t) = \beta[F(t) - F(t-1)] + (1 - \beta)T(t-1) \tag{13.8}$$

$$f(t + \tau) = F(t) + \tau T(t) \tag{13.9}$$

onde α e β são constantes entre 0 e 1, escolhidas pelo usuário.

Note que a equação para o cálculo de $F(t)$ é um pouco diferente daquela usada na suavização exponencial sem uma tendência linear. A razão é que, no período $t - 1$, a previsão para o período t é dada por $F(t - 1) + T(t - 1)$ – isto é, temos que adicionar a tendência para um período. Assim, quando calculamos a média ponderada de $A(t)$ e a previsão atual, precisamos usar $F(t - 1) + T(t - 1)$.

Atualizamos a tendência na equação (13.8) calculando a média ponderada entre a última tendência aproximada $T(t - 1)$ e a estimativa mais recente da tendência, a qual é calculada como a diferença entre as duas estimativas mais recentes, ou $F(t) - F(t - 1)$. O termo $F(t) - F(t - 1)$ é parecido com uma inclinação. Ao dar a essa inclinação um peso de β (menor que 1), arredondamos nossa estimativa da tendência para evitar uma reação exagerada a mudanças súbitas nos dados.

Como na suavização exponencial simples, precisamos inicializar o modelo antes de começar o processo. Podemos fazê-lo usando dados históricos para estimar $F(0)$ e $T(0)$. Porém, o método mais simples para inicializar é definir $F(1) = A(1)$ e $T(1) = 0$. Ilustramos a suavização exponencial com o método da tendência linear usando esse procedimento de inicialização, os dados da demanda da Tabela 13.4 e as constantes de suavização $\alpha = 0{,}2$ e $\beta = 0{,}2$. Por exemplo,

$$F(2) = \alpha A(2) + (1 - \alpha)[F(1) + T(1)] = 0{,}2(12) + (1 - 0{,}2)(10 + 0) = 10{,}4$$

$$T(2) = \beta[F(2) - F(1)] + (1 - \beta)T(1) = 0{,}2(10{,}4 - 10) + (1 - 0{,}2)(0) = 0{,}08$$

Os demais cálculos são mostrados na Tabela 13.5.

A Figura 13.6 mostra o desenho das previsões de $f(t)$, os valores atuais de $A(t)$ da Tabela 13.5 e as previsões resultantes do uso de $\alpha = 0{,}3$ e $\beta = 0{,}5$. Note que essas previsões captam os dados muito melhor do que o modelo das médias móveis ou da suavização exponencial sem a tendência linear. A tendência linear permite este método captar a tendência crescente dos dados de maneira bem eficaz. Além disso, parece que, ao usar os coeficientes de suavização $\alpha = 0{,}3$ e $\beta = 0{,}5$ resulta em previsões melhores do que usando $\alpha = 0{,}2$ e $\beta = 0{,}2$. Discutiremos como escolher as constantes de suavização mais adiante.

O método de Winters para a sazonalidade. Muitos produtos têm uma demanda sazonal. Por exemplo, cortadores de grama, sorvetes e aparelhos de ar condicionado têm seus picos no verão, enquanto limpadores de neve e aquecedores têm seus picos no inverno. Brinquedos e outros presentes têm uma alta demanda antes do Natal. Quando a demanda é sazonal, os modelos de previsões não funcionam bem, pois interpretam os picos como permanentes e extrapolam os dados para os períodos de baixa demanda, causando distorções. Da mesma forma, interpretam as demandas das altas temporadas também como permanentes, subestimando os dados.

Uma maneira natural de considerar a sazonalidade em um modelo de previsões foi sugerido por Winters (1960). A ideia básica é estimar um fator de multiplicação para a sazonalidade $c(t)$, $t = 1, 2, \ldots$,

TABELA 13.5 Suavização exponencial com uma tendência linear usando $\alpha = 0{,}2$ e $\beta = 0{,}2$

Mês t	Demanda $A(t)$	Estimativa aproximada $F(t)$	Tendência aproximada $T(t)$	*Previsão* $f(t)$
1	10	10,00	0,00	–
2	12	10,40	0,08	10,00
3	12	10,78	0,14	10,48
4	11	10,94	0,14	10,92
5	15	11,87	0,30	11,08
6	14	12,53	0,37	12,17
7	18	13,93	0,58	12,91
8	22	16,00	0,88	14,50
9	18	17,10	0,92	16,88
10	28	20,02	1,32	18,03
11	33	23,67	1,79	21,34
12	31	26,57	2,01	25,46
13	31	29,06	2,11	28,58
14	37	32,33	2,34	31,17
15	40	35,74	2,55	34,67
16	33	37,23	2,34	38,29
17	50	41,66	2,76	39,57
18	45	44,53	2,78	44,42
19	55	48,85	3,09	47,31
20	60	53,55	3,41	51,94

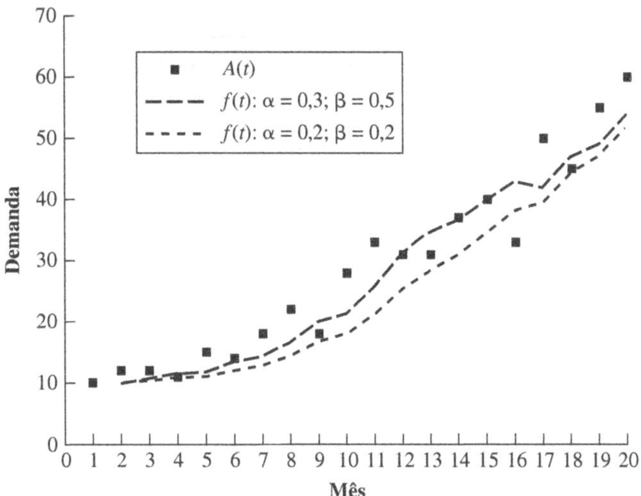

FIGURA 13.6 Suavização exponencial com uma tendência linear.

onde $c(t)$ representa um índice da demanda durante o período t em relação à média da demanda da estação. Assim, se existem N períodos na estação (por exemplo, $N = 12$ se forem meses, e a estação, 1 ano), então a soma dos fatores de $c(t)$ da estação será sempre igual a N. As previsões ajustadas são calculadas pela multiplicação da previsão obtida pelo modelo da suavização exponencial com uma tendência linear (ou seja, $F(t) + \tau T(t)$) com o fator de sazonalidade adequado. As equações são:

$$F(t) = \alpha \frac{A(t)}{c(t-N)} + (1-\alpha)[F(t-1) + T(t-1)] \qquad (13.10)$$

$$T(t) = \beta[F(t) - F(t-1)] + (1-\beta)T(t-1) \qquad (13.11)$$

$$c(t) = \gamma \frac{A(t)}{F(t)} + (1-\gamma)c(t-N) \qquad (13.12)$$

$$f(t+\tau) = [F(t) + \tau T(t)]c(t+\tau-N) \qquad (13.13)$$

para $t + \tau = N + 1, N + 2, \ldots, 2N$, onde α, β e γ são constantes de arredondamento entre 0 e 1, a serem escolhidas pelo usuário. Note que as equações (13.10) e (13.11) são idênticas às equações (13.7) e (13.8) para o cálculo da estimativa e da tendência suavizadas segundo o modelo da suavização exponencial com uma tendência linear, exceto que as observações reais $A(t)$ são escalonadas, dividindo-as pelo fator da sazonalidade $c(t - N)$. Isso normaliza todas as observações em relação à média, de forma a transformar as estimativas e tendências suavizadas em unidades de demanda média (não sazonal). A equação (13.12) usa a suavização exponencial para atualizar o fator de sazonalidade $c(t)$ como uma média ponderada das taxas de sazonalidade da demanda real $A(t)/F(t)$ e o fator $c(t - N)$ da última estação. Para fazer a previsão em unidades sazonais, multiplicamos a previsão não sazonal do período $t + \tau$, que é calculada como $F(t) + \tau T(t)$, pelo fator sazonal $c(t + \tau - N)$.

Ilustramos o método de Winters com o exemplo na Tabela 13.6. Para inicializar o procedimento, precisamos dos fatores sazonais de uma estação toda, mais uma estimativa e uma tendência suavizadas iniciais. Para tanto, a maneira mais simples é usar os dados da primeira estação para calcular esses parâmetros iniciais e, então, usar as equações recém-apresentadas para as atualizações com dados de outras estações. Mais especificamente, definimos uma estimativa aproximada como sendo a média dos dados da primeira estação

$$F(N) = \frac{\sum_{t=1}^{N} A(t)}{N} \qquad (13.14)$$

TABELA 13.6 O método de Winters para a sazonalidade

Ano	Mês	Período de tempo t	Demanda real $A(t)$	Estimativa suavizada $F(t)$	Tendência suavizada $T(t)$	Fator de sazonalidade $c(t)$	Previsão $f(t)$
1997	Jan	1	4	–	–	0,480	
	Fev	2	2	–	–	0,240	
	Mar	3	5	–	–	0,600	
	Abr	4	8	–	–	0,960	
	Mai	5	11	–	–	1,320	
	Jun	6	13	–	–	1,560	
	Jul	7	18	–	–	2,160	
	Ago	8	15	–	–	1,800	
	Set	9	9	–	–	1,080	
	Out	10	6	–	–	0,720	
	Nov	11	5	–	–	0,600	
	Dez	12	4	8,33	0,00	0,480	
1998	Jan	13	5	8,54	0,02	0,491	4,00
	Fev	14	4	9,37	0,10	0,259	2,06
	Mar	15	7	9,69	0,12	0,612	5,68
	Abr	16	7	9,57	0,10	0,937	9,43
	Mai	17	15	9,83	0,12	1,341	12,76
	Jun	18	17	10,04	0,13	1,573	15,52
	Jul	19	24	10,26	0,13	2,178	21,97
	Ago	20	18	10,36	0,13	1,794	18,72
	Set	21	12	10,55	0,14	1,086	11,33
	Out	22	7	10,59	0,13	0,714	7,69
	Nov	23	8	10,98	0,15	0,613	6,43
	Dez	24	6	11,27	0,17	0,485	5,34

Assim, em nosso exemplo, podemos calcular a estimativa suavizada com data de dezembro de 1998 como

$$F(12) = \frac{\sum_{t=1}^{12} A(t)}{12} = \frac{4+2+\cdots+4}{12} = 8{,}33$$

Como estamos iniciando com os dados de uma estação apenas, não temos bases para estimar uma tendência e vamos assumir que seja zero, então $T(N) = T(12) = 0$. O modelo logo atualizará a tendência à medida que mais estações sejam adicionadas.[1] Por último, calculamos os primeiros fatores de sazonalidade como o índice da demanda real em relação à demanda média da primeira estação:

$$c(i) = \frac{A(i)}{\sum_{t=1}^{N} A(t)/N} = \frac{A(i)}{F(N)} \tag{13.15}$$

Em nosso exemplo, o primeiro fator de sazonalidade para janeiro é

$$c(1) = \frac{A(1)}{F(12)} = \frac{4}{8{,}33} = 0{,}480$$

significando que a demanda de janeiro é de apenas 48% da média mensal.

[1] Como alternativa, pode-se usar dados de estações múltiplas para inicializar o modelo e estimar a tendência a partir deles (ver Silver, Pyke e Peterson 1998 para um método assim).

Uma vez calculados os valores para $F(N)$, $T(N)$ e $c(1),\ldots, c(N)$, podemos começar o procedimento de suavização. A estimativa suavizada para janeiro de 1998 é calculada da seguinte forma:

$$F(13) = \alpha \frac{A(13)}{c(13-12)} + (1-\alpha)[F(12) + T(12)]$$

$$= 0{,}1\left(\frac{5}{0{,}480}\right) + (1 - 0{,}1)(8{,}33 + 0) = 8{,}54$$

A tendência suavizada é

$$T(13) = \beta[F(13) - F(12)] + (1-\beta)T(12) = 0{,}1(8{,}54 - 8{,}33) + (1 - 0{,}1)(0) = 0{,}02$$

O fator sazonal atualizado para janeiro é

$$c(13) = \gamma \frac{A(13)}{F(13)} + (1-\gamma)c(1) = 0{,}1\left(\frac{5}{8{,}54}\right) + (1 - 0{,}1)(0{,}48) = 0{,}491$$

Os cálculos continuam dessa maneira, resultando nos números da Tabela 13.6. Mostramos o gráfico da demanda real e prevista na Figura 13.7. Neste exemplo, o método de Winters funciona muito bem. A razão principal é que o pico sazonal de 1998 tem uma forma similar ao de 1997, ou seja, a proporção da demanda anual total ocorrida em certo mês, digamos, julho, é bem constante em todos os anos. Assim, os fatores sazonais transmitem bem o comportamento sazonal. O fato de que a demanda anual total está aumentando, demonstrado pela tendência positiva do modelo, resulta em um pico sazonal adequadamente amplificado no segundo ano. Em geral, o método de Winters oferece um bom desempenho para fazer previsões considerando os componentes sazonais, nos casos em que a forma da sazonalidade não varia muito de uma estação para a outra.

Ajuste dos parâmetros das previsões. Todos os modelos de séries temporais recém-descritos envolvem coeficientes ajustáveis (por exemplo, m no modelo das médias móveis e α no modelo da suavização exponencial) que devem ser sintonizados com os dados para se obter um bom modelo. Na verdade, vimos na Figura 13.6 que o ajuste dos coeficientes pode afetar muito a precisão do modelo de previsões. Agora, abordaremos a questão de como definir bons coeficientes para cada situação.

O primeiro passo no desenvolvimento de um modelo de previsões é transformar os dados em um gráfico. Isso nos ajudará a decidir se os dados parecem previsíveis ou não, se existe uma tendência de-

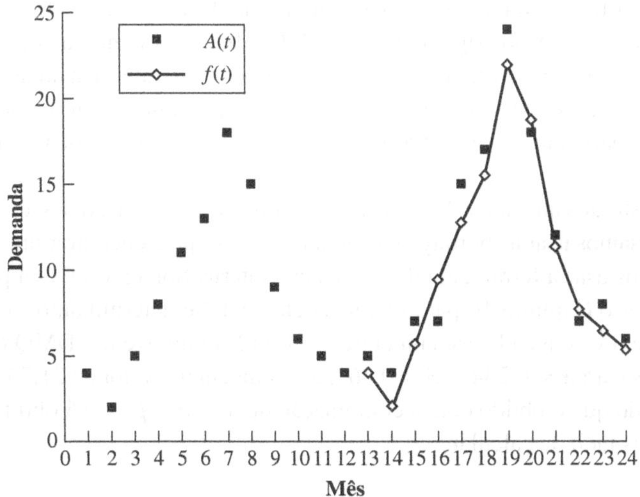

FIGURA 13.7 O método de Winters, $\alpha = 0{,}1$; $\beta = 0{,}1$; $\gamma = 0{,}1$.

finida e se a sazonalidade é um fator a ser considerado. Assim que escolhermos um modelo, podemos fazer um gráfico da *previsão versus* os dados reais do passado para vários conjuntos de parâmetros e ver como o modelo se comporta. Entretanto, para encontrar uma boa combinação de coeficientes, é útil sermos mais precisos sobre a mensuração da precisão do modelo.

As três medidas mais importantes para a avaliação dos modelos de previsões são o **desvio absoluto médio (DAM)**, o **desvio médio ao quadrado (DMQ)**, e o **viés (VIÉS)**. Cada uma dessas medidas verifica a diferença entre os valores reais e os previstos, $f(t) - A(t)$, e calculam uma escala numérica. Suas fórmulas específicas são as seguintes:

$$\text{DAM} = \frac{\sum_{t=1}^{n} |f(t) - A(t)|}{n} \tag{13.16}$$

$$\text{DMQ} = \frac{\sum_{t=1}^{n} [f(t) - A(t)]^2}{n} \tag{13.17}$$

$$\text{VIÉS} = \frac{\sum_{t=1}^{n} f(t) - A(t)}{n} \tag{13.18}$$

Tanto o DAM quanto o DMQ podem ser positivos, e o objetivo é encontrar coeficientes que os minimizem. O viés também pode ser positivo, indicando que a previsão tende a superestimar os dados reais, ou negativo, sugerindo que a previsão tende a subestimar os dados reais. O objetivo, então, é encontrar coeficientes que resultem em um viés próximo de zero. Porém, note que um viés igual a zero não significa que a previsão esteja correta, apenas que os erros tendem a se equilibrar entre os baixos e altos. Assim, não se deve usar apenas o viés para avaliar um modelo.

Para ilustrar como essas medidas podem ser usadas na seleção de coeficientes dos modelos, vamos retornar à suavização exponencial com uma tendência linear como a aplicada nos dados de demanda da Tabela 13.5. A Tabela 13.7 mostra os valores para as medidas DAM, DMQ e viés para várias combinações de α e β. Conforme essa tabela indica, parece que a combinação $\alpha = 0{,}3$, $\beta = 0{,}5$ funciona bem para minimizar as medidas DAM e DMQ, mas seria melhor $\alpha = 0{,}6$, $\beta = 0{,}6$ para minimizar o viés. Em geral, é improvável que qualquer combinação de coeficientes seja a melhor para todas as três medidas de eficácia. Neste caso específico, como pode ser visto na Figura 13.6, os dados reais não só têm uma tendência crescente, mas também tendem a aumentar em uma curva não linear (isto é, a curva mostra um formato parabólico). Esse formato posiciona o modelo com uma tendência linear um pouco abaixo dos dados, mostrando um viés negativo. Valores mais altos para α e β emprestam mais peso às novas observações e permitem que o modelo capte essa diferença de maneira mais rápida. Isso reduz o viés, mas também causa a superestimação de eventuais baixas acentuadas dos dados, aumentando os valores da DAM e DMQ.

A Tabela 13.7 mostra que o modelo com a combinação de $\alpha = 0{,}3$, $\beta = 0{,}5$ tem a DMQ bem menor do que o modelo com a opção original de $\alpha = 0{,}2$, $\beta = 0{,}2$. Isso significa que ele representa melhor os dados do passado, conforme a Figura 13.6. Como nossa premissa básica ao usarmos um modelo de séries temporais é de que os dados projetados terão um comportamento similar aos dados do passado, devemos ajustar os coeficientes para uma boa representação dos dados históricos e usá-los para as projeções futuras.

Os números mostrados na Tabela 13.7 ilustram o impacto da alteração desses coeficientes. Porém, na prática, não precisamos usar a abordagem da tentativa e erro para encontrar uma boa combinação de coeficientes. Podemos usar a ferramenta de otimização interna Solver, do Excel para fazer a pesquisa automaticamente (ver o Capítulo 16 para maiores detalhes). Se determinamos a ferramenta para encontrar os valores de α e β que (1) estejam entre 0 e 1 e (2) minimizem o DMQ do exemplo anterior, obteremos os valores para $\alpha = 0{,}284$, e $\beta = 0{,}467$, que atingem um valor de 21,73 de DMQ. Esse valor é um pouco melhor do que o obtido com a combinação de $\alpha = 0{,}3$, $\beta = 0{,}5$ obtido em nossa pesquisa anterior, e muito mais fácil de calcular.

TABELA 13.7 Suavização exponencial com uma tendência linear para vários α e β

α	β	DAM	DMQ	VIÉS	α	β	DAM	DMQ	VIÉS
0,1	0,1	10,23	146,94	-10,23	0,4	0,1	4,30	30,14	-3,45
0,1	0,2	8,27	95,31	-8,27	0,4	0,2	3,89	23,78	-2,34
0,1	0,3	6,83	64,91	-6,69	0,4	0,3	3,77	22,25	-1,77
0,1	0,4	5,83	47,17	-5,43	0,4	0,4	3,75	22,11	-1,46
0,1	0,5	5,16	36,88	-4,42	0,4	0,5	3,76	22,36	-1,29
0,1	0,6	4,69	30,91	-3,62	0,4	0,6	3,79	22,67	-1,18
0,2	0,1	6,48	60,55	-6,29	0,5	0,1	4,13	27,40	-2,84
0,2	0,2	5,04	37,04	-4,49	0,5	0,2	3,91	23,61	-1,94
0,2	0,3	4,26	27,56	-3,29	0,5	0,3	3,88	23,02	-1,49
0,2	0,4	3,90	23,75	-2,51	0,5	0,4	3,90	23,26	-1,25
0,2	0,5	3,73	22,32	-2,02	0,5	0,5	3,94	23,73	-1,10
0,2	0,6	3,65	21,94	-1,71	0,5	0,6	3,97	24,27	-1,00
0,3	0,1	4,98	37,81	-4,45	0,6	0,1	4,12	26,85	-2,42
0,3	0,2	4,11	26,30	-3,03	0,6	0,2	4,03	24,63	-1,66
0,3	0,3	3,82	22,74	-2,23	0,6	0,3	4,04	24,69	-1,29
0,3	0,4	3,66	21,81	-1,77	0,6	0,4	4,09	25,35	-1,08
0,3	0,5	3,65	21,78	-1,52	0,6	0,5	4,14	26,25	-0,95
0,3	0,6	3,68	22,06	-1,38	0,6	0,6	4,21	27,29	-0,84

Note que, nessa discussão da escolha dos coeficientes de suavização, comparamos as previsões de um período futuro com os valores reais. Contudo, na prática, muitas vezes precisamos projetar um futuro mais longo. Por exemplo, se estivermos usando uma previsão da demanda para determinar as matérias-primas necessárias, precisamos projetar vários meses futuros (e usar outro tipo de modelo). Quando for o caso, devemos usar as fórmulas para calcular as previsões para os períodos τ adiante de $f(t + \tau)$ e comparar com os valores reais $A(t + \tau)$. Assim, os parâmetros dos modelos devem ser escolhidos com o objetivo de minimizar os desvios entres $f(t + \tau)$ e $A(t + \tau)$, e os valores de DAM, DMQ e viés devem ser definidos de acordo.

13.3.3 A arte da previsão

O modelo de regressão para previsões causais e os quatro modelos de séries temporais são apenas amostras de um grande número de ferramentas quantitativas disponíveis para a função de fazer previsões. Muitas outras existem [ver Box e Jenkins (1970) para uma visão geral de modelos de séries temporais mais sofisticados]. Claramente, as previsões são uma área em que os modelos quantitativos podem ser de grande ajuda.

No entanto, uma boa previsão vai além de selecionar um modelo e encontrar parâmetros para torná-lo o mais preciso possível. Nenhum modelo pode incorporar todos os fatores relevantes que poderiam antecipar o futuro. Assim, em qualquer ambiente de previsões, ocorrem situações em que o usuário precisa passar por cima do modelo quantitativo com informações qualitativas. Por exemplo, se há razões para uma expectativa de um salto na demanda (se há informações de um concorrente saindo do mercado), devemos aumentar os números do modelo quantitativo. Apesar de não haver substituto para a experiência e a intuição, é uma boa ideia dar uma olhada nas previsões feitas anteriormente para avaliar que tipo de informação poderia ter sido usado para melhorar os números projetados. Se isso não nos ajuda a prever o futuro mais precisamente, pode nos ajudar a evitar alguns erros futuros.

13.4 O PLANEJAMENTO PARA A PRODUÇÃO PUXADA

Uma maneira lógica de desdobrar o problema de **planejamento e controle da produção (PCP)** em partes manuseáveis é construir uma estrutura de trabalho hierárquica do planejamento. Na Figura 3.2, mostramos uma hierarquia típica do MRP II. Porém, aquela estrutura era baseada no mecanismo básico de *produção empurrada* do MRP. Como vimos em nossa discussão sobre o JIT, no Capítulo 4, e nossa comparação de produção puxada e empurrada, no Capítulo 10, os sistemas de produção puxada oferecem muitos benefícios potenciais em relação à produção empurrada. Resumindo, os sistemas de produção puxada são:

1. **Mais eficientes**, porque podem alcançar a mesma produtividade de um sistema de produção empurrada, mas com menos níveis médios de WIP.
2. **Mais fáceis de controlar**, pois dependem da definição dos níveis (facilmente observáveis) de WIP, e não das taxas de liberação de trabalhos como nos sistemas empurrados.
3. **Mais robustos**, pois o desempenho de um sistema puxado degrada-se muito menos em decorrência de erros nos níveis de WIP do que nas taxas de liberação dos trabalhos em um sistema empurrado.
4. **Mais eficientes no suporte à melhoria da qualidade**, pois os baixos níveis de WIP dos sistemas puxados exigem altos níveis de qualidade (para evitar paradas) e facilitam sua manutenção (graças às menores filas e à maior rapidez na detecção de defeitos).

Esses benefícios nos pressionam a incorporar muitos aspectos dos sistemas puxados em nossos sistemas de controle da manufatura. Infelizmente, sob a perspectiva do planejamento, o sistema puxado traz uma desvantagem. Os sistemas de produção puxada são focados nas *taxas*, pois fixamos uma taxa de WIP e deixamos rodar a produção. As reservas de capacidade (por exemplo, os períodos de manutenção preventiva entre os turnos, que podem ser utilizados para horas extras) são usadas para permitir um ritmo bem constante que, por sua vez, requer demandas muito estáveis. Para isso, os livros sobre JIT/produção enxuta enfatizam um fluxo de produção constante e estável.

Se um sistema focado em suas taxas é logisticamente atraente, não é, necessariamente, bom para a função do planejamento. Em um sistema puxado, existe uma ligação natural com os prazos de entrega aos clientes. Os consumidores "puxam" aquilo de que necessitam, e os sinalizadores (cartões, etc.) acionam as reposições. Porém, até que a demanda realmente ocorra, o sistema não oferece nenhuma informação a respeito. Assim, um sistema puxado não fornece nenhum mecanismo inerente para administrar o planejamento das necessidades de matérias-primas, de pessoal, de manutenção de equipamentos, etc.

Em oposição a isso, como notamos no Capítulo 5, os sistemas empurrados podem ser um pesadelo sob o ponto de vista operacional, mas são extremamente bons para a função do planejamento. Existe uma ligação direta e simples entre os prazos dos clientes e as ordens liberadas no sistema empurrado. Por exemplo, em um sistema lote a lote do MRP, as próprias liberações *são* as necessidades dos clientes (ajustadas de acordo com os *lead times* da produção). Se a suposição de uma capacidade infinita do MRP não tornasse os *lead times* muito fictícios, poderíamos usá-los para fazer o planejamento utilizando qualquer modelo. Na verdade, isso é exatamente o que a lógica dos sistemas de MRP II tenta fazer.

A questão, então, se resume ao seguinte: podemos obter os benefícios operacionais dos sistemas puxados e, além disso, desenvolver uma estrutura de planejamento coerente? Achamos que sim. Mas o mecanismo para fazer a conexão de um sistema puxado com os prazos finais dos clientes é mais complexo do que o MRP. O elo mais simples que conhecemos é o **modelo de correia transportadora** de uma fábrica ou linha de produção puxada, mostrado na Figura 13.8, sobre o qual faremos extensas considerações nos próximos capítulos.

O modelo de correia transportadora é baseado na observação de que um sistema puxado mantém uma boa constância nos níveis de WIP, de maneira que a velocidade da linha e o tempo de percorrê-la são, também, relativamente constantes ao longo do tempo. Isso nos permite caracterizar uma linha de produção a partir de dois parâmetros: a **taxa prática de produção** r_b^P e o ***lead time* prático mínimo**

T_0^P. Esses têm a mesma função, mas são um tanto diferentes, da taxa de gargalo r_b e dos tempos brutos do processamento T_0 de uma linha de produção, conforme definidos no Capítulo 7, e de suas realizações ideais r_b^* e T_0^*, abordadas no Capítulo 9. Diferentemente da taxa de gargalo, a taxa prática da produção é a produtividade *antecipada* da linha. Essa taxa pode, também, ser padronizada de acordo com a complexidade das peças (por exemplo, podemos contar as peças em número de horas de trabalho no processo do gargalo). Portanto, como r_b é a capacidade da linha, esperamos que $r_b^P < r_b$ com uma utilização de $u = r_b^P/r_b$. Da mesma forma, T_0^P é o tempo prático mínimo (sem causar filas) para percorrer a linha, o que deve incluir os detratores por paradas breves, como os *setups*, as paradas rotineiras de equipamentos e outras possíveis que não envolvam a formação de filas. Consequentemente, $T_0^P > T_0$..

Usando a lei de Little, podemos notar que o nível de WIP W deve ser

$$W = r_b^P \times T_0^P$$

Normalmente,

$$T_0^P / T_0 \gg r_b / r_b^P$$

de maneira que o nível de WIP é bem maior do que o seu nível crítico: $W_0 = r_b T_0$.

Agora podemos usar o modelo de correia transportadora para prever quando os trabalhos serão completos em uma linha ou em um centro de processamento. Por exemplo, suponha que um trabalho seja liberado na linha quando já existam n trabalhos na fila esperando para entrarem em uma linha CONWIP (ou seja, aguardando espaço na correia transportadora). O tempo até que o trabalho seja completo, denotado por ℓ, é calculado assim:

$$\ell = \frac{n}{r_b^P} + T_0^P = \frac{n + W}{r_b^P} \tag{13.19}$$

Suponha que a correia transportadora mostrada na Figura 13.8 representa uma linha de montagem de placas de circuito integrado. A linha roda a uma taxa média de $r_b^P = 2$ trabalhos por hora, sendo que o trabalho consiste de um contêiner-padrão de placas de circuito. Uma vez iniciado, o trabalho demora uma média de $T_0^P = 8$ horas para terminar. Um novo trabalho, que encontre $n = 3$ trabalhos aguardando para serem liberados na linha (isto é, aguardando a autorização para entrar na linha CONWIP), serão finalizados em

$$\ell = \frac{n}{r_P} + T_0^P = \frac{3}{2} + 8 = 9{,}5 \text{ horas}$$

em média. Abordaremos esse mesmo problema no Capítulo 15, no qual refinamos o modelo de correia transportadora incluindo uma variação na taxa da produção.

Ao podermos estimar os tempos de finalização de trabalhos específicos, temos a possibilidade de abordar vários problemas do planejamento:

1. Se o pessoal de vendas tem meios de controlar a carga da fábrica, eles podem usar o modelo de correia transportadora para prever quanto tempo os novos pedidos levarão para serem atendidos, de forma que poderão oferecer prazos de entrega realistas a seus clientes.

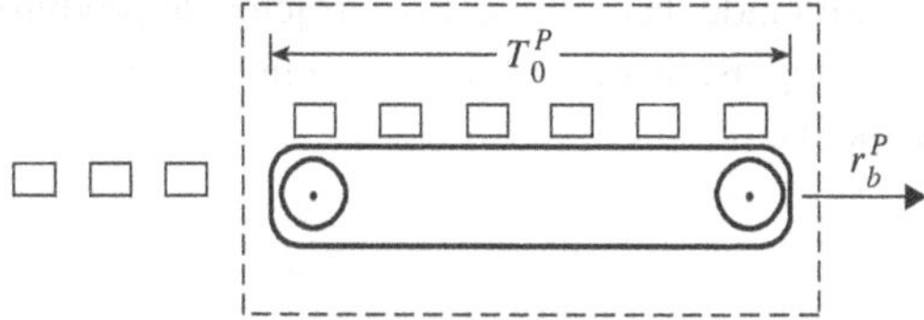

FIGURA 13.8 A linha de produção representada como o modelo de correia transportadora.

2. Se pudermos projetar a evolução do sistema (ou seja, quais os trabalhos que estarão na linha e quais estarão aguardando na fila) ao longo do tempo, podemos fazer uma "simulação" do desempenho da linha. Isso nos fornece uma ferramenta flexível para a análise de vários cenários alternativos e dos diferentes efeitos da alteração de prioridades ou de decisões de capacidade no que diz respeito à produtividade. Como observamos no Capítulo 3, o planejamento das necessidades de capacidade (CRP) tenta fazer essa análise. Porém, como apontamos no mesmo capítulo, o CRP usa um modelo que presume uma capacidade infinita que invalida as previsões além do ponto em que os recursos são todos tomados. Atualmente, estão disponíveis no mercado modelos mais sofisticados, que preveem capacidade finita para fazer tais previsões. Apesar de serem mais acurados do que o CRP, os modelos com capacidade finita muitas vezes necessitam de informações e de cálculos complexos parecidos com aqueles usados pelos modelos de simulação de eventos. O modelo de correia transportadora pode simplificar tanto as necessidades de dados quanto seus cálculos, como discutiremos em vários contextos na Parte III do livro.
3. Podemos usar o modelo de correia transportadora para determinar se as finalizações dos produtos cumprirão com as datas de entrega aos clientes e desenvolver um modelo para otimizar os tempos das liberações de trabalhos na linha. Faremos isso no Capítulo 15, para gerar uma ferramenta de programação com capacidade finita.

Ao abordar esse e outros problemas, o modelo de correia transportadora pode fornecer o elo para uma estrutura de trabalho no planejamento dos sistemas de produção puxada. Nos casos em que as linhas são bastante simples para serem usadas diretamente, ele pode se tornar uma boa ferramenta de integração. Oferecemos uma visão geral de uma estrutura que pode explorar boas possibilidades de integração. Traremos mais detalhes e discutiremos outras situações para o uso desse modelo ao longo da Parte III do livro.

13.5 O PLANEJAMENTO HIERÁRQUICO DA PRODUÇÃO

Com o modelo de correia transportadora para prever a finalização dos trabalhos, podemos desenvolver uma estrutura hierárquica do **planejamento e controle da produção (PCP)** em sistemas de produção puxada. A Figura 13.9 mostra essa hierarquia, abrangendo desde questões estratégicas de longo prazo, nos níveis mais altos, até as questões de controle de curto prazo, nos níveis mais baixos.

Cada retângulo da Figura 13.9 representa um problema decisório individual, o qual denominamos de **módulo de planejamento**.[2] Os retângulos arredondados representam a *saídas* dos módulos, muito dos quais são usados como *entradas* para outros módulos. As seções ovais representam entradas para módulos que são gerados fora dessa hierarquia de planejamento (por exemplo, marketing ou engenharia de projetos). Por último, as flechas indicam uma *interdependência* dos módulos.

A hierarquia do PCP divide-se em três níveis básicos de planejamento, correspondentes a longo prazo (estratégias), médio prazo (táticas) e curto prazo (controles). Certamente, sob uma perspectiva corporativa, existem níveis acima dos que são mostrados na Figura 13.9, tais como o desenvolvimento de produtos e o planejamento dos negócios. Essas são, com certeza, decisões empresariais importantes, e suas interações com a manufatura merecem ser consideradas. Na verdade, esperamos que os leitores cujas carreiras estão fora do campo da manufatura se aprofundem em mais detalhes sobre a integração dessas áreas. Porém, vamos continuar com nosso foco nas operações e assumir que as decisões estratégicas dos negócios, como a atividade da empresa e os projetos de produtos, já tenham sido tomadas. Assim, quando falamos de estratégias, nos referimos ao campo da *manufatura,* o qual é apenas parte das estratégias gerais dos negócios.

[2] Usamos o termo *módulo* para representar a combinação dos modelos analíticos, ferramentas computacionais e julgamento humano usados para abordar cada problema do planejamento. Como tal, eles nunca são totalmente automatizados, e nem deveriam ser.

A função básica das ferramentas de planejamento estratégico de longo prazo mostradas na Figura 13.9 é estabelecer um ambiente de produção capaz de cumprir com os objetivos gerais da fábrica. Em relação à fábrica, isso começa com um módulo de **previsões**, que usa as informações de marketing para gerar uma previsão das demandas futuras, possivelmente usando um módulo quantitativo como os discutidos anteriormente. Um módulo de **planejamento da capacidade/fábrica** usa essas previsões das demandas, juntamente com as descrições das necessidades dos processos para a fabricação dos vários produtos, para determinar as necessidades ciências de equipamentos e máquinas. De maneira análoga, um módulo de **planejamento da força de trabalho** usa as previsões de demandas para gerar um plano de pessoal para contratações, demissões, treinamento, etc., de acordo com as leis e políticas trabalhistas. Usando as previsões de demandas, o plano de capacidade/fábrica e o plano de pessoal, juntamente com outros parâmetros econômicos (custo de materiais, salários, terceirização, etc.), o mó-

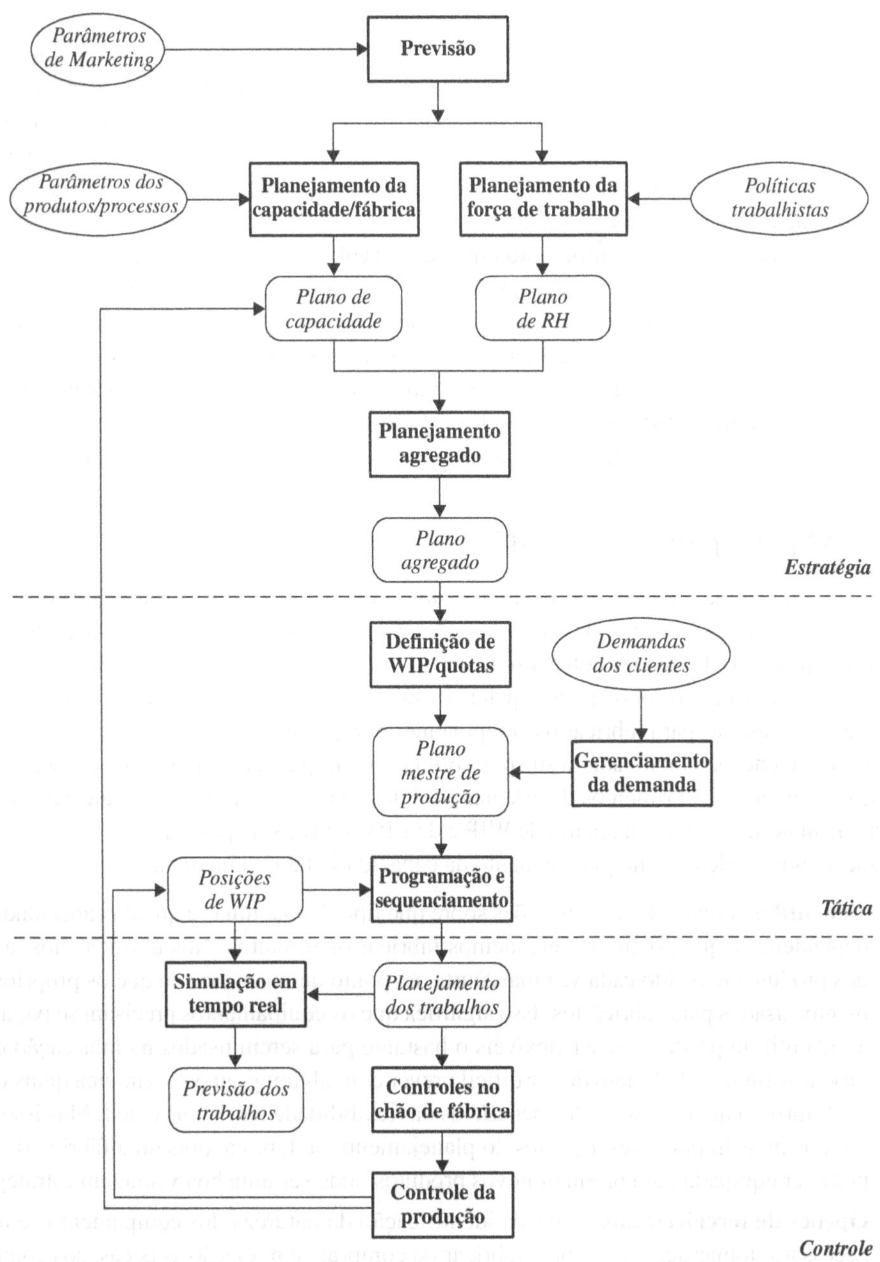

FIGURA 13.9 Uma hierarquia do planejamento e controle da produção para sistemas de produção puxada.

dulo de **planejamento agregado** faz previsões brutas sobre a combinação de produtos e seus volumes. O plano agregado pode também abordar outras questões relacionadas, tais como quais peças fabricar e terceirizar, e se são necessários ajustes no plano de pessoal.

As ferramentas táticas de médio prazo da Figura 13.9 usam os planos de longo prazo do nível estratégico, juntamente com as informações sobre os pedidos dos clientes, para gerar um plano geral de ação, que vai ajudar a preparar a fábrica para a fabricação dos produtos (por meio da compra de materiais, das contratações de fornecedores, etc.). O módulo de definição de WIP/quota funciona para traduzir o plano agregado em quantidades de cartões e de quotas periódicas de produção necessárias em um sistema puxado. As quotas de produção formam parte do plano mestre de produção (PMP), o qual é baseado nas previsões de demanda processadas pelo módulo do planejamento agregado. O plano mestre de produção também contém pedidos firmes de clientes, que são ajustados para o uso em um sistema de produção puxada pelo módulo de *administração da demanda*. O módulo de programação e sequenciamento transforma o plano mestre de produção em um plano de trabalho que ditará quais os trabalhos a executar no curto prazo (por exemplo, na próxima semana, dia ou turno).

As ferramentas contidas no nível mais baixo da Figura 13.9 fazem parte dos controles diretos da fábrica. O módulo **controle do chão de fábrica** controla, em tempo real, o fluxo de materiais através da fábrica, de acordo com o plano mestre de produção, enquanto e módulo **controle da produção** mede os progressos desse plano. Na Figura 13.9, o módulo de controle da produção também desempenha uma segunda função importante: a de fornecer *feedback* sobre informações (por exemplo, sobre dados da capacidade) para uso e atualização dos outros módulos do planejamento. Finalmente, a hierarquia inclui um módulo de **simulação em tempo real**, que permite o exame de vários cenários alternativos, como o que aconteceria se as prioridades dos trabalhos fossem alteradas.

Nas seções a seguir, discutiremos, em uma visão geral, as questões que envolvem cada um dos níveis e a filosofia de integração dessa hierarquia. Nessa discussão, seguiremos os módulos de cima para baixo, pois isso ajuda a entender a interação entre os mesmos. Nos capítulos a seguir, fornecemos detalhes de como construir cada um dos módulos. Neles, seguiremos de baixo para cima, para enfatizar os relacionamentos de cada problema do planejamento com os processos de produção.

13.5.1 O planejamento da capacidade/fábrica

Assim que tivermos uma previsão das demandas futuras e tomado a decisão estratégica de tentar atendê-las, precisaremos nos assegurar de que temos capacidade ciência suficiente. Essa é a função do módulo de **planejamento de capacidade/fábrica** mostrado na Figura 13.9. As decisões básicas a tomar em relação à capacidade são sobre quais e quantos equipamentos comprar. Naturalmente, isso inclui as máquinas a serem usadas para fabricar os componentes e os produtos finais. Mas também se aplicam a outras questões ciências relacionadas à sua possibilidade de implantação, tais como espaço necessário, alimentação de energia, suprimentos de ar/água/produtos químicos, peças sobressalentes, sistemas de transporte de materiais, armazenamento de WIP e de EPA, e níveis de pessoal.

As questões consideradas no planejamento da capacidade/fábrica incluem:

1. **Vida útil dos produtos.** As decisões sobre que tipo de máquinas e quanta capacidade instalar dependem de quanto antes pretendemos fabricar os produtos. Nos últimos anos, a vida útil dos produtos tem sido cada vez mais curta, ao ponto de ser menor do que os próprios equipamentos usados para fabricá-los. Isso significa que os equipamentos precisam se pagar durante a vida útil do produto ou ser flexíveis o bastante para serem usados na fabricação de outros produtos futuros. Pelo fato de ser difícil prever com algum grau de segurança quais os produtos futuros, a quantificação dos benefícios da flexibilidade não é coisa fácil. Mas isso pode ser um dos mais importantes aspectos do planejamento da fábrica, pois uma fábrica flexível que pode ser equipada para produzir novos produtos pode ser uma boa vantagem estratégica.
2. **Opções de terceirização.** Antes da identificação da natureza dos equipamentos a instalar, é necessário tomar decisões sobre "fabricar ou comprar" em relação às peças, aos componentes

e aos produtos finais. Apesar de essa ser uma questão complexa sobre a qual não pretendemos nos aprofundar demais, oferecemos algumas observações.

(a) A decisão de fabricar ou comprar não deve ser baseada apenas nos custos. Terceirizar um produto por que o custo unitário do fornecedor é menor do que os custos totais de fabricá-lo pode ser uma decisão temerária. O custo unitário depende muito da maneira como se alocam os custos gerais de fabricação, e uma decisão que parece bem racional pode, no final, ser desastrosa. Por exemplo, um produto terceirizado pelo fato de o custo de fabricação ser maior do que o preço cobrado por um fornecedor pode não eliminar muitos dos gastos gerais da fábrica. Assim, esses custos precisarão ser alocados (de qualquer maneira) aos outros produtos fabricados, causando um aumento em seus custos unitários, tornando-os potenciais candidatos a mais terceirizações. Há exemplos de empresas que caíram nesse "espiral da morte" de contínuas terceirizações de seus produtos, decididas com base em comparações do custo unitário. Além disso, existem questões não econômicas associadas à terceirização que precisam ser avaliadas, tais como os efeitos do aprendizado na fabricação dos produtos, a possibilidade de controlar seu destino, um maior controle sobre seu planejamento e disponibilidade, questões que vão além da simples comparação do custo unitário.

(b) Nas decisões sobre terceirização, devem ser consideradas as consequências de longo prazo. Temos visto empresas evoluírem da fabricação, para a distribuição, e para a prestação de serviços por causa de uma sequência de decisões de terceirização. Se isso não é, necessariamente, um mau caminho, com certeza deve ser feito com consciência e consideração cuidadosa sobre a viabilidade do negócio como uma operação de fabricação.

(c) Quando a decisão de terceirização envolve a avaliação de se fabricar o produto ou não, então ela envolve uma decisão de planejamento de capacidade da fábrica. Porém, muitos administradores decidem terceirizar apenas uma parte do volume de determinado produto, continuando sua produção na fábrica. Tal decisão pode aumentar a capacidade e aliviar a carga da fábrica. Como a decisão de quais produtos e volumes terceirizar depende da capacidade *e* do planejamento da produção, esta é uma questão para o módulo do planejamento agregado, no qual é considerado o planejamento de longo prazo. Discutiremos esse problema em maiores detalhes no Capítulo 16. Sob um ponto de vista estratégico de alto nível, é importante lembrar que a terceirização das operações colabora com o crescimento de fornecedores e com sua possível transformação em futuros concorrentes. Citamos o caso da IBM ao usar a Microsoft para fornecer o sistema operacional para seus computadores como um exemplo do que pode acontecer.

3. **Preço.** Tentamos ignorar, tanto quanto possível, a questão do preço, neste livro, pois é um fator sobre o qual a manufatura tem pouca influência. Todavia, nas decisões sobre a capacidade da fábrica, uma boa análise econômica não pode ser feita sem fazer uma previsão dos preços. Precisamos saber quanta receita será gerada pelas vendas para avaliar se determinada instalação de equipamento se justifica economicamente. Pelo fato de os preços estarem sujeitos a um grande nível de incerteza, esta é uma área em que o uso da análise de sensibilidade é fundamental.

4. **O valor temporal do dinheiro.** Normalmente, os aumentos de capacidade e melhorias de equipamentos são feitos a partir de requisições de capital e, depois, são depreciados ao longo do tempo. As taxas de juros e os prazos de depreciação permitidos pela legislação têm um profundo impacto na escolha dos equipamentos.

5. **Confiabilidade e manutenção.** Conforme discutimos na Parte II, a confiabilidade (por exemplo, tempo médio entre as falhas – MTBF) e a manutenção (por exemplo, tempo médio dos reparos – MTTR) são fatores importantes para determinar a capacidade real. Lembre que a disponibilidade A (a fração de tempo que uma máquina funciona) é dada por

$$A = \frac{\text{MTBF}}{\text{MTBF} + \text{MTTR}}$$

É obvio que, sendo iguais às outras condições, gostaríamos de ter um alto MTBF e um baixo MTTR. Mas as outras condições nunca permanecem iguais, como observamos nos dois próximos itens.

6. **Efeitos de gargalo.** Como ficou claro nas discussões da Parte II, o aumento da capacidade nos recursos que são gargalos normalmente causam maior efeito na produtividade do que os aumentos de capacidade em outros pontos (fora do gargalo). Assim, parece que pagar mais caro por máquinas mais rápidas ou com maior capacidade se torna mais atrativo se for para um recurso que é gargalo. Entretanto, sem contar o fato de que não existe um gargalo fixo e estável, existem problemas com esse raciocínio extremamente simplificado, como apontamos a seguir.
7. **Efeitos de congestionamento.** O fator mais negligenciado na análise sobre a capacidade, da forma como ela é praticada na indústria atualmente, é a variabilidade. Como vimos repetidas vezes na Parte II, *a variabilidade degrada o desempenho.* A variabilidade das máquinas, a qual é bastante afetada pelas falhas, é um importante determinante da produtividade. Quando a variabilidade é devidamente considerada, a confiabilidade e a manutenção dos equipamentos podem se tornar fatores muito importantes em recursos no gargalo, ou fora dele.

Discutiremos o problema da análise da capacidade/fábrica em maiores detalhes no Capítulo 18. Por ora, observamos que tal análise deve ser feita tendo em mente questões estratégicas de longo prazo e deve considerar explicitamente algum nível de variabilidade. Em termos de nossa hierarquia do planejamento, o resultado de um exercício de planejamento da capacidade envolve previsões da capacidade ciência da fábrica em um horizonte bastante longo para os objetivos do planejamento agregado – normalmente, na ordem de 2 anos.

13.5.2 O planejamento da força de trabalho

Assim como o módulo do planejamento da capacidade/fábrica na Figura 13.9 determina as necessidades de equipamentos, o módulo de **planejamento da força de trabalho** determina as necessidades de força de trabalho em suporte às operações da produção. Ambos os problemas envolvem questões de longo prazo, pois nem a capacidade ciência nem a força de trabalho podem ser ajustadas em curto prazo. Assim, ambos os módulos trabalham com previsões de demanda de longo prazo e tentam construir um ambiente que possa alcançar os objetivos do sistema. É claro que a sequência dos eventos nunca será exatamente conforme planejado, e tanto a capacidade quanto a força de trabalho estão sujeitas a alterações ao longo do tempo.

As questões básicas envolvendo a força de trabalho em longo prazo se relacionam com o dimensionamento dos níveis e da qualidade de pessoal necessário. Essas questões precisam ser resolvidas considerando as limitações impostas pelas leis e pelas políticas trabalhistas da empresa. Por exemplo, nas fábricas com pessoal totalmente sindicalizado, os contratos coletivos podem limitar as admissões e demissões, as diferentes classificações de funções, e a carga horária dos turnos. Normalmente, a administração gasta muito mais tempo negociando os detalhes de tais contratos coletivos do que determinando as necessidades de pessoal em suporte a um plano de produção em longo prazo. Apesar de um cuidadoso uso do módulo não poder evitar os conflitos trabalhistas futuros, ele pode ajudar os dois lados a focar questões importantes para a estratégia da empresa.

Nas raízes do planejamento de longo prazo da força de trabalho está um conjunto de estimativas da carga e do **custo das horas trabalhadas** necessárias para a fabricação dos produtos da empresa. Por exemplo, se uma determinada peça necessitar de 20 minutos (1/3 hora) de um soldador. E se houver um soldador disponível 36 horas por semana, então ele tem capacidade de produzir $36 \times 3 = 108$ peças por semana. Assim, um plano de produção que projete a fabricação de 540 peças por semana, vai precisar de 5 soldadores.

Um cálculo simples da carga de horas necessárias para a produção projetada pode ser um bom início para um modelo de planejamento da força de trabalho, mas fica longe de representar todas as questões envolvendo o RH, as quais devem incluir:

1. **A disponibilidade do pessoal.** As estimativas de carga horária devem ser sofisticadas o bastante para incluir todas as paradas, férias, licenças, treinamento e outros fatores que reduzem a disponibilidade dos trabalhadores. Muitas empresas definem "fatores de inflação" para converter o número de trabalhadores diretamente em pessoal disponível. Por exemplo, um multiplicador de 1,4 significa que é preciso empregar 14 funcionários para poder contar com 10 deles trabalhando, efetivamente, o dia todo.
2. **A estabilidade da força de trabalho.** Apesar de as necessidades de produção poderem ser alteradas bruscamente, em geral, não é possível, nem desejável, alterar o quadro do pessoal conforme essas variações. A habilidade de uma empresa de contratar trabalhadores qualificados, assim como sua atitude no trabalho, pode ser afetada por mudanças no tamanho da força de trabalho. Apesar de algumas dessas questões serem difíceis de incorporar em modelos, elas são essenciais para a manutenção de uma força de trabalho produtiva.
3. **O treinamento do pessoal.** O treinamento de novos recrutas custa caro *e* toma tempo dos funcionários existentes. Além disso, pessoal inexperiente exige tempo para alcançar um bom nível de produtividade. Essas considerações vão contra grandes aumentos bruscos na força de trabalho. Porém, quando o crescimento das operações requer rápidas expansões do quadro de pessoal, são necessários esforços para manter a cultura organizacional (sem considerar as razões que possam causar esse crescimento).
4. **A flexibilidade de curto prazo.** A força de trabalho é descrita como algo mais do que simplesmente o número de funcionários da empresa. O nível de treinamento multifuncional entre os funcionários é um fator determinante para a flexibilidade de uma fábrica (e a rápida resposta às alterações efetuadas na combinação e no volume dos produtos). Assim, o planejamento da força de trabalho precisa considerar outras questões, além do plano de produção, para cobrir possíveis contingências (pedidos de emergência, sucesso estrondoso de um novo produto) que o sistema deve estar preparado para enfrentar.
5. **A agilidade de longo prazo.** A abordagem da previsão da carga horária é apenas mais uma informação necessária à fabricação dos produtos, junto com as necessidades materiais e de capital. Mas os trabalhadores representam muito mais do que isso. Na época atual, em que os produtos e processos mudam com muita rapidez, a força de trabalho é um fator-chave para a agilidade (a habilidade de a fábrica reconfigurar seu sistema de produção para a fabricação eficiente de novos produtos, assim que introduzidos). A chamada **manufatura rápida** depende muito do pessoal, tanto da administração quanto dos trabalhadores de base, para aprender e evoluir com as mudanças.
6. **A melhora da qualidade.** Como já observamos no Capítulo 12, a qualidade, interna e externa, é o resultado de vários fatores, muitos sob controle direto dos trabalhadores. O treinamento e a educação dos operadores quanto aos métodos de controle da qualidade, para que absorvam uma consciência geral das implicações de suas ações e decisões, e a moderação e o controle da entrada de pessoal novo, de maneira que a cultura corporativa não seja minada, são de importância fundamental em um plano de melhoria da qualidade. Apesar de esses fatores serem difíceis de incorporar explicitamente em modelos de planejamento de mão de obra, é importante que sejam reconhecidos no módulo de planejamento da força de trabalho.

O planejamento da força de trabalho é um assunto muito mais profundo, que ocupa uma posição muito importante junto à administração da manufatura. Assim, ele vai muito além da administração das operações e da Ciência da Fábrica. No Capítulo 16, revisitaremos esse tópico sob uma perspectiva analítica e examinaremos as relações entre o planejamento da força de trabalho e do planejamento agregado. Apesar de esse ser um ponto inicial útil para o planejamento da força de trabalho, lembramos o leitor de que é insuficiente. Um plano equilibrado de RH leva em consideração questões como as listadas acima e necessitará de dados de todos os segmentos da organização.

13.5.3 O planejamento agregado

Uma vez estimada a demanda futura e definidos os equipamentos e o pessoal necessário, podemos gerar um **plano agregado** que especifica o quanto de cada produto iremos produzir ao longo do tempo. Essa é a função do módulo do **planejamento agregado** mostrado na Figura 13.9. Pelo fato de cada fábrica ter diferentes prioridades e diferentes características operacionais, os planos agregados diferem em cada uma delas. Em algumas, a questão dominante será a grade de produtos, e o planejamento agregado consistirá principalmente da determinação das quantidades a produzir de cada produto, em cada período, considerando as limitações da demanda, da capacidade e das matérias-primas. Em outras, a questão crucial será a definição dos prazos de produção, e o módulo do planejamento agregado buscará o equilíbrio entre os custos de produção (por exemplo, horas extras e mudanças no tamanho do quadro de pessoal) e os custos de estocagem, ao mesmo tempo em que atende a demanda do mercado. Em outras, ainda, o foco será a administração das admissões e demissões de pessoal. Em todas elas, podemos também incluir a possibilidade do aumento da capacidade por meio de terceirização.

Não importa a formulação específica do problema do planejamento agregado, é útil estar apto a identificar quais são as limitações críticas. Por exemplo, se o módulo do planejamento agregado indica que um centro de processamento específico estará sobrecarregado no próximo ano, sabemos que esse recurso deverá ser gerenciado cuidadosamente. Podemos instituir políticas especiais, como o uso de mão de obra flutuante, e manter os processos em funcionamento mesmo durante as paradas para o almoço. Se o problema é muito sério, pode fazer sentido revisar os planos de capacidade e de pessoal, adquirir mais equipamentos e contratar mais mão de obra.

As decisões abordadas pelo módulo do planejamento agregado exigem bastante planejamento antecipado. Por exemplo, se quisermos estocar materiais antecipando um pico na demanda durante o verão, precisamos reconsiderar o plano de produção alguns meses antes dessa época do ano. Se quisermos considerar alterações no quadro de pessoal para acomodar o plano de produção, podemos ter que pensar mais antecipadamente ainda. Isso significa que o horizonte de planejamento para o planejamento agregado deve ser relativamente longo, no mínimo de um ano ou mais. Mas é claro que devemos fazer reavaliações do plano agregado com mais frequência, pois um plano de um ano já pode ser muito incerto conforme se aproxima de seu fim. Em geral, é bom reavaliar o plano agregado a cada trimestre ou semestre.

Fornecemos algumas formulações de módulos de planejamento agregado específicos no Capítulo 16. Pelo fato de definirmos o plano em termos da minimização dos custos para atender certa demanda, muitas vezes usamos as ferramentas da programação linear para solucionar o problema do planejamento agregado. A programação linear traz as seguintes vantagens:

1. É bem rápida, permitindo a solução de grandes problemas. Isso é muito importante no uso do módulo para avaliar vários cenários.
2. Fornece uma boa análise de sensibilidade, por exemplo, calculando como a capacidade adicional afetaria os custos totais. Isso nos permite identificar recursos fundamentais e medir a eficácia de várias alterações possíveis.

Como veremos no Capítulo 16, a programação linear também nos oferece uma grande flexibilidade para simular diferentes situações do planejamento agregado.

13.5.4 A definição de WIP/quotas

O módulo da **definição de WIP/quotas** mostrado na Figura 13.9, funcionando junto ao módulo do planejamento agregado, é necessário para transformar o plano agregado em parâmetros de controle para um sistema de produção puxada. Lembre que os controles mais importantes em um sistema puxado são seus níveis de WIP, ou as contagens dos cartões, nas linhas de produção. Além disso, para fazer a associação com as datas de entrega aos clientes, precisamos definir outro controle, que são as quotas de produção. Ao se estabelecerem as quotas e se utilizarem reservas de capacidade para assegurar que tais quotas sejam alcançadas regularmente, fazemos o comportamento do sistema se aproximar do modelo de correia transportadora discutido anteriormente. A previsibilidade do modelo de correia transportadora nos permite a coordenação dos resultados do sistema com os prazos de entrega aos clientes.

Quantidade de cartões. Incluímos a definição dos **níveis de WIP**, ou a determinação das quantidades de cartões, no nível de médio prazo na hierarquia do PCP na Figura 13.9, em vez de no nível inferior, para lembrarmos o leitor de que os níveis de WIP não devem ser ajustados com muita frequência. Como já observamos no Capítulo 10, o WIP é um controle muito importante. Alterar as quantidades dos cartões em um esforço para aumentar a produção e atender as demandas não funcionará bem, pois o sistema não responderá com rapidez suficiente. Portanto, tal como outras decisões nesse nível da hierarquia, a definição dos níveis de WIP deve ser reavaliada em bases não muito frequentes, talvez de forma mensal ou trimestral.

Felizmente, o fato de que o WIP é um controle importante também facilita sua definição. Desde que os níveis de WIP sejam adequados para alcançar a produtividade desejada e não estejam muito acima do fixado, o sistema funcionará bem. Em sistemas que têm um *mix* estável de produtos e que estão em transição de uma produção empurrada para uma puxada, é provável que faça sentido definir os níveis iniciais de WIP no sistema puxado iguais aos níveis médios que havia no sistema empurrado. Assim que o sistema esteja operando eficientemente, ajustam-se os níveis aos poucos.

Porém, se o *mix* de produtos é alterado, podem ser necessários métodos mais sofisticados para definir os níveis nos sistemas *kanban* e/ou CONWIP. Para um sistema tipo *kanban*, no qual os níveis de WIP são localizados em diferentes pontos das linhas, podem ser usadas as técnicas do Capítulo 2 para se estabelecer uma política de estoques (Q, r). No caso do *kanban*, Q é o tamanho do contêiner usado e r é o número de contêineres existentes no sistema menos 1.

Em um sistema CONWIP podemos usar as relações básicas da Ciência da Fábrica, apresentadas no Capítulo 7, para definir os níveis de WIP. A Figura 13.10 mostra um conjunto de linhas para determinado sistema operando com um *mix* fixo de produtos. Esse gráfico pode ser gerado por meio das simulações de Monte Carlo, envolvendo situações múltiplas (uma para cada ponto) ou por meio de programas especializados como o "Otimizador de Fluxos" (Flow Optimizer) fornecido pela Factory Physics Inc. O eixo de y, à esquerda, mede as curvas do melhor desempenho possível e da produtividade atual, enquanto o eixo de y, à direita, mede as curvas do melhor desempenho possível e do *cycle time* atual. A linha sólida marcada como "Demanda" indica a demanda atual do sistema e tem as mesmas unidades que a produtividade. A linha tracejada à esquerda indica os níveis mínimos de WIP necessários para

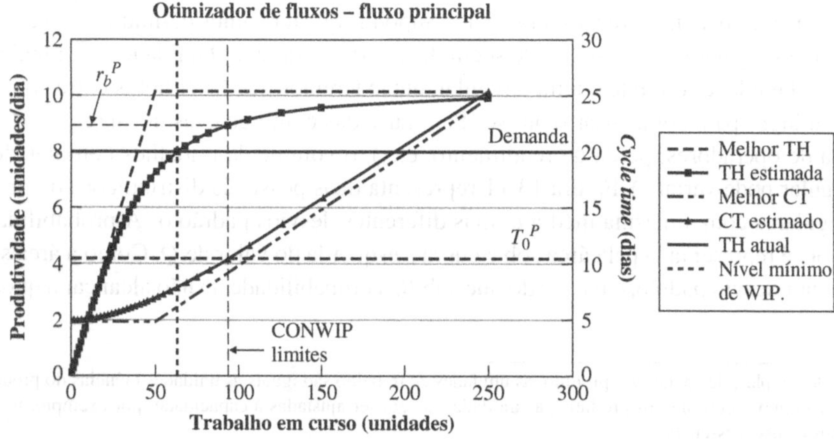

FIGURA 13.10 Gráfico usado para definir os níveis de CONWIP.

alcançar a produtividade. Contudo, esses níveis de WIP não são suficientes para atender a demanda do mercado. Para tanto, precisamos definir os níveis correspondentes à reserva de capacidade, fornecidos pela taxa r_b^P, a qual é maior do que a demanda. A linha tracejada à direita indica esse nível de WIP, que se torna o nível CONWIP da linha de produção. Isso implica que o *cycle time* será T_0^P. Com a linha de produção CONWIP configurada com esses níveis de WIP, os valores de r_b^P e T_0^P podem ser usados no modelo de correia transportadora para prever quando os trabalhos estarão prontos.

As quotas de produção e o *Takt Time*. Além dos níveis de WIP, o outro parâmetro para controlar um sistema puxado é o *takt time*, o qual é equivalente à quota de produção. Assim, **a definição das quotas** é incluída junto ao módulo da definição do WIP na hierarquia do PCP da Figura 13.9.

As quotas de produção e o *takt time* são a mesma coisa, pois

$$\textit{Takt Time} = \frac{\text{tempo disponível durante o período}}{\text{demanda a atender durante o período}}$$

Assim, o *takt time* reflete o tempo entre as saídas unitárias em um sistema de fluxo estável e contínuo, enquanto a quota de produção é a "demanda a atender durante o período". Atender um, significa atender o outro. A não ser que seja uma linha de montagem ritmada, normalmente é mais fácil gerenciar as quotas de produção do que o *takt time*.

Assim, a quota de produção é a quantidade de trabalhos que estarão (quase) sempre sendo finalizados em determinado período, que pode corresponder a um turno, um dia ou uma semana. Em sua forma mais estrita, a quota de produção significa que:

1. A produção do período para quando a quota é alcançada.
2. É usado tempo de recomposição (por exemplo, horas extras) ao final do período para compensar qualquer problema durante o período regular.

Isso nos permite contar com uma produção constante e, portanto, facilita o planejamento e a cotação dos prazos de entregas aos clientes. Na prática, poucos sistemas de quotas adotam esse protocolo de maneira rígida. Na verdade, um dos benefícios do CONWIP, citado no Capítulo 10, é que ele permite adiantar o trabalho em relação ao plano, quando as circunstâncias o permitem. Porém, para os objetivos do planejamento de uma quota periódica razoável, faz sentido modelar o sistema como se ele fosse parar quando tal quota é alcançada.

Estabelecer uma quota econômica de produção exige a consideração dos dados da capacidade e dos custos. Os custos relevantes são aqueles relacionados às horas extras e à perda de produção. Os parâmetros importantes de capacidade incluem o desvio médio *e* o desvio padrão da produção durante um intervalo especificado (por exemplo, uma semana ou um dia). O desvio padrão é necessário, pois a variabilidade da produção afeta nossa habilidade de atingir certa quota da produção. Em geral, quanto mais variável o processo de produção, maior a probabilidade de não alcançarmos a quota.

Para verificar isso, considere a Figura 13.11. Suponha que tenhamos definido a quota de produção para um período regular (por exemplo, de segunda a sexta-feira) em Q unidades de trabalho.[3] Se não produzirmos Q unidades durante o tempo regular, então teremos que fazer horas extras (por exemplo, sábado e domingo) para compensar o atraso. Por causa das contingências normais (falha de equipamento, falta de operadores, perda de rendimento, etc.), o volume de trabalhos completados durante o tempo regular pode variar. A Figura 13.11 representa duas possíveis distribuições da produção em períodos regulares com a mesma média μ, mas diferentes desvios padrão σ. A probabilidade de não atingir a quota é representada pela área sob a curva à esquerda do valor de Q. Como a área sob a curva A, com o menor desvio padrão, é menor do que sob B, a probabilidade de não alcançar a quota também

[3] Em um modelo simples, de apenas um produto, as unidades de trabalho são iguais às unidades ciências do produto. Em uma situação mais complexa, com muitos produtos, as unidades devem ser ajustadas à capacidade, por exemplo, medindo-as em horas gastas nos recursos essenciais.

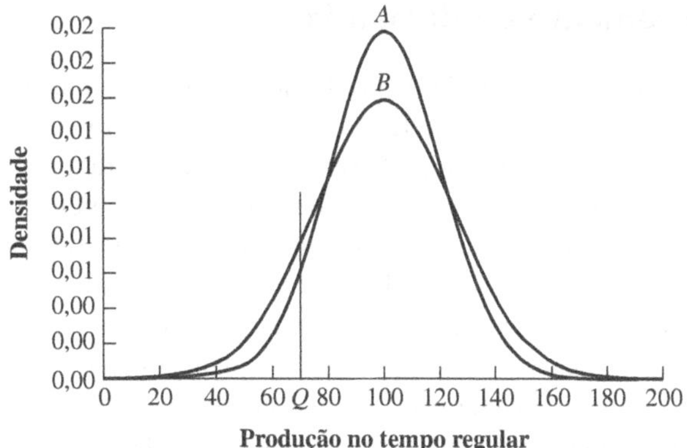

FIGURA 13.11 A probabilidade de não alcançar a quota em diferentes distribuições de produção.

é menor. Isso significa que definimos uma probabilidade de não alcançar a quota, a qual aceitamos e com a qual convivemos – um tipo de "nível de atendimento" – e então teremos condições de definir uma quota maior para a curva *A* do que para *B*. Podemos melhorar nossa capacidade porque a maior previsibilidade da curva *A* nos dá maior confiança em nosso potencial de alcançar as metas com regularidade.

Essa análise sugere que se soubermos qual a média μ e o desvio padrão σ dos tempos regulares da produção,[4] uma maneira muito simples de definir a quota de produção seria calcular a quota que podemos alcançar como *S*% do tempo, onde *S* é uma escolha do usuário. Se o tempo regular de produção *X* pode ser razoavelmente aproximado pela distribuição normal, podemos calcular a quota adequada encontrando o valor de *Q* que satisfaz

$$\Phi\left(\frac{Q-\mu}{\sigma}\right) = 1 - S$$

onde $\Phi(\cdot)$ representa a função acumulada do desvio padrão da distribuição normal.

Por exemplo, suponha que $\mu = 100$, $\sigma = 10$, e escolhemos o valor de $S = 85\%$ como nosso nível de atendimento. Então a quota *Q* é o valor encontrado por

$$\Phi\left(\frac{Q-100}{10}\right) = 1 - 0{,}85 = 0{,}15$$

De uma tabela normal padrão, encontraremos $\Phi(-1{,}04) = 0{,}15$. Assim, podemos calcular *Q* da seguinte maneira:

$$\frac{Q-100}{10} = -1{,}04$$
$$Q = 89{,}6$$

Um problema com esse método simples é que ele leva em conta apenas a capacidade, não os custos. Portanto, ele não oferece subsídios para julgar se o nível de atendimento escolhido é o adequado. Um nível menor resulta em uma quota maior, a qual aumentará a produtividade, mas também aumentará os custos de horas extras. Um nível maior de atendimento resulta em uma quota menor, a qual reduz a produtividade e os custos de horas extras. Oferecemos um modelo para equilibrar o custo da perda de produtividade com o custo das horas extras no Apêndice 13A, e variações mais complexas desse modelo podem ser encontradas em Hopp et al. (1993).

[4] Discutiremos um mecanismo para obter estimativas de μ e σ a partir de experiências operacionais reais no Capítulo 14.

13.5.5 O gerenciamento da demanda

A eficácia de qualquer sistema de controle da produção é bastante determinada pelo ambiente operacional. Uma linha de fluxo simples pode funcionar bem com ferramentas de planejamento bem simples, enquanto uma oficina de trabalho pode ser um pesadelo para a administração, mesmo com ferramentas sofisticadas, ou seja, algumas fábricas são mais fáceis de gerenciar do que outras. Mas isso é também uma boa razão para nos lembrarmos de uma das "lições do JIT", a qual diz que *o próprio ambiente é um controle.* Por exemplo, se os administradores conseguirem fazer uma oficina parecer uma linha de fluxos, dedicando equipamentos a operações em células para a fabricação de produtos específicos, eles podem simplificar bastante o processo de planejamento e controle.

Uma área importante em que podemos trabalhar o ambiente "enfrentado" pelos módulos nos níveis inferiores da hierarquia do planejamento é o gerenciamento da demanda dos clientes. O módulo de **gerenciamento da demanda** mostrado na Figura 13.9 faz isso filtrando e fazendo possíveis ajustes nos pedidos dos clientes, de forma a produzir um plano mestre de produção gerenciável. Como observamos no Capítulo 4, o nivelamento da demanda, ou a "suavização da produção", é uma característica essencial do JIT. Sem um volume de produção e um *mix* de produtos estáveis, o modelo guiado por taxas e índices descrito por Ohno (1988) e outros inventores do JIT não tem como funcionar. Isso implica que os pedidos dos clientes não podem ser liberados para as linhas da fábrica na ordem em que são recebidos. Eles devem ser processados e agrupados de maneira coerente para fornecer uma carga constante para a fábrica. O equilíbrio da necessidade da fábrica por estabilidade com um bom atendimento aos clientes e com os prazos curtos de entrega é o desafio do módulo do gerenciamento da demanda.

Existem muitas abordagens que podem ser usadas para cotar prazos de entrega aos clientes e estabelecer um plano mestre de produção de curto prazo dentro do módulo do gerenciamento da demanda. Como já discutimos, se estabelecermos quotas periódicas de produção, então poderemos usar o modelo de correia transportadora para prever o fluxo da fábrica. Nessas condições, podemos pensar nos prazos de entregas aos clientes em termos de "carregar a correia transportadora". Se não precisarmos nos preocupar com os *setups* das máquinas e com as reservas de capacidade, podemos fornecer prazos de entrega na mesma ordem em que os pedidos são recebidos, usando o modelo de correia descrito pela equação (13.19). No entanto, quando há variabilidade e não existem reservas de capacidade, precisamos fornecer os prazos de entrega por meio de outros procedimentos (ver o Capítulo 15). Da mesma maneira, a formação de lotes de famílias de produtos (isto é, peças que compartilham os mesmos *setups* de máquinas) é importante para a produtividade, e podemos usar algumas das técnicas de sequenciamento discutidas no Capítulo 15.

Apesar de existirem muitos métodos, o ponto importante não é *qual* usar, mas sim usar *algum*. Quase tudo que seja consistente com os procedimentos de programação será melhor do que a abordagem mais do que comum de cotar prazos aos clientes sem quase nenhuma coordenação com a produção.

13.5.6 A programação e o sequenciamento

O plano mestre de produção ainda é um *plano* de produção que precisa ser transformado em uma programação de trabalhos para dirigir o que acontece no chão de fábrica. Na hierarquia do MRP II, mostrada na Figura 3.2, isso é representado pelo MRP.[5] Na hierarquia do PCP para os sistemas de produção puxada, mostrada na figura Figura 13.9, incluímos um modelo de **programação e sequenciamento** que é similar ao MRP. Como no MRP, o objetivo desse modelo é fornecer uma programação que dirige os tempos dos trabalhos e requisições de materiais, e facilita sua movimentação pela fábrica.

Parafraseando Einstein, devemos nos esforçar para tornar a programação dos trabalhos tão simples quanto possível, mas não mais simples do que isso. O objetivo é oferecer às pessoas no chão de fábrica

[5] Lembre-se do Capítulo 3, no qual é dito que o MRP ("o mrp minúsculo") se refere ao *planejamento das necessidades de materiais,* a ferramenta para a liberação geral das ordens, enquanto o MRP II ("o MRP maiúsculo") se refere ao *planejamento dos recursos de produção,* o sistema mais avançado que incorporou o mrp. Os *Sistemas Integrados de Gestão Empresarial (ERP)* aplicam a hierarquia do MRP II para os múltiplos sistemas da fábrica.

as informações necessárias para permitir que façam escolhas pertinentes de controle, mas não tão detalhadas que possam inutilizar a programação. Isso significa que diferentes fábricas exigirão diferentes abordagens de programação. Em uma linha de fluxo simples, sem muitos *setups* demorados, uma sequência simples dos pedidos organizados de acordo com a ordem de vencimento das entregas pode ser suficiente. Nessa situação, a manutenção de um sistema de ordenamento de trabalhos do tipo primeiro a entrar no sistema, primeiro a sair (FISFO)† em outras estações resultará em um fluxo de produção altamente previsível e fácil de administrar.

Contudo, em uma oficina de trabalho altamente complexa, com muitos roteiros, *setups* de equipamentos e montagens de subcomponentes, uma simples sequência nem sequer pode ser definida, tampouco será útil. Em situações de maior complexidade, não fica claro quando o plano mestre de produção é viável. Consequentemente, uma maior interação entre o plano e o módulo será necessária. Em situações complexas como essa, podemos ter que fornecer uma programação mais detalhada, com prazos específicos para a liberação dos trabalhos e dos materiais, e com a previsão de tempos de chegada dos trabalhos nas estações. Assim, as necessidades de datas e os custos gerais de manutenção de tal sistema podem ser significativos, mas esse é o preço pago pela complexidade.

13.5.7 Os controles do chão de fábrica

Não importa quão acurada e sofisticada seja a ferramenta, a sequência real dos trabalhos nunca seguirá a programação de maneira exata. O módulo do **controle do chão de fábrica (CCF)** mostrado na Figura 13.9 usa a programação como um guia geral, adotando-a sempre que possível, mas também fazendo ajustes sempre que necessários. Por exemplo, se uma falha de equipamento atrasa a chegada de peças necessárias em uma linha de montagem, o módulo do CCF precisa determinar como a sequência dos trabalhos deve ser alterada. Teoricamente, isso pode ser um problema de grande complexidade, pois o número de opções é imenso – podemos aguardar a peça atrasada, mudar para o próximo trabalho, alterar toda a programação, etc. Porém, na prática, precisamos tomar decisões com rapidez, em tempo real, e não podemos ficar considerando todas as opções. Assim, o módulo do CCF deve limitar o foco para algumas opções razoáveis apenas e ajudar a fazer escolhas eficazes e robustas.

Para se beneficiar das vantagens do sistema de produção puxada discutidas no Capítulo 10, preferimos um módulo baseado em um mecanismo de produção puxada. O protocolo CONWIP é, talvez, a abordagem mais simples e merece ser considerada. Para usar o CONWIP junto com o módulo de programação e sequenciamento, estabelecemos um limite máximo para o WIP e não permitimos a liberação para a linha quando o WIP excede esse limite. Isso serve para atrasar as liberações quando a fábrica está com a programação atrasada e não adiantaria nada autorizar mais liberações. O CONWIP também oferece um mecanismo para adiantar os trabalhos além do programado quando as coisas correm bem. Se o nível de WIP cair abaixo do nível máximo antes do programado, podemos liberar o próximo trabalho assim mesmo. Desde que não nos adiantemos demais em relação à programação, causando a perda da flexibilidade, trabalhando as peças cedo demais, esse tipo de protocolo pode ser bastante eficaz.

O Capítulo 14 aborda os problemas do CCF, discutindo a implantação dos módulos do CCF do tipo CONWIP e identificando situações mais complicadas.

13.5.8 As simulações em tempo real

Em um livro sobre a manufatura como este, poderíamos adotar chavões comuns nas fábricas, como “Nunca assuma um trabalho urgente” ou “Siga sempre as instruções”. Certamente, as fábricas seriam mais fáceis de administrar se essas regras rígidas pudessem ser seguidas. Mas o objetivo final de uma operação de manufatura não é facilitar a vida de seus administradores, é gerar lucros por meio da satisfação dos clientes. Como os clientes mudam de ideia com frequência, solicitam favores, etc., a realidade

† N. de R.T.: O conceito FISFO não é utilizado no Brasil, sendo semelhante ao FIFO. FISFO representa uma visão de que, em um sistema com várias etapas, preserva-se que o primeiro a ingressar no sistema é o primeiro a sair. FIFO indica isso, mas é costumeiramente indicado para “uma” etapa.

de quase todos os ambientes de produção é que, muitas vezes, ocorrem emergências e alguns trabalhos precisam ser tratados de maneira privilegiada. Isso não deveria ser a regra (apesar de, muitas vezes, ser, como em uma fábrica que visitamos uma vez, onde qualquer trabalho do sistema MRP era designado como "urgente"). Entretanto, considerando que essas coisas irão acontecer de qualquer maneira, faz sentido projetar um sistema de planejamento para enfrentar essas eventualidades e, até mesmo, dar assistência a elas. Essa é a função do módulo de **simulação em tempo real** mostrado na Figura 13.9.

Achamos que as simulações podem ser bastante úteis para enfrentar emergências, como trabalhos prioritários. Usamos o termo simulação, não no sentido das simulações complexas de Monte Carlo, com a geração de todas suas análises estatísticas. Estamos nos referindo a um modelo muito simples e determinístico que pode similar o comportamento da fábrica em curtos espaços de tempo. Uma opção para isso é usar o modelo já descrito de correia transportadora para representar o comportamento de centros de processamento e observar a posição atual de WIP na fábrica, uma relação de liberações antecipadas e um conjunto de dados sobre a capacidade (incluindo pessoal) para gerar um conjunto de tempos de saídas de trabalhos. Tal modelo pode ser razoavelmente preciso no curto prazo (por exemplo, ao longo de uma semana), porém, pelo fato de não levar em conta eventos imprevistos, como falhas de equipamentos, pode se tornar bastante impreciso ao longo do tempo. Assim, desde que restrinjamos o uso desse modelo para simulações de cenários de curto prazo – o que aconteceria aos outros trabalhos se priorizarmos a produção de *n* trabalhos? – esse tipo de ferramenta pode ser bastante útil. Sabendo antecipadamente das prováveis consequências das ações emergenciais a tomar, podemos evitar maiores rupturas no sistema de produção da fábrica.

13.5.9 O controle da produção

No mundo real sempre haverá emergências que requerem a intervenção humana. Se isso pode parecer desencorajador para os projetistas dos sistemas de planejamento da produção, é uma das principais razões para a existência dos gerentes de produção. Um bom gerente deve se esforçar para manter um sistema que funcione de forma estável e constante na maior parte do tempo, mas também deve estar apto a tomar medidas corretivas quando as coisas não funcionam dessa maneira. Para detectar os problemas em tempo e formular respostas com presteza, um gerente precisa manter as informações nas pontas dos dedos. Essas informações incluem a localização dos materiais na fábrica, o *status* dos equipamentos (por exemplo, se estão funcionando, parados ou em manutenção) e a posição atual em relação às metas de produção. O módulo de **controle da produção**, mostrado na Figura 13.9, é responsável pelo tabelamento e pela divulgação desse tipo de dados em um formato que seja útil.

Muitos dos módulos da Figura 13.9 dependem de dados estimados. Mais especificamente, os dados da capacidade são essenciais para a tomada de várias decisões sobre o planejamento. Uma maneira bastante usada na prática para estimar a capacidade instalada dos equipamentos é começar com as taxas de capacidade (por exemplo, unidades por hora) e ajustar esses números levando em conta os vários detratores (paradas de máquinas, falta de operadores, *setups*, etc.). Como cada detrator está sujeito a erros de julgamento, tais estimativas podem estar seriamente enganadas. Por isso, faz sentido usar o módulo de controle da produção para reunir os dados e atualizar as informações sobre a capacidade utilizada pelos outros módulos do planejamento. Como veremos no Capítulo 14, podemos usar a técnica da suavização exponencial empregada nas previsões para gerar uma estimativa aproximada da capacidade e monitorar as tendências ao longo do tempo.

13.6 CONCLUSÕES

Neste capítulo, oferecemos uma visão geral de uma hierarquia de planejamento e controle da produção consistente com um sistema de produção puxada, conforme discutido nos Capítulos 4 e 10. Essa visão global foi necessariamente genérica, pois existem muitas maneiras de se construir um sistema de planejamento, e ambientes diferentes têm necessidades diferentes. Nos próximos capítulos, vamos abordar mais especificamente cada um dos módulos do planejamento. Por ora, apresentamos um resumo dos principais pontos deste capítulo em relação à estrutura de uma hierarquia de planejamento:

1. *O planejamento deve ser feito obedecendo a uma hierarquia.* Não faz sentido tentar usar um modelo preciso e detalhado para tomar decisões de longo prazo com base em dados imprecisos e especulativos. Em geral, quanto mais curto o horizonte do planejamento, maiores os detalhes necessários. Por essa razão, é útil separar os problemas de longo prazo (estratégicos), médio prazo (táticos) e curto prazo (controles). De maneira similar, o nível de detalhes sobre o aumento da produção também aumenta conforme os tempos, por exemplo, o planejamento dos volumes totais no longo prazo, as famílias e os grupos de produtos no médio prazo, e os códigos específicos das peças no curto prazo.
2. *A consistência é fundamental.* Bons módulos podem ser minados pela falta de coordenação entre eles. É importante que sejam utilizadas premissas em comum quanto à capacidade, premissas consistentes sobre o pessoal e dados coordenados entre os diferentes módulos.
3. *O feedback favorece a consistência e o aprendizado.* Alguns gerentes de manufatura continuam a usar informações com pouca qualidade sem verificar sua precisão ou sem definir um sistema para absorver as boas informações sobre o desempenho real da fábrica. Não importa como isso é feito (manual ou automaticamente), o importante é fornecer algum tipo de *feedback* para a atualização de parâmetros essenciais. Além de observar e controlar os avanços efetuados, um mecanismo de realimentação de informações promove um ambiente para o melhoramento contínuo.
4. *Fábricas diferentes têm necessidades diferentes.* Os princípios recém-apresentados são genéricos; os detalhes para sua implantação são específicos para cada ambiente. Fábricas pequenas e simples podem se contentar com procedimentos manuais simples para muitas etapas do planejamento. Já as fábricas grandes e complexas exigem sistemas automáticos mais sofisticados. Apesar de termos detalhado o máximo possível no restante da Parte III do livro, alertamos os leitores para não considerar os detalhes de maneira muito literal; eles são apresentados com o objetivo de ilustração e inspiração e não têm a pretensão de substituir a aplicação consciente dos conhecimentos básicos, da intuição e da síntese.

APÊNDICE 13A

UM MODELO PARA A DEFINIÇÃO DE QUOTAS DE PRODUÇÃO

O *trade-off* econômico mais importante a considerar no módulo de definição das quotas de produção está entre os custos da perda de produção e o custo de horas extras. Quotas altas tendem a aumentar a produtividade, mas trazem o risco de se precisarem horas extras com mais frequência. Quotas baixas reduzem a necessidade de horas extras, mas também reduzem a produtividade.

Para desenvolver um modelo específico para definir as quotas de produção, vamos considerar um período regular de segunda a sexta-feira (com três turnos por dia), sendo as horas extras e a manutenção preventiva (MP) feitas nos sábados. Se for necessário fazer horas extras, assumimos que um turno completo é trabalhado (por exemplo, conforme política da empresa ou do sindicato). Consequentemente, o custo de horas extras é fixo e será representado por C_{OT}. Se p representar o lucro líquido por unidade-padrão produzida, e o lucro total estimado (receita líquida menos o custo de horas extras) é representado por Z, o problema pode ser formalizado assim:

$$\max_{Q} \; Z = pQ - C_{OT}\text{P (há necessidade de horas extras)} \qquad (13.20)$$

Note que diminuir Q afetará o objetivo por meio das vendas perdidas e aumentar Q elevará também a probabilidade da necessidade de horas extras. O problema é otimizar o valor de Q para o melhor equilíbrio.

Quando os turnos são mais longos, se comparados com os tempos necessários para produzir uma peça, pode ser razoável assumir que a produção durante o período regular tem uma distribuição normal, com uma média μ e um desvio padrão σ. Essa suposição nos permite expressar a quota semanal como $Q = \mu - k\sigma$. Agora a questão é: em quantos desvios padrão abaixo da produção média devemos definir a quota? Em outras palavras, nossa variável decisória agora é k. Tomando essa suposição, podemos refazer a equação (13.20) da seguinte forma:

$$\max_{k} \; Z = p(\mu - k\sigma) - C_{OT}[1 - \Phi(k)] \qquad (13.21)$$

onde $\Phi(k)$ representa a função acumulada da distribuição normal padrão.

Não é difícil mostrar (apesar de não desejarmos tomar muito tempo do leitor com os detalhes) que a solução da equação (13.21) é:

$$k^* = \sqrt{2 \ln \frac{C_{OT}}{\sqrt{2\pi}\, p\sigma}} \qquad (13.22)$$

Agora podemos expressar a quota ótima diretamente em unidades de trabalho, em vez de em unidades de desvios padrão, como segue:

$$Q^* = \mu - k^*\sigma \qquad (13.23)$$

Note que, como k^* nunca será negativo, a equação (13.23) implica que a quota ótima será menor do que o tempo regular de produção. A não ser que os custos de horas extras sejam altos o suficiente para fazer com que elas não sejam atrativas como uma opção de rotina, esse resultado será razoável. Se usássemos uma quota *igual* à produção média em tempo regular, então poderíamos errar a meta e necessitar de horas extras em mais ou menos 50% do tempo. Assim, se as horas extras são caras o bastante, seu uso menos frequente será mais econômico. Portanto, devemos escolher uma quota menor do que a produção média em tempo regular, de forma que esse modelo será bem viável.

No entanto, é bem possível que a lucratividade de vendas adicionais supere os custos das horas extras. Nesse caso, nossa intuição nos diz que uma quota alta (isto é, forçar uma maior produção) pode ser interessante, mesmo não atingindo a quota em mais de 50% do tempo. Por exemplo, considere uma situação com os seguintes parâmetros de custos e da produção:

$$p = \$100 \qquad \mu = 5.000$$
$$C_{OT} = \$10.000 \qquad \sigma = 500$$

Note que podemos "pagar" os custos das horas extras com os lucros de apenas 100 unidades, o que é 2% da produção média em tempo regular. Isso significa que usar horas extras é muito interessante para gerar maior produção. Usando nosso modelo para analisar a questão e inserindo esses números na expressão (13.22), obtemos:

$$k^* = \sqrt{-5{,}06}$$

que é ridículo do ponto de vista matemático. De maneira bem clara, o modelo tem problemas sempre que

$$\frac{C_{OT}}{\sqrt{2\pi}\, p\sigma} < 1 \qquad (13.24)$$

porque o logaritmo natural da equação (13.22) torna-se negativo. Em termos econômicos, isso significa que os custos fixos das horas extras não são suficientemente grandes para desencorajar o uso de horas extras para a produção de rotina. Em termos práticos, significa uma das duas opções seguintes:

1. O custo fixo das horas extras deve ser reexaminado e, talvez, alterado. Pode também fazer sentido incluir um custo variável (por unidade). O desenvolvimento desse modelo é dado por Hopp, Spearman e Duenyas (1993).
2. Realmente pode ser uma boa opção econômica fazer horas extras na produção de rotina. Se este for o caso, pode fazer sentido rodar a produção continuamente, sem reservas de capacidade. Para definir uma quota de produção em função dos prazos de entrega aos clientes, precisamos equilibrar os custos de rodar a um nível menor do que a capacidade máxima, com os custos de não entregar o pedido ao cliente no prazo. Um modelo para esse caso também é descrito por Hopp, Spearman e Duenyas (1993).

O modelo simples recém-descrito pode ser usado para se obter uma medição por alto das economias dos parâmetros da capacidade. De maneira clara, as equações (13.21) e (13.22) indicam que tanto a média quanto o desvio padrão da produção em tempo regular são importantes. Usando essas equações, podemos calcular os efeitos dos lucros semanais fazendo alterações em vários parâmetros. Mais especificamente, podemos examinar os efeitos de mudanças na média da produção em tempo regular μ e em seu desvio padrão σ.

Para tanto, considere uma situação simples em que $p = \$100$, $C_{OT} = \$10.000$, e μ e σ variam para determinar seus impactos. Partindo da equação (13.21), é óbvio que o lucro aumentará de maneira linear à capacidade média em tempo regular μ. Se σ é fixo, k^* não muda quando alteramos μ. Assim, cada aumento de uma unidade em μ aumenta Z em p. Obviamente, poderemos produzir mais e vender mais.[6]

A situação é um pouco mais complexa quando μ é fixo e σ varia. Isso porque (da equação (13.22)) k^* será alterado, assim como σ. Além disso, precisamos ter cuidado para que o termo dentro da raiz quadrada da equação (13.22) não se torne negativo. A condição de (13.24) implica que precisamos ter

$$\sigma > \frac{C_{OT}}{\sqrt{2\pi}p} = \frac{10.000}{\sqrt{2\pi}100p} = 39{,}9$$

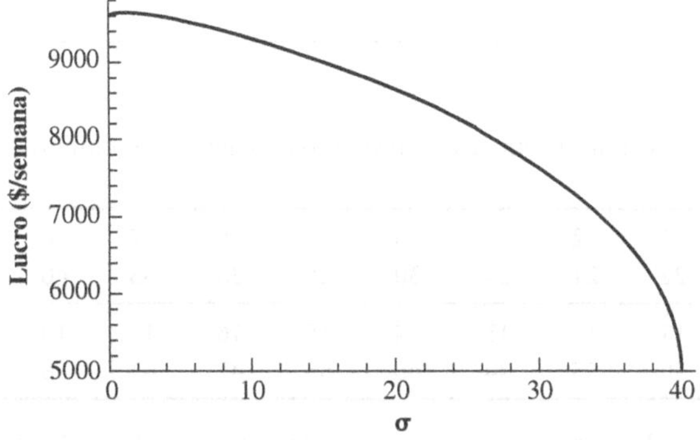

FIGURA 13.12 O lucro semanal em função de σ, quando $\mu = 100$.

[6] Note que isso é verdadeiro apenas por causa da nossa suposição de que a capacidade é a limitação das vendas. Se a demanda for a limitação, então não será mais verdadeiro, pois não faz sentido definir a quota além do que podemos vender.

para que k^* seja bem definido. A Figura 13.12 mostra o lucro semanal ótimo quando μ é fixo em 100 unidades e σ varia de 0 a 39,9. Essa figura ilustra o resultado geral de que os lucros aumentam à medida que a variabilidade é reduzida. Isso porque, quando a produção em tempo regular é menos variável, podemos definir a quota mais próxima da capacidade máxima sem fazer horas extras demais. Assim, podemos alcançar maior receita com as vendas sem incorrer em muitos custos com horas extras.

QUESTÕES PARA ESTUDO

1. Porque faria sentido abordar os problemas do planejamento e do controle da produção de um sistema de manufatura usando uma estrutura hierárquica? Como seria um sistema sem essa hierarquia?
2. Seria razoável especificar regras quanto à frequência da reavaliação de certas funções do planejamento (por exemplo, "o planejamento agregado deveria ser feito trimestralmente")? Explique sua resposta?
3. Liste algumas possíveis razões pelas quais o MRP incentivou a criação de estruturas hierárquicas de planejamento, enquanto o JIT não o fez.
4. Por que a consistência é importante para os vários módulos de uma hierarquia de planejamento? Por que tal consistência nem sempre é alcançada e mantida na prática?
5. Qual a diferença entre a *previsão causal* e a *previsão de séries temporais?*
6. Por que um modelo de suavização exponencial pode mostrar um viés negativo? E por que uma suavização exponencial com uma tendência linear pode mostrar um viés negativo?
7. Nesta era de rápidas mudanças e produtos de vida útil cada vez mais curta, é comum a que tecnologia de processamento seja usada em várias gerações de produtos, ou mesmo em produtos totalmente novos. Como esse fato pode ser encarado no planejamento da capacidade da fábrica?
8. Que similaridades existem entre o planejamento da força de trabalho e da capacidade/fábrica? E as diferenças?
9. Como devem ser coordenados o planejamento agregado e a capacidade/fábrica? O que pode acontecer se não forem coordenados?
10. Uma das funções da programação e sequenciamento é usar a capacidade de maneira eficaz, equilibrando os *setups* com os prazos de entrega. Isso implica que a capacidade real não é conhecida até que uma boa programação seja criada. Mas tanto o planejamento da capacidade/fábrica quanto o planejamento agregado dependem dos dados da capacidade. Como isso pode ser feito na ausência de uma programação (isto é, como eles podem ocorrer a um nível da hierarquia mais alto do que a programação ou o sequenciamento)?
11. Como o gerenciamento da demanda é praticado no MRP? E no JIT?
12. Se uma fábrica gera uma programação detalhada no início de cada semana, ela precisa do módulo de controle do chão de fábrica? Se sim, que funções tal módulo pode exercer em um sistema assim?
13. Qual é o objetivo da função do *feedback* em um uma hierarquia de planejamento da produção de um sistema de manufatura?

PROBLEMAS

1. Suponha que as vendas mensais de um determinado produto durante os últimos 20 meses foram assim:

Mês	1	2	3	4	5	6	7	8	9	10
Vendas	22	21	24	30	25	25	33	40	36	39
Mês	11	12	13	14	15	16	17	18	19	20
Vendas	50	55	44	48	55	47	61	58	55	60

(a) Use uma média móvel de cinco períodos para calcular a previsão de vendas do mês 6 ao 20, e uma média móvel de 7 períodos para calcular a previsão dos meses 8 ao 20. Qual método é o melhor para os meses 8 ao 20? Por quê?

(b) Use a abordagem da suavização exponencial com uma constante $\alpha = 0{,}2$ para prever as vendas para os meses 2 ao 20. Mude o valor de α para 0,1. Essa mudança melhora ou piora o resultado? Explique.

(c) Usando a suavização exponencial, encontre o valor de α que minimize o desvio médio ao quadrado (DMQ) dos meses 2 ao 20. Encontre o valor de α que minimize o viés. Os resultados são os mesmos? Explique.

(d) Use uma suavização exponencial com uma tendência linear e constantes de suavização $\alpha = 0{,}4$ e $\beta = 0{,}2$ para prever a produção dos meses 2 ao 20. Esse resultado é melhor do que sua resposta em (b)? Explique.

2. Os dados a seguir informam as cotações de fechamento do índice Dow Jones Industrial Average das últimas 30 semanas, meses e anos antes de 1 de agosto de 1999.

(a) Use a suavização exponencial com uma tendência linear e os coeficientes de suavização $\alpha = \beta = 0{,}1$ para um conjunto de dados para gerar previsões do índice em 1 de agosto de 2000. Qual conjunto de dados fornece uma previsão melhor?

(b) Que peso uma posição de dados com 1 ano de idade teria, usando uma constante de suavização $\alpha = 0{,}1$ nos dados semanais? E nos dados mensais? E nos dados anuais? Qual o valor da constante de suavização para o modelo mensal correspondente ao mesmo peso para dados com 1 ano é dado pelo modelo anual com $\alpha = 0{,}1$?

(c) Usar a mesma constante calculada em (b) (com α e β) no modelo mensal ajudaria a prever melhor o preço de fechamento em 1 de agosto de 2000? Se não, por quê?

(d) Que validade você acha que os modelos baseados em séries temporais têm para prever preços de ações? Que características do mercado de ações são difíceis de prever, especialmente no curto prazo?

Dados semanais		Dados mensais		Dados anuais	
Data	**Fechamento**	**Data**	**Fechamento**	**Data**	**Fechamento**
4/1/99	9.643,3	2/1/97	6.877,7	1/8/69	836,7
11/1/99	9.340,6	3/1/97	6.583,5	1/8/70	764,6
18/1/99	9.120,7	4/1/97	7.009,0	1/8/71	898,1
25/1/99	9.358,8	5/1/97	7.331,0	1/8/72	963,7
1/2/99	9.304,2	6/1/97	7.672,8	1/8/73	887,6
8/2/99	9.274,9	7/1/97	8.222,6	1/8/74	678,6
15/2/99	9.340,0	8/1/97	7.622,4	1/8/75	835,3
22/2/99	9.306,6	9/1/97	7.945,3	1/8/76	973,7
1/3/99	9.736,1	10/1/97	7.442,1	1/8/77	861,5
8/3/99	9.876,4	11/1/97	7.823,1	1/8/78	876,8
15/3/99	9.903,6	12/1/97	7.908,3	1/8/79	887,6
22/3/99	9.822,2	1/1/98	7.906,5	1/8/80	932,6
29/3/99	9.832,5	2/1/98	8.545,7	1/8/81	881,5
5/4/99	10.173,8	3/1/98	8.799,8	1/8/82	901,3
12/4/99	10.493,9	4/1/98	9.063,4	1/8/83	1.216,2
19/4/99	10.689,7	5/1/98	8.900,0	1/8/84	1.224,4
26/4/99	10.789,0	6/1/98	8.952,0	1/8/85	1.334,0
3/5/99	11.031,6	7/1/98	8.883,3	1/8/86	1.898,3
10/5/99	10.913,3	8/1/98	7.539,1	1/8/87	2.663,0
17/5/99	10.829,3	9/1/98	7.842,6	1/8/88	2.031,7
24/5/99	10.559,7	10/1/98	8.592,1	1/8/89	2.737,3
31/5/99	10.799,8	11/1/98	9.116,6	1/8/90	2.614,4
7/6/99	10.490,5	12/1/98	9.181,4	1/8/91	3.043,6
14/6/99	10.855,6	1/1/99	9.358,8	1/8/92	3.257,4
21/6/99	10.552,6	2/1/99	9.306,6	1/8/93	3.651,3
28/6/99	11.139,2	3/1/99	9.786,2	1/8/94	3.913,4
5/7/99	11.193,7	4/1/99	10.789,0	1/8/95	4.610,6
12/7/99	11.209,8	5/1/99	10.559,7	1/8/96	5.616,2
19/7/99	10.911,0	6/1/99	10.970,8	1/8/97	7.622,4
26/7/99	10.655,1	7/1/99	10.655,1	1/8/98	7.539,1
2/8/99	10.714,0	8/1/99	10.829,3	1/8/99	10.829,3

3. A empresa Hamburger Heaven contratou uma equipe de estudantes da universidade local para desenvolver uma ferramenta para fazer previsões das vendas semanais de sanduíches para ajudar nas compras de matérias-primas. O gerente assistente, que fez alguns cursos universitários, ouviu falar do método da suavização exponencial e sugere que os estudantes tentem usá-lo. Ele forneceu os seguintes dados das últimas 16 semanas:

Semana	1	2	3	4	5	6	7	8
Vendas	3.500	3.700	3.400	3.900	4.100	3.500	3.600	4.200
Semana	9	10	11	12	13	14	15	16
Vendas	9.300	8.900	9.100	9.200	9.300	9.000	9.400	9.100

(a) O que acontece se a suavização exponencial (sem tendência definida) é aplicada para esses dados de maneira convencional? Use uma constante suavização de $\alpha = 0{,}3$.

(b) A previsão melhora se usarmos uma suavização exponencial com uma tendência linear e uma constante de $\alpha = \beta = 0{,}3$?

(c) Sugira uma modificação na suavização exponencial que poderia ser melhor para essa situação.

4. A empresa Select-a-Model oferece fotos digitais de pessoas posando com supermodelos. Você remete uma foto sua e a empresa lhe devolve uma foto com você esquiando ou andando de barco com uma modelo. É claro que a empresa paga direitos de imagem às modelos. Para fazer uma previsão do fluxo de caixa, a empresa precisa prever as vendas. A seguinte tabela mostra a demanda mensal dos 2 últimos anos para 3 supermodelos.

Mês	Modelo 1	Modelo 2	Modelo 3
1	82	95	148
2	25	12	125
3	44	90	78
4	36	56	53
5	27	54	25
6	91	65	29
7	100	65	9
8	33	92	68
9	97	91	84
10	92	116	110
11	39	141	147
12	94	137	120
13	70	124	147
14	72	90	109
15	90	72	96
16	73	71	70
17	6	92	42
18	30	140	36
19	98	170	34
20	9	150	28
21	0	141	71
22	17	180	102
23	25	171	103
24	11	124	144

(a) Faça um gráfico dos dados da demanda para as três modelos e sugira um modelo de previsões que poderia funcionar para cada uma.

(b) Ache bons valores de constantes para a modelo 1. Quais os resultados?

(c) Ache bons valores de constantes para a modelo 2. Quais os resultados?

(d) Ache bons valores de constantes para a modelo 3. Quais os resultados?

5. A empresa Can-Do Canoe vende canoas portáteis. A demanda trimestral para seu modelo mais popular tem sido a seguinte:

Ano	**1996**				**1997**				**1998**			
Trimestre	1	2	3	4	1	2	3	4	1	2	3	4
Demanda	25	120	40	60	30	140	60	80	35	150	55	90

(a) Use um modelo de suavização exponencial com uma constante de suavização $\alpha = 0{,}2$ para desenvolver uma previsão para esses dados. Serviu bem? Qual é o DMQ resultante?

(b) Use um modelo de suavização exponencial com uma tendência linear com as constantes de suavização $\alpha = \beta = 0{,}2$ para desenvolver uma previsão para esses dados. Serviu bem? Qual é o DMQ resultante?

(c) Use o método de Winters com as constantes de suavização $\alpha = \beta = \gamma = 0{,}2$ para desenvolver uma previsão desses dados. Serviu bem? Qual é o DMQ resultante?

(d) Ache as constantes que minimizem o DMQ do segundo e do terceiro ano de dados. Como ficou a previsão em relação aos dados do terceiro ano?

(e) Ache a constante que minimize o DMQ dos dados do terceiro ano. O resultado ficou melhor do que a resposta dada em (d)? Qual modelo, (d) ou (e), é melhor para fazer a previsão da demanda para o ano 4?

6. Considere uma fábrica que produz 50 bicicletas personalizadas de alta qualidade por dia e mantém uma média válida para 10 dias de WIP no sistema.

(a) Qual o *cycle time* médio (isto é, o tempo de um trabalho desde sua liberação até a finalização da bicicleta, pronta para ser expedida)?

(b) Quando o *modelo de correia transportadora* prevê a finalização da 400ª bicicleta?

(c) Suponha que temos pedidos em carteira para 1.000 bicicletas (incluindo os pedidos de 500 bicicletas que já foram liberadas para a linha de produção) e um cliente está perguntando quando podemos entregar um pedido de mais 50 bicicletas. Use o modelo de correia transportadora para prever quando esse novo pedido será finalizado. Se tivermos flexibilidade em relação ao prazo de entrega dado ao cliente, deveríamos prometer um prazo menor, maior ou igual ao prazo já prometido ao cliente, usando o modelo de correia transportadora? Por quê?

7. Marco, o gerente de uma loja de ferramentas, está preocupado em prever a demanda para a britadeira DeWally 519 para ajudar a planejar as compras. Ele contratou uma equipe de MBAs, os quais sugerem usar o método da média móvel ou da suavização exponencial. Porém, Marco não tem certeza de que essa abordagem seja correta porque, como ele observou, as vendas da britadeira são impactadas pelo seu preço. Como a loja geralmente faz promoções durante as quais o preço é reduzido, ele acha que o preço deve ser levado em consideração no modelo de previsão. Os preços e as vendas das últimas 20 semanas são os seguintes.

Semana	**Preço**	**Vendas**
1	199	25
2	199	27
3	199	24
4	179	35
5	199	21
6	199	26
7	199	29
8	199	28
9	199	32
10	169	48
11	169	45
12	199	30
13	199	38
14	199	37
15	199	38
16	199	39
17	179	45
18	199	40
19	199	39
20	199	42

(a) Proponha uma alternativa para um modelo de séries temporais para a previsão da demanda pela DeWally 519.

(b) Use seu método para as primeiras n semanas de dados para prever as vendas da semana $n + 1$ para $n = 15, \ldots, 19$. Como funcionou?

(c) Que volume de vendas seu modelo prevê para a semana 21 se o preço for $199? E se for $179?

8. Suponha que a empresa Clutch-o-Matic Inc. foi procurada por uma montadora de veículos para fornecer um modelo de embreagem em bases diárias. A montadora necessita de 1.000 embreagens por dia, mas acha que deve dividir essa quantidade entre vários fornecedores. O que a montadora quer da Clutch-o-Matic é um comprometimento de fornecer um determinado número de embreagens por dia (uma quota diária). Nos termos do contrato, a falha em fornecer a quota especificada causará uma multa ao fornecedor.

A Clutch-o-Matic tem uma linha especialmente dedicada a esse cliente e calcula uma média de produção de 250 unidades com um desvio padrão de 50 unidades, com um único turno de trabalho (8 horas). O preço de cada embreagem é $200, dos quais $30 é o lucro. Se a empresa usar horas extras, o sindicato exige um mínimo de 2 horas/dia. O custo da mão de obra dos funcionários, dos supervisores e dos gastos gerais de fabricação para um turno de horas extras foi estimado em $6.200.

(a) Qual a quota que maximiza a margem de lucro para a Clutch-o-Matic?

(b) Qual o lucro médio diário da Clutch-o-Matic segundo sua resposta em (a)?

(c) Se a montadora quer 250 embreagens por dia, ainda é vantajoso para a Clutch-o-Matic? Qual a redução do lucro em relação à sua resposta em (b)?

(d) Como um modelo de definição de quotas como este pode ser usado no processo de negociação entre um fornecedor e seus clientes que exigem contratos de entrega conforme o JIT?

CAPÍTULO 14

Os Controles do Chão de Fábrica

Mesmo uma viagem de 1.000 li† começa com um simples passo.

LAO TZU

14.1 INTRODUÇÃO

O controle do chão de fábrica (CCF) é onde o planejamento e os processos se encontram. Como tal, é o fundamento de um sistema de planejamento e controle da produção. Pela sua proximidade com os processos de fabricação, o CCF é também um veículo natural para a obtenção dos dados e informações a serem usadas pelos outros módulos de controle. Um módulo de CCF bem projetado controla o fluxo de materiais através da fábrica e facilita o gerenciamento e o projeto dos processos restantes no sistema de planejamento da produção.[1]

Apesar de sua importância lógica na hierarquia do planejamento da produção, na prática, pouca atenção lhe é dada. Em parte, isso acontece porque é visto sob uma perspectiva muito limitada, como apenas um controle do fluxo de materiais. Essa visão dá a impressão de que, uma vez que tenha sido definida uma boa programação, as funções do CCF são alcançadas por meio das instruções que acompanham as peças pelos vários roteiros de produção, seguindo a sequência determinada; e, assim, os operadores trabalham as peças na ordem programada e obedecem às instruções anexadas. Como veremos neste e no Capítulo 15, muitas vezes, mesmo com um módulo de programação eficaz, o controle do fluxo de materiais não é tão simples. Nenhum sistema de programação pode prever rupturas aleatórias, mas o módulo do CCF precisa acomodá-las de alguma forma. Além disso, como já observamos, e ainda discutiremos mais adiante, o CCF pode, e deve, exercer uma função mais ampla do que apenas o controle do fluxo de materiais.

Podem existir outras razões para a falta de atenção ao CCF. Um conjunto de resultados obtidos na literatura sobre a administração das operações indica que as decisões que afetam o fluxo de materiais seriam menos importantes para o desempenho da fábrica do que as decisões sobre a formação do ambiente de produção. Krajewski et al. (1987) usaram simulações para mostrar que os benefícios de melhorar o ambiente de produção, por meio da redução dos *setups*, da melhoria do rendimento e da flexibilidade dos funcionários, são muito maiores do que os benefícios conseguidos com a mudança

[1] Lembramos o leitor que usamos o termo *módulo* para incluir todo o processo de tomada de decisões, do registro e dos cálculos associados com cada problema de planejamento e controle de produção. Assim, mesmo que o módulo do CCF possa usar um programa de computador, ele envolve muito mais do que isso. Na verdade, alguns módulos de CCF podem nem sequer precisar de computadores.

† N. de E.: Li é uma medida chinesa que corresponde a 0,5 Km.

de um sistema de ponto de reposição ou MRP para um *kanban*. Os autores concluíram que (1) a reformulação do ambiente de produção foi fundamental para as histórias de sucesso dos japoneses nos anos 1980 e (2) que, se uma empresa consegue uma melhora expressiva no ambiente de produção, não faz muita diferença o tipo de sistema de controle a ser usado. De maneira mais específica, Roderick et al. (1991) usaram simulações para mostrar que as taxas de liberações têm um efeito muito maior sobre o desempenho do que o sequenciamento dos trabalhos em cada uma das máquinas. Suas conclusões foram de que a sintonia do plano mestre de produção pode causar efeitos muito maiores do que as técnicas sofisticadas de controle dos trabalhos nas linhas de produção.

Se interpretarmos o CCF sob uma visão estreita, como sendo apenas o controle do fluxo entre as máquinas das linhas, estudos como esses realmente tendem a minimizar sua importância. Porém, se atentarmos para uma visão mais abrangente, de que o CCF controla o fluxo *e também* estabelece conexões com outras funções, então o projeto do módulo de CCF servirá para formatar todo o ambiente da produção. Por exemplo, a decisão específica de instalar um sistema *kanban* sinaliza um compromisso com a redução de estoques e dos *setups*. Além disso, um sistema de produção puxada governa automaticamente a taxa de liberações dos trabalhos para as linhas da fábrica, alcançando, assim, os principais objetivos citados por Roderick et al.

Mas será que o *kanban* (ou um sistema parecido) é *essencial* para alcançar essas melhorias no ambiente de produção? Krajewski et al. sugerem que tais melhorias, como a redução dos *setups*, podem ser tão eficazes com ou sem o *kanban*, enquanto os defensores da produção enxuta argumentam que o *kanban* é necessário para aplicar pressão e forçar essas melhorias. Nossa visão se aproxima mais daquela dos defensores da produção enxuta; sem um controle do chão de fábrica (CCF) que promova as melhorias no ambiente e, por meio da coleta de informações e dados, documente sua eficácia, é extremamente difícil identificar as áreas de alavancagem e fazer com que as mudanças sejam permanentes. Assim, vamos considerar que a reformulação do ambiente de produção é parte inerente do projeto do módulo do CCF.

Com base em nossas discussões nos Capítulos 4, 10 e 13, achamos que o ambiente de produção mais eficaz (e o mais gerenciável) é aquele estabelecido por um sistema de produção puxada. Lembre que a distinção básica entre a produção puxada e a empurrada é que esta programa a produção, enquanto aquela a autoriza. Um limite de WIP que reduza o estoque total em uma linha é fundamental em qualquer mecanismo de produção puxada para a autorização da produção. Em nossa terminologia, um sistema de produção não pode ser classificado como *puxado* se não existir um limite máximo para o WIP. Existem muitas outras características que complementam essa definição de sistema puxado, incluindo os *setups* reduzidos, o treinamento multifuncional dos operadores, as células de fabricação, a qualidade na fonte, etc. A maneira e a extensão em que essas técnicas são usadas dependem de cada sistema específico. O objetivo do módulo do CCF é tornar o atual ambiente de produção o mais parecido possível com os ambientes ideais examinados nos Capítulos 4 e 10. Ao mesmo tempo, o módulo deve ser relativamente fácil de se usar, integrar-se bem com as outras funções do planejamento e ser flexível o bastante para acomodar as mudanças que a fábrica possivelmente enfrentará. Como veremos, pelo fato de os ambientes de manufatura serem bem diferentes entre si, a extensão em que isso pode ser feito varia bastante, assim como a natureza do módulo do CCF apropriado.

A Figura 14.1 ilustra a gama de funções que podem ser incorporadas a esse módulo. No centro das atenções está a função exercida pelo **controle do fluxo de materiais (CFM)**, sem o qual o controle do chão de fábrica não teria sentido. O controle do fluxo de materiais é o mecanismo usado para decidir quais os trabalhos liberados para as linhas de produção, quais peças a serem processadas nas estações de trabalho e quais materiais a serem movidos entre as estações. Apesar de o CCF muitas vezes ser visto de maneira limitada para essa função de CFM, existem muitas outras funções relacionadas ao CFM e um bom módulo de CCF fornece uma plataforma para elas.

Muitas funções têm a ver com o que acontece na fábrica em tempo real. O **controle do WIP** envolve a identificação da localização atual de cada peça na linha. Sua implantação pode ser detalhada e automatizada (por exemplo, por meio do uso de *scanners* ópticos) ou básica e manual (executada por lançamentos em pontos específicos da linha). A **monitoração do *status*** refere-se à observação do comportamento dos outros parâmetros nas linhas, além das posições de WIP, tais como o *status* de

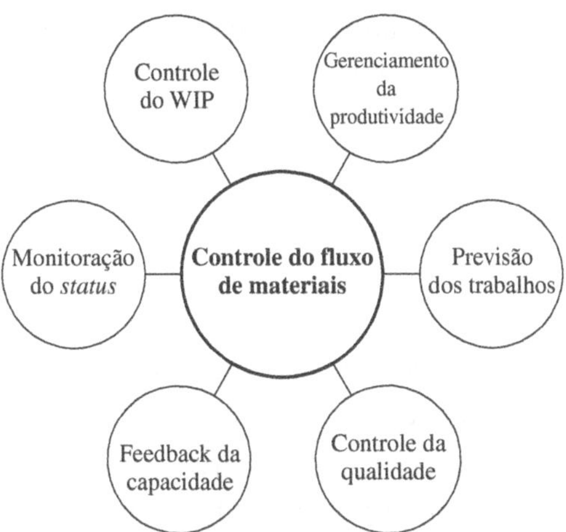

FIGURA 14.1 Funções típicas do módulo do controle do chão de fábrica (CCF).

cada máquina (ou seja, se ela está parada ou funcionando) ou a situação dos operadores. O **gerenciamento da produtividade** consiste em controlar a produção das linhas ou da fábrica em relação à quota de produção estabelecida ou aos prazos de fabricação e fazer os ajustes correspondentes.

Como o módulo do CCF é o lugar onde as decisões de controle precisam ser tomadas, é natural o monitoramento das alterações que acontecem durante o funcionamento das linhas. Se o módulo do CCF é implementado via computador, os dados e as informações são compartilhados em arquivos que servem para outras funções integradas para o controle do fluxo de materiais. Mesmo se os controles são manuais, faz sentido monitorar e controlar conjuntamente o sistema, pois isso pode ter impactos na maneira como são projetados os formulários de controle. Um mecanismo específico para a monitoração do sistema é o **controle estatístico de produtividade (CEPR)**, pelo qual controlamos a evolução da produção em direção à quota do período. Fornecemos mais detalhes sobre o CEPR na Seção 14.5.1.

Além de coletar as informações em tempo real sobre o *status* do ambiente, o módulo do CCF é bom para obter e processar algumas informações sobre as previsões futuras (por exemplo, os prazos de produção). Uma possibilidade é usar a função de **simulação em tempo real**, pela qual são feitas as projeções dos tempos de chegada de certas peças nos vários pontos da linha. O Capítulo 13 já abordou essa questão como uma atividade adicional. Entretanto, também é possível incorporar uma versão do módulo de simulação em tempo real diretamente no módulo do CCF. O mecanismo básico é usar as informações sobre as posições de WIP, obtidas pela função de controle do WIP, mais um modelo do fluxo de materiais (por exemplo, baseado no modelo de correia transportadora) para prever quando determinado trabalho chegará a uma estação específica. A possibilidade de obter essas informações do sistema permite que os operadores das linhas se antecipem e se preparem para os trabalhos.

Uma função diferente do módulo do CCF é a obtenção de dados para atualizar as estimativas da capacidade. Essa função de ***feedback* da capacidade** é importante para assegurar que os módulos de planejamento de alto nível sejam consistentes com a execução nos níveis inferiores, como abordamos no Capítulo 13. Como o módulo do CCF governa a movimentação dos materiais através da fábrica, ele é o melhor lugar para se medir a produção. Por meio da monitoração das entradas ao longo do tempo, podemos estimar a capacidade real das linhas e da fábrica toda. Discutiremos os detalhes de como fazê-lo na Seção 14.5.2.

O fato de que as questões da movimentação dos materiais representam oportunidades naturais para a manutenção dos níveis de qualidade estabelece uma ligação entre o módulo do CCF e o **controle da qualidade**. Se o operador de uma estação posterior tem a autoridade de rejeitar as peças produzidas por uma estação anterior em razão da qualidade inadequada, então o módulo do CCF precisa reconhecer a interrupção dessa transação. A função do controle do fluxo de materiais deve perceber que é preciso repor as peças rejeitadas ou que o retrabalho atrasará as chegadas de peças, a função de controle do WIP deve reconhecer a falta dessas peças, e a função de previsão do trabalho deve considerar os atrasos decorrentes para fazer suas estimativas. Além disso, como os problemas de qualidade também devem ser considerados para os objetivos de controle, é conveniente usar o sistema para registrar todos esses fatos. O registro dos fatos fornece uma conexão com o sistema de controle estatístico de processos (CEP) para a monitoração do desempenho da qualidade e para a identificação de oportunidades de melhorias.

No restante deste capítulo, forneceremos:

1. Uma visão geral de questões que precisam ser respondidas antes de se projetar um módulo do CCF.
2. Uma discussão do sistema CONWIP como base para o módulo do CCF.
3. Extensões dos esquemas CONWIP.
4. Mecanismos para o controle da produção, a fim de medir a evolução em direção a uma quota no curto prazo, e para a obtenção e validação de informações e dados sobre a capacidade do sistema para uso em outros módulos de planejamento de longo prazo.

14.2 CONSIDERAÇÕES GERAIS

Somos naturalmente induzidos a iniciar uma discussão sobre o projeto de um sistema de CCF questionando seus mecanismos de controle. As liberações de trabalhos devem ser controladas via computador? Devemos usar os cartões do *kanban*? Como os operadores sabem quais os próximos trabalhos a processar? E assim por diante. No entanto, questões ainda mais básicas devem ser respondidas antes. Elas se relacionam com o ambiente físico e lógico em que o sistema de CCF deverá operar.

Para desenvolver uma perspectiva razoável sobre as implicações gerenciais do módulo de CCF, é importante considerar os controles do chão de fábrica sob um ponto de vista do *projeto* e do *controle*. As questões de projeto se relacionam com o estabelecimento de um sistema para tomar decisões, enquanto as de controle tratam das próprias decisões em si. Por exemplo, a escolha de um mecanismo de liberação dos trabalhos é uma decisão de projeto, enquanto a seleção dos seus parâmetros, como os níveis de WIP, para fazer o mecanismo funcionar é uma questão de controle. Iniciaremos abordando os tópicos de projeto de nível relativamente alto e, depois, progrediremos em direção aos tópicos de controle de nível baixo ao longo do capítulo.

14.2.1 O controle da capacidade bruta

Os sistemas de controle da produção funcionam melhor em ambientes estáveis. Quando a demanda é estável, o ***mix* de produtos** (ou seja, a fração que cada peça ocupa na demanda total) é constante, e os processos se comportam bem, quase qualquer tipo de sistema (por exemplo, ponto de reposição, MRP ou *kanban*) pode funcionar bem, como mostrado nas simulações de Krajewski et al. (1987). De uma perspectiva da manufatura, gostaríamos de implementar linhas de produção e fazê-las rodar a um ritmo constante e sem interrupções. Na verdade, em grande parte, isso é exatamente o que o sistema de produção enxuta tenta fazer, com sua ênfase nos fluxos constantes e na redução dos *setups*. Mas os esforços em criar um ambiente com um fluxo de produção constante pode gerar conflitos com os objetivos da empresa em obter lucros, crescer e manter sua participação no mercado e sua viabilidade a longo prazo. A demanda dos clientes flutua, os produtos emergem e declinam, a competição tecnológica nos força a confiar em processos novos e instáveis. Assim, mesmo que devamos procurar oportunidades para estabilizar o ambiente, precisamos também ter cuidado para não perder de vista os objetivos de alto nível. Não devemos perder a oportunidade de adotar uma nova tecnologia que nos trará vantagens estratégicas só porque o sistema antigo é mais estável e mais fácil de administrar.

Mesmo em resposta às necessidades do mercado, há coisas que podem evitar maior volatilidade para a fábrica. Uma maneira de estabilizar o ambiente no qual o módulo do CCF deve operar é usar o controle da capacidade bruta para se assegurar de que as linhas operem com uma carga quase ótima.

O objetivo é evitar alterações drásticas no ritmo da linha por meio do controle dos tempos. As opções específicas para o controle da capacidade bruta incluem:

1. *A variação do número de turnos.* Por exemplo, podem ser usados três turnos por dia durante períodos de forte demanda, mas apenas dois quando a demanda é normal. Uma fábrica pode usar esta opção para ajustar a capacidade às flutuações sazonais da demanda. Todavia, como normalmente envolve a demissão e a readmissão de funcionários, esta é uma opção apropriada apenas para acomodar mudanças persistentes na demanda. Apesar disso, algumas empresas têm usado com sucesso os trabalhadores flexíveis, que têm a garantia do emprego por períodos menores do que uma semana e são chamados quando a demanda é alta.
2. *A variação do número de dias trabalhados na semana.* Os fins de semana, por exemplo, podem ser usados para atender a picos de demanda. Como quem trabalha em fins de semana recebe horas extras, a empresa pode usar esta opção em vez de mudanças nos turnos. Note que falamos de horas *extras planejadas* antecipadamente, quando o trabalho em fins de semana é programado por causa da forte demanda. Isso é diferente das horas extras emergenciais para compensar atrasos na produção, conforme discutido no Capítulo 13.
3. *A variação do número de horas por dia.* Outra maneira de fazer horas extras planejadas é alongar a carga horária, digamos, de 8 para 10 horas.
4. *A variação dos níveis de pessoal.* Nas operações manuais, a capacidade pode ser aumentada elevando o número de trabalhadores (por exemplo, empregando pessoal que possa ser deslocado de outras partes da fábrica ou trabalhadores temporários). Em estações com várias máquinas, os gerentes podem alterar a capacidade mudando o número de máquinas em funcionamento, com possíveis mudanças de pessoal. Os trabalhadores multifuncionais podem ser uma boa opção para garantir uma reserva flexível de capacidade.
5. *A terceirização.* Uma maneira de manter uma carga estável na fábrica é terceirizar parte dos trabalhos. No mínimo, isso transfere, pelo menos, parte da variabilidade da demanda para o fornecedor.[2]

Como o termo capacidade *bruta* sugere, essas mudanças só alteram a capacidade de maneira imprecisa. Novos turnos devem ser adicionados em períodos permanentes e poucas vezes removidos. Horas extras em fins de semana têm que ser planejadas conforme as políticas sindicais e trabalhistas. As opções para variar a capacidade por meio de trabalhadores flexíveis são limitadas pelos níveis de qualificação e pela disponibilidade de pessoal em outros pontos da fábrica. A admissão e a demissão de trabalhadores temporários exigem esforços para treinamento, o que limita a flexibilidade dessa opção. Os contratos de terceirização podem exigir períodos mínimos e impor limitações de volume de trabalho e essa opção também só resolve parte do problema. Além disso, como localizar e certificar fornecedores exige tempo, a tendência é de se firmarem contratos longos.

Apesar da limitação dos métodos de controle da capacidade bruta, é importante que eles sejam usados para preencher as necessidades dentro do possível, o que ajudará a limitar as variações provocadas na carga de trabalho da fábrica pelas flutuações da demanda.

14.2.2 O planejamento do gargalo

Na Parte II, observamos que a taxa de produção de uma linha é determinada, em última instância, pelo processo gargalo, isto é, o processo com a maior utilização em longo prazo. Em linhas simples, com apenas um produto e um roteiro de fabricação, como as consideradas no Capítulo 7 para ilustrar o funcionamento básico das fábricas, o processo gargalo representa a taxa máxima da produção da linha. Essa taxa só é alcançada quando se permite que o nível de WIP na linha se torne alto[3], conforme mostra a Figura 14.2.

[2] Não há garantia de que um fornecedor assimile a demanda variável melhor do que a própria empresa. Além disso, fornecedores podem cobrar um custo elevado por isso, e a questão pode ser complicada.

[3] O que se entende por *alto*, é claro, depende dos níveis de variabilidade da linha, como observamos no Capítulo 9.

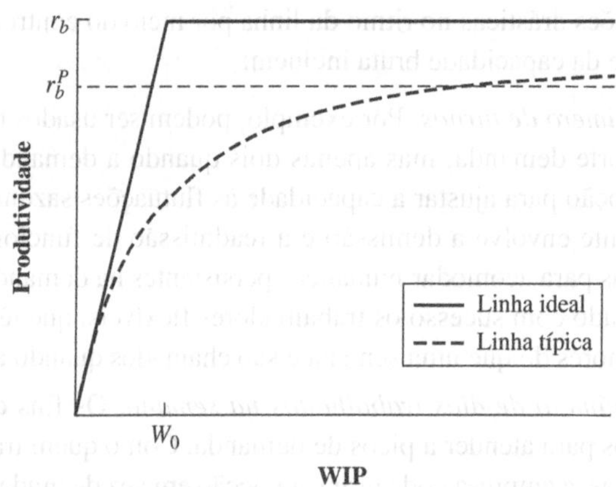

FIGURA 14.2 A produtividade em função do WIP em uma linha com apenas um produto.

Em linhas onde todas as peças têm o mesmo roteiro e a menor operação tem o menor tempo de processo para todas as peças, o modelo de correia transportadora representa bem a realidade e é útil para sua análise e para criar intuição. Em tais casos, o gargalo tem uma importante função para o desempenho da linha e, portanto, deve ser objeto de muita atenção do módulo do CCF. Pelo fato de a produtividade ser uma função direta da utilização do gargalo, faz sentido ativar as liberações para as linhas de acordo com o *status* do gargalo. Tais esquemas, de "puxar a produção pelo gargalo", podem funcionar bem em alguns sistemas.

Apesar da importância teórica do gargalo, nossa experiência é que poucas fábricas conseguem identificá-lo com facilidade e certeza. A razão é que poucos ambientes de produção detêm esta característica de possuir apenas um produto e um roteiro. A maioria dos sistemas envolve múltiplos produtos com diferentes tempos de processamento. Como resultado, o equipamento que é o gargalo para um produto pode não ser para outro, o que pode causar a flutuação do gargalo, dependendo da combinação de produtos. A Figura 14.3 ilustra esse tipo de comportamento, em que a máquina 2 é o gargalo para o produto A, a máquina 4 é o gargalo para o produto B, e a máquina 3 é o gargalo para um *mix* de 50%–50% de A e B.

Essa discussão tem duas implicações importantes para o projeto do módulo de CCF:

1. *Gargalos estáveis são mais fáceis de gerenciar.* Uma linha com um gargalo facilmente identificável é mais simples de modelar (por exemplo, no modelo de correia transportadora) e controlar do que uma linha com gargalos múltiplos e flutuantes. Um gerente pode se concentrar no *status* do gargalo e pensar no restante da linha quase exclusivamente em termos de seu impacto sobre ele, isto é, prevenindo contra falta de alimentação ou bloqueio. Se tivermos sorte de obtermos uma linha com um gargalo definido, devemos explorar essa vantagem por meio de um módulo do CCF com um tratamento especial e uma monitoração adequada em seu *status*.

2. *Gargalos podem ser projetados.* Apesar de alguns sistemas de produção terem seu gargalo determinado por outras considerações (por exemplo, a alteração da capacidade de todos os processos-chave seria muito cara), muitas vezes podemos exercer influência sobre ele. Por exemplo, podemos reduzir o número de potenciais gargalos por meio do aumento de capacidade em algumas estações, assegurando que elas nunca serão uma limitação para a produtividade. Isso pode fazer sentido em ambientes em que o aumento da capacidade não é caro demais.[4] De maneira alternativa, linhas interativas podem ser separadas em células; por

[4] Note que a ideia deliberada de aumentar a capacidade, resultando na subutilização de algum recurso, vai contra o princípio do balanceamento das linhas. Porém, como veremos no Capítulo 18, o equilíbrio da linha justifica-se apenas para linhas ritmadas, como as linhas de montagem móveis. Além disso, essas linhas não são realmente "equilibradas", porque a média das tarefas é menor do que o *takt time* para a linha. Um aumento de capacidade extra em pontos fora do gargalo exige uma visão considerando a variabilidade de toda a linha, como temos repetido ao longo deste livro.

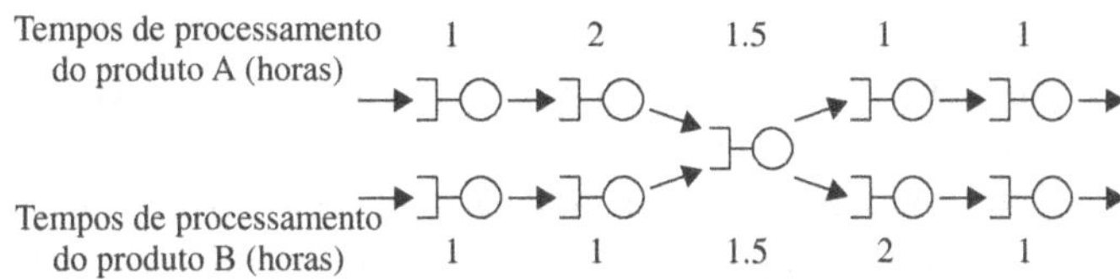

FIGURA 14.3 Roteiros com um recurso compartilhado.

exemplo, as duas linhas da Figura 14.3 poderiam ser separadas em uma célula com mais uma máquina 3 (ou com máquinas dedicadas a certas linhas, caso a estação 3 seja uma estação com várias máquinas). Esse tipo de produção em célula tem sido bastante adotado pelas indústrias, em grande parte porque células pequenas e mais simples são mais fáceis de gerenciar do que fábricas complexas.

Apesar de ser difícil estimar com precisão os custos e benefícios de simplificar o comportamento dos gargalos, fica claro que a *maior complexidade* traz maiores custos. A fábrica mais fácil de administrar é aquela com roteiros separados e gargalos estáveis e bem identificados, o que for diferente disso só aumentará a variabilidade, o congestionamento e a ineficiência. Isso não significa que devemos automaticamente aumentar a capacidade até que a fábrica fique parecida com essa situação ideal, apenas que devemos considerar com cuidado as motivações para fazermos algo diferente. Se tivermos um gargalo flutuante que possa ser eliminado via aumento de capacidade relativamente barata, isso merece ser considerado. Se vários roteiros interativos podem ser separados em uma célula, sem grandes custos, também devemos estudar essa opção.

Além disso, o projeto das linhas e a alocação da capacidade não precisam ser considerados para a fábrica toda. Às vezes, melhorias importantes podem ser alcançadas alocando algumas famílias de peças com altos volumes em células separadas e bem projetadas, deixando as peças com baixo volume para uma parte da fábrica menos eficiente, com leiaute funcional. Esse conceito de "fábrica dentro da fábrica" tem sido promovido por vários pesquisadores do assunto, como Wickham Skinner (1974), como parte da filosofia da **fábrica focada** ou **dedicada** ***(focused factory)***. A ideia mais importante das fábricas focadas é que elas se concentrem em fazer bem algumas poucas coisas muito importantes, de forma a focarem apenas alguns produtos, processos, volumes e mercados. Como veremos repetidamente ao longo da Parte III do livro, a simplicidade oferece grandes benefícios para toda a hierarquia do planejamento, desde os controles do chão de fábrica até o planejamento estratégico de longo prazo.

14.2.3 A distribuição do controle

No Capítulo 13, abordamos a desagregação do problema do planejamento da produção em problemas menores, mais gerenciáveis, bem como dedicamos a maior parte da discussão ao desdobramento da dimensão do tempo entre planejamento de longo, médio e curto prazo. Mas existem outras dimensões, também importantes. Especificamente em grandes fábricas, é essencial dividir as fábricas por produto ou por processo, para evitar a sobrecarga dos gerentes de linha.

Normalmente, uma **distribuição** razoável **do controle**, que se refere ao número de subordinados sob o comando direto de um só gerente, é de 10 pessoas. Uma linha com um número maior do que esse possivelmente exigirá níveis intermediários de comando (capataz, supervisor, chefe ou vários níveis de gerentes). É claro que 10 é apenas uma referência; o número aproximado sob comando direto de um gerente varia de acordo com as diferentes operações e depende dos produtos e processos supervisionados.

A fabricação de placas de circuito integrado, por exemplo, envolve, entre outras, a operação de laminação, em que as folhas de cobre e fibra de vidro são prensadas, e outra operação de impressão dos circuitos, em que são produzidos os circuitos desejados pelo cliente. A tecnologia, o equipamento e a logística dos dois processos são totalmente diferentes. A laminação é um processo em lote envolvendo grandes prensas mecânicas, enquanto a impressão dos circuitos é a combinação de um processo de exposição óptica feito em uma placa de cada vez e de um processo de movimentação em correia transportadora que envolve um banho químico. Essas diferenças, associadas à separação ciência, tornam lógica a alocação dos dois processos para gerentes diferentes.

No entanto, não importa qual a disposição da linha, seja ela pelo gargalo, pela distribuição do controle ou por outras considerações, o importante é a obtenção de um fluxo constante e estável. Assim, pode fazer sentido alocar vários roteiros de produção similares a diferentes gerentes de acordo com cada processo específico. Todas essas considerações são importantes na configuração de um módulo do CCF. Além disso, dependendo da complexidade da linha, os gerentes podem coordenar a movimentação dos materiais através do segmento da linha pelo qual são responsáveis com pouca assistência do sistema de controle da produção.

No mínimo, o módulo do CCF precisa informar aos gerentes quais as peças requisitadas pelas estações de trabalho fluxo abaixo. Se o módulo também puder projetar quais os materiais que estarão chegando a cada estação, melhor ainda, pois essas informações permitem a um gerente de linha planejar suas atividades de antemão. A divisão da linha por responsabilidades gerenciais fornece um conjunto natural de pontos de coleta dessas informações. A maneira como a linha é dividida pode afetar as outras funções do módulo listadas na Figura 14.1. Para efeitos de controle, pode ser bom implantar pontos de inspeção de qualidade entre as estações de trabalho sob diferentes responsabilidades gerenciais (por exemplo, uma estação verifica a qualidade da estação anterior e rejeita as peças de má qualidade). Sob essas condições, os elos entre o CCF e o controle de qualidade têm que ser implementados de acordo.

14.3 A CONFIGURAÇÃO DE UMA LINHA CONWIP

Como observamos no Capítulo 5, os autores da produção enxuta algumas vezes se deixam levar pela retórica da simplicidade, com frases do tipo "O *kanban* (...) pode ser implementado (...) em 15 minutos, usando alguns contêineres padronizados e fitas adesivas" (Schonberger 1990, p. 308). Como qualquer gerente que viveu a experiência de instalar um sistema de produção puxada sabe, implantar um sistema que funcione *não* é fácil nem simples. As indústrias são atividades complexas e variadas. Nem as diretrizes filosóficas de alto nível do "pensamento enxuto" nem as várias técnicas específicas disponíveis de fontes mais pragmáticas podem fornecer soluções prontas para os vários ambientes da manufatura. Com isso em mente, iniciamos nossa revisão de possíveis configurações de um CCF. Começamos com a possibilidade mais simples, observando onde os controles funcionarão bem ou não, e avançamos para métodos mais sofisticados para ambientes mais complexos. Como não podemos discutir todas as opções em detalhes, esperamos que as apresentadas aqui ofereçam ao leitor um ponto inicial para escolher e desenvolver módulos de CCF com aplicações específicas.

14.3.1 A linha CONWIP básica

Sob o ponto de vista da manufatura, o ambiente de produção mais simples é aquele que tem apenas um roteiro e uma família de produtos. Em tal situação, o protocolo CONWIP (isto é, iniciar um novo trabalho sempre que termina um em processo) pode ser usado de maneira fácil e eficaz para um CCF.

Talvez a maneira mais simples de manter o protocolo de um WIP constante é usar um número fixo de cartões ou contêineres como mostra a Figura 14.4. As matérias-primas chegam à linha em contêineres padronizados, que só são liberados se existir um cartão CONWIP. Esses cartões podem ser de papel grosso laminado, de metal ou de plástico, ou mesmo o próprio contêiner vazio. Como não é exigido que o cartão contenha um roteiro específico ou informações do produto, eles podem ser muito simples. Considerando que o trabalho só é liberado na linha se acompanhado por um cartão, e todos os cartões são rigorosamente reutilizados (nenhum deles é desviado ou perdido em hipótese alguma), o nível de WIP na linha se manterá constante na medida exata definida pela quantidade de cartões CONWIP existentes.

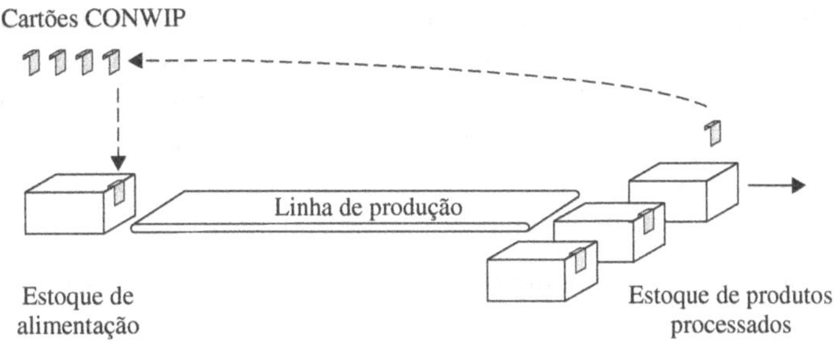

FIGURA 14.4 Linha de produção CONWIP com cartões.

O sistema CONWIP básico, no qual as liberações para uma única linha de produção são controladas mantendo os níveis de WIP constantes, pode ser muito útil para ambientes de produção simples. Porém, muitos ambientes envolvem múltiplos produtos, múltiplos roteiros (que possivelmente se juntam) e outros fatores complicadores. Para usar o sistema CONWIP sob essas condições, precisamos expandir a metodologia. Na seção seguinte, apresentamos as condições ambientais necessárias para o sistema CONWIP funcionar e abordamos as questões mais importantes sobre seu projeto e controle.

14.3.2 Os sistemas CONWIP complexos

O CONWIP pode ser aplicado em uma ampla gama de ambientes de produção.[5] Certamente, a maior complexidade de um sistema implica maior variabilidade e, portanto, menor eficiência. Não obstante, o limite máximo de WIP aplicado pelo CONWIP evita que os estoques aumentem sem limites, o que tornará o sistema estável e gerenciável.

Para que o CONWIP funcione bem como base para um módulo de CCF, são necessárias as seguintes condições:

1. **Os roteiros das peças podem ser agrupados em um pequeno número de *fluxos de produtos*.** Cada fluxo constituirá um segmento **CONWIP**. Apesar de os roteiros de um segmento CONWIP não precisarem ser idênticos (por exemplo, algumas peças podem exigir *setups* extras), as diferenças causarão maior variabilidade. A maior variabilidade exigirá maiores níveis de WIP e de *cycle time* para alcançar a meta de produtividade.
2. **O segmento não deve ser muito longo.** Por exemplo, não se pode criar um único segmento CONWIP abrangendo uma fábrica toda – pois há passos demais. Existem duas razões para isso: (1) considerações de divisão do controles abordadas anteriormente tornam segmentos muito longos difíceis de gerenciar e (2) uma longa fila CONWIP começa a se comportar como um sistema empurrado. Isto é, quando o limite máximo de WIP é alto (porque a linha é longa) seus estoques se acumulam em algumas seções da linha e faltam em outras. Isso cria "bolhas de WIP" que interrompem o fluxo e destroem a condição essencial de um sistema puxado. Felizmente, uma linha muito longa pode ser repartida em várias linhas menores (ver a discussão a seguir).
3. **Deve haver uma medição do WIP.** Em alguns sistemas, isso pode ser simplesmente uma contagem das unidades no sistema. Porém, em casos em que vários tipos diferentes de peças exigem tempos de processamento diferentes, o mesmo número de unidades não representa o mesmo uso dos recursos. Assim, para manter uma carga balanceada no sistema, faz sentido

[5] Em oposição a isso, conforme discutimos no Capítulo 4, o *kanban* é aplicado apenas em ambientes de produção repetitiva, nos quais os volumes e a combinação de produtos são bem constantes ao longo do tempo. Naquele capítulo, discutimos os métodos para superar a rigidez intrínseca dos sistemas *kanban* de produção puxada, aumentando sua flexibilidade. O sistema CONWIP fornece, de maneira natural, uma importante fonte de flexibilidade, pois usa cartões que são específicos para uma linha, em vez de um tipo específico de produto. Isto é, quando um cartão CONWIP sinaliza para um novo trabalho ser liberado no fluxo, esse trabalho pode ser de qualquer tipo.

medir o WIP em termos do tempo requerido no gargalo. Se o gargalo é estável, esse método pode funcionar bem. Se o gargalo é diferente para os diferentes produtos, ainda assim o tempo é uma medida válida para o WIP, desde que o *mix* de produtos não tenha muita variação. Para simplificar, na maior parte deste capítulo, falaremos da medição do WIP em unidades, mas observamos que todas as versões de CONWIP apresentadas aqui podem ser adaptadas para que tal medição seja feita pelos tempos.

A Figura 14.5 mostra uma configuração esquematizada de uma linha CONWIP com trabalhos produzidos para estoque (PPE) e produzidos sob encomenda (PSE). A sequência das liberações para os dois tipos de trabalhos é determinada por uma **lista de liberações**, e as liberações só são autorizadas mediante um cartão CONWIP. Apesar de os trabalhos PPE e PSE serem gerados por mecanismos diferentes, ambos são tratados de maneira idêntica após serem liberados no sistema. Os trabalhos PSE vêm diretamente das demandas dos clientes, possivelmente usando um procedimento gerencial como aquele utilizado pela programação no plano mestre de produção do MRP, o qual já discutimos no Capítulo 3. Os trabalhos PPE são gerados para repor os níveis de estoques, usando um método de controle de inventário como os descritos no Capítulo 2 (por exemplo, Q, r). Os níveis de WIP para os trabalhos PPE e PSE podem ser monitorados por computador, conforme é mostrado na Figura 14.6.

A lista de liberações é um importante mecanismo para fazer a ligação entre a linha CONWIP e a demanda do cliente. Contudo, como a demanda geralmente é mais variável do que a produção, muitas vezes são necessárias fontes adicionais de reservas e de flexibilidade. A seguir, descrevemos a construção e o uso de uma lista de liberações, a redução da variabilidade por meio da disciplina na linha e a criação de reservas por meio da definição dos níveis de WIP e do gerenciamento da produção.

A lista de liberações

Nos sistemas de MRP, as liberações das ordens planejadas especificam a sequência dos trabalhos. Nos sistemas *kanban*, os cartões são usados para produtos específicos e indicam qual o tipo de trabalho a liberar. Todavia, em um sistema CONWIP, os cartões são específicos para o fluxo, não para cada tipo de produto. Assim, são necessárias informações adicionais para selecionar quais os trabalhos a liberar nas linhas. A lista de liberações representa uma relação dos trabalhos aguardando para serem liberados no fluxo. Cada lançamento da lista indica o código da peça específica, sua quantidade e o prazo. Outras informações podem incluir a data estimada para sua finalização, a disponibilidade de matérias-primas, se o trabalho está completo, em processo ou a liberar, etc.

A construção de uma lista de liberações é a tarefa do módulo de sequenciamento e programação, a qual pode usar um critério simples como o prazo de entrega mais curto para determinar a sequência dos trabalhos (se não há *setups* para a formação de lotes) ou uma rotina mais complexa para a formação

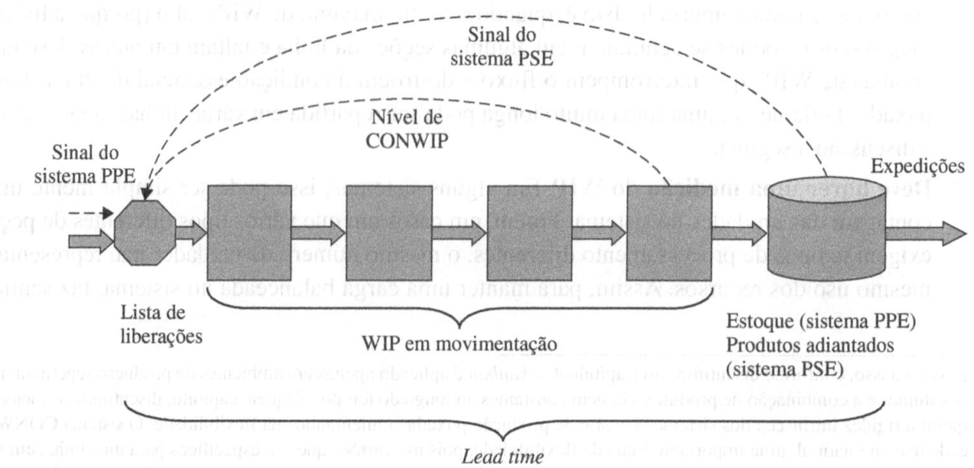

FIGURA 14.5 Linha CONWIP com produção para estoque (PPE) e sob encomenda (PSE).

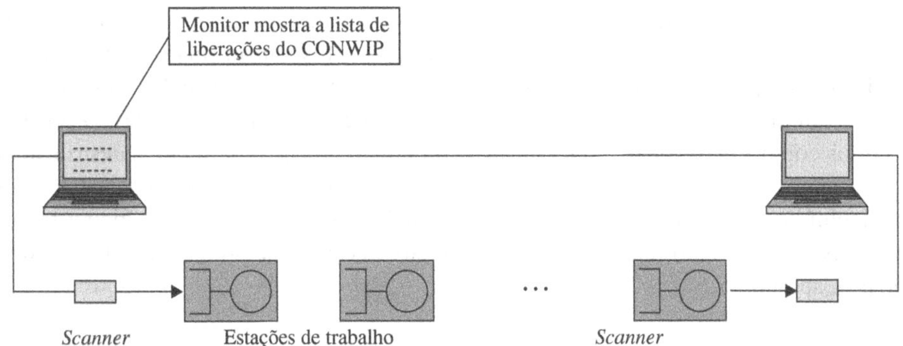

FIGURA 14.6 Linha CONWIP com controles computadorizados.

de lotes (para alcançar um melhor ritmo pelo processamento de peças similares de uma vez só). Uma vez criada, a lista pode ser comunicada ao pessoal da linha de várias maneiras. A mais simples é uma listagem impressa determinando a prioridade dos trabalhos. Sempre que um cartão CONWIP estiver disponível, o próximo trabalho é liberado para a linha. Algumas situações podem exigir mostradores mais sofisticados, que utilizam sistemas de controle de WIP (ver a Figura 14.13), o que é importante quando existem muitas peças diferentes na linha (ver a Seção 14.3.5).

Uma fonte simples para a lista de liberações em um sistema de PSE é o conjunto das ordens liberadas por um sistema de MRP. Em um sistema de PPE a analogia se refere ao sistema de estoque (Q, r). Em ambos os casos, sempre que o estoque disponível mais o estoque sob pedido não cobrir a demanda antecipada durante o *lead time*, um novo trabalho é liberado. A lista de liberações também deve fornecer um conjunto de trabalhos para o caso da linha CONWIP poder antecipar os trabalhos em relação à programação. Assim, o *lead time* usado no sistema MRP deve incluir os tempos estimados para os trabalhos aguardarem na lista, isto é, os *lead times* do MRP devem ser calculados da seguinte maneira:

$$\textit{lead time} \text{ do MRP} = \text{tempos de espera para liberação} + \text{tempos processando WIP} \\ + \text{tempos planejados em estoque}$$

Note que esse cálculo inclui os "tempos planejados em estoque", que são os tempos gastos no estoque de produtos acabados, antes de serem expedidos para o cliente, o que significa que não devemos incluir os estoques de segurança no sistema de MRP. Pela lei de Little, os tempos planejados em estoque e estoques de segurança são a mesma coisa, pois:

$$\text{Estoques de segurança} = \text{demanda} \times \text{tempos planejados em estoque}$$

Em um sistema CONWIP de PPE, existe um *lead time* a definir – aquele usado pelo modelo (Q, r) para gerar os pedidos de reposição do estoque de produtos acabados. Esse *lead time* deve incluir apenas os tempos em espera para liberação e o tempo processando WIP, pois o ponto de reposição já inclui os estoques de segurança, implicando que devemos colocar um novo pedido sempre que a posição do estoque fique abaixo de

$$r + 1 = \text{demanda} * (\text{tempos de espera para liberar} + \text{tempos processando WIP}) + \text{estoques de segurança}$$

$$= \text{demanda média durante o } \textit{lead time} + \text{estoques de segurança}$$

Assim, o *lead time* do MRP e o ponto de reposição r se relacionam da seguinte forma:

$$\textit{lead time} \text{ do MRP} = \frac{r + 1}{\text{demanda}}$$

Além de fornecer uma sequência dos trabalhos, a lista de liberações também especifica o tamanho dos trabalhos. Como vimos no Capítulo 9, o tamanho dos lotes pode ter um grande impacto sobre o WIP e o *cycle time*. Assim, se os trabalhos da lista de liberações provêm de um sistema de MRP ou (*Q*, *r*), eles devem ser determinados em relação à capacidade disponível (mão de obra e equipamentos), ao WIP, ao estoque de produtos acabados, a qualquer custo extra associado aos *setups* (trocas de produtos), e às limitações dos lotes (por exemplo, padrão de 12 unidades por vez). Os custos extras incluem coisas como a perda de qualquer material durante o processo de *setup*, a destruição de moldes, etc. Os tempos ociosos de mão de obra e equipamentos não fazem parte dos custos extras, pois devem ser incluídos como *limitações*. Apesar de a solução desse problema específico estar além dos objetivos do livro, fornecemos algumas ideias por meio do estudo de problemas relacionados à programação no Capítulo 15.

A disciplina da linha

Uma vez que os trabalhos foram liberados da lista para o sistema, eles apresentam o problema de qual processo executar em cada estação. Em geral, recomendamos que uma linha mantenha um sistema com ordem do tipo primeiro a entrar, primeiro a sair (FIFO). Isso significa que, excetuando os problemas com perda de rendimento, retrabalho ou outras exceções, os trabalhos sairão da linha na mesma ordem em que foram liberados. Como o protocolo CONWIP mantém a linha rodando em um ritmo constante, fica mais fácil prever quando os trabalhos – mesmo aqueles ainda na lista de liberação – serão finalizados.

No entanto, se o segmento do CONWIP for muito longo, podem surgir situações em que certos trabalhos requeiram um tratamento privilegiado. Apesar de, por um lado, não aconselharmos esse tratamento diferenciado, pois pode causar muita variabilidade, por outro lado seria irrealista esperar que isso não aconteça de vez em quando. Para minimizar as interrupções resultantes, pode fazer sentido adotar apenas dois níveis de prioridades e estabelecer pontos específicos para **ultrapassagens.** Esses pontos são reservas de estoque na linha, normalmente entre os segmentos CONWIP, em que é permitido que os trabalhos "urgentes" ultrapassem os "normais". A disciplina de uma estação de trabalho que se alimenta desses estoques intermediários deve obedecer à **lista de urgência**, se ela existir, se não, deve processar aquele que chegou primeiro. Permitir a ultrapassagem somente em pontos específicos da linha facilita a criação de um modelo (de simulação em tempo real) para prever quando os trabalhos vão ser finalizados. Se forem permitidos muitos níveis de prioridade e ultrapassagens sem limites, a variabilidade pode aumentar sensivelmente e pode ficar impossível prever o comportamento das linhas.

Os níveis de CONWIP

Como visto no Capítulo 10, a mágica da produção puxada é o resultado de impor um limite máximo ao WIP. Assim, para ser eficaz, o módulo do CCF no sistema CONWIP precisa estabelecer um nível máximo razoável de WIP para o fluxo. Se esse nível for muito baixo, isto é, próximo ao seu nível crítico, a produção sofrerá. Se for muito alto, o *cycle time* será excessivo.

Se o CONWIP for implantado em uma linha já estabelecida, a melhor abordagem inicial é deixar o nível de WIP atual como está. Após a estabilização da linha, podemos localizar filas persistentes nas estações, especialmente no gargalo. Se a fila da estação nunca fica vazia, reduzir o nível de CONWIP não terá grande impacto sobre a produtividade e melhorará o desempenho geral. Precisamos também revisar o tamanho das filas de maneira periódica para ajustar o nível de CONWIP para acomodar as mudanças ciências (com sorte, melhorias) na linha. Porém, como já observamos no Capítulo 13, os ajustes nos níveis de CONWIP devem ocorrer com baixa frequência (por exemplo, mensal ou trimestralmente) ou quando uma mudança drástica ocorrer na capacidade ou na demanda.

Se o CONWIP está sendo implantado em uma linha nova (ou em uma linha antiga, mas com novos produtos), não temos um padrão histórico a oferecer para definir um bom nível de WIP. Em vez disso, sugerimos apelar para um modelo que equilibre as relações entre o WIP, o *cycle time* e a produtividade. O modelo pode ser criado com um programa que efetua as simulações de Monte Carlo (por exemplo, Arena, AutoMod, ProModel, Witness, etc.) ou um modelo que seja especificamente projetado para gerar as curvas de tais dados (por exemplo, o "Flow Optimizer" da Factory Physics Inc.). A vantagem do uso de modelos é a rapidez, pois é necessário fazer mais de 40 simulações para gerar os gráficos.

A Figura 14.7 mostra o resultado de um modelo de gerenciamento de filas que apresenta os dados do WIP, do *cycle time* e da produtividade em um gráfico.

O nível do CONWIP deve ser definido acima da demanda, mas não muito. A razão é que definir a produtividade acima da demanda geralmente acaba em desperdício. Nas situações em que o sistema é definido abaixo da demanda, é mais eficaz depender de uma fonte alternativa de capacidade (por exemplo, horas extras). Como discutiremos a seguir, podemos usar um procedimento de controle da produção para determinar quando precisamos recompor a capacidade.

Exemplo

Considere uma linha com uma taxa de gargalo de 10,2 unidades por dia e tempos brutos de processamento de 116 horas (o que inclui algum tempo de paradas e *setups*). A demanda é de 48 unidades por semana. Se a linha rodar 5 dias por semana, a utilização será de 96%, e a relação entre o WIP, o *cycle time* e a produtividade será parecida com a apresentada na Figura 14.7. Assim, para atender à demanda semanal, precisamos alcançar uma taxa de produção de 48/5 = 9,6 unidades por dia, que requer um nível CONWIP de, no mínimo, 165 unidades. Como alternativa, usar um nível CONWIP de 250 unidades resultaria em uma pequena reserva de capacidade, mas causaria um grande aumento no *cycle time* (de17 para 25 dias).

No entanto, se tivermos o sábado disponível para aumentar a capacidade, o quadro se mostra bem diferente. Para atender à mesma demanda em 6 dias, é preciso uma taxa de produção de apenas 48/6 = 8 unidades por dia. A Figura 14.8 mostra que, com um nível CONWIP de 165 unidades, temos uma reserva confortável de capacidade se fizéssemos horas extras *todos* os sábados.

Assim, temos algumas opções. Voltando à Figura 14.7, poderíamos definir o nível de CONWIP para 65 unidades e encurtar os *cycle times*, mas ainda teríamos muita probabilidade de precisar fazer horas extras no sábado. Ou poderíamos definir o nível de CONWIP em 165 unidades e raramente fazer horas extras, porém, teríamos *cycle times* bem mais longos. Ou, ainda, poderíamos escolher um meio-termo, com um CONWIP, digamos, de 100 unidades, que aumenta o *cycle time* em 3 dias, mas diminui a necessidade de recompor a capacidade com horas extras. A resposta "correta" depende do custo de se fazerem horas extras no sábado comparado com o aumento do *cycle time* e do WIP.

A falta de cartões

Se o nível de WIP é suficiente em relação à variabilidade na linha, adotar o protocolo CONWIP com rigidez pode funcionar bem. Porém, há situações em que somos induzidos a passar por cima da regra básica da liberação constante do WIP. A Figura 14.9 ilustra uma dessas situações: uma máquina, que não é o gargalo, localizada depois dele passa por uma longa parada excepcional, causando falta de

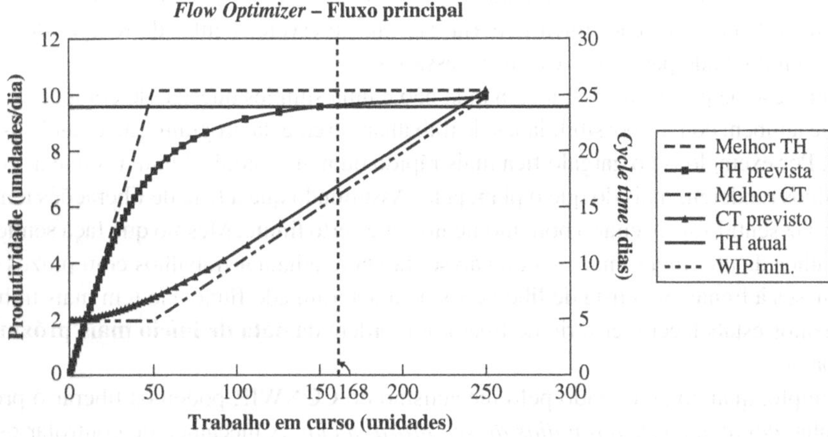

FIGURA 14.7 Gráfico de WIP, CT e TH com alta utilização.

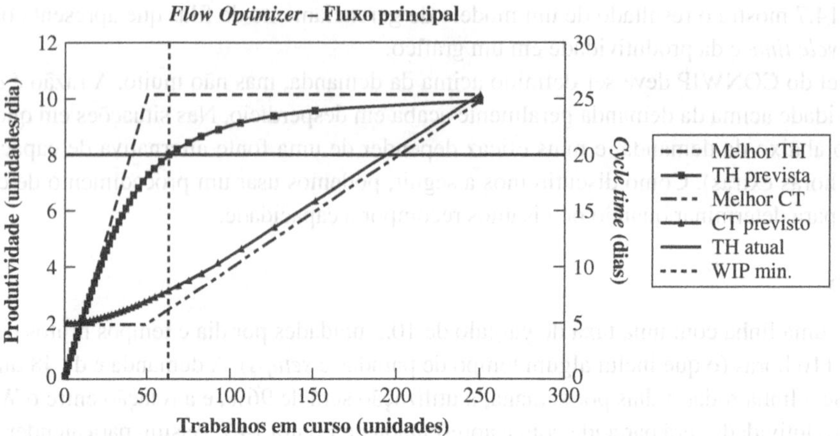

FIGURA 14.8 Gráfico de WIP, CT e TH com utilização baixa.

alimentação no gargalo por falta de cartões. Se essa máquina for bem mais rápida do que o gargalo, será fácil compensar o atraso depois de consertada. Contudo, enquanto isso, a linha perde um tempo precioso em seu gargalo. Uma maneira de remediar a situação é liberar alguns trabalhos para a linha, mesmo sem cartões CONWIP, permitindo que o processo gargalo recomece os trabalhos. Assim que a situação se resolva, retornamos às regras do sistema CONWIP de liberar somente mediante um cartão. Os trabalhos sem cartões serão finalizados, e os níveis do WIP voltarão a ser como antes. Outra maneira para resolver esse tipo de problema é puxar a produção a partir do gargalo, em vez do final da linha. Discutiremos isso na Seção 14.4.2.

O gerenciamento da produtividade

Como notamos no Capítulo 10, os sistemas de produção puxada são intrinsecamente governados por taxas e índices, ao contrário dos sistemas empurrados, que são governados por prazos. Apesar de o fluxo constante e a previsibilidade dos sistemas puxados oferecerem muitos benefícios, eles apresentam o problema de associar a produção com a demanda.

O sistema Toyota de produção resolveu esse problema adotando o ***takt time***, que define o tempo entre as saídas dos produtos. O *takt time* é definido para alcançar uma quota específica de produção em um período de 10 horas. Se essa quota não é alcançada, um período extra de compensação é necessário.

Uma quota de produção com capacidade extra pode ser usada para períodos mais longos do que um dia, desde que tenhamos os meios para comparar a produção com a quota durante o mesmo período. Descrevemos uma metodologia chamada controle estatístico de produtividade na Seção 14.5.1 que pode ser usada para controlar e comparar a produção com a quota e para detectar antecipadamente qualquer atraso. Uma aplicação típica poderia usar um intervalo regular de tempo, de segunda até sexta-feira, com o sábado para horas extras necessárias.

A combinação da produção com a demanda não é uma simples questão de compensar os atrasos. Relaciona-se também com as possibilidades de trabalhar à frente da programação quando as condições permitirem. Por exemplo, se o gargalo fica mais rápido ou mais confiável numa semana, podemos fazer os trabalhos renderem mais do que o planejado. Assumindo que a lista de liberações tem trabalhos para liberar, faz sentido aproveitar o bom momento – até certo limite. Mesmo que faça sentido adiantar alguns trabalhos da próxima semana, pode não ser tão bom adiantar trabalhos com prazos de entrega de muitos meses à frente. Se a lista de liberações para determinado fluxo não tem mais trabalhos para liberar, podemos estabelecer o critério de liberar em ordem da **data de início mais próxima** de cada um dos trabalhos.

Por exemplo, quando autorizado pelo mecanismo do CONWIP, podemos liberar o próximo trabalho na linha, *desde que esteja a* n *dias de seu prazo inicial*. A mecânica de controlar os trabalhos com a data de início mais próxima em uma lista de liberações do CONWIP via computador é muito

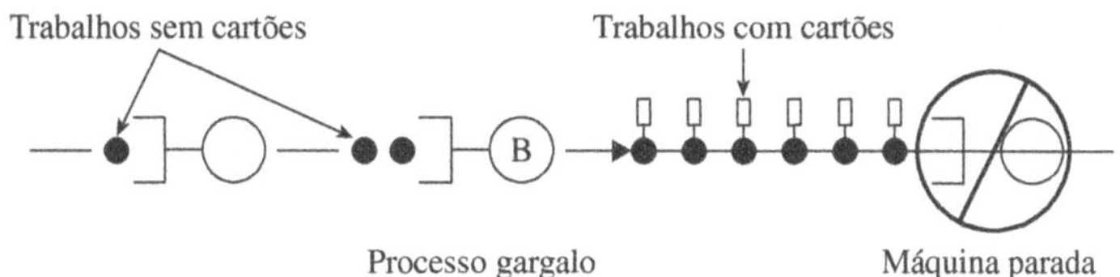

FIGURA 14.9 A falta de cartões CONWIP em situações de falhas.

simples. Todavia, definir o limite de *n* é uma questão adicional para o projeto do sistema CONWIP que se relaciona diretamente com os conceitos de zonas congeladas e de limites de tempos discutidos no Capítulo 3. Como os trabalhos com prazos nas zonas congeladas não podem ser alterados, faria sentido permitir que a linha adiante esses trabalhos. Os trabalhos além da zona congelada restrita (ou dos limites restritos parciais de tempos) são muito mais arriscados para serem adiantados, pois as exigências dos clientes podem mudar. Na verdade, as opções de uma política apropriada para adiantar os trabalhos dependem muito de cada ambiente de produção.

14.3.3 As linhas CONWIP sequenciais

Mesmo que o fluxo seja composto por peças com roteiros similares e em um único nível da estrutura de produto, podemos optar por não rodar a linha toda como um único segmento CONWIP. A razão é que as considerações sobre a distribuição do controle podem nos levar a quebrar a linha em partes mais gerenciáveis. Uma maneira para isso é controlar a linha como sendo vários segmentos CONWIP sequenciais, separados por reservas intermediárias de WIP. O nível de WIP em cada segmento é mantido constante. Os estoques intermediários mantêm níveis suficientes de WIP para permitir rodar temporariamente em diferentes velocidades sem causar bloqueios ou falta de alimentação entre si. Isso facilita o controle de cada um dos diferentes segmentos por diferentes gerentes. Porém, os níveis extras de WIP e os *cycle times* introduzidos pelos estoques intermediários também degradam a eficiência. Esse é um *trade-off* que tem de ser avaliado considerando as necessidades específicas de cada sistema de manufatura.

A Figura 14.10 ilustra diferentes segmentos CONWIP de uma única linha de produção, variando desde o tratamento da linha toda como um segmento CONWIP até o tratamento de cada estação de trabalho em separado. Note que, se cada estação for tratada como um segmento separado, isso é idêntico a um sistema *kanban* com um cartão. Em certo sentido, os sistemas CONWIP básico e o *kanban* estão em um dos extremos de um *continuum* para a configuração do CCF baseada no CONWIP. Quanto mais segmentos CONWIP forem quebrados em uma linha, mais parecido será seu comportamento em relação ao *kanban*. Como discutido no Capítulo 10, o *kanban* oferece controles mais apertados sobre o fluxo de materiais através de cada estação de trabalho e, se os níveis de WIP forem suficientemente baixos, pode promover a comunicação entre as estações adjacentes. Entretanto, pelo fato de haver maiores níveis de WIP no sistema *kanban*, sua implantação é mais complexa do que uma linha CONWIP básica. Assim, além da questão do controle e da eficiência, ao se determinar o número de segmentos CONWIP a serem usados para controlar uma linha, é preciso levar em consideração a questão da complexidade e das comunicações.

Outra questão de controle que surge em uma linha com múltiplos segmentos sequenciais de CONWIP é de quando liberar os cartões. As duas opções existentes são (1) quando os trabalhos entram no estoque intermediário e (2) quando eles deixam o estoque. Se os cartões CONWIP são mantidos com os trabalhos nos estoques intermediários ao final de cada segmento, então a soma do WIP da linha mais o WIP no estoque se manterá constante. Assim, se o WIP no estoque alcançar o nível especificado pelo limite máximo do sistema CONWIP, o segmento vai parar a linha até que a estação abaixo puxe o estoque e libere alguns cartões. Conforme a Figura 14.11 mostra (nos segmentos 1 e 3), esse mecanismo faz sentido se aplicado para segmentos que não sejam o gargalo e que sejam rápidos o suficiente para manter o ritmo da linha toda. Se não conectarmos o segmento 1 ao ritmo da linha, deixando car-

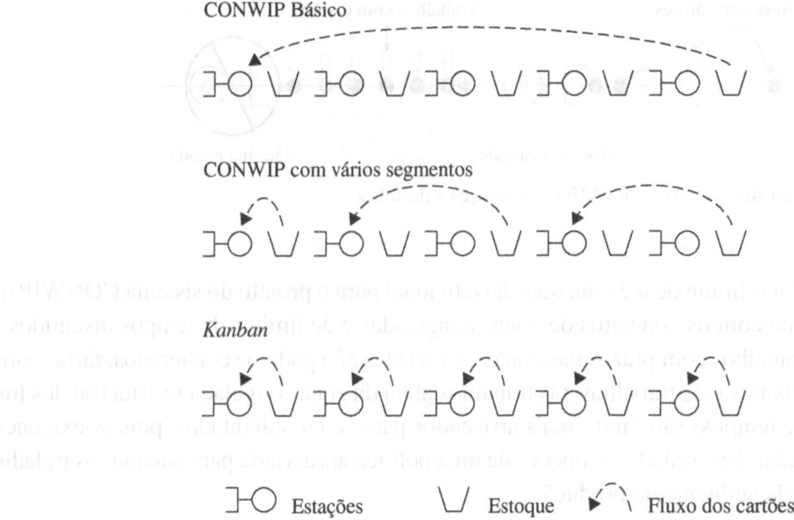

FIGURA 14.10 Segmentos CONWIP sequenciais.

tões anexos em trabalhos no estoque intermediário, ele pode se adiantar muito em relação aos outros segmentos, inundando o sistema com WIP.

Porém, se um segmento for claramente definido como gargalo, podemos separá-lo do resto da linha, para deixá-lo funcionar tão rápido quanto possível (adiantando os trabalhos). Como o segmento 2 da Figura 14.11 mostra, podemos fazer isso liberando os cartões tão logo os trabalhos saem da linha – antes de entrarem no estoque da próxima estação. Isso permitirá ao segmento funcionar tão rápido quanto possível, limitado pela disponibilidade do WIP no estoque intermediário da estação anterior e pelo nível máximo de WIP que pode existir na linha a qualquer momento. É claro que isso significa que o WIP no estoque da estação posterior pode flutuar, porém, desde que o restante da linha tenha velocidade consistentemente maior do que o segmento gargalo, a porção mais rápida pode alcançar o ritmo, e o WIP não aumentará muito. No entanto, em longo prazo, todos os segmentos do sistema CONWIP estarão rodando na mesma velocidade – a mesma do segmento do gargalo.

14.3.4 Os recursos compartilhados

Apesar de, do ponto de vista logístico, ser certamente mais simples se as máquinas fossem dedicadas exclusivamente a cada roteiro – e isso, muitas vezes, é alcançado nas células de produção – outras considerações geralmente tornam isso impossível. Por exemplo, se for preciso uma máquina extremamente cara com uma grande capacidade (como um forno de tratamento térmico) para servir a vários

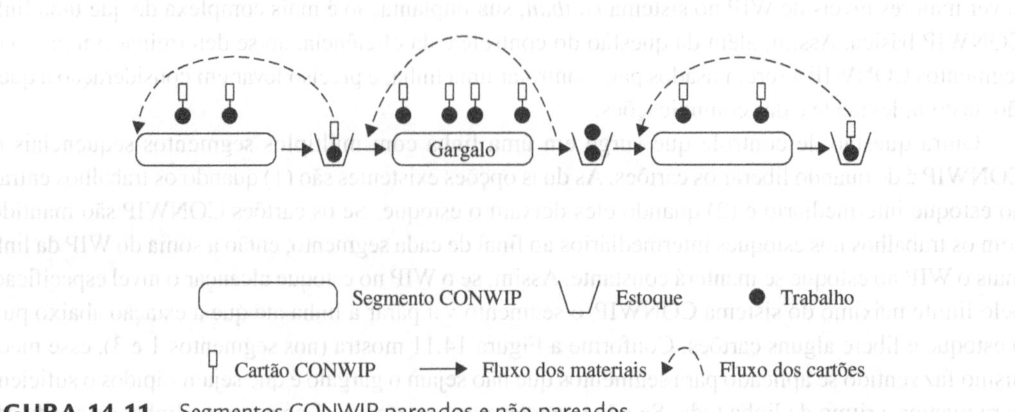

FIGURA 14.11 Segmentos CONWIP pareados e não pareados.

fluxos de produtos, pode não ser economicamente interessante duplicar a operação apenas para isolar os fluxos. O resultado seria algo parecido com o mostrado na Figura 14.3. Se vários recursos são compartilhados por muitos roteiros, a situação pode ficar bem complexa.

Quando os recursos são compartilhados, os controles e as previsões ficam mais complicados em um sistema CONWIP. O controle complica porque precisamos escolher o próximo trabalho de muitos roteiros diferentes. Se o recurso é compartilhado no interior de um segmento CONWIP, as informações naturais para se fazer essa escolha é a "idade" dos trabalhos. A opção correta é processar os trabalhos na ordem primeiro a entrar, primeiro a sair (FIFO), porque o tempo em que um trabalho entra na linha corresponde ao tempo da demanda da estação posterior, pois estamos em um sistema puxado. Assim, esse método coordena a produção com a demanda.

Se for muito importante assegurar que os recursos compartilhados processem antes certos trabalhos urgentes nas estações posteriores, então faz sentido quebrar a linha em segmentos CONWIP separados antes e depois do recurso compartilhado, como apresenta a Figura 14.12 qual mostra dois roteiros, para as famílias dos produtos A e B, que compartilham um recurso em comum. Os dois roteiros são tratados como dois segmentos CONWIP antes e depois do recurso compartilhado. Isso fornece o compartilhamento de um recurso com trabalhos chegando ao estoque da estação anterior, e cartões indicando a necessidade de reposição de estações posteriores. O processamento de trabalhos cujos cartões ficaram aguardando por mais tempo (desde que haja os materiais necessários nos estoques) é a maneira mais simples de pressionar o recurso compartilhado a trabalhar as peças com maior necessidade. Se for preciso um *setup* de uma máquina para trocar de família de produtos, é preciso adotar uma nova regra sobre quantas peças de uma mesma família processar de cada vez antes da troca. Essa questão pode ser resolvida estabelecendo bons tamanhos de lotes durante o planejamento da produção, o que deve ser feito antes da execução.

O compartilhamento de recursos também complica as previsões. Enquanto o modelo de correia transportadora pode ser bem preciso para estimar os tempos de saída de trabalhos de uma linha CONWIP simples, ele não é tão bom para uma linha com recursos compartilhados. A razão é que as saídas de produtos de uma linha podem depender do que está sendo processado nas outras linhas. Uma maneira simples para adaptar o modelo da correia transportadora para essa situação é a alocação prévia de capacidade. Por exemplo, suponha que duas linhas CONWIP, para as famílias dos produtos A e B, compartilhem de um recurso em comum, sendo que a média para a família A é utilizar 60% do tempo do recurso, e a família B, 40%. Podemos tratar a linha para a família A inflando os tempos de processamento compartilhados no recurso comum e dividindo-os por 0,6 para assimilar o fato de que o recurso dedica apenas 60% de seu tempo para A. Da mesma forma, podemos tratar a linha para a família B, dividindo os tempos de processamento no recurso compartilhado por 0,4.

Para ilustrar essa análise em maiores detalhes, considere que o recurso compartilhado da Figura 14.12 requeira 1 hora por trabalho no roteiro A e 2 horas no roteiro B. Se 60% dos trabalhos proces-

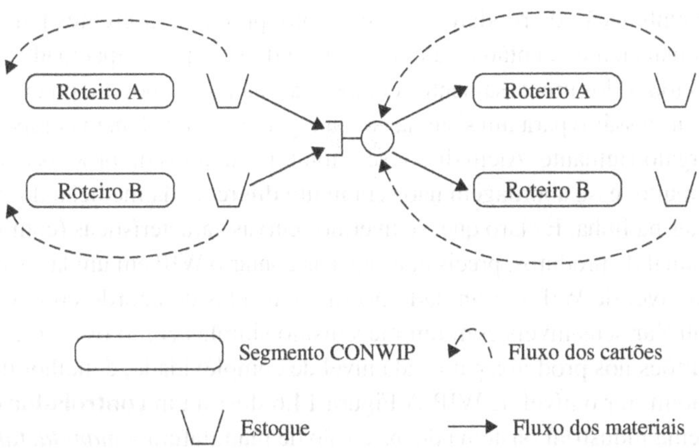

FIGURA 14.12 Divisão de um segmento CONWIP em um recurso compartilhado.

sados pelo recurso forem do roteiro A e 40%, do roteiro B, então a fração de horas de processamento (horas trabalhando o produto) dedicada para A é dada por:

$$\frac{1 \times 0{,}6}{1 \times 0{,}6 + 2 \times 0{,}4} = 0{,}4286$$

Assim, a fração de horas de processamento dedicada a B é de 1 – 0,4286 = 0,5714. Os 42,86% são como uma *disponibilidade* causada por paradas de máquinas. Na verdade, o recurso está disponível para A somente em 42,86% do seu tempo. Portanto, enquanto a taxa de compartilhamento do recurso seria de 1 trabalho por hora, se todos os trabalhos fossem A, ela é reduzida para 1 × 0,4286 trabalhos por hora como resultado do compartilhamento com B. O tempo médio de processamento é o inverso da fórmula, ou 1/0,4286 = 2,33 horas por trabalho. Da mesma forma, o processamento médio para B é de

$$\frac{2}{0{,}5714} = 3{,}50 \text{ horas por trabalho}$$

Utilizando esses tempos de processamento inflados para o recurso compartilhado, podemos agora tratar dos roteiros A e B como linhas CONWIP totalmente separadas, para objetivos analíticos. Se os volumes nos dois roteiros flutuam muito, os tempos da produção variam bastante para baixo e para cima dos previstos por meio do modelo de correia transportadora. O efeito será semelhante a ter tempos de paradas de máquinas altamente variáveis (por exemplo, longos e raros, em vez de curtos e frequentes) em uma linha CONWIP. Assim, se usarmos esse modelo para calcular prazos de entrega para os clientes, precisamos adicionar um fator de inflação maior para compensar a variabilidade extra.

14.3.5 As famílias de produtos múltiplos

Começamos agora a relaxar um pouco as premissas de um sistema CONWIP básico, considerando situações em que a linha tem famílias com múltiplos produtos. Ainda assumimos que sejam linhas de fluxo simples, com roteiros constantes e sem operações de montagens, mas agora permitimos famílias de produtos múltiplos que têm tempos de processamento bem diferentes e possíveis *setups* sequenciais. Nessas condições, pode não ser mais razoável fixar o nível de WIP para os segmentos CONWIP por meio da manutenção de um número constante de unidades na linha. A razão disso é que a carga total na linha pode variar bastante em função dos diferentes tempos de processamento entre os produtos. Pode fazer mais sentido ajustar o nível de WIP de acordo com a capacidade.

Uma medida plausível da carga existente no sistema seriam as horas de processamento na máquina gargalo. Sob essa abordagem, se uma unidade do produto A necessita de 1 hora no gargalo, e B, 2 horas, então quando uma unidade de B deixa a linha, permitimos a entrada de 2 unidades de A (desde que sejam as próximas na lista de liberações). Se a localização do gargalo é relativamente insensível à combinação de produtos, esse mecanismo tende a manter uma carga de trabalho estável no gargalo. Se o gargalo muda conforme a combinação de produtos (por exemplo, produtos diferentes têm máquinas distintas como seus recursos mais lentos), então o cálculo do nível de WIP pela capacidade é mais difícil. Poderíamos usar as horas totais dos processamentos em todas as máquinas, porém, precisamos de um nível de WIP maior do que o necessário para um sistema com um gargalo estável, para compensar a variabilidade causada por um gargalo flutuante. Além disso, se o total dos tempos de processamento dos diferentes produtos não varia muito, essa abordagem não será muito diferente da medição do WIP de acordo com as unidades existentes na linha. É claro que, se tivermos curvas características (como as da Figura 14.7) para a combinação atual de produtos, precisamos apenas contar o WIP em unidades ciências.

Se medirmos o nível de WIP em unidade padrão ajustadas de acordo com a capacidade, torna-se mais difícil controlar seus níveis com um mecanismo simples como os cartões. Em vez de tentar anexar múltiplos cartões nos produtos para cada nível de complexidade, é melhor usar um sistema via computador para monitorar o nível de WIP. A Figura 14.6 ilustra um **controlador de CONWIP**, que consiste de um sistema industrial (sistema de execução de manufatura – *manufacturing execution system*, ou MES) de acompanhamento do WIP com terminais de contagem no início e no final das linhas.

O MES monitora o nível de WIP ajustado e informa sempre que este ficar abaixo do nível determinado (por exemplo, alterando o *status* do próximo trabalho na lista de liberações do CONWIP). Quando isso acontece, o operador da primeira estação seleciona o próximo trabalho da lista para o qual todos os materiais encontram-se disponíveis (usando uma tela que mostra prazo de entrega, código da peça e quantidade a ser liberada, assim como outras informações, tais como a data prevista para sua finalização, etc., conforme mostra a Figura 14.13), liberando-o para a linha. Essa liberação é registrada via teclado ou por um *scanner* óptico e é adicionada ao nível ajustado do WIP. No final da linha, a saída dos trabalhos também é registrada e diminuída do WIP. As exceções, como possíveis baixas por redução de rendimento, também são registradas nos terminais.

14.3.6 As linhas de montagem CONWIP

Vamos agora avançar nos conceitos do sistema CONWIP para as operações de montagem. A Figura 14.14 mostra a situação mais simples na qual uma operação de montagem é alimentada por duas linhas de fabricação. Cada montagem requer um componente da família A e outro da família B. A operação de montagem não pode ser iniciada se os dois componentes não estiverem disponíveis. As duas linhas de fabricação são controladas como segmentos CONWIP com níveis fixos, mas não necessariamente idênticos, de WIP. Cada vez que uma operação de montagem é completada, um sinal (por exemplo, um cartão CONWIP ou um sinal eletrônico) aciona uma nova liberação em cada uma das linhas de fabricação. Desde que seja mantido um protocolo FIFO nas linhas, a sequência das montagens finais será a mesma das liberações.

Note que a finalização de uma montagem não precisa acionar as liberações dos componentes destinados para a mesma montagem. Se a linha A tem um nível de WIP de 9 trabalhos e a linha B, de 18, então a liberação autorizada para a próxima finalização na linha A será usada em 9 montagens a partir do momento, enquanto a liberação para a linha B será usada para 18 montagens. Se os tempos totais de processamento da linha B são maiores do que os da linha A, esse tipo de desequilíbrio é normal. Em geral, a linha mais longa terá um nível de WIP maior (segundo a lei de Little). A determinação exata dos níveis de WIP é um pouco mais complicada. Felizmente, o desempenho é robusto em relação aos níveis de WIP, desde que as linhas tenham WIP suficiente para evitar uma falta excessiva de alimentação do gargalo.

Para ilustrar o mecanismo para definir melhor os níveis de WIP em um sistema de montagem, considere os dados da Figura 14.14. Note que o gargalo de todo o sistema é a máquina 3 da linha A. Assim, a taxa do gargalo é de $r_b = 0{,}25$ trabalhos por hora. Se observarmos as duas linhas, incluindo a montagem, como uma linha de fabricação em separado, podemos usar a fórmula do WIP crítico do Capítulo 7 para cada linha, mostrando que os níveis de WIP sob as circunstâncias ideais (perfeitamente determinísticas) precisam ser as seguintes

$$W_0^A = r_b T_0^A = \tfrac{1}{4}(2+1+4+1) = \tfrac{8}{4} = 2$$
$$W_0^B = r_b T_0^B = \tfrac{1}{4}(3+3+2+3+1) = \tfrac{12}{4} = 3$$

CONWIP Release List

Beginning Completed Date: 1/1/2005 Refresh Back Sequencing

Product Flow	Units	WIP Limit (units)	Status Date & Time	Planned Prod. Rate (units/hr)	Schedule Start	Schedule End
Assembly	Ea	4.00	8/15/2005 12:00 AM	0.08	8/8/2005	8/22/2005

Seq. Nr.	Item ID	Job ID	Batch ID	Process Center	Open Qty	Due Date	Early Completion	Late Completion	Expected Completion	Material Status	Due Date Status	Job Status
0	1090	1090.03	3	WC_A2	0.00	8/12/2005	8/10/2005	8/10/2005	8/10/2005 5:00 PM	Ok	Completed	Completed
0	1090	1090.01	1	WC_A2	0.00	8/12/2005	8/12/2005	8/12/2005	8/12/2005 12:00 AM	Ok	Completed	Completed
0	1090	1090.02	2	WC_A2	0.00	8/12/2005	8/9/2005	8/9/2005	8/9/2005 5:00 PM	Ok	Completed	Completed
0	1091	1091.01	1	WC_B3	0.00	8/12/2005	8/11/2005	8/11/2005	8/11/2005 5:00 PM	Ok	Completed	Completed
0	1091	1091.02	2	WC_B3	0.00	8/12/2005	8/12/2005	8/12/2005	8/12/2005 5:00 PM	Ok	Completed	Completed
1	1091	1091.03	3	WC_B3	1.00	8/15/2005	8/15/2005	8/16/2005	8/16/2005 1:18 AM	Ok	Late	**WIP**
2	1090	1090.04	4	WC_A2	1.00	8/18/2005	8/15/2005	8/16/2005	8/15/2005 12:39 PM	Ok	Early	**WIP**
3	1090	1090.05	5	WC_A2	1.00	8/19/2005	8/16/2005	8/17/2005	8/17/2005 2:37 AM	Ok	Early	**WIP**
4	1090	1090.06	6	WC_A1	5.00	8/19/2005	8/18/2005	8/20/2005	8/19/2005 5:55 PM	Ok	**On Time**	**Start**
5	1091	1091.04	4	WC_B3	1.00	8/20/2005	8/15/2005	8/17/2005	8/16/2005 1:58 PM	Ok	Early	Wait
6	1090	1090.07	7	WC_A1	3.00	8/22/2005	8/19/2005	8/22/2005	8/21/2005 7:53 AM	Ok	Early	Wait

FIGURA 14.13 Resultado de um controlador de CONWIP.

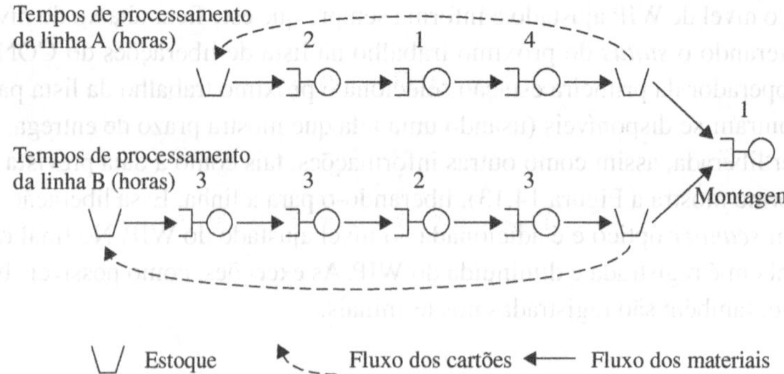

FIGURA 14.14 Controle CONWIP de um processo de montagem.

para alcançar o máximo de produtividade. Na realidade, haverá variabilidade na linha, e os níveis de WIP precisam ser maiores do que esses. O quão maiores dependerá do nível de variabilidade existente na linha.

Para uma linha correspondente ao pior desempenho na prática, discutido no Capítulo 7, podemos calcular o nível de WIP para atingir uma produtividade igual a 90% da taxa do gargalo, definindo a equação da produtividade igual a $0{,}9r_b$ e calculando o nível de WIP w:

$$\frac{w}{W_0 + w - 1} r_b = 0{,}9r_b$$

$$\frac{w}{W_0 + w - 1} = 0{,}9$$

$$w = 0{,}9(W_0 + w - 1)$$

$$w = 9W_0 - 9 = 9(W_0 - 1)$$

Ao inflarmos W_0^A e W_0^B de acordo com essa fórmula, teremos

$$w^A = 9(2 - 1) = 9$$

$$w^B = 9(3 - 1) = 18$$

Se quisermos ser mais precisos, podemos usar as curvas características para cada uma das linhas e definir o nível de CONWIP de acordo com elas. Isso deve ser feito por meio de várias simulações de Monte Carlo ou usando uma ferramenta como o *Flow Optimizer*.

14.4 OUTROS MECANISMOS DE PRODUÇÃO PUXADA

Visualizamos o sistema CONWIP como a primeira opção a considerar como uma plataforma para o módulo do CCF. Ele é simples, previsível e robusto. Assim, a não ser que o ambiente de manufatura impeça sua aplicação, ou outra abordagem produza um desempenho bem melhor, o CONWIP é uma boa opção. Ao usar a flexibilidade discutida anteriormente para dividir as linhas em múltiplos segmentos de CONWIP, podemos projetar o sistema de acordo com as necessidades de muitos ambientes diferentes. Mas há situações em que o sistema CONWIP não é o que chamamos de um módulo do CCF. Discutiremos algumas possibilidades a seguir.

14.4.1 O *kanban*

Como observamos anteriormente, o *kanban* pode ser visto como segmentos CONWIP ao seu extremo, com apenas uma máquina em cada segmento. Assim, sob o ponto de vista de um entusiasta do CONWIP, o *kanban* é apenas uma de suas formas. Além disso, a obra de Ohno *The Toyota Production*

System contém um diagrama de um sistema *kanban* que parece um conjunto de segmentos CONWIP alimentando uma linha de montagem. Portanto, os desenvolvedores do *kanban* também podem considerar o CONWIP como uma forma de *kanban*. De nossa parte, essa distinção é uma questão de semântica; o *kanban* e o CONWIP são bem parecidos. A questão importante é quando usar o *kanban* (segmentos com uma máquina só) em vez de um sistema CONWIP (com segmentos múltiplos).

O *kanban* oferece duas vantagens potenciais sobre o CONWIP:

1. Pelo fato de que cada estação puxa a produção da estação anterior, o *kanban* pode forçar uma melhor comunicação entre as estações. Apesar de haver outras maneiras de promover essa comunicação, o *kanban* faz isso de maneira natural.
2. Ao segmentar a linha em cada estação, o *kanban* fornece naturalmente um mecanismo idêntico ao da Figura 14.12 para o compartilhamento de um recurso comum a diferentes roteiros.

No entanto, o *kanban* tem as seguintes desvantagens potenciais:

1. É mais complexo do que o CONWIP, exigindo a especificação de muitos níveis de WIP. (O número de níveis de WIP é determinado pelo número de peças vezes o número de estações da linha.)
2. Induz um ritmo mais apertado da linha, dando aos operadores menos flexibilidade para adiantar trabalhos e pressionando-os para uma reposição muito rápida dos estoques intermediários.
3. O uso de cartões específicos para cada tipo de produto significa que cada código de peça precisa ser mantido em cada estação, para permitir que a estação posterior puxe o que precisa, tornando-o impraticável para sistemas com muitos códigos.
4. Ele não pode acomodar as alterações da combinação de produtos (a não ser que haja um grande nível de WIP no sistema), pois as contagens dos cartões para cada peça governam os níveis de WIP no sistema de maneira rígida.
5. Ele não é prático para trabalhos pequenos e raros. De forma que ou o nível de WIP ficaria por muito tempo sem ser usado (isto é, entre os trabalhos), ou o sistema não responderia a esses trabalhos, pois as autorizações sinalizadas pelos cartões de *kanban* teriam que ser propagadas até o início da linha para acionar novas liberações de WIP.

Há pouca coisa a fazer para aliviar as duas primeiras desvantagens; a complexidade e a pressão são os preços a pagar para controles locais adicionais de *kanban*. Porém, as outras desvantagens são uma função dos cartões específicos para cada produto e podem ser mitigadas pelo uso de **cartões específicos a cada roteiro** e uma **lista de liberações** similar à usada no CONWIP. A Figura 14.15 mostra um sistema *kanban* com cartões de diferentes cores para diferentes roteiros. Quando um contêiner padronizado é removido do estoque de saídas, o cartão autoriza produção para repô-lo. A identidade da peça a ser produzida é determinada pela lista de liberações, a qual deve ser estabelecida pelo módulo de programação e sequenciamento. Se uma peça não aparece na lista por um longo período, então ela não estará presente na linha. A modificação dos cartões especificados para cada roteiro (em vez de para cada produto) permite essa abordagem para ser usada no sistema *kanban* em sistemas com um grande número de código de peças.

Com base nessas discussões, parece que o *kanban* serve melhor para sistemas com muitos roteiros que compartilham recursos comuns, especialmente se a combinação de produtos é pequena e estável. Se formos quebrar a linha em muitos segmentos CONWIP para facilitar o controle dos recursos compartilhados, adotar um sistema *kanban* não mudará o desempenho de maneira significativa. Além disso, se um novo roteiro converte um recurso que antes não era compartilhado, a configuração do *kanban* já fornece a segmentação da linha.

Por outro lado, se os vários roteiros compartilham poucos recursos em comum e os novos produtos tendem a seguir roteiros já estabelecidos, haveria poucas vantagens em incorrer na maior complexidade de um sistema *kanban*. O sistema provavelmente vai funcionar de maneira mais simples e eficaz usando o CONWIP, se possível quebrado em segmentos separados por razões de distribuição do con-

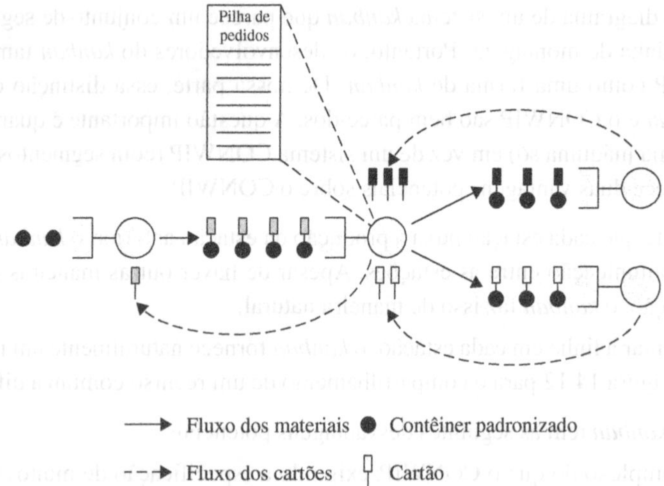

FIGURA 14.15 Sistema *kanban* com cartões específicos para cada roteiro e com uma lista de liberações.

trole gerencial, para um tratamento especial a um recurso compartilhado, ou para alimentar estoques em pontos de montagem.

14.4.2 Os métodos de puxar a produção a partir do gargalo

Dois problemas com o CONWIP (ou o *kanban*) que podem surgir em certos ambientes são os seguintes:

1. *A falta de alimentação no gargalo* causada por paradas de máquinas em estações posteriores. Conforme mostramos na Figura 14.9, podemos desejar a liberação além dos trabalhos autorizados para compensar essa situação.
2. *Liberações prematuras* causadas pela necessidade de manter um nível constante de WIP. Mesmo se uma peça não for requisitada por meses a fio, um sistema CONWIP pode acionar sua liberação, pois o nível de WIP ficou abaixo do estabelecido. Isso pode reduzir a flexibilidade de maneira gratuita (por exemplo, alterações de engenharia ou mudanças nos pedidos dos clientes são muito mais difíceis de acomodar, uma vez que um trabalho foi liberado para a linha).

Podemos modificar o sistema CONWIP para resolver essas situações. A ideia básica é desenvolver um mecanismo para permitir que o gargalo possa trabalhar à frente da programação, mas, ao mesmo tempo, fornecer um mecanismo de travas para não adiantar demais.

Começamos com uma versão bem simples de uma estratégia de **puxar do gargalo (PDG)**. A Figura 14.16 mostra esse sistema para uma linha de produção simples. Esse mecanismo é diferente do CONWIP no que tange ao nível do WIP, pois ele é mantido constante em todas as máquinas até o gargalo (inclusive este), mas flutuante após o gargalo. Como as máquinas abaixo são mais rápidas do que o gargalo, normalmente o nível de WIP não subirá nessa parte da linha. Todavia, se uma falha em uma dessas máquinas causar um crescimento temporário do WIP, não vai causar a parada do gargalo, como pode ocorrer nas linhas CONWIP se faltarem cartões. Assim, um sistema que puxa do gargalo pode fazer sentido como alternativa para a falta de cartões em uma linha com um gargalo estável. Se o gargalo muda dependendo do *mix* de produtos, então não fica claro onde está localizado o ponto a partir do qual se deve puxar, de forma que se pode puxar do fim da linha (usando uma linha CONWIP regular), possivelmente com uma política definida sobre a falta de cartões.

A abordagem PDG simples, mostrada na Figure 14.16, pode mitigar o problema da falta de alimentação no gargalo associado ao CONWIP, mas não resolve a questão das liberações prematuras. Apesar de isso não ser um problema comum nas linhas que operam perto da capacidade máxima, pode ser uma preocupação para os roteiros com baixa utilização. Em fábricas com muitos roteiros (por

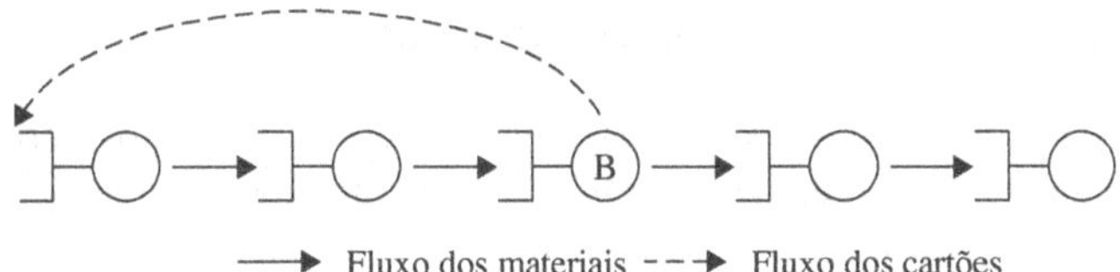

FIGURA 14.16 Um sistema que puxa a produção do gargalo.

exemplo, uma fábrica com um leiaute funcional), alguns roteiros podem não ser usados por longos períodos. Por exemplo, temos visto fábricas com cerca de 5.000 roteiros diferentes, e poucos deles continham WIP. Nessas condições, não pretendemos manter um nível constante de WIP ao longo do roteiro, pois isso causaria a liberação de trabalhos que não são necessários senão no futuro longínquo. Uma maneira simples de evitar isso seria estabelecer uma ordem de vencimento de acordo com os prazos para a lista de liberações conforme já foi discutido.

14.4.3 O controle do chão de fábrica e a programação

O último ponto sobre segurar as peças até que estejam próximas de seu prazo deixa claro que existe uma forte ligação potencial entre o módulo do controle do chão de fábrica e o módulo de programação e sequenciamento. Se gerarmos uma programação usando o módulo de programação e sequenciamento, então podemos controlar cada um dos roteiros, liberando os trabalhos de acordo com essa programação, sujeita ao *limite máximo de WIP*. Isto é, os trabalhos serão liberados sempre que a necessidade de WIP (ajustado em relação à capacidade) no roteiro esteja abaixo da meta estabelecida e que um trabalho esteja dentro de certo prazo em relação à sua liberação programada. Se a programação contém trabalhos suficientes para manter o roteiro em carga máxima, essa abordagem é equivalente ao CONWIP. Se há espaços na programação dos produtos de um roteiro, o nível do WIP pode ficar abaixo do nível ou até zerar.

Vários sistemas de programação podem ser usados em conjunto com um mecanismo para limitar o WIP dessa maneira. Discutiremos as abordagens de programação que se baseiam no modelo de correia transportadora e que servem bem para esse objetivo no Capítulo 15. Mas também poderíamos usar algo menos ideal, como o MRP. A liberação de ordens planejadas gerada pelo MRP também representa uma programação. Em vez de seguir essas liberações independentemente do que acontece na fábrica, podemos bloquear as liberações para roteiros cujos níveis de WIP são muito altos e ativar as liberações (até um limite específico) para roteiros cujos níveis de WIP estão muito baixos. A premissa do *lead time* fixo do MRP ainda tenderá a causar algum erro na programação. Porém, ao forçar uma submissão ao limite máximo do WIP, essa abordagem de CCF evitará, no mínimo, a temida explosão do WIP. Os benefícios de limitar os níveis do WIP em um sistema de MRP foram apontados há muito tempo na literatura sobre o assunto (Wight 1970), mas os controles e o *feedback* eram inversos, ou seja, o MRP controlava as liberações e media o WIP, enquanto o CONWIP controlava o WIP e media as finalizações.

14.5 O CONTROLE DA PRODUÇÃO

Como já mencionamos, o módulo do CCF é o ponto de contato com a evolução em tempo real da fábrica. Portanto, é o lugar natural para monitorar o seu comportamento. Estamos interessados em ambos, o curto prazo, no qual a preocupação é a programação, e o longo prazo, no qual a preocupação é a coleta de dados acurados para o planejamento. Apesar de cada fábrica poder ter uma ampla gama de necessidades de informações e de dados, limitaremos nossa atenção a dois problemas genéricos: a monitoração dos avanços da programação no curto prazo e o controle dos principais parâmetros da capacidade para uso em outros módulos do planejamento no longo prazo.

14.5.1 O controle estatístico de produtividade

No curto prazo, a questão principal refere-se a estarmos ou não em vias de cumprir a programação. Se a linha está funcionando como um segmento CONWIP, com uma quota específica de produção, então a questão é se vamos alcançar a quota ao final do período (por exemplo, ao final do dia ou da semana). Se estivermos seguindo uma programação para cada roteiro, então isso depende de estarmos de acordo com a programação na próxima oportunidade de fazermos horas extras. Se há probabilidade de atraso, podemos fazer preparativos para as horas extras (avisando o pessoal). Como alternativa, se o módulo do CCF puder avisar com boa antecedência que estamos seriamente atrasados, podemos realocar recursos ou tomar outras ações corretivas para remediar o problema. Além disso, podemos adotar um mostrador que divulgue a posição da programação em relação à quota da produção. Temos observado casos de aumento da produção em até 25% por meio de nada mais do que a implementação dos métodos descritos a seguir para definir um ritmo da linha.

Podemos usar técnicas similares àquelas utilizadas no controle estatístico dos processos (CEP) para solucionar as questões básicas no controle da produção em curto prazo. Em função da analogia com o CCF, nos referimos a essa função como **controle estatístico da produtividade (CEPR)**. Para observar como o CEPR funciona, vamos considerar a produção em um segmento CONWIP durante um único período de produção. Os exemplos comuns de períodos são (1) um turno de 8 horas - com um período de 4 horas para manutenção preventiva que pode ser usado para horas extras –, (2) o primeiro e o segundo turnos – e o terceiro para possíveis horas extras – e (3) um tempo regular de segunda a sexta-feira – com o sábado para possíveis horas extras.

Representamos o início do período como o tempo 0 e o final de um tempo regular como o tempo R. Em qualquer ponto intermediário de tempo t, onde $0 \leq t \leq R$, precisamos comparar duas informações:

n_t = a produção real acumulada por linha, se possível em unidades de capacidade ajustada, no intervalo de tempo $[0, t]$

S_t = a produção programada acumulada por linha, para o intervalo de tempo $[0, t]$

Primeiro, note que, como S_t representa a produção programada *acumulada*, ele está sempre aumentando em t. Contudo, se estamos medindo a produção real em um ponto do roteiro antes de um ponto de inspeção de qualidade, onde alguma peça pode ser retirada, então n_t poderia, potencialmente, diminuir. Segundo, note que, se a linha usa uma programação detalhada, S_t pode ter um aumento desproporcional. Porém, se usarmos uma quota de produção periódica, sem uma programação detalhada, de maneira que a meta seja completar Q unidades de produção no tempo R, então assumimos que S_t é linear (isto é, constante) no intervalo, portanto

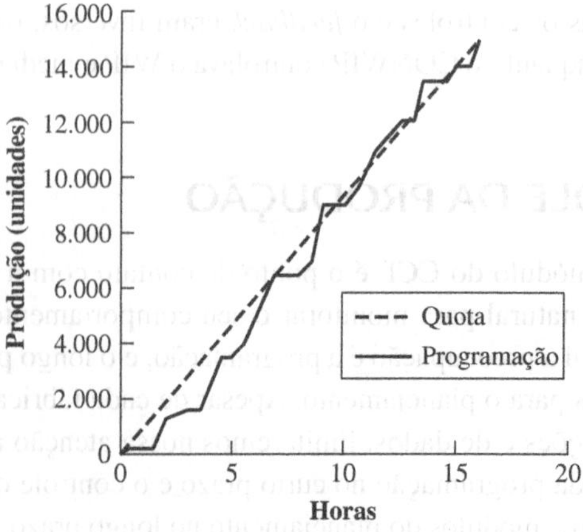

FIGURA 14.17 Funções S_t da produção programada acumulada.

$$S_t = Q\frac{t}{R}$$

de forma que $S_R = Q$. A Figura 14.17 mostra duas possibilidades para S_t.

O ideal seria que a produção real n_t fosse igual à produção programada S_t em qualquer tempo entre 0 e R. É claro que, pelo fato de haver variações randômicas na fábrica, isso praticamente nunca acontecerá. Logo, estamos interessados na identificação de quanto estamos atrasados ou adiantados em relação à programação. Poderíamos extrair um gráfico de $n_t - S_t$ em função do tempo t, para mostrar esse fato em unidades de produção. Quando $n_t - S_t > 0$, estaríamos adiantados; quando $n_t - S_t < 0$, estaríamos atrasados. Entretanto, a diferença entre n_t e S_t não oferece informações diretas sobre o grau de dificuldade de se compensar um atraso e sobre quanta reserva é gerada pelo adiantamento dos trabalhos. Portanto, uma informação mais esclarecedora seria a *probabilidade de a produção estar de acordo com a programação ao final de um tempo regular*, considerando o quanto estamos atrasados ou adiantados no momento.

No Apêndice 14A, obtemos uma equação para essa probabilidade sob a suposição de que podemos fazer uma aproximação da distribuição da produção durante qualquer período de tempo usando uma distribuição normal. Sob um ponto de vista prático, porém, é conveniente usar a fórmula do Apêndice 14A para calcular os níveis de adiantamento (isto é, $n_t - S_t$) que causam a probabilidade de não cumprirmos a quota como sendo qualquer nível especificado de α. Se soubermos a média e o desvio padrão da produção durante um tempo regular (em unidades de capacidade ajustada), representados por μ e σ, isso pode ser alcançado como mostrado a seguir.

Defina x como sendo

$$x = -\frac{(\mu - Q)(R - t)}{R} - z_\alpha \sigma \sqrt{\frac{R - t}{R}} \qquad (14.1)$$

onde z_α é encontrado em uma tabela normal padrão, de maneira que $\Phi(z_\alpha) = \alpha$. Mostramos, no apêndice 14A, que, se o nível do adiantamento dos serviços ao tempo t for igual a x (isto é, $n_t - S_t = x$), então a probabilidade de não se atingir a quota é exatamente α. Se $n_t - S_t > (<)\ x$, então a probabilidade de não se atingir a quota é menor (ou maior) do que α.

Podemos mostrar essas informações em um gráfico. A Figura 14.18 apresenta os valores de x para probabilidades específicas de não se atingir a quota. Escolhemos mostrar essas curvas para as probabilidades de 5, 25, 50, 75 e 95%. Nesse exemplo, estamos assumindo uma quota de produção segundo a qual o tempo regular consiste de dois turnos, um total de 16 horas, sendo que os dados históricos mostram que a produção média durante 16 horas é de 15.000 unidades e que $\sigma = 2.000$ unidades. A quota é definida como sendo igual à capacidade média, isto é, $S_t = Q/R$, onde $Q = 15.000$. As curvas da Figura 14.18 nos apontam uma indicação de como estamos em relação ao cumprimento da quota. Por exemplo, se o nível do adiantamento ao tempo t (isto é, $n_t - S_t$) estiver em exatamente 75% da curva, a probabilidade de não se alcançar a quota é de 75%. Com base nessas informações, o gerente da linha pode tomar decisões (por exemplo, sobre os turnos) para aumentar a produção. Se $n_t - S_t$ vai acima da marca de 50%, isso indica que a decisão foi acertada. Se cair, digamos, abaixo de 95% no tempo $t = 12$, então o cumprimento da quota está se tornando cada vez mais improvável e chegou o momento de anunciarmos horas extras.

Observe que, na Figura 14.18, o valor crítico (isto é, x) para $\alpha = 0{,}5$ é sempre zero. A razão disso é que, como a quota é definida exatamente igual à produção média, sempre teremos uma chance de 50% de alcançá-la quando estamos em tempo. Os outros valores críticos seguem linhas curvas. Por exemplo, a curva para $\alpha = 0{,}25$ indica que precisamos estar bem adiantados em relação à produção programada logo no início de um tempo regular para ter uma chance de 25% de não cumprir a quota, mas precisamos estar apenas um pouco adiantados no final do período para ter essa mesma chance de não cumpri-la. A razão é que no final não temos muito volume restante na quota, de forma que um volume de produção menor seria suficiente.

A discussão do Capítulo 13 sobre a definição de quotas para sistemas de produção puxada apontou que pode ser uma melhor opção definir a quota abaixo dos tempos médios regulares. Quando esse for

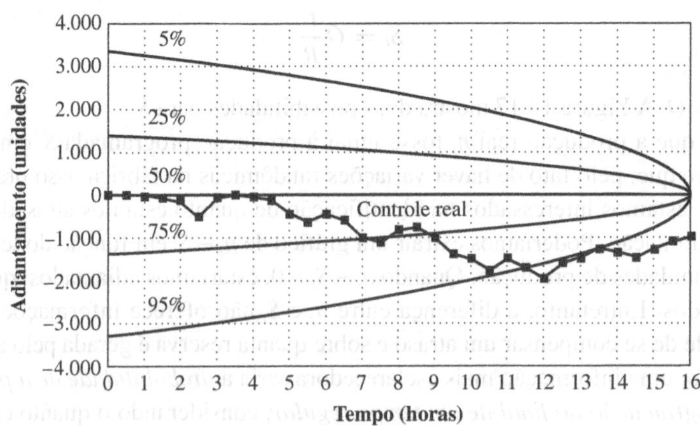

FIGURA 14.18 Gráfico de controle estatístico de produtividade quando a quota é igual à capacidade.

o caso, podemos sempre usar a equação (14.1) para calcular os valores críticos para as várias probabilidades de não cumprir a quota.

Apesar de os gráficos iguais ao da Figura 14.18 oferecerem informações valiosas, achamos que muita gente que trabalha nas linhas prefere um gráfico da produção real acumulada *versus* a programação acumulada, a outros que mostram os "adiantamentos". Além disso, o pessoal da produção está acostumado a usar gráficos com os limites de controle definidos em ±3 desvios padrão. Como estamos preocupados apenas com o cumprimento das quotas, faz sentido mostrar os valores críticos de maneira alternativa, como apresenta a Figura 14.19, com três linhas de dados acumulados: (1) a produção acumulada (triângulos) e a estimativa da produção futura (círculos), (2) a programação (linha tracejada), e (3) uma linha de "três sigmas abaixo" (linha sólida). O exemplo apresentado na Figura 14.19 mostra um caso em que a capacidade média é maior do que a demanda. Assim, não há problema se a produção real estiver acima da programação. Se a produção real estiver entre a programação e a linha dos três sigmas, então é preciso aumentar a velocidade para cumprir a quota. Se a produção real estiver abaixo da linha dos três sigmas, alguma coisa importante aconteceu e quase não há chances (0,00135 de probabilidade) de atingir a quota.

Os gráficos de CEPR, como os mostrados nas Figuras 14.18 e 14.19, podem ser gerados usando a equação (14.1) com as informações da produção real (isto é, n_t). A linha acumulada pode ser facilmente calculada utilizando a relação $x = n_t - S_t$.[6] Os monitores que mostram o controlador do CONWIP (ver Figura 14.6) são um lugar natural para mostrar esses gráficos para as linhas CONWIP, bem como gráficos de CEPR podem ser mantidos e mostrados em qualquer ponto crítico da fábrica.

Eles podem ser úteis mesmo se n_t não controla a produção em tempo real. Por exemplo, se os tempos regulares consistem de segunda a sexta-feira e só dispomos das informações da produtividade ao final de cada turno, podemos atualizar os gráficos indicando as chances de atingir a quota.

Por último, os gráficos de CEPR podem ser de muita utilidade em um recurso crítico compartilhado por vários roteiros. Por exemplo, um sistema com duas diferentes linhas de produção de placas de circuito integrado correndo através de um processo de um banho de cobre pode manter dois gráficos separados para cada um dos roteiros. Os gerentes de linha podem tomar decisões sobre qual roteiro deve seguir os trabalhos a partir dos dados sobre o *status* das quotas de cada um. Se a linha 1 está bem adiantada em sua quota, e a linha 2 está atrasada, faz sentido trabalhar a linha 2, caso haja peças disponíveis. É claro que podemos ter que usar as informações dos gráficos de CEPR de forma criteriosa para evitar a troca frequente entre as linhas, nos casos em que isso requer um *setup* demorado.

[6] Note que isso pode resultar em um limite abaixo de três sigmas, o qual é menor do que zero, caso em que o resultado de ser ajustado para ser igual a zero.

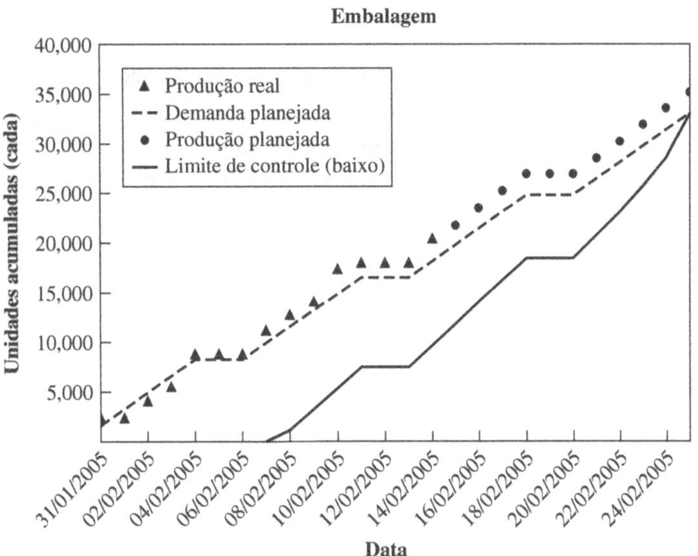

FIGURA 14.19 Gráfico de CEPR quando a quota é menor do que a capacidade.

14.5.2 O controle da capacidade em longo prazo

Além de oferecer informações de curto prazo para operadores e gerentes, um sistema de controle da produção deve fornecer informações às outras funções do planejamento, como o planejamento agregado, o RH e a definição das quotas. Os dados importantes necessários para essas funções são a média e o desvio padrão da produção da fábrica nos períodos regulares em unidade padrão de trabalho. Como estamos monitorando continuamente os dados da produção por meio do módulo do CCF, este é um bom lugar para coletar essas informações.

Na discussão a seguir, assumimos que podemos observar diretamente o volume de trabalhos completados em um tempo regular. Em um sistema rígido de quotas, o qual é parado quando a quota é alcançada, mesmo se isso acontecer antes do tempo regulamentar, esse procedimento *não* deve ser usado, pois vai subestimar a verdadeira capacidade dos períodos regulares. Em vez disso, a média e o desvio padrão devem ser coletados sobre as informações do *tempo para fazer a quota,* que pode ser menor ou maior do que o tempo regular do período, e esses dados devem ser convertidos em médias e desvios padrão para os tempos regulares de produção. As fórmulas para fazer essa conversão são dadas por Spearman et al. (1989).

Como a produção real durante os tempos regulares pode flutuar devido a variações aleatórias, faz sentido suavizar os dados históricos para produzir estimativas de parâmetros consistentes da capacidade. A técnica da suavização exponencial descrita no Capítulo 13 para fazer previsões pode servir também para essa tarefa. Podemos usar esse método para obter informações históricas da produção e fazer previsões sobre a capacidade futura.

Para controlar a capacidade média, faz sentido usar a "suavização exponencial com uma tendência linear" (ver o Apêndice 13A). Ela nos fornece um controle suavizado não apenas dos valores da produção, mas também de sua tendência. Se a tendência tem sua média crescente, significa que a capacidade está aumentando.

Para controlar a variação da produção, podemos usar a suavização exponencial simples (sem uma tendência). A quantidade a suavizar nos é dada pela definição da variância,

$$\sigma^2 = E[(X_t - \mu)^2]$$

onde X_t é a produção real e μ é sua média. Estimamos a média usando o valor médio suavizado, μt, e calculamos a grandeza

$$\hat{\sigma}_t^2 = (X_t - \hat{\mu}_t)^2$$

Então suavizamos $\hat{\sigma}_t^2$ usando a suavização exponencial. Finalmente, obtemos o desvio padrão suavizado por meio da raiz quadrada da variância suavizada. As Figuras 14.20 e 14.21 apresentam linhas típicas da média e do desvio padrão da capacidade suavizados. Note que a capacidade média tem uma tendência crescente, enquanto seu desvio padrão mostra uma tendência decrescente, o que pode indicar que os esforços das melhorias estão tendo um efeito positivo sobre a capacidade do sistema. Se as tendências fossem inversas, indicariam um problema que a administração certamente gostaria de esclarecer e corrigir.

14.6 CONCLUSÕES

Neste capítulo, gastamos muito tempo discutindo o módulo do controle do chão de fábrica (CCF) de um sistema de planejamento e controle da produção (PCP). Enfatizamos o ponto de que um bom

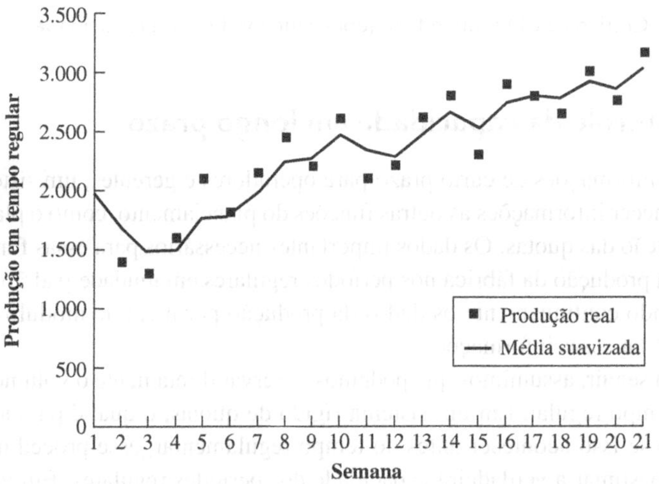

FIGURA 14.20 Suavização exponencial da capacidade média em tempo regular.

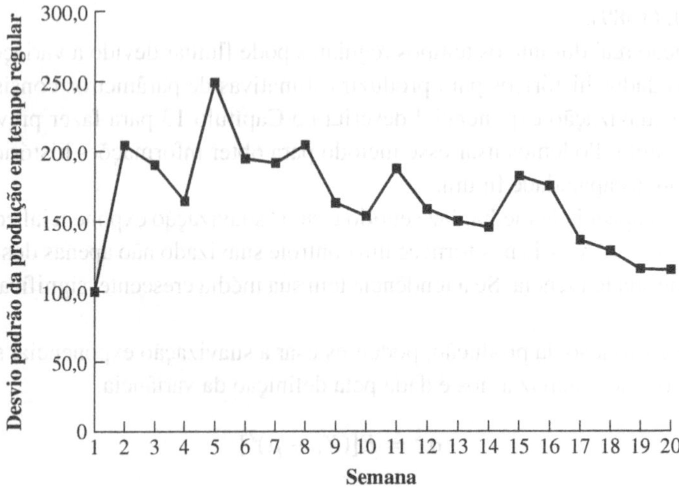

FIGURA 14.21 Suavização exponencial do desvio padrão da capacidade em tempo regular.

módulo do CCF pode muito mais do que simplesmente governar a movimentação dos materiais para dentro e fora da fábrica. Como o ponto básico de contato com os processos de fabricação, o CCF tem uma função importante na formulação dos problemas enfrentados pela administração. Um módulo de CCF bem projetado estabelece um sistema de controles previsíveis e robustos cuja complexidade é apropriada de acordo com as necessidades.

Pelo fato de os sistemas de manufatura serem diferentes entre si, um módulo uniforme de CCF é impraticável, se não impossível. Um módulo que seja genérico o suficiente para gerenciar uma ampla gama de situações pode não servir bem aos sistemas mais simples e tampouco para sistemas complexos específicos. Mais do que qualquer outro módulo na hierarquia, o CCF é um candidato à personalização. Pode fazer sentido usar sistema de leitura óptica, redes locais, controle estatístico e outras tecnologias como componentes de um módulo do CCF. Porém, não há substituto para uma integração cuidadosa feita levando em consideração as capacidades e necessidades do sistema. Esperamos que os profissionais da manufatura que lerem este livro providenciem essa integração, usando os princípios básicos, a intuição, a síntese e as habilidades adquiridas aqui e em outras fontes.

Como não acreditamos ser possível fornecer um livro de receitas para criar um bom módulo do CCF, adotamos a abordagem de iniciar com sistemas simples, destacando as questões mais importantes, e estendemos nossa abordagem para outras questões mais complexas. Nosso esquema básico é de começar com um conjunto simples de linhas CONWIP e nos perguntarmos por que tais esquemas poderiam não funcionar. Se funcionam, como acreditamos, para fluxos relativamente complexos, então esta é a solução mais simples e robusta. Se não, esquemas mais complexos, como puxar do gargalo (PDG), podem ser necessários. Esperamos que as variações do CONWIP oferecidas sejam suficientes para animar o leitor a pensar criativamente em opções mais específicas além das discutidas aqui.

O último assunto que enfatizamos é que o *feedback* é uma ferramenta *essencial* de um sistema eficaz de planejamento e controle da produção. Infelizmente, muitos sistemas de PCP evoluem para estruturas muito esparsas, com grupos distintos responsáveis por diferentes facetas do processo de planejamento. O resultado é que podem ser usadas informações inconsistentes, há falha na comunicação entre as várias pessoas que tomam decisões, prejudicando a cooperação e a coordenação na solução dos problemas. Além disso, sem um mecanismo de *feedback*, dados excessivamente otimistas (por exemplo, previsões irrealistas sobre a capacidade) podem persistir nos sistemas de planejamento, tornando-os, no mínimo, inconfiáveis e, no máximo, completamente ridículos. O controle estatístico da produtividade é um mecanismo explícito para pressionar a criação de um sistema de *feedback* em relação às informações sobre a capacidade. Abordagens similares podem ser projetadas para promover *feedback* sobre outras informações importantes, como rendimento dos processos, frequência dos retrabalhos e curvas de aprendizado para novos produtos. A chave é que a administração esteja atenta para o potencial de inconsistências e que se esforce para que as boas informações do *feedback* sirvam a todo o sistema da hierarquia. Além disso, para ser eficaz, o *feedback* precisa ser usado com o propósito de solucionar os problemas, e não de apontar culpados.

Apesar de o módulo do CCF desempenhar uma das tarefas mais básicas da fábrica, ele pode ser de uma importância crítica para a eficácia de todo o sistema. Um módulo bem projetado estabelece um ambiente previsível sobre o qual pode ser construído todo o restante da hierarquia do planejamento. Mecanismos apropriados de *feedback* podem coletar informações úteis para o planejamento e podem promover um ambiente de melhorias contínuas. Lembrando nosso pensamento no início deste capítulo,

Mesmo uma viagem de 1.000 li começa com um simples passo. Lao Tzu

O módulo do CCF não é apenas o primeiro passo em direção a um sistema eficaz de planejamento e controle da produção, ele é um passo realmente muito importante.

APÊNDICE 14A
O CONTROLE ESTATÍSTICO DE PRODUTIVIDADE

A grandeza básica necessária para solucionar várias questões de curto prazo sobre o controle da produção é a probabilidade de cumprir a quota ao final da produção em tempo regular, considerando que já sabemos quanto foi produzido até o momento. Como a produção de cada linha precisa ser computada para manter um nível constante de WIP, uma linha CONWIP terá os dados necessários para fazer esses cálculos.

Para isso, definimos a duração da produção em tempo regular como sendo R. Assumimos que a produção durante esse tempo, representada por N_R, é distribuída normalmente, com a média μ e o desvio padrão σ. Tomaremos N_t para representar a produção, em unidade padrão, durante $[0, t]$, onde $t \leq R$. Modelamos N_t como uma distribuição normal com a média de $\mu t/R$ e variância $\sigma^2 t/R$. Em geral, a suposição de que a produção é normal será quase sempre boa para todos os valores de t, exceto os pequenos. A suposição de que a média e a variância de N_t são como apresentadas aqui é equivalente a assumir que a produção durante intervalos não sobrepostos é independente. Ressaltando, essa é, provavelmente, uma boa suposição, exceto para intervalos muito pequenos.

Estamos interessados, primeiramente, no processo $N_t - S_t$, onde S_t é a produção programada acumulada até o tempo t. Se estamos usando uma quota de produção periódica, então $S_t = Qt/R$. A quantidade $N_t - S_t$ representa o adiantamento em relação à programação no tempo t. Se essa grandeza for positiva, estamos adiantados; se negativa, estamos atrasados. Em um sistema ideal com taxas constantes de produção, essa grandeza sempre seria zero. Em sistemas reais, ela flutuará, tornando-se positiva e negativa.

A partir de nossa suposição, tem-se que $N_t - Qt/R$ é uma distribuição normal com a média de $(\mu - Q)t/R$ e variância $\sigma^2 t/R$. Da mesma forma, N_{R-t} é uma distribuição normal, com a média de $\mu(R - t)/R$ e variância de $\sigma^2(R - t)/R$. Assim, se no tempo t, $N_t = n_t$, onde $n_t - Qt/R = x$ (estamos adiantados em x unidades), então não vamos cumprir a quota ao tempo R apenas se $N_{R-t} < Q - n_t$. Assim, a probabilidade de não atingirmos a quota ao tempo R, considerando um adiantamento atual de x, é dada por

$$\begin{aligned} P(N_{R-t} \leq Q - n_t) &= P\left(N_{R-t} \leq Q - x - \frac{Qt}{R}\right) \\ &= P\left(N_{R-t} \leq \frac{Q(R-t)}{R} - x\right) \\ &= \Phi\left[\frac{(Q-\mu)(R-t)/R - x}{\sigma\sqrt{(R-t)/R}}\right] \end{aligned}$$

onde $\Phi(\cdot)$ representa a distribuição normal padrão.

De um ponto de vista prático de implementação, é mais conveniente calcular os níveis de adiantamentos que causam a probabilidade de deixar de cumprir a quota como sendo qualquer nível específico de α. Esses níveis podem ser calculados como segue:

$$\Phi\left[\frac{(Q-\mu)(R-t)/R - x}{\sigma\sqrt{(R-t)/R}}\right] = \alpha$$

que resulta em

$$x = -\frac{(\mu - Q)(R-t)}{R} - z_\alpha \sigma \sqrt{\frac{R-t}{R}}$$

onde z_α é escolhido de maneira que $\Phi(z_\alpha) = \alpha$. Esse x é o adiantamento ao tempo t que resulta em uma probabilidade de não atingir a quota exatamente igual a α, e é a equação (14.1), sobre a qual se baseiam nossos gráficos de controle estatísticos de produtividade.

QUESTÕES PARA ESTUDO

1. Qual a motivação para limitar a distribuição de controle de um gerente a um número específico de subordinados ou de processos de fabricação? Que problemas isso poderia causar para a coordenação da fábrica?
2. Mencionamos repetidas vezes que a produtividade é uma função crescente do WIP. Assim, poderíamos variar o nível de WIP como uma maneira de acertar os níveis de produção com a taxa de demanda. Por que isso não seria uma prática muito boa?
3. Que fatores poderiam tornar o *kanban* inapropriado para o controle do fluxo de materiais através de uma fábrica com leiaute funcional, isto é, um sistema com muitos roteiros mutáveis com volumes flutuantes?
4. Por que poderíamos querer violar o limite máximo do WIP imposto pelo sistema CONWIP e introduzir cartões extras quando uma máquina abaixo do gargalo tem uma parada longa? Se permitirmos isso, que outras práticas poderíamos adotar para evitar a explosão do WIP?
5. Quais as vantagens de quebrar uma longa linha de produção em pequenos segmentos CONWIP sequenciais? Quais seriam as desvantagens?
6. Para cada situação a seguir, indique qual seria sua escolha entre usar os sistemas CONWIP (C), *kanban* (K), Puxar do gargalo (P), ou algum outro sistema (I) para o controle do chão de fábrica.
   (a) Uma linha de fluxo com apenas uma família de produtos.
   (b) Uma linha de montagem ritmada alimentada por um estoque.
   (c) Uma usina de aço com a fundição alimentada por fluxos de aço incandescente (com estoques intermediários), que alimentam processos de enrolar o aço em bobinas (com estoques intermediários)?
   (d) Uma fábrica com vários roteiros compartilhando alguns recursos comuns, com *setups* significativos, sendo que todos os roteiros são constantemente alimentados ao longo do tempo.
   (e) Uma fábrica com muitos roteiros, alguns compartilhados em comum, e alguns deles usados apenas esporadicamente.
7. O que significa o controle estatístico de produtividade, e qual a diferença em relação ao controle estatístico de processos? Poderíamos usar os gráficos de controle deste para controlar aquele?
8. Por que o gráfico de controle estatístico de produtividade na Figura 14.18 é simétrico? Como seria se a capacidade fosse maior que a quota? E se fosse menor? O que isso significa sobre o efeito de adotar quotas de produção próximas à capacidade média?
9. Por que faria sentido usar a suavização exponencial com uma tendência linear para controlar a capacidade média de uma linha de produção? Como poderíamos julgar se a suavização exponencial sem uma tendência linear pode funcionar bem ou não?
10. Que métodos existem para controlar os desvios padrão da produção periódica de uma linha de produção?

PROBLEMAS

1. Uma linha de fabricação contém uma operação de exposição óptica com cinco máquinas paralelas dentro de uma sala asséptica. Devido ao espaço limitado, só há lugar para cinco contêineres de WIP (placas) de estoque intermediário para compensar a variabilidade dos fluxos acima. A operação de exposição é alimentada por uma linha que faz a cobertura de cobre que consiste de uma correia transportadora que carrega as placas a uma taxa de 3 por minuto e requer mais ou menos 1 hora para completar o roteiro (isto é, um trabalho com 60 placas requer 20 minutos para ser transportado, mais 1 hora para a última placa chegar na sala asséptica da exposição). As máquinas de exposição levam cerca de 2 horas para processar cada trabalho com 60 placas. A política atual é de que sempre que o nível de WIP dentro da sala atinge 5 trabalhos (além dos 5 sendo processados nas máquinas de exposição), a linha que faz o processo de cobertura de cobre é parada por 3 horas. Ambos os processos de exposição e cobertura estão sujeitos à variabilidade causada por paradas de máquinas, falta de materiais, falta de operadores, etc. Quando tudo isso é computado em uma análise de capacidade, a exposição parece ser o gargalo da linha toda.
   (a) Qual o possível problema da política de controle usada no processo de cobertura?
   (b) Quais as alternativas que você poderia sugerir? Lembre-se de que a exposição é isolada do resto da linha por estar em uma sala asséptica e, por causa disso, os operadores não conseguem visualizar o início da operação de cobertura; tampouco os operadores da cobertura podem visualizar as operações dentro da sala.

(c) Como sua recomendação mudaria se a capacidade da exposição aumentasse (digamos, ao usar trabalho flexível durante a hora do almoço) de maneira que ela não seria mais o gargalo no longo prazo?

2. Considere uma linha com 5 estações que processam dois produtos: A e B. A estação 3 é o gargalo para os dois produtos. Porém, o produto A requer 1 hora por unidade no gargalo, enquanto o B requer 12 horas. É usada uma política modificada de controle do sistema CONWIP, sob a qual o nível de complexidade ajustada do WIP é medido pelo número de horas de trabalho gastas no gargalo. Assim, uma unidade de A conta como uma unidade de WIP ajustado, enquanto uma unidade de B conta como meia unidade de WIP ajustado. A política é de liberar o próximo trabalho na sequência sempre que o nível de WIP caia para 10 unidades ou menos.
   (a) Suponha que a sequência de liberação alterna os produtos A e B (isto é, A-B-A-B-A-B-···). O que acontece com a quantidade de produtos A e B no sistema ao longo do tempo?
   (b) Suponha que a sequência de liberação é alternada a cada 10 unidades de A e 10 unidades de B. E agora, o que acontece com a quantidade de produtos A e B no sistema ao longo do tempo?
   (c) A literatura da produção enxuta prega uma sequência igual à de (a). Por quê? Por que algumas linhas precisam usar uma sequência igual à de (b)?

3. Considere um sistema de dois produtos como o da Figura 14.22. O produto A e o componente 1 do produto B passam por uma operação de gargalo. Os componentes 1 e 2 do produto B são montados em uma operação de montagem. Os trabalhos do tipo A requerem 1 hora de processamento no gargalo, enquanto os do tipo B requerem 1,5 hora. O *lead time* para os trabalhos do tipo A atingirem o gargalo desde sua liberação é de 2 horas. O componente 1 do tipo B leva 4,5 horas até o gargalo. A sequência dos próximos 8 trabalhos a serem processados no gargalo é a seguinte:

Sequência dos trabalhos	1	2	3	4	5	6	7	8
Tipo de trabalho	A	A	B	B	B	B	A	B

   Os trabalhos de 1 ao 6 já foram liberados, mas ainda não foram completados no gargalo. Suponha que o sistema é controlado usando o método de puxar do gargalo, descrito na Seção 14.4.2, segundo o qual os tempos planejados no gargalo são de $L = 4$ horas.
   (a) Quando o trabalho 7 deve ser liberado (agora ou depois de completado o trabalho em curso no sistema)?
   (b) Quando o trabalho 8 deve ser liberado (agora ou depois de completado o trabalho em curso no sistema)? Os trabalhos precisam ser liberados necessariamente na mesma ordem em que são processados no gargalo? Por quê?
   (c) Se um novo trabalho é liberado apenas quando outro é completado no gargalo, será que os trabalhos aguardarão em fila diante do gargalo mais, menos ou igual ao tempo de L? (*Dica:* Qual a estimativa da espera para o trabalho 8?) Esse caso poderia ser resolvido se atualizássemos a carga de trabalho no gargalo com maior frequência do que apenas na finalização dos trabalhos?
   (d) Suponha que o *lead time* para o componente 2 do produto B até a o ponto de montagem seja de 1 hora. Se quisermos que o componente 2 aguarde em média 1,5 hora até a montagem, quando ele deveria ser liberado em relação ao componente 1?

4. Considere uma linha que fabrica torradeiras durante 5 dias por semana, com um turno por dia (ou 40 horas por semana). Foi definida uma quota periódica de 2.500 torradeiras. Se essa quota não é cumprida ao final da sexta-feira, é preciso fazer horas extras no fim de semana para compensar o atraso. Os dados históricos indicam que a capacidade da linha é de 2.800 unidades por semana, com um desvio padrão de 300 unidades.
   (a) Suponha que na 20ª hora há 1.000 unidades completas. Usando o modelo do controle estatístico de produtividade, estime a probabilidade de que a linha cumprirá a quota até o fim de semana.

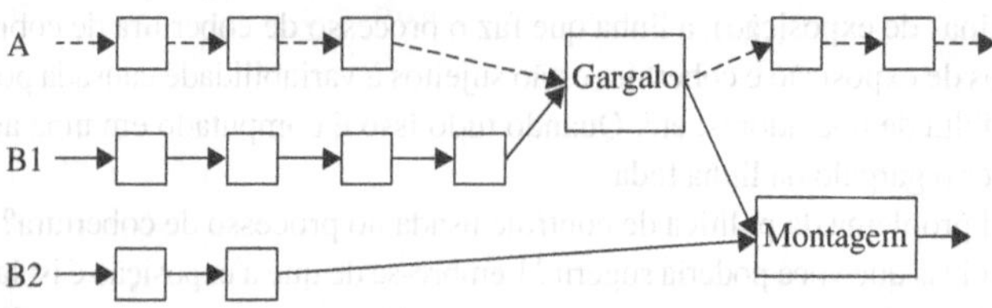

FIGURA 14.22 Sistema de produção que puxa a partir do gargalo.

(b) Quantas torradeiras terão que ser fabricadas até a 20ª hora para assegurar uma probabilidade de 0,9 de cumprir a quota?

(c) Se a quota semanal for aumentada para 2.800 torradeiras por semana, como muda sua resposta para (b)?

5. A produção da linha de montagem de um fabricante que produz colheitadeiras agrícolas tem sido a seguinte durante as últimas 20 semanas:

Semana	1	2	3	4	5	6	7	8	9	10
Produção	22	21	24	30	25	25	33	40	36	39
Semana	11	12	13	14	15	16	17	18	19	20
Produção	50	55	44	48	55	47	61	58	55	60

(a) Use a suavização exponencial com uma tendência linear e constantes de suavização de $\alpha = 0{,}4$ e $\beta = 0{,}2$ para controlar a produção das semanas 2 a 20. A tendência dos dados parece positiva?

(b) Usando o desvio médio ao quadrado como sua medida de precisão, você pode definir valores melhores de α e β do que os dados em (a)?

(c) Use a suavização exponencial (sem uma tendência linear) e uma constante $\gamma = 0{,}2$ para controlar a variância semanal durante as semanas 2 a 20. A variância parece ser crescente, decrescente ou constante?

Capítulo 15

A Programação da Produção

Que tudo seja feito com decência e ordem.
I Coríntios

15.1 OS OBJETIVOS DA PROGRAMAÇÃO DA PRODUÇÃO

Todos os gerentes de produção gostariam de ter entrega no prazo, nível mínimo de WIP, períodos mínimos de espera dos clientes e utilização máxima dos recursos da fábrica. Infelizmente, esses objetivos são conflitantes entre si. Por exemplo, é muito mais fácil finalizar os trabalhos no prazo se a utilização dos recursos for baixa. Da mesma forma, os prazos de entrega aos clientes podem ser até zero se mantivermos um enorme estoque de produtos acabados. O objetivo da programação da produção é achar um ponto de equilíbrio entre esses objetivos conflitantes.

Neste capítulo, discutiremos várias abordagens ao problema da programação. Iniciamos com as medidas padrão usadas na programação, fazendo uma revisão das abordagens tradicionais. A seguir, discutiremos o porquê de os problemas relativos a esse assunto serem tão difíceis e quais suas implicações nos sistemas práticos. Depois iremos desenvolver abordagens práticas de programação, primeiramente para o gargalo e, em seguida, para a fábrica toda. Por último, discutiremos como fazer a interface da programação – que é "empurrada" por natureza – com os ambientes de produção puxada como o CONWIP.

15.1.1 O cumprimento dos prazos

Um objetivo básico da programação da produção é o cumprimento dos prazos, que podem ter sua origem em duas fontes: diretamente dos clientes ou na forma de requisições internas para outros processos de fabricação.

Em um ambiente de produção sob encomenda, os prazos de entrega aos clientes são os principais fatores que comandam todos os outros prazos. Como já vimos no Capítulo 3, um conjunto de pedidos dos clientes pode ser explodido de acordo com a estrutura de produtos para gerar as requisições por todas as peças e componentes em níveis baixos.

Em um ambiente de produção para estoque não temos os prazos de clientes a cumprir, pois os pedidos são atendidos imediatamente assim que acontece a demanda. Esses pedidos reduzem os estoques até atingirem o ponto de reposição, que aciona a demanda no sistema de produção. A demanda gerada dessa maneira é tão real quanto aquela gerada pelos pedidos dos clientes pois, se não for atendida, as necessidades dos clientes também não serão. Essas demandas acionadas pelos pedidos de reposição são explodidas em demandas de peças e componentes de níveis baixos da mesma maneira que os pedidos de clientes.

Várias medidas podem ser usadas para avaliar o desempenho no cumprimento dos prazos, incluindo as seguintes:

O **nível de atendimento** (ou, simplesmente, **atendimento**), normalmente usado em sistemas de produção sob encomenda, é a fração atendida dentro, ou antes, do prazo. De maneira equivalente, é a fração dos trabalhos cujo *cycle time* é menor ou igual ao *lead time* planejado.

A **taxa de atendimento** é a mesma medida para os sistemas de produção para estoque e é definida como a porção da demanda atendida com estoques, isto é, sem a demora dos pedidos em carteira.

O **atraso** é a diferença entre o prazo final do pedido e a data de finalização. Se definirmos d_j com o prazo final e c_j como o tempo de finalização do trabalho j, o atraso de um trabalho j é dado por $L_j = c_j - d_j$. Note que o atraso pode ser positivo (indicando que o trabalho está atrasado) ou negativo (indicando que está adiantado). Consequentemente, uma *média* pequena de atraso não é significativa. Ela poderia sugerir que todos os trabalhos estão sendo finalizados próximos a seus prazos, o que é bom; ou que para cada trabalho finalizado com muito atraso há outro que foi finalizado com muita antecedência, o que é ruim. Para o atraso ser uma boa medida, precisamos considerar sua *variância,* assim como sua *média*. Uma pequena média e uma variância regular indicam que a maioria dos trabalhos é finalizada perto de seus prazos finais.

A **demora** é definida como o atraso de um trabalho se ele estiver realmente atrasado, do contrário, é zero. Assim, os trabalhos adiantados têm uma demora de zero, e uma demora *média é* uma medida significativa do desempenho no cumprimento dos prazos de entrega aos clientes.

Essas medidas sugerem vários objetivos que podem ser usados na formulação dos problemas de programação. Um que se tornou clássico é "minimizar a demora média", o qual é clássico apenas na literatura das pesquisas sobre a programação da produção, não na prática. Como era de se esperar, "minimizar a variância da demora" também é visto como tendo pouca utilidade prática.

O nível e a taxa de atendimento *são* bastante usados na prática, devido à demora ser difícil de controlar, e sua média e variância não serem intuitivas. O porcentual de trabalhos dentro do prazo é mais fácil de definir como "o número médio de dias atrasados, considerando os trabalhos adiantados como zero" ou "o desvio padrão da diferença entre o prazo final de um trabalho e a data de sua finalização". Porém, o nível e a taxa de atendimento têm um problema óbvio. Uma vez atrasado, um trabalho vai contra o atendimento, *não importa o quão atrasado ele esteja.* Abordagens ingênuas baseadas nessas métricas podem, portanto, levar a programações ridículas que estabelecem regras como nunca finalizar trabalhos atrasados ou mentir para os clientes. Apresentamos um procedimento de cotação de prazos aos clientes na Seção 15.3.2 que evita essas dificuldades.

15.1.2 A maximização da utilização

Na prática, a contabilidade de custos encoraja a utilização máxima dos equipamentos. Quanto maior a utilização dos equipamentos, maior é o retorno sobre o investimento, desde que sua utilização seja usada para aumentar as receitas (isto é, para criar produtos pelos quais há demanda). De outra forma, a maior utilização irá apenas aumentar os estoques, e não os lucros. A utilização máxima dos equipamentos tem sua maior justificativa na produção de itens padrão (*commodities*) para estoque.

A Ciência da Fábrica também promove a alta utilização, desde que não cause muita degradação nos níveis de *cycle time*, qualidade e atendimento. Entretanto, lembre que a lei da capacidade implica que é impossível operar com 100% da capacidade. Quão próximo da capacidade máxima uma linha poderá operar, mantendo níveis razoáveis do WIP e de *cycle time,* depende do seu nível de variabilidade. Quanto maior a variabilidade de uma linha, menor a utilização a ser compensada. Além disso, como foi mostrado no pior desempenho na prática, no Capítulo 7, *as linhas equilibradas* têm mais congestionamento do que as desequilibradas, especialmente quando a variabilidade é alta, sugerindo que é melhor não operar próximo aos 100% em todos os recursos da linha.

Uma medida que é relacionada com a utilização é o ***makespan*** (tempo total até finalização), o qual é definido como o tempo para finalizar um número determinado de trabalhos. Para esse conjunto de trabalhos, a taxa de produção é o número de trabalhos dividido pelo *makespan*, e a utilização é a taxa de produção dividida pela capacidade. Apesar de o *makespan* não ser muito usado na prática, ele é muitas vezes utilizado nas pesquisas teóricas sobre a programação.

A decisão de qual meta usar para a utilização é estratégica e uma responsabilidade do topo da hierarquia do planejamento da fábrica (ver o Capítulo 13). Pelo fato de as decisões de alto nível serem feitas com menor frequência do que as dos níveis mais baixos, a utilização não pode ser ajustada para facilitar a programação da produção. De maneira similar, o nível de variabilidade da linha é uma consequência de decisões de alto nível (decisões sobre a capacidade e projeto dos processos) que também são feitas com uma frequência bem menor do que as decisões sobre programação. Assim, para os objetivos da programação, podemos assumir que as metas da utilização e os níveis da variabilidade são determinados. Na maioria dos casos, a meta da utilização de um recurso gargalo será alta. A única exceção importante é um processo de demanda personalizada, com uma grande variabilidade, que exige uma resposta muito rápida (por exemplo, as ambulâncias e os bombeiros). Tais sistemas normalmente têm uma utilização muito baixa e não podem ser programados com antecedência. Para ampliar sua aplicação a um maior número de ambientes, assumiremos que, no geral, uma utilização bem alta do gargalo é sempre desejável.

15.1.3 A redução do WIP e dos *cycle times*

Como já foi discutido na Parte II, existem vários motivos para a redução dos *cycle times*, incluindo:

1. *Melhor resposta ao cliente.* Se levar menos tempo para fabricar um produto, o *lead time* de entrega ao cliente pode ser reduzido.
2. *Flexibilidade.* A mudança na "lista de liberações" dos trabalhos que ainda serão iniciados causa menos impactos do que tentar alterar o conjunto de trabalhos que já estão sendo processados. Considerando que os *cycle times* mais curtos permitem maior folga nas liberações, eles aumentam esse tipo de flexibilidade.
3. *Melhor qualidade. Cycle times* longos geralmente implicam filas longas no sistema, o que, por sua vez, implica longas demoras entre a *criação* de um defeito e sua *detecção*. Por essa razão, os *cycle times* curtos dão suporte à boa qualidade.
4. *Menor dependência das previsões.* Se os *cycle times* são mais longos do que os clientes desejam, a produção tem que ser feita em antecipação à demanda, e não em resposta a ela. Considerando a falta de precisão da maioria das previsões, é extremamente importante manter, sempre que possível, *cycle times* mais curtos do que os prazos cotados aos clientes.
5. *Melhores previsões.* Quanto mais longos os *cycle times* em relação aos *lead times* de entrega aos clientes, maior é o tempo futuro das previsões. Assim, mesmo que os *cycle times* não possam ser reduzidos ao ponto de eliminar a dependência de previsões, sua redução pode diminuir o horizonte de tempo das previsões e reduzir os seus erros.

A lei de Little (CT = WIP/TH) implica que a redução do *cycle time* e do WIP é equivalente, desde que a produtividade se mantenha constante. Porém, a lei da criação de reservas contra a variabilidade sugere que minimizar o WIP sem reduzir a variabilidade resultará em uma diminuição também na produtividade. Assim, a redução da variabilidade, em geral, é um importante componente dos programas de redução do WIP e do *cycle time*.

Apesar de o WIP e o *cycle time* poderem ser praticamente a mesma coisa sob a perspectiva de uma política de redução, eles não o são sob o ponto de vista das medições. O WIP é, muitas vezes, mais fácil de medir, pois se podem contar os trabalhos existentes na linha, enquanto os *cycle times* requerem a cronometragem dos trabalhos que entram e saem do sistema. Os *cycle times* se tornam mais difíceis de medir nas operações de montagens. Considere um carro, por exemplo. Será que o seu *cycle time* começa a contar a partir da compra das velas e do aço ou a partir de quando seu chassi entra na linha de montagem? Nesses casos, é mais prático usar a lei de Little e obter uma medida indireta do *cycle time* por meio da medição do WIP (em $) ao longo do sistema sendo considerado, dividindo-o pela produtividade (em $ por dia).

15.2 REVISÃO DE PESQUISAS SOBRE A PROGRAMAÇÃO

A programação como uma prática é tão antiga como a própria manufatura. Como uma disciplina das pesquisas, ela data do início dos anos 1900, com o movimento da administração científica. Mas as análises sérias dos problemas da programação não iniciaram antes do advento do computador nas décadas de 1950 e 1960. Nesta seção, revisamos os resultados mais importantes da teoria da programação.

15.2.1 O MRP, o MRP II e o ERP

Como discutimos no Capítulo 3, o MRP foi uma das primeiras aplicações de programação da produção usadas via computador. Todavia, o modelo simplista do MRP degrada sua eficácia. As razões disso, que já observamos no Capítulo 5, são as seguintes:

1. O MRP assume que os *lead times* são atributos das peças, independentemente do *status* da fábrica. Em sua essência, o MRP assume que há uma capacidade infinita.
2. Como o MRP usa apenas um *lead time* geral e como os trabalhos atrasados são, normalmente, problemas piores do que os causados pelo excesso de estoque, existe um forte incentivo para inflar os *lead times* no sistema. Isso resulta em liberações efetuadas cedo demais, filas mais longas, bem como *cycle times* maiores.

Como já discutimos na Parte II, esses problemas fizeram com que alguns pesquisadores e usuários se voltassem para melhoramentos, o que gerou o MRP II e, mais recentemente, o ERP. Outros abdicaram totalmente do MRP em favor do JIT. Contudo, a maioria dos pesquisadores se concentra nas formulações matemáticas no campo das pesquisas operacionais, conforme discutiremos a seguir.

15.2.2 A programação clássica das máquinas

Referimo-nos ao conjunto de problemas de programação desta seção como problemas clássicos devido a suas funções tradicionais de objetos de estudos na literatura das pesquisas operacionais. Na sua maior parte, esses problemas são altamente simplificados e genéricos, o que tem limitado sua aplicação direta em situações práticas. Porém, apesar do fato de não serem clássicos sob a perspectiva das aplicações práticas, ainda assim, oferecem algumas ideias úteis.

A maioria dos problemas clássicos sobre a programação aborda uma, duas ou três máquinas. Para simplificar, outras suposições comuns são de que:

1. Todos os trabalhos estão disponíveis ao se abordar o problema (isto é, nenhum trabalho chegará após iniciado o processo).
2. Os tempos de processamento são determinísticos.
3. Os tempos de processamento não dependem da programação (isto é, não existem *setups*).
4. As máquinas nunca quebram.
5. Não existe troca de prioridades (ou seja, se um trabalho é iniciado, ele tem que ser terminado).
6. Não existe cancelamento de trabalhos.

Essas suposições servem para reduzir a problemática da programação a proporções gerenciáveis em alguns casos. Uma boa razão é que elas nos permitem concentrar nossa atenção nas programações simples, chamadas sequências. Em geral, uma **programação** fornece os tempos previstos para o início dos trabalhos em cada recurso da linha, enquanto uma **sequência** fornece apenas a ordem a ser obedecida. Em alguns casos, como o problema da máquina única com todos os trabalhos disponíveis ao início do processo, uma sequência simples já é suficiente. Em problemas mais complexos, pode ser preciso adotar sequências separadas para cada processo diferente. E em alguns problemas é necessária uma programação complexa para especificar cada instrução ao sistema. Evidentemente, quanto maior a complexidade do formato da programação, maior a dificuldade de localizar tais instruções.

Alguns dos problemas mais comuns que foram estudados no contexto das suposições discutidas na literatura das pesquisas operacionais são:

Minimizar o *cycle time* médio de uma única máquina. Primeiro, note que, para o problema da máquina única, o *tempo total* para completar todos os trabalhos não depende de sua ordem – ele é dado pela soma dos tempos de processamento dos trabalhos. Assim, é preciso um critério alternativo. Um possível candidato é o *cycle time* médio (chamado **tempo de fluxo** na literatura da programação da produção), o qual pode ser minimizado por meio do processamento dos trabalhos na ordem dos tempos de processamento, com o mais curto primeiro e o mais longo por último. Essa regra sequencial é chamada de **menor tempo de processamento (MTP)**. Sua ideia principal é que os trabalhos mais curtos movem-se através da fábrica de maneira mais rápida do que os longos, de forma que tendem a reduzir o congestionamento.

Minimizar o atraso máximo de uma única máquina. Outro critério possível é o atraso máximo de cada um dos trabalhos, que pode ser minimizado por meio da ordenação de acordo com suas datas finais, com a data final mais próxima em primeiro e a data final mais longínqua por último. Essa regra de sequência é chamada de **prazo mais curto (PMC)**. A intuição implícita dessa abordagem é que, se for possível terminar todos os trabalhos dentro de seus prazos, essa regra é a melhor.

Minimizar a demora média de uma única máquina. Um terceiro critério para o problema com uma única máquina é a demora média. (Note que isso é equivalente à demora total, pois a demora média é a simples demora total dividida pelo número de trabalhos.) Infelizmente, não existe uma regra de sequenciamento que garanta a minimização dessa medida. Muitas vezes, a regra do MTP é uma boa heurística, mas seu desempenho não é garantido, como demonstramos em um dos exercícios ao final do capítulo. Da mesma maneira, não há uma regra que minimize sua variância. Ainda será discutido o porquê de esse problema e muitos outros serem difíceis de resolver.

Minimizar o *makespan* de duas máquinas. Quando o processo de produção consiste de duas máquinas, o *makespan* não é mais fixo. Isso acontece porque certas sequências podem induzir a segunda máquina à ociosidade, pois ela tem que aguardar até que a primeira termine cada trabalho. Johnson (1954) propôs um algoritmo intuitivo para encontrar a melhor sequência para minimizar o *makespan* para esse tipo de problema, o qual pode ser posto da seguinte forma: separar os trabalhos em dois conjuntos, A e B. Os trabalhos do conjunto A devem ser os que têm seus tempos de processamento na primeira máquina menores ou iguais aos da segunda máquina. Os outros trabalhos ficarão no conjunto B. Os trabalhos do conjunto A seguem e são processados primeiro em ordem do PMC (na primeira máquina). Depois, os trabalhos do conjunto B seguem na ordem de tempo de processamento mais longo (na segunda máquina). O resultado é uma sequência que minimiza o *makespan* das duas máquinas.

A ideia por trás do algoritmo de Johnson pode ser apreciada tendo-se em mente que queremos um trabalho curto sendo processado primeiro, porque a segunda máquina fica ociosa até que o primeiro trabalho seja finalizado na primeira máquina. De maneira similar, queremos um trabalho curto por último, pois a primeira máquina fica ociosa enquanto a segunda máquina está processando o último trabalho. Assim, o algoritmo implica que é melhor ter trabalhos mais curtos para a redução dos *cycle times* e o aumento da utilização.

Minimizar o *makespan* em ambientes com leiaute funcional. O problema de minimizar o tempo de finalização de n trabalhos com roteiros variados por várias m máquinas (sujeitas às suposições discutidas anteriormente) é difícil e bem conhecido dos pesquisadores de operações. A razão para essa dificuldade é que o número de possíveis programações a considerar é enorme. Mesmo para um problema modesto (pelos padrões industriais) de 10 trabalhos e 10 máquinas, existem 4×10^{65} possíveis programas (mais do que os átomos existentes na terra). Por isso, um problema como este de 10 por 10 não foi solucionado da maneira ótima senão em 1988, usando um computador *mainframe* que demorou 5 horas de processamento (Carlier and Pinson 1988).

Uma abordagem padrão para esse tipo de problema é conhecida como ***branch and bound*** (ramificação e poda). A ideia básica é definir uma **ramificação** por meio da seleção de uma programação parcial e determinar as **podas** das subseções, calculando um limite mais baixo no *makespan* que possa ser alcançado por uma programação que inclua essa programação parcial. Se a poda em uma ramificação exceder o *makespan* da melhor programação (completa) encontrada até o momento, então ela não é mais considerada. Este é um método de **enumeração implícita** que permite ao algoritmo levar em conta apenas uma pequena parte de uma programação. Infelizmente, mesmo uma fração ínfima pode representar um número incrivelmente grande, de forma que esse procedimento pode se tornar muito lento e tedioso. Na verdade, como ainda discutiremos, existe uma teoria que indica que qualquer algoritmo exato para solucionar problemas complexos será necessariamente lento, como o problema da programação de um ambiente de produção com leiaute funcional. Isso faz das abordagens heurísticas não exatas uma necessidade prática. Descreveremos a seguir algumas das muitas abordagens possíveis em nossa discussão dos problemas da programação..

15.2.3 O despacho

A programação é difícil, tanto na teoria (como veremos) quanto na prática. Uma alternativa tradicional para a programação de todos os trabalhos em todas as máquinas é simplesmente **despachar** (ou seja, classificar em uma ordem específica) os trabalhos à medida que forem chegando às máquinas. A regra de despacho mais simples (e também aquela que parece mais correta sob o ponto de vista dos clientes) é a do **primeiro a entrar, primeiro a sair** (*first-in, first-out* – FIFO). A regra do FIFO simplesmente processa os trabalhos na mesma ordem que eles chegam às máquinas. Porém, simulações têm mostrado que essa regra não funciona bem para ambientes complexos com leiaute funcional. Algumas alternativas que poderiam funcionar melhor seriam as regras do MTP ou do PMC, ambas discutidas anteriormente. Na verdade, elas são bastante usadas na prática, como observamos no Capítulo 3 em nossa discussão sobre o controle do chão de fábrica no ERP. Centenas de regras de despacho têm sido propostas por pesquisadores e usuários (ver Blackstone 1982 para um resumo).

No entanto, todas as regras de despacho são *míopes* por natureza. Por sua própria definição, elas consideram apenas as condições locais e momentâneas. Como a melhor opção sobre qual trabalho executar agora em determinada máquina depende dos trabalhos futuros e das outras máquinas, não podemos esperar que as regras do despacho funcionem muito bem em todas as situações, e, realmente, isso não acontece. Contudo, pelo fato de as opções para a programação de sistemas reais ainda serem muito limitadas, o despacho continua a ser bastante usado na indústria.

15.2.4 Por que a programação é difícil

Notamos várias vezes que os problemas da programação são realmente difíceis. Um ramo da matemática conhecido como **análise da complexidade computacional** fornece um meio formal para avaliar sua dificuldade. Apesar de a matemática que existe na complexidade computacional estar além de nosso escopo, oferecemos um tratamento qualitativo desse tópico a fim de desenvolver uma apreciação de por que alguns problemas de programação não poderem ter uma solução ótima. Nesses casos, somos forçados a deixar de procurar a *melhor* solução para achar uma solução *possível*.

As classes de problemas. Os problemas matemáticos podem ser divididos nas duas classes a seguir, de acordo com sua complexidade:

1. **Os Problemas de Classe P** são problemas que podem ser solucionados por algoritmos cujo tempo de cálculo aumenta como uma função polinomial do seu tamanho.
2. **Os Problemas NP-Difíceis** são problemas para os quais não existem algoritmos polinomiais, de forma que o tempo para encontrar uma solução aumenta de maneira exponencial (muito mais rápido do que uma função polinomial). Apesar de não ter sido definitivamente comprovado que não há bons algoritmos polinomiais para a solução de problemas NP-difíceis, muitos matemáticos eminentes tentaram encontrar um e falharam. Atualmente, a maioria das evidências ainda indica que não existem algoritmos polinomiais eficientes para esses problemas.

Em termos gerais, os problemas classe P são fáceis, enquanto os problemas NP-difíceis são difíceis. Além disso, alguns problemas NP-difíceis parecem ser mais difíceis do que outros. Para alguns, há algoritmos eficientes para encontrar boas soluções aproximadas que foram testados empiricamente. Outros problemas NP-difíceis, incluindo muitos de programação da produção, são difíceis até mesmo para se encontrarem soluções aproximadas com algoritmos eficientes.

Para ter uma noção do significado dos termos técnicos **polinomial** e **exponencial**, considere um problema de sequenciamento de uma única máquina com três trabalhos. Quantas maneiras existem para sequenciar os três trabalhos? Qualquer um dos três poderia estar na primeira posição, o que deixa dois candidatos para a segunda e apenas um para a última. Assim, o número de sequências ou *permutações* é de $3 \times 2 \times 1 = 6$. Definimos isso como 3! E dizemos que é um "fatorial de 3". Se estivéssemos procurando a melhor sequência em relação a alguma função objetiva para esse problema, teríamos que considerar (implícita ou explicitamente) seis alternativas. Como a função fatorial tem um crescimento exponencial, o número de alternativas que precisamos trabalhar e, portanto, os tempos exigidos para encontrar a solução ótima também aumentam em uma razão exponencial.

A razão por que isso é importante é que qualquer função polinomial será, *em algum momento*, dominada por uma função exponencial. Por exemplo, a função $10.000n^{10}$ é uma grande polinomial, enquanto a função $e^n/10.000$ é menor para valores pequenos de n. Na verdade, para n com valores menores do que 60, a função polinomial domina a exponencial. Porém, com $n = 60$ esta começa a dominar, e com $n = 80$ ela é 50 milhões de vezes maior do que a função polinomial.

Voltando ao problema da máquina única com três trabalhos, notamos que $3! = 6$ não parece muito grande. Todavia, observe quão rapidamente essa função se eleva: $4! = 24$, $5! = 120$, $6! = 720$, e assim por diante. Conforme o número de trabalhos a ser sequenciado vai se tornando maior, o número de sequências possíveis se torna realmente absurdo; por exemplo, $10! = 3.628.800$, $13! = 6.227.020.800$, e

$$25! = 15.511.210.043.330.985.984.000.000$$

Para se ter uma ideia da magnitude desse número, comparamos com os algarismos da dívida interna dos Estados Unidos, que, no momento em que escrevíamos este livro, ainda estava abaixo de US$10 trilhões. Suponha que quiséssemos pagar esses US$10 trilhões com moedinhas de 1 centavo. O 1.000 trilhão de moedinhas cobriria quase metade do estado do Texas. Em comparação, 25! de moedinhas cobririam o estado **todo** – com uma altura de cerca de *10 quilômetros!* Isso sim é grande. (Talvez seja por isso que os matemáticos usam o ponto de exclamação para indicar uma função fatorial.)

TABELA 15.1 Tempos de processamento para o sequenciamento de trabalhos em um computador lento

Número de trabalhos	*Tempo de processamento*
5	0,12 milionésimo
6	0,72 milionésimo
7	5,04 milionésimos
8	40,32 milionésimos
9	0,36 segundo
10	3,63 segundos
11	39,92 segundos
12	7,98 minutos
13	1,73 hora
14	24,22 horas
15	15,14 dias
.	.
.	.
.	.
20	77.147 anos

TABELA 15.2 Tempos de processamento para o sequenciamento de trabalhos em um computador 1.000 vezes mais rápido

Número de trabalhos	*Tempo de processamento*
5	0,12 microssegundo
6	0,72 microssegundo
7	5,04 microssegundos
8	40,32 microssegundos
9	362,88 microssegundos
10	3,63 milionésimos
11	39,92 milionésimos
12	479,00 milionésimos
13	6,23 segundos
14	87,18 segundos
15	21,79 minutos
.	.
.	.
.	.
20	77,147 anos

Agora vamos relacionar esses números gigantescos aos tempos de cálculo. Suponha que temos um computador lento que pode examinar 1 milhão de sequências por segundo e queremos criar um sistema de programação com um tempo de resposta que não ultrapasse 1 minuto. Assumindo que queremos examinar todas as possibilidades de encontrar a resposta ótima, quantos trabalhos podemos sequenciar de maneira ótima? A Tabela 15.1 mostra os tempos de cálculo para vários números de trabalhos e indica que o máximo que podem ser sequenciados em 1 minuto é 11.

Agora suponha que compramos um novo computador que processa 1.000 vezes mais rápido do que o anterior (pode examinar 1 bilhão de sequências por segundo). E agora, quantos trabalhos podem ser examinados em menos de 1 minuto? A partir da Tabela 15.2, podemos ver que o tamanho máximo do problema que podemos resolver aumenta para 13 trabalhos (ou 14 se permitirmos o tempo máximo aumentar para 1,5 minuto). Uma rapidez 1.000 vezes maior no processamento resulta em apenas 18% de aumento no tamanho do problema que pode ser solucionado dentro do tempo especificado. A conclusão básica é que, mesmo aumentos tremendos de velocidade de processamento não irão ajudar na solução de problemas não polinomiais.

Para uma comparação, consideremos agora que os problemas não aumentam de maneira exponencial. Estes são chamados de problemas **polinomiais**, pois o tempo de cálculo para solucioná-los pode ser limitado por uma função polinomial relativa ao tamanho do problema (por exemplo, n^2, n^3, etc., onde n é uma medida do tamanho do problema).

Como exemplo específico, considere o problema do despacho descrito na Seção 15.2.3 e suponha que queremos despachar os trabalhos de acordo com a regra do MTP. Isso exige a classificação dos trabalhos diante da estação de trabalho de acordo com seus tempos de processamento.[1] Existem algoritmos conhecidos para classificar uma lista de elementos cujos tempos de cálculo (isto é, o número de passos) é proporcional a n na *log* de n, onde n é o número de elementos sendo classificados.

TABELA 15.3 Tempos de processamento para a classificação de trabalhos em um computador lento

Número de trabalhos	Tempo de processamento
10	3,6 segundos
11	4,1 segundos
12	4,7 segundos
.	.
.	.
.	.
20	9,4 segundos
30	16,1 segundos
.	.
.	.
.	.
80	55,2 segundos
85	59,5 segundos
90	63,8 segundos
.	.
.	.
.	.
100	72,6 segundos
200	167,0 segundos

TABELA 15.4 Tempos de processamento para a classificação de trabalhos em um computador 1.000 vezes mais rápido

Número de trabalhos	Tempo de processamento
1.000	1,1 segundo
2.000	2,4 segundos
3.000	3,8 segundos
.	.
.	.
.	.
10.000	14,5 segundos
20.000	31,2 segundos
30.000	48,7 segundos
35.000	57,7 segundos
36.000	59,5 segundos
.	.
.	.
.	.
50.000	85,3 segundos
100.000	181,4 segundos
200.000	384,7 segundos

[1] Na verdade, na prática, manteríamos uma fila na ordem de classificação, de maneira que não precisássemos reclassificar todos os trabalhos à medida que outros chegassem. Isso tornaria o problema ainda mais simples do que o descrito aqui.

Essa função é claramente limitada em n^2, que é polinomial. Assim, o despacho tem uma complexidade polinomial.

Suponha, apenas para comparação, que o computador lento do exemplo anterior demore o mesmo tempo para classificar 10 trabalhos ou examinar 10! sequências (3,6 segundos). A Tabela 15.3 mostra como o tempo de processamento aumenta para listas com mais de 10 trabalhos. Note que podemos classificar 85 trabalhos e ainda ficar 1 minuto abaixo (comparando com os 11 trabalhos do problema do sequenciamento).

Mais interessante ainda é o que acontece quando adquirimos um computador que funciona 1.000 vezes mais rápido. A Tabela 15.4 mostra os tempos de processamento e revela que podemos agora classificar ao redor de 36.000. Isso representa um aumento de mais de 400%, comparando com os 18% observados para o problema do sequenciamento. Fica evidente que ganhamos muito com um computador mais rápido no problema polinomial mais "fácil", mas não tanto no problema exponencial mais "difícil" do sequenciamento.

Implicações para problemas reais. Pelo fato de a maioria dos problemas de programação do mundo real cair na categoria dos NP-difíceis e tender a ser muito grande (envolvendo centenas de trabalhos e dezenas de máquinas), os resultados supracitados têm muita importância para as práticas da manufatura. De maneira literal, eles mostram que é impossível solucionar de forma ótima muitos problemas de programação com dimensões realistas.[2]

Felizmente, as consequências práticas não são muito impactantes. Só pelo fato de não podermos encontrar a *melhor* solução não significa que não podemos encontrar uma solução *boa*. De algumas maneiras, a natureza não polinomial do problema pode até ajudar, pois implica que é possível haver muitos candidatos para uma boa solução. Reconsidere o problema do sequenciamento de 25 trabalhos. Se as soluções "boas" eram extremamente raras ao ponto de apenas uma em um trilhão ser boa, ainda assim teríamos 15 trilhões de possíveis boas soluções. Podemos aplicar um algoritmo aproximado, chamado de **heurístico**, que tem um desempenho polinomial para procurar uma dessas soluções. Há muitos tipos de heurísticas, como veremos na Seção 15.2.6.

15.2.5 As boas e as más notícias

Podemos obter uma série de ideias a partir dessas pesquisas, que podem ser úteis para o projeto de um bom sistema prático de programação.

As más notícias. Começamos com os pontos negativos. Primeiro, infelizmente, a maioria dos problemas do mundo real viola as suposições feitas na literatura clássica sobre a programação, no mínimo, nos seguintes pontos:

1. **Existem sempre mais do que duas máquinas.** Assim, o algoritmo de Johnson para minimizar o *makespan* e suas muitas variantes não são diretamente utilizáveis.
2. **Os tempos de processamento e as demandas não são determinísticos.** Na Parte II, aprendemos que a aleatoriedade e a variabilidade contribuem bastante para o congestionamento dos sistemas de manufatura. Ignorando isso, a teoria sobre a programação baseia-se em um modelo irreal de comportamento do sistema.
3. ***Nem todos* os trabalhos estão disponíveis ao início do problema.** Novos trabalhos continuam chegando durante o tempo todo. Fingir que isso não acontece ou assumir que a fábrica está sem trabalho antes de iniciar novos trabalhos é negar um aspecto fundamental do comportamento das fábricas.

[2] Um computador com um número de bits igual ao número de prótons no universo, com uma velocidade de processamento da velocidade da luz, ao longo da idade do universo, não teria tempo suficiente para solucionar alguns desses problemas. Portanto, dizer que sua solução é *impossível* não é um exagero.

4. **Os tempos de processamento são, muitas vezes, dependentes da sequência.** Frequentemente, o número de *setups* depende da sequência dos trabalhos. Os trabalhos similares em geral podem compartilhar o mesmo *setup*, já os diferentes não podem. Esta pode ser uma preocupação válida para a programação do processo gargalo.

Além disso, os problemas da programação da produção do mundo real são difíceis (no sentido de NP-difícil), o que significa que:

1. Não podemos esperar encontrar soluções ótimas para muitos problemas de programação de dimensões reais.
2. As abordagens polinomiais, como o despacho, podem não funcionar muito bem.

As boas notícias. Felizmente, também existem notícias positivas, em especial quando reconhecemos que boa parte das pesquisas sofre do erro tipo III: resolver o problema *errado*. Os problemas de programação abordados na literatura das pesquisas das operações são modelos, não são a realidade. As limitações assumidas nesses modelos não são, necessariamente, focadas no mundo real, pois, em alguma extensão, podemos controlar o problema por meio do controle do ambiente. Isso é precisamente o que os japoneses fizeram quando facilitaram um difícil problema de programação, reduzindo os tempos de *setup*. Quando pensamos, ao ler este livro, sobre os fracassos e sucessos, a literatura das pesquisas sobre programação da produção pode nos deixar algumas boas ideias, inclusive as que listamos a seguir:

O prazo final dos trabalhos: Exercemos algum controle sobre os prazos finais dos trabalhos; afinal, alguém na empresa os define ou negocia. Não temos que tomar tudo como inalterável, apesar de ser exatamente isso o que acontece em muitas empresas e formulações de programações. A Seção 15.3.2 apresenta um procedimento para cotar prazos razoáveis e competitivos aos clientes.

A divisão de trabalhos: Os resultados da regra do PMC para uma única máquina sugerem que pequenos trabalhos são processados mais rapidamente do que os grandes. De maneira similar, as mecânicas do algoritmo de Johnson requerem uma sequência que tenha um trabalho curto no início e no fim. Desse modo, parece que os trabalhos curtos melhoram o desempenho geral em relação ao *cycle time* médio e à utilização das máquinas. Entretanto, na Parte II do livro, também vimos que lotes pequenos causam perda de capacidade devido a um aumento no número de *setups*. Assim, se pudermos, de alguma maneira, manter *grandes* lotes de processamento (ou seja, muitas unidades sendo processadas entre os *setups*) e pequenos lotes de *movimentação* (isto é, o número acumulado antes de ser movido para o próximo processo), poderemos ter *cycle times* curtos e uma alta produtividade. Esse conceito de divisão de lotes, que foi ilustrado no Capítulo 9, serve então para tornar o sistema menos sensível a possíveis erros de programação.

As programações viáveis: Uma programação *ótima* somente faz sentido para um modelo matemático. Na prática, o que precisamos é de uma programação que seja *viável*, facilitando o problema da programação, porque existem muito mais candidatos para uma boa programação do que para uma ótima. Na verdade, como as pesquisas começam a mostrar, vários procedimentos heurísticos podem ser bem eficazes para gerar programações boas.

O foco nos gargalos: Pelo fato de os gargalos poderem dominar o comportamento de um sistema de manufatura, é essencial programar bem esses recursos. A programação do gargalo em separado e, depois, propagada para os outros recursos pode simplificar um problema complexo de larga escala. Além disso, focando no gargalo, podemos aplicar algumas das ideias obtidas da literatura sobre a programação em máquinas únicas.

A capacidade: Assim como nos prazos finais dos trabalhos, também temos algum controle sobre a capacidade. Podemos usar alguns controles sobre a capacidade (por exemplo, horas extras) da mesma maneira como é usada na programação da produção. Outros controles (por exemplo, alterações de equipamento e de pessoal) requerem horizontes mais longos. Dependendo de como as horas extras são usadas, elas podem simplificar os procedimentos de programação oferecendo maiores opções para resolver inviabilidades. Ademais, se as decisões de longo prazo sobre a capacidade forem tomadas tendo em vista as implicações na programação, elas podem tornar a programação mais fácil. O Capítulo 16 discute ferramentas do planejamento agregado que podem facilitar isso.

O controle dinâmico: Por meio da exploração do comportamento natural do sistema, podemos estabelecer controles *dinâmicos* que podem responder a mudanças aleatórias da demanda e da capacidade sem a necessidade de reprogramação. Um exemplo de controles dinâmicos é o uso do sistema CONWIP com um controle estatístico de produtividade e uma reserva flexível de capacidade (por exemplo, um turno para compensações). Não fazemos ajustes em razão de pequenas mudanças aleatórias que não afetam o desempenho da linha em longo prazo. Porém, alterações significativas na demanda ou na capacidade são detectadas pelo controle estatístico de produtividade a tempo de se fazerem as mudanças necessárias na capacidade da linha. Além disso, um sistema assim pode trabalhar adiantado quando a capacidade é maior do que a planejada – uma coisa difícil de conseguir com uma programação detalhada.

Com essas ideias em mente, examinamos agora os cenários básicos da programação em maiores detalhes. Não intencionamos que os métodos oferecidos sejam usados como soluções prontas para serem aplicadas – a gama dos diferentes ambientes de produção é muito ampla –, mas sim como blocos para a construção de soluções boas para problemas reais.

15.2.6 A programação na prática

Nesta seção, discutiremos algumas abordagens de programação usadas por programas comerciais de computação. Estes são conhecidos como o **planejamento e otimização avançados** (*advanced planning and optimization* – APO), o **planejamento e programação avançados** (*advanced planning and scheduling* – APS), e o mais clássico, a **programação com capacidade finita** (*finite-capacity scheduling*). Como os problemas que eles abordam são do tipo grande e NP-difícil, todos esses programas usam heurísticas e, portanto, nenhum deles produz uma programação ótima (não importa o que o *marketing* sugere). Além disso, essas aplicações em geral são complementos do módulo de MRP usando a estrutura de um ERP. Como tal, a partir das ordens planejadas liberadas pelo MRP, eles tentam programá-las para o chão da fábrica para cumprir prazos, reduzir o número de *setups*, reduzir o WIP, etc. Infelizmente, se as ordens planejadas geradas e liberadas pelo MRP representarem um plano inviável, nenhum esforço de reprogramação pode viabilizá-las. Essa é uma grande limitação dessas aplicações "forçadas".

Os sistemas de programação com capacidade finita normalmente são classificados em duas categorias: os baseados em simulações e os baseados em otimizações. Porém, muitas programações baseadas em métodos de otimizações também usam simulações.

A programação baseada em simulações. Uma maneira de evitar o problema NP-difícil na otimização da programação é, simplesmente, ignorá-lo. Isso pode ser conseguido por meio do desenvolvimento de um modelo de simulações detalhadas e *determinísticas* (isto é, sem variações imprevisíveis nos tempos dos processamento e sem paradas não planejadas) do sistema todo que faria simulações especulativas em vez da otimização. O modelo é então conectado com o sistema de controle de WIP no ERP para permitir o *download* do *status* atual dos trabalhos em curso. As informações da demanda são obtidas do módulo do plano mestre de produção do ERP, das previsões ou de alguma outra fonte. Muitos desses sistemas fornecem gráficos de Gantt que podem ser usados de maneira interativa. A única otimização feita nesses sistemas ocorre na cabeça do planejador. Obviamente, com centenas de trabalhos a gerenciar, o uso de gráficos de Gantt pode tornar-se uma tarefa bastante tediosa.

Outra maneira de gerar programações é permitir que as simulações rodem mais para a frente, avançando mais no futuro e usando algumas regras definidas na liberação dos trabalhos, na priorização das filas (regras de despacho) e na definição dos tamanhos dos lotes. Várias programações diferentes podem ser geradas aplicando diversas regras e avaliadas de acordo com medidas de desempenho para escolher a melhor. Alguns sistemas usam "penalizações" com diferentes pesos para trabalhos atrasados, máquinas ociosas, altos estoques, *setups*, etc. Considerando a natureza específica das regras e penalizações, a programação resultante pode ficar longe de ser "ótima".

Uma vantagem da abordagem das simulações é que ela é mais fácil de explicar do que muitos métodos baseados na otimização. Como as simulações imitam o comportamento do sistema real de maneira intuitiva, os planejadores e operadores também entendem sua lógica. Outra vantagem é que elas podem rapidamente gerar várias versões de programações pela simples alteração das regras e, em seguida, divulgar aos usuários as medidas necessárias quanto a tempos ociosos das máquinas, estoques e trabalhos atrasados. O usuário pode então escolher a versão que melhor se encaixa em suas necessidades. Por exemplo, uma fábrica que faz trabalhos personalizados poderia ter um maior interesse no cumprimento dos prazos de entrega aos clientes do que na utilização dos equipamentos, enquanto um sistema que usa equipamentos dispendiosos para a produção de *commodities* estaria mais interessado em manter uma alta utilização das máquinas.

No entanto, também existem desvantagens. Primeiro, as simulações exigem o processamento de um enorme volume de dados que precisam ser mantidos e atualizados constantemente. Segundo, pelo fato de o modelo não levar em conta a variabilidade, podem acontecer grandes discrepâncias entre o comportamento previsto e o real.[3] A consequência é que, para prevenir erros que se acumulem e invalidem completamente a programação ao longo do tempo, é importante reiniciá-la constantemente considerando as atualizações necessárias. Um terceiro problema é que, como não há conhecimento geral de quando uma regra aplicada funciona bem, encontrar uma programação eficaz é um processo de tentativa e erro. Além disso, como essas regras são, de forma inerente, míopes, elas podem não gerar uma boa programação.

Finalmente, a abordagem das simulações, assim como a das otimizações, é, em geral, usada como um programa adicionado ao MRP. Em um *software* para programação baseado em simulações, os tempos das liberações do MRP são utilizados para definir o trabalho a ser incluído no modelo. Contudo, se a programação das liberações do MRP é inerentemente inviável, o simples despacho não pode torná-la viável. Algo mais – a capacidade ou a demanda – deve mudar. Porém, os métodos de programação baseados em simulações não se encaixam bem para viabilizar uma programação inviável.

A programação baseada na otimização. Apesar de seu nome, as técnicas de programação baseadas na otimização usam heurísticas com poucas garantias de desempenho. A diferença entre as técnicas de programação que se baseiam em simulações e otimizações é que estas usam algum tipo de algoritmo para encontrar uma boa programação. Fornecemos um pequeno resumo dessas técnicas e citamos um livro para o leitor interessado se aprofundar no assunto: Morton e Pentico (1993).

Uma das abordagens é reduzir um problema de programação de uma linha de produção ou de uma fábrica a um problema de uma única máquina por meio da análise de seu gargalo. Referimo-nos às heurísticas que o fazem, como os métodos tipo "OPT", pois o programa chamado "Optimized Production Technique", desenvolvido no início dos anos 1980 por Eliyahu Goldratt e outros, foi o primeiro a popularizar essa abordagem. Apesar de o programa OPT ser vendido como uma caixa preta sem detalhes específicos sobre os meios usados na solução, ele envolve quatro estágios básicos:

1. Determine qual o gargalo da fábrica.
2. Propague as necessidades dos prazos finais, partindo do final da linha até o gargalo, usando um *lead time* fixo com uma reserva de tempo.
3. Programe o gargalo.
4. Propague as necessidades de materiais partindo do gargalo até o início da linha, usando um *lead time* fixo para determinar uma programação das liberações.

Simons e Simpson (1997) descrevem esse procedimento em maiores detalhes, estendendo-o para aplicações em que há múltiplos gargalos e em que as peças passam pelo gargalo mais de uma vez. Pelo fato de eles usarem uma função objetiva que avalia as várias opções de prazos e utilização, os métodos do tipo OPT podem ser aplicados para gerar diferentes tipos de programações por meio do ajuste dos critérios.

[3] No entanto, como praticamente todos os procedimentos que usam capacidade finita ignoram a variabilidade, esse problema não existe apenas para a abordagem das simulações.

Uma heurística totalmente diferente, baseada na otimização, é o ***beam search***, o qual é uma derivação da técnica *branch and bound*, mencionada anteriormente. Todavia, em vez de verificar cada subseção gerada, o *beam search* verifica apenas algumas das subseções selecionadas de acordo com alguns critérios "inteligentes". Em consequência, ele é muito mais fácil de ser processado, mas também não garante uma solução ótima.

Uma série completa de heurísticas baseadas na otimização é aquela denominada de **técnicas de busca local**, que inicia com certa programação e então procura por uma versão melhor em suas redondezas. Acontece que essas técnicas "gananciosas", que sempre selecionam uma versão melhor nos arredores, não funcionam bem. A razão é que há muitas programações que não são muito boas para o conjunto, mas podem ser a melhor em um pequeno local pesquisado. Esses métodos, uma vez que localizam uma programação melhor, se contentam com seu achado e param de procurar.

Muitos outros métodos têm sido propostos para evitar esse problema. Um deles é chamado de **busca tabu**, porque classifica as programações mais recentes como sendo um "tabu", evitando que o sistema pare de pesquisar ao achar algo que sirva bem nas redondezas, mas não no global. A procura se afastará de uma boa versão local e, durante certo tempo, pode até selecionar algo pior em sua busca por uma programação melhor. Outro método para evitar uma localização ótima, mas apenas local, é o uso de **algoritmos genéticos**, que consideram as características de várias programações "ascendentes" para gerar uma nova e permitem que somente bons "descendentes" sobrevivam e "reproduzam" boas programações. Outro método é o parecido com o processo de **recozimento simulado**, que seleciona candidatas à programação de maneira parecida com o resfriamento gradual do aço para minimizar a tensão. O recozimento simulado, em seu início, pode sofrer alterações aleatórias bruscas que melhoram ou pioram os resultados. Porém, ao longo do tempo, a programação torna-se menos volátil (à medida que "esfria"), e a abordagem, cada vez mais gananciosa. É claro que todos os métodos de busca local "se lembram" das melhores respostas no caso de não encontrarem outras melhores. Compararemos uma dessas técnicas (busca tabu) com o ganancioso método descrito na Seção 15.4.

As heurísticas baseadas na otimização podem ser aplicadas de muitas maneiras para vários problemas de programação. Em uma fábrica, os problemas mais comuns envolvem (1) a minimização das demoras, (2) a maximização da utilização dos recursos, (3) a minimização dos estoques futuros ou (4) alguma combinação das anteriores. Vimos que os problemas com a demora são de extrema dificuldade mesmo para uma única máquina. Os problemas com a utilização (por exemplo, o *makespan*) são um pouco mais fáceis. Mas também se tornam extremamente difíceis com mais de duas máquinas. Assim, o desenvolvimento de heurísticas eficazes não é simples. Pinedo e Chao (1999) fornecem detalhes sobre os métodos que funcionam bem nos vários ambientes e como eles podem ser implantados de maneira eficaz.

Um dos problemas com uma programação baseada na otimização é que muitos problemas práticos não são realmente ótimos, mas sim *satisfatórios*. Muitos profissionais não consideram ótima uma programação que inclua alguns trabalhos atrasados, devido a algumas limitações, como os prazos finais e a capacidade, não se constituirem de limitações *inflexíveis*, mas sim de uma "lista de desejos". Apesar de um programador não querer aumentar a capacidade, isso poderia ser feito, se necessário, para atender a demanda extra. Da mesma maneira, seria possível dividir os trabalhos ou prorrogar os prazos, se necessário, para obter uma programação viável. É melhor ter uma programação viável do que uma que otimiza uma função objetiva abstrata, mas é impossível de ser praticada.

Apesar dos problemas, algumas empresas se beneficiam dos sistemas de planejamento e otimização avançados. Várias empresas têm tido sucesso fazendo combinações de tais programas (alguns desenvolvidos na própria empresa) com o sistema MRP II para ajudar no planejamento da programação. Arguello (1994) fornece uma excelente revisão dos programas usados com essa finalidade (baseados em simulações ou otimizações) no setor de semicondutores. Como a maior parte desses programas tem sido também aplicada em outros setores da indústria, a pesquisa se torna relevante aos usuários de todos os demais setores.

15.3 A ASSOCIAÇÃO DO PLANEJAMENTO COM A PROGRAMAÇÃO

Dentro de um sistema ERP, o módulo de MRP gera a liberação de ordens planejadas baseado em *lead times* fixos e outras suposições simples. Como discutido, isso muitas vezes resulta em uma programação inviável. Essa é a principal razão por que os planejadores "massageiam" os dados do MRP com algum tipo de planilha específica. Na verdade, isso acontecia em *todas* as mais de 100 empresas que visitamos durante nossas carreiras!

Esses problemas têm causado a separação do planejamento dos materiais (por exemplo, o MRP), do planejamento da capacidade (como por exemplo, o planejamento das necessidades de capacidade (CRP)) e da execução da produção (a liberação e o despacho das ordens) em termos de tempos, *software* e pessoal. Normalmente, o MRP define os materiais necessários e fornece uma programação rudimentar sem levar em conta as limitações da capacidade. Depois, a função do planejamento da capacidade verifica se realmente existe capacidade suficiente. Se não, o usuário (por meio do CRP) ou o próprio sistema (usando algum tipo de sistema de planejamento avançado) tenta reprogramar as liberações. Entretanto, como a capacidade não foi considerada quando as necessidades de materiais foram definidas, o problema do planejamento da capacidade pode ter se tornado gratuitamente difícil (na verdade, impossível). O problema é agravado ainda mais pela prática comum de apenas um único departamento (o controle da produção) gerar o plano de produção (tanto para os materiais quanto para a capacidade), o qual é passado para que outro departamento diferente (a produção) o execute.

Um antídoto importante para essa desconexão entre o planejamento e a execução é a redução do *cycle time*. Se os *cycle times* são curtos (como resultado da redução da variabilidade e/ou do uso de algum mecanismo de produção puxada), a função do planejamento da produção em curto prazo pode fornecer a programação da produção.[4] Contudo, antes que isso possa ser feito, o problema do planejamento e da programação da produção precisa ser avaliado de uma perspectiva da *otimização*, sujeita às limitações de capacidade e demanda, para uma *análise da viabilidade*, para determinar o que deve ser feito para obter um plano de produção praticável, exigindo um procedimento que possa analisar simultaneamente tanto as necessidades de materiais quanto de capacidade. De forma teórica, isso pode ser efetuado por meio de um modelo maior de programação matemática, mas as formulações em geral são muito lentas e não servem para fazer verificações frequentes à medida que a situação evolui. Assim, apresentamos um método heurístico prático que oferece uma verificação rápida de viabilidade na Seção 15.5.

O restante deste capítulo se concentra em assuntos essenciais ao desenvolvimento de procedimentos práticos de programação da produção. Nesta seção, consideramos as técnicas para facilitar a solução dos problemas de programação: o processamento eficaz de lotes e a cotação de prazos de en-

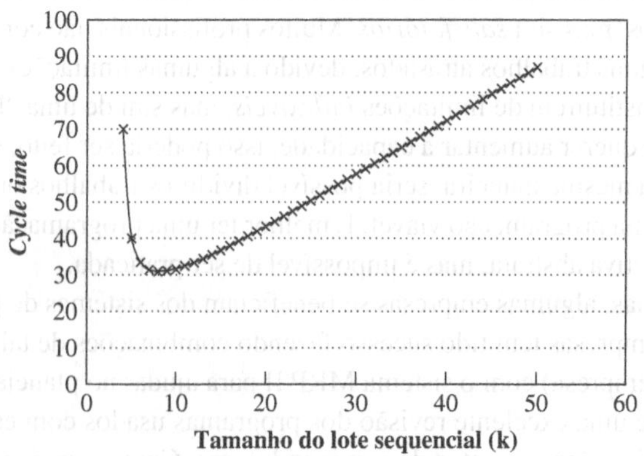

FIGURA 15.1 O *cycle time* médio *versus* o tamanho do lote sequencial.

[4] O planejamento em longo prazo, também chamado de planejamento agregado, é usado para definir os níveis da capacidade, planejar a força de trabalho, etc. (ver o Capítulo 16).

trega aos clientes. A Seção 15.4 mostra a programação do gargalo no contexto das linhas de produção CONWIP, enquanto a Seção 15.6 apresenta como usar a programação (que, por natureza, "empurra" a produção) dentro de um ambiente de produção puxada.

15.3.1 A otimização dos lotes

No Capítulo 9, observamos que o tamanho dos lotes de processamento pode exercer grande influência sobre o *cycle time*. O processamento em lotes também pode influenciar bastante a programação da produção. Por meio da escolha certa do tamanho dos lotes, para manter os *cycle times* curtos, podemos facilitar uma programação a atingir os prazos de entrega. Por isso, desenvolveremos agora métodos para determinar tamanhos de lotes que possam minimizar o *cycle time*.

Os lotes sequenciais ótimos. A Figura 15.1 ilustra a relação existente entre o *cycle time* médio e o tamanho de lotes sequenciais. Para encontrar o tamanho ótimo dos lotes, poderíamos usar a análise mostrada na Seção 9.4.2 para gerar um gráfico e achar o tamanho que minimiza o *cycle time*, mas isso seria estranho e de pouco valor quando temos produtos múltiplos que interagem entre si. Em vez disso, adotamos um procedimento simples, que antes calcula (aproximadamente) a utilização ótima da estação e depois usa os dados para calcular o tamanho dos lotes sequenciais. Primeiro isso é feito para uma única peça e, em seguida, estendemos o cálculo para sistemas de produtos múltiplos.

Observação técnica: O tamanho ótimo de lotes sequenciais de processamento

Primeiro consideramos o caso em que as famílias de produtos são idênticas com relação aos tempos de processamento e de *setup* e em que as chegadas formam distribuições de Poisson. O problema é encontrar o tamanho de lotes sequenciais que minimizem o *cycle time* total em uma estação única. Esse tamanho servirá para a linha toda se a estação tiver *setups* significantes e tender a ser o gargalo.

O passo inicial é definir a "utilização sem os *setups*" como $u_0 = r_a t$. A utilização real será maior do que isso em função dos *setups*. Visando calcular a utilização real, usamos os termos do Capítulo 9 para escrever o tempo efetivo de processamento para um lote como sendo $t_e = s + kt$, que implica uma utilização dada por

$$u = \frac{r_a}{k}(s + kt)$$

Um pouco de álgebra nos mostra que os tempos efetivos de processamento podem ser definidos por:

$$t_e = \frac{su}{u - u_0}$$

Como estamos assumindo que as chegadas são para uma distribuição de Poisson (uma boa suposição caso os produtos cheguem de diversas fontes), o coeficiente de variação ao quadrado (CV²) das chegadas é $c_a^2 = 1$ e o *cycle time* médio é

$$\text{CT} = \left(\frac{1 + c_e^2}{2}\right)\left(\frac{u}{1 - u}\right)\frac{su}{u - u_0} + \frac{su}{u - u_0} \tag{15.1}$$

Escrito dessa forma, o *cycle time* é uma função de u apenas, e não de k e u. Assim, a minimização do *cycle time* acaba por definir a utilização ótima da estação. Fazemos isso tomando as derivadas de (15.1) com relação a u, definindo-o como zero e achando a solução que nos dá:

$$u^* = \frac{\alpha u_0 + \sqrt{\alpha^2 u_0^2 + [\alpha(1 + u_0) + 1]u_0}}{\alpha(1 + u_0) + 1} \tag{15.2}$$

onde $\alpha = (1 + c_e^2)/2 - 1$. Note que, no caso especial onde $c_e^2 = 1$, temos $\alpha = 0$ e

$$u^* = \sqrt{u_0} \tag{15.3}$$

Porém, mesmo quando c_e^2 não for igual a 1, o valor de u^* geralmente continua próximo de $\sqrt{u_0}$. Por exemplo, quando $u_0 = 0{,}5$ e $c_e^2 = 15$, a diferença é menor de 5%. Além disso, quanto mais próximo u_0 estiver de 1 (isto é, a maior utilização do sistema sem os *setups*), menor a diferença entre u^* e $\sqrt{u_0}$ para todos os c_e^2 (ver Spearman e Kröckel 1999).

Para obter o tamanho de lote (k), usaremos

$$u^* = \frac{r_a}{k^*}(s + k^*t) = \frac{r_a s}{k^*} + u_0$$

e calculamos k^*.

A análise supracitada mostra que uma boa aproximação do tamanho dos lotes sequenciais que minimize o *cycle time* em uma estação é:

$$k^* = \frac{r_a s}{u^* - u_0} \approx \frac{r_a s}{\sqrt{u_0} - u_0} \tag{15.4}$$

onde $u_0 = r_a t$. Ilustramos isso com o exemplo a seguir.

Exemplo: O tamanho ótimo de lotes sequenciais (produto único)

Considere o exemplo de lotes sequenciais mostrado na Seção 9.4 e na Figura 15.1. A utilização sem considerar os *setups* u_0 é

$$u_0 = r_a t = (0{,}4 \text{ peça/hora})(1 \text{ hora}) = 0{,}4$$

Assim, pela equação (15.3), a utilização ótima é aproximadamente

$$u^* = \sqrt{u_0} = \sqrt{0{,}4} = 0{,}6325$$

e, de acordo com a equação (15.4), o tamanho ótimo do lote é

$$k^* = \frac{r_a s}{u^* - u_0} = \frac{0{,}4(5)}{0{,}6325 - 0{,}4} = 8{,}6 \approx 9$$

A partir da Figura 15.1, vemos que esse valor é, realmente, muito próximo de 8, o valor ótimo. A diferença no *cycle time* é menor do que 1%.

A recomendação para que a utilização ótima da estação seja definida bem próxima de sua raiz quadrada sem os *setups* é muito robusta, o que permite que ela seja usada como base para um procedimento de definição dos lotes em sistemas com famílias de produtos múltiplos. Desenvolvemos tal abordagem na observação técnica a seguir.

Observação técnica: O tamanho ótimo de lotes sequenciais de processamento com produtos múltiplos

Para modelar o caso com produtos múltiplos, definimos o seguinte:

n = número de produtos
i = índice para os produtos, $i = 1, \dots, n$
r_{ai} = taxa da demanda para o produto i (peças por hora)
t_i = tempo médio para processar uma peça do produto i (horas)
c_{ti}^2 = CV² do tempo de processamento de uma peça do produto i
s_i = tempo médio para fazer o *setup* na troca para o produto i (horas)
c_{si}^2 = CV² do tempo para fazer o *setup* na troca para o produto i
t_e = média do tempo efetivo de processamento de todos os produtos (horas)
c_e^2 = CV² médio do tempo efetivo de processamento de todos os produtos
$u_0 = i\, r_{ai}\, t_i$ = utilização da estação sem os *setups*
u = utilização da estação
k_i = tamanho do lote para o produto i

Podemos usar a equação *VUT* para calcular o *cycle time* da estação da seguinte forma:

$$\text{CT} = \left(\frac{Vu}{1-u} + 1 \right) t_e \tag{15.5}$$

onde $V = (1 + c_e^2)/2$. Para tanto, precisamos calcular u, t_e e c_e a partir dos dados de cada peça individual. A utilização é dada por

$$u = \sum_{i=1}^{n} \frac{r_{ai}}{k_i}(s_i + k_i t_i)$$

O tempo efetivo de processamento é, em certo sentido, a "média das médias". Em outras palavras, se o tempo médio de processamento para um lote de i é de $s_i + k_i t_i$ e a probabilidade de que o lote seja para o produto i é de π_i, então o tempo efetivo de processamento é de

$$t_e = \sum_{i=1}^{n} \pi_i (s_i + k_i t_i) \tag{15.6}$$

A probabilidade de que o lote seja de determinado tipo de produto é a taxa de chegada daquele produto em relação à taxa total das chegadas

$$\pi_i = \frac{r_{ai}/k_i}{\sum_{j=1}^{n}(r_{aj}/k_j)} \tag{15.7}$$

Usando a análise padrão, calculamos a variância do tempo efetivo de processamento σ_e^2 como σ_e^2

$$\sigma_e^2 = \sum_{i=1}^{n} \pi_i (k_i c_{ti}^2 t_i^2 + c_{si}^2 s_i^2) + \left[\sum_{i=1}^{n} \pi_i (s_i + k_i t_i)^2 - t_e^2 \right] \tag{15.8}$$

de forma que o CV² efetivo é $c_e^2 = \sigma_e^2/t_e^2$. Porém, assumindo que, como no caso do produto único, $u^* = \sqrt{u_0}$ é uma boa aproximação da utilização ótima, o problema do tamanho do lote se resume a encontrar um conjunto de valores de k_i que atinjam u^* e mantenham c_e^2 e t_e em níveis baixos. A partir da equação (15.5), fica claro que isso resultará em um *cycle time* curto. Note que, se todos os valores de $s_i + k_i t_i$, isto é, todos os tempos médios de processamento, fossem iguais, o termo entre colchetes na equação (15.8) seria zero. Assim, uma maneira de manter ambos os valores de t_e e c_e^2 baixos é minimizar os tamanhos médios de processamento e torná-los iguais. Podemos expressar tal aspecto com o problema de otimização a seguir.

$$\begin{aligned} &\text{Minimizar} && L \\ &\text{Sujeito a:} && s_i + k_i t_i \leq L \qquad \text{para } i = 1, \ldots, n \\ & && \sum_{i=1}^{n} \frac{r_{ai}}{k_i}(s_i + k_i t_i) = u^* \end{aligned}$$

A solução pode ser obtida por meio de

$$\begin{aligned} s_i + k_i t_i &= L \\ k_i &= \frac{L - s_i}{t_i} \end{aligned} \tag{15.9}$$

E então calcular L, dentro dos limites de

$$\sum_{i=1}^{n} \frac{r_{ai}}{k_i}(s_i + k_i t_i) = u^*$$

$$\sum_{i=1}^{n} \frac{r_{ai} s_i}{k_i} = u^* - u_0$$

$$\sum_{i=1}^{n} \frac{r_{ai} s_i t_i}{L - s_i} = u^* - u_0$$

Se os tempos de *setup* são todos parecidos com sua média, a qual é representada por $\bar{s}$, então podemos encontrar L conforme segue.

$$L = \frac{\sum_{i=1}^{n} r_{ai} s_i t_i}{u^* - u_0} + \bar{s} \tag{15.10}$$

Substituindo isso na equação (15.9), resulta em tamanhos aproximadamente ótimos de lote.

A análise recém-feita mostra que o tamanho de lotes sequenciais para o produto i que minimiza o *cycle time* em uma estação com produtos múltiplos e *setups* é

$$k_i^* = \frac{L - s_i}{t_i} \tag{15.11}$$

onde L é calculado com a equação (15.10).

Exemplo: O tamanho ótimo de lotes sequenciais (produtos múltiplos)

Considere um processo industrial no qual são misturados três produtos diferentes. A demanda para cada produto é de 15 misturas por mês e é controlada por um sistema de MRP que usa um tamanho constante de lotes para cada produto. Quando o misturador é trocado de um produto para outro, é preciso fazer uma limpeza. Os produtos A e B levam 4 horas em processamento e precisam de 8 horas para a limpeza. O produto C precisa de 8 horas em processamento e de 12 horas para a limpeza. Todos os tempos de processamento e de *setup* têm um CV de 12. O misturador funciona dois turnos por dia, 5 dias por semana. Com a perda de 1 hora a cada turno em 52/12 semanas por mês, isso resulta em 303,33 horas por mês.

Mantendo as práticas convencionais (o modelo de lote econômico) em que os produtos com trocas mais longas devem ter lotes maiores, a empresa está usando atualmente os tamanhos de lotes de 20 unidades para os produtos A e B, e de 30 para o produto C. O *cycle time* médio do processo é, atualmente, 44 dias úteis. Será que poderia ser melhor?

Convertendo a demanda em unidades por hora nos dá $r_{ai} = 15/303{,}33 = 0{,}0495$ unidades por hora para os três produtos. A utilização sem os *setups* é de

$$u_0 = 0{,}0495(4 + 4 + 8) = 0{,}7912$$

Assim, a utilização ótima é de $u^* = \sqrt{u_0} = \sqrt{0{,}7912} = 0{,}8895$.

O tempo médio de *setup* é $\bar{s} = (8 + 8 + 12)/3 = 9{,}33$ horas, de forma que a soma necessária na equação (15.10) é

$$\sum_{i=1}^{3} r_{ai} s_i t_i = 0{,}0495[8(4) + 8(4) + 12(8)] = 7{,}912$$

sendo que

$$L = \frac{7{,}912}{0{,}8895 - 0{,}7912} + 9{,}33 = 89{,}82$$

Com isso, podemos calcular aproximadamente os tamanhos ótimos de lote como segue:

$$k_A = k_B = \frac{L - s_A}{t_A} = \frac{89{,}82 - 8}{4} = 20{,}46 \approx 20$$

$$k_C = \frac{L - s_C}{t_C} = \frac{89{,}82 - 12}{8} = 9{,}73 \approx 10$$

Usando esses resultados dos tamanhos de lotes, o *cycle time* médio é de 33,1 dias, uma redução de 25%. Uma pesquisa completa de todos os possíveis tamanhos de lotes nos mostra que esse resultado é próximo à solução ótima de 17, 17, 11 com um *cycle time* de 32,6 dias.

Note que o tamanho do lote para o produto C é *menor* do que para A e B. A lógica do lote econômico, que foi desenvolvida assumindo os produtos em separado, sugere que C deveria ter um tamanho de lote maior porque tem um *setup* mais longo. No entanto, para manter o tamanho das corridas de produção iguais entre os produtos, precisamos reduzir o tamanho dos lotes do produto C.

A otimização de lotes simultâneos. Em uma máquina com lotes simultâneos, como um forno de tratamento térmico ou um processo de banho de cobre em uma fábrica de placas de circuito integrado, o tempo de processamento é o mesmo, não importa quantas peças são processadas de cada vez (o tamanho do lote).

Em situações de lotes simultâneos, o *trade-off* básico é entre a utilização efetiva da capacidade, para a qual queremos grandes lotes, e os tempos mínimos na formação dos lotes, para os quais os lotes mínimos seriam os melhores. Se a máquina for um gargalo, muitas vezes é melhor usar o maior tamanho possível (o tamanho do lote da operação). Se a máquina não for um gargalo, pode ser melhor (em termos de *cycle time*) processar lotes parciais. Como já discutimos no Capítulo 9, uma política simples seria carregar todos os trabalhos que estão na fila (até o limite máximo da máquina) a cada processo. Porém, esta pode não ser uma boa política se as chegadas dos trabalhos são como "rajadas". Em outras palavras, os trabalhos não chegam em um fluxo constante, mas sim em levas repentinas. Em tais situações, pode ser melhor aguardar a formação de um lote maior do que processar apenas os que estão aguardando na fila. Infelizmente, a matemática da formação de lotes simultâneos com chegadas gerais fica muito complexa e está além dos objetivos do livro.

15.3.2 A cotação dos prazos de entrega

A redução da variabilidade (Capítulo 9), a produção puxada (Capítulo 10) e os métodos de definição do tamanho dos lotes (recém-descritos) facilitam a programação da produção. Outra técnica para simplificá-la é a cotação dos prazos de entrega aos clientes. Como os problemas da programação envolvendo os prazos de entrega são extremamente difíceis de resolver, enquanto a definição de uma política de prazos de entrega é relativamente fácil, vale a pena tentar achar uma solução. Na prática, claro, a implantação exige muito mais do que a matemática. O desenvolvimento de um sistema de cotação de prazos de entrega aos clientes pode envolver um problema bem maior – promover a conversa entre o pessoal de vendas e de produção.

Além das questões pessoais, a dificuldade do problema depende do ambiente da manufatura. Para poder especificar prazos razoáveis, precisamos prever quando os trabalhos de uma programação liberada serão finalizados. Se o ambiente for muito complexo e essa questão for difícil, então o problema da cotação de prazos também será difícil. Porém, se conseguirmos simplificar o ambiente de maneira a torná-lo mais previsível, cotar prazos de entrega será bem fácil.

A cotação de prazos de entrega em uma linha CONWIP. Um dos sistemas de manufatura mais previsíveis é uma linha CONWIP. Como observamos anteriormente, o comportamento de uma linha CONWIP pode ser caracterizado como o modelo de correia transportadora, permitindo-nos desenvolver um procedimento simples para cotar os prazos aos clientes.

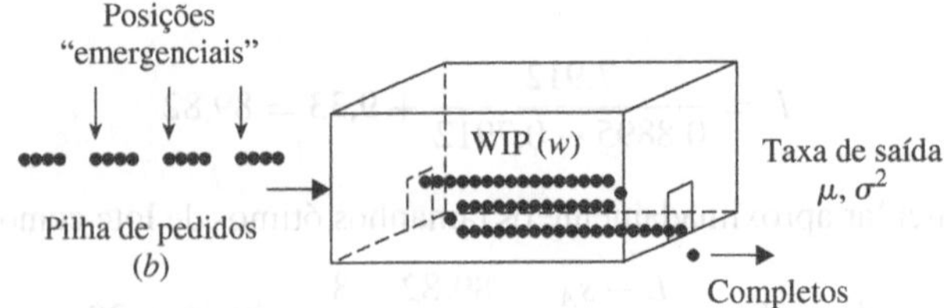

FIGURA 15.2 Esquema para cotar *lead times* de entrega.

Considere uma linha CONWIP que mantém w unidades padrão[5] de WIP e cuja produtividade em cada período (por exemplo, turno, dia, semana) é constante, com uma média μ e uma variância de σ^2. Suponha que um cliente coloque um pedido que representa c unidades padrão de trabalho, e temos a opção de especificar um prazo de entrega. Para equilibrar a eficiência de entrega com a confiança do cliente, queremos cotar um prazo curto o bastante para garantir um nível de atendimento (a probabilidade de entregar no prazo) de s. Certamente, o prazo que atinge esses critérios depende muito de quanto trabalho existe na frente do novo pedido, o que depende de como os pedidos dos clientes são sequenciados. Uma possibilidade é que os trabalhos sejam processados na ordem primeiro a chegar, primeiro a sair, caso em que representamos a lista de liberações atual (isto é, o número de trabalhos padrão que já foram aceitos, mas não foram ainda liberados à linha) por b. Como alternativa, podem ser reservadas posições para "trabalhos emergenciais", em casos de alta prioridade (ver Figura 15.2), por meio da cotação dos prazos para alguns trabalhos de baixa prioridade como se estivessem adiantados, para eventual compensação com algumas emergências. Nesse caso, definimos b para representar unidades de trabalho até o primeiro trabalho em emergência.

Em qualquer caso, o pedido do cliente será atendido após $m = w + b + c$ unidades padrão de trabalho terem sido finalizadas na linha. Assim, o problema de encontrar o prazo mínimo que garanta um nível de atendimento de s é equivalente a encontrar o tempo em que estamos s % certos de que podemos completar m unidades padrão de trabalho. Extraímos uma expressão para esse tempo na observação técnica a seguir.

Observação técnica: A cotação de prazos de entrega em uma linha CONWIP

Tome X_t como uma variável aleatória que representa o volume de trabalho (em unidades padrão) completas no período t. Assuma que X_t, $t = 1, 2,...$, são independentes e normalmente distribuídos com uma média μ e uma variância σ^2, para garantir a finalização ao tempo ℓ com uma probabilidade s, a seguinte equação deve ser verdadeira:

$$P\left\{\sum_{t=1}^{\ell} X_t \leq m\right\} = 1 - s$$

Note que, como as médias e as variâncias das variáveis aleatórias independentes são aditivas, o volume de trabalho completado ao tempo ℓ nos é dado por

$$\sum_{t=1}^{\ell} X_t \sim N(\ell\mu,\ \ell\sigma^2)$$

Isto é, é uma distribuição normal com uma média $\ell\mu$ e uma variância $\ell\sigma^2$. Assim,

$$P\left\{Z \leq \frac{m - \ell\mu}{\sqrt{\ell}\sigma}\right\} = 1 - s$$

onde Z é a variável aleatória normal padrão 0–1.

---

[5] Uma unidade padrão de WIP é aquela que requer certo tempo de processamento no gargalo da linha. Assim, o sistema CONWIP mantém uma carga de trabalho constante na linha, medida a partir dos tempos no gargalo.

Portanto,

$$\frac{m - \ell\mu}{\sqrt{\ell}\sigma} = z_{1-s} \tag{15.12}$$

onde z_{1-s} é obtido de uma tabela normal padrão.

Podemos reescrever a equação (15.12) como

$$\ell^2\mu^2 - (2\mu m + z_{1-s}^2\sigma^2)\ell + m^2 = 0 \tag{15.13}$$

a qual pode ser solucionada usando a equação quadrática. Existem duas raízes para essa equação; enquanto $s \geq 0{,}5$, deve ser usada sempre a maior. Isso resulta na equação (15.14).

O *lead time* de entrega mínimo a cotar para um novo pedido que consista de c unidades padrão e que seja sequenciado após uma lista de liberações de b unidades padrão em uma linha CONWIP com um nível de WIP de w necessário para garantir um nível de atendimento de s nos é dado por

$$\ell = \frac{m}{\mu} + \frac{z_{1-s}^2\sigma^2\left[1 + \sqrt{4\mu m/(z_{1-s}^2\sigma^2) + 1}\right]}{2\mu^2} \tag{15.14}$$

onde $m = w + b + c$.

Uma possível crítica ao método recém-descrito é que ele é baseado apenas no atendimento. Assim, um trabalho que esteja um dia atrasado é considerado igual a um que esteja um ano atrasado. Uma medida que controla melhor o desempenho sob o ponto de vista dos clientes é a demora. Felizmente, cotar cada pedido com o mesmo nível de atendimento também resulta no *lead time* mínimo esperado sujeito a uma limitação da demora média (ver Spearman e Zhang 1999).

Além disso, para simplificar a implantação com um mínimo de perda, a equação (15.14) pode ser substituída por

$$\ell = \frac{m}{\mu} + \text{tempo planejado em estoque} \tag{15.15}$$

onde o tempo planejado em estoque é uma constante que pode ser ajustada por tentativa e erro para alcançar um nível de atendimento aceitável (ver Hopp and Roof 1998).

Exemplo: Cotação de prazos de entrega

Suponha que temos uma linha CONWIP que mantém 320 unidades padrão de WIP com uma produção média de 80 unidades padrão e um desvio padrão de 15 unidades. A linha recebe, então, um pedido urgente que consiste de 20 unidades padrão, e a primeira vaga para um pedido de alta prioridade na lista de liberações é após 100 trabalhos a partir do início da linha. Queremos cotar um prazo de entrega ao cliente com uma garantia de atendimento de 99%.

Para usar a equação (15.14), observamos que $\mu = 80$, $\sigma^2 = 225$ (ou 15^2), $w = 320$, $b = 100$ e $c = 20$, de maneira que $m = 440$. O valor de $z_{1-s} = z_{0{,}01} = -2{,}33$ é encontrado em uma tabela normal padrão. Assim,

$$\begin{aligned}\ell &= \frac{m}{\mu} + \frac{z_s^2\sigma^2\left[1 + \sqrt{4\mu m/(z_s^2\sigma^2) + 1}\right]}{2\mu^2} \\ &= \frac{440}{80} + \frac{(-2{,}33^2)(225)\left\{1 + \sqrt{4(80)(440)/[(-2{,}33)^2(225)] + 1}\right\}}{2(80^2)} \\ &= 6{,}62\end{aligned}$$

de forma que nosso prazo de entrega ao cliente é de 7 dias.

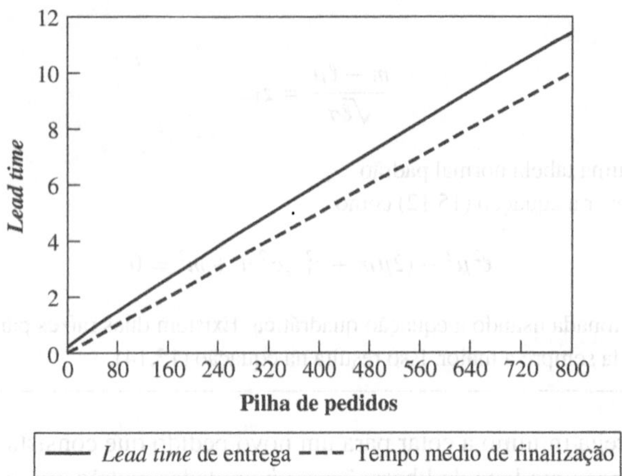

FIGURA 15.3 *Lead times* de entrega *versus* número de trabalhos na lista de liberações.

Note que o tempo médio para completar o pedido é de $m/\mu = 440/80 = 5{,}5$ dias. O 1,5 dia adicional representa o ***lead time* de segurança**, usado como uma reserva contra a variabilidade existente no processo de produção.

A Figura 15.3 mostra as cotações de *lead times* de entrega em função de uma lista de liberações com m trabalhos. A linha tracejada mostra o tempo médio de finalização m/μ, que é o prazo a ser cotado se não houvesse variação na taxa de produção. A diferença entre a linha sólida e a linha tracejada representa o *lead time* de segurança. A razão disso é que quanto mais trabalho a finalizar houver antes de poder atender um pedido, maior será a variabilidade do período, fazendo com que o *lead time* de segurança necessário seja maior.

Em um ambiente com roteiros múltiplos de CONWIP, seria preciso um conjunto idêntico de cálculos para cada um dos roteiros da fábrica. Os únicos dados necessários são os dois primeiros momentos da taxa de produção para o roteiro, o nível atual de WIP (uma constante no CONWIP) e a posição atual da lista de liberações. Esses dados devem ser mantidos em local acessível ao pessoal de vendas e da produção. O pessoal de vendas precisa dessas informações para cotar os prazos aos clientes; o pessoal da produção precisa delas para determinar qual trabalho será o próximo a ser produzido. A manufatura também pode controlar a produção tomando como base uma lista de liberações estabelecida pelo departamento de vendas (por exemplo, o procedimento de controle estatístico de produtividade descrito no Capítulo 14). O resultado geral será prazos de entrega competitivos, viáveis e consistentes com os parâmetros da manufatura.

15.4 A PROGRAMAÇÃO DO GARGALO

Uma das principais conclusões da literatura sobre as pesquisas de programação da produção é que os problemas, particularmente aqueles de proporções reais, são muito difíceis. Por isso, é comum simplificá-los dividindo-os em partes menores. Uma maneira de fazer isso é programar o gargalo e difundir a programação para as outras estações, o que é muito eficaz em linhas com fluxos simples. Porém, a programação do gargalo também pode ser um importante componente de situações mais complexas.

A maior razão de focar a atenção no gargalo é que isso pode simplificar o problema da programação da produção, por meio da redução de um problema que envolve várias máquinas em um problema mais simples de uma única máquina. Lembre-se de que, em nossa discussão sobre as pesquisas da programação, as sequências simples, e não detalhadas demais, muitas vezes são suficientes para os problemas de máquinas únicas. Como uma *programação* apresenta informações sobre quando cada um dos trabalhos deve ser processado em cada máquina, enquanto uma *sequência* apresenta apenas a ordem de processamento dos trabalhos, é mais fácil calcular uma sequência. Além disso, pelo fato de a programação tornar-se cada vez mais imprecisa com o passar do tempo, as sequências, na prática, são mais robustas.

O problema da programação da produção pode ser mais simples se o ambiente da manufatura consiste de linhas CONWIP. Como já sabemos a partir do Capítulo 13, uma linha CONWIP pode ser caracterizada como uma correia transportadora com uma taxa r_b^P (a taxa de produção viável) e os tempos de trânsito *Top* (*lead time* mínimo viável). Pelo fato de os parâmetros de r_0^P e T_0^P serem ajustados para incluir os efeitos da variabilidade, tais como os causados por falhas, variações de tempos de processamento e *setups*, e pelo fato de a capacidade de segurança (horas extras) ser usada para garantir que a linha atinja suas taxas de produção em cada período (dia, semana, etc.), o modelo determinístico de correia transportadora é uma boa aproximação do sistema de produção estocástico. Assim, por meio da concentração no gargalo de uma linha CONWIP, realmente conseguimos resumir um problema muito complicado, com múltiplas estações de trabalho, em um muito mais fácil, com uma única estação. Além disso, como usamos o sistema primeiro a entrar no sistema, primeiro a sair (FISFO) para o despacho em cada estação, propagar a sequência do gargalo para as outras estações torna-se uma tarefa trivial – simplesmente usando a mesma sequência em todas as estações, a qual é a **lista de liberações do CONWIP**, a que nos referimos em capítulos anteriores. Agora vamos discutir como gerar essa lista.

15.4.1 As linhas CONWIP sem *setups*

Iniciamos considerando o caso mais simples de linhas CONWIP – aquele em que os *setups* não têm nenhuma influência sobre a capacidade. Isso pode acontecer porque não há *setups* significativos na troca de produtos a fabricar. Outra razão poderia ser por que os *setups* são feitos periodicamente (por exemplo, para limpeza ou manutenção), mas não dependem da sequência dos trabalhos. O sequenciamento de uma linha simples de um sistema CONWIP sem *setups* é igual à programação de uma única máquina com os prazos de entrega discutidos anteriormente. Como observamos em nossa revisão geral sobre a teoria da programação da produção, nesse tipo de ambiente, a sequência por PMC finalizará todos os trabalhos dentro do prazo, se possível, o que na verdade significa que os trabalhos serão completados no prazo na programação *planejada*. Não podemos saber de antemão se isso realmente ocorrerá, pois depende de eventos aleatórios. Porém, iniciar com um plano viável nos dá muito mais chances de atender os clientes no prazo do que com um plano inviável.

Uma situação um pouco mais complexa é quando duas ou mais linhas CONWIP compartilham uma ou mais estações de trabalho. A Figura 15.4 mostra uma situação em que (1) duas linhas CONWIP compartilham o gargalo e (2) as linhas produzem componentes para uma operação de montagem. Consideramos esse caso porque ilustra bem as questões envolvidas. Entretanto, a programação é idêntica a um sistema com as linhas alimentando reservas de estoques de produtos acabados (EPA) individuais, em vez de uma operação de montagem.

Como não existem *setups* em nenhum dos casos, devemos sequenciar as liberações para as linhas individuais de acordo com a regra do PMC e usar essa mesma sequência como fizemos no caso das linhas CONWIP separadas. Assim, para gerar um plano completo, precisamos apenas determinar a sequência a ser usada nas estações compartilhadas.

De maneira intuitiva, poderíamos pensar que usar a regra do primeiro a entrar, primeiro a sair (FIFO) poderia funcionar bem. Todavia, se há muita variabilidade nos tempos de processamento, então, por exemplo, uma série de trabalhos A pode chegar à estação compartilhada antes da série complementar de trabalhos B. Usar o método FIFO apenas criaria uma fila de peças sem par na operação de montagem. Em casos extremos, isso poderia até causar a falta de alimentação no gargalo, pois haveria muito WIP parado nas operações de montagem.

Uma alternativa melhor seria a regra do primeiro a entrar no sistema, primeiro a sair (FISFO) no despacho do recurso compartilhado. Segundo essa regra, os trabalhos são sequenciados de acordo com sua entrada no sistema, isto é, no momento em que os cartões CONWIP autorizam sua liberação.

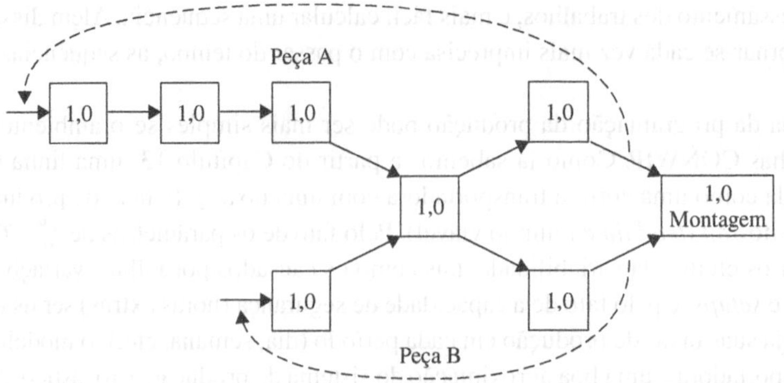

FIGURA 15.4 Duas linhas CONWIP compartilhando um centro de processamento em comum.

Como os cartões CONWIP autorizam as liberações para peças pareadas (ou seja, uma A e outra B) para montagem ao mesmo tempo, essa regra serve para sequenciar as máquinas compartilhadas de acordo com a mesma sequência da operação de montagem. Assim, ela serve para sincronizar o máximo possível as chegadas à montagem. Quando não há trabalhos B a processar na máquina compartilhada (talvez em razão de um longo processamento em alguma máquina fluxo acima), serão processados os trabalhos A, mas logo que cheguem mais produtos B, estes serão retomados.

15.4.2 As linhas CONWIP simples com *setups*

A programação se torna mais difícil quando o sistema inclui *setups*, porque a sequência afeta a capacidade. Para ilustrar as questões envolvidas e uma abordagem para solucioná-las, vamos considerar uma linha CONWIP com os *setups* no gargalo. Mesmo um caso relativamente simples como este pode ser muito difícil. Na verdade, a definição da existência ou não de uma sequência que satisfaça todos os prazos não pode ser feita com um algoritmo polinomial.

Para ilustrar a dificuldade desse problema e sugerir uma abordagem para uma solução, consideremos o conjunto de 16 trabalhos mostrados na Tabela 15.5. Cada um deles leva 1 hora para ser completado, sem incluir o *setup*. Os *setups* levam 4 horas e ocorrem sempre que haja troca de uma família de produtos para outra. Os trabalhos da Tabela 15.5 são sequenciados em ordem de PMC. Como veremos,

TABELA 15.5 A sequência por PMC

Número do trabalho	Família	Prazo final	Tempo de finalização	Atraso
1	1	5	5	0
2	1	6	6	0
3	1	10	7	−3
4	2	13	12	−1
5	1	15	17	2
6	2	15	22	7
7	1	22	27	5
8	2	22	32	10
9	1	23	37	14
10	3	29	42	13
11	2	30	47	17
12	2	31	48	17
13	3	32	53	21
14	3	32	54	22
15	3	33	55	22
16	3	40	56	16

TABELA 15.6 A sequência após a primeira troca pelo algoritmo guloso

Número do trabalho	Família	Prazo final	Tempo de finalização	Atraso
1	1	5	5	0
2	1	6	6	0
3	1	10	7	-3
5	1	15	8	-7
4	2	13	13	0
6	2	15	14	-1
7	1	22	19	-3
8	2	22	24	2
9	1	23	29	6
10	3	29	34	5
11	2	30	39	9
12	2	31	40	9
13	3	32	45	13
14	3	32	46	14
15	3	33	47	14
16	3	40	48	8

a regra do PMC não é muito eficiente aqui, pois resulta em 10 *setups* e 12 trabalhos com atraso com uma demora média de 10,4. Para encontrar uma solução melhor, não queremos avaliar todas as possibilidades, pois há $16! = 2 \times 10^{13}$ sequências possíveis. Em vez disso, procuraremos uma heurística que nos ofereça uma boa solução.

Uma abordagem possível é a do **algoritmo ganancioso**. Cada passo de um algoritmo ganancioso considera todas as alternativas simples (isto é, intercâmbios de pares de trabalhos em sequência) e seleciona aquela que melhora a programação ao máximo. Essa é a razão pela qual o algoritmo é chamado de ganancioso. O número de combinações possíveis (120, nesse caso) é bem menor do que o número total de sequências, de forma que esse algoritmo pode encontrar uma solução rápida. Certamente, a questão é: quão boa ela será? Consideramos tal aspecto a seguir.

Verificar a demora total para cada combinação possível entre dois trabalhos na sequência nos revela que a maior redução é alcançada pondo o trabalho 4 após o 5. Como mostra a Tabela 15.6, isso eliminaria dois *setups* (trocando da família 1 para a 2 e vice-versa). A demora média agora é de 5,0 com oito *setups*.

Repetimos o procedimento no segundo passo do algoritmo. Dessa vez, a maior redução na demora total resulta do posicionamento do trabalho 7 após o 8. Novamente, isso eliminaria dois *setups* pelo agrupamento de famílias de peças parecidas. A demora média cairia para 1,2 com seis *setups*. O terceiro passo posiciona o trabalho 10 após o 12, o que eliminaria um *setup* e reduziria a demora média para 0,5. A sequência resultante é mostrada na Tabela 15.7.

Nesse ponto, nenhuma outra combinação poderá reduzir mais a demora total. Assim, o algoritmo guloso acaba com uma sequência que produz três trabalhos com atraso. Mas será que poderia ser melhor?

A resposta, conforme mostra a Tabela 15.8, que oferece uma sequência viável é sim. Mas precisamos avaliar todas as 16 sequências possíveis? Sob o ponto de vista matemático, devemos. Contudo, sob o ponto de vista prático, podemos encontrar uma sequência melhor (e até viável) usando uma abordagem um pouco mais esperta do que a do algoritmo ganancioso.

Para desenvolver tal procedimento, observamos que o problema com os algoritmos gananciosos é que eles podem convergir para uma **solução ótima localizada** – uma solução que pode ser melhor do que qualquer outra adjacente, mas que pode não ser a melhor de outras não adjacentes. Como o algoritmo ganancioso avaliou apenas as opções adjacentes (intercâmbio de pares), ele é vulnerável a focar apenas uma solução localizada. Isso pode acontecer porque os problemas NP-difíceis como este

TABELA 15.7 Configuração final resultante de um algoritmo ganancioso

Número do trabalho	Família	Prazo final	Tempo de finalização	Demora
1	1	5	5	0
2	1	6	6	0
3	1	10	7	-3
5	1	15	8	-7
4	2	13	13	0
6	2	15	14	-1
8	2	22	15	-7
7	1	22	20	-2
9	1	23	21	-2
11	2	30	26	-4
12	2	31	27	-4
10	3	29	32	3
13	3	32	33	1
14	3	32	34	2
15	3	33	35	2
16	3	40	36	-4

tendem a mostrar muitas soluções boas, mas apenas localizadas. Assim, o que precisamos é de um mecanismo que force o algoritmo a procurar possíveis sequências melhores em lugares mais distantes.

Para tanto, é necessário proibir (tornar em "tabu") algumas movimentações efetuadas recentemente. Essa abordagem é chamada **busca tabu** (ver Glover 1990), e a lista de movimentações recentes (e agora proibidas) é chamada de **lista tabu**. Na prática, há muitas maneiras de se identificarem as movimentações. Uma opção óbvia (embora ineficiente) é a sequência inteira. Nesse caso, certas sequências se tornariam **tabu** assim que avaliadas como tal. Entretanto, pelo fato de existirem *tantas* sequências, a lista de proibições teria que ser muito longa para ser eficaz. Outra opção, mais eficiente, mas menos precisa, é a posição do trabalho na sequência. Desse modo, o posicionamento do trabalho 4 após o 5 (como fizemos em nossa primeira movimentação) se tornaria tabu assim que fosse considerado pela primeira vez. Porém, como precisamos proibir essas movimentações apenas temporariamente para

TABELA 15.8 Uma sequência viável

Número do trabalho	Família	Prazo final	Tempo de finalização	Demora
1	1	5	5	0
2	1	6	6	0
3	1	10	7	-3
5	1	15	8	-7
4	2	13	13	0
6	2	15	14	-1
8	2	22	15	-7
11	2	30	16	-14
12	2	31	17	-14
7	1	22	22	0
9	1	23	23	0
10	3	29	28	-1
13	3	32	29	-3
14	3	32	30	-2
15	3	33	31	-2
16	3	40	32	-8

evitar que o algoritmo "empaque" em alguma solução localizada, o tamanho da lista é limitado. Uma vez que certa movimentação estiver por muito tempo na lista, ela será descartada e voltará a ser considerada pelo algoritmo.

A busca tabu pode ser depois refinada por meio da desconsideração de movimentações que já sabemos que não contribuem em nada. Por exemplo, no problema supracitado, sabemos que tentar qualquer sequência diferente do PMC para uma *família* (entre os *setups*) apenas vai piorar a situação. Por exemplo, jamais pensaríamos em posicionar o trabalho 2 atrás do 1, pois eles são da mesma família e o trabalho 1 tem um prazo mais curto do que o 2. Esse tipo de consideração pode limitar o número de movimentações que podem ser consideradas e, com isso, aumentar a rapidez do algoritmo.

Apesar de as buscas tabus funcionarem sob um princípio simples, sua implantação pode tornar-se complicada (ver Woodruff e Spearman 1992 para maiores detalhes). Existem ainda muitas outras abordagens heurísticas que podem ser aplicadas aos problemas de programação e sequenciamento dos trabalhos. Os pesquisadores continuam a desenvolver novos métodos que funcionam melhor para problemas específicos. Para maiores discussões a respeito do assunto, ver Morton e Pentico (1993) e Pinedo (1995).

15.4.3 Os resultados da programação do gargalo

Uma conclusão importante desta seção é que a programação não precisa ser tão desanimadora quanto uma interpretação limitada dos resultados da complexidade gerados pela teoria de programação poderia sugerir. Por meio da simplificação do ambiente de produção (por exemplo, com linhas CONWIP) e do uso de abordagens heurísticas bem selecionadas, os administradores podem conseguir procedimentos de programação bastante eficazes.

Em sistemas de produção puxada, como são as linhas CONWIP, as sequências simples são suficientes, pois os tempos de liberação são controlados pelo progresso do sistema. Se não há *setups*, uma sequência baseada na regra de PMC pode ser a melhor para uma linha CONWIP simples. Ela também serve para sistemas CONWIP com recursos compartilhados, desde que não existam *setups* significativos e a regra FISFO de despacho seja usada nos recursos comuns. Se houver *setups* significativos, uma regra simples de sequenciamento ainda é suficiente para as linhas CONWIP, mas não a regra de PMC. Porém, heurísticas práticas, como a busca tabu, podem ser usadas para achar boas soluções para esses casos.

15.5 OS DIAGNÓSTICOS DA PROGRAMAÇÃO

Infelizmente, nem todas as situações de programação são propícias a simples sequenciamento do gargalo. Em alguns sistemas, o gargalo muda, em decorrência de alterações no *mix* de produtos (por exemplo, por mudanças na demanda) ou na capacidade do sistema (por flutuações na força de trabalho). Em algumas fábricas, roteiros extremamente complicados não permitem o uso de CONWIP ou de qualquer outro sistema de produção puxada. Em outras, o WIP no sistema é redirecionado a diferentes clientes em resposta a um perfil de demanda em constante alteração.

Uma boa sugestão para lidar com essas situações é livrar-se delas. Em alguns sistemas, nos quais isso é possível, essa pode ser a melhor solução. No entanto, em outros, ela pode ser ciência ou economicamente inviável. Assim, precisamos de métodos para lidar com os problemas da programação em ambientes complexos da produção. Para obtê-los, precisamos de mais do que boas soluções para problemas matemáticos; consideremos, também, os seguintes aspectos:

1. *Os modelos dependem de dados, os quais devem ser estimados.* Um parâmetro comum necessário para muitos modelos é impor um custo no atraso, que é usado como um *trade-off* entre os custos de atendimento e dos estoques. Porém, pouca gente se sente confortável para especificar qual é esse custo antes de avaliar seus impactos na programação.

2. *Muitos custos intangíveis não são mostrados nos modelos.* Exigências especiais dos clientes, alterações nas condições da fábrica, relações com os fornecedores e subcontratados, e outras coisas mais, tornam a programação automatizada algo impossível. Consequentemente, a maioria dos profissionais da programação da produção com quem tivemos contato acha que um sistema eficaz de programação deve permitir a intervenção humana. Para fazer o melhor uso da inteligência humana, um sistema deveria avaliar a *viabilidade* (não a otimização) de determinada programação e, se inviável, sugerir alterações. As sugestões poderiam ser o aumento de capacidade por meio de horas extras, trabalhadores temporários ou terceirização; a alteração nos prazos de alguns trabalhos; e a divisão de grandes trabalhos em partes menores. O julgamento humano é necessário para fazer boas escolhas entre as várias opções, para solucionar questões como: quais clientes aceitariam entregas parciais ou com algum atraso? Quais peças podem ser terceirizadas? Quais funcionários aceitam fazer horas extras?

Nem abordagens baseadas na simulação nem na otimização servem para avaliar as diferentes alternativas de programação ou as várias opções de melhorias. Talvez por causa disso, uma pesquisa recente sobre os sistemas de programação apontou todos eles como ferramentas que oferecem apenas uma capacidade trivial para diagnóstico (Arguello 1994).

Em oposição a isso, o paradigma do ERP tem a pretensão de desenvolver e *avaliar* as programações. O plano mestre de produção fornece a demanda; o planejamento das necessidades de materiais (MRP) define a demanda líquida, determina a necessidade dos materiais e calcula uma programação de liberações; e o planejamento das necessidades de capacidade (CRP) verifica a viabilidade da programação. Como uma estrutura de planejamento, ela é ideal para o controle prático da produção. Porém, como discutimos anteriormente, o modelo básico do MRP é simples demais para representar de maneira precisa o que ocorre na fábrica. De maneira similar, o CRP não verifica precisamente o MRP porque ele sofre do mesmo problema básico de modelagem (*lead times* fixos) e, mesmo se o fizesse, não oferece um diagnóstico útil sobre como corrigir as inviabilidades.

Para resolver essa situação, discutiremos agora um processo de programação que oferece uma função mais eficaz para fazer um diagnóstico do que a estrutura de um ERP, eliminando as falhas do MRP. Para isso, discutimos como e por que as inviabilidades são criadas e oferecemos um procedimento para detectá-las, sugerindo medidas corretivas.

15.5.1 Os tipos de inviabilidades na programação

O modelo de correia transportadora indica que há dois tipos básicos de inviabilidades na programação. A **inviabilidade do WIP** é causada pelo posicionamento inadequado do WIP. Se há níveis insuficientes de WIP no sistema para permitir o atendimento de trabalhos de curto prazo, então a programação será inviável independentemente da capacidade do sistema. A única maneira de resolver esse problema é postergar (empurrar para a frente) a demanda. A **Inviabilidade da Capacidade** é causada pela sua insuficiência, o que pode ser solucionado empurrando a demanda para a frente ou aumentando a capacidade.

Exemplo:

Ilustramos os tipos e efeitos de inviabilidades nas programações considerando uma linha de produção com uma capacidade de $r_b^P = 100$ unidades por dia e um tempo mínimo de processamento de $T_0^P = 3$ dias. Segundo a lei de Little, esses números implicam um nível médio de 300 unidades. Atualmente, existem 95 trabalhos para serem finalizados até o final do primeiro dia, 90 até o final do segundo dia e 115 que foram recém-iniciados. Desses últimos 115, 100 serão terminados até o final do terceiro dia. Os 15 restantes serão finalizados no dia 4 devido às limitações na capacidade. A demanda, que começa a um nível baixo, mas aumenta até o ponto de exceder a capacidade, é mostrada na Tabela 15.9.

Primeiro, observe que a demanda total para os 3 primeiros dias é de 280 trabalhos, enquanto existem 300 unidades de capacidade e de WIP (cada trabalho é uma unidade). A demanda para os próxi-

TABELA 15.9 A demanda para o exemplo de diagnósticos

Dias a partir do início	Quantidades devidas
1	90
2	100
3	90
4	80
5	70
6	130
7	120
8	110
9	110
10	110
11	100
12	90
13	90
14	90
15	90

mos 12 dias é de 1.190 unidades, enquanto há capacidade para produzir 1.200 nesse período, mais 20 unidades do WIP atual que sobram após atender a demanda para os 3 primeiros dias. Assim, com uma olhada rápida para uma perspectiva agregada, parece viável atender a demanda.

No entanto, quando olhamos mais de perto, surge um problema. Ao final do primeiro dia, a linha vai produzir 95 unidades para atender uma demanda de 90, o que deixa 5 unidades no estoque de produtos acabados. Após o segundo dia, 90 unidades adicionais serão finalizadas, mas a demanda para aquele dia é de 100. Mesmo após o uso das 5 unidades de EPA no dia 1, ficamos com um déficit de cinco unidades. Ao final do terceiro dia, 100 unidades estarão finalizadas, para atender uma demanda de 90, resultando em um excesso de 10 unidades. Isso pode cobrir o déficit do dia 2, mas apenas se aceitarmos 1 dia de atraso na entrega.

A razão do déficit no dia 2 é que não existe WIP suficiente no sistema para atender a demanda dos próximos 2 dias. Enquanto a demanda total para os dias 1 e 2 é de $90 + 100 = 190$ unidades, existem apenas $95 + 90 = 185$ unidades de WIP que podem ser produzidas até o final do dia 2. Assim, ocorrerá um déficit de cinco unidades não importando a capacidade existente na linha, fato que é um exemplo de inviabilidade do WIP. Note que, por não envolver a capacidade, o MRP pode detectar esse tipo de inviabilidade.

Verificando a demanda além do dia 3, podemos perceber que existem ainda outros problemas. A Figura 15.5 mostra uma produção acumulada máxima para a linha em relação à demanda cumulativa máxima. Sempre que a produção máxima acumulada ficar abaixo da demanda acumulada, a programação é inviável. A linha do superávit, cuja escala está à direita, é a diferença entre a produção acumulada máxima e a demanda acumulada. Os valores negativos indicam uma inviabilidade. Essa curva se torna negativa no dia 2 – inviabilidade causada pelo WIP insuficiente na linha. Depois disso, a linha pode produzir mais do que a demanda, e a curva do superávit torna-se positiva. Ela se torna negativa novamente no dia 8, quando a demanda começa a exceder a capacidade, e continua negativa até o dia 14, quando a linha se recupera.

A inviabilidade no dia 8 é diferente daquela do dia 2 porque *acontece* em função da capacidade. Enquanto nenhum nível extra de capacidade pode permitir que a linha atenda a demanda no segundo dia, a produção de 25 unidades adicionais em algum tempo até o dia 8 permitiria atender a demanda naquele momento. Assim, a inviabilidade ocorrida no oitavo dia é um exemplo de inviabilidade por problemas de capacidade.

Os dois tipos diferentes de inviabilidades exigem soluções diferentes. Como aumentar a capacidade não ajudará uma inviabilidade causada por problemas do WIP, a única solução é postergar os

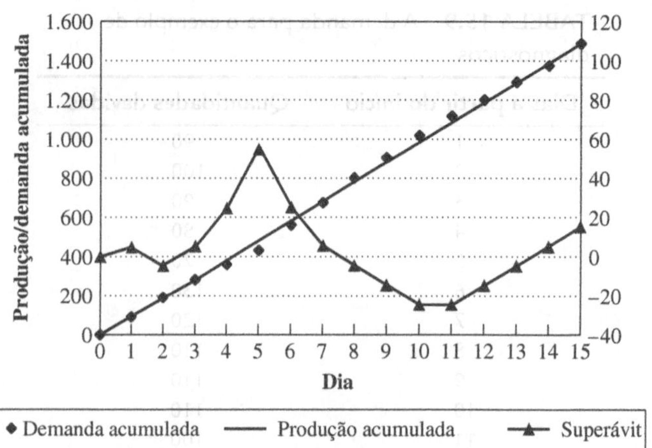

FIGURA 15.5 Demanda *versus* produção e WIP disponíveis.

prazos de entrega. Por exemplo, se cinco das 100 unidades que vencem no dia 2 puderem ser passadas para o dia 3, aquela porção da programação se torna viável.

As inviabilidades por problemas de capacidade podem ser remediadas por duas maneiras: aumentando a capacidade ou postergando os prazos. Por exemplo, se fossem feitas horas extras no dia 8 para produzir 25 unidades, a programação seria viável. Porém, isso aumentaria o superávit ao final do horizonte do planejamento (ver Figura 15.6). Como alternativa, se 30 das 130 unidades a atender no dia 6 fossem passadas para os dias 12, 13 e 14 (10 a cada dia), a programação também se tornaria viável (ver Figura 15.7), resultando em um superávit menor ao final do horizonte de planejamento do que aquele que ocorre com a alternativa das horas extras, pois não há aumento de capacidade.

É claro que, em uma situação real de programação, as coisas podem ser muito mais complexas do que esse exemplo. Não obstante, esse procedimento fornece uma maneira simples de avaliar um conjunto de demandas considerando o WIP e a capacidade existentes.

15.6 A PROGRAMAÇÃO DA PRODUÇÃO EM UM AMBIENTE DE PRODUÇÃO PUXADA

A maioria das empresas que enfrenta problemas complexos de programação tenta usar o MRP como base de seu sistema de programação. Infelizmente, como observamos nos Capítulos 3 e 5, o MRP é um

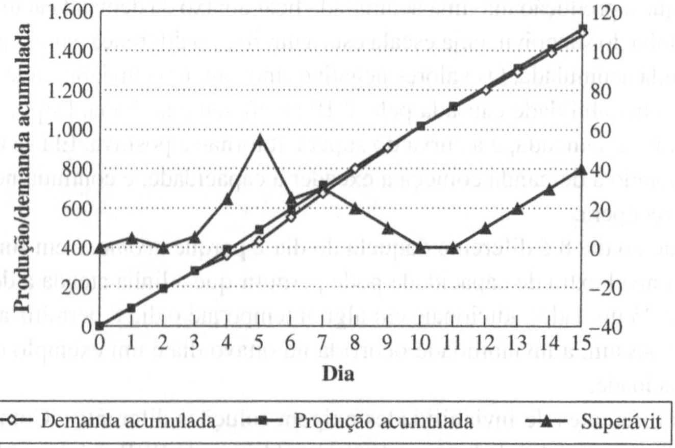

FIGURA 15.6 Demanda *versus* produção e WIP disponíveis após o aumento da capacidade.

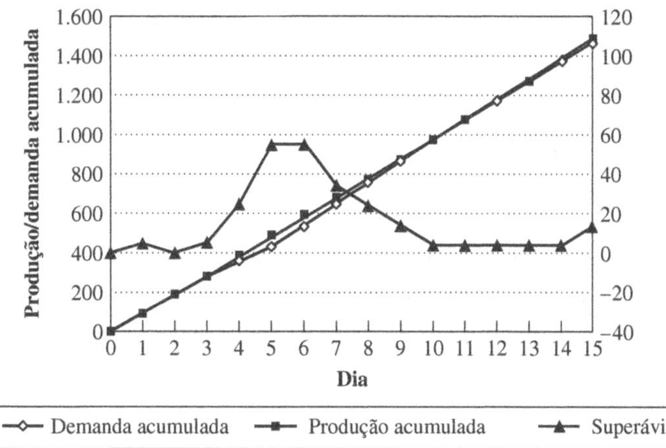

FIGURA 15.7 Demanda *versus* produção e WIP disponíveis após a postergação da demanda.

sistema de produção empurrada baseado em um modelo irreal (com capacidade infinita). Como resultado, os sistemas MRP tendem a sofrer explosões de WIP, *cycle times* longos e nível de atendimento baixo. Apesar disso, a natureza geral do MRP, associada aos programas de computador bem conhecidos por todos, muitas vezes parece ser a única opção.

Se não podemos superar as falhas do MRP por completo, podemos tomar algumas providências para melhorar seu desempenho por meio da sua combinação com alguns elementos da produção puxada.

15.6.1 O planejamento da programação com execução puxada

Mesmo a melhor programação é apenas um plano do que deveria acontecer, e não uma garantia do que acontecerá. Por motivos de necessidade, as programações são relativamente menos frequentes do que as outras atividades no chão de fábrica; a programação pode ser atualizada semanalmente, enquanto o fluxo de materiais, as falhas de máquinas e outras coisas acontecem em tempo real. Assim, não há como evitar que ela fique desatualizada. Portanto, devemos tratar uma programação como um conjunto de sugestões (e não de exigências a cumprir), considerando a ordem e os tempos das liberações para o sistema.

Um sistema de produção puxada é um mecanismo ideal para fazer a ligação das liberações com as informações em tempo real. Quando a linha já está congestionada com muito WIP, de maneira que mais liberações irão apenas piorar a situação sem ajudar na finalização dos trabalhos, um sistema de produção puxada evitará mais liberações. Quando a linha funciona mais rápido do que o esperado e tem capacidade para mais trabalhos, um sistema puxado os liberará na medida correta. Felizmente, usar um sistema puxado em harmonia com uma programação não é nada difícil.

Para ilustrar como isso pode ser feito, suponha que tenhamos um sistema CONWIP para cada roteiro e usemos o modelo de correia transportadora para gerar uma programação geral do sistema. Assim, se os parâmetros estiverem corretos, o modelo de correia transportadora gerará um conjunto de tempos muito parecido com os tempos de um sistema CONWIP ao gerar as autorizações (sinais para puxar mais produção) para as liberações. Claro, a variabilidade fará com que os tempos não sejam exatamente os mesmos, mas, na média, o desempenho atual será consistente com a programação planejada.

Quando a produção se atrasa em relação à programação, podemos compensar esse atraso caso haja uma reserva de capacidade disponível (por exemplo, possibilidade de horas extras). Se não existe essa reserva, precisamos ajustar a programação na próxima atualização. Quando a produção supera a programação, podemos permitir que se adiantem os trabalhos, deixando que a linha puxe mais do que o planejado. Uma regra simples, comparando as datas e os tempos atuais com a próxima liberação, pode manter a linha CONWIP dentro de certo limite para não se adiantar demais. Nesse sentido, o sistema CONWIP pode trazer alguma vantagem, aproveitando os bons dias de produção, sem se adiantar muito em relação à programação.

Quando não pudermos contar com reservas de capacidade para compensar eventuais atrasos na produção (por exemplo, a linha funciona a todo vapor), podemos usar o sistema CONWIP com um procedimento de controle estatístico de produtividade descrito no Capítulo 13, o que fornece um meio para detectar quando a produção fica fora de controle em relação à programação. Quando isso acontece, os parâmetros do sistema ou do modelo de correia transportadora precisam ser ajustados. Decidir sobre qual dos dois ajustar pode se tornar uma importante atitude gerencial. A redução dos parâmetros da capacidade pode equivaler a admitir que as metas da empresa não são possíveis de serem atingidas. Porém, aumentar a capacidade pode exigir maiores investimentos em equipamento, pessoal, terceirizações ou consultorias.

15.6.2 O uso do CONWIP com o MRP

Nada do que foi discutido anteriormente sobre o uso do sistema CONWIP em conjunto com uma programação exige que esta seja gerada usando o modelo de correia transportadora. Na verdade, podemos usar o CONWIP com *qualquer* sistema de programação, incluindo o MRP, usando a lista de liberações gerada pelo MRP, classificada pela data da liberação organizada para cada segmento das linhas CONWIP para gerar uma lista CONWIP de liberações. O sistema CONWIP determina, então, quando os trabalhos realmente devem ser puxados para o sistema.

Se o sistema MRP usar *lead times* realistas que considerem as filas (como descrito nos Capítulos 8 e 9) e tamanhos de lote que considerem a capacidade (como descrito na Seção 15.3.1), ele pode funcionar muito bem. Se conectarmos isso a um sistema CONWIP utilizando uma quota de produção com uma reserva de capacidade que trabalhe adiantado quando apropriado e indique quando se desvia da programação, podemos obter o melhor dos sistemas de produção puxada e empurrada. Então teremos a vantagem de um sistema de planejamento hierárquico, que trabalha em conjunto, com um sistema puxado, que não vai liberar quando a produção se atrasa (não haveria motivo) e liberará mais quando a produção ficar um pouco adiantada. Isso torna o fluxo mais suave e, com controles do tipo do CEPR e uma reserva de capacidade, fornece ao planejador um alarme para tomar as devidas ações corretivas quando as coisas saem de controle.

15.7 CONCLUSÕES

Os problemas da programação são sabidamente difíceis, porque envolvem muitos objetivos conflitantes entre si e porque as formulações matemáticas subjacentes podem ficar realmente muito complicadas. Esforços consideráveis de pesquisadores têm produzido medidas formais da complexidade dos problemas da programação e têm gerado algumas boas ideias. Porém, eles ainda não produziram nenhuma solução boa para situações práticas da programação.

Pelo fato de a programação ser difícil, uma ideia importante de nossa discussão é que, muitas vezes, é possível evitar problemas difíceis por meio da solução de outros. Um exemplo é a substituição de um sistema exógeno de cotação de prazos de entrega por um meio sistemático. Outro é a separação do problema de manter os *cycle times* curtos (resolvido com o uso de trabalhos menores) daquele de manter uma capacidade alta (resolvido pelo sequenciamento conjunto de trabalhos similares para diminuir os *setups*). Considerando um problema bem formulado, novas abordagens heurísticas boas têm sido desenvolvidas para identificar programações viáveis (não ótimas).

Uma tendência recente das pesquisas sobre programação e desenvolvimento de programas de computadores vai em direção a sistemas que consideram em maiores detalhes a capacidade finita (limitada). Isso ocorre pelos esforços de se superar o problema fundamental do MRP (isto é, assumir uma capacidade infinita) para tornar a hierarquia de planejamento do ERP mais eficaz. Infelizmente, a programação com capacidade finita apresenta alguns problemas muito grandes. Ela ignora a variabilidade e a aleatoriedade inerentes a um sistema de produção empurrada. Além disso, os sistemas baseados em grandes simulações determinísticas de cada um dos trabalhos processados em cada máquina da fábrica, muitas vezes, produzem um número muito grande de opções, sem fornecer meios suficientes para que o planejador as avalie. Finalmente, como o sistema assume um conjunto particular de tempos de processamento e de demandas que *nunca* acontecem, todos os esforços podem tornar-se extremamente frustrantes e improdutivos.

O necessário é uma maneira de:

1. Otimizar os parâmetros do *planejamento*, tais como *lead times*, tamanho dos lotes e níveis máximos de WIP.
2. Usar um sistema de ponto de reordenamento de acordo com o período (por exemplo, MRP) para gerar novos trabalhos para liberações futuras.
3. Usar um sistema puxado (por exemplo, CONWIP) para executar as liberações.
4. Monitorar a produção do fluxo (por exemplo, com um controle estatístico de produtividade) para certificar-se de que os trabalhos sejam finalizados em tempo, ou seja, de que o fluxo é mantido "sob controle".
5. Tomar as medidas necessárias (como fazer um turno de horas extras) quando o sistema sinaliza que está fora de controle.

A estrutura de trabalho da Ciência da Fábrica e o sistema CONWIP de produção puxada fornecem maneiras de tornar tal sistema uma realidade; ele oferece os benefícios do planejamento de um sistema de programação juntamente aos benefícios de um ambiente de produção puxada, resultando em prazos de entrega melhores com maior utilização dos recursos e muito menos estoques.

QUESTÕES PARA ESTUDO

1. Descreva alguns dos objetivos da programação da produção. Em que sentido eles são conflitantes entre si?
2. Como a redução do *cycle time* serve de base para alguns dos objetivos supracitados?
3. O que motiva a utilização máxima dos recursos? O que motivaria sua utilização em níveis menores que o máximo?
4. Por que a demora média seria uma medida melhor do que o atraso médio?
5. Cite alguns dos problemas de se usar o nível de atendimento como a única medida dos prazos de entrega.
6. Para cada uma das suposições da teoria clássica da programação, dê um exemplo de quando ela poderia ser válida e de quando não poderia ser válida.
7. Por que as pessoas usam as regras simples de despacho em vez de procurar uma programação ótima?
8. Quais as regras de despacho que minimizam o *cycle time* médio para uma única máquina? Qual a regra minimiza as demoras? Como se pode verificar com facilidade se não existem trabalhos atrasados em uma programação?
9. Cite um argumento que, não importando quão sofisticada seja a regra do despacho, não tem como solucionar o problema da minimização da demora média.
10. Qual a evidência de que existem problemas de programação para os quais não há algoritmos polinomiais?
11. Qual sua opinião sobre o seguinte comentário: "Bom, pode ser que os computadores atuais sejam muito lentos para resolver o problema da programação de um ambiente com leiaute funcional, mas as novas tecnologias de processamento aumentarão sua rapidez ao ponto em que, em breve, os tempos de processamento não mais serão um obstáculo na solução dos problemas."
12. Quais os problemas de alto nível relacionados à programação da produção? Quais são as variáveis e limitações existentes nesses problemas? Quais as variáveis e limitações nos problemas de nível mais básico? Como esses problemas todos estão conectados entre si?
13. Como você acha que uma política de planejar com uma programação e executar com um sistema puxado funcionará usando o MRP-C e o CONWIP? Por quê? Como essa combinação funcionaria com o MRP e o *kanban*? Por quê?

PROBLEMAS

1. Considere os três trabalhos a seguir para serem processados em uma única máquina:

Número do trabalho	Tempo de processamento	Prazo de entrega
1	4	2
2	2	3
3	1	4

Descreva todas as sequências possíveis e calcule os *cycle times* médios, a eficiência da entrega e o atraso máximo para cada um. Qual a sequência que funciona melhor para cada uma das medidas? Identifique a regra como sendo do prazo mais curto (PMC), do menor tempo de processamento (MTP) ou outra.

2. Você é o encarregado das operações de corte e prensa em uma fábrica com leiaute funcional. Quando chegou, de manhã, havia sete trabalhos com os seguintes tempos de processamento:

	Tempos de processamento	
Trabalho	Corte	Prensa
1	6	3
2	2	9
3	5	3
4	1	8
5	7	1
6	4	5
7	9	6

(a) Qual é o *makespan* usando-se a regra do despacho pelo MTP?
(b) Que sequência resulta no menor *makespan*?
(c) O que é esse *makespan*?

3. Seu chefe conhece os princípios da Ciência da Fábrica e insiste na redução do *cycle time* médio para ajudar a manter os trabalhos dentro dos prazos e reduzir o congestionamento. Por isso, sua avaliação de desempenho é baseada na média dos *cycle times* dos trabalhos em seu centro de processamento. Contudo, seu chefe também sabe que os trabalhos atrasados são *extremamente ruins* e o demitirá se você produzir uma programação que inclua qualquer trabalho com atraso. Os trabalhos a seguir se encontram em seu centro de processamento para serem finalizados no primeiro turno. Determine a melhor sequência para preservar seu emprego.

	Trabalho				
	J_1	J_2	J_3	J_4	J_5
Tempo de processamento	6	2	4	9	3
Prazo de entrega	33	13	6	23	31

4. Suponha que uma produção diária em uma linha CONWIP tem uma distribuição normal com uma média de 250 peças e um desvio padrão de 50 peças. O nível de WIP na linha CONWIP é de 1.250 peças. Atualmente, existe uma lista de liberações de 1.400 peças com uma posição reservada para "emergências" de 150 peças. Chega um novo pedido para 100 peças.
(a) Determine um *lead time* de entrega com uma segurança de 95% se o novo pedido for posicionado ao final da lista de liberações ou da lista de "emergência".
(b) Determine um *lead time* de entrega com 99% de segurança se o pedido for posicionado ao final da lista de liberações ou da lista de "emergência".

5. Considere os trabalhos da seguinte tabela. Os tempos de processamento para todos os trabalhos são de 1 hora. As trocas entre cada família exigem 4 horas. Assim, o tempo de finalização para o trabalho 1 é de 5, para o trabalho 2 é de 6, para o trabalho 3 é de 11, etc.

Trabalho	Código da família	Prazo de entrega
1	1	5
2	1	6
3	2	12
4	2	13
5	1	13
6	1	19
7	1	20
8	2	20
9	2	26
10	1	28

(a) Calcule a demora total da sequência.
(b) Quantas sequências possíveis existem?
(c) Determine uma sequência sem atraso.

6. A empresa Hickory Flat Sawmill (HFS) fabrica quatro tipos de produtos em sua serraria. Os pedidos chegam de várias empresas do setor para um armazém central do distribuidor. Sempre que o armazém atinge o ponto de reposição, é feito um novo pedido para a serraria. Pappy Red, o gerente da serraria, definiu o tamanho dos lotes com base na demanda histórica e no bom-senso. O menor lote é de 1.000 *board-feet* (kbf). O tempo para processar um lote depende de cada produto, mas não varia mais do que 25% da média. O tempo para trocar para outro produto pode ser bem longo, dependendo do tempo para acertar a serraria para produzir novos produtos com boa qualidade. O tempo mais curto conseguido foi de 2 horas. Porém, uma vez demorou o dia todo (8 horas). Na maioria das vezes, leva 4 horas. Os dados da demanda e do processo são dados na Tabela 15.10. A serraria trabalha 8 horas por dia, 5 dias por semana (assuma 4,33 semanas por mês).

   O tamanho dos lotes é de 50 pranchas nodosas de 1 × 10; de 34 pranchas lisas de 1 × 4; de 45 pranchas lisas de 1 × 6; e de 40 pranchas brutas. Os lotes são processados com base no primeiro a entrar, primeiro a processar conforme os pedidos vão chegando do armazém. Atualmente, o prazo para entrega é de 3 semanas (14,3 dias úteis). O distribuidor avisou a serraria que precisa desses materiais entregues em 2 semanas para continuar a competir no mercado.

   (a) Calcule o coeficiente de variação ao quadrado c_e^2 da serraria; que porção de c_e^2 se relaciona com a parte entre os colchetes na equação (15.8)? O que podemos fazer para reduzi-la?
   (b) Verifique o *cycle time* de 14,3 dias úteis.
   (c) O que podemos fazer para reduzir o *cycle time* sem investir em mais equipamentos ou em melhorias ciências nos processos?

7. Peças individuais chegam a um forno a uma taxa de 100 por hora com tempos exponenciais entre as chegadas. O tempo no forno é de 3 horas, sem variabilidades. O forno pode conter até 500 peças. Ache o tamanho de lote que minimize o *cycle time* total do forno.

8. Considere uma linha de produção sequencial com três estações. A primeira tem uma taxa de produção de 100 unidades por dia e um *lead time* viável mínimo $T_0^P = 3$ dias. A segunda tem uma taxa de 90 unidades por dia e o $T_0^P = 4$ dias, e a terceira tem uma taxa de 100 unidades e o $T_0^P = 3$ dias. O *lead time* de entrega da matéria-prima é de 1 dia, e existem 100 unidades em estoque.

TABELA 15.10 Dados do problema da serraria

Parâmetros	Prancha Nodosa 1 × 10	Lisa 1 × 4	Lisa 1 × 6	Prancha bruta
Demanda (kbf/mês)	50	170	45	80
Tempo por lote (horas)	0,2000	0,4000	0,6000	0,1000

Atualmente, existem 450 unidades de produtos acabados, 95 unidades prontas para ir para o estoque de produtos acabados no primeiro dia, 95 no segundo e 100 no terceiro, todos na última estação. A estação do meio tem 35 unidades processadas e prontas para serem movidas para a terceira estação e 90 unidades a serem processadas nos próximos 4 dias. A primeira estação não tem nada de WIP completo, mas tem 95 unidades que serão processadas no primeiro dia, zero unidades no segundo dia e 100 unidades que serão finalizadas no terceiro dia.

A demanda para a linha de produção é dada na tabela a seguir.

Dias a partir do início	Quantidade devida
1	80
2	80
3	80
4	80
5	80
6	130
7	150
8	180
9	220
10	240
11	210
12	150
13	90
14	80
15	80

Desenvolva uma programação viável que minimize a quantidade de estoque necessária. Se for inviável, ajuste as demandas, postergando-as. Porém, todas as demandas precisam ser entregues dentro de 17 dias.

CAPÍTULO 16

O Planejamento Agregado e o Planejamento da Força de Trabalho

Ainda me lembro, a desinformação nos seguia como uma praga,
ninguém sabia dizer se os planos ainda eram os mesmos.
PAUL SIMON

16.1 INTRODUÇÃO

Várias decisões gerenciais na manufatura exigem informações sobre os produtos que a fábrica planeja produzir nos próximos anos. Seguem alguns exemplos:

1. *Pessoal.* A admissão e o treinamento de novos funcionários é um processo que toma tempo. A administração necessita de um plano de produção de longo prazo para decidir quando, quantos e que tipo de trabalhadores serão contratados para preencher as necessidades da produção. Por outro lado, a demissão custa caro e é dolorosa, mas, muitas vezes, é inevitável. Antecipar as reduções de pessoal por meio de um plano de longo prazo possibilita usar os atritos naturais ou outros métodos mais sutis nas demissões, pelo menos em parte.
2. *Compras.* Os contratos com fornecedores são, muitas vezes, negociados com bastante antecedência em relação às ordens de compra. Por exemplo, uma empresa pode precisar da "certificação" de subcontratados para assegurar os níveis de qualidade e outras medidas de desempenho. Além disso, alguns *lead times* de compra são longos (para componentes de alta tecnologia, eles podem ser de mais de 6 meses). Assim, as decisões relativas aos contratos e compras com longos *lead times* precisam ser tomadas com base em um plano de longo prazo.
3. *Terceirizações.* A administração precisa negociar com antecipação os contratos com terceirizados para a fabricação e execução de operações específicas. A determinação das operações a terceirizar exige projeções de longo prazo sobre necessidades de produção e um planejamento das modificações de capacidade interna.
4. *Marketing.* O pessoal de *marketing* precisa tomar decisões sobre quais produtos serão vendidos com promoções com base nas previsões de vendas, na demanda e no conhecimento da capacidade da fábrica para todas as linhas. Um plano de produção de longo prazo incorpora as mudanças possíveis na capacidade.

O módulo no qual essas decisões de longo prazo são tomadas chama-se **planejamento agregado (PA)**. Conforme a Figura 13.9 mostrou, esse módulo ocupa uma posição importante na hierarquia do planejamento e controle da produção. A razão disso é que diversas decisões importantes, como as descritas anteriormente, dependem de um plano de longo prazo.

Em função de tantas decisões diferentes dependerem do plano de longo prazo, o módulo do planejamento agregado permite formulações distintas. Qual é a mais apropriada tem relação com a decisão a ser tomada. Um modelo para determinar os tempos das decisões de pessoal pode ser bem diferente de um modelo para decidir quais produtos podem ser terceirizados. E outro modelo pode ser necessário se quisermos solucionar ambas as questões de maneira simultânea.

O problema de RH tem uma importância suficiente para garantir seu lugar na hierarquia da Figura 13.9, em um módulo chamado **planejamento da força de trabalho (PFT)**. Apesar de as decisões de alto nível, tais como o planejamento de trabalho (por exemplo, as projeções das flutuações do quadro de pessoal, a criação de políticas de treinamento), poderem ser tomadas usando apenas uma estimativa bruta dos níveis futuros da produção baseada nas previsões de demanda, as decisões no nível mais básico (a programação das contratações ou demissões, o treinamento de pessoal) são frequentemente baseadas nas informações mais detalhadas sobre a produção que estão presentes no planejamento agregado. No contexto da hierarquia de planejamento e controle da produção mostrada na Figura 13.9, podemos pensar no módulo do PA e do PFT como um conjunto. Realmente, eles são muito próximos. Ressaltamos esse relacionamento tratando os dois de maneira conjunta neste capítulo.

Como mencionamos no Capítulo 13, a programação linear é uma ferramenta muito útil para a formulação e solução de muitos problemas comumente enfrentados pelos módulos de PA e PFT. Neste capítulo, formularemos vários problemas usando essa ferramenta. Também demonstraremos como usá-la em muitos exemplos. Nosso objetivo não é tanto fornecer soluções específicas para determinados problemas, mas sim ilustrar as abordagens gerais a serem usadas. O leitor deve ter o discernimento para usar as soluções mostradas em outras situações não apresentadas aqui.

Por fim, apesar de este capítulo não ter a pretensão de transformar o leitor em um exímio operador das ferramentas de programação linear, esperamos conscientizá-lo de como elas podem ser usadas para solucionar muitos problemas. Se a administração puder reconhecer alguns problemas que podem ser assim solucionados, ela poderá facilmente obter o apoio de técnicos e *experts* no uso da programação linear (consultores, *experts* internos, etc.) para executar os trabalhos específicos. Infelizmente, poucos administradores são capazes de fazer essa conexão; como resultado, muitos estão lutando com problemas que seriam solucionados com programação linear usando abordagens com planilhas e outras soluções momentâneas.

16.2 O PLANEJAMENTO AGREGADO BÁSICO

Iniciamos com uma discussão de situações simples enfrentadas pelo planejamento agregado e evoluímos para casos mais complexos. Ao longo do capítulo, assumimos que temos uma previsão de **demanda disponível**, a qual é gerada pelo módulo das previsões e fornece estimativas das demandas periódicas ao longo do **horizonte de planejamento**. Normalmente, os períodos são dados em meses, apesar de que, em um futuro mais longo, eles podem ser expressos em trimestres ou mesmo em anos. Por exemplo, os períodos 1 a 12 representam os próximos 12 meses, enquanto os períodos 13 a 16 podem representar os quatro trimestres após esse período de 12 meses. Um horizonte típico para um módulo de planejamento agregado (PA) é de 1 a 3 anos.

16.2.1 Um modelo simples

Nosso cenário inicial representa o módulo mais simples do planejamento agregado. Consideramos esse caso não porque ele nos leva a um modelo prático, mas porque ele ilustra as questões básicas, fornece uma base para considerar situações mais reais e mostra como a programação linear (PL) pode oferecer um bom suporte ao processo do PA. Apesar de nossa discussão não fazer nenhuma suposição para a qual seja necessária qualquer formação em PL, o leitor interessado em saber como e por que ela funciona tão bem pode dar uma olhada no Apêndice 16A, o qual fornece uma visão geral dessa importante técnica.

Para fins de modelagem, levamos em conta uma situação em que há apenas um produto, e a fábrica toda é tratada como um recurso único. Para cada período, temos uma previsão da demanda e uma limitação de capacidade. Para simplificar, assumimos que as demandas representam pedidos dos clientes com prazo de entrega ao final do período e ignoramos qualquer aleatoriedade ou perdas de rendimento.

Fica óbvio, sob essas pressuposições, que, se a demanda for menor do que a capacidade de cada período, a solução ótima é, simplesmente, produzir quantidades iguais à demanda. Essa solução atenderá toda a demanda de maneira *just-in-time*, de forma que não haverá formação de estoque entre os períodos. Porém, se a demanda exceder a capacidade em algum período, então teremos que adiantar os trabalhos, isto é, produzir mais do que o necessário em algum período anterior. Se a demanda não puder ser atendida mesmo trabalhando de forma adiantada, queremos que o modelo nos sinalize essa situação. Para modelar essa situação na forma de um programa linear, vamos usar as seguintes notações:

t = índice dos períodos de tempos, onde $t = 1,..., \bar{t}$ de maneira que $\bar{t}$ é o horizonte de planejamento do problema

d_t = demanda no período t, em unidades ciências, contêineres padrão ou alguma outra grandeza apropriada (que deve ser entregue ao final do período)

c_t = capacidade no período t deve ter a mesma unidade usada para d_t

r = lucro unitário dos produtos vendidos (não incluindo o custo de estocagem)

h = custo de manter uma unidade em estoque para cada período

X_t = quantidade produzida durante o período t (assumindo que esteja disponível para atender a demanda ao final do período t)

S_t = quantidades vendidas durante o período t (assumindo que as unidades produzidas em t estejam disponíveis para venda em t e após)

I_t = estoque final do período t (depois do atendimento da demanda); assumimos que I_0 é um dado que precisa ser informado

Nos termos supracitados, X_t, S_t e I_t são **variáveis decisórias**, isto é, o programa do computador que está solucionando a PL tem a liberdade de escolher seus valores de forma a minimizar o objetivo, desde que dentro das limitações. As outras variáveis – d_t, c_t, r, h – são **constantes** que devem ser estimadas para o sistema atual e expressas em dados. Ao longo deste capítulo, adotamos a convenção de representar as variáveis em letras maiúsculas e as constantes, em minúsculas.

Podemos representar o problema da maximização do lucro líquido menos os custos de estoques, dentro das limitações da capacidade e da demanda como:

$$\text{Maximizar} \quad \sum_{t=1}^{\bar{t}} rS_t - hI_t \tag{16.1}$$

Sujeito a

$$S_t \leq d_t \qquad t = 1, \ldots, \bar{t} \tag{16.2}$$

$$X_t \leq c_t \qquad t = 1, \ldots, \bar{t} \tag{16.3}$$

$$I_t = I_{t-1} + X_t - S_t \qquad t = 1, \ldots, \bar{t} \tag{16.4}$$

$$X_t, S_t, I_t \geq 0 \qquad t = 1, \ldots, \bar{t} \tag{16.5}$$

A função objetivo calcula o lucro líquido por meio da multiplicação do lucro unitário r pelas vendas S_t para cada período t e da subtração do custo de manter os estoques h vezes o saldo em estoque I_t ao final do período t e da soma de todos os períodos do horizonte do planejamento. As restrições

(16.2) limitam as vendas à demanda. Se possível, o computador minimizará todas essas restrições, pois quanto maior o valor de S_t, maior a função objetivo. A única razão para não minimizar essas limitações para a solução ótima seria se as restrições da capacidade (16.3) não o permitissem.[1] As restrições (16.4), que estão em formato comum a quase todos os modelos multiperíodos do planejamento agregado, são conhecidas como **restrições de equilíbrio**. Fisicamente, tudo o que representam é a conservação dos materiais; os saldos de estoque ao final do período $t(I_t)$ são iguais ao saldo final do período $t - 1(I_t - 1)$ mais a produção durante o período $t(X_t)$ menos as quantidades vendidas no período $t(S_t)$. Essas restrições forçam o computador a encontrar valores para X_t, S_t e I_t consistentes com nossas definições. As restrições (16.5) são, simplesmente, limitações para não permitir valores negativos para produção e estoques. Para a solução das PLs via computador, muitos programas, mas não todos (por exemplo, o Solver do Excel), forçam as variáveis decisórias a evitar valores negativos a não ser por decisão do operador.

16.2.2 Um exemplo de programação linear

Para concretizar a formulação recém-apresentada e ilustrar os mecanismos para solucioná-la por meio de uma programação linear (PL), vamos considerar um exemplo simples. A planilha do Excel mostrada na Figura 16.1 contém o lucro unitário r de \$10, a unidade do período para cálculo do custo h de \$1, o saldo inicial dos estoques I_0 de 0, e os dados de capacidade c_t e demanda d_t para os próximos 6 meses. Usaremos o restante da planilha da Figura 16.1 mais adiante. Por ora, podemos expressar as PLs de (16.1) a (16.5) para esse caso específico como:

$$\text{Maximizar} \quad 10(S_1 + S_2 + S_3 + S_4 + S_5 + S_6) - 1(I_1 + I_2 + I_3 + I_4 + I_5 + I_6) \qquad (16.6)$$

Sujeito a:

Restrições da demanda

$$S_1 \leq 80 \qquad (16.7)$$

$$S_2 \leq 100 \qquad (16.8)$$

$$S_3 \leq 120 \qquad (16.9)$$

$$S_4 \leq 140 \qquad (16.10)$$

$$S_5 \leq 90 \qquad (16.11)$$

$$S_6 \leq 140 \qquad (16.12)$$

Restrições de capacidade

$$X_1 \leq 100 \qquad (16.13)$$

$$X_2 \leq 100 \qquad (16.14)$$

$$X_3 \leq 100 \qquad (16.15)$$

$$X_4 \leq 120 \qquad (16.16)$$

$$X_5 \leq 120 \qquad (16.17)$$

$$X_6 \leq 120 \qquad (16.18)$$

[1] Se quisermos considerar a demanda como inviolável, podemos remover as restrições (16.2) e substituir S_t por d_t no objetivo e nas restrições (16.4). O problema, porém, é que, se a demanda for inviável para a capacidade, o computador retornará uma mensagem "inviável" sem explicar o motivo. Essa formulação será viável, não importando qual a demanda; ela simplesmente não permitirá que as vendas igualem as demandas se não houver capacidade suficiente, de forma que, a partir da solução, saberemos qual demanda não conseguimos atender.

	A	B	C	D	E	F	G	H
1	**Constantes:**							
2	r	10						
3	h	1						
4	I_O	0						
5	t	1	2	3	4	5	6	Total
6	c_t	100	100	100	120	120	120	660
7	d_t	80	100	120	140	90	140	670
8								
9	**Variáveis:**							
10	t	1	2	3	4	5	6	Total
11	X_t	0	0	0	0	0	0	0
12	S_t	0	0	0	0	0	0	0
13	I_t	0	0	0	0	0	0	0
14								
15	**Objetivo:**							
16	**Lucro Líquido:**	$0		r*(S_1+S_2+S_3+S_4+S_5+S_6) - h*(I_1+I_2+I_3+I_4+I_5+I_6)				
17								
18	**Restrições:**							
19	S_1	0	<=	80	d_1			
20	S_2	0	<=	100	d_2			
21	S_3	0	<=	120	d_3			
22	S_4	0	<=	140	d_4			
23	S_5	0	<=	90	d_5			
24	S_6	0	<=	140	d_6			
25	X_1	0	<=	100	c_1			
26	X_2	0	<=	100	c_2			
27	X_3	0	<=	100	c_3			
28	X_4	0	<=	120	c_4			
29	X_5	0	<=	120	c_5			
30	X_6	0	<=	120	c_6			
31	I_1-I_0-X_1+S_1	0	=	0				
32	I_2-I_1-X_2+S_2	0	=	0				
33	I_3-I_2-X_3+S_3	0	=	0				
34	I_4-I_3-X_4+S_4	0	=	0				
35	I_5-I_4-X_5+S_5	0	=	0				
36	I_6-I_5-X_6+S_6	0	=	0				
37					Obs.: X_t, S_t e I_t devem ser >= 0			

FIGURA 16.1 Planilha de entrada para o exemplo de programação linear.

Restrições dos saldos em estoque

$$I_1 - X_1 + S_1 = 0 \qquad (16.19)$$

$$I_2 - I_1 - X_2 + S_2 = 0 \qquad (16.20)$$

$$I_3 - I_2 - X_3 + S_3 = 0 \qquad (16.21)$$

$$I_4 - I_3 - X_4 + S_4 = 0 \qquad (16.22)$$

$$I_5 - I_4 - X_5 + S_5 = 0 \qquad (16.23)$$

$$I_6 - I_5 - X_6 + S_6 = 0 \qquad (16.24)$$

Restrições contra valores negativos

$$X_1, X_2, X_3, X_4, X_5, X_6 \geq 0 \qquad (16.25)$$

$$S_1, S_2, S_3, S_4, S_5, S_6 \geq 0 \qquad (16.26)$$

$$I_1, I_2, I_3, I_4, I_5, I_6 \geq 0 \qquad (16.27)$$

Alguns pacotes de PL permitem a formulação de um problema de maneira quase idêntica a (16.6) a (16.27) por meio de um editor de texto. Enquanto isso é conveniente para problemas muito pequenos, pode ser bastante tedioso para os grandes. Por isso, a comunidade de pesquisa de Pesquisa Operacional tem feito muitos esforços para desenvolver uma **linguagem para a criação de modelos** que fornece interfaces amigáveis para descrever os problemas de otimização de grande escala (ver Fourer, Gay e Kernighan 1993 para um excelente exemplo). Convenientemente, as programações lineares estão se tornando populares, e o Microsoft Excel tem uma ferramenta própria para solucioná-las, chamada *Solver*. Podemos representar e solucionar as formulações de (16.6) a (16.27) na planilha mostrada na Figura 16.1. A observação técnica a seguir fornece os detalhes de como proceder.

Observação técnica: Usando o *Solver* do Excel

Aconselhamos o leitor a consultar a documentação do Excel para verificar sua versão e oferecemos uma visão geral sobre o solucionador de PLs da versão do Excel 2007. O primeiro passo é marcar as células para as variáveis decisórias (B11:G13 na Figura 16.1). Inserimos zeros nessas células, mas podemos digitar qualquer número; assim, podemos iniciar definindo $X_t = d_t$, que seria mais aproximado de uma solução melhor do que os zeros. A planilha é um bom instrumento para praticar cálculos com os dados para vários cenários. Porém, acabaremos deixando o problema de achar a solução ótima da PL para o *Solver*. Note que, por conveniência, inserimos uma coluna que totaliza X_t, S_t e I_t. Por exemplo, a célula H11 contém uma fórmula para somar as células B11:G11, o que nos permite definir a função objetivo de maneira mais compacta.

Uma vez especificadas as variáveis decisórias, construímos uma função objetivo na célula B16, digitando uma fórmula que multiplica r (célula B2) pelo total das vendas (célula H12) e, depois, subtraindo o produto de h (célula B3) e o estoque total (célula H13). Como todas as variáveis decisórias são zero no momento, essa fórmula também retorna um zero; isto é, o lucro líquido sobre uma produção zero sem estoques é zero.

Em seguida, precisamos especificar as restrições de (16.7) a (16.27). Para tanto, precisamos desenvolver fórmulas que calculem a parte esquerda da fórmula de cada restrição. Para as restrições de (16.7) a (16.18) não precisamos fazê-lo, pois sua parte esquerda são apenas X_t e S_t e já temos células para isso na parte da planilha onde ficam as variáveis. Contudo, para maior clareza, vamos copiá-las para as células B19:B30. Não faremos o mesmo procedimento para as restrições contra números negativos de (16.25) a (16.27), pois isso é apenas uma questão de escolher todas as variáveis decisórias e forçá-las a serem maiores do que zero no menu do Excel. As restrições (16.19) a (16.24) exigem um pouco de trabalho, pois suas partes esquerdas são fórmulas de variáveis múltiplas. Por exemplo, a célula B31 contém uma fórmula para calcular $I_1 - I_0 - X_1 + S_1$ (isto é, B13 – B4 – B11 + B12). Damos a essas células nomes para lembrar-nos o que representam, qualquer nome pode ser usado, pois não são incluídos nos cálculos. Também copiamos os valores das partes direitas das restrições para as células D19:D36 e as inserimos na coluna E para maior clareza. Isso não é estritamente necessário, mas facilita a especificação das restrições no *Solver* do Excel, pois blocos inteiros de restrições podem ser especificados (por exemplo, B19:B30 $\leq$ D19:D30). Os símbolos de igualdade e desigualdade na coluna C também são desnecessários, mas tornam as fórmulas mais fáceis de serem lidas.

Para usar o Solver do Excel, selecionamos **Dados/Solver** no menu. Na caixa de diálogo que aparece (ver a Figura 16.2), especificamos as células que contêm o objetivo, escolhemos maximizar ou minimizar e especificamos as células contendo as variáveis decisórias (isso pode ser feito com o mouse). Então adicionamos as restrições selecionando **Adicionar** na seção apropriada. Outra caixa de diálogo (ver a Figura 16.3) aparece, na qual digitamos a célula contendo a parte esquerda da fórmula da restrição, selecionamos a relação ($\geq$, $\leq$ ou =) e preenchemos o lado direito das fórmulas.

Note que as restrições atuais não são mostradas explicitamente na planilha; elas são selecionadas apenas por meio do menu do ***Solver***. Entretanto, a parte direita da restrição pode estar em outra célula da planilha ou

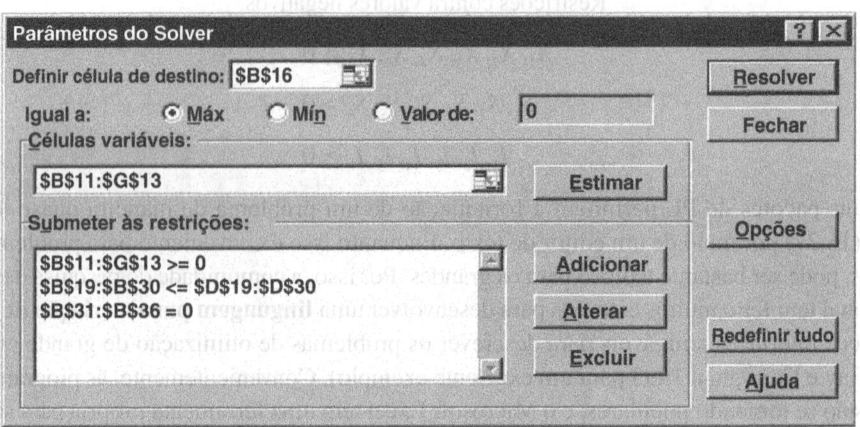

FIGURA 16.2 Especificação de objetivos e restrições no Excel.

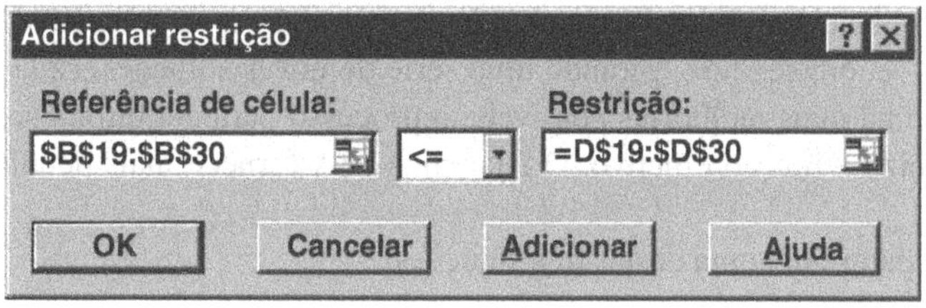

FIGURA 16.3 Caixa de diálogo Adicionar restrição, no Excel.

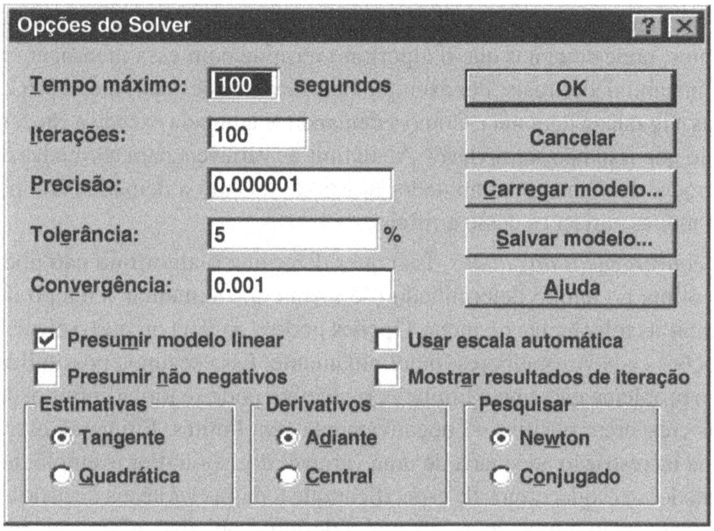

FIGURA 16.4 Configurando o Excel para usar a programação linear.

ser uma constante. Ao especificar determinadas células para as partes direitas das restrições e uma constante para as partes esquerdas, podemos adicionar um conjunto inteiro com apenas um comando. Por exemplo, as células B11:G13 representam as variáveis decisórias, portanto, se as usarmos para as partes esquerdas, um símbolo $\geq$ e um zero para as partes direitas, estaremos representando todas as restrições contra números negativos de (16.25) a (16.27). Selecionando o botão **Adicionar** após digitar cada restrição, podemos adicionar todas as restrições do modelo. Quando terminamos, selecionamos o botão **OK**, o qual possibilita o retorno à planilha original. Temos a opção de editar ou deletar as restrições a qualquer momento.

Finalmente, antes de rodar o modelo, precisamos dizer ao Excel que queremos usar o algoritmo para a solução da programação linear.[2] Para tanto, selecionamos o botão **Opções** para mostrar outra caixa de diálogo (ver a Figura 16.4) e escolhemos a opção ***Presumir Modelo Linear***. Esse formato também nos permite limitar o tempo de processamento do modelo e especificar certas tolerâncias. Se o modelo não convergir para uma solução, a razão mais provável é que haja um erro em uma das restrições. Porém, algumas vezes, aumentar o tempo de processamento ou reduzir as tolerâncias resolverá o problema. O leitor deve consultar o manual do Excel para documentação mais detalhada sobre essas e outras características, assim como outras versões posteriores ao momento da redação deste livro. Selecionar o botão **OK** retorna à planilha original.

Uma vez que tenhamos feito isso, estamos prontos para rodar o modelo, selecionando o botão **Resolver**. O programa fará uma pausa para inicializar o problema no formato apropriado e, então, executará uma sequência de tentativas (mas não por muito tempo diante de um problema simples como esse).

---

[2] O Excel também pode solucionar problemas não lineares de otimização aplicando o algoritmo não linear como padrão. Como a programação linear é muito mais eficiente, essa é a melhor escolha, desde que o modelo preencha as exigências necessárias. Todas as formulações neste capítulo são lineares, e a programação linear pode ser usada, sem problemas.

A programação linear funciona, basicamente, encontrando uma solução viável – que satisfaça todas as condições – e, em seguida, gerando uma série de novas soluções, cada uma melhor do que a outra. Quando não há mais melhorias possíveis, o processo para e a última solução é a ótima: ela maximiza ou minimiza a função objetivo. O Apêndice 16A fornece mais detalhes sobre como esse processo funciona.

O algoritmo irá parar com uma destas três soluções:

1. *Impossível encontrar uma solução viável.* Significa que, provavelmente, o problema é inviável; isto é, não há solução que satisfaça todas as condições, o que pode ter sido causado por um erro de digitação (como uma inversão de sinais) ou uma inviabilidade real (por exemplo, é impossível atender a demanda com a capacidade atual). Note que, por meio de formulações inteligentes, pode-se evitar que o algoritmo termine com essa mensagem negativa, quando existem inviabilidades reais. Por exemplo, nas formulações de (16.6) a (16.27), não forçamos as vendas a igualar a demanda. Como a demanda acumulada excede a capacidade acumulada, fica óbvio que isso não seria viável. Ao definir as variáveis para as vendas e para a produção em separado, deixamos o computador nos dizer quando a demanda não pode ser atendida. Existem muitas variações desse artifício.
2. *Não há convergência dos dados.* Isso quer dizer que o algoritmo não pôde encontrar uma solução ótima no tempo determinado (de forma que aumentar o tempo de processamento ou diminuir as tolerâncias no menu **Opções** podem ajudar) ou que o algoritmo pode encontrar soluções cada vez melhores, indefinidamente. Essa segunda possibilidade pode ocorrer quando o problema não é bem limitado: o objetivo pode se tornar infinito, deixando algumas variáveis crescerem positiva ou negativamente sem limites. Em geral, esse é o resultado de uma falha na restrição adequada de uma variável decisória. Por exemplo, no modelo recém-apresentado, se esquecermos de especificar que todas as variáveis decisórias devem ser sempre positivas, então o modelo estará apto a definir o objetivo arbitrariamente grande demais por meio de valores negativos de I_t, $t = 1,..., 6$. É claro que não podemos gerar receitas com estoques negativos, então é importante incluir limitações contra números negativos para excluir esse comportamento.[3]
3. *Solução encontrada.* Este é o resultado esperado. Quando ocorre, o programa definirá os valores ótimos para as variáveis decisórias, valores objetivos e restrições na planilha. A Figura 16.5 mostra a planilha modificada pelo algoritmo da PL. O programa também oferece três relatórios – Resposta, Sensibilidade e Limites – que fornecem informações sobre a solução para outras planilhas. Por exemplo, selecionar o relatório de Respostas gera uma planilha com as informações mostradas nas Figuras 16.6 e 16.7. A Figura 16.8 mostra o relatório de Sensibilidade, que contém algumas informações que alimentam o relatório de Respostas.

Agora que geramos uma solução, vamos interpretá-la. Ambas, a Figura 16.5 – a planilha final – e a Figura 16.6 mostram as variáveis decisórias ótimas. Nessas planilhas, percebemos que não é uma solução ótima produzir utilizando a capacidade máxima em todos os períodos. Mais especificamente, a solução mostra que é melhor produzir apenas 110 unidades no mês 5, quando a capacidade é de 120. Isso pode parecer estranho, visto que a demanda é maior do que a capacidade. Contudo, se olharmos com mais atenção, notaremos que a demanda acumulada dos períodos 1 a 4 é de 440 unidades, enquanto a capacidade acumulada para esses períodos é de apenas 420 unidades. Assim, mesmo com produção suficiente nos primeiros 4 meses, ficamos sem atender 20 unidades da demanda. A demanda nos 2 últimos meses é de apenas 230 unidades, enquanto a capacidade é de 240 unidades. Como nosso modelo não permite a alocação de quantidades para pedidos em pendência, não faria sentido produzir

[3] Mais adiante neste capítulo, mostraremos como modificar as formulações para permitir a alocação para pedidos pendentes, como permitir posições negativas de estoque, sem que isso afete a função objetivo.

	A	B	C	D	E	F	G	H
1	**Constantes:**							
2	r	10						
3	h	1						
4	I_0	0						
5	t	1	2	3	4	5	6	Total
6	c_t	100	100	100	120	120	120	660
7	d_t	80	100	120	140	90	140	670
8								
9	**Variáveis:**							
10	t	1	2	3	4	5	6	Total
11	X_t	100	100	100	120	110	120	650
12	S_t	80	100	120	120	90	140	650
13	I_t	20	20	0	0	20	0	60
14								
15	**Objetivo:**							
16	**Lucro Líquido:**	$6.440		r*(S_1+S_2+S_3+S_4+S_5+S_6) - h*(I_1+I_2+I_3+I_4+I_5+I_6)				
17								
18	**Restrições:**							
19	S_1	80	<=	80	d_1			
20	S_2	100	<=	100	d_2			
21	S_3	120	<=	120	d_3			
22	S_4	120	<=	140	d_4			
23	S_5	90	<=	90	d_5			
24	S_6	140	<=	140	d_6			
25	X_1	100	<=	100	c_1			
26	X_2	100	<=	100	c_2			
27	X_3	100	<=	100	c_3			
28	X_4	120	<=	120	c_4			
29	X_5	110	<=	120	c_5			
30	X_6	120	<=	120	c_6			
31	I_1-I_0-X_1+S_1	0	=	0				
32	I_2-I_1-X_2+S_2	0	=	0				
33	I_3-I_2-X_3+S_3	0	=	0				
34	I_4-I_3-X_4+S_4	0	=	0				
35	I_5-I_4-X_5+S_5	0	=	0				
36	I_6-I_5-X_6+S_6	0	=	0				
37					**Observação: X_t, S_t e I_t devem ser >= 0**			

FIGURA 16.5 Planilha com os resultados para o exemplo de PL.

mais do que 230 unidades por mês, nos meses 5 e 6. Quaisquer unidades extras não poderiam ser usadas para compensar faltas anteriores.

A Figura 16.7 nos dá mais detalhes sobre as restrições, mostrando quanto e quais são **ativas** ou **justas** (isto é, iguais à parte esquerda das formulações) e quais são **inativas** ou **folgadas**. Muito interessantes são as restrições para as vendas, dadas em (16.7) a (16.12), e para a capacidade, em (16.13) a (16.18). Como já observamos antes, a restrição da capacidade em X_5 é inativa. Como produzimos apenas 110 unidades no mês 5 e temos capacidade para 120, essa restrição está com folga de 10 unidades. Isso significa que, se mudarmos um pouquinho essa restrição (por exemplo, reduzirmos a capacidade do mês 5 de 120 para 119 unidades), não afetariamos a solução ótima.

Seguindo o mesmo caminho, todas as restrições de vendas são justas, exceto para S_4. Como as vendas estão limitadas a 140 unidades, mas o ótimo são 120, essa restrição tem uma folga de 20 unidades. Se fôssemos mudar essa restrição um pouco (como limitar as vendas em 141 unidades), a solução ótima continuaria sendo a mesma.

Em contraste a essas restrições inativas, leve em conta uma restrição ativa. Por exemplo, observe a restrição da capacidade em X_1, que é a sétima na Figura 16.7. Como o modelo considera a produção igual à capacidade no mês 1, a restrição é ativa. Se fôssemos mudar a restrição pelo aumento ou redução da capacidade, a solução seria alterada. Se **diminuirmos** a restrição, aumentando a capacidade, digamos, para 101 unidades, então teríamos condições para atender uma unidade de demanda a mais, e o lucro líquido seria maior. Como produziríamos a unidade extra no mês 1, ela seria mantida em estoque por 3 meses, até o mês 4, a um custo de \$1 por mês e seria vendida por \$10, resultando em um aumento final de \$10 – 3 = \$7. Se, por outro lado, **comprimirmos** a restrição, diminuindo a capacidade, digamos, para 99 unidades, então só teríamos 19 unidades do mês 1 para o mês 3 e perderíamos uma unidade de demanda no mês 3. A perda no lucro líquido seria de \$8 (\$10 – \$2, para 2 meses de estoque).

Relatório de resposta do Microsoft Excel 12.0
Planilha: [BasicCap.xls] Figura 16.6
Relatório criado: 29/8/2007 15:11:48

Célula de destino (Máx)

Célula	Nome	Valor Original	Valor Final
$B$16	Lucro Líquido	$0,00	$6.440,00

Células Ajustáveis

Célula	Nome	Valor Original	Valor Final
$B$11	X_1	0	100
$C$11	X_2	0	100
$D$11	X_3	0	100
$E$11	X_4	0	120
$F$11	X_5	0	110
$G$11	X_6	0	120
$B$12	S_1	0	80
$C$12	S_2	0	100
$D$12	S_3	0	120
$E$12	S_4	0	120
$F$12	S_5	0	90
$G$12	S_6	0	140
$B$13	I_1	0	20
$C$13	I_2	0	20
$D$13	I_3	0	0
$E$13	I_4	0	0
$F$13	I_5	0	20
$G$13	I_6	0	0

FIGURA 16.6 Relatório dos valores ótimos para o exemplo de PL.

Relatório de resposta do Microsoft Excel 12.0
Planilha: [BasicCap.xls]Figure 16.7
Relatório criado: 29/8/2007 15:11:48

Restrições

Célula	Nome	Valor da célula	Fórmula	Status	Transigência
$B$31	I_1-I_0-X_1+S_1	0	$B$31=0	Inativo	0
$B$32	I_2-I_1-X_2+S_2	0	$B$32=0	Inativo	0
$B$33	I_3-I_2-X_3+S_3	0	$B$33=0	Inativo	0
$B$34	I_4-I_3-X_4+S_4	0	$B$34=0	Inativo	0
$B$35	I_5-I_4-X_5+S_5	0	$B$35=0	Inativo	0
$B$36	I_6-I_5-X_6+S_6	0	$B$36=0	Inativo	0
$B$19	S_1	80	$B$19<=$D$19	Ativo	0
$B$20	S_2	100	$B$20<=$D$20	Ativo	0
$B$21	S_3	120	$B$21<=$D$21	Ativo	0
$B$22	S_4	120	$B$22<=$D$22	Inativo	20
$B$23	S_5	90	$B$23<=$D$23	Ativo	0
$B$24	S_6	140	$B$24<=$D$24	Ativo	0
$B$25	X_1	100	$B$25<=$D$25	Ativo	0
$B$26	X_2	100	$B$26<=$D$26	Ativo	0
$B$27	X_3	100	$B$27<=$D$27	Ativo	0
$B$28	X_4	120	$B$28<=$D$28	Ativo	0
$B$29	X_5	110	$B$29<=$D$29	Inativo	10
$B$30	X_6	120	$B$30<=$D$30	Ativo	0
$B$11	X_1	100	$B$11>=0	Inativo	100
$C$11	X_2	100	$C$11>=0	Inativo	100
$D$11	X_3	100	$D$11>=0	Inativo	100
$E$11	X_4	120	$E$11>=0	Inativo	120
$F$11	X_5	110	$F$11>=0	Inativo	110
$G$11	X_6	120	$G$11>=0	Inativo	120
$B$12	S_1	80	$B$12>=0	Inativo	80
$C$12	S_2	100	$C$12>=0	Inativo	100
$D$12	S_3	120	$D$12>=0	Inativo	120
$E$12	S_4	120	$E$12>=0	Inativo	120
$F$12	S_5	90	$F$12>=0	Inativo	90
$G$12	S_6	140	$G$12>=0	Inativo	140
$B$13	I_1	20	$B$13>=0	Inativo	20
$C$13	I_2	20	$C$13>=0	Inativo	20
$D$13	I_3	0	$D$13>=0	Ativo	0
$E$13	I_4	0	$E$13>=0	Ativo	0
$F$13	I_5	20	$F$13>=0	Inativo	20
$G$13	I_6	0	$G$13>=0	Ativo	0

FIGURA 16.7 *Status* das restrições ótimas para o exemplo de PL.

Os dados da análise de sensibilidade gerados pelo algoritmo da PL mostrados na Figura 16.8 fornecem mais informações diretas sobre a sensibilidade da solução final diante de mudanças nas restrições. Esse relatório tem uma linha para cada restrição do modelo e mostra três informações importantes:[4]

1. O **preço-sombra** representa o quanto aumentará o objetivo ótimo a cada unidade a mais do lado direito da restrição.
2. O **aumento permitido** representa o quanto se pode ampliar o lado direito da restrição até que o preço-sombra não mais se aplique.
3. A **redução permitida** representa o quanto se pode diminuir o lado direito da restrição até que o preço-sombra não mais se aplique.

O Apêndice 16A fornece uma explicação geométrica de como esses números são calculados.

Para entender como esses dados são interpretados, considere as informações da Figura 16.8 na sétima linha da seção de restrições, que mostra a restrição da capacidade $X_1 \leq 100$. O preço resultante é \$7, o que significa que, se a restrição fosse alterada para $X_1 \leq 101$, o lucro líquido seria aumentado em \$7, precisamente como calculamos anteriormente. O aumento possível é de 20 unidades, o que significa que cada unidade aumentada no período 1 até 20 resulta em lucro líquido de \$7. Assim, um aumento na capacidade de 100 para 120 resultará em um lucro líquido de $20 \times 7 = \$140$. Acima de 20 unidades, teremos atendido toda a demanda do mês 4, de forma que maiores aumentos não melhoram os lucros.

[4] O relatório também contém informações de sensibilidade sobre os coeficientes da função objetivo. Ver o Apêndice 16A para uma discussão a respeito.

Relatório de sensibilidade do Microsoft Excel 12.0
Planilha: [BasicCap.xls]Figura 16.8
Relatório criado: 29/8/2007 15:11:48

Células ajustáveis

Célula	Nome	Valor Final	Custo Reduzido	Coeficiente Objetivo	Acréscimo Permissível	Decréscimo Permissível
$B$11	X_1	100	0	0	1E+30	7
$C$11	X_2	100	0	0	1E+30	8
$D$11	X_3	100	0	0	1E+30	9
$E$11	X_4	120	0	0	1E+30	10
$F$11	X_5	110	0	0	1	9
$G$11	X_6	120	0	0	1E+30	1
$B$12	S_1	80	0	10	1E+30	3
$C$12	S_2	100	0	10	1E+30	2
$D$12	S_3	120	0	10	1E+30	1
$E$12	S_4	120	0	10	1	7
$F$12	S_5	90	0	10	1E+30	10
$G$12	S_6	140	0	10	1E+30	9
$B$13	I_1	20	0	-1	3	7
$C$13	I_2	20	0	-1	2	7
$D$13	I_3	0	0	-1	1	7
$E$13	I_4	0	-11	-1	11	1E+30
$F$13	I_5	20	0	-1	1	9
$G$13	I_6	0	-2	-1	2	1E+30

Restrições

Célula	Nome	Valor Final	Preço Sombra	Restrição Lateral R.H.	Acréscimo Permissível	Decréscimo Permissível
$B$31	I_1-I_0-X_1+S_1	0	7	0	20	0
$B$32	I_2-I_1-X_2+S_2	0	8	0	20	0
$B$33	I_3-I_2-X_3+S_3	0	9	0	20	0
$B$34	I_4-I_3-X_4+S_4	0	10	0	20	120
$B$35	I_5-I_4-X_5+S_5	0	0	0	110	10
$B$36	I_6-I_5-X_6+S_6	0	1	0	20	10
$B$19	S_1	80	3	80	0	20
$B$20	S_2	100	2	100	0	20
$B$21	S_3	120	1	120	0	20
$B$22	S_4	120	0	140	1E+30	20
$B$23	S_5	90	10	90	10	90
$B$24	S_6	140	9	140	10	20
$B$25	X_1	100	7	100	20	0
$B$26	X_2	100	8	100	20	0
$B$27	X_3	100	9	100	20	0
$B$28	X_4	120	10	120	20	120
$B$29	X_5	110	0	120	1E+30	10
$B$30	X_6	120	1	120	20	10

FIGURA 16.8 Análise de sensibilidade para o exemplo de PL.

Essa restrição se torna inativa assim que o lado direito da formulação excede 120. Note que a redução possível para essa restrição é zero, implicando que o preço-sombra de $7 não vale para reduções do lado direito da restrição. Como calculamos anteriormente, a redução no preço líquido de uma unidade a menos na capacidade no mês 1 é $8. Em geral, só podemos determinar os efeitos de mudanças além dos limites do aumento ou da redução permitidos por meio da alteração efetiva das restrições e do reprocessamento da PL.

Os exemplos recém-apresentados ilustram o seguinte comportamento geral dos modelos de PL:

1. Alterar um pouco o lado direito da formulação de uma restrição que é inativa não afetará a solução ótima. O preço-sombra será sempre zero.
2. Aumentar o lado direito da formulação de uma restrição ativa elevará o objetivo em um valor igual ao preço-sombra multiplicado pelo tamanho do aumento, desde que esse aumento esteja dentro do limite permitido.
3. Reduzir o lado direito da condição da formulação de uma restrição ativa diminuirá o objetivo em um valor igual ao preço-sombra multiplicado pelo tamanho da redução, desde que essa redução esteja dentro do limite permitido.
4. As alterações feitas no lado direito da formulação de uma restrição além dos limites de aumento e redução permitidos causam efeitos indeterminados que precisam ser avaliados por meio do reprocessamento do modelo modificado.

5. Todas essas variações de sensibilidade se aplicam a alterações feitas em *uma variável do lado direito de cada vez*. Se forem feitas várias alterações, os efeitos não são necessariamente aditivos. Em geral, a análise da sensibilidade de variáveis múltiplas deve ser efetuada pela solução do novo modelo contendo as alterações múltiplas.

16.3 O PLANEJAMENTO DO *MIX* DE PRODUTOS

Agora que já definimos uma estrutura básica para a formulação e solução dos problemas do planejamento agregado (PA), podemos examinar algumas situações práticas. A primeira questão real do PA a ser levada em conta é o *mix* de produtos. Para isso, precisamos modificar o modelo mostrado na seção anterior para que possa considerar produtos múltiplos, explicitamente. Como mencionado antes, trabalhar com produtos múltiplos levanta a possibilidade de se ter um "gargalo flutuante", isto é, se diferentes produtos exigem diferentes tempos de processamento nas várias estações, então aquela que estiver trabalhando com maior carga durante certo período pode depender do *mix* de produtos que estiver rodando no período. Se o *mix* for flexível, podemos usar o módulo do PA para efetuar ajustes de acordo com a capacidade disponível. Já se o *mix* for rígido, podemos usar o módulo para identificar os gargalos.

16.3.1 Um modelo básico

Iniciamos com uma extensão direta do modelo anterior de apenas um produto, no qual se pressupôs que as demandas eram fixas, e o objetivo era minimizar os custos de estoques no atendimento dessas demandas. Para tanto, usaremos a seguinte notação:

i = índice de produtos, $i = 1,\ldots, m$, em que m representa o número total de produtos
j = índice de estações de trabalho, $j = 1,\ldots, n$, em que n representa o número total de estações
t = índice de períodos, $t = 1,\ldots, \bar{t}$, em que $\bar{t}$ representa o horizonte de planejamento
$\bar{d}_{it}$ = demanda máxima para o produto i no período t
$\underline{d}_{it}$ = vendas mínimas[5] possíveis de um produto i no período t
a_{ij} = tempo necessário exigido em uma estação j para produzir uma unidade do produto i
c_{jt} = capacidade da estação j no período t em unidades consistentes com aquelas usadas em a_{ij}
r_i = lucro líquido de uma unidade do produto i
h_i = custo[6] de estocar uma unidade do produto i por um período t
X_{it} = quantidade do produto i produzida no período t
S_{it} = quantidade do produto i vendida no período t
I_{it} = saldo do produto i ao final do período t (I_{i0} é um dado que precisa ser informado)

Novamente, X_{it}, S_{it} e I_{it} são variáveis decisórias, enquanto os outros símbolos são constantes que representam os dados inseridos. Podemos formular um problema por meio de uma programação linear para maximizar o lucro líquido menos os custos de estoque, com limites máximos e mínimos nas restrições para as vendas e para a capacidade, como segue:

$$\text{Maximizar} \quad \sum_{t=1}^{\bar{t}} \sum_{i=1}^{m} r_i S_{it} - h_i I_{it} \qquad (16.28)$$

Sujeito a:

$$\underline{d}_{it} \leq S_{it} \leq \bar{d}_{it} \quad \text{para todo } i, t \qquad (16.29)$$

[5] Esse aspecto poderia representar os compromissos da empresa, os quais não queremos que o computador viole.

[6] É comum definir h_i igual ao custo das matérias-primas do produto i vezes a taxa de juros de um único período para representar o custo de oportunidade dos valores atrelados aos estoques; mas pode fazer sentido usar valores mais altos para penalizar os custos dos estoques que causam *cycle times* longos e não competitivos.

$$\sum_{i=1}^{m} a_{ij} X_{it} \leq c_{jt} \qquad \text{para todo } j, t \qquad (16.30)$$

$$I_{it} = I_{it-1} + X_{it} - S_{it} \qquad \text{para todo } i, t \qquad (16.31)$$

$$X_{it}, S_{it}, I_{it} \geq 0 \qquad \text{para todo } i, t \qquad (16.32)$$

Em comparação ao modelo anterior com um só produto, ajustamos as restrições (16.29) para incluir limites máximos e mínimos para as vendas. Por exemplo, a empresa pode ter contratos de longo prazo que a obrigam a produzir certas quantidades mínimas de alguns produtos. Por outro lado, o mercado para certos produtos pode ser limitado. Para maximizar o lucro, o computador é incentivado a definir a produção de maneira que todas essas restrições sejam o mais próximo possível de seus limites máximos. Porém, isso pode ser impossível devido às restrições de capacidade (16.30). Note que, diferentemente da formulação anterior, agora temos restrições na capacidade para cada uma das estações de trabalho em cada período. Observando quais dessas restrições são apertadas, podemos identificar os recursos que limitam a produção. As restrições (16.31) são a versão multiproduto das equações de equilíbrio, e as restrições (16.32) são as restrições normais para evitar números negativos. Podemos usar as PLs de (16.28) a (16.32) para obter várias informações:

1. **A viabilidade da demanda.** Podemos determinar se um conjunto de demandas é coerente com a capacidade. Se a restrição $S_{it} \leq \bar{d}_{it}$ for ativa, então o limite máximo da demanda $\bar{d}_{it}$ é viável. Se não, está em desacordo com a capacidade. Se as demandas fornecidas pela limitação mínima em $\underline{d}_{it}$ são inviáveis em relação à capacidade, então o programa do computador retornará uma mensagem do tipo "impossível encontrar uma solução viável", o usuário irá precisar fazer alguma alteração para viabilizar uma solução (por exemplo, reduzir a demanda ou aumentar a capacidade).
2. **A localização dos gargalos.** As restrições (16.30) limitam a produção para cada estação de trabalho em cada período. Observando quais dessas condições são ativas, podemos determinar qual estação está com limite de capacidade em quais períodos. Uma estação que é ativa consistentemente em vários períodos é um gargalo evidente e requer atenção especial da gerência.
3. **O *mix* de produtos.** Se não podemos, por questões de capacidade, atingir todos os limites máximos da demanda, então o computador reduzirá as vendas abaixo do máximo para alguns produtos. Ele tentará maximizar as receitas fabricando os produtos que geram mais lucros, porém, em função das restrições da capacidade, isso não é uma questão simples, como veremos no próximo exemplo.

16.3.2 Um exemplo simples

Vamos considerar um exemplo simples de um *mix* de produtos que nos mostra por que é preciso um método formal de otimização, e não uma abordagem simples e localizada para esse tipo de problema. Vamos simplificar a questão assumindo um horizonte de planejamento de apenas um período. Apesar de essa suposição não ser realista em geral, em situações em que sabemos de antemão que não teremos custos de estoques de um período para outro, a resolução separada de problemas para cada período com certeza nos dará a solução ótima. Por exemplo, se os coeficientes da demanda e do custo são constantes para os vários períodos, então não há incentivo para formar estoques e, portanto, é um caso típico do que estamos falando.

Considere uma situação em que a empresa fabrica dois produtos: 1 e 2. A Tabela 16.1 descreve os dados para esses produtos. Além dos custos diretos de matérias-primas associados a cada produto, vamos assumir um custo fixo de $5.000 por semana para mão de obra e capital. Além disso, há 2.400 minutos (5 dias por semana, 8 horas por dia) de tempo de funcionamento para as estações de A a D. Assumimos que todos esses dados são idênticos para todas as semanas. Assim, não há razão para formarmos estoque em uma semana para vender na outra. (Se pudermos atender a demanda máxima com a produção dessa semana, então o mesmo será possível na próxima.) Assim, podemos focar nossa

TABELA 16.1 Dados do exemplo de PA para um único período

Produto	1	2
Preço de venda	\$90	\$100
Custo da matéria-prima	\$45	\$40
Vendas máximas por semana	100	50
Minutos de processamento para cada unidade na estação A	15	10
Minutos de processamento para cada unidade na estação B	15	30
Minutos de processamento para cada unidade na estação C	15	5
Minutos de processamento para cada unidade na estação D	15	5

atenção em apenas uma semana, que é igual a todas, e a única questão é a quantidade apropriada a produzir de cada um dos produtos.

Uma abordagem do custo. Vamos iniciar olhando para esse problema sob um ponto de vista do custo. O lucro líquido para cada unidade vendida do produto 1 é de \$45 (\$90 – 45), enquanto do produto 2 é de \$60 (\$100 – 40). Isso parece indicar que devemos enfatizar a produção do produto 2. O ideal seria produzirmos 50 unidades do produto 2 para atendermos a demanda máxima, mas devemos verificar a capacidade das quatro estações para nos assegurarmos de que isso é possível. Como a estação B, dentre todas as estações, requer o maior tempo de processamento para fabricar uma unidade do produto 2 (30 minutos), ela parece ser o gargalo. Produzir 50 unidades do produto 2 na estação B requer

$$30 \text{ minutos por unidade} \times 50 \text{ unidades} = 1.500 \text{ minutos}$$

Isso é menos do que os 2.400 minutos disponíveis da estação B, então produzir 50 unidades do produto 2 é viável.

Agora precisamos determinar quantas unidades do produto 1 podemos produzir com a capacidade restante. Calculamos, então, o tempo restante nas estações de A a D, após subtrair o tempo necessário para fazer as 50 unidades do produto 2:

$$2.400 - 10(50) = 1.900 \text{ minutos na estação A}$$
$$2.400 - 30(50) = 900 \text{ minutos na estação B}$$
$$2.400 - 5(50) = 2.150 \text{ minutos na estação C}$$
$$2.400 - 5(50) = 2.150 \text{ minutos na estação D}$$

Como uma unidade do produto 1 requer 15 minutos do tempo de cada uma das quatro estações de trabalho, podemos calcular a máxima produção possível dividindo o tempo restante por 15. Como a estação B tem o menor tempo restante, ela é o gargalo potencial. A produção máxima do produto 1 na estação B (após a subtração do tempo para produzir as 50 unidades do produto 2) é de

$$\frac{900}{15} = 60$$

Assim, mesmo que possamos vender 100 unidades do produto 1, temos capacidade para apenas 60.

O lucro semanal de fabricar 60 unidades do produto 1 e 50 do produto 2 é de

$$\$45 \times 60 + \$60 \times 50 - \$5.000 = \$700$$

Seria essa a solução ótima?

Uma abordagem do gargalo. A análise anterior é totalmente baseada na visão de custos e considera a capacidade apenas por último. Um método melhor poderia ser observar os custos e a capacidade de maneira *conjunta*, calculando uma taxa que represente o *lucro por minuto usado no tempo do gargalo* para fabricar cada produto. Isso requer que primeiro identifiquemos o gargalo, o que faremos por meio do cálculo dos minutos necessários em cada estação para atender a demanda máxima e observar qual é a máquina que está mais carregada,[7] resultando em

$$15(100) + 10(50) = 2.000 \text{ minutos na estação A}$$
$$15(100) + 30(50) = 3.000 \text{ minutos na estação B}$$
$$15(100) + 5(50) = 1.750 \text{ minutos na estação C}$$
$$15(100) + 5(50) = 1.750 \text{ minutos na estação D}$$

Apenas a estação B requer mais do que os 2.400 minutos disponíveis, portanto, ela é o gargalo. Assim, gostaríamos de usar o tempo na estação B da melhor maneira possível. Para determinar qual dos dois produtos tem o melhor resultado, calculamos a taxa do lucro líquido em minutos na estação B da seguinte maneira:

$$\frac{\$45}{15} = \$3 \text{ por minuto gasto no processamento do produto 1}$$

$$\frac{\$60}{30} = \$2 \text{ por minuto gasto no processamento do produto 2}$$

Esse cálculo indica um resultado inverso de nossa análise de custo anterior. Cada minuto gasto no processamento do produto 1 na estação B produz um lucro líquido de \$3, contra apenas \$2 a cada minuto gasto no produto 2. Assim, devemos enfatizar a produção do produto 1, e não do 2. Se produzirmos 100 unidades do produto 1 (a quantidade máxima possível pela restrição da demanda), então, como todas as estações requerem 15 minutos por unidade do produto 1, o tempo restante não usado em cada estação é de

$$2.400 - 15(100) = 900 \text{ minutos}$$

E como a estação B é a operação mais lenta na fabricação do produto 2, ela é a limitação da quantidade que podemos produzir. Cada unidade do produto 2 requer 30 minutos em B; então, podemos fabricar 30 unidades desse produto. O lucro líquido produzido por 100 unidades do produto 1 e 30 unidades do produto 2 é de:

$$\$45 \times 100 + \$60 \times 30 - \$5.000 = \$1.300$$

Esse resultado é, de maneira evidente, melhor do que os \$700 obtidos usando a análise de custos anterior e é a solução ótima. Mas será que esse método sempre dá certo?

Uma abordagem de programação linear. Para resolver a questão de se o método da "taxa do gargalo" sempre funciona bem para determinar a combinação de produtos ótima, vamos considerar uma versão levemente modificada do exemplo anterior, cujos dados são mostrados na Tabela 16.2. A única alteração feita em relação aos dados anteriores é que o tempo de processamento do produto 2 na estação B foi aumentado de 30 para 35 minutos, e os tempos de processamento dos produtos 1 e 2 na estação D foram aumentados de 15 e 5 para 25 e 14, respectivamente.

[7] A esta altura, o leitor atento deve estar desconfiado, pois sabemos que a identificação do "gargalo" pode depender do *mix* de produtos nos casos em que eles são múltiplos.

TABELA 16.2 Dados do exemplo modificado de PA para um único período

Produto	1	2
Preço de venda	$90	$100
Custo da matéria-prima	$45	$40
Vendas máximas por semana	100	50
Minutos de processamento para cada unidade na estação A	15	10
Minutos de processamento para cada unidade na estação B	15	35
Minutos de processamento para cada unidade na estação C	15	5
Minutos de processamento para cada unidade na estação D	25	14

Para aplicar a mesma abordagem com base no gargalo a este problema modificado, precisamos identificar onde está o gargalo por meio do cálculo dos minutos necessários em cada estação para atender os níveis máximos da demanda:

$$15(100) + 10(50) = 2.000 \text{ minutos na estação A}$$

$$15(100) + 35(50) = 3.250 \text{ minutos na estação B}$$

$$15(100) + 5(50) = 1.750 \text{ minutos na estação C}$$

$$25(100) + 14(50) = 3.200 \text{ minutos na estação D}$$

A estação de trabalho B ainda é o recurso com a maior carga, mas agora a estação D também excede os 2.400 minutos disponíveis.

Se designarmos a estação B como o gargalo, então a taxa de lucro líquido por minuto dos tempos do gargalo seria de

$$\frac{\$45}{15} = \$3{,}00 \text{ por minuto gasto no processamento do produto 1}$$

$$\frac{\$60}{35} = \$1{,}71 \text{ por minuto gasto no processamento do produto 2}$$

que, como antes, indica que devemos produzir o máximo possível do produto 1. Porém, agora é a estação D a mais lenta na produção do 1. A quantidade máxima que podemos produzir na estação D em 2.400 minutos é

$$\frac{2.400}{25} = 96$$

Como as 96 unidades do produto 1 tomam todo o tempo disponível na estação D, não podemos fabricar nenhuma unidade do produto 2. Assim, o lucro líquido para essa combinação de produtos seria de:

$$\$45 \times 96 - \$5.000 = -\$680$$

Esse resultado não parece muito bom – estamos com prejuízo. Além disso, enquanto usamos a estação B como gargalo com o objetivo de calcular a taxa de lucro, era a estação D que determinava quantas unidades podiam ser produzidas. Assim, talvez devêssemos ter designado a estação D como gargalo. Se fizéssemos isso, a taxa de lucro por minuto de tempo do gargalo seria de:

$$\frac{\$45}{25} = \$1{,}80 \text{ por minuto gasto no processamento do produto 1}$$

$$\frac{\$60}{14} = \$4{,}29 \text{ por minuto gasto no processamento do produto 2}$$

Tal fato indica que é mais lucrativo enfatizar a produção do produto 2. Como a estação B é a mais lenta para esse produto, verificamos sua capacidade para saber quanto poderíamos produzir dele:

$$\frac{2.400}{35} = 68{,}57$$

Como isso é mais do que a demanda máxima, podemos produzir a quantidade máxima possível do produto 2, que é de 50 unidades. Agora calculamos o tempo restante em cada estação:

$$2.400 - 10(50) = 1.900 \text{ minutos na estação A}$$

$$2.400 - 35(50) = 650 \text{ minutos na estação B}$$

$$2.400 - 5(50) = 2.150 \text{ minutos na estação C}$$

$$2.400 - 14(50) = 1.700 \text{ minutos na estação D}$$

Dividindo os tempos restantes pelos minutos necessários para produzir uma unidade do produto 1 em cada estação, obtemos a produção máxima em cada uma

$$\frac{1.900}{15} = 126{,}67 \text{ unidades na estação A}$$

$$\frac{650}{15} = 43{,}33 \text{ unidades na estação B}$$

$$\frac{2.150}{15} = 143{,}33 \text{ unidades na estação C}$$

$$\frac{1.700}{25} = 68 \text{ unidades na estação D}$$

Desse modo, a estação B limita a fabricação do produto 1 em 43 unidades, e o lucro líquido dessa solução seria de

$$\$45 \times 43 + \$60 \times 50 - \$5.000 = -\$65$$

Esse resultado é melhor, mas ainda estamos com prejuízo. Será que é o melhor que podemos conseguir?

Finalmente, vamos mostrar nosso grande trunfo (não tão grande, pois está disponível em muitos programas populares de planilhas) e solucionar o problema com uma programação linear. Tomando X_1 e X_2 para representar as quantidades de produtos 1 e 2 fabricadas, formulamos um modelo de programação linear para maximizar o lucro dentro das restrições da demanda e da capacidade, da seguinte forma:

$$\text{Maximizar } 45X_1 + 60X_2 - 5.000 \tag{16.33}$$

Subjeito a:

$$X_1 \leq 100 \tag{16.34}$$

$$X_2 \leq 50 \tag{16.35}$$

$$15X_1 + 10X_2 \leq 2.400 \tag{16.36}$$

$$15X_1 + 35X_2 \leq 2.400 \tag{16.37}$$

$$15X_1 + 5X_2 \leq 2.400 \tag{16.38}$$

$$25X_1 + 14X_2 \leq 2.400 \tag{16.39}$$

O problema de (16.33) a (16.39) é fácil para qualquer programa de PL. O nosso (do Excel) traz a solução desse problema como segue:

$$\text{Objetivo ótimo} = \$557{,}94$$
$$X_1^* = 75{,}79$$
$$X_2^* = 36{,}09$$

Mesmo se arredondarmos esse resultado para baixo (o que, com certeza, ainda será viável em relação à capacidade, pois estaríamos reduzindo as quantidades produzidas) para valores integrais

$$X_1^* = 75$$
$$X_2^* = 36$$

ainda obtemos um objetivo de

$$\$45 \times 75 + \$60 \times 36 - \$5.000 = \$535$$

Assim, concluímos que a fabricação máxima do produto 1 ou do 2 nos traz prejuízo, mas a produção de uma combinação dos dois gera lucro!

A moral desse exercício é que mesmo os problemas mais simples envolvendo o *mix* de produtos podem ser muito sutis. Em geral, nenhum truque que escolhe uma opção de fabricar o máximo de um ou de outro produto, ou que identifica o gargalo antes de ter a combinação correta de produtos, pode achar a solução ótima. Apesar de tais truques poderem funcionar bem para alguns problemas específicos, eles podem gerar soluções bem ruins para outros. O único método seguro para solucionar esses problemas de maneira ótima é um algoritmo exato como os usados nos programas de PL. Considerando a rapidez, a potência e as interfaces amigáveis dos programas modernos de PL, é preciso que se tenha uma razão muito forte para deixar de usá-los e adotar outros métodos de aproximação.

16.3.3 Outras aplicações do modelo básico

É possível derivar uma ampla gama de variações a partir do problema básico mostrado nas formulações de (16.28) a (16.32). Discutiremos algumas delas a seguir; também se pede ao leitor que pense em outras variações nos problemas ao final do capítulo.

Outras restrições de recursos. As formulações de (16.28) a (16.32) contêm restrições de capacidade para as estações de trabalho, mas não de outros recursos, como pessoal, matérias-primas e movimentação. Em alguns sistemas, elas podem ser fatores importantes da capacidade geral e devem ser levadas em consideração pelo planejamento agregado.

Normalmente, diante da seguinte notação

b_{ij} = unidades do recurso j necessárias para cada unidade do produto i

k_{jt} = número de unidades do recurso j disponíveis no período t

X_{it} = quantidade do produto i produzida no período t

podemos expressar as restrições de capacidade para o recurso j no período t por

$$\sum_{i=1}^{m} b_{ij} X_{it} \leq k_{jt} \tag{16.40}$$

Observe que b_{ij} e k_{jt} são análogos a a_{ij} e c_{jt} nas formulações de (16.28) a (16.32). Como exemplo específico, suponha que um inspetor precise verificar os produtos 1, 2 e 3, que requerem 1, 2 e 1,5 hora, respectivamente, para inspecionar cada unidade. Se o inspetor dispõe de um total de 160 horas por mês, então a restrição no tempo dessa pessoa no mês t pode ser representada por

$$X_{1t} + 2X_{2t} + 1{,}5X_{3t} \leq 160$$

Se essa restrição for ativa na solução ótima, significa que o tempo do inspetor é um gargalo e que talvez algo devesse ser reorganizado para eliminá-lo. (A fábrica poderia fornecer mais ajuda ao inspetor, simplificar os procedimentos de verificações para aumentar sua rapidez ou usar a opção de checar a qualidade na fonte pelos próprios operadores.)

Outro exemplo seria uma empresa com quatro modelos diferentes de placas de circuito integrado, sendo que todas precisam de uma unidade de certo componente. O componente é fabricado por uma tecnologia de ponta e está em falta no mercado. Se k_t representar o número total desses componentes que pode ser disponibilizado no período t, então a restrição representada pelo fornecimento dos componentes em cada período t pode ser expressa por

$$X_{1t} + X_{2t} + X_{3t} + X_{4t} \leq k_t$$

Muitas outras restrições de recursos podem ser representadas da mesma maneira.

A utilização correta. Conforme mostra nossa discussão até aqui, é fácil modelar as restrições de capacidade nas formulações da PL para os problemas do PA. No entanto, precisamos ter cuidado no que diz respeito a como usamos essas restrições na prática, por duas razões:

1. *Baixa complexidade*. Um módulo de PA necessariamente deverá eliminar certos detalhes que podem causar ineficiência no curto prazo. Por exemplo, na questão do *mix* de produtos da seção anterior, assumimos que era possível rodar as quatro estações de trabalho durante 2.400 minutos por semana. Porém, a partir de nossas discussões sobre a Ciência da Fábrica, na Parte II, sabemos que é praticamente impossível evitar alguma ociosidade nas máquinas. Qualquer fonte de aleatoriedade (falhas de máquinas, *setups*, erros nos processos de programação, etc.) pode reduzir sua utilização. Apesar de não podermos incorporar esses fatores diretamente no modelo do PA, podemos considerar seus efeitos gerais sobre a utilização.
2. *Decisões sobre o Controle da Produção*. Como já vimos no Capítulo 13, do ponto de vista econômico, pode ser melhor definir a quota um pouco abaixo da capacidade máxima para atingir um bom nível de atendimento ao cliente sem muitos custos de horas extras. Se o módulo de definição das quotas indicar que devemos rodar abaixo da capacidade máxima, precisamos considerar esse fato também no módulo do PA, para manter a consistência.

Essas considerações podem promover o planejamento dos níveis de produção abaixo da capacidade máxima. Apesar de poder ser difícil decidir quanto abaixo da capacidade devemos ficar, o raciocínio para reduzir a capacidade no módulo do PA é simples. Se os parâmetros de c_{jt} representam estimativas práticas da capacidade máxima real da estação j durante o período t, levando em conta *setups*, paradas dos operadores, falhas de máquinas e outros detratores possíveis, então podemos simplesmente reduzir a capacidade por meio da multiplicação desses fatores por um fator constante. Por exemplo, se a experiência histórica ou o módulo de definição das quotas indicam que faz sentido rodar a produção a uma fração q da capacidade máxima, então podemos substituir as restrições de (16.30) na PL de (16.28) a (16.32) por

$$\sum_{i=t}^{m} a_{ij} X_{it} \leq q c_{jt} \qquad \text{para todo } j, t$$

O resultado será a ocorrência de uma restrição de capacidade bem limitada sempre que uma estação atinja a carga de $100q\%$ da capacidade no período.

Os pedidos pendentes. Na PL de (16.28) a (16.32), forçamos os números dos estoques a serem sempre positivos. Implicitamente, assumíamos que a demanda tinha que ser atendida na hora ou então seria perdida; não havia a possibilidade de manter itens na pilha de pedidos. Porém, em muitas situações práticas, a demanda não é perdida se não atendida de imediato. Os clientes continuam com a expectativa de receber seus pedidos mesmo atrasados. Além disso, é importante lembrar que o PA é uma função de longo prazo. Só por que o modelo aponta que certo pedido estará atrasado, isso não precisa acontecer na realidade. Se o modelo prevê que um pedido com prazo de entrega de 9 meses a partir deste momento estará na pilha de pedidos, há muito tempo para que seu prazo seja renegociado com o cliente. Nesse caso, a demanda pode significar apenas uma previsão à qual ainda não foi atrelado um prazo final de entrega ao cliente. Pensando assim, faz sentido que o módulo do PA seja visto como uma ferramenta para conciliar a demanda projetada com a capacidade instalada. Ao usá-lo para identificar problemas possíveis no futuro, podemos abordá-los enquanto ainda há tempo para tomar ações corretivas.

Podemos facilmente modificar a PL de (16.28) a (16.32) para permitir a manutenção de pedidos e itens em pendência conforme segue:

$$\text{Maximizar} \quad \sum_{t=1}^{\bar{t}} r_i S_{it} - h_i I_{it}^{+} - \pi_{it}^{-} \tag{16.41}$$

Subjeito a:

$$\underline{d}_{it} \leq S_{it} \leq \bar{d}_{it} \qquad \text{para todo } i, t \tag{16.42}$$

$$\sum_{i=1}^{m} a_{ij} X_{it} \leq c_{jt} \qquad \text{para todo } j, t \tag{16.43}$$

$$I_{it} = I_{it-1} + X_{it} - S_{it} \qquad \text{para todo i, t} \tag{16.44}$$

$$I_{it} = I_{it}^{+} - I_{it}^{-} \qquad \text{para todo } i, t \tag{16.45}$$

$$X_{it}, S_{it}, I_{it}^{+}, I_{it}^{-} \geq 0 \qquad \text{para todo } i, t \tag{16.46}$$

A mudança mais importante foi a redefinição da variável relativa aos estoques I_{it} como a diferença entre $I_{it}^{+} - I_{it}^{-}$, onde I_{it}^{+} representa o estoque do produto i durante o período de t até $t + 1$ e I_{it}^{-} representa o número de pedidos pendentes durante o período de t até $t + 1$. Tanto I_{it}^{+} quanto I_{it}^{-} não podem ser números negativos. Todavia, I_{it} pode ser positivo ou negativo e representa a **posição de estoque** do produto i no período t. Uma posição positiva indica estoque disponível, e uma posição negativa indica pedidos pendentes. O coeficiente na pendência π_i é análogo ao termo h_i do custo de estoque e representa uma penalização por manter uma unidade do produto i em pendência por um período. Pelo fato de I_{it}^{-} e I_{it}^{+} aparecerem no objetivo com coeficientes negativos, o programa que roda a PL nunca vai torná-los positivos no mesmo período, evitando que tenhamos custo de estoque e sejamos penalizados por um pedido pendente no mesmo período.

Para fins de modelo, os parâmetros mais problemáticos nessas formulações são os coeficientes de penalidade de pedidos pendentes π_i. Qual é o custo do atraso da entrega de uma unidade de um produto i em cada período? Ainda sobre essa questão, por que uma penalização de atraso deveria ser linear ao número de períodos ou unidades em atraso? Evidentemente, cobrar esses números de alguém na organização estaria fora de cogitação. Assim, devemos ver esse tipo de modelo como uma ferramenta para gerar várias versões de planos de longo prazo. Aumentando ou diminuindo os coeficientes π_i relativos aos coeficientes de h_i, o analista pode aumentar ou diminuir a penalização relativa às demoras associadas aos itens na pilha de pedidos. Um valor alto de π_i tende a forçar o modelo a formar estoques para atender eventuais picos nas demandas, enquanto um baixo valor de π_i tende a permitir que o modelo fique atrasado no atendimento de algumas demandas durante períodos de pico. Gerando ambas as versões, o usuário pode ter uma ideia de quais as opções viáveis e selecionar as melhores.

Para tanto, não precisamos de um desempenho ótimo na seleção dos coeficientes de custo. Podemos defini-los com equações simples:

$$h_i = \alpha p_i \tag{16.47}$$

$$\pi_i = \beta \tag{16.48}$$

onde α representa a taxa de juros de um período, devidamente aumentada para a penalização de *cycle times* não competitivos causados por excesso de estoques, e p_i representa o custo das matérias-primas em um período para o produto *i*, de maneira que αp_i representa os juros perdidos sobre o dinheiro atrelado aos custos de estoque de uma unidade do produto *i*. De maneira análoga, β representa um custo (de certa forma, artificial) para cada período em atraso de qualquer produto. A suposição aqui é que o verdadeiro custo de atrasos (custos de expedição, de perdas para o cliente, de perdas de novos pedidos, etc.) é independente do custo ou do preço do produto. Se as equações (16.47) e (16.48) forem válidas, então o usuário pode fixar α e gerar várias versões de planos de produção por meio da variação do parâmetro β.

As horas extras. As representações anteriores da capacidade supõem que cada estação de trabalho está disponível por certo tempo fixo a cada período. Em muitos sistemas, há a possibilidade de aumentar os tempos usando a opção das horas extras. Apesar de tratarmos dessa questão com maiores detalhes em nossa discussão sobre o planejamento da força de trabalho, mais adiante, é bom observar que representar a opção das horas extras em um modelo com vários produtos é muito simples, mesmo quando a mão de obra não está sendo considerada de maneira explícita.

Para tanto, vamos observar o seguinte:

l'_j = custo de 1 hora extra na estação *j*; um parâmetro de custo

O_{jt} = número de horas extras na estação *j* no período *t*; uma variável decisória

Podemos modificar a PL de (16.41) a (16.46) para permitir horas extras em cada estação de trabalho da seguinte forma:

$$\text{Maximizar} \quad \sum_{t=1}^{\bar{t}} \{r_i S_{it} - h_i I_{it}^{+} - \pi_i I_{it}^{-} - \sum_{j=1}^{n} l'_j O_{jt}\} \tag{16.49}$$

Sujeito a:

$$\underline{d}_{it} \le S_{it} \le \bar{d}_{it} \quad \text{para todo } i, \tag{16.50}$$

$$\sum_{i=1}^{m} a_{ij} X_{it} \le c_{jt} + O_{jt} \quad \text{para todo } j, t \tag{16.51}$$

$$I_{it} = I_{it-1} + X_{it} - S_{it} \quad \text{para todo } i, t \tag{16.52}$$

$$I_{it} = I_{it}^{+} - I_{it}^{-} \quad \text{para todo } i, t \tag{16.53}$$

$$X_{it}, S_{it}, I_{it}^{+}, I_{it}^{-} O_{jt} \ge 0 \quad \text{para todo } i, j, t \tag{16.54}$$

As duas alterações que fizemos na PL de (16.41) a (16.46) foram para

1. Subtrair o custo das horas extras nas estações 1,..., *n*, o qual é $\sum_{t=1}^{\bar{t}} \sum_{j=1}^{n} l'_j O_{jt}$, a partir da função objetivo.

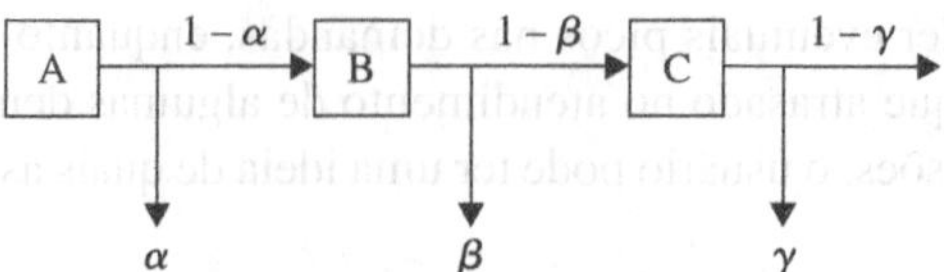

FIGURA 16.9 As perdas de rendimento em uma linha com três estações.

2. Adicionar as horas extras programadas para a estação j durante o período t, representadas por O_{jt}, à capacidade desse recurso c_{jt} nas restrições (16.51).

É natural incluir as horas extras e os pedidos pendentes no mesmo modelo, pois são maneiras de abordar os problemas da capacidade. Na PL de (16.49) a (16.54), o computador tem a opção de atrasar o atendimento da demanda (criando pilhas de pedidos) ou aumentar a capacidade por meio de horas extras. A combinação específica que ele escolhe depende do custo relativo entre criar pedidos pendentes (π_i) e usar as horas extras (l'_j). Variando os coeficientes desses custos, o usuário pode gerar vários planos de produção.

A perda de rendimento por problemas de qualidade. Em sistemas nos quais os produtos são sucateados em vários pontos da linha em razão de problemas de qualidade, é preciso liberar materiais extras no sistema para compensar essas perdas. O resultado é que as estações anteriores ao ponto onde ocorre a perda de rendimento ficam com mais carga do que se não houvesse essas ocorrências (visto que elas precisam produzir os materiais extras que são sucateados). Assim, para avaliar corretamente a viabilidade de um perfil específico da demanda em relação à capacidade, precisamos considerar a perda de rendimento no modelo do PA em sistemas nos quais o sucateamento é um problema.

Ilustramos os efeitos básicos da perda de rendimento na Figura 16.9. Numa linha simples como essa, α, β e γ representam a fração da produção que é perdida pelo sucateamento nas estações A, B e C, respectivamente. Se necessitamos de d unidades de um produto fabricado na estação C, então, em média, precisamos liberar $d/(1 - \gamma)$ unidades para a estação C. Para obtermos $d/(1 - \gamma)$ unidades da estação B, precisamos liberar $d/[(1 - \beta)(1 - \gamma)]$ unidades, em média, para a estação B. Por fim, para obtermos as unidades necessárias $d/[(1 - \beta)(1 - \gamma)]$ da estação B, precisamos liberar $d/[(1 - \alpha)(1 - \beta)(1 - \gamma)]$ unidades para a estação A.

Podemos generalizar o exemplo específico da Figura 16.9 definindo

y_{ij} = rendimento acumulado da estação j em diante (incluindo a estação j) para o produto i

Se quisermos obter uma média de d unidades do produto i ao final da linha, precisamos liberar

$$\frac{d}{y_{ij}} \tag{16.55}$$

unidades de i na estação j. Esses valores podem ser facilmente calculados da mesma maneira usada no exemplo da Figura 16.9 e atualizados em uma planilha ou em um banco de dados como uma função da perda de rendimento em cada uma das estações.

Utilizando a equação (16.55) para ajustar as quantidades produzidas X_{it} da maneira ilustrada na Figura 16.9, podemos modificar a formulação da PL de (16.28) a (16.32) para considerar a perda de rendimento da seguinte forma:

$$\text{Maximizar} \quad \sum_{t=1}^{\bar{t}} r_i S_{it} - h_i I_{it} \tag{16.56}$$

Sujeito a:

$$\underline{d}_{it} \leq S_{it} \leq \bar{d}_{it} \quad \text{para todo } i, t \qquad (16.57)$$

$$\sum_{i=1}^{m} \frac{a_{ij} X_{it}}{y_{ij}} \leq c_{jt} \quad \text{para todo } j, t \qquad (16.58)$$

$$I_{it} = I_{it-1} + X_{it} - S_{it} \quad \text{para todo } i, t \qquad (16.59)$$

$$X_{it}, S_{it}, I_{it} \geq 0 \quad \text{para todo } i, t \qquad (16.60)$$

Como se poderia esperar, o efeito final dessas mudanças é a redução da capacidade efetiva das estações de trabalho, especialmente aquelas no início da linha. Ao alterar os valores de y_{ij} (ou ainda melhor, os componentes individuais que formam os valores de y_{ij}), o planejador pode sentir a sensibilidade do sistema em relação a melhorias nos rendimentos. Como se poderia esperar intuitivamente, o impacto de reduzir os índices de sucata ao final da linha é, muitas vezes, maior do que sua redução no início da linha. Claro, sucatear os produtos ao final do processo fica mais caro e deve ser evitado tanto quanto possível. Se controles e níveis de qualidade melhores no início da linha puderem evitar sucateamentos posteriores, esta é, provavelmente, uma boa política. Um módulo de PA como aquele mostrado na PL de (16.56) a (16.60) é uma maneira de sentir os impactos econômicos e logísticos de uma política assim.

16.4 O PLANEJAMENTO DA FORÇA DE TRABALHO

Em sistemas nos quais a força de trabalho está sujeita a variações causadas pela mudança do seu tamanho ou pela carga de horas extras, pode fazer sentido considerar os módulos do planejamento agregado (PA) e do planejamento da força de trabalho (PFT) de maneira conjunta. As questões sobre como e onde fazer ajustes nas reservas de pessoal ou sobre quando usar a opção de horas extras em vez de aumentar o quadro de pessoal podem ser mostradas no contexto da formulação de uma programação linear (PL) para dar suporte a ambos os módulos.

16.4.1 Um modelo de PL

Para mostrar como um modelo de PL pode ajudar a resolver questões sobre o ajuste da força de trabalho e sobre a alocação de horas extras, vamos considerar um modelo com um único produto. O modelo do produto único pode ser aplicado em sistemas nos quais os roteiros dos produtos e os tempos de processamento são quase idênticos, de maneira que os produtos podem ser agregados em um único produto, ou são totalmente separados, de modo que os roteiros possam ser analisados individualmente. Em um sistema no qual a identificação do gargalo é complicada em virtude de diferentes tempos de processamento e de roteiros interconectados, o planejador necessitaria de um modelo multiprodutos, o que envolve uma integração direta de um modelo de *mix* de produtos, como os discutidos anteriormente, com um modelo de planejamento da força de trabalho, o qual apresentamos a seguir.

Introduzimos a seguinte notação, em paralelo àquela já usada até aqui, com algumas adições para abordar as questões da força de trabalho.

j = índice das estações de trabalho, $j = 1, \ldots, n$, sendo que n representa o número total de estações

t = índice dos períodos, $t = 1, \ldots, \bar{t}$, sendo que $\bar{t}$ representa o horizonte de planejamento

$\bar{d}_t$ = demanda máxima do período t

$\underline{d}_t$ = vendas mínimas para o período t

a_j = tempo necessário na estação j para produzir uma unidade do produto

b = número de horas que um trabalhador precisa para produzir uma unidade do produto

c_{jt} = capacidade da estação j no período t

r = lucro líquido por unidade de produto vendida

h = custo de manter em estoque uma unidade de produto por um período

l = custo do tempo regular em \$ de uma hora por trabalhador

l' = custo das horas extras em \$ de uma hora por trabalhador

e = custo de aumentar a força de trabalho em horas por trabalhador por período

e' = custo de diminuir a força de trabalho em horas por trabalhador por período

X_t = quantidade produzida no período t

S_t = quantidade vendida no período t

I_t = saldo do estoque ao final de t (I_0 é um dado que precisa ser informado)

W_t = força de trabalho no período t em horas por trabalhador de tempo regular (W_0 é um dado que precisa ser informado)

H_t = aumentos (admissões) na força de trabalho do período $t - 1$ até t em horas por trabalhador

F_t = reduções (demissões) da força de trabalho do período $t - 1$ até t em horas por trabalhador

O_t = número de horas extras no período t

Agora temos vários parâmetros e variáveis decisórias novos para representar as considerações relativas à força de trabalho. Primeiro, precisamos saber b, o conteúdo de mão de obra em uma unidade de produto, para que possamos relacionar as necessidades da força de trabalho às da produção. Uma vez que o modelo tenha usado esse parâmetro para determinar o número de horas de mão de obra necessárias em determinado mês, ele tem duas opções para atender essa necessidade. Uma opção é programar horas extras, usando a variável O_t e incorrendo em custos pela taxa l'_t. Outra opção é fazer ajustes na força de trabalho, usando as variáveis H_t e F_t e incorrendo em custos de e (e') para cada trabalhador admitido (demitido).

Para modelar esse problema de planejamento como uma PL, precisamos assumir que o custo de admissão/demissão de funcionários é linear ao número de funcionários admitidos/demitidos; isto é, o custo é o dobro para admitir/demitir dois funcionários. Aqui, assumimos que e é uma estimativa dos custos de admissão, demissão, treinamento e perda de produtividade associados com a contratação de um trabalhador. De maneira similar, e' representa os custos de demissão, aviso prévio, seguro desemprego e outros associados ao desligamento de um trabalhador.

É evidente que, na prática, esses custos relacionados à força de trabalho não são lineares. Os custos de treinamento podem ser menores para um grupo de trabalhadores do que para um trabalhador só, pois um instrutor pode treinar muitos funcionários ao mesmo tempo por praticamente o mesmo custo de se treinar apenas um. Por outro lado, as rupturas e os impactos na fábrica ao se contratarem muitos trabalhadores novos ao mesmo tempo podem ser mais severos do que ao se contratar apenas um. Apesar de podermos usar modelos mais sofisticados para levar em conta essas fontes de não linearidade, vamos nos ater ao modelo de PL, pois estamos mais interessados nos efeitos genéricos do que nos detalhes. Considerando o fato de os módulos do PA e do PFT serem usados para o longo prazo e dependerem de dados e previsões especulativas (como a demanda futura), essa é uma solução razoável para a maioria das aplicações.

Podemos definir a formulação da PL desse problema como maximizar o lucro líquido, incluindo a mão de obra, as horas extras e os custos de pessoal, sujeito às restrições em vendas e na capacidade, como segue:

$$\text{Maximizar} \quad \sum_{t=1}^{\bar{t}} \{rS_t - hI_t - lW_t - l'O_t - eH_t - e'F_t\} \tag{16.61}$$

	A	B	C	D	E	F	G	H	I	J	K	L	M
1	**Parâmetros:**												
2	r	1000											
3	h	10											
4	l	35											
5	l'	52,5											
6	e	15											
7	e'	9											
8	b	12											
9	I_0	0											
10	W_0	2520											
11	t	**1**	**2**	**3**	**4**	**5**	**6**	**7**	**8**	**9**	**10**	**11**	**12**
12	d_t	200	220	230	300	400	450	320	180	170	170	160	180
13													
14	**Variáveis decisórias:**												
15	t	**1**	**2**	**3**	**4**	**5**	**6**	**7**	**8**	**9**	**10**	**11**	**12**
16	Xt	0,00	0,00	0,00	0,00	0,00	0,00	0,00	0,00	0,00	0,00	0,00	0,00
17	Wt	0,00	0,00	0,00	0,00	0,00	0,00	0,00	0,00	0,00	0,00	0,00	0,00
18	Ht	0,00	0,00	0,00	0,00	0,00	0,00	0,00	0,00	0,00	0,00	0,00	0,00
19	Ft	0,00	0,00	0,00	0,00	0,00	0,00	0,00	0,00	0,00	0,00	0,00	0,00
20	It	0,00	0,00	0,00	0,00	0,00	0,00	0,00	0,00	0,00	0,00	0,00	0,00
21	Ot	0,00	0,00	0,00	0,00	0,00	0,00	0,00	0,00	0,00	0,00	0,00	0,00
22													
23	**Objetivo:**												
24	**Lucro:**	$2.980.600,00											
25													
26	**Restrições:**												
27	I1-I0-X1	0,00	=	-200	**-d_1**								
28	I2-I1-X2	0,00	=	-220	**-d_2**								
29	I3-I2-X3	0,00	=	-230	**-d_3**								
30	I4-I3-X4	0,00	=	-300	**-d_4**								
31	I5-I4-X5	0,00	=	-400	**-d_5**								
32	I6-I5-X6	0,00	=	-450	**-d_6**								
33	I7-I6-X7	0,00	=	-320	**-d_7**								
34	I8-I7-X8	0,00	=	-180	**-d_8**								
35	I9-I8-X9	0,00	=	-170	**-d_9**								
36	I10-I9-X10	0,00	=	-170	**-d_10**								
37	I11-I10-X11	0,00	=	-160	**-d_11**								
38	I12-I11-X12	0,00	=	-180	**-d_12**								
39	W1-W0-H1+F1	-2520,00	=	0									
40	W2-W1-H2+F2	0,00	=	0									
41	W3-W2-H3+F3	0,00	=	0									
42	W4-W3-H4+F4	0,00	=	0									
43	W5-W4-H5+F5	0,00	=	0									
44	W6-W5-H6+F6	0,00	=	0									
45	W7-W6-H7+F7	0,00	=	0									
46	W8-W7-H8+F8	0,00	=	0									
47	W9-W8-H9+F9	0,00	=	0									
48	W10-W9-H10+F10	0,00	=	0									
49	W11-W10-H11+F11	0,00	=	0									
50	W12-W11-H12+F12	0,00	=	0									
51	bX1-W1-O1	0,00	<=	0									
52	bX2-W2-O2	0,00	<=	0									
53	bX3-W3-O3	0,00	<=	0									
54	bX4-W4-O4	0,00	<=	0									
55	bX5-W5-O5	0,00	<=	0									
56	bX6-W6-O6	0,00	<=	0									
57	bX7-W7-O7	0,00	<=	0									
58	bX8-W8-O8	0,00	<=	0									
59	bX9-W9-O9	0,00	<=	0									
60	bX10-W10-O10	0,00	<=	0									
61	bX11-W11-O11	0,00	<=	0									
62	bX12-W12-O12	0,00	<=	0									
63		*Obs.: Todas as variáveis decisórias devem ser >= 0*											

FIGURA 16.10 Planilha inicial do exemplo do planejamento da força de trabalho.

Sujeito a:

$$\underline{d}_t \leq S_t \leq \bar{d}_t \quad \text{para todo } t \qquad (16.62)$$

$$a_j X_t \leq c_{jt} \quad \text{para todo } j, t \qquad (16.63)$$

$$I_t = I_{t-1} + X_t - S_t \quad \text{para todo } t \qquad (16.64)$$

$$W_t = W_{t-1} + H_t - F_t \quad \text{para todo } t \qquad (16.65)$$

$$bX_t \leq W_t + O_t \quad \text{para todo } t \qquad (16.66)$$

$$X_t, S_t, I_t, O_t, W_t, H_t, F_t \geq 0 \quad \text{para todo } t \qquad (16.67)$$

A função objetivo na formulação (16.61) calcula o lucro como a diferença entre a receita líquida e os custos de manter os estoques, os salários (regular e horas extras) e os custos de ajuste do quadro de pessoal. As restrições (16.62) são as limitações normais nas vendas; as restrições (16.63) são as limitações da capacidade em cada estação de trabalho; as restrições (16.64) são as equações de equilíbrio de estoques; as restrições (16.65) e (16.66) são novas nessa formulação; as restrições (16.65) definem as variáveis W_t, $t = 1,..., \bar{t}$, que representam o tamanho da força de trabalho no período t em unidades de horas por trabalhador; as restrições (16.66) limitam as horas por trabalhador necessárias para fabricar X_t, dado por bX_t, sendo menor ou igual à soma dos tempos regulares mais as horas extras, expressa por $W_t + O_t$; e, por fim, as restrições (16.67) asseguram que a produção, as vendas, os estoques, as horas extras, o tamanho da força de trabalho e os custos de pessoal não sejam números negativos. O fato de que $I_t \geq 0$ implica a não formação de pilhas de pedidos não impede que possamos facilmente modificar o modelo para permitir pilhas de pedidos da mesma maneira usada na PL de (16.41) a (16.46).

16.4.2 Um exemplo de combinação de PA/PFT

Para tornar concreta a PL de (16.61) a (16.67) e mostrar como o modelo, a análise e a tomada de decisões interagem entre si, consideramos o exemplo na Figura 16.10, que representa um problema de PA com um único produto com receitas líquidas unitárias de \$1.000 ao longo de um horizonte de planejamento de 12 meses. Assumimos que cada funcionário trabalha 168 horas por mês e que há 15 funcionários no sistema no início do horizonte de planejamento. Assim, o número total de horas de trabalho disponíveis no início do problema é de

$$W_0 = 15 \times 168 = 2.520$$

Ao iniciar, não há estoques no sistema, então $I_0 = 0$.

Os parâmetros de custo são estimados como segue. O custo mensal de manter estoques é de \$10 por unidade. Os custos da mão de obra normal (incluindo os benefícios) são de \$35 por hora. As horas extras custam 150% das horas normais, o que nos dá \$52,50 por hora. O custo de admissão e treinamento é de aproximadamente \$2.500 por funcionário. Como um funcionário terá 168 horas por mês, o custo em \$ por hora trabalhada é de

$$\frac{\$2.500}{168} = \$14,88 \approx \$15 \text{ por hora}$$

Como esse número é apenas uma aproximação imprecisa, vamos arredondá-lo para \$15. De maneira similar, estimamos os custos de demissão de um funcionário em \$1.500, sendo então os custos horários da redução de pessoal em

$$\frac{\$1.500}{168} = \$8,93 \approx \$9 \text{ por hora}$$

Novamente, usaremos o valor arredondado de \$9, pois os dados são apenas estimados.

Note que a demanda prevista (d_t) na planilha mostra um comportamento sazonal, com seu pico nos meses 5 e 6, voltando ao normal após isso. Assumimos que não há pedidos pendentes e as demandas têm de ser atendidas, sendo essa a grande questão.

Vamos iniciar expressando em termos concretos a PL de (16.61) a (16.67) para este problema. Pelo fato de assumirmos que a demanda é atendida prontamente, definiremos $S_t = d_t$, que elimina a necessidade de separar as variáveis de vendas S_t e as restrições de vendas em (16.62). Além disso, para simplificar, assumiremos que apenas as restrições de capacidade são as que são afetadas pela mão de obra, isto é, são necessárias 12 horas de trabalho para produzir cada unidade do produto. Nenhuma outra restrição de máquina ou recurso precisa ser considerada. Assim, podemos omitir as restrições (16.63). Com pressupostos, a formulação da PL fica assim:

Maximizar

$$1.000(d_1 + \cdots + d_{12}) - 10(I_1 + \cdots + I_{12})$$
$$-35(W_1 + \cdots + W_{12}) - 52.5(O_1 + \cdots + O_{12})$$
$$-15(H_1 + \cdots + H_{12}) - 9(F_1 + \cdots + F_{12}) \quad (16.68)$$

Sujeito a:

$$I_1 - I_0 - X_1 = -d_1 \quad (16.69)$$
$$I_2 - I_1 - X_2 = -d_2 \quad (16.70)$$
$$I_3 - I_2 - X_3 = -d_3 \quad (16.71)$$
$$I_4 - I_3 - X_4 = -d_4 \quad (16.72)$$
$$I_5 - I_4 - X_5 = -d_5 \quad (16.73)$$
$$I_6 - I_5 - X_6 = -d_6 \quad (16.74)$$
$$I_7 - I_6 - X_7 = -d_7 \quad (16.75)$$
$$I_8 - I_7 - X_8 = -d_8 \quad (16.76)$$
$$I_9 - I_8 - X_9 = -d_9 \quad (16.77)$$
$$I_{10} - I_9 - X_{10} = -d_{10} \quad (16.78)$$
$$I_{11} - I_{10} - X_{11} = -d_{11} \quad (16.79)$$
$$I_{12} - I_{11} - X_{12} = -d_{12} \quad (16.80)$$
$$W_1 - H_1 + F_1 = 2.520 \quad (16.81)$$
$$W_2 - W_1 - H_2 + F_2 = 0 \quad (16.82)$$
$$W_3 - W_2 - H_3 + F_3 = 0 \quad (16.83)$$
$$W_4 - W_3 - H_4 + F_4 = 0 \quad (16.84)$$
$$W_5 - W_4 - H_5 + F_5 = 0 \quad (16.85)$$
$$W_6 - W_5 - H_6 + F_6 = 0 \quad (16.86)$$
$$W_7 - W_6 - H_7 + F_7 = 0 \quad (16.87)$$
$$W_8 - W_7 - H_8 + F_8 = 0 \quad (16.88)$$
$$W_9 - W_8 - H_9 + F_9 = 0 \quad (16.89)$$
$$W_{10} - W_9 - H_{10} + F_{10} = 0 \quad (16.90)$$
$$W_{11} - W_{10} - H_{11} + F_{11} = 0 \quad (16.91)$$
$$W_{12} - W_{11} - H_{12} + F_{12} = 0 \quad (16.92)$$
$$12X_1 - W_1 - O_1 \leq 0 \quad (16.93)$$
$$12X_2 - W_2 - O_2 \leq 0 \quad (16.94)$$
$$12X_3 - W_3 - O_3 \leq 0 \quad (16.95)$$
$$12X_4 - W_4 - O_4 \leq 0 \quad (16.96)$$
$$12X_5 - W_5 - O_5 \leq 0 \quad (16.97)$$
$$12X_6 - W_6 - O_6 \leq 0 \quad (16.98)$$

$$12X_7 - W_7 - O_7 \leq 0 \quad (16.99)$$

$$12X_8 - W_8 - O_8 \leq 0 \quad (16.100)$$

$$12X_9 - W_9 - O_9 \leq 0 \quad (16.101)$$

$$12X_{10} - W_{10} - O_{10} \leq 0 \quad (16.102)$$

$$12X_{11} - W_{11} - O_{11} \leq 0 \quad (16.103)$$

$$12X_{12} - W_{12} - O_{12} \leq 0 \quad (16.104)$$

$$X_t, I_t, O_t, W_t, H_t, F_t \geq 0 \quad t = 1,..., 12 \quad (16.105)$$

O objetivo (16.68) é idêntico ao (16.61), exceto que as variáveis S_t foram substituídas pelas constantes d_t.[8] As restrições de (16.69) a (16.80) são as restrições normais de equilíbrio. Por exemplo, a restrição (16.69) simplesmente expressa que

$$I_1 = I_0 + X_1 - d_1$$

Isto é, o saldo do estoque ao final do mês 1 é igual ao estoque do mês 0 (no início do problema) mais a produção durante o mês 1, menos as vendas (demanda) do mês 1. Colocamos essas restrições de maneira que todas as variáveis decisórias fiquem no lado esquerdo do sinal de igualdade, e as constantes (d_t), do lado direito. Essa convenção é bastante comum para criar os modelos de PL, como veremos em nossa análise.

As restrições de (16.81) a (16.92) são as equações de equilíbrio de mão de obra expressas nas restrições (16.65) em nossa formulação inicial. Por exemplo, as restrições (16.81) representam a relação

$$W_1 = W_0 + H_1 - F_1$$

de maneira que a força de trabalho ao final do mês 1 (em unidades de horas por trabalhador) seja igual à existente ao final do mês 0, mais as admissões do mês 1, menos as demissões do mês 1.

As restrições de (16.93) a (16.104) asseguram que o conteúdo do planejamento da produção não exceda a mão de obra disponível, a qual pode incluir as horas extras. Assim, as restrições em (16.93) podem ser expressas como

$$12X_1 \leq W_1 + O_1$$

Na planilha mostrada na Figura 16.10, digitamos as variáveis decisórias X_t, W_t, H_t, F_t, I_t e O_t nas células B16:M21. Usando essas variáveis e os vários coeficientes do topo da planilha, expressamos o objetivo (16.68) como uma fórmula na célula B24. Note que essa fórmula apresenta um valor igual ao lucro unitário vezes a demanda total ou

$$1.000(200 + 220 + 230 + 300 + 400 + 450 + 320$$
$$+ 180 + 170 + 170 + 160 + 180) = \$2.980.000$$

pois todos os outros termos no objetivo são zero quando as variáveis decisórias são definidas como zero.

Incluímos as fórmulas para o lado esquerdo das restrições de (16.69) a (16.80) nas células B27:B38, das restrições de (16.81) a (16.92) nas células B39:B50, e das restrições de (16.93) a (16.104) nas células B51:B62. Perceba que muitas dessas restrições não são satisfeitas quando todas as variáveis decisórias são definidas como zero, o que não deve causar surpresa, pois não podemos esperar obter receitas por produtos que não foram fabricados.

[8] Como os valores de d_t são fixos, o primeiro termo na função objetivo não é uma função de nossas variáveis decisórias e poderia ser deixado de fora sem afetar a solução. Nós o mantemos para que nosso modelo expresse uma função sensível à lucratividade.

	A	B	C	D	E	F	G	H	I	J	K	L	M
1	**Parâmetros:**												
2	r	1000											
3	h	10											
4	l	35											
5	l'	52,5											
6	e	15											
7	e'	9											
8	b	12											
9	I_0	0											
10	W_0	2520											
11	t	1	2	3	4	5	6	7	8	9	10	11	12
12	d_t	200	220	230	300	400	450	320	180	170	170	160	180
13													
14	**Variáveis decisórias:**												
15	t	1	2	3	4	5	6	7	8	9	10	11	12
16	Xt	200,00	220,00	230,00	300,00	400,00	450,00	320,00	180,00	170,00	170,00	160,00	180,00
17	Wt	2520,00	2520,00	2520,00	2520,00	2520,00	2520,00	2520,00	2520,00	2520,00	2520,00	2520,00	2520,00
18	Ht	0,00	0,00	0,00	0,00	0,00	0,00	0,00	0,00	0,00	0,00	0,00	0,00
19	Ft	0,00	0,00	0,00	0,00	0,00	0,00	0,00	0,00	0,00	0,00	0,00	0,00
20	It	0,00	0,00	0,00	0,00	0,00	0,00	0,00	0,00	0,00	0,00	0,00	0,00
21	Ot	10,00	0,00	0,00	0,00	0,00	0,00	0,00	0,00	0,00	0,00	0,00	0,00
22													
23	Objetivo:												
24	Lucro:	$1.921.600,00											
25													
26	Restrições:												
27	I1-I0-X1	-200,00	=	-200	-d_1								
28	I2-I1-X2	-220,00	=	-220	-d_2								
29	I3-I2-X3	-230,00	=	-230	-d_3								
30	I4-I3-X4	-300,00	=	-300	-d_4								
31	I5-I4-X5	-400,00	=	-400	-d_5								
32	I6-I5-X6	-450,00	=	-450	-d_6								
33	I7-I6-X7	-320,00	=	-320	-d_7								
34	I8-I7-X8	-180,00	=	-180	-d_8								
35	I9-I8-X9	-170,00	=	-170	-d_9								
36	I10-I9-X10	-170,00	=	-170	-d_10								
37	I11-I10-X11	-160,00	=	-160	-d_11								
38	I12-I11-X12	-180,00	=	-180	-d_12								
39	W1-W0-H1+F1	0,00	=	0									
40	W2-W1-H2+F2	0,00	=	0									
41	W3-W2-H3+F3	0,00	=	0									
42	W4-W3-H4+F4	0,00	=	0									
43	W5-W4-H5+F5	0,00	=	0									
44	W6-W5-H6+F6	0,00	=	0									
45	W7-W6-H7+F7	0,00	=	0									
46	W8-W7-H8+F8	0,00	=	0									
47	W9-W8-H9+F9	0,00	=	0									
48	W10-W9-H10+F10	0,00	=	0									
49	W11-W10-H11+F11	0,00	=	0									
50	W12-W11-H12+F12	0,00	=	0									
51	bX1-W1-O1	-120,00	<=	0									
52	bX2-W2-O2	120,00	<=	0									
53	bX3-W3-O3	240,00	<=	0									
54	bX4-W4-O4	1080,00	<=	0									
55	bX5-W5-O5	2280,00	<=	0									
56	bX6-W6-O6	2880,00	<=	0									
57	bX7-W7-O7	1320,00	<=	0									
58	bX8-W8-O8	-360,00	<=	0									
59	bX9-W9-O9	-480,00	<=	0									
60	bX10-W10-O10	-480,00	<=	0									
61	bX11-W11-O11	-600,00	<=	0									
62	bX12-W12-O12	-360,00	<=	0									
63		*Obs.: Todas as variáveis decisórias devem ser >= 0*											

FIGURA 16.11 Uma solução inviável na base de tentativa e erro.

Um aspecto conveniente de se usar uma planilha para solucionar os modelos de PL é que ela nos fornece um mecanismo para manusear o modelo para melhor avaliar seu comportamento. Por exemplo, na planilha da Figura 16.11, apresentamos uma **solução por tentativa (e erro)** em que definimos a produção igual à demanda ($X_t = d_t$) e deixamos $W_t = W_0$ em cada período. Apesar de isso satisfazer as restrições sobre os saldos dos estoques das células B27:B38 e as restrições sobre a força de trabalho das células B39:B50, ela viola as restrições sobre o conteúdo de horas de trabalho das células B52:B57. A razão disso, obviamente, é que a força de trabalho atual não é suficiente para atender a demanda sem fazer horas extras. Faríamos outra tentativa adicionando o uso de horas extras por meio do ajuste das variáveis O_t nas células B21:M21. Porém, "caçar" uma solução ótima com o método de

	A	B	C	D	E	F	G	H	I	J	K	L	M
1	**Parâmetros:**												
2	r	1000											
3	h	10											
4	l	35											
5	l′	52,5											
6	e	15											
7	e′	9											
8	b	12											
9	l_0	0											
10	W_0	2520											
11	t	**1**	**2**	**3**	**4**	**5**	**6**	**7**	**8**	**9**	**10**	**11**	**12**
12	d_t	200	220	230	300	400	450	320	180	170	170	160	180
13													
14	**Variáveis decisórias:**												
15	t	**1**	**2**	**3**	**4**	**5**	**6**	**7**	**8**	**9**	**10**	**11**	**12**
16	Xt	302,86	302,86	302,86	302,86	302,86	302,86	302,86	180,00	170,00	170,00	170,00	170,00
17	Wt	3634,29	3634,29	3634,29	3634,29	3634,29	3634,29	3634,29	2160,00	2040,00	2040,00	2040,00	2040,00
18	Ht	1114,29	0,00	0,00	0,00	0,00	0,00	0,00	0,00	0,00	0,00	0,00	0,00
19	Ft	0,00	0,00	0,00	0,00	0,00	0,00	0,00	1474,29	120.00	0,00	0,00	0,00
20	It	102,86	185,71	258,57	261,43	164,29	17,14	0,00	0,00	0.00	0,00	10,00	0,00
21	Ot	0,00	0,00	0,00	0,00	0,00	0,00	0,00	0,00	0.00	0,00	0,00	0,00
22													
23	**Objetivo:**												
24	**Lucro:**	$1.687.337,14											
25													
26	**Restrições:**												
27	I1-I0-X1	-200,00	=	-200	**-d_1**								
28	I2-I1-X2	-220,00	=	-220	**-d_2**								
29	I3-I2-X3	-230,00	=	-230	**-d_3**								
30	I4-I3-X4	-300,00	=	-300	**-d_4**								
31	I5-I4-X5	-400,00	=	-400	**-d_5**								
32	I6-I5-X6	-450,00	=	-450	**-d_6**								
33	I7-I6-X7	-320,00	=	-320	**-d_7**								
34	I8-I7-X8	-180,00	=	-180	**-d_8**								
35	I9-I8-X9	-170,00	=	-170	**-d_9**								
36	I10-I9-X10	-170,00	=	-170	**-d_10**								
37	I11-I10-X11	-160,00	=	-160	**-d_11**								
38	I12-I11-X12	-180,00	=	-180	**-d_12**								
39	W1-W0-H1+F1	0,00	=	0									
40	W2-W1-H2+F2	0,00	=	0									
41	W3-W2-H3+F3	0,00	=	0									
42	W4-W3-H4+F4	0,00	=	0									
43	W5-W4-H5+F5	0,00	=	0									
44	W6-W5-H6+F6	0,00	=	0									
45	W7-W6-H7+F7	0,00	=	0									
46	W8-W7-H8+F8	0,00	=	0									
47	W9-W8-H9+F9	0,00	=	0									
48	W10-W9-H10+F10	0,00	=	0									
49	W11-W10-H11+F11	0,00	=	0									
50	W12-W11-H12+F12	0,00	=	0									
51	bX1-W1-O1	0,00	<=	0									
52	bX2-W2-O2	0,00	<=	0									
53	bX3-W3-O3	0,00	<=	0									
54	bX4-W4-O4	0,00	<=	0									
55	bX5-W5-O5	0,00	<=	0									
56	bX6-W6-O6	0,00	<=	0									
57	bX7-W7-O7	0,00	<=	0									
58	bX8-W8-O8	0,00	<=	0									
59	bX9-W9-O9	0,00	<=	0									
60	bX10-W10-O10	0,00	<=	0									
61	bX11-W11-O11	0,00	<=	0									
62	bX12-W12-O12	0,00	<=	0									
63		*Obs.: Todas as variáveis decisórias devem ser >= 0*											

FIGURA 16.12 A solução ótima da PL.

tentativa e erro pode ser difícil, especificamente em modelos grandes. Assim, deixaremos o solucionador da PL do programa fazer isso por nós.

Ao usar o procedimento descrito anteriormente, especificamos as restrições de (16.69) a (16.105) em nosso modelo e o rodamos. O resultado é a planilha da Figura 16.12. Baseados nos custos especificados, a solução ótima encontrada nem usa as horas extras. (Custo das horas extras \$52,5 – 35 = 15,50 por hora por mês, enquanto admitir um novo funcionário custa apenas \$15 por hora uma única vez.) Em vez disso, o modelo aumenta em 1.114,29 horas a força de trabalho, o que representa a admissão de

$$\frac{1.114,29}{168} = 6,6$$

	A	B	C	D	E	F	G	H	I	J	K	L	M
1	**Parâmetros:**												
2	r	1000											
3	h	10											
4	l	35											
5	l′	52,5											
6	e	15											
7	e′	9											
8	b	12											
9	I_0	0											
10	W_0	2520											
11	t	**1**	**2**	**3**	**4**	**5**	**6**	**7**	**8**	**9**	**10**	**11**	**12**
12	d_t	200	220	230	300	400	450	320	180	170	170	160	180
13													
14	**Variáveis decisórias:**												
15	t	**1**	**2**	**3**	**4**	**5**	**6**	**7**	**8**	**9**	**10**	**11**	**12**
16	Xt	210,00	210,00	230,00	300,00	400,00	450,00	320,00	180,00	170,00	170,00	160,00	180,00
17	Wt	2520,00	2520,00	2520,00	2520,00	2520,00	2520,00	2520,00	2520,00	2520,00	2520,00	2520,00	2520,00
18	Ht	0,00	0,00	0,00	0,00	0,00	0,00	0,00	0,00	0,00	0,00	0,00	0,00
19	Ft	0,00	0,00	0,00	0,00	0,00	0,00	0,00	0,00	0,00	0,00	0,00	0,00
20	It	10,00	0,00	0,00	0,00	0,00	0,00	0,00	0,00	0,00	0,00	0,00	0,00
21	Ot	0,00	0,00	240,00	1080,00	2280,00	2880,00	1320,00	0,00	0,00	0,00	0,00	0,00
22													
23	**Objetivo:**												
24	**Lucro:**	$1.512.000,00											
25													
26	**Restrições:**												
27	I1-I0-X1	-200,00	=	-200	**-d_1**								
28	I2-I1-X2	-220,00	=	-220	**-d_2**								
29	I3-I2-X3	-230,00	=	-230	**-d_3**								
30	I4-I3-X4	-300,00	=	-300	**-d_4**								
31	I5-I4-X5	-400,00	=	-400	**-d_5**								
32	I6-I5-X6	-450,00	=	-450	**-d_6**								
33	I7-I6-X7	-320,00	=	-320	**-d_7**								
34	I8-I7-X8	-180,00	=	-180	**-d_8**								
35	I9-I8-X9	-170,00	=	-170	**-d_9**								
36	I10-I9-X10	-170,00	=	-170	**-d_10**								
37	I11-I10-X11	-160,00	=	-160	**-d_11**								
38	I12-I11-X12	-180,00	=	-180	**-d_12**								
39	W1-W0-H1+F1	0,00	=	0									
40	W2-W1-H2+F2	0,00	=	0									
41	W3-W2-H3+F3	0,00	=	0									
42	W4-W3-H4+F4	0,00	=	0									
43	W5-W4-H5+F5	0,00	=	0									
44	W6-W5-H6+F6	0,00	=	0									
45	W7-W6-H7+F7	0,00	=	0									
46	W8-W7-H8+F8	0,00	=	0									
47	W9-W8-H9+F9	0,00	=	0									
48	W10-W9-H10+F10	0,00	=	0									
49	W11-W10-H11+F11	0,00	=	0									
50	W12-W11-H12+F12	0,00	=	0									
51	bX1-W1-O1	0,00	<=	0									
52	bX2-W2-O2	0,00	<=	0									
53	bX3-W3-O3	0,00	<=	0									
54	bX4-W4-O4	0,00	<=	0									
55	bX5-W5-O5	0,00	<=	0									
56	bX6-W6-O6	0,00	<=	0									
57	bX7-W7-O7	0,00	<=	0									
58	bX8-W8-O8	-360,00	<=	0									
59	bX9-W9-O9	-480,00	<=	0									
60	bX10-W10-O10	-480,00	<=	0									
61	bX11-W11-O11	-600,00	<=	0									
62	bX12-W12-O12	-360,00	<=	0									
63		*Obs.: Todas as variáveis decisórias devem ser >= 0*											

FIGURA 16.13 A solução ótima quando $F_t = 0$.

novos funcionários. Após o pico sazonal, nos meses de 4 a 7, a solução sugere uma redução de 1.474,29 + 120 = 1.594,29 horas, o que implica a demissão de

$$\frac{1.594,29}{168} = 9,5$$

funcionários. Além disso, a solução sugere a formação de estoques nos meses 1 a 4 para serem usados nos meses 5 a 7. O lucro líquido dessa solução seria de $1.687.337,14.

A partir de uma perspectiva gerencial, as demissões sugeridas nos meses 8 e 9 poderiam constituir um problema. Apesar de termos aplicado penalizações para essas demissões, elas são alta-

	A	B	C	D	E	F	G	H	I	J	K	L	M
1	**Parâmetros:**												
2	r	1000											
3	h	10											
4	l	35											
5	l′	52,5											
6	e	15											
7	e′	9											
8	b	12											
9	l_0	0											
10	W_0	2520											
11	t	**1**	**2**	**3**	**4**	**5**	**6**	**7**	**8**	**9**	**10**	**11**	**12**
12	d_t	200	220	230	300	400	450	320	180	170	170	160	180
13													
14	**Variáveis decisórias:**												
15	t	**1**	**2**	**3**	**4**	**5**	**6**	**7**	**8**	**9**	**10**	**11**	**12**
16	Xt	302,86	302,86	302,86	302,86	302,86	302,86	302,86	180,00	170,00	170,00	160,00	180,00
17	Wt	3028,57	3028,57	3028,57	3028,57	3028,57	3028,57	3028,57	3028,57	3028,57	3028,57	3028,57	3028,57
18	Ht	508,57	0,00	0,00	0,00	0,00	0,00	0,00	0,00	0,00	0,00	0,00	0,00
19	Ft	0,00	0,00	0,00	0,00	0,00	0,00	0,00	0,00	0,00	0,00	0,00	0,00
20	It	102,86	185,71	258,57	261,43	164,29	17,14	0,00	0,00	0,00	0,00	0,00	0,00
21	Ot	605,71	605,71	605,71	605,71	605,71	605,71	605,71	0,00	0,00	0,00	0,00	0,00
22													
23	**Objetivo:**												
24	**Lucro:**	$1.467.871,43											
25													
26	**Restrições:**												
27	I1-I0-X1	-200,00	=	-200	**-d_1**								
28	I2-I1-X2	-220,00	=	-220	**-d_2**								
29	I3-I2-X3	-230,00	=	-230	**-d_3**								
30	I4-I3-X4	-300,00	=	-300	**-d_4**								
31	I5-I4-X5	-400,00	=	-400	**-d_5**								
32	I6-I5-X6	-450,00	=	-450	**-d_6**								
33	I7-I6-X7	-320,00	=	-320	**-d_7**								
34	I8-I7-X8	-180,00	=	-180	**-d_8**								
35	I9-I8-X9	-170,00	=	-170	**-d_9**								
36	I10-I9-X10	-170,00	=	-170	**-d_10**								
37	I11-I10-X11	-160,00	=	-160	**-d_11**								
38	I12-I11-X12	-180,00	=	-180	**-d_12**								
39	W1-W0-H1+F1	0,00	=	0									
40	W2-W1-H2+F2	0,00	=	0									
41	W3-W2-H3+F3	0,00	=	0									
42	W4-W3-H4+F4	0,00	=	0									
43	W5-W4-H5+F5	0,00	=	0									
44	W6-W5-H6+F6	0,00	=	0									
45	W7-W6-H7+F7	0,00	=	0									
46	W8-W7-H8+F8	0,00	=	0									
47	W9-W8-H9+F9	0,00	=	0									
48	W10-W9-H10+F10	0,00	=	0									
49	W11-W10-H11+F11	0,00	=	0									
50	W12-W11-H12+F12	0,00	=	0									
51	bX1-W1-O1	0,00	<=	0									
52	bX2-W2-O2	0,00	<=	0									
53	bX3-W3-O3	0,00	<=	0									
54	bX4-W4-O4	0,00	<=	0									
55	bX5-W5-O5	0,00	<=	0									
56	bX6-W6-O6	0,00	<=	0									
57	bX7-W7-O7	0,00	<=	0									
58	bX8-W8-O8	-868,57	<=	0									
59	bX9-W9-O9	-988,57	<=	0									
60	bX10-W10-O10	-988,57	<=	0									
61	bX11-W11-O11	-1108,57	<=	0									
62	bX12-W12-O12	-868,57	<=	0									
63		*Obs.: Todas as variáveis decisórias devem ser >= 0*											

FIGURA 16.14 A solução ótima quando $F_t = 0$ e $O_t \leq 0{,}2W_t$.

mente especulativas e podem não representar adequadamente os efeitos de longo prazo de admitir e demitir funcionários sobre o moral da força de trabalho, a sua produtividade e a facilidade da empresa em admitir bons trabalhadores. Assim, temos a opção de levar adiante nossa análise.

Uma opção a ser considerada seria permitir que o modelo admitisse, mas não demitisse funcionários. Podemos ajustar o modelo facilmente, eliminando as variáveis F_t, ou, como isso requer muitas mudanças na planilha, especificar novas restrições no seu formato, como

$$F_t = 0 \qquad t = 1, \ldots, 12$$

Reprocessando o modelo com essas restrições adicionais, produzimos a planilha modificada da Figura 16.13. Como era de se esperar, essa solução não inclui nenhuma demissão. Porém, surpreendentemente, ela também não inclui nenhuma admissão (isto é, $H_t = 0$ para todos os períodos). Em vez de aumentar o quadro de pessoal, o modelo escolheu usar a opção de fazer horas extras nos meses 3 a 7. É evidente que, se não podemos demitir pessoal, fica antieconômico contratar novos funcionários.

No entanto, ao olharmos mais de perto a solução da Figura 16.13, um problema se torna evidente. Os números das horas extras são muito grandes. Por exemplo, o mês 6 tem mais horas extras do que horas normais! Isso significa que nossa força de trabalho de 15 pessoas tem 2.880/15 = 192 horas extras no mês, por volta de 48 horas por semana para cada funcionário, o que é claramente excessivo.

Uma maneira de eliminar esse problema é adicionar algumas restrições. Por exemplo, poderíamos especificar que as horas extras não podem exceder 20% das horas normais. Isso corresponderia a todo o pessoal trabalhar, em média, 1 dia de horas extras por semana, além dos 5 dias normais. Para tanto, adicionamos as seguintes restrições

$$O_t \leq 0{,}2W_t \qquad t = 1,\dots, 12 \tag{16.106}$$

ajustando a planilha da Figura 16.13 e apresentando os resultados na planilha da Figura 16.14. Os limites das horas extras forçaram o modelo a reconsiderar as admissões. Como as demissões continuam proibidas, o modelo admite apenas 508,57 horas, que nos dá

$$\frac{508{,}57}{168} = 3$$

novos funcionários, em oposição aos 6,6 admitidos na solução original da Figura 16.12. Para alcançar a produção necessária, a solução sugere o uso de horas extras nos meses 1 a 7. Note que o número de horas extras usado nesses meses é exatamente 20% das horas normais, isto é,

$$3.028{,}57 \times 0{,}2 = 605{,}71$$

Isso significa que as novas restrições (16.106) são ativas nos períodos de 1 a 7, que ficariam explícitas se imprimíssemos os relatórios da análise de sensibilidade gerados pelo solucionador da PL, implicando que, se for possível fazer mais horas extras em qualquer desses meses, poderíamos melhorar a solução.

Observe que o lucro líquido mostrado pelo modelo na Figura 16.14 é de $1.467.871,43, que é 13% menor do que a solução ótima original de $1.687.337,14 da Figura 16.12. À primeira vista, pode parecer que a política de não demissão e as horas extras estão custando muito caro à empresa. Por outro lado, isso pode também significar que nossas estimativas originais sobre os custos de admissão e de demissão eram muito baixos. Se aumentássemos esses custos para representar os reais impactos de longo prazo causados por mudanças na força de trabalho, a solução ótima original seria bem parecida com a da Figura 16.14.

16.4.3 As ideias da modelagem

Além de termos oferecido exemplos detalhados das questões envolvendo a força de trabalho na PL de (16.61) a (16.67), esperamos que nossa discussão tenha ajudado o leitor a apreciar os seguintes aspectos no uso de um modelo de otimização para um módulo de PA ou de PFT.

1. *Abordagens de modelagem múltipla.* Muitas vezes, existem várias maneiras de criar um modelo para um determinado problema, e nenhum deles é "correto" em um sentido absoluto. A chave é usar os coeficientes dos custos e as restrições para representar as questões principais de uma maneira adequada. Em nosso exemplo, poderíamos ter gerado soluções sem incluir

demissões por meio do aumento da sua penalização ou por restrições em não demitir. Várias abordagens alcançariam a mesma solução qualitativa.

2. *Desenvolvimento contínuo do modelo.* A modelagem e a análise quase nunca se desenvolvem de maneira ideal quando o modelo é formulado, solucionado e interpretado uma única vez. Muitas vezes, a solução de uma versão sugere um modelo alternativo. Por exemplo, não tínhamos como saber que eliminar as demissões causaria uma carga excessiva de horas extras. Não sabíamos que precisávamos de restrições nos níveis de horas extras até analisar a planilha da Figura 16.13.

16.5 CONCLUSÕES

Neste capítulo, oferecemos uma visão geral das questões que envolvem o planejamento agregado e da força de trabalho. Uma observação importante de nossa abordagem é que, pelo fato de os módulos do planejamento agregado e do planejamento da força de trabalho usarem longos horizontes de tempo, dados precisos e modelos detalhados são praticamente impossíveis. Precisamos reconhecer que os planos da produção ou da força de trabalho gerados por esses módulos devem ser ajustados à medida que o tempo passa. Os níveis básicos da hierarquia de planejamento e controle da produção precisam lidar com o desafio de converter os planos em ações. As chaves para um bom módulo de planejamento agregado são manter o foco no longo prazo (isto é, evitar exercer muitos controles de curto prazo sobre o modelo) e fornecer as associações para manter a consistência com os outros níveis da hierarquia. Algumas das questões relacionadas à consistência foram discutidas no Capítulo 13. Aqui, fechamos o assunto com algumas observações gerais sobre as funções do planejamento agregado e do planejamento da força de trabalho.

1. *Nenhum módulo único de PA ou PFT serve para todas as situações.* Como os exemplos neste capítulo evidenciam, o planejamento agregado e da força de trabalho pode incorporar muitos problemas decisórios diferentes. Um bom módulo é aquele que é projetado para resolver os problemas específicos enfrentados pela empresa.
2. *Simplicidade gera compreensão.* Apesar de querermos abordar vários problemas em um módulo, é mais importante mantê-lo bem compreensível. Em geral, esses módulos são usados para gerar planos alternativos de produção e de pessoal, que podem ser examinados, combinados e alterados manualmente antes de serem publicados como "O Plano". Para gerar várias versões de planos (e explicá-los a outros), o usuário precisa localizar no plano as diferenças provocadas por mudanças no modelo. Em razão disso, faz sentido começar com uma formulação bem simples. Os detalhes (por exemplo, as restrições) podem ser adicionados mais tarde.
3. *A programação linear é uma ferramenta muito útil.* O horizonte do planejamento de longo prazo dos módulos do planejamento agregado e do planejamento da força de trabalho ignora muitos detalhes da produção; assim, as verificações de capacidade, as restrições de vendas e o equilíbrio dos estoques podem ser expressos como restrições lineares. Desde que façamos aproximações dos custos reais com as funções lineares, um solucionador de PL é um método bastante eficiente para resolver muitos problemas relacionados aos módulos do planejamento agregado e do planejamento da força de trabalho. Antes de trabalharmos com dados especulativos de longo prazo, geralmente não faz muito sentido usar uma ferramenta mais sofisticada do que a PL (por exemplo, a programação não linear ou a inteira) na maioria das situações.
4. *A robustez é mais importante do que a precisão.* Não importa quão precisos forem os dados e quão sofisticado o modelo, o plano gerado pelo módulo do PA ou do PFT nunca será executado com exatidão. A sequência da produção real é afetada por eventos imprevisíveis que não podem ser incluídos no módulo, significando que a marca de um bom plano de produção de longo prazo é que ele nos permita fazer um bom trabalho, mesmo enfrentando tais contingências. Para gerar tal plano, o usuário do módulo do PA precisa saber avaliar as consequências de vários cenários. Essa é outra razão para manter o modelo simples.

APÊNDICE 16A

A PROGRAMAÇÃO LINEAR

A Programação Linear (PL) é uma poderosa ferramenta matemática para solucionar problemas de otimização com restrições. O nome deriva do fato de que a PL foi aplicada inicialmente para encontrar programações ótimas para a alocação de recursos. Assim, apesar de a PL geralmente envolver o uso de um programa de computador, isso não quer dizer que o usuário vá trabalhar com códigos de programação de computador.

Neste apêndice, oferecemos conhecimentos suficientes ao usuário de um programa de PL para ter uma ideia básica do que o programa faz durante seu processamento. Os leitores interessados em mais detalhes devem consultar um dos muitos livros escritos a respeito (por exemplo, Eppen, Gould e Schmidt 1988 para uma visão geral da aplicação, e Murty 1983 para assuntos mais técnicos).

Formulação

O primeiro passo no uso da PL é formular um problema prático em termos matemáticos. Existem três fatores básicos para se fazer isso:

1. **As variáveis decisórias** são as grandezas sobre as quais exercemos controle. Os exemplos típicos das aplicações da PL no planejamento agregado e no planejamento da força de trabalho são grandezas relativas a produção, admissões/demissões e saldos de estoques.
2. **A função objetivo** é o que queremos maximizar ou minimizar. Na maioria das aplicações de PA/PFT, em geral a questão é maximizar os lucros ou minimizar os custos. Além de simplesmente descrever o objetivo, precisamos especificá-lo em termos das variáveis decisórias definidas.
3. **As restrições** são limitações impostas sobre nossas escolhas das variáveis decisórias. Exemplos típicos nas aplicações de PA/PFT são restrições de capacidade, limitações de matéria-prima, restrições sobre quão rápido podemos contratar funcionários levando em conta o tempo de treinamento e restrições sobre o fluxo físico (por exemplo, os níveis de estoques como resultado direto de quanto é produzido e quanto é vendido).

Quando se formula um problema de PL, muitas vezes é útil tentar especificar os dados necessários na mesma ordem em que são listados. Porém, em problemas reais, normalmente é difícil conseguir a formulação correta na primeira tentativa. O exemplo da Seção 16.4.2 ilustra algumas mudanças necessárias à medida que o modelo evolui.

Para descrever o processo da formulação de uma PL, vamos considerar o problema apresentado na Tabela 16.2. Iniciamos pela seleção das variáveis decisórias. Como só existem dois produtos e assumimos que a demanda e a capacidade são determinadas ao longo dos períodos, a única decisão a ser feita se refere às quantidades a serem produzidas em cada semana. Assim, tomamos X_1 e X_2 para representar as quantidades semanais dos produtos 1 e 2, respectivamente.

Depois, escolhemos a maximização dos lucros como nossa função objetivo. Como o produto 1 tem um preço de venda de \$90 e custa \$45 em matéria-prima, seu lucro líquido por unidade é de \$45.[9] De maneira similar, o produto 2 tem um preço de venda de \$100 e custa \$40 em matéria-prima, seu lucro líquido é de \$60. Assim, o lucro semanal será de

$$45X_1 + 60X_2 - \text{custos semanais da mão de obra} - \text{custos gerais semanais de fabricação}$$

No entanto, como assumimos que os custos de mão de obra e os custos gerais de fabricação não são impactados pela escolha de X_1 e X_2, podemos usar a função objetiva a seguir para o modelo da PL:

$$\text{Maximizar} \quad 45X_1 + 60X_2$$

[9] Note que estamos ignorando os custos gerais de fabricação e da mão de obra em nossa estimativa sobre o lucro unitário. Isso é aceitável, pois esses custos não são impactados pela escolha das quantidades a produzir, isto é, se não alterarmos o quadro de pessoal ou o número de máquinas da fábrica.

Por último, precisamos especificar as restrições. Se podemos produzir o máximo dos produtos 1 e 2, poderíamos deixar a função objetivo acima, e o lucro semanal seria calculado ao infinito, o que não é possível devido às limitações existentes sobre demanda e capacidade.

As restrições da demanda são simples. Como só podemos vender 100 unidades do produto 1 e 50 do produto 2 por semana, nossas variáveis decisórias X_1 e X_2 precisam satisfazer o seguinte:

$$X_1 \leq 100$$

$$X_2 \leq 50$$

As restrições sobre a capacidade são um pouco mais difíceis. Como existem quatro máquinas, que rodam, no máximo, 2.400 minutos por semana, precisamos nos assegurar de que as quantidades da produção não violem essas limitações impostas pelas máquinas. Considere a estação A. Cada unidade produzida do produto 1 requer 15 minutos de processamento nessa estação, enquanto cada unidade do produto 2 requer 10 minutos. Assim, o número total de minutos necessários na estação A para a produção de X_1 unidades do primeiro produto e de X_2 unidades do segundo produto é[10]

$$15X_1 + 10X_2$$

sendo que as restrições de capacidade na estação A são

$$15X_1 + 10X_2 \leq 2.400$$

Procedendo da mesma forma para a estação B, C e D, podemos expressar as restrições da capacidade como segue:

$$15X_1 + 35X_2 \leq 2.400 \qquad \text{estação B}$$

$$15X_1 + 5X_2 \leq 2.400 \qquad \text{estação C}$$

$$25X_1 + 14X_2 \leq 2.400 \qquad \text{estação D}$$

Agora completamos a definição do seguinte modelo de PL para encontrar a solução ótima de nosso problema:

$$\text{Maximizar} \quad 45X_1 + 60X_2 \tag{16.107}$$

Sujeito a:

$$X_1 \leq 100 \tag{16.108}$$

$$X_2 \leq 50 \tag{16.109}$$

$$15X_1 + 10X_2 \leq 2.400 \tag{16.110}$$

$$15X_1 + 35X_2 \leq 2.400 \tag{16.111}$$

$$15X_1 + 5X_2 \leq 2.400 \tag{16.112}$$

$$25X_1 + 14X_2 \leq 2.400 \tag{16.113}$$

Alguns programas de PL permitem ao usuário entrar com o problema de forma quase idêntica à formulação de (16.107) a (16.113). As planilhas, em geral, requerem que as variáveis decisórias sejam incluídas nas células e que as restrições sejam especificadas em termos dessas células. Alguns solucionadores de PL mais sofisticados permitem ao usuário especificar blocos de restrições similares de forma mais concisa, o que pode reduzir substancialmente o tempo para criar o modelo para problemas grandes.

Por último, em relação às formulações, observamos que não determinamos de maneira explícita as restrições de que X_1 e X_2 devam ser números positivos. É claro que devem sê-lo, pois quantidades negativas de produção não fazem sentido algum. Em muitos programas de PL, as variáveis decisórias são assumidas como sendo necessariamente números positivos, a não ser que o usuário determine o contrário. Em outros programas, o usuário precisa explicitar essa questão.

[10] Observe que esta restrição não aborda considerações detalhadas tais como os tempos de *setup*, que dependem da sequência dos produtos processados na estação de trabalho A, ou como a possibilidade ou não de se utilizar uma máquina ao máximo, levando em conta os níveis de WIP no sistema. Porém, como discutimos no Capítulo 13, essas questões são abordadas a um nível mais baixo da hierarquia do planejamento e controle da produção (por exemplo, no módulo de sequenciamento e programação).

Solução

Para termos uma ideia geral de como o programa de PL funciona, vamos considerar a formulação recém-apresentada sob uma perspectiva matemática. Primeiro, note que qualquer par de X_1 e X_2 que satisfaça

$$15X_1 + 35X_2 \leq 2.400 \quad \text{estação B}$$

também satisfará

$$15X_1 + 10X_2 \leq 2.400 \quad \text{estação A}$$

$$15X_1 + 5X_2 \leq 2.400 \quad \text{estação C}$$

pois elas diferem apenas nos coeficientes para X_2, implicando que as restrições para a estação A e C são redundantes. Se as deixarmos de fora, elas não mudarão a solução. Em geral, ter restrições redundantes incluídas em uma formulação de PL não impacta em nada. Porém, para mostrar graficamente como ela funciona da maneira mais clara possível, vamos omitir as restrições (16.110) e (16.112) daqui em diante. A Figura 16.15 ilustra o problema de (16.107) a (16.113) de forma gráfica, onde X_1 é mostrado no eixo horizontal e X_2 no eixo vertical. A área sombreada é a **região viável**, que consiste de todos os pares de X_1 e X_2 que satisfaçam as restrições. Por exemplo, as restrições da demanda (16.108) e (16.109) simplesmente expressam que X_1 não pode ser maior do que 100 e que X_2 não pode ser maior do que 50. As restrições de capacidade são mostradas no gráfico, observando-se que, com um pouco de álgebra, podemos expressar as restrições (16.111) e (16.113) como

$$X_2 \leq -\left(\tfrac{15}{35}\right) X_1 + \frac{2.400}{35} = -0{,}429X_1 + 68{,}57 \qquad (16.114)$$

$$X_2 \leq -\left(\tfrac{25}{14}\right) X_1 + \frac{2.400}{14} = -1{,}786X_1 + 171{,}43 \qquad (16.115)$$

Se substituirmos as desigualdades com sinais de igual nas equações (16.114) e (16.115), então elas se tornam equações simples de linhas retas. A Figura 16.15 mostra essas linhas. O conjunto de pontos X_1 e X_2 que satisfazem essas restrições inclui todos os pontos abaixo de ambas essas linhas. Os pontos dentro da área sombreada são os que satisfazem todas as restrições de demanda, capacidade e números não negativos. Esse tipo de região viável definida por restrições lineares é conhecido como **poliedro**.

Agora que identificamos a região viável, vamos voltar a atenção ao objetivo. Deixemos Z representar o valor do objetivo (o lucro líquido na produção das quantidades de X_1 e X_2). A partir do objetivo (16.107), X_1 e X_2 são relacionados a Z por

$$45X_1 + 60X_2 = Z \qquad (16.116)$$

Podemos expressar isso na forma usual de uma linha reta como

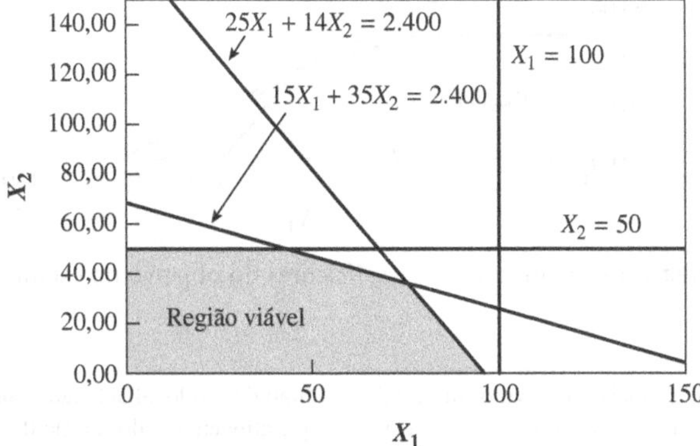

FIGURA 16.15 A região viável do exemplo de PL.

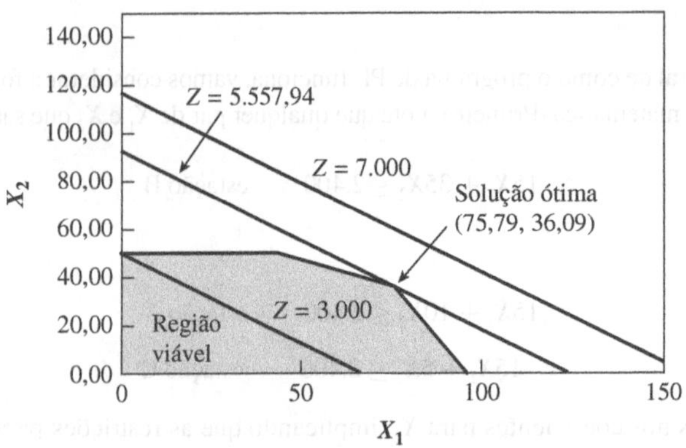

FIGURA 16.16 A solução do exemplo de PL.

$$X_2 = \left(\frac{-45}{60}\right) X_1 + \frac{Z}{60} = -0{,}75X_1 + \frac{Z}{60} \qquad (16.117)$$

A Figura 16.16 ilustra a equação (16.117) para $Z = 3.000$, $5.557{,}94$ e 7.000. Note que, para $Z = 3.000$, a linha passa através da área viável, deixando alguns pontos acima de si. Assim, podemos aumentar os lucros dentro da área viável (isto é, Z). Para $Z = 7.000$, a linha fica totalmente acima da região viável. Assim, $Z = 7.000$ não é viável. Para $Z = 5.557{,}94$, a função objetiva toca apenas em um ponto da região viável, o ponto ($X_1 = 75{,}79$, $X_2 = 36{,}09$). Esta é a **solução ótima**. Valores de Z acima de 5.557,74 são inviáveis, valores abaixo não são ótimos. Assim, a combinação ótima de produtos é fabricar 75,79 (ou 75, arredondando para um valor integral) unidades do produto 1 e 36,09 (arredondados para 36) unidades do produto 2.

Podemos pensar em encontrar a solução para uma PL aumentando paulatinamente o valor do objetivo (Z), movendo a função objetiva para cima e para a direita, até quase o final da região viável. Pelo fato de a região viável ser um poliedro cujos lados constituem as restrições lineares, o último ponto de contato entre a função objetivo e a região viável será em um canto, ou em um **ponto extremo** da região.[11] Essa observação permite que o algoritmo de otimização ignore os outros pontos infinitos dentro da região viável e procure uma solução no conjunto das restrições do ponto extremo. O **algoritmo simplex**, desenvolvido na década de 1940 e ainda muito usado, funciona dessa maneira, continuando sua procura ao redor do poliedro, testando pontos extremos até localizar um que seja ótimo. Outros algoritmos mais modernos usam esquemas diferentes para localizar um ponto ótimo, mas também convergirão para uma solução de um ponto extremo.

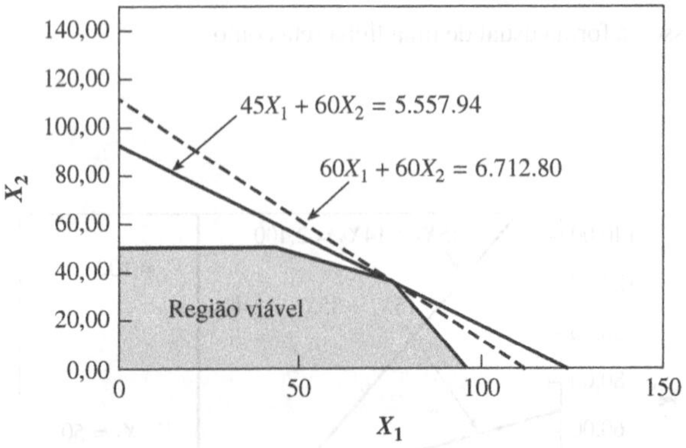

FIGURA 16.17 Os efeitos de se alterarem os coeficientes do objetivo no exemplo de PL.

[11] Na verdade, é possível que a função objetivo ótima esteja ao longo de um local achatado conectando dois pontos extremos do poliedro. Quando isso ocorre, há muitos pares de X_1 e X_2 que atingem o valor ótimo de Z, e a solução é chamada de **degenerada**. Porém, mesmo nesse caso, um ponto extremo (na realidade, no mínimo dois pontos extremos) estarão entre as soluções ótimas.

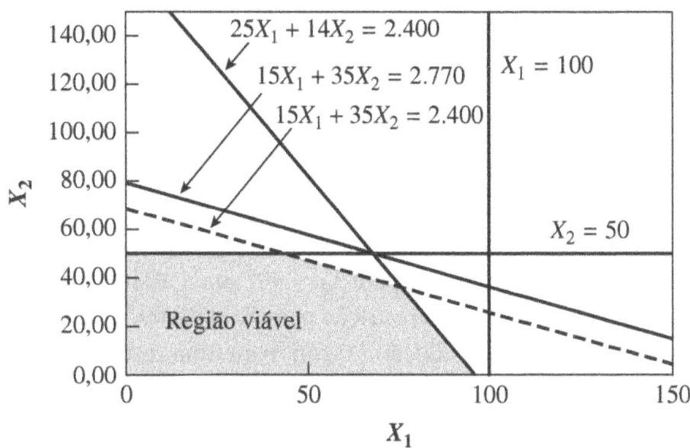

FIGURA 16.18 A região viável quando o lado direito da restrição da estação B é aumentado para 2.770.

Análise de sensibilidade

O fato de que a solução ótima de uma PL se encontra em um ponto extremo nos permite fazer análises de sensibilidade sobre a solução ótima. As principais informações disponíveis sobre a sensibilidade se referem a uma das três categorias a seguir.

1. **Coeficientes na função objetivo.** Por exemplo, se fôssemos alterar o lucro unitário do produto 1 de \$45 para \$60, então a equação para a função objetivo mudaria da equação (16.117) para

$$X_2 = \left(-\frac{60}{60}\right) X_1 + \frac{Z}{60} = -X_1 + \frac{Z}{60} \tag{16.118}$$

e a inclinação mudaria de –0,75 para –1, isto é, aumentaria. A Figura 16.17 ilustra os efeitos. Com essa mudança, a solução ótima é mantida em ($X_1 = 75{,}79$, $X_2 = 36{,}09$). Note, porém, que, enquanto as variáveis decisórias são mantidas, a função objetivo, não. Quando o lucro unitário para o produto 1 aumenta para \$60, o lucro torna-se

$$60(75{,}79) + 60(36{,}09) = \$6.712{,}80$$

As variáveis decisórias ótimas se mantêm inalteradas até que o coeficiente de X_1 na função objetivo atinja 107,14. Quando isso acontece, a inclinação se torna tão forte que o ponto onde a função objetivo toca a região viável se move para o ponto extremo ($X_1 = 96$, $X_2 = 0$). Geometricamente, a função objetivo "balançou" para um novo ponto extremo. Do ponto de vista econômico, o lucro do produto 1 atingiu um ponto em que o ótimo é produzir o máximo do produto 1 e nada do produto 2.

Em geral, os programas de PL mostrarão um limite para cada coeficiente da função objetivo para a qual a solução ótima (em termos de variáveis decisórias) se mantém inalterada. Note que esses limites são válidos somente para mudanças efetuadas uma a uma. Se dois ou mais coeficientes são mudados, o efeito é mais difícil de identificar. Temos que reprocessar o modelo com as mudanças dos coeficientes para sentir seus efeitos.

2. **Coeficientes nas restrições.** Se o número de minutos necessários pelo produto 1 na estação B for mudado de 15 para 20, então a equação definida pela restrição na capacidade para a estação B muda da equação (16.114) para

$$X_2 \leq -\left(\frac{20}{35}\right) X_1 + \frac{2.400}{35} = -0{,}571X_1 + 68{,}57 \tag{16.119}$$

E a inclinação muda de –0,429 para –0,571; novamente, ela se torna mais acentuada. De maneira similar àquela descrita acima para os coeficientes na função objetivo, o programa de PL pode determinar o quanto cada coeficiente pode ser alterado antes de terminar o processamento para definir o ponto extremo ótimo. Entretanto, pelo fato de a alteração nos coeficientes das restrições moverem os próprios pontos extremos, as variáveis decisórias ótimas também mudam. Por essa razão, a maioria dos programas não mostra esses dados de sensibilidade, mas fazem uso deles como parte de uma opção de **programação paramétrica** para gerar de forma rápida novas soluções para alterações específicas nos coeficientes das restrições.

3. **Coeficientes do lado direito.** Provavelmente, as informações mais úteis da análise de sensibilidade fornecidas pelo modelo de PL são as variáveis do lado direito das restrições. Por exemplo, nas formulações de (16.107) a (16.113), se incluirmos 100 minutos de horas extras por semana na estação B, o lado direito aumen-

tará de 2.400 para 2.500. Como isso é algo que poderíamos considerar, gostaríamos de ajudar a determinar seus efeitos. Faremos isso de maneira diferente para dois tipos de restrições:

a. **Restrições inativas (ou relaxadas)** são aquelas que não definem um ponto extremo ótimo. As restrições de capacidade para as estações A e C são inativas, pois já determinamos desde o início que elas não afetariam a solução. A restrição $X_2 \leq 50$ também é inativa, como pode ser visto nas Figuras 16.15 e 16.16, apesar de que não sabíamos isso até solucionarmos o problema.

Pequenas mudanças nas restrições inativas não mudam as variáveis decisórias ou os valores do objetivo. Se mudarmos a restrição da demanda do produto 2 para $X_2 \leq 49$, ainda assim isso não afeta a solução ótima. Na verdade, não terá qualquer efeito até reduzirmos a restrição para $X_2 \leq 36{,}09$. Da mesma maneira, aumentar o lado direito da restrição (acima de 50) não afeta a solução. Assim, para uma restrição inativa, o programa de PL nos diz o quanto podemos variar no lado direito sem causar alterações na solução. Essas variações são chamadas de **aumentos** e **reduções permitidos** nos coeficientes do lado direito.

b. **Restrições ativas (ou justas)** são aquelas que definem o ponto extremo ótimo. Mudá-las alterará o ponto extremo e a solução ótima. Por exemplo, a restrição de que o número de horas por semana na estação B não exceda 2.400, isto é,

$$15X_1 + 35X_2 \leq 2.400$$

é uma restrição ativa nas Figuras 16.15 e 16.16. Se aumentarmos ou reduzirmos o seu lado direito, a solução ótima mudará. Porém, se as mudanças forem pequenas, então o ponto extremo ótimo ainda continuará definido pelas mesmas restrições (por exemplo, os tempos na estação B e D). Em razão disso, podemos calcular o seguinte:

> **Preços-sombra** são o quanto o objetivo se eleva em decorrência do aumento de uma unidade no lado direito de uma restrição. Como as restrições inativas não afetam a solução ótima, mudar a parte da direita não tem nenhum efeito, de forma que os seus preços-sombra são sempre iguais a zero. Porém, as restrições ativas geralmente não mostram preços-sombra iguais a zero. Por exemplo, o preço-sombra da restrição na estação B é de 1,31 – qualquer solucionador de PL automaticamente calcula esse valor. Isso significa que o objetivo aumentará em \$1,31 para cada minuto extra por semana na estação de trabalho. Assim, se pudermos trabalhar 2.500 minutos por semana na estação B, em vez de 2.400, o objetivo aumentará em 100 × 1,31 = \$131.
>
> **Aumentos e reduções permitidos** mostram os limites dentro dos quais os preços-sombra são válidos. Se mudarmos o lado direito para além dos limites, então o conjunto de restrições que define o ponto extremo ótimo poderá mudar e, portanto, o preço-sombra também mudará. Por exemplo, como a Figura 16.18 mostra, se aumentarmos o lado direito da restrição na estação B de 2.400 para 2.770, a restrição é movida para a beira da região viável definida por $25X_1 + 14X_2 \leq 2.400$ (estação D) e $X_2 \leq 50$. Qualquer aumento acima disso no lado direito da restrição a tornará inativa. Assim, o preço-sombra é de \$1,31 até o aumento máximo permitido de 370 (isto é, 2.770 – 2.400). Nesse exemplo, o preço-sombra é zero para as mudanças acima do aumento máximo permitido. Contudo, não é sempre assim e, em geral, precisamos resolver a PL para determinar os preços-sombra além dos aumentos ou das reduções máximas.

QUESTÕES PARA ESTUDO

1. Apesar de a tecnologia para solucionar os modelos do planejamento agregado (programação linear) estar bem definida e os módulos de PA serem bastante usados em sistemas comerciais (por exemplo, MRP II), o planejamento agregado não ocupa um lugar de importância central na função do planejamento em muitas empresas. Você acha que isso é verdade? Por quê? Quais as dificuldades na modelagem, interpretação e implantação de modelos de PA que podem estar contribuindo para isso?
2. Por que faria sentido considerar o planejamento agregado e da força de trabalho de maneira simultânea em muitas situações?
3. Qual a diferença entre um plano de produção por **tentativa e erro** e um plano **equilibrado** no que diz respeito às quantidades de estoque mantidas e à flutuação na produção ao longo do tempo? Como os planos de produção gerados por um modelo de PL se relacionam a esses dois tipos de planos?

4. Em uma formulação básica de PL de um problema do planejamento agregado referente à combinação de produtos, quais as informações que são fornecidas pelos seguintes itens?
   (a) As variáveis decisórias ótimas.
   (b) A função objetivo ótima.
   (c) A identificação de quais restrições são ativas ou inativas.
   (d) Os preços-sombra dos lados direitos das restrições.

PROBLEMAS

1. Suponha que uma fábrica pode complementar sua capacidade por meio da terceirização de uma parte de sua produção.
   (a) Mostre como modificar a PL de (16.28) a (16.32) para incluir essa opção, onde definimos

   V_{it} = as unidades do produto i recebidas de um terceirizado no período t

   k_{it} = um prêmio pago para a terceirização do produto i no período t (isto é, um custo acima dos custos variáveis de fazer na própria fábrica)

   $\underline{v}_{it}$ = a quantidade mínima do produto i necessária para ser comprada no período t (por exemplo, especificada como parte de um contrato de longo prazo com o fornecedor)

   $\bar{v}_{it}$ = a quantidade máxima do produto i que pode ser comprada no período t (por exemplo, devido a restrições de capacidade do fornecedor, conforme especificado no contrato de longo prazo)

   (b) Que modificações você sugeriria na parte (a), se o contrato com o fornecedor estipulasse que o total de peças compradas do produto i ao longo do horizonte de tempo deva ser de no mínimo $\underline{v}_i$?

   (c) Que modificações você sugeriria na parte (a), se o contrato com o fornecedor, em vez de especificar $\underline{v}$ e $\bar{v}$, estipulasse que a fábrica especifique uma quantidade mínima do produto i, a ser comprada a cada mês, e que a compra máxima em certo mês não possa exceder a quantidade mínima em mais de 20%?

   (d) Que papel podem desempenhar modelos semelhantes aos das partes (a) a (c) no processo de negociação dos contratos com os fornecedores?
2. Mostre como modificar a PL de (16.49) a (16.54) para representar o caso em que as horas extras em todas as estações de trabalho devam ser programadas de maneira simultânea (por exemplo, se uma máquina faz horas extras, todas as outras também devem fazer). Descreva como você solucionaria um caso em que, em geral, as estações de trabalho podem fazer diferentes quantidades de horas extras, mas duas delas, digamos A e B, precisam, sempre, fazer horas extras em conjunto.
3. Mostre como modificar a PL de (16.61) a (16.67) do problema da força do trabalho para acomodar produtos múltiplos.
4. Digamos que você assumiu recentemente o cargo de vice-presidente de manufatura de uma empresa fabricante de autopeças com responsabilidade direta de alocar os produtos para as várias fábricas produzirem. Entre outros, e empresa fabrica baterias para três categorias: carga pesada, normal e econômica. O lucro unitário e a demanda diária máxima desses produtos são mostrados na primeira tabela a seguir. A empresa tem três fábricas em que as baterias podem ser produzidas. A capacidade máxima de fabricação, para qualquer classe dos produtos é dada na segunda tabela a seguir. O número de baterias que pode ser produzido em cada fábrica é limitado pela sua produção de chumbo, usando uma fórmula especial. A necessidade de chumbo para cada classe de baterias e a produção máxima de chumbo de cada fábrica também são fornecidas nas tabelas a seguir.

Produto	Lucro unitário ($/bateria)	Demanda máxima (baterias/dia)	Necessidade de chumbo (kg/bateria)
Carga pesada	12	700	9,53
Normal	10	900	7,71
Econômica	7	450	6,35

Fábrica	Capacidade (baterias/dia)	Produção máxima de chumbo (kg/dia)
1	550	4.535,93
2	750	3.175,15
3	225	1.905,09

(a) Formule uma programação linear que aloque a produção das três categorias de baterias entre as três fábricas de maneira a maximizar o lucro.

(b) Suponha que a política da empresa requer que a fração de capacidade (unidades programadas/capacidade de montagem) seja idêntica nas três fábricas. Mostre como modificar sua PL para incorporar essa restrição.

(c) Suponha que a política da empresa manda que, no mínimo, 50% das baterias produzidas tenham que ser da classe carga pesada. Mostre como modificar sua PL para incorporar essa restrição.

5. A empresa Youohimga, Inc., fabrica vários tipos de dispositivos de armazenamento para computadores, que podem ser divididos em duas famílias: A e B. Todos os produtos da família A e B têm o mesmo roteiro e os mesmos tempos de processamento em cada estação de trabalho. Há um total de 10 máquinas usadas para produzir as duas famílias, sendo que os roteiros de A e B compartilham algumas estações.

   Pelo fato de a Youohimga não ter sempre capacidade suficiente para atender toda a demanda, especialmente durante o período de pico (isto é, nos meses próximos ao início das aulas), no passado, ela teve que terceirizar a produção de alguns de seus produtos (ou seja, terceiros fabricam produtos que são expedidos com a marca da Youohimga). Nesse ano, a Youohimga decidiu usar um processo sistemático de planejamento agregado para determinar as necessidades de terceirização e um plano de produção de longo prazo.

   (a) Usando a seguinte notação

   X_{it} = unidades da família i (i = A, B) produzidas no mês t ($t = 1,..., 24$) e disponíveis para atender a demanda no mês t

   V_{it} = unidades da família i compradas do fornecedor no mês t e disponíveis para atender a demanda no mês t

   I_{it} = estoque de produtos acabados da família i ao final do mês t

   d_{it} = as unidades da família i atendidas durante o mês t

   c_{jt} = horas disponíveis no centro de processamento j ($j = 1,..., 10$) no mês t

   a_{ij} = horas necessárias no centro de processamento j por unidade da família i

   v_i = o prêmio (custo extra) por unidade da família i que é terceirizada em vez de ser produzida em casa

   h_i = custos de manter em estoque uma unidade da família i de um mês para o outro

   formule uma PL que minimize os custos (de estocagem mais o prêmio pago) ao longo de um horizonte de planejamento de 2 anos para atender a demanda mensal – pedidos pendentes não são permitidos. Você pode assumir que a capacidade para ambas as famílias é ilimitada e que não há estoques disponíveis no início do problema.

   (b) Quais fatores a seguir seriam importantes de examinar no modelo do planejamento agregado para ajudar na formulação de uma boa estratégia de terceirização?

   - Flutuações no quadro de pessoal
   - Mecanismos alternativos de controle do chão de fábrica
   - Alterações nas capacidades das máquinas
   - Sequenciamento e programação
   - Terceirização de operações específicas, e não do produto todo
   - Todas as opções anteriores

   (c) Suponha que você rode o modelo de acordo com a parte (a) e ele sugere a terceirização de 50% do total da demanda da família A e 50% da demanda da B. A terceirização de 100% de A e 0% de B estaria de acordo com a capacidade, mas causaria um custo maior no modelo. Você acha que o plano 100–0 seria preferível ao de 50–50 na prática? Explique.

6. O Sr. B. O'Problem, da empresa Rancid Industries, precisa decidir sobre uma estratégia de produção para dois produtos ultrassecretos que, por razões de segurança, chamaremos apenas de A e B. Ele precisa decidir (1) se é lucrativo produzir esses produtos e (2) quanto de cada um produzir. Ambos podem ser produzidos em apenas uma máquina, e há três tipos de máquinas que podem ser alugadas para produzi-los. Porém, por uma questão de disponibilidade, a Rancid pode alugar apenas uma das máquinas. Assim, o Sr. O'Problem precisa também decidir qual delas alugar. Os dados relevantes são os seguintes:

Máquina	Horas para produzir uma unidade de A	Horas para produzir uma unidade de B	Capacidade semanal (horas)	Aluguel semanal + custos operacionais ($)
Máquina 1	0,5	1,2	80	20.000
Máquina 2	0,4	1,2	80	22.000
Máquina 3	0,6	0,8	80	18.000

Produto	Demanda máxima (unidades/semana)	Lucro líquido unitário ($/unidade)
A	200	150
B	100	225

(a) Tomando X_{ij} para representar o número de unidades do produto *i* produzido na máquina *j* (por exemplo, X_{A1} é o número de unidades de A produzidas na máquina 1), formule uma PL para maximizar o lucro semanal, incluindo os custos do aluguel, sujeita às restrições de capacidade e demanda. *Dica:* Observe que os custos operacionais e de aluguel de cada máquina só é incorrido se aquela máquina é a usada, e que esse custo é fixo para qualquer quantidade produzida. Defina cuidadosamente as variáveis integrais 0–1 para representar os aspectos "tudo ou nada" dessa decisão.

(b) Suponha que os fornecedores das máquinas 1 e 2 são concorrentes e não atendem ao mesmo cliente. Mostre como modificar sua formulação para assegurar que a Rancid alugue a máquina 1 ou a 2, mas não ambas.

7. A empresa All-Balsa, Inc., produz dois modelos de estantes, para os quais os dados relevantes são resumidos a seguir:

	Estante 1	Estante 2
Preço de venda	$15	$8
Mão de obra	0,75 horas/unidade	0,5 horas/unidade
Tempo na máquina gargalo	1,5 horas/unidade	0,8 horas/unidade
Matéria-prima	2m /unidade	1m/unidade

$P1$ = unidades da estante 1 produzidas por semana

$P2$ = unidades da estante 2 produzidas por semana

OT = horas extras por semana

RM = metros de matéria-prima comprados por semana

$A1$ = $ gastos por semana em propaganda da estante 1

$A2$ = $ gastos por semana em propaganda da estante 2

A cada semana, a empresa pode comprar até 400m de matéria-prima disponível ao preço de $1,50/m. A empresa emprega 4 funcionários, que trabalham 40 horas por semana com um total de horas normais de 160/semana. Eles trabalham independentemente das quantidades produzidas e seus salários podem ser tratados como um custo fixo. Os funcionários se dispõem a fazer horas extras e recebem $6 a cada hora extra. Há 320 horas disponíveis a cada semana na máquina gargalo.

Sem nenhuma propaganda, vendem-se 50 unidades por semana da estante 1 e 60 unidades da estante 2. Pode-se fazer propaganda para estimular as vendas de cada produto. A experiência mostra que cada 1$ gasto em propaganda da estante 1 aumenta as vendas em 10 unidades, enquanto cada 1$ gasto na propaganda da estante 2 aumenta suas vendas em 15 unidades. Há uma verba máxima de $100 por semana para propaganda.

A seguir está uma formulação de PL e a solução do problema para determinar quanto produzir de cada um dos produtos a cada semana, quanto comprar de matéria-prima, quantas horas extras fazer e quanto gastar em propaganda. Responda as seguintes questões com base nestes dados:

```
MAX       15 P1 + 8 P2 - 6 OT - 1.5 RM - A1 - A2
SUBJECT TO
          2) P1 - 10 A1 <= 50
          3) P2 - 15 A2 <= 60
          4) 0.75 P1 + 0.5 P2 - OT <= 160
          5) 2 P1 + P2 - RM <= 0
          6) RM <= 400
          7) A1 + A2 <= 100
          8) 1.5 P1 + 0.8 P2 <= 320
END
          OBJECTIVE FUNCTION VALUE

          1)      2427.66700

VARIABLE         VALUE          REDUCED COST
      P1     160.000000           .000000
      P2      80.000000           .000000
      OT        .000000          2.133334
      RM     400.000000           .000000
      A1      11.000000           .000000
      A2       1.333333           .000000

     ROW   SLACK OR SURPLUS     DUAL PRICES
      2)        .000000            .100000
      3)        .000000            .066667
      4)        .000000           3.866666
      5)        .000000           6.000000
      6)        .000000           4.500000
      7)      87.666660            .000000
      8)      16.000000            .000000

NO. ITERATIONS =    5

RANGES IN WHICH THE BASIS IS UNCHANGED:

                           OBJ COEFFICIENT RANGES
VARIABLE         CURRENT         ALLOWABLE          ALLOWABLE
                   COEF           INCREASE           DECREASE
      P1       15.000000          .966667            .533333
      P2        8.000000          .266667            .483333
      OT       -6.000000         2.133334           INFINITY
      RM       -1.500000         INFINITY           4.500000
      A1       -1.000000         1.000000           5.333335
      A2       -1.000000         1.000000           7.249999

                        RIGHT-HAND SIDE RANGES
ROW            CURRENT          ALLOWABLE           ALLOWABLE
                 RHS             INCREASE            DECREASE
   2         50.000000         110.000000          876.666600
   3         60.000000          20.000000         1315.000000
   4        160.000000          27.500000            2.500000
   5           .000000           6.666667           55.000000
   6        400.000000           6.666667           55.000000
   7        100.000000          INFINITY            87.666660
   8        320.000000          INFINITY            16.000000
```

(a) Se as horas extras custam apenas \$4 cada (e todos os outros parâmetros se mantêm os mesmos), quantas horas extras a All-Balsa deveria fazer?

(b) Se cada unidade da estante 1 tem seu preço de venda em \$15,50 (e todos os outros parâmetros se mantêm inalterados), qual o lucro ótimo por semana – ou você pode dizer sem resolver a PL?

(c) Qual o preço máximo que a All-Balsa poderia pagar por mais um metro de matéria-prima?

(d) Se cada funcionário tivesse que trabalhar 45 horas normais por semana (e todos os outros parâmetros permanecessem os mesmos), qual seria o lucro da empresa?

(e) Se cada unidade da estante 2 tem seu preço de venda em $10 (e todos os outros parâmetros permanecem os mesmos), qual seria a quantidade de estantes do tipo 2 a produzir – ou dá para dizer sem resolver a PL?

(f) Reconsidere a formulação do problema da All-Balsa e suponha que, em vez de ter 400m de matéria-prima disponível a $1,50/m, a All-Balsa tem que aceitar um esquema de preços diferenciados, de maneira que os primeiros 200m/semana custam $2/m, mas qualquer quantidade acima de 200m/semana, até um limite de 300m/semana adicionais, custa $$p$/m. (*Nota: p é uma constante,* não uma variável, e não podemos comprar a matéria-prima ao preço de $ p/m sem antes comprar 200m ao preço de $2.) Para modificar a PL para que calcule a política ótima para a propaganda definimos o seguinte:
RM1 = m de matéria-prima comprada a $2/m
RM2 = m de matéria-prima comprada a $$p$/m
Para formular uma PL para representar esse novo esquema de preços, antes substituímos1,5RM na função objetivo por 2RM1 + pRM2.
   i. Se $p > 2$, que outras mudanças na PL anterior são necessárias para refletir o novo esquema de preços?
   ii. Se $p < 2$, que outras mudanças na PL anterior são necessárias para refletir o novo esquema de preços?

8. Considere uma linha de produção com quatro estações de trabalho, a saber $j = 1, 2, 3$ e 4, em sequência (todos os produtos fluem por todas as máquinas em ordem). Três diferentes produtos i = A, B e C são fabricados na linha. As horas necessárias em cada estação de trabalho para cada produto e o lucro por unidade vendida (r_i) são dados a seguir:

i	j				r_i
	1	2	3	4	
A	2,4	1,1	0,8	3,0	$50
B	2,0	2,2	1,2	2,1	$65
C	0,9	0,9	1,0	2,5	$70

O número de horas disponíveis (c_{jt}) e os limites superior e inferior da demanda ($\bar{d}_{it}$ e $\underline{d}_{it}$) para cada produto ao longo dos próximos quatro trimestres são os seguintes:

t	1	2	3	4
c_{1t}	640	640	1.280	1.280
c_{2t}	640	640	640	640
c_{3t}	1.920	1.920	1.920	1.920
c_{4t}	1.280	1.280	1.280	2.560
$\bar{d}_{At}$	100	50	50	75
$\underline{d}_{At}$	0	0	0	0
$\bar{d}_{Bt}$	100	100	100	100
$\underline{d}_{Bt}$	20	20	20	25
$\bar{d}_{Ct}$	300	250	250	400
$\underline{d}_{Ct}$	0	0	0	50

(a) Suponha que permitimos a opção de pedidos pendentes e usemos um custo trimestral de $5 para manter em estoque e um custo de $10 para pedidos pendentes para todos os itens. Formule uma PL para maximizar o lucro menos os custos de estocagem e de manter pedidos pendentes, sujeita às restrições de capacidade e de vendas mínimas/máximas.

(b) Usando um solucionador de LP de sua escolha, resolva sua formulação em (a). Quais restrições são ativas em sua solução?

(c) Suponha que há um ponto de inspeção de qualidade imediatamente após a estação 2 (a qual tem bastante capacidade, de forma que não precisa ser incluída no modelo como um recurso extra) e 20% das peças (independentemente do tipo de produto) são reprocessadas nas estações 1 e 2. Mostre como modificar sua formulação na parte *a* para ajustar o modelo.

9. Um fabricante de interruptores de alta voltagem projeta sua demanda (em unidades) para o próximo ano conforme mostramos a seguir.

Jan	1.000	Jul	3.200
Fev	1.000	Ago	2.000
Mar	1.000	Set	1.000
Abr	2.000	Out	900
Mai	2.400	Nov	800
Jun	2.500	Dez	800

A fábrica roda 160 horas por mês e produz uma média de 10 peças por hora. O lucro a cada unidade vendida é de $50, e o custo estimado para manter em estoque uma unidade durante um mês é $5. Não há estoques no início do ano. As horas extras podem ser usadas ao custo de $300 por hora.

(a) Calcule os custos de estocagem e das horas extras em uma estratégia por tentativa e erro (ou seja, produzindo as quantidades de acordo com a demanda de cada mês).

(b) Calcule os mesmos custos de (a) usando uma estratégia de produção equilibrada, ou seja, produzindo as mesmas quantidades em cada mês. Se a quantidade da produção mensal é definida para ser igual à demanda média mensal, qual o saldo do estoque ao final do ano?

(c) Calcule uma estratégia de produção usando uma PL para maximizar o lucro (receitas líquidas menos os custos de estocagem, menos custos de horas extras). Os valores das horas extras no plano são razoáveis? Se não, que mudanças poderiam ser efetuadas no modelo da PL para uma solução mais razoável?

(d) Qual a mudança na solução se os custos de estocagem forem reduzidos para $3 por unidade a cada mês? E se os custos das horas extras fossem reduzidos a $200 por hora? Considerando que esses custos são aproximados, qual a implicação desses resultados sobre o plano de produção?

10. Reconsidere o Problema 2 do Capítulo 6, no qual um fabricante produzia 3 modelos de aspirador de pó em uma linha com 3 estações.

(a) Use uma PL para calcular um plano de produção mensal que maximize o lucro mensal e compare-o com o lucro do plano atual dado no Capítulo 6 e os sugeridos pelas horas de mão de obra e pelos os cálculos do custeio por atividade (ABC).

(b) Será que a solução dessa PL poderia classificar os produtos de acordo com a lucratividade de um esquema de contabilidade de custos? O que isso significa a respeito da eficácia de usar métodos contábeis para a programação de planos de produção?

CAPÍTULO 17

A Gestão da Cadeia de Suprimentos

O seu trabalho pode até terminar um dia,
Mas a sua educação, nunca.
ALEXANDRE DUMAS

17.1 INTRODUÇÃO

Um dos temas mais importantes deste livro é a função essencial que os estoques exercem sobre o comportamento operacional em um sistema de produção. Na Parte I, iniciamos com uma revisão histórica dos controles de estoques e suas relações com o controle da produção. Na Parte II, aprofundamos nossa compreensão sobre as interações entre os estoques (especialmente de WIP) e outras medidas de desempenho, como a produtividade e o *cycle time*. Agora, na Parte III, estamos prontos para mesclar nossa visão histórica com as ideias da Ciência da Fábrica e abordar o problema prático da gestão dos materiais em um sistema de manufatura. Nosso objetivo é melhorar a *eficiência* em todo o sistema, isto é, não buscamos a simples redução dos estoques; queremos nos assegurar de que os materiais sirvam seus propósitos com um mínimo de investimento. Na linguagem moderna, essa coordenação geral sobre os estoques e fluxos de materiais é conhecida como **gestão da cadeia de suprimentos**.

Para os objetivos de nossa discussão, dividiremos os estoques de uma cadeia de suprimentos em quatro categorias:

1. **Matérias-primas**, que são componentes, subconjuntos ou materiais comprados fora da empresa e usados em processos de fabricação/montagem na fábrica.
2. **Trabalhos em curso (WIP)**, que incluem todas as peças ou produtos ainda não acabados e que foram liberados para a linha de produção.
3. **Estoque de produtos acabados (EPA)**, que são os produtos já finalizados e ainda não vendidos.
4. **Peças de reposição**, que são componentes e peças usados para a manutenção e reparos dos equipamentos da fábrica.

As razões para se manter cada um desses tipos de estoque e, portanto, as opções para melhorar sua eficiência, são diferentes. Assim, trataremos cada uma dessas categorias separadamente nas discussões a seguir.

17.2 AS RAZÕES PARA A MANUTENÇÃO DE ESTOQUES

17.2.1 As matérias-primas

Se pudéssemos receber as matérias-primas dos fornecedores exatamente como prega o *just-in-time* (isto é, exatamente quando a produção as necessita), não precisaríamos manter nenhum estoque. Como, na prática, isso é impossível, todos os sistemas de manufatura mantêm algum nível de estoques de matérias-primas. Existem três razões principais que influenciam o tamanho desses estoques.

1. **Os lotes.** Os descontos oferecidos pelos fornecedores para compras em maiores quantidades, a capacidade limitada das funções de compras da fábrica (por exemplo, o limite no número de ordens de compra emitidas e controladas) e as economias de escala nas entregas fornecem incentivos para compras das matérias-primas em grandes lotes.[1] Referimo-nos a esses estoques como **estoques de ciclo**, pois representam os estoques mantidos entre os ciclos de compras.
2. **A variabilidade.** Quando a produção trabalha à frente da programação, as entregas dos fornecedores ficam atrasadas ou os problemas de qualidade podem causar mais perdas por sucateamento, a linha de produção pode parar por falta de materiais se não houver estoques extras disponíveis. Esse estoque extra pode ser planejado diretamente como **estoque de segurança** (ou seja, comprando lotes com maior folga) ou como consequência do ***lead time* de segurança** (isto é, comprando os materiais antecipadamente e deixando-os esperar no estoque de matérias-primas). Seja como for, estoques mantidos como prevenção contra variabilidade são chamados de *estoques de segurança.*
3. **A obsolescência.** As alterações no projeto ou na demanda podem gerar alguns estoques não mais necessários, fazendo com que alguns materiais nos sistemas de manufatura não possam ser classificados em nenhuma das duas categorias anteriores. Esses estoques, que chamamos de **estoques obsoletos**, podem ter sido comprados para serem estoques de ciclo ou de segurança, mas agora são essencialmente inúteis e devem ser descartados o quanto antes.

Reconhecer as razões da formação dos estoques de matérias-primas é útil para identificar políticas de gerenciamento aprimoradas. Devemos lembrar, porém, que eles não são estritamente separados. Por exemplo, como já observamos no Capítulo 2, os estoques de segurança e de ciclo fornecem uma proteção contra a variabilidade – porque, se os compramos em lotes grandes, reduzimos a possibilidade de que venham a faltar. E os níveis dos estoques obsoletos são diretamente afetados pelos níveis dos outros dois tipos de estoques, isto é, se comprarmos em lotes grandes, o risco de ficarmos com materiais obsoletos em virtude de mudanças no sistema é maior. A consideração sobre essas interações pode nos ajudar a visualizar políticas de gerenciamento de matérias-primas.

17.2.2 Os trabalhos em curso

Apesar do objetivo das técnicas do JIT de manterem estoques zero, não poderemos jamais operar um sistema de manufatura com estoque zero de WIP, pois, como vimos na Parte II, níveis zero de WIP implicariam uma produção também de zero. No Capítulo 7, observamos que existe um nível **crítico de WIP**, que é o menor nível possível necessário para uma linha atingir a produção total nas condições ideais. Sob condições realistas, os níveis reais de WIP frequentemente excedem em muito seu nível crítico (em 20 ou 30 vezes). Esse WIP se distribui em cinco estados:

1. **Nas filas**, se estiver aguardando algum recurso (pessoas, máquinas ou transporte).
2. **Em processamento**, se estiver sendo trabalhado em algum ponto das linhas.

[1] Esses fatores são os que motivam a fixar um custo para emitir uma ordem de compra no modelo do lote econômico apresentado no Capítulo 2, o qual equilibra esse custo fixo com os custos e manutenção dos estoques para determinar uma quantidade econômica de compra.

3. **Aguardando a formação de lotes**, se precisa esperar por outros processos para formar um lote de determinado tamanho. Tal lote pode estar alimentando uma operação em massa (por exemplo, um forno em que são tratados muitos materiais simultaneamente) ou aguardando transporte (por exemplo, quando os trabalhos são movidos somente em paletes completos). Note que, uma vez que o lote ou o palete estejam completos, qualquer espera adicional (como aguardar o forno ou uma carregadeira) é classificada como tempo na fila.
4. **Em transporte**, se estiver sendo transportado entre os recursos.
5. **Aguardando um componente**, se consistir de componentes que estão à espera de uma parte para iniciar uma operação de montagem. Assim que o conjunto estiver completo, qualquer tempo adicional de espera também é considerado tempo na fila.

Para usar essa classificação em um programa de administração/redução de WIP, é preciso fazer duas observações. Primeiro, conforme ilustra a Figura 17.1, na maioria dos sistemas de manufatura, a fração de WIP sendo realmente processada ou transportada é pequena (menos de 10%; ver Bradt 1983 para uma documentação empírica). A maior parte do WIP encontra-se nas filas, aguardando alguma coisa. De maneira clara, um programa de redução dos níveis de WIP precisa, necessariamente, abordar esse último ponto para ter sucesso. Segundo, o WIP nas filas, aguardando a formação de um lote ou outras peças complementares, é resultado de diferentes causas. Como já vimos na Parte II, as causas das filas são os altos níveis de utilização e de variabilidade (nos fluxos e nos processos). O WIP que está aguardando lotes é causado pela necessidade de criação dos lotes e de transporte; quanto maior o lote, maior o nível de WIP. O WIP que está aguardando outras peças complementares é causado por falta de sincronização na chegada das peças ao processo de montagem, parte dela é causada pela simples variabilidade nos fluxos e outra parte causada pelos próprios processos de controle da produção. Essas diferenças implicam que os diferentes tipos de WIP precisam ser administrados com políticas diferentes, como discutiremos mais adiante.

17.2.3 Os estoques de produtos acabados

Se pudéssemos remeter as mercadorias diretamente aos clientes, tão logo os pedidos ficam prontos, não haveria necessidade de estoques de produtos acabados. Apesar de alguns sistemas de manufatura (como ambientes com leiaute funcional, sobrecarregados ou que fabricam produtos por encomenda) poderem fazer isso, outros não podem. Existem cinco razões básicas para se manterem esses EPAs.

1. **Rapidez na entrega.** Para ter um *lead time* de entrega rápido e mais curto do que o *cycle time* de fabricação, muitas empresas usam o sistema de **produção para estoque**, em vez da **produção sob encomenda**. Por exemplo, vários produtos, como os materiais de construção (madeiras, telhas, etc.), componentes elétricos padrão (chaves, resistências, fusíveis) e pro-

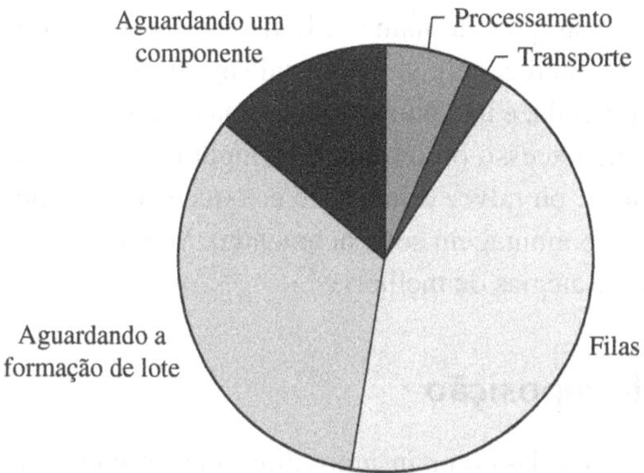

FIGURA 17.1 As categorias de WIP em um sistema de manufatura.

dutos alimentícios básicos (farinhas e óleos de cozinha) são ***commodities***. Como tal, seus preços e especificações, como a qualidade, são determinados pelo mercado. O único fator de concorrência é a agilidade de entrega. Por isso, frequentemente essas mercadorias são produzidas para estoque. A quantidade necessária para um sistema de produção para estoque depende da variabilidade da demanda dos clientes e do nível de atendimento desejado.

Uma abordagem que combina a eficácia dos procedimentos de produção para estoque e de produção sob encomenda é a chamada **montagem sob encomenda**. Nesse procedimento, os diversos componentes são produzidos para estoque e depois os produtos finais são montados sob encomenda, de acordo com as especificações dos clientes. Na terminologia do Capítulo 10, o sistema de produção sob encomenda posiciona a **interface estoques/sob encomenda** nas matérias-primas, a produção para estoque a coloca nos produtos acabados e a montagem sob encomenda a posiciona em algum ponto entre os dois. O resultado é um atendimento mais rápido do que a abordagem tradicional da produção sob encomenda, com níveis de estoques menores do que uma política de produção para estoque.

2. **A produção em lotes.** Se, por qualquer razão, a produção ocorre em quantidades pré-determinadas (lotes), às vezes, os lotes podem não atender exatamente aos pedidos dos clientes, de forma que qualquer excesso irá parar no estoque de produtos acabados. Por exemplo, uma siderúrgica que roda sua produção em lotes de 250 toneladas (para a otimização dos seus altos-fornos), mas recebe pedidos dos clientes em uma média de 50 toneladas, muitas vezes é obrigada a estocar restos de lotes de vários tamanhos.
3. **Os erros de previsão.** Quando os trabalhos são liberados sem o suporte de um pedido firme do cliente, seja para a reposição de estoques em um sistema de produção para estoque seja em antecipação aos pedidos em um sistema de produção sob encomenda, será inevitável a formação de estoques de produtos acabados causada por previsões não realizadas.
4. **A variabilidade na produção.** Em um sistema sob encomenda, em que os pedidos não podem ser faturados e remetidos antecipadamente (ou com limites para isso), a variabilidade nos *tempos* de produção pode resultar em produtos que precisarão aguardar certo tempo em EPA até serem faturados e remetidos. Tanto em um sistema de produção sob encomenda quanto em um de produção para estoque, a variabilidade das *quantidades* produzidas (por exemplo, em razão das perdas aleatórias de rendimento por sucateamento) pode resultar em uma produção maior do que a demanda (por exemplo, se inflarmos a produção para compensar eventuais perdas de rendimento). Os excessos irão para o estoque de produtos acabados.
5. **A sazonalidade.** Uma abordagem para lidar com a demanda sazonal (sorvetes, aparelhos de ar condicionado, material escolar) é formar estoques durante a baixa temporada para vender na alta. Essa produção antecipada também estará no estoque de produtos acabados.

Note que os fatores que motivam a formação de estoques de produtos acabados interagem entre si. Por exemplo, sempre que formamos estoques para obter *lead times* de entrega menores ou para cobrir variações sazonais, aumentamos a exposição do sistema a erros de previsões. Em virtude disso, é importante enxergar esses estoques de maneira holística. Só assim podemos fazer considerações estruturais básicas que podem oferecer algum potencial significativo de melhorias. Desse modo, pode ser que a produção sob encomenda, e não para estoque, seja realmente o melhor sistema a ser adotado; pode ser que a capacidade em excesso ou o trabalho temporário devam ser usados em vez de formar estoques sazonais antecipados, ou talvez a interface estoque/sob encomenda deva ser reposicionada (por meio de uma estratégia de montagem sob encomenda). Voltaremos a considerar essas opções em nossas discussões sobre as estratégias de melhorias.

17.2.4 As peças de reposição

As peças de reposição não são usadas como insumos diretos nos produtos acabados, mas dão suporte ao processo de fabricação ao contribuir para manter a fábrica funcionando. Em muitos sistemas, o valor envolvido nesse tipo de estoque não é tão significante, mas as consequências da falta dessas peças podem causar grandes impactos, como a linha inteira poder parar pela falta de uma peça essencial. Em alguns sistemas (por exemplo, uma operação de serviços contratados para dar manutenção e reparos a uma rede nacional de equipamentos), contudo, os valores envolvidos com peças de reposição podem tornar-se significantes. Em qualquer caso, as principais razões para a formação desses estoques são:

1. **Atendimento.** O principal objetivo de qualquer sistema de peças de reposição é dar suporte ao processo de manutenção e reparos. Se o pessoal da manutenção precisa aguardar por uma peça – vinda de algum depósito central ou de um fornecedor –, o tempo para completar um reparo pode ser muito demorado. Mantendo todas as outras condições iguais, alcançar bons níveis de atendimento, isto é, evitar demoras por ausência de peças exige bons estoques de peças de reposição.
2. ***Lead times* de compra/produção.** Se as peças de reposição pudessem ser compradas ou produzidas de maneira instantânea, não haveria necessidade de estocá-las. Infelizmente, isso quase não acontece; de forma que, para fornecer um bom atendimento, precisamos mantê-las em estoque. Em geral, quanto maior o *lead time* para se obter uma peça, mais unidades precisam ser estocadas.
3. **Reposição de lotes.** Se existirem economias de escala significantes na reposição dessas peças, como descontos para compras em maiores quantidades ou um grande custo fixo para produzi-las, então pode fazer sentido comprá-las em grandes quantidades. É evidente que lotes grandes implicam maiores níveis médios de estoque.

Teoricamente, os sistemas de estoque de peças de reposição não são muito diferentes dos sistemas de estoques de produtos acabados. Em ambos, estocamos as peças, possivelmente em lotes, para satisfazermos um processo de demanda incerto e mantermos um bom atendimento aos clientes. Por isso, é possível usar ferramentas similares para controlar esses dois estoques. Entretanto, é importante reconhecer as suas diferentes funções. Por exemplo, pode ser razoável definir uma taxa de atendimento de 90% para os produtos acabados, com base nos padrões setoriais. Mas uma taxa assim para as peças de reposição pode ser muito baixa se considerarmos as consequências financeiras e operacionais causadas por uma longa parada de máquinas por falta de uma peça essencial. Assim, se, por um lado, podemos usar modelos similares para controlar os dois tipos de estoques, por outro, precisamos levar em conta, com cuidado, os custos e os objetivos envolvidos para definir parâmetros apropriados.

Revisadas as razões para se manter os diferentes tipos de estoques, agora vamos revisar as técnicas para melhorar a eficiência – para obter os mesmos benefícios com investimentos mínimos – de cada um destes estoques.

17.3 O GERENCIAMENTO DE MATÉRIAS-PRIMAS

Conforme observado na seção anterior, o objetivo do gerenciamento de matérias-primas é garantir que as matérias-primas estejam à disposição quando as linhas de produção precisarem, sem causar investimentos na manutenção de estoques desnecessários. Algumas estratégias podem aprimorar as técnicas para se conseguir isso para todas as peças; outras, apenas para as já determinadas. Assim, nossa estratégia básica é de "divisão e conquista", segundo a qual aplicaremos diferentes abordagens para diferentes categorias de matérias-primas. Nas seções a seguir, apresentamos algumas estratégias gerais de melhorias, um esquema de classificação e políticas de controle direcionadas a classes específicas de peças.

17.3.1 Uma melhor visibilidade

É evidente que podemos exercer melhor a função de compras se soubermos quais as peças necessárias. Infelizmente, os *cycle times* de fabricação e os *lead times* de compra muitas vezes são longos o bastante para exigir que, pelo menos para certos materiais, façamos as compras antes de recebermos os pedidos firmes dos clientes. No curto prazo, podemos não ter outra opção senão manter estoques de segurança das matérias-primas como proteção contra erros de compra. No longo prazo, porém, podemos fazer melhorias por meio das seguintes políticas:

1. **Melhorar as previsões.** Se as previsões da demanda futura são realmente ruins, podemos melhorá-las com técnicas sistemáticas (ver o Apêndice 13A). Porém, tais métodos não mudam a principal lei das previsões – *previsões estão sempre erradas*. Assim, há limites para as melhorias possíveis.
2. **Reduzir os *cycle times*.** Reduzir os *cycle times* da manufatura implica que os trabalhos possam ser liberados mais perto de seus prazos finais. Assim, as peças podem ser compradas com mais folga quando os pedidos dos clientes são firmes. Em sistemas com *cycle times* longos, sua redução pode melhorar as previsões muito mais do que qualquer técnica sofisticada. Discutiremos as técnicas específicas para reduzi-los na Seção 17.4.
3. **Melhorar as programações.** Se a programação é inadequada, a necessidade projetada pode ser bem diferente da realidade. Por exemplo, uma programação gerada com um modelo de MRP com capacidade infinita pode projetar o término de trabalhos muito antes do que ele realmente acontece, causando a chegada das peças compradas bem antes de serem usadas e inflando os estoques. Um sistema melhor, baseado em capacidades finitas, gera programações mais realistas e permite a compra das peças com mais eficiência, com a entrega mais perto do seu uso efetivo.

17.3.2 A classificação ABC

Na maioria dos sistemas de manufatura, uma pequena fração das peças compradas representa uma grande fração dos gastos de compras.[2] Assim, para obter o máximo impacto, a atenção da administração deve se concentrar nessas peças. Para tanto, muitas empresas de manufatura usam alguma espécie de **classificação ABC** para materiais e peças comprados. Uma definição típica de classificação ABC seria em ordem de valor anual gasto em cada peça, pela qual definimos o seguinte:

Peças A: os primeiros 5 a10% das peças, que perfazem 75 a 80% dos gastos anuais de compras.

Peças B: os próximos 10 a 15% das peças, perfazendo 10 a 15% dos gastos anuais.

Peças C: os 80% restantes das peças, perfazendo apenas 10% dos gastos anuais.

Pelo fato de as peças A serem em menor quantidade e seus custos serem maiores, faz sentido usar métodos sofisticados para controlar e coordenar suas entregas na fábrica de acordo com as necessidades dos processos de produção. Tais esforços geralmente não surtem o mesmo efeito com as peças C, pois os custos de manutenção dessas peças não é tão grande. As peças da classe B são as intermediárias e merecem maior atenção do que as C, mas não tanto quanto as peças A. As abordagens podem variar entre os diferentes sistemas, mas o ponto principal da classificação ABC continua sendo o mesmo: estoques de categorias diferentes precisam de um tratamento diferenciado.

Discutiremos algumas técnicas aplicáveis nas seções seguintes.

17.3.3 O *just-in-time*

As peças A, mais caras, as quais manter em estoque custa muito, e os itens muito volumosos (por exemplo, materiais de embalagem), cuja estocagem é inconveniente, são bons candidatos para serem controlados de perto. A maneira de manter o nível mínimo em estoque de certa peça é coordenar as

[2] Este é um exemplo da **lei de Pareto**, popularmente conhecida como "princípio 80-20", assim chamada por seu criador, o economista italiano Vilfredo Pareto (1848–1923), o qual observou que uma grande parte da riqueza tende a concentrar-se em uma pequena parte da população.

entregas com seu uso efetivo pelos processos de produção. Essa é, precisamente, a ideia das técnicas do *just-in-time* (JIT).

Um contrato típico com um fornecedor, de acordo com as técnicas do JIT, exige entregas constantes (semanais, diárias e, talvez, até mais frequentes, dependendo do sistema) em pequenas quantidades suficientes apenas para atender as necessidades da programação da produção. Como a programação da produção tende a sofrer mudanças, a maioria desses contratos permite o ajuste das quantidades até quase o momento da entrega (apesar de que a maioria dos contratos especifica limites nas alterações permitidas).

Para dar aos fornecedores uma chance razoável de fazerem as entregas adequadamente, os sistemas de compras das fábricas baseados no JIT fornecem plena visibilidade das programações da produção ao fornecedor. O principal objetivo é alertá-lo com antecedência sobre qualquer mudança na programação. Mas essa visibilidade pode oferecer maiores benefícios, como eliminar a necessidade da emissão das ordens de compra. Por exemplo, um contrato com um fornecedor de sistemas de freios automotivos pode dar acesso à programação da montagem final e fazer as entregas de acordo com as quantidades necessárias, apenas. O sistema pode ir além e eliminar as faturas para os freios entregues, baseando-se, somente, na contagem da quantidade de carros produzidos pela montadora, fazendo o pagamento correspondente para o fornecedor. (A premissa implícita, e aceitável, é que cada veículo tem um sistema de freios.)

Conceitualmente, os contratos de JIT com os fornecedores têm muitos atrativos. Porém, para que funcionem de maneira adequada, os fornecedores precisam ser confiáveis em relação à precisão das entregas e à qualidade dos produtos. Se uma entrega estiver atrasada ou com defeitos, então a linha de produção toda pode ser parada por falta de peças. Em razão disso, as empresas que dependem muito dessas entregas de matérias-primas instituem algum programa de **certificação de fornecedores**. Bons programas de certificação de fornecedores incluem uma revisão dos seus procedimentos e esforços para ajudá-los a melhorarem seus sistemas.

Pelo fato de uma supervisão e cuidados bem próximos com os fornecedores serem pré-requisitos para um bom sistema JIT de fornecimento de matérias-primas, essa abordagem pode não ser viável para empresas pequenas. Uma empresa cujas compras compõem uma pequena fração das vendas do fornecedor pode não ter poder de persuadi-lo a adotar um sistema de entregas como o do JIT. Se a tendência moderna pelo atendimento cada vez melhor (suportada por termos de impacto como *competição baseada no tempo*, *cycle time total*, *produção de ciclo curto*) pode aumentar o número de fornecedores dispostos a oferecer entregas sob o sistema JIT para clientes que não são parte relevante de seus negócios, os contratos seguindo os verdadeiros padrões do JIT são inviáveis para pequenas empresas. Assim, as fábricas devem buscar outras abordagens para gerenciar seus estoques de matérias-primas.

17.3.4 A definição do estoque de segurança e dos *lead times* para componentes comprados

Mesmo que uma empresa não possa ou não queira adotar um sistema JIT de entregas para as peças classe A, ainda assim faz sentido controlar a entrega dessas peças para que seja bem coordenada com a programação da produção (em vez de, digamos, comprá-las sem muita frequência em grandes lotes, alimentando as linhas com amplos estoques). Na linguagem do MRP, isso significa que as peças caras devem ser compradas **lote a lote**. Por exemplo, se planejamos produzir 1.000 monitores de alta resolução durante n semanas a partir deste momento, devemos comprar 1.000 monitores de cristal líquido para chegarem com um *lead time* de segurança fixo antes do programado.[3]

Note que essa abordagem é diferente daquela do JIT, pois estamos comprando materiais de acordo com uma programação *planejada*, em vez de adotar entregas sincronizadas com a produção *real*. Po-

[3] Se a perda de rendimento por problemas de qualidade for um problema, podemos ter que manter também um estoque planejado de segurança.

rém, se não for possível adotar um sistema JIT verdadeiro, essa opção pode ser a melhor. Se (quando) a programação muda, a produção das quantidades desejadas pode ser impossível por falta de matérias-primas, implicando que os *lead times* curtos na entrega dos materiais causam menos dificuldades do que os longos, porque as compras serão feitas mais perto das datas necessárias, quando a programação consiste mais de pedidos firmes e menos de previsões especulativas. Em longo prazo, um fornecedor com preços mais altos, mas com *lead times* de entrega mais curtos, pode ser mais econômico do que um mais barato e com longos *lead times* de entrega.

Como observamos no Capítulo 12, no contexto da qualidade dos fornecedores, a administração da compra de peças é extremamente importante para um sistema de montagem. Vimos que, se compramos 10 peças com um *lead time* de segurança suficiente para alcançar um atendimento de 95%, a probabilidade de termos as 10 peças entregues em tempo para atender a programação é de $0{,}95^{10} = 0{,}5987$, o que representa um atendimento muito baixo. Os sistemas de montagem com várias peças compradas fora exigem uma qualidade bastante alta para cada peça a ser entregue, de forma que atenda a programação com confiança. Por exemplo, para todas as 10 peças estarem disponíveis e atenderem a programação em 95% do tempo, é preciso que cada uma delas tenha um nível de atendimento de $0{,}95^{1/10} = 0{,}9949$.

Por último, note que não é necessário definir o mesmo nível de atendimento para cada uma das peças classe A compradas lote a lote. Se uma delas é mais cara, pode fazer sentido definir um nível de atendimento relativamente baixo para ela (digamos, 96%) e, para as outras, um nível mais alto (99.9%) para compensar. Se tomarmos S_j para representar o nível de atendimento escolhido para a peça j em um total de n peças, temos certeza de uma conformidade de 95% com a programação, desde que definamos os valores de S_j de maneira que

$$S_1 \cdot S_2 \cdots S_n = 0{,}95$$

Um método formal para se definirem os níveis de atendimento para se alcançar um nível mínimo com um investimento mínimo em estoques é descrito por Hopp e Spearman (1993).

17.3.5 A definição da frequência das ordens para a compra de componentes

Os esquemas de compras JIT e lote a lote são opções boas para a classe de peças A e podem funcionar bem também para as peças B, mas em geral não são apropriados para as peças C. Não faz sentido aplicar esses métodos para peças baratas como arruelas, parafusos, etc., para que sejam entregues em uma sincronização perfeita com a programação da produção. Os riscos crescentes de uma parada de máquina e os custos extras de manuseio e de compras não se justificam por meio da redução desses estoques.

O problema do gerenciamento das compras de itens baratos pode ser pensado em termos de **tamanho do lote**. O *trade-off* econômico básico está entre os investimentos em estoque e os custos das compras. Lembre-se de que esta é, precisamente, a abordagem do modelo do lote econômico. Na verdade, poderíamos aplicar o modelo de um único produto apresentado na Seção 2.2, desde que ignoremos as interações entre as peças. Isto é, se tomarmos

N = quantidade total dos diferentes códigos de peças no sistema

D_j = taxa da demanda (unidades por ano) para a peça j

c_j = custo unitário de produção da peça j

A = custo fixo para emitir uma ordem de compra para qualquer peça

h_j = custo de manter uma unidade da peça j em estoque por um ano

Q_j = tamanho do lote para a peça j (variável decisória)

poderemos calcular o tamanho do lote da peça j usando a fórmula padrão do lote econômico:

$$Q_j^* = \sqrt{\frac{2AD_j}{h_j}} \tag{17.1}$$

O fator mais importante nessa formula é o custo fixo da emissão de uma ordem:[4] A. O ideal seria que esse item refletisse os custos incorridos a cada ordem de compras emitida, que poderiam incluir os custos de remessa, o tempo gasto pelo comprador no processo e no seguimento da ordem, o tempo de espera para entrega, etc. Os custos indiretos (por exemplo, do departamento de compras) não devem ser incluídos em A_j.

Um problema potencial com a abordagem recém-proposta é que ela não considera as interações entre as peças, que podem ocorrer (1) quando as peças compartilham o mesmo sistema de entregas e (2) quando consideramos a capacidade geral do departamento de compras. Por exemplo, se diferentes peças podem compartilhar o mesmo caminhão de entregas, existe um incentivo implícito para emitir as ordens de compra ao mesmo tempo, se possível. No Capítulo 2, mencionamos a política do ponto de reposição na potência de 2 como uma alternativa. Considerando a robustez da função de custos do lote econômico e a imprecisão dos dados imputados, uma abordagem razoável ao problema das compras de múltiplas peças é, simplesmente, usar a fórmula do lote econômico para calcular o intervalo ótimo para cada peça (isto é, D_j/Q_j^*) e então arredondar para a potência de 2 mais próxima de algum ciclo de compras conveniente. Por exemplo, se as ordens de compra são práticas, arredondar o intervalo do lote econômico para o próximo valor do conjunto: 1 semana, 2 semanas, 4 semanas, 8 semanas, etc.

Para considerar a capacidade geral da função de compras, podemos resumir o problema como sendo o de minimizar os custos totais de manter estoques para todas as peças, sujeito à restrição de que a frequência *média* das ordens não exceda alguma constante especificada F. Como o número total de ordens emitidas por ano é igual à frequência média por item, multiplicada por N, essa formulação é equivalente ao problema de minimizar o investimento total em estoques sujeita à restrição de que o número total de ordens emitidas não exceda NF. No entanto, achamos mais fácil pensar em termos da frequência média das ordens, por isso expomos o problema nesses termos.

Para formular um modelo matemático, lembramos que, se a quantidade econômica para comprar a peça j for Q_j, então o estoque médio da peça j (em unidades) será $Q_j/2$, de maneira que os custos anuais de estocagem serão $h_i Q_i/2$. A frequência de compra da peça j é D_j/Q_j. Assim, os custos totais de estocagem são $\sum_{j=1}^{N} h_j Q_j/2$, e a frequência média de compras é $1/N, \sum_{i=j}^{N} D_j/Q_j$. Dessa forma, podemos expressar o problema de minimizar os custos totais de estocagem sujeito a uma frequência média de compras não maior do que F, como segue:

$$\text{Minimizar} \quad \frac{\sum_{j=1}^{N} h_j Q_j}{2} \tag{17.2}$$

$$\text{Sujeito a:} \quad \frac{1}{N}\sum_{j=1}^{N} \frac{D_j}{Q_j} \leq F \tag{17.3}$$

Observe que, se substituirmos os custos de estocagem h_j pelo custo unitário c_j, então o problema se torna minimizar o *investimento* em estoques sujeito à restrição da frequência média das compras. Alguns tomadores de decisões acham mais fácil pensar em termos de investimento nos estoques, em vez de custos de estocagem. Mas os dois são equivalentes (isto é, resultam nos mesmos tamanhos de lotes) se $h_j = ic_j$, onde i é uma taxa de juros. Então a decisão de usar os custos de estocagem ou os investimentos em estoques como o objetivo é apenas uma questão de opção.

Essa formulação é um exemplo de um **problema de programação não linear**. A técnica padrão para solucionar tais problemas chama-se **método de Lagrange**, o qual converte um problema restrito

[4] Lembre-se de que, na Parte I, criticamos a suposição de um custo fixo das ordens de compra em sistemas de *produção* porque ele age muitas vezes como um parâmetro de restrição de capacidade, o qual muda ao longo do tempo e não pode ser determinado de antemão. Porém, para sistemas de *compras*, a capacidade pode não ser uma consideração fundamental, de forma que o custo fixo das ordens de compra se torna uma suposição plausível.

de otimização em um problema irrestrito por meio da adoção de penalizações para cada violação das restrições, incorporando-as ao objetivo (Bazaraa e Shetty 1979). Apesar de isso poder parecer complexo, na verdade, se resume a encontrar um custo fixo de *setup* para (17.1) que satisfaça a restrição (17.3), usando um método de procura repetitiva como o seguinte:

Algoritmo (modelo do lote econômico multiprodutos)

Passo 0. Escolha um valor inicial para A.

Passo 1. Use A na equação (17.1) para calcular o tamanho dos lotes Q_j para todos $j = 1,..., N$.

Passo 2. Calcule a frequência das compras resultante:

$$F(A) = \frac{1}{N}\sum_{j=1}^{N}\frac{D_j}{Q_j}$$

Passo 3. Se $F(A) = F$, pare.[5] Caso contrário,

Se $F(A) < F$, reduza A

Se $F(A) > F$, aumente A

e retorne ao passo 1.

As reduções e os aumentos de A podem ser efetuados por tentativa e erro ou com alguma técnica de busca mais sofisticada, como a bissecção de intervalos.[6] Desde que o método usado reduza cada vez mais os valores até atingir o ponto ótimo, os procedimentos trarão o mesmo resultado.

Ao final desse procedimento, teremos encontrado a quantidade ótima de compra Q_j^*, $j = 1,..., N$. Também teremos o custo fixo apropriado de A. Uma interpretação alternativa desse custo é *a redução do custo de estocagem total pela redução por unidade na frequência média das compras.* Se soubéssemos o quanto estaríamos dispostos a pagar em custos anuais de estocagem para reduzir a frequência média das compras em uma ordem de compra por item por ano, então poderíamos usar de imediato esse valor na equação (17.1) para calcular as quantidades ótimas. Se, como em muitos casos, esse número é difícil de encontrar, podemos usar o algoritmo recém-apresentado para vários valores de F e montar um gráfico do custo ótimo de estocagem (ou do investimento nos estoques, se usarmos c_j em vez de h_j) *versus* a frequência média das compras. Uma curva assim representaria um caso para produtos múltiplos similar ao caso de um único produto da Figura 2.3.

Poderíamos implantar diretamente os tamanhos ótimos de lotes Q_j, $j = 1,..., N$, calculados com o procedimento recém-descrito. Porém, se existem vantagens econômicas para comprar peças de maneira simultânea, pode fazer sentido arredondar os intervalos das compras associados a esses lotes em relação à potência de 2. Para tanto, observamos que o intervalo de compra da peça i é dado por

$$T_j^* = \frac{Q_j^*}{D_j}$$

Se arredondarmos os valores de T_j^* para a potência de 2 mais próxima, então, como já discutido no Capítulo 2, as ordens de compra para diferentes peças tenderão a se "alinhar". Esse arredondamento afetará tanto os estoques quanto a frequência média das compras. Se arredondarmos os valores de T_j^* para T_j', as quantidades das ordens de compra se tornarão

$$Q_j' = T_j' D_j$$

[5] Como $F(A)$ é um número contínuo, nunca igualará F de maneira exata. Então, geralmente, paramos quando $F(A)$ está dentro de uma tolerância *especificada de F*.

[6] Basicamente, uma bissecção (corte) inicia-se com dois pontos para A, um limite máximo que é alto demais (que cause $F(A) < F$), e um limite mínimo que é baixo demais (que cause $F(A) > F$), e tenta-se um ponto entre as duas. Se for muito alto, então o ponto intermediário substitui o limite máximo; se for muito baixo, substitui o limite mínimo. A diferença entre o limite máximo e mínimo diminuirá lentamente. Quando for pequena o suficiente (abaixo de alguma tolerância especificada), paramos.

Assim, os custos reais de estocagem serão

$$\frac{\sum_{i=j}^{N} c_j Q'_j}{2}$$

e a frequência média real das compras será

$$\frac{1}{N}\sum_{i=j}^{N}\frac{D_j}{Q'_j}$$

Se o aumento nos investimentos em estoques for muito alto em relação ao nível ótimo, ou se a frequência média das compras for muito maior do que o objetivo F, os benefícios do arredondamento para a potência de 2 podem não justificar seus custos. Se a diferença entre a solução real e a ótima for pequena, é provável que o arredondamento valha a pena.

Exemplo:

Para ilustrar o procedimento recém-apresentado, consideramos um exemplo muito simples, com seis peças que têm seus dados mostrados na Tabela 17.1. O objetivo é minimizar o investimento médio nos estoques, sujeito a uma frequência média nas compras de $F = 12$ (uma vez ao mês). Note que, como o objetivo é o *investimento* médio nos estoques, usaremos uma taxa de custo de estocagem igual ao custo unitário $h_j = c_j$.

A Tabela 17.2 resume o resultado do procedimento aplicado neste exemplo. A coluna mais à direita nessa tabela nos dá o investimento médio nos estoques para cada conjunto de quantidades de compra, que é calculado como

$$\frac{\sum_{i=j}^{N} c_j Q_j}{2}$$

Iniciamos o procedimento com $A = 1$. Como mostrado na Tabela 17.2, isso resulta em uma frequência média nas compras de 96,85, que é alta demais. Assim, A precisa ser aumentado e tentamos com $A = 100$. Como era de se esperar, como estamos penalizando pesadamente as ordens frequentes, o resultado será quantidades muito mais altas, e a frequência cai para 9,68. Como esse resultado é muito baixo, temos dois valores extremos de A. Sabemos que o valor ótimo de A (aquele que alcança uma frequência de 12) está entre 1 e 100. Então vamos tentar com $A = 50$. Como isso resulta em uma frequência de 13,70, que é muito baixa, tentamos com $A = 75$, que reduz a frequência para 11,18. Procedendo assim, o método finalmente converge para a frequência desejada. Observe que todos os cálculos envolvidos são facilmente manuseáveis em uma planilha, desde que o número de produtos não seja muito grande. Na verdade, é uma simples questão de usar as ferramentas *Atingir Meta* ou o *Solver* do Excel para encontrar o valor adequado de A.

A última linha da Tabela 17.2 nos dá um resultado para esse procedimento. Esses números nos dizem que o tamanho ótimo dos lotes para as peças 1, 2, 3 e 4 é 36,09, 114,14, 11,41 e 36,09, respectivamente. Note que o tamanho do lote para a peça 2 é maior do que para a peça 1, e que o lote da peça

TABELA 17.1 Dados do exemplo de tamanho de lote com peças múltiplas

Peça j	D_j	c_j
1	1.000	100
2	1.000	10
3	100	100
4	100	10

TABELA 17.2 Cálculos para o exemplo de tamanhos de lote com peças múltiplas

Iteração	A	$Q_1(A)$	$Q_2(A)$	$Q_3(A)$	$Q_4(A)$	$F(A)$	Investimento nos estoques ($)
1	1,000	4,47	14,14	1,41	4,47	96,85	387,39
2	100,000	44,72	141,42	14,14	44,72	9,68	3.873,89
3	50,000	31,62	100,00	10,00	31,62	13,70	2.739,25
4	75,000	38,73	122,47	12,25	38,73	11,18	3.354,89
5	62,500	35,36	111,80	11,18	35,36	12,25	3.062,58
6	68,750	37,08	117,26	11,73	37,08	11,68	3.212,06
7	65,625	36,23	114,56	11,46	36,23	11,96	3.138,21
8	64,065	35,80	113,19	11,32	35,80	12,10	3.100,68
9	64,845	36,01	113,88	11,39	36,01	12,03	3.119,50
10	65,235	36,12	114,22	11,42	36,12	11,99	3.128,87
11	65,040	36,07	114,05	11,41	36,07	12,01	3.124,19
12	65,138	36,09	114,14	11,41	36,09	12,00	3.126,53

4 é maior do que da 3, devido ao fato de a peça 2 custar menos do que a 1 e a 4 custar menos do que a 3. De maneira intuitiva, o tamanho ótimo do lote diminui seu custo.

Além disso, o tamanho do lote da peça 1 é maior do que o da 3, mesmo que seus custos sejam os mesmos em razão de a demanda ser maior para peça 1. A mesma relação existe entre as peças 2 e 4. Como era de se esperar, o tamanho dos lotes aumenta com a taxa da demanda.

Por último, note que as peças 1 e 4 têm o mesmo tamanho de lote, porque

$$\frac{D_1}{c_1} = \frac{D_4}{c_4}$$

A partir da expressão (17.1), fica evidente que o tamanho do lote depende de D_j e h_j (e, portanto, de c_j) apenas por meio de suas razões.

O resultado do procedimento também nos diz que $A = 65{,}138$, nos dando uma estimativa do custo (no investimento em estoques) de alterarmos a frequência das ordens de compra. Aumentar a frequência em 1 (para 13 ao ano) reduziria o investimento nos estoques em $65,14, enquanto diminuir a frequência em 1 (para 11 ao ano) aumentaria o investimento em $65,14. Todavia, precisamos observar que esses custos são apenas aproximados, pois a função real dos custos não é linear. Na verdade, aumentar a frequência em 1 reduzirá o custo menos do que $65,14, e diminuir em 1 custará mais do que $65,14. Porém, isso fornece ao usuário uma ideia das variações dos valores dos estoques causadas pela frequência das ordens emitidas.

O valor resultante de A também serve como uma verificação do objetivo original especificado para a frequência das ordens. Se o custo real de emitir uma nova ordem é menor (ou maior) do que $65,14, devemos escolher uma frequência maior (ou menor) do que 12 vezes ao ano. A questão é que, se tivermos alguma ideia do valor de A e F, mas não há certeza sobre nenhum dos dois, teremos uma solução melhor verificando-os e fazendo ajustes até que sejam aceitáveis.

Podemos ser mais exatos sobre o *trade-off* entre os valores dos investimentos em estoques e a frequência das compras. Note que, se controlarmos os investimentos, como na Tabela 17.2, cada opção de A nos dá um par de valores para os investimentos/frequência. Assim, variando A entre um limite suficientemente grande, podemos gerar um gráfico dos investimentos *versus* frequências, como na Figura 17.2. Perceba que os investimentos caem rapidamente à medida que aumentamos o número de ordens por ano de zero para cinco. Contudo, aumentar a frequência acima disso e, especialmente, acima de 10 por ano, tem um efeito muito menor. Esse tipo de *retorno reduzido* é exatamente análogo ao comportamento do modelo de um único produto mostrado na Figura 2.3.

Por fim, se há economias que se complementam, poderíamos arredondar os intervalos das ordens para potências de 2. Para isso, primeiro calculamos os intervalos das ordens:

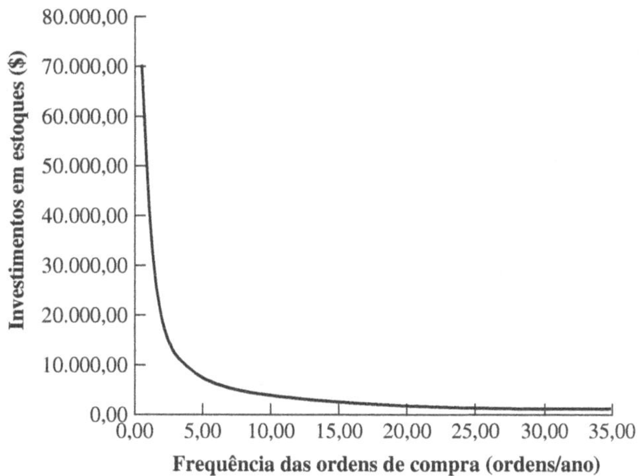

FIGURA 17.2 Investimentos em estoques *versus* frequência de compras no exemplo de peças múltiplas.

$$T_1^* = \frac{Q_1^*}{D_1} = \frac{36,09}{1.000} = 0,03609 \text{ ao ano} = 13,17 \text{ dias}$$

$$T_2^* = \frac{Q_2^*}{D_2} = \frac{114,14}{1.000} = 0,11414 \text{ ao ano} = 41,66 \text{ dias}$$

$$T_3^* = \frac{Q_3^*}{D_3} = \frac{11,41}{100} = 0,11414 \text{ ao ano} = 41,66 \text{ dias}$$

$$T_4^* = \frac{Q_4^*}{D_4} = \frac{36,09}{100} = 0,3609 \text{ ao ano} = 131,73 \text{ dias}$$

Usando os dias como nossa base unitária, escolhemos T_1' como a potência de 2 mais próxima de 13,17, a saber, $2^4 = 16$. Escolhemos T_2' e T_3' como a potência de 2 mais próxima de 41,66, que é $2^5 = 32$. Definimos T_4' como a potência de 2 mais próxima de 131,73, que é $2^7 = 128$. Esses intervalos de ordens se traduzem em quantidades por ordem como segue:

$$Q_1' = \frac{D_1 T_1'}{365} = 1.000 \times \frac{16}{365} = 43,84 \text{ unidades}$$

$$Q_2' = \frac{D_2 T_2'}{365} = 1.000 \times \frac{32}{365} = 87,67 \text{ unidades}$$

$$Q_3' = \frac{D_3 T_3'}{365} = 100 \times \frac{32}{365} = 8,77 \text{ unidades}$$

$$Q_4' = \frac{D_4 T_4'}{365} = 100 \times \frac{128}{365} = 35,07 \text{ unidades}$$

Substituindo esses resultados nas expressões para os investimentos em estoques e para a frequência das ordens de compra, obtemos

$$\text{Investimentos em estoques} = \frac{\sum_{j=1}^{4} c_j Q_j'}{2} = \$3.243,84$$

$$\text{Frequência média das ordens de compra} = \frac{1}{4} \sum_{j=1}^{4} \frac{D_j}{Q_j'} = 12,12$$

Como se presume que economizamos alguns esforços com a combinação das ordens em intervalos da potência de 2, parece aceitável ter uma frequência média um pouco mais alta do que a original de 12. Note, porém, que o investimento em estoques aumenta de \$3.126,53 para \$3.243,84. Esse custo maior precisa ser compensado pelo benefício de reposições conjuntas (por exemplo, menos ordens individuais a emitir, compartilhamento da mesma carga) para que a política da potência de 2 valha a pena.

17.4 O GERENCIAMENTO DO WIP

A primeira coisa a notar sobre gerenciamento do WIP é que a lei de Little

$$\text{CT} = \frac{\text{WIP}}{\text{TH}}$$

implica que, para produtividade fixa, as reduções do WIP e do *cycle time* estão diretamente associadas. Assim, as medidas que vamos sugerir para aumentar a eficiência do WIP são as mesmas usadas para reduzir os *cycle times*.

O segundo ponto importante em relação ao gerenciamento do WIP é que, como já apontamos antes, a maioria dos trabalhos em curso na grande parte dos sistemas de produção (isto é, linhas de fluxo desconexas) encontra-se em filas (causadas pela variabilidade e pela alta utilização), aguardando a formação de lotes (ocasionada pelos próprios lotes), ou aguardando peças complementares (o que é causado por falta de sincronização). Assim, os programas de redução de WIP devem ser direcionados à (criteriosa) redução da utilização, da variabilidade, dos lotes ou à melhoria da sincronização.

Nas seções a seguir, revisaremos as técnicas para reduzir o WIP parado nas filas, aguardando transporte e esperando por peças complementares.

17.4.1 A redução das filas

Lembre-se de que, para uma estação de trabalho única, com média de processamento t_e, coeficiente de variação dos tempos de processamento c_e, coeficiente de variação das chegadas c_a e utilização u, o *cycle time* pode ser estimado por:

$$\text{CT} \approx \left(\frac{c_a^2 + c_e^2}{2}\right)\left(\frac{u}{1-u}\right) t_e + t_e \qquad (17.4)$$

assim, de acordo com a lei de Little e com o fato de que $u = r_a t_e$, onde r_a é a taxa média de chegadas na estação,

$$\text{WIP} = \text{CT} \cdot r_a \approx \left(\frac{c_a^2 + c_e^2}{2}\right)\left(\frac{u}{1-u}\right) u + u \qquad (17.5)$$

Assim, para reduzir o WIP e o CT nas estações de trabalho, podemos diminuir a variabilidade das chegadas na estação (c_a^2), a variabilidade efetiva dos tempos de processamento (c_e^2) ou a utilização (u).

As opções genéricas para atingir esses objetivos incluem o seguinte:

1. **Alterações/adições de equipamentos.** A maneira mais simples para aumentar a capacidade, e, portanto, reduzir a utilização de uma estação é substituir as máquinas por modelos mais rápidos ou aumentar o maquinário existente com mais capacidade paralela. Apesar de não muito inspiradora, essa opção pode ser eficaz. Porém, para selecionar boas adições de equipamentos, é preciso considerar os custos de aquisição, os efeitos sobre a capacidade e a variabilidade na estação e no restante do fluxo. Discutiremos uma estrutura de trabalho para isso no Capítulo 18.

2. **Sistemas de produção puxada.** Como já vimos no Capítulo 10, um sistema de produção puxada atinge o mesmo nível de produtividade com um nível médio menor de WIP. A razão é que as liberações para a linha são coordenadas pelo *status* da linha (novos trabalhos têm entrada permitida na linha apenas quando há espaço para eles). Isso é como reduzir c_a na frente da linha, mas não exatamente. Na verdade, o que os sistemas de produção puxada fazem é conectar as liberações para a linha com a finalização dos trabalhos existentes na mesma. Mais importante, eles estabelecem um limite máximo de WIP, o que evita que o nível geral de WIP na linha exceda uma quantidade pré-especificada. Assim, os sistemas puxados podem *forçar* uma redução do WIP. O desafio é alcançar a redução sem causar perdas na produtividade, o que requer uma redução nos outros tipos de variabilidade ou o aumento da capacidade sugerido anteriormente.
3. **Programação com capacidade finita.** Se as liberações para a linha são efetuadas sem a atenção adequada à capacidade (como no MRP), será bem possível acontecerem explosões de WIP nos recursos gargalo. Como descrito no Capítulo 15, um sistema de programação com capacidade finita pode ajudar a regular as liberações de acordo com a capacidade do sistema. Apesar de isso não vincular as liberações à produção de maneira robusta como um sistema puxado (um sistema de produção puxada vincula as liberações à produção *real*, enquanto uma programação com capacidade finita vincula as liberações à produção *estimada*), os programadores com capacidade finita podem reduzir o WIP de maneira substancial, pois eles têm como evitar liberações excessivas à linha. O ideal é que se combine um sistema de programação com capacidade finita e um sistema de produção puxada, para manter todo o sistema sob controle quando as condições se descolam da programação.
4. **Redução de *setup*.** Mantendo todas as outras condições, a redução dos *setups* aumentará a capacidade efetiva e, portanto, reduzirá a utilização de uma estação de trabalho. Contudo, normalmente, quando reduzimos os *setups*, rodamos lotes menores e, assim, executamos mais *setups*. Mesmo se o aumento no número de *setups* compensar totalmente o aumento da capacidade, como discutido na Parte II, *setups* mais curtos e mais frequentes diminuem a variabilidade efetiva nas estações de trabalho (c_e). Isso serve para reduzir as filas na própria estação e nas estações fluxo abaixo (porque a variabilidade do fluxo também é reduzida). Além disso, como já observado, se pudermos produzir em lotes menores, teremos menos necessidade de estocar produtos acabados em excesso.
5. **Melhoria da confiança/manutenção.** Aumentar tanto tempo médio até a falha quanto o tempo médio de reparo eleva também a disponibilidade de uma máquina e, portanto, sua capacidade. Além disso, diminuir o tempo médio de reparo pode significar uma redução da variabilidade da máquina (c_e). Esses tipos de melhorias podem reduzir as filas em uma estação por meio da diminuição da variabilidade fluxo abaixo, acabando por reduzir também as filas nas estações subsequentes.
6. **Melhoria na qualidade.** Como observamos no Capítulo 12, a redução do retrabalho ou da perda de rendimento pode significar um bom aumento na capacidade efetiva. Por isso, os esforços de melhoria na qualidade podem ser um fator importante em programas de redução de WIP/*cycle time*.
7. **Trabalho flutuante.** Trabalhadores multifuncionais, que podem ser movidos para onde a capacidade os requer, podem aumentar a capacidade efetiva da linha. A polivalência também tende a oferecer aos funcionários uma visão mais global das linhas de produção, criando mais pensamento crítico para possíveis soluções. Em sistemas manuais de montagem, ritmados ou não, os efeitos do trabalho flutuante podem ser alcançados pelo compartilhamento de certas funções. Por exemplo, um componente específico pode ser definido para ser fixado por qualquer um dos trabalhadores A (fluxo acima) ou B (fluxo abaixo). Sempre que A está em dia com seu trabalho, ele fixa o componente compartilhado. Porém, se A se atrasa (por exemplo, por um problema de qualidade), então B pode socorrê-lo e ajudar a fixar o componente. Em

geral, os esquemas de trabalho flutuante são mais eficazes apenas se o sistema de incentivos implícitos encoraja a cooperação para um objetivo comum, como a produtividade.

Por último, observamos o mesmo ponto em relação à classificação ABC na compra de peças: *Nem todo WIP deve ter um tratamento igual.* Pode fazer sentido classificar as peças por volume. Peças de grande volume podem ser trabalhadas em linhas com poucas famílias de produtos e poucos *setups*, nas quais a constância do fluxo facilita o funcionamento de um sistema puxado com alta eficiência. As peças com pouco volume podem ser produzidas em um ambiente com leiaute funcional, de maneira que a alta flexibilidade adquirida ao custo de uma baixa eficiência afete apenas uma porção pequena do negócio. Esse tipo de estratégia de **fábrica focada (ou dedicada)** pode simplificar muito o gerenciamento de uma operação de manufatura multiprodutos.

17.4.2 A redução do WIP na espera por lotes

A formação de lotes por razões de processamento pode ser inevitável (por exemplo, uma operação de aquecimento térmico que leva 24 horas pode criar capacidade suficiente apenas quando grandes lotes são processados em conjunto). A criação de lotes para movimentação é outra questão. Qualquer coisa que faça com que os trabalhos se movam de uma estação para outra em lotes pequenos e, portanto, com menos tempo de espera reduz o WIP e o *cycle time*. As abordagens específicas para se alcançar tal objetivo incluem:

1. **A divisão dos lotes.** Lembre que **os lotes de processamento** e **de movimentação** não precisam ser a mesma coisa. Mesmo se longos tempos de *setup* em uma estação que processa um trabalho por vez necessitam de grandes lotes, por razões de capacidade, não há necessidade de aguardar até que o lote se complete antes de mover alguns trabalhos para a próxima estação. Por exemplo, um centro de processamento que produza eixos automotivos em lotes de 10.000 (antes de mudar o *setup* para produzir um tipo diferente de eixos) poderia remetê-los ao próximo centro de processamento em lotes de 100. Na teoria, os eixos poderiam ser movidos um a um. O fator limitante é o tempo necessário para a movimentação do material.
2. **Um leiaute orientado ao fluxo.** Movimentações mais frequentes podem ser facilitadas pelo leiaute da fábrica. Uma das vantagens de um leiaute celular é que as estações ficam bem próximas entre si, e os materiais podem ser movimentados facilmente. Os sistemas de manuseio de materiais (por exemplo, correias transportadoras, AGVs e outros) também podem facilitar a transferência em lotes entre as estações, mesmo se elas não estiverem próximas.
3. **O uso compartilhado dos carrinhos.** Em estações com várias máquinas paralelas produzindo produtos idênticos, o compartilhamento dos carrinhos (ou de qualquer outro contêiner usado na movimentação) pode reduzir o volume de WIP que fica aguardando antes e após as estações. Por exemplo, a Figura 17.3 mostra 12 máquinas alimentando diferentes carrinhos que levam material das estações (não representamos carrinhos que trazem material). Em média, o número de peças finalizadas aguardando transporte para a próxima estação em um sistema com um carrinho é de 1/12 se comparado com um sistema com 12 carrinhos. Note, porém, que assumimos que os operadores das máquinas gastam o mesmo tempo transportando as peças finalizadas em ambos os sistemas. Se, por questões geográficas, os operadores precisam caminhar mais longe para trazer as peças até um carrinho único compartilhado, em vez de colocá-las em carrinhos individuais como no sistema com 12 carrinhos, então o compartilhamento aumentaria os tempos efetivos de processamento. Dependendo de cada sistema, a redução do *cycle time* por meio do compartilhamento de carrinhos pode compensar a diminuição da capacidade. No entanto, em geral, o compartilhamento só faz sentido onde o tempo e as inconveniências são pequenos, o que poderia fazer de um esquema com três ou quatro carrinhos uma opção mais prática para um ambiente com 12 estações, como mostra a Figura 17.3.

FIGURA 17.3 Esquemas de compartilhamento de carrinhos.

17.4.3 A redução do WIP na espera por componentes

Nas estações de trabalho, todos os subconjuntos devem estar disponíveis ao mesmo tempo para que a montagem final possa ocorrer. Já discutimos o problema do gerenciamento de peças compradas na alimentação de um processo de montagem neste capítulo e no Capítulo 12, então vamos considerar apenas a situação em que os subconjuntos são produzidos em diferentes linhas de fabricação dentro da fábrica.

O ideal seria liberar as ordens de trabalho para os vários subconjuntos e processá-los nas linhas de fabricação de maneira que eles chegassem à montagem exatamente ao mesmo tempo, em coordenação com a programação da montagem final. A variabilidade geralmente torna isso impossível, mas há coisas que podem ser feitas para melhorar a sincronização:

1. **Um sistema puxado.** Como discutimos no Capítulo 14, um sistema de produção puxada, e especialmente um sistema CONWIP, faz uma sincronização natural das liberações para as linhas de fabricação com a montagem final. Se as linhas de fabricação são de vários tamanhos (em termos dos tempos necessários para percorrê-las) serão necessários níveis diferentes de WIP (mais cartões). Isso significa que as liberações ao mesmo tempo nas linhas de fabricação não corresponderão exatamente ao mesmo produto final. Porém, se os níveis de WIP nas linhas de fabricação são definidos de maneira apropriada, a chegada dos conjuntos na montagem final será sincronizada.
2. **Uma listagem comum de liberações.** O esquema CONWIP recém-descrito para coordenar as liberações com a montagem final sincroniza a chegada dos subconjuntos à montagem final apenas se a sequência de liberações não se mistura nas linhas de fabricação. Se, por exemplo, as regras locais de despacho, tais como menor tempo de processamento, forem usadas em estações individuais, então os trabalhos podem se ultrapassar e a sincronização é afetada. Mesmo se usarmos o sistema primeiro a entrar, primeiro a sair (FIFO) nas estações na linha de fabricação, a ultrapassagem ainda pode ocorrer em estações com várias máquinas. Assim, a maneira para preservar a sincronização com a programação final de montagem é adotar uma

listagem comum de liberações em cada uma das estações de trabalho das linhas de fabricação. Essa listagem mantém os trabalhos em ordem, de acordo com a sequência da montagem final. Desde que as estações de trabalho das linhas de fabricação processem os trabalhos na ordem especificada pela lista, eles chegarão sincronizados à montagem final. Se a lista de liberações for violada rotineiramente (por exemplo, em razão da criação de lotes ou por problemas de qualidade), então uma reserva de WIP terá que ser mantida em frente à operação de montagem para evitar paradas por chegadas fora de sincronização.

3. **Lotes equilibrados.** Se uma linha de fabricação usa lotes grandes na fabricação devido a *setups* longos, pode haver dificuldades na coordenação com a programação da montagem. Existem três maneiras para resolver esse problema: (1) produzir bem à frente da programação da montagem e manter uma reserva de estoque entre a linha e a montagem final; (2) gerar a programação da montagem final de acordo com as necessidades dos lotes da linha de fabricação; e (3) reduzir os tempos de *setup* ou aumentar a capacidade na linha de fabricação de maneira que menores lotes sejam viáveis e possam ser sincronizados com a programação final da montagem. As duas primeiras opções são de curto prazo; a terceira pode exigir mais tempo para ser implementada.

17.5 O GERENCIAMENTO DO ESTOQUE DE PRODUTOS ACABADOS

O estoque de produtos acabados age como uma reserva entre a produção e a demanda. Como já observamos anteriormente, tal reserva pode ser necessária para: (1) isolar os clientes do *cycle time* da manufatura, para, talvez, oferecer prontas-entregas; (2) absorver a variabilidade nos processos da produção e/ou da demanda; ou (3) aumentar os níveis da capacidade (por exemplo, em virtude da sazonalidade), implicando que qualquer procedimento que conecte a produção com a demanda de maneira mais eficiente reduzirá o EPA. As opções para isso incluem:

1. **Melhorias nas previsões.** Como não queremos criar expectativas irrealistas para a panaceia das previsões, podemos afirmar com certeza que erros nas previsões podem inflar o estoque de produtos acabados. Se técnicas mais aprimoradas para a previsão da demanda, como os métodos das séries temporais do Capítulo 13, ajudam a reduzir as discrepâncias entre a produção e a demanda, o EPA pode ser reduzido. Apesar disso, existem limites em nossas habilidades de prever o futuro, de forma que as opções a seguir podem ser mais promissoras na maioria dos sistemas.
2. **Prazos flexíveis nas entregas.** Muitos sistemas oferecem *lead times* de entrega; contudo, pelo fato de que a carga da fábrica varia ao longo do tempo, os *cycle times* de fabricação também podem variar. Assim, se fixarmos um *lead time* de maneira que a fração de tempo em que podemos efetuar entregas seja razoavelmente alta, uma alta porcentagem de trabalhos será finalizada com maior antecedência. Se antecipar as entregas não for permitido, esses trabalhos ficarão no EPA. Podemos eliminar esse problema por meio de uma cotação dinâmica dos *lead times* de entrega aos consumidores, tomando como base a carga da planta.

   Por exemplo, trabalhamos com um fabricante de cozinhas de metal que anunciava em seu catálogo um *lead time* de entrega fixo de 10 semanas. Se usasse um sistema dinâmico de *lead times* de entrega, os clientes que fizessem seus pedidos quando a carga de trabalho da fábrica fosse baixa poderiam ter um prazo de entrega menor, digamos, de 2 semanas, enquanto os clientes que fizessem pedidos quando a fábrica estivesse sobrecarregada teriam um prazo de entrega de 12 semanas. Em geral, os *lead times* seriam mais curtos, em média, e menos produtos acabados ficariam aguardando nos estoques, com um desempenho idêntico nas entregas dentro do prazo.
3. **A redução do *cycle time*.** Uma maneira muito eficaz para reduzir os erros nas previsões é depender menos delas. Se o *cycle time* (de toda a cadeia de valores adicionados que incluem

desde os tempos de processar as ordens, passando pelos *lead times* de fabricação, até a entrega efetiva dos produtos) pode ser reduzido, as liberações dos trabalhos podem ser efetuadas mais perto de seus prazos finais. Como as previsões tendem a piorar à medida que avançam no futuro, as liberações mais tardias têm o efeito de tornar a programação do plano mestre de produção mais confiável. Se os *cycle times* ficarem curtos o bastante, todas as liberações podem ser efetuadas em conjunto, com base em pedidos firmes dos clientes, e o EPA causado por possíveis erros de previsão pode ser eliminado. Felizmente, todas as técnicas de redução de WIP já listadas também são técnicas de redução do *cycle time* (como consequência da lei de Little) e, portanto, são adequadas para esse propósito.

4. **A redução da variabilidade do *cycle time*.** O Capítulo 12 aponta que, se quisermos garantir certo nível de atendimento, o *lead time* de entrega ao cliente é afetado pelo *cycle time* médio e seu desvio padrão. Quanto maior a variabilidade nos *cycle times*, maiores *lead times* de segurança são necessários nos prazos de entrega, a fim de assegurar uma alta porcentagem de entregas dentro do prazo. Maiores *lead times* de segurança implicam que produtos vão ficar mais tempo esperando no EPA, a não ser que sejam permitidas entregas antecipadas. Por sorte, muitas das soluções para reduzir o *cycle time* médio (por exemplo, reduzir os *setups*, melhorar a confiança/manutenção, implementar sistemas puxados, reduzir o retrabalho e a sucata) também servem para reduzir a variância do *cycle time*.

5. **A customização tardia.** Mesmo que seja necessário manter estoques para obter *lead times* curtos de entrega, pode não ser necessário manter estoques na forma de produtos acabados. Em alguns casos, é possível fazer estoques de produtos semiacabados e efetuar a montagem final de acordo com as preferências dos clientes. O estoque de produtos semi-acabados é mais flexível, desde que possa ser usado para montar vários produtos finais, o que significa menos investimentos em estoques.

   Por exemplo, um fabricante de torneiras poderia oferecer 20 modelos compostos de todas as combinações possíveis de cinco bases e quatro tipos de alças. Por meio da estocagem das bases e das alças, o fabricante precisa manter apenas nove itens em estoque, em vez de 20. Além disso, por causa da acumulação da variabilidade, é mais fácil prever a demanda de 9 peças do que das 20, de forma que são necessários menos estoques.

   Como mais um exemplo, um fabricante de aparelhos domésticos poderia produzir uma família de processadores elétricos que diferem em relação a acessórios (todos são opcionais), lojas (embalagens e instruções podem ser para marcas próprias) e destino dos produtos (pode ser em línguas diferentes). Ao estocar famílias genéricas de processadores, digamos, distintas por meio de cores, o fabricante pode atender rapidamente a demanda para diferentes produtos finais. Usando essa estratégia, as previsões teriam que ser precisas apenas no nível da família toda, e o estoque de produtos acabados por erros nas previsões poderia ser bastante reduzido.

   Os pontos negativos potenciais desse tipo de estratégia são que (1) o *lead time* de entrega não é tão reduzido como no caso de EPA, o que poderia representar um problema, caso a concorrência mantenha estoques de produtos acabados, e que (2) a estocagem de produtos semiacabados pode ser difícil; por exemplo, a poeira e a sujeira podem ser um problema se os componentes não são mantidos em caixas.

   A possibilidade de estocar os produtos semiacabados também pode ser uma função do projeto do produto. Por exemplo, o fabricante de cozinhas de metal mencionado antes oferecia um *lead time* de entrega de 10 semanas em razão de sua linha de muitos produtos, todos produzidos de chapas de metal. Um concorrente oferecia entregas com 4 semanas de *lead time*, oferecendo uma linha com menos produtos baseados em conjuntos com componentes padronizados (estocados) com diferentes cores, opções de estruturas e opcionais (por exemplo, torneiras, conexões elétricas, portas de vidro, etc.) para atingir as necessidades dos clientes. Pelo fato de seus clientes serem arquitetos que frequentemente estão atrasados em seus projetos, a rapidez na entrega era altamente valorizada nesse mercado e o concorrente estava ganhando mercado em razão de sua estratégia no projeto do produto.

6. **O equilíbrio entre mão de obra, capacidade e estoques.** Em muitos mercados, os produtos são fabricados durante períodos de baixa demanda e estocados como produtos acabados, para depois atender a demanda nos períodos de pico. Se esta pode ser a melhor opção em alguns casos, não é a única solução para resolver o problema da demanda sazonal. Uma abordagem alternativa pode ser a variação do quadro de pessoal, usando trabalho temporário durante os picos sazonais ou fabricando produtos com demandas opostas, transferindo pessoal entre as linhas de produção (por exemplo, um produto de verão e um de inverno). Outra opção – herege, para os mais tradicionais – é manter capacidade suficiente para atender os picos de demanda sem formar estoques. Quando são considerados os custos de manter EPAs, de obsolescência e de um atendimento precário causados por erros de previsões, é possível que essas opções sejam mais econômicas do que a formação de um grande estoque de produtos acabados. No mínimo, pode fazer sentido usar uma combinação dessas abordagens, como a formação de um estoque limitado, combinada com algum excesso de capacidade e alguma mão de obra flutuante.

17.6 O GERENCIAMENTO DAS PEÇAS DE REPOSIÇÃO

O gerenciamento das peças de reposição é um fator importante de uma política geral de manutenção que pode ser determinante para a eficiência operacional de um sistema de manufatura. Pela sua importância e complexidade, existe uma ampla variedade de práticas para o gerenciamento das peças de reposição nas indústrias (ver Cohen, Zheng e Agrawal 1997 para uma referência). Não vamos revisar todas elas. Em vez disso, nesta seção, estabelecemos uma estrutura de trabalho para avaliar os estoques de peças de reposição e, com base nos modelos do Capítulo 2, desenvolver ferramentas apropriadas.

17.6.1 A estratificação da demanda

Existem dois tipos distintos de peças de reposição: aquelas usadas na **manutenção preventiva** programada e as usadas em **reparos de emergência**. Por exemplo, a troca de um filtro pode ser um procedimento de manutenção mensal regular, enquanto um fusível é trocado apenas quando queima. Os dois tipos de peças devem ser gerenciados de maneira diferente.

A manutenção preventiva representa uma demanda bem previsível. Na verdade, se os procedimentos de manutenção forem seguidos com cuidado, essa demanda pode se tornar muito mais estável do que a demanda dos clientes por produtos acabados. Assim, a lógica do MRP é, provavelmente, aplicável a essas peças. Isto é, começando pela demanda projetada, comparamos com os estoques atuais (e recebimentos programados) e usamos uma regra de lotes (lote a lote, quantidade fixa, etc.) para gerar recebimentos de ordens planejadas, depois, de acordo com os *lead times* de compras, geramos as ordens de compras. Se as peças são produzidas internamente, podemos substituir qualquer procedimento de programação em uso pelos *lead times* fixos das compras para gerar uma programação da produção. De qualquer forma, a natureza constante e previsível do processo da demanda faz essas peças de manutenção preventiva relativamente fáceis de gerenciar.

Os reparos de emergência são, por definição, imprevisíveis. Assim, usar a lógica do MRP para essas peças não funcionaria bem. Abordaremos as opções para manter um estoque de segurança que dê suporte aos reparos eventuais de equipamentos na próxima seção.

17.6.2 O estoque de peças de reposição para emergências

Para peças de reposição cuja demanda é imprevisível, o desafio é fornecer um bom atendimento de maneira econômica. Como a demanda é incerta, o modelo (Q, r) discutido no Capítulo 2 é uma ferramenta potencial para examinar essa interação. Para aplicá-lo, precisamos decidir como representar o atendimento em um ambiente com vários produtos.

Em sistemas de peças de reposição, o atendimento é relacionado à disponibilidade das máquinas sendo atendidas. Além disso, uma máquina que está parada por falta de um fusível de $2 está tão indisponível quanto uma que está parada pela falta de um computador de $3.000, de forma que, muitas vezes, faz sentido assumir que o custo de não ter uma peça disponível é o mesmo para todas. Assim, se pudermos especificar qual o custo de um item em pendência ou o custo da falta de estoques, podemos analisar as peças em separado, usando um dos modelos da Seção 2.4.3.

Porém, como observamos antes, o custo dos pedidos pendentes e da falta de estoques são, muitas vezes, difíceis de estimar. No caso de sistemas de peças de reposição, a razão é que o custo da falta de uma peça depende do custo da parada da máquina, que, por sua vez, depende do custo da demora na entrega causada pela parada. Por isso, muitas vezes é atraente pensar no problema em termos de uma restrição no atendimento, e não em termos de custo. Felizmente, há uma ligação direta entre a formulação de um custo e de uma restrição.

Para adaptar o modelo (Q, r) ao caso multiprodutos, usamos os mesmos conceitos da Seção 2.4.3, com um j subscrito para representar os parâmetros para a peça j, $j = 1, \ldots, N$, de maneira que

N = número total de peças diferentes no sistema

D_j = demanda esperada (em unidades por ano) para a peça j

ℓ_j = *lead time* de reposição (em dias) para a peça j

X_j = demanda pela peça j durante o *lead time* de reposição (em unidades), uma variável aleatória

$\theta_j = E[X_j] = D_j\ell_j/365$, a demanda esperada durante o *lead time* de reposição para a peça j (em unidades)

σ_j = desvio padrão da demanda durante o *lead time* de reposição para a peça j

$g_j(x)$ = densidade da demanda durante o *lead time* de reposição para a peça j

$G_j(x) = P(X_j \leq x)$, a função distribuição acumulada da demanda para a peça j durante o *lead time* de reposição

A = custo do *setup* ou da ordem de compra para cada reposição de qualquer peça (em $)

c_j = custo de compra ou de produção da peça j (em $)

h_j = custo anual de estocagem para a peça j (em $ por unidade/ano)

k = custo da falta em estoque de qualquer peça (em $)

b = custo unitário da pendência para qualquer peça (em $ por item em pendência/ano). Note que a falta no estoque para atender uma demanda é penalizada pelo uso de k_j ou b_j, mas não de ambos.

B = nível desejado de pedidos pendentes

S = nível desejado de atendimento

F = nível desejado da frequência média das ordens de compra

Q_j = quantidade na ordem de compra para a peça j (em unidades); uma variável decisória

r_j = ponto de reposição da peça j (em unidades); uma variável decisória

$s_j = r_j - \theta_j$, estoque de segurança para a peça j implicado por r_j (em unidades)

$F_j(Q_j)$ = frequência das ordens de compra (ordens de reposição por ano) para a peça j em função de Q_j

$S_j(Q_j, r_j)$ = taxa de atendimento (a fração dos pedidos atendidos pelo estoque) da parte j em função de Q_j e r_j

$B_j(Q_j, r_j)$ = média de pedidos pendentes para a peça j em função de Q_j e r_j

$I_j(Q_j, r_j)$ = nível médio do estoque disponível (em unidades) da peça j em função de Q_j e r_j

Com essa notação, podemos representar o custo total de duas maneiras. Desenvolvemos os dois, juntamente às formulações de suas restrições associadas, a seguir:

O modelo de pedidos pendentes. Iniciamos pela caracterização do atendimento usando o nível médio dos pedidos pendentes. Podemos formular uma função de custo representando a soma dos custos de *setup*, dos custos de pedidos pendentes e dos custos de estocagem como

$$Y_b(\mathbf{Q}, \mathbf{r}) = \sum_{j=1}^{N} [AF_j(Q_j) + bB_j(Q_j, r_j) + h_j I_j(Q_j, r_j)] \tag{17.6}$$

onde $\mathbf{Q} = (Q_j, j = 1,..., N)$ e $\mathbf{r} = (r_j, j = 1,..., N)$ representam vetores das quantidades dos pedidos e dos pontos de reposição. Como a função de custo Y_b é, simplesmente, a soma dos termos separados que dependem dos pares de (Q_j, r_j), podemos minimizá-la reduzindo os termos para cada j em separado. Mas já fizemos isso no Capítulo 2. Assim, ao usarmos a mesma aproximação utilizada naquele capítulo (estimando a fórmula dos pedidos pendentes do modelo (Q, r), $B_j(Q_j, r_j)$, por meio da fórmula dos pedidos pendentes do estoque mínimo $B_j(r_j)$), obtemos as mesmas expressões para os pontos ótimos das quantidades dos pedidos e dos pontos de reposição:

$$Q_j^* = \sqrt{\frac{2AD_j}{h_j}} \tag{17.7}$$

$$G(r_j^*) = \frac{b}{b + h_j} \tag{17.8}$$

Note que essas fórmulas são as mesmas do modelo do lote econômico e do estoque mínimo. Além disso, se assumirmos que a demanda do *lead time* para o produto j tem uma distribuição normal com uma média θ_j e um desvio padrão σ_j, então podemos simplificar (17.8) da seguinte forma:

$$r_j^* = \theta_j + z_j\sigma_j \tag{17.9}$$

onde z_j é o valor obtido da tabela normal padrão, de maneira que $\Phi(z_j) = b/(b + h_j)$.

Observe que essas expressões para Q_i e r_i são sensíveis às diferenças entre as peças. Por exemplo, mantendo todas as outras condições iguais, para uma peça cara (que terá um coeficiente de h_j maior), a quantidade dos pedidos Q_j e o ponto de reposição r_j serão menores do que para uma peça barata. Além disso, como seria esperado, Q_j e r_j são crescentes em relação à taxa da demanda D_j, isto é, aumentar D_j aumenta θ_j e, segundo a equação (17.9), r_j aumenta em θ_j. No caso de demandas normais, o ponto de reposição r_j também aumenta em relação ao desvio padrão da demanda do *lead time*, desde que $z_j > 0$, algo que, como observamos no Capítulo 2, é verdadeiro desde que $b > h_j$. Finalmente, notamos que, aumentar o custo fixo de A aumenta todas as quantidades dos pedidos Q_j, e aumentar os custos dos pedidos pendentes b aumenta todos os pontos de reposição r_j.

Se pudermos especificar valores razoáveis para os custos fixos de *setup* (ordem de compra) A, e a penalização para cada item pendente b, podemos usar as fórmulas (17.7) e (17.9) para calcular os parâmetros de estocagem para o sistema (Q, r) com vários produtos. Porém, como observamos no Capítulo 2, frequentemente isso é difícil de se executar na prática. Em ambientes de produção, A muitas vezes representa a capacidade, pois a motivação para produzir em lotes é evitar a perda de capacidade devido aos *setups* frequentes. Em ambientes de compras, nos quais a capacidade não é uma preocupação direta, fazer uma estimativa de A é muito mais fácil. Porém, mesmo nesse caso, estimar o custo de um pedido pendente b é problemático, pois envolve valores intangíveis dos clientes. Por isso, é mais intuitivo usar um modelo com restrições. Quando o atendimento é devidamente caracterizado pelo número total de pedidos pendentes (para todos os tipos de peças), podemos formular o problema como segue:

Minimizar Custos dos estoques

Sujeito a: Frequência média de ordens de compras $\leq F$
Nível total dos pedidos pendentes $\leq B$

Podemos usar um processo repetitivo, como aquele descrito anteriormente para o modelo do lote econômico com vários produtos, para solucionar esse problema com as restrições. A ideia básica é, primeiro, ajustar o custo fixo das ordens de compra A até que a restrição da frequência de ordens seja satisfeita e, em seguida, ajustar o custo dos pedidos pendentes b até que a restrição dos níveis de pedidos pendentes seja satisfeita. Note que, quando verificamos se determinado conjunto de valores em (Q_j, r_j) satisfaz a restrição sobre os níveis de pedidos pendentes, usamos a fórmula *exata* para calcular os seus níveis, e não a aproximação utilizada na derivação da equação (17.8). Além disso, como os níveis de pedidos pendentes $B_j(Q_j, r_j)$ dependem de Q_j e de r_j, enquanto a frequência das ordens de compra $F_j(Q_j) = D_j/Q_j$ depende apenas de Q_j, é importante ajustar primeiro os valores de A, e só depois os de b. Definimos formalmente este procedimento a seguir.

Algoritmo (para os pedidos pendentes no modelo *(Q, r)* com vários produtos)

Passo 0. Escolha um valor inicial para A e para b.

Passo 1. Use A na equação (17.7) para calcular o tamanho dos lotes Q_j para todo $j = 1,..., N$.

Passo 2. Calcule a frequência resultante das ordens de compra

$$F(A) = \frac{1}{N} \sum_{j=1}^{N} \frac{D_j}{Q_j}$$

Passo 3. Se $F(A) = F$, vá para o Passo 4. Do contrário,

Se $F(A) < F$, diminua A

Se $F(A) > F$, aumente A

e retorne ao Passo 1.

Passo 4. Use b na equação (17.9) para calcular os pontos de reposição r_j para todo $j = 1,..., N$.

Passo 5. Calcule o nível resultante de pedidos pendentes

$$B(b) = \sum_{j=1}^{N} B_j(Q_j, r_j)$$

Passo 6. Se $B(b) = B$, pare. Do contrário,

Se $B(b) < B$, diminua b

Se $B(b) > B$, aumente b

e retorne ao Passo 4.

O modelo da falta de estoques. Se o atendimento é mais bem caracterizado pela taxa média de atendimento do que pelos níveis de itens pendentes, podemos formular uma função que represente a soma dos custos da falta de estoque mais os custos de estocagem da seguinte forma:

$$Y_s(\mathbf{Q}, \mathbf{r}) = \sum_{j=1}^{N} \{AF_j(Q_j) + k[1 - S_j(Q_j, r_j)] + h_j I_j(Q_j, r_j)\} \tag{17.10}$$

onde $\mathbf{Q} = (Q_j, j = 1,..., N)$ e $\mathbf{r} = (r_j, j = 1,..., N)$ representam vetores das quantidades das ordens e dos pontos de reposições. Assim como o modelo do custo dos pedidos pendentes, podemos otimizar isso de maneira separada para cada peça j. Usando a mesma aproximação do Capítulo 2 (isto é, calcular Q_j com o modelo do lote econômico e encontrar a taxa de atendimento por meio da aproximação tipo II $S_j(Q_j, r_j) \approx 1 - B_j(r_j)/Q_j$, e dos níveis de pedidos pendentes $B_j(Q_j, r_j)$ por meio da fórmula dos pedidos pendentes do modelo do estoque mínimo $B_j(r_j)$), obtemos as mesmas expressões para as quantidades das ordens de compra e para os pontos de reposição:

$$Q_j^* = \sqrt{\frac{2AD_j}{h_j}} \tag{17.11}$$

$$G(r_j^*) = \frac{kD_j}{kD_j + h_jQ_j} \tag{17.12}$$

Se, além disso, assumirmos que a demanda do *lead time* para o produto j é uma distribuição normal com uma média θ_j e um desvio padrão σ_j, então podemos simplificar a equação (17.12) para

$$r_j^* = \theta_j + z_j\sigma_j \tag{17.13}$$

onde z_j é o valor obtido na tabela normal padrão, de maneira que $\Phi(z_j) = kD_j/(kD_j + h_jQ_j)$.

Como no modelo dos pedidos pendentes, essas expressões para Q_i e r_i são sensíveis às diferenças entre as peças. Novamente, se todas as demais condições são as mesmas, para uma peça cara, as quantidades da ordem de compra Q_j e os pontos de reposição r_j serão menores do que para uma peça barata. Além disso, Q_j e r_j são crescentes em relação à taxa da demanda D_j e, no caso da demanda normal, o ponto de reposição r_j aumentará em relação ao desvio padrão da demanda do *lead time*, desde que $z_j > 0$. Por fim, como era de se esperar, aumentar o custo fixo das ordens de compra A elevará todas as quantidades das ordens de compra Q_j, e aumentar os custos da falta de estoque k ampliará todos os pontos de reposição r_j. Uma diferença em comparação com o modelo dos pedidos pendentes é que os valores de r_j^*dependem dos valores de Q_j.

Se pudermos especificar valores razoáveis para os custos fixos de *setup* (ordem de compra) A e para a penalização para cada peça em falta no estoque k, podemos usar as fórmulas (17.11) e (17.13) para calcular os parâmetros do sistema (Q, r) com vários produtos. Se, pelas razões já discutidas aqui e no Capítulo 2, não pudermos fazê-lo, podemos usar uma formulação com restrições. Quando o atendimento é adequadamente caracterizado pela taxa *média* do atendimento, então podemos formular o problema como segue:

Minimizar	Custo de manter estoques
Sujeito a:	Frequência média das ordens de compra $\leq F$ Taxa média de atendimento $\geq S$

Podemos usar um procedimento iterativo similar àquele usado anteriormente no modelo dos pedidos pendentes. Como anteriormente, usamos fórmulas *exatas* para calcular a taxa de atendimento para verificar suas restrições. Desse modo, é importante ajustar A para alcançar a restrição da frequência das ordens de compra antes de ajustar k para alcançar a restrição da taxa de atendimento. O procedimento formal pode ser definido como segue:

Algoritmo [Modelo *(Q, r)* da falta de estoques com vários produtos]

Passo 0. Escolha um valor inicial para A e k.

Passo 1. Use A na equação (17.11) para calcular o tamanho dos lotes Q_j para todo $j = 1,..., N$.

Passo 2. Calcule a frequência das ordens resultantes

$$F(A) = \frac{1}{N}\sum_{j=1}^{N}\frac{D_j}{Q_j}$$

Passo 3. Se $F(A) = F$, siga para o passo 4. Do contrário,
Se $F(A) < F$, diminua A
Se $F(A) > F$, aumente A
e retorne ao Passo 1.

Passo 4. Use k na equação (17.13) para calcular os pontos de reposição r_j para todo $j = 1,..., N$

Passo 5. Calcule a taxa do atendimento total resultante

$$S(k) = \frac{\sum_{j=1}^{N} D_j S_j(Q_j, r_j)}{\sum_{j=1}^{N} D_j}$$

Passo 6. Se $S(k) = S$, pare. Do contrário,
Se $S(k) < S$, aumente k
Se $S(k) > S$, diminua k
e retorne ao passo 4.

Um exemplo de *(Q, r)* com vários produtos. Para ilustrar o uso e a diferença entre os modelos dos pedidos pendentes e da falta de estoque para um problema (Q, r) com vários produtos, consideremos o exemplo da Tabela 17.3. Essa tabela nos dá o custo unitário c_j, a demanda anual D_j, o *lead time* de reposição ℓ_j, a média e o desvio padrão da demanda do *lead time*, θ_i e σ_i, respectivamente. Nosso objetivo é minimizar o investimento médio em estoques, sujeito a restrições na frequência média das ordens de compra e na taxa média do atendimento e/ou no nível médio dos pedidos pendentes. Note que, como usamos o investimento nos estoques como nosso objetivo, definimos o custo de manter os estoques igual ao custo unitário: $h_j = c_j$.

Primeiro, resolvemos o problema da definição das quantidades das ordens Q_j. Para tanto, assumimos um objetivo da frequência média das ordens de $F = 12$ ordens por ano. Note que o custo unitário e os dados anuais da demanda são idênticos aos da Tabela 17.1. Assim, já resolvemos esse problema, pois a porção do algoritmo de produtos múltiplos para calcular Q_j é idêntica ao algoritmo do lote econômico para várias peças. A partir de nosso exemplo anterior, sabemos que escolher um custo fixo $A = 65{,}138$ para as ordens de compra resulta em valores de Q_j que atingem uma frequência de 12 ordens de compras por ano. Esses valores de Q_j são mostrados nas Tabelas 17.4 e 17.5.

Resta agora o problema do cálculo dos pontos de reposição r_j. Iniciamos usando o modelo da falta de estoque com um objetivo de atingir uma taxa de atendimento de $S = 0{,}95$. Com o algoritmo do modelo da falta de estoque mencionado anteriormente, vemos que o custo de penalização que resulta em uma taxa de 95% é $k = 7{,}213$. A Tabela 17.4 mostra as taxas críticas resultantes, os pontos de reposição, as taxas de atendimento, os níveis de ordens pendentes e os níveis de estoque para cada peça. Também calcula a taxa média de atendimento (95%), o nível total das ordens pendentes (1,497 unidade) e o investimento total em estoques ($3.782,75).

Note que o algoritmo produz uma taxa de atendimento bem alta (99,5%) para as peças 2, mais baratas e com uma demanda alta, mas uma taxa de atendimento mais baixa (74,9%) para as peças 3, mais caras e com uma demanda baixa. Intuitivamente, o algoritmo tenta alcançar uma taxa de atendimento de 95% da forma mais barata possível, de maneira a tornar a taxa de atendimento tão alta quanto possível sem muitos gastos (ou seja, nos pontos em que o custo unitário é baixo) e onde causa maior impacto na média geral (isto é, onde a demanda anual é alta).

Uma alternativa para caracterizar o atendimento pela taxa de atendimento é usar o nível de pedidos pendentes. Podemos fazê-lo usando o algoritmo do modelo dos pedidos pendentes para ajustar o custo dos pedidos pendentes b até que seu nível alcance um objetivo específico. Para fazer uma comparação entre os modelos da falta de estoque e dos pedidos pendentes, tomamos como objetivo dos pedidos pendentes o total que resultou dos cálculos do modelo da falta de estoques, isto é, $B = 1{,}497$ unidade.

TABELA 17.3 Dados do custo e da demanda para o exemplo de *(Q, r)* com várias peças

j	c_j (\$/unidade)	D_j (unidades/ano)	ℓ_j (dias)	θ_j (unidades)	σ_j (unidades)
1	100	1.000	60	164,4	12,8
2	10	1.000	30	82,2	9,1
3	100	100	100	27,4	5,2
4	10	100	15	4,1	2,0

TABELA 17.4 Resultados dos cálculos do modelo (Q, r) de falta de estoque com várias peças

j	Q_j (unidades)	$kD_j/(kD_j + h_j Q_j)$ (ausência)	r_j (unidades)	F_j (Freq. ordens)	S_j (taxa de Atendimento)	B_j (Nível de pedidos pendentes)	I_j (Nível de estoque)($)
1	36,1	0,666	169,9	27,7	0,922	0,544	2.410,66
2	114,1	0,863	92,1	8,8	0,995	0,022	670,24
3	11,4	0,387	25,9	8,8	0,749	0,918	512,52
4	36,1	0,666	5,0	2,8	0,988	0,014	189,33
				12,0	0,950	1,497	3.782,75

Antes de continuarmos, vamos fazer uma pausa para notar que estabelecer um objetivo para os pedidos pendentes nem sempre é fácil. Diferentemente da taxa de atendimento, que é expressa como uma porcentagem de ausência de estoques, o nível total de pedidos pendentes mede sua média a qualquer momento. Assim, não se pode interpretar o nível de pedidos pendentes entre os diversos sistemas (por exemplo, um nível médio de 6 pode ser ruim para um sistema com poucas peças e demanda baixa, mas bom para outro sistema com muitas peças e uma demanda alta). Uma maneira de encontrar um nível de pedidos pendentes intuitivamente é pensar em termos de quanto tempo um novo cliente tem que aguardar em função da existência de pedidos pendentes a atender. Se tomarmos W para representar a demora média de uma demanda e D para representar o número total de demandas por ano, então, de acordo com a lei de Little

$$B = D \times W$$

ou

$$W = \frac{B}{D}$$

Neste exemplo, $D = 2.200$ unidades por ano, então um nível de 1,497 unidade em pendência resultaria em

$$W = \frac{1{,}497}{2.200} = 6.8045 \times 10^{-4} \text{ anos} = 5{,}96 \text{ horas}$$

Isso significa que, em média, uma peça (qualquer uma, não apenas aquelas em pendência) terá que aguardar 5,96 horas devido à falta de peças em estoque. O significado real disso é que a maioria das peças não vai ter que aguardar nada, enquanto outras teriam que aguardar muito mais do que 5,96 horas. Mas a média de demora das peças fornece ao tomador de decisões uma ideia a respeito do impacto do nível de itens pendentes. Na verdade, o resultado é o mesmo se usarmos horas de espera como um objetivo de desempenho, em vez do nível de pedidos pendentes – tudo o que é necessário fazer é dividir pela taxa de demanda e multiplicar pelo número de horas em um ano.

TABELA 17.5 Resultados dos cálculos do modelo (Q, r) de pedidos pendentes com várias peças

j	$b_j/(b_j + h)$ (ausências)	Q_j (unidades)	r_j (unidades)	F_j (Freq. ordens)	S_j (Taxa de atendimento)	B_j (Nível de pedidos pendentes	I_j (Nível de estoque)($)
1	0,538	36,1	165,6	27,7	0,875	0,974	2.024,77
2	0,921	114,1	95,0	8,8	0,997	0,010	698,76
3	0,538	11,4	27,9	8,8	0,840	0,511	671,85
4	0,921	36,1	7,0	2,8	0,998	0,002	209,10
				12,0	0,934	1,497	3.604,48

Agora, supondo que o objetivo do nível de pedidos pendentes de 1,497 seja aceitável, podemos usar o algoritmo dos pedidos pendentes para encontrar a penalização que faria com que o total de pedidos pendentes atingisse esse nível. Nosso número mágico é $b = 116{,}50$. A Tabela 17.5 mostra as taxas críticas resultantes, os pontos de reposição, as taxas de atendimento, os níveis de pedidos pendentes e os níveis de estoques para cada peça. Também calcula a taxa média de atendimento (93,4%), o nível total de pedidos pendentes (1,497 unidade) e o investimento total em estoques ($3.604,48).

Note que o algoritmo produz níveis baixos de pedidos pendentes para as peças mais baratas 2 e 4, e níveis mais altos para as peças mais caras 1 e 3. Além disso, a tendência é de se ter níveis de pedidos pendentes maiores para as peças com uma demanda alta (a peça 1 mostra um nível maior do que a 3, e a peça 2, maior do que a 4), porque uma demanda maior produz mais pedidos pendentes se todas as outras condições permanecerem iguais. Como aconteceu com o modelo da falta de estoque, o modelo dos pedidos pendentes coloca a maioria dos investimentos em estoques na peça 1, mais cara e com uma demanda maior.

No entanto, existem algumas diferenças-chave entre as duas soluções. Enquanto os níveis de pedidos pendentes são os mesmos, como os forçamos a ser, as taxas de atendimento e os níveis de estoque são diferentes. O modelo dos pedidos pendentes atinge determinado nível de pedidos pendentes com um investimento menor em estoques ($3.604,48 *versus* $3.782,75). Mas o faz à custa de uma taxa menor de atendimento (93,4% *versus* 95%). Se tivéssemos usado o modelo dos pedidos pendentes para ajustar os seus custos b e atingir a taxa de atendimento de 95%, o resultado teria sido um investimento em estoques maior do que o modelo da falta de estoques. A conclusão é que esse modelo encontra uma política eficiente no uso dos estoques para atingir determinada taxa de atendimento, enquanto o modelo dos pedidos pendentes o faz para atingir um determinado nível de pedidos pendentes. Isso é exatamente o que se esperaria que acontecesse. Porém, como os dois modelos apresentam diferentes *trade-offs*, é importante fazer a escolha certa para cada situação. Se a taxa de atendimento é a melhor medida, o modelo da falta de estoques é o mais apropriado. Se os níveis de pedidos pendentes (ou adiamentos) é uma melhor representação do atendimento, o modelo dos pedidos pendentes é melhor.

Por último, observamos que podemos usar qualquer um dos dois para gerar uma curva do *trade-off* entre os investimentos em estoques e a taxa de atendimento ou o nível de pedidos pendentes, variando o custo da falta de estoques k, ou o custo dos pedidos pendentes b, e extraindo as curvas dos pares dos dados do investimento/atendimento (ou pedidos pendentes). A Figura 17.4 mostra as curvas dos exemplos anteriores para várias frequências de ordens de compra. Como esperávamos, os investimentos em estoques aumentam de maneira exponencial, à medida que nos aproximamos da taxa de 100% de atendimento. Além disso, podemos ver que a redução dos estoques causada por mais seis ordens de reposição por ano diminui com o crescimento do número de ordens de compra. Essas curvas representam

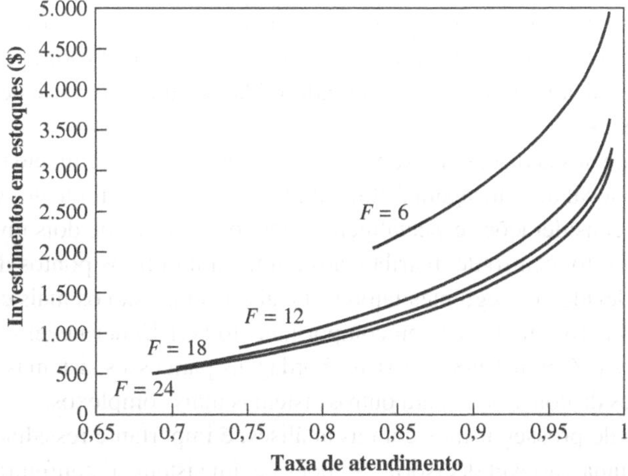

FIGURA 17.4 *Trade-offs* entre a frequência das ordens de compra, a taxa de atendimento e os investimentos em estoques no modelo (Q, r) com vários produtos.

fronteiras eficientes, pois representam o menor investimento em cada par de dados de frequência de ordens/taxa de atendimento. Um gerente pode usar um gráfico assim para sentir quanto investimento é necessário para atingir vários níveis de atendimento. Com essa informação, pode-se definir um bom objetivo. Uma curva similar de investimentos em estoques *versus* taxa de atendimento poderia ser gerada usando o modelo dos pedidos pendentes.

17.7 AS CADEIAS DE SUPRIMENTO MULTINÍVEIS

Muitas cadeias de suprimento, incluindo as de peças de reposição, envolvem vários níveis e produtos. Por exemplo, um lojista pode estocar produtos em centros regionais de distribuição, que alimentam cada uma das lojas, que, por sua vez, atendem os clientes. Como alternativa, um fabricante de equipamento que também oferece serviços técnicos pode estocar peças de reposição em um centro de distribuição regional, que atende as lojas da região, que, por sua vez, atendem os equipamentos dos clientes. Por causa da acumulação da variabilidade, a formação de estoques em um local centralizado, como um armazém ou centro de distribuição, permite uma redução maior dos estoques de segurança do que manter os estoques em cada loja. Porém, manter estoques de maneira mais distribuída (por exemplo, em lojas ou revendas) permite uma maior agilidade no atendimento aos clientes em função da proximidade geográfica. O maior desafio das cadeias de suprimento multiníveis é equilibrar a eficiência dos estoques centralizados com a agilidade no atendimento aos clientes, para oferecer um sistema de alto desempenho, sem excessos de investimentos em estoques. As pesquisas indicam que fazer isso, aplicando abordagens de um único nível para problemas multiníveis, não funciona muito bem (Hausman e Erkip 1994, Muckstadt e Thomas 1980) motivando-nos a oferecer um tratamento especial para esses problemas.

A complexidade e a variedade das cadeias multiníveis são bem desafiadoras do ponto de vista analítico. Os estudos sérios de tais sistemas remontam ao trabalho clássico de Clark e Scarf (1960) e continuam atualmente (ver Federgruen 1993, Axsäter 1993, Nahmias e Smith 1992 para excelentes estudos, e Schwarz 1981 para uma antologia sobre o assunto). Estudos mais modernos posicionam o gerenciamento dos estoques multiníveis no contexto da gestão da cadeia de suprimento (ver Lee e Billington 1992; Fisher 1997; Simchi-Levi, Kaminsky e Simchi-Levi 1999). Como não é possível tratarmos o assunto de maneira mais profunda, focaremos na definição das questões e na indicação de como alguns resultados obtidos em sistemas com um único nível podem ser adaptados para ambientes multiníveis.

17.7.1 As configurações do sistema

A característica que define uma cadeia de suprimento multinível é o fato de os locais de base serem supridos por locais centrais de níveis superiores. Porém, nessa estrutura, existem muitas variações possíveis e, se existirem transferências entre os locais no mesmo nível (por exemplo, entre armazéns centrais), a própria definição de níveis se torna indefinida. Resumindo, os sistemas podem tornar-se extremamente complexos.

Para os objetivos de nossa discussão, vamos nos concentrar principalmente nos sistemas **arborescentes**, nos quais cada local de estocagem é alimentado por uma única fonte de suprimentos (ver Figura 17.5). Vamos fazer considerações especialmente sobre os sistemas de dois níveis em que um único armazém central (depósito, centro de distribuição) alimenta múltiplos pontos de venda (instalações, pontos de demanda), devido aos seguintes fatores (1) tais sistemas são os mais comuns na prática; (2) existem bons modelos aproximados de seu comportamento (ver Deuermeyer e Schwarz 1981, Sherbrooke 1992, Svoronos e Zipkin 1988); e (3) as abordagens para esses sistemas de dois níveis podem ser usadas como blocos de construção para outros sistemas mais complexos.

No entanto, antes de prosseguirmos com as análises, é importante ressaltar que a própria configuração do sistema é uma variável decisória. Só por que um sistema é configurado em uma estrutura com três níveis não significa que seja sempre assim. Na verdade, a definição dos níveis de estoque, a

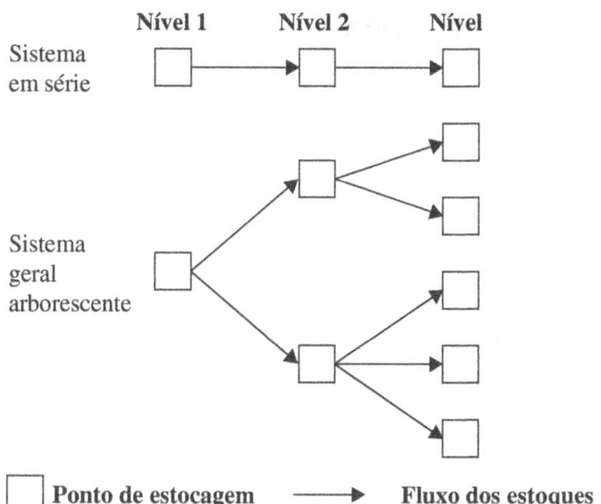

FIGURA 17.5 Cadeias de suprimento multiníveis arborescentes.

localização dos armazéns e as políticas para interconectá-los estão entre as decisões logísticas mais importantes que uma empresa pode tomar sobre seu sistema de distribuição. Mesmo que esses sistemas apresentem problemas desafiadores, é melhor enfrentá-los abertamente do que perder oportunidades significativas em virtude de uma visão de que o *status quo* é inalterável.

Como exemplo desse tipo de reconsideração da configuração do sistema, mostramos o caso de um fabricante de equipamentos bem conhecido. Essa empresa tinha contratos de prestação de serviços sobre seus equipamentos (uma garantia dos clientes de um número máximo de horas de parada dos equipamentos por mês) e um estoque de peças de reposição dando suporte ao seu processo de manutenção. Essas peças eram estocadas em três níveis: em um centro de distribuição principal, em instalações regionais e nos locais dos clientes (para clientes cujas cláusulas contratuais assim o especificavam). Praticamente todos os embarques do centro de distribuição para as instalações eram efetuados por meio do correio noturno (exceto para uma delas, situada próximo o bastante para o abastecimento direto das peças de reposição necessárias). O pessoal de manutenção usava as instalações regionais para repor os estoques nos locais dos clientes. Aproximadamente 50% dos estoques do sistema eram mantidos no centro de distribuição, e o resto, nas instalações regionais e nos locais dos clientes.

Essa configuração traz à tona uma questão óbvia. Por que manter estoques no centro de distribuição?[7] Uma instalação regional pode receber uma peça pelo transporte noturno de maneira idêntica, seja do centro de distribuição ou de outra instalação regional. (Na verdade, descobrimos que os gerentes das instalações regionais já mantinham um sistema informal de remessa de peças usando o correio noturno quando o centro de distribuição não as tinha em estoque.) Assim, poderia ser possível que o centro de distribuição dividisse seu estoque entre as instalações regionais, o que transferiria os estoques, geograficamente, para mais perto da demanda, e o tempo de equipamentos parados nos clientes por falta de peças diminuiria. Além disso, se uma instalação regional precisasse de uma peça, ainda assim conseguiria trazê-la pelo correio noturno a partir de outra instalação em vez do centro de distribuição, desde que alguma delas tivesse a peça em estoque. O centro de distribuição deixaria de ser um ponto de distribuição e se tornaria um agente logístico de compras (isto é, serviria para comprar as peças dos vários fornecedores ou para fabricá-las internamente) e um coordenador das operações (isto é, manteria o sistema de informação que controla os estoques existentes no sistema). O resultado final seria que, com a mesma quantidade de estoques no sistema, os clientes receberiam um melhor atendimento. Esse tipo de reconfiguração poderia oferecer maiores benefícios gerais do que a otimização detalhada do sistema atual.

[7] Agradecemos ao professor Yehuda Bassok por nos ter indicado essa questão "óbvia".

17.7.2 As medidas de desempenho

Para se tomarem decisões sobre o projeto ou o desenvolvimento de um modelo, é essencial que o desempenho desejado seja especificado em termos concretos. Uma série de medidas pode ser usada, incluindo as seguintes:

1. **Taxa de atendimento** é a fração da demanda atendida pelo estoque disponível. Isso é aplicável para todos os níveis do sistema. Mas é importante lembrar que uma medida assim, aplicada nos níveis superiores (por exemplo, no centro de distribuição principal), é apenas um meio para se atingir um determinado objetivo. É o desempenho dos níveis mais básicos que determina a qualidade do atendimento aos clientes.
2. **Nível dos pedidos pendentes** é a média dos pedidos recebidos que estão aguardando para serem atendidos. Essa medida se aplica aos sistemas em que podem ocorrer pedidos pendentes (por exemplo, sistemas de peças de reposição, em que um item deve ser atendido, não importa quando). Como observamos anteriormente, o nível de pedidos pendentes no sistema está intimamente ligado à demora média em atendê-los, pois podemos aplicar a lei de Little para concluir que

$$\text{Demora média dos pedidos pendentes} = \frac{\text{nível médio dos pedidos pendentes}}{\text{taxa média da demanda}}$$

   Por exemplo, se determinada peça tem um consumo de 100 unidades por ano, e o nível médio de pedidos pendentes é de 1 peça, então a demora média de qualquer peça (não apenas as que estão pendentes) é de 1/100 ao ano, ou 3,65 dias.
3. **Vendas perdidas** é o número potencial de pedidos de clientes perdidos por falta de peças em estoque. Essa medida se aplica a um sistema em que, se os pedidos não são atendidos de imediato, os clientes vão comprar o produto na concorrência, como em lojas de varejo. Se qualquer pedido cujas peças estão em falta no estoque é perdido, então as vendas estimadas por ano se relacionam à taxa de atendimento por

$$\text{Vendas perdidas} = (1 - \text{taxa de atendimento}) \times \text{taxa média da demanda}$$

   Por exemplo, se a taxa de atendimento de determinada peça é de 95%, e a demanda anual é de 100 peças por ano, então $(1 - 0{,}95)(100) = 5$ peças por ano serão perdidas por falta de estoque.
4. **Probabilidade de atraso** é a possibilidade de que uma atividade (um reparo de máquina, a remessa de um pedido a um cliente) seja atrasada devido à falta de peças no estoque. Essa medida é muito usada em sistemas que exigem uma alta confiabilidade (por exemplo, a manutenção de aeronaves). Em geral, a probabilidade de atraso em um sistema com vários níveis e peças é uma função da taxa de atendimento das várias peças, apesar de depender da maneira como as peças têm suas demandas em conjunto (por exemplo, são usadas no mesmo reparo ou pedido), essa dependência pode ser complexa (ver Sherbrooke 1992 para uma discussão mais profunda).

A partir dessas discussões, concluímos que a taxa de atendimento e o nível dos pedidos pendentes são medidas fundamentais, pois as outras medidas podem ser calculadas a partir delas. Por essa razão, a maioria dos modelos matemáticos usa essas medidas diretamente ou utiliza funções de custos derivadas.

17.7.3 O efeito chicote

Uma questão importante levantada nas cadeias de suprimento multiníveis é a do **alinhamento dos canais**, a qual se refere à coordenação das políticas entre os vários níveis e pode envolver o compartilhamento de informações, o controle de estoques e o transporte, entre outras decisões gerenciais. Como existem tantas outras variáveis decisórias, a coordenação entre os canais é um desafio, mesmo quando uma empresa controla todos os níveis da cadeia de suprimento. Quando existem várias empresas em cada nível, o problema fica mais complexo ainda.

Uma resposta natural à complexidade das cadeias de suprimento multiníveis é tratar cada nível de maneira independente, isto é, permitir que cada nível use informações locais para a implantação das melhores políticas. Na verdade, quando os níveis consistem de empresas separadas, essa estratégia é a mais tradicional. Porém, se sua implantação é natural, a abordagem de separar os níveis pode prejudicar o desempenho da cadeia como um todo. A consequência mais óbvia de uma coordenação pobre é a ineficiência (os estoques são mantidos em quantidades e locais ineficientes).Uma consequência mais sutil, mas também prejudicial, é o **efeito chicote**, que se refere à amplificação das flutuações da demanda que partem da base da cadeia de suprimento até o topo.

A Figura 17.6 ilustra esse efeito. Mesmo que a demanda na base da cadeia (por exemplo, no varejo) seja relativamente estável ao longo do tempo, ela é muito volátil no topo (por exemplo, produtos manufaturados). Esse fenômeno foi observado por Forrester (1961) em estudos de caso de modelos dinâmicos industriais. Também foi observado no contexto comportamental como parte do conhecido Jogo da Cerveja, desenvolvido no MIT na década de 1960 (ver Sterman 1989). Mais recentemente, ele tem sido observado na prática. Por exemplo, a Procter & Gamble notou que a demanda pela marca de fraldas Pamper era muito constante, enquanto os pedidos dos distribuidores para as fábricas eram bastante variáveis. Um comportamento similar foi observado na demanda das impressoras da Hewlett--Packard e da insulina produzida pela Eli Lilly. Como sabemos, a variabilidade precisa de reservas – seja de estoque, de capacidade ou de tempos. Assim, o efeito chicote resulta em consequências negativas, como níveis de WIP excessivos, uso inadequado da capacidade, pilhas de pedidos e maiores custos de remessa.

Considerando que o efeito chicote é real, as questões levantadas são: quais são suas causas? E o que fazer para evitá-lo? Lee, Padmanabhan e Whang (1997a, 1997b) classificaram suas causas em quatro categorias. Seguindo sua estrutura, vamos resumi-las, oferecendo possíveis soluções.

Os lotes. No nível mais básico da cadeia de suprimento (por exemplo, no varejo) a demanda é, muitas vezes, constante ou, no mínimo, previsível, pois as compras são feitas em quantidades pequenas. Por exemplo, as pessoas diabéticas compram a insulina em pequenas porções, suficientes apenas para algumas semanas ou meses. Como cada diabético toma sua própria decisão, a demanda total no varejo é extremamente constante ao longo do tempo. Essa constância seria preservada por toda a cadeia de suprimento caso os revendedores repusessem seus estoques por meio de pedidos lote a lote junto aos

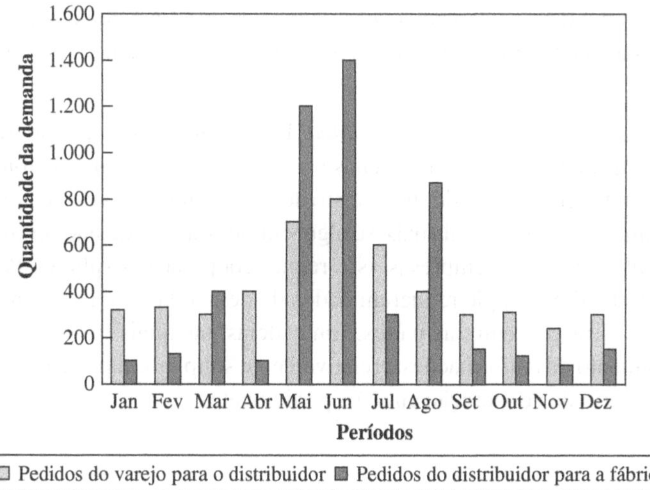

FIGURA 17.6 A demanda percebida nos vários níveis da cadeia de suprimento.

distribuidores e caso este fizesse o mesmo com seus pedidos para a fábrica. Porém, se os varejistas e os distribuidores compram usando alguma regra de tamanho de lote; por exemplo, seguindo uma política (Q, r) e esperam até que suas necessidades justifiquem fazer um pedido do tamanho de Q, então suas demandas serão muito mais variáveis do que ao nível do varejo. Além disso, se há sincronização entre os tomadores de decisões em determinado nível (por exemplo, todos rodam novamente seus sistemas de MRP no início do mês[8]), essas variações serão ainda mais acentuadas.

Como a amplificação da variabilidade da demanda é resultado de pedidos em lotes, as políticas que facilitam a reposição dos estoques em quantidades menores reduziriam esses efeitos. Algumas opções seriam:

1. *Reduzir o custo das ordens de reposição.* Como vimos no Capítulo 2, uma das principais razões para se fazerem pedidos em grandes quantidades é o custo de um pedido de reposição. Uma maneira de diminuir esses custos é usar o **intercâmbio eletrônico de dados** (*electronic data interchange* – **EDI**) para minimizar ou eliminar as ordens de compra. Ao reduzir a emissão de papéis, tais sistemas podem facilitar a reposição mais frequente em pequenas quantidades.
2. *A consolidação de cargas.* Outra razão para se fazerem pedidos em grandes quantidades é o custo do transporte. É comum que os atacadistas ou distribuidores definam suas quantidades para que preencham uma carga completa, o que se deve ao fato de que o custo para a remessa com cargas completas é significativamente menor do que com cargas parciais. Contudo, um caminhão não precisa carregar somente um produto. Então, uma maneira de reduzir as quantidades das ordens e ainda manter as vantagens de uma carga completa é fazer pedidos de múltiplos produtos ao mesmo fabricante. Como alternativa, o processo de reposição pode ser transferido para uma empresa de logística, a qual faria a consolidação de cargas com outras empresas e fornecedores. Em qualquer um dos casos, o resultado facilitaria entregas mais frequentes.

As previsões. Nas cadeias de suprimento em que os níveis são gerenciados por diferentes tomadores de decisão (por exemplo, quando são formadas por várias empresas), a previsão da demanda pode amplificar a variabilidade das ordens de compra. Para saber como, suponha que um varejista observe uma pequena alta na demanda. Pelo fato de os pedidos precisarem cobrir as demandas previstas e os estoques de segurança, isso resulta em quantidades maiores. O distribuidor, que faz as previsões de demanda com base nos pedidos do varejo, observa a alta da demanda e adiciona sua própria margem de segurança, aumentando ainda mais as quantidades no pedido para o fabricante. A situação inversa acontece quando o varejista observa uma queda na demanda. Assim, a volatilidade da demanda aumenta à medida que subimos nos níveis da cadeia de suprimento.

A razão básica pela qual as previsões acentuam o efeito chicote é que cada nível da cadeia atualiza sua própria estimativa com base na demanda *observada*, e não na demanda real dos clientes. Assim, as políticas que servem para consolidar as previsões das demandas reduzem esse efeito. Seguem algumas opções:

1. *O compartilhamento dos dados de demanda.* Uma solução simples para reduzir os efeitos da amplificação de previsões separadas feitas nos vários níveis é usar uma fonte comum de dados sobre a demanda. Em cadeias de suprimento de apenas uma empresa, o compartilhamento dos dados da demanda do nível mais baixo é algo simples (apesar de não ser muito praticado). Em cadeias envolvendo várias empresas, isso requer cooperação explícita. Por exemplo, a IBM, a Hewlett-Packard e a Apple requerem dados de demanda de seus revendedores como parte dos contratos firmados entre as partes. Em cadeias nas quais os participantes usam EDI, o compartilhamento das informações é relativamente simples em princípio; o desafio é alcançar o nível necessário de cooperação entre os participantes.

[8] O fenômeno da sincronização dos sistemas de MRP que faz a demanda total saltar em certos períodos muitas vezes é chamado de **nervosismo do MRP**.

2. *O gerenciamento dos estoques pelo fornecedor.* Uma maneira mais agressiva para assegurar que as previsões são feitas com base na demanda do nível mais baixo é deixar seu controle nas mãos de apenas uma entidade. Em sistemas de **gerenciamento dos estoques pelo fornecedor**, o fabricante controla a reposição sobre toda a cadeia de suprimento. Por exemplo, a Procter & Gamble controla os estoques de suas fraldas Pampers em toda sua extensão desde seu fornecedor (3M) até seus clientes (Walmart). O fato de que as alianças por meio desses sistemas podem acumular os estoques de todos os níveis da cadeia permite que se opere com muito menos estoques do que em cadeias não coordenadas.
3. *A redução do lead time.* Os efeitos amplificadores das previsões sobre os pedidos da cadeia é uma função dos volumes dos estoques de segurança que as flutuações da demanda geram em todo o sistema. Entretanto, como observamos no Capítulo 2, os estoques de segurança aumentam com o *lead time* de reposição. Assim, uma maneira óbvia, mas potencialmente significativa, para reduzir a volatilidade da demanda em decorrência das previsões é reduzir o *lead time*. Qualquer uma das melhorias na eficiência discutidas na Seção 17.4 quanto à redução do WIP/ *cycle time* pode ser praticada nos vários níveis para atingir esse objetivo.

A cotação dos preços. Outro fator que pode fazer a demanda nos níveis mais altos da cadeia de suprimento se aglomerar em picos é o desconto nos preços. Sempre que o preço de um produto fica baixo em virtude de promoções, os clientes tendem a antecipar suas compras, isto é, eles compram em maiores quantidades. Quando os preços voltam ao normal, os clientes consomem os excessos e acabam comprando em menores quantidades, resultando em um processo de demanda volátil.

Pelo fato de ser a variação de preços que determina a volatilidade da demanda, a solução óbvia é estabilizar os preços. Algumas políticas que dão suporte a preços mais estáveis são:

1. *As promoções diárias.* A maneira mais direta para estabilizar preços é simplesmente reduzir ou eliminar os descontos. Nas redes de supermercados, muitos fabricantes estabelecem políticas uniformizadas de preços e têm promovido campanhas de *marketing* centralizadas em "descontos diários" ou "preços de fábrica".
2. *O custeio por atividade.* Os sistemas tradicionais de contabilidade podem esconder os custos resultantes de algumas práticas promocionais, tal como acontece quando descontos regionais fazem com que os varejistas comprem grandes quantidades em determinada área geográfica e distribuam os produtos para outras áreas de consumo. Os sistemas de custeio por atividade levam em conta estoques, remessas, manuseio, etc., de forma que são úteis para justificar e implantar estratégias para preços mais baixos.

Comportamento de jogos. Um último fator que contribui para o efeito chicote é a maneira como os clientes fazem seus pedidos como uma espécie de jogo. Suponha que um fornecedor aloca um produto em falta aos clientes de maneira proporcional às quantidades de seus pedidos. Os clientes têm um incentivo claro para exagerarem as quantidades de seus pedidos para conseguirem mais do produto. Quando a oferta se normaliza, os clientes cancelam seus pedidos em excesso, deixando o fornecedor cheio de estoques. Tal fato ocorreu mais de uma vez durante a década de 1980 com as memórias para computadores, quando a sua falta no mercado encorajou os fabricantes de computadores a fazerem pedidos de *chips* de vários fornecedores, comprarem do primeiro que entregasse e cancelarem os outros.

A questão fundamental é que, quando esse comportamento se instala, os pedidos dos clientes são uma fonte distorcida de informações sobre a demanda real. As alternativas para reduzir esse tipo de comportamento incluem:

1. *Alocar as quantidades de acordo com as vendas do passado.* Se um fornecedor que enfrenta a falta de determinado produto aloca as quantidades com base na demanda histórica, e não nos pedidos atuais, os clientes não têm incentivos para exagerar seus pedidos em situações de falta do produto.

2. *Usar limites de tempo mais rigorosos.* Vimos no Capítulo 3 que zonas de congelamento e limites de tempo são ferramentas para limitar ou penalizar os clientes por fazerem alterações em seus

pedidos. Se os clientes não puderem cancelar suar ordens com tanta facilidade, as estratégias dos jogos se tornam mais caras. Além disso, um fornecedor precisa decidir com certo equilíbrio entre a agilidade no atendimento e a estabilização da demanda.

3. *Reduzir o lead time.* Outra situação que pode levar ao comportamento dos jogos ocorre quando os produtos envolvem componentes com *lead times* longos. Por exemplo, trabalhamos em uma fábrica de placas de circuito impresso que atendia outras montadoras de computadores. Para produzir as placas de circuito impresso, a fábrica tinha que comprar as placas brutas e os componentes a serem montados nela. Alguns dos componentes tinham *lead times* de compras muito longos (de mais de 1 ano). Para encorajar seus clientes a comunicarem suas demandas logo, a fábrica impunha uma série de limites de tempo que só permitiam alterações nas quantidades dos pedidos de vários *lead times* antes da data de entrega. Porém, pelo fato de a fábrica saber que as peças com longos *lead times* seriam difíceis de adquirir se a demanda crescesse, os clientes tinham fortes incentivos para superestimar seus pedidos. Como esperado, quando verificamos os dados, notamos que, a cada limite de tempo, os pedidos caíam significativamente – se um limite de tempo permitia uma redução de 15% na quantidade solicitada sem qualquer penalização, muitos pedidos eram reduzidos exatamente nesse porcentual ao atingir esse limite de tempo. O resultado era que os excessos de quantidades acabavam estocados na fábrica. Uma solução, como sugerido anteriormente, seria restringir a possibilidade de os clientes alterarem seus pedidos. Por exemplo, se a fábrica congelasse os pedidos por um prazo maior que seu *lead time* para todos os componentes, tal comportamento não ocorreria. Mas é claro que não seria razoável impor um congelamento de 1 ano nos pedidos dos clientes. A alternativa seria trabalhar para a redução do *lead time* dos componentes, de maneira que os clientes tivessem menos incentivos para tentar enganar o sistema por meio de quantidades exageradas em seus pedidos.

Por último, observamos que uma política radical para reduzir todos os fatores que contribuem para o efeito chicote seria eliminar os níveis da cadeia de suprimento. Isso foi exatamente o que a Dell Computadores fez com seu sistema de *marketing* direto, no qual os computadores são vendidos sem usar distribuidores. Além de permitir à Dell o acesso aos dados diretos da demanda, a empresa eliminou seu estoque e seus custos correspondentes. Essa estratégia teve uma grande influência em tornar a Dell uma das empresas de maior sucesso nos Estados Unidos na década de 1990.

17.7.4 Uma aproximação para um sistema de dois níveis

Agora abordaremos um problema específico de cadeia de suprimentos com sistema de estoque em dois níveis, com um único armazém central que atende certo número de instalações, que, por sua vez, atende os consumidores finais. Assuma que o armazém e as instalações utilizam políticas diferentes de controle de seus estoques, sendo que o armazém usa a política do (Q, r), e as revendas usam a política do estoque mínimo (isto é, fazem a reposição de seus estoques uma peça por vez, de forma que, na realidade, utilizam a política do (Q, r) com $r = 1$). Esse tipo de sistema faz sentido para o caso de peças de reposição, no qual a rapidez nas entregas é crucial, e os volumes são relativamente pequenos. Assim, as instalações possivelmente recebem carregamentos de peças do armazém com certa frequência, e a reposição de uma peça por vez torna-se uma opção prática. Essa suposição pode ser menos apropriada para sistemas varejistas, nos quais as revendas fazem sua reposição com menos frequência, e os pedidos e entregas são feitos em grandes volumes. Remetemos o leitor interessado a Nahmias e Smith (1992) para maiores detalhes na modelagem de sistemas varejistas.

A reposição das instalações peça por peça implica que suas demandas são repassadas diretamente para o armazém, significando que, se a demanda de cada peça, em cada revenda, tem uma distribuição de Poisson, então o total das demandas do armazém também tem distribuição de Poisson (lembre que, no Capítulo 2, observamos que uma distribuição de Poisson geralmente é uma suposição razoável para representar os processos de demandas.) Isso nos permite fazer a seguinte abordagem: primeiro, analisamos o armazém usando um modelo (Q, r) de nível único, para o qual definimos a taxa de atendimento e calculamos as quantidades dos pedidos e os pontos de reposição de cada peça; depois, calculamos o número estimado de pedidos pendentes em qualquer momento para cada peça, fazendo uso desse número para estimar a demora dos pedidos das instalações. Com isso, aproximamos os *lead times* do ponto de vista das instalações como a expectativa dos prazos de entrega do armazém, mais a demora. Depois, usando esses *lead times* modificados, aplicamos o modelo do estoque mínimo a cada uma das instalações para calcular o ponto de reposição de cada peça.

Para desenvolver um modelo, será utilizada a seguinte notação, que é similar à usada anteriormente para o modelo (Q, r) com vários produtos, com m subscrito indicando as instalações:

N = número total de tipos diferentes de peças no sistema

M = número de instalações atendidas pelo armazém

$D_j = \sum_{m=1}^{M} D_{jm}$, demanda estimada (unidades por ano) para a peça j no armazém

ℓ_j = *lead time* de reposição (em dias) para a peça j no armazém, uma constante pressuposta

X_j = demanda da peça j no armazém durante o *lead time* de reposição (em unidades), uma variável aleatória

$\theta_j = D_j\ell_j/365$, demanda estimada durante o *lead time* de reposição para a peça j

$g_j(x)$ = densidade da demanda durante o *lead time* de reposição para a peça j no armazém

$G_j(x) = P(X_j \leq x)$, função distribuição acumulada da demanda para a peça j no armazém durante o *lead time* de reposição

W_j = tempo estimado (em dias) que um pedido da peça j aguarda no armazém em razão de pedidos pendentes

D_{jm} = demanda anual (unidades por ano) para a peça j em uma instalação m

ℓ_{jm} = *lead time* (em dias) até que uma instalação m receba uma peça j do armazém, uma constante pressuposta

X_{jm} = demanda para a peça j em uma instalação m durante o *lead time* de reposição (em unidades), uma variável aleatória

$\theta_{jm} = D_j\ell_j/365$, demanda esperada para a peça j durante o *lead time* de reposição

$g_{jm}(x)$ = densidade da demanda para a peça j em uma instalação m durante o *lead time* da reposição

$G_{jm}(x) = P(X_{jm} \leq x)$, função distribuição acumulada da demanda para a peça j em uma instalação m durante o *lead time* de reposição

L_{jm} = *lead time*, incluindo a demora causada por pedidos pendentes (em dias), para um pedido da peça j de uma instalação m ser atendido pelo armazém, uma variável aleatória

c_j = custo unitário (em \$) da peça j

Q_j = quantidade pedida da peça j no armazém; uma variável decisória

r_j = ponto de reposição para a peça j no armazém; uma variável decisória

r_{jm} = ponto de reposição para a peça j em uma instalação m; uma variável decisória

$R_{jm} = r_{jm} + 1$, nível mínimo de estoque para a peça j em uma instalação m; essa é uma variável decisória, que é equivalente a r_{jm}

$F_j(Q_j)$ = frequência das ordens (ordens de reposição por ano) para a peça j no armazém em função de Q_j

$S_j(Q_j, r_j)$ = taxa de atendimento (a fração das ordens atendidas pelo estoque) da peça j no armazém em função de Q_j e r_j

$B_j(Q_j, r_j)$ = número médio de itens pendentes da peça j no armazém em função de Q_j e r_j

$I_j(Q_j, r_j)$ = nível médio de estoque disponível (em unidades) da peça j no armazém em função de Q_j e r_j

O nível do armazém. Podemos resolver o problema do armazém (calculando Q_j e r_j para todas as peças) usando qualquer abordagem anterior na solução de problemas de um único nível. Isto é, poderíamos usar um modelo de custos para o qual especificamos um custo fixo A para as ordens de compra, ou um custo b para os pedidos pendentes, ou k para a falta de estoques; ou poderíamos utilizar um modelo com restrições no qual especificamos as limitações pelo número de ordens por ano F, ou pela taxa de atendimento S, ou pela média do nível dos pedidos pendentes B. Em geral, faz mais sentido usar um modelo baseado no custo dos pedidos pendentes ou nas restrições, em vez de um baseado na taxa de atendimento, pois a razão de se manterem estoques no armazém é minimizar as demoras percebidas pelas instalações e pelos clientes.

Não importa qual modelo usemos, teremos um conjunto de valores Q_j e r_j, que pode ser utilizado para calcular F_j, S_j, B_j e I_j para todas as peças $j = 1,..., N$, por meio das funções desenvolvidas no Capítulo 2. Trataremos isso como dados de entrada para os cálculos nas instalações.

O nível das instalações. Observe que o tempo estimado (em dias) que um pedido de uma instalação aguarda no armazém em função dos pedidos pendentes é

$$W_j = \frac{365B_j(Q_j, r_j)}{D_j} \tag{17.14}$$

Observe que isso não é nada mais do que a aplicação da lei de Little aos pedidos pendentes (a espera é análoga ao *cycle time*, o nível de pedidos pendentes é análogo ao WIP, e a taxa da demanda é análoga à produtividade). Assim, podemos estimar a média real do *lead time* (em dias) para a peça j para a instalação m como

$$E[L_{jm}] = \ell_{jm} + W_j \tag{17.15}$$

Poderíamos agir como se a média do *lead time* fosse uma constante usada no modelo do estoque mínimo para calcular as medidas de desempenho para as instalações. Na verdade, pesquisadores mostraram que o tratamento desses *lead times* como se fossem similares a suas médias (isto é, L_j) pode render bons resultados (ver Sherbrooke 1992). Porém, fica claro que L_{jm} é uma variável aleatória que poderia mostrar uma grande variabilidade. Quando um pedido de uma instalação para o armazém encontra estoques disponíveis, $L_{jm} = \ell_{jm}$. Contudo, quando uma ordem encontra falta de estoque no armazém, então L_{jm} pode ser bem mais longo. Calcular a distribuição exata do *lead time* efetivo percebido pelas instalações é algo complicado (ver de Kok 1993). Mas podemos incorporar o efeito da variabilidade do *lead time* usando uma aproximação.

Observação técnica

Para se aproximar a variância do *lead time* efetivo de um pedido de uma instalação para o armazém, suponha que existam apenas duas possibilidades: ou o pedido não enfrenta demoras e o *lead time* é ℓ_{jm}, ou ele enfrenta falta de estoque e terá um *lead time* de $\ell_{jm} + y$, onde y é uma demora determinística. Como a probabilidade da falta de estoque é de $1 - S_j$ (omitiremos a dependência de S_j e B_j em relação a Q_j e r_j para nossas convenções), sabemos que

$$E[L_{jm}] = S_j\ell_{jm} + (1 - S_j)(\ell_{jm} + y) = \ell_{jm} + (1 - S_j)(y) \tag{17.16}$$

No entanto, para que isso obedeça a equação (17.15), precisamos ter

$$y = \frac{W_j}{1 - S_j} \tag{17.17}$$

Para calcular a variância de L_{jm}, primeiro calculamos

$$E[L_{jm}^2] = S_j\ell_{jm}^2 + (1 - S_j)(\ell_{jm} + y)^2 \tag{17.18}$$

e, depois,

$$\begin{aligned}\text{Var}(L_{jm}) &= E[L_{jm}^2] - E[L_{jm}]^2 \\ &= S_j(1 - S_j)y^2 \\ &= \frac{S_j}{1 - S_j}W_j^2 \end{aligned} \quad (17.19)$$

O desvio padrão do *lead time* efetivo das instalações (em dias) é, então, aproximadamente igual a

$$\sigma(L_{jm}) = \sqrt{\frac{S_j}{1 - S_j}}W_j \quad (17.20)$$

Podemos usar $E[L_{jm}]$ e $\sigma(L_{jm})$ em um modelo de estoque mínimo para cada peça j em uma instalação m para calcular o nível do estoque mínimo R_{jm}.

A integração dos níveis. Existem duas questões a serem abordadas para coordenar os dois níveis: o modelo a ser usado ao nível do armazém e os parâmetros a serem usados no modelo. Uma vez definidos, o método recém-descrito para o modelo das instalações ajustará os níveis de estoque mínimo de acordo.

Em uma cadeia de suprimento multinível, o modelo mais natural para o nível do armazém é o dos pedidos pendentes, devido ao fato de o atendimento aos clientes estar diretamente ligado à demora causada pela falta de peças no estoque. Assim, a medida mais importante para o atendimento do armazém é o tempo das demoras, que, como vimos, é proporcional aos níveis dos pedidos pendentes. Assim, uma opção lógica de um modelo para o armazém é o modelo (Q, r) dos pedidos pendentes, com uma restrição nos níveis de pedidos pendentes. Podemos usar o algoritmo descrito anteriormente para calcular as quantidades Q_j das ordens e os pontos de reposição r_j para o armazém. De maneira equivalente, poderíamos usar o modelo dos pedidos pendentes com custo b, em vez de uma restrição. Porém, em geral, é mais intuitivo definir uma meta para o nível de pedidos pendentes (ou para a demora em dias) do que especificar o seu custo.

Em outras cadeias de suprimento multiníveis, como os sistemas varejistas, o atendimento aos clientes pode ser medido de forma mais apropriada por meio da taxa de atendimento. Por exemplo, se os pedidos que não podem ser atendidos de imediato pelo armazém são perdidos ou desviados para terceiros (mais caros), a taxa de atendimento parece perfeita como medida do atendimento no armazém. Todavia, precisaríamos modificar o modelo para levar em conta as vendas perdidas ou uma dependência diferente dos *lead times* em relação ao nível de atendimento do armazém.

Uma vez definido o modelo para o nível do armazém, precisamos especificar os parâmetros. Se usarmos o modelo dos pedidos pendentes com restrição, as decisões mais importantes se referem a o que usar para o objetivo da frequência das ordens de compra F e do nível dos pedidos pendentes B. O objetivo da frequência das ordens pode ser selecionado diretamente, considerando a capacidade do sistema de compras do armazém e os números das ordens de reposição que podem ser emitidas anualmente. De maneira alternativa, poderíamos especificar um custo fixo para a emissão de uma ordem A e usá-lo na fórmula do lote econômico multipeças (17.7) para calcular as quantidades nas ordens de compra.

A escolha da meta para o nível dos pedidos pendentes é mais difícil. A quantidade de pedidos pendentes permitidos no armazém depende do que isso significa no desempenho das instalações. Assim, é quase impossível especificar um objetivo para um nível de pedidos pendentes *a priori*. Em vez disso, o que poderíamos fazer é pensar em uma variável que possamos ajustar para buscar o melhor desempenho geral do sistema. Mais especificamente, resolvemos o problema do armazém usando determinada meta para o nível de pedidos pendentes. Depois, resolvemos o problema das instalações para alcançar o nível de pedidos pendentes ou a taxa de atendimento desejado nas instalações, levando em conta os custos dos investimentos nos estoques. Por fim, voltamos e tentamos outro objetivo de nível de pedidos pendentes no armazém e resolvemos ambos os níveis para verificar se o mesmo desempenho das instalações pode ser alcançado com custos menores nos estoques. Ao alterar o objetivo dos níveis de pedidos pendentes, alteramos o equilíbrio entre os estoques do armazém e os das instalações. A procura pelo objetivo dos pedidos pendentes pode ser automatizada em uma planilha ou outro procedimento de otimização.

Exemplo:

Concluímos esta seção com um exemplo de uma cadeia de suprimento de dois níveis. Nossa intenção é ressaltar as ligações entre os dois níveis, portanto, manteremos as coisas simples, observando um só produto.

Suponha que o exemplo que resolvemos para Jack, o gerente de manutenção (do Capítulo 2), na verdade, seja uma cadeia de suprimentos com dois níveis. Jack mantém em estoque peças de reposição em seu armazém para atender várias instalações regionais, que fornecem as peças para os reparos em equipamentos dos clientes. Omitindo os *j* subscritos, pois este é um exemplo com apenas uma peça, os dados importantes para o armazém são $D = 14$ peças por ano, $Q = 4$ e $r = 3$. Lembre que calculamos as quantidades das ordens como $Q = 4$ e o ponto de reposição $r = 3$ no Capítulo 2, usando o modelo do custo dos pedidos pendentes (assumindo um custo fixo de *setup* $A = \$15$ e um custo de pedido pendente $b = \$100$). Mas poderíamos também ter usado um modelo com restrições na frequência das ordens F e no nível de pedidos pendentes B.

Agora vamos usar este exemplo observando uma única instalação com $D_m = 7$ (a instalação é responsável por metade da demanda anual do armazém). A partir dos cálculos do Capítulo 2, sabemos que $B(4, 3) = 0{,}0142$ unidades, então a média que uma ordem de reposição aguarda por falta de peças no estoque é

$$W = \frac{365B(4,3)}{D} = \frac{365(0{,}0142)}{14} = 0{,}3702 \text{ dia}$$

Supondo que o tempo real de entrega para receber a peça do armazém seja um dia, o *lead time* estimado para uma peça é de

$$E[L_m] = 1 + 0{,}3702 = 1{,}3702 \text{ dia}$$

e, portanto, a demanda estimada para a instalação durante o *lead time* de reposição é de

$$\theta_m = \frac{1{,}3702 \times 7}{365} = 0{,}0263 \text{ unidade}$$

Além disso, a partir de nossos cálculos anteriores no Capítulo 2, sabemos que a taxa de atendimento é $S(4, 3) = 0{,}965$. Assim, o desvio padrão do *lead time* de reposição é de

$$\sigma(L_m) = \sqrt{\frac{S}{1-S}}W = \sqrt{\frac{0{,}965}{1-0{,}965}}(1{,}3702) = 1{,}944 \text{ dia}$$

Assumindo que a demanda na revenda seja uma distribuição de Poisson, podemos usar a equação (2.58) para calcular o desvio padrão da demanda do *lead time* como

$$\sigma_m = \sqrt{\theta_m + \left(\frac{D_m}{365}\right)^2 \sigma(L_m)^2} = \sqrt{0{,}0263 + \left(\frac{7}{365}\right)^2 (1{,}944)^2} = 0{,}166 \text{ unidade}$$

Nesse exemplo, $\sigma_m = 0{,}166$ é quase igual a $\sqrt{\theta_m} = \sqrt{0{,}0263} = 0{,}162$. A razão disso é que o fator de inflação na equação (2.58) é relativamente pequeno, implicando que a demanda do *lead time* é muito parecida com uma distribuição de Poisson. Assim, podemos usar as fórmulas de Poisson para uma aproximação do nível de atendimento que resulta dos vários níveis de estoque mínimo.[9] Por exemplo, se definirmos um ponto de reposição igual a $r_m = 0$, então a taxa de atendimento será dada por

[9] Como a variabilidade real é sempre um pouco maior do que uma distribuição de Poisson, o atendimento real será levemente menor do que o calculado pelas fórmulas de Poisson.

$$
\begin{aligned}
G_m(r_m) &= \sum_{y=0}^{r_m} p(y) = p(0) \\
&= \frac{\theta_m^0 e^{-\theta_m}}{0!} = e^{-0,0263} \\
&= 0,974
\end{aligned}
$$

Se aumentarmos o ponto de reposição para $r_m = 1$, o atendimento será elevado para 0,997. Assim, dependendo de quão crítica essa peça for para a instalação, parece que um ponto de reposição de zero ou um seria adequado.

17.8 CONCLUSÕES

A administração de materiais é tão antiga quanto a própria manufatura. As abordagens analíticas para o controle de estoques datam da era da administração científica (ou seja, do início do século XX) e estão entre os exemplos mais antigos das pesquisas operacionais/ciências administrativas. Apesar disso, esse campo continua a se desenvolver. Mesmo técnicas antigas como os modelos do lote econômico e do (Q, r) tornam-se experiências inovadoras (com novos algoritmos e novos usos em cadeias de suprimento multiníveis). Assim, parece que a palavra final sobre o gerenciamento das cadeias de suprimento e a administração de materiais ainda não foi dada. Os modelos apresentados neste capítulo oferecem abordagens boas para algumas circunstâncias, porém, sem dúvidas, novos métodos e diferentes circunstâncias continuarão a se desenvolver, o que significa que o estoque é uma área à espera de melhorias contínuas e que os gerentes de manufatura precisarão continuar seu aprendizado sobre novos desenvolvimentos nesse campo tão importante.

Enquanto isso, vale a pena manter em mente as seguintes sugestões:

1. *Entender por que se mantêm estoques.* Diferentes tipos de estoques são mantidos por diferentes razões, consciente ou inconscientemente. Questionar de maneira rigorosa por que cada tipo de estoque precisa ser mantido em determinado sistema pode revelar ineficiências desnecessárias.
2. *Procurar fazer mudanças estruturais.* A sintonia fina de uma cadeia de suprimentos por meio de métodos sofisticados é necessária. Entretanto, as melhorias mais impactantes exigem, possivelmente, mudanças estruturais. Por exemplo, mudar de uma estratégia de EPA para uma estratégia de estocar produtos semiacabados e montar o produto final sob encomenda pode ter um impacto enorme nos investimentos totais em estoques. De maneira similar, eliminar o depósito central e estocar todas as peças em distribuidores regionais poderia produzir uma melhoria considerável no atendimento ao consumidor sem aumentar os estoques. As possíveis mudanças específicas dependem de cada sistema e a chave para identificá-las é desafiar o *status quo* tanto quanto possível.
3. *Usar procedimentos empíricos de avaliação.* Qualquer modelo é baseado na simplificação das suposições (por exemplo, situação constante, demanda de Poisson), e os dados de entrada são aproximados ao máximo. Assim, o melhor que a análise pode fazer é ajudar a definir políticas boas (encontrar o "ótimo" está fora de questão) e examinar os *trade-offs*. Dito isso, devemos ter o cuidado de suplementar as análises com observações empíricas e *feedback*. Os exemplos de parâmetros que devemos monitorar incluem (1) os níveis de atendimento ao consumidor, para comparar com os estimados pelos modelos e verificar se são necessárias alterações nas políticas; (2) os níveis mínimos de estoques e a frequência das faltas de matérias-primas e produtos acabados, para determinar se estamos carregando estoques de segurança em excesso ou insuficientes; e (3) o tamanho das filas e os tempos sem alimentação em estações de trabalho importantes, para determinar se os níveis de WIP são adequados. Muitas outras medidas podem fazer sentido, dependendo de cada sistema. O

importante é identificar algumas medidas fundamentais e definir um sistema adequado para seu controle e interpretação.

4. *Reduzir o cycle time é crucial.* A lei de Little nos indica que, onde há WIP, há *cycle time*. Portanto, a redução dos níveis de WIP e de *cycle time* são, virtualmente, a mesma coisa. Porém, mais importante ainda, a redução dos *cycle times* torna possível uma menor dependência em relação a previsões distantes para a compra de componentes e para a programação dos trabalhos. Assim, o resultado final são níveis menores de WIP, de matérias-primas e de EPA.
5. *Coordenar os níveis das cadeias de suprimento multiníveis.* A administração de materiais fica mais complexa quando os estoques são mantidos nos diversos níveis. Além de administrar cada nível de forma eficiente, é essencial ter a certeza de que o desempenho em cada um deles contribui para a eficiência geral do sistema. O efeito chicote é um exemplo importante de como um controle estreito dos níveis em separado pode causar grandes impactos no sistema como um todo. Para evitá-los, é importante analisar a cadeia de suprimentos como um todo, e não como partes separadas, compartilhar as informações (por exemplo, dados da demanda no varejo) sempre que possível e enxugar a cadeia de suprimento para evitar complexidades desnecessárias.
6. *Coordenar os sistemas de incentivos com os objetivos.* É ótimo implantar um sistema de administração de materiais tendo em mente metas específicas de desempenho. Porém, qualquer sistema dependerá de pessoas para fazê-lo funcionar. Assim, se a estrutura de recompensas e incentivos não contribui para os objetivos do sistema, seu funcionamento é prejudicado – lembre da lei do pessoal: *as pessoas, e não a organização, é que podem melhorar a si mesmas.* Por exemplo, recentemente trabalhamos em uma empresa com uma cadeia de suprimento multinível em que as instalações regionais eram avaliadas principalmente em termos de atendimento aos clientes, porém, em nome da eficiência nos estoques, também tinham seus níveis de estoques auditados todos os meses. Como se esperava, os gerentes das instalações tinham uma tendência a manter maiores estoques durante o mês todo, porém, logo antes da auditoria do final do mês, eles devolviam os excessos ao centro de distribuição. Uma vez concluída a auditoria, eles voltavam a carregar seus estoques a níveis excessivos. Os efeitos eram a falta de equilíbrio entre os estoques e o atendimento aos clientes. Nenhum modelo ou esforço poderia corrigir esse problema. Somente revisando os procedimentos de avaliação (usando índices que combinem os dois fatores de forma adequada) seria possível racionalizar os níveis de estoques.

PONTO PARA DISCUSSÃO

Suponha que um fabricante de processadores domésticos venda modelos idênticos para vários revendedores. As maiores diferenças entre os modelos são as caixas (que são impressas com pinturas coloridas do aparelho junto com a marca do revendedor) e os documentos anexos (que incluem as instruções e informações específicas sobre o revendedor). A demanda é bem sazonal (com o pico de vendas próximo ao Natal), e a empresa segue a estratégia de criar estoques de produtos acabados (EPA) durante as estações de baixa. O problema é que, enquanto as previsões para os volumes totais são geralmente aceitáveis, as previsões para cada um dos revendedores podem ser muito ruins. O resultado é que a empresa fica sem estoques dos modelos que têm mais demanda, enquanto sobram os modelos com menos demanda. Quais as estratégias gerais que a empresa poderia considerar para melhorar o atendimento ao cliente e reduzir os estoques de produtos acabados?

QUESTÕES PARA ESTUDO

1. Por que o modelo do lote econômico poderia ser melhor para a compra de peças do que para peças produzidas internamente?
2. Como a redução do *cycle time* pode ajudar a reduzir as matérias-primas, o WIP e o EPA?
3. Em geral, as técnicas de redução do WIP reduzem o *lead time*, mas o inverso nem sempre é verdadeiro. Mencione algumas técnicas de redução do *lead time* que não reduzem o WIP.
4. O que causa a formação de estoques de peças sem par em uma operação de montagem? Quais as medidas que poderiam ser adotadas para resolver tal situação?
5. Qual é a diferença entre o atendimento tipo I e tipo II? Quais as razões para se usar o atendimento tipo I em um modelo do tipo (Q, r)?
6. Por que usamos uma aproximação da taxa de atendimento e do nível de pedidos pendentes nos algoritmos para calcular Q e r, mas verificamos as restrições nessas medidas tomando por base suas fórmulas exatas?
7. Sugira medidas de desempenho adequadas para a avaliação da eficiência das matérias-primas, do WIP, do EPA e das peças de reposição em um sistema de manufatura.
8. Mencione alguns exemplos de cadeias de suprimento multiníveis arborescentes. Você pode imaginar um sistema que seria o inverso de uma estrutura assim (em que muitos níveis alimentam uns poucos intermediários, que por sua vez alimentam um só cliente)?
9. Quais são as quatro causas mais importantes do efeito chicote em cadeias de suprimento multiníveis? Quais causas têm maior impacto em cada um dos seguintes sistemas? (a) Uma rede de distribuição de produtos de consumo com uma fábrica, armazéns regionais e redes de lojistas. (b) Uma rede de distribuição de peças de reposição com um centro de distribuição, instalações regionais e clientes finais. (c) Uma rede militar de suprimentos com um distribuidor central, depósitos regionais e locais de uso.
10. Mencione algumas cadeias de suprimento em que manter a maior parte dos estoques nos níveis mais próximos da demanda (por exemplo, nas redes de lojas) e usar esquemas de intertransferências seria uma boa estratégia.
11. Que alterações nos sistemas de incentivos e recompensas poderiam funcionar bem para reconfigurar uma cadeia de suprimento multinível para escoar todos os estoques de um armazém central e mantê-los nas instalações regionais?

PROBLEMAS

1. A empresa CMW, uma oficina metalúrgica de personalização, fabrica uma série de produtos usando três produtos básicos – barras de aço, chapas de metal e rebites – que são comprados em barras, chapas e conjuntos (caixas com 100), respectivamente. O uso projetado e o custo desses materiais para o ano seguinte são os seguintes:

Peça	Uso (1.000 unidades/ano)	Custo ($/unidade)
Barras de aço	120	40
Chapas de metal	400	20
Conjuntos de rebites	1.000	0,5

A empresa estima que a emissão de uma ordem de compra para qualquer tipo de materiais custa $100 e usa uma taxa de juros de 15% para calcular os custos de estocagem.

(a) Assumindo um uso constante ao longo do ano, estime os custos das compras mais os custos de estocagem, se todos os produtos são comprados quatro vezes por ano. O que acontece com os custos se comprarmos cada produto 12 vezes ao ano?

(b) Qual é a melhor frequência das ordens de compra se usarmos o modelo do lote econômico para cada produto em separado? Quantas ordens de compra devem ser emitidas usando essa política?

(c) Use o modelo do lote econômico para calcular as quantidades de cada peça e ajuste o custo fixo de emitir uma ordem, até que a frequência *média* das ordens seja de 12 por ano. Como os custos de manutenção de estoques podem ser comparados aos da parte (a), quando todas as peças são compradas 12 vezes por ano?

2. Carlos é o encarregado da manutenção dos estoques de matérias-primas em uma fábrica especializada em produtos para *camping*. Em uma parte do estoque, Carlos estoca vários tipos de conexões, que não fazem parte da estrutura de produto usada na fábrica, em vez disso, elas são compradas de acordo com um sistema de duas caixas controlado por Carlos. Nesse sistema, Carlos mantém duas caixas para cada tipo de conexões, nas quais cabem 1.000 unidades cada uma. Sempre que uma caixa esvazia, ele começa a usar a outra e emite uma ordem de compras para reposição (de 1.000 unidades). As duas conexões com maior demanda são um tipo de rebite, cujo consumo médio é de 2.000 por mês, e parafusos, com um consumo médio de 500 por mês. O *lead time* de reposição do fornecedor é de 2 semanas (1/2 mês), e o custo unitário para ambos os itens é de $0,10. Você pode assumir que a demanda (usada no processo de fabricação) tem distribuição de Poisson para ambas as peças.
   (a) Note que Carlos está usando uma política tipo (Q, r). Quais são o Q e o r para os rebites e para os parafusos nesse sistema?
   (b) Qual a taxa média de atendimento e o investimento em estoques (totais para ambas as peças) pela política usada por Carlos?
   (c) Um estagiário sugeriu que Carlos use "dias de suprimento" para definir o tamanho das caixas, em vez de um tamanho fixo para 1.000 unidades. Qual seria a política (Q, r) resultante, se Carlos usasse caixas para manter 1 mês de estoque dessas peças? Qual é a taxa média de atendimento e o investimento em estoques de acordo com esse novo sistema?
   (d) Suponha que Carlos use uma política de duas caixas que contêm 5 semanas (1,25 mês) desses materiais. Qual seria o Q e r para os rebites e os parafusos, e qual a taxa média de atendimento e o investimento em estoques? O que os resultados das questões (c) e (d) nos dizem sobre a eficácia de usar a abordagem de dias de consumos para o tamanho dos estoques? A sugestão do estagiário é boa?
   (e) Que tipo de política poderia ser melhor do que a das duas caixas, com ou sem a modificação do controle do consumo em dias?

3. A empresa Stock-a-Lot mantém estoques de peças para dar suporte aos reparos em seus equipamentos. Para um subconjunto de peças, o uso estimado, o custo unitário e o *lead time* de reposição para o próximo ano têm a seguinte previsão:

Peça	Uso (unidades/ano)	Custo ($/unidade)	*Lead Time* (meses)
1	5	1.000	1
2	10	100	2
3	5	200	6
4	20	1.000	1
5	50	50	3

   (a) Determine as quantidades das ordens de compra que resultam em uma frequência média de cinco ordens por ano, ajustando o custo fixo das ordens e usando o modelo do lote econômico.
   (b) Usando as mesmas quantidades das ordens em (a), calcule os pontos de reposição, de maneira que a taxa de atendimento seja de 95% para todas as peças, e calcule o investimento médio em estoques.
   (c) Usando ainda as mesmas quantidades das ordens de (a), calcule os pontos de reposição que atingem uma taxa *média* de atendimento de 95%, ajustando o custo da falta de estoques no algoritmo do modelo da falta de estoques.
   (d) Calcule o nível médio dos pedidos pendentes resultante da solução de (c). Usando o algoritmo do modelo dos pedidos pendentes de (a), localize os pontos de reposição que atingem o mesmo nível de pedidos pendentes de (c). Compare os investimentos totais em estoques com os de (c).

4. Reconsidere o problema da empresa Stock-a-Lot e suponha agora que o armazém atende a várias instalações regionais. Assuma que os estoques do armazém são de acordo com a política calculada na parte (c) do Problema 3. Considere apenas uma instalação alimentada pelo armazém, que tem um prazo real de entrega de 12 horas e uma taxa de demanda para a peça 4 de 10 unidades por ano. Calcule o seguinte para a peça 4.
   (a) Encontre o número estimado dos pedidos pendentes no armazém.
   (b) Determine o *lead time* efetivo para a instalação.

(c) Considerando que a demanda da instalação é do tipo Poisson, encontre o nível de estoque mínimo para a peça 4 na revenda que atinja uma taxa de atendimento de 99%.

5. A A&T Inc. tem um sistema de peças de reposição similar ao mostrado na Figura 17.4.
   (a) Sua política de estoques atual resultou em uma frequência de ordens de compra $F = 12$, uma taxa de atendimento $S = 0{,}85$ e um investimento em estoques de $2.500. Comente a qualidade dessa política. Se você encontrasse uma situação assim na realidade, quais elementos do sistema você examinaria na esperança de efetuar melhorias?
   (b) O presidente da A&T solicitou um sistema com uma taxa de atendimento de $S = 0{,}95$ e um investimento em estoques não maior do que $1.000. O que você diz sobre a viabilidade desse pedido? Como você responderia?

6. A Windsong, uma loja de variedades, vende sinos de vento e estoca um modelo popular chamado "Old Ben". Suas vendas são constantes, a uma taxa de 1 por dia (365 por ano), e a demanda é do tipo Poisson. A Windsong compra esse produto e outros de um fornecedor que faz entregas diárias. Assim, a Windsong usa uma política de estoque mínimo para seus produtos.

   Suponha que o fornecedor definiu sua política de estoques de maneira que a taxa de atendimento e o nível de pedidos pendentes de Old Bens sejam de 89,7% e 0,465 dias, respectivamente. O *lead time* de reposição é de 7 dias.
   (a) Qual é a demanda estimada durante o *lead time* de reposição quando as demoras do fornecedor são levadas em consideração?
   (b) Qual o desvio padrão da demanda durante o *lead time*? Varia mais ou menos do que a distribuição de Poisson?
   (c) Se assumirmos que a demanda é do tipo Poisson, que taxa de atendimento resultará de uma política de estoque mínimo com um ponto de reposição de 10? A taxa de atendimento atual será maior ou menor?

Capítulo 18

A Administração da Capacidade

Você não pode conseguir sempre o que quer.
Não, você não pode conseguir sempre o que quer.
Mas se você tentar de vez em quando, talvez descubra
Que consegue o que precisa.
Rolling Stones

18.1 O PROBLEMA DA CONFIGURAÇÃO DA CAPACIDADE

As opções de quanto e de que tipo de capacidade instalar têm influência direta no lucro das empresas. Além disso, pelo fato de o **planejamento da capacidade** estar no topo da hierarquia no planejamento das fábricas (ver a Figura 13.2), as decisões sobre a capacidade têm grande impacto sobre todas as outras questões do planejamento da produção (por exemplo, sobre o planejamento agregado, sobre o gerenciamento da demanda, sobre o sequenciamento e a programação, sobre os controles do chão de fábrica). Neste capítulo, usamos os conceitos da Ciência da Fábrica para descrever as decisões estratégicas da capacidade a partir de termos táticos específicos. Nosso objetivo é oferecer uma estrutura de trabalho para o planejamento da capacidade que reconheça explicitamente os impactos sobre o processo gerencial.

18.1.1 A configuração da capacidade de curto e longo prazo

Muitas vezes, no ciclo de vida das fábricas, surgem circunstâncias em que são necessários ajustes na capacidade instalada. Com maior frequência, esses ajustes são motivados por mudanças de volume ou da combinação de produtos da demanda. No curto prazo, a fábrica pode resolver esses problemas utilizando horas extras, adicionando ou reduzindo os turnos de trabalho, usando a terceirização de certas operações ou mudando o quadro de pessoal. Essas políticas foram discutidas no Capítulo 16 no contexto do planejamento agregado, mas elas também se aplicam ao planejamento da capacidade.

Algumas das opções de curto prazo também podem ser viáveis no longo prazo. Por exemplo, podemos adotar três turnos de trabalho ou terceirizar parte da produção em bases semipermanentes. É claro, se terceirizarmos a produção de um produto junto a um fornecedor, pode acontecer de, no longo prazo, ele se tornar um concorrente, vendendo o produto diretamente ao consumidor. Entretanto, por sorte, existem barreiras para entrar no mercado que, em geral, impedem que isso aconteça. Por exemplo, os fatores de fabricação como os direitos e as patentes sobre marcas, processos e distribuição podem ser muito importantes. Mesmo se uma eventual concorrência não fosse um grande risco, confiar a terceirização de produtos para fornecedores os torna significantes parceiros no processo do gerenciamento da qualidade, conforme já discutimos no Capítulo 12. Sem medidas que certifiquem a qualidade do fornecedor, a decisão de terceirizar a produção pode prejudicar seriamente as operações da empresa.

No longo prazo, devemos ir além dessas opções e considerar possíveis alterações nas instalações e equipamentos, envolvendo grandes mudanças na fábrica existente ou a construção de uma nova. Em alguns casos, uma empresa pode aumentar sua capacidade de maneira permanente, reconfigurando o projeto de seus produtos, usando abordagens de projeto para manufatura (ver Turino 1992, Capítulo 7, para uma discussão a respeito). Porém, de maneira mais frequente, a mudança deve ser originada pela adição de novos equipamentos ou estações de processamento, ou por meio de mudanças permanentes nos processos e equipamentos existentes.

18.1.2 O planejamento estratégico da capacidade

Antes que uma empresa possa fazer considerações sobre quanto e que tipo de capacidade instalar, ela precisa definir sua estratégia, a qual envolve decisões ligadas ao plano geral da empresa. Por exemplo, a decisão de entrar em um novo mercado, de lançar novos produtos, de liderar a tecnologia do mercado e dos processos, etc. Juntas, essas questões são equivalentes a responder a uma questão estratégica fundamental: "Qual é o nosso negócio?", algo que está além do escopo da Ciência da Fábrica. As leis da Ciência podem determinar qual será o comportamento de certo sistema, mas não em qual deles devemos estar interessados. De maneira similar, as leis da manufatura podem nos ajudar a projetar sistemas para alcançar objetivos específicos, mas não podem nos indicar quais devem ser esses objetivos. Assim, para fins de discussão, vamos assumir que as decisões estratégicas supracitadas são prerrogativas da administração e que a questão posta aqui seja a de como desenvolver um plano de capacidade para dar suporte a elas.

Uma vez decidido que precisamos adicionar mais capacidade, existem várias questões a abordar:

1. *Quando e quanta capacidade deve ser adicionada?* Serão instalados apenas quando a demanda já se desenvolveu (e a empresa já está perdendo vendas) ou em antecipação à demanda futura? Se não houver certeza da demanda futura, devemos lidar com os picos sazonais usando medidas de curto prazo, como horas extras ou terceirização? Se decidirmos encarar a demanda futura, qual o período futuro a ser coberto? Adicionar grandes implementações de capacidade será suficiente para satisfazer por mais tempo a demanda futura, causará menos paradas em virtudes de construções e poderá tirar vantagem das economias de escala. Contudo, maior capacidade implica uma possível subutilização dos equipamentos e uma maior exposição ao risco – e se as previsões não se confirmarem? A abordagem correta também depende da tecnologia dos processos de produção. Por exemplo, as usinas siderúrgicas adicionam capacidade em grande escala, na forma de novos fornos ou usinas de processamento, enquanto uma oficina metalúrgica pode adicionar capacidade em porções (incrementos) menores por meio da compra de máquinas individuais. Ver Freidenfelds (1981) para uma análise dessas questões.
2. *Que tipo de capacidade deve ser adicionado?* O nível do aumento também depende da flexibilidade dos equipamentos escolhidos. Se as máquinas sendo adquiridas agora podem ser adaptadas a outros novos produtos no futuro, o risco de instalar capacidade em excesso é bem menor. No ambiente atual de mudanças rápidas nos produtos, muitas vezes a vida útil dos produtos é menor do que a dos equipamentos de produção, consequentemente, essa consideração é importante na escolha da capacidade. Ver Sethi e Sethi (1990) para um resumo dos diferentes tipos de flexibilidade nos sistemas de manufatura.
3. *Onde se deve adicionar mais capacidade?* Devemos aumentá-la nas instalações existentes ou construir uma instalação nova? Apesar de esta, geralmente, ser a opção mais cara, novas instalações oferecem maior potencial para melhoras na distribuição e no *marketing*, por exemplo, por estar mais próxima dos fornecedores ou dos consumidores. Ver Daskin (1995) a respeito de modelos sobre a problemática da localização.

Um conceito estratégico importante é conhecido como **economias de escala de produção**. A ideia básica é que o custo unitário, em geral (mas nem sempre), é menor para uma grande fábrica do que para uma pequena. Hayes e Wheelwright (1984) discutem três diferentes economias de escala: de curto, de médio e de longo prazo.

As economias de escala de curto prazo surgem do fato de que, em um curto espaço de tempo, muitos custos de produção são fixos. Apesar de ajustáveis no longo prazo, as instalações da produção, o seu quadro de pessoal, a administração, os seguros, os impostos sobre os imóveis, etc. para qualquer dia, no curto prazo, são todos *fixos*. Esses custos não dependem dos volumes de produção. Na verdade, no curto prazo, os únicos custos realmente *variáveis* são os de materiais, água e luz, e algum desgaste nos equipamentos. Podemos expressar o custo unitário como:

$$\text{Custo unitário} = \frac{\text{custo fixo} + \text{custo variável}}{\text{produtividade}}$$

$$= \frac{\text{custo fixo}}{\text{produtividade}} + \text{custo unitário variável}$$

Assim, em curto prazo, o custo unitário diminui com o aumento da produtividade.

As economias de escala de médio prazo dependem do tamanho dos ciclos de produção – o número de unidades de um produto que são produzidas antes de trocar para outro. Considerando os custos da troca e do tamanho do ciclo de determinado produto, o custo unitário pode ser expresso como

$$\text{Custo unitário} = \frac{\text{custos da troca}}{\text{unidades produzidas no ciclo}} + \text{custo unitário do ciclo}$$

Nesse caso, a mão de obra pode ser fixa ou variável. Os ciclos podem ser afetados por *setups* menos frequentes (o que se atinge por meio de sua redução), por equipamentos dedicados – de maneira que algumas famílias de produtos possam ser rodadas sem incorrer em *setups* –, e pelo uso de máquinas especializadas, como sistemas flexíveis de produção. Algumas dessas opções podem causar estoques maiores, como já discutimos na Parte II.

As economias de escala de longo prazo dependem dos equipamentos usados na produção. Os economistas têm notado que os custos dos equipamentos tendem a ser proporcionais à sua superfície, enquanto a capacidade é mais proporcional aos volumes produzidos. Para ilustrar suas implicações, suponha que um equipamento seja no formato de um cubo, com os lados do tamanho ℓ. Assim, podemos expressar o custo como

$$K = a_1\ell^2$$

e a capacidade como

$$C = a_2\ell^3$$

onde a_1 e a_2 são constantes proporcionais. Para expressar o custo como uma função da capacidade, resolvemos ℓ em termos de C e obtemos $\ell = a_3C^{1/3}$, onde a_3 representa outra constante; e fazemos a substituição na expressão do custo, resultando em

$$K(C) = aC^{2/3}$$

onde, novamente, a é uma constante proporcional.

Para equipamentos (não em forma de cubo), o custo, como uma função da capacidade, pode ser aproximado por meio de

$$K(C) = aC^b$$

onde b geralmente está entre 0,6 e 1.

Agora podemos expressar o custo unitário por

$$\text{Custo unitário} = \frac{K(C)}{C} = aC^{b-1}$$

Como b normalmente é menor do que 1, isso sugere que o custo unitário tende a diminuir com uma capacidade maior e que fábricas maiores são mais eficientes.

Na prática, as economias de escala muitas vezes realmente permitem alcançar um custo unitário menor, mas nem sempre. Pode também haver **deseconomias de escala**, que fazem aumentar o prejuízo quanto maior a capacidade da organização. Isso pode acontecer em relação à distribuição espacial. Uma célula compacta e pequena requer menos manuseio de materiais do que muitos centros de processamento. Apesar de os centros de processamento em uma grande fábrica poderem ser mais eficientes do que as estações de trabalho simples que compõem uma célula, os trabalhos também percorrem maiores distâncias, aumentando o manuseio de materiais e os *cycle times*. Além disso, como as grandes fábricas geralmente atendem maiores áreas do que as pequenas operações, os custos de transporte são maiores. No caso de produtos comercializados em grandes quantidades, tais como tijolos, as fábricas mais lucrativas podem ser pequenas.

Outra forma de deseconomia de escala se deve à burocratização. Assim que o tamanho das operações aumenta, maior é a necessidade de supervisão e de operações de suporte. Para manter o controle gerenciável, as grandes organizações criam mais níveis hierárquicos, os quais diminuem a eficácia das comunicações, o que pode levar à departamentalização e à criação de feudos. Se não gerenciadas de maneira adequada, essas deseconomias podem ser destrutivas.

Por último, maiores fábricas criam maiores riscos. Os desastres naturais, como terremotos, incêndios, enchentes e vendavais causarão maiores impactos proporcionais ao tamanho das instalações. De maneira similar, uma administração incompetente, greves, etc. têm maiores impactos se a capacidade for concentrada do que se fosse mais distribuída.

Uma questão surge naturalmente nesse contexto: qual é o tamanho ideal para uma fábrica? Essa é uma questão de estratégia, que está além do escopo deste livro. Além disso, como envolve muitos assuntos específicos, não é possível dar uma resposta genérica. A discussão recém-apresentada oferece uma visão preliminar das questões a serem consideradas. Um tratamento mais profundo está disponível na literatura da estratégia da manufatura (ver, por exemplo, Hayes e Wheelwright 1984; e Schmenner 1993).

Mantendo nosso foco no gerenciamento da manufatura, vamos assumir que o tamanho da operação já tenha sido determinado com base em considerações estratégicas. Assim, consideramos que o problema de como alterar a capacidade na fábrica refere-se a alcançar determinado conjunto de objetivos. Mais especificamente, examinaremos dois cenários: a construção de uma nova fábrica e a alteração de uma já existente.

18.1.3 A visão tradicional e a moderna

Para esquematizar o problema do planejamento da capacidade da fábrica, é útil fazer a distinção entre a visão **tradicional** e a visão **moderna** do papel da capacidade (Suri e Treville 1993). A visão tradicional é baseada na interpretação da eficiência da produção mostrada na parte esquerda da Figura 18.1. Nela, a única questão resume-se a determinar se há capacidade suficiente para alcançar uma produtividade especificada, e a resposta será sim ou não. Se a utilização for menor do que a capacidade instalada, a produção é viável; senão, é inviável.

A visão moderna, que é mais realista e mais consistente com os princípios da Ciência da Fábrica, defende que os *lead times* e os níveis de WIP crescem continuamente com uma maior utilização; isso é mostrado na parte à direita da Figura 18.1. Segundo essa visão, não há nenhum ponto em que a produção seja inviável. Em vez disso, a linha mostra uma resposta decrescente e contínua, à medida que a capacidade é mais utilizada.

Essas duas visões implicam duas abordagens muito diferentes para o projeto das linhas de produção. A visão tradicional sugere a escolha de um conjunto de máquinas que tenha capacidade suficiente, ao menor custo possível. Porém, procedendo dessa maneira, teremos problemas quando a linha iniciar a produção. Já vimos muitas fábricas com linhas de produção que consistiam de equipamentos, cada um dos quais com uma taxa de capacidade acima da desejada, mas que falhavam em atingir suas metas

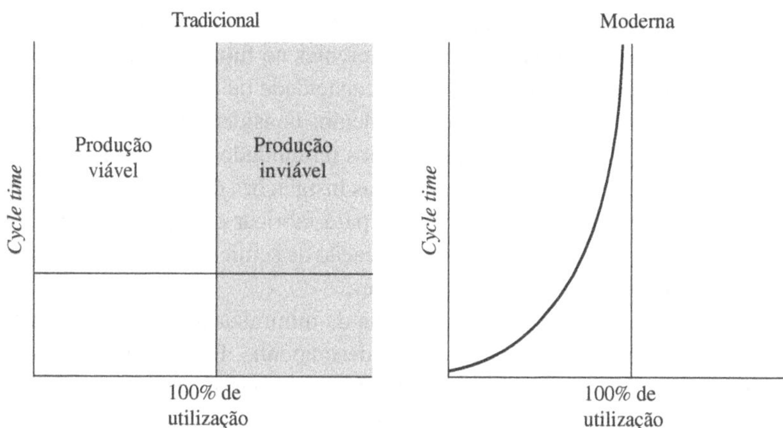

FIGURA 18.1 O planejamento da capacidade - visão tradicional *versus* visão moderna.

de produção. (O leitor que tenha absorvido os conceitos dos princípios da Ciência da Fábrica da Parte II do livro deve ter uma ideia bastante clara do porquê de tais linhas falharem em atingir as metas de produção.)

A visão moderna oferece uma interpretação muito mais rica da questão da capacidade. Como essa questão vai além de uma resposta simples, do tipo sim ou não, precisamos considerar outras medidas de desempenho que vão além do custo e da produtividade. O WIP, o *cycle time* médio, sua variância e a qualidade são medidas afetadas pelas decisões sobre a capacidade. Se pudermos expressar nossos objetivos em termos dessas medidas, então poderemos formular o problema de planejamento da capacidade de maneira simples (resolvê-lo, porém, é outra questão), como segue:

Para determinado orçamento disponível, projetar a "melhor" fábrica possível.

Essa formulação é muito imprecisa, pois é difícil interpretar o que significa a palavra "melhor" de maneira única. Por exemplo, uma linha com uma baixa produtividade e um baixo *cycle time* será melhor ou pior do que outra, com maior produção e um *cycle time* maior? Como já discutimos no Capítulo 6, resolvemos esses problemas de avaliar objetivos múltiplos usando uma técnica de **satisfação**, isto é, selecionamos uma medida como objetivo e fixamos o resto como restrições. Dessa maneira, o problema é compreendido como um problema **estratégico** que apresenta um ou mais problemas **táticos**. O problema estratégico pode ser a escolha dos níveis de capacidade a instalar, quão longos devem ser os *cycle times*, que tipos de capacidade usar, qual a produção necessária, etc. O problema tático é minimizar o custo ou outras quantificações sujeitas às restrições impostas pelo problema estratégico. Essa abordagem de solução de um problema de alto nível, restringindo os outros a níveis inferiores, foi discutida no Capítulo 6.

Uma formulação seria a de maximizar a produtividade, sujeita a restrições de orçamento e, possivelmente, também de WIP e de *cycle time*. Outra seria minimizar o *cycle time*, sujeito a restrições de orçamento e de produtividade. Outra ainda seria minimizar o custo, sujeito a restrições de produtividade, de *cycle time* e de WIP. Saber qual é a melhor depende das circunstâncias. Se estamos preocupados em melhorar uma linha de produção já existente, mediante determinada verba orçamentária, então a formulação de otimizar algo (maximizar a produtividade ou minimizar o *cycle time*), sujeito a restrições de orçamento, parece perfeita. Se, por outro lado, estamos projetando uma nova linha para alcançar certas especificações de desempenho, minimizar os custos, sujeito a restrições em elementos como a produtividade e o *cycle time*, parece mais adequado.

Não importa qual a formulação escolhida, podemos usar o modelo resultante para examinar *trade-offs* importantes. Por exemplo, se usarmos um modelo para minimizar o custo, sujeito a restrições de produtividade e de *cycle time*, podemos variar os níveis dessas restrições para observar o comportamento do custo. O resultado serão curvas de produtividade *versus* custo e de *cycle time versus* custo, ambas úteis para decidir se a estratégia inicial era boa.

Além de focar nas decisões *ótimas* sobre a capacidade, precisamos ser sensíveis à sua *robustez*. As condições que especificamos hoje podem ser bem diferentes no futuro. Muitas vezes, é uma boa ideia gastar um pouco mais (por exemplo, em reservas de capacidade ou em equipamentos mais caros, mas mais flexíveis) para cobrir contingências futuras. Podemos considerar tais opções examinando vários cenários das demandas no modelo. Porém, precisamos ter cuidado em não adicionar capacidade demais só por motivos de robustez. Uma das razões de as instalações dos fabricantes de chips para computadores serem tão caras é que elas são projetadas para fabricar qualquer produto desenvolvido no futuro. Pela grande incerteza das tecnologias de fabricação de semicondutores, isso requer a instalação de equipamentos com a tecnologia de ponta disponível.

No restante deste capítulo, focaremos o problema da minimização do custo de instalar ou alterar uma linha de produção, sujeita a várias restrições de desempenho. Escolhemos essa formulação específica pelas seguintes razões: (1) é a estrutura de trabalho mais natural para considerar o projeto de uma nova linha e (2) é bem adaptada para gerar as curvas do *trade-off* custo *versus* desempenho. Todavia, podemos analisar facilmente outras formulações – como minimizar o *cycle time*, sujeito a restrições de produtividade e de custo – usando as técnicas apresentadas aqui.

18.2 A MODELAGEM E A ANÁLISE

Até agora, temos enfatizado o uso de modelos principalmente porque eles nos forçam a pensar cuidadosamente sobre os sistemas sob estudo e nos ajudam a desenvolver intuição sobre seu comportamento. Entretanto, na prática, sem alguma forma de modelo, explícito ou implícito, não podemos fazer qualquer análise. A contabilidade, o *marketing*, as finanças, o controle de qualidade e, virtualmente, todas as outras funções dos negócios dependem de modelos para interpretar os dados, prever o desempenho e avaliar as ações. Felizmente, os modelos de que dependemos para avaliar os problemas de planejamento da capacidade são praticamente os mesmos usados na Parte II do livro para explicar os conceitos da Ciência da Fábrica. Em especial, usamos a representação da teoria das filas de uma linha de fabricação para desenvolver as ferramentas de análise da capacidade. Apesar de aderirmos às fórmulas básicas introduzidas na Parte II, existe muita literatura a respeito, e indicamos aos leitores interessados a consulta de Buzacott e Shanthikumar (1993), Suri et al. (1993) e Whitt (1983, 1993) para maiores detalhes.

Para maiores esclarecimentos, concentramos nossa análise em uma única linha e levamos em conta o resto da fábrica como já determinado. Assumimos que a linha tem M estações de trabalho e que a "receita de fabricação" já é dada – isto é, que as operações exigidas em cada estação para produzir uma peça ou produto foram determinadas de antemão. Consideramos aqui apenas o caso de uma linha com somente um produto, apesar de que poderíamos acomodar o caso de produtos múltiplos se levássemos em conta a variabilidade em decorrência dos diferentes tempos de processamento dos diferentes produtos nas estações em comparação com a variabilidade natural dos centros de processamento, isto é, se aumentássemos o coeficiente de variação dos tempos efetivos de processamento. Enumeramos as estações como 1, 2, ..., M, onde os trabalhos chegam à estação 1 e são mandados à estação 2 e, depois, à 3, e assim por diante. Nesta discussão, não consideramos o retrabalho ou roteiros alternativos, apesar desses também poderem ser adaptados por meio do uso de versões diferentes de modelos de redes de filas (ver Suri et al. 1993).

Para cada uma das estações há uma série de **opções tecnológicas** diferentes a escolher, que consistem de configurações específicas de equipamentos e/ou de políticas operacionais. Essas opções poderiam incluir modelos diferentes de máquinas de vários fornecedores, bem como um equipamento com ou sem um conjunto de peças de reposição, sendo que essa opção oferece tempos de reparos mais curtos, mas com maiores custos. Note que essa definição faz com que a necessidade de identificação de uma opção tecnológica adequada seja mais do que uma simples questão de obter informações dos fornecedores sobre os equipamentos. Precisamos usar a intuição da Ciência da Fábrica, discutida na Parte II, para reconhecer as opções de reposição de peças que são potencialmente vantajosas. Assumimos que pode ser gerado um número razoável de opções tecnológicas e que os parâmetros de custo, capacidade e variabilidade podem ser estimados para cada uma delas.

Para manter nosso número de opções tecnológicas e nossa análise gerenciáveis, assumimos que não é possível o intercâmbio de máquinas nas estações de trabalho. Em outras palavras, se a linha requer três tornos e nós escolhemos o modelo South Bend X-14, todos os três serão do mesmo modelo. Não podemos usar dois tornos South Bend X-14 e um Peoria P1000. Essa restrição simplifica nossas análises da linha de produção, na perspectiva do modelo sendo usado.

Cada uma das opções em cada estação é descrita por cinco parâmetros:

t_e = média do tempo de processamento da máquina, incluindo as paradas de máquinas, os *setups*, o retrabalho e outras rupturas de rotina

c_e = coeficiente de variação (CV) efetivo da máquina, também considerando as paradas, os *setups*, os retrabalhos e outras rupturas rotineiras

m = número de máquinas (idênticas) em cada estação

k = custo por máquina

A = custo fixo de cada tipo de máquina

O custo total de instalação da opção é dado por $A + km$. Assim, se custa \$75.000 para instalar uma máquina e \$125.000 para instalar duas máquinas, então A = \$25.000 e k = \$50.000. A ideia aqui é permitir a representação dos custos das atividades que ocorrem apenas uma vez não importando o número de máquinas instaladas, como a modificação de sistemas elétricos ou de ventilação, ou o reforço das bases.

Descrevemos como calcular t_e e c_e^2 usando parâmetros mais básicos no Capítulo 8. Aqui, assumimos que eles já foram calculados para cada uma das opções. Porém, pode ser útil examinar os parâmetros básicos (MTTR, MTBF, etc.) para sugerir outras opções tecnológicas.

Para formular as restrições para o modelo, assumimos que as decisões estratégicas já foram tomadas a respeito do desempenho geral da linha, que estabelece o seguinte:

TH = produtividade necessária

CT = *cycle time* total máximo

Depois, usando os parâmetros supracitados e uma descrição do processo das chegadas na linha, calculamos os seguintes dados para cada estação:

$u(m)$ = utilização da estação com m máquinas instaladas

$CT(m)$ = *cycle time* da estação com m máquinas instaladas

c_a = coeficiente de variação (CV) das chegadas à estação

c_d = coeficiente de variação (CV) das saídas da estação

As fórmulas para calcular u e CT são similares às da Parte II do livro e podem ser expressas por

$$u(m) = \frac{r_a t_e}{m} \tag{18.1}$$

$$CT(m) = \left(\frac{c_a^2 + c_e^2}{2}\right)\left(\frac{u^{\sqrt{2(m+1)}-1}}{m(1-u)}\right) t_e + t_e \tag{18.2}$$

O coeficiente de variação ao quadrado (CV²) das chegadas c_a^2 é especificado como um parâmetro para a estação 1, e para as estações subsequentes é igual ao coeficiente de variação ao quadrado (CV²) das partidas da estação anterior. Isto é, tomando $c_a^2(i)$ e $c_e^2(i)$ para representar, respectivamente, o CV² dos tempos de chegada e dos tempos efetivos de processamento da estação $i (i = 1,..., M)$, teremos

$$c_a^2(i) = \begin{cases} \text{uma constante específica} & i = 1 \\ c_d^2(i-1) & i > 1 \end{cases} \quad (18.3)$$

onde, para $i = 1,..., M$,

$$c_d^2(i) = 1 + [c_a^2(i-1) - 1][1 - u^2(m)] + \frac{u^2(m)}{\sqrt{m}}[c_e^2(i) - 1] \quad (18.4)$$

Para determinada configuração de equipamento, isto é, para uma opção tecnológica em cada estação, usamos a equação (18.2) para calcular CT(m) e verificar a restrição do *cycle time* total. Se esta for violada, precisamos considerar mais capacidade ou alguma opção com menos variabilidade. O segredo está em alterar a configuração de maneira a minimizar os custos.

No entanto, antes que isso possa ser efetuado, precisamos ter um ponto de partida que tenha capacidade suficiente. Chamamos isso de uma solução de **capacidade viável** e trazemos, a seguir, um exemplo de como encontrá-la.

18.2.1 Exemplo: uma linha com custo mínimo e capacidade viável

Considere uma linha com quatro estações, com uma meta de produtividade de 2,5 trabalhos por hora ou 60 por dia (trabalhando em 3 turnos diários). Suponha que o CV² das chegadas à linha é igual a 1,0 (lembre que classificamos isso como um caso de variabilidade moderada na Parte II do livro). Assim, TH = 2,5 trabalhos por hora e $c_a^2 = 1{,}0$ para a primeira estação. Definimos a meta para um *cycle time* da linha de CT = 16. Para começar, assuma que é possível apenas um tipo de equipamento para cada estação – apesar de termos a opção de escolher o número de máquinas a instalar em cada estação. A Tabela 18.1 fornece os dados para cada estação.

Primeiro, verificamos a capacidade para determinar o número mínimo de máquinas em cada estação, resolvendo a equação (18.1) para um valor mínimo de m que mantenha a utilização abaixo de 1, que é

$$u(m) = \frac{r_a t_e}{m} \qquad m < 1$$

ou

$$m > r_a t_e$$

Para a primeira estação,

$$r_a t_e = 2{,}5 \text{ trabalhos/hora} \times 1{,}5 \text{ hora} = 3{,}75$$

o que indica que precisamos de, no mínimo, 4 máquinas. A Tabela 18.2 resume os dados das outras máquinas e de sua utilização correspondente.

TABELA 18.1 Dados básicos para o projeto de uma linha de produção

Estação	Custo fixo (em milhares de $)	Custo unitário (em milhares de $)	t_e (horas)	c_e^2
1	225	100	1,50	1,00
2	150	155	0,78	1,00
3	200	90	1,10	3,14
4	250	130	1,60	0,10

Observe que, para a estação 4,

$$r_a t_e = 2{,}5 \text{ trabalhos/hora} \times 1{,}6 \text{ hora} = 4{,}00$$

Entretanto, isso resultaria em uma utilização exata de 1,0. Como a lei da utilização da Ciência da Fábrica define que a utilização deve, sempre, ser *estritamente menor que* 1,0, precisamos alocar 5 máquinas para a estação 4, diminuindo, assim, a utilização para 0,80.

A solução da Tabela 18.2 é a configuração de custo mínimo, com a capacidade suficiente, sendo chamado de uma configuração com **custo mínimo e capacidade viável** (*minimum cost, capacity-feasible* – MCCF), e, neste caso, o custo é de $2.455.000.

É fácil estender a análise para encontrar a configuração MCCF quando há mais que uma opção tecnológica para cada estação. Determinamos quantas máquinas de cada opção são necessárias em cada estação para alcançar a meta da capacidade e escolhemos a opção de menor custo. Desse modo, para cada estação obtemos a configuração MCCF para a linha.

18.2.2 As metas do *cycle time*

Uma vez que tenhamos a configuração correta, verificamos o *cycle time* usando as equações (18.2) e (18.4).

Estação 1:

$$CT(4) = \left(\frac{1{,}0 + 1{,}0}{2}\right)\left(\frac{0{,}94^{\sqrt{2(4+1)}-1}}{4(1-0{,}94)}\right) 1{,}5 + 1{,}5 = 6{,}72 \text{ horas}$$

$$c_d^2 = 1 + (1-1)(1-0{,}94^2) + \frac{0{,}94^2}{\sqrt{4}}(1-1) = 1{,}0$$

Estação 2:

$$CT(2) = \left(\frac{1{,}0 + 1{,}0}{2}\right)\left(\frac{0{,}98^{\sqrt{2(2+1)}-1}}{2(1-0{,}98)}\right) 0{,}78 + 0{,}78 = 15{,}82 \text{ horas}$$

$$c_d^2 = 1 + (1-1)(1-0{,}98^2) + \frac{0{,}98^2}{\sqrt{2}}(1-1) = 1{,}0$$

Estação 3:

$$CT(3) = \left(\frac{1{,}0 + 3{,}14}{2}\right)\left(\frac{0{,}92^{\sqrt{2(3+1)}-1}}{3(1-0{,}92)}\right) 1{,}1 + 1{,}1 = 8{,}87 \text{ horas}$$

$$c_d^2 = 1 + (1-1)(1-0{,}92^2) + \frac{0{,}92^2}{\sqrt{3}}(3{,}14-1) = 2{,}0$$

TABELA 18.2 Solução com custo mínimo e capacidade viável

Estação	Número de máquinas	Utilização	Custo (em milhares de $)
1	4	0,94	625
2	2	0,98	460
3	3	0,92	470
4	5	0,80	900
Total			2.455

Estação 4:

$$CT(5) = \left(\frac{2{,}0 + 0{,}1}{2}\right)\left(\frac{0{,}80^{\sqrt{2(5+1)}-1}}{5(1 - 0{,}80)}\right)1{,}6 + 1{,}6 = 2{,}59 \text{ horas}$$

A soma desses *cycle times* é de 34 horas, bem mais do que a meta de 16. De maneira óbvia, a linha precisa de alterações para obter um projeto em concordância com as especificações estratégicas.

Existem três alternativas básicas para melhorias: (1) modificar as máquinas existentes, (2) alterar as opções de máquinas ou (3) adicionar novas máquinas. O Capítulo 9 descreve como usar os princípios da Ciência da Fábrica para *diagnosticar* os problemas em uma linha de produção. Essa abordagem pode ser usada para determinar a causa de longos *cycle times* (como paradas longas e esporádicas) e, assim, definir quais as modificações seriam as mais eficazes. Pode ser melhor gastar mais dinheiro para reduzir a variabilidade ou aumentar a rapidez de uma máquina do que comprar uma nova. Obviamente, se estamos projetando uma nova linha, não há equipamentos "existentes", e a alternativa 1 não é uma opção disponível.

Alterar as opções de máquinas para alcançar *cycle times* mais curtos pode significar a aquisição de uma máquina nova e, talvez, mais cara, com melhores características, por exemplo, com melhor rendimento ou com menor variabilidade nos processos. Porém, muitas vezes, especialmente em situações que envolvem o setor de alta tecnologia, o número de tipos diferentes de máquinas é bastante limitado. Em alguns casos, pode existir apenas um fornecedor de equipamentos. Nesse caso, as opções tecnológicas que podem ser usadas para reduzir os *cycle times* são as alterações em algum tipo de equipamento. As modificações incluem aumentar a rapidez da máquina, reduzir os tempos de *setup*, reduzir o MTTR, etc.

A maneira mais óbvia de reduzir o excesso do *cycle time* é, simplesmente, comprar mais máquinas. Se a capacidade for adicionada em pequenos incrementos, essa realmente pode ser a melhor opção.

Dependendo do tamanho da redução necessária, da gama de opções tecnológicas, do custo e do tamanho dos incrementos de capacidade, a melhor abordagem pode ser uma combinação das alternativas apresentadas.

18.3 A MODIFICAÇÃO DE LINHAS DE PRODUÇÃO EXISTENTES

Agora, oferecemos um procedimento heurístico para a determinação de uma configuração com custo baixo que satisfaça as restrições sobre a produtividade e o *cycle time*. O procedimento começa com a configuração MCCF e, em seguida, verifica as modificações que resultam na otimização dos investimentos no que se refere a possíveis melhorias no *cycle time*.

Para ilustrar essa abordagem, vamos reconsiderar o exemplo da Tabela 18.1. Lembre que a configuração MCCF (Tabela 18.2) não satisfez as restrições do *cycle time*. Sua meta era de 16 horas, mas o total daquela configuração é de 34 horas. Agora vamos fazer algumas considerações sobre como alcançar a restrição do *cycle time* com os menores custos. Note que este é, precisamente, o tipo de problema enfrentado pelas empresas que tentam implantar os métodos de redução do *cycle time* e encurtar seus prazos para enfrentar a concorrência.

Para tornar o exemplo mais realista, suponha que possamos modificar ou adicionar máquinas em uma estação. Suponha que, se gastarmos $10.000 por máquina na terceira estação, poderíamos fazer com que as paradas longas e esporádicas se tornassem paradas mais curtas e mais frequentes com a mesma disponibilidade (lembre-se de que a discussão no Capítulo 8 mostrou por que isso é preferível). Poderíamos alcançar esse objetivo implantando serviços de instalação de peças de reposição junto aos clientes ou fazendo mais manutenções preventivas. Assumimos que isso não altera t_e, mas reduz c_e^2 de 3,14 para 1,0. Usando esses dados de custo e desempenho, podemos considerar essa opção de redução da variabilidade como uma boa alternativa em vez da compra de novas máquinas.

Assim, estas são as opções disponíveis: podemos adicionar uma máquina em qualquer estação; ou, na estação 3, podemos tanto adicionar uma máquina quanto reduzir a variabilidade, por meio da alteração de suas características. Para cada alternativa, podemos calcular a alteração do *cycle time* e do custo[1] da estação. Uma boa medida da eficácia da alteração é a razão da alteração do custo em relação à mudança no *cycle time*. A melhor "alteração" é aquela com a menor razão. Calculamos essas alterações para cada uma das opções da Tabela 18.3.

A primeira coisa a notar na Tabela 18.3 é que nenhuma alteração isolada reduz o *cycle time* total o suficiente para satisfazer sua restrição – afinal, precisamos reduzir 18 horas. A menor taxa é obtida com a modificação na estação 3 (por meio da redução da variabilidade nos reparos), com uma redução do *cycle time* em 4,49 horas a um custo de $30.000, o que nos leva para 29,51 horas, ainda muito longe da meta de 16 horas. Se repetirmos a análise, a razão mínima ocorre adicionando uma nova máquina na estação 2, que custa $155.000 e reduz o *cycle time* em 14,7 horas, levando-nos para 14,81 horas, o que está dentro da restrição de 16 horas.

Apesar de não termos certeza de que escolher uma melhor alteração isolada após a outra satisfaça a restrição quanto ao custo mínimo, essa abordagem geralmente funciona bem. Em qualquer caso, ela nos traz um resultado de uma configuração que é viável sob o ponto de vista da produtividade e do *cycle time*. Para esse exemplo, a solução é mostrada na Tabela 18.4.

O custo total é de $2.640.000, ou seja, $185.000 maior do que a configuração original. Além disso, note que essa linha não é equilibrada. Surpreendentemente, a estação mais cara – a 4 – tem a segunda menor utilização. Isso ocorre porque tanto o custo fixo quanto o custo unitário da estação 4 são bem altos e porque 4 máquinas na estação 4 resultam em uma utilização de 100%.

18.4 O PROJETO DE NOVAS LINHAS DE PRODUÇÃO

O problema de se projetar uma nova linha de produção é diferente do de alterar uma já existente, sendo que há várias opções a considerar. Para uma nova linha, não temos restrições decorrentes de máquinas,

TABELA 18.3 Impacto das alternativas de melhorias sobre o custo e sobre o *cycle time*

Estação	Número atual de máquinas	Alteração	Aumento de custo (em milhares de $)	Redução do CT (horas)	Razão (em milhares de $/hora)
1	4	Adicionar máquina	100	4,63	21,61
2	2	Adicionar máquina	155	14,73	10,52
3	3	Adicionar máquina	90	7,20	12,49
3	3	Reduzir variabilidade	30	4,49	6,67
4	5	Adicionar máquina	130	0,71	183,10

TABELA 18.4 Uma configuração com capacidade e *cycle time* viáveis

Estação	Número de máquinas	Utilização	Custo para a estação (em milhares de $)
1	4	0,94	625
2	3	0,65	615
3	3 (modificado)	0,92	500
4	5	0,80	900
Total			2.640

[1] Ignoramos o que poderia acontecer no fluxo após esse ponto, de maneira que nosso cálculo é, na verdade, uma aproximação da alteração no *cycle time* da linha toda. É muito fácil retornar e verificar o *cycle time* da linha de uma opção específica e, por essa razão, não seria tão ruim incluir os efeitos das estações subsequentes quando estimamos o efeito de uma alteração isolada.

de instalações ou mesmo de estruturas. Na verdade, dispomos de *tanta* liberdade que o problema se torna quase impossível de ser solucionado de maneira ótima.

18.4.1 A abordagem tradicional

No século XVIII, quando as primeiras fábricas foram projetadas, uma das mais importantes preocupações era como dispor as várias operações de maneira a funcionarem com uma única fonte de energia – a roda d'água. As operações eram arranjadas de maneira linear, ao longo do eixo movido pela roda, cada operação conectada por correias e polias de tamanho variado para gerar a velocidade necessária. Atualmente, muitas vezes nos deparamos com fábricas que seguem esse mesmo desenho tradicional, com seus centros de processamento dispostos de forma linear em instalações retangulares.

Achamos isso curioso, pois as fábricas já não dependem de rodas d'água há mais de 150 anos, e questionamos vários engenheiros, arquitetos que projetam fábricas complexas (por exemplo, fábricas de chips eletrônicos) e engenheiros de produção que trabalham nessas fábricas. Percebemos que um procedimento típico para projetar novas fábricas e linhas de produção segue, mais ou menos, os seguintes passos:

1. Estabelecer o tamanho básico e o formato das instalações.
2. Determinar a melhor localização para as instalações de suporte (eletricidade, máquinas a vapor, gases de processamento, etc.) para minimizar o custo operacional da fábrica.
3. Determinar o leiaute das estações de trabalho de forma a minimizar os custos das operações.
4. Determinar os roteiros de produção.

Tendo isso em mente, a tendência para um leiaute linear não surpreende. Como o projeto dos processos *começa* com o tamanho e o formato da fábrica, a tradição exerce enorme influência em seu desenho. Mas existem problemas óbvios com esses esquemas. O mais sério é que pouca consideração é dada ao fluxo dos produtos antes do estágio final do projeto da fábrica.

18.4.2 Uma abordagem da Ciência da Fábrica

Uma boa abordagem alternativa é ver o problema pela perspectiva dos clientes, evidenciando que o maior objetivo da linha de produção é garantir a qualidade dos produtos de maneira contínua e competitiva. Um processo de projeto de uma fábrica consistente com esse objetivo, o qual é quase o oposto do procedimento tradicional, é o seguinte:

1. O consumidor determina quais os produtos a fabricar. As combinações, os volumes e os *cycle times* são estimados.
2. O(s) produto(s) determina(m) os processos. Para muitos produtos, há uma receita básica de passos que precisam ser seguidos para produzir uma unidade.
3. Os processos determinam um conjunto básico de máquinas. As descrições das máquinas se iniciam de maneira genérica e adquirem maiores detalhes assim que os processos evoluem.
4. As máquinas determinam as instalações necessárias.
5. As instalações determinam a estrutura geral e o tamanho da fábrica.

Se esses procedimentos fossem seguidos literalmente, poderíamos acabar tendo uma fábrica que seria muito bem equipada para produzir produtos nos volumes necessários, mas seria muito cara para construir. Concentrar-se apenas no fluxo dos produtos para minimizar os *cycle times* pode nos levar a instalar máquinas múltiplas e caras, quando uma apenas bastaria. Por exemplo, em uma fábrica de placas de chips eletrônicos, a operação de fotolitografia exige uma das máquinas mais caras da fábrica. Suas exigências quanto às instalações são enormes e, para piorar as coisas, as placas precisam retornar ao processo a cada camada adicionada (frequentemente, são 10 ou mais) durante a produção. Uma perspectiva puramente direcionada à minimização do *cycle time* pode sugerir a instalação de 10 conjuntos dessas máquinas a um custo tremendo. Uma perspectiva puramente direcionada aos custos sugeriria apenas um conjunto desses equipamentos. A "melhor" opção só pode ser determinada considerando a operação de fotolitografia no contexto das outras operações, comparando os custos relativos de diferentes configurações que atinjam as metas de desempenho.

Como resultado, faz sentido abordar o problema do projeto da fábrica a partir de uma combinação da perspectiva tradicional com a da Ciência da Fábrica. Iniciaremos com uma ideia dos processos básicos e do leiaute das instalações. Usando um leiaute básico, instalamos os centros de processamento no tamanho necessário para alcançar as metas desejadas de produtividade e de *cycle time*. Se as configurações resultantes ficarem com custos muito altos, reconsideramos o leiaute básico. Por outro lado, se os *cycle times* são excessivos, consideramos a instalação de maiores espaços para melhorar o fluxo dos produtos.

Como parte do processo, poderíamos também efetuar uma análise de Pareto da combinação de produtos, para determinar se o conceito de "uma fábrica dentro de outra" é aplicável. Se a maior parte do volume é para um pequeno número de produtos, faz sentido duplicar os processos na própria fábrica. Um conjunto, com uma configuração de uma linha de fluxo enxuta, seria dedicado a um pequeno número de produtos que representam a maior parte da produtividade. A outra parte seria disposta em uma configuração com leiaute funcional, que maximiza a flexibilidade à custa de utilização baixa ou *cycle times* maiores. Nessa parte, é normal haver um menor uso das máquinas, pois os volumes são (conforme projetado) menores.

Uma vez definido o leiaute básico, voltamos nossa atenção às opções específicas e às quantidades de máquinas. Um procedimento relativamente simples é começar com uma configuração MCCF e, em seguida, escolher a melhor alteração isolada, como descrito anteriormente, para fazer com que a linha esteja de acordo com o *cycle time* desejado. Para sermos eficazes, devemos incluir todas as opções tecnológicas possíveis, isto é, a compra de novas máquinas e a alteração de máquinas/processos existentes, sem sobrecarregar os tomadores de decisões. Não queremos deixar passar uma modificação barata que alivie um problema de desempenho e elimine a necessidade de novas máquinas muito caras. Os procedimentos de diagnóstico da Ciência da Fábrica (Capítulo 9) são úteis em identificar as opções promissoras.

Sabe-se que as exigências de desempenho (por exemplo, as metas de produtividade e de *cycle time*) são, por si só, variáveis decisórias. Apesar de podermos especificar valores plausíveis para iniciar a análise, faz sentido examinar os *trade-offs* entre os custos e o desempenho. Por exemplo, se pudermos encurtar os *cycle times* em 5 dias a um custo de $100.000, poderíamos decidir realizá-lo. Podemos fazer isso com nosso modelo, resolvendo vários valores de restrições de produtividade ou de *cycle times*, para gerar uma curva de custos *versus* desempenho, a qual é mostrada na Figura 18.2. Se o modelo não pode especificar qual o ponto da curva é o ótimo, ele oferece informações úteis, com opções racionais, para ajudar o tomador de decisões.

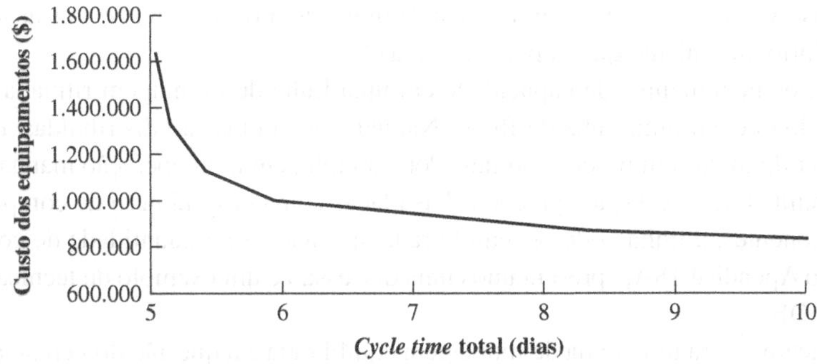

FIGURA 18.2 A curva do custo total dos equipamentos *versus* o *cycle time* total.

18.4.3 Outras considerações sobre o projeto da fábrica

Estas discussões oferecem algumas perspectivas sobre como incorporar os custos, a produtividade, o *cycle time* e outros fatores a um processo decisório de instalações direcionadas aos consumidores. Porém, há muito mais coisas envolvidas em um problema de projeto de uma fábrica do que as abordadas aqui. Na verdade, existe uma vasta literatura chamada, em geral, de **leiaute de fábrica** ou **planejamento de instalações**, que abordam tópicos desde a localização de centros de processamento para minimizar o fluxo dos produtos até a determinação do número de vagas no pátio de estacionamento. Essa literatura aborda assuntos importantes sobre movimentação de materiais, leiaute físico das instalações, armazéns e estocagem, planejamento dos escritórios, e desenvolvimento e manutenção das fábricas. Sugerimos a leitura de Tompkins e White (1984) como uma boa introdução a esse campo.

18.5 A ALOCAÇÃO DE CAPACIDADE E O EQUILÍBRIO DA LINHA

Como mostra o exemplo anterior, os procedimentos da Ciência da Fábrica para o projeto das instalações provavelmente não resultarão em uma linha equilibrada. As razões são as seguintes:

1. Uma linha de fluxo desequilibrada com um gargalo conhecido é mais fácil de administrar e demonstra um comportamento logístico melhor (isto é, tem uma curva característica similar ao melhor desempenho possível) do que uma linha equilibrada correspondente.
2. O custo da capacidade normalmente não é o mesmo em cada estação, e é mais barato manter capacidade em excesso em algumas estações do que em outras.
3. A capacidade é, muitas vezes, disponível apenas em tamanhos discretos de incrementos (ou seja, podemos comprar 1 ou 2 tornos, mas não um e meio) e pode ser impossível ajustar a capacidade de determinada estação em relação a uma meta em particular.

Quando considerados todos esses fatores, a configuração ótima da maioria das linhas de fluxo será uma linha desequilibrada.

18.5.1 As linhas de montagem ritmadas

Apesar dos argumentos a favor das linhas desequilibradas, muitas vezes, uma linha equilibrada pode fazer sentido. Na verdade, o problema da linha de equilíbrio (*line of balance* – LOB) é clássico na engenharia de produção. Todavia, é aplicável apenas a **linhas de montagem ritmadas**, e não às linhas de fluxo. Nestas, cada estação é, em sua essência, independente. Cada uma delas opera em sua própria velocidade, e o gargalo é a estação mais lenta da linha. Em uma linha de montagem ritmada, as peças fluem através da linha em um ritmo constante. As peças se movem através de **zonas** com um ou mais operadores. A linha é projetada de maneira que o operador quase sempre conseguirá fazer sua tarefa em sua própria zona. Caso contrário, a linha seria interrompida por operadores efetuando suas tarefas em zonas alheias. Assim, o gargalo de uma linha de montagem ritmada não é a estação mais lenta da linha, mas o próprio mecanismo que impõe o ritmo a ela.

Além disso, os incrementos de capacidade em uma linha de montagem ritmada são, em geral, muito menores do que em uma linha de fluxo. Naquela, as tarefas são distribuídas a operadores da linha e podem ser divididas em porções ótimas. Por exemplo, em uma operação manual de montagem de placas de circuitos, cada estação "preenche" as placas com certo número de componentes. Como há muitos componentes, a linha pode ser equilibrada ajustando-se a quantidade de componentes em cada estação. No Apêndice 18A, apresentamos uma discussão e um exemplo de técnicas para resolver o problema da LOB.

Outra justificativa para uma linha de montagem equilibrada é a questão do gerenciamento do pessoal. As pessoas não gostam de ficar em situações em que estão sob constante expectativa de superar o desempenho de seus colegas pelo mesmo salário. Como a maioria das linhas de montagem funciona com operadores, apesar de muitas usarem robôs, essa questão é importante. Nesses casos, é bom que as estações em uma linha tenham, aproximadamente, o mesmo volume de trabalho.

Em uma linha de fluxo, as tarefas dependem mais das próprias máquinas e, assim, são mais difíceis de dividir. Para aumentar a capacidade de certa estação, precisamos adicionar uma nova máquina ou aumentar a velocidade das existentes. Infelizmente, a noção de uma linha equilibrada tem sido, muitas vezes, aplicada de forma equivocada. Esse aspecto e o desejo de manter uma alta utilização são as razões encontradas para se preservarem linhas equilibradas.

18.5.2 O desequilíbrio das linhas de fluxo

As razões expostas anteriormente para desequilibrar as linhas de fluxo sugerem que um processo com incrementos de capacidade pequenos e baratos nunca seria um gargalo. Tal processo poderia, facilmente e sem muitos gastos, adicionar pequenos incrementos de capacidade até atingir os níveis ideais. Por outro lado, um processo no qual a capacidade aumenta em grandes porções seria uma boa escolha para o gargalo da linha.

Como exemplo, considere dois processos diferentes em uma fábrica de placas de circuito integrado: o revestimento de cobre e a inspeção manual. A operação de inspeção manual ocorre antes do revestimento de cobre,[2] que usa uma máquina que envolve um banho químico e uma carga enorme de eletricidade. Cada máquina tem uma capacidade média de 2.000 painéis por dia. Adicionar uma nova máquina de revestimento custaria aproximadamente $2 milhões, e sua instalação precisaria de muito espaço físico. Essa máquina é uma das mais caras da fábrica. Em oposição a isso, cada estação de inspeção manual exige apenas um operador semiqualificado, uma lente iluminada e uma ferramenta de testes de toque. Cada estação pode inspecionar uma média de 150 painéis ao dia. Nenhuma dessas estações custa mais do que $100 e o espaço necessário é bem pequeno.

Se essas fossem as únicas estações da linha, a situação seria fácil de analisar. Se designarmos a operação de revestimento de cobre como o gargalo, então poderíamos, facilmente e sem muitos gastos, manter sua alimentação adequada, aumentando capacidade na operação de inspeção manual. Haveria consequências mínimas se a inspeção manual tivesse algum excesso de capacidade. Ao invés disso, designar a inspeção manual como o gargalo e mantê-la bem alimentada[3] implicaria adicionar um incremento de capacidade enorme e muito caro na operação de revestimento de cobre. Assim, faz mais sentido designar o revestimento como o gargalo e administrá-lo de acordo.

18.6 CONCLUSÕES

Neste capítulo, concentramos nossa atenção na aplicação da estrutura de trabalho da Ciência da Fábrica ao projeto de novas linhas de produção e à melhoria de linhas existentes no que se refere à capacidade. Os pontos principais podem ser assim resumidos:

1. *Decisões sobre a capacidade exercem um efeito estratégico sobre a competitividade das operações da produção.* Uma estratégia de capacidade surte um efeito enorme e direto sobre os custos, e muitos efeitos indiretos sobre o desempenho, impactando em outros problemas de planejamento e controle, incluindo o planejamento agregado, a programação e os controles do chão de fábrica. As decisões incluem quanto, quando, onde e que tipo de capacidade aumentar. Outras questões envolvem várias economias e deseconomias de escala.
2. *Fórmulas da Ciência da Fábrica podem fornecer as bases para o projeto de novas linhas e os procedimentos para melhorias.* Ao calcular a produtividade, o *cycle time* e o WIP para deter-

[2] As capacidades e as informações reais da fábrica de placas foram alteradas pelos autores.

[3] Lembre que, em uma linha CONWIP, não existe *início* da linha. Assim, as estações anteriores podem ser mal alimentadas por estações posteriores se os sinais para puxar (os cartões CONWIP) não são retornados a tempo.

minada configuração, essas fórmulas nos permitem esquematizar o problema do projeto das linhas ou das melhorias, tais como minimizar os custos, sujeito a restrições especificadas na produção, no *cycle time* ou no WIP. Variando os níveis das restrições, podemos também gerar restrições de custos *versus* desempenho.

3. *Adições de capacidade ou modificações de procedimentos podem ser alternativas viáveis isoladamente ou em conjunto.* Por exemplo, a redução dos tempos de reparo em uma máquina existente pode ter efeitos logísticos similares ao aumento de capacidade em uma estação pela compra de novas máquinas. Mantendo todas as outras condições iguais, o ganho com as alterações de procedimentos é em geral maior do que com a adição de equipamentos novos, pois o aprendizado e a disciplina obtidos na implantação das melhorias em uma linha podem ser transmitidos a outras linhas, enquanto a compra de novos equipamentos não oferece essas oportunidades de aprendizado.
4. *Linhas de fluxo, normalmente, são desequilibradas.* As diferenças de logística e de custos entre as estações justificam a configuração das linhas de fluxo para que tenham níveis diferentes de utilização nas estações.
5. *Linhas de montagem ritmadas devem, em geral, ser equilibradas.* Nessas linhas, o gargalo é o próprio mecanismo de movimentação, por exemplo, a correia transportadora. Para permitir que os operadores completem suas tarefas a tempo, assim como para alocar o volume de trabalho de maneira justa, é necessário dividir as tarefas entre as estações da maneira mais equilibrada possível, observando a precedência e as necessidades de separação.

É importante observar que as linhas projetadas com os procedimentos da Ciência da Fábrica possivelmente terão um custo maior do que as projetadas a partir de uma abordagem tradicional de custo mínimo e de capacidade viável. Contudo, elas têm muito mais possibilidades de atingir as metas projetadas. Quando se consideram fatores como a perda de vendas em decorrência de não se atingirem as metas de produção, os prejuízos causados aos clientes devido a prazos não cumpridos e a confusão resultante de tentar operar uma linha em constante situação caótica, as linhas de produção projetadas usando a Ciência da Fábrica se tornam bem mais lucrativas no longo prazo.

APÊNDICE 18A

O PROBLEMA DA LINHA DE EQUILÍBRIO

A distribuição de tarefas para as estações em uma linha de montagem ritmada deve ser feita de maneira que cada uma das estações tenha aproximadamente o mesmo volume de trabalho. Há duas boas razões para isso: usar a mão de obra de maneira eficiente e evitar questões éticas quando uma estação tem uma carga de trabalho maior do que outra.

Assuma que há n tarefas que devem ser executadas em cada conjunto e que se movem pela linha, o tempo para executar a tarefa i é de t_i. Essas tarefas são alocadas a k estações, onde $k \leq n$. Se t_0 é o tempo alocado para cada estação (isto é, o tempo de a correia mover-se através de uma estação), então a taxa da linha será de $r_b = 1/t_0$.

Como as tarefas têm tempos aleatórios, precisamos considerar alguma variabilidade. Definimos $c < t_0$ como o tempo máximo para uma tarefa. Por exigirmos que a soma dos tempos médios das tarefas deva ser menor ou igual a c, concedemos algum tempo extra a cada estação em razão da variabilidade inerente das tarefas. Note que $u = c/t_0$ é a utilização máxima em qualquer estação da linha e é sempre menor do que 1.

Em muitos textos que tratam do problema, c é chamado de *cycle time*. Porém, como usamos esse termo para o tempo para atravessar um roteiro todo, nos referimos a c como o tempo de **correia transportadora**, (porque é o tempo que a correia concede para cada estação executar suas tarefas). O objetivo da maioria dos algoritmos da linha de equilíbrio é minimizar o tempo ocioso total, que definimos como

$$\text{Tempo ocioso total} = kc - \sum_{i=1}^{n} t_i$$

Uma medida similar é conhecida como o **atraso do equilíbrio**

$$b = \frac{kc - \sum_{i=1}^{n} t_i}{kc}$$

que representa a fração total do tempo ocioso.

Para complicar mais ainda, precisamos levar em conta várias outras restrições. A mais comum é a restrição da **precedência**, que ocorre quando certa tarefa precisa ser executada antes de outras. Vamos considerar apenas as restrições de precedência, mas indicamos ao leitor Hax e Candea (1984, Seção 5.4) para uma discussão mais completa sobre o problema da linha de equilíbrio e um resumo da literatura pertinente.

Acontece que esse problema é muito complexo (NP-difícil), de forma que os algoritmos ótimos muitas vezes exigem tempo excessivo de cálculo nos computadores para solucionar problemas de tamanhos reais (por exemplo, com 100 tarefas ou mais). Por isso, a maioria dos programas de computador depende de métodos heurísticos.

Ilustramos um desses algoritmos usando um procedimento simples que é similar ao de Kilbridge e Wester (1961) por meio do uso de um exemplo de Johnson e Montgomery (1974, p. 369). Para isso, considere as nove tarefas cujas relações de precedência são mostradas na Figura 18.3. Os tempos para essas tarefas e o número de

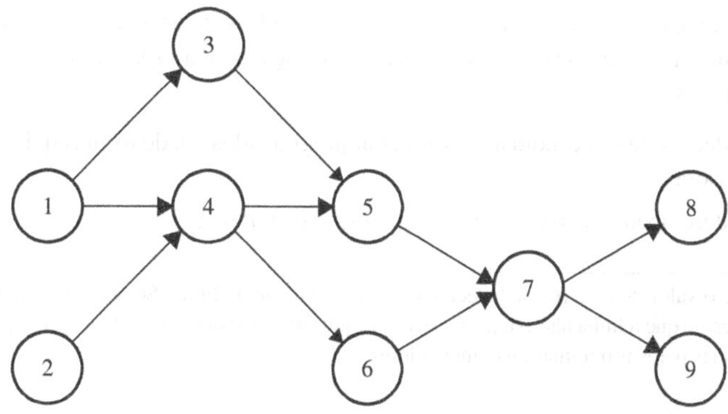

FIGURA 18.3 Diagrama de precedências para o exemplo de linha de equilíbrio.

TABELA 18.5 Os dados do exemplo da linha de equilíbrio

Número da tarefa	Tempo médio de desempenho	Número de sucessores
1	5	7
2	3	6
3	6	4
4	8	5
5	10	3
6	7	3
7	1	2
8	5	0
9	3	0

sucessores são mostrados na Tabela 18.5. Note que a tarefa 5 tem o maior tempo médio de desempenho: 10. Assim, $c \geq 10$. Além disso, a soma dos tempos de desempenho é de $\sum_i t_i = 48$.

Para ter um tempo ocioso de zero, a razão $\sum_{i=1}^{n} t_i/c$ precisa ser um número integral. Entretanto, isso não garante um tempo ocioso de zero, porque as restrições de precedência podem evitar as devidas alocações de tarefas às estações. Apesar disso, esse fato e a seguinte fórmula

$$\max_i\{t_i\} \leq c \leq \sum_{i=1}^{n} t_i$$

ajudam a determinar um valor apropriado para c. Se fatorarmos $\sum_{i=1}^{n} t_i = 48$, teremos

$$2 \times 2 \times 2 \times 2 \times 3 = 48$$

As combinações desses fatores que estão entre 10 (o maior tempo de desempenho) e 48 (a soma dos tempos de desempenho) são as seguintes

$$2 \times 2 \times 2 \times 2 \times 3 = 48$$
$$2 \times 2 \times 2 \times 3 = 24$$
$$2 \times 2 \times 2 \times 2 = 16$$
$$2 \times 2 \times 3 = 12$$

Isso significa que poderíamos atingir uma linha perfeitamente equilibrada (ou seja, sem tempo ocioso) com 48/48 = 1 estação (óbvio, mas não muito útil), 48/24 = 2 estações, 48/16 = 3 estações ou 48/12 = 4 estações. Vamos considerar o caso com $c = 16$, com três estações.[4]

Para descrevermos nosso procedimento, definimos N como sendo o número da estação atual, T como o conjunto de tarefas alocadas a essa estação, A como o tempo disponível a ser alocado para essa estação e S como o conjunto de tarefas disponíveis a serem alocadas, isto é, as tarefas cujas restrições de precedência foram satisfeitas e cujos tempos de desempenho se encaixam dentro dos tempos restantes. O algoritmo prossegue como a seguir:

Passo 1. Defina o número da estação atual N como 1.

Passo 2. Defina o tempo disponível para c, $A \leftarrow c$ e $T = \phi$, indicando as alocações efetuadas até o momento.

Passo 3. Determine o conjunto de tarefas candidatas à alocação S. Para ser candidata, duas condições devem ser satisfeitas:

1. Todas as predecessoras da candidata devem estar programados ou, de forma equivalente, a candidata não tem predecessoras.
2. O tempo de desempenho não excede o tempo disponível: $t_j \leq A$.

[4] É claro que, ao escolher o valor de $c = 16$ estabelecemos a produtividade da linha. Se quisermos maior produtividade, seria melhor definir $c = 12$, mesmo que a linha não esteja em perfeito equilíbrio e mesmo que reste mais tempo ocioso. Essas questões geralmente são consideradas pelos programas de computadores.

Passo 4. Escolha a tarefa j do conjunto de S, usando as seguintes regras:

1. Escolha a tarefa com o maior número de sucessores.
2. Escolha a tarefa com o maior tempo de desempenho.

Posicione a tarefa em T.

Passo 5. Atualize o tempo disponível $A \leftarrow A - t_j$. Remova a tarefa j do conjunto S.

Passo 6. Repita os passos 3, 4 e 5 até que não reste nenhuma tarefa candidata (defina S como vazio).

Passo 7. Se ainda há tarefas restantes, aumente o número da estação e volte ao passo 2.
Do contrário, pare.

Para aplicar esse algoritmo ao nosso exemplo, iniciamos com

$$N = 1 \qquad A = 16 \qquad S = \{1, 2\} \qquad T = \phi$$

O conjunto S contém somente as tarefas 1 e 2, pois elas são as únicas tarefas sem predecessoras. Como a tarefa 1 tem mais sucessoras, alocamos ela primeiro, na estação 1. Agora temos

$$N = 1 \qquad A = 11 \qquad S = \{2, 3\} \qquad T = \{1\}$$

Observe que a tarefa 3 agora é uma candidata, pois sua única precedente, a tarefa 1, já foi programada. Como a tarefa 2 tem mais sucessoras e se encaixa no tempo disponível, é a próxima a ser programada.

$$N = 1 \qquad A = 8 \qquad S = \{3, 4\} \qquad T = \{1, 2\}$$

As tarefas 3 e 4 são, agora, as próximas candidatas. Aqui vemos a importância (e a isenção) das regras heurísticas. Como nossa regra é a de selecionar a tarefa com mais sucessoras, selecionamos a tarefa 4, que se encaixa perfeitamente (usando todos os 8 tempos restantes). Se selecionássemos a tarefa 3, teríamos deixado tempo sobrando na estação, após a sua alocação. Algoritmos mais sofisticados para abordar o problema do equilíbrio tentariam todas as combinações das tarefas restantes para obter a melhor que se encaixe. Isso, obviamente, aumenta o volume de tempos de cálculo do computador. Assim, o *status* do algoritmo é o seguinte:

$$N = 1 \qquad A = 0 \qquad S = \phi \qquad T = \{1, 2, 4\}$$

Não há tarefas candidatas porque o tempo restante é zero. Agora precisamos prosseguir para programar a segunda estação. Reiniciamos $A = c$ e percebemos que há duas novas tarefas candidatas

$$N = 2 \qquad A = 16 \qquad S = \{3, 6\} \qquad T = \phi$$

A tarefa 3 tem o maior número de sucessoras e é programada antes, na estação 2. O *status* agora é:

$$N = 2 \qquad A = 10 \qquad S = \{5, 6\} \qquad T = \{3\}$$

As tarefas 5 e 6 têm ambas três sucessoras. Contudo, a tarefa 5 é a mais longa e se encaixa perfeitamente no tempo restante. Terminamos a estação 2 com

$$N = 2 \qquad A = 0 \qquad S = \{6\} \qquad T = \{3, 5\}$$

Todas as tarefas restantes se encaixam no tempo c da correia transportadora, na estação 3.

$$N = 3 \qquad A = 0 \qquad S = \phi \qquad T = \{6, 7, 8, 9\}$$

A programação é ótima com $b = 0$.

Atente para o número de vezes durante o algoritmo em que tivemos "sorte" com tarefas que se encaixavam perfeitamente em relação aos tempos restantes, o que normalmente não acontece e, na verdade, não aconteceria com $c = 12$ ou $c = 24$. A maioria dos algoritmos em programas comercializados tenta muitos valores diferentes para c e diferentes regras de desempate durante o procedimento.

QUESTÕES PARA ESTUDO

1. Por que alguém desejaria adicionar capacidade antes da existência de demanda? Por que alguém esperaria a demanda se concretizar?
2. Por que, em geral, o custo unitário é menor em uma grande fábrica do que em uma pequena? O que poderia causar o contrário?
3. Por que a visão tradicional da administração da capacidade é inadequada? Qual lei da Ciência da Fábrica aborda essa questão de forma direta?
4. Considere esta frase: "Para um orçamento fixo, projete a melhor fábrica possível." Formule o problema que especifique melhor as questões do custo, do *cycle time*, da produtividade, etc.
5. Por que é adequado equilibrar uma linha de montagem ritmada, mas não uma linha de estações independentes? Qual é o gargalo em uma linha de montagem ritmada?
6. Considere o problema da linha de equilíbrio. Por que o tempo c da correia transportadora deve ser maior do que o tempo máximo alocado para qualquer estação? O que poderia acontecer se não o fosse?
7. Quais são alguns dos problemas da abordagem tradicional para o projeto de uma fábrica, na qual começamos com o tamanho e o formato, depois decidimos onde situar as instalações de suporte e, por último, decidimos onde situar as ferramentas? Quais são alguns problemas da abordagem da Ciência da Fábrica?

PROBLEMAS

1. Você foi encarregado com o projeto de uma linha de fluxo com três estações que precisa alcançar uma meta de produtividade de 5 trabalhos por hora, com um *cycle time* total de 3 horas ou menos. Cada estação precisa ter uma única máquina adquirida de um fornecedor, que a fabricará segundo suas especificações e com a velocidade desejada. Porém, o preço da máquina depende de sua velocidade, como segue:

$$K(i) = a(i)\left[\frac{1}{t_e(i)}\right]^{b(i)}$$

onde $K(i)$ é o custo (total) do equipamento instalado na estação i; $t_e(i)$ é o tempo efetivo de processamento da máquina na estação i; e $a(i)$ e $b(i)$ são constantes. Assuma que o coeficiente de variação das chegadas à linha é igual a 1 e que $c_e(i) = 1$ para i = 1, 2, 3 – isto é, o coeficiente de variação do processo de todas as máquinas é igual a 1, não importando sua velocidade.

(a) Suponha que $a(i) = \$10.000$ e $b(i) = 2/3$ para $i = 1, 2, 3$. Ache os valores de $t_e(i)$ para $i = 1, 2, 3$ que alcancem o objetivo da produtividade e do *cycle time* com custo total mínimo de equipamentos. (*Dica*: A ferramenta *Solver* do Excel é muito boa para isso.) O resultado demonstra uma linha equilibrada? Explique.

(b) Suponha que $a(1) = \$1.000$, $a(2) = \$100.000$, $a(3) = \$10.000$ e $b(i) = 2/3$ para $i = 1, 2, 3$. Ache os valores de $t_e(i)$ para $i = 1, 2, 3$ que atinjam o objetivo da produtividade e do *cycle time* com custo total mínimo de equipamentos. O resultado é uma linha equilibrada? Explique.

(c) Suponha que tudo é igual à parte (a), exceto que agora $t_e(i)$ só pode ser escolhida em múltiplos de 0,05 horas (0,05; 0,1; 0,15; etc.). Ache os valores de $t_e(i)$ para $i = 1, 2, 3$ que atinjam a meta da produtividade e do *cycle time* com um custo total mínimo de equipamentos. O resultado é uma linha equilibrada? Explique.

TABELA 18.6 Opções de aquisição de máquinas para cada centro de processamento

	Opções de máquinas (velocidade (peças/hora), CV, custo (em milhares de $))			
Estação	**Tipo 1**	**Tipo 2**	**Tipo 3**	**Tipo 4**
MMOD	42; 2,0; $50	42; 1,0; $85	50; 2,0; $65	10; 2,0; $110,5
SIP	42; 2,0; $50	42; 1,0; $85	50; 2,0; $65	10; 2,0; $110,5
ROBOT	25; 1,0; $100	25; 0,7; $120	–	–
HDBLD	50; 0,75; $20	5,5; 0,75; $22	6; 0,75; $24	–

(d) Quais as implicações que o resultado deste modelo simplificado traz para o projeto de linhas reais de produção?

2. A Tabela 18.6 nos mostra as velocidades (peças/hora), o coeficiente de variação (CV) e o custo de um conjunto de máquinas para uma linha de placas de circuito integrado. Os trabalhos passam pela linha em blocos de 50 painéis cada e isso não pode ser mudado. O CV representa os tempos *efetivos* de processamento e inclui os efeitos de paradas, *setups* e outras rupturas comuns.

   O *cycle time* médio desejado para essa estação é de 1 dia. A demanda máxima é de 1.000 painéis por dia.

   (a) Qual é a configuração com o custo mais baixo que preenche as exigências da demanda?

   (b) Quantas configurações possíveis existem?

   (c) Encontre uma configuração boa.

3. *Desafio:* Considere os dados da Tabela 18.1 juntamente à opção de reduzir o c_e^2 para a estação 3 conforme descrito na Seção 18.3. Projete uma linha com produtividade máxima e com *cycle times* de até 16 horas e um orçamento para os equipamentos de até $2.800.000.

4. A montagem de um monitor de computador exige um chassi, duas placas de circuitos e vários componentes, uma abraçadeira, além de um teste final, que é executado de acordo com as seguintes exigências de precedência:

   - O chassi precisa ser colocado antes, processo que leva 2 minutos.
   - A placa 1 requer apenas o chassi e leva 3 minutos.
   - Os componentes 1 requerem que a placa 1 esteja montada. A colocação desses componentes leva 3 minutos.
   - A placa 2 requer que a placa 1 esteja montada. A placa 2 leva 4 minutos para ser colocada.
   - Os componentes 2 requerem que a placa 2 esteja colocada, o que leva 2 minutos.
   - A abraçadeira requer que todas as placas e os componentes estejam colocados e leva 3 minutos para ser instalada.
   - O teste requer que tudo esteja completo e leva 5 minutos para ser executado.

   (a) Desenhe um diagrama das precedências da montagem do monitor.

   (b) Qual é o tempo mínimo da correia transportadora que poderia resultar em um atraso zero no equilíbrio?

   (c) Se a utilização esperada for de 0,85, quantos monitores serão produzidos por hora usando o tempo mínimo de correia calculado na parte (b)?

   (d) Aloque as tarefas às estações usando o tempo mínimo de correia. Qual o atraso no equilíbrio?

CAPÍTULO 19

Síntese: Juntando Tudo

Isso não é o fim. Não é nem mesmo o início do fim. Mas é, talvez, o fim do início.

WINSTON CHURCHILL, 10 DE NOVEMBRO DE 1942

19.1 A IMPORTÂNCIA ESTRATÉGICA DOS DETALHES

Somos os primeiros a admitir que o enfoque dado à manufatura neste livro é técnico. Mas a manufatura *é* técnica. Seria bom se, simplesmente, pudéssemos fazer o que achamos correto, atender os clientes e receber nossos salários. Porém, há cada vez menos negócios simples assim. Sob a pressão intensa da concorrência global, as empresas de manufatura são *forçadas* a melhorar de forma contínua os seus custos, a qualidade dos produtos e a agilidade na entrega. Certamente, uma visão estratégica é essencial para que possa florescer um ambiente em que esse desempenho seja possível. Contudo, isso só é possível com muito cuidado e atenção aos detalhes técnicos.

Na década de 1950 e 1960, os Estados Unidos podiam passar por cima dos detalhes da manufatura e se concentrar em questões de mais alto nível nas áreas de marketing e finanças. No despertar da Segunda Guerra Mundial, os Estados Unidos não precisavam se preocupar com os custos ou com os níveis de defeitos que estavam um tanto excessivos. Os consumidores tinham poucas alternativas e baixas expectativas em relação aos produtos então existentes. Entretanto, nas décadas de 1980 e 1990, começaram a atentar para os produtos com alta qualidade e bons preços vindos do Japão, da Coreia, da Alemanha e de outros países, e, com isso, também aumentaram suas expectativas em relação aos produtos norte-americanos. Como resultado, hoje, qualquer deficiência na qualidade, nos custos ou no atendimento pode tirar uma empresa do mercado.

No entanto, o valor estratégico dos detalhes vai além de sua importância para atingir melhorias de desempenho. A razão mais importante pela qual precisamos de uma compreensão mais profunda dos sistemas de manufatura é que o ritmo das mudanças tecnológicas dos últimos anos tornou quase obsoletas as soluções do tipo tentativa e erro. Henry Ford produzia seu modelo T para toda uma geração e podia desenvolver sistemas e soluções por meio da observação e experiências na linha de produção. Em vez disso, hoje, a vida útil média de um computador pessoal é de menos de 2 anos, o que significa que os fabricantes precisam definir as instalações, estimar os volumes e as eficiências necessários para atingir o ponto de equilíbrio, atingir bons níveis de atendimento ao consumidor e projetar os produtos em um tempo muito curto. Prever e analisar o comportamento de um sistema *antes* de ele se manifestar requer uma boa dose de intuição e de modelos adequados, e ambos se baseiam em uma boa compreensão dos detalhes técnicos da manufatura.

19.2 A QUESTÃO PRÁTICA DA IMPLANTAÇÃO

Possuir as ferramentas de análise necessárias é um pré-requisito fundamental para fazer melhorias significativas em um sistema de manufatura. Mas a implantação vai além da escolha certa. Um gerente de produção eficaz precisa aglutinar tudo em um plano e fazê-lo deslanchar, o que resulta em (1) abordar o problema *certo* e (2) convencer os outros de que ele precisa ser solucionado. O primeiro passo é um assunto de análise de sistemas, enquanto o segundo envolve os elementos humanos da administração da manufatura. Os Capítulos 6 e 11 já discutiram essas questões; porém, elas são tão importantes ao processo da implantação que as revisitamos aqui de maneira breve.

19.2.1 Uma perspectiva de sistemas

As leis e as fórmulas da Ciência da Fábrica auxiliam na identificação de possíveis áreas de alavancagem, na criação de intuição sobre as abordagens certas que funcionam em ambientes específicos, e na avaliação e comparação de diferentes políticas e práticas; contudo, elas não podem gerar ideias originais. Os administradores de um sistema de manufatura precisam determinar seus *objetivos específicos* antes de escolher qualquer ferramenta a aplicar. Assim, para explorar o potencial estratégico dos princípios da Ciência da Fábrica, é importante usá-los na estrutura da análise de sistemas para a solução de problemas complexos.

Lembre-se de que, no Capítulo 6, vimos que os aspectos essenciais da análise de sistemas de produção (assim como de sua variante moderna, a reengenharia de processos de negócios) são os seguintes:

1. *Uma visão de sistemas.* O problema é visto no contexto de um sistema que interage com vários subsistemas. A ênfase recai sobre encarar o problema de maneira ampla, holística, e não de uma maneira estreita e reducionista.
2. *A análise meios-fins.* O primeiro passo sempre é especificar o objetivo, depois as várias alternativas são avaliadas em relação a ele. Por exemplo, um projeto de análise de sistemas poderia ter o objetivo de "efetuar as entregas dos produtos finais aos clientes de maneira contínua e conveniente", mas não seria adequado o objetivo de "melhorar a eficiência de processamento dos pedidos de compra". Essa seria uma abordagem dos "meios-antes", que poderia excluir outras opções potenciais – como a de eliminar os pedidos pela adoção de procedimentos eletrônicos.

   Na análise de sistemas, os objetivos geralmente são organizados de acordo com uma hierarquia que identifica as conexões entre o objetivo fundamental e outros, inferiores. Isso ajuda a identificar objetivos conflitantes (como baixos estoques e alto atendimento) e ressalta os objetivos de nível inferior, que dão suporte a mais do que um objetivo fundamental (por exemplo, *cycle times* curtos permitem uma melhor qualidade da produção, assim como uma maior agilidade nas entregas).
3. *A geração de alternativas criativas.* Com o objetivo em mente, a abordagem de sistemas busca apresentar a maior gama de alternativas possível. Por exemplo, para reduzir o *cycle time* da produção, devemos ir além da simples consideração de como aumentar a velocidade dos processos individuais e pensar sobre as causas básicas do *cycle time.* Muitas técnicas de *brainstorming* foram desenvolvidas para encorajar o pensamento criativo de alternativas que, em princípio, não são óbvias.
4. *Os modelos e a otimização.* Para comparar as alternativas em termos dos objetivos, o projeto exige alguma quantificação. Para isso, a otimização por meio de modelos pode ser tão simples quanto o cálculo do custo para cada alternativa e a escolha da mais barata, ou pode exigir a análise por um modelo matemático sofisticado. O nível apropriado de detalhes varia conforme a complexidade do sistema e a magnitude dos impactos potenciais.

5. *A repetição.* Em todas as análises de projetos de sistemas complexos, o objetivo, as alternativas e os modelos são revisados repetidamente, porque, assim que executamos as análises, conhecemos mais sobre o sistema. No Capítulo 6, formalizamos esse procedimento como um processo de "conjectura e refutação".

O procedimento de análise de sistemas de manufatura ajuda a concentrar a atenção no problema certo (ou seja, no qual existe maior alavancagem potencial), promove o entendimento do sistema e alimenta um sentimento de equipe em relação ao projeto. Como tal, é um ponto inicial vital e uma referência para praticamente todos os projetos de melhorias na manufatura.

19.2.2 O começo da mudança

A análise de sistemas é importante para gerar e avaliar ideias; mas não importa quão boa, a ideia nunca será implantada, se não for comunicada. Nem todos os argumentos da Ciência da Fábrica juntos conseguirão mudar uma organização de manufatura, a não ser que o seu pessoal se convença da necessidade das mudanças e saiba o que deve fazer a respeito.

Superar a inércia institucional pode ser muito difícil. Como Maquiavel bem colocou:

> Não há nada mais difícil de executar, mais arriscado de conduzir ou de sucesso mais incerto do que liderar a introdução de uma nova ordem das coisas.

Os esforços exigidos para a execução de um programa de mudanças dependem de cada situação. Se o gerente de uma linha de produção usar seu conhecimento dos princípios da Ciência da Fábrica para reconhecer que a redução do *setup* de certa máquina também reduz o WIP e o *cycle time*, e tiver autoridade suficiente para formar uma equipe para isso, composta pelos operadores das máquinas e pelos engenheiros de produção, então ele poderá seguir adiante e ter sucesso. Não é necessário nenhuma revolução, e não há segredo algum para efetuar pequenas mudanças incrementais no sistema. E apesar de tais mudanças não causarem grandes impactos na empresa, elas podem constituir parte importante de um processo de melhoria contínua.

Mudanças maiores, como o reposicionamento de uma fábrica como parte de uma estratégia de concorrência baseada na maior velocidade dos processos, exigem muito mais apoio institucional. A redução radical dos prazos de entrega aos clientes por meio da abordagem de todo o processo – que envolve as vendas, o processamento dos pedidos, a produção, o atendimento e, possivelmente, muitas outras funções – exige a liderança de alguém com suficiente influência para fazer as mudanças necessárias. Dependendo do sistema, essa pessoa pode ser o gerente da fábrica ou, se for necessário maior influência além da fábrica (por exemplo, o desenvolvimento de produtos ou a produção de componentes), talvez a pessoa certa seja o vice-presidente de manufatura ou o gerente-geral de operações. Uma vez que o líder tenha sido responsabilizado, é essencial que ele alimente as mudanças *e* forneça o apoio necessário para elas. Se o líder faz alguns discursos de impacto e, depois, desaparece, a atmosfera da mudança se dissipa rapidamente.

Um líder eficaz com a autoridade necessária pode inspirar as pessoas a mudarem, mas ele próprio não pode executar as mudanças. São indispensáveis as equipes de análise de sistemas para efetuar as análises e supervisionar a implantação necessária para realmente reorganizar a empresa. Essas equipes podem ser configuradas e gerenciadas de várias maneiras (ver Hayes, Wheelwright e Clark 1988; Hammer e Champy 1993 para exemplos). Não vamos nos aprofundar muito nesse assunto, mas faremos as seguintes observações a respeito:

1. As equipes *não* devem ser comissões, ou seja, elas devem ser pequenas o suficiente para poderem funcionar de maneira agressiva. Se o número exceder 10 indivíduos, mais ou menos, fica muito difícil reuni-los, e a equipe se torna ineficaz.
2. A equipe deve ser formada por pessoas influentes das áreas funcionais mais importantes afetadas pelas mudanças. Por exemplo, um esforço para a redução do *cycle time* deve envolver o pessoal de vendas, da produção, etc. Essas pessoas precisam ser escolhidas para que tenham uma

visão ampla, de maneira que não se limitem a proteger apenas seus próprios interesses. Como alternativa, elas poderiam trabalhar 100% de seu tempo nas análises, conscientes de que, após dissolvida a equipe, *não* retornarão para suas antigas posições. A ideia é motivar as pessoas a pensarem em termos do que é melhor para o sistema todo, não apenas de modo parcial.

3. A equipe deve incluir algumas pessoas de fora, não envolvidas diretamente com o sistema sendo considerado. Podem ser pessoas de outros departamentos ou consultores externos. O objetivo dessas pessoas é agir como provocadores, desafiando as suposições e os conceitos tradicionais. É muito fácil para os integrantes de uma equipe interna considerarem posições não condizentes com a realidade concreta.

Quando a função de análise dos sistemas tem o suporte de um líder influente e de uma equipe bem selecionada, ela pode tornar-se uma ótima ferramenta para provocar mudanças impactantes na organização.

19.3 FOCANDO O TRABALHO EM EQUIPE

Muitas vezes, nas organizações modernas, não são os grandes erros os mais devastadores, mas sim os pequenos sucessos. Um erro evidente incorrido na tentativa do desenvolvimento e implantação de melhorias nas práticas da produção é um esforço nobre e uma grande oportunidade de aprendizado. Em um ambiente ideal (que não penalize as pessoas por se arriscarem em boas possibilidades, ou mesmo por serem muito tradicionais em suas reações), tais erros são até necessários e constituem-se em passos positivos no caminho da melhoria contínua.

Já os projetos pequenos e sem riscos que geram melhorias ínfimas podem assegurar a seus líderes uma avaliação positiva de seu desempenho, mas podem também prejudicar de maneira constante a competitividade de uma organização. A razão é que eles exaurem os recursos da organização. Uma empresa que dá muita atenção a melhorias apenas marginais e fáceis de executar está se expondo ao risco de seus competidores mais agressivos nesses aspectos. Nesta era de concorrência intensa, a estratégia de "não assumir nenhum risco" é quase uma fórmula certa para o fracasso.

Essa observação implica que o primeiro passo na análise de sistemas de produção é focar a atenção da equipe sobre um problema de real relevância. Uma maneira de fazê-lo é assegurar-se de que o assunto abordado pela análise seja amplo o bastante para permitir que a equipe identifique as áreas de maior alavancagem potencial. Como ilustração, citamos uma situação da qual participamos há alguns anos. Na primeira reunião da equipe, o objetivo principal foi definido como "aumentar a eficiência do processo de pintura". Após ouvir atentamente os muitos detalhes e implicações do problema da pintura, perguntamos quais eram os motivos para melhorar esse processo e acabamos descobrindo que os *cycle times* da produção eram muito longos em relação aos da concorrência. Após fazermos mais algumas perguntas, também descobrimos que o processo da pintura era responsável por menos de 1 dia do *cycle time* da empresa, que era de 10 semanas. Por fim, descobrimos que o processo determinante do *cycle time* excessivo era o processamento dos pedidos dos clientes, que levava 4 semanas ou mais. Assim, apesar de termos finalmente chegado a um foco apropriado para o estudo, teria sido muito mais eficiente se o foco inicial fosse algo mais amplo, como "garantir a lucratividade, enfrentando uma concorrência mais acirrada", em vez de o mais limitado "melhorar a eficiência da pintura".

19.3.1 A lei de Pareto

Uma ferramenta básica para peneirar um sistema de manufatura complexo e selecionar os aspectos mais importantes é a **lei de Pareto**, também chamada de princípio 80–20. Pareto originalmente concebeu essa regra como uma lei da economia, a qual expressava que 80% da riqueza estão nas mãos de 20% da população. Se aplicada de forma mais genérica, isso indica que uma grande porção de qualquer problema (ou benefício) concentra-se em uma pequena porção de suas causas. Por exemplo, uma pequena porcentagem das peças é responsável pela maior parte das vendas, um pequeno número de itens de manutenção e reparos é responsável pela maior parte do orçamento da manutenção, um pequeno número de clientes é responsável pela maior parte das vendas, e também das queixas.

A lei de Pareto pode ser usada como uma diretriz gerencial que sugere que seja dada atenção especial aos "poucos mais importantes" e menos atenção aos "muitos menos importantes". As poucas peças com maior volume devem ser dirigidas a linhas de fluxos importantes, enquanto o maior número de peças com pouco volume deve ser produzido em um ambiente com leiaute funcional. Os materiais importantes podem ser adquiridos por meio do sistema de entregas diárias do *just-in-time*, enquanto os menos importantes podem ser comprados em maior quantidade e armazenados. As poucas máquinas responsáveis pela maior parte das paradas podem ter procedimentos especiais e conjuntos de reposição em prontidão, enquanto as muitas máquinas que causam a menor parte das paradas podem ter procedimentos de rotina. Os poucos clientes grandes deveriam ter (provavelmente terão) um tratamento privilegiado em relação aos muitos clientes pequenos. A ideia é alocar recursos limitados no ponto em que eles mais causam impacto.

A lei de Pareto também pode ser usada como uma ferramenta para simplificar as coisas. Um exemplo disso são os roteiros de produção em uma fábrica que podem parecer difíceis de organizar, considerando todas as peças do sistema. Porém, se apenas as famílias de peças mais importantes são levadas em conta, sua organização fica mais fácil. O estudo desse sistema simplificado provavelmente será mais gerenciável e conduzirá a uma melhor compreensão do comportamento essencial do sistema todo.

19.3.2 As leis da Ciência da Fábrica

Assim que o sistema de produção tenha sido peneirado usando a lei de Pareto, as leis da Ciência da Fábrica são as ferramentas fundamentais para uma equipe de análise de sistemas de manufatura. Primeiro, e acima de tudo, elas fornecem uma intuição sobre a maneira como um sistema de produção tende a se comportar. Além disso, elas oferecem métodos analíticos que podem ser complementados por muitas outras técnicas de análise e de modelagem, de acordo com cada situação específica.

A seguir, apresentamos um resumo dos princípios mais importantes da Ciência da Fábrica que foram revistos neste livro.

A lei de Little:

$$\mathrm{WIP} = \mathrm{TH} \times \mathrm{CT}$$

A lei do melhor desempenho: *O* cycle time *mínimo para certo nível w de WIP é dado por*

$$\mathrm{CT}_{\mathrm{Melhor}} = \begin{cases} T_0 & \text{se } w \leq W_0 \\ \dfrac{w}{r_b} & \text{nos outros casos} \end{cases}$$

A produtividade máxima para um determinado nível de WIP w é dada por

$$\mathrm{TH}_{\mathrm{Melhor}} = \begin{cases} \dfrac{w}{T_0} & \text{se } w \leq W_0 \\ r_b & \text{nos outros casos} \end{cases}$$

A lei do pior desempenho: *Para um determinado nível w de WIP, o pior* cycle time *possível é dado por*

$$\mathrm{CT}_{\mathrm{pior}} = wT_0$$

E a pior produtividade possível para um determinado nível de w WIP é dada por

$$\mathrm{TH}_{\mathrm{pior}} = \frac{1}{T_0}$$

Definição do pior desempenho na prática: *O* cycle time *do pior desempenho na prática (PDP), considerando um determinado nível w de WIP, é dado por*

$$CT_{PDP} = T_0 + \frac{w-1}{r_b}$$

A produtividade do PDP para um determinado nível w de WIP é dada por

$$TH_{PDP} = \frac{w}{W_0 + w - 1} r_b$$

A lei da capacidade da mão de obra: *A capacidade máxima de uma linha de produção com* n *funcionários multifuncionais com ritmos de trabalho iguais é*

$$TH_{max} = \frac{n}{T_0}$$

A lei do sistema CONWIP com mão de obra flexível: *Em uma linha CONWIP com* n *operadores iguais e* w *trabalhos, onde* w ≥ n, *qualquer política que nunca deixe os operadores ociosos quando trabalhos liberados estão disponíveis atingirá um nível de produtividade TH*(w) *limitado por*

$$TH_{CW}(n) \le TH(w) \le TH_{CW}(w)$$

onde $TH_{CW}(x)$ *representa a produtividade de uma linha CONWIP com todas as máquinas ocupadas por operadores e com* x *trabalhos no sistema.*

A lei da variabilidade: *O aumento da variabilidade sempre reduzirá o desempenho de um sistema de produção.*

Corolário da localização da variabilidade: *Em uma linha em que as liberações são independentes das finalizações, a ocorrência de variabilidade no início do roteiro de produção aumentará o cycle time em um grau maior do que se a mesma variabilidade ocorresse no final do roteiro.*

A lei das reservas de variabilidade: *Em um sistema de produção, a variabilidade formará suas reservas de segurança a partir de alguma combinação de*

1. *Estoques*
2. *Capacidade*
3. *Tempos*

Corolário da flexibilidade das reservas de segurança: *Em um sistema de produção, a flexibilidade reduz a necessidade de reservas de variabilidade.*

A lei da conservação dos materiais: *Em um sistema estável, em longo prazo, a taxa das saídas é igual à taxa das entradas, menos qualquer perda de rendimento, mais qualquer peça produzida no sistema.*

A lei da capacidade: *Em uma situação constante, qualquer fábrica* terá *que liberar os trabalhos a uma taxa média estritamente menor do que a taxa média de sua capacidade.*

A lei da utilização: *Se uma estação aumentar sua utilização sem que haja outras alterações no sistema, a média de WIP e do cycle time aumentará de um modo não linear.*

A lei dos lotes de processamento: *Nas estações com operações em lotes ou tempos significantes na troca de processos:*

1. *O tamanho mínimo de um lote de processamento que resulta em um sistema estável pode ser maior que um.*
2. *À medida que o tamanho dos lotes de processamento aumenta, o cycle time também aumenta proporcionalmente.*
3. *O cycle time da estação será minimizado para um determinado tamanho de lotes de processamento, que pode ser maior do que um.*

A lei da movimentação em lotes: *Os* cycle times *de um segmento de um roteiro da produção são proporcionais ao tamanho dos lotes de transferência usados naquele segmento, considerando que não há necessidade de se esperar pelos meios de transporte.*

A lei das operações de montagem: *O desempenho de uma estação de montagem é prejudicado pelo aumento dos seguintes fatores:*

1. *Quantidade de componentes sendo montados.*
2. *Variabilidade da chegada dos componentes.*
3. *Falta de coordenação entre as chegadas dos componentes.*

Definição de *cycle time* de uma estação de trabalho: *O* cycle time *médio é composto pelos componentes a seguir:*

Cycle time = tempo de movimentação + tempo de fila + tempo de *setup* + tempo de processamento

+ tempo de espera para formar um lote + tempo de espera em um lote

+ tempo de espera por outras peças

Definição do *cycle time* da linha: *O cycle time médio de uma linha é igual à soma dos cycle times das estações individuais, menos qualquer tempo sobreposto de duas ou mais estações.*

A lei do retrabalho: *Para determinado nível de produtividade, o retrabalho aumenta tanto a média quanto o desvio padrão do* cycle time *de um processo.*

A lei do *lead time*: *O lead time da produção, para um roteiro que resulta em um dado nível de atendimento, é uma função crescente da média e do desvio padrão do cycle time daquele roteiro.*

A lei da eficiência do sistema CONWIP: *Para determinado nível de produtividade, um sistema de produção empurrada terá um maior nível médio de WIP do que um sistema CONWIP equivalente.*

A lei da robustez dos sistemas CONWIP: *Um sistema CONWIP é mais robusto em relação a erros nos seus níveis de WIP do que um sistema puramente empurrado é em relação a erros na sua taxa de liberações.*

A lei do interesse pessoal: *As pessoas, e não a organização, é que podem melhorar a si mesmas.*

A lei da individualidade: *As pessoas são diferentes.*

A lei do "Gênio": *Para quase todos os programas, sempre há um "gênio" ou um especialista que pode fazer dar certo – pelo menos por algum tempo.*

A lei do esgotamento: *As pessoas se esgotam.*

A lei da responsabilidade: *A responsabilidade, sem a respectiva autoridade, é desmoralizante e contraproducente.*

19.4 A CIÊNCIA DA FÁBRICA – UMA PARÁBOLA

Mostramos, neste livro, uma gama de diferentes conceitos necessários para desenvolver a intuição, a perspectiva e as ferramentas para projetar e aperfeiçoar os sistemas de manufatura. Para ilustrar quantos conceitos da Ciência da Fábrica podem ser aplicados conjuntamente em uma análise para projetar ou aperfeiçoar um sistema específico, vamos considerar um estudo de caso. O cenário, na verdade, é uma mistura de várias situações vividas em diferentes empresas, e muitos dados foram extraídos de um excelente caso de Bourland (1992). Em todo o caso, qualquer falha no estilo literário é uma responsabilidade total dos autores.

19.4.1 Na trilha dos *cowboys*

Eram 18:20 da tarde de uma sexta-feira, quando Carol juntou sua maleta e levantou-se, pronta para partir mais uma vez. Seu único pensamento era: *"Já está na hora de pôr o pé na estrada!"* Quando assumira o cargo de gerente de engenharia de produção da Texas Tool & Die, havia 4 meses, a empresa lhe prometera uma semana de férias. Entretanto, a cada vez que fazia planos para suas férias, uma nova crise na fábrica a obrigava a postergá-las. *"Mas não dessa vez. Há anos tinha muita vontade de cavalgar no oeste do Texas."*

Antes de chegar à porta, o telefone tocou. *"De novo não!"* Ela sabia que era bom nem atender, porém, como seu agente de viagens tinha avisado que poderia ligar para informar sobre alterações de última hora, atendeu ao telefone, cautelosamente.

"Carol Moura."

– Carol. Aqui quem fala é o Claude. É bom saber que você ainda está aqui. A fábrica está fora de controle novamente, e o Bill quer uma reunião com a gente no escritório dele *agora*. Eu já estou indo aí.

Carol desligou bruscamente o telefone. *"Isso não vai acabar nunca!"* Nunca se sentira tão só e deprimida desde seu primeiro ano como caloura na faculdade de engenharia da Universidade de Michigan, quando ficara tão longe de sua família, que morava em Connecticut.

No caminho até o escritório de Bill, Claude Chadwick, o gerente de produção, fazia alguns comentários sobre a situação atual, tomando o cuidado de enfatizar o quão importante Carol era para resolver o problema.

– Com certeza. Tudo que ele quer é alguém que faça o trabalho dele para que ele possa sair tranquilo no fim de semana. Ele e o seu MBA em *marketing*! Ele não dá a mínima para a situação na fábrica. E quer sempre alguma coisa maior e melhor. 'Estou cumprindo meus horários', ele diz, como se a fábrica fosse uma espécie de prisão.

Carol apertou os lábios assim que avistou a placa do escritório do chefe – William Whyskrak, vice-presidente de manufatura. *"Bill Whyskrak! 'Wiss–krek', como ele pronuncia. Ele sempre me faz parecer idiota. Como aquela vez, no setor de impressão. Primeiro ele falou que minha ideia de compartilhar os contêineres da produção para reduzir os* cycle times *era a coisa mais estúpida que já tenha visto. Depois, me dá carta branca para prosseguir. Mas quando funcionou, ele é que levou todos os créditos. E pior ainda, agora ele fala para o Sr. Walker que ele estava tentando me convencer a mudar o procedimento fazia muito tempo, e que eu estava me negando a fazer isso. O Sr. Walker, no final, se despediu dele com um "continue seu bom trabalho", mas, para mim, só deu um sorriso amarelo. O que isso significava? Bom, eu estava procurando emprego quando encontrei esse."*

Já dentro do escritório, Carol nem deixou o chefe abrir a boca.

– Bill, é a terceira vez que eu deixo de tirar minhas férias. Eu mereço tirá-las agora. Se não for agora, não será nunca. Te vejo na semana que vem."

Até que não foi difícil. No caminho do aeroporto, ela já estava esquecendo a fábrica. Era início de maio, as flores desabrochando por todos os lugares, o tempo estava ensolarado e fresquinho. Deixou-se relaxar e apreciou a paisagem. *"Uma semana inteira, só eu e meu cavalo, o saco de dormir, chapéu de vaqueiro e nada mais para se preocupar. Meu único problema seria comida e água, e tem muito disso na carroça. Vai ser uma boa semana."*

Carol gastou seus primeiros 3 dias na trilha tentando não pensar na fábrica e quase conseguiu. Porém, na manhã do quarto dia, sua consciência a forçava a pensar. *"O que eu tenho realizado nesses 4 meses? Algumas pequenas coisas e um monte de crises gerenciais. Mas faz tempo que não consigo realizar algo que valha a pena. O Bill não confia em mim. Nem o Sr. Walker – não posso contar com ele. Talvez eu esteja já desempregada quando voltar. E olha que não foi moleza conseguir esse emprego."*

Bob McAlister, o líder da cavalgada, interrompeu seus pensamentos encostando a seu lado.

– É bom que o cavalo já sabe o caminho, hein moça?

– O que você quer dizer?

Até então, pouco falara com Bob. Geralmente ele estava se preocupando com os equipamentos de todo mundo e ficava quieto. Quase tudo que ele lhe falara tinha sido "Bom dia!". Mesmo quando checava seu equipamento, só dava um tapinha em seu cavalo e tirava seu chapéu. Bob parecia mesmo representar a imagem do vaqueiro silencioso.

– O que eu quero dizer é que você não está realmente *aqui.* Você voltou aos seus problemas. Se você gastou um bom dinheiro para fugir deles, por que traz eles contigo?

– Você é bem esperto, – admitiu Carol.

– A gente tem que ser um PhD em psicologia para ser um bom líder de trilha – é lei estadual, sabe?

Bob era o tipo do texano que gostava de fazer declarações meio indiretas e pomposas, encarando as pessoas para ver quando é que realmente caía a ficha.

– A trilha exige cérebro. Seu cavalo não vai avisar que vai ficar manco, e a vaca não manda um e--mail dizendo que está com sede. É evidente que algo a incomoda, pelo jeito como você está andando.

Carol riu.

– Você tem razão. Eu só estava imaginando se ainda terei meu emprego quando eu voltar.

– Bom, talvez eu possa lhe ajudar. Eu sei que você é um tipo de engenheira de alto nível em uma fábrica. Eu não sou nenhum engenheiro, mas quem sabe, olhando as coisas de um ponto de vista diferente, eu possa enxergar alguma coisa nova. Temos que cavalgar o dia todo e podemos bater um papo.

– Tudo bem, mas vou avisando, são coisas técnicas. Fabricamos peças de aviões, e eu sou responsável pela produção de *hubs*. A fábrica recebe os pedidos de clientes...

Carol falou por cerca de 10 minutos antes que Bob a interrompesse.

– Eu não preciso saber de toda essa história. Sou um simples vaqueiro – me dê apenas as ideias básicas. Vocês pegam uma peça de metal e a transformam em outra peça, não é?

– Sim, mas existem muitas peças diferentes...

– E depois, você precisa vender a quantidade certa de peças para o cliente, não?

– Claro, mas têm muitos...

– E é preciso fazer tudo isso com os equipamentos que existem na fábrica, certo?

– Sim, mas...

– E precisam fazê-lo sem atrasos e sem muito estoque, certo?

– Sim, mas é uma fábrica complicada. A questão não é tão simples assim!

– Quem falou o contrário? Mas eu sei de uma coisa.

– O que é?

– Os detalhes podem não ser simples, mas os *princípios* são! – Bob pegou seu cantil, tomou um gole e o ofereceu a Carol. Carol tomou um gole, limpou a boca e perguntou:

– OK, e quais *são* os princípios? Eu tenho feito muitos cursos e posso lhe dizer que, para cada *expert* me dizendo para fazer algo, existe outro que me diz para fazer diferente.

– Bom, eu realmente não sei.

Carol revirou os olhos.

– Ótimo! Talvez eu possa conseguir um emprego como ferrador de cavalos.

– Não recomendo. É muito pesado para as suas costas. Mas o que eu sei é que *existem* princípios, e os mais importantes não são difíceis. Sabe, como uma maçã que cai do pé. Às vezes, os princípios estão escondidos. Você não pode enxergar a floresta examinando as árvores – quer dizer, se existirem árvores. Aqui só existem pedras.

Bob deu uma olhada ao redor e continuou.

– Mas de qualquer forma, vou lhe contar um caso. Há alguns anos, o governo mandou para cá um jovem *expert* para melhorar a eficiência de nossa cooperativa de alimentos.

Bob falou isso reforçando a palavra *expert.*

– Quando ele terminou o serviço, o lugar tinha virado uma bagunça. Fiquei brabo com o rapaz e, em uma reunião, eu me levantei e disse para ele que eu poderia ter feito coisa melhor. Adivinha se não me elegeram presidente no ano seguinte. Bom, aí eu tive que fazer alguma coisa, né? Então, convoquei uma reunião e fiz uma pergunta muito simples: O que é que realmente estamos querendo aqui? Você devia ver os olhares das pessoas. Achavam que eu estava ficando pirado. Mas quando o pessoal começou a dar respostas, a coisa pegou fogo. Tivemos umas 20 respostas diferentes e duas brigas. Mas conseguimos a resposta certa: ninguém tinha ideia alguma do que queríamos. Então sentamos, concordamos com alguns objetivos e elaboramos meios para alcançá-los. Na verdade, tornou-se muito simples, assim que iniciamos.

– Mas quais eram os princípios? – perguntou Carol. Porém, Bob não estava mais prestando atenção. Ele estava observando um dos cavalos lá na frente.

– Desculpa minha senhora, mas parece que um cavalo disparou. Nos falamos mais tarde.

Bob esporeou seu cavalo, alcançando uma égua que levava um garoto assustado. Levou a égua e o menino de volta à sua mãe e as coisas voltaram à ordem. Contudo, na volta à tropa, seu cavalo perdera uma das ferraduras, tropeçou e jogou o vaqueiro no chão. Seu joelho bateu em uma pedra e soltou um parafuso que ganhara em uma antiga contusão durante um rodeio. Jedidiah, o cozinheiro, levou-o ao rancho mais próximo e ele foi encaminhado ao hospital. O ferimento não foi grave, mas Bob não voltaria às trilhas por um mês.

Após a correria, Carol começou a pensar sobre princípios. *"Ah, se meus problemas fossem assim tão simples. Mas também não acho que os problemas da cooperativa são assim, tão simples, não importa o que Bob diga. Afinal, nem o tal* expert *conseguiu solucioná-los. Talvez a maioria das pessoas tenha problemas tão difíceis quanto os meus. Pode ser que todos devam observar algum tipo de princípio. Como o da maçã que cai da árvore. Isso é Ciência. Mas o que eu preciso é administrar uma fábrica... Espere aí! E aquela matéria que aprendi na faculdade, uma tal de Ciência da Fábrica? Não falava de alguns princípios relevantes às fábricas?"*

Pelo resto da viagem, Carol continuou a cismar em como usar os tais princípios para descobrir o que havia de errado na fábrica. Ela logo se deu conta de que precisaria de ajuda. *"A Jane Snyder – que fora recém-promovida a gerente de* marketing *– parece inteligente. E o Ed Burleson, o engenheiro de produção que entrou na empresa junto comigo, ele é um ás no computador. Ambos me parecem pessoas de ação. Quais os princípios que eles usam? Pode ser que possamos nos reunir e fazer um plano. É claro, não temos muita verba para gastar. O Bill não nos deixaria gastar muito. Mas poderíamos fazer qualquer coisa em relação aos controles da fábrica. Na verdade, ninguém dá muita atenção a isso – pelo menos não até o final do trimestre ou até que os clientes começam a se queixar. Ouvi alguns boatos de que vão vender a fábrica. Porém, se pudermos melhorar a operação, talvez consigamos manter nossos empregos."*

19.4.2 O desafio

A Texas Tool & Die (TTD), fundada nos anos 1950, produz componentes para a indústria aeronáutica em uma única fábrica perto de Fort Worth, Texas. Dois anos antes da chegada de Carol, a empresa fora adquirida por um grupo de investidores que esperavam melhorar as operações e depois vendê-la com um bom lucro. Uma reorganização trouxe Bill Whyskrak para a empresa, um homem com boa oratória e com experiência gerencial em várias empresas, e seu assistente Claude Chadwick. Todavia, apesar das mudanças e de um grande investimento de capitais, os lucros estavam diminuindo constantemente, pois a concorrência era acirrada com empresas com preços melhores e mais agilidade na entrega.

O proprietário, Sam Walker, que começou sua carreira como um engenheiro projetista, conseguiu sucesso como administrador. Sam estava convencido de que a empresa precisava aumentar sua produção (para diminuir os custos unitários e permitir preços mais baratos) e reduzir os *cycle times* (para aumentar a agilidade na entrega). Ele instruíra Bill a trazer alguns talentos na área da manufatura – o que levou a admissão de Carol Moura, uma gerente de engenharia de produção com 10 anos de experiência e um MBA em operações, e Ed Burleson, um engenheiro de produção graduado em engenharia industrial. Dois meses depois que Carol e Ed foram admitidos, as coisas pioraram a tal ponto que alguns investidores queriam vender a empresa, mesmo com prejuízo. Sam convenceu seus sócios a darem mais uma chance com os planos de aumento da produção e a redução do *cycle time*. Os outros sócios concordaram com mais 6 meses de operações, sob a condição de não se fazerem grandes gastos.

19.4.3 A situação da empresa

Historicamente, a política da empresa era de recolher os pedidos dos clientes durante a semana e processá-los todas as sextas-feiras. Em seu catálogo de produtos, a TTD prometia a entrega após 4 semanas a partir de cada sexta-feira. Infelizmente, a concorrência estava entregando com 3 semanas, e o prazo estava reduzindo ano após ano. Para piorar, a TTD não estava nem conseguindo cumprir seus prazos de 4 semanas com regularidade. A média do *cycle time* para algumas peças era de até 8 semanas.

Apesar de a demanda média ainda estar alta, ela era bem variável, ao ponto de às vezes quase não haver demanda na semana. A Figura 19.1 mostra a demanda agregada do ano anterior. A Tabela 19.1 mostra a demanda projetada para o ano seguinte para os 4 produtos principais, que são responsáveis por 90% da demanda total, juntamente ao tamanho dos lotes de cada produto. A demanda para outros produtos era atendida por um ambiente de produção com leiaute funcional separado do resto da planta que produzia os *hubs* de 1 a 4.

Vários meses antes da chegada de Carol e Ed na empresa, Bill e Claude organizaram os processos principais para a produção das peças 1 a 4 em forma de células de produção, na tentativa de reduzir os *cycle times* por meio da eliminação de manuseio desnecessário de materiais. A redução projetada ainda estava por acontecer. A célula consistia de três bancadas, que serviam como estações preparatórias, quatro tornos verticais (VTL), uma estação de acabamento, quatro estações de inspeção, duas fresadoras, duas furadeiras e uma estação de retrabalho. Todas as máquinas estavam sujeitas a paradas ocasionais por quebra. A Tabela 19.2 fornece os dados dos tempos médios entre falhas (MTBF) e de reparo (MTTR).

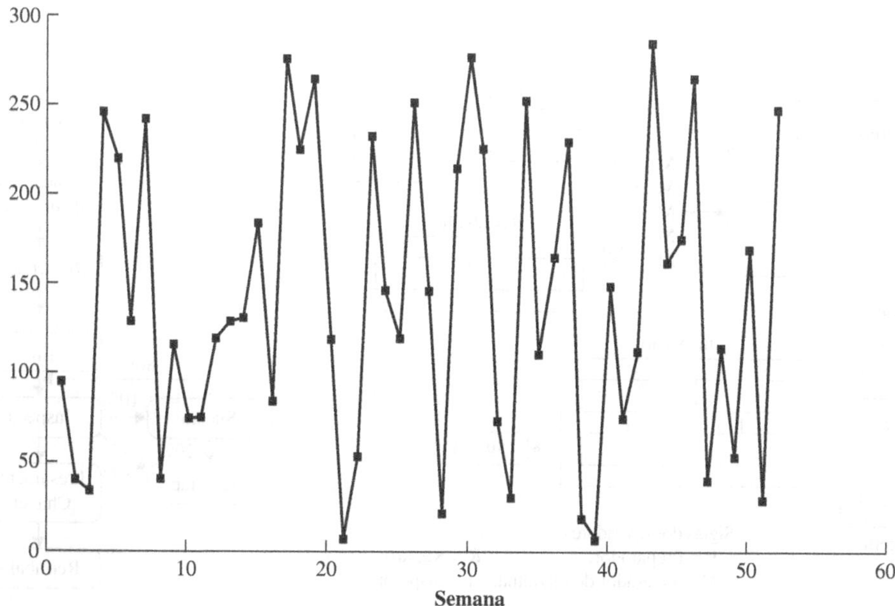

FIGURA 19.1 Demanda total do ano anterior.

TABELA 19.1 A demanda média e o tamanho dos lotes

Peças	Demanda média	Tamanho do lote
Hub 1	2.100	40
Hub 2	1.700	30
Hub 3	2.000	44
Hub 4	1.500	30

TABELA 19.2 Dados do equipamento

Grupo de equipamentos	Quantidades por grupo	Níveis de confiança MTBF (hora)	MTTR (hora)	Funcionários responsáveis
Bancada	3	160	8	Preparadores
Torno VTL	4	160	16	Operadores de máquina
Acabamento	1	80	8	Reparadores
Inspeção	4	40	8	Inspetores
Reparo	1	160	8	Reparadores
Fresadoras	2	80	4	Operadores de máquina
Furadeiras	2	160	4	Operadores de máquina

Havia 14 funcionários na célula, três trabalhando nas bancas de preparação, três nas estações de retrabalho e acabamento, três inspetores nas estações de inspeção, e cinco operadores de máquinas que trabalhavam nos tornos, furadeiras e fresadoras. A Figura 19.2 mostra o leiaute da fábrica, juntamente às tarefas. Em razão das paradas – programadas e não programadas – os funcionários eram considerados disponíveis apenas 90% do tempo.

A sequência das operações (roteiros) para o *hub* 1 é mostrada na Figura 19.3. Os tempos de operação, de *setup* e de mão de obra são dados na Tabela 19.3. Pelo fato de muitas operações serem auto-

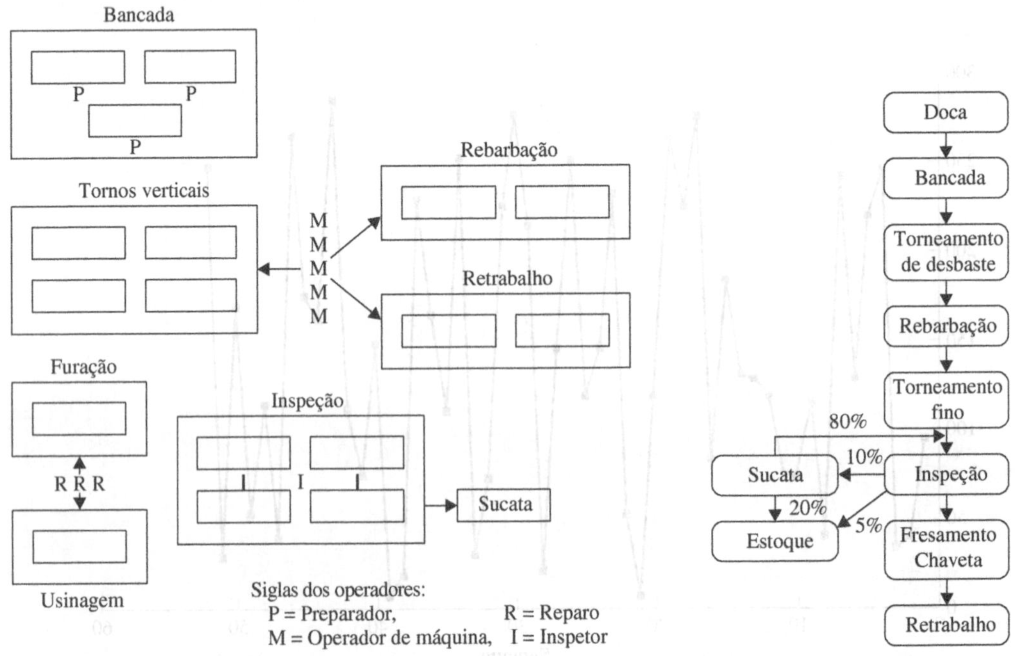

FIGURA 19.2 Leiaute da célula.

FIGURA 19.3 As operações e roteiros.

TABELA 19.3 Responsabilidades operacionais e tempos de processo para o produto 1

		Tempos nos equipamentos		Tempo de mão de obra	
Operação	**Equipamento**	**Tempos de *setup* (minutos)**	**Tempo de processo (minutos/peça)**	**Tempos de *setup* (minutos)**	**Tempos de processo (minutos/peça)**
Bancadas	Bancadas	0	10	0	10
Torneamento bruto	Tornos VTL	180	17	180	15
Rebarbação	Rebarbação	0	10	0	10
Torneamento final	Tornos VTL	120	26	120	20
Inspeção	Inspeção	7	12	7	7
Retrabalho	Retrabalho	90	32	90	32
Fresamento chaveta	Fresadoras	60	60	60	40

matizadas, os tempos de mão de obra eram menores do que os tempos das máquinas, e era possível o monitoramento de várias máquinas por um operador. Os roteiros e os tempos de processamento para os outros *hubs* são similares aos do *hub* 1.[1]

Como mostra a Figura 19.3, descobriu-se, durante a inspeção, que uma média de 15% do *hub* 1 tinha defeitos. Uma média de 2/3 dessas peças era retrabalhada; as outras eram sucateadas. No retrabalho, uma média de 20% das peças era retrabalhada sem sucesso e era sucateada. As 80% restantes eram retrabalhadas e remetidas à inspeção, onde poderiam ser aprovadas ou não pela inspeção de qualidade.

Cada produto era composto por seis montagens e um tubo. Cada montagem era composta de duas braçadeiras e dois parafusos. As braçadeiras, parafusos e tubos eram todos comprados de fornecedores. Como essas peças eram comuns a muitas montagens, a TTD mantinha grandes estoques delas. A Tabela 19.4 fornece os tempos de processamento para a inspeção das peças compradas. A montagem dos componentes era feita em uma área especial, que parecia ter bastante capacidade e raramente não acompanhava o ritmo da célula.

TABELA 19.4 Responsabilidades operacionais e tempos de processo das peças compradas

		Tempo no equipamento		Tempo de mão de obra	
Operação	**Equipamento**	**Tempo de *setup* (minutos)**	**Tempo de processamento (minutos/peça)**	**Tempo de *setup* (minutos)**	**Tempo de processamento (minutos/peça)**
Montagem					
Desempacotar	Bancada	12	2	12	2
Inspeção	Inspeção	0	3	0	3
Abraçadeira					
Desempacotar	Bancada	12	0	12	0
Inspeção	Inspeção	10	0	4	0
Parafuso					
Desempacotar	Bancada	12	0	12	0
Inspeção	Inspeção	12	0	4	0
Tubo					
Desempacotar	Bancada	12	3	12	3
Inspeção	Inspeção	0	3	0	3

[1] Os detalhes de todas as peças não têm importância para nossa história. O leitor interessado deve consultar Bourland (1992) para mais informações.

19.4.4 A equipe de resgate

Carol voltou de suas férias descansada, mas ansiosa. Em sua caixa de mensagens, havia vários recados de Bill Whyskrak. *"Grande surpresa"*. Antes de respondê-los, chamou Jane Snyder e Ed Burleson – que também concordavam que a fábrica estava com problemas sérios – e marcou um encontro com ambos em um barzinho. Todos concordaram. Só então ligou para Bill, para enfrentar a fera.

Assim que desligou, Claude apareceu em seu escritório com sua versão da crise em que a fábrica estava metida desde a semana anterior. *"Já estava na hora!"* Quando ele saiu *("Finalmente!")*, Carol moveu a pilha de correspondência para um canto de sua mesa *("Só vou responder amanhã")*, pegou sua velha cópia do livro *A Ciência da Fábrica ("Empoeirada, mas ainda parece nova")*, e começou a procurar pelos princípios. Até a hora de se reunir no bar, já estava pronta.

Princípios. "Afinal, o que é que estamos tentando fazer?" – perguntou Carol, enquanto ela, Jane e Ed aguardavam pela cerveja e pelos salgadinhos. Após algumas discussões de respostas básicas, tipo "manter nosso emprego", os três concordaram que dois problemas fundamentais estavam reduzindo os lucros: a produção insuficiente e os *cycle times* excessivos. Se pudessem fazer alguma mudança significativa nesses dois pontos, talvez a TTD voltasse e ter bons lucros.

Carol já tinha antecipado a direção da conversa e estava armada com alguns princípios do *A Ciência da Fábrica.* Começou apontando que a lei de Little mostra que a produtividade e os *cycle times* estão relacionados:

Lei de Little:

$$\text{WIP} = \text{TH} \times \text{CT}$$

– Legal! – observou Ed. – Se pudermos aumentar a produção até a capacidade máxima e mantê-la nesses níveis, então reduzir o WIP diminuirá também o *cycle time.*

– Exato! – Carol sabia o porquê de ter pedido a presença de Ed. – Exceto pelo fato de que temos que cuidar para calibrar a capacidade corretamente.

Ela mostrou sua próxima lei da Ciência da Fábrica.

Lei da capacidade: *Em uma situação constante, qualquer fábrica* terá *que liberar os trabalhos a uma taxa média estritamente menor do que a taxa média de sua capacidade.*

– OK. É o que eu quis dizer, na verdade. Todo mundo sabe que os equipamentos não podem funcionar o tempo todo.

– Ah é? – Jane levantou suas sobrancelhas. – Quantas vezes você não ouviu o Bill gritando que queria 100% de utilização dos tornos? Mas se formos falar sobre princípios, vamos deixar o Bill de fora. – Ignorando os grunhidos de Ed, Jane continuou: – Carol, eu estou com dúvidas a respeito dessa tal de lei de Little. Parece que podemos conseguir a mesma produtividade com um baixo nível de WIP e de *cycle time*, ou altos níveis de WIP e de *cycle time*. Parece claro qual a categoria em que estamos atualmente, mas, afinal, que diferença faz?

– Eu não poderia ter dito isso de uma forma melhor.

Carol sorriu e apresentou sua próxima lei.

Lei da variabilidade: *O aumento da variabilidade sempre diminuirá o desempenho de um sistema de produção.*

– E eu ainda tenho mais uma que se relaciona à variabilidade.

Lei das reservas de variabilidade: *Em um sistema de produção, a variabilidade formará suas reservas de segurança a partir de alguma combinação de*

1. *Estoques*

2. *Capacidade*
3. *Tempos*

– O livro também faz referência a isso como a lei do "pague agora ou pague depois", – disse Carol.

– Belo nome – resmungou Ed.

– Mas o que significa?

– Significa que temos muita variabilidade ou muito WIP. Mas, se tivermos um nível de WIP muito baixo, perderemos produtividade e haverá uma reserva de capacidade, – explicou Carol.

– Como poderíamos estar mantendo pouco WIP? Achei que nosso problema era justamente termos muito WIP.

– Sempre que deixamos de liberar trabalhos à linha por causa do descontrole do WIP, perdemos produtividade.

– Quer dizer, como o que aconteceu na sua semana de férias.

– Ahã. Mas antes mesmo que possamos falar sobre uma boa meta de produtividade, precisamos saber qual a capacidade que nós temos.

– E como fazemos isso?

– Bom, vocês estão a fim de dar umas voltas? Vamos voltar à fábrica. – sugeriu Carol, enquanto pagava a conta.

A cena na célula de fabricação era familiar demais. O trio encontrou grandes pilhas de WIP na frente das bancadas, dos tornos e das máquinas de usinagem. As coisas estavam tão ruins que os preparadores tinham recém-devolvido uma carga de materiais ao almoxarifado para aliviar um pouco o congestionamento. Os operadores das máquinas se queixavam de que estavam, novamente, sobrecarregados, enquanto os funcionários do reparo estavam "sentados sem ter o que fazer". Quando perguntado, um desses funcionários explicou que seu trabalho era esporádico e que não tinha culpa se, às vezes, faltava trabalho a ser feito.

– Estamos reduzindo nosso próprio trabalho, – disse Ed, enquanto se encaminhavam ao estacionamento.

– Mas por onde vamos começar? – perguntou Jane.

Carol chegou a seu carro primeiro e destravou a porta.

– Eu sugiro ouvir os operadores das máquinas. Pode ser que eles *realmente* estejam com sobrecarga de trabalho. Enquanto isso, vou fazer uns cálculos. Falamos de novo amanhã, tudo bem, Ed? Boa noite, Jane.

– Boa noite.

A análise da capacidade. Na manhã seguinte, Carol abriu uma planilha em seu computador e fez uma estimativa rápida dos níveis de utilização dos operadores de máquinas e dos funcionários dos reparos, calculando a carga total gerada pela produção necessária para atender à demanda, incluindo os *setups*, com os tamanhos atuais de lotes. Isso mostrava que a carga média de trabalho dos operadores das máquinas era realmente maior do que a dos reparadores. Ed calculou que poderia transferir um dos reparadores para o grupo dos operadores de máquinas, sem comprometer os reparos. Felizmente, um dos reparadores já tinha alguma experiência como operador de máquinas e aceitou ser transferido. Como ninguém discordou, Carol conversou com o supervisor da área para fazer a transferência naquela mesma tarde.

A análise do *cycle time*. O que fazer a seguir não era tão óbvio. Os dados da planilha simples montada pela Carol não sugeriam nenhuma outra transferência assim tão simples, e ninguém podia oferecer uma ideia clara de como a variabilidade estava afetando o sistema. Estando disponível, Ed se propôs a desenvolver uma simulação da fábrica. Após uma semana de tentativas preliminares, ele conseguiu um modelo para poder trabalhar. Com satisfação, foi mostrar a Carol e Jane que sua simulação resultou em *cycle times* excessivamente longos (na realidade, instáveis) na célula de fabricação quando esta funcionava com três operadores nos reparos e cinco nas máquinas. Porém, se um reparador fosse transferido, de maneira que haveria dois operadores nos reparos e seis nas máquinas, os *cycle times* simulados caíam para 4 a 7 semanas, sendo o mais longo para o *hub* 1.

– Parece que fizemos a coisa certa – concluiu ele, com um sorriso. – Os *cycle times* logo devem se reduzir.

Por algum tempo, parecia que eles realmente estavam melhorando. Duas semanas após a transferência do operador de reparos para as máquinas, a produtividade subiu de forma considerável. Mas os *cycle times* continuavam acima dos níveis previstos na simulação. A equipe estava intrigada e verificou novamente as máquinas. Os tempos usados na simulação eram ainda maiores do que os observados no sistema real.

– Não são as taxas. – Ed deu mais uma olhada na planilha. O que mais poderia estar tornando os *cycle times* muito mais longos do que o modelo diz que deveriam ser? Existe alguma outra informação que devemos verificar?

– Não muitas, – admitiu Carol.

– Mas ainda temos esses dados sobre o WIP. O que a simulação diz sobre o WIP?

– Não sei. Vou rodar de novo e gerar um gráfico com WIP *versus* tempos para os diferentes grupos de equipamentos.

– Bom. Eu vou gerar os mesmos gráficos para os meus dados. Nos encontramos para um café às 16 horas. Eu chamo a Jane.

Às 16 horas, a equipe estava debruçada sobre uma mesa na cantina, estudando os dois gráficos. O modelo de simulação previa variações moderadas nos níveis do WIP, enquanto os gráficos mostravam grandes "bolhas" de WIP em toda a fábrica.

– O que está causando isso? – perguntou Jane.

– As filas, – respondeu Carol.

– Qual é mesmo a equação para os tempos de fila?

Jane apanhou o livro, agora limpinho, da Ciência da Fábrica.

– Uau! – exclamou Ed, quase caindo de sua cadeira. – Alguém do *marketing* querendo saber sobre equações!

– Ora, dá um tempo! *Marketing* também *é* quantitativo, sabe? Aqui está ela.

$$\text{CT}_q = \underbrace{\frac{c_a^2 + c_e^2}{2}}_{\text{Variabilidade}} \times \overbrace{\frac{u}{1-u}}^{\text{Utilização}} \times \underbrace{t_e}_{\text{Tempo de processamento}}$$

Jane estudou a fórmula com cuidado e falou:

– Hmmm. Como nossos tempos de processamento são conservadores, a utilização também deve ser, pois a produtividade está correta.

– Uau! Parece que vocês do *marketing* realmente sabem interpretar bem as fórmulas – falou Carol, bastante impressionada.

– Então o problema parece estar na variabilidade – adicionou Ed, não querendo ficar de fora de uma análise técnica.

– Mas onde? – perguntou Jane.

– Bom, o valor de c_e pode até estar grande, mas não demais. E eu não vejo como o valor de c_a possa ficar maior ainda. – Disse Carol com um olhar intrigado.

– O que quer dizer c_e e c_a? – perguntou Jane.

– O valor de c_e na formula é uma medida da variabilidade dos tempos de processamento das máquinas, enquanto c_a mede a variabilidade das chegadas dos trabalhos – explicou Ed, aliviado por ter uma oportunidade de expor seus conhecimentos.

– E o que significa se as chegadas são variáveis?

– Se elas não acontecem uma por vez, regularmente, como um relógio, então elas são variáveis.

– Bem, é claro que não acontece exatamente assim. Nós liberamos os trabalhos em lotes para uma semana inteira. Faz parte de nossa estratégia de *marketing* – explicou Jane.

– Ahá! – exclamou Ed. – Talvez você deva nos explicar melhor essa sua estratégia.

– Nós divulgamos um *lead time* de entrega para os clientes. Todos os pedidos recebidos durante certa semana serão entregues 4 semanas depois. O fechamento acontece na sexta-feira. Formamos um lote de todos os pedidos da semana e o enviamos para o chão de fábrica na segunda-feira. Fazemos isso há anos. Questões de eficiência, sabe?

– Bem, pode fazer as coisas ficarem mais eficientes, mas acho que esse procedimento desregula nossos *cycle times*. Agora eu sei por que temos essas "bolhas" de WIP, disse Carol, olhando para Ed.

– Qual o valor de c_a no nosso modelo?

– Por falta de um número bom, usamos um, a suposição exponencial normal. – Ed deu uma olhada para Jane para ver se essa conversa técnica a deixava nervosa. Parecia que não.

– Provavelmente um número muito baixo. Eu acho que seria um valor por volta de 10.

– Até mais que isso, Jane observou. E há muita variabilidade também em nossa demanda. Dê uma olhada nisso.

O gráfico (da Figura 19.1) mostrava que a demanda semanal total dos últimos 12 meses tinha uma média de 146 unidades, mas variava de 6 até 284. Assim, como a capacidade da fábrica era de 160 peças por semana, estavam enfrentando uma situação de abundância ou escassez. De maneira clara, isso significava que, em algumas semanas, a fábrica ficava subalimentada de trabalhos e, em outras, era inundada por um monte deles.

Ed levantou-se e disse:

– Eu tenho que alterar a maneira com que modelei a demanda. Falamos de novo amanhã.

Carol acompanhou Jane de volta ao seu escritório.

– Jane, o que aconteceria se, em vez de vocês divulgarem um *lead time* fixo de entrega, cotássemos uma data de entrega para os clientes? E que tal se essas datas fossem menores do que 4 semanas?

– Bem, reduzir nossos *lead times* abaixo de 4 semanas seria ótimo. A concorrência está nos matando nessa questão. E eu acredito que os clientes provavelmente prefiram uma cotação – desde que possamos cumprir as datas. Mas alguns clientes têm seus sistemas de MRP carregados com nosso *lead time* fixo. Poderíamos dar-lhes um prazo fixo?

– Acho que sim, pelo menos na maioria das vezes. Mas quando estivermos realmente com sobrecarga de trabalho, podemos falhar em cumprir esse *lead time* fixo.

– Na verdade, agora que eu pensei nisso, talvez não fosse tão ruim assim. Em geral, quando estivermos sobrecarregados de pedidos, nossos concorrentes também estarão.

– Bem pensado. A coisa mais importante, porém, é que poderemos cotar entregas mais rápidas, na média.

– Acho que os clientes vão gostar disso. O que precisamos fazer?

– Chama-se *cotação dos prazos de entrega*, e podemos fazer isso para cada produto de maneira diferenciada. Isto nos dará algumas ideias. – Carol entregou a Jane seu livro *A Ciência da Fábrica*. – Veja o capítulo sobre programação.

– Muito bem, vou dar uma olhada.

Na manhã seguinte, na primeira hora, Ed estava no escritório de Carol.

– Achei! Eu mudei os processos de chegada dos trabalhos nas linhas de produção, e a simulação bate com os *cycle times*. E agora?

– Agora vamos nos livrar dessas "bolhas" de WIP.

– Como?

– Bom, acho que um sistema de produção puxada suavizará a carga de trabalho. Eu vou trabalhar em cima disso. Veja se você consegue alguma maneira de reduzir a variabilidade dos processos. Tudo bem?

– Parece um bom plano.

Durante o mês seguinte, Carol implantou um sistema CONWIP na célula de fabricação. As metodologias eram simples, consistindo, basicamente, de nada mais do que alguns cartões de papel laminado usados para sinalizar e limitar o WIP, e uma listagem padrão da sequência das liberações dos trabalhos. Um pouco mais complicado foi quebrar os procedimentos tradicionais de liberações em grandes quantidades. Carol envolveu cuidadosamente todos os operadores no processo de implantação, e até desativou a célula toda por 2 horas para uma reunião prática com todo o pessoal – ela pensou que Bill iria ter um ataque por causa disso! Para os operadores, o sistema CONWIP pareceu algo óbvio; afinal, por que liberar trabalhos à célula enquanto ainda estava cheia de trabalhos? Alguns operadores do controle da produção, responsáveis por rodar o sistema MRP que programava as liberações em lotes, fizeram objeções, no início, sobre terem suas programações originais substituídas pelo sistema CONWIP. Mas Jane ajudou Carol a convencê-los, ressaltando o valor dos *cycle times* mais curtos para as operações de *marketing*.

Enquanto isso, Ed procurava, em sua simulação, grandes fontes de variabilidade nos tempos efetivos de processamento. Primeiro, notou que os tempos de processamento pareciam extremamente desregulados, pois muitos deles eram automatizados. Depois, se deu conta de que precisava considerar os efeitos das paradas de máquinas, que, em média, eram de 4 a 16 horas, dependendo da máquina. Ed desenvolveu uma análise de Pareto com base nas paradas antigas e descobriu que a maioria dos problemas de manutenção concentrava-se em uma pequena porção de problemas. Junto como supervisor de manutenção, desenvolveu procedimentos eficientes para tratar dos problemas mais comuns e documentou-os. Quando apropriado, também foram dispostos conjuntos de peças de reposição junto aos equipamentos. O resultado foi uma queda nos tempos médios de reparo em todas as máquinas para menos de 4 horas. Apesar de não disporem de dados para documentar isso em meses, os efeitos benéficos sobre as linhas de produção foram quase que imediatos.

Após a crise em razão da reunião de Carol sobre o sistema CONWIP, Bill misteriosamente mudou sua atitude e virou fã número um do JIT. Ele deu a Carol e Claude um livro popular sobre o JIT e deu ordens a Carol para instalar um sistema *kanban* na fábrica, além de pedir a Claude para implantar entregas JIT de matérias-primas junto aos fornecedores. Carol ignorou o livro, mas foi cuidadosa em se referir ao seu CONWIP como sendo um sistema *kanban* sempre que conversavam sobre o assunto. Teve sorte, pois Bill nunca tinha tempo para prestar muita atenção ao que ela estava fazendo, já que ele estava tendo problemas com as políticas que Claude estava desenvolvendo.

Com o apoio de Bill, Claude mudou as políticas da fábrica na compra de barras de aço, antes em lotes mensais, para entregas diárias de um fornecedor local. Os estoques de matérias-primas caíram quase 80%, mas os custos das entregas também subiram muito. Bill ameaçou suspender o contrato com o fornecedor devido ao alto custo das entregas diárias. O fornecedor, ofendido, disse que cancelaria o contrato ele mesmo. A programação da produção virou uma bagunça e quase parou por 2 dias antes que Sam Walker entrasse no caso e renegociasse o contrato com o fornecedor.

Além disso, também instigado por Bill, Claude iniciou um programa geral de redução dos *setups* da fábrica toda, segundo os procedimentos das técnicas conhecidas como troca de molde em um minuto (*single-minute exchange of die – SMED*) que Ed tinha desenvolvido para algumas máquinas específicas. Pelo simples fato de que essas técnicas não podem ser aplicadas de maneira generalizada e pelo grande esforço para aplicá-las a todos os processos, Claude não conseguia progredir em sua implantação. Em meados de Julho, após quase 2 meses de trabalho, ele tinha feito progressos significantes apenas na área de etiquetamento. Entretanto, quando o programa de Claude estava quase parando, Ed se convenceu de que essas técnicas poderiam ser mais importantes se implantadas nos tornos, furadeiras e fresadoras. Ele (extraoficialmente) tomou a liderança do programa nessas partes da fábrica e, até o fim de agosto, eles conseguiram uma redução de 50% nos tempos de *setup* naquelas operações. Com essas e outras mudanças implantadas, o modelo de Ed previa *cycle times* de 9 a 22 dias, muito melhores que os dados anteriores, de 5 a 9 semanas.

Na reunião seguinte da equipe, Carol fez cópias da equação básica do *cycle time* da cada vez mais desgastada cópia do seu livro *A Ciência da Fábrica* e as distribuiu para toda a diretoria:

Definição de *cycle time* de uma estação de trabalho: *O cycle time médio é composto pelos seguintes componentes:*

$$\textit{cycle time} = \text{tempo de movimentação} + \text{tempo de fila} + \text{tempo de } \textit{setup} + \text{tempo de processamento}$$
$$+ \begin{array}{c}\text{tempo de espera para}\\ \text{formar um lote}\end{array} + \begin{array}{c}\text{tempo de espera}\\ \text{em um lote}\end{array} + \begin{array}{c}\text{tempo de espera}\\ \text{por outras peças}\end{array}$$

– Da maneira como eu vejo as coisas, o sistema CONWIP e o novo procedimento de cotação de prazos de entrega aos clientes reduziram os tempos de fila em cerca de 80%. Os tempos de processamento e de movimentação nunca foram grandes demais. Os tempos para aguardar por outras peças não se aplicam em nosso caso. Então, a única área restante a verificar são os tempos gastos na formação dos lotes. – Carol sentou-se. – Ed, que lotes de movimentação estamos usando no modelo?

– Os mesmos usados na fábrica. Eles foram calculados por meio da fórmula da raiz quadrada, eu acho. Por quê?

– Então o tamanho dos lotes é o mesmo tanto para os lotes de movimentação quanto para os de processamento?

– O que você quer dizer com *lotes de movimentação* e *lotes de processamento?* – Jane perguntou. – Nunca ouvi ninguém por aqui usar esses termos.

– Esse pode ser o nosso problema. – respondeu Carol. – Um lote de processamento é quantas peças rodamos entre os *setups*. O lote de movimentação é quantas peças são movimentadas por vez em cada operação. Eles não são, necessariamente, a mesma coisa.

– Por que não pensei nisso antes?! – Ed começou a deslizar sua cadeira para trás. – Vamos ver o que acontece no modelo se deixarmos separados os lotes de processamento e modificarmos todos os lotes de movimentação para 1.

– Espere. Deixa eu entender melhor esse ponto. – disse Jane, antes que Ed deixasse a sala. – Você quer dizer, por exemplo, para o *hub* 1, que processaremos 40 unidades antes de fazer um *setup* para outro produto, mas os moveremos um de cada vez assim que ficarem prontos?

– Exatamente!

Carol confiava no que a simulação de Ed resultaria. Lotes menores de movimentação resultariam em uma redução nos *cycle times*. Porém, enquanto esperava os novos cálculos, Carol começou a pensar sobre o tamanho dos lotes. *"Como nós reduzimos os tempos dos setups, poderíamos também reduzir o tamanho dos lotes. Mas a que níveis? Aquela fórmula do lote econômico não vai ajudar porque não temos ideia do custo de cada setup. Além disso, as interações entre o tamanho dos lotes dos vários produtos provavelmente são complexas. Espere, não havia algo sobre o tamanho ótimo de lotes para minimizar os cycle times?"*

Ela pegou o telefone para ligar para Ed, mas ele entrou na sala antes de ela discar o número.

– Boas notícias! Os *cycle times* devem ser reduzidos mais 30% se transformarmos os lotes de movimentação para serem iguais a 1. Mas acho que a coisa poderia ser melhor ainda se ajustarmos o tamanho dos lotes, eu comecei a ler o Capítulo 15 do livro sobre...

– O tamanho ótimo dos lotes! Você está lendo meus pensamentos. Eu estava te ligando para sugerir uma mudança no tamanho dos lotes de processamento.

Carol e Ed gastaram algumas horas construindo um modelo para calcular o tamanho ótimo dos lotes. Utilizando o modelo com o método de tentativa e erro, chegaram à conclusão de que os melhores tamanhos dos lotes seriam os mostrados na Tabela 19.5. Na manhã seguinte, Ed se encontrou com o superintendente da fábrica, o qual concordou com suas mudanças nos lotes de processamento e de movimentação. O congestionamento na célula de fabricação começou a se reduzir de forma constante. Até o fim de setembro, os *cycle times* tinham se reduzido para 4 a 7 dias.

TABELA 19.5 Os tamanhos de lotes sugeridos e os novos *cycle times* resultantes

Produto	Tamanho do lote sugerido	*Cycle time* previsto
Hub 1	10	6,7
Hub 2	15	3,4
Hub 3	20	5,6
Hub 4	15	3,7

19.4.5 Como a fábrica foi mantida

O mês de outubro era o mês do julgamento final. Sam Walker encarregou Bill de organizar uma apresentação geral do programa de melhorias em uma reunião com os proprietários da fábrica. Bill falou a Carol e Claude que ele mesmo faria a apresentação. Mas Carol preparou alguns *slides*, por precaução. Claude não achou necessário.

Sam iniciou a reunião com uma breve descrição dos dados: o aumento da produção, a redução dos *cycle times* e as melhoras nas relações com os clientes. Ele concluiu com:

– E agora vou pedir a Bill que nos diga exatamente o que foi feito para conseguir essas boas notícias. Bill?

Bill estava com seu melhor terno e tinha feito alguns *slides* impressionantes. Alguns dos proprietários até riram de suas brincadeiras iniciais. *"Ele vai mostrar tudo! Todo trabalho que fizemos e agora não vamos receber nenhum crédito."* Carol suspirou assim que Bill entrou nos assuntos principais de sua apresentação.

– A chave para nosso programa de redução do *cycle time* foi reconhecer exatamente o que ele representa.

Bill pôs seu principal *slide* na tela:

Cycle time = tempos de agregação de valor + tempos sem agregação de valor

– Fatores como os tempos de *setup*, tempos de movimentação, tempos de reuniões desnecessárias – Bill enfatizou a última expressão com um olhar para Carol – são, todos, desperdício. Ou, como dizem no Japão, *muda*. Elimine o *muda* e os *cycle times* serão reduzidos.

Bill acionou seu próximo slide e continuou:

– Um de nossos esforços de maior sucesso foi reduzir os *setups* através da técnica SMED. Vejam a área do etiquetamento, por exemplo…

– Um momento, Bill – interrompeu Sam. – Por que precisaríamos reduzir os tempos de *setup* no etiquetamento? Temos folga de capacidade lá, e nunca vi muito WIP naquela área. Aonde você quer chegar?

– Bem, como eu ia dizendo, os *setups* representam tempos sem agregação de valor. Eles devem ser eliminados.

– É o que vocês tentaram fazer no último inverno na impressão, não? Lembro que uma vez você deu uma mão para a Carol, eliminou um carrinho em cada estação e pediu aos operadores para que compartilhassem um único carrinho. Parece que naquela vez reduzimos muita movimentação dos operadores. Isso não era um exemplo de tempo sem agregação de valor?

"Deu uma mão para a Carol!" O coração de Carol pulava. *"Ele está achando que eu estou de saída da empresa!"*

– Bem, olha só, depende. Nesse caso… – o comportamento polido de Bill falhou só um pouco. – Claude, você não teria algo a dizer sobre nosso programa de produção enxuta para o Sr. Walker?

Carol via o pânico crescer no rosto de Claude. *"Bem, pelo menos não sou a única a me sentir mal por aqui."* Mas Claude até que se saiu bem.

– Bem, acho que está bastante claro que a prova está nos resultados alcançados. Como todos podem ver, o programa de Bill revolucionou a situação – Claude transferiu o olhar de Bill para Sam. – Não importa o nome que se dá aos bois. Afinal, estamos aqui para tocar a fábrica e não dar nomes.

Alguns dos proprietários balançaram a cabeça, concordando. Sam insistiu, olhando de volta para Bill.

– Não havia algo mais no programa, além da redução de *setups*?

– Sim. Você deve lembrar que também implantamos as entregas *just-in-time*.

– Eu lembro – murmurou Sam, suspirando.

– E instalamos um sistema simples de *kanban* na célula de fabricação, o que aumenta a eficiência puxando as peças entre as máquinas e…

– Desculpe Bill, interrompeu Sam, novamente.

– Eu estive na fábrica e acho que ouvi os operadores falarem sobre o novo sistema CONWIP, e não *kanban*. Como é que é isso?

– Oh! Veja bem... é basicamente a mesma coisa. Na verdade, a Carol me ajudou um pouco nessa parte, então seria melhor perguntarmos a ela.

Carol engoliu em seco e caminhou até o projetor.

– CONWIP quer dizer *constant work in process*, ou seja, trabalho em curso constante, e *não* é a mesma coisa que chamam de *kanban*...

Carol ganhava ânimo à medida que falava. Ela revisou a importância da variabilidade, os efeitos na formação dos lotes e até apresentou alguns de seus slides, mostrando os gráficos da Ciência da Fábrica. Mostrou as linhas progressivas dos *cycle times* mais curtos projetados pela simulação do modelo, à medida que as melhorias eram implantadas. Seu discurso se acelerava, com gestos mais animados. Sem se dar conta, falou por 20 minutos sem nenhuma interrupção. Parou e procurou com o olhar por alguma pergunta. A sala estava em silêncio.

– Obrigado, Sra. Moura – falou Sam, com um sorriso.

"O que isso significa? Talvez eu tenha falado demais, eu não deveria ter desmentido o Bill. Agora já está feito!"

– Obrigado a vocês todos. Esse foi um bom trabalho realizado pela equipe. E agora, se nos desculparem, preciso tomar algumas decisões com meus sócios. – Sam os conduziu à porta.

Assim que estavam saindo com Bill e Claude, Carol podia ouvir os cumprimentos dos sócios proprietários a Sam. Um estava apertando sua mão, e Sam sorria de orelha a orelha.

– Acho que a apresentação foi boa. – falou Bill, enquanto caminhavam. – A não ser por você, Carol, aborrecendo-os com seus números de engenharia. *Kanban*, CONWIP – ninguém se importa com isso! Mas pelo menos mantemos a fábrica aberta.

– É. – Carol não queria continuar ao lado de Bill e Claude. – Eu preciso cuidar de algumas coisas. Até mais.

Quase uma hora depois, de volta em seu escritório, Carol respondia seus emails, quase mecanicamente, quando seu telefone tocou. Era o Sam. Eles a queriam de volta na sala de reuniões. Cheia de medo, ela foi.

– Oi, Carol. – Sam lhe ofereceu uma cadeira. – Eu e meus sócios consideramos algumas modificações na empresa.

Ele ativou o projetor, mostrando um organograma geral. Carol rapidamente procurou sua posição para ver se seu nome ainda continuava lá. Estava vazio. *"Oh não! Bem, o que fiz está feito, acho que estraguei tudo. Agora preciso de um novo emprego! Eu e minha boca grande!"*

Então, um dos proprietários lhe disse:

– Parabéns, Carol!

"Parabéns!? Por que ser sarcástico numa hora..."

Carol olhou de novo para a tela. No retângulo da posição do vice-presidente de manufatura estava escrito seu nome, Carol Moura. Próximo, na posição gerente de engenharia da produção, estava o nome de Edward Burleson. Jane Snyder estava também na posição de vice-presidente de *marketing* da divisão.

Sam leu seus pensamentos.

– Já discutimos as coisas com o Sr. Whyskrak, e ele e o Sr. Chadwick decidiram deixar a empresa e montar seu próprio negócio.

Carol saiu correndo à procura de Ed e Jane. Isso era motivo para mais do que uma cerveja e salgadinhos!

19.4.6 Epílogo

Carol estava arrumando suas coisas em seu novo escritório. Pegou sua cópia surrada de *A Ciência da Fábrica*, com suas orelhas dobradas, e o encaixou gentilmente no meio de seus livros na prateleira. *"Puxa, esse livro já está caindo aos pedaços, preciso comprar um novo. Espero que ainda esteja sendo editado."*

Quando acabou de arrumar suas coisas, começou a verificar sua correspondência. Espiou um folheto com um nome conhecido.

Whyskrak & Cia Ltda.

"Agregamos valor eliminando desperdício."

"Até que parece um bom negócio!" E jogou o folheto na cesta de lixo.

Então ela pegou um velho cartão de sua agenda e ligou para um número de telefone. Após uma pequena espera falou ao telefone:

– Bob? Aqui quem fala é Carol Moura, da Texas Tool & Die. Você se lembra da nossa discussão sobre princípios?

19.5 O FUTURO

Este livro abordou a questão da administração da manufatura, no contexto operacional, dentro da perspectiva dos princípios da Ciência da Fábrica. Cabe aqui um resumo do que é a Ciência da Fábrica e o que esperamos que venha a ser no futuro.

1. *A Ciência da Fábrica é o início de uma ciência da manufatura.* Já argumentamos que é preciso uma ciência da manufatura para permitir que os gerentes de produção julguem quais as políticas e práticas que serão eficazes ou não em seus sistemas de produção. Nos últimos 30 anos ou mais, a manufatura tem sido tomada por uma "revolução" após a outra – MRP, JIT, TQM, TBC (competição baseada no tempo), BPR (reengenharia de processos de negócios), SCM (gestão da cadeia de suprimento), etc. – cada uma delas contendo, sem dúvidas, muitas ideias boas. Porém, como cada uma delas apresenta apenas uma perspectiva específica, geralmente vendida sob a pressão de uma retórica revolucionária baseada nas últimas táticas do *marketing*, ressaltando eficiências às vezes questionáveis, os administradores e gerentes de produção não têm bases para definir suas escolhas, combinar características de abordagens diferentes ou desenvolver um sistema específico adaptado às condições particulares de cada caso. Somente uma ciência que descreva o comportamento essencial e as interações de um sistema de manufatura pode fornecer o entendimento global necessário.

   Nossos esforços na elaboração deste livro e no desenvolvimento de uma ciência da manufatura estão longe de serem completos. No entanto, acreditamos que, no mínimo, conseguimos esquematizar o problema no contexto correto. Apesar de nos termos apoiado em fórmulas matemáticas, não criamos nenhuma "Matemática da Fábrica". Nosso foco foi, de maneira consistente, sobre o comportamento físico dos sistemas de produção; a matemática é a linguagem para descrever esses comportamentos com maior precisão. Por exemplo, as fórmulas dinâmicas básicas da fábrica do Capítulo 7 foram desenvolvidas em resposta à questão: de que forma o WIP, a produtividade e o *cycle time* dependem um do outro? Por meio de várias suposições sobre o comportamento da fábrica (como o melhor desempenho, o pior desempenho e o pior desempenho na prática), pudemos desenvolver fórmulas para obter curvas de produtividade *versus* WIP e de *cycle time versus* WIP. Essas relações afinaram nossa sintonia para entender por que muitas fábricas mantêm níveis excessivos de WIP, por que a redução da variabilidade pode reduzir os *cycle times* e como as melhorias em uma linha de produção podem ser determinadas. Todavia, essas fórmulas não são, certamente, a palavra final sobre essas interações. No Capítulo 12, voltamos a verificar essas curvas e mostramos que, quando a perda com o sucateamento de peças é levada em conta, a produtividade pode até mesmo reduzir com o aumento dos níveis de WIP – algo que nossos casos do Capítulo 7 não permitiram fazer.

   Pelo fato de os sistemas de produção serem complexos e diversificados, alguns exibirão comportamentos de outros tipos, que não os abordados neste livro. Na verdade, quando o escrevemos, muitas pesquisas operacionais estão sendo desenvolvidas para descrever muitos sistemas de manufatura (ver Askin e Standridge 1993; Buzacott e Shanthikumar 1993; e Graves, Rinnooy Kan e Zipkin 1993 para bons resumos atualizados). Assim, nos próximos cinco anos, podemos esperar uma expansão considerável na Ciência da Fábrica. Apesar de que os avanços da ciência da manufatura nunca poderão tornar a gerência da produção um mero exercício analítico, nossa expectativa é de que venha a ser mais parecida com a medicina (isto é, baseada na ciência, com uma participação essencial humana) e menos parecida com a moda, ou seja, com tendências, sem base em princípios.

2. *A Ciência da Fábrica é uma estrutura pedagógica para transmitir os seguintes elementos:*
   a. Princípios básicos
   b. Intuição
   c. Síntese

   Para descrever de maneira precisa o comportamento das fábricas sob várias condições, precisamos das ferramentas apropriadas (estatística, teoria das filas, confiabilidade). Assim, em uma estrutura da Ciência da Fábrica, elas se tornam importante não apenas por si próprias, mas se tornam blocos de construção para responder a questões fundamentais sobre o comportamento das fábricas.

   Temos repetido que uma boa base de intuição é, talvez, a habilidade mais importante para um gerente de produção, permitindo-o focar sua atenção nas áreas de maior potencial. Ao descrever as tendências naturais dos sistemas de manufatura, a Ciência da Fábrica fornece uma estrutura na qual pode ser formada a intuição. O gerente que compreender os princípios da Ciência da Fábrica e puder interpretar as observações empíricas em seus termos irá adquirir as ideias básicas do comportamento de um sistema com muito mais rapidez do que um gerente sem essas habilidades.

   Também enfatizamos que os sistemas de manufatura são organizações complexas e multifacetadas que envolvem diferentes processos, pessoas e máquinas, além de vários objetivos. Nesses ambientes, as maiores oportunidades muitas vezes se escondem nas interfaces (por exemplo, entre as funções das vendas e compras ou entre o desenvolvimento de produtos e a produção). Ao fornecer uma descrição genérica de um sistema de fabricação, a Ciência da Fábrica nos fornece um meio para avaliar os efeitos das mudanças externas sobre o comportamento na fábrica. Como tal, ele representa um mecanismo de conexão entre a manufatura e as outras funções empresariais.

3. *A Ciência da Fábrica é uma ligação entre a perspectiva dos* processos *e a dos* sistemas *da manufatura.* Os especialistas em produção têm duas tendências. Um grupo se concentra nos processos específicos da fabricação, tais como robótica, tratamento de superfícies, retificação, injeção plástica, moldagem, etc. O outro grupo – ao qual os autores pertencem – se concentra nos sistemas, tais como programação, controle de estoques, planejamento da produção, etc. De maneira bastante clara, os dois grupos de interesse são essenciais para a eficácia das operações de uma fábrica. Infelizmente, os membros de cada grupo têm a inclinação de agir como se sua própria visão da fabricação fosse a única "correta". Como resultado, os processos são escolhidos sem levar em conta seus impactos no sistema, e os sistemas são projetados sem considerar os detalhes dos processos. A Ciência da Fábrica usa descrições orientadas aos processos (tempo médio entre falhas, tempo médio de reparo, tempos de *setup*), condensados em descrições orientadas à logística (média e quadrado da média do desvio padrão dos tempos efetivos de processamento), para estimar as medidas com orientação aos sistemas – produtividade, WIP, *cycle time*. Assim, ele fornece um meio para interpretar as mudanças de processos em termos de sistemas.

4. *A Ciência da Fábrica é um conjunto de ferramentas para quantificar os trade-offs.* Como vimos, o aumento da capacidade, a redução do sucateamento, o aumento da confiabilidade e da facilidade de manutenção, a redução ou a terceirização dos *setups*, a melhoria da qualidade nas peças compradas, a maior movimentação em lotes menores, e outras políticas e práticas

podem gerar efeitos logísticos relacionados. Ao fazermos combinações das ferramentas da Ciência da Fábrica para avaliar esses efeitos em relação às estimativas dos custos, podemos examinar o benefício relativo de cada um. Além disso, ao usarmos as medidas no nível da fábrica fornecidas pela Ciência da Fábrica sob diferentes configurações, podemos gerar curvas comparativas de custo *versus* desempenho (produtividade *versus* custos ou *cycle time versus* custos) e, dessa forma, determinar os objetivos estratégicos desejados.

Por último, do ponto de vista do impacto, é difícil exagerar a importância da Ciência da Fábrica. Mais ou menos a metade da economia dos Estados Unidos (empregos e também PIB) ainda depende da manufatura. Na verdade, as melhorias operacionais no setor de fabricação foram instrumentos para o ganho de produtividade que causou o *boom* econômico da década de 1990. Porém, como a concorrência no mundo da manufatura continua sua escalada, a habilidade de fabricar diversos produtos com alta qualidade, os baixos custos, a agilidade na entrega e o bom atendimento aos consumidores são uma receita de sucesso incontestável e uma condição de sobrevivência. No passado, era possível desenvolver práticas de manufatura eficazes por meio de tentativa e erro. No futuro, isso será impossível. As empresas somente terão condições de acompanhar o ritmo se estiverem apoiadas em um rápido ciclo de melhorias contínuas com o uso de princípios que dão suporte às estratégias. No século XXI, o domínio dos conceitos da Ciência da Fábrica será tão vital quanto eram os conceitos da produção em massa no século XX.

TABELA As probabilidades cumulativas da distribuição normal padrão

A entrada é a área $\Phi(z)$ sob a curva normal padrão de $-\infty$ a z.

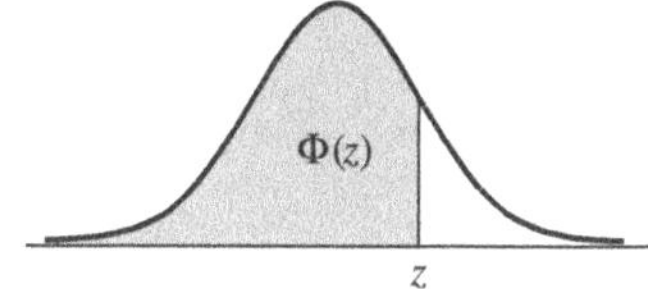

z	0,00	0,01	0,02	0,03	0,04	0,05	0,06	0,07	0,08	0,09
− 3,4	0,0003	0,0003	0,0003	0,0003	0,0003	0,0003	0,0003	0,0003	0,0003	0,0002
− 3,3	0,0005	0,0005	0,0005	0,0004	0,0004	0,0004	0,0004	0,0004	0,0004	0,0003
− 3,2	0,0007	0,0007	0,0006	0,0006	0,0006	0,0006	0,0006	0,0005	0,0005	0,0005
− 3,1	0,0010	0,0009	0,0009	0,0009	0,0008	0,0008	0,0008	0,0008	0,0007	0,0007
− 3,0	0,0013	0,0013	0,0013	0,0012	0,0012	0,0011	0,0011	0,0011	0,0010	0,0010
− 2,9	0,0019	0,0018	0,0017	0,0017	0,0016	0,0016	0,0015	0,0015	0,0014	0,0014
− 2,8	0,0026	0,0025	0,0024	0,0023	0,0023	0,0022	0,0021	0,0021	0,0020	0,0019
− 2,7	0,0035	0,0034	0,0033	0,0032	0,0031	0,0030	0,0029	0,0028	0,0027	0,0026
− 2,6	0,0047	0,0045	0,0044	0,0043	0,0041	0,0040	0,0039	0,0038	0,0037	0,0036
− 2,5	0,0062	0,0060	0,0059	0,0057	0,0055	0,0054	0,0052	0,0051	0,0049	0,0048
− 2,4	0,0082	0,0080	0,0078	0,0075	0,0073	0,0071	0,0069	0,0068	0,0066	0,0064
− 2,3	0,0107	0,0104	0,0102	0,0099	0,0096	0,0094	0,0091	0,0089	0,0087	0,0084
− 2,2	0,0139	0,0136	0,0132	0,0129	0,0125	0,0122	0,0119	0,0116	0,0113	0,0110
− 2,1	0,0179	0,0174	0,0170	0,0166	0,0162	0,0158	0,0154	0,0150	0,0146	0,0143
− 2,0	0,0228	0,0222	0,0217	0,0212	0,0207	0,0202	0,0197	0,0192	0,0188	0,0183
− 1,9	0,0287	0,0281	0,0274	0,0268	0,0262	0,0256	0,0250	0,0244	0,0239	0,0233
− 1,8	0,0359	0,0352	0,0344	0,0336	0,0329	0,0322	0,0314	0,0307	0,0301	0,0294
− 1,7	0,0446	0,0436	0,0427	0,0418	0,0409	0,0401	0,0392	0,0384	0,0375	0,0367
− 1,6	0,0548	0,0537	0,0526	0,0516	0,0505	0,0495	0,0485	0,0475	0,0465	0,0455
− 1,5	0,0668	0,0655	0,0643	0,0630	0,0618	0,0606	0,0594	0,0582	0,0571	0,0559
− 1,4	0,0808	0,0793	0,0778	0,0764	0,0749	0,0735	0,0722	0,0708	0,0694	0,0681
− 1,3	0,0968	0,0951	0,0934	0,0918	0,0901	0,0885	0,0869	0,0853	0,0838	0,0823
− 1,2	0,1151	0,1131	0,1112	0,1093	0,1075	0,1056	0,1038	0,1020	0,1003	0,0985
− 1,1	0,1357	0,1335	0,1314	0,1292	0,1271	0,1251	0,1230	0,1210	0,1190	0,1170
− 1,0	0,1587	0,1562	0,1539	0,1515	0,1492	0,1469	0,1446	0,1423	0,1401	0,1379
− 0,9	0,1841	0,1814	0,1788	0,1762	0,1736	0,1711	0,1685	0,1660	0,1635	0,1611
− 0,8	0,2119	0,2090	0,2061	0,2033	0,2005	0,1977	0,1949	0,1922	0,1894	0,1867
− 0,7	0,2420	0,2389	0,2358	0,2327	0,2296	0,2266	0,2236	0,2206	0,2177	0,2148
− 0,6	0,2743	0,2709	0,2676	0,2643	0,2611	0,2578	0,2546	0,2514	0,2483	0,2451
− 0,5	0,3085	0,3050	0,3015	0,2981	0,2946	0,2912	0,2877	0,2843	0,2810	0,2776
− 0,4	0,3446	0,3409	0,3372	0,3336	0,3300	0,3264	0,3228	0,3192	0,3156	0,3121
− 0,3	0,3821	0,3783	0,3745	0,3707	0,3669	0,3632	0,3594	0,3557	0,3520	0,3483
− 0,2	0,4207	0,4168	0,4129	0,4090	0,4052	0,4013	0,3974	0,3936	0,3897	0,3859
− 0,1	0,4602	0,4562	0,4522	0,4483	0,4443	0,4404	0,4364	0,4325	0,4286	0,4247
− 0,0	0,5000	0,4960	0,4920	0,4880	0,4840	0,4801	0,4761	0,4721	0,4681	0,4641
0,0	0,5000	0,5040	0,5080	0,5120	0,5160	0,5199	0,5239	0,5279	0,5319	0,5359
0,1	0,5398	0,5438	0,5478	0,5517	0,5557	0,5596	0,5636	0,5675	0,5714	0,5753
0,2	0,5793	0,5832	0,5871	0,5910	0,5948	0,5987	0,6026	0,6064	0,6103	0,6141
0,3	0,6179	0,6217	0,6255	0,6293	0,6331	0,6368	0,6406	0,6443	0,6480	0,6517
0,4	0,6554	0,6591	0,6628	0,6664	0,6700	0,6736	0,6772	0,6808	0,6844	0,6879
0,5	0,6915	0,6950	0,6985	0,7019	0,7054	0,7088	0,7123	0,7157	0,7190	0,7224
0,6	0,7257	0,7291	0,7324	0,7357	0,7389	0,7422	0,7454	0,7486	0,7517	0,7549
0,7	0,7580	0,7611	0,7642	0,7673	0,7704	0,7734	0,7764	0,7794	0,7823	0,7852
0,8	0,7881	0,7910	0,7939	0,7967	0,7995	0,8023	0,8051	0,8078	0,8106	0,8133
0,9	0,8159	0,8186	0,8212	0,8238	0,8264	0,8289	0,8315	0,8340	0,8365	0,8389
1,0	0,8413	0,8438	0,8461	0,8485	0,8508	0,8531	0,8554	0,8577	0,8599	0,8621
1,1	0,8643	0,8665	0,8686	0,8708	0,8729	0,8749	0,8770	0,8790	0,8810	0,8830
1,2	0,8849	0,8869	0,8888	0,8907	0,8925	0,8944	0,8962	0,8980	0,8997	0,9015
1,3	0,9032	0,9049	0,9066	0,9082	0,9099	0,9115	0,9131	0,9147	0,9162	0,9177
1,4	0,9192	0,9207	0,9222	0,9236	0,9251	0,9265	0,9278	0,9292	0,9306	0,9319
1,5	0,9332	0,9345	0,9357	0,9370	0,9382	0,9394	0,9406	0,9418	0,9429	0,9441
1,6	0,9452	0,9463	0,9474	0,9484	0,9495	0,9505	0,9515	0,9525	0,9535	0,9545
1,7	0,9554	0,9564	0,9573	0,9582	0,9591	0,9599	0,9608	0,9616	0,9625	0,9633
1,8	0,9641	0,9649	0,9656	0,9664	0,9671	0,9678	0,9686	0,9693	0,9699	0,9706
1,9	0,9713	0,9719	0,9726	0,9732	0,9738	0,9744	0,9750	0,9756	0,9761	0,9767
2,0	0,9772	0,9778	0,9783	0,9788	0,9793	0,9798	0,9803	0,9808	0,9812	0,9817
2,1	0,9821	0,9826	0,9830	0,9834	0,9838	0,9842	0,9846	0,9850	0,9854	0,9857
2,2	0,9861	0,9864	0,9868	0,9871	0,9875	0,9878	0,9881	0,9884	0,9887	0,9890
2,3	0,9893	0,9896	0,9898	0,9901	0,9904	0,9906	0,9909	0,9911	0,9913	0,9916
2,4	0,9918	0,9920	0,9922	0,9925	0,9927	0,9929	0,9931	0,9932	0,9934	0,9936
2,5	0,9938	0,9940	0,9941	0,9943	0,9945	0,9946	0,9948	0,9949	0,9951	0,9952
2,6	0,9953	0,9955	0,9956	0,9957	0,9959	0,9960	0,9961	0,9962	0,9963	0,9964
2,7	0,9965	0,9966	0,9967	0,9968	0,9969	0,9970	0,9971	0,9972	0,9973	0,9974
2,8	0,9974	0,9975	0,9976	0,9977	0,9977	0,9978	0,9979	0,9979	0,9980	0,9981
2,9	0,9981	0,9982	0,9982	0,9983	0,9984	0,9984	0,9985	0,9985	0,9986	0,9986
3,0	0,9987	0,9987	0,9987	0,9988	0,9988	0,9989	0,9989	0,9989	0,9990	0,9990
3,1	0,9990	0,9991	0,9991	0,9991	0,9992	0,9992	0,9992	0,9992	0,9993	0,9993
3,2	0,9993	0,9993	0,9994	0,9994	0,9994	0,9994	0,9994	0,9995	0,9995	0,9995
3,3	0,9995	0,9995	0,9995	0,9996	0,9996	0,9996	0,9996	0,9996	0,9996	0,9997
3,4	0,9997	0,9997	0,9997	0,9997	0,9997	0,9997	0,9997	0,9997	0,9997	0,9998

Percentis selecionados

Probabilidade cumulativa $\Phi(z)$:	0,90	0,95	0,975	0,98	0,99	0,995	0,999
z:	1,282	1,645	1,960	2,054	2,326	2,576	3,090

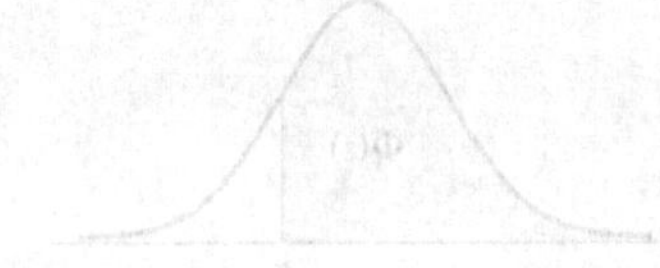

Referências

Anders, G. 1992. *Merchants of Debt: KKR and Mortgaging of American Business*. New York: Basic Books.

Anderson, J., R. Schroeder, S. Tupy, and E. White. 1982. "Material Requirements Planning Systems: The State-of-the-Art," *Production and Inventory Management* **23**(4): 51–67.

Arguello, M. 1994. "Review of Scheduling Software," Technology Transfer 93091822A-XFR, SEMATECH, Austin, TX.

Askin, R. G., and C. R. Standridge. 1993. *Modeling and Analysis of Manufacturing Systems*. New York: Wiley.

Axsäter, S. 1993. "Continuous Review Policies for Multi-Level Inventory Systems with Stochastic Demand," in *Handbooks in Operations Research and Management Science, vol. 4: Logistics of Production and Inventory*. S. C. Graves, A. H. G. Rinnooy Kan, and P. H. Zipkin (eds.). New York: North-Holland.

Babbage, C. 1832. *On the Economy of Machinery and Manufactures*. London: Charles Knight. Reprint, Augustus M. Kelley, New York, 1963.

Bahl, H. C., L. P. Ritzman, and J. N. D. Gupta. 1987. "Determining Lot Sizes and Resource Requirements: A Review," *Operations Research* **35**(3): 329–345.

Baker, K. R. 1993. "Requirements Planning," in *Handbooks in Operations Research and Management Science, vol 4: Logistics of Production and Inventory*, S. C. Graves, A. H. G. Rinnooy Kan, and P. H. Zipkin (eds.). New York: North-Holland.

Baker, W. M. 1994. "Understanding Activity-Based Costing," *Industrial Management*, March/April, **36:** 28–30.

Banks, J. 1989. *Principles of Quality Control*. New York: Wiley.

Barnard, C. I. 1938. *The Functions of the Executive*. Cambridge, MA: Harvard University Press.

Barnes, R. 1937. *Motion and Time Study*. New York: Wiley.

Bartholdi, J. J., and D. D. Eisenstein. 1996. "A Production Line that Balances Itself," *Operations Resarch* **44**(1): 21–34.

Bazaraa, M. S., and C. M. Shetty. 1979. *Nonlinear Programming: Theory and Algorithms*. New York: Wiley.

Blackstone, J. H., Jr., D. T. Phillips, and G. L. Hogg. 1982. "A State-of-the-art Survey of Dispatching Rules for Manufacturing Job Shop Operations," *International Journal of Production Research* **20**(1): 27–45.

Bonneville, J. H. 1925. *Elements of Business Finance*. Englewood Cliffs, NJ: Prentice-Hall.

Boorstin, D. J. 1958. *The Americans: The Colonial Experience*. New York: Random House.

_____. 1965. *The Americans: The National Experience.* New York: Random House.

_____. 1973. *The Americans: The Democratic Experience.* New York: Random House.

Boudette, N. 1999. "Europe's SAP Scrambles to Stem Big Glitches—Software Giant to Tighten Its Watch After Snafus at Whirlpool, Hershey," *The Wall Street Journal,* November 4.

Bourland, K. 1992. "Spartan Industries," Case Study, Amos Tuck School, Dartmouth College.

Box, G. E. P., and G. M. Jenkins. 1970. *Time Series Analysis, Forecasting and Control.* San Francisco: Holden-Day.

Bradt, L. J. 1983. "The Automated Factory: Myth or Reality," *Engineering: Cornell Quarterly* **3**(13).

Brown, R. G. 1967. *Decision Rules for Inventory Management.* New York: Holt, Rinehart and Winston.

Bryant, K. L., and H. C. Dethloff. 1990. *A History of American Business.* Englewood Cliffs, NJ: Prentice--Hall.

Bureau of Labor Statistics. 2007. *National Compensation Survey: Occupational Wages in the United States, July 2007.* U.S. Department of Labor, Washington, D.C.

Burrough, B. 1990. *Barbarians at the Gate: The Fall of RJR Nabisco.* New York: Harpercollins.

Buzacott, J. A., and J. G. Shanthikumar. 1993. *Stochastic Models of Manufacturing Systems.* Englewood Cliffs, NJ: Prentice-Hall.

Carlier, J., and E. Pinson. 1988. "An Algorithm for Solving the Job-Shop Problem," *Management Science* **35:** 164–176.

Carnegie, A. 1920. *Autobiography of Andrew Carnegie.* Boston: Houghton Mifflin.

Chandler, Alfred D., Jr. 1977. *The Visible Hand: The Managerial Revolution in American Business.* Cambridge, MA: Belknap Press.

_____. 1984. "The Emergence of Managerial Capitalism," *Business History Review* **58:** 473–503.

_____. 1990. *Scale and Scope: The Dynamics of Industrial Capitalism.* Cambridge, MA: Harvard University Press.

Chandler, Alfred D., and S. Salsbury. 1971. *Pierre S. Du Pont and the Making of the Modern Corporation.* New York: Harper & Row.

Cherington, P. T. 1920. *The Elements of Marketing.* New York: Macmillan.

Chilton, K. 1995. "How American Manufacturers are Facing the Global Marketplace," *Business Horizons* **38**(4): 10–12.

Clark, A., and H. Scarf. 1960. "Optimal Policies for a Multi-Echelon Inventory Problem," *Management Science* **36:** 1329–1338.

Cohen, M. A., Y. S. Zheng, and V. Agrawal. 1997. "Service Parts Logistics Benchmark Study." Working paper, Wharton School, University of Pennsylvania, Philadelphia.

Cohen, S. S., and J. Zysman. 1987. *Manufacturing Matters: The Myth of the Post-Industrial Economy.* New York: Basic Books.

Consiglio, M. 1969. "Leonardo da Vinci: The First IE?" *Industrial Engineering* **1:** 71.

Cray, E. 1979. *Chrome Colossus: General Motors and Its Times.* New York: McGraw-Hill.

Crosby, P. B. 1979. *Quality Is Free: The Art of Making Quality Certain.* New York: McGraw-Hill.

_____. 1984. *Quality Without Tears: The Art of Hassle-Free Management.* New York: McGraw-Hill.

Daskin, M. S. 1995. *Network and Discrete Location.* New York: Wiley.

Davidson, K. M. 1990. "Do Megamergers Make Sense?" in *Mergers, Acquisitions and Leveraged Buyouts,* R. L. Kuhn (ed.) Homewood, IL: Irwin.

de Kok, T. 1993. "Back-Order *Lead time* Behavior in (S,Q)-Inventory Models with Compound Renewal Demand." Working paper, School of Technology Management, Eindhoven University of Technology, Eindhoven, The Netherlands.

Deleersnyder, J. L., T. J. Hodgson, R. E. King, P. J. O'Grady, and A. Savva. 1992. "Integrating *Kanban* Type Pull Systems and MRP Type Push Systems: Insights from a Markovian Model," *IIE Transactions* **24**(3): 43–56.

Deming, W. E. 1950a. *Some Theory of Sampling*. New York: Wiley.

_____. 1950b. *Elementary Principles of the Statistical Control of Quality*. Tokyo: Union of Japanese Science and Engineering.

_____. 1960. *Sample Design in Business Research*. New York: Wiley.

_____. 1982. *Quality Productivity and Competitive Position*. Cambridge, MA: Massachusetts Institute of Technology, Center for Advanced Engineering Study.

_____. 1986. *Out of the Crisis*. Cambridge, MA: MIT Press.

Dertouzos, M. L., R. K. Lester, and R. M. Solow. 1989. *Made in America: Regaining the Productive Edge*. Cambridge, MA: MIT Press.

Deuermeyer, B., and L. B. Schwarz. 1981. "A Model for the Analysis of System Service Level in Warehouse/Retailer Distribution Systems: The Identical Retailer Case." In: *Multi-Level Production/Inventory Control Systems: Theory and Practice*. L. B. Schwarz (ed.). Amsterdam: North-Holland, 163–193.

DeVor, R. E., T. Chang, and J. W. Sutherland. 1982. *Statistical Quality Design and Control*. New York: Macmillan.

DeVor, R., T. Chang, J. and Sutherland, and D. Ermer. 2006. *Statistical Quality Design and Control*. 2nd ed., New York: Macmillan.

Drezner, D. W. 2004. "The Outsourcing Bogeyman," *Foreign Affairs* **83**(3), 22–34.

Drucker, P. F. 1954. *The Practice of Management*. New York: Harper & Row.

Dudek, R. A., S. S. Panwalkar, and M. L. Smith. 1992. "The Lessons of Flowshop Scheduling Research," *Operations Research* **40**(1): 7–13.

Edmondson, G., and A. Reinhardt. 1997. "Silicon Valley on the Rhine," *BusinessWeek*, November 3, 162–166.

Edwards, J. N. 1983. "MRP and *Kanban*–American Style," *APICS 26th Conference Proceedings*, 586–603.

Emerson, H. 1913. "Twelve Principles of Efficiency," The Engineering Magazine Co., New York.

Emerson, H. P., and D. C. E. Naehring. 1988. *Origins of Industrial Engineering*. Norcross, GA: Institute of Industrial Engineers.

Eppen, G. D., F. J. Gould, and C. Schmidt. 1988. *Quantitative Concepts for Management: Decision Making Without Algorithms*. 3rd ed. Englewood Cliffs, NJ: Prentice-Hall.

Erlenkotter, D. 1989. "An Early Classic Misplaced: Ford W. Harris's Economic Order Quantity Model of 1915," *Management Science* **35**(7): 898–900.

_____. 1990. "Ford Whitman Harris and the Economic Order Quantity Model," *Operations Research* **38**(6): 937–946.

Federgruen, A. 1993. "Centralized Planning Models for Multi-Echelon Inventory Systems under Uncertainty." In *Handbooks in Operations Research and Management Science, vol. 4: Logistics of Production and Inventory*, S. C. Graves, A. H. G. Rinnooy Kan, and P. H. Zipkin (eds.). New York: North-Holland.

Federgruen, A., and Y. Zheng. 1992. "An Efficient Algorithm for Computing an Optimal (r, Q) Policy in Continuous Review Stochastic Inventory Systems," *Operations Research* **40:** 808–813.

Feigenbaum, A. V. 1956. "Total Quality Control," *Harvard Business Review*, November.

_____. 1961. *Total Quality Control: Engineering and Management*. New York: McGraw-Hill.

Feitzinger, E., and H. L. Lee. 1997. "Mass Customization at Hewlett-Packard: The Power of Postponement." *Harvard Business Review*, January–February, 116–121.

Fish, J. C. L. 1915. *Engineering Economics: First Principles*. New York: McGraw-Hill.

Fisher, M. L. 1997. "What Is the Right Supply Chain for Your Product?" *Harvard Business Review*, March–April, 105–116.

Follett, M. P. 1942. *Dynamic Administration: The Collected Papers of Mary Parker Follett*. H. C. Metcalf, and L. Urwick (eds.). New York: Harper.

Ford, H. 1926. *Today and Tomorrow*. New York: Doubleday. Reprint, Productivity Press, 1988.

Fornell, C., D. VanAmburt, F. Morgeson, E. Anderson, B. Bryant, M. Johnson. 2005. *The American Customer Satisfaction Index at Ten Years: A Summary of Findings.* Stephen M. Ross School of Business, University of Michigan, Ann Arbor, MI.

Forrester, J. 1961. *Industrial Dynamics.* New York: MIT Press and Wiley.

Fourer, R., D. M. Gay, and B.W. Kernighan. 1993. *AMPL: A Modeling Language for Mathematical Programming.* San Francisco: Scientific Press.

Fox, R. E. 1980. "Keys to Successful Materials Management Systems: A Contrast Between Japan, Europe and the U.S." *23rd Annual Conference Proceedings,* APICS, 440–444.

Freidenfelds, J. 1981. *Capacity Extension: Simple Models and Applications.* Amsterdam: North-Holland.

Fruhan, W. E. 1979. *Financial Strategy: Studies in the Creation, Transfer and Destruction of Shareholder Value.* Homewood, IL: Irwin.

Galbraith, J. K. 1958. *The Affluent Society.* Boston: Houghton Mifflin.

Gartner, Inc., 2003. "Gartner Says Worldwide ERP New License Revenue Decreased 9 Percent in 2002," June, 2003. http://www.directionsmag.com/press.releases/index.php?duty= Show&id=7319&trv=1.

Garvin, D. 1988. *Managing Quality: The Strategic and Competitive Edge.* New York: Free Press.

Gilbreth, F. B. 1911. *Motion Study.* New York: Van Nostrand.

Gilbreth, F. B., and E. G. Gilbreth Carey. 1949. *Cheaper by the Dozen.* New York: T. Y. Crowell.

Gilbreth, L. M. 1914. *The Psychology of Management.* New York: Sturgis and Walton. Reprinted in W. R. Spriegel, and C. E. Myers (eds.). *The Writings of the Gilbreths.* Homewood IL: Irwin, 1953.

Gitlow, H., S. Gitlow, A. Openheim, R. Openheim. 1989. *Tools and Methods for the Improvement of Quality.* Homewood IL: Irwin.

Glover, F. 1990. "Tabu Search: A Tutorial." *Interfaces* **20**(4): 79–94.

Goldratt, E. M., and J. Cox. 1984. *The Goal: A Process of Ongoing Improvement.* Croton-on-the-Hudson, NY: North River Press.

Goldratt, E. M., and R. E. Fox. 1986. *The Race.* Croton-on-the-Hudson, NY: North River Press.

Gordon, R. A., and J. E. Howell. 1959. *Higher Education for Business.* New York: Columbia University Press.

Grant, E. L. 1930. *Principles of Engineering Economy.* New York: Ronald Press.

Grant, E. L., and R. Leavenworth. 1946. *Statistical Quality Control.* Milwaukee, WI: American Society for Quality Control.

Graves, S. C., A. H. G. Rinnooy Kan, and P. H. Zipkin (eds.). 1993. *Handbooks in Operations Research and Management Science, vol. 4: Logistics of Production and Inventory.* New York: North-Holland.

Hadley, G., and T. M. Whitin. 1963. *Analysis of Inventory Systems.* Englewood Cliffs, NJ: Prentice-Hall.

Hall, R. W. 1983. *Zero Inventories.* Homewood, IL: Dow Jones-Irwin.

Hammer, M., and J. Champy. 1993. *Reengineering the Corporation.* New York: HarperCollins.

Harris, F. W. 1913. "How Many Parts to Make at Once." *Factory: The Magazine of Management* **10**(2): 135–136, 152. Also reprinted in *Operations Research* **38**(6): 947–950, 1990.

Hausman, W. H., and N. K. Erkip. 1994. "Multi-Echelon vs. Single-Echelon Inventory Control Policies for Low-Demand Items." *Management Science* **40:** 597–602.

Hax, A. C., and D. Candea. 1984. *Production and Inventory Management.* Englewood Cliffs, NJ: Prentice--Hall.

Hayes, R. H., and S. C. Wheelwright. 1979. *Link Manufacturing Process and Product Life Cycles.* Harvard Business Review (January-February):133–140.

_____, and _____. 1984. *Restoring Our Competitive Edge: Competing through Manufacturing.* New York: Wiley.

Hayes, R., S. Wheelwright, and K. Clark. 1988. *Dynamic Manufacturing: Creating the Learning Organization.* New York: Free Press.

Hodge, A. C., and J. O. McKinsey. 1921. *Principles of Accounting.* Chicago: University of Chicago Press.

Hopp, W. J., and M. L. Roof. 1998. "Quoting Manufacturing Due Dates Subject to a Service Level Constraint," Technical Report, Department of Industrial Engineering, Northwestern University, Evanston, IL.

Hopp, W. J., and M. L. Spearman. 1993. "Setting Safety Leadtimes for Purchased Components in Assembly Systems." *IIE Transactions* **25**(2): 2–11.

Hopp, W. J., and M. L. Spearman, and I. Duenyas. 1993. "Economic Production Quotas for Pull Manufacturing Systems." *IIE Transactions* **25**(2): 71–79.

Hopp, W. J., E. Tekin, and M. P. Van Oyen. 2004. "Benefits of Skill Chaining in Production Lines with Cross-Trained Workers." *Management Science* **50**(1): 83–98.

Hopp, W. J., and M. P. Van Oyen. 2004. "Agile Workforce Evaluation: A Framework for Cross-Training and Coordination." *IIE Transactions* **36**(10): 919–940.

Industrial Engineering. 1991. "Competition in Manufacturing Leads to MRP II." *Industrial Engineering,* **23**(7): 10–13.

Jackson, P. L., W. L. Maxwell, and J. A. Muckstadt. 1985. "The Joint Replenishment Problem With a Powers of Two Restriction." *IIE Transactions* **17:** 25–32.

Johnson, H. T., and R. S. Kaplan. 1987. *Relevance Lost: The Rise and Fall of Management Accounting.* Cambridge, MA: Harvard Business School Press.

Johnson, L. A., and D. C. Montgomery. 1974. *Operations Research in Production Planning, Scheduling, and Inventory Control.* New York: Wiley.

Johnson, S. M. 1954. "Optimal Two- and Three-Stage Production Schedules with *Setup* Times Included," *Naval Research Logistics Quarterly* **1:** 61–68.

Juran, J. M. (ed.). 1998. *Juran's Quality Control Handbook,* 5th ed., F. M. Gryna (assoc. ed.). New York: McGraw-Hill.

_____. 1965. *Managerial Breakthrough: A New Concept of the Manager's Job.* New York: McGraw-Hill.

_____. 1989. *Juran on Leadership for Quality: An Executive Handbook.* New York: Free Press.

_____. 1992. *Juran on Quality by Design: The New Steps for Planning Quality into Goods and Services.* New York: Free Press.

_____. 1992. *Quality by Design.* New York: Free Press.

Kanet, J. J. 1984. "Inventory Planning at Black & Decker." *Production and Inventory Management* **25**(3): 62–74.

_____. 1988. "MRP 96: Time to Rethink Manufacturing Logistics." *Production and Inventory Management* **29**(2): 57–61.

Karmarkar, U. S. 1987. "Lot Sizes, *Lead times* and In-Process Inventories." *Management Science* **33**(3): 409–423.

Kearns, D. T., and D. A. Nadler. 1992. *Prophets in the Dark: How Xerox Reinvented Itself and Beat Back the Japanese.* New York: HarperCollins.

Kilbridge, M. D., and L. Wester. 1961. "A Heuristic Method of Assembly Line Balancing," *Journal of Industrial Engineering.* **12**(4): 292–298.

Kingman, J. F. C. 1961. "The Single Server Queue in Heavy Traffic." Proceedings of the Cambridge Philosophical Society, 57, 902–904.

Klein, J. A. 1989. "The Human Costs of Manufacturing Reform." *Harvard Business Review,* March–April, pp. 60–66.

Kleinrock, L. 1975. *Queueing Systems,* vol. I: *Theory.* New York: Wiley.

Koch, C. 2007. "Nike Rebounds: How (and Why) Nike Recovered from Its Supply Chain Disaster," CIO, CXO, Media.

Krajewski, L. J., B. E. King, L. P. Ritzman, and D. S. Wong. 1987. "*Kanban*, MRP, and Shaping the Manufacturing Environment." *Management Science* **33**(1): 39–57.

Kuhn, T. S. 1970. *The Structure of Scientific Revolutions.* Chicago: University of Chicago Press.

LaForge, R., and V. Sturr. 1986. "MRP Practices in a Random Sample of Manufacturing Firms," *Production and Inventory Management* **28**(3): 129–137.

Lamm, R. D. 1988. "Crisis: The Uncompetitive Society." In *Global Competitiveness*. M. K. Starr (ed.). New York: Norton.

Latham, D. A. 1981. "Are You Among MRP's Walking Wounded?" *Production and Inventory Management*, pp. 33–41.

Lee, H. L., and C. Billington. 1992. "Managing Supply Chain Inventory: Pitfalls and Opportunities," *Sloan Management Review* **33:** 65–73.

_____. 1995. "The Evolution of Supply-Chain-Management Models and Practice at Hewlett-Packard." *Interfaces* **25**(5): 42–63.

Lee, H. L., C. Billington, and B. Carter. 1993. "Hewlett-Packard Gains Control of Inventory and Service through Design for Localization." *Interfaces* **23**(4): 1–20.

Lee, H. L., V. Padmanabhan, and S. Whang. 1997a. "The Bullwhip Effect in Supply Chains." *Sloan Management Review* **38**(3): 93–102.

_____. 1997b. "Information Distortion in a Supply Chain: The Bullwhip Effect." *Management Science* **43**(4): 546–558.

Little, J. D. C. 1992. "Tautologies, Models and Theories: Can We Find 'Laws' of Manufacturing?" *IIE Transactions* **24:** 7–13.

Lough, W. H. 1920. *Business Finance.* New York: Ronald Press.

Maddison,A.1984."ComparativeAnalysisoftheProductivitySituationintheAdvancedCapitalist Countries." In *International Comparisons of Productivity and Causes of the Slowdown*.J.W. Kendrick (ed.). Cambridge, MA: Ballinger.

Martino, J. P. 1983. *Technological Forecasting for Decision Making,* 2d ed. New York: North-Holland.

Mayo, E. 1933. *The Human Problems of an Industrial Civilization.* New York: Macmillan.

_____. 1945. *The Social Problems of an Industrial Civilization.* Cambridge, MA: Division of Research, Graduate School of Business Administration, Harvard University.

McClain, J. O., and L. J. Thomas. 1985. *Operations Management: Production of Goods and Services,* 2d ed. Englewood Cliffs, NJ: Prentice-Hall.

McGregor, D. 1960. *The Human Side of Enterprise.* New York: McGraw-Hill.

Medhi, J. 1991. *Stochastic Models in Queuing Theory.* Boston: Academic Press.

Michel, R. 1997. "Reinvention Reigns: ERP Vendors Redefine Value, Planning, and Elevate Customer Service." *Manufacturing Systems,* July, 28.

Micklethwait, J., and A. Woolridge. 1996. *The Witch Doctors.* New York: Random House.

Mitchell, W. N. 1931. *Production Management.* Chicago: University of Chicago Press.

Monden, Y. 1983. *Toyota Production System: Practical Approach to Production Management.* Norcross, GA: Industrial Engineering and Management Press.

Montgomery, D. C. 1991. *Introduction to Statistical Quality Control,* 2nd ed. New York: Wiley.

_____. 2000. *Design and Analysis of Experiments.* 6th ed., New York: Wiley.

_____. 2004. *Introduction to Statistical Quality Control,* 5th ed. New York: Wiley.

Morton, T. E., and D. W. Pentico. 1993. *Heuristic Scheduling Systems with Applications to Production Systems and Project Management.* New York: Wiley.

Muckstadt, J. A., and L. J. Thomas. 1980. "Are Multi-Echelon Inventory Methods Worth Implementing in Systems with Low Demand Rates?" *Management Science* **26:** 483–494.

Muhs, W. F., C. D. Wrege, and A. Murtuza. 1981. "Extracts from Chordal's Letters: Pre-Taylor Shop Management." *Proceedings of the Academy of Management,* 41st annual meeting, San Diego, CA.

Mumford, L. 1934. *Technics and Civilization.* New York: Harcourt and Brace.

Munsterberg, H. 1913. *Psychology and Industrial Efficiency.* Boston: Houghton Mifflin.

Murty, K. G. 1983. *Linear Programming*. New York: Wiley.

Muth, E. J. 1979. "The Reversibility Property of Production Lines." *Management Science,* **25:** 152–158.

Nahmias, S. 1993. *Production and Operations Analysis.* 2d ed. Homewood, IL: Irwin.

Nahmias, S., and S. Smith. 1992. "Mathematical Models of Retailer Inventory Systems: A Review." In *Perspectives in Operations Management: Essays in Honor of Elwood S. Buffa*. R. K. Sarin (ed.). Boston: Kluwer.

Ohno, T. 1988. *Toyota Production System: Beyond Large-Scale Production.* Cambridge, MA: Productivity Press (translation of *Toyota seisan hoshiki,* Tokyo: Diamond, 1978).

Orlicky, J. 1975. *Material Requirements Planning: The New Way of Life in Production and Inventory Management.* New York: McGraw-Hill.

Peters, T. J., and Waterman, R. H. 1982. *In Search of Excellence: Lessons from America's Best-Run Companies.* New York: Harper & Row.

Peterson, R., and E. A. Silver. 1985. *Decision Systems for Inventory Management and Production Planning.* 2d ed., New York: Wiley.

Pierson, F. C., et al. 1959. *The Education of American Businessmen.* New York: McGraw-Hill.

Pinedo, M. 1995. *Scheduling: Theory, Algorithms, and Systems.* Englewood Cliffs, NJ: Prentice-Hall.

Pinedo, M., and X. Chao. 1999. *Operations Scheduling: With Applications in Manufacturing and Services.* Boston: Irwin/McGraw-Hill.

Plossl, G. W. 1985. *Production and Inventory Control,* 2d ed. Englewood Cliffs, NJ: Prentice-Hall.

Polya, G. 1954. *Patterns of Plausible Inference.* Princeton, NJ: Princeton University Press.

Popper, K. 1963. *Conjectures and Refutations.* London: Routledge & Kegan Paul Ltd.

Ravenscraft, D. J., and F. M. Scherer. 1987. *Mergers, Sell-Offs, and Economic Efficiency.* Washington: Brookings Institute.

Raymond, F. E. 1931. *Quantity and Economy in Manufacture.* New York: McGraw-Hill.

Reilly, K. 2005a. "AMR Research Releases ERP market Report Showing Overall market Growth of 14% in 2004," June 2005, AMR Research. http://www.amrresearch.com/Content/ View.asp?pmillid=18358.

_____. 2005b. "AMR Research Releases Supply Chain Market Report Showing 4% Growth Rate in 2004, Reversing Two Years of Decline," July 2005, AMR Research. http://www.amrresearch.com/Content/View.asp?pmillid=18452

Robbins-Gioia, LLC, 2001. "The Robbins-Gioia Survey," Alexandria, VA.

Roderick, L. M., D. T. Phillips, and G. L. Hogg, 1991. "A Comparison of Order Release Strategies in Production Control Systems." *International Journal of Production Research* **30**(2):1991.

Roethlisberger, F. J., and W. J. Dickson. 1939. *Management and the Worker.* Cambridge, MA: Harvard University Press.

Roundy, R. 1985. "98% Effective Integer Ratio Lot-Sizing for One Warehouse Multi-Retailer Systems." *Management Science* **31:** 1416–1430.

_____. 1986. "98% Effective Lot-Sizing Rule for Multi-Product, Multi-Stage Production Inventory Systems." *Mathematics of Operations Research* **11:** 699–727.

Sakasegawa, H. 1977. "An approximation formula $L_q \approx \alpha\rho^{\beta}/(i - \rho)$. *Annals of the Institute of Mathematical Statistics,* Part A 29, 67–75.

Scherer, F. M., and D. Ross. 1990. *Industrial Market Structure and Economic Performance,* 3d ed. Boston: Houghton Mifflin.

Schmenner, R. W. 1993. *Production/Operations Management: From the Inside Out,* 5th ed. New York: Macmillian.

Schonberger, R. J. 1982. *Japanese Manufacturing Techniques: Nine Hidden Lessons in Simplicity.* New York: Free Press.

_____. 1990. *Building a Chain of Customers: Linking Business Functions to Create a World Class Company.* New York: Free Press.

Schwarz, L. B. (ed.). 1981. *Multi-Level Production/Inventory Control Systems: Theory and Practice.* Amsterdam: North-Holland.

_____. 1998. "A New Teaching Paradigm: The Information/Control/Buffer Portfolio." *Production and Operations Management* **7**(2): 125–131, summer.

Scott, W. D. 1913. *Increasing Human Efficiency in Business.* New York: Macmillan.

Seddon, J. 2006. "Death to ISO 9000: An Economic Disease," www.lean-service.com/6-22.asp

_____. 2000. *The Case Against ISO 9000*, Chapter 1, Cork, Ireland: Oak Tree Press.

Sethi, K. S., S. P. Sethi. 1990. "Flexibility in Manufacturing: A Survey," *International Journal of Flexible Manufacturing Systems* **2,** 289–328.

Shafritz, J. M., and J. S. Ott. 1992. *Classics of Organization Theory,* 3d ed., Pacific Grove, CA: Brooks/Cole Publishing Company.

Sherbrooke, C. C. 1992. *Optimal Inventory Modeling of Systems: Multi-Echelon Techniques.* New York: Wiley.

Shewhart, W. A. 1931. *Economic Control of Quality of Manufactured Product.* New York: Van Nostrand.

Shingo, S. 1985. *A Revolution in Manufacturing: The SMED System.* Cambridge, MA: Productivity Press.

_____. 1986. *Zero Quality Control: Source Inspection and the Poka-Yoke System.* Cambridge, MA: Productivity Press.

_____. 1990. *Modern Approaches to Manufacturing Improvement: The Shingo System.* A. Robinson (ed.). Cambridge, MA: Productivity Press.

Silver, A., D. Pyke, and R. Peterson. 1998. *Inventory Management and Production Planning and Scheduling.* New York: Wiley.

Simchi-Levi, D., P. Kaminsky, and E. Simchi-Levi. 1999. *Designing and Managing the Supply Chain: Concepts, Strategies and Cases.* Burr Ridge, IL: Irwin/McGraw-Hill.

Simons, Jr., J. V., and W. P. Simpson III. 1997. "An Exposition of Multiple Constraint Scheduling as Implemented in the Goal System (Formerly Disaster)." *Production and Operations Management* **6**(1): 3–22.

Singer, C., E. Flomyard, A. Hall, and T. Williams. 1958. *A History of Technology.* Oxford: Clarendon Press.

_____. 1974. "The Focused Factory." *Harvard Business Review,* May–June, 113-121.

_____. 1985. *Manufacturing: The Formidable Competitive Weapon.* New York: Wiley.

Spearman, M. L., and S. Kröckel. 1999. "Batch Sizing to Minimize Flow Times in a Multi-Product System with Significant Changeover Times." Technical Report. Atlanta: Georgia Institute of Technology.

Spearman, M. L., D. L. Woodruff, and W. J. Hopp. 1989. "CONWIP: A Pull Alternative to *Kanban.*" *International Journal of Production Research* **28**(5): 879–894.

Spearman, M. L., and M. A. Zazanis. 1992. "Push and Pull Production Systems: Issues and Comparisions." *Operations Research* **40**(3): 521–532.

Spearman, M. L., and R. Q. Zhang. 1999. "Optimal *Lead time* Policies." *Management Science* **45**(2): 290–295.

Spriegel, W. R., and R. H. Landsburgh. 1923. *Industrial Management.* New York: Wiley.

Stedman, C. 1999. "Survey: ERP Costs More Than Measurable ROI," *Computerworld,* April 5.

Sterman, J. D. 1989. "Modeling Managerial Behavior: Misperceptions of Feedback in a Dynamic Decision Making Experiment." *Management Science* **35**(3): 321–339.

Stover, John, F. 1961. *American Railroads.* Chicago: University of Chicago Press.

Suri, R. 1998. *Quick Response Manufacturing: A Companywide Approach to Reducing Leadtimes.* Portland, OR: Productivity Press.

Suri, R., and S. de Treville. 1993. "Rapid Modeling: The Use of Queueing Models to Support Time-Based Competitive Manufacturing." In *Operations Research in Production Planning and Control.* G. Fandel, T. Gulledge, and A. Jones (eds.). New York: Springer-Verlag.

Suri, R., J. L. Sanders, and M. Kamanth. 1993. "Performance Evaluation of Production Networks." In *Handbooks in Operations Research and Management Science, vol 4: Logistics of Production and Inventory.* S. C. Graves, A. H. G. Rinnooy Kan, and P. H. Zipkin (eds.). New York: North-Holland.

Svoronos, A., and P. Zipkin. 1988. "Estimating the Performance of Multi-Level Inventory Systems." *Operations Research* **36:** 57–72.

Taft, E. W. 1918. "Formulas for Exact and Approximate Evaluation—Handling Cost of Jigs and Interest Charges of Product Manufactured Included." *The Iron Age* **101:** 1410–1412.

Taylor, A. 1997. "How Toyota Defies Gravity." *Fortune,* December 8, 100–108.

Taylor, F. W. 1903. "Shop Management." *Transactions of the ASME* **24:** 1337–1480.

_____. 1911. *The Principles of Scientific Management.* New York: Harper & Row.

Thomkins, J. A., and J. A. White. 1984. *Facilities Planning.* New York: Wiley.

Thompson, J. R., and J. Koronacki. 1993. *Statistical Process Control for Quality.* New York: Chapman & Hall.

Towne, H. R. 1886. "The Engineer as an Economist." *ASME Transactions* **7:** 428–432.

Turino, J. 1992. *Managing Concurrent Engineering Buying Time to Market.* New York: Van Nostrand Reinhold.

U.S. Department of Commerce. 1972. *Statistical Abstract of the United States.* 93d annual edition, Bureau of the Census.

Vollmann, T. E., W. L. Berry, and D. C. Whybark. 1992. *Manufacturing Planning and Control Systems.* 3d ed., Burr Ridge, IL: Irwin.

Wack, P. 1985. "Scenarios: Uncharted Waters Ahead." *Harvard Business Review,* September– October, 73–89.

Wagner, H. M., and T. M. Whitin. 1958. "Dynamic Version of the Economic Lot Size Model." *Management Science* **5**(1): 89–96.

Wheeler, D.J. 1999. *Understanding Variation: The Key to Managing Chaos.* 2nd ed. Knoxville, TN: SPC Press.

Whitaker, A. 1996. *Einstein, Bohr and the Quantum Dilemma.* Cambridge: Cambridge University Press.

Whiteside, D., and J. Arbose. 1984. "Unsnarling Industrial Production: Why Top Management Is Starting to Care," *International Management,* March, 20–26.

Whitin, T. M. 1953. *The Theory of Inventory Management.* Princeton, NJ: Princeton University Press.

Whitt, W. 1983. "The Queueing Network Analyzer." *Bell System Technology Journal* **62**(9): 2779– 2815.

_____. 1993. "Approximating the GI/G/m Queue." *Production and Operations Management,* **2**(2): 114–161.

Wight, O. 1970. "Input/Output Control: A Real Handle on *Lead time*." *Production and Inventory Management Journal* **11**(3): 9–31.

_____. 1981. *MRP II: Unlocking America's Productivity Potential.* Boston: CBI Publishing.

Wilson, R. H. 1934. "A Scientific Routine for Stock Control." *Harvard Business Review* **13**(1): 116–128.

Winters, P. 1960. "Forecasting Sales by Exponentially Weighted Moving Averages." *Management Science* **6:** 324–342.

Womach, J. P., and D. T. Jones. 1996. *Lean Thinking: Banish Waste and Create Wealth in Your Corporation.* New York: Simon and Schuster.

Womach, J. P., D. T. Jones, and D. Roos. 1990. *The Machine That Changed the World: The Story of Lean Production.* New York: Scribner.

Woodruff, D., and M. Spearman. 1992. "Sequencing and Batching for Two Classes of Jobs with Deadlines and *Setup* Times," *Journal of Production and Operations Management,* **1:** 87–102.

Wredge, C. D., and A. G. Perroni. 1974. "Taylor's Pig-Tale: A Historical Analysis of Frederick W. Taylor's Pig-Iron Experiments," *Academy of Management Journal,* **17**(26).

Wren, D. 1987. *The Evolution of Management Thought.* 3d ed. New York: Wiley.

Zais, A. 1986. "IBM Reigns in Dynamic MRP II Marketplace." *Computerworld,* January 27.

Zipkin, P. H. 2000. *Foundations of Inventory Management.* Burr Ridge, IL: McGraw-Hill/Irwin.

Índice

A

F

M

Q

R

T

U

Observações

Convenções gerais:

- Um "a" subscrito indica um parâmetro que descreve os tempos entre as chegadas de peças em uma estação de trabalho. Por exemplo, t_a representa o tempo médio entre as chegadas em uma estação ou linha de produção.
- Um "e" subscrito indica um parâmetro que descreve os tempos "efetivos" de processo em uma estação. Por exemplo, t_e representa o tempo de processamento médio em uma estação, incluindo fatores detrativos, como paradas de máquina, *setups*, perdas de rendimento, etc.
- Um parâmetro seguido por (i) indica que ele se aplica à estação i, como em TH(i), CT(i), $t_e(i)$, $c_e(i)$, etc.
- Um * sobrescrito indica um parâmetro que descreve um sistema "ideal" sem detratores. Por exemplo, r_b^* e T_0^* são a taxa de gargalo e o tempo bruto de processamento de uma linha de produção, sem contar as paradas de máquinas, os *setups*, as perdas de rendimento, ou outras causas que prejudicam o processamento normal.
- Um "P" sobrescrito indica um parâmetro que descreve um sistema "prático". Por exemplo, r_b^P e T_0^P são a taxa de gargalo e o tempo bruto de processamento de uma linha operando sob condições realistas.

Símbolos matemáticos:

A = disponibilidade, que é a fração em que uma estação está funcionando

CV = coeficiente de variação de uma variável aleatória, que é o desvio padrão dividido pela média

c_0 = CV (sem os detratores) dos tempos naturais de processamento de uma estação

c_a = CV dos tempos entre as chegadas em uma estação

c_e = CV dos tempos efetivos de processo de uma estação

c_d = CV dos tempos entre as saídas de uma estação

c_r = CV dos tempos de reparo de uma estação

CT_q = os tempos em fila médios em uma estação. Para estações com apenas uma máquina: $CT_q = \left(\frac{c_a^2+c_e^2}{2}\right)\left(\frac{u}{1-u}\right)t_e$

CT = *cycle time*, que é medido como o tempo médio do ponto em que um trabalho é liberado para uma estação ou linha até que exista. [Onde possa haver ambiguidade, o *cycle time* de uma estação i é descrito como CT(i).] Note que $CT = CT_q + t_e$

EMP = estoque de matéria-prima que consiste nas entradas físicas no início de um processo de produção

EPA = estoque de produtos acabados. Para os produtos acabados, o EPA representa o estoque de produtos acabados aguardando serem faturados e expedidos para os clientes. Para os componentes, o EPA também pode representar os estoques intermediários, como os estoques em frente a uma operação de montagem

LT = *lead time*, uma constante gerencial que indica os tempos determinados para a produção de uma peça em certo roteiro

m_f = tempo médio de uma falha em uma máquina ou estação

m_r = tempo médio de um reparo de uma máquina ou estação

r_e = taxa efetiva, ou a capacidade, de uma estação

r_b = taxa de gargalo de uma linha, definida como a taxa da estação com a maior utilização

s = nível de atendimento. Em sistemas baseados em produção sob encomenda, s é medido como a fração dos trabalhos para os quais o *cycle time* é menor ou igual ao *lead time*. Em sistemas de produção para estoque, s é medido como a taxa/índice de atendimento, ou a fração da demanda atendida pelo estoque disponível

$_0$ = desvio padrão do tempo natural de processamento (sem redutores) em uma estação

$_e$ = desvio padrão do tempo efetivo de processamento em uma estação

$_{CT}$ = desvio padrão do *cycle time* de uma linha de produção

TH = produtividade efetiva, medida pela saída (produtividade) média de um processo de fabricação (máquina, estação de trabalho, linha, fábrica) por unidade de tempo

T_0 = tempo bruto de processamento, que é a soma das médias dos tempos efetivos de processamento de uma estação ou linha

t_0 = média dos tempos naturais de processamento (sem os redutores) em uma estação

t_a = tempo médio entre as chegadas em uma estação ou linha. Em qualquer estação, $TH = 1/t_a$

t_e = tempo médio efetivo de processamento (o tempo médio necessário para executar um trabalho) incluindo todos os detratores, como *setups*, paradas de máquina, etc. Não inclui os tempos em que uma estação deixa de ser alimentada por falta de trabalhos ou por bloqueio de estações posteriores

u = nível de utilização, definido como a fração de tempo em que uma estação não está ociosa por falta de peças. $u = \mathrm{TH}t_e/m$, onde m é o número de máquinas paralelas existentes na estação

WIP = trabalhos em processo, que consistem nos estoques existentes entre o início e o fim de um roteiro de produção

WIP_q = nível médio de WIP aguardando em fila em uma estação

w_0 = nível crítico de WIP para uma linha, que é o WIP necessário para uma linha sem variabilidade atingir a produtividade efetiva máxima (r_b) com um *cycle time* mínimo (T_0). Para uma linha com parâmetros r_b e T_0, $W_0 = r_bT_0$